"十二五"普通高等教育本科国家级规划教材

国家卫生和计划生育委员会"十二五"规划教材
全国高等医药教材建设研究会"十二五"规划教材
全国高等学校教材

供8年制及7年制("5+3"一体化)临床医学等专业用

妇产科学

Obstetrics and Gynecology

第3版

主　审　丰有吉

主　编　沈　铿　马　丁

副主编　狄　文　孔北华　李　力(女)　赵　霞

编　者　(按姓氏笔画排序)

丁依玲　中南大学湘雅第二医院
马　丁　华中科技大学同济医学院附属同济医院
丰有吉　上海交通大学附属上海市第一人民医院
孔北华　山东大学齐鲁医院
朱　兰　中国医学科学院北京协和医院
乔　杰　北京大学第三医院
华克勤　复旦大学附属妇产科医院
李力(女)　第三军医大学附属第三医院
李　力　广西医科大学附属肿瘤医院
杨冬梓　中山大学孙逸仙纪念医院
杨慧霞　北京大学第一医院
余艳红　南方医科大学
狄　文　上海交通大学医学院附属仁济医院
辛晓燕　第四军医大学第一附属医院
沈　铿　中国医学科学院北京协和医院
张淑兰　中国医科大学附属盛京医院
周先荣　复旦大学附属妇产科医院
郑建华　哈尔滨医科大学第一附属医院
赵　霞　四川大学华西第二医院
胡娅莉　南京大学医学院附属鼓楼医院
段　涛　同济大学附属第一妇婴保健院
崔满华　吉林大学第二医院
韩晓兵　西安交通大学第一医院
谢　幸　浙江大学医学院附属妇产科医院
漆洪波　重庆医科大学附属第一医院
薛凤霞　天津医科大学总医院

学术秘书

邓　姗(中国医学科学院北京协和医院)

人民卫生出版社

图书在版编目（CIP）数据

妇产科学/沈铿，马丁主编. —3版. —北京：人民卫生出版社，2015

ISBN 978-7-117-20647-1

Ⅰ.①妇… Ⅱ.①沈…②马… Ⅲ.①妇产科学-医学院校-教材 Ⅳ.①R71

中国版本图书馆CIP数据核字(2015)第109590号

妇 产 科 学

第3版

主　　编：沈　铿　马　丁

出版发行：人民卫生出版社（中继线 010-59780011）

地　　址：北京市朝阳区潘家园南里19号

邮　　编：100021

E - mail：pmph @ pmph.com

购书热线：010-59787592　010-59787584　010-65264830

印　　刷：人卫印务（北京）有限公司

经　　销：新华书店

开　　本：850×1168　1/16　　印张：31　　插页：2

字　　数：853千字

版　　次：2005年8月第1版　2015年8月第3版
2021年4月第3版第9次印刷（总第26次印刷）

标准书号：ISBN 978-7-117-20647-1/R·20648

定　　价：80.00元

打击盗版举报电话：010-59787491　E-mail：WQ @ pmph.com

（凡属印装质量问题请与本社市场营销中心联系退换）

修订说明

为了贯彻教育部教高函[2004-9 号]文，在教育部、原卫生部的领导和支持下，在吴阶平、裘法祖、吴孟超、陈灏珠、刘德培等院士和知名专家的亲切关怀下，全国高等医药教材建设研究会以原有七年制教材为基础，组织编写了八年制临床医学规划教材。从第一轮的出版到第三轮的付梓，该套教材已经走过了十余个春秋。

在前两轮的编写过程中，数千名专家的笔耕不辍，使得这套教材成为了国内医药教材建设的一面旗帜，并得到了行业主管部门的认可（参与申报的教材全部被评选为“十二五”国家级规划教材），读者和社会的推崇（被视为实践的权威指南、司法的有效依据）。为了进一步适应我国卫生计生体制改革和医学教育改革全方位深入推进，以及医学科学不断发展的需要，全国高等医药教材建设研究会在深入调研、广泛论证的基础上，于 2014 年全面启动了第三轮的修订改版工作。

本次修订始终不渝地坚持了“精品战略，质量第一”的编写宗旨。以继承与发展为指导思想：对于主干教材，从精英教育的特点、医学模式的转变、信息社会的发展、国内外教材的对比等角度出发，在注重“三基”、“五性”的基础上，在内容、形式、装帧设计等方面力求“更新、更深、更精”，即在前一版的基础上进一步“优化”。同时，围绕主干教材加强了“立体化”建设，即在主干教材的基础上，配套编写了“学习指导及习题集”、“实验指导 / 实习指导”，以及数字化、富媒体的在线增值服务（如多媒体课件、在线课程）。另外，经专家提议，教材编写委员会讨论通过，本次修订新增了《皮肤性病学》。

本次修订一如既往地得到了广大医药院校的大力支持，国内所有开办临床医学专业八年制及七年制（“5+3”一体化）的院校都推荐出了本单位具有丰富临床、教学、科研和写作经验的优秀专家。最终参与修订的编写队伍很好地体现了权威性，代表性和广泛性。

修订后的第三轮教材仍以全国高等学校临床医学专业八年制及七年制（“5+3”一体化）师生为主要目标读者，并可作为研究生、住院医师等相关人员的参考用书。

全套教材共 38 种，将于 2015 年 7 月前全部出版。

全国高等学校八年制临床医学专业国家卫生和计划生育委员会规划教材编写委员会

教材目录

	学科名称	主审	主编	副主编
1	细胞生物学(第3版)	杨 恬	左 伋 刘艳平	刘 佳 周天华 陈誉华
2	系统解剖学(第3版)	柏树令 应大君	丁文龙 王海杰	崔慧先 孙晋浩 黄文华 欧阳宏伟
3	局部解剖学(第3版)	王怀经	张绍祥 张雅芳	刘树伟 刘仁刚 徐 飞
4	组织学与胚胎学(第3版)	高英茂	李 和 李继承	曾园山 周作民 肖 岚
5	生物化学与分子生物学(第3版)	贾弘禔	冯作化 药立波	方定志 焦炳华 周春燕
6	生理学(第3版)	姚 泰	王庭槐	闫剑群 郑 煜 祁金顺
7	医学微生物学(第3版)	贾文祥	李明远 徐志凯	江丽芳 黄 敏 彭宜红 郭德银
8	人体寄生虫学(第3版)	詹希美	吴忠道 诸欣平	刘佩梅 苏 川 曾庆仁
9	医学遗传学(第3版)		陈 竺	傅松滨 张灼华 顾鸣敏
10	医学免疫学(第3版)		曹雪涛 何 维	熊思东 张利宁 吴玉章
11	病理学(第3版)	李甘地	陈 杰 周 桥	来茂德 卞修武 王国平
12	病理生理学(第3版)	李桂源	王建枝 钱睿哲	贾玉杰 王学江 高钰琪
13	药理学(第3版)	杨世杰	杨宝峰 陈建国	颜光美 臧伟进 魏敏杰 孙国平
14	临床诊断学(第3版)	欧阳钦	万学红 陈 红	吴汉妮 刘成玉 胡申江
15	实验诊断学(第3版)	王鸿利 张丽霞 洪秀华	尚 红 王兰兰	尹一兵 胡丽华 王 前 王建中
16	医学影像学(第3版)	刘玉清	金征宇 龚启勇	冯晓源 胡道予 申宝忠
17	内科学(第3版)	王吉耀 廖二元	王 辰 王建安	黄从新 徐永健 钱家鸣 余学清
18	外科学(第3版)		赵玉沛 陈孝平	杨连粤 秦新裕 张英泽 李 虹
19	妇产科学(第3版)	丰有吉	沈 铿 马 丁	狄 文 孔北华 李 力 赵 霞

	学科名称	主审	主编	副主编
20	儿科学(第3版)		桂永浩　薛辛东	杜立中　母得志　罗小平　姜玉武
21	感染病学(第3版)		李兰娟　王宇明	宁　琴　李　刚　张文宏
22	神经病学(第3版)	饶明俐	吴　江　贾建平	崔丽英　陈生弟　张杰文　罗本燕
23	精神病学(第3版)	江开达	李凌江　陆　林	王高华　许　毅　刘金同　李　涛
24	眼科学(第3版)		葛　坚　王宁利	黎晓新　姚　克　孙兴怀
25	耳鼻咽喉头颈外科学(第3版)		孔维佳　周　梁	王斌全　唐安洲　张　罗
26	核医学(第3版)	张永学	安　锐　黄　钢	匡安仁　李亚明　王荣福
27	预防医学(第3版)	孙贵范	凌文华　孙志伟	姚　华　吴小南　陈　杰
28	医学心理学(第3版)	姜乾金	马　辛　赵旭东	张　宁　洪　炜
29	医学统计学(第3版)		颜　虹　徐勇勇	赵耐青　杨土保　王　彤
30	循证医学(第3版)	王家良	康德英　许能锋	陈世耀　时景璞　李晓枫
31	医学文献信息检索(第3版)		罗爱静　于双成	马　路　王虹菲　周晓政
32	临床流行病学(第2版)	李立明	詹思延	谭红专　孙业桓
33	肿瘤学(第2版)	郝希山	魏于全　赫　捷	周云峰　张清媛
34	生物信息学(第2版)		李　霞　雷健波	李亦学　李劲松
35	实验动物学(第2版)		秦　川　魏　泓	谭　毅　张连峰　顾为望
36	医学科学研究导论(第2版)		詹启敏　王　杉	刘　强　李宗芳　钟晓妮
37	医学伦理学(第2版)	郭照江　任家顺	王明旭　尹　梅	严金海　王卫东　边　林
38	皮肤性病学	陈洪铎　廖万清	张建中　高兴华	郑　敏　郑　捷　高天文

第三版序言

经过再次打磨，备受关爱期待，八年制临床医学教材第三版面世了。怀纳前两版之精华而愈加求精，汇聚众学者之智慧而更显系统。正如医学精英人才之学识与气质，在继承中发展，新生方可更加传神；切时代之脉搏，创新始能永领潮头。

经过十年考验，本套教材的前两版在广大读者中有口皆碑。这套教材将医学科学向纵深发展且多学科交叉渗透融于一体，同时切合了环境 - 社会 - 心理 - 工程 - 生物这个新的医学模式，体现了严谨性与系统性，诠释了以人为本、协调发展的思想。

医学科学道路的复杂与简约，众多科学家的心血与精神，在这里汇集、凝结并升华。众多医学生汲取养分而成长，万千家庭从中受益而促进健康。第三版教材以更加丰富的内涵、更加旺盛的生命力，成就卓越医学人才对医学誓言的践行。

坚持符合医学精英教育的需求，"精英出精品，精品育精英"仍是第三版教材在修订之初就一直恪守的理念。主编、副主编与编委们均是各个领域内的权威知名专家学者，不仅著作立身，更是德高为范。在教材的编写过程中，他们将从医执教中积累的宝贵经验和医学精英的特质潜移默化地融入到教材中。同时，人民卫生出版社完善的教材策划机制和经验丰富的编辑队伍保障了教材"三高"（高标准、高起点、高要求）、"三严"（严肃的态度、严谨的要求、严密的方法）、"三基"（基础理论、基本知识、基本技能）、"五性"（思想性、科学性、先进性、启发性、适用性）的修订原则。

坚持以人为本、继承发展的精神，强调内容的精简、创新意识，为第三版教材的一大特色。"简洁、精练"是广大读者对教科书反馈的共同期望。本次修订过程中编者们努力做到：确定系统结构，落实详略有方；详述学科三基，概述相关要点；精选创新成果，简述发现过程；逻辑环环紧扣，语句精简凝练。关于如何在医学生阶段培养创新素质，本教材力争达到：介绍重要意义的医学成果，适当阐述创新发现过程，激发学生创新意识、创新思维，引导学生批判地看待事物、辩证地对待知识、创造性地预见未来，踏实地践行创新。

坚持学科内涵的延伸与发展，兼顾学科的交叉与融合，并构建立体化配套、数字化的格局，为第三版教材的一大亮点。此次修订在第二版的基础上新增了《皮肤性病学》。本套教材通过编写委员会的顶层设计、主编负责制下的文责自负、相关学科的协调与磋商、同一学科内部的专家互审等机制和措施，努力做到其内容上"更新、更深、更精"，并与国际紧密接轨，以实现培养高层次的具有综合素质和发展潜能人才的目标。大部分教材配套有"学习指导及习题集"、"实验指导 / 实习指导"以及"在线增值服务（多媒体课件与在线课程等）"，以满足广大医学院校师生对教学资源多样化、数字化的需求。

本版教材也特别注意与五年制教材、研究生教材、住院医师规范化培训教材的区别与联系。①五年制教材的培养目标：理论基础扎实、专业技能熟练、掌握现代医学科学理论和技术、临床思维良好的通用型高级医学人才。②八年制教材的培养目标：科学基础宽厚、专业技能扎实、创新能力强、发展潜力大的临床医学高层次专门人才。③研究生教材的培养目标：具有创新能力的科研型和临床型研究生。其突出特点：授之以渔、评述结合、启示创新，回顾历史、剖析现状、展望未来。④住院医师规范化培训教材的培养目标：具有胜任力的合格医生。其突出特点：结合理论，注重实践，掌握临床诊疗常规，注重预防。

以吴孟超、陈灏珠为代表的老一辈医学教育家和科学家们对本版教材寄予了殷切的期望，教育部、国家卫生和计划生育委员会、国家新闻出版广电总局等领导关怀备至，使修订出版工作得以顺利进行。在这里，衷心感谢所有关心这套教材的人们！正是你们的关爱，广大师生手中才会捧上这样一套融贯中西、汇纳百家的精品之作。

八学制医学教材的第一版是我国医学教育史上的重要创举，相信第三版仍将担负我国医学教育改革的使命和重任，为我国医疗卫生改革，提高全民族的健康水平，作出应有的贡献。诚然，修订过程中，虽力求完美，仍难尽人意，尤其值得强调的是，医学科学发展突飞猛进，人们健康需求与日俱增，教学模式更新层出不穷，给医学教育和教材撰写提出新的更高的要求。深信全国广大医药院校师生在使用过程中能够审视理解，深入剖析，多提宝贵意见，反馈使用信息，以便这套教材能够与时俱进，不断获得新生。

愿读者由此书山拾级，会当智海扬帆！

是为序。

中国工程院院士
中国医科科学院原院长 刘德培
北京协和医学院原院长

二〇一五年四月

主审简介

丰有吉

丰有吉，1977—2009 年曾任复旦大学附属妇产科医院住院医生、主治医生、副教授、教授(博士生导师)、副院长及院长。曾任上海市医学会妇产科学分会第五届、第六届及第八届主委。现任上海市第一人民医院妇产科教授、上海市第一人民医院分院院长；中华医学会妇科肿瘤学分会副主委、上海市医学会妇科肿瘤学分会主委。从事妇产科临床和应用性基础研究 37 年，擅长妇科肿瘤的诊断和治疗。近年来，妇科肿瘤研究工作获国家自然科学基金国际重大合作项目、面上项目等资助，发表文章 105 篇，其中 SCI 源期刊文章 26 篇(其中通讯作者 19 篇)；承担长学制卫生部规划教材《妇产科学》第 1 版和第 2 版、七年制《妇产科学》的主编工作。2008 年主编长学制《妇产科学》教材获上海市优秀教材二等奖；科研项目“卵巢癌血管生成及其调控的临床前研究”获教育部自然科学二等奖。

主编简介

沈铿

沈铿，教授，博士生导师，现任北京协和医院妇产科主任、妇科肿瘤专业组组长。学会及其他任职包括：中华医学会妇科肿瘤学分会主任委员，中华医学会妇产科学分会副主任委员，中华妇产科杂志副主编，中华医学杂志常务编委，中国实用妇产科杂志副主编等。主编全国高等学校长学制规划教材《妇产科学》、全国高等医学院校双语教材《妇产科学》《妇科肿瘤面临的问题和挑战》和《妇科肿瘤临床决策》等。此外，还任国际妇科肿瘤协会（IGCS）教育委员会委员。长期从事妇科肿瘤的临床与基础研究，发表了相关专业论文百余篇。

马丁

马丁，教授，博士生导师，现任华中科技大学同济医学院附属同济医院妇产科学系主任。国家杰出青年基金获得者，国家重点规划项目“973”首席科学家，卫生部突出贡献中青年专家，教育部创新团队带头人。中华医促会妇儿专业委员会主任委员，中华医学会湖北省分会妇产科专业委员会名誉主委，中国医师协会湖北省分会妇产科专业委员会主任委员。

从事医疗、教学与科研工作30余年，培养博士生91人，硕士生81人，主要研究方向为妇科肿瘤，获国家科技进步二等奖2项，中华医学一等奖2项，其他省部级一等奖3项，国家发明专利7项。出版专著6部，发表学术研究论文386篇，SCI收录138篇，总影响因子395.8分，总计被引2856次。

副主编简介

狄文，教授、主任医师、博士研究生导师。现任上海交通大学医学院附属仁济医院副院长、上海交通大学医学院妇产科学系主任、上海市妇科肿瘤重点实验室主任；中华医学会妇产科学分会副主任委员、中国医师协会妇产科医师分会副会长、《中华妇产科杂志》副总编辑、上海医学会妇产科学分会名誉主任委员、上海医学会妇科肿瘤分会候任主任委员。

从事医学教育工作27年。1995—1998年在美国密歇根大学做博士后研究。临床专长为妇科恶性肿瘤的综合诊治及妊娠合并SLE的综合治疗。在国内外杂志发表论文100余篇。主编、参编专著20余部。以第一完成人获教育部科技进步二等奖、上海医学奖二等奖及上海科技进步三等奖。

狄　文

孔北华，山东大学医学部副部长、医学院副院长兼妇产科学系主任、齐鲁医院副院长、教授、博士生导师。中华医学会妇产科分会副主任委员、妇科肿瘤分会副主任委员、中国医师协会妇产科分会副会长、《中华妇产科杂志》副总编、《现代妇产科进展》杂志主编、国家执业医师考试临床医学命审题委员会副主任委员兼妇产科学组组长。十一届全国人大代表、省级教学名师。

从事临床医疗教学科研工作30余年，主攻方向为妇科肿瘤诊断治疗及分子生物学研究。主持制定《子宫颈癌诊断》卫生部行业标准。发表学术研究论文200余篇，SCI收录60余篇。获得省部级科技进步奖13项，其中主持的卵巢癌基础与临床研究获教育部科技进步一等奖2项。

孔北华

副主编简介

李 力

李力，医学博士、教授、主任医师、博士生导师。现任第三军医大学第三附属医院（大坪医院）妇产科中心主任、全军计划生育优生优育技术中心主任。中华医学会妇产科学会委员、中华医学会妊娠期高血压疾病学组副主委、全军妇产科委员会和计划生育优生优育委员会常委、中国中西医结合学会副主委委员、重庆中西医结合妇产科专委会主任委员、中华围生医学会重庆围产专委会副主任委员。中华妇产科杂志等十余种杂志常务编委和编委。

从事医疗教学科研工作35年，妇产科学为军队百门优质课程。能处理妇产科疑难病症，产科危重病人救治，重点研究母胎医学、子痫前期。在国内外杂志发表学术论文300余篇，获军队及省部级二等奖以上成果五项，有实用新型专利两项，国家发明专利一项。

赵 霞

赵霞，妇产科教授、博士、博士生导师，曾留学日本、美国。现任四川大学华西第二医院妇产科主任，*Human Gene Therapy* 编委，《实用妇产科》杂志主编。中华医学会妇科肿瘤分会常委、中华妇产科分会委员、中国优生科学协会生殖道疾病诊治分会副主任委员。

从事妇产科临床医疗教学科研工作30余年，具有丰富的临床经验。妇科恶性肿瘤相关研究受到国家重大项目“863”、“973”、“重大新药”创制及自然科学基金的资助。主编《宫颈癌》等专著3部，发表SCI论文100余篇，培养研究生60余人，获得全国百篇优秀博士论文指导教师奖和高等学校科学研究优秀成果奖自然科学奖一等奖。

前 言

天行健，君子以自强不息。

地势坤，君子以厚德载物。

《周易》

21 世纪是生命科学的世纪。随着生物医学模式转向生物-心理-社会医学模式，健康的概念也发生了变化。健康，不仅是指没有身体的疾病和缺陷，还要有完整的生理功能、良好的心理状态和正常的社会适应能力。在新的医学模式引导下，临床实践医学也经历了从经验医学-循证医学-价值医学的转变历程。价值医学（value-based medicine）是一种建立在循证医学最佳证据基础之上，将病人所期望的生命价值与治疗费用有机结合的实践医学。价值医学的产生顺应了现代医学的发展趋势，它将会对今后的医疗改革和临床实践起着重要的推动作用。如何迎接新世纪生命科学的发展，尽快适应医学模式的改变和价值医学的应用，是新时代的医学精英教育面临的严峻挑战，也是修订第 3 版全国高等学校长学制临床医学专业规划教材《妇产科学》的重要指导思想。

全国高等学校长学制临床医学专业规划教材《妇产科学》2005 年首次出版，2010 年进行了第 2 版的修订。教材在全国长学制妇产科临床教学中广泛应用，得到广大教师和学生的一致好评。大家一致认为这本长学制《妇产科学》教材的编写适应了医学改革的发展趋势，整个教材充分体现了“顶层设计，精英教育，适合国情”的指导思想，和“精品战略，质量第一”的编写宗旨。

温故知新，与时俱进，是修订第 3 版长学制《妇产科学》教材的总体思路，同时，注重与五年制和研究生教材的区别，突出深层次的思维和启发，兼顾教材的系统性与连续性。为了处理好教材的传承性与先进性的关系，在发病机制方面注重内容的新颖性和理论性，重点介绍国内外相关基础研究的最新进展；在临床诊断及治疗等基本技能方面突出内容的实用性和操作性，强调诊治的规范化、人性化和个体化。在介绍新的治疗理念和技术临床应用的同时，强调相关疾病诊治指南的重要性。国无德不兴，人无德不立。在第 3 版教材中强化了医德教育的内容，重点阐述与病人沟通的重要性和相关技巧，将以人为本和价值医学的理念贯穿始终。

“学而不思则罔，思而不学则殆”。为了能体现“精英教育”的特点，更好开展以问题为基础的临床教学（problem based learning，PBL），培养学生的自学和思考能力，修订的第 3 版教材将以通俗易懂的语言和最简洁方式表达相关疾病的发展过程和基本理论体系，增加疾病诊治的流程图，有效、快捷地引导学生掌握最主要、最关键的核心内容，培养学生科学系统的临床思维逻辑。另外，在每个重要疾病章节的最后，附上相关的典型病例，列出重要的参考文献和相关网站，让学生根据教材的内容进行答题，有的放矢地进行自学和思考，从而达到“有学有思”，“学而不厌”，“诲人不倦”的目的。

为了体现长学制《妇产科学》第 3 版教材的广泛性和实用性，全国近 25 所著名高等医学院校的专家学者参加了编写。尽管我们所有编者都是工作在临床与教学一线的资深医师，在教材编写中也有较深的造诣，但是，在编写过程中仍然不可避免会有很多不足，甚至偏颇，希望老师和同学们阅读后能及时指出，不吝赐教。

“知之为知之，不知为不知，是知也”。

沈铿　马丁

2015 年 4 月 15 日

目录

第一章 绪 论

妇产科学是与内科学、外科学及儿科学并驾齐驱的医学生主干课程，是一门独立性较强、涉及面较广的临床学科。

（一）近代妇产科学的起源和基础

早在公元前数千年，古代埃及、美索不达米亚、印度、希腊及罗马等国家和流域就有妇产科的医疗实践，产科起源早于妇科。初起，产科仅以"接生"为唯一的医疗手段，除用锐利的贝壳及锐石做切割脐带外，接生时无任何消毒措施及医疗设备，助产工作由部落中有经验的妇女承担。此朦胧的产科早期阶段一直持续到15世纪。但是，12世纪后，助产士先驱们通过医疗实践和总结前人的经验，开始传授助产知识，并建立了医学堂，同时也有了简易的妇产科解剖学的教材。18世纪中叶，苏格兰外科医师兼解剖学家 William Hunter（1718—1783）于1751年对足月孕妇的尸体进行了详细的研究，在其《妊娠子宫解剖》一书中首次详细描述了妊娠子宫肌层、血管、蜕膜、胎膜、胎位、胎盘及其血供以及胎儿与母体血液循环的关系。同时，与妇产科诊疗相关的技术和方法也得到进一步发展：

1. 妊娠试验　早在14世纪，埃及医学资料记载了利用尿来检测妊娠的方法：将待查妇女尿每日湿润分别装有大麦和小麦的布袋。若发芽表明妊娠，大麦发芽为女性胎儿、小麦发芽为男性胎儿。至20世纪初期德国学者 Aschleim 和 Zondek 分别证明了孕妇尿中含有促性腺激素，并叙述了检测早孕的具体方法，现称 A-Z 试验。

2. 剖宫产术　公元前600余年 Numa Pompilius 立法（后称恺撒法律）规定：死亡孕妇埋葬前须将胎儿取出，分而葬之。以后产科医师企图对难产者采用剖宫产抢救母儿生命，但由于初时剖宫取胎后不缝合子宫，死亡率极高。直至19世纪末，英国产科医师 Murdoch Cameron 采用缝合子宫的方法，才使剖宫产术成为处理难产的一种有效方法。

3. 产钳助产　17世纪早期，英国 Chamberlen 家族发明了安全有效的产钳，成功地挽救了许多难产妇女及新生儿。但由于保密，未能公开于世。百年之后，许多产科医师通过不断摸索，终于了解了产钳的构造。1848年英国产科医师 Simpson 首次报道了产钳的构造及其使用。Simpson 产钳成为世界常用的助产器械。

4. 卵巢切除术　1809年美国肯塔基州 McDowell 医师在没有麻醉及消毒的情况下，成功地切除了巨大卵巢囊肿。以后，虽有学者反对，但手术仍在不断开展。至1864年，成功的手术已达787例，从此开创了腹部手术，McDowell 医师因此也成为腹部手术之父。

5. 麻醉及无菌手术　19世纪手术麻醉镇痛使用及产房、手术室消毒的开展以及手术橡胶手套的应用无疑加快了产科及盆腔手术的发展。

（二）近代妇产科学的重大进展

18世纪以后，产科的发展结束了单纯的医术阶段，进入了现代医学时代；手术的进步也使妇科从产科中分离出来，成为独立的学科。从此，产科和妇科在现代医学的轨道上飞跃发展。

1. 产科学进展　最初的产科学是以接生为中心的普通产科，主要内容是助产和处理难产。随着近代基础医学的发展和产前诊断及宫内监护的技术的应用，不仅显著降低了母婴死亡率和出生缺陷率，而且改变了早年以母亲为中心的产科学体系即母体医学（maternal medicine），提出了母胎等同重要并统一管理的体系即母胎医学（maternal-fetal medicine），并产生了专门研究分娩前后母婴安全与健康的交叉学科,即围生医学(perinatology)。纵观而论,普通产科学主要涉及助产和难产相关技术;母体医学主要研究妊娠合并症和并发症(即高危妊娠)的处理;胎儿医学主要研究产前诊断和胎儿内外科情况的处理;围生医学的研究重点是围生期并发症,如早产、胎儿生长受限、胎儿缺氧和新生儿窒息复苏等。

2. 妇科诊治的发展 妇科应用性基础研究的发展使妇科内分泌疾病和肿瘤的临床研究从器官水平进入了分子水平,较清楚地了解了激素及其作用机制,神经与内分泌相互调控作用,肿瘤发生发展与女性激素、病毒、癌基因以及细胞因子之间的关系等关键性基础理论,使女性内分泌学和妇科肿瘤学发展成为妇产科学中的专门学科。随着光学和电子技术的发展及微创观念的引入,腹腔镜、宫腔镜和机器人手术不断用于妇科疾病的手术治疗,给妇科手术带来了革命性的进展。

3. 助孕技术的成熟 生殖生理学的发展孕育了革命性的转折,20 世纪 70 年代试管婴儿的诞生,使人们从生殖医学的必然王国走向了自由王国。它不但完善了计划生育的内涵,而且着床前遗传学诊断为预防出生缺陷打下了良好的基础。同时也促进了生殖生理学的迅速发展。

4. 妇女保健学的建立 妇女保健学是以妇产科学为基础,通过长期的实践而发展起来的一门学科。主要内容为:发现影响妇女健康的各种高危因素,提供危害妇女健康的常见病预防措施及研究提高妇女身心健康水平的对策和管理方法。世界卫生组织将妇女身心健康情况列为评价当今医疗水平标准之一。

(三)我国妇产科学的发展

19 世纪末,西方妇产科学开始渗入我国医疗实践,并通过各地教会创办了医学堂和医院。1929 年我国在北平(现北京)成立了第一所国立助产学校。其后,在极其艰苦的条件下,我国妇产科前辈们克服重重困难,不断总结自己的经验,学习并引进国外的先进技术,奠定了我国近代妇产科学的基础。20 世纪以来,在著名妇产科学家林巧稚、王淑贞等教授的领军下,我国妇产科学得到了飞跃的发展。50 年代末,北京协和医院宋鸿钊教授采用大剂量化疗治疗滋养细胞疾病,取得了显著的成效,引起了世界关注。2000 年 9 月在第 16 届世界妇产科联盟(FIGO)大会上,我国妇产科学会被正式接纳为成员,使中国的妇产科在国际妇产科领域的大舞台占有重要席位。

20 世纪末医学模式从生物医学模式转向生物-心理-社会医学模式。与此同时,健康的概念也发生了变化,健康不仅是指没有身体的疾病和缺陷,还要有完整的生理功能、良好的心理状态和正常的社会适应能力。在新的医学模式引导下,一些新的理念逐步渗入到医学领域。

1. 循证医学(evidence-based medicine) 随着循证医学的不断完善,妇产科诊治的决策已开始从经验医学转向循证医学。应用经过科学的、客观论证过的证据指导临床实践,以审慎、明确及客观的观点为病人制订诊疗计划。

2. 价值医学(value-based medicine) 是一种建立在循证医学最佳证据基础之上,将病人所期望的生命价值与治疗费用有机结合的实践医学。价值医学的产生顺应了现代医学的发展趋势,它将会对今后的医疗改革和临床实践起着重要的推动作用。

3. 人性化治疗(humanization treatment) 在制订方案时,既要去除疾病痛苦,又要减少治疗带来的损伤,保持器官的功能,调节病人的心理健康,关注病人的生活质量。

进入 21 世纪,我国的妇产科学凸显出不断成熟的景象;随着国际学术交流的不断深入,我国在国际妇产科学界也越来越有影响。在国际重要的学术会议上有中国声音,在国际重要的学术杂志上有中国的文章,在国际重要的学术机构中有中国的专家。虽然我国加入 FIGO,妇产科疾病的诊断和治疗也都采用了 FIGO 的标准。但由于我国经济发展不平衡,以及地域和文化的差别,妇产科疾病的诊治水平参差不齐,这种情况还有待于不断规范和完善。注重疾病的预防,规范疾病的诊疗,改善病人的预后是现代妇产科学的重要内容和发展趋势。

（四）现代妇产科学的范围

一般将妇产科学分为产科学、妇科学和计划生育及生殖医学。

产科学(obstetrics)专门研究与妇女妊娠有关的生理和病理，即研究妇女在妊娠、分娩和产褥三个时期所发生的生理现象和心理、病理改变，以及胎儿的生理和病理改变的诊断与处理。产科学又分为普通产科学、母体医学及胎儿医学。

妇科学(gynecology)是专门研究妇女非妊娠期生殖系统的生理与病理的学科，包括妇科学基础、女性生殖器炎症、女性生殖器肿瘤、生殖内分泌、女性生殖器损伤和盆底功能障碍、女性生殖器畸形及其他疾病等内容。

计划生育(family planning)和生殖医学(reproduction medicine)主要研究女性生育调节，包括避孕、绝育、优生和助孕等。

（五）妇产科的特殊性及意义

1. 妇产科理论学习思维要点　妇产科学虽可分为产科、妇科及计划生育三大部分，但三者具有共同的基础。许多妇科疾病可由产科问题引起(如女性生殖器官损伤)，妇科疾病也可影响产科的正常过程(如宫颈肌瘤可造成难产)。因此既要掌握各科的特点，又要将妇产科学作为整体来考虑。同样，妇产科学作为一门独立的学科，有其鲜明的特点。但是，机体是一个整体，女性的生理及病理变化和其他系统密切相关。妇产科疾病可引起或合并外科、内科等学科的疾病，反之亦然。

2. 妇产科学既是临床医学，又是预防医学　许多妇产科疾病可通过预防措施减轻或早期发现。宫颈癌普查可以发现宫颈癌前病变，降低宫颈浸润癌的发生。做好产前检查可以预防严重的妊娠合并症，做好产前诊断和计划生育工作则有利于提高人口素质。妇科疾病与年龄有密切关系。年龄对疾病的诊断有重要的参考价值。如青春期与围绝经期发生的月经失调常由无排卵所致，而生育期则多由黄体功能异常引起。

3. 妇产科临床实践特点　妇产科医疗涉及的对象为女性。在临床见习或实习时，要特别尊重病人。许多妇产科基本技能的操作不是在直视下进行的，因此也需要医学生在进行基本技能操作之前掌握其理论知识、操作要点，以免误伤。产科医疗关系到母婴的安危，责任重大，处理稍有疏忽就会给两条生命带来意外。

妇产科学是一门重要的临床学科，涉及人类子孙万代的繁衍昌盛。学习妇产科，不但要学好基础理论知识，还要不断与临床实践结合；“要临床，不要离床”，做一名合格的妇产科医生。

（沈　铿）

Notes

第二章　女性生殖器官发育及解剖

胎儿性分化与生殖器官发育取决于性染色体上的特殊基因。若胚胎细胞不含Y染色体,则胚胎缺少性分化相关的基因及其表达产物,相继引起女性原始性腺与内生殖器官始基的发育。女性生殖器官不仅与泌尿系统在解剖上相邻,而且两者均起源于体腔上皮、内胚层和外胚层。泌尿器官的发育可以影响生殖器官的发育,生殖器官的先天性异常可伴有泌尿器官的异常或部分缺如。

第一节　女性生殖器官发育

女性生殖器官的发育分两阶段:性未分化阶段与分化阶段。

(一) 性未分化阶段(胚胎6~7周前)

此期男女胚胎具有相同原始的性腺、内生殖器与外生殖器。

1. 原始性腺形成　胚胎卵黄囊(yolk sac)处的原始生殖细胞(primordial germ cell)沿后肠(hindgut)肠系膜迁移到相当于第10胸椎水平处的体腔背部的间质中。到达此区域的原始生殖细胞开始诱导中肾和体腔上皮邻近的间胚叶细胞增殖,形成一对生殖嵴(genital ridge)。生殖嵴表面覆盖一层柱状体腔上皮,称为生发上皮(germinal epithelium)。胚胎第6周时,生发上皮内陷并增生成条索状垂直伸入生殖嵴的间胚叶组织中,形成性索(sexual cord)。部分性索细胞包围着每个原始生殖细胞。

2. 内生殖器始基形成　略晚于原始性腺。约在胚胎第6周时,起源于原肾(pronephros或first kidney)的中肾(mesonephros)。中肾管(mesonephric duct,或wolffian duct)逐渐下行,并开口于原始泄殖腔(primitive cloaca)。此时,在中肾管外侧,体腔上皮向外壁中胚叶凹陷成沟,形成副中肾管(paramesonephric duct或müllerian duct)。副中肾管头部开口于体腔,尾端下行并向内跨过中肾管,双侧副中肾管在中线融合。此时胚胎同时含有中肾管和副中肾管两种内生殖器官始基。

3. 雏形外生殖器形成　约在胚胎第5周,原始泄殖腔两侧组织成褶,并在中线上部融合,形成生殖结节(genital tubercle)。尿直肠隔(urorectal septum)将原始泄殖腔褶分隔成前后两部分:前方为尿生殖褶(urogenital fold),后方为肛门褶(anal fold)。尿生殖褶两侧再生一对隆起,称阴唇-阴囊隆突(labioscrotal swelling)。

(二) 性分化阶段

直到胚胎第12周,临床上才可以明显区分性别。性分化取决于睾丸决定因子和雄激素。

1. 性腺分化　胚胎6周后,原始性腺开始分化。Y染色体短臂Y基因性决定区(sex determining region Y gene,SRY)中的睾丸决定因子基因通过其产物(testis-determining factor,TDF)一方面诱导性腺皮质退化,另一方面促使性索细胞转化为曲细精管的支持细胞(sertolis cell);同时使间胚叶细胞衍变为间质细胞(leydig's cell)。此时,睾丸形成。

若胚胎细胞不含Y染色体,约在胚胎第12周,原始性腺发育。原始生殖细胞分化成初级卵母细胞(primary oocyte),源自体腔上皮的性索皮质的扁平细胞发展为颗粒细胞(granule cell),与源自间质的卵泡膜细胞围绕卵母细胞,构成原始卵泡(primitive follicle),卵巢形成。此后,卵巢沿生殖嵴逐渐下降,到达盆腔内的特定位置。

2. 内生殖器衍变　约在胚胎第 8 周，衍化为睾丸的支持细胞分泌一种糖蛋白，称为副中肾管抑制因子（müllerian inhibiting factor，MIF），可使副中肾管退化。同时作为一种信号，MIF 启动睾丸间质细胞分泌睾酮。睾酮作用于中肾管，使其分化成输精管（vas derferens）、附睾（epididymis）、射精管（ejaculatory duct）以及精囊（seminal vesicle）。

若无 MIF，副中肾管不退化。约在胚胎第 9 周，双侧副中肾管上段形成输卵管；下段融合，其间的纵行间隔消失，形成子宫阴道管，并衬以柱状上皮。与泌尿生殖窦（urogenital sinus）相连部位的子宫阴道管腔内充满上皮细胞，其部分来自泌尿生殖窦。混合的上皮细胞团凸入泌尿生殖窦，称为副中肾管结节（müllerian tubercle）。泌尿生殖窦上端细胞增生，形成实质性的窦-阴道球（sinovaginal bulb），并进一步增殖形成阴道板（vaginal plate）。阴道板逐渐扩展，增大了子宫和泌尿生殖窦之间的距离。同时，阴道板将泌尿生殖窦分为两部分：上部形成膀胱与尿道；下部分化成真正的尿生殖窦和阴道前庭。自胚胎 11 周起，阴道板中心部分细胞退化，发生腔化，形成阴道（vagina）。

缺少 MIF，中肾管退化。约 1/4 的妇女留有中肾管的残痕，如发生在卵巢系膜（mesovarium）的卵巢冠（epoophoron），卵巢旁冠（paraphoron）以及子宫旁和阴道侧壁的中肾管囊肿（gartner's duct cyst）（图 2-1）。

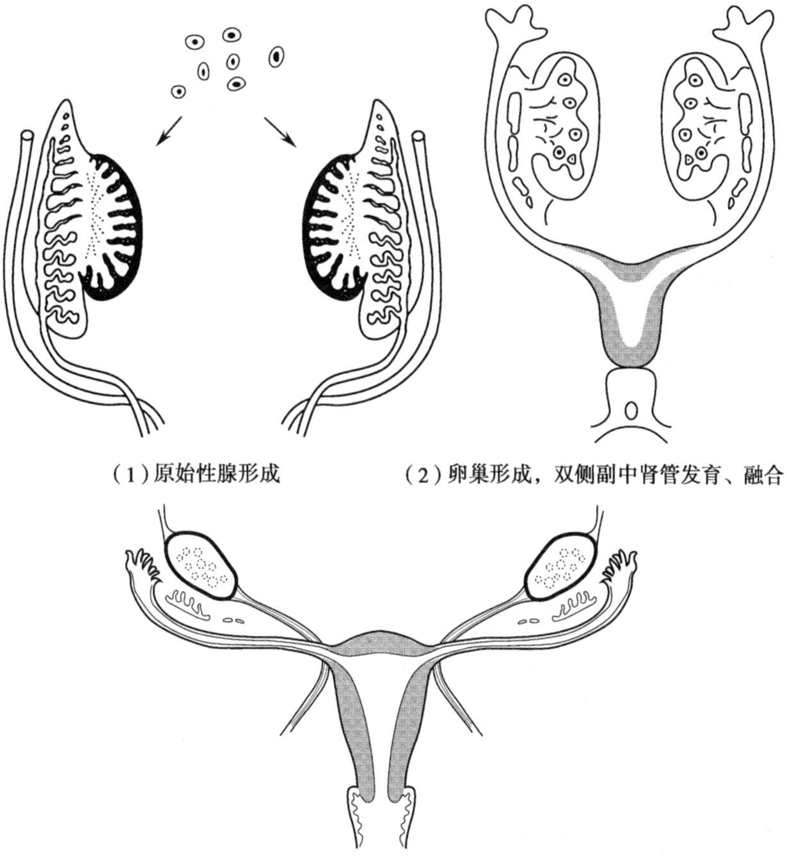

（1）原始性腺形成　　（2）卵巢形成，双侧副中肾管发育、融合

（3）卵巢下降至正常位置，输卵管、子宫形成

图 2-1　卵巢及内生殖器发育

3. 外生殖器发育　在内生殖器官分化同时，睾丸间质细胞分泌的雄激素在雏形外阴细胞内 5α-还原酶（5α-reductase）作用下，转变为二氢睾酮（dihydrotestesterone），并与其相应受体结合，使生殖结节分化为阴茎，泌尿生殖褶融合、闭合；同时使阴唇-阴囊隆突发育成阴囊（scrotum）。

若无睾酮的作用，生殖结节逐步缓慢地增大，形成阴蒂，同时泌尿生殖褶形成小阴唇；阴唇-阴囊隆突发育成大阴唇（图 2-2）。

Notes

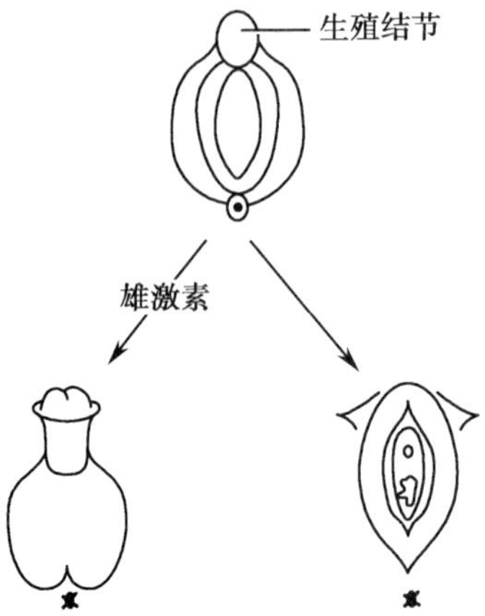

图 2-2 外生殖器形成

第二节 女性生殖器官解剖

女性生殖器官包括内、外生殖器官。内生殖器官位于骨盆内,骨盆的结构及形态与分娩密切相关;骨盆底组织承托内生殖器官,协助保持其正常位置。内生殖器官与盆腔内其他器官相邻,盆腔内某一器官病变可累及邻近器官。三者关系密切,相互影响。因此,本节对骨盆及盆腔内相关的器官也逐一介绍。

一、内生殖器官

女性内生殖器包括阴道、子宫、输卵管及卵巢,后二者合称为子宫附件(uterine adnexa)(图 2-3)。

(一) 阴道(vagina)

1. 阴道组织结构 阴道为性交器官、月经血排出及胎儿娩出的通道。阴道位于真骨盆下部中央,呈上宽下窄的管道,前壁长 7~9cm,与膀胱和尿道相邻,后壁长 10~12cm,与直肠贴近。上端包绕宫颈,下端开口于阴道前庭后部。环绕宫颈周围的部分称阴道穹窿(vaginal fornix)。按其位置分为前、后、左、右 4 部分,其中后穹窿最深,与直肠子宫陷凹紧密相邻,为盆腹腔最低部位,临床上可经此处穿刺或引流。

阴道壁由黏膜、肌层和弹力纤维组成。阴道黏膜为复层鳞状上皮,无腺体;阴道上端 1/3 处黏膜受性激素影响而有周期性变化。幼女或绝经后阴道黏膜变薄,皱褶少,伸缩性弱,局部抵抗力差,容易受感染。阴道表面有纵行的皱褶柱及与之垂直的横嵴,使阴道壁有较大的伸缩性。阴道肌层由外纵与内环形的两层平滑肌构成,肌层外覆纤维组织膜,其弹力纤维成分多于平滑肌纤维。阴道壁富于静脉丛,受创伤后易出血或形成血肿。

2. 阴道血供与淋巴回流 阴道全段分别由不同的动脉供血:阴道上段由子宫动脉的宫颈-阴道支供血,而中段由阴道动脉供血,下段主要由阴部内动脉和痔中动脉供血。阴道动脉、子宫动脉和阴部内动脉均为髂内动脉脏支,三者通过分支相互吻合(图 2-4/文末彩图 2-4)。

阴道上段淋巴回流基本与宫颈相同,下段淋巴回流与外阴相同(图 2-5)。

(二) 子宫(uterus)

子宫形似倒梨形,为空腔器官,是胚胎生长发育的场所。子宫长 7~8cm,宽 4~5cm,厚 2~3cm;宫腔容量约 5ml。子宫分为宫体及宫颈两部分。子宫体顶部称宫底部,宫底两侧为宫角,与输卵管相通(图 2-6)。宫体与宫颈相连部较狭小,称子宫峡部(isthmus uteri),其上界平行于宫颈管的解剖学内口、下界平行于宫颈管的组织学内口。非孕期子宫峡部长约 1cm。宫体与宫颈

Notes

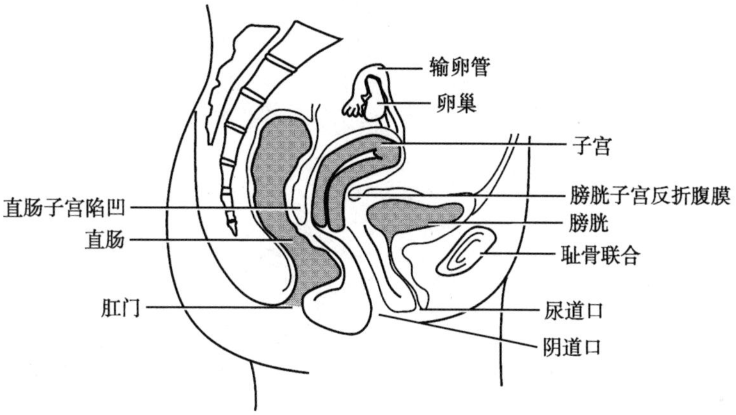

（1）矢状断面观

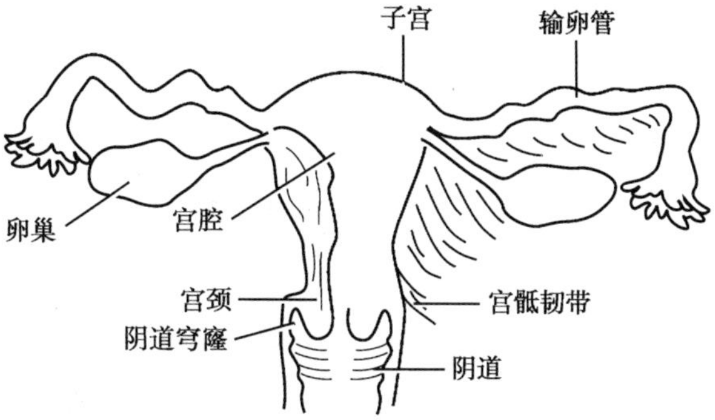

（2）后面观

图 2-3　女性内生殖器

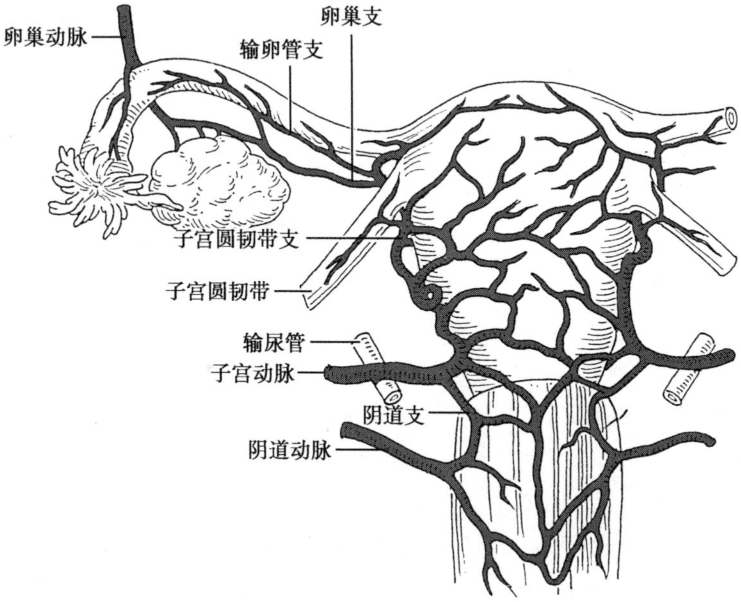

图 2-4　女性内生殖器的动脉

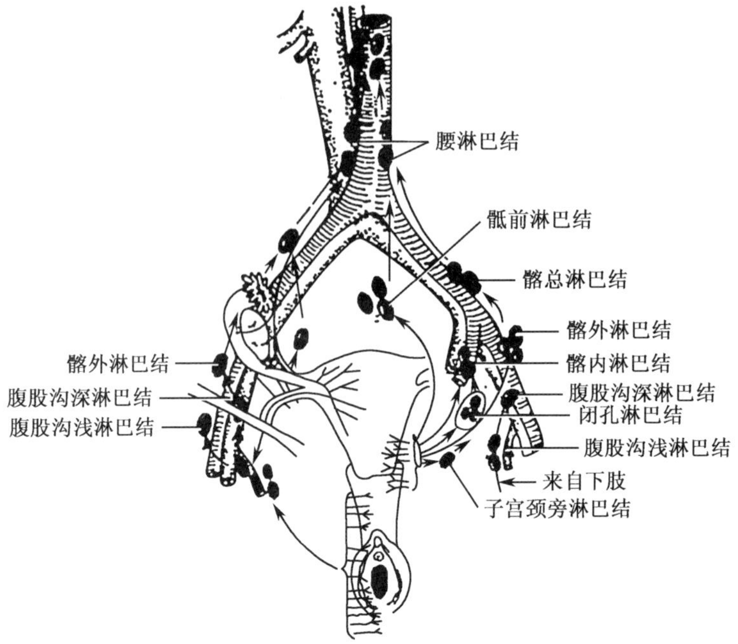

图 2-5 女性生殖器淋巴流向

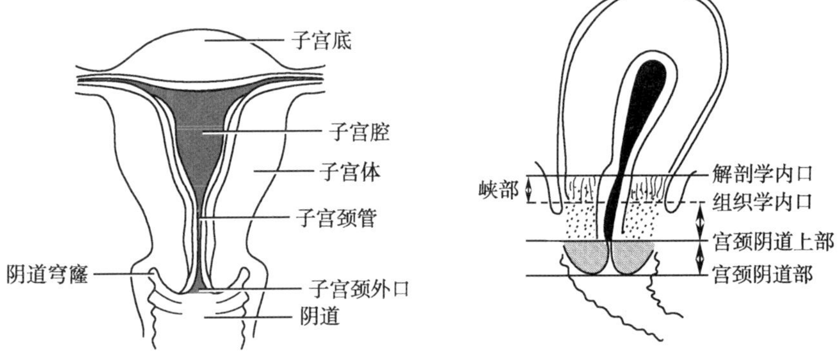

（1）子宫冠状断面　　（2）子宫矢状断面

图 2-6 子宫各部

之比，婴儿期为 1∶2，成年期为 2∶1。

1. 子宫解剖组织学　子宫体和宫颈的组织结构不同。

（1）宫体：由浆膜层，肌层与子宫内膜层构成。

1）浆膜层：为覆盖宫体的盆腔腹膜，与肌层紧连不能分离。在子宫峡部处，两者结合较松弛，腹膜向前返折覆盖膀胱底部，形成膀胱子宫陷凹，返折处腹膜称膀胱子宫返折腹膜。在子宫后面，宫体浆膜层向下延伸，覆盖宫颈后方及阴道后穹窿再折向直肠，形成直肠子宫陷凹（excavatio rectouterine 亦称道格拉斯陷凹）。

2）肌层：由大量平滑肌组织、少量弹力纤维与胶原纤维组成，非孕时厚约 0.8cm。子宫体肌层可分 3 层：①外层（浆膜下层）：肌纤维纵行排列，较薄，是子宫收缩的起始点；②中层：占肌层大部分，呈交叉排列，在血管周围形成 8 字形围绕血管；③内层（黏膜下层）：肌纤维纵行排列。宫体肌层内有血管穿行，肌纤维收缩可压迫血管，能有效地制止血管出血。

3）子宫内膜层：子宫内膜与肌层直接相贴，其间没有内膜下层组织。内膜可分 3 层：致密层，海绵层及基底层。致密层与海绵层对性激素敏感，在卵巢激素影响下发生周期性变化，又称功能层。基底层紧贴肌层，对卵巢激素不敏感，无周期性变化。

Notes

(2) 宫颈:宫颈上端与子宫峡部相连,因解剖上狭窄,又称解剖学内口。在其稍下方处,宫腔内膜开始转变为宫颈黏膜,称组织学内口。宫颈腔呈梭形,称子宫颈管(cervical canal),未生育女性宫颈管长为2.5~3cm。宫颈管内的黏膜呈纵行皱襞。颈管下端为宫颈外口,未产妇的宫颈外口呈圆形;已产妇因分娩影响,宫颈外口可见大小不等的横裂,分为前唇及后唇。宫颈下端伸入阴道内的部分称宫颈阴道部,阴道以上的部分称宫颈阴道上部。

宫颈主要由结缔组织构成,含少量弹力纤维及平滑肌。宫颈管黏膜为单层高柱状上皮,黏膜层腺体可分泌碱性黏液,形成宫颈管内黏液栓,堵于宫颈外口。宫颈黏膜受卵巢激素影响发生周期性变化。宫颈阴道部被覆复层鳞状上皮。

宫颈鳞状上皮与柱状上皮交接部,称为鳞-柱状交接部或鳞-柱交接。根据其形态发生学变化,鳞-柱状交接部又分为原始鳞-柱状交接部和生理鳞-柱状交接部。

胎儿期,来源于泌尿生殖窦的鳞状上皮向上生长,至宫颈外口与宫颈管柱状上皮相邻,形成原始鳞-柱状交接部。青春期后,在雌激素作用下,宫颈发育增大,宫颈管黏膜组织外翻(假性糜烂),即宫颈管柱状上皮及其下的间质成分到达宫颈阴道部,导致原始鳞-柱状交接部外移;在阴道酸性环境或致病菌的作用下,宫颈阴道部外翻的柱状上皮被鳞状上皮替代,形成新的鳞-柱状交接部,称为生理鳞-柱状交接部。原始鳞-柱状交接部和生理性鳞-柱状交接部之间的区域称转化区(transformation zone)(又称移行带)。在转化区形成过程中,新生的鳞状上皮覆盖宫颈腺管口或伸入腺管将腺管口堵塞,腺管周围的结缔组织增生或形成瘢痕压迫腺管,使腺管变窄或堵塞,腺体分泌物潴留于腺管内形成囊肿,称为宫颈腺囊肿。宫颈腺囊肿可作为辨认转化区的一个标志。绝经后雌激素水平下降,宫颈萎缩,原始鳞-柱状交接部退回至宫颈管内。

在转化区形成过程中,其表面被覆的柱状上皮逐渐被鳞状上皮所替代。替代的机制有以下两种方式。

1) 鳞状上皮化生(squamous metaplasia):当鳞-柱交界位于宫颈阴道部时,暴露于阴道的柱状上皮受阴道酸性影响,柱状上皮下未分化储备细胞(reserve cell)开始增生,并逐渐转化为鳞状上皮,继之柱状上皮脱落,而被复层鳞状细胞所替代,此过程称鳞状上皮化生。化生的鳞状上皮偶可分化为成熟的角化细胞,但一般均为大小形态一致,形圆而核大的未成熟鳞状细胞,无明显表层、中层、底层3层之分,也无核深染、异型或异常分裂象。化生的鳞状上皮既不同于宫颈阴道部的正常鳞状上皮,镜检时见到两者间的分界线;又不同于不典型增生,因而不应混淆。宫颈管腺上皮也可鳞化而形成鳞化腺体。

2) 鳞状上皮化(squamous epithelization):宫颈阴道部鳞状上皮直接长入柱状上皮与其基底膜之间,直至柱状上皮完全脱落而被鳞状上皮替代,称鳞状上皮化。多见于宫颈糜烂愈合过程中。愈合后的上皮与宫颈阴道部的鳞状上皮无区别。

宫颈转化区是宫颈癌及其癌前病变的好发部位。

2. 子宫韧带 主要由结缔组织增厚而成,有的含平滑肌,具有维持子宫位置的功能。子宫韧带共有4对(图2-7)。

(1) 阔韧带(broad ligament):子宫两侧翼形腹膜皱褶。起自子宫侧浆膜层,止于两侧盆壁;上缘游离,下端与盆底腹膜相连。阔韧带由前后两叶腹膜及其间的结缔组织构成,疏松,易分离。阔韧带上缘腹膜向上延伸,内2/3包绕部分输卵管,形成输卵管系膜;外1/3包绕卵巢血管,形成骨盆漏斗韧带(infundibulo pelvic ligament),又称卵巢悬韧带(suspensory ligament)。阔韧带内有丰富的血管、神经及淋巴管,统称为子宫旁组织,阔韧带下部还含有子宫动静脉、其他韧带及输尿管。

(2) 圆韧带(round ligament):圆形条状韧带,长12~14cm。起自双侧子宫角的前面,穿行于阔韧带与腹股沟内,止于大阴唇前端。圆韧带由结缔组织与平滑肌组成,其肌纤维与子宫肌纤维连接,可使子宫底维持在前倾位置。

Notes

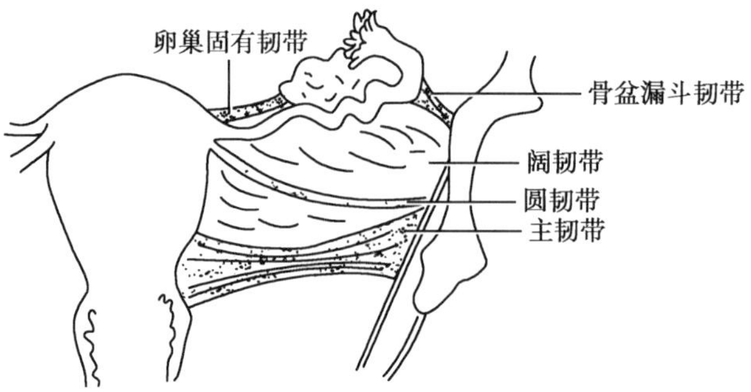

图 2-7 子宫各韧带

(3) 主韧带(cardinal ligament):位于阔韧带下部,横行于宫颈阴道上部与子宫体下部侧缘达盆壁之间,又称宫颈横韧带。由结缔组织及少量肌纤维组成,与宫颈紧密相连,起固定宫颈的作用。子宫血管与输尿管下段穿越此韧带。

(4) 宫骶韧带(utero-sacral ligament):从宫颈后面上部两侧起(相当于子宫峡部水平),绕过直肠而终于第 2～3 骶椎前面的筋膜内,由结缔组织及平滑肌纤维组织组成,外有腹膜遮盖。短厚坚韧,牵引宫颈向后、向上、维持子宫于前倾位置。

由于上述 4 对子宫韧带的牵拉与盆底组织的支托作用,使子宫维持在轻度前倾前屈位。

3. 子宫的血供 由子宫动脉供血。子宫动脉为髂内动脉前干分支,沿骨盆侧壁向下向前潜行,穿行阔韧带基底部、于子宫峡部外侧约 2cm 处横跨输尿管至子宫侧缘。此后分为上、下两支:上支称宫体支,较粗,沿子宫侧迂曲上行,至宫角处又分为宫底支(分布于宫底部)、卵巢支(与卵巢动脉末梢吻合)及输卵管支(分布于输卵管);下支称宫颈-阴道支,较细,分布于宫颈及阴道上段(图 2-4)。

4. 子宫的淋巴回流 宫体与宫颈的淋巴回流不尽相同(图 2-5)。

(1) 宫体淋巴回流有五条通路:①宫底部淋巴常沿阔韧带上部淋巴网、经骨盆漏斗韧带至卵巢、向上至腹主动脉旁淋巴结;②子宫前壁上部或沿圆韧带回流到腹股沟淋巴结;③子宫下段淋巴回流至宫旁、闭孔、髂内外及髂总淋巴结;④子宫后壁淋巴可沿宫骶韧带回流至直肠淋巴结;⑤子宫前壁也可回流至膀胱淋巴结。

(2) 宫颈淋巴回流:宫颈淋巴主要经宫旁、闭孔、髂内、髂外及髂总淋巴结回流至腹主动脉旁淋巴结和(或)骶前淋巴结。

(三) 输卵管(fallopian tube or oviduct)

输卵管为卵子与精子结合场所及运送受精卵的管道(图 2-8)。

1. 形态 自两侧子宫角向外伸展的管道,长 8～14cm。输卵管内侧与宫角相连,走行于上端输卵管系膜间,外侧 1～1.5cm(伞部)游离。根据形态不同,输卵管分为 4 部分:①间质部(in-

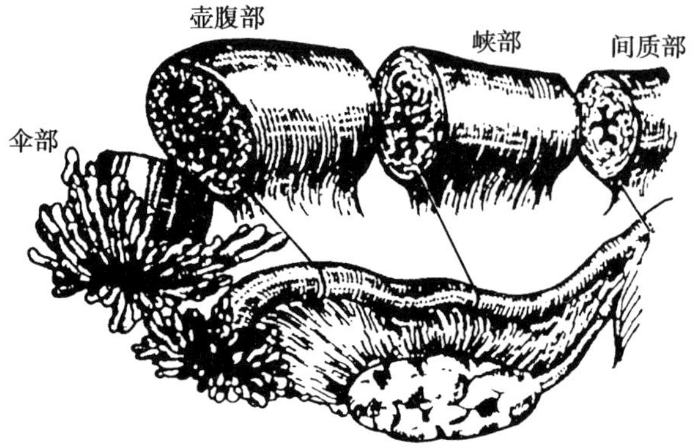

图 2-8 输卵管各部及其横断面

terstitial portion)：潜行于子宫壁内的部分，短而腔窄，长约 1cm；②峡部(isthmic portion)：紧接间质部外侧，长 2～3cm，管腔直径约 2mm；③壶腹部(ampulla)：峡部外侧，长 5～8cm，管腔直径 6～8mm；④伞部(fimbria)：输卵管的最外侧端，游离，开口于腹腔，管口为许多须状组织，呈伞状，故名伞部。伞部长短不一，常为 1～1.5cm，有"拾卵"作用。

2. 解剖组织学　由浆膜层、肌层及黏膜层组成。

(1) 浆膜层：即阔韧带上缘腹膜延伸包绕输卵管而成。

(2) 肌层：为平滑肌，分外、中及内 3 层。外层纵行排列；中层环行，与环绕输卵管的血管平行；内层又称固有层，从间质部向外伸展 1cm 后，内层便呈螺旋状。肌层有节奏地收缩可引起输卵管由远端向近端的蠕动。

(3) 黏膜层：由单层高柱状上皮组成。黏膜上皮可分纤毛细胞、无纤毛细胞、楔状细胞及未分化细胞。4 种细胞具有不同的功能：纤毛细胞的纤毛摆动有助于输送卵子；无纤毛细胞可分泌对碘酸-雪夫反应(PAS)阳性的物质(糖原或中性黏多糖)，又称分泌细胞；楔形细胞可能为无纤毛细胞的前身；未分化细胞又称游走细胞，为上皮的储备细胞。

输卵管肌肉的收缩和黏膜上皮细胞的形态、分泌及纤毛摆动均受卵巢激素影响，有周期性变化。

3. 输卵管血供　输卵管无其命名的动脉。输卵管由子宫动脉上支(宫体支)的分支(输卵管支)供血(图 2-4/文末彩图 2-4)。

4. 输卵管淋巴回流　与卵巢淋巴回流相同(图 2-5)。

(四) 卵巢(ovary)

卵巢是卵子产生与排出，并分泌甾体激素的性器官。

1. 形态　呈扁椭圆形，位于输卵管的后下方。以卵巢系膜连接于阔韧带后叶的部位称卵巢门，卵巢血管与神经由此出入卵巢。卵巢的内侧(子宫端)以卵巢固有韧带与子宫相连，外侧(盆壁端)以卵巢悬韧带(骨盆漏斗韧带)与盆壁相连。青春期以前，卵巢表面光滑；青春期开始排卵后，表面逐渐凹凸不平，表面呈灰白色。体积随年龄不同而变异较大，生殖年龄妇女卵巢约 4cm×3cm×1cm 大小，重 5～6g，绝经后卵巢逐渐萎缩变小变硬。

2. 解剖组织学　卵巢的表面无腹膜覆盖。卵巢表层为单层立方上皮即生发上皮，其下为一层纤维组织，称卵巢白膜。白膜下的卵巢组织，分皮质与髓质 2 部分(图 2-9)：外层为皮质，其中含有数以万计的始基卵泡和发育程度不同的囊状卵泡，年龄越大，卵泡数越少，皮质层也变薄；髓质是卵巢的中心部，无卵泡，与卵巢门相连，含有疏松的结缔组织与丰富的血管与神经，并有少量平滑肌纤维与卵巢韧带相连接。

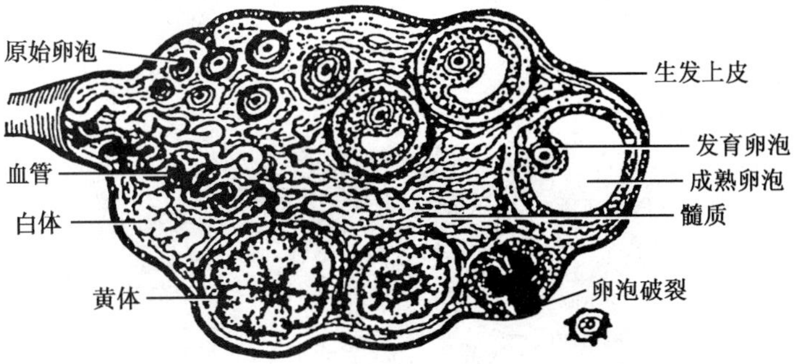

图 2-9　卵巢的结构(切面)

3. 卵巢的血供　由卵巢动脉供血。卵巢动脉自腹主动脉分出，沿腰大肌前下行至盆腔，跨越输尿管与髂总动脉下段，随骨盆漏斗韧带向内横行，再经卵巢系膜进入卵巢内。进入卵巢门前分出若干分支供应输卵管，其末梢在宫角旁侧与子宫动脉上行的卵巢支相吻合。右侧卵巢静脉回流至下腔静脉，左侧卵巢静脉可回流至左肾静脉(图 2-4/文末彩图 2-4)。

Notes

4. **卵巢的淋巴回流** 有三条通路:①沿卵巢骨盆漏斗韧带入卵巢淋巴管,向上回流至腹主动脉旁淋巴结;②沿卵巢门淋巴管达髂内、髂外淋巴结,再经髂总淋巴结至腹主动脉旁淋巴结;③偶沿圆韧带入髂外及腹股沟淋巴结(图 2-5)。

(五) 内生殖器的神经支配

主要由交感神经与副交感神经所支配。交感神经纤维自腹主动脉前神经丛分出,下行入盆腔分为两部分:①骶前神经丛:大部分在宫颈旁形成骨盆神经丛,分布于宫体、宫颈、膀胱上部等;②卵巢神经丛:分布于卵巢和输卵管。骨盆神经丛中来自第Ⅱ、Ⅲ、Ⅳ骶神经的副交感神经纤维,并含有向心传导的感觉神经纤维(图 2-10)。

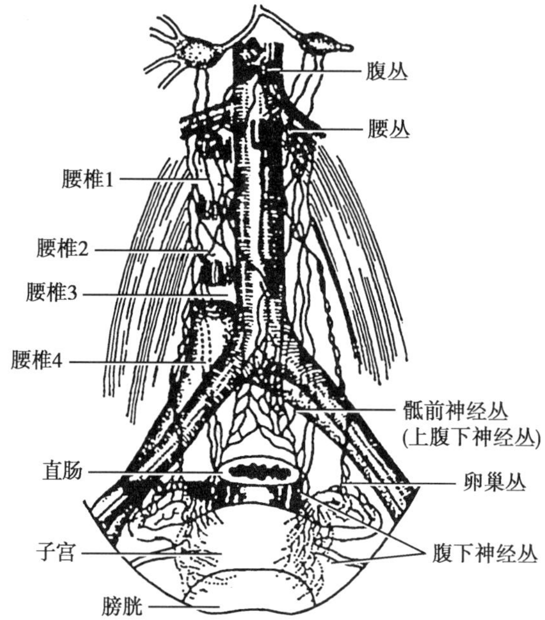

图 2-10 女性内生殖器神经

子宫平滑肌有自主节律活动,完全切除其神经后仍有节律收缩,还能完成分娩活动,临床上可见低位截瘫的产妇仍能顺利自然分娩。

二、外生殖器官

女性外生殖器是指生殖器官外露的部分,又称外阴,位于两股内侧间,前为耻骨联合,后为会阴(图 2-11)。

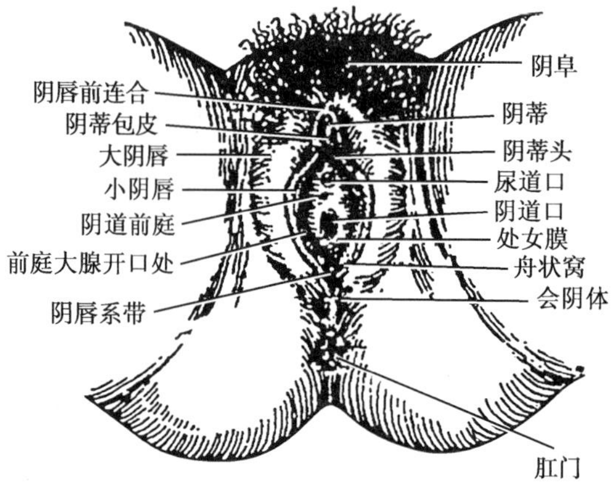

图 2-11 女性外生殖器

（一）外生殖器组织结构

外生殖器包括以下组织：

1. 阴阜（mons pubis）　阴阜指耻骨联合前面隆起的脂肪垫。青春期发育时，其上的皮肤开始生长卷曲的阴毛，呈尖端向下三角形分布，底部两侧阴毛向下延伸至大阴唇外侧面。阴毛的疏密与色泽因个体和种族不同而异。阴毛为第二性征之一。

2. 大阴唇（labium majus）　自阴阜向下、向后止于会阴的一对隆起的皮肤皱襞。外侧面为皮肤，皮层内有皮脂腺和汗腺，多数妇女的大阴唇皮肤有色素沉着；内侧面湿润似黏膜。大阴唇皮下组织松弛，脂肪中有丰富的静脉、神经及淋巴管，若受外伤，容易形成血肿，疼痛较甚。

3. 小阴唇（labium minus）　位于大阴唇内侧的一对薄皱襞。小阴唇大小、形状因人而异。有的小阴唇被大阴唇遮盖，有的则可伸展至大阴唇外。两侧小阴唇前端互相融合，再分为两叶包绕阴蒂，前叶形成阴蒂包皮，后叶与对侧结合形成阴蒂系带。两侧小阴唇后方则与大阴唇后端相结合，在正中线形成阴唇系带（frenulum labium pudendal）。小阴唇表面湿润、微红，表面为复层鳞状上皮，无阴毛，富含皮脂腺，极少汗腺。神经末梢丰富，故非常敏感。

4. 阴蒂（clitoris）　位于两侧小阴唇顶端下，为与男性阴茎相似的海绵样组织，具有勃起性。分阴蒂头、阴蒂体及两个阴蒂脚三部分。阴蒂头显露于外阴，直径6～8mm，神经末梢丰富，极敏感。两阴蒂脚各附于两侧耻骨支。

5. 阴道前庭（vaginal vestibule）　为两侧小阴唇之间的菱形区域，前为阴蒂，后方以阴唇系带为界。前庭区域内有尿道口、阴道口。阴道口与阴唇系带之间一浅窝称舟状窝（又称阴道前庭窝），经产妇受分娩影响，此窝消失。

（1）尿道口：位于阴蒂下方。尿道口为圆形，但其边缘折叠而合拢。两侧后方有尿道旁腺，开口极小，为细菌潜伏处。

（2）前庭大腺（major vestibular gland）：又称巴多林腺（Bartholin glands）。位于大阴唇后部，被球海绵体肌覆盖，如黄豆大小，左右各一，腺管细长（1～2cm），开口于前庭后方小阴唇与处女膜之间的沟内。在性刺激下，腺体分泌黏液样分泌物，起润滑作用。正常情况下不能触及此腺。若腺管口闭塞，可形成囊肿或脓肿。

（3）前庭球（vestibular bulb）：又称球海绵体，位于前唇两侧由具有勃起性的静脉丛组成，表面覆有球海绵体肌。

（4）阴道口（vaginal orifice）和处女膜（hymen）：位于前庭的后半部。覆盖阴道口的一层有孔薄膜，称处女膜，其孔呈圆形或新月形，较小，可通指尖，少数膜孔极小或呈筛状，或有中隔、伞状，后者易被误认为处女膜已破。极少数处女膜组织坚韧，需手术切开。初次性交可使处女膜破裂，受分娩影响产后仅留有处女膜痕。

（二）外生殖器的血供

外生殖器主要由阴部内动脉供血。阴部内动脉为髂内动脉前干终支，经坐骨大孔的梨状肌下孔穿出骨盆腔，绕过坐骨棘背面，再经坐骨小孔到达会阴及肛门，后分4支：①痔下动脉：供应直肠下段及肛门部；②会阴动脉：分布于会阴浅部；③阴唇动脉：分布于大、小阴唇；④阴蒂动脉：分布于阴蒂及前庭球。

（三）外生殖器的淋巴回流

外阴淋巴回流至腹股沟浅淋巴结，然后可至腹股沟深淋巴结（股深淋巴结），汇入闭孔、髂内等淋巴结。

（四）外生殖器的神经支配

外阴部神经主要来自阴部神经。阴部神经由第Ⅱ、Ⅲ及Ⅳ骶神经的分支组成，含感觉和运动神经纤维。在坐骨结节内侧下方阴部神经分成3支：会阴神经、阴蒂背神经及肛门神经（又称痔下神经），分布于会阴、阴唇、阴蒂、肛门周围。

Notes

三、邻近器官

女性生殖器官与输尿管(盆腔段)、膀胱以及乙状结肠、阑尾、直肠在解剖上相邻。当女性生殖器官病变时,可影响相邻器官,增加诊断与治疗上的困难,反之亦然。女性生殖器官的起始与泌尿系统相同,故女性生殖器官发育异常时,也可能伴有泌尿系统的异常。

1. 尿道(urethra) 尿道开口于阴蒂下约2.5cm处。由于女性尿道较直而短,又接近阴道,易引起泌尿系统感染。

2. 膀胱(urinary bladder) 位于子宫及阴道上部的前面。膀胱后壁与宫颈、阴道前壁相邻,其间仅含少量疏松结缔组织,易分离。因膀胱子宫陷凹腹膜前覆膀胱顶、后连子宫体浆膜层,故膀胱充盈与否,会影响子宫体的位置。

3. 输尿管(ureter) 输尿管下行进入骨盆入口时与骨盆漏斗韧带相邻;在阔韧带基底部潜行至宫颈外侧约2cm处,潜于子宫动静脉下方(临床上喻之"桥下有水");又经阴道侧穹窿上方绕前进入膀胱壁。在施行附件切除或子宫动脉结扎时,要避免损伤输尿管(图2-12)。

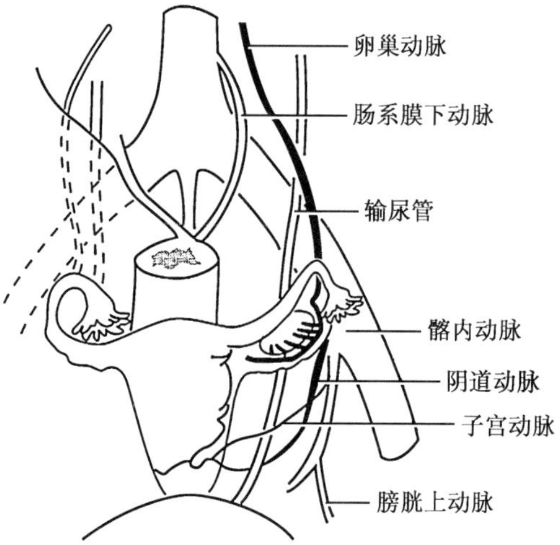

图2-12 输卵管与子宫动脉的关系

4. 直肠(rectum) 直肠前为子宫及阴道,后为骶骨。直肠上部有腹膜覆盖,至中部腹膜转向前方,覆盖子宫后面,形成子宫直肠陷凹。

5. 阑尾(vermiform appendix) 妊娠期阑尾的位置亦可随子宫增大而逐渐向外上方移位。有的阑尾下端可到达输卵管及卵巢处,阑尾炎炎症时有可能累及输卵管及卵巢,应仔细鉴别诊断。

四、骨 盆

骨盆为胎儿娩出的骨产道,骨盆的结构、形态及其组成骨间径与阴道分娩密切相关。骨盆形态或组成骨间径线异常可引起分娩异常。

(一)骨盆结构、形态对阴道分娩的影响

1. 骨盆结构对阴道分娩的影响 骨盆系由骶骨(os sacrum)、尾骨(os coccyx)及左右两块髋骨(os coxae)组成(图2-13)。

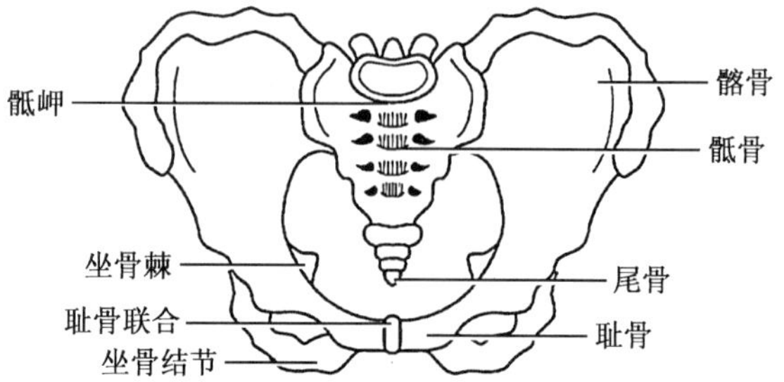

图2-13 正常女性骨盆(前上观)

骶骨形似三角,前面凹陷成骶窝,底的中部前缘凸出,形成骶岬(promontory)(相当于髂总动脉分叉水平)。骶岬是妇科腹腔镜手术的重要标志之一及产科骨盆内测量对角径的重要据点。

Notes

骶尾关节为略可活动的关节。分娩时，下降的胎头可使尾骨向后。若骨折或病变可使骶尾关节硬化，尾骨翘向前方，致使骨盆出口狭窄，影响分娩。

2. 骨盆形态对阴道分娩的影响　根据骨盆形状（按 Callwell 与 Moloy 分类）分为 4 种类型（图 2-14）。

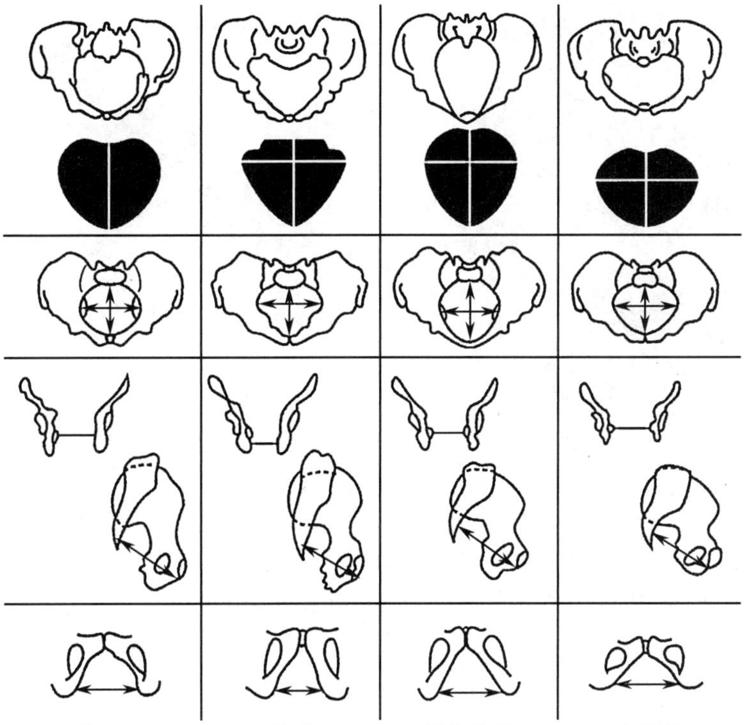

图 2-14　骨盆的基本类型及其各部比较

（1）女型（gynecoid type）：骨盆入口呈横椭圆形，髂骨翼宽而浅，入口横径较前后径稍长，耻骨弓较宽，坐骨棘间径≥10cm。为女性正常骨盆，最适宜分娩。在我国妇女骨盆类型中占 52%～58.9%。

（2）扁平型（playtypelloid type）：骨盆入口呈扁椭圆形前后径短而横径长。耻骨弓宽，骶骨失去正常弯度，变直后翘或深弧型，故骶骨短而骨盆浅。在我国妇女中较为常见，占 23.2%～29%。

（3）类人猿型（anthropoid type）：骨盆入口呈长椭圆形，骨盆入口、中骨盆和骨盆出口的横径均缩短，前后径稍长。坐骨切迹较宽，两侧壁稍内聚，坐骨棘较突出，耻骨弓较窄，但骶骨向后倾斜，故骨盆前部较窄而后部较宽。骶骨往往有 6 节且较直，故骨盆较其他类型深。在我国妇女中占 14.2%～18%。

（4）男型（android type）：骨盆入口略呈三角形，两侧壁内聚，坐骨棘突出，耻骨弓较窄，坐骨切迹窄呈高弓形，骶骨较直而前倾，致出口后矢状径较短。因男性骨盆呈漏斗型，往往造成难产。此型骨盆较少见，在我国妇女中仅占 1%～3.7%。

骨盆的形态、大小除种族差异外，还受遗传、营养与性激素的影响。上述四种基本类型只是理论上归类，临床多见混合型骨盆。

（二）产科的重要标志

以耻骨联合上缘、髂耻线及骶岬上缘的连线为界，将骨盆分为上下两部分：上方为假骨盆（又称大骨盆），下方为真骨盆（又称小骨盆）（图 2-15）。假骨盆的前方为腹壁下部组织，两侧为髂骨翼，后方为第 5 腰椎。假骨盆与分娩无关，但其某些径线的长短关系到真骨盆的大小，测量

Notes

假骨盆的径线可作为了解真骨盆情况的参考。真骨盆是胎儿娩出的骨产道，可分为3部分：骨盆入口、骨盆腔及骨盆出口。骨盆腔为一前壁短、后壁长的弯曲管道：前壁是耻骨联合，长约4.2cm；后壁是骶骨与尾骨，骶骨弯曲的长度约11.8cm；两侧为坐骨、坐骨棘及骶棘韧带。坐骨棘位于真骨盆腔中部，在产程中是判断胎先露下降程度的重要骨性标志。

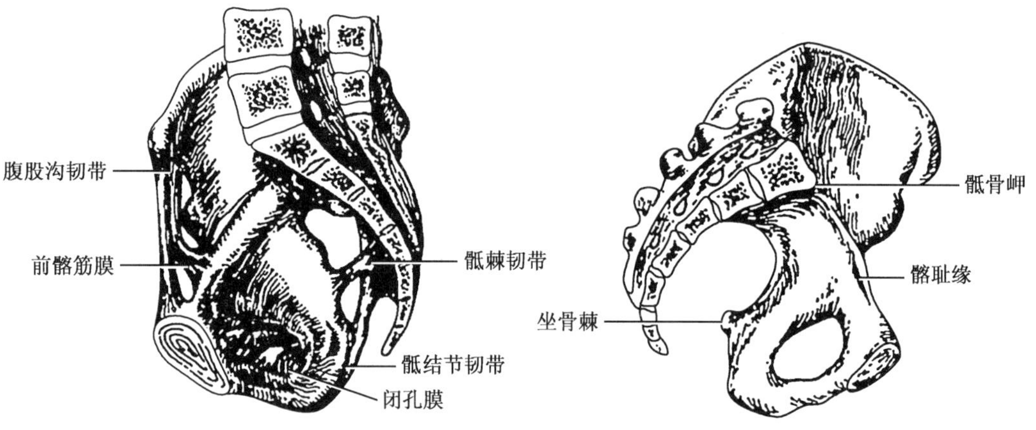

（1）骨盆的韧带　（2）骨盆的分界（侧面观）

图2-15 骨盆的韧带及其分界

骶棘韧带宽度即坐骨切迹宽度，是判断中骨盆是否狭窄的重要指标。妊娠期受性激素的影响，韧带较松弛，各关节的活动性亦稍有增加，有利于胎儿娩出。

两侧坐骨结节前缘的连线将骨盆底分为前、后两部：前部为尿生殖三角，又称尿生殖区，有尿道和阴道通过；后部为肛门三角，又称肛区，有肛管通过。

妇产科临床上，会阴是指阴道口与肛门之间的软组织，厚3～4cm，由外向内逐渐变窄呈楔状，表面为皮肤及皮下脂肪，内层为会阴中心腱，又称会阴体（perineal body）。妊娠期会阴组织变软，有很大的伸展性；分娩时，其厚度可由非孕期的3～4cm变成薄膜状，有利于分娩的进行。分娩时要保护此区，以免造成会阴裂伤。

（三）骨盆底组织与妇产科病变

骨盆底（pelvic floor）是封闭骨盆出口的软组织，由多层肌肉和筋膜组成（外层：球海绵体肌、坐骨海绵体肌（ischiocavernosus）、会阴浅横肌（superficial transverse perineal muscle）、肛门外括约肌；中层：泌尿生殖膈（urogenital diaphragm）；内层：由两侧的耻尾肌、髂尾肌及坐尾肌共同构成的肛提肌）。骨盆底组织承托并保持盆腔脏器（如内生殖器、膀胱及直肠等）位于正常位置。若盆底组织结构和功能缺陷，可导致盆腔脏器膨出、脱垂或引起分娩障碍；而分娩处理不当，亦可损伤骨盆底组织或影响其功能。

（丰有吉）

参考文献

1. 邹仲之，李继承. 组织学与胚胎学. 第8版. 北京：人民卫生出版社，2013.
2. Jonathan S. Berek. Berek & Novak' Gynecology. 15th ed. Philadelphia: Lippincott Williams & Wilkins, 2012.
3. Marc A. Fritz, Leon Speroff. Clinical Gynecologic Endocrinology and Infertility. 8th ed. Philadelphia: Lippincott Williams & Wilkins, 2011.

第三章 女性生殖系统生理

女性生殖系统具有生殖和内分泌双重生理功能，与机体其他系统的功能相互联系、相互影响。熟悉女性生殖系统生理功能及其调控机制是诊断治疗生殖内分泌疾病的基础。

第一节 女性一生各阶段生理特点

女性从胚胎形成到衰老是一个渐进的生理过程，它体现了下丘脑-垂体-卵巢轴功能发育、成熟和衰退的变化过程。根据年龄和生理特征可将女性一生分为七个阶段，但其并无截然界限，可因遗传、环境、营养等因素的影响存在个体差异。

（一）胎儿期(fetal period)

胎儿期是指从卵子受精至出生，共266日（从末次月经算起280日）。受精卵是由父系和母系来源的23对（46条）染色体组成的新个体，其中1对染色体在性发育中起决定性作用，称性染色体（sex chromosome）。性染色体X与Y决定着胎儿的性别，即XY合子发育为男性，XX合子发育为女性。胚胎6周后原始性腺开始分化，若胚胎细胞不含Y染色体，或Y染色体短臂上缺少决定男性性别的睾丸决定因子（testis determining factor，TDF）基因时，性腺分化缓慢，至胚胎8～10周性腺组织出现卵巢的结构。卵巢形成后，因无雄激素，无副中肾管抑制因子，所以中肾管退化，两条副中肾管发育成为女性生殖道。

（二）新生儿期(neonatal period)

出生后4周内称新生儿期。女性胎儿由于受胎盘及母体性腺产生的女性激素影响，其外阴较丰满，子宫、卵巢有一定程度的发育，乳房略隆起或少许泌乳。出生后脱离母体环境，血中女性激素水平迅速下降，可出现少量阴道流血。这些均属生理现象，短期内即可消退。

（三）儿童期(childhood)

从出生4周到12岁左右称儿童期。儿童早期（8岁之前）下丘脑-垂体-卵巢轴功能处于抑制状态，这与下丘脑、垂体对低水平雌激素（≤10pg/ml）的负反馈及中枢性抑制因素高度敏感有关。此期生殖器为幼稚型。外阴和阴道上皮很薄，阴道狭长，无皱襞，细胞内缺乏糖原，阴道酸度低，抵抗力弱，易发生炎症；宫体较小，而宫颈较长，两者比例为1∶2，子宫肌层薄；输卵管弯曲而细长；卵巢长而窄，卵泡虽能大量自主生长，但仅发育到窦前期即萎缩、退化。子宫、输卵管及卵巢均位于腹腔内。儿童后期（约8岁起）下丘脑促性腺激素释放激素（gonadotropin releasing hormone，GnRH）抑制状态解除，卵巢内卵泡受促性腺激素的影响有一定发育并分泌性激素，但仍达不到成熟阶段。卵巢形态逐步变为扁卵圆形。子宫、输卵管及卵巢逐渐降至盆腔。皮下脂肪在胸、髋、肩部及外阴部堆积，乳房开始发育，初显女性特征。

（四）青春期(adolescence or puberty)

由儿童期向性成熟期过渡的一段快速生长时期，是内分泌、生殖、体格、心理等逐渐发育成熟的过程。世界卫生组织（WHO）规定青春期为10～19岁。

青春期的发动（onset of puberty）通常始于8～10岁，此时中枢性负反馈抑制状态解除，促性腺激素释放激素开始呈脉冲式释放，继而引起促性腺激素和卵巢性激素水平升高、第二性征出现，并最终获得成熟的生殖功能。青春期发动的时间主要取决于遗传因素，此外尚与地理位置、体质、营养状况以及心理精神因素有关。

女性青春期第一性征的变化是在促性腺激素作用下，卵巢增大，卵泡开始发育和分泌雌激素，生殖器从幼稚型变为成人型。阴阜隆起，大、小阴唇变肥厚并有色素沉着；阴道长度及宽度增加，阴道黏膜变厚并出现皱襞；子宫增大，尤其宫体明显增大，宫体与宫颈的比例为2∶1；输卵管变粗，弯曲度减小，黏膜出现许多皱襞与纤毛；卵巢增大，皮质内有不同发育阶段的卵泡，致使卵巢表面稍呈凹凸不平。此时虽已初步具有生育能力，但整个生殖系统的功能尚未完善。

除生殖器官以外，其他女性特有的性征即第二性征（secondary sexual characteristics）包括音调变高，乳房发育，出现阴毛及腋毛，骨盆横径发育大于前后径，胸、肩部皮下脂肪增多等，这些变化呈现女性特征。

青春期按照顺序先后经历以下四个不同的阶段，各阶段有重叠，共需大约4.5年的时间：

1. 乳房萌发（thelarche） 是女性第二性征的最初特征。一般女孩接近10岁时乳房开始发育，约经过3.5年时间发育为成熟型。

2. 肾上腺功能初现（adrenarche） 青春期肾上腺雄激素分泌增加引起阴毛和腋毛的生长，称为肾上腺功能初现。阴毛首先发育，约2年后腋毛开始发育。该阶段肾上腺皮质功能逐渐增强，血液循环中脱氢表雄酮（DHEA）、硫酸脱氢表雄酮（DHEAS）和雄烯二酮升高，肾上腺17α-羟化酶和17,20-裂解酶活性增强。肾上腺功能初现提示下丘脑-垂体-肾上腺雄性激素轴功能近趋完善。

3. 生长加速（growth spurt） 11～12岁青春期少女体格生长呈直线加速，平均每年生长9cm，月经初潮后生长减缓。青春期生长加速是由于雌激素、生长激素和胰岛素样生长因子-Ⅰ分泌增加所致。

4. 月经初潮（menarche） 女孩第一次月经来潮称月经初潮，为青春期的重要标志。月经初潮平均晚于乳房发育2.5年时间。月经来潮提示卵巢产生的雌激素足以使子宫内膜增殖，雌激素达到一定水平且有明显波动时，引起子宫内膜脱落即出现月经。由于此时中枢对雌激素的正反馈机制尚未成熟，有时即使卵泡发育成熟也不能排卵，故月经周期常不规律，经5～7年建立规律的周期性排卵后，月经才逐渐正常。

此外，青春期女孩发生较大心理变化，出现性别意识，对异性有好奇心，情绪和智力发生明显变化，容易激动，想象力和判断力明显增强。

（五）性成熟期（sexual maturity）

卵巢功能成熟并有周期性性激素分泌及排卵的时期称为性成熟期，一般自18岁左右开始，历时约30年。在性成熟期，生殖器官及乳房在卵巢分泌的性激素作用下发生周期性变化，此阶段是妇女生育功能最旺盛的时期，故亦称生育期。

（六）绝经过渡期（menopausal transition period）

卵巢功能开始衰退至最后一次月经的时期。可始于40岁，历时短至1～2年，长至10余年。此期由于卵巢功能逐渐衰退，卵泡不能发育成熟及排卵，因而月经不规律，常为无排卵性月经。最终由于卵巢内卵泡自然耗竭，对垂体促性腺激素丧失反应，导致卵巢功能衰竭，月经永久性停止，称绝经。中国妇女平均绝经年龄在50岁左右。以往一直采用“更年期”一词来形容女性这一特殊生理变更时期。由于更年期概念模糊，1994年WHO废除“更年期”这一术语，推荐采用“围绝经期（perimenopausal period）”一词，将其定义为从卵巢功能开始衰退直至绝经后1年内的时期。女性在绝经前后由于雌激素水平降低，可出现血管舒缩障碍和精神神经症状，在机体自主神经系统的调节和代偿下，大多数妇女无明显症状，部分妇女可出现潮热、出汗、失眠、抑郁或烦躁等，称为绝经综合征（menopausal syndrome，MPS）。

（七）绝经后期（postmenopausal period）

Notes

为绝经后的生命时期。在早期阶段，卵巢虽然停止分泌雌激素，但其间质仍能分泌少量雄激素，此期由雄激素在外周转化而来的雌酮成为循环中的主要雌激素。妇女 60 岁以后机体逐渐老化，进入老年期（senility）。此期卵巢功能已完全衰竭，除整个机体发生衰老改变外，生殖器官进一步萎缩老化，主要表现为雌激素水平低落，不足以维持女性第二性征，易感染发生老年性阴道炎，骨代谢失常引起骨质疏松，易发生骨折。

第二节　卵 巢 周 期

卵巢为女性的性腺，其主要功能为产生卵子并排卵和分泌女性激素。

从青春期开始到绝经前，卵巢在形态和功能上发生周期性变化称为卵巢周期（ovarian cycle）（图 3-1）。

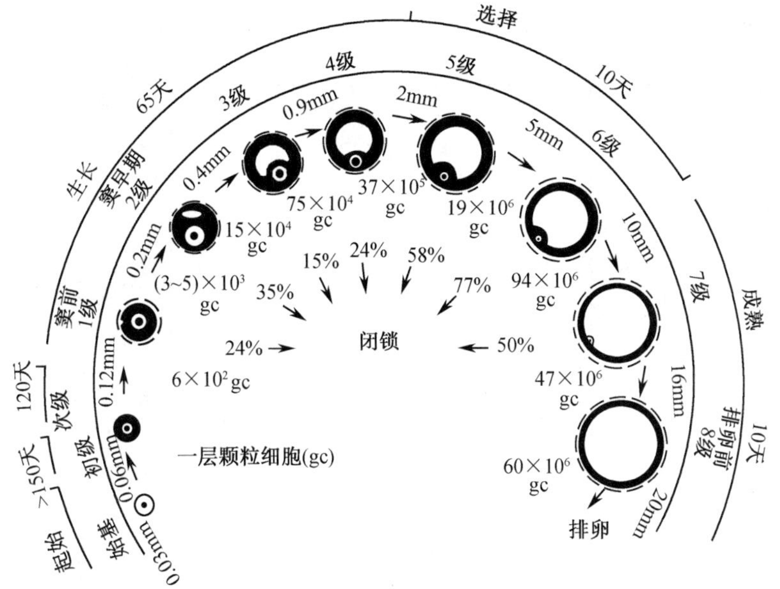

图 3-1　成人卵巢内卵泡的生长发育及各级生长卵泡出现的比例

一、卵泡发育和排卵

胚胎期，卵泡即已自主发育和闭锁；从青春期开始，卵泡周而复始地不断发育、成熟直至绝经前。

（一）卵泡发育

卵泡发育主要包括卵巢周期前卵泡形成与发育和卵巢周期中卵泡发育与成熟。

1. 卵巢周期前卵泡形成与发育　卵子的发生始于原始生殖细胞（primordial germ cell，PGCs）的形成，PGCs 起源于卵黄囊尾侧的内胚层细胞，在胚胎发育过程中 PGCs 缓慢迁移至生殖嵴表面。胚胎 6～8 周时，PGCs 不断有丝分裂，细胞数增多，体积增大，称为卵原细胞（oogonia），约 60 万个。自胚胎 11～12 周开始卵原细胞进入第一次减数分裂，并静止于前期双线期，改称为初级卵母细胞（primary oocyte）。第一次减数分裂停滞主要与颗粒细胞分泌的某些物质抑制卵母细胞减数分裂的进行有关，如卵母细胞成熟抑制物（oocyte maturation inhibitor，OMI）和环磷酸腺苷（cAMP）等。胚胎 16～20 周时生殖细胞数目达到高峰，两侧卵巢共含 600 万～700 万个（卵原细胞占 1/3，初级卵母细胞占 2/3）。胚胎 16 周至生后 6 个月，单层梭形前颗粒细胞围绕着停留于减数分裂双线期的初级卵母细胞形成始基卵泡（primordial follicle），这是女性的基本生殖单位，也是卵细胞储备的唯一形式。胎儿期的卵泡不断闭锁，出生时剩 100 万～200 万个，儿童期多数卵泡退化，至青春期只剩下 30 万～40 万个。

Notes

卵泡自胚胎形成后即进入自主发育和闭锁的轨道，此过程不依赖于促性腺激素，其机制尚不清楚。

2. 卵巢周期中卵泡发育和成熟　进入青春期后，卵泡由自主发育推进至发育成熟的过程则依赖于促性腺激素的刺激。生育期每月发育一批（3～11 个）卵泡，经过募集、选择，其中一般只有一个优势卵泡可达完全成熟，并排出卵子。其余的卵泡发育到一定程度通过细胞凋亡机制而自行退化，称卵泡闭锁。女性一生中一般只有 400～500 个卵泡发育成熟并排卵，仅占总数的 0.1%左右。

卵泡的发育始于始基卵泡到初级卵泡的转化即启动募集（initial recruitment），始基卵泡可以在卵巢内处于休眠状态数十年。始基卵泡发育远在月经周期起始之前，从始基卵泡至形成窦前卵泡需 9 个月以上的时间（图 3-1），从窦前卵泡发育到成熟卵泡经历持续生长期（1～4 级卵泡）和指数生长期（5～8 级卵泡），共需 85 日（图 3-2），实际上跨越了 3 个月经周期。

根据卵泡的形态、大小、生长速度和组织学特征，可将其生长过程分为以下几个阶段（图 3-3）。

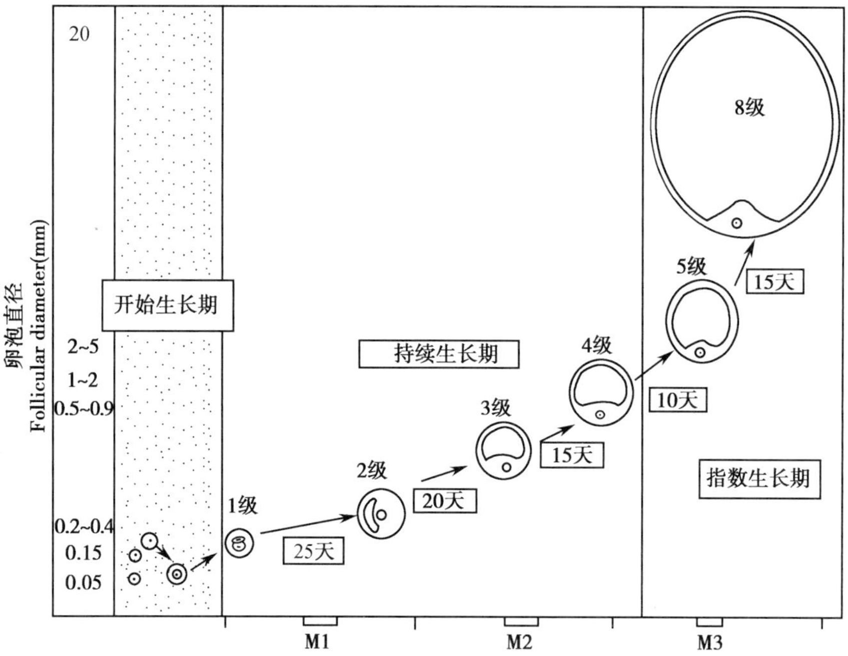

图 3-2　卵泡生长速率示意图

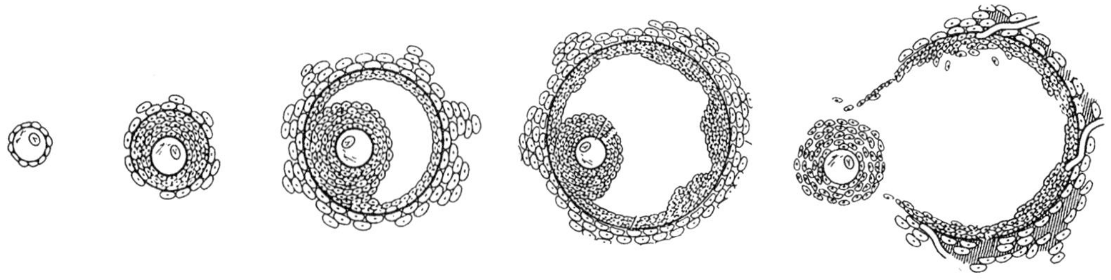

A. 始基卵泡　B.窦前卵泡　C. 窦状卵泡　D. 排卵前卵泡　E. 排卵

图 3-3　不同发育阶段的卵泡形态示意图

（1）始基卵泡：又称原始卵泡，位于卵巢皮质浅层，直径约 30～60μm，由停留于减数分裂双线期的初级卵母细胞被单层梭形前颗粒细胞围绕而形成。初级卵母细胞呈圆形，直径 30～40μm，核大而圆，染色质稀疏，核仁大而明显，胞质嗜酸性。

（2）窦前卵泡（preantral follicle）：始基卵泡的梭形前颗粒细胞分化为单层立方形细胞之后

称为初级卵泡(primary follicle)。初级卵泡直径大约60μm,卵泡内的初级卵母细胞体积增大,核大呈泡状,核仁深染,胞质内高尔基复合体、粗面内质网、游离核糖体等均增多。与此同时,初级卵母细胞和颗粒细胞合成和分泌黏多糖,在卵母细胞周围形成一透明环形区,称透明带(zona pellucida),人类透明带上至少含有三种糖蛋白,即ZP1,ZP2,ZP3。颗粒细胞的胞膜突起可穿过透明带与卵子的胞膜形成缝隙连接,为卵子的信息传递和营养提供了通道。

初级卵泡颗粒细胞的增殖使细胞的层数增至6~8层(600个细胞以下),卵泡进一步增大并进入卵巢髓质,直径约120μm,称为次级卵泡。颗粒细胞内出现卵泡刺激素(follicle-stimulating hormone,FSH)、雌激素(estrogen,E)和雄激素(androgen,A)三种受体,具备了对上述激素的反应性。卵泡基底膜附近的梭形细胞形成两层卵泡膜,即卵泡内膜(theca interna)和卵泡外膜(theca externa)。卵泡内膜细胞出现LH受体,具备了合成甾体激素的能力。

(3)窦状卵泡(antral follicle):在雌激素和FSH的协同作用下,颗粒细胞间积聚的卵泡液增加,最后融合形成卵泡腔,卵泡增大直径达500μm,称为窦状卵泡。窦状卵泡发育的后期,相当于前一卵巢周期的黄体晚期及本周期卵泡早期,血清FSH水平及其生物活性增高,超过一定阈值后,卵巢内有一组窦状卵泡群进入了“生长发育轨道”,这种现象称为周期募集(cyclic recruitment)。约在月经周期第7日,在被募集的发育卵泡群中,FSH阈值最低的一个卵泡,优先发育成为优势卵泡(dominant follicle),其余的卵泡逐渐退化闭锁,这个现象称为选择(selection)。月经周期第11~13日,优势卵泡增大至18mm左右,分泌雌激素量增多,使血清雌激素量达到300pg/ml左右。不仅如此,在FSH刺激下,颗粒细胞内又出现了LH受体及PRL受体,具备了对LH、PRL的反应性。此时便形成了排卵前卵泡。

(4)排卵前卵泡(preovulatory follicle):为卵泡发育的最后阶段,亦称成熟卵泡或格拉夫卵泡(Graafian follicle)。卵泡液急骤增加,卵泡腔增大,卵泡体积显著增大,直径可达18~23mm,卵泡向卵巢表面突出,其结构从外到内依次为:

1)卵泡外膜:为致密的卵巢间质组织,与卵巢间质无明显界限。

2)卵泡内膜:从卵巢皮质层间质细胞衍化而来,细胞呈多边形,较颗粒细胞大,此层含丰富血管。

3)颗粒细胞层:分布在卵泡腔周围的颗粒细胞,细胞呈立方形,细胞间无血管存在,营养来自外周的卵泡内膜。

4)卵泡腔:腔内充满大量清澈的卵泡液和雌激素。

5)卵丘:由于卵泡腔的扩大,卵母细胞周围的颗粒细胞被挤到卵泡的一侧,呈丘状突出于卵泡腔,称为卵丘(cumulus oophorus),卵细胞深藏其中。

6)放射冠:直接围绕卵细胞的一层颗粒细胞,呈放射状排列。

7)透明带:在放射冠与卵细胞之间有一层很薄的透明膜,称透明带。

(二)排卵(ovulation)

卵母细胞及其外面的透明带、放射冠和卵丘共同形成的卵冠丘复合体(oocyte corona cumulus complex,OCCC)一起排出的过程称排卵(图3-4)。排卵过程包括卵母细胞完成第一次减数分裂和卵泡壁胶原层的分解及小孔形成后卵子的排出活动。排卵前,成熟卵泡分泌的雌二醇在循环中达到对下丘脑起正反馈调节作用的峰值($E_2 \geq 200$pg/ml),并持续48小时以上时,可促使下丘脑GnRH的大量释放,继而引起垂体释放促性腺激素,出现LH/FSH峰。LH峰是即将排卵的可靠指标,出现于卵泡破裂前36小时,平均持续约48小时。LH峰使初级卵母细胞完成第一次减数分裂,排出第一极体,成熟为次级卵母细胞。次级卵母细胞随即进行第二次减数分裂,并停滞于第二次减数分裂中期(metaphase Ⅱ,MⅡ)称为成熟卵子,具备了受精能力。在LH峰作用下排卵前卵泡黄素化,产生少量孕酮。LH/FSH排卵峰与孕酮协同作用,激活卵泡液内蛋白溶酶活性,使卵泡壁隆起尖端部分的胶原消化形成小孔,称排卵孔(stigma)。排卵前卵泡液中

Notes

前列腺素显著增加，排卵时达高峰。前列腺素可促进卵泡壁释放蛋白溶酶，刺激卵巢平滑肌收缩，有助于排卵。排卵多发生在下次月经来潮前14日左右，卵子可由两侧卵巢轮流排出，也可由一侧卵巢连续排出。卵子排出后，经输卵管伞部捡拾、输卵管壁蠕动以及输卵管黏膜纤毛活动等协同作用进入输卵管壶腹部与峡部连接处等待受精。排出的卵子若受精，方能完成第二次减数分裂，同时排出第二极体，形成受精卵。排卵后12～24小时卵子即失去受精能力。

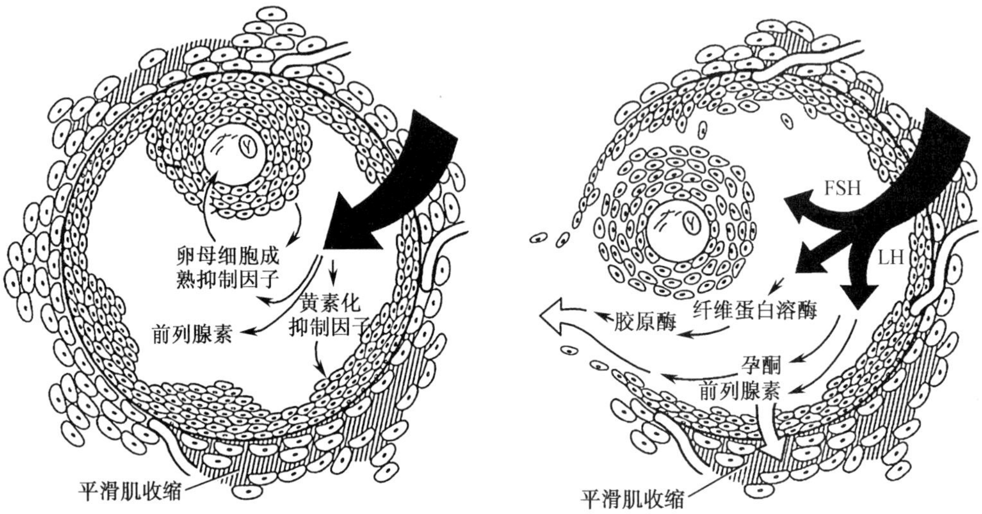

图3-4 卵泡排卵活动

（三）黄体形成及退化

排卵后卵泡液流出，卵泡腔内压下降，卵泡壁塌陷，形成许多皱襞，卵泡壁的卵泡颗粒细胞和卵泡内膜细胞向内侵入，周围由卵泡外膜包围，共同形成黄体（corpus luteum）。卵泡颗粒细胞和卵泡内膜细胞在LH排卵峰的作用下进一步黄素化，分别形成颗粒黄体细胞及卵泡膜黄体细胞。两种黄体细胞都含有胡萝卜素，该色素含量多寡决定黄体颜色的深浅。黄体细胞的直径由原来的12～14μm增大到35～50μm。在血管内皮生长因子作用下颗粒细胞血管化。排卵后7～8日（相当于月经周期第22日左右）黄体体积和功能达到高峰，直径1～2cm，外观黄色。正常黄体功能的建立需要理想的排卵前卵泡发育，特别是FSH刺激，以及一定水平的持续性LH维持。

若排出的卵子受精，则黄体在胚胎滋养细胞分泌的绒毛膜促性腺激素（human chorionic gonadotropin，hCG）作用下增大，转变为妊娠黄体，至妊娠3个月末退化。此后胎盘形成并分泌甾体激素维持妊娠。

若卵子未受精，黄体在排卵后9～10日开始退化，黄体功能限于14日，其机制尚未完全明确，可能与其分泌的雌激素溶黄体作用有关，其作用由卵巢局部前列腺素和内皮素-Ⅰ所介导。黄体退化时黄体细胞逐渐萎缩变小，周围的结缔组织及成纤维细胞侵入黄体，逐渐由结缔组织所代替，组织纤维化，外观色白，称白体（corpus albicans）。黄体衰退后月经来潮，卵巢中又有新的卵泡发育，开始新的周期。

二、卵巢性激素的合成及分泌

卵巢合成及分泌的性激素主要为雌激素、孕激素及少量雄激素，均为甾体激素（steroid hormone）。卵泡膜细胞和颗粒细胞为排卵前雌激素的主要来源，黄体细胞在排卵后分泌大量的孕激素及雌激素。雄激素（睾酮）主要由卵巢门细胞产生。

（一）甾体激素的基本化学结构

甾体激素属类固醇激素，其基本化学结构为环戊烷多氢菲环。由3个6-碳环和1个5-碳环组成，其中第 1 个为苯环，第 2 个为萘环，第 3 个为菲环外加环戊烷，它们构成类固醇激素的核心结构。根据碳原子数目分为 3 组：①21-碳类固醇：包括孕酮，基本结构是孕烷核；②19-碳类固醇：包括所有雄激素，基本结构是雄烷核；③18-碳类固醇：包括雌二醇、雌酮、雌三醇，基本结构为雌烷核。

（二）甾体激素的生物合成与分泌

卵巢甾体激素生物合成需要多种羟化酶及芳香化酶的作用，它们都属于细胞色素 P450 超基因家族。在 LH 的刺激下，卵泡膜细胞内胆固醇经线粒体内细胞色素 P450 侧链裂解酶催化，形成孕烯醇酮（pregnenolone），这是性激素合成的限速步骤。孕烯醇酮合成雄烯二酮有 Δ^4 和 Δ^5 两条途径。卵巢在排卵前以 Δ^5 途径合成雌激素，排卵后可通过 Δ^4 和 Δ^5 两条途径合成雌激素。孕酮的合成是通过 Δ^4 途径（图 3-5）。卵巢雌激素的合成是由卵泡膜细胞与颗粒细胞在 FSH 与 LH 的共同作用下完成的：LH 与卵泡膜细胞 LH 受体结合后可使胆固醇形成睾酮和雄烯二酮，后二者进入颗粒细胞内成为雌激素的前身物质；FSH 与颗粒细胞上 FSH 受体结合后激活芳香化酶，将睾酮和雄烯二酮分别转化为雌二醇和雌酮，进入血液循环和卵泡液中。这就是 Falck（1959 年）提出的雌激素合成的两细胞-两促性腺激素学说（图 3-6）。

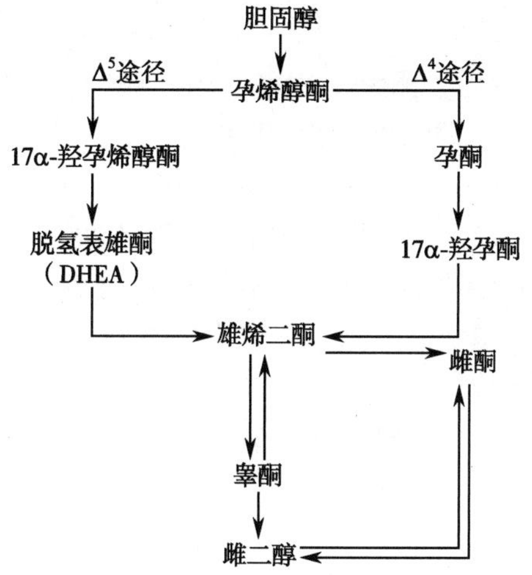

图 3-5　性激素的生物合成途径

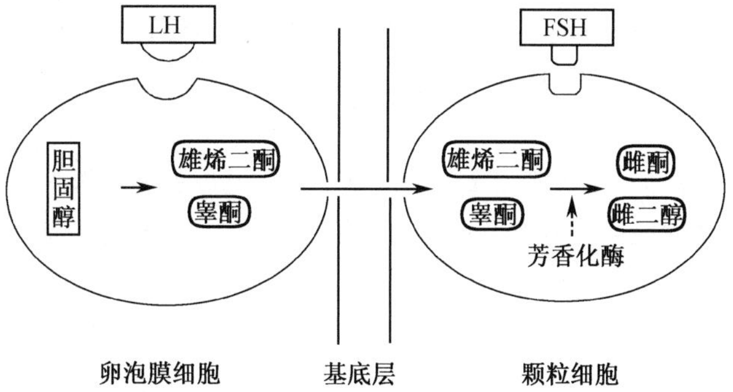

图 3-6　雌激素合成的两细胞-两促性腺激素学说示意图

（三）甾体激素的运输及代谢

甾体激素主要在肝内代谢，在肝内经葡萄糖醛酸转移酶等作用，发生甾体激素的结构破坏、解离等。雌二醇的代谢产物为雌酮及其硫酸盐、雌三醇、2 羟雌酮等，主要经肾脏排出；经胆汁排入肠内可再吸收入肝，即肝肠循环。孕激素主要代谢为孕二醇，经肾脏排出体外；睾酮代谢为雄酮、原胆烷醇酮，主要以葡萄糖醛酸盐的形式经肾脏排出体外。

（四）卵巢性激素分泌的周期性变化

1. 雌激素　卵泡开始发育时，只分泌少量雌激素；至月经第 7 日卵泡分泌雌激素量迅速增加，于排卵前形成高峰，排卵后稍减少。约在排卵后 1～2 日，黄体开始分泌雌激素使血液循环中雌激素又逐渐上升。约在排卵后 7～8 日黄体成熟时，形成血液循环中雌激素第二高峰，此峰低于排卵前第一高峰。此后，黄体萎缩，雌激素水平急剧下降，于月经期前达最低水平。

2. 孕激素　卵泡期卵泡不分泌孕酮，排卵前成熟卵泡的颗粒细胞在 LH 排卵高峰的作用下黄素化，并开始分泌少量孕酮；排卵后黄体分泌孕酮逐渐增加，至排卵后 7～8 日黄体成熟时，分

Notes

泌量达最高峰，以后逐渐下降，到月经来潮时降至卵泡期水平。

3. 雄激素 女性雄激素主要来自肾上腺，卵巢也能分泌部分雄激素，包括睾酮、雄烯二酮和脱氢表雄酮。卵巢内泡膜层是合成分泌雄烯二酮的主要部位，卵巢间质细胞和门细胞主要合成与分泌睾酮。排卵前循环中雄激素升高，一方面可促进非优势卵泡闭锁，另一方面可提高性欲。

（五）卵巢性激素的作用

1. 雌激素的生理作用

（1）子宫内膜：使内膜间质和腺体增殖和修复。

（2）子宫肌：促进子宫平滑肌细胞的增生肥大，使肌层增厚；增进血运，促使和维持子宫发育；增加子宫平滑肌对缩宫素的敏感性。

（3）宫颈：使宫颈口松弛、扩张，宫颈黏液分泌增加，性状变稀薄，富有弹性易拉成丝状，有利于精子通过。

（4）输卵管：促进输卵管肌层发育及上皮的分泌活动，并可加强输卵管肌节律性收缩的振幅。

（5）阴道上皮：促进阴道上皮基底层细胞增生、分化、成熟及表浅上皮细胞角化，黏膜变厚，并增加细胞内糖原含量，使阴道维持酸性环境。

（6）外生殖器：使阴唇发育、丰满、色素加深。

（7）第二性征：使乳腺管增生，乳头、乳晕着色，促使其他第二性征发育。

（8）卵巢：协同促性腺激素促使卵泡发育。

（9）下丘脑、垂体：通过对下丘脑和垂体的正负反馈调节，控制促性腺激素的分泌。

（10）代谢作用：促进水钠潴留；促进肝脏高密度脂蛋白合成，抑制低密度脂蛋白合成，降低循环中胆固醇水平，维持血管张力，保持血流稳定；维持和促进骨基质代谢，促进长骨骨骺的闭合，对肠道钙的吸收，肾脏钙的重吸收及钙盐、磷盐在骨质中沉积均具有促进作用，以维持正常骨质。

2. 孕激素的生理作用 孕激素通常在雌激素的作用基础上发挥作用。

（1）子宫内膜：使增殖期子宫内膜转化为分泌期内膜，为受精卵着床及其后的胚胎发育做好准备。

（2）子宫肌：降低子宫平滑肌兴奋性及其对缩宫素的敏感性，从而抑制子宫收缩，有利于胚胎及胎儿宫内生长发育。

（3）宫颈：使宫颈口闭合，黏液变黏稠，形成黏液栓阻塞宫颈口，阻止精子及微生物进入。

（4）输卵管：使输卵管上皮纤毛细胞和管腔黏液的分泌减少，抑制输卵管肌节律性收缩的振幅。

（5）阴道上皮：加快阴道上皮细胞脱落。

（6）乳房：促进乳腺腺泡发育。

（7）下丘脑、垂体：孕激素在月经中期具有增强雌激素对垂体 LH 排卵峰释放的正反馈作用；在黄体期对下丘脑、垂体有负反馈作用，抑制促性腺激素分泌。

（8）代谢作用：促进水钠排泄。

（9）体温：孕酮对体温调节中枢具有兴奋作用，可使基础体温（basal body temperature，BBT）在排卵后升高 0.3～0.5℃。临床上可以此作为判断是否排卵、排卵日期及黄体功能的标志之一。

（10）孕激素与雌激素的协同和拮抗作用：一方面，孕激素在雌激素作用的基础上，进一步促使女性生殖器和乳房的发育，为妊娠准备条件，二者有协同作用；另一方面，雌激素和孕激素又有拮抗作用，雌激素促进子宫内膜增生及修复，孕激素则限制子宫内膜增生，并使增生的子宫

Notes

内膜转化为分泌期。其他拮抗作用表现在子宫收缩、输卵管蠕动、宫颈黏液变化、阴道上皮细胞角化和脱落以及水钠潴留与排泄等方面。

3. 雄激素的生理作用

(1) 对女性生殖系统的影响:自青春期开始,雄激素分泌增加,促使阴蒂、阴唇和阴阜的发育,促进阴毛、腋毛的生长。但雄激素过多会对雌激素产生拮抗作用,如减缓子宫及其内膜的生长和增殖,抑制阴道上皮的增生和角化。长期使用雄激素,可出现男性化的表现。雄激素还与性欲有关。

(2) 对机体代谢功能的影响:雄激素能促进蛋白合成,促进肌肉生长,并刺激骨髓中红细胞的增生。在性成熟前,促使长骨骨基质生长和钙的保留;性成熟后可导致骨骺的关闭,使生长停止。可促进肾远曲小管对水、钠的重吸收并保留钙。

(六) 甾体激素的作用机制

甾体激素具有脂溶性,主要通过扩散方式进入细胞内,与胞质受体结合,形成激素-胞质受体复合物。靶细胞胞质中存在的甾体激素受体与相应激素结合具有很强的亲和力和专一性。当激素进入细胞内与胞质受体结合后,受体蛋白发生构型变化和热休克蛋白解离,从而使激素-胞质受体复合物获得进入细胞核内的能力,并由胞质转移至核内,与核内受体结合,形成激素-核受体复合物,从而引发 DNA 的转录过程,生成特异的 mRNA,在胞质核糖体内翻译,生成蛋白质,发挥相应的生物效应。

三、卵巢分泌的多肽物质

卵巢除分泌甾体激素外,还分泌一些多肽激素、细胞因子和生长因子。

(一) 多肽激素

在卵泡液中可分离到三种多肽,根据它们对 FSH 产生的影响不同,分为抑制素(inhibin)、激活素(activin)和卵泡抑制素(follistatin,FS)。它们既来源于卵巢颗粒细胞,也产生于垂体促性腺细胞,与卵巢甾体激素系统一样,构成调节垂体促性腺激素合成与分泌的激活素-抑制素-卵泡抑制素系统。

1. 抑制素 有两个不同的亚单位(α 和 β)通过二硫键连接,β 亚单位再分为 β_A 和 β_B,形成抑制素 A($\alpha\beta_A$)和抑制素 B($\alpha\beta_B$)。它的主要生理作用是选择性地抑制垂体 FSH 的产生,包括 FSH 的合成和分泌,另外,它也能增强 LH 的活性。

2. 激活素 由抑制素的两个 β 亚单位组成,形成激活素 A($\beta_A\beta_A$)、激活素 AB($\beta_A\beta_B$)和激活素 B($\beta_B\beta_B$)。近年来发现激活素还有其他亚单位,如 βc,βd,βe 等。激活素主要在垂体局部通过自分泌作用,增加垂体细胞的 GnRH 受体数量,提高垂体对 GnRH 的反应性,从而刺激 FSH 的产生。

3. 卵泡抑制素 是一个高度糖基化的多肽,它与抑制素和激活素的 β 亚单位具有亲和力。激活素与之结合后,失去刺激 FSH 产生的能力。卵泡抑制素的主要功能是通过自分泌/旁分泌作用,抑制 FSH 的产生。

除此之外,抗苗勒管激素(anti-mullerian hormone,AMH)是近年来成为研究热点的生殖调节多肽激素,属于转化生长因子 β 超家族成员,仅由早期卵泡颗粒细胞分泌,具有抑制卵泡启动募集和卵泡生长的作用,被认为是反映卵巢储备功能的最佳指标。

(二) 细胞因子和生长因子

卵巢还分泌白细胞介素-Ⅰ、肿瘤坏死因子-α、胰岛素样生长因子、血管内皮生长因子、表皮生长因子、成纤维细胞生长因子、血小板衍生生长因子等细胞因子和生长因子,通过自分泌或旁分泌形式也参与卵泡生长发育的调节。

Notes

第三节 子宫内膜的周期性变化和月经

卵巢周期导致整个生殖系统的周期性变化，其中子宫内膜的周期性变化最为显著。

一、子宫内膜的周期性变化

子宫内膜的周期性变化主要包括子宫内膜的组织学和生物化学的相应性变化。

（一）子宫内膜的组织学变化

子宫内膜从形态学上可分为功能层和基底层。子宫内膜功能层是胚胎植入的部位，受卵巢激素变化的调节，具有周期性增殖、分泌和脱落性变化；基底层在月经后再生并修复子宫内膜创面，重新形成子宫内膜功能层。据其组织学变化将月经周期分为增殖期、分泌期、月经期3个阶段（以一个正常月经周期28日为例）：

1. 增殖期（proliferative phase） 月经周期第5～14日。与卵巢周期中的卵泡期成熟阶段相对应。在雌激素作用下，内膜表面上皮、腺体、间质、血管均呈增殖性变化，称增殖期。该期子宫内膜厚度自0.5mm增生至3～5mm。增殖期又可分早、中、晚3期：

（1）增殖早期：月经周期第5～7日。此期内膜薄，仅1～2mm；腺体短、直、细且稀疏，腺上皮细胞呈立方形或低柱状；间质致密，间质细胞呈星形，间质中的小动脉较直、壁薄。

（2）增殖中期：月经周期第8～10日。此期内膜腺体数增多、伸长并稍有弯曲；腺上皮细胞增生活跃，细胞呈柱状，开始有分裂象；间质水肿在此期最为明显。

（3）增殖晚期：月经周期第11～14日。此期内膜进一步增厚，达3～5mm，表面高低不平，略呈波浪形；腺上皮变为高柱状，增殖为假复层上皮，核分裂象增多，腺体更长，呈弯曲状；间质细胞呈星状，并相互结合成网状；组织内水肿明显，小动脉增生，管腔增大，呈弯曲状。

2. 分泌期（secretory phase） 月经周期第15～28日，与卵巢周期中的黄体期相对应。黄体分泌的孕激素、雌激素使增殖期内膜继续增厚，腺体更增长弯曲，出现分泌现象；血管迅速增加，更加弯曲；间质疏松并水肿。此时内膜厚且松软，含有丰富的营养物质，有利于受精卵着床发育。整个分泌期亦分为3期：

（1）分泌早期：月经周期第15～19日。此期内膜腺体更长，弯曲更明显，腺上皮细胞开始出现含糖原的核下空泡，为该期的组织学特征；间质水肿，螺旋小动脉继续增生、弯曲。

（2）分泌中期：月经周期第20～23日。子宫内膜较前更厚并呈锯齿状。腺体内的分泌上皮细胞顶端胞膜破裂，细胞内的糖原溢入腺体，称顶浆分泌。内膜的分泌还包括血浆渗出，血液中许多重要的免疫球蛋白与上皮细胞分泌的结合蛋白结合，进入子宫内膜腔。子宫内膜的分泌活动在月经中期LH峰后第7日达到高峰，恰与囊胚植入同步。此期间质更加疏松、水肿，螺旋小动脉进一步增生并卷曲。

（3）分泌晚期：月经周期第24～28日。此期为月经来潮前期，相当于黄体退化阶段。该期子宫内膜呈海绵状，厚达10mm。内膜腺体开口面向宫腔，有糖原等分泌物溢出，间质更疏松、水肿。表面上皮细胞下的间质分化为肥大的蜕膜样细胞和小圆形的有分叶核及玫瑰红颗粒的内膜颗粒细胞；螺旋小动脉迅速增长，超出内膜厚度，更加弯曲，血管管腔也扩张。

在排卵后的6～10天即月经周期的20～24天，分泌期子宫内膜由非接受状态发展到接受状态，在短时间内允许胚胎植入，即子宫内膜的容受性（endometrial receptivity），这一时期称为“种植窗”（implantation window）。

3. 月经期 月经周期第1～4日，为子宫内膜海绵状功能层从基底层崩解脱落期，这是由于卵子未受精，卵巢内的黄体退化，体内孕酮和雌激素含量骤然下降的最后结果。经前24小时，内膜螺旋动脉节律性收缩及舒张，继而出现逐渐加强的血管痉挛性收缩，导致远端血管壁及组

Notes

织缺血坏死、剥脱，脱落的内膜碎片及血液一起从阴道流出，即月经来潮。子宫内膜的修复开始于月经周期第 2～3 天，一般在 48 小时之内修复完毕。

（二）子宫内膜的生物化学研究

1. 甾体激素和蛋白激素受体

（1）甾体激素受体：增殖期子宫内膜腺细胞和间质细胞富含雌、孕激素受体。雌激素受体在增殖期子宫内膜含量最高，排卵后明显减少。孕激素受体在排卵时达高峰，随后腺上皮孕激素受体逐渐减少，而间质细胞孕激素受体含量相对增加。

（2）蛋白激素受体：子宫内膜上皮和腺上皮存在 HCG/LH 受体的表达，功能尚不清楚。子宫内膜中亦存在生长激素受体/生长激素结合蛋白的表达，可能对子宫内膜发育有一定影响。

2. 各种酶类　一些组织水解酶如酸性磷酸酶、β-葡萄糖醛酸酶等能使蛋白质、核酸和黏多糖分解。这些酶类平时被限制在溶酶体内，不具有活性。排卵后若卵子未受精，黄体经一定时间后萎缩，雌、孕激素水平下降，溶酶体膜的通透性增加，多种水解酶释放入组织，影响子宫内膜的代谢，对组织有破坏作用，从而造成内膜的剥脱和出血。

3. 酸性黏多糖　在雌激素作用下，子宫内膜间质细胞能产生一种和蛋白质结合的碳水化合物，称酸性黏多糖（acid mucopolysaccharide，AMPS）。雌激素能促使 AMPS 在间质中浓缩聚合，成为内膜间质的基础物质，对增殖期子宫内膜的成长起支架作用。排卵后，孕激素可抑制 AMPS 的生成和聚合，促使其降解，致使子宫内膜黏稠的基质减少，血管壁的通透性增加，有利于营养及代谢产物的交换，并为受精卵着床和发育做好准备。

4. 血管收缩因子　月经来潮前 24 小时子宫内膜缺血、坏死，释放前列腺素 $F_{2\alpha}$ 和内皮素-Ⅰ等，使月经期血管收缩因子达最高水平，另外，血小板凝集产生的血栓素 $(TX)_{A2}$ 也具有血管收缩作用，从而引起子宫血管和肌层节律性收缩，而且整个经期血管的收缩呈进行性加强，导致内膜功能层迅速缺血坏死、崩解脱落。

二、正常月经

月经（menstruation）是指伴随卵巢周期性变化而出现的子宫内膜周期性脱落及出血。规律月经的建立是生殖功能成熟的重要标志。月经初潮年龄多在 13～15 岁，但可能早在 11～12 岁，迟至 15～16 岁。16 岁以后月经尚未来潮应查明原因。月经初潮年龄与营养、遗传、体质状况等因素有关。近年，月经初潮年龄有提前趋势。

1. 月经血的特征　月经血呈暗红色，除血液外，还有子宫内膜碎片、炎性细胞、宫颈黏液及脱落的阴道上皮细胞。75% 月经血来自动脉，25% 来自静脉，由于纤维蛋白溶酶对纤维蛋白的溶解作用，导致月经血的高纤溶活性，有利于经血和组织纤维的液化和排出。通常月经血不凝，如出血速度过快也可形成血块。

2. 正常月经的临床表现　正常月经具有周期性。出血第一日为月经周期的开始，两次月经第一日的间隔时间为一个月经周期（menstrual cycle）。一般为 21～35 日，平均 28 日。每次月经的持续时间称经期，一般为 2～8 日，平均 4～6 日。经量为一次月经的总失血量，正常为 20～60ml，多于 80ml 为月经过多。月经属生理现象，月经期一般无特殊症状，有些妇女可出现下腹及腰骶部不适，少数妇女可有头痛及轻度神经系统不稳定症状。

第四节　生殖器其他部位的周期性变化

在卵巢性激素周期性作用下，阴道黏膜、宫颈黏液、输卵管以及乳房组织也发生相应性变化。

（一）阴道黏膜的周期性变化

月经周期中阴道黏膜上皮呈现周期性变化，以阴道上段最为明显。排卵前，阴道上皮在雌

Notes

激素的作用下，底层细胞增生，逐渐演变成中层与表层细胞，使阴道黏膜增厚；表层细胞角化程度增高，至排卵期程度最高；细胞内糖原含量增多，经阴道内的乳杆菌分解成乳酸，使阴道内保持酸性环境，从而抑制了致病菌的繁殖。排卵后在孕激素作用下，阴道表层细胞脱落。临床上可借助阴道脱落细胞的变化了解体内雌激素水平和有无排卵。

（二）宫颈黏液的周期性变化

宫颈黏膜腺细胞分泌的黏液在卵巢性激素的影响下也有明显的周期性改变。雌、孕激素可调节宫颈黏膜腺细胞的分泌功能。月经来潮后，体内雌激素水平降低，此时宫颈管分泌的黏液量很少。随着雌激素水平提高，黏液分泌量不断增加，至排卵期宫颈分泌的黏液变得非常稀薄、透明，拉丝度可达10cm以上。宫颈黏液涂片干燥后置于显微镜下检查，可见羊齿植物叶状结晶。这种结晶在月经周期第6～7日即可出现，到排卵期结晶形状最清晰而典型。排卵后受孕激素影响，黏液分泌量逐渐减少，质地变黏稠而浑浊，拉丝度差，易断裂。涂片检查可发现结晶逐步模糊，至月经周期第22日左右完全消失，而代之以排列成行的椭圆体。临床上根据宫颈黏液检查，可了解卵巢的功能状态。

（三）输卵管的周期性变化

输卵管的形态及功能在雌、孕激素作用下同样发生周期性变化。在雌激素的作用下，输卵管黏膜上皮纤毛细胞生长，体积增大；非纤毛细胞分泌增加，为卵子提供运输和种植前的营养物质。雌激素还促进输卵管的发育及加强输卵管肌层的节律性收缩的振幅。孕激素则能抑制输卵管收缩的振幅，并可抑制输卵管黏膜上皮纤毛细胞的生长，降低分泌细胞分泌黏液的能力。在雌、孕激素的协同作用下，受精卵才能通过输卵管正常到达子宫腔。

（四）乳房的周期性变化

雌激素促进乳腺管增生，而孕激素则促进乳腺小叶及腺泡生长。某些女性在经前期有乳房肿胀和疼痛感，可能是由于乳腺管的扩张、充血以及乳房间质水肿所致。由于雌、孕激素撤退，月经来潮后上述症状大多消退。

第五节 月经周期调节

生殖系统的周期性变化是女性的重要生理特点，月经是该变化的重要标志。月经周期的调节是一个复杂的过程，主要涉及下丘脑、垂体和卵巢。下丘脑分泌促性腺激素释放激素通过调节垂体促性腺激素的分泌来调控卵巢功能。卵巢分泌的性激素对下丘脑-垂体又有反馈调节作用。下丘脑、垂体与卵巢之间相互调节、相互影响，形成一个完整而协调的神经内分泌系统（图3-7），称为下丘脑-垂体-卵巢轴（hypothalamus-pituitary-ovary axis，HPOA）。除下丘脑、垂体和卵巢激素之间的相互调节外，抑制素-激活素-卵泡抑制素系统也参与HPOA对月经周期的调节。此外，HPOA的神经内分泌活动还受到大脑高级中枢的影响。

（一）下丘脑促性腺激素释放激素

促性腺激素释放激素（gonadotropin-releasing hormone，GnRH）是下丘脑弓状核神经细胞分泌的一种十肽激素，通过垂体门脉系统输送到腺垂体，其生理功能是调节垂体促性腺激素的合成和分泌。其分泌特征是脉冲式释放，脉冲频率为60～120分钟，其频率与月经周期时相有关。正常月经周期的生理功能和病理变化均伴有相应的GnRH脉冲式分泌模式变化。GnRH的脉冲式释放可调节LH/FSH的比值。脉冲频率减慢时，血中FSH水平升高，LH水平降低，从而LH/FSH比值下降；频率增加时，LH/FSH比值升高。

下丘脑是HPOA的启动中心，GnRH的分泌受垂体促性腺激素和卵巢性激素的反馈调节，包括起促进作用的正反馈和起抑制作用的负反馈调节。反馈调节包括长反馈，短反馈和超短反馈三种。长反馈指卵巢分泌到循环中的性激素对下丘脑的反馈作用；短反馈是指垂体激素对下丘

Notes

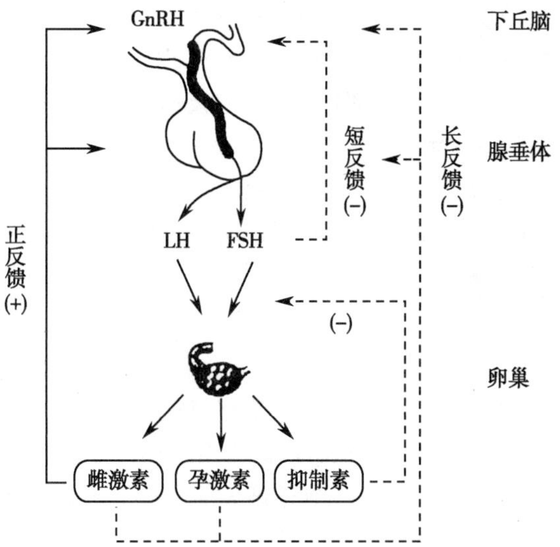

图 3-7 下丘脑-垂体-卵巢轴之间的相互关系

脑 GnRH 分泌的负反馈调节;超短反馈是指 GnRH 对其本身合成的负反馈调节。这些激素反馈信号和来自神经系统高级中枢的神经信号一样,通过多种神经递质,包括去甲肾上腺素、多巴胺、内啡肽、5-羟色胺和降黑素等调节 GnRH 的分泌。去甲肾上腺素促进 GnRH 的释放,内源性鸦片肽抑制 GnRH 的释放,多巴胺对 GnRH 的释放则具有促进和抑制双重作用。

(二)垂体生殖激素

腺垂体分泌的直接与生殖有关的激素有促性腺激素和催乳激素。

1. 促性腺激素 腺垂体的促性腺激素细胞分泌卵泡刺激素(follicle-stimulating hormone, FSH)和黄体生成素(luteinizing hormone, LH)。它们对 GnRH 的脉冲式刺激起反应,自身亦呈脉冲式分泌,并受卵巢性激素和抑制素的调节。FSH 和 LH 均为糖蛋白激素,皆由 α 与 β 两个亚单位肽链以共价键结合而成。它们的 α 亚基结构相同,β 亚基结构不同。β 亚基是决定激素特异抗原性和特异功能的部分,但必须与 α 亚基结合成完整分子才具有生物活性。人类的促甲状腺激素(TSH)和人绒毛膜促性腺激素(hCG)也均由 α 和 β 两个亚单位组成。这四种糖蛋白激素的 α 亚单位中的氨基酸组成及其序列基本相同,它们的免疫反应也基本相同,各激素的特异性均存在于 β 亚单位。

FSH 是卵泡发育必需的激素,其主要生理作用包括:①直接促进窦前卵泡及窦状卵泡颗粒细胞增殖与分化,分泌卵泡液,使卵泡生长发育;②激活颗粒细胞芳香化酶,合成与分泌雌二醇;③在前一周期的黄体晚期及卵泡早期,促使卵巢内窦状卵泡群的募集;④促使颗粒细胞合成分泌胰岛素样生长因子及其受体、抑制素、激活素等物质,并与这些物质协同作用,调节优势卵泡的选择与非优势卵泡的闭锁退化;⑤在卵泡期晚期与雌激素协同,诱导颗粒细胞生成 LH 受体,为排卵及黄素化作准备。

LH 的生理作用包括:①在卵泡期刺激卵泡膜细胞合成雄激素,主要是雄烯二酮,为雌二醇的合成提供底物;②排卵前促使卵母细胞最终成熟及排卵;③在黄体期维持黄体功能,促进孕激素、雌二醇和抑制素 A 的合成与分泌。

2. 催乳激素(prolactin, PRL) PRL 是由腺垂体的催乳细胞分泌的由 198 个氨基酸组成的多肽激素,具有促进乳汁合成功能。其分泌具有节律性和脉冲式,主要受下丘脑释放入门脉循环的多巴胺(PRL 抑制因子)抑制性调节。

(三)卵巢性激素的反馈调节

卵巢分泌的雌、孕激素对下丘脑-垂体具有反馈调节作用。

1. 雌激素 雌激素对下丘脑产生负反馈和正反馈两种作用。在卵泡期早期,一定水平的雌激素负反馈作用于下丘脑，抑制 GnRH 释放，并降低垂体对 GnRH 的反应性，从而实现对垂体促性腺激素脉冲式分泌的抑制。在卵泡期晚期，随着卵泡的发育成熟，当雌激素的分泌达到阈值（≥200pg/ml）并维持 48 小时以上，雌激素即可发挥正反馈作用，刺激 LH 分泌高峰。在黄体期，协同孕激素对下丘脑有负反馈作用。

2. 孕激素　在排卵前，低水平的孕激素可增强雌激素对促性腺激素的正反馈作用。在黄体期，高水平的孕激素对促性腺激素的脉冲分泌产生负反馈抑制作用。

（四）月经周期的调控过程

1. 卵泡期　月经周期的长短取决于卵泡生长发育的速率和质量，即卵泡期的长短。在一次月经周期的黄体萎缩后，雌、孕激素和抑制素 A 水平降至最低，对下丘脑和垂体的抑制解除，下丘脑又开始分泌 GnRH，使垂体 FSH 分泌增加，促进卵泡发育，分泌雌激素，子宫内膜发生增殖期变化。随着雌激素逐渐增加，其对下丘脑的负反馈增强，抑制下丘脑 GnRH 的分泌，加之抑制素 B 的作用，使垂体 FSH 分泌减少。随着卵泡逐渐发育，接近成熟时卵泡分泌的雌激素达到 200pg/ml，并持续 48 小时以上，即对下丘脑和垂体产生正反馈作用，形成 LH 和 FSH 峰，两者协同作用，促使成熟卵泡排卵。

2. 黄体期　排卵后循环中 LH 和 FSH 均急剧下降，在少量 LH 和 FSH 作用下，黄体形成并逐渐发育成熟。黄体主要分泌孕激素，也分泌雌二醇，使子宫内膜发生分泌期变化。排卵后第 7～8 日循环中孕激素达到高峰，雌激素亦达到又一高峰。由于大量孕激素和雌激素以及抑制素 A 的共同负反馈作用，又使垂体 LH 和 FSH 分泌相应减少，黄体开始萎缩，雌、孕激素分泌减少，子宫内膜失去性激素支持，发生剥脱而月经来潮。雌、孕激素和抑制素 A 的减少解除了对下丘脑和垂体的负反馈抑制，FSH 分泌增加，卵泡开始发育，下一个月经周期重新开始，如此周而复始（图 3-8）。

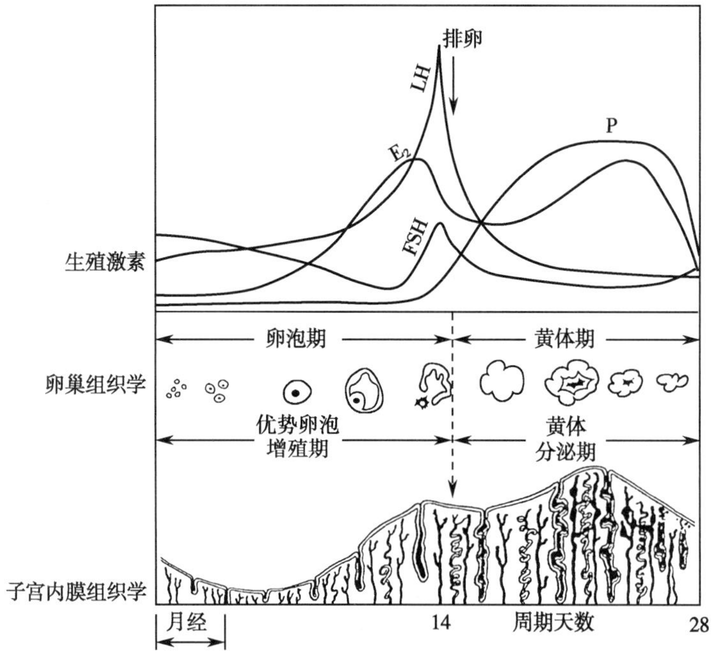

图 3-8　生殖及生殖器官的周期性变化

月经周期主要受 HPOA 的神经内分泌调控，同时也受抑制素-激活素-卵泡抑制素系统的调节，此外，其他腺体内分泌激素对月经周期也有影响。HPOA 的生理活动还受大脑皮层神经中枢的调节，如外界环境、精神因素等均可影响月经周期。大脑皮层、下丘脑、垂体和卵巢任何一个环节发生障碍，都会引起卵巢功能紊乱，导致月经失调。

【小结】 女性一生根据年龄和生理特征分为七个时期，它是一个渐进性的生理过程，其中生殖系统的变化较为显著。卵巢作为女性的性腺，具有生殖和内分泌的双重功能，从青春期开始到绝经前卵巢在形态和功能上发生周期性变化，每个卵巢周期有一批卵泡发育，但只有一个发育成熟并排卵。卵巢合成和分泌雌、孕激素及少量雄激素，它们的生理作用既有协同又有拮抗。伴随着卵巢周期，生殖系统出现周期性变化，其中以子宫内膜的变化最为突出。子宫内膜经历增殖期、分泌期，出现周期性的剥脱出血形成月经。月经周期主要受下丘脑-垂体-卵巢轴（HPOA）的神经内分泌调控，亦受大脑高级中枢活动的影响。

（孔北华）

参考文献

1. Marc A. Fritz，Leon Speroff. Clinical Gynecologic Endocrinology and Infertility. Edition 8th. USA：Lippincott Williams & Wilkins，2011.
2. Broer SL，Broekmans FJ，Laven JS，et al. Anti-Mullerian hormone：ovarian reserve testing and its potential clinical implications. Hum Reprod Update，2014，20：688-701.

Notes

第四章　产科临床实践思维

产科学是最古老的医学学科之一，漫漫数千年的发展，使产科学从单纯的“接生”转变为集产科、新生儿科、小儿外科、内科、影像医学、临床遗传学、临床营养学以及胚胎学为一体的母胎医学。这一发展趋势使得产科从最简单的学科变为相当复杂的学科，也决定了产科具有其独特的临床思维方式，也要求产科医师不但要具备产科学临床与基础知识，而且应有其他相关学科的基础知识。产科医师要像内科医师一样思考问题(Think like a physician)，像遗传科医师一样分析问题(Analyze like a geneticist)，像外科医师一样解决问题(Act like a surgeon)，像心理科医师一样讨论问题(Talk like a psychiatrist)。

产科临床医疗关系到母胎的安危，处理稍有疏忽就会给两条生命带来意外，可见产科工作的责任重大。就诊的妊娠妇女虽可分为正常妊娠和病理妊娠，但在妊娠的进展过程中，可因母体潜在病变的激化，或出现妊娠的特有病变，由初始的“正常妊娠”转变为病理妊娠。产科医师的主要责任是：①风险评估；②促进妊娠健康进展；③给予必要的医疗和心理干预；④妊娠后特定时期内的随访和指导。

产科风险评估包括产科完整病史、体格检查、相关辅助检查以及母胎安危的分析。

第一节　信息交流

与妊娠妇女之间的产科信息交流是产科医师采集完整病史的基础。每一位妊娠妇女初诊时的心情都是非常兴奋的：想知道胎儿发育如何；为了胎儿的健康发育，自己应采取什么样的生活方式等。产科医师应能顺其心情，耐心回答问题，告知必要的医学知识。同时，要仔细询问妊娠前的身体状况以及曾患的任何疾病(包括其配偶和直系亲属)。切勿因妊娠是“生理”的、“正常”的，而疏于了解一些可能会影响妊娠健康发展的细节问题，例如妊娠前血压、体重的数值等。要充分告知正常妊娠对母体的影响、母体潜在疾病的激化，或发生妊娠特有病变的可能性，使妊娠妇女、配偶及其亲属了解妊娠是具有一定的风险的。

与有合并其他疾病的妊娠妇女沟通时，更要耐心回答问题，要“有理、有节”地告知妊娠发展中母胎可能发生的问题，尤其是产科合并症的突变性和不可预见性。必要时，可先与其配偶沟通。

另外，要注意医疗卫生的特定法规。

第二节　产科病史和检查

同其他学科一样，产科病史是记录妊娠时间、发展以及妊娠期间治疗经过及其转归的医疗文件。病历书写是指医务人员通过问诊、查体、辅助检查、诊断、治疗等医疗活动获得有关资料，并进行归纳、分析、整理形成医疗活动记录的行为。病历书写应当客观、真实、准确、及时和完整。病历最迟应在病人入院后24小时内完成。病历书写应使用蓝黑墨水、碳素墨水，门(急)诊病历和需复写的资料可使用蓝或黑色油水的圆珠笔，电脑打印的病历也符合病历保存的要求。

产科病史包括首次产前检查病史和随访病史；产科检查包括全身体格检查和产科特殊检

查,内容详见第五章。

第三节　产科临床诊断和治疗思维

产科临床实践中,产科医师的任务是预见和处理妊娠期间母体和胎儿可能发生的异常情况。根据病史、检查、实验室检查及各种特殊诊断仪器的检查结果可以区分正常妊娠和病理妊娠。

大部分正常妊娠最适宜的处理是密切随访、观察;必要时,给予相应的干预。在妊娠期间,一般的处理原则是非手术治疗为主,所以思考和处理问题是基本上以内科思维方式为主。

病理妊娠则是根据病情给予相应的处理。但其具有诸多特点:

1. 突变性　产科危重病人的病情变化快,在短时间内,病人的情况可能急转直下,会突然发生心衰或突然出现胎心消失。

2. 不可控性　例如自然临产的时间不受医生控制,随时都有可能发生,而且晚间临产的几率比较大。

3. 不可预见性　例如分娩过程中会出现各种意外:胎心减速、脐带脱垂、胎盘早剥、羊水栓塞、难产、产后出血等。

4. 可治愈性　若给予及时、正确的处理,病人及胎儿的险情会短期内很快解决。因此,产科医生必须具备一个优秀外科医生的基本素质和能力。

产科这些特点决定了产科医生需要有非常果断的决策力,有准确的判断力,熟练地临床技能和善于处理突发事件的能力。因此,不仅要学好医学伦理知识、积极参加医疗实践,而且更要在产科临床实践中磨炼判断力和培养解决问题和处理突发事件的能力。

(段　涛)

Notes

第五章 正常妊娠

妊娠(pregnancy)是胚胎(embryo)和胎儿(fetus)在母体内发育成长的过程,成熟卵子受精是妊娠的开始,胎儿及其附属物从母体排出是妊娠的终止。妊娠期从末次月经第一日算起,约280日(40周)。临床上将妊娠期分3个时期:妊娠13周末以前称早期妊娠(first trimester),第14~27周末称中期妊娠(second trimester),第28周及其后称晚期妊娠(third trimester)。妊娠满37周至不满42周称足月妊娠。

第一节 妊娠生理

妊娠是非常复杂而且变化极为协调的生理过程,其中包括胎儿及其附属物的形成与母体各系统的适应性改变。

一、胚胎形成与胎儿发育

(一)胚胎形成

受精与着床是胚胎形成早期的两个重要过程。

1. 受精 精子和次级卵母细胞结合形成受精卵的过程称为受精(fertilization),多在排卵12小时内发生于输卵管壶腹部。当精子经宫颈管进入子宫腔及输卵管腔时,其顶体表面的糖蛋白被生殖道分泌物中的α、β淀粉酶降解,同时顶体膜结构中胆固醇与磷脂比率和膜电位发生变化致使顶体膜稳定性降低,此时的精子具有受精能力,称精子获能(capacitation)。获能的精子与卵子相遇,精子头部的外膜与顶体前膜融合、破裂,释放出顶体酶,溶解卵子外围的放射冠和透明带,称顶体反应(acrosome reaction)。借助顶体酶的作用,精子穿过放射冠和透明带,而卵子细胞质内的皮质颗粒释放溶酶体酶,引起透明带结构改变,精子受体分子变性,阻止其他精子进入透明带,此过程称为透明带反应(zone reaction),以保证正常的单卵受精。已获能的精子穿过次级卵母细胞透明带为受精的开始,卵原核与精原核融合形成二倍体的受精卵(zygote)为受精的完成,受精卵形成标志新生命诞生,整个过程约需24小时。

2. 受精卵着床 约在受精后第6~7日,囊胚透明带消失之后植入子宫内膜的过程称受精卵着床(implantation)(图5-1)。受精卵着床必须具备4个条件:①透明带消失;②囊胚内滋养细胞必须分化出合体滋养细胞;③囊胚和子宫内膜必须发育同步且功能协调,子宫有一个极短的敏感期允许受精卵着床;④体内分泌足量的孕酮。

受精后30小时,受精卵随着输卵管蠕动和输卵管上皮纤毛推动向宫腔方向移动,同时开始进行有丝分裂(称为卵裂,cleavage),形成多个子细胞,称为分裂球(blastomere)。至受精后72小时,细胞分裂形成含有16个细胞的实心细胞团,称之为桑葚胚(morula)。受精后第4日,桑葚胚增至100个细胞时进入宫腔,外层细胞分泌液体形成液腔,内细胞团突向液腔,滋养细胞形成液腔外层,早期囊胚(early blastocyst)形成。受精后5~6日早期囊胚透明带消失、体积迅速增大;受精11~12日形成晚期囊胚(late blastocyst)。晚期囊胚经过定位(apposition)、黏附(adhesion)和穿透(penetration)三个阶段植入子宫内膜,完成着床过程。此时合体滋养细胞开始分泌绒毛膜促性腺激素,维持黄体寿命和功能。囊胚的内细胞团逐渐分化形成胚胎,滋养细胞逐渐形成

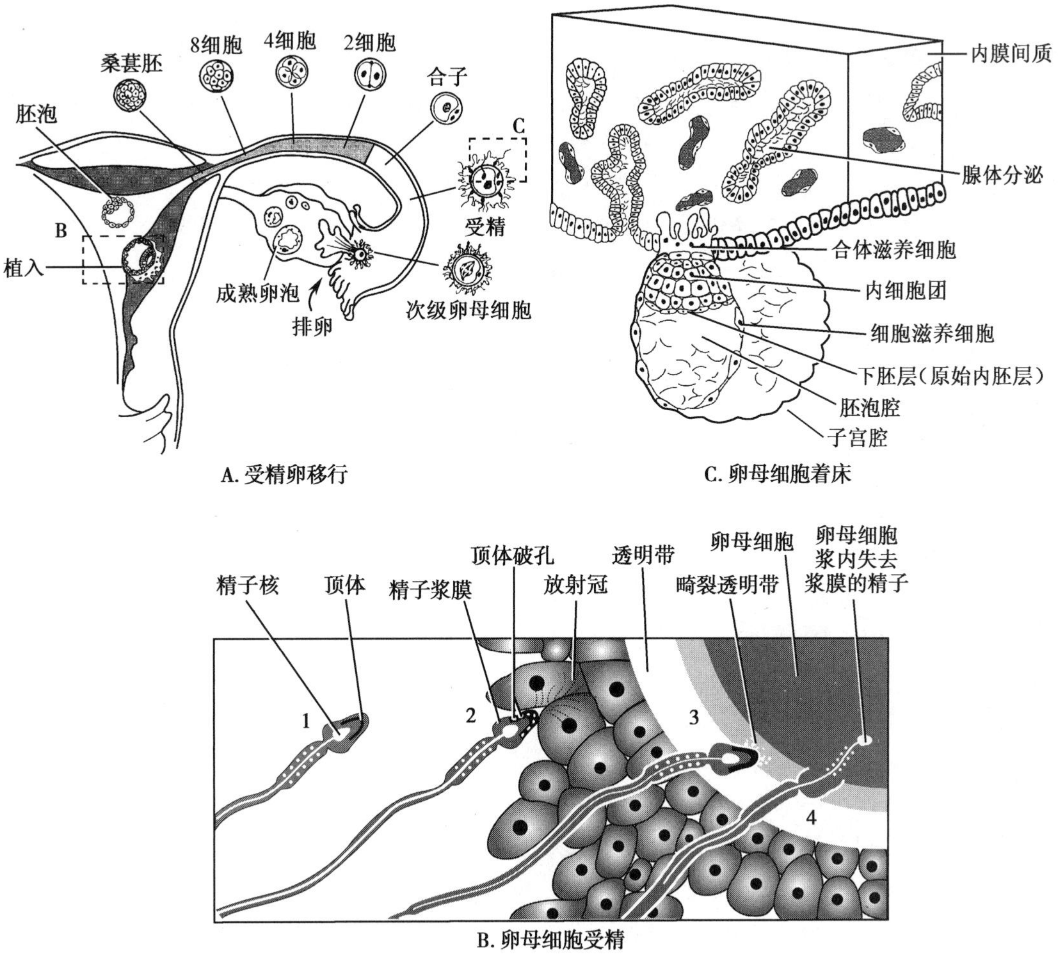

图 5-1　卵母细胞受精、受精卵移行及着床

胎盘组织。

（二）胚胎、胎儿发育特征及胎儿生理特点

1. 胚胎及胎儿发育特征　妊娠第 10 周(受精后 8 周)内的胚体称为胚胎,是主要器官完成分化的时期;自妊娠第 11 周(受精后第 9 周)起至分娩前称胎儿,是各器官进一步发育渐趋成熟的时期。通常以 4 周为一个孕龄(gestational age)单位描述胚胎及胎儿发育的特征(表 5-1):

表 5-1　不同孕龄胚胎及胎儿发育特征

孕龄	身长(cm)	体重(g)	外观及其他特征
4 周末			胚盘与体蒂可辨
8 周末			初具人形,头大,占胎体近半;眼、耳、鼻、口可辨;四肢已具雏形;早期心脏已形成,超声可见原始心脏搏动
12 周末	9	14	外生殖器已发生,部分可辨性别。胎儿四肢可活动,肠管已有蠕动,指(趾)已分辨清楚,指甲开始形成
16 周末	16	110	从外生殖器可确定胎儿性别。头皮已长出毛发,开始出现呼吸运动。部分孕妇已能自觉胎动
20 周末	25	320	皮肤暗红,全身覆有胎脂并有毳毛,开始具有吞咽、排尿功能
24 周末	30	630	各脏器均已发育,皮下脂肪开始沉积,皮肤出现皱纹,出现睫毛及眉毛

Notes

续表

孕龄	身长(cm)	体重(g)	外观及其他特征
28 周末	35	1000	皮下脂肪沉积不多。皮肤粉红,有时可有胎脂。可以有呼吸运动,但肺泡Ⅱ型细胞产生的表面活性物质含量较少,出生后易患呼吸窘迫综合征。若能加强护理,可能存活
32 周末	40	1700	皮肤深红,面部毳毛已脱落。出生后加强护理可存活
36 周末	45	2500	皮下脂肪较多,毳毛明显减少,面部皱褶消失。指(趾)甲已达指(趾)端。出生后能啼哭及吸吮,生活力良好
40 周末	50	3400	发育成熟,皮肤粉红色,皮下脂肪多,足底皮肤有纹理,男性胎儿睾丸已降至阴囊内,女性胎儿大小阴唇发育良好。出生后哭声响亮,吸吮能力强

2. 胎儿的生理特点

(1) 循环系统:胎儿循环与胎盘相连,营养供给和代谢产物排出均需经胎盘由母体来完成。胎儿血液循环特点:①来自胎盘含氧量较高的血液经一条脐静脉进入胎儿体内分为 3 支:一支直接进入肝脏,一支与门静脉汇合进入肝脏,此两支的血液经肝静脉进入下腔静脉;另一支为静脉导管直接进入下腔静脉,故进入右心房的下腔静脉血是混合血。②下腔静脉进入右心房的血液绝大部分经卵圆孔进入左心房,而上腔静脉进入右心房的血液经右心室进入肺动脉。③由于肺循环阻力较大,肺动脉血液大部分经动脉导管流入主动脉,首先供应心脏、头部及上肢,仅约 1/3 血液经肺静脉入左心房。左心房的血液进入左心室,经由升主动脉、降主动脉供应全身,自腹下动脉再经脐动脉进入胎盘与母血进行交换。胎儿体内无纯动脉血,而是动静脉混合血,各部位血氧含量只有程度上的差异。进入肝、心、头部及上肢的血液含氧量较高且营养较丰富,注入肺及身体下半部的血液含氧量及营养较少(图 5-2)。

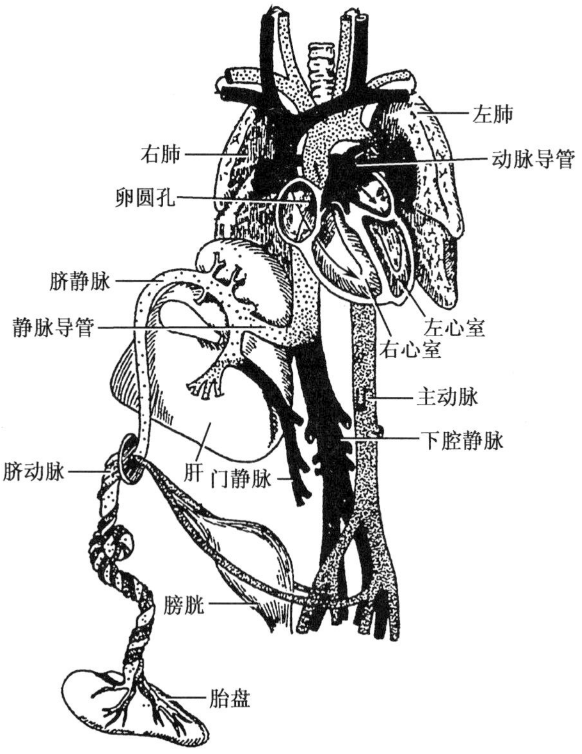

图 5-2 胎儿血液循环模式图

Notes

(2) 血液系统:①红细胞生成:妊娠3周末红细胞来自卵黄囊,妊娠10周肝脏是红细胞生成的主要器官。以后骨髓、脾脏逐渐具有造血功能;妊娠足月时,骨髓产生90%红细胞。妊娠32周红细胞生成素大量产生,故妊娠32周以后出生的新生儿红细胞数均增多;胎儿红细胞生命周期为成人红细胞的2/3。②血红蛋白生成:孕中期胎儿血红蛋白约为150g/L,足月时约为180g/L。妊娠前半期均为胎儿型血红蛋白,妊娠末4~6周成人型血红蛋白增多,至临产时胎儿血红蛋白仅占25%。③白细胞生成:妊娠8周以后胎儿血液循环出现粒细胞。于妊娠12周胸腺、脾脏产生淋巴细胞,成为体内抗体的主要来源,足月时白细胞计数可达$(15\sim20)\times10^9/L$。

(3) 呼吸系统:出生前母儿血液通过胎盘进行气体交换,但胎儿出生前肺泡、肺循环及呼吸肌均已发育。妊娠11周超声检查可见胎儿胸壁运动,妊娠16周时出现能使羊水进出呼吸道的呼吸运动。胎儿呼吸运动为阵发性且不规则,频率为30~70次/分钟。胎儿窘迫时呈大喘息样呼吸运动。胎儿肺成熟包括形态结构和功能的成熟,后者指肺泡Ⅱ型细胞内的板层小体能合成肺泡表面活性物质,包括卵磷脂(lecithin)和磷脂酰甘油(phosphatidylglycerol),可降低肺泡表面张力、有助于肺泡扩张。肺泡表面活性物质可随胎儿呼吸运动排至羊水,通过检测羊水中卵磷脂与磷脂酰甘油值可评判胎肺成熟度。

(4) 消化系统:妊娠11周时小肠已有蠕动,至妊娠16周胃肠功能基本建立,胎儿吞咽羊水,吸收水分、葡萄糖及氨基酸等可溶性营养物质,但对脂肪的吸收能力较差。胎肝内缺乏多种酶,不能结合因红细胞破坏产生的大量游离胆红素,胆红素在小肠内被氧化为胆绿素,其降解产物导致胎粪呈黑绿色。

(5) 泌尿系统:妊娠11~14周时胎儿肾脏已有排尿功能,于妊娠14周胎儿膀胱内已有尿液,并通过排尿参与羊水的循环交换。

(6) 内分泌系统:胎儿甲状腺于妊娠第6周开始发育。约在妊娠12周已能合成甲状腺激素。肾上腺于妊娠4周时开始发育,妊娠7周时可合成肾上腺素,妊娠20周时肾上腺皮质增宽,主要由胎儿带组成,可产生大量甾体激素。妊娠12周时胎儿胰腺能分泌胰岛素。

(7) 生殖系统:男性胎儿睾丸于妊娠第9周开始分化发育,多种激素和酶促使中肾管发育,副中肾管退化,外生殖器向男性分化发育。男性胎儿睾丸于临产前才降至阴囊内,右侧睾丸高于左侧且下降较迟。女性胎儿生殖系统参见“第二章 女性生殖器官发育及解剖”。

二、胎儿附属物的形成及其功能

胎儿附属物指胎儿以外的妊娠产物,包括胎盘、胎膜、脐带和羊水,对于维持胎儿生存与生长发育发挥重要作用。

(一) 胎盘

胎盘(placenta)介于母体与胎儿之间,由底蜕膜(basal decidua)、叶状绒毛膜(chorion frondosum)和羊膜(amnion)构成。妊娠足月时胎盘呈圆形或椭圆形,直径16~20cm,厚1~3cm,中间厚,边缘薄,重约450~650g。胎盘除进行母体与胎儿之间的物质交换外,还具有屏障作用、免疫调控、内分泌、多种细胞因子及酶类等生物活性物质的合成功能,但屏障作用有限。

1. 胎盘的形成与结构

(1) 叶状绒毛膜:是胎盘的主要结构。囊胚着床后,着床部位的滋养层细胞迅速分裂增殖,内层为分裂生长的细胞滋养细胞(cytotrophoblast),外层为执行功能的合体滋养细胞(syncytiotrophoblast),由细胞滋养细胞分化而来。滋养层内面的胚外中胚层与滋养层共同组成绒毛膜,与底蜕膜接触的绒毛发育良好,最终形成叶状绒毛膜。绒毛形成历经三个阶段:①一级绒毛:指绒毛膜周围长出呈放射状排列的合体滋养细胞小梁,增生活跃的细胞滋养细胞伸入其中,形成合体滋养细胞小梁的细胞中心索,又称初级绒毛;②二级绒毛:指初级绒毛继续增长,受精第二周末胚外中胚层长入细胞中心索,形成间质中心索;③三级绒毛:约在受精后第3周末,绒毛内中胚

Notes

层分化出血管形成三级绒毛，胎儿胎盘循环建立。细胞滋养细胞不断增殖、扩展，与合体滋养细胞共同形成绒毛干。一个初级绒毛干及其分支形成一个胎儿叶(fetal lobe)，一个次级绒毛干及其分支形成一个胎儿小叶；一个胎儿叶包括数个胎儿小叶。足月妊娠时绒毛表面积达12～14m^2，相当于成人肠道总面积。

胎盘形成过程中，绒毛外滋养细胞(extravillous trophoblast，EVT)沿血管逆行迁移进入螺旋动脉取代血管内皮细胞，并且使中层平滑肌细胞丧失，发生血管重铸。血管重铸后子宫螺旋动脉管腔扩大，丧失对外源性儿茶酚胺等缩血管物质的反应性，胎盘绒毛间隙子宫胎盘循环血量增加，从而满足胎儿发育增长的需要。妊娠晚期母血以每分钟500ml流速进入绒毛间隙，每个绒毛干中均有脐动脉和脐静脉细小分支，最终成为毛细血管进入绒毛末端，胎儿血也以同样流速流经胎盘与母血进行物质交换。胎儿血和母血不直接相通，两者间的绒毛毛细血管壁、绒毛间质及绒毛滋养细胞构成母胎界面(maternal-fetal interface)，其免疫特性对于维持母体对胎儿的免疫耐受具有重要作用。

(2) 底蜕膜：构成胎盘的母体部分，占胎盘很小部分。底蜕膜表面覆盖一层来自固定绒毛的滋养层细胞与底蜕膜共同形成绒毛间隙的底，称为蜕膜板。从此板向绒毛膜方向伸出一些蜕膜间隔，不超过胎盘全层厚度的2/3，将胎盘母体面分成肉眼可见的约20～30个母体叶。

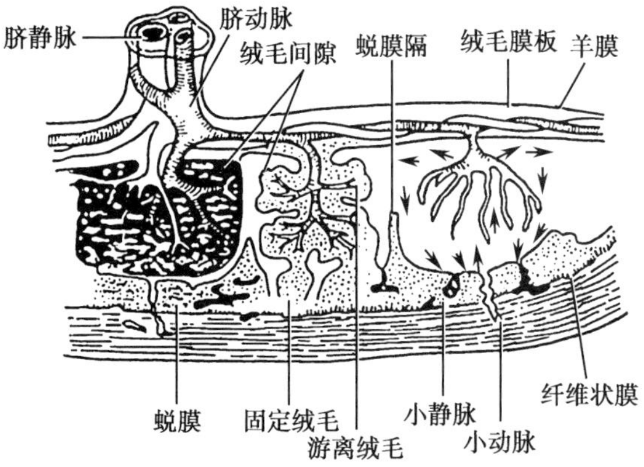

图5-3 胎盘的结构与血液循环模式图

(3) 羊膜：位于胎盘最内层，是附着在绒毛膜板表面的半透明薄膜。羊膜光滑，无血管、神经及淋巴。正常羊膜厚0.02～0.05mm，自内向外由单层无纤毛立方上皮细胞层、基膜、致密层、成纤维细胞层和海绵层5层组成。电镜见上皮细胞表面有微绒毛，随妊娠进展而增多。

2. 胎盘功能

(1) 气体交换：母体与胎儿之间O_2及CO_2以简单扩散方式进行交换，相当于出生后呼吸系统的功能。母体子宫动脉血氧分压(PO_2)高于绒毛间隙及胎儿脐动脉血氧分压，且胎儿血红蛋白对O_2的亲和力强，故O_2由母体通过绒毛膜间隙向胎儿扩散；CO_2的扩散速度是O_2的20倍，易通过绒毛间隙自胎儿向母体扩散。

(2) 营养物质供应与胎儿代谢产物排出：葡萄糖是胎儿热能的主要来源，来自母体的葡萄糖以易化扩散方式通过胎盘。游离脂肪酸、水、钾、钠、镁和维生素A、D、E、K等脂溶性维生素以简单扩散方式通过胎盘。氨基酸、钙、磷、碘和铁、维生素C、B，以主动运输方式通过胎盘。胎儿代谢产物如尿素、尿酸、肌酐、肌酸等，经胎盘送入母血，由母体排出。

(3) 屏障功能：胎儿血与母体血之间由胎盘屏障(placental barrier)相隔，通过Toll样受体发挥固有免疫功能以保护胎儿。胎盘屏障的作用有限，病毒及分子量小的有害的物质可通过胎盘引起胎儿畸形甚至死亡。细菌、弓形虫等病原微生物可在胎盘部位形成病灶，破坏绒毛结构，进入胎体感染胎儿。母血中免疫抗体IgG能通过胎盘，使胎儿从母体获得被动免疫。而母体内的抗 A、抗 B、抗 Rh 抗体亦可进入胎儿血液循环，导致胎儿及新生儿溶血。

（4）合成功能：胎盘可合成多种激素、酶、细胞因子和神经递质，对维持正常妊娠具有重要作用。

1）人绒毛膜促性腺激素（human chorionic gonadotropin，hCG）：由合体滋养细胞合成的一种糖蛋白激素。由 α、β 亚基组成，α 亚基结构与垂体分泌的 FSH、LH、TSH 基本相似，而 β 亚基则不同，临床可用 β 亚基的特异性抗体用于检测母体血清 β 亚基。受精后第 7 日即可在孕妇血、尿中检测出。至妊娠 8～10 周血清浓度达最高峰，持续约 10 日后迅速下降。妊娠中晚期血清浓度仅为峰值的 10%，分娩后若无胎盘残留，约在产后 2 周内消失。

hCG 已知的主要功能有：①hCG 作用于月经黄体，使月经黄体增大成为妊娠黄体；②促进雄激素芳香化转化为雌激素，也刺激孕酮的生成；③促甲状腺活性及促睾丸间质细胞活性；④hCG 有与 LH 相似的生物活性，与尿促性素（HMG）合用能诱发排卵；⑤hCG 能抑制淋巴细胞的免疫性，保护滋养层不受母体的免疫攻击。

2）人胎盘生乳素（human placental lactogen，HPL）：由合体滋养细胞合成，是不含糖分子的单链多肽激素。妊娠 5～6 周时，放免法可在母血中测出；随妊娠进展分泌量持续增加，至妊娠 34～36 周达高峰，并维持至分娩。HPL 值于产后迅速下降，约在产后 7 小时即测不出。

HPL 的主要功能有：①与胰岛素、肾上腺皮质激素协同作用于乳腺腺泡，促进腺泡发育，刺激乳腺上皮细胞合成乳清蛋白、乳酪蛋白、乳珠蛋白，为产后泌乳做好准备；②促进蛋白质合成，维持正氮平衡，促进胎儿生长；③通过脂解作用提高游离脂肪酸、甘油浓度，以游离脂肪酸作为能源，抑制对葡萄糖的摄取，使更多的葡萄糖运送给胎儿；④抑制母体对胎儿的排斥作用；⑤促进黄体形成；⑥促进胰岛素生成。

3）雌激素：为甾体激素。妊娠期间明显增多，主要来自胎盘及卵巢。妊娠早期，主要由卵巢妊娠黄体产生。妊娠 10 周后主要由胎儿-胎盘单位合成，至妊娠末期，雌三醇值为非孕妇女的 1000 倍，雌二醇及雌酮值为非孕妇女的 100 倍。

雌激素生成过程：母体胆固醇在胎盘内转变为孕烯醇酮后，经胎儿肾上腺胎儿带转化为硫酸脱氢表雄酮（DHAS），再经胎儿肝内 16α-羟化酶作用形成 16α-羟基硫酸脱氢表雄酮（16α-OH-DHAS），接着经胎盘合体滋养细胞在硫酸酯酶作用下，去硫酸根成为 16α-OH-DHA，随后经胎盘芳香化酶作用成为 16α 羟基雄烯二酮，最后形成游离雌三醇。因雌激素是由胎儿、胎盘共同产生，故称“胎儿-胎盘单位”（图 5-4）。

4）孕激素：为甾体激素。妊娠早期由卵巢妊娠黄体产生，妊娠 8～10 周后胎盘合体滋养细胞是产生孕激素的主要来源。随妊娠进展，母血中孕酮值逐渐增高，其代谢产物为孕二醇。孕激素与雌激素共同参与妊娠期母体各系统的生理变化。

5）缩宫素酶：由合体滋养细胞产生的一种糖蛋白，随妊娠进展逐渐增多，其生物学意义尚不十分明了，主要作用是灭活缩宫素受体，起到维持妊娠的作用。

6）耐热性碱性磷酸酶（heat stable alkaline phosphatase，HSAP）：由合体滋养细胞分泌。妊娠 16～20 周母血中可测出此酶，随妊娠进展而增多；胎盘娩出后 HSAP 迅速下降，于产后 3～6 日内消失。动态监测 HSAP 可评判胎盘功能。

7）细胞因子与生长因子：如表皮生长因子（epidermal growth factor，EGF）、神经生长因子、胰岛素样生长因子（insulin like growth factor，IGF）、转化生长因子-β（TGF-β）、肿瘤坏死因子（tumor necrosis factor c，TNF-r）、粒巨细胞克隆刺激因子及多种白细胞介素等，对胚胎营养及免疫保护起一定作用。

（5）免疫功能：胎儿对于母体属同种半异体移植物，母体能够容受正常妊娠与母胎界面的免疫调控密切相关。蜕膜中的白细胞以 NK 细胞为主，与母体直接接触的胎儿来源细胞为滋养细胞，但绒毛滋养细胞不表达 MHC Ⅰ类和Ⅱ类抗原，使母体 NK 细胞不能对同种半异体的胎儿

Notes

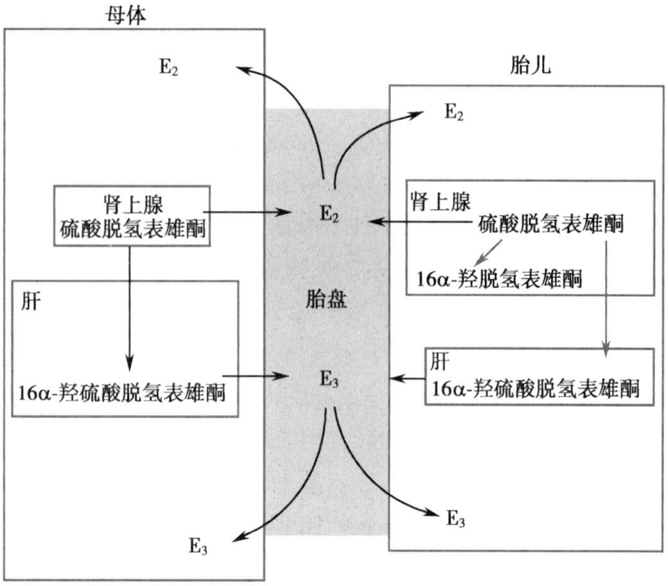

图5-4 胎儿-胎盘单位雌激素的合成

组织产生免疫反应。浸润至蜕膜的绒毛外细胞滋养细胞表达非经典的MHC Ⅰ类抗原HLA-G，通过可溶性HLA-G对蜕膜NK细胞功能的调节使绒毛外滋养细胞免受母体免疫排斥；妊娠期蜕膜巨噬细胞也抑制蜕膜NK细胞的杀伤作用。蜕膜NK细胞与蜕膜间质组织产生促血管生成因子及趋化因子，使绒毛外滋养细胞对蜕膜血管的侵蚀与重铸控制在适宜程度。

（二）胎膜

胎膜（fetal membranes）由外层的平滑绒毛膜（chorion laeve）和内层的羊膜（amnion）组成。平滑绒毛膜由非着床部位的绒毛膜退化萎缩形成，至妊娠晚期与羊膜紧密相贴，但能与羊膜分开。羊膜为不含淋巴、平滑肌及神经组织的无血管膜，与覆盖胎盘、脐带的羊膜层相连。羊膜质密层含多种间质胶原以维持张力。羊膜内层立方上皮可转运溶质和水，参与羊水平衡的维持。胎膜含有甾体激素代谢所需的多种酶，含大量花生四烯酸（前列腺素前身物质）的磷脂，且含有能催化磷脂生成游离花生四烯酸的溶酶体，故胎膜在分娩发动上有一定作用。

（三）脐带

脐带（umbilical cord）是连接胎儿与胎盘的条索状结构。脐带一端连于胎儿腹壁脐轮，另一端附着于胎盘胎儿面。妊娠足月胎儿的脐带长约30～100cm，平均约55cm，直径0.8～2.0cm，脐带内有一条脐静脉，两条脐动脉；血管周围来自胚外中胚层的胶样胚胎结缔组织称华通胶（Wharton jelly），有保护脐血管的作用。脐带是母体与胎儿气体交换、营养物质供应和代谢产物排出的重要通道。若脐带受压致使血流受阻时，可致胎儿窘迫，甚至危及胎儿生命。

（四）羊水

充满在羊膜腔内的液体称羊水（amniotic fluid）。妊娠不同时期的羊水来源、容量及组成均有明显变化。

1. 羊水的来源　妊娠早期的羊水，主要是母体血清经胎膜进入羊膜腔的透析液。妊娠中期以后，胎儿尿液是羊水的重要来源。妊娠晚期胎肺也参与羊水生成，每天自肺泡分泌600～800ml进入羊膜腔。脐带华通胶、羊膜及胎儿皮肤渗出的液体量极少。

2. 羊水的吸收　羊水的吸收约50%由胎膜完成。胎膜在羊水的产生和吸收方面起重要作用。妊娠足月胎儿每日吞咽羊水约500～700ml。此外，脐带每小时可吸收羊水40～50ml。胎儿角化前皮肤也可吸收少量羊水。

Notes

3. 母体、胎儿、羊水三者间的液体平衡　羊水在羊膜腔内不断进行液体变换，以保持羊水量的相对恒定。母儿间的液体交换主要通过胎盘,每小时约3600ml。母体与羊水的交换要通过胎膜,每小时约400ml。羊水与胎儿的交换主要通过胎儿消化管、呼吸道、泌尿道以及角化前皮肤等。

4. 羊水量、性状及成分

(1) 羊水量:妊娠8周5~10ml,妊娠10周约30ml,妊娠20周约400ml,妊娠36~38周达高峰,约1000~1500ml,此后羊水量逐渐减少。妊娠足月羊水量约800ml。过期妊娠羊水量明显减少,可少至300ml以下。

(2) 羊水性状及成分:妊娠早期羊水为无色澄清液体。妊娠足月时羊水略混浊,不透明,羊水内常悬有小片状物,包括胎脂、胎儿脱落上皮细胞、毳毛、毛发、少量白细胞、清蛋白、尿酸盐等。羊水比重为1.007~1.025,呈中性或弱碱性,pH值约为7.20,内含水分98%~99%,1%~2%为无机盐及有机物质。羊水中含大量激素和酶。

5. 羊水的功能

(1) 保护胎儿:胎儿在羊水中活动自如,不致受到挤压,防止羊膜带综合征;胎儿吞咽或吸入羊水可促进消化道与呼吸道的发育;保持羊膜腔内恒温;适量羊水避免子宫肌壁或胎儿对脐带直接压迫所致的胎儿窘迫;临产宫缩时,尤在第一产程初期,羊水受宫缩压力能使压力均匀分布,避免胎儿局部受压。

(2) 保护母体:羊水的缓冲作用减少因胎动所致的不适感;临产后前羊水囊扩张子宫颈口及阴道;破膜后羊水对产道起润滑作用,羊水对产道的冲洗减少感染机会。

三、妊娠期母体变化

为了满足胚胎、胎儿生长发育的需要,在胎盘产生的激素等因素影响下,妊娠期母体各器官系统将发生一系列适应性的解剖和生理变化。胎盘排出后,胎盘分泌的激素急骤减少并消失,妊娠引起的各种变化亦于产后6周逐渐恢复至非孕状态。

(一) 生殖系统的变化

1. 子宫

(1) 子宫大小、容量、重量和形态的改变:宫体逐渐增大变软,子宫大小由非孕时(7~8)cm×(4~5)cm×(2~3)cm增大至妊娠足月时35cm×25cm×22cm。宫腔容量非孕时约5ml,至妊娠足月时约5000ml。非孕时子宫重量约50~70g,妊娠足月增至约1000g,主要是子宫肌细胞肥大,为分娩时子宫收缩提供物质基础。非孕时子宫肌壁厚度约1cm,妊娠16周时厚达2.0~2.5cm,妊娠足月时厚度约为1.0~1.5cm。子宫增大最初受内分泌激素的影响,以后则因宫腔内压力增加而逐渐增大。妊娠早期子宫略呈球形且不对称,受精卵着床部位的子宫壁明显突出。妊娠12周后子宫增大超出盆腔,可于耻骨联合上方触及,呈对称性增大。因乙状结肠和直肠固定在盆腔左后方,妊娠晚期的子宫呈不同程度右旋。

自妊娠12~14周起,子宫出现不规则无痛性收缩,特点为稀发和不对称,其强度及频率随妊娠进展而逐渐增加,因宫腔压力低(5~25mmHg)而无痛感,这种生理性宫缩称Braxton Hicks收缩。子宫动脉由非孕时屈曲至妊娠足月时变直,以适应胎盘内绒毛间隙血流量增加的需要。妊娠足月时子宫血流量约为450~600ml/min,较非孕时增加4~6倍,其中80%~85%供给胎盘。

(2) 子宫内膜/蜕膜:受精卵着床后,在雌、孕激素作用下子宫内膜腺体增大弯曲,腺上皮细胞内及腺腔中含大量糖原,血管充血,此时的子宫内膜称为蜕膜(decidua)。按蜕膜与囊胚的位置关系,将蜕膜分为3部分:①底蜕膜(decidua basalis):囊胚着床部位的子宫内膜,将发育成为胎盘的母体部分;②包蜕膜(decidua capsularis):覆盖在囊胚表面的蜕膜;③壁蜕膜(decidua parietalis):除底蜕膜和包蜕膜外,覆盖宫腔其他部分的蜕膜(图5-5)。妊娠14~16周羊膜腔明显增

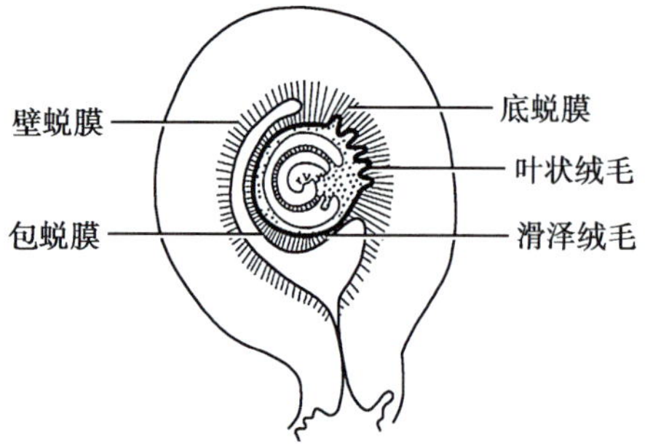

图 5-5 早期妊娠子宫蜕膜与绒毛的关系

大、宫腔消失，宫腔壁蜕膜与包蜕膜贴近、融合，又称真蜕膜（decidua vera）。

（3）子宫峡部：非孕时长约 1cm，妊娠 10 周时子宫峡部明显变软。妊娠 12 周以后，子宫峡部逐渐伸展拉长变薄使宫腔扩展；临产后可伸展至 7～10cm，成为产道的一部分，称为子宫下段。

（4）宫颈：妊娠早期黏膜充血及组织水肿，宫颈外观肥大、呈紫蓝色，质地柔软。宫颈管内腺体肥大，颈管内腺体分泌增多，形成黏液栓，保护宫腔免受外来感染侵袭。

2. 卵巢与输卵管 妊娠期卵巢略增大，停止排卵。一侧卵巢可见妊娠黄体，合成雌激素及孕激素。黄体功能于妊娠 10 周后由胎盘取代，黄体开始萎缩。妊娠期输卵管伸长，但肌层并不增厚，有时黏膜呈蜕膜样改变。

3. 外阴与阴道 妊娠期大小阴唇色素沉着，大阴唇内血管增多及结缔组织变松软，故伸展性增加，以利于胎儿娩出。阴道黏膜变软，充血水肿呈紫蓝色（Chadwick's sign）。皱襞增多，伸展性增加。分泌物增多，呈白色糊状。阴道上皮细胞含糖原增加，乳酸含量增多，使阴道 pH 值降低，有利于防止感染。

（二）乳房的变化

妊娠期受垂体催乳激素、胎盘生乳素、雌激素、孕激素、生长激素及胰岛素的影响，乳腺腺管和腺泡增生、脂肪沉积，乳房增大，充血明显。孕妇自觉乳房发胀或有触痛。腺泡增生使乳房较硬韧，乳头增大变黑，易勃起。乳晕变黑，乳晕外围的皮脂腺肥大，形成散在的结节状小隆起，称蒙氏结节（Montgomery's tubercles）。妊娠末期，尤其在接近分娩期挤压乳房时，可有数滴稀薄黄色液体溢出，称初乳（colostrum）。

（三）循环系统的变化

1. 心脏 妊娠后期因增大的子宫上推膈肌，心脏向左、向上、向前移位，更贴近胸壁，心浊音界稍扩大，至妊娠末期心脏容量约增加 10%。心脏移位使大血管轻度扭曲，加之血流量增加及血流速度加快，在多数孕妇的心尖区可听及Ⅰ～Ⅱ级柔和吹风样收缩期杂音，产后逐渐消失。80%以上孕妇有第一心音分裂或第三心音。心率于妊娠晚期每分钟约增加 10～15 次。因心脏左移心电图出现电轴左偏。

2. 心排出量 心排出量增加对维持胎儿生长发育极重要。心排出量约自妊娠 8～10 周开始增加，至妊娠 32～34 周达高峰。每次心排出量平均约为 80ml，左侧卧位心排出量较未孕时约增加 30%。

3. 血压 妊娠早期及中期血压偏低，妊娠晚期血压轻度升高。收缩压多无变化，舒张压因外周血管扩张、血液稀释及胎盘形成动静脉短路而轻度降低，使脉压稍增大。孕妇体位影响血压，仰卧位时下腔静脉受压，回心血量减少，心排出量减少，迷走神经兴奋使血压下降，即妊娠仰卧位低血压综合征（supine hypotensive syndrome）。因股静脉压随妊娠进展而增高，孕妇易发生下肢、外阴静脉曲张和痔。

（四）血液的改变

1. 血容量 循环血容量于妊娠 6～8 周开始增加，至妊娠 32～34 周达高峰，约增加 40%～45%，平均约增加 1450ml。其中血浆约增加 1000ml，红细胞约增加 450ml，血液相对稀释。

2. 血液成分 ①红细胞：妊娠期骨髓不断产生红细胞，网织红细胞轻度增多。由于血液稀释，红细胞计数约为 3.6×10^{12}/L（非孕妇女约为 4.2×10^{12}/L），血红蛋白值约为 110g/L（非孕妇女约为 130g/L），血细胞比容降至 0.31～0.34（非孕妇女约为 0.38～0.47）。②白细胞：自妊娠 7～

8 周开始轻度增加，至妊娠 30 周达高峰，妊娠期白细胞计数约为（5～12）×10^9/L；分娩时及产褥期之初白细胞数约（14～16）×10^9/L，以中性粒细胞增多为主，但比例<80%。③凝血因子：凝血因子Ⅱ、Ⅴ、Ⅶ、Ⅷ、Ⅸ、Ⅹ均增加，血液处于高凝状态。因血液稀释，血小板计数略减少。妊娠晚期凝血酶原时间（PT）及活化部分凝血活酶时间（APTT）轻度缩短，凝血时间无明显改变。血浆纤维蛋白原含量比非孕妇女增加 40%～50%，于妊娠末期可达 4.5g/L。④血浆蛋白：由于血液稀释，从妊娠早期开始降低，至妊娠中期血浆蛋白约为 60～65g/L，主要是清蛋白减少，约为 35g/L。

（五）泌尿系统的变化

1. 肾脏 妊娠期肾脏略增大，肾血流量比非孕时约增加 35%，肾小球滤过率约增加 50%。两者均受体位影响，孕妇仰卧位尿量增加，故夜尿量多于日尿量。代谢产物尿素、尿酸、肌酸、肌酐等排泄增多，其血中浓度则低于非孕妇女。当肾小球滤过超过肾小管吸收能力时，可有少量糖排出，称为妊娠生理性糖尿。

2. 输尿管 受孕激素影响，输尿管增粗及蠕动减弱，尿流缓慢，且右侧输尿管受右旋妊娠子宫压迫，可致右侧肾盂积水更明显，易患肾盂肾炎。

3. 膀胱 妊娠期受增大子宫压迫，排尿次数增多。妊娠中、晚期随子宫增大膀胱位置上升，膀胱三角区升高、输尿管开口处膀胱组织增厚，可致尿流不畅，加重输尿管扩张。

（六）呼吸系统的变化

妊娠期膈肌上升，孕妇胸廓周径加大，妊娠中期有过度通气现象，妊娠晚期以胸式呼吸为主，呼吸深大。肺活量无明显改变，潮气量增加 40%，残气量减少 20%，每分钟通气量增加 40%，但呼吸道抵抗力降低，易发生感染。

（七）消化系统的变化

受大量雌激素影响，齿龈肥厚，易患齿龈炎致齿龈出血。牙齿易松动及出现龋齿。妊娠期胃肠平滑肌张力降低，贲门括约肌松弛，胃内酸性内容物可反流至食管下部产生"烧心"感。胃肠蠕动减弱、排空时间延长，容易出现上腹部饱满感及便秘；因肠道充血、盆腔静脉受压、静脉回流障碍，易引起痔疮或使原有痔疮加重。胆道平滑肌松弛，胆汁黏稠使胆汁淤积，胆囊排空时间延长，易诱发胆囊炎及胆结石。

（八）内分泌系统的变化

1. 垂体 腺垂体增大 1～2 倍。嗜酸细胞增多肥大，称"妊娠细胞"。主要内分泌变化包括：①催乳激素（PRL）：从妊娠 7 周开始增多，随妊娠进展逐渐升高，为非孕期 10 倍，妊娠足月分娩前达高峰，约 150μg/L，为产后泌乳作准备。分娩后若不哺乳，于产后 3 周内降至非孕时水平，哺乳者则多在产后 3～4 月降至非孕水平。②促性腺激素：妊娠期间雌、孕激素抑制下丘脑及腺垂体，FSH 与 LH 分泌减少，卵泡不再发育成熟，也无排卵。③促甲状腺素（TSH）、促肾上腺皮质激素（ACTH）分泌增多，但无甲状腺或肾上腺皮质亢进表现。

2. 甲状腺 妊娠期甲状腺呈均匀增大，甲状腺素水平自妊娠 8 周开始增高，至妊娠 18 周达平台期，维持至分娩。由于妊娠期肝脏产生较多的甲状腺素结合球蛋白（thyroxine binding globulin，TBG），血清 TBG 浓度为非孕时 2～3 倍，游离甲状腺激素并未增多，故孕妇通常无甲状腺功能亢进表现。母体内结合型的甲状腺素及 TSH 不能通过胎盘，妊娠期母儿甲状腺激素之间互不干扰。

3. 甲状旁腺 孕早期甲状旁腺素水平降低，随妊娠进展，血容量和肾小球滤过率的增加以及钙的胎儿运输，导致孕妇血浆钙浓度降低，妊娠中、晚期甲状旁腺素水平逐渐升高，有利于为胎儿提供钙。

4. 肾上腺皮质 妊娠期因雌激素大量增加，使中层束状带分泌的皮质醇增多 3 倍，但其中 90% 与血浆蛋白结合，血中游离皮质醇不多，故孕妇无肾上腺皮质功能亢进表现；外层球状带分泌的醛固酮于妊娠期增加 3～5 倍，因发挥活性作用的游离醛固酮较少，故不致引起过多水钠潴留。内层网状带分泌的睾酮略有增加，表现为孕期阴毛及腋毛增多增粗。

（九）皮肤的变化

妊娠期垂体分泌促黑素细胞激素增加，雌、孕激素大量增加，促进皮肤黑色素细胞功能，使孕妇皮肤色素加深，特别是乳头、乳晕、腹白线、外阴等处出现色素沉着。面颊部呈蝶状褐色斑，称妊娠黄褐斑。随妊娠子宫的逐渐增大及肾上腺皮质激素分泌增多，孕妇腹部、大腿、臀部及乳房皮肤的皮内组织改变，皮肤过度扩张，皮肤的弹力纤维断裂，呈多量紫色或淡红色不规则平行的裂纹，称妊娠纹，见于初产妇。产后呈灰白色或银白色。雌激素增多使皮肤毛细血管扩张，颜面、颈、胸及手掌等部可出现蜘蛛痣及皮肤红斑；孕妇汗腺与皮脂腺功能亢进，可出现多汗。

（十）骨骼、关节及韧带的变化

妊娠期骨骼一般无变化，多胎、多产、缺乏维生素D及钙时可发生骨质疏松。耻骨联合、骶髂关节、骶尾关节及韧带松弛，以利于分娩。严重时可发生耻骨联合分离，导致耻骨联合部位疼痛，活动受限。

（十一）新陈代谢的变化

1. 基础代谢率(basal metabolic rate，BMR) 为满足母体与胎儿需要，孕妇BMR自妊娠中期逐渐增高，至妊娠晚期可增高15%～20%。

2. 体重 早期妊娠体重无明显变化，中期妊娠起体重平均每周增加350g，直至妊娠足月时体重平均约增加12.5kg。

3. 糖类代谢 妊娠期胰岛功能旺盛，胰岛素分泌增多，因胎盘合成的胎盘生乳素、雌激素、孕激素、胎盘胰岛素酶、肾上腺皮质激素均有对抗胰岛素的功能，使血液循环中的胰岛素相对不足，故孕妇空腹血糖水平较非孕时稍低，餐后则呈高血糖及高胰岛素水平，以满足对母体与胎儿葡萄糖的供给。

4. 脂肪代谢 妊娠期肠道吸收脂肪能力增强，血脂较孕前增加50%，母体脂肪储备增多。因糖原储备减少，当能量消耗过多时，脂肪分解加速可发生酮血症。

5. 蛋白质代谢 孕妇对蛋白质的需要量增加，以满足胎儿生长与母体需要，呈正氮平衡。

6. 水代谢 妊娠期机体水分平均约增加7.5L，水钠潴留与排泄比例适当而不引起水肿，但至妊娠末期组织间液增加1～2L，可致水肿。

7. 矿物质代谢 妊娠期母儿需要大量钙、磷、铁等，故应补充钙、维生素D和铁等以满足需要。

第二节 妊 娠 诊 断

一、早期妊娠的诊断

（一）病史与症状

1. 停经 平时月经周期规律、有性生活史的生育年龄健康妇女，一旦月经过期10日以上应疑为妊娠；若停经已达8周，妊娠的可能性更大。因停经并非妊娠所特有的症状，需要与内分泌紊乱、哺乳期、服用避孕药或其他药物引起的停经相鉴别。

2. 早孕反应 约半数妇女于停经6周左右出现头晕、乏力、嗜睡、食欲缺乏、偏食或厌恶油腻、恶心、晨起呕吐等症状，称早孕反应(morning sickness)。多于妊娠12周左右自行消失。

3. 其他症状 妊娠早期增大、前倾的子宫在盆腔内压迫膀胱可致尿频，在妊娠12周以后子宫体进入腹腔不再压迫膀胱时，此症状消失。在妊娠期神经内分泌因素调节下，孕8周起乳房增大、充血，可自觉乳房发胀。

（二）体征

1. 生殖器官的变化 阴道窥器检查可见阴道壁及宫颈充血，呈紫蓝色。妊娠6～8周，宫体饱满，前后径增大呈球形。因宫颈变软、子宫峡部极软，双合诊检查时感觉宫颈与宫体似不相

Notes

连，称黑加征（Hegar sign）。随妊娠进展，宫体增大变软。至妊娠 8 周宫体约为非孕宫体的 2 倍；妊娠 12 周时约为非孕宫体的 3 倍，宫底超出盆腔，可在耻骨联合上方触及。

2. 乳房　乳房可出现肿胀、触痛；乳头、乳晕着色加深，乳头周围出现蒙氏结节。

（三）辅助检查

1. 妊娠试验　通常受精后 8～10 天即可在孕妇血清中检测到 hCG 升高，早期妊娠血清 hCG 的倍增时间为 1.4～2 天。不同检测方法敏感性有别，孕妇尿液含有 hCG，临床多用简便快速的试纸法进行定性检测，结果阳性时应结合临床表现综合分析，以明确诊断。

2. 超声检查　妊娠早期可确定妊娠、估计胎龄，排除异位妊娠、滋养细胞疾病、卵巢肿瘤、子宫异常以及严重的胎儿畸形等。阴道超声较腹部超声可提前近 1 周确定早期妊娠。妊娠囊（gestational sac，GS）是早期妊娠的超声图像标志，阴道超声最早在妊娠 4～5 周即可探测到，早期妊娠囊易与宫腔内积血或积液混淆，探及卵黄囊时方可确定为宫内妊娠。妊娠 6 周后则能探测到原始心管搏动，测定头臀长度（crown rump length，CRL）可较准确地估计孕周。

二、中、晚期妊娠的诊断

妊娠中期以后子宫随妊娠月份增大明显，可在腹部扪及胎体、感到胎动、听到胎心音，容易确诊。

（一）病史与体征

有早期妊娠的经过，并感到腹部逐渐增大和自觉胎动。

1. 子宫增大　子宫随妊娠进展逐渐增大。检查腹部时，根据手测宫底高度及尺测耻上子宫长度，可以判断妊娠周数（表 5-2）。宫底高度因孕妇脐耻之间距离、胎儿发育情况羊水量、单胎/多胎等而有差异。

表 5-2　不同妊娠周数的子宫底高度及子宫长度

妊娠周数	手测宫底高度	尺测耻上子宫长度（cm）
12 周末	耻骨联合上 2～3 横指	
16 周末	脐耻之间	
20 周末	脐下 1 横指	18（15.3～21.4）
24 周末	脐上 1 横指	24（22.0～25.1）
28 周末	脐上 3 横指	26（22.4～29.0）
32 周末	脐与剑突之间	29（25.3～32.0）
36 周末	剑突下 2 横指	32（29.8～34.5）
40 周末	脐与剑突之间或略高	33（30.0～35.3）

2. 胎动　胎儿在子宫内的活动称胎动（fetal movement，FM）。妊娠 18 周后超声检查可发现，孕妇多于妊娠 20 周开始自觉胎动，每小时约 3～5 次。胎动随孕周增加逐渐增强，至妊娠 32～34 周达高峰，妊娠 38 周后胎动逐渐减少。

3. 胎儿心音　妊娠 12 周可用多普勒胎心仪经孕妇腹壁探测到胎心音；妊娠 18～20 周用听诊器经孕妇腹壁可听到胎心音。胎儿心音呈双音，每分钟 110～160 次。胎心音应与脐带杂音、子宫杂音、腹主动脉音相鉴别。

4. 胎体　妊娠 20 周以后，经腹壁可触及子宫内的胎体。于妊娠 24 周以后，触诊时已能区分胎头、胎背、胎臀和胎儿肢体。胎头圆而硬，有浮球感；胎臀宽而软，形状不规则；胎背宽且平坦，胎儿肢体小，且有不规则活动。

（二）辅助检查

超声检查：可检测出胎儿数目、胎产式、胎先露、胎方位、有无胎心搏动以及胎盘位置与分

Notes

级，能测量胎头双顶径、股骨长度径等多条径线，了解胎儿生长发育情况。妊娠18～24周可采用超声进行胎儿系统检查，筛查胎儿结构畸形。彩色多普勒超声能测定脐动脉、大脑中动脉的血流速度，监护、预测胎儿宫内状况。

三、胎产式、胎先露、胎方位

胎儿在子宫内的位置和姿势简称胎姿势(fetal attitude)。正常的胎姿势为胎头俯屈，颏部紧贴胸壁，脊柱略前弯，四肢屈曲交叉于胸腹前，整个胎体呈椭圆形。妊娠28周前，由于胎儿小、羊水相对较多，胎儿在宫内的活动范围大，胎姿势不固定。妊娠32周后，胎儿生长迅速、羊水相对减少，胎姿势相对恒定。由于胎儿在子宫内的位置不同，故有不同的胎产式(fetal lie)、胎先露(fetal presentation)及胎方位(fetal position)。

1. 胎产式　胎体纵轴与母体纵轴的关系称胎产式。两纵轴平行者称纵产式(longitudinal lie)，占妊娠足月分娩总数的99.75%；两纵轴垂直者称横产式(transverse lie)，仅占妊娠足月分娩总数的0.25%；两纵轴交叉呈角度者称斜产式(oblique lie)，为暂时性，在分娩过程中多数转为纵产式，偶尔转成横产式(图5-6)。

图5-6 胎产式及胎先露

2. 胎先露　最先进入骨盆入口的胎儿部分称胎先露。纵产式有头先露及臀先露，横产式为肩先露。头先露因胎头屈伸程度又分为枕先露、前囟先露、额先露、面先露(图5-7)。臀先露因入盆的先露部分不同，又分为混合臀先露、单臀先露、单足先露和双足先露(图5-8)。偶尔头先露或臀先露与胎手或胎足同时入盆，称复合先露。

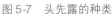

3. 胎方位　胎儿先露部的指示点与母体骨盆的关系称胎方位，简称胎位。枕先露以枕骨、

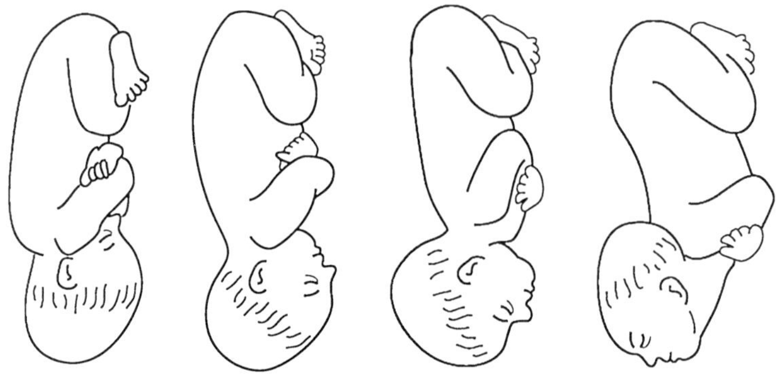

图5-7 头先露的种类

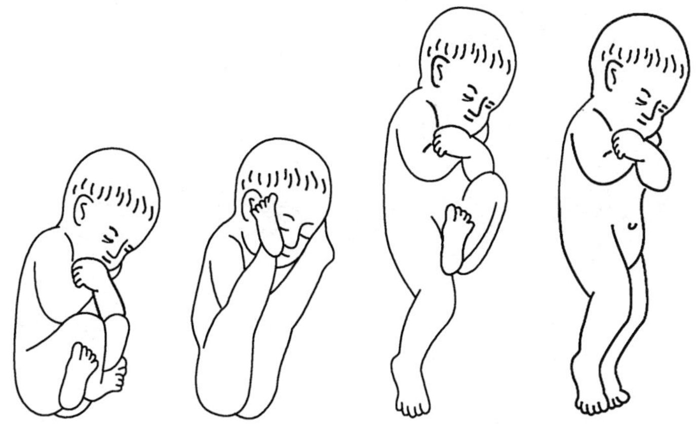

（1）混合臀先露　（2）单臀先露　（3）单足先露　（4）双足先露

图 5-8　臀先露的种类

面先露以颏骨、臀先露以骶骨、肩先露以肩胛骨为指示点。根据指示点与母体骨盆前、后、左、右、横的关系可有不同的胎方位（表 5-3）。

表 5-3　胎产式、胎先露和胎方位的关系及种类

纵产式(99.75%)	头先露(95.75%～97.75%)	枕先露(95.55%～97.55%)	枕左前(LOA)、枕左横(LOT)、枕左后(LOP)
			枕右前(ROA)、枕右横(ROT)、枕右后(ROP)
		面先露(0.2%)	颏左前(LMA)、颏左横(LMT)、颏左后(LMP)
			颏右前(RMA)、颏右横(RMT)、颏右后(RMP)
	臀先露(2%～4%)		骶左前(LSA)、骶左横(LST)、骶左后(LSP)
			骶右前(RSA)、骶右横(RST)、骶右后(RSP)
横产式——肩先露(0.25%)			肩左前(LS_CA)、肩左后(LS_CP)
			肩右前(RS_CA)、肩右后(RS_CP)

第三节　孕期检查及监护

孕期检查及监护包括对孕妇的定期产前检查和对胎儿宫内状况的监护，及时发现高危妊娠，预防妊娠并发症的发生，从而保障孕产妇、胎儿及新生儿健康。产前保健（prenatal care）的核心在于为妇女提供自受孕前直至分娩前整个阶段的医疗与社会心理支持，包括孕前保健极早确定妊娠、及时开始产前检查和产前定期随诊。

围生医学（perinatology）是研究围生期内对孕产妇与围生儿卫生保健的一门科学，对降低围生期母儿死亡率、保障母儿健康具有重要意义。我国现阶段围生期（perinatal period）指妊娠满 28 周至产后 1 周（即胎儿体重≥1000g 或身长≥35cm）。不断完善的产前保健体系已显著降低了孕产妇与围生儿死亡率，因而产前保健是围生期保健的关键。

一、产 前 检 查

（一）产前检查的方案

妊娠不同阶段孕妇与胎儿的变化特点各异，因而产前检查的时间和内容也有所不同。首次产前检查应从确定早期妊娠开始，以确定孕周及母、儿健康状况，并制订适宜的产前检查计划。

Notes

适宜的产前检查时间及次数既可保证孕期保健的质量，也能合理分配医疗卫生资源。根据目前我国孕期保健的现状和产前检查项目的需要，推荐产前检查方案见表5-4，有高危因素者，酌情增加检查次数。

表5-4 产前检查方案

检查次数	常规检查及保健	备查项目	健康教育
第1次检查（6～13^{+6}周）	1. 建立孕期保健手册； 2. 确定孕周、推算预产期； 3. 评估孕期高危因素； 4. 血压、体质量与体质量指数、胎心率； 5. 血常规、尿常规、血型（ABO和Rh）、空腹血糖、肝功和肾功、乙型肝炎表面抗原、梅毒螺旋体、HIV筛查	1. HCV筛查； 2. 地中海贫血筛查； 3. 甲状腺功能筛查； 4. 血清铁蛋白； 5. 宫颈细胞学检查； 6. 宫颈分泌物检测淋球菌和沙眼衣原体； 7. 细菌性阴道病的检测； 8. 早孕期非整倍体母体血清学筛查（10～13^{+6}周）； 9. 早孕期超声检查，妊娠11～13^{+6}周超声测量胎儿NT厚度； 10. 妊娠10～12周绒毛活检； 11. 心电图	1. 营养和生活方式的指导； 2. 避免接触有毒有害物质和宠物； 3. 慎用药物； 4. 孕期疫苗的接种； 5. 改变不良生活方式；避免高强度的工作、高噪声环境和家庭暴力； 6. 继续补充叶酸0.4mg～0.8mg/d至3个月，有条件者可继续服用含叶酸的复合维生素
第2次检查（14～19^{+6}周）	1. 分析首次产前检查的结果； 2. 血压、体质量、宫底高度、腹围、胎心率； 3. 中孕期非整倍体母体血清学筛查（15～20^{+0}周）	羊膜腔穿刺检查胎儿染色体（16～21周）	1. 中孕期胎儿非整倍体筛查的意义； 2. Hb<105g/L，补充元素铁60～100mg/d； 3. 开始补充钙剂，600mg/d
第3次检查（20～24周）	1. 血压、体质量、宫底高度、腹围、胎心率； 2. 胎儿系统超声筛查（18～24周）； 3. 血常规、尿常规	宫颈评估（超声测量宫颈长度，早产高危者）	1. 早产的认识和预防； 2. 营养和生活方式的指导； 3. 胎儿系统超声筛查的意义
第4次检查（24～28周）	1. 血压、体质量、宫底高度、腹围、胎心率； 2. 75g OGTT、尿常规	1. 抗D滴度复查（Rh阴性者）； 2. 宫颈阴道分泌物fFN检测（早产高危者）	1. 早产的认识和预防； 2. 营养和生活方式的指导； 3. 妊娠期糖尿病筛查的意义
第5次检查（30～32周）	1. 血压、体质量、宫底高度、腹围、胎心率、胎位； 2. 产科超声检查； 3. 血常规、尿常规	超声测量宫颈长度或宫颈阴道分泌物fFN检测	1. 分娩方式指导； 2. 开始注意胎动； 3. 母乳喂养指导； 4. 新生儿护理指导
第6次检查（32～36周）	1. 血压、体质量、宫底高度、腹围、胎心率、胎位； 2. 尿常规	1. GBS筛查（35～37周）； 2. 肝功、血清胆汁酸检测（32～34周，怀疑ICP孕妇）； 3. NST检查（高危者自32孕周开始）； 4. 心电图复查（高危者）	1. 分娩前生活方式的指导； 2. 分娩相关知识； 3. 新生儿疾病筛查； 4. 抑郁症的预防
第7～11次检查（37～41周）	1. 血压、体质量、宫底高度、腹围、胎心率、胎位、宫颈检查（Bishop评分）； 2. 尿常规	1. 产科超声检查； 2. NST检查（高危者每周1次）	1. 新生儿免疫接种； 2. 产褥期指导； 3. 胎儿宫内情况的监护； 4. 超过41周，住院并引产

Notes

(二)首次产前检查

应详细询问病史,进行全面的体格检查、产科检查及必要的辅助检查。

1. 病史 ①年龄:<18 岁或≥35 岁为妊娠的高危因素,易发生妊娠及分娩期并发症。②职业:从事接触有毒物质或放射线等工作的孕妇,应检查血常规及肝功能等。③推算及核对预产期(expected date of confinement,EDC):推算方法是按末次月经(last menstrual period,LMP)第 1 日算起,月份减 3 或加 9,日数加 7。若孕妇仅记住农历日期,应换算成公历再推算 EDC,并根据早期妊娠的超声结果核对预产期。对记不清末次月经日期或于哺乳期无月经来潮而受孕者,尤其需要通过超声检测 CRL、双顶径(BPD)及股骨长度(FL)来推算孕龄和预产期。④本次妊娠:了解妊娠早期有无早孕反应、病毒感染及用药史;胎动开始时间;有无阴道流血、头痛、心悸、气短、下肢水肿等症状。⑤既往史及手术史:了解有无高血压、心脏病、结核病、糖尿病、血液病、肝肾疾病等,注意其发病时间及治疗情况,并了解作过何种手术。⑥月经史及既往孕产史:询问初潮年龄、月经周期。经产妇应了解有无难产史、死胎死产史、分娩方式、新生儿情况以及有无产后出血史,了解末次分娩或流产的时间及转归。⑦家族史:询问家族有无结核病、高血压、糖尿病、双胎妊娠及其他与遗传相关的疾病。⑧丈夫健康状况:着重询问有无遗传性疾病等。

2. 体格检查 观察发育、营养及精神状态;注意步态及身高,身材矮小(<145cm)者常伴有骨盆狭窄;注意检查心脏有无病变;检查脊柱及下肢有无畸形;检查乳房发育情况、乳头大小及有无凹陷;测量血压和体重,注意有无水肿。

3. 产科检查 孕妇排尿后仰卧,头部稍垫高,露出腹部,双腿略屈曲稍分开,使腹肌放松。检查者站在孕妇右侧进行检查。

(1)视诊:注意腹形及大小。腹部有无妊娠纹、手术瘢痕及水肿等。

(2)触诊:用四步触诊法(four maneuvers of Leopold)检查子宫大小、胎产式、胎先露、胎方位以及胎先露部是否衔接(图 5-9)。在做前 3 步手法时,检查者面向孕妇,做第 4 步手法时,检查

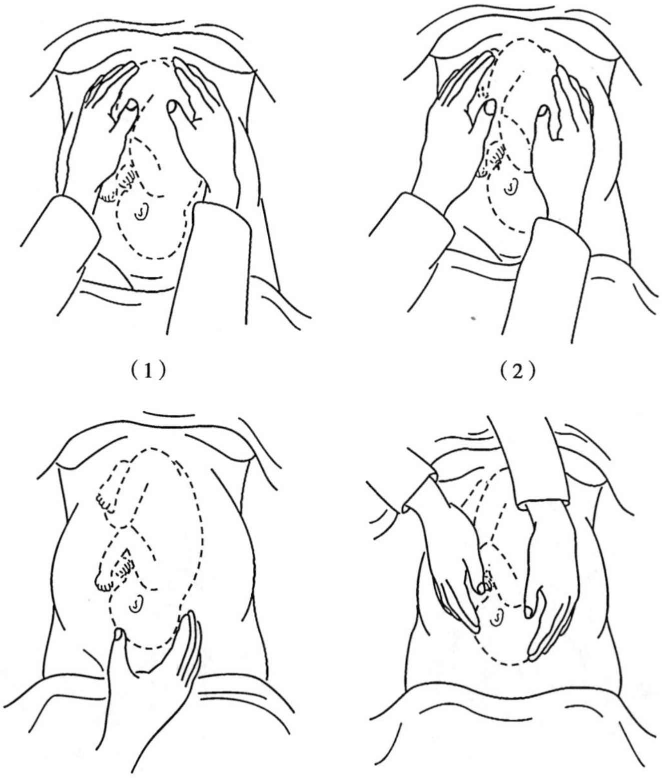

图 5-9 胎位检查的四步触诊法

者面向孕妇足端。软尺测量宫高（耻联上缘至子宫底的距离）及腹围（经脐绕腹一周的长度）。宫高异常者，需重新核对预产期、超声检查结果，以除外多胎妊娠、羊水过多、胎儿生长受限等。腹部向下悬垂（悬垂腹，多见于经产妇），要考虑可能伴有骨盆狭窄。

第 1 步：检查者两手置于宫底部，了解子宫外形并测得宫底高度，估计胎儿大小与妊娠周数是否相符。然后以两手指腹相对轻推，判断宫底部的胎儿部分，胎头硬而圆且有浮球感，胎臀软而宽且形状不规则。

第 2 步：检查者左右手分别置于腹部左右侧，一手固定，另手轻轻深按检查，触及平坦饱满者为胎背，可变形的高低不平部分是胎儿肢体，有时感到胎儿肢体活动。

第 3 步：检查者右手拇指与其余 4 指分开，置于耻骨联合上方握住胎先露部，进一步查清是胎头或胎臀，左右推动以确定是否衔接。若胎先露部仍浮动，表示尚未入盆。若已衔接，则胎先露部不能推动。

第 4 步：检查者左右手分别置于胎先露部的两侧，向骨盆入口方向向下深按，再次核对胎先露部的诊断是否正确，并确定胎先露部入盆的程度。

（3）听诊：胎心音在靠近胎背上方的孕妇腹壁上听得最清楚，不同胎位时听取胎心音的位置见图 5-10。

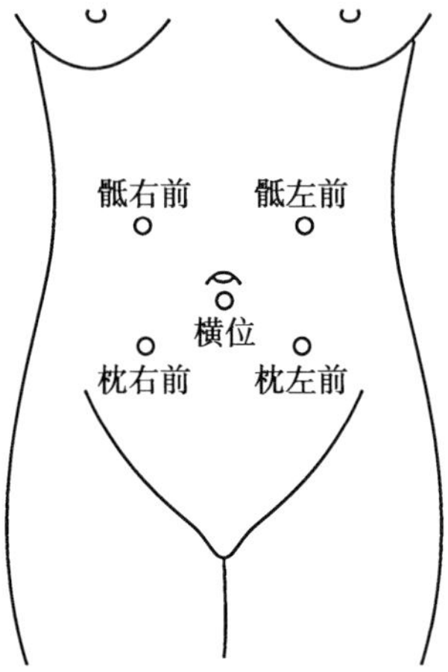

图 5-10 不同胎位胎心音听诊位置

4. 骨盆测量

（1）骨盆外测量：外测量骨盆各径线是间接判断骨盆大小与形态的传统方法，已有证据表明骨盆外测量并不能预测产时头盆不称，但作为产科检查的基本技能，应了解各径线的测量方法与意义。①髂棘间径（interspinal diameter，IS）：两髂前上棘外缘的距离，正常值为 23～26cm（图 5-11）。②髂嵴间径（intercristal diameter，IC）：两髂嵴外缘的最宽距离，正常值为 25～28cm（图 5-12）。③骶耻外径（external conjugate，EC）：第 5 腰椎棘突下至耻骨联合上缘中点的距离，正常值为 18～20cm，间接反映骨盆入口前后径的长度（图 5-13）。④坐骨结节间径或称出口横径（transverse outlet，TO）：两坐骨结节内侧缘的距离，正常值为 8.5～9.5cm（图 5-14）。⑤出口后矢状径（posterior sagittal diameter of outlet）：为坐骨结节间径中点至骶骨尖端的长度，正常值为 8～9cm（图 5-15）。出口后矢状径值与坐骨结节间径值之和>15cm 时，表明骨盆出口狭窄不明显。⑥耻骨弓角度（angle of pubic arch）（图 5-16）：反映骨盆出口横径的宽度，正常值为 90°，小于 80°为异常。

（2）骨盆内测量（internal pelvimetry）：①对角径（diagonal conjugate，DC）：耻骨联合下缘至骶岬前缘中点的距离。正常值为 12.5～13cm，减去 1.5～2.0cm 为骨盆入口前后径长度，又称真结

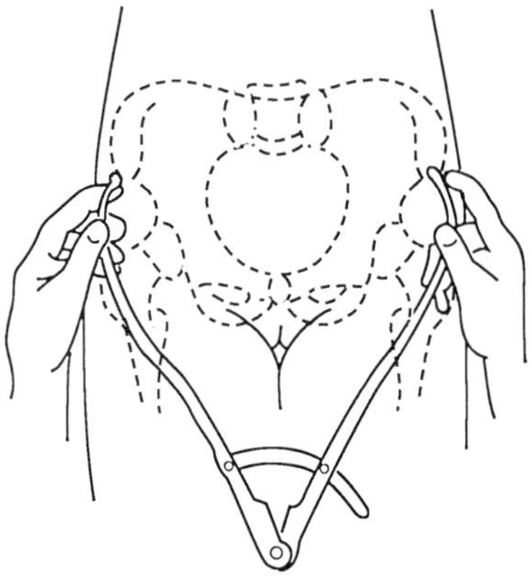
图 5-11 测量髂棘间径

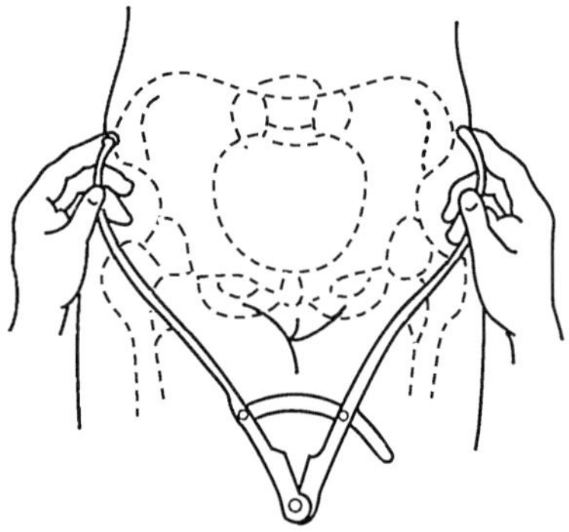
图 5-12 测量髂嵴间径

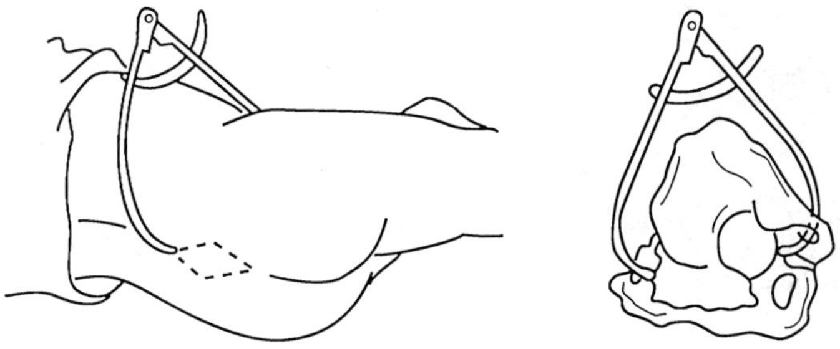

图 5-13 测量骶耻外径

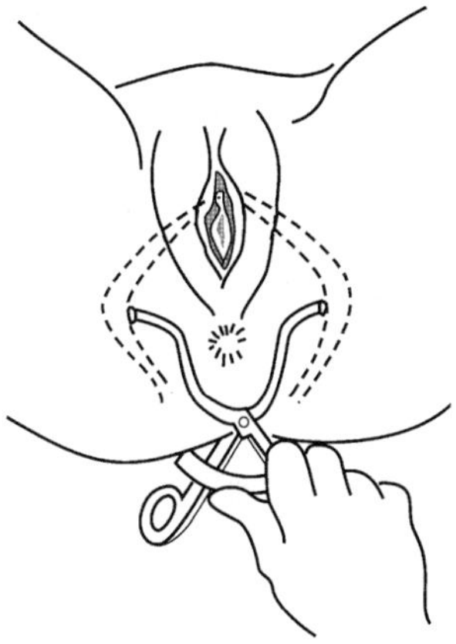

图 5-14 测量坐骨结节间径

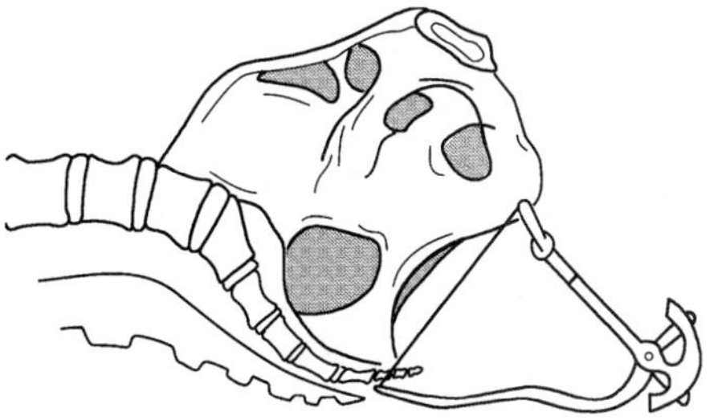

图 5-15 测量骨盆出口后矢状径

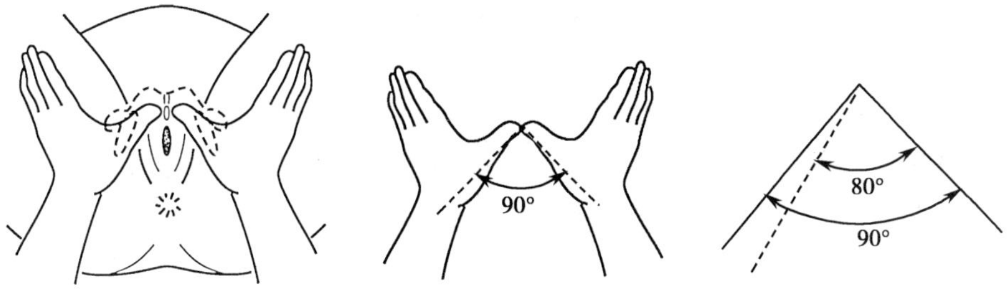

图 5-16 测量耻骨弓角度

合径(conjugate vera)(图 5-17)。②坐骨棘间径(interspinous diameter):两坐骨棘间的距离,为中骨盆最短径线,正常值约为 10cm(图 5-18)。③坐骨切迹宽度(incisura ischiadica):代表中骨盆后矢状径,其宽度为坐骨棘与骶骨下部间的距离,即骶棘韧带宽度,若能容纳 3 横指(约 5.5 ~ 6cm)为正常,否则属中骨盆狭窄(图 5-19)。

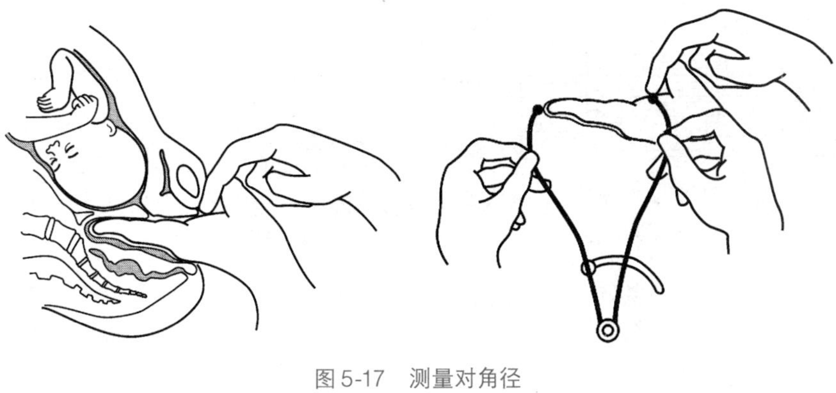

图 5-17 测量对角径

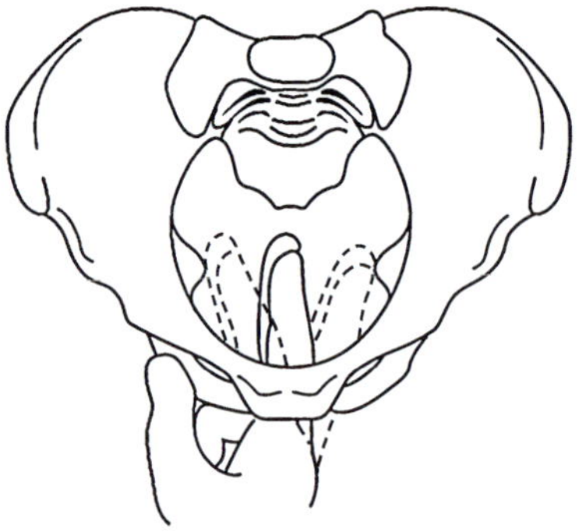

图 5-18 测量坐骨棘间径

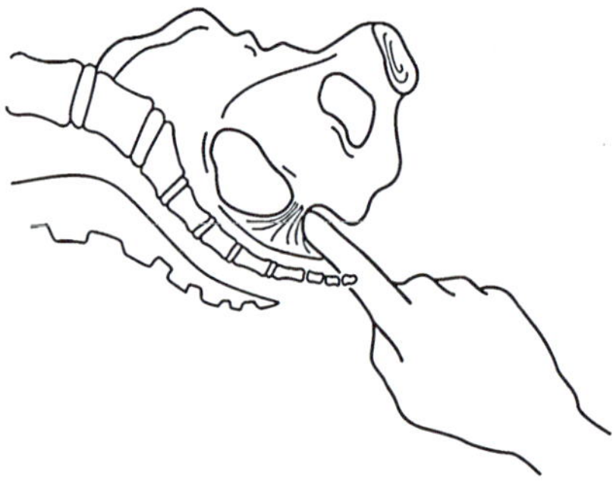

图 5-19 测量坐骨切迹宽度

5. **辅助检查及健康教育** 妊娠不同阶段应进行的相应检查及健康教育内容见表 5-4。

二、胎儿宫内状况的监护与评估

1. **妊娠早期** 行妇科检查确定子宫大小及是否与妊娠周数相符;超声检查最早在妊娠第 6 周即可见妊娠囊及探测到胎心音;有条件者于妊娠 11 ~ 13^{+6} 周测量胎儿颈部透明层(nuchal translucency,NT)及胎儿发育状况。

2. **妊娠中期** 测量宫底高度以及腹围,协助判断胎儿大小及是否与妊娠周数相符;超声检查胎儿大小以及各器官有无发育异常;听取胎心率。

3. **妊娠晚期**

(1) 定期产前检查,测量宫底高度,了解胎儿大小、胎产式、胎方位及胎心率。超声检查不仅能测得胎头双顶径值,且能判定胎位及胎盘位置、胎盘成熟度。

(2) 胎动计数:是孕妇自我监测评价胎儿宫内状况的简便、有效方法,胎动减少 50% 者提示宫内缺氧可能。

(3) 电子胎儿监护(electronic fetal monitoring,EFM):EFM 能连续观察并记录胎心率(fetal heart rate,FHR)的动态变化(图 5-20),同时描记子宫收缩和胎动记录。受胎动、宫缩、触诊等刺激,胎心率发生暂时性加快或减慢,随后又能恢复到基线水平,称为胎心率一过性变化。是判断胎儿安危的重要指标。

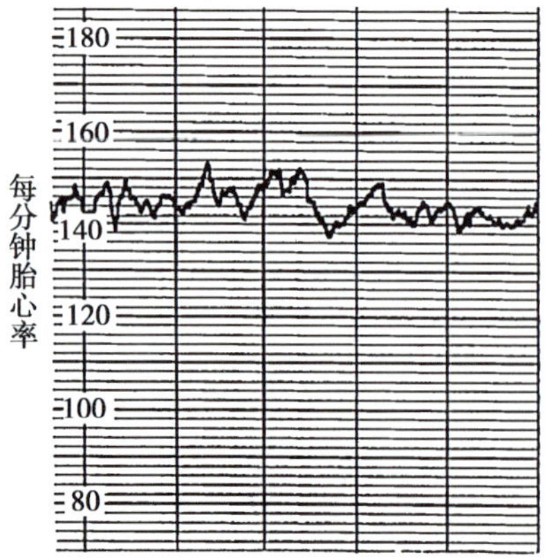

图 5-20 电子胎儿监护记录胎心率基线

加速(acceleration):指宫缩时胎心率基线暂时增加 15bpm 以上,持续时间>15 秒,是胎儿良好的表现,原因可能是胎儿躯干局部或脐静脉暂时受压。散发的、短暂的胎心率加速是无害的。但脐静脉持续受压则发展为减速。

减速(deceleration):指随宫缩时出现的暂时性胎心率减慢:①早期减速(early deceleration,ED):宫缩开始胎心即变慢,胎心率曲线下降与宫缩曲线上升同时发生,一般发生在第一产程后期,为宫缩时胎头受压引起,不受孕妇体位或吸氧而改变(图 5-21)。②变异减速(variable deceleration,VD):特点是胎心率减速与宫缩无固定关系,下降迅速,下降幅度大小不等、持续时间长短不一,恢复迅速(图 5-22)。一般认为是脐带受压兴奋迷走神经引起。③晚期减速(late deceleration,LD):多在宫缩高峰后开始出现,胎心率恢复水平所需时间较长(图 5-23)。晚期减速一般认为是胎盘功能不良、胎儿缺氧的表现。

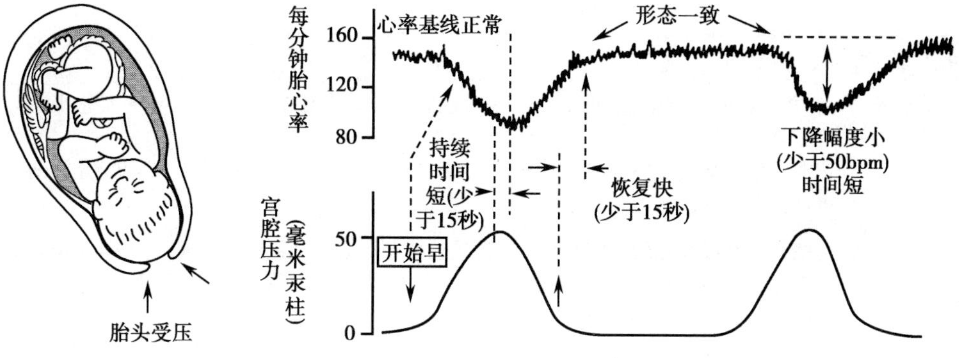

图 5-21　电胎心率早期减速

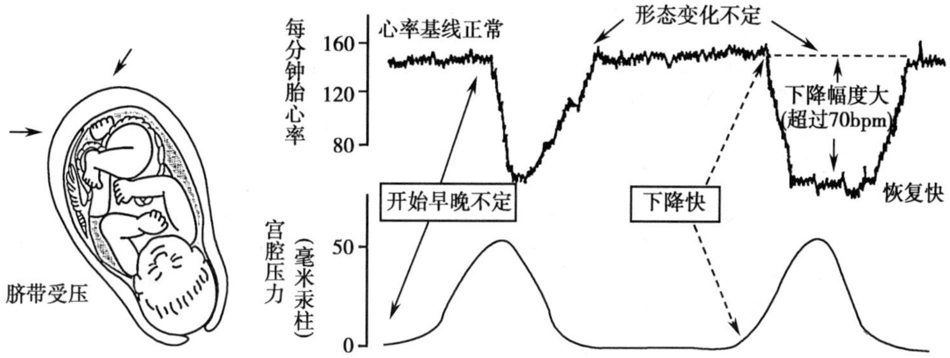

图 5-22　电胎心率变期减速

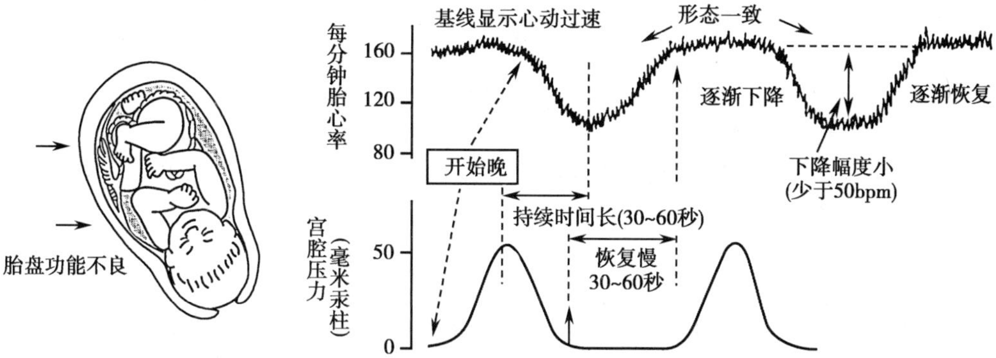

图 5-23　电胎心率晚期减速

正常妊娠 32～34 周后可开始该项监护，高危妊娠者可酌情提前。EFM 的详细评价指标见表 5-5。

（4）预测胎儿宫内储备能力：①无应激试验（none-stress test，NST）：指在无宫缩、无外界负荷刺激下对胎心率与宫缩的监测与记录，用于产前监护。②宫缩应激试验（contraction stress test，CST）包括自然临产后所做的 CST（用于产时监护）和缩宫素激惹试验（oxytocin challenge test，OCT），OCT 的原理为用缩宫素诱导宫缩并用电子胎儿监护仪记录胎心率的变化。OCT 可用于产前监护及引产时胎盘功能的评价。若多次宫缩后连续重复出现晚期减速，胎心率基线变异减少，胎动后无 FHR 增快，为 OCT 阳性。若胎心率基线有变异或胎动后 FHR 加快，无晚期减速，为 OCT 阴性，提示胎盘功能良好。

（5）NST 的判读：参照 2007 年加拿大妇产科医师学会（Society of Obstetricians and Gynecologists of Canada，SOGC）指南，见表 5-6。

Notes

表 5-5 EFM 的评价指标

名 称	定 义
胎心率基线	指 10 分钟内除外胎心周期性或者一过性变化及显著胎心变异的胎心率平均水平，至少观察 2 分钟。 正常胎心率基线：110～160 次/分钟(bpm)；胎心过速：胎心率基线>160 次/分钟；胎心过缓：胎心率基线<110 次/分钟
基线变异	指胎心率基线存在的振幅及频率的波动。按照胎心率基线的振幅波动分为：①消失型：缺乏变异；②微小变异：变异幅度≤5bpm；③中等变异(正常变异)：变异幅度 6～25bpm；④显著变异：变异幅度>25bpm
胎心加速	指胎心率突然显著增加。 孕 32 周及以后的胎心加速标准：胎心加速>15bpm，持续时间>15 秒，但不超过 2 分钟； 孕 32 周以前的胎心加速标准：胎心加速>10bpm，持续时间>10 秒，但不超过 2 分钟； 延长加速：胎心加速持续 2～10 分钟。胎心加速≥10 分钟则考虑胎心率基线变化
早期减速	指伴随宫缩胎心率的对称性的渐进的减慢及恢复。胎心率渐进性的减慢指从开始到胎心率最低点的时间≥30 秒，胎心率的减慢程度是从开始下降到胎心率最低点，早期减速的最低点与宫缩高峰一致；大部分早期减速的开始、最低值及恢复与宫缩的开始、峰值及结束相一致
晚期减速	指伴随宫缩胎心率的对称性的渐进的减慢及恢复。胎心率渐进性的减慢指从开始到胎心率最低点的时间≥30 秒，胎心率的减慢程度是从开始下降到胎心率最低点。晚期减速的发生延后于宫缩，胎心率最低点晚于宫缩高峰。大部分晚期减速的开始、最低值及恢复延后于宫缩的开始、峰值及结束
变异减速	指胎心率的突然的显著的减慢。胎心率突然的减慢指从开始到胎心率最低点的时间<30 秒，胎心率的减慢程度是从开始下降到胎心率最低点。变异减速程度应≥15bpm，持续时间≥15 秒，但不超过 2 分钟。变异减速与宫缩无固定关系
延长减速	指胎心率显著的减慢。延长减速程度应≥15bpm，持续时间≥2 分钟，但不超过 10 分钟，胎心减速≥10 分钟则考虑胎心率基线变化
正弦波	胎心基线呈现平滑的正弦波样摆动，频率固定，3～5 次/分钟，持续≥20 分钟
宫缩	正常宫缩：观察 30 分钟，10 分钟内有 5 次或者 5 次以下宫缩。 宫缩过频：观察 30 分钟，10 分钟内有 5 次以上宫缩。当宫缩过频时应记录有无伴随胎心率变化

表 5-6 NST 的结果判读及处理

参 数	正常 NST(有反应型)	不典型 NST(可疑型)	异常 NST(无反应型)
基线	110～160bpm	100～110bpm；>160bpm，<30 分钟；基线上升	胎心过缓<100bpm；胎心过速>160bpm，超过 30 分钟；基线不确定
变异	6～25bpm(中等变异)；≤5bpm，小于 40 分钟	40～80 分钟内≤5bpm	≤5bpm，≥80 分钟；≥25bpm，>10 分钟；正弦型
减速	无减速或偶发变异减速持续短于 30 秒	变异减速持续 30～60 秒	变异减速持续时间超过 60 秒；晚期减速
加速(≥32 周的胎儿)	40 分钟内两次或者两次以上加速超过 15bpm，持续 15 秒	40～80 分钟内两次以下加速超过 15bpm，持续 15 秒	大于 80 分钟两次以下加速超过 15bpm，持续 15 秒
加速(<32 周的胎儿)	40 分钟内两次或者两次以上加速超过 10bpm，持续 10 秒	40～80 分钟内两次以下加速超过 10bpm，持续 10 秒	大于 80 分钟两次以下加速超过 10bpm，持续 10 秒
处理	观察或者进一步评估	需要进一步评估	积极处理；全面评估胎儿状况；BPP 评分；及时终止妊娠

Notes

(6) CST 或 OCT 的电子胎儿监护三级判读系统：参照 2009 年美国妇产科医师学会(American College of Obstetricians and Gynecologists，ACOG)指南，见表 5-7。

表 5-7　CST/OCT 判读标准

Ⅰ类　满足下列条件	胎心率基线 110～160bpm；基线变异为中度变异；无晚期减速及变异减速；存在或者缺乏早期减速；存在或者缺乏加速，此类电子胎儿监护结果提示胎儿酸碱平衡正常，可常规监护，不需采取特殊措施
Ⅱ类	除了第Ⅰ类和第Ⅲ类电子胎儿监护外的其他情况均划为第Ⅱ类。 此类电子胎儿监护结果尚不能说明存在胎儿酸碱平衡紊乱，但是应该综合考虑临床情况、持续胎儿监护、采取其他评估方法来判定胎儿有无缺氧，可能需要宫内复苏来改善胎儿状况
Ⅲ类　有两种情况	(1) 胎心率基线无变异并且存在下面任何一种情况：1)复发性晚期减速；2)复发性变异减速；3)胎心过缓(胎心率基线<110 次/分)。 (2) 正弦波型：提示胎儿存在酸碱平衡失调即胎儿缺氧，应该立即采取相应措施纠正胎儿缺氧，包括改变孕妇体位、吸氧、停止缩宫素使用、抑制宫缩、纠正孕妇低血压等措施，如果这些措施均无效，应紧急终止妊娠

(7) 胎儿生物物理相(biophysical profile，BPP)评分：是综合电子胎儿监护及超声检查所示某些生理活动，以判断胎儿有无急、慢性缺氧的一种监护方法，可供临床参考。常用的是 Manning 评分法(表 5-8)。由于 BPP 评分使用不便，且易受主观因素的影响，临床应用较少。

表 5-8　胎儿生物物理相 Manning 评分法

指　标	2 分(正常)	0 分(异常)
NST(20 分钟)	≥2 次胎动，FHR 加速，振幅≥15bpm，持续≥15 秒	<2 次胎动，FHR 加速，振幅<15bpm，持续<15 秒
胎儿呼吸运动(30 分钟)	≥1 次，持续≥30 秒	无或持续<30 秒
胎动(30 分钟)	≥3 次躯干和肢体活动(连续出现计一次)	≤2 次躯干和肢体活动
肌张力	≥1 次躯干伸展后恢复到屈曲，手指摊开合拢	无活动，肢体完全伸展，伸展缓慢，部分恢复到屈曲
羊水量	≥1 个羊水暗区，最大羊水池垂直直径≥2cm	无或最大羊水池垂直直径<2cm

(8) 彩色多普勒超声血流监测：通过胎儿血流动力学监测，可以对子痫前期、胎儿生长受限等高危妊娠孕妇的胎儿宫内状况作出客观判断，为临床选择终止妊娠的适宜时机提供依据。常用指标包括脐动脉和胎儿大脑中动脉的血流，S/D 比值(收缩期与舒张期血流速度)、RI 值(阻力指数)、PI 值(搏动指数)等。应当重视舒张末期脐动脉无血流。

三、胎儿成熟度监测

胎儿成熟度主要通过计算胎龄、测量宫高与腹围以及超声测定胎儿大小来进行评估，以往经羊膜腔穿刺抽羊水检测卵磷脂/鞘磷脂比值、肌酐值等方法现已少用。

四、胎儿畸形及遗传病的宫内诊断

见“第六章　出生缺陷的筛查和预防”。

(韩晓兵)

Notes

第六章　出生缺陷的筛查和预防

出生缺陷(birth defects)是指因遗传、环境或遗传与环境共同作用,使胚胎发育异常引起的个体器官结构、功能代谢和精神行为等方面的先天性异常。因此出生缺陷可能在胎儿出生时即有临床表现,也可能在出生后多年才发病。我国是出生缺陷高发国家,其发生率为4%～6%,它是围生儿、婴幼儿发病与死亡的主要原因,也是成年残疾的重要原因。努力提高出生人口素质,降低出生缺陷的发生率是我们面临的重要任务。

根据出生缺陷干预措施采取的时间不同,可分为三级干预:一级干预指在妊娠前采取干预措施,预防出生缺陷胚胎、胎儿的形成;二级干预指在妊娠期胎儿能够存活前,阻止严重缺陷儿活产分娩;三级干预指在胎儿娩出后,采取措施预防缺陷儿发病。

第一节　受孕前咨询和出生缺陷的一级预防

受孕前咨询包括婚前咨询和婚后孕前咨询。咨询内容不但包括遗传咨询,即由医学遗传学专业人员或咨询医师对咨询者家庭中遗传性疾病的发病原因、遗传方式、诊断、预后、发病风险率、防治等问题予以解答,并对其婚育问题提出建议与指导;而且还包括遗传病以外的健康咨询,即对计划妊娠的夫妇提出健康促进的生活方式,对患疾病的夫妇评估该病对婚育的可能影响,提出处理意见等。其目的是通过受孕前咨询,实现一级干预来减少缺陷胚胎的形成。

(一) 婚前咨询

通过询问病史、详细体格检查、必要时进行家系调查和家谱分析,提出对结婚、生育的具体指导意见。这是防止子代出生缺陷的第一站。对影响婚育的先天性畸形、遗传性疾病或感染性疾病,按暂缓结婚、可以结婚但禁止生育、限制生育和不能结婚4种情况处理。

1. 暂缓结婚　性传播性疾病需等治愈后再结婚;急性传染病控制之前暂缓结婚;影响结婚的生殖道畸形在矫正之前,暂缓结婚。

2. 可以结婚但禁止生育　①男女一方患严重常染色体显性遗传病,目前尚无有效治疗方法,而产前正确诊断困难者;②男女双方均患相同的常染色体隐性遗传病,如男女均患白化病,若致病基因相同,其子女发病概率几乎是100%;③男女一方患严重的多基因遗传病,如精神分裂症、躁狂抑郁型精神病、原发性癫痫等,又属于该病的高发家系,后代再现风险率高。

3. 限制生育　对产前能作出准确诊断或植入前诊断(preimplantation genetic diagnosis,PGD)的遗传病,可在确诊后,选择健康胎儿继续妊娠,或选择正常胚胎移植。对产前不能作出诊断的X连锁隐性遗传病,可进行性别诊断,选择性生育。

4. 不能结婚　①直系血亲和三代以内旁系血亲;②男女双方均患有相同的遗传病,或男女双方家系中患相同的遗传病;③严重智力低下,生活不能自理,男女双方均患病无法承担养育子女的义务,其子女智力低下概率也大,故不能结婚。

(二) 婚后孕前咨询

指导计划怀孕的夫妇在双方身心健康、家庭及工作环境良好的状况下妊娠。在详细询问病史及体格检查后,评估夫妇双方健康状况,对病人提出治疗建议,对未发现明显疾病者指导落实健康促进措施。

1. 本人或家族中有不良孕产史，如畸胎史、死胎死产史、习惯性流产或早产史等，应尽可能查明原因。如，一对α地中海贫血高发区的夫妇曾怀孕过严重水肿的胎儿，在下次妊娠前，应确定夫妇双方是否为α地中海贫血疾病基因携带者，明确诊断后，在下次妊娠时可进行 PGD，避免再次怀孕患儿。

2. 患心脏病、高血压病、慢性肾炎、糖尿病、甲亢、自身免疫性疾病的计划妊娠妇女，应确定疾病类型、疾病的控制情况、评价目前器官功能状况、能否胜任妊娠，以及所用药物对未来妊娠的影响等。

3. 患结核、梅毒、急性病毒性肝炎等传染病的计划妊娠妇女，应积极治疗，康复后再妊娠。一些病毒原发感染时应在获得保护性抗体后再妊娠。对免疫接种可获得终身免疫的某些病原体如风疹病毒，提倡婚前即接种疫苗。

4. 患生殖器官肿瘤，如卵巢肿瘤应先手术明确肿瘤性质，如为良性则剥除肿瘤后再妊娠，以减少妊娠期的并发症。宫颈上皮内瘤样病变应根据其严重程度决定是否需作相应处理后再妊娠。

5. 改变不良的生活方式，如戒烟、控制饮酒。众多研究表明妊娠期吸烟与出生缺陷、低体重儿有关；胎儿及新生儿乙醇综合征对其将来的神经系统发育和精神行为有不良影响。

6. 避免有害有毒物质接触，如从事某种职业长期接触铅、镉、汞等有毒重金属元素者，应注意体内有无蓄积，待这些物质排泄至正常水平后再考虑妊娠。

7. 补充叶酸或含有叶酸的多种维生素，循证医学的证据表明，孕妇在妊娠前以及妊娠早期补充叶酸或含叶酸的多种维生素可明显降低神经管畸形的风险，也可减少脐膨出、先天性心脏病等发病风险。目前我国已在妊娠早期免费推广补充 0.4mg/片的低剂量叶酸至妊娠 8 周。

孕前咨询除详细询问病史、体格检查外，可考虑进行必要的实验室检查，如血常规、尿常规、ABO 及 Rh 血型、肝功能、乙肝病毒标志物、梅毒血清学检测、艾滋病抗体检测、胸片等以帮助评估健康状况。

（三）咨询注意事项

1. 对咨询者应做到“亲切、畅言、守密”，医务人员要有责任心、同情心，要热情，取得咨询者及其家属的信任与合作。

2. 谈话时应避免刺激性语言，避免伤害咨询者的自尊心。实事求是地解答问题。

3. 对遗传性疾病估算再发风险，只能表示下一代发病几率，要依靠产前诊断来回答下一个孩子是否发病。

4. 应建立个案记录，以便查找，以利于再次咨询时参考。

第二节　产 前 筛 查

产前筛查（prenatal screening）是通过母血清学、影像学等非侵入性方法对普通妊娠妇女进行筛查，从中挑选出可能怀有异常胎儿的高危孕妇进行产前诊断，以提高产前诊断的阳性率，减少不必要的侵入性产前诊断。因此，产前筛查必须满足以下条件：①为疾病而筛查，禁止为选择胎儿性别进行性别筛查；②该疾病在筛查人群中具有较高的发病率且危害严重；③能为筛查阳性者提供进一步的产前诊断及有效干预措施；④筛查方法无创、价廉，易于为被筛查者接受。产前筛查是出生缺陷二级干预的重要内容。

评估筛查试验优劣的主要指标有：敏感性、特异性、阳性预测值、阴性预测值，还有合理的成本/效益比。其中，敏感性和特异性是反映检测方法有效性的指标，敏感性为病人检测结果阳性的概率，特异性为非患病者检测结果阴性的概率；阳性预测值为检测结果阳性者中患病的概率，阴性预测值是检测结果阴性者中非患病的概率，两者均为评价实用性的指标，它们除与筛查方案有关外，还与发病率有关。筛查的综合评价指标是阳性似然比，即患病人群试验呈阳性的概率与非患病人

Notes

群呈阳性概率的比；阳性试验优势比即已知筛查阳性，根据阳性预测值计算的患病概率与不患病概率之比。因为产前筛查面向普通孕妇群体，其方案必须符合卫生经济学原则(表6-1)。

表6-1 评价筛查试验的关键指标

	病人	非病人	
检测指标			
阳性	A	B	A+B
阴性	C	D	C+D
敏感性	A/(A+C)		
特异性	D/(B+D)		
阳性预测值	A/(A+B)		
阴性预测值	D/(C+D)		

阳性似然比=敏感性/(1-特异性)；阴性似然比=(1-敏感性)/特异性
发病率=(A+C)/(A+B+C+D)；优势比=发病率/(1-发病率)

目前在临床成熟应用的筛查方法有胎儿非整倍体的早、中孕期母血清学筛查及胎儿结构畸形的超声影像学筛查。

(一) 胎儿非整倍体产前筛查

1. 母血清学筛查是最常用方法，早孕期常用指标为游离绒毛膜促性腺激素β亚单位(free-βhCG)、妊娠相关血浆蛋白-A(PAPP-A)；中孕期为甲胎蛋白(AFP)、hCG、游离雌三醇(uE3)、抑制素A(inhibin A)等，根据孕妇血清中上述标志物高低，结合孕妇年龄、孕周、体重等综合计算出胎儿21三体和18三体的发病风险，中孕期还可筛查出胎儿开放性神经管缺陷的风险。因孕妇上述标志物的血浓度随孕龄而改变，故风险计算一定要参照准确孕龄，常用早孕期胎儿头臀长计算孕周作为参照。

2. 超声测量胎儿颈项后透明层厚度(neuchal translucency，NT)，通常在妊娠11~13^{+6}周(胎儿CRL为45~84mm)时进行。非整倍体患儿因颈部皮下积水，NT增宽，常处于相同孕周胎儿第95百分位数以上。该技术质控要求高，如果结合母血清PAPPA、f-βHCG检测，可进一步提高检出率、降低假阳性率。

随着母血浆(清)中胎儿游离DNA富集技术以及新一代测序技术的飞速发展与联合应用，孕12周后采母血产前检测胎儿21、18、13三体及性染色体异常，准确率可达70%~99%。该技术称无创产前检测(non invasive prenatal test)，但目前检测价格昂贵，尚不适合低危孕妇的产前筛查。

(二) 胎儿结构畸形筛查

胎儿结构畸形涉及机体所有器官，占出生缺陷的60%~70%。超声筛查是最常用的方法，多数胎儿畸形超声下可发现：①正常解剖结构的消失；②梗阻后导致的扩张；③结构缺陷形成的疝；④正常结构的位置或轮廓异常；⑤生物测量学异常；⑥胎动消失或异常。

1. 妊娠早期超声影像学筛查 除11~13^{+6}周胎儿NT测量外，部分无脑儿、全前脑、脊柱裂等畸形可在早中期妊娠时被发现。

2. 妊娠中期超声影像学筛查 检测孕周通常为18~24周，此时胎动活跃，羊水相对多，胎儿骨骼尚未钙化、脊柱声影影响小，便于多角度观察胎儿结构。胎儿结构筛查在胎儿头面、颈、胸、腹及脊柱、四肢均有规定的检查内容；还包括胎盘、脐带的检查。中孕期结构筛查由经过培训合格的超声师或产科医师进行。不断提升一线检查者技术水平是提高检出率的关键。

第三节 产前诊断

Notes

产前诊断(prenatal diagnosis)是指在胎儿期应用各种检测手段，诊断其有无明显畸形、染色体病甚至基因病等遗传综合征。为宫内治疗或选择性终止妊娠提供依据。

（一）产前诊断的对象

1. 夫妇一方为染色体平衡易位者。

2. 生育过染色体异常胎儿的孕妇。

3. 产前筛查确定的高风险人群。

4. 生育过开放性神经管缺陷、唇裂、腭裂、先天性心脏病儿者。

5. X 连锁隐性遗传病基因携带者。

6. 夫妇一方有先天性代谢疾病，或已生育过病儿的孕妇。

7. 在妊娠早期接受较大剂量化学毒物、辐射或严重病毒感染的孕妇。

8. 有遗传病家族史的孕妇。

9. 有反复原因不明的流产、死产、畸胎和有新生儿死亡史的孕妇。

10. 本次妊娠羊水过多、疑有畸胎的孕妇。

11. ≥35 岁的高龄孕妇。近年一些国家已不再对这类孕妇常规侵入性产前诊断，而是先筛查，计算风险后决定是否侵入性产前诊断。

（二）产前诊断常用方法

1. 胎儿结构检查超声影像是最常用的检查方法，包括超声二维、三维、实时三维成像、彩色多普勒、脉冲多普勒等，对筛查怀疑胎儿结构异常者进一步检查，也常需磁共振辅助诊断。

2. 染色体核型分析利用绒毛、羊水或胎儿血细胞培养，检测染色体核型。

3. 基因检测利用胎儿 DNA 分子杂交、限制性内切酶、聚合酶链反应（PCR）、测序技术等检测基因序列有无异常；目前基于芯片的比较基因组杂交技术在产前诊断中广泛应用，二代测序技术在该领域的应用也初见端倪。

4. 基因产物检测利用羊水、绒毛或胎儿血液检测特定的蛋白质、酶和代谢产物，用于确定胎儿某些代谢疾病。

（三）产前诊断的疾病

1. 染色体病包括染色体数目和结构异常。染色体数目异常有多倍体（polyploidy）和非整倍体（aneuploidy）。染色体结构异常以缺失、重复、倒位、易位常见。患染色体病的胎儿可死于宫内，反复流产，或体格/智力发育异常。早期自然流产中染色体异常约占一半。

2. 性连锁遗传病以 X 连锁隐性遗传病居多，如红绿色盲、血友病等。致病基因在 X 染色体上，携带致病基因的男性发病；携带致病基因的女性为携带者，生育的男孩 50% 是病人，50% 为健康者。因此，在无法诊断疾病基因时，可根据性别考虑是否终止妊娠。性连锁隐性遗传病的男性病人与正常女性婚配，生育的男孩不会患病，生育的女孩均为携带者。

3. 先天性代谢缺陷病多为常染色体隐性遗传病。因基因突变导致某种酶缺失，引起代谢抑制、代谢中间产物累积而出现临床表现。除少数几种疾病在出生早期能通过饮食控制法（如苯丙酮尿症）或药物治疗（如先天性甲状腺功能减退）使其不发病外，多数尚无有效治疗方法，故进行产前诊断极为重要。

4. 先天性胎儿结构畸形包括全身各器官的结构异常，如先天性心脏病、唇腭裂、开放性神经管缺陷及骨骼异常等，胎儿结构畸形染色体核型不一定异常。

（四）染色体病的产前诊断

染色体病的产前诊断主要依靠细胞遗传学方法，即细胞培养、中期染色体显带、核型分析。近年，分子核型分析技术快速发展，基因芯片检测染色体微缺失或扩增等结构异常已成为常用手段。常用的检测样本及合适采样时间如下：

1. 羊水细胞制备　染色体羊水穿刺最佳时间为妊娠 17～21 周，此时羊水量相对多，活细胞所占比大，培养容易成功。

Notes

2. 绒毛制备 染色体绒毛采样最佳时间为妊娠 9 ~ 12 周，培养时间相对短。因约 1% 绒毛染色体出现嵌合核型，而胎儿核型正常即所谓“自救”，故绒毛核型为嵌合体时，最好在妊娠中期再行羊水培养。

3. 胎儿血细胞培养制备 染色体妊娠晚期常用胎儿血样本，主要用于胎儿血红蛋白病的诊断。

（五）性连锁遗传病的产前诊断

过去对性连锁遗传病因不能诊断疾病基因，需确定胎儿性别，决定是否继续妊娠。目前高通量测序技术使疾病基因分析成为可能，使性连锁遗传病产前诊断水平提升。

（六）基因病的产前诊断

如有先证者，明确疾病基因及其产物，利用胎儿细胞扩增目的基因进行 DNA 序列分析。如高度怀疑但不确定目的基因者可用全基因组测序技术。

（七）胎儿结构畸形

目前主要通过超声、彩色多普勒、磁共振等对胎儿结构畸形进行诊断。然而，这一技术“发现与识别异常”难度较大，加上“发育”因素影响，故常需经验丰富者利用高分辨超声诊断仪动态观察，即使如此，还有一定的误诊、漏诊率。因此检查前应向孕妇及家属说明产前诊断的局限性，在知情同意基础上检查。此外，当前对绝大多数先天畸形还不能进行病因诊断。

（八）植入前诊断

植入前诊断参见本教材第二十九章“不孕症及辅助生殖技术”。

第四节 孕期用药

孕妇在妊娠期可能因并发各种疾病而使用药物。由于妊娠期特殊性，孕妇药代动力学有所不同；药物也可能通过胎盘屏障，对胚胎、胎儿产生影响。

（一）妊娠期母、儿药物代谢动力学的特点

孕妇体内孕激素、松弛素大量增加使胃肠蠕动减慢，胃排空时间延长，故口服药物达峰时间延迟，如果早孕期呕吐，则口服药物吸收不完全；妊娠期雌激素水平的增加，胆汁在肝脏淤积，也可使药物在肝脏的廓清速度下降；由于妊娠期血容量增加以及胎儿胎盘循环的建立，使孕妇的药物分布容积增加，如果与非妊娠期相同剂量给药，孕妇血药浓度降低；又由于妊娠期血浆白蛋白有所减少，结合药物能力降低，游离药物浓度增加；妊娠期肾血浆流量、肾小球滤过率明显增加，使药物经肾脏排泄速度加快，药物半衰期缩短，故孕妇用药频率可能需增加。

胎儿吸收药物主要经过胎盘、脐静脉进入体内，一部分药物经羊膜进入羊水，胎儿吞咽羊水后胃肠道吸收药物，而药物经肾脏再排泄到羊水中，可再经胎儿的吞咽重吸收，形成羊水-肠道循环。因胎儿血液循环特点，药物在胎儿体内的分布不均匀，肝、脑分布较多，而肺则很少。由于胎儿的血浆蛋白含量明显低于成人，故未结合游离状态的药物增加，加上胎儿肝脏微粒体酶活性低，代谢药物的能力差；而且药物通过胎盘进入胎体的速度远大于通过胎盘排出的速度，故胎儿体内的药物容易蓄积。

（二）药物对胎儿的影响

孕妇用药可对胎儿产生有利或有害影响。前者，如妊娠期梅毒，青霉素治疗可预防和治疗胎儿先天性梅毒；后者，如早孕妇女口服沙利度胺，造成胎儿短肢畸形。本节主要讨论妊娠期用药对胎儿的安全性问题。

临床评估药物对胚胎、胎儿的安全性需要考虑的几个问题

（1）胚胎、胎儿暴露于药物时所处的发育阶段：排卵后的 17 天内，即使暴露的药物是致畸原，存活胚胎的畸形发生率与未暴露者相似，因此时胚胎细胞为全能细胞，损伤轻者可被其他细

Notes

胞替代而正常存活，损伤较重者因无法修复损伤而死亡，此时胚胎自救措施倾向于死亡而不是畸形，故致畸风险降低。受精17天后至54天，是器官形成阶段，细胞增殖、分化、迁移活跃，如胚胎受致畸原作用，易引起结构缺陷。由于各器官分化和发育迟早不一，不同时间暴露受累，畸形的器官有所不同。如人类受精后21～40天时，胚胎心脏发育最易受累；受精后24～46天四肢和眼睛易受影响；此外，由于各器官致畸敏感期有交叉，常可出现多发性畸形或综合征。受精8周后至分娩前，是胎儿宫内生长阶段，器官体积逐步增大，功能不断完善，致畸因子作用于胎儿，较少发生严重结构畸形，但会影响器官功能完善及生长发育受限等。

（2）药物本身的因素：根据药物对胚胎、胎儿危害性的不同，美国食品和药品管理局（FDA）将药物分成A、B、C、D、X类，可供妊娠期用药参考：

A类：经临床对照研究，不能证实药物对胎儿有害，此类药对胎儿安全。但品种很少。

B类：经动物实验研究未见药物对胎儿的危害。无临床对照试验，是妊娠期使用相对安全的药物。

C类：动物实验表明药物对胎儿有不良影响，但对孕妇的治疗作用可能超过对胎儿的不良影响，故在充分权衡利弊后，谨慎使用。

D类：已有足够证据证明药物对胎儿有害，只有在孕妇患严重疾病，而其他药物又无效的情况下考虑使用。

X类：各种实验证实药物会导致胎儿异常，除对胎儿造成危害外，几乎没有益处，是孕前或妊娠期禁用的药物。

妊娠期推荐使用A、B类，慎用C类，不用D及X类。

（3）药物疗程的长度：致畸原在相同致畸剂量下，急性暴露可能很少致畸，而长期慢性暴露能使致畸风险显著增加。故妊娠期用药尽可能短疗程。

（4）药物暴露剂量：通常剂量越大毒性越大。由于胚胎对有害因子较成人敏感，故当致畸因素的强度对母体尚未引起明显毒性作用时，可能已对胚胎产生不良影响。剂量受到母儿两方面多种因素的影响，包括：剂量-效应关系、阈值、药物代谢动力学特征、孕妇本身代谢状态、胎盘转运效率、胎盘上的特殊受体、母胎基因型、药物在胎儿体内的分布情况等。在如此复杂的情况下，很难确定个体安全剂量。胎盘对药物的转运受药物理化性质影响，分子量小、脂溶性高、血浆蛋白结合率低、非极性的药物容易达到胎儿。胎盘上有多种内源性、外源性受体表达，受体的存在增加了胎盘转运量。胎盘的生物转化作用可使某些药物的中间产物或终产物获得致畸活性，如苯妥英、利福平、抗组胺药、己烯雌酚等。也有药物经胎盘转化失活，对胎儿影响小如皮质醇、泼尼松等，而地塞米松则不经胎盘代谢直接进入胎体。

（5）遗传易感性：常见到人群在相同暴露时产生完全不同的结局，基因多态性会导致某一人群比另一人群更容易产生畸形。母胎的基因型均能影响药物的吸收、转运、代谢、分布、与受体的结合，从而影响化合物的致畸效应。但这方面的知识我们还很缺乏。

药物对胎儿的影响复杂，同一种药物的不同剂量、用药途径、用药孕周等因素的不同，对生长发育影响可以完全不同，妊娠期各种原发疾病的存在也增加了安全性评估的复杂性。暴露后是否发生不良反应，需要流行病学的研究，但可能因研究中的各种偏倚而误解。新药不断上市，其远期效应无法得到及时评价。故产科倾向于用老药。目前临床上评价妊娠期药物安全性最常用的仍然是美国FDA药品分类标签，但该分类比较模糊、粗糙，不能对影响程度等重要的临床情况进行评价。

（胡娅莉）

参考文献

原著：Mark I Evans，Mark P. Johnson，Yuval Yaron，AricDrugan；主译：段涛，胡娅莉，吕时铭. 产前诊断. 北京：人民卫生出版社，2010.

Notes

第七章 正常分娩

妊娠满28周(196日)及以后的胎儿及其附属物,从临产开始至全部从母体排出的过程称分娩(labor)。妊娠满28周至不满37足周(196~258日)期间分娩称早产(premature labor);妊娠满37周至不满42足周(259~293日)期间分娩称足月产(term labor);妊娠满42周及其后(≥294日)期间分娩称过期产(postterm labor)。

第一节 分娩动因

分娩发动的原因目前仍不清楚。虽然有关分娩启动的一些学说,如炎症反应学说、子宫下段形成及宫颈成熟学说、神经介质理论、免疫学说、机械性理论以及内分泌控制理论等,但都不能很好地解释分娩如何启动。随着对分娩动因的深入研究,目前认为子宫功能性改变和胎儿成熟是分娩发动的必要条件,其包涵了妊娠稳定失衡学说与缩宫素诱导学说的精要。

一、子宫的功能性改变

(一) 分娩前及分娩时子宫功能变化

1. 临产前阶段 子宫静息状态结束,子宫肌层与宫颈的形态及结构发生功能性改变。此期特点为:①子宫肌层缩宫素受体剧增;②子宫肌细胞间隙连接增加;③子宫肌细胞内钙离子浓度增加;④宫颈软化成熟及子宫下段形成良好。

2. 分娩阶段 特点为:①子宫平滑肌对缩宫素的敏感性增强。②子宫规律性收缩,宫颈扩张。

(二) 子宫功能性改变的生理变化

1. 子宫肌细胞间隙连接增多 妊娠期间,肌细胞间隙连接数量少,分娩过程持续增加,产后急剧下降。细胞间隙连接可使肌细胞兴奋同步化,协调收缩活动,增强子宫收缩力,并可增加肌细胞对缩宫素的敏感性。

2. 子宫肌细胞内钙离子浓度增加 子宫肌细胞收缩需要肌动蛋白(actin)、磷酸化肌浆球蛋白(myosin)和能量供应。子宫肌细胞内钙离子浓度增加,可激活肌浆球蛋白轻链激酶,并加速了肌浆球蛋白磷酸化与肌动蛋白结合形成调节单位,使ATP酶活化,ATP转化为ADP,为子宫收缩提供能量。

3. 子宫肌层白细胞募集 分娩发动前外周血白细胞募集至子宫肌层,通过局部产生炎性细胞因子并在子宫肌层局部形成正反馈回路,可能参与子宫收缩的启动和持续。

4. 母体的内分泌调节

(1) 前列腺素(PGs)的作用:妊娠期子宫的蜕膜、绒毛膜、羊膜、脐带、胎盘及子宫平滑肌以及胎儿下丘脑-垂体-肾上腺系统均能产生PGs。PGs能增加子宫敏感性并能促进宫颈成熟。

(2) 雌激素的作用:①增加间隙连接蛋白和缩宫素受体合成,促进子宫功能转变;②刺激蜕膜及羊膜合成与释放前列腺素,并促进宫缩及宫颈软化成熟;③促进钙离子内流和子宫收缩。

（3）孕激素的作用：既往研究认为孕酮可抑制子宫收缩，而给予孕酮拮抗剂（米非司酮）可提高其对缩宫素的敏感性。目前孕激素对人类分娩启动的作用尚未得到公认，但其可能成为未来研究的热点。

（4）缩宫素的作用：①促使蜕膜前列腺素的合成与释放；②促进肌细胞间隙连接蛋白的合成；③使子宫肌层对缩宫素敏感性增强；④促进宫颈成熟及子宫下段形成。

二、胎儿成熟后的内分泌调节

胎儿成熟后，下丘脑-垂体-肾上腺轴逐渐建立，分泌 ACTH 刺激肾上腺皮质合成较多的皮质醇、C_{19}类固醇转化成硫酸脱氢表雄酮，经过胎盘芳香化酶的作用，转化为 17β-雌二醇进入母体血液循环并发挥作用。

第二节　决定分娩的因素

决定分娩的因素是产力、产道及胎儿。尚不可忽略精神、心理因素，各因素正常并相互适应，胎儿顺利经阴道自然娩出，为正常分娩。

一、产　　力

将胎儿及其附属物从子宫内逼出的力量称产力，产力包括子宫收缩力（简称宫缩）、腹肌及膈肌收缩力和肛提肌收缩力。

（一）子宫收缩力

是临产后的主要产力，贯穿整个分娩过程。临产后的宫缩能使宫颈管消失、宫口扩张、胎先露部下降、胎儿和胎盘娩出。临产后正常宫缩特点包括：

1. 节律性　宫缩的节律性是临产的标志。每次宫缩都是由弱至强（进行期），维持一定时间（极期）（一般 30～40 秒），随后从强逐渐减弱（退行期），直至消失进入间歇期（图 7-1）。间歇期一般为 5～6 分钟。当宫口开全时，间歇期仅 1～2 分钟，宫缩可持续达 60 秒。如此反复，直至分娩结束。宫缩极期时宫腔压力于第一产程末可达 40～60mmHg，于第二产程期间增至 100～150mmHg，而间歇期仅为 6～12mmHg。宫缩时，子宫血流减少，但间歇期子宫血流增加，对胎儿有利。

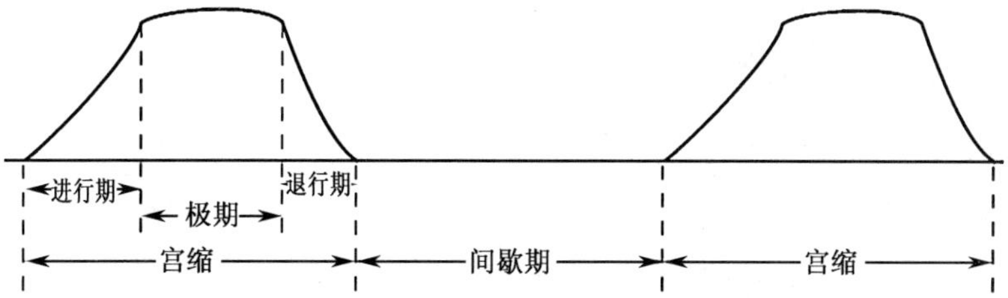

图 7-1　临产后正常宫缩节律性示意图

2. 对称性和极性　正常宫缩起自两侧子宫角部，迅速向子宫底中线集中，左右对称，再以 2cm/s 速度向子宫下段扩散，约 15 秒均匀协调地遍及整个子宫，此为宫缩的对称性。宫缩以子宫底部最强最持久，向下逐渐减弱，此为子宫收缩的极性，子宫底部的收缩力的强度是子宫下段的 2 倍（图 7-2）。

3. 缩复　每当宫缩时，子宫体部肌纤维缩短变宽，间歇期肌纤维虽然松弛变长变窄，但不能恢复到原来的长度，经反复收缩，肌纤维越来越短，这种现象为缩复（retraction）。子宫体肌纤维的缩复作用可使宫腔容积逐渐缩小，迫使胎先露部下降，宫颈管消失及宫口扩张。

Notes

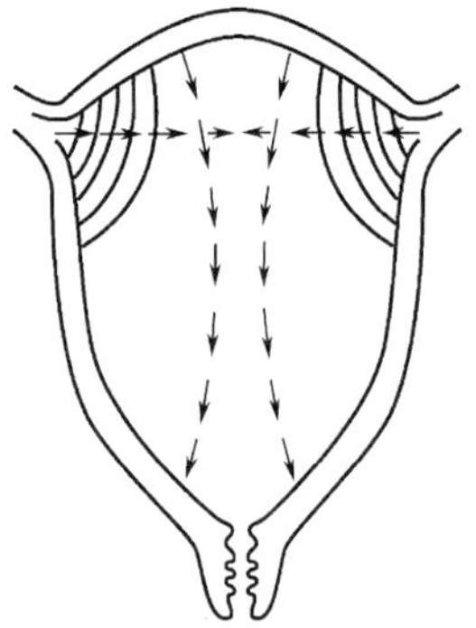

图 7-2 子宫收缩力的对称性与极性

（二）腹壁肌及膈肌收缩力

腹壁肌及膈肌收缩力（简称腹压）是第二产程时娩出胎儿的重要辅助力量。宫口开全后，每当宫缩时，前羊水囊或胎先露部压迫骨盆底组织和直肠，反射性引起排便的动作，产妇屏气向下用力，腹壁肌及膈肌强有力的收缩使腹压增高。在第二产程末期配以宫缩时运用最有效，能迫使胎儿娩出，第三产程能迫使已剥离胎盘娩出。过早加腹压易使产妇疲劳和宫颈水肿，致使产程延长。

（三）肛提肌收缩力

肛提肌收缩力有协助胎先露部在骨盆腔进行内旋转的作用。当胎头枕部位于耻骨弓下时，能协助胎头仰伸及娩出。当胎盘娩出至阴道时，肛提肌收缩力有助于胎盘排出。

二、产 道

产道是胎儿娩出的通道，分骨产道与软产道两部分。

（一）骨产道

其大小、形态与分娩有密切关系。骨盆腔可分 3 个平面。

1. 骨盆入口平面（plane of pelvic inlet） 呈横椭圆形，其前方为耻骨联合上缘，两侧为髂耻缘，后方为骶岬上缘。有 4 条径线（图 7-3）：

（1）入口前后径：即真结合径。耻骨联合上缘中点至骶岬前缘正中间的距离，平均长约 11cm，其长短与分娩关系密切。

（2）入口横径：两髂耻缘间的最大距离，平均长约 13cm。

（3）入口斜径：左右各一。左侧骶髂关节至右侧髂耻隆突间的距离为左斜径；右骶髂关节至左髂耻隆突间的距离为右斜径，平均长约 12.75cm。

2. 中骨盆平面（plane of pelvic mid） 为骨盆最小平面，在产科临床有重要意义。其前方为耻骨联合下缘，两侧为坐骨棘，后方为骶骨下端。有两条径线（图 7-4）：

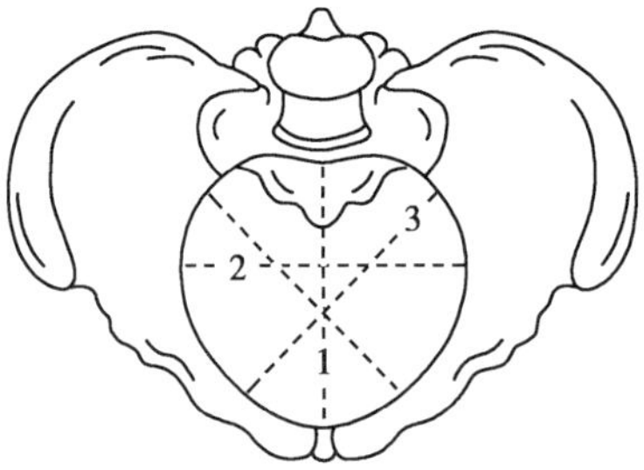

图 7-3 骨盆入口平面各径线

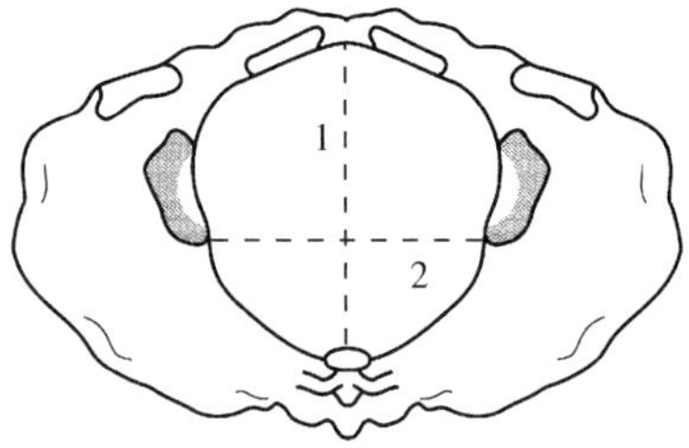

图 7-4 中骨盆平面各径线

（1）中骨盆前后径：耻骨联合下缘中点通过两侧坐骨棘连线中点至骶骨下端间的距离，平均长约 11.5cm。

（2）中骨盆横径：也称坐骨棘间径。为两坐骨棘间的距离，平均长约 10cm。是胎先露部通过中骨盆的重要径线，此径线与分娩有重要关系。

3. 骨盆出口平面（plane of pelvic outlet） 由两个在不同平面的三角形所组成，前三角平面顶端为耻骨联合下缘，两侧为耻骨降支；后三角平面顶端为骶尾关节，两侧为骶结节韧带。有 3 条径线（图 7-5）：

（1）出口前后径：耻骨联合下缘至骶尾关节间的距离，平均长约 11.5cm。

Notes

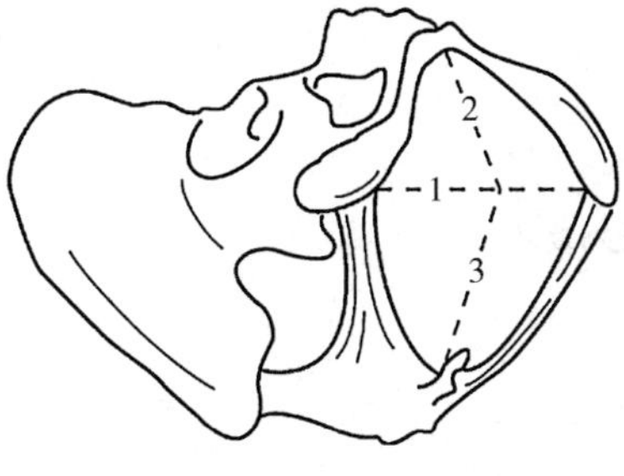

图 7-5　骨盆出口各径线(斜面观)

(2) 出口横径(transverse of outlet):两坐骨结节间的距离,也称坐骨结节间径,平均长约 9cm。是胎先露部通过骨盆出口的径线,此径线与分娩关系密切。

(3) 出口后矢状径(posterior sagittal diameter of outlet):骶尾关节至坐骨结节间径中点间的距离,平均长约 8.5cm。当出口横径稍短,而出口横径与后矢状径之和 >15cm 时,一般正常大小胎儿可以通过后三角区经阴道娩出。

4. 骨盆轴与骨盆倾斜度

(1) 骨盆轴(pelvic axis):为连接骨盆各平面中点的假想曲线。此轴上段向下向后,中段向下,下段向下向前(图 7-6)。分娩时,胎儿沿此轴娩出。

(2) 骨盆倾斜度(inclination of pelvis):女性直立时,骨盆入口平面与水平面所形成的角度,一般为 60°(图 7-7)。骨盆倾斜度过大时,常影响胎头衔接和娩出。

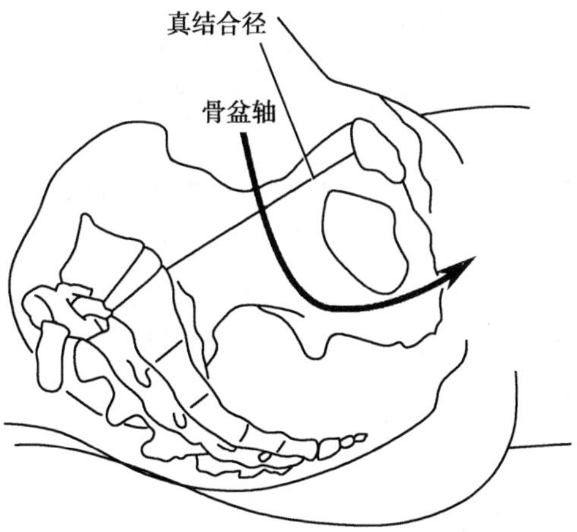

图 7-6　骨盆轴

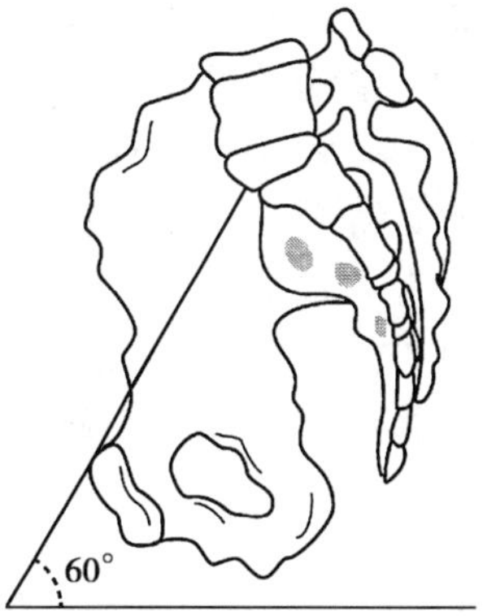

图 7-7　骨盆倾斜度

(二) 软产道

软产道是由子宫下段、宫颈、阴道、外阴及骨盆底组织构成的弯曲管道。

1. 子宫下段形成　非孕时由长约 1cm 的子宫峡部形成。子宫峡部于妊娠 12 周后逐渐扩展成为宫腔一部分,至妊娠末期逐渐被拉长形成子宫下段。临产后的规律宫缩进一步拉长子宫下段达 7~10cm,成为软产道的一部分。由于肌纤维的缩复作用,子宫上段肌壁越来越厚,子宫下段肌壁被牵拉越来越薄(图 7-8),在两者间的子宫内面形成一环状隆起,称生理缩复环(physiological retraction ring)(图 7-9)。

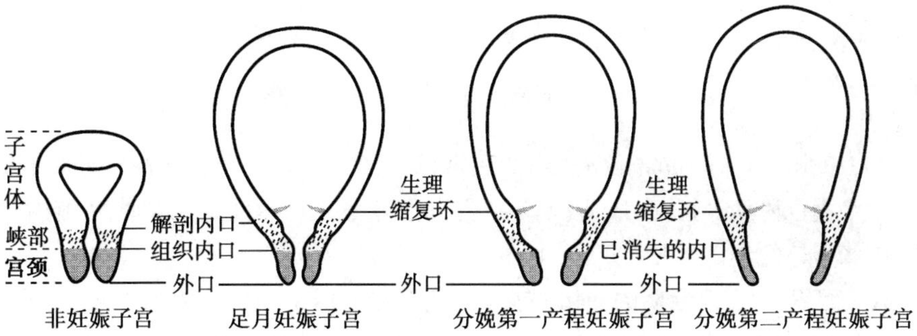

图 7-8　子宫下段形成及宫口扩张

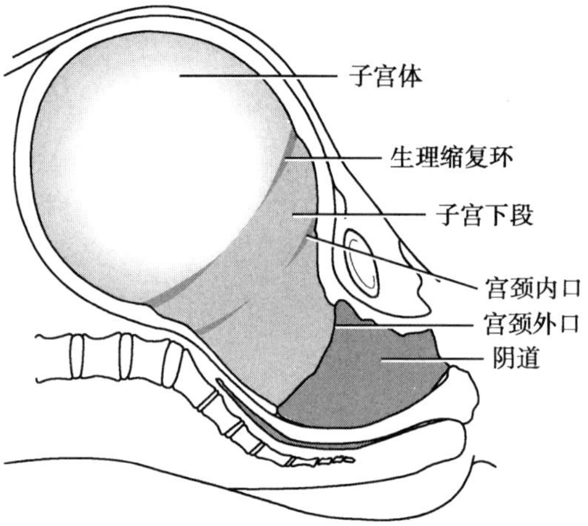

图 7-9 软产道在临产后的变化

2. 宫颈的变化

(1) 宫颈的软化成熟:由于雌激素、前列腺素、缩宫素等激素及细胞因子的作用,宫颈间质中胶原蛋白分解、胶原蛋白纤维重新排列,透明质酸量明显增加,含水量增加,同时硫酸表皮素量下降,使宫颈软化成熟。

(2) 宫颈管消失(cervical effacement):临产前宫颈管长 2～3cm,初产妇较经产妇稍长。临产后规律宫缩及缩复向上牵拉,同时胎先露部衔接使前羊水于宫缩时不能回流,由于子宫下段的蜕膜发育不良,胎膜容易与该处蜕膜分离而向宫颈管突出形成楔状前羊水囊,致使宫颈内口向上向外扩张,宫颈管形成漏斗状。随后颈管逐渐变短直至消失。初产妇多是宫颈管先消失,宫口后扩张;经产妇多是宫颈管消失与宫口扩张同时进行(图 7-10)。

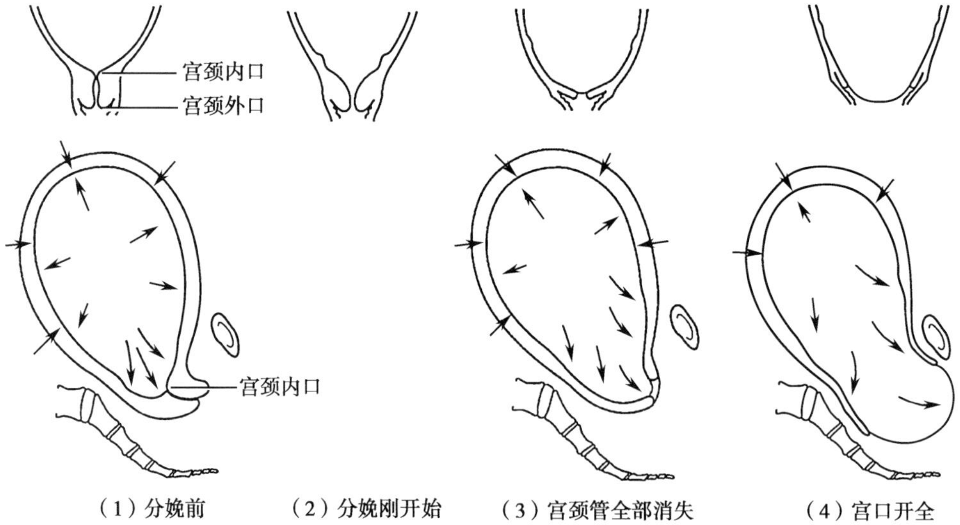

图 7-10 宫颈管消失与宫口扩张步骤

(3) 宫口扩张(cervical dilatation):临产后宫口扩张主要是子宫收缩及缩复向上牵拉的结果,楔状前羊水囊也协助扩张宫口。胎膜多在宫口近开全时自然破裂。破膜后,胎先露部直接压迫宫颈,扩张宫口的作用更明显。

3. 骨盆底组织、阴道及会阴的变化 前羊水囊及胎先露部先扩张阴道上部,破膜后胎先露部下降直接压迫骨盆底组织,使软产道下段形成一个向前弯的长筒形,前壁短后壁长,阴道外口开向前上方,阴道黏膜皱襞展平,阴道扩张。肛提肌向下及向两侧扩展,肌纤维拉长,使约 5cm

Notes

厚的会阴体变成2~4mm，以利胎儿通过。阴道及骨盆底的结缔组织和肌纤维于妊娠期肥大、血管增粗，血运丰富。

三、胎　　儿

胎儿能否顺利通过产道，还取决于胎儿大小、胎位。

（一）胎儿大小

分娩时，骨盆大小正常，由于胎儿过大致胎头径线过长，可造成相对性头盆不称，导致难产。

1. 胎头颅骨　由顶骨、额骨、颞骨各两块及枕骨一块构成。颅骨间缝隙称颅缝，两顶骨间为矢状缝，顶骨与额骨间为冠状缝，枕骨与顶骨间为人字缝，颞骨与顶骨间为颞缝，两额骨间为额缝。两颅缝交界空隙较大处称囟门：位于胎头前方菱形称前囟（大囟门），位于胎头后方三角形称后囟（小囟门）（图7-11）。颅缝与囟门之间均有软组织遮盖使胎头具有一定的可塑性。在分娩过程中颅缝及颅骨轻度重叠使头颅体积缩小，有利胎头娩出。过期儿颅骨较硬，胎头不易变形，有时因此导致难产。

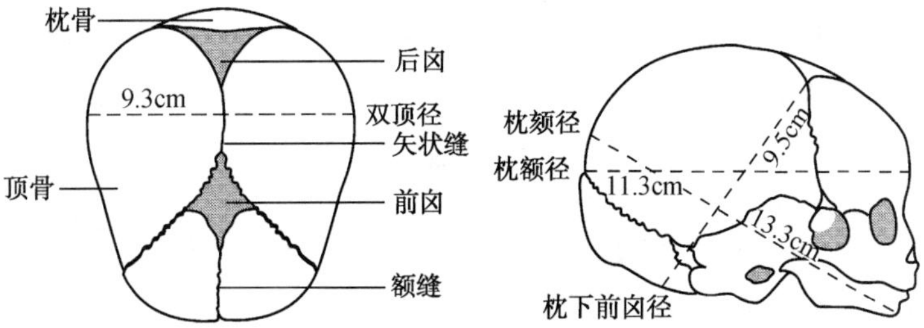

图7-11　胎头颅骨、颅缝、囟门及径线

2. 胎头径线　主要有四条：①双顶径（biparietal diameter，BPD）：为两顶骨隆突间的距离。孕足月时均值约9.3cm。临床以超声测此值判断胎儿大小；②枕额径（occipito-frontal diameter）：为鼻根至枕骨隆突的距离。胎头以此径线衔接，孕足月时均值约为11.3cm；③枕下前囟径（sub-occipito bregmatic diameter）：又称小斜径，为前囟中央至枕骨隆突下方的距离。胎头俯屈后以此径线通过产道，孕足月时均值约9.5cm；④枕颏径（occipito-mental diameter）：又称大斜径，为颏骨下方中央至后囟顶部间的距离，孕足月时均值约13.3cm。

（二）胎位

产道为一纵行管道。纵产式时，胎体纵轴与骨盆轴相一致，容易通过产道。头先露时，胎头先通过产道，较臀先露容易娩出。其中枕前位更利于完成分娩机转，易于分娩，其他胎位会不同程度增加分娩的困难。臀先露时，胎臀先娩出，较胎头周径小且软，产道不能充分扩张，后出胎头时无变形机会，使胎头娩出困难。肩先露时，胎体纵轴与骨盆轴垂直，足月活胎不能通过产道，对母儿威胁极大。

除上述三种因素外，产妇精神心理因素可通过影响产力影响分娩的过程。对分娩有顾虑的产妇，在分娩早期容易出现宫缩乏力。应该对产妇进行分娩前的健康教育，让产妇了解各种分娩方式及其特点，树立信心。还应该开展康乐待产，家庭式产房等，以利顺利分娩。

第三节　先兆临产与临产

分娩发动前，往往出现一些预示即将临产的症状，例如胎儿下降感、不规律宫缩以及阴道少量流血（俗称见红）。这些症状称先兆临产（threatened labor）。

1. 不规律宫缩　又称假临产（false labor）。分娩发动前，由于子宫肌层敏感性增强，可出现

Notes

不规律宫缩。其特点:①宫缩频率不一致,持续时间短且无规律,间歇时间长且无规律;②宫缩强度不增强;③常在夜间出现而于清晨消失;④不伴有宫颈管缩短、宫口扩张等宫颈形态学变化;⑤给予镇静剂能将其抑制。

2. 胎儿下降感(lightening) 由于胎先露部下降入盆衔接使宫底降低。孕妇自觉上腹部舒适,下降的先露部可能压迫膀胱引起尿频。

3. 见红(show) 分娩发动前 24～48 小时内,由于成熟的子宫下段及宫颈不能承受宫腔内压力而被迫扩张,使宫颈内口附着的胎膜与该处的子宫壁分离,毛细血管破裂而少量出血,与宫颈管内的黏液相混合而排出,称见红,是分娩即将开始的比较可靠征象。如果阴道流血较多,超过月经量,应考虑是否有前置胎盘或胎盘早剥等异常情况发生。

【临产的诊断】 临产(labor)的重要标志为有规律且逐渐增强的子宫收缩,持续时间 30 秒及以上,间歇 5～6 分钟,同时伴进行性宫颈管消失、宫口扩张及胎先露下降。用镇静剂不能抑制临产。

确定是否临产需严密观察宫缩的频率,持续时间及强度。同时要在无菌条件下行阴道检查,了解宫颈软硬、长度、位置、扩张情况及先露部的位置。目前多采用 Bishop 评分法判断宫颈成熟度(表 7-1),估计试产的成功率,满分为 13 分,>9 分均成功,7～9 分的成功率为 80%,4～6 分成功率为 50%,≤3 分均失败。

表 7-1 Bishop 宫颈成熟度评分法

指 标	分 数			
	0	1	2	3
宫口开大(cm)	0	1～2	3～4	≥5
宫颈管消退(%)(未消退为 2～3cm)	0～30	40～50	60～70	≥80
先露位置(坐骨棘水平=0)	-3	-2	-1～0	+1～+2
宫颈硬度	硬	中	软	
宫口位置	朝后	居中	朝前	

第四节 枕先露的分娩机制

分娩机制(mechanism of labor)是指胎先露部在通过产道时,为适应骨盆各平面形态被动地进行一系列适应性转动,以其最小径线通过产道的全过程。临床上枕先露左前位最多见,故以枕左前位为例说明其分娩机制(图 7-12),包括衔接、下降、俯屈、内旋转、仰伸、复位及外旋转等动作。分娩机制各动作虽然分别介绍,但过程的实质是连续的。

1. 衔接(engagement) 胎头双顶径进入骨盆入口平面,颅骨的最低点接近或达到坐骨棘水平,称为衔接。胎头呈半俯屈状态进入骨盆入口,以枕额径衔接。由于枕额径大于骨盆入口前后径,胎头矢状缝多在骨盆入口右斜径上。部分初产妇可在预产期前 1～2 周内衔接,经产妇多在分娩开始后衔接。

2. 下降(descent) 胎头沿骨盆轴前进的动作称为下降,是胎儿娩出的首要条件,下降贯穿分娩全程,并与其他动作同时进行。当子宫收缩时胎头下降,间歇时胎头又稍退回,因此胎头与骨盆之间的相互挤压也呈间歇性,这样对母婴均有利。胎头下降主要是因为宫缩时宫底直接压迫胎臀并通过羊水传导的压力,由胎轴传至胎头。初产妇胎头下降速度因宫口扩张缓慢和软

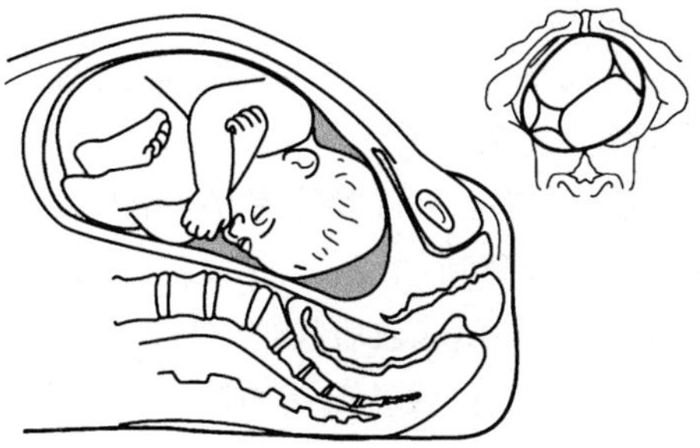

（1）衔接前胎头尚浮

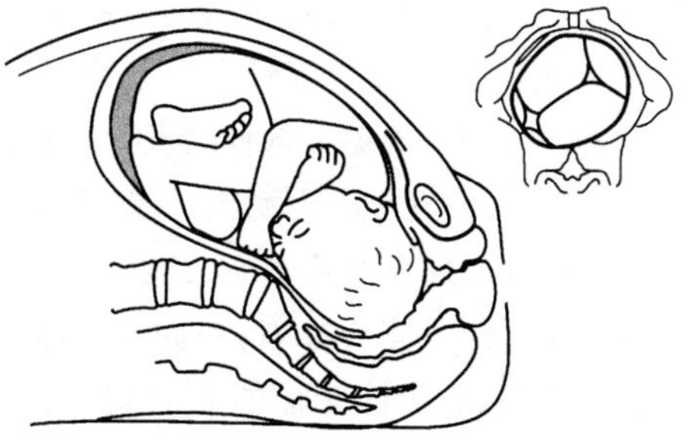

（2）衔接俯屈下降

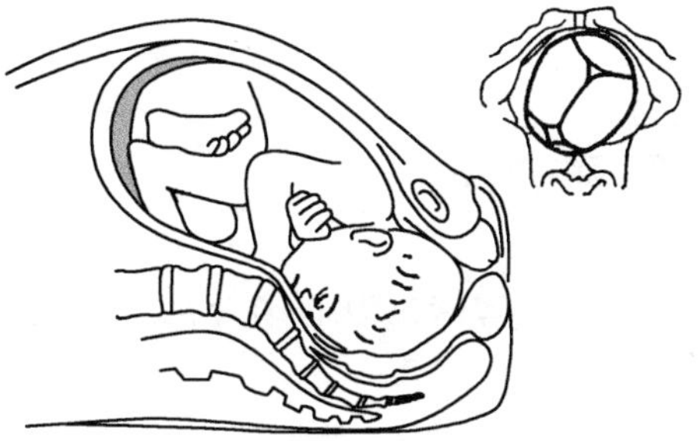

（3）继续下降与内旋转

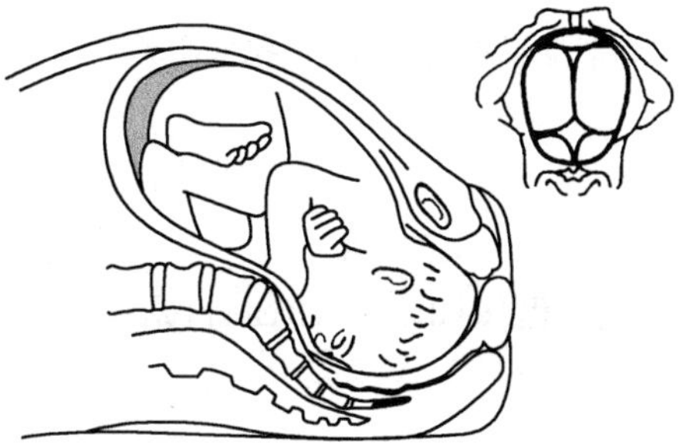

（4）内旋转已完成，开始仰伸

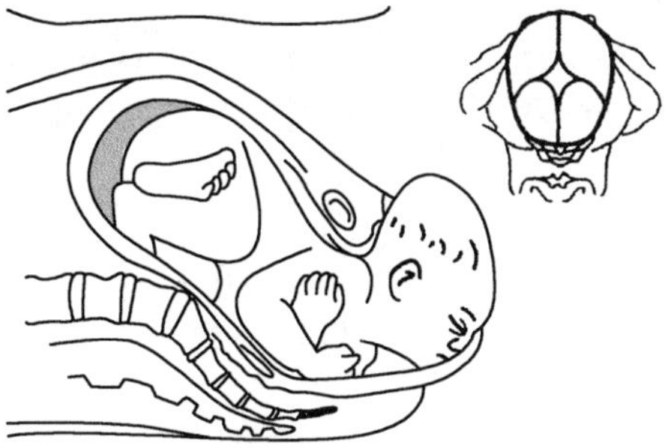

（5）仰伸已完成

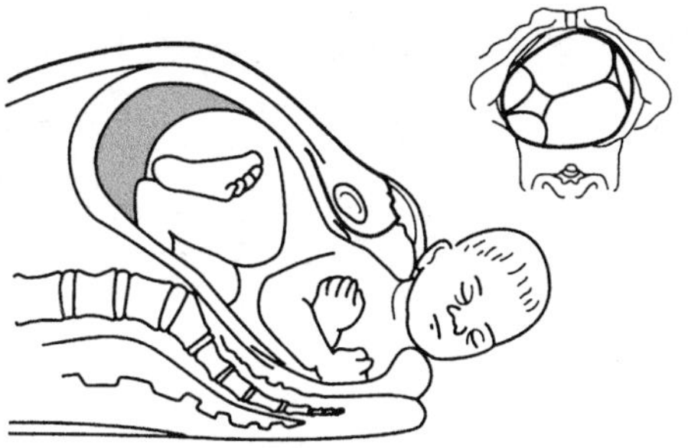

（6）胎头外旋转

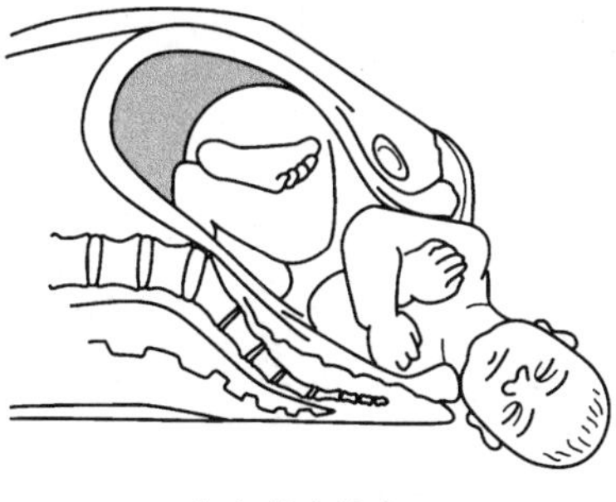

（7）前肩娩出

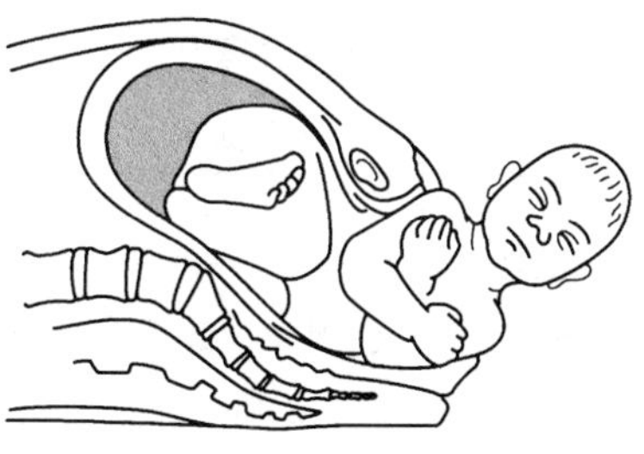

（8）后肩娩出

图 7-12 枕左前位分娩机制示意图

组织阻力大较经产妇慢。观察胎头下降的程度是临床判断产程进展的重要标志。

3. 俯屈(flexion) 当胎头继续下降至骨盆底遇到阻力,处于半俯屈状态的胎头进一步俯屈,使胎儿的颏部更加接近胸部,使胎头衔接时的枕额径改变为枕下前囟径,有利于胎头进一步下降。

4. 内旋转(internal rotation) 当胎头下降到骨盆底遇到阻力时,胎头为适应中骨盆前后径长、横径短的特点,枕部向母体中线方向旋转 45°达耻骨联合后面,使其矢状缝与骨盆的前后径相一致的动作为内旋转。胎头于第一产程末完成内旋转。枕先露时胎头枕部最低,遇到骨盆底肛提肌阻力,肛提肌收缩将胎儿枕部推向阻力小、部位宽的前方。

5. 仰伸(extention) 当胎头经过内旋转后,俯屈的胎头即达到阴道外口。宫缩、腹压迫使

Notes

胎头下降，而肛提肌收缩又将胎头向前推进，两者的合力使胎头沿骨盆轴下段向下向前的方向前进。当胎头枕骨下部达耻骨联合下缘时，即以耻骨弓为支点，胎头逐渐仰伸，胎头的顶、额、鼻、口、颏相继娩出。当胎头仰伸时，胎儿双肩径进入骨盆入口左斜径。

6. 复位及外旋转　胎头娩出时，胎儿双肩径沿骨盆入口左斜径下降。胎头娩出后，为使胎头与胎肩恢复正常解剖关系，胎头枕部向母体左外旋转45°，回到原来方向，称复位（restitution）。胎肩在盆腔内继续下降，前（右）肩向前向母体中线旋转45°时，胎儿双肩径转成与骨盆出口前后径相一致的方向，胎头枕部需在外继续向母体左外侧旋转45°，以保持胎头与胎肩的垂直关系，称外旋转（external rotation）。

7. 胎肩及胎儿娩出　外旋转后，胎儿前（右）肩在耻骨弓下先娩出，后（左）肩从会阴体前缘娩出，胎体及下肢随之娩出，完成分娩全部过程。

第五节　正常产程和分娩

分娩全程（total stage of labor）是指规律宫缩开始至胎儿胎盘娩出为止，称为总产程，分3个阶段，见表7-2。

表7-2　初产妇与经产妇第一产程宫口扩张及第二产程平均时间和第95百分位时间（h）

类别		初产妇		经产妇	
第一产程	宫口扩张程度（cm）	平均时间	第95百分位时间	平均时间	第95百分位时间
	4～5	1.3	6.4	1.4	7.3
	5～6	0.8	3.2	0.8	3.4
	6～7	0.6	2.2	0.5	1.9
	7～8	0.5	1.6	0.4	1.3
	8～9	0.5	1.4	0.3	1.0
	9～10	0.5	1.8	0.3	0.9
第二产程	分娩镇痛	1.1	3.6	0.4	2.0
	未行分娩镇痛	0.6	2.8	0.2	1.3

（一）第一产程

为宫颈扩张期：从规律宫缩开始，到子宫颈口开全。初产妇不超过22小时，经产妇不超过16小时，初产妇需11～22小时，经产妇需6～16小时。

【临床表现】　该过程产科变化为宫缩规律、宫口扩张、胎头下降及胎膜破裂。

1. 宫缩规律　第一产程开始，子宫收缩力弱，间歇期较长约5～6分钟，持续20～30秒。随着产程进展，宫缩间歇期缩短，持续时间延长，强度增加。当宫口开全时，宫缩持续时间可达1分钟以上，间歇仅1分钟或稍长。

2. 宫口扩张（cervical dilatation）　表现为宫颈管变软、变短、消失，宫颈展平和逐渐扩大。开始宫口扩张速度较慢，后期速度加快。宫口开全后，与子宫下段及阴道形成软产道。

3. 胎头下降　随着产程进展先露部逐渐下降，并在宫口开大6cm后快速下降，直到先露部达到外阴及阴道口。

4. 胎膜破裂（rupture of membranes）　胎儿先露部衔接后，将羊水分隔成前、后两部，在胎先露部前面的羊水，称前羊水。当宫缩时羊膜腔压力增加到一定程度时胎膜自然破裂，前羊水流出。自然分娩多在宫口开全前胎膜破裂。

Notes

【产程观察及处理】 正常分娩是一个自然进展的生理过程,亦是分娩各因素动态变化的过程。在整个分娩过程中,既要观察产程的进展,也要观察母儿的安危。尽早发现异常,及时处理。

1. 产程观察及处理

(1) 子宫收缩:常用观察子宫收缩方法包括手感及仪器监测。

手感:最简单的方法。助产人员将手掌放于产妇的腹壁上,宫缩时可感到宫体部隆起变硬、间歇期松弛变软。定时连续观察宫缩持续时间、强度、规律性及间歇时间,并及时记录。

仪器监测:电子监测有两种类型。

1) 外监测(external electronic monitoring):最常用。将电子监测仪的宫缩压力探头固定在孕妇宫体部腹壁,连续描记40分钟,可显示子宫收缩开始、高峰、结束及相对强度。

2) 内监测(internal electronic monitoring):将充水塑料导管通过宫口置入胎儿先露部上方的羊膜腔内,外端连接压力感受器;描记宫缩间歇期及宫缩时的压力。所得结果较准确,但有引起宫内感染的缺点,临床较少使用。

(2) 宫口扩张及胎头下降:根据宫口扩张变化将第一产程分为潜伏期和活跃期。

1) 潜伏期(latent phase):指从临产后规律宫缩开始,至宫口扩张达6cm。此期初产妇不超过20小时,经产妇不超过14小时。胎头在潜伏期下降不明显。

2) 活跃期(active phase):指从宫颈口扩张6cm至宫口开全。此期宫颈扩张速度显著加快,约需1.5~2小时。

胎头于活跃期下降加快,平均每小时下降0.86cm。胎头下降情况以胎头颅骨最低点与坐骨棘平面的关系标明。坐骨棘平面是判断胎头高低的标志。胎头颅骨最低点平坐骨棘时,以“0”表示;在坐骨棘平面上1cm时,以“-1”表示;在坐骨棘平面下1cm时,以“+1”表示,余依此类推。

通过阴道检查或肛门检查可了解宫口扩张及先露下降情况。

阴道检查:严密消毒后进行。通过直接触摸,了解宫颈消退和宫颈口扩张情况进行Bishop评分;了解胎儿先露部是头或臀(足)及先露高低,有无脐带先露并根据前、后囟和矢状缝的位置关系确定胎方位;进行骨盆的内测量了解骨产道情况。

肛门检查:应适时在宫缩时进行。检查内容与阴道检查相似,如检查不清楚时可以行阴道检查确认。与阴道检查相比,对骨盆后半部分的检查有一定优越性。目前较少采用。

(3) 胎膜破裂:一旦胎膜破裂,应立即听胎心,并观察羊水性状、颜色和流出量,记录破膜时间。如有胎心异常,应立即行阴道检查排除脐带脱垂。如胎头未入盆,需卧床,预防脐带脱垂。

2. 胎心及母体观察及处理

(1) 胎心:在宫缩后听胎心,随产程进展适当增加听诊次数。母胎有高危因素或胎心、羊水异常时可连续监测胎心率,同时可观察胎心率变异及其与宫缩、胎动的关系,了解胎儿宫内情况。

(2) 母体情况观察

1) 生命体征:测量产妇生命体征并记录。一般于第一产程期间宫缩时血压升高5~10mmHg,间歇期复原。应每隔4~6小时测量一次。产妇有不适或发现血压升高应增加测量次数,并予相应处理。

2) 饮食:鼓励产妇少量多次进食高热量易消化食物,摄入足够水分,保证充沛的体力。

3) 活动与休息:宫缩不强且未破膜,产妇可在室内适当活动,以助产程进展。初产妇宫口近开全或经产妇宫口扩张6cm时,应取侧卧位。在宫缩时指导作深呼吸动作,并用双手轻揉下腹部或腰骶部。

4) 排尿与排便:应鼓励产妇每2~4小时排尿一次,以免膀胱充盈影响宫缩及胎头下降,必要时可导尿。

Notes

（二）第二产程

为胎儿娩出期：是指从宫口开全到胎儿娩出。初产妇约需40分钟～3小时；经产妇一般数分钟即可完成，但也有长达2小时者。

【临床表现】 宫口开全后，胎膜多已自然破裂。当胎头下降压迫盆底组织时，产妇有排便感，并不自主地产生向下用力屏气的动作；会阴膨隆和变薄，肛门括约肌松弛。胎头于宫缩时露出于阴道口，在宫缩间歇期胎头又回缩至阴道内，称胎头拨露（head visible on vulval gapping）；当双顶径越过骨盆出口，宫缩间歇期胎头也不再回缩，称胎头着冠（crowning of head）。产程继续进展，胎头娩出，接着出现胎头复位及外转旋，随后前肩和后肩相继娩出，胎体很快娩出，后羊水随之涌出。经产妇第二产程短，有时仅需几次宫缩即可完成胎头娩出。

【产程观察及处理】

1. 密切监测胎心 此期宫缩频而强，应勤听胎心，了解胎儿有无急性缺氧。每5～10分钟听一次，最好用胎儿监护仪持续监护。如发现胎心减慢，应立即行阴道检查，并尽快结束分娩。

2. 指导产妇用力 方法是让产妇双足蹬在产床，两手握产床把手，宫缩时深吸气后屏气，然后如排便样向下用力以增加腹压。于宫缩间歇时，产妇自由呼吸并全身肌肉放松。宫缩时再作屏气动作，以加速产程进展。

3. 接产准备 初产妇宫口开全，经产妇宫口扩张6cm且宫缩规律有力时，应将产妇送至分娩室，作好接生准备。让产妇仰卧于产床上，两腿屈曲分开露出外阴部，消毒液消毒外阴部2～3次，顺序是大阴唇、小阴唇、阴阜、大腿内上1/3、会阴及肛门周围。准备接产。

4. 接产

（1）接产要领：在会阴后联合紧张时，保护会阴并协助胎头俯屈，使胎头以最小径线（枕下前囟径）在宫缩间歇期缓慢通过阴道口，胎肩娩出时也要注意保护好会阴。

（2）接产步骤：接生者站在产妇右侧，当胎头拨露使阴唇后联合紧张时，应开始保护会阴。在会阴部盖上一块消毒巾，接生者的右肘支在产床上，右手拇指与其余四指分开，利用手掌大鱼际肌顶住会阴部。每当宫缩时应向内上方向托压，同时左手应轻轻下压胎头枕部，协助胎头俯屈[图7-13(1)]。宫缩间歇期保护会阴的右手稍放松，以免压迫过久引起会阴水肿。当胎头枕部在耻骨弓下露出时，让产妇在宫缩间歇期稍向下屏气，左手协助胎头仰伸[图7-13(2)]，使胎头缓慢娩出。此时若宫缩强，应嘱产妇张口哈气以解除腹压。

当胎头娩出后，右手仍然注意保护会阴，以左手自鼻根部向下颏挤压，挤出口鼻内的黏液和羊水。待胎头自然复位后，在胎儿下降过程中协助胎头外旋转，使胎儿双肩径与骨盆前后径相一致。接生者的左手将胎儿颈部向下轻压，使前肩自耻骨弓下先娩出[图7-13(3)]，继之托胎颈向上，使后肩从会阴前缘缓慢娩出[图7-13(4)]。双肩娩出后，保护会阴的手方可放松，双手协助胎体娩出。

（3）会阴撕裂的诱因：会阴水肿、过紧，耻骨弓过低，胎儿过大、娩出过快等均易造成会阴撕

（1）保护会阴，协助胎儿俯屈
（2）协助胎头仰伸
（3）助前肩娩出
（4）助后肩娩出

图7-13 接产步骤

Notes

裂，接产者在接产前应作正确判断。

（4）会阴切开

1）指征：会阴过紧或胎儿过大，产钳或吸引器助产，估计分娩时会阴撕裂不可避免者，或母儿有病理情况急需结束分娩者。

2）时机：①一般在胎头着冠时切开，可以减少出血；②决定手术助产时切开。

3）会阴切开术和缝合术（episiotomy and suture）：麻醉生效后行会阴切开常用以下两种术式：①会阴后侧切开术（多为左侧）：术者于宫缩时以左手示中两指伸入阴道内撑起左侧阴道壁，右手用剪刀自会阴后联合中线向左侧向后45°剪开会阴，长4～5cm；②会阴正中切开术：术者于宫缩时沿会阴后联合正中垂直剪开2cm。此法优点为剪开组织少，出血少，术后组织肿胀疼痛轻微。但切口有自然延长撕裂肛门括约肌的危险，胎儿大或接产技术不熟练者不宜采用。

胎儿娩出前纱布压迫切口止血。胎儿胎盘娩出后缝合切口。注意彻底止血，恢复解剖结构。

（三）第三产程

胎盘娩出期：从胎儿娩出后到胎盘娩出，约需5～15分钟，不超过30分钟。

【临床表现】 胎儿娩出后，子宫容积突然明显缩小，胎盘与子宫壁发生错位剥离。胎盘剥离面出血形成积血，子宫继续收缩，使胎盘完全剥离而娩出。胎盘剥离征象有：①宫体变硬呈球形，胎盘剥离后降至子宫下段，下段被扩张，宫体呈狭长形被推向上方，宫底升高达脐上（图7-14）；②阴道口外露的脐带段自行延长；③阴道少量流血；④用手掌侧在产妇耻骨联合上方轻压子宫下段，宫体上升而外露的脐带不再回缩。胎盘剥离后从阴道排出体外。

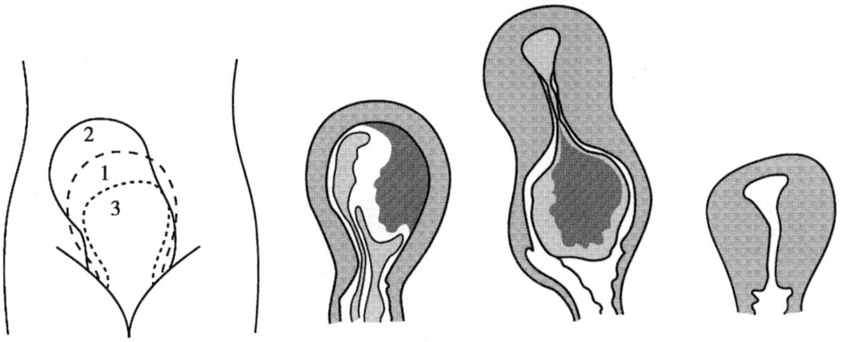

（1）胎盘剥离开始　（2）胎盘下降至子宫下段　（3）胎盘娩出后

图7-14　胎盘剥离时子宫的形状

【处理】

1. 新生儿处理

（1）一般处理：新生儿出生后置于辐射台上擦干、保暖。

（2）清理呼吸道：用吸球吸去气道黏液及羊水，当确定气道通畅仍未啼哭时，可用手抚摸新生儿背部或轻拍新生儿足底。待新生儿大声啼哭后，即可处理脐带。

（3）新生儿阿普加评分（Apgar score）及其意义：新生儿阿普加评分用以判断有无新生儿窒息及窒息严重程度，是以出生后一分钟内的心率、呼吸、肌张力、弹足底或导管插鼻反应及皮肤颜色5项体征为依据，每项0～2分（表7-3）。满分10分。8～10分属正常新生儿，4～7分为轻度窒息，需清理呼吸道、人工呼吸、吸氧、用药等救治措施；0～3分缺氧严重为重度窒息，需紧急抢救，还可能行气管插管给氧。评分较低的新生儿，应在出生后5分钟再次评分，10分钟再次评分，直至连续两次评分≥8分。一分钟评分是出生时情况，反映宫内情况。5分钟及以后评分则反映复苏效果，与预后关系密切。阿普加评分以呼吸为基础，皮肤颜色最灵敏，心率是最终消失的指标。目前临床认为阿普加评分是评价新生儿出生时的状况，并指导复苏救治措施，与新生

Notes

儿出生时缺氧严重程度不完全相关。评分低时脐动脉血气分析 pH<7.0 和低氧血症对预后的评价意义更大,若持续低评分,则新生儿死亡率及以后神经系统后遗症的发生明显增加。

表 7-3 新生儿阿普加评分(Apgar score)标准

体征	生后 1 分钟内应得的分数		
	0 分	1 分	2 分
每分钟心率	0	<100 次	≥100 次
呼吸	0	浅慢而不规则	佳
肌张力	松弛	四肢稍屈曲	四肢活动好
对刺激反应(弹足底或导管插鼻)	无反应	有些动作如皱眉	哭、咳嗽、恶心、喷嚏
皮肤颜色	全身苍白	躯干红,四肢青紫	全身红润

(4) 处理脐带:在新生儿出生 1 分钟后可以结扎脐带。剪断脐带后在距脐根上方 0.5cm 处丝线双重结扎,残端消毒后无菌纱布包扎。也可用脐带夹、弹性橡胶圈等方法取代丝线结扎法。

(5) 其他处理:新生儿体格检查,将新生儿足底印及母亲拇指印于新生儿病历上,新生儿手腕带和包被标明性别、体重、出生时间、母亲姓名。让母亲将新生儿抱在怀中早吸吮。

2. 协助娩出胎盘 正确处理胎盘娩出可减少产后出血的发生。可在胎儿前肩娩出时开始静滴缩宫素 10U,也可在胎儿娩出后立即肌注缩宫素 10U,并控制性牵拉脐带,确认胎盘已完全剥离,以左手握住宫底,拇指置于子宫前壁,其余 4 指放于子宫后壁并按压,同时右手轻拉脐带,当胎盘娩至阴道口时,接生者双手捧起胎盘,向一个方向旋转并缓慢向外牵引,协助胎盘完整剥离并排出(图 7-15)。当胎膜排出过程中,发现胎膜部分断裂,可用血管钳夹住断裂上端的胎膜,再继续向原方向旋转,直至胎膜完全排出。

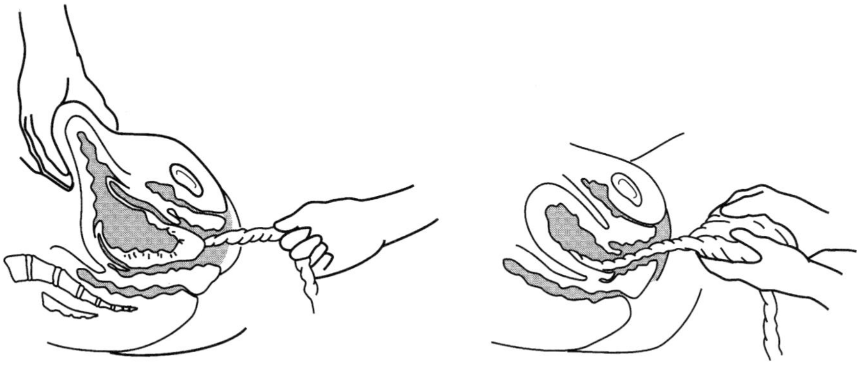

图 7-15 协助胎盘胎膜娩出

3. 检查胎盘胎膜 将胎盘铺平,先检查母体面,有无胎盘小叶缺损。然后将胎盘提起,检查胎膜是否完整,再检查胎盘胎儿面边缘有无血管断裂,及时发现副胎盘(succenturiate placenta)。

4. 检查软产道 胎盘娩出后,仔细检查会阴、小阴唇内侧、尿道口周围、阴道、宫颈有无裂伤。若有裂伤,应立即缝合。

5. 加强子宫收缩 为减少产后的出血,可以通过应用缩宫素等宫缩剂结合按摩子宫的方法刺激子宫收缩,注意观察并测量出血量。

6. 观察产后的一般情况 胎盘娩出后 2 小时是产后出血及母体循环障碍发生的高危期,有时被称为第四产程,一般应在分娩室观察,测量血压及脉搏。注意子宫收缩、宫底高度、膀胱充盈否、阴道流血量、会阴及阴道有无血肿等,发现异常情况及时处理。产后 2 小时后,将产妇和新生儿送回病房。

Notes

【附】分娩镇痛

分娩镇痛的目的是有效缓解产痛，同时分娩镇痛可能有利于增加子宫血流，减少产妇因过度换气而引起的不良影响。

1. 产痛的原因　可能与以下因素有关：①子宫肌缺血缺氧；②子宫肌收缩压迫宫颈及子宫下段神经节；③宫颈扩张时肌肉过度紧张；④宫底部腹膜过度紧张；⑤产妇紧张、焦虑或惧怕可导致害怕-紧张-疼痛综合征。

2. 分娩镇痛的基本原则　①对产程影响小；②安全对产妇及胎儿不良作用小；③药物起效快，作用可靠，给药方法简便；④有创镇痛由麻醉医师实施。

3. 分娩镇痛种类：

（1）非药物镇痛：产痛很大程度是由精神紧张引起的，因此产前要强调分娩是一个自然的生理过程，给予心理疗法，让产妇主动配合。分娩过程可由丈夫及家属陪伴，增强信心，腰骶部按摩等达到减轻疼痛的目的。

（2）药物镇痛：目前多为产妇自控的连续硬膜外镇痛，有时联用腰麻用药。常用药物为局麻药与阿片类镇痛药相结合，其优点为镇痛平面恒定，较少引起运动阻滞，易于掌握用药剂量，可以长时间保持镇痛效果，被认为最令人满意的产时镇痛方法。

吸入法：氧化亚氮经流量挥发器给予，优点为起效快，苏醒快，对胎儿影响轻，不影响宫缩、产程及生命体征平稳。但不适合长时间使用。

在实施硬膜外分娩镇痛时，初产妇第二产程可以延长到不大于 4 小时，经产妇可以延长到不大于 3 小时。

【小结】　正常分娩是母体发生一系列的生理变化以利胎儿及其附属物排出的生理过程。胎儿成熟和子宫功能发生相应改变后，分娩启动。决定分娩进展的因素是产力、产道及胎儿三因素的综合。若各因素正常并能相互适应，胎儿能顺利经阴道自然娩出，为正常分娩。产科医务人员应密切观察产程进展、判断分娩过程中母儿有无异常情况并及时处理。胎儿娩出后，首先要清理新生儿呼吸道，减少新生儿羊水吸入性肺炎。

分娩镇痛的目的是有效缓解产痛，并强调分娩镇痛对产妇和胎儿/新生儿的安全性及不影响产程的进展。

（余艳红）

参考文献

1. 中华医学会妇产科学分会产科学组. 新产程标准及处理的专家共识（2014）. 中华妇产科杂志，2014，49（7）：486.
2. 中国新生儿复苏项目专家组. 新生儿窒息复苏指南（2011 北京修订）. 中华围产医学杂志，2011，14（7）：415-419.

Notes

第八章　异常分娩

难产(dystocia)又称异常分娩(abnormal labor),表现为产程进展缓慢或延长。分娩期母儿并发症增加,严重者直接危及母儿生命,应当正确判断处理。

第一节　概　　论

分娩是产力、产道、胎儿及产妇精神心理因素相互适应的动态过程,任何一种或多种以上因素发生异常,均可导致异常分娩。异常分娩处理的关键是及时、准确识别产程中异常情况,适时、恰当地处理,以保障母儿安全。在判断异常分娩时,四项因素彼此适应,应当整体评估,例如,骨盆狭窄可致胎位异常及宫缩乏力,宫缩乏力亦可引起胎位异常。后两种因素异常通过调节,有望转化为正常。

【原因】

1. 产力异常　包括子宫收缩力、腹肌及膈肌收缩力和肛提肌收缩力异常,主要是子宫收缩力异常。子宫收缩力异常又分为子宫收缩乏力(协调性子宫收缩乏力及不协调性子宫收缩乏力)及子宫收缩过强(协调性子宫收缩过强及不协调性子宫收缩过强)。子宫收缩乏力可导致产程延长或停滞;子宫收缩过强可引起急产或严重的并发症。

2. 产道异常　有骨产道及软产道异常,临床上以骨产道狭窄多见。骨产道狭窄可导致产力异常或胎位异常。骨产道过度狭窄,即使正常大小的胎儿也难以通过(头盆不称)。

3. 胎儿异常　包括胎位异常(头先露、臀先露及肩先露等)及胎儿相对过大。

【临床表现及诊断】

1. 母体方面的变化

(1) 一般情况:产程延长可使产妇烦躁不安、乏力、进食减少。检查可见口干唇裂、舌苔黄厚,甚至体温升高;严重者可出现肠胀气或尿潴留。

(2) 产科情况:产力异常时,子宫收缩乏力或过强、过频;宫颈水肿或宫颈扩张缓慢、停滞;胎先露部下降延缓或胎先露部不下降,严重时,先兆子宫破裂或子宫破裂;胎膜早破。

2. 胎儿方面的变化

(1) 胎头水肿或血肿:产程进展缓慢或停滞,胎头先露部位软组织长时间受到产道挤压,出现胎儿头皮水肿(又称产瘤);或胎头在产道中被挤压、牵拉使骨膜下血管破裂,发生胎头血肿。

(2) 胎儿颅骨缝过度重叠:产程延长,活跃期及二产程,胎头下降慢或停止,胎儿颅骨缝过度重叠,胎头下降受阻,骨产道狭窄,表明存在头盆不称。不宜经阴道分娩,应选择剖宫产。

(3) 胎儿窘迫:产程延长特别是第二产程延长时可出现胎儿窘迫。

3. 产程时限异常　常见以下6种情况,可以单独存在,也可以并存。

(1) 潜伏期延长(prolonged latent phase):从规律宫缩开始至宫颈口扩张6cm称为潜伏期。初产妇>20小时,经产妇>14小时。

(2) 活跃期停滞(arrested active phase):当破膜后子宫颈口扩张≥6cm后,如宫缩正常,子宫颈口停止扩张≥4小时;如宫缩欠佳,子宫颈口停止扩张≥6小时。

(3) 第二产程延长(protracted second stage):初产妇>3小时,经产妇>2小时,(硬膜外麻醉镇痛分娩时初产妇>4 小时,经产妇>3 小时)。产程无进展(胎头下降、旋转)。

(4) 胎头下降延缓(protracted descent):在宫颈扩张减速期及第二产程时,胎头下降最快。此段初产妇<1.0cm/h、经产妇<2.0cm/h。

(5) 胎头下降停滞(arrested descent):减速期后胎头下降停止>1 小时。

(6) 滞产(prolonged labor):总产程超过 24 小时,称为滞产。

临产后应密切观察产程进展,认真绘制产程图。一旦出现上述产程进展异常情况,积极寻找导致原因并作出相应的处理。

【处理】 异常分娩处理原则应以产前预测,产时准确及时诊断,针对原因适时处理。出现产程异常,均需仔细评估子宫收缩力、胎儿大小与胎位、骨盆狭窄程度以及头盆是否相称等,综合分析以判断是否可经阴道试产。

1. 可能经阴道分娩的处理 若无明显的头盆不称、胎位异常及其他产科禁忌证,应给予每个产妇充分试产的机会。

(1) 潜伏期延长:不易确定临产的精确时间而使潜伏期的处理较困难。疑有潜伏期延长时,首选镇静治疗性休息,如用哌替啶 100mg 或吗啡 10mg 肌注。使假临产者的宫缩消失。绝大多数潜伏期宫缩乏力产妇经充分休息后自然进入活跃期,仅有不足 5% 潜伏期宫缩乏力者。破膜后,给予缩宫素静脉滴注 12 ~ 18 小时,产程无进展,可诊断试产失败。无头盆不称及可疑胎儿窘迫,产程有进展但缓慢(包括宫口扩张及先露下降的评估)的第一产程不作为剖宫产指征。

(2) 活跃期停滞:无头盆不称,可行人工破膜,配合缩宫素静脉滴注等处理,在试产过程中应保持有效宫缩(如宫缩持续 30 ~ 50 秒,强度适中,间隙期 3 分钟),严密观察胎心率及产程进展。发现枕后位等胎位异常,可通过指导产妇改变体位促进胎头枕部向前旋转,必要时可手转胎头矫正胎位。当破膜后子宫颈口扩张≥6cm,如宫缩正常,子宫颈口扩张≥4 小时;或宫缩欠佳,子宫颈口扩张≥6 小时,则可能存在头盆不称,应及时行剖宫产结束分娩。

(3) 第二产程延长:第二产程胎头下降延缓或胎头下降停滞时,应高度警惕头盆不称,立即行阴道检查。在及时查清胎方位及有无骨盆狭窄的同时,检查胎头颅骨重叠程度、胎先露部位置,胎头是否衔接,有无产瘤及复合先露等。在充分判定头盆相称程度的基础上,应指导产妇配合宫缩加腹压用力缩短第二产程,也可静脉滴注缩宫素。若为持续性枕横位或枕后位,可徒手转至枕前位,S>+3、胎头双顶径已越过中骨盆横径时,可行胎头吸引器或产钳助产。结合产力、胎位及胎心率等综合因素决定分娩方式,避免第二产程延长。

通过上述处理,有可能纠正因头盆不称导致的继发性宫缩乏力,避免产程延长及停滞,并使胎儿经阴道自然娩出或手术助产娩出,必要时,剖宫产结束分娩。

2. 难以经阴道分娩的处理 产程中一旦发现胎头高直后位、前不均倾位、颏后位及额先露时,均应终止阴道试产,行剖宫产结束分娩。骨盆绝对性狭窄或胎儿过大,明显头盆不称或肩先露及臀先露尤其是足先露时,均应行择期剖宫产术。产力异常出现病理缩复环,无论胎儿是否存活,在抑制宫缩的同时尽早行剖宫产。

【小结】 分娩的过程是产力、产道及胎儿等因素相互适应的动态进展过程,任何一种或两种以上因素发生异常均可导致分娩异常。6 种产程异常的表现,可为单独因素,也可并存。应当综合母胎儿两方面的变化,充分试产。异常分娩处理原则以产前预测为主,针对原因适时处理。

第二节 产力异常

子宫收缩力是分娩进程中最重要的产力,贯穿于分娩全过程,具有节律性、对称性、极性及缩复作用等特点。无论何种原因使上述特点发生改变,如失去节律性、极性倒置、收缩过弱或过

Notes

强,均称为子宫收缩力异常。产力异常(abnormal uterine action)。主要包括:子宫收缩乏力(uterine inertia)及子宫收缩过强(uterine overcontraction)两种(图8-1)。

- 子宫收缩力异常
  - 子宫收缩乏力
    - 协调性(低张性)
      - 原发性
      - 继发性
    - 不协调性(高张性)
  - 子宫收缩过强
    - 协调性(急产)
    - 不协调性
      - 子宫痉挛性狭窄环
      - 强直性子宫收缩

图8-1 子宫收缩力异常的分类

一、子宫收缩乏力

【原因】 子宫收缩功能取决于子宫肌源性、精神源性及激素调节体系中的同步化程度,任何一方异常均可直接导致产力异常。

1. 头盆不称或胎位异常 胎儿先露部不能紧贴子宫下段及宫颈内口,影响内源性缩宫素的释放及反射性子宫收缩。

2. 精神心理因素 产妇对分娩有恐惧、紧张、焦虑等精神心理障碍。

3. 子宫肌源性因素 子宫畸形、子宫肌纤维过度伸展(如巨大胎儿、双胎妊娠、羊水过多等)、高龄产妇、经产妇、有宫内感染、子宫肌瘤等因素,影响子宫收缩的对称性及极性,引起子宫收缩乏力。

4. 内分泌失调 临产后产妇体内缩宫素及前列腺素合成、释放不足,或缩宫素受体量少。胎儿、胎盘合成与分泌硫酸脱氢表雄酮量少,致宫颈成熟度欠佳,亦可引起原发性宫缩乏力。

5. 其他 在产程早期使用大剂量解痉、镇静、镇痛剂,可直接抑制子宫收缩。行硬膜外麻醉镇痛分娩或产妇疲乏时,导致子宫收缩乏力,使产程延长。

【临床表现及诊断】

1. 协调性子宫收缩乏力(低张性子宫收缩乏力 hypotonic uterine inertia) 子宫收缩有正常的节律性、对称性及极性,但收缩力弱。致使产程延长,甚至停滞。根据宫缩乏力发生时期分为:①原发性宫缩乏力:指产程一开始就出现;②继发性宫缩乏力:指产程开始正常,进入活跃期后强度转弱,使产程延长或停滞,多伴有胎位或骨盆等异常。

2. 不协调性子宫收缩乏力(高张性子宫收缩乏力 hypertonic uterine inertia) 宫缩失去正常的对称性、节律性,尤其是极性,不能产生向下的合力,无效宫缩,胎先露部不下降,宫口不扩张。产妇出现持续性腹痛及静息宫内压升高。

【对产程及母儿影响】

1. 对产程 宫缩乏力使产程进展缓慢或停滞。原发性宫缩乏力可致潜伏期延长,继发性宫缩乏力可导致第一及第二产程延长、停滞,甚至发生滞产。

2. 对产妇 产程延长直接影响产妇的休息及进食,加上体力消耗和过度换气,可致产妇精神疲惫、全身乏力,严重者引起脱水、酸中毒或低钾血症,手术产率增加。第二产程延长产道受压过久致产后尿潴留,甚至发生尿瘘或粪瘘。亦可导致产后出血和产褥感染率增加。

3. 对胎儿 不协调性宫缩乏力不能使子宫壁完全放松,对子宫胎盘循环影响大,易发生胎儿窘迫;产程延长胎头及脐带等受压机会增加,手术助产机会增高,易发生新生儿产伤,使新生儿窒息、颅内出血及吸入性肺炎等发病率增加。

【处理】

Notes

1. 协调性子宫收缩乏力 不论是原发性还是继发性,首先应寻找原因。发现头盆不称或胎位异常预计不能经阴道分娩者，应行剖宫产术。确认无头盆不称和胎位异常、胎儿窘迫征象，能经阴道分娩者，应采取加强宫缩的措施。

（1）第一产程

1）一般处理：应预防宫缩乏力，解除产妇对分娩的心理顾虑与紧张情绪，指导休息、饮食及大小便等。对潜伏期出现的宫缩乏力，必要时可用强镇静剂如哌替啶 100mg 或吗啡 10mg 肌注，镇静治疗后绝大多数潜伏期宫缩乏力者经充分休息后自然转入活跃期。

2）加强宫缩：①物理方法：宫口扩张≥5cm、无头盆不称、胎头已衔接而产程延缓时，可行人工破膜术，使胎头直接紧贴子宫下段及宫颈内口，引起反射性子宫收缩，加速产程进展，同时观察羊水性状。宫颈 Bishop 评分≥7 分者，成功率较高。②药物：i）缩宫素：从小剂量开始静脉滴注，通常用缩宫素 2.5U 加入 0.9% 生理盐水 500ml 中，每 1ml 中含有 5mU 缩宫素，开始滴速为 8 滴/分，每分钟滴入的缩宫素应控制在 2.5mU，在确定无过敏后，剂量可逐渐增加，在 15 分钟内调整到有效剂量（宫缩间歇 2～3 分钟，持续 40～60 秒，宫腔压力不超过 60mmHg）。通过调整给药浓度，在不引起子宫过强收缩及胎儿窘迫的情况下使宫口扩张及胎先露部下降；缩宫素的血浆半衰期平均为 5 分钟，用药后 20～40 分钟可达血浆稳态浓度，加量间隔以 15～30 分钟、每次增加浓度以 1～3mU/min 为宜，最大给药浓度不超过 7.5mU/min。用药时密切观察宫缩、胎心监护、血压及产程进展等变化，警惕水中毒。若血压升高，应减慢滴注速度；一旦激惹性宫缩或宫缩持续时间超过 1 分钟或胎心率明显减速（包括胎心持续减速及晚期减速等），均应立即停用缩宫素。对有明显产道梗阻或伴瘢痕子宫（scarred uterus）者不宜应用。ii）地西泮：地西泮 10mg 静脉缓慢推注，2～3 分钟注完。间隔 4～6 小时酌情再用。可选择性地使宫颈肌纤维松弛，而不影响宫体肌收缩，可降低母体交感神经系统兴奋性，使子宫血管张力下降，改善子宫的血液循环。镇静、催眠作用可缓解产妇的紧张情绪及疲惫状态，减少产妇体内儿茶酚胺分泌，有助于恢复子宫收缩。

（2）第二产程：若头盆相称出现宫缩乏力，可静脉滴注缩宫素加强宫缩，指导产妇配合宫缩屏气用力，争取经阴道自然分娩；有胎儿窘迫征象应尽早结束分娩，胎头双顶径已通过坐骨棘平面且无明显颅骨重叠，可行阴道助产；否则应行剖宫产术。

（3）第三产程：胎肩娩出后立即将缩宫素 10～20U 静脉滴注，预防产后出血。对产程长、破膜时间长及手术产者，给予抗生素防感染。

2. 不协调性子宫收缩乏力 应调节子宫收缩，使其恢复正常节律性及极性。可给予哌替啶 100mg 或吗啡 10mg 肌注，产妇充分休息后多能恢复为协调性子宫收缩，若伴胎儿窘迫及头盆不称者禁用强镇静剂，应尽早行剖宫产。在子宫收缩恢复为协调性之前，严禁使用缩宫药物，以免加重病情。

二、子宫收缩过强

【临床表现及诊断】

1. 协调性子宫收缩过强 子宫收缩的节律性、对称性及极性均正常，仅收缩力过强。若无产道梗阻，常以产程短暂为特征，可使总产程<3 小时，称为急产（precipitate delivery）。若存在产道梗阻或瘢痕子宫，可发生病理缩复环或子宫破裂。

2. 不协调性子宫收缩过强

（1）子宫痉挛性狭窄环（constriction ring of uterus）：子宫局部平滑肌呈痉挛性不协调性收缩形成的环形狭窄，持续不放松。狭窄环常见于子宫上下段交界处及胎体狭窄部，如胎儿颈部。产妇出现持续性腹痛，烦躁不安，宫颈扩张缓慢，胎先露部下降停滞，胎心时快时慢，第三产程常造成胎盘嵌顿（placental incarceration），手取胎盘时可在宫颈内口上方直接触到此环（图 8-2）。

（2）强直性子宫收缩（tetanic contraction of uterus）：常见于缩宫药使用不当。子宫收缩失去

Notes

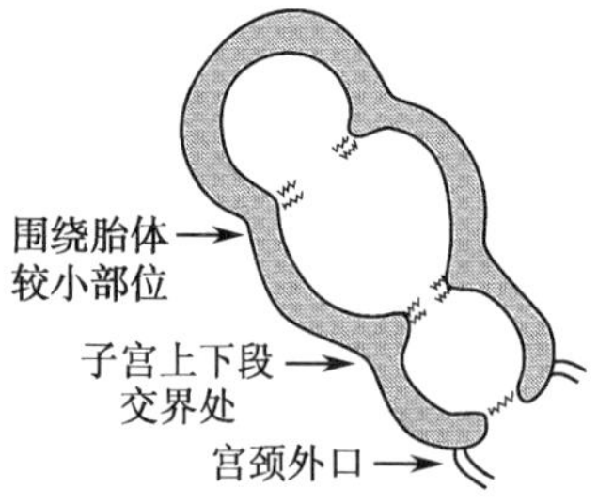

图 8-2 子宫痉挛性狭窄环

节律性，呈持续性强直性收缩。产妇因持续性腹痛常有烦躁不安、腹部拒按，不易查清胎位，胎心听不清。若合并产道梗阻，亦可出现病理缩复环、血尿等先兆子宫破裂征象。

【对产程及母儿影响】

1. 对产程 协调性子宫收缩过强可致急产，不协调性子宫收缩过强形成子宫痉挛性狭窄环或强直性子宫收缩时，可导致产程延长及停滞。

2. 对产妇 无论急产还是强直性子宫收缩均易造成软产道裂伤。宫缩过强宫腔内压力增高，有发生羊水栓塞的危险。子宫痉挛性狭窄环可使产程停滞、胎盘嵌顿，增加产后出血、产褥感染及手术产的机会。

3. 对胎儿 急产及强直性子宫收缩使子宫胎盘血流减少，子宫痉挛性狭窄环使产程延长，易发生胎儿窘迫及新生儿窒息，严重者直接导致死胎及死产。

【处理】 以预防为主，有急产史（包括家族有急产史）者应提前入院待产，临产后慎用缩宫药物及其他可促进宫缩的产科处置，如人工破膜等。一旦发生强直性子宫收缩，给予产妇吸氧的同时应用宫缩抑制剂，如25%硫酸镁20ml加入5%葡萄糖液20ml缓慢静注，哌替啶100mg肌注（适用于4小时内胎儿不会娩出者），在抑制宫缩的同时密切观察胎儿安危。若宫缩缓解、胎心正常，可等待自然分娩或经阴道手术助产；若宫缩不缓解，已出现胎儿窘迫或病理缩复环者，应尽早行剖宫产；若胎死宫内，应先缓解宫缩，处理死胎，以不损害母体为原则。

【小结】 产力异常包括子宫收缩乏力和子宫收缩过强，两者又有协调性及不协调性之分。子宫收缩乏力可由头盆不称、胎位异常、精神因素、子宫因素及内分泌失调等引起，手术产率高，可导致产程延长、产后出血、水电解质紊乱、产褥感染率、胎儿窘迫、新生儿窒息等母儿并发症。子宫收缩过强可导致产程进展过快、病理性缩复环或子宫破裂、子宫痉挛性狭窄环、强直性子宫收缩等，发生急产或产程延长，增加羊水栓塞、产后出血、产褥感染及手术产的机会。

第三节 产道异常

产道异常包括骨产道异常及软产道异常，以骨产道异常多见。

一、骨产道异常

包括骨盆形态异常及骨盆径线过短。骨盆径线过短或骨盆形态异常，使骨盆腔容积小于胎先露部能够通过的限度，称为狭窄骨盆（pelvic contraction）。可以是一个径线过短或多个径线同时过短；也可以是一个平面狭窄或多个平面同时狭窄。造成狭窄骨盆的原因有先天发育异常、出生后营养、疾病及外伤等因素。

【狭窄骨盆的分类】

1. 骨盆入口平面狭窄（contracted pelvic inlet） 扁平型骨盆最常见，骨盆入口平面前后径狭窄。根据骨盆入口平面狭窄程度，分为3级：Ⅰ级临界性狭窄，骶耻外径18cm，对角径11.5cm，入口前后径10.0cm，多数可经阴道分娩；Ⅱ级相对性狭窄，骶耻外径16.5～17.5cm，对角径10.0～11.0cm，入口前后径8.5～9.5cm，需经试产后才能决定是否可以经阴道分娩；Ⅲ级绝对性狭窄，骶耻外径≤16.0cm，对角径≤9.5cm，入口前后径≤8.0cm，必须以剖宫产结束分娩。根据形态变异分为两种：

（1）单纯扁平骨盆（simple flat pelvis）：入口呈横扁圆形，骶岬向前下突出，入口横径正常前后径缩短，骶凹存在。

（2）佝偻病性扁平骨盆（rachitic flat pelvis）：入口呈横的肾形，骶岬向前突，入口前后径明

Notes

显缩短，骶凹消失，骶骨下段变直后移，尾骨前翘，坐骨结节外翻使耻骨弓角度及坐骨结节间径增大(图8-3)。

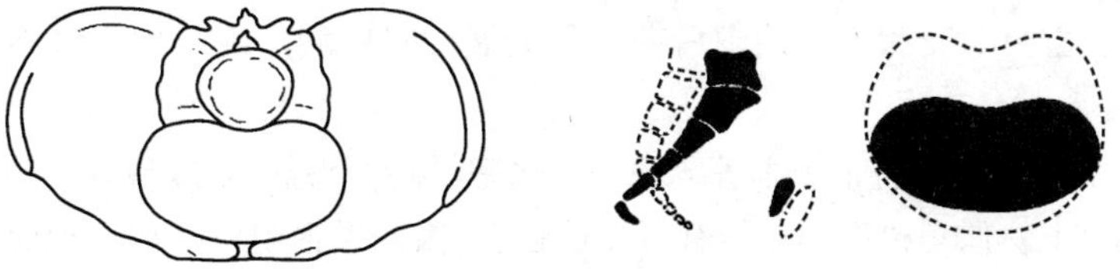

图8-3 佝偻病性扁平骨盆

2. 中骨盆平面狭窄(contracted midpelvis) 主要为男型骨盆及类人猿型骨盆，以坐骨棘间径及中骨盆后矢状径狭窄为主。中骨盆平面狭窄分为3级：Ⅰ级临界性，坐骨棘间径10.0cm，坐骨棘间径加后矢状径13.5cm；Ⅱ级相对性狭窄，坐骨棘间径8.5～9.5cm，坐骨棘间径与后矢状径12.0～13.0cm；Ⅲ级绝对性狭窄，坐骨棘间径≤8.0cm，坐骨棘间径加后矢状径≤11.5cm。

3. 骨盆出口平面狭窄(contracted pelvic outlet) 常与中骨盆平面狭窄伴行，多见于男型骨盆。骨盆侧壁内收及骶骨直下使坐骨切迹<2横指、耻骨弓角度<90°，呈漏斗型骨盆(funnel shaped pelvis)(图8-4)。将骨盆出口狭窄分3级：Ⅰ级临界性，坐骨结节间径7.5cm，坐骨结节间径与出口后矢状径之和15.0cm；Ⅱ级相对性狭窄，坐骨结节间径6.0～7.0cm，坐骨结节间径与出口后矢状径之和12.0～14.0cm；Ⅲ级绝对性狭窄，坐骨结节间径≤5.5cm，坐骨结节间径与出口后矢状径之和≤11.0cm。

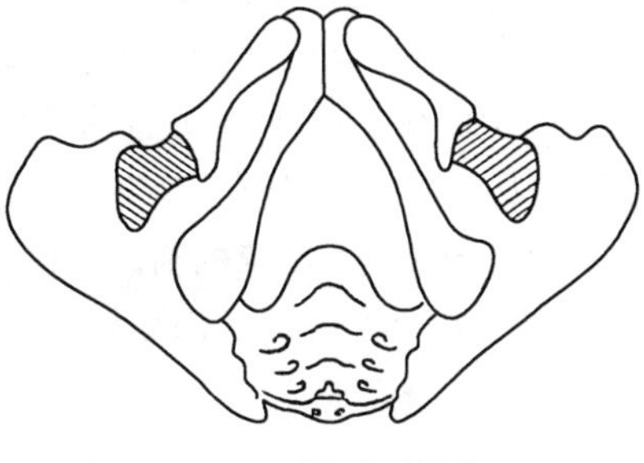

图8-4 漏斗型骨盆

4. 骨盆三个平面狭窄 外形属女型骨盆，三个平面各径线均比正常值小2cm或更多，称为均小骨盆(generally contracted pelvis)(图8-5)。

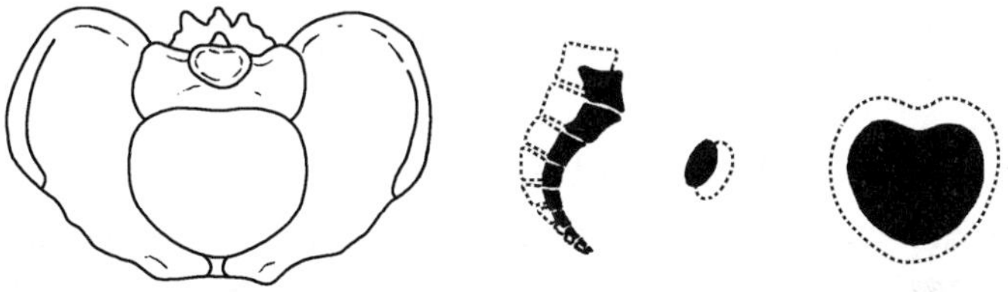

图8-5 均小骨盆

5. 畸形骨盆 丧失正常形态及对称性所致的狭窄。偏斜骨盆的共性特征是骨盆两侧的侧斜径(一侧髂后上棘与对侧髂前上棘间径)或侧直径(同侧髂后上棘与髂前上棘间径)之差>1cm(图8-6)。有尾骨骨折史可致尾骨尖前翘或骶尾关节融合使骨盆出口前后径明显变短，导致骨盆出口平面狭窄而影响分娩。

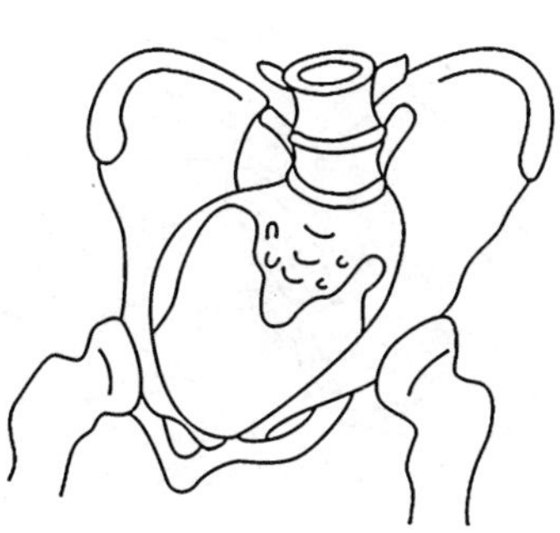

图8-6 偏斜骨盆

【狭窄骨盆的临床表现】

1. 骨盆入口平面狭窄的临床表现

(1) 胎先露及胎方位异常：狭窄骨盆孕产妇，臀先露、肩先露等异常胎位发生率是正常骨盆者的3倍以上。头先露初产妇已临产，但胎头迟迟不入盆。检查胎头跨耻征阳性；产程早期胎头常呈不均倾位或仰伸位入

Notes

盆。若为骨盆临界性或相对性入口平面狭窄、胎儿不大且产力好,经充分试产可经阴道分娩;否则,胎头受阻于骨盆入口,衔接失败,属绝对性头盆不称,应行剖宫产。

(2) 产程进展异常:因骨盆入口平面狭窄而致相对性头盆不称时,常见潜伏期及活跃期早期产程延长。经充分试产,胎头衔接则后期产程进展相对顺利。绝对性头盆不称时,常导致宫缩乏力及产程停滞。

(3) 其他:胎膜早破及脐带脱垂等分娩期发病率增高。头盆不称产妇脐带脱垂风险为正常产妇的4~6倍以上。偶有狭窄骨盆伴有宫缩过强者,因产道梗阻使产妇出现腹痛拒按、排尿困难,甚至尿潴留等症状。产妇下腹压痛明显、耻骨联合分离、宫颈水肿,出现病理缩复环、肉眼血尿等先兆子宫破裂征象。若未及时处理则可发生子宫破裂。

2. 中骨盆平面狭窄的临床表现

(1) 胎方位异常:当胎头下降至中骨盆平面时,中骨盆横径狭窄致使胎头内旋转受阻,易出现持续性枕后(横)位,经阴道分娩受阻。

(2) 产程进展异常:胎头多于宫口近开全时完成内旋转,因此持续性枕后(横)位可使减速期及第二产程延长,胎头下降延缓与停滞。

(3) 其他:易致继发性宫缩乏力,胎头强行通过中骨盆以及手术助产矫正胎方位等易发生胎儿颅内出血、头皮血肿等,强行阴道助产则可导致严重的会阴、阴道损伤。中骨盆严重狭窄、宫缩又较强,同样可发生子宫破裂。

3. 骨盆出口平面狭窄的临床表现 常与中骨盆平面狭窄并存。可导致继发性宫缩乏力及第二产程停滞,胎头双顶径不能通过骨盆出口。

【狭窄骨盆的诊断】 利用影像学技术如X线、CT和MRI检查可精确测量骨盆腔的大小,但临床未广泛应用,X线检查对母儿双方均不利,现已弃用。主要通过产科检查评估骨盆大小。

1. 病史 询问产妇既往是否患佝偻病、骨结核、脊髓灰质炎及骨外伤等,经产妇更应详细询问既往分娩史,有无难产及其他等。

2. 全身检查 注意身高、脊柱及下肢残疾情况以及米氏菱形窝是否对称等。身高<145cm者易合并均小骨盆,脊柱侧突或跛行者可伴偏斜骨盆畸形。骨骼粗壮、颈部较短者易伴漏斗型骨盆。米氏菱形窝对称但过扁者易合并扁平骨盆、过窄者易合并中骨盆狭窄,两髂后上棘对称突出且狭窄者往往是类人猿型骨盆特征,米氏菱形窝不对称、一侧髂后上棘突出者则偏斜骨盆可能性大。

3. 腹部检查 初产妇呈尖腹、经产妇呈悬垂腹者,往往可能有骨盆入口狭窄。临产后还应充分评估头盆关系,胎头跨耻征阳性,表示头盆不称(cephalopelvic disproportion,CPD)(图8-7)。提示有骨盆相对性或绝对性狭窄可能,头盆是否相称还与骨盆倾斜度和胎方位相关。

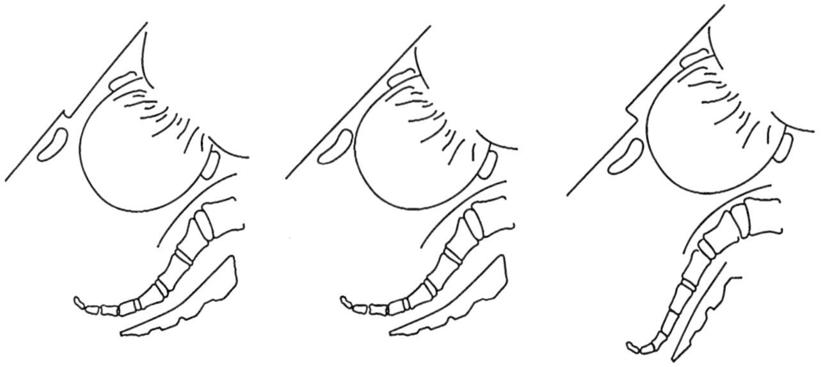

(1)头盆相称 (2)头盆可能不称 (3)头盆不称

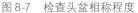

图8-7 检查头盆相称程度

4. 骨盆评估 除测量骶耻外径和坐骨结节间径外，还应注意检查耻骨弓角度、对角径、坐骨切迹宽度、坐骨棘内突程度、骶凹曲度及骶尾关节活动度等，以便充分预测骨盆各平面的狭窄程度。

5. 胎位及产程动态监测 初产妇临产后胎头尚未衔接或呈臀先露、肩先露等异常胎先露，或头先露呈不均倾位衔接，或胎头内旋转受阻以及产力、胎位正常而产程进展缓慢时，均提示有狭窄骨盆可能，应根据头盆相称程度确定是否可经阴道试产。

【狭窄骨盆对产程及母儿影响】

1. 对产程 使产程延长及停滞。入口狭窄使潜伏期及活跃期均延长或停滞；中骨盆狭窄可使胎头下降延缓、停滞，活跃期及第二产程延长；出口狭窄使第二产程延长及胎头下降停滞。

2. 对产妇 入口狭窄使异常胎先露发生率增加；中骨盆狭窄易致胎方位异常。胎先露部下降受阻多导致继发性宫缩乏力，产程延长，使手术产及产后出血增多；产道受压过久，可形成尿瘘或粪瘘；伴宫缩过强形成病理缩复环，可致子宫破裂；因滞产阴道检查次数增多，产褥感染机会增加。

3. 对胎儿 入口狭窄使胎头高浮或胎膜早破，增加脐带先露及脐带脱垂机会；胎头内旋转及下降受阻，在产道受压过久，强行通过狭窄产道或手术助产，易引起新生儿颅内出血及其他产伤、感染等。

【狭窄骨盆分娩处理】

1. 骨盆入口平面狭窄的处理

（1）骶耻外径16.5～17.5cm、骨盆入口前后径8.5～9.5cm、胎头跨耻征可疑阳性，相对骨盆入口平面狭窄，若产妇一般状况及产力良好，足月胎儿体重<3000g，胎位、胎心正常时，当破膜后子宫颈口扩张≥6cm后，试产时间以4～6小时为宜。产程仍无进展或出现胎儿窘迫征象，应及时行剖宫产术。

（2）骶耻外径≤16.0cm、骨盆入口前后径≤8.0cm、胎头跨耻征阳性，绝对骨盆入口平面狭窄，足月活胎应行剖宫产术。

2. 中骨盆平面狭窄的处理 中骨盆平面狭窄容易导致持续性枕后位或枕横位，多为活跃期停滞及第二产程延长、继发性宫缩乏力。若宫口开全初产妇已2小时，经产妇已1小时以上，胎头双顶径达到坐骨棘水平或更低，可以徒手转胎位，加强产力，可阴道分娩或阴道助产；胎头双顶径仍在坐骨棘水平以上，或伴有胎儿窘迫征象，应行剖宫产术。

3. 骨盆出口平面狭窄的处理 骨盆出口平面狭窄不应阴道试产。

4. 骨盆三个平面均狭窄的处理 在胎儿小、产力好、胎位及胎心正常的情况下可试产。头盆不称，胎儿较大时，应当实施剖宫产。

5. 畸形骨盆的处理 应根据畸形骨盆种类、狭窄程度、胎儿大小及产力等情况具体分析。畸形严重、头盆明显不称者，应及时行剖宫产术。

二、软产道异常

软产道异常同样可致异常分娩，但少见。软产道异常可由先天发育异常及后天疾病因素引起。

【先天发育异常】

1. 阴道横隔 横隔厚直接阻碍胎先露部下降使产程停滞，需剖宫产分娩；若横隔薄随胎先露部下降被进一步撑薄，通过横隔孔查及逐渐开大的宫口，在确认为横隔后，可在直视下以小孔为中心将横隔X形切开，待胎盘娩出后用可吸收线间断或连续锁边缝合残端。

2. 阴道纵隔 伴有双宫颈者，纵隔被推向对侧，分娩多无阻碍；发生于单宫颈者，可在分娩时切断挡在胎先露部前方的纵隔，产后用可吸收线间断或连续锁边缝合残端。若在孕前已确

Notes

诊,可先行矫形术。

【软产道瘢痕】

1. 子宫下段瘢痕 随着初产妇剖宫产率升高,使子宫下段的手术瘢痕者增多。瘢痕子宫再孕分娩时有瘢痕破裂的危险,使重复剖宫产机会相应增加。但并非所有曾行剖宫产的妇女再孕后均须剖宫产,需视前次剖宫产术式、指征、术后有无感染、术后再孕间隔时间、既往剖宫产次数以及本次妊娠临产后产力、产道及胎儿相互适应情况等综合分析决定是否剖宫产后阴道分娩(vaginal birth after caesarean,VBAC)。若前次剖宫产切口为子宫下段横切口,再孕后阴道试产成功率高;但若前次术式为子宫上段纵切口或T形切口、术后有感染、前次剖宫产次数≥2次、巨大子宫肌瘤穿透子宫黏膜剔除术后者不宜试产。

2. 宫颈瘢痕 宫颈慢性炎症经冷冻、高频电刀或手术锥形切除治疗,或宫颈内口松弛经环扎手术治疗,宫颈坚硬、宫颈水肿均可使宫颈局部形成瘢痕、挛缩、狭窄或缺乏弹性,影响宫颈扩张。可静注地西泮10mg或宫旁两侧注入0.5%利多卡因10ml软化宫颈治疗,如无效应剖宫产分娩。

3. 阴道瘢痕 若瘢痕不严重且位置低时,可行会阴后-侧切开术后阴道分娩;若瘢痕严重,曾行生殖道瘘修补术或瘢痕位置高时,均应行剖宫产术。

【盆腔肿瘤】

1. 子宫肌瘤 不阻碍产道可经阴道分娩。子宫下段及宫颈肌瘤阻碍胎先露部衔接及下降时,应行剖宫产术,同时行肌瘤切除术。若肌瘤位置异常,术前准备不足,产后手术可避免产时手术失血过多等不利因素。

2. 卵巢肿瘤 卵巢肿瘤位于骨盆入口阻碍胎先露部衔接者,应行剖宫产同时切除肿瘤,术后送病理检查。

3. 宫颈癌 癌肿质硬而脆,经阴道分娩易致裂伤出血及癌肿扩散,应行剖宫产术。若为早期浸润癌可先行剖宫产术,随即行宫颈癌根治术或术后放疗。

【其他】 阴道尖锐湿疣:可因阴道分娩感染新生儿患喉乳头状瘤,若为女婴亦可患生殖道湿疣。另外,外阴及阴道的尖锐湿疣在妊娠期生长迅速,病灶易扩散,病变部位组织质脆,阴道分娩易致软产道裂伤及感染,以行剖宫产为宜。

【小结】 产道异常包括骨产道异常及软产道异常,以骨产道异常多见。骨产道异常又称狭窄骨盆,可为入口平面狭窄、中骨盆平面狭窄、出口平面狭窄、均小及畸形骨盆。骨产道异常可导致胎方位异常、产程延长、宫缩乏力、产后出血、胎儿窒息、新生儿产伤或感染等,严重时发生子宫破裂。产前应综合评估判断,选择正确的分娩方式,充分试产。软产道异常可由先天发育异常及后天疾病因素引起,软产道异常在产程中无法解除时,应行剖宫产终止妊娠。

第四节 胎位异常

胎位异常(abnormal fetal position)包括头先露异常、臀先露及肩先露等。头先露异常最常见,以胎头为先露的难产,又称头位难产。

一、持续性枕后位、枕横位

正常分娩时,胎头双顶径抵达中骨盆平面时完成内旋转动作,胎头得以最小径线通过骨盆最窄平面顺利经阴道分娩。临产后凡胎头以枕后位或枕横位衔接,经充分试产,胎头枕部仍位于母体骨盆后方或侧方,不能转向前方致使分娩发生困难者,称为持续性枕后位(persistent occiput posterior position)或持续性枕横位(persistent occiput transverse position),约占分娩总数的5%。

Notes

【原因】

1. 骨盆异常 男型骨盆与类人猿型骨盆多有中骨盆狭窄，阻碍胎头内旋转，容易发生持续性枕后位或枕横位。扁平骨盆及均小骨盆容易使胎头以枕横位衔接，俯屈不良影响内旋转，使胎头枕横位嵌顿在中骨盆形成持续性枕横位。

2. 其他 子宫收缩乏力、前置胎盘、胎儿过大或过小以及胎儿发育异常等均可影响胎头俯屈及内旋转，造成持续性枕后位或枕横位。

【诊断】

1. 临床表现 临产后胎头枕后位衔接影响胎头俯屈及下降，进而不能有效扩张宫颈及影响内源性缩宫素释放，易致低张性宫缩乏力。胎儿枕部压迫产道，产妇觉肛门坠胀及排便感，宫口尚未开全时过早屏气，第二产程腹肌收缩乏力使胎头下降延缓或停滞，产程延长。在阴道口见到胎发，多次宫缩时屏气胎头不继续下降，应考虑可能是持续性枕后位。

2. 腹部检查 胎背偏向母体后方或侧方，前腹壁触及胎儿肢体，且在胎儿肢体侧容易听及胎心。

3. 阴道(肛门)检查 枕后位时盆腔后部空虚。持续性枕横位时矢状缝与骨盆横径一致，前后囟分别位于骨盆两侧后方，因胎头俯屈差，前囟常低于后囟(图8-8)。若宫口开全，因胎头产瘤触不清颅缝及囟门时，可借助胎儿耳廓及耳屏位置判定胎方位。

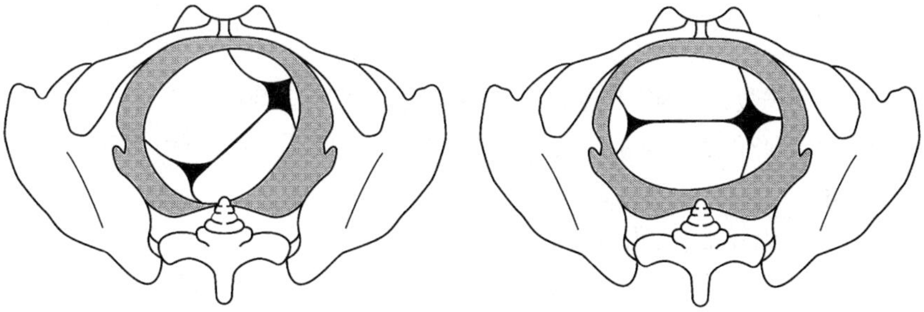

图8-8 持续性枕后位、枕横位

4. 超声检查 超声探测胎头枕部及眼眶方位即可明确诊断。

【分娩机制】 在无头盆不称时，多数枕后位及枕横位在强有力的宫缩作用下，可使胎头枕部向前旋转90°～135°成为枕前位。在分娩过程中，若不能自然转为枕前位者，其分娩机制为：

1. 枕后位 枕左(右)后位内旋转时向后旋转45°，使矢状缝与骨盆前后径相一致，胎儿枕部朝向骶骨成正枕后位(occiput directly posterior)，其分娩方式：

(1) 胎头俯屈较好：继续下降前囟抵达耻骨联合下，以前囟为支点，胎头继续俯屈，自会阴前缘先娩出顶部及枕部，随后胎头仰伸再自耻骨联合下相继娩出额、鼻、口、颏。此种分娩方式为枕后位经阴道助产最常见的方式。

(2) 胎头俯屈不良：胎头额部先拨露，当鼻根抵达耻骨联合下时，以鼻根为支点，胎头先俯屈，使前囟、顶部及枕部相继从会阴前缘娩出，随后胎头仰伸自耻骨联合下相继娩出额、鼻、口及颏。因胎头以较大的枕额周径旋转，这种分娩方式较前者困难，除少数产力好、胎儿小能以正枕后位自然娩出外，多数需阴道助娩(图8-9)。

2. 枕横位 部分枕横位于下降过程中内旋转受阻，或枕后位仅向前旋转45°成为持续性枕横位时，多需用手或胎头吸引器(或产钳)将胎头转成枕前位经阴道娩出。

【对产程及母儿影响】

1. 对产程 持续性枕后(横)位容易导致胎头下降延缓及停滞。处理不及时导致第二产程延长，甚至滞产。

2. 对母体 容易继发性宫缩乏力及产程延长。若产道受压过久因膀胱麻痹可致尿潴留，甚

Notes

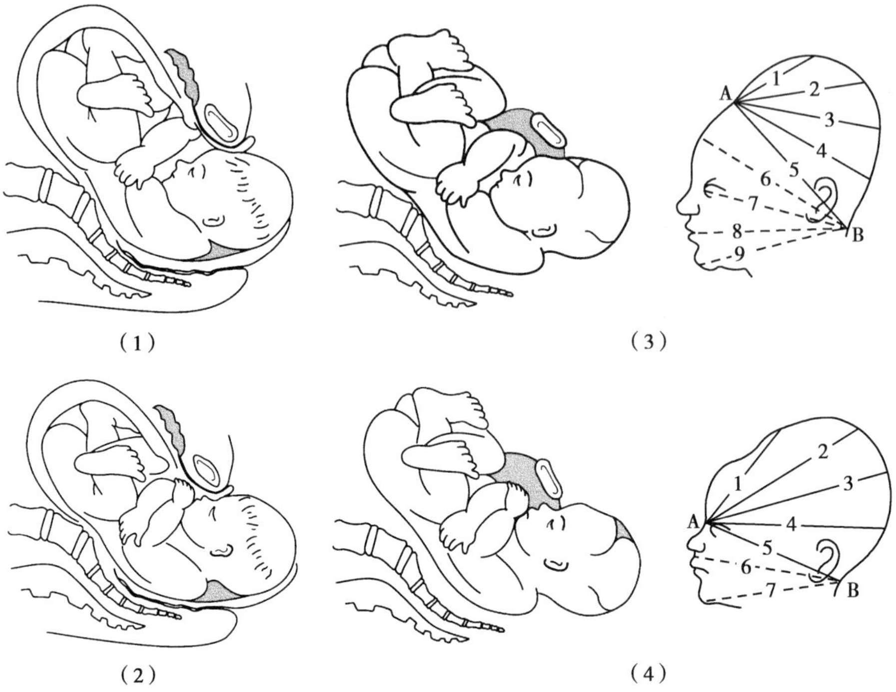

图 8-9 枕后位分娩机制

至发生生殖道瘘。阴道助产增多,产道裂伤、产后出血及产褥感染机会增加。

3. 对胎儿 由于产程延长及手术助产机会增多,易致胎儿窘迫、新生儿窒息及产伤等,使围生儿死亡率增高。

【处理】 若骨盆无异常、胎儿不大,可试产。

1. 第一产程 密切观察产程进展及胎心变化,防止产妇过早屏气用力,防宫颈前唇水肿及体力消耗;产妇取胎背对侧卧位,促进胎头俯屈、下降及向前旋转,充分试产。宫缩乏力时,可静脉滴注缩宫素;宫口开大 6cm 以上,可行人工破膜,观察羊水性状,促进产程进展。若经过上述处理效果不佳,宫口开大<1cm/h 或无进展或试产过程中出现胎儿窘迫,均应行剖宫产术。

2. 第二产程 发现胎头下降延缓及停滞时,应及时行阴道检查确定胎方位,发现胎头呈枕后位或枕横位时,应指导产妇配合宫缩、屈髋加腹压用力,以此方式减小骨盆倾斜度、增加胎轴压,使胎先露部充分借助肛提肌收缩力转至枕前位。亦可在宫缩时上推胎头前囟侧助其充分俯屈,解除枕额径嵌顿使其以枕下前囟径顺利完成内旋转后通过产道自然分娩。若经上述处置仍无进展或进展缓慢,或第二产程初产妇 2 小时,经产妇 1 小时,应行阴道检查。若 S≥+3(双顶径已达坐骨棘及以下)时,用手转胎头(图 8-10)或用胎头吸引器(或产钳)辅助将胎头转至枕前位后阴道助娩。若转至枕前位困难,亦可转至正枕后位产钳助娩。枕后位时胎头俯屈差,往往以枕额径娩出,宜行较大的会阴后-侧切开术娩出胎儿,以防产道裂伤。若第二产程延长,而胎头双顶径仍在坐骨棘以上,或第二产程 S<+3 伴胎儿窘迫时,均宜剖宫产分娩。

3. 第三产程 应做好新生儿复苏抢救准备,防治产后出血。有软产道裂伤者,应及时修补,并给予抗生素预防感染。

二、胎头高直位

胎头以不屈不仰姿势衔接于骨盆入口,其矢状缝与骨盆入口前后径相一致时,称为胎头高直位(sincipital presentation)。胎头高直位包括:①高直前位:指胎头枕骨向前靠近耻骨联合者,又称枕耻位(occipitopubic position);②高直后位:指胎头枕骨向后靠近骶岬者,又称枕骶位(occipitosacral position)。约占分娩总数的 1.08%。

Notes

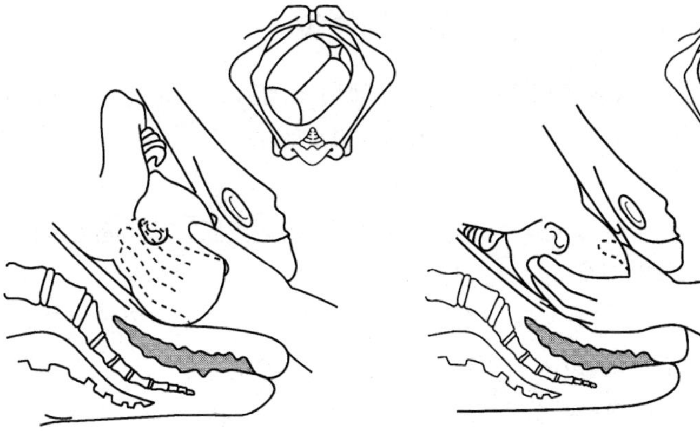

（1）右枕后位　　（2）已转至右枕前位

图 8-10　手转胎头内旋转

【诊断】

1. 临床表现　临产后胎头迟迟不下降或下降缓慢，宫口扩张缓慢，产程延长。高直前位时，胎头入盆困难，活跃期早期宫口扩张延缓或停滞。高直后位时，胎头不能通过骨盆入口，不下降，先露部高浮，活跃期早期延缓或停滞，即使宫口开全，胎头高浮易发生滞产、先兆子宫破裂，甚至子宫破裂。

2. 腹部检查　胎头高直前位时，腹前壁被胎背占据，触不到胎儿肢体，胎心位置稍高在近腹中线。高直后位时，腹前壁被胎儿肢体占据，有时可能在耻骨联合上方触及胎儿下颏。

3. 阴道检查　胎头矢状缝在骨盆入口的前后径上，其偏斜度不应超过 15°。高直前位时后囟在前、前囟在后，反之则为高直后位（图 8-11）。因胎头嵌顿于骨盆入口，宫口很难开全，常停滞在 3～5cm。

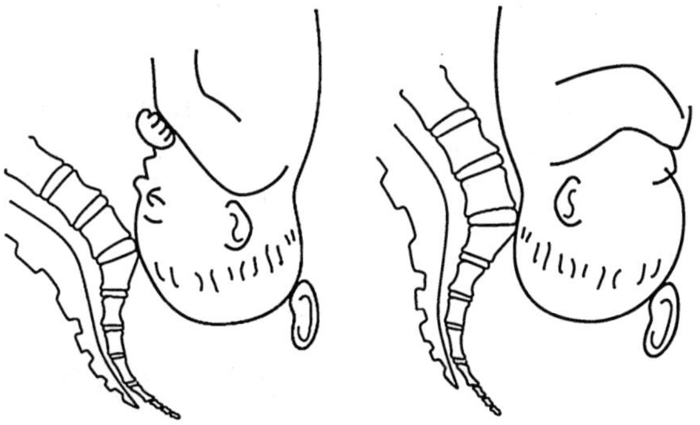

（1）高直前位　　（2）高直后位

图 8-11　胎头高直位

4. 超声检查　高直后位时可在耻骨联合上方探及眼眶反射；高直前位时在母亲腹壁正中探及胎儿脊柱反射。高直前位及高直后位胎头双顶径均与骨盆入口横径一致。

【分娩机制】　高直前位临产后，胎头极度俯屈，以枕骨下部支撑在耻骨联合处，额、顶、颏转向骶岬。首先是前囟滑过骶岬，然后额沿骶骨下滑入盆，待胎头极度俯屈姿势纠正后，不需内旋转，可按枕前位分娩。相反，高直后位时胎儿脊柱与母体脊柱相贴，胎头枕部嵌顿在骶岬上方，妨碍胎头俯屈及下降，使胎头高浮无法入盆，很难经阴道分娩。

【处理】　高直前位时，应给予阴道试产机会，加强产力同时指导其侧卧或半卧位，促进胎头衔接、下降。若试产失败或伴明显骨盆狭窄，确诊高直后位应行剖宫产术。

三、前不均倾位

枕横位入盆的胎头侧屈以其前顶骨先入盆，称为前不均倾位（anterior asynelitism）。前不均倾位是导致异常分娩的异常胎位，发生率为0.50%～0.81%。

【诊断】

1. 临床表现 因后顶骨不能入盆，使胎头下降停滞，产程延长。若膀胱颈受压于前顶骨与耻骨联合之间，使产妇过早出现排尿困难及尿潴留。

2. 腹部检查 临产早期，于耻骨联合上方可扪及胎头顶部。随前顶骨入盆胎头折叠于胎肩之后，使在耻骨联合上方不易触及胎头，形成胎头已衔接入盆的假象。

3. 阴道检查 胎头矢状缝在骨盆入口横径上，矢状缝向后移靠近骶岬侧，盆腔后半部空虚，前顶骨紧嵌于耻骨联合后方，宫颈前唇受压出现水肿，尿道受压不易插入导尿管。

【分娩机制】 前不均倾位时，因耻骨联合后面直而无凹陷，前顶骨紧紧嵌顿于耻骨联合后，使后顶骨无法越过骶岬而入盆，故需剖宫产结束分娩（图8-12）。

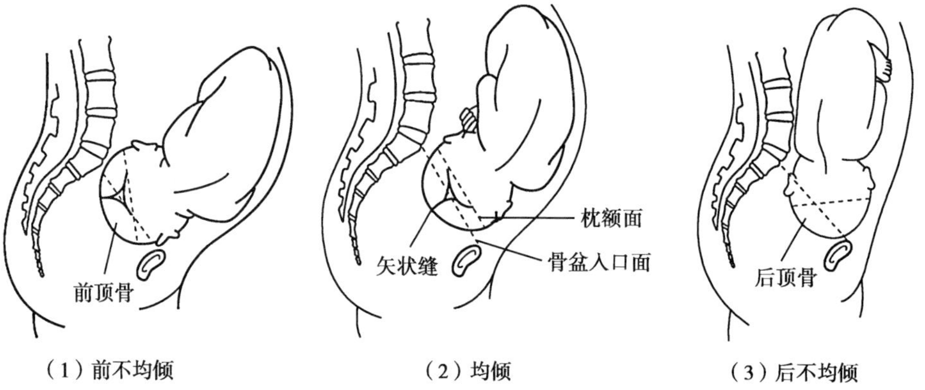

图8-12 胎头前不均倾位入盆

【处理】 临产后早期，产妇宜取坐位或半卧位，以减小骨盆倾斜度，尽量避免胎头以前不均倾位衔接。一旦确诊为前不均倾位，除个别胎儿小、宫缩强、骨盆宽大给予短时间试产外，均应尽快行剖宫产术。

四、额先露

胎头持续以额部为先露入盆并以枕颏径通过产道时，称为额先露（brow presentation）。胎头呈半仰伸状态，属于暂时性的胎位，也可进一步仰伸为面先露，或俯屈为枕先露。持续性额先露仅占分娩总数的0.03%～0.1%。

【原因】

1. 子宫因素 双子宫或鞍状子宫以及宫腔内有纵隔时，均易使子宫体斜向一侧，胎背易向枕骨方向后倾使胎头呈仰伸状态。

2. 骨盆因素 骨盆入口狭窄孕妇腹壁松弛（如经产妇）呈悬垂腹，胎背向前或两侧方下垂，易致胎头仰伸。

3. 胎儿因素 巨大胎儿、脐带绕颈及其他少见长颅畸形、无脑儿等，容易发生额先露。

【诊断】

1. 临床表现 持续性额先露时以胎头最大径线（枕颏径）入盆，使胎头衔接受阻，导致继发性宫缩乏力及产程停滞。

2. 腹部检查 额先露时可在耻骨联合上方触及胎儿下颏或胎儿枕骨隆突。偶尔可在耻骨联合上方两侧同时触及胎儿下颏及枕骨隆突（图 8-13）。

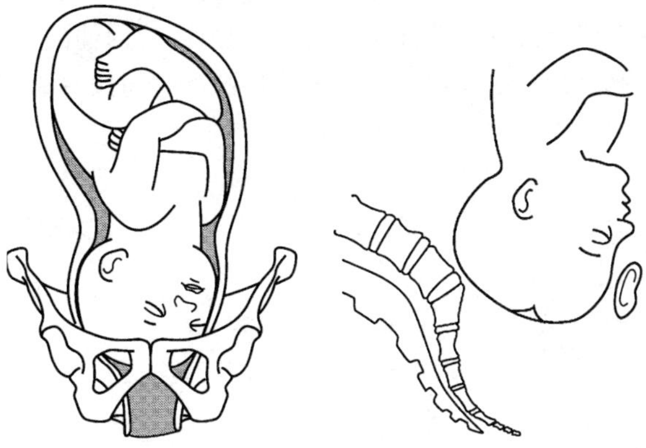

（1）正面观 （2）侧面观

图 8-13 额先露

3. 阴道检查 可触及额缝（额缝一端为前囟，另一端为鼻根以及鼻根内侧的眼眶）。

【分娩机制】 一般情况下，持续性额先露因枕颏径受阻于骨盆入口无法衔接而不能经阴道分娩。若胎儿很小骨盆很大，或胎头明显变形使枕颏径明显缩小时，额先露自然转位俯屈为枕先露或仰伸为面先露中的颏前位时，可经阴道分娩。

【处理】 产前检查发现为悬垂腹型或子宫体偏斜一侧疑有子宫畸形时，应警惕额先露可能。在确诊胎方位同时应排除胎儿异常可能。若产前发现为额先露，应建议孕妇取胎背对侧卧位，促进胎头俯屈自然转为枕先露。若临产后额先露未能自然转位且产程停滞，应行剖宫产术。

五、面 先 露

胎头以颜面为先露时，称面先露（face presentation），发生率为 0.08% ~0.27% 。常由额先露继续仰伸形成，以颏骨为指示点，面先露有 6 种胎方位。

【诊断】

1. 腹部检查 颏后位（mentoposterior position）时，面先露的特征是在胎背侧触及极度仰伸的枕骨隆突。由于胎头的极度仰伸（hyperextension of fetal head）使其枕骨隆突与胎背间有明显凹陷，并因胎背远离孕妇腹壁而使胎心听诊遥远。相反，颏前位（mentoanterior position）时因胎体伸直使胎儿胸部更贴近孕妇腹前壁，胎儿肢体侧的下腹部胎心听诊更清晰。

2. 阴道（肛门）检查 触不到圆而硬的颅骨，在宫口开大后仅能触及胎儿颜面的一些特征，如眼、鼻及口等。但面先露低垂部位如口唇等出现水肿时不易与臀先露时肛门相区别，有可能将面先露误诊为臀先露。主要鉴别点：面先露时口与两颧骨突出点呈倒三角形排列，而臀先露时肛门与两个坐骨结节呈直线排列。另外，手指入肛门后可有括约感，并可带出胎粪，而口腔无上述特点。通过触诊胎儿口腔及下颏的位置可确诊胎方位（图 8-14）。

3. 超声检查 可明确区分面先露与臀先露，并能探清胎方位。

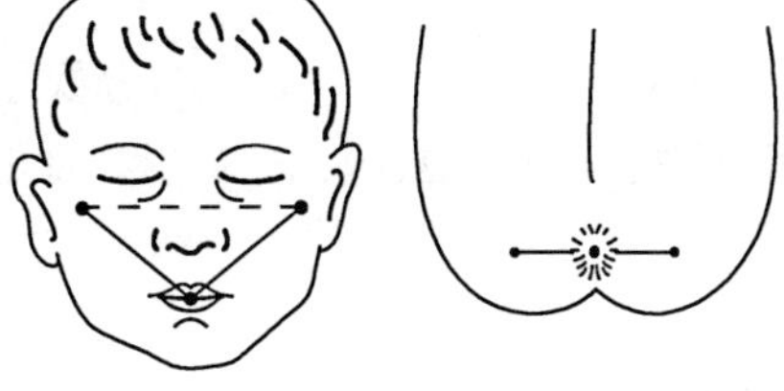

图 8-14 胎儿颜面与臀部触诊的鉴别

【分娩机制】 很少发生在骨盆入口上方，往往是额先露下降受阻时胎头极度仰伸通过产道时发生面先露。因此，面先露的分娩机制为胎头仰伸、下降、内旋转、俯屈、复位及外旋转。

以颏右前位为例：胎头以前囟颏径，衔接于母体骨盆入口左斜径上，下降至中骨盆平面遇到盆壁阻力，使胎头后仰枕骨进一步贴近胎背，颏部成为下降的先露。当颏部抵达盆底遇到盆底阻力时向左旋转

Notes

45°成颏前位,并使前囟颏径与中骨盆及骨盆出口前后径保持一致有利于胎头继续下降;当颏部抵达耻骨弓下时胎头大部在骶凹的缓冲区,借骶凹及骶尾关节能向后移动特点,以颏为支点可将胎头逐渐俯屈自会阴前缘相继娩出胎儿鼻、眼、额、顶、枕,使仰伸的胎头复位娩出阴道外口,随后的胎体娩出同枕先露。颏右横及颏右后的分娩机制基本同颏右前,只是内旋转的角度大,为90°~135°(图8-15)。

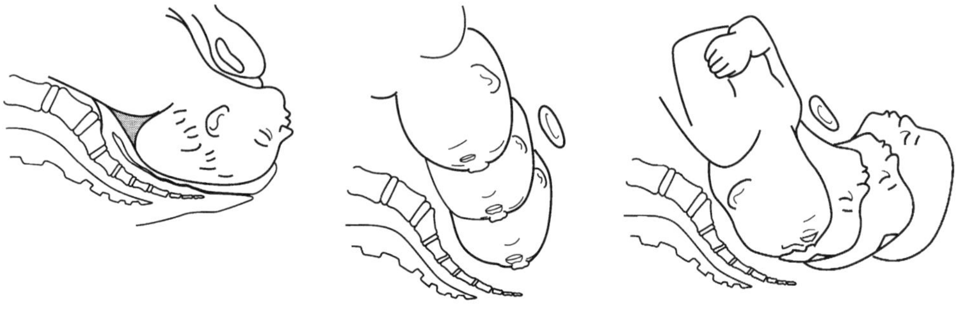

(1)颏前位可以自娩

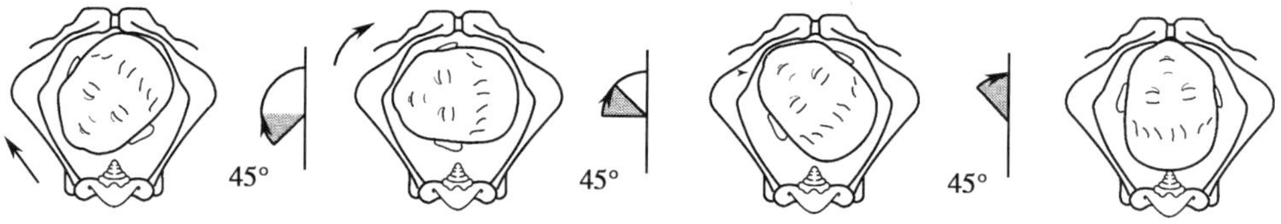

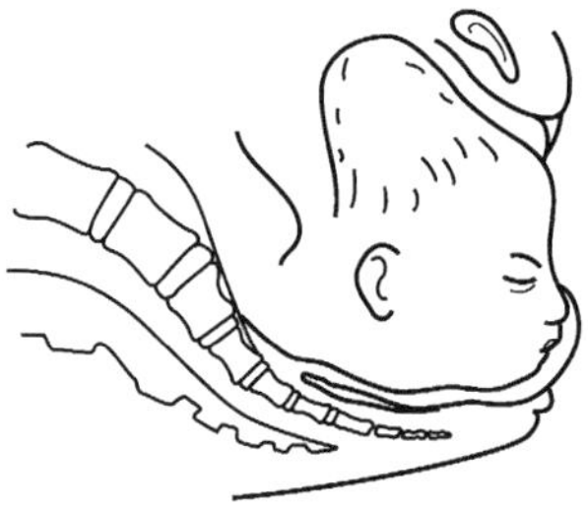

(2)持续性颏后位不能自娩

图8-15 面先露的分娩机制

因前囟颏径较枕下前囟径大,同时颜面颅骨变形能力不如颅顶骨,使面先露在产道内完成内旋转的阻力较大,不易转成颏前位。沿颏后位继续下降时已极度仰伸的胎头大部嵌顿在耻骨联合后上方不能再继续仰伸适应骨盆轴下降,更不能俯屈,故颏后位不能经阴道分娩。

【处理】 面先露均在临产后发生。如出现产程延长及停滞时,应及时行阴道检查,尽早确诊。颏前位时,如无头盆不称、胎心正常,应给予阴道试产机会。因产程长且常伴宫缩乏力,可静脉滴注缩宫素加强产力。如第二产程延长,可产钳助产分娩,但宜行较长的会阴后-侧切开。颏前位伴头盆不称或出现胎儿窘迫征象,或颏后位,均需剖宫产分娩。个别情况下,如颏后位胎儿过小或胎死宫内,欲阴道分娩时也必须转成颏前位。否则,将危害母儿双方。

六、臀先露

臀先露(breech presentation)是产前最常见且最容易诊断的一种异常胎位,占足月分娩总数的3%~4%。臀先露以骶骨为指示点,有骶左前、骶左横、骶左后、骶右前、骶右横及骶右后6种胎方位。

【原因】

1. 胎儿发育因素 胎龄愈小臀先露发生率愈高,如晚期流产儿及早产儿臀先露高于足月产儿。臀先露于妊娠28~32周间转为头先露,并相对固定胎位。另外,无论早产还是足月产臀先

Notes

露时先天畸形如无脑儿、脑积水等及低出生体重发生率头先露的2.5倍。

2. 胎儿活动空间因素 胎儿活动空间过大或过小均可导致臀先露。

(1) 双胎及多胎妊娠,臀先露发生率远较单胎妊娠时高。

(2) 羊水过多及羊水过少,亦因胎儿活动范围过大或过小而使臀先露发生率高。此两种情况也可能与胎儿发育异常有关。

(3) 经产妇腹壁过于松弛或子宫畸形如单角子宫、纵隔子宫使胎儿活动受限,均易导致臀先露。

(4) 脐带过短尤其合并胎盘附着宫底,或胎盘植入一侧宫角以及前置胎盘时易合并臀先露。

(5) 骨盆狭窄、盆腔肿瘤(如子宫下段或宫颈肌瘤等)阻碍产道时,也可导致臀先露。

【分类】 根据胎儿双下肢所取的姿势分为3类:单臀先露、完全臀先露及不完全臀先露。

1. 单臀先露(frank breech presentation) 胎儿双髋关节屈曲、双膝关节伸直,先露为胎儿臀部时,称单臀先露,又称腿直臀先露。最多见。

2. 完全臀先露(complete breech presentation) 胎儿双髋关节及膝关节均屈曲,先露为胎儿臀部及双足时,称为完全臀先露,又称混合臀先露(mixed breech presentation)。较多见。

3. 不完全臀先露(incomplete breech presentation) 指胎儿以一足或双足、一膝或双膝、或一足一膝为先露。膝先露(knee presentation)是暂时的,产程开始后常转为足先露(footling presentation)。较少见。

【诊断】

1. 临床表现 妊娠晚期胎动时孕妇常有季肋部受顶胀痛感,临产后因胎足及胎臀不能充分扩张宫颈及刺激宫旁、盆底神经丛,容易导致宫缩乏力及产程延长。足先露时容易发生胎膜早破及脐带脱垂。

2. 腹部检查 宫底部可触及圆而硬、按压时有浮球感的胎头。在腹部一侧可触及宽而平坦的胎背、腹部对侧可触及小肢体。若未衔接,在耻骨联合上方可触及不规则、宽而软的胎臀;若胎儿粗隆间径已入盆则胎臀相对固定不动。听诊胎心在脐左(或右)上方胎背侧响亮。

3. 阴道检查 宫颈扩张2cm以上且胎膜已破时,可触及胎臀的结构,如肛门、坐骨结节及骶骨等。应与面先露鉴别(详见面先露),准确触诊骶骨对确诊胎方位很重要。在完全臀先露时可触及胎足,通过踇趾的方位可帮助判断是左足还是右足;需与胎手鉴别(图8-16)。进一步下降可触及外生殖器,当不完全臀先露触及胎儿下肢时应注意有无脐带同时脱出。

4. 超声检查 可确诊臀先露的种类,如单臀先露时可探及双膝关节呈伸直状态。臀先露时胎儿畸形率高于头先露,应探查胎儿有无异常以及胎盘、子宫等有无异常。

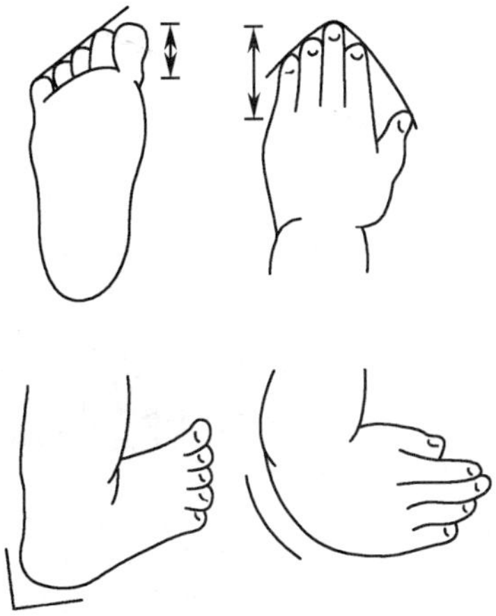

图8-16 胎手与胎足的鉴别

【分娩机制】 以骶右前位为例,分述如下(图8-17):

1. 胎臀娩出 临产后,胎臀以粗隆间径衔接于骨盆入口右斜径上。前臀下降较快,当其遇到盆底阻力时向母体的右侧前方旋转45°,使前臀转向耻骨联合后方,此时,粗隆间径与母体骨盆出口前后径一致。胎臀继续下降,胎体适应产道侧屈,后臀先自会阴前缘娩出,胎体稍伸直,使前臀在耻骨弓下娩出。胎腿及胎足随胎臀自然娩出或在医生协助下娩出。

2. 胎肩娩出 胎臀娩出后,轻度向左外旋转。随着胎背转向前方胎儿双肩径衔接在骨盆入口右斜径上,胎肩快速下降同时前肩向右旋转45°,使双肩径与骨盆出

Notes

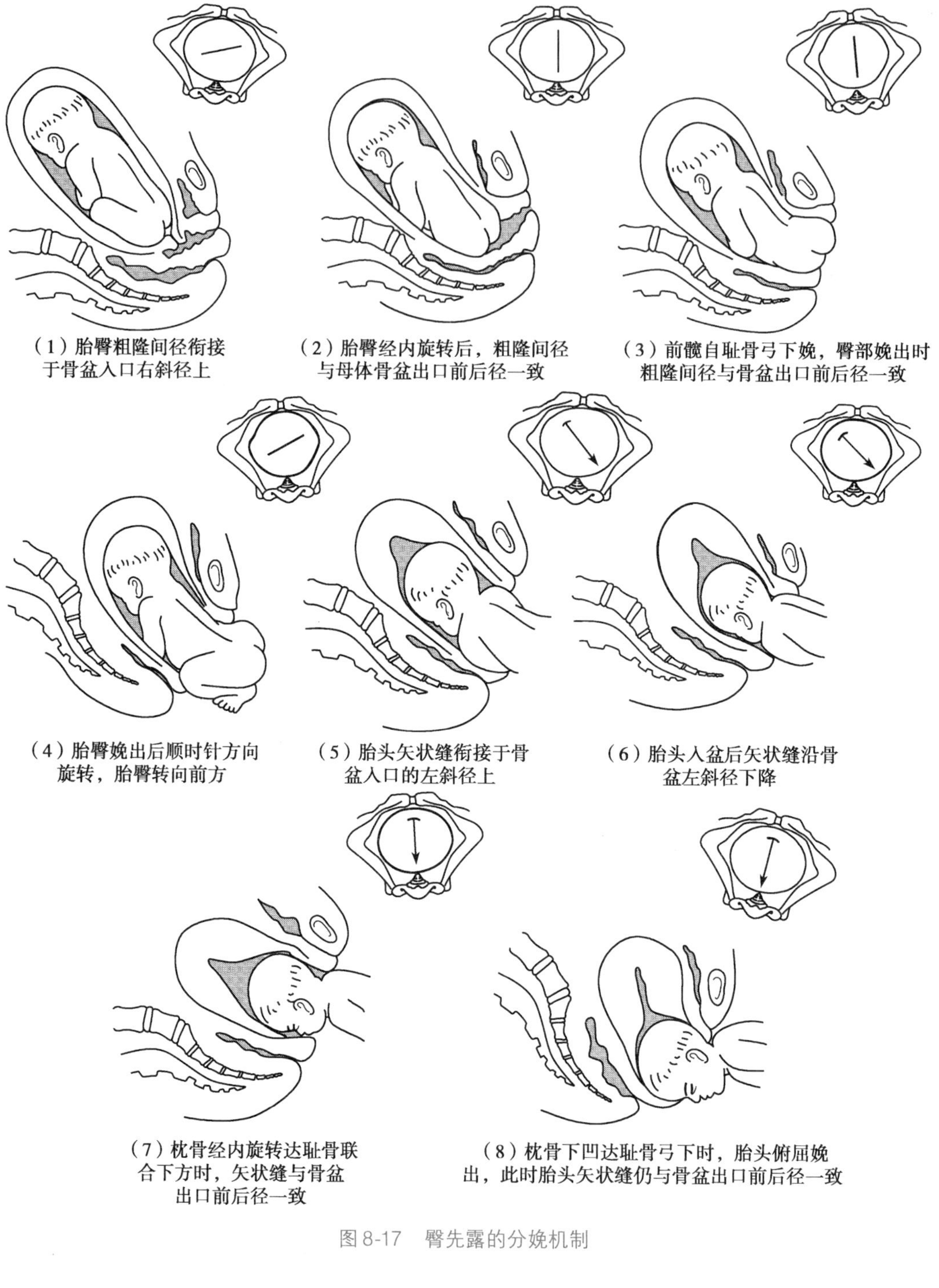

（1）胎臀粗隆间径衔接于骨盆入口右斜径上

（2）胎臀经内旋转后，粗隆间径与母体骨盆出口前后径一致

（3）前髋自耻骨弓下娩，臀部娩出时粗隆间径与骨盆出口前后径一致

（4）胎臀娩出后顺时针方向旋转，胎臀转向前方

（5）胎头矢状缝衔接于骨盆入口的左斜径上

（6）胎头入盆后矢状缝沿骨盆左斜径下降

（7）枕骨经内旋转达耻骨联合下方时，矢状缝与骨盆出口前后径一致

（8）枕骨下凹达耻骨弓下时，胎头俯屈娩出，此时胎头矢状缝仍与骨盆出口前后径一致

图 8-17 臀先露的分娩机制

口前后径相一致、前肩转至耻骨弓下，胎体顺产道侧屈，使后肩及后上肢先自会阴前缘娩出，再侧伸使前肩及前上肢从耻骨弓下娩出。

3. 胎头娩出 当胎肩通过会阴时，胎头矢状缝衔接于骨盆入口的左斜径或横径上。当胎头枕骨达骨盆底时向左前方行内旋转，使枕骨朝向耻骨联合。当枕骨下凹抵达耻骨弓下时，以此处为支点，胎头继续俯屈使颏、面及额部相继自会阴前缘娩出，随后枕骨自耻骨弓下娩出。

【对产程及母儿影响】

1. 对产程 因胎臀周径小于胎头，影响宫颈扩张进程，容易发生活跃期延长及停滞。

2. 对母体 臀先露因胎臀形状不规则，对前羊膜囊压力不均匀，易胎膜早破，增加产褥感染机会。臀先露部扩张宫颈及刺激宫旁神经丛的张力不如头先露，易致继发性宫缩乏力及产后出血。宫口未开全时,强行牵拉容易导致软产道损伤。

3. 对胎儿及新生儿 臀先露容易发生胎膜早破,早产儿、低体重儿及低 Apgar 评分儿增多,脐带脱垂围生儿死亡率是头先露的 10 倍。胎头需变形方可通过骨盆,当脐带受压于胎头与宫颈、盆壁间,导致胎儿低氧血症及酸中毒的发生,严重者延续为新生儿窒息。胎体娩出时宫口未必开全,而此时强行娩出胎头易直接损伤胎头及头颈部神经肌肉,导致颅内出血、臂丛神经麻痹、胸锁乳突肌血肿及死产。

【处理】

1. 妊娠期 妊娠 30 周前,臀先露多能自行转为头先露,不需处理。若妊娠 30 周后仍为臀先露应予矫正。矫正方法有:

(1) 胸膝卧位:孕妇排空膀胱,松解裤带,胸膝卧位如图 8-18 所示,每日 2~3 次,每次 15 分钟,连做一周后复查。该体位可使胎臀退出盆腔,以利胎儿借助重心改变自然完成头先露的转位。亦可取胎背对侧侧卧,通过促进胎儿俯屈转位,如图 8-18。

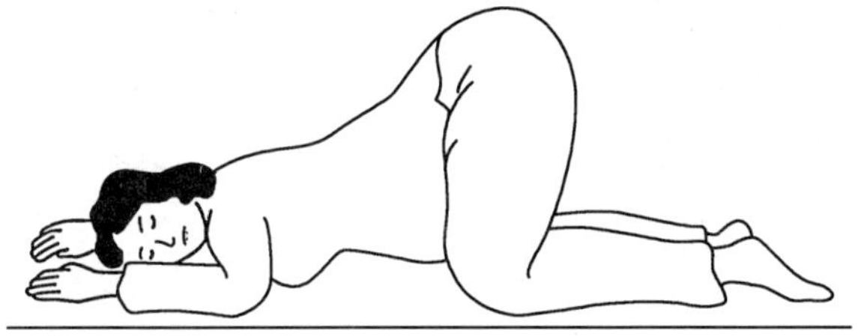

图 8-18 胸膝卧位

(2) 激光照射或艾灸至阴穴(足小趾外侧趾甲角旁 0.1 寸),每日 1 次,每次 15~30 分钟,5~7 次为一疗程。

(3) 外转胎位术:上述方法无效、腹壁松弛的孕妇,宜在妊娠 32~34 周后进行。外转胎位术有诱发胎膜早破、胎盘早剥及早产等危险,应慎用。主要禁忌证包括:胎儿异常(包括发育异常及胎心异常等)、瘢痕子宫、胎膜已破、产程活跃期、前置胎盘及前壁附着胎盘以及羊水过少或过多等。施术必须在有条件行紧急剖宫产术的条件下进行。行外转胎位术前半小时口服利托君 10mg,施术时最好在超声及胎心电子监测下进行。孕妇平卧,露出腹壁,查清胎位,听胎心率,操作步骤包括松动胎先露部和转胎两步骤,如图 8-19。

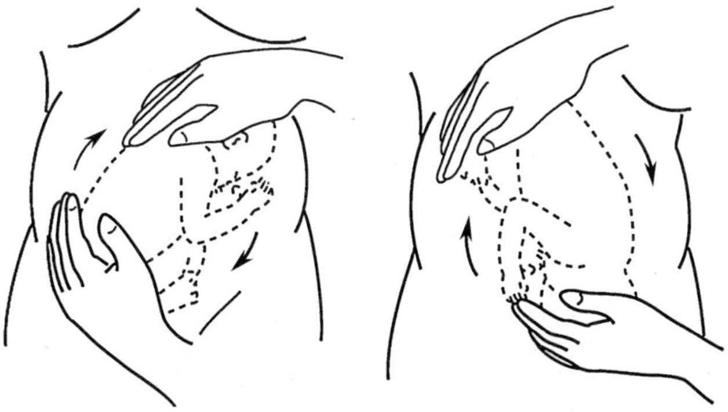

图 8-19 臀先露外转胎位术

2. 分娩期 临产初期应根据产妇年龄、胎产次、骨盆类型、胎儿大小、胎儿是否存活及发育是否正常、臀先露类型以及有无并发症等,对分娩方式作出正确判断与选择。

(1) 剖宫产:狭窄骨盆、软产道异常、预测胎儿体重>3500g 或胎头双顶径>9.5cm、胎头仰伸位、足先露、高龄初产(elderly primipara)、既往有难产史及新生儿产伤史、胎膜早破、胎儿窘迫等,

Notes

均应行剖宫产。

（2）经阴道分娩：应当注意骨盆正常，孕龄≥36 周，单臀先露，胎儿体重<3500g，无胎头仰伸，一旦决定经阴道分娩者应作如下处理：

1）第一产程：防止胎膜过早破裂，产妇取侧卧位，禁止灌肠、少做肛门检查及阴道检查，不用缩宫素引产。一旦破膜，立即听胎心，检查有无脐带脱垂。如发现有脐带脱垂，宫口未开全，胎心好，应立即行剖宫产术；如无脐带脱垂，严密观察胎心及产程进展。当宫缩时在阴道外口见胎足，此时宫颈口往往仅扩张 4～5cm。为使宫颈扩张充分，应消毒外阴后用无菌巾以手掌在宫缩时堵住阴道口，见图 8-20；使胎儿屈膝屈髋促其臀部下降，起到充分扩张宫颈和阴道的作用，有利于胎儿娩出。在"堵"的过程中，应每隔 10～15 分钟听胎心一次，并注意宫颈口是否开全，做好接产准备。

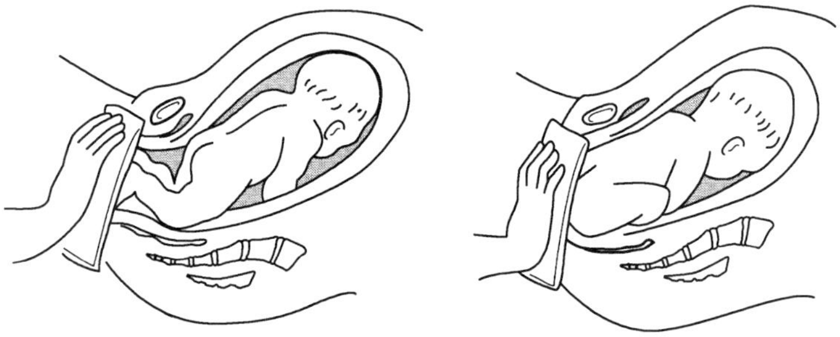

图 8-20 堵臀助宫颈扩张

2）第二产程：接产前应导尿，初产妇应行会阴后-侧切开术。有 3 种分娩方式。①自然分娩：胎儿不牵拉自然娩出，极少见，仅见于经产妇、胎儿小、宫缩强、骨产道宽大者。②臀助产术：胎臀自然娩出至脐部后，由接产者协助胎肩及胎头娩出（图 8-21，22），即术者右手握持上提胎儿双足，使胎体向上侧屈后肩显露于会阴前缘，术者左手示指、中指伸入阴道顺胎儿后肩及上臂滑行屈其肘关节，使上举胎手按洗脸样动作顺胸前滑出阴道。同时后肩娩出，再向下侧伸胎体使前肩自然由耻骨弓下娩出，此为滑脱法助娩胎肩。也可用双手握持胎臀，逆时针方向旋转胎体同时稍向下牵拉，先将前肩娩出于耻骨弓下，再顺时针方向旋转娩出后肩，此为旋转胎体法助娩胎肩。胎肩及上肢全部娩出后，将胎背转向前方，胎体骑跨在术者左前臂上，同时术者左手中指伸入胎儿口中，示指及无名指扶于两侧上颌骨，术者右手中指压低胎头枕骨助其俯屈，示指和无名指置于胎儿两侧锁骨上（避开锁骨上窝），先向下方牵拉至胎儿枕骨结节抵于耻骨弓下时，再将胎体上举，以枕部为支点，使胎儿下颏、口、鼻、眼及额相继娩出。上述方式助娩胎头困难时，

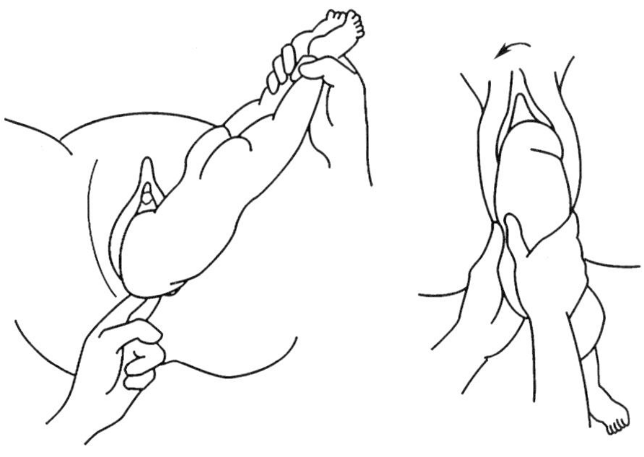

（1）滑脱法 （2）旋转胎体法

图 8-21 臀位助产助娩胎肩

Notes

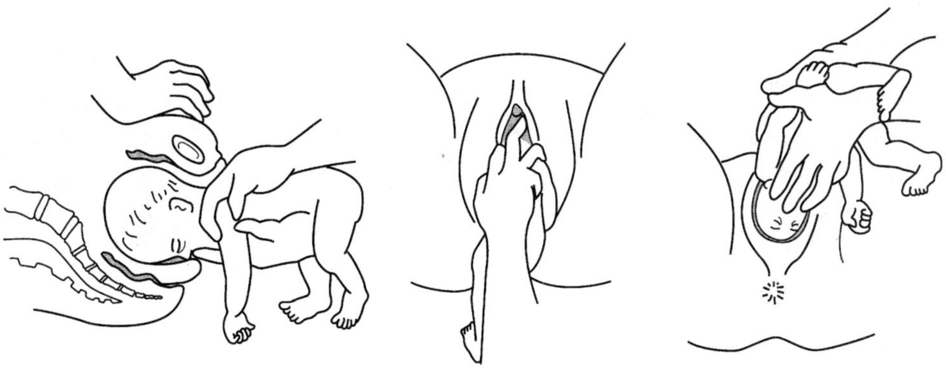

图 8-22 臀位助产助娩胎头

可用后出胎头产钳术助产分娩。产钳助娩可避免用手强力牵拉所致的胎儿颈椎脱臼、锁骨骨折及胸锁乳突肌血肿等损伤，但需将产钳头弯扣在枕颏径上，并使胎头充分俯屈后娩出。③臀牵引术：胎儿全部由接产者牵拉娩出，一般情况下因胎儿损伤大应禁用。

臀位分娩时应注意：脐部娩出后一般应于 8 分钟内结束分娩，以免因脐带受压而致死产；胎头娩出时不应猛力牵拉，以防胎儿颈部过度牵拉造成臂丛神经麻痹及颅骨剧烈变形引起大脑镰及小脑幕等硬脑膜撕裂而致颅内出血。

3）第三产程：应积极抢救新生儿窒息及预防产后出血。行手术操作及有软产道损伤时，应及时检查并缝合，给予抗生素预防感染。

七、肩 先 露

胎先露部为肩，称为肩先露（shoulder presentation）。此时胎体纵轴与母体纵轴相垂直，胎体横卧于骨盆入口之上。占妊娠足月分娩总数的 0.25%。以肩胛骨为指示点，有肩左前、肩左后、肩右前、肩右后 4 种胎方位。

【原因】 与臀先露相类似，但不完全相同。主要见于：①多产妇腹壁过度松弛，如悬垂腹时子宫前倾使胎体纵轴偏离骨产道，斜向一侧或呈横产式；②未足月胎儿，尚未转至头先露时；③胎盘前置，阻碍胎体纵轴衔接；④子宫畸形或肿瘤，阻碍胎头衔接；⑤羊水过多；⑥骨盆狭窄。

【诊断】

1. 腹部检查　子宫呈横椭圆形，子宫底高度低于妊娠周数，宫底部触不到胎头或胎臀，耻骨联合上方空虚；宫体横径增宽，一侧触到胎头，另侧触到胎臀。肩前位时，胎背朝向母体腹壁，触之平坦；肩后位时，胎儿肢体朝向母体腹壁，触及不规则的小肢体。在脐周两侧胎心听诊最清晰。

2. 阴道（肛门）检查　宫口扩张胎膜已破的情况下行阴道检查方能确诊。阴道检查可触及胎儿肩胛骨、肋骨及腋窝等，腋窝尖端指向胎儿头端，据此可决定胎头在母体左或右侧。肩胛骨朝向后方为肩后位，朝向前方为肩前位。若胎手已脱出于阴道口外，可用握手法鉴别是胎儿左手或右手，并帮助判断胎方位。可运用前反后同原则：如肩左前位时脱出的是右手，只能与检查者的右手相握；肩左后位时脱出的是左手，检查者只能用左手与之相握；肩右前位、肩右后位类推。

3. 超声检查　通过胎头、脊柱、胎心等检测，能准确诊断肩先露，并能确定具体胎方位。

【对产程及母儿的影响】

1. 对产程　肩先露时胎体嵌顿于骨盆上方，使宫颈不能开全，产程常停滞于活跃期早期。若双胎妊娠第一儿娩出后，第二儿发生肩先露时（如未及时处理），可致第二产程延长及胎先露部下降停滞。

2. 对母体 肩先露很难有效扩张子宫下段及宫颈内口,易致宫缩乏力;对前羊膜囊压力不均又易导致胎膜早破,破膜后宫腔容积缩小,胎体易被宫壁包裹、折叠;随着产程进展胎肩被挤入骨盆入口,胎儿颈部进一步侧屈使胎头折向胎体腹侧,嵌顿在一侧髂窝,胎臀则嵌顿在对侧髂窝或折叠在宫腔上部,胎肩先露侧上肢脱垂入阴道,形成嵌顿性(忽略性)肩先露(图8-23),直接阻碍产程进展,导致产程停滞。此时若宫缩过强,可形成病理缩复环,有子宫破裂的危险。嵌顿性肩先露时,妊娠足月无论活胎或死胎均无法经阴道自然娩出,产妇手术产及术中术后出血、感染等机会增加。

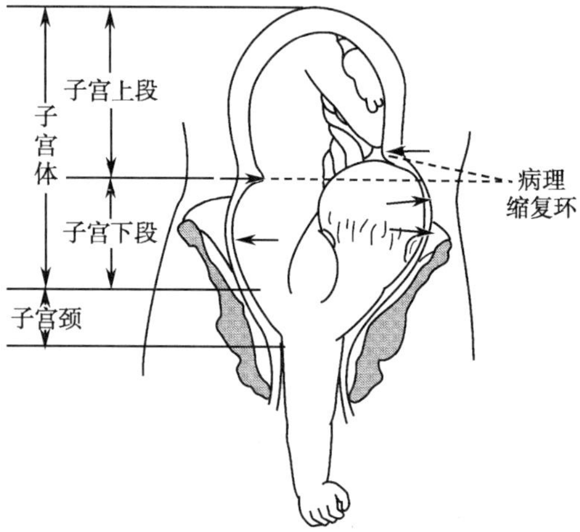

图8-23 嵌顿性肩先露及病理缩复环

3. 对胎儿 胎先露部不能有效衔接,若胎膜早破可致脐带及上肢脱垂,直接增加胎儿窘迫甚至死产机会。妊娠足月活胎均需手术助产,若处理不及时,形成嵌顿性肩先露时,增加手术助产难度,使分娩损伤机会增加。肩先露也是对胎儿最不利的胎位。

【处理】

1. 妊娠期 定期产前检查,发现肩先露应纠正,纠正方法同臀先露。若纠正未遂,应提前住院待产。

2. 分娩期 应根据胎产次、胎儿大小、胎儿是否存活、宫颈扩张程度、胎膜是否破裂以及有无并发症等,综合判断决定分娩方式。

(1) 初产妇足月活胎:临产时应行剖宫产术,有产科指征者,应行择期剖宫产术。

(2) 经产妇足月活胎:一般情况下首选剖宫产分娩;若胎膜已破,羊水未流尽,宫口开大5cm以上,胎儿不大,亦可在全身麻醉下行内转胎位术(图8-24),以臀先露分娩。

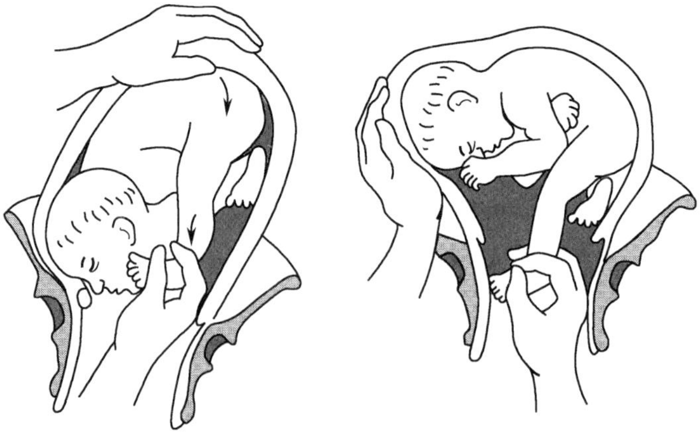
图8-24 内转胎位术

(3) 双胎妊娠足月活胎:阴道分娩时,第一胎儿娩出后未及时固定第二胎儿胎位,由于宫腔容积骤减使第二胎儿变成肩先露时,应立即行内转胎位术,使第二胎儿转成臀先露娩出。

(4) 出现先兆子宫破裂或子宫破裂征象:不论胎儿死活,为抢救产妇生命,均应行剖宫产术;子宫已破裂若破口小、无感染者可保留子宫行破口修补术,否则应切除子宫。

(5) 胎儿已死、无先兆子宫破裂:可在全麻下行断头术或除脏术。术后常规检查宫颈等软产道有无裂伤,损伤应及时给予修补,并预防产后出血及产褥感染。

Notes

八、复合先露

胎头或胎臀伴有上肢或下肢作为先露部同时进入骨盆入口,称为复合先露(compound presentation)。以胎头与一手或一前臂的复合先露多见,常发生于早产者。发生率为0.08%~0.1%。

【原因】 胎先露部与骨盆入口未能完全嵌合留有空间时,均可使小肢体滑入骨盆而形成复合先露。常见原因有胎头高浮、骨盆狭窄、胎位异常、早产、羊水过多及双胎妊娠等。

【诊断】 常因产程进展缓慢行阴道检查时发现。以头手复合先露最常见(图8-25),应注意与臀先露及肩先露相鉴别。

【处理】 发现复合先露时,首先应排除头盆不称。确认无头盆不称,让产妇向脱出肢体的对侧侧卧,肢体常可自然回缩。若复合先露均已入盆,也可待宫口近开全或开全后,上推还纳脱出肢体,然后经腹部加压宫底助胎头下降经阴道分娩;若还纳失败,阻碍胎头下降时,宜行剖宫产分娩。若胎臀并手复合先露,一般不影响分娩,无需特殊处理。若头盆不称或伴有胎儿窘迫征象,应尽早行剖宫产。

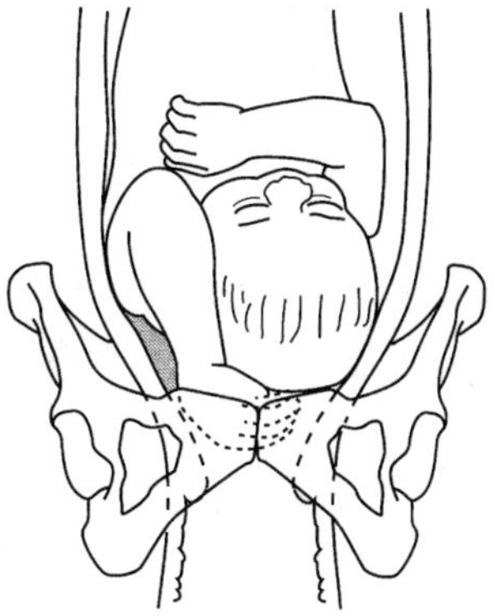

图8-25 胎儿头手复合先露

【小结】 胎位异常包括头先露异常、臀先露及肩先露胎位异常、复合先露。头位难产包括持续性枕后位、持续性枕横位、胎头高直位、前不均倾位、额先露、面先露,臀先露分单臀先露、完全臀先露及不完全臀先露三类。胎位异常可致宫缩乏力、产程延长、子宫破裂、胎先露部下降停滞、胎儿窘迫、死产、新生儿产伤、新生儿窒息等母儿严重并发症,发现胎位异常时应及时采取措施纠正胎位,无效时需行剖宫产。

(李 力)

参考文献

1. 谢幸,苟文丽. 妇产科学. 第8版. 北京:人民卫生出版社,2013.
2. 丰有吉,沈铿. 妇产科学. 第2版. 北京:人民卫生出版社,2011.
3. Cunningham FG, Leveno KJ, Bloom SL, et al. Williams Obstetrics. 24rd ed. USA: McGraw-hill Medical Publishing Division,2014.
4. 中华医学会妇产科学分会产科学组. 新产程的临床处理共识. 中华妇产科杂志,2014,49(7):486.

Notes

第九章　分娩期并发症

在分娩过程中可出现一些严重威胁母婴生命安全的并发症，如子宫破裂、羊水栓塞、产后出血等，是导致孕产妇死亡的主要原因。

第一节　子宫破裂

子宫破裂（uterine rupture）是指在妊娠晚期或分娩过程中子宫体部或子宫下段发生的破裂，是直接威胁产妇及胎儿生命的产科严重并发症。

【病因】

1. 子宫手术史（瘢痕子宫）　较常见的原因。如剖宫产史、穿过或达到子宫内膜的肌瘤挖出术、输卵管间质部及宫角切除术、子宫成形术。妊娠晚期或者临产后，由于子宫腔内压力增大，可使肌纤维拉长，发生断裂，造成子宫破裂。尤其术后瘢痕愈合不良者，更易发生。

2. 胎先露下降受阻　骨盆狭窄，头盆不称，软产道阻塞（如阴道横隔、宫颈瘢痕等），胎位异常，胎儿异常（如脑积水、联体儿），均可发生胎先露部下降受阻，为克服阻力引起强烈宫缩，可导致子宫破裂。

3. 缩宫素使用不当　缩宫素使用指征及剂量掌握不当，或者子宫对缩宫素过于敏感，均可造成子宫收缩过强，加之子宫瘢痕或者胎先露部下降受阻，可发生子宫破裂。

4. 产科手术损伤　若宫口未开全行产钳术、胎头吸引术、臀牵引术或臀助产术，极可能造成宫颈撕裂，严重时甚至发生子宫下段破裂。内转胎位术操作不慎或植入胎盘强行剥离也可造成子宫破裂。有时行毁胎术或者穿颅术，器械损伤子宫也可造成子宫破裂。

【分类】　根据发生原因分为自发性破裂和损伤性破裂；根据发生部位分为子宫体部破裂和子宫下段破裂；根据破裂程度分为完全性破裂和不完全性破裂。

【临床表现】　子宫破裂多发生在分娩期，也可发生在妊娠中晚期。通常子宫破裂是一个渐进的过程，多数可分为先兆子宫破裂和子宫破裂两个阶段。典型的临床表现为病理性缩复环、子宫压痛及血尿，腹腔游离液体。

1. 先兆子宫破裂　临产后，当胎先露部下降受阻时，强有力的子宫收缩使子宫下段逐渐变薄，而子宫上段更加增厚变短，在子宫体部和子宫下段之间形成明显的环状凹陷，称为病理缩复环（pathologic retraction ring）。随着产程进展，此凹陷可逐渐上升达脐平甚或脐上（图 9-1）。这一特点，有别于子宫痉挛性狭窄环。先兆子宫破裂时子宫下段膨隆、压痛明显，可见病理缩复环。产妇表现为烦躁不安，呼吸、心率加快，下腹剧痛难忍；膀胱受压充血，出现排尿困难、血尿。若不尽快处理，子宫将在病理缩复环处或其下方发生破裂。由于宫缩过频、过强，胎儿供血受阻，胎心率改变或听不清。

图 9-1　先兆子宫破裂时腹部外观

2. 子宫破裂

（1）完全性子宫破裂：子宫肌壁全层破裂，宫腔与腹腔相通，称完全性子宫破裂。子宫破裂常发生于瞬间,产妇突感腹部撕裂样剧烈疼痛,子宫收缩骤然停止,腹痛可暂时缓解。随着血液、羊水进入腹腔,腹痛又呈持续性加重。同时产妇可出现呼吸急迫、面色苍白、脉搏细数、血压下降等休克征象。体检:全腹有压痛和反跳痛,可在腹壁下清楚地扪及胎体,在胎儿侧方可扪及缩小的宫体,胎动和胎心消失。阴道检查:可能有鲜血流出,原来扩张的宫口较前缩小,胎先露部较前有所上升。若破口位置较低,可自阴道扪及子宫前壁裂口。子宫体部瘢痕破裂,多为完全破裂,其先兆子宫破裂征象不明显。由于瘢痕裂口逐渐扩大,疼痛等症状逐渐加重,但产妇不一定出现典型的撕裂样剧痛。

(2)不完全性子宫破裂:子宫肌层部分或全部断裂,浆膜层尚未穿破,宫腔与腹腔未相通,胎儿及其附属物仍在宫腔内,称为不完全性子宫破裂。多见于子宫下段剖宫产切口瘢痕裂开,这种瘢痕裂开多为不完全性。不完全破裂时腹痛等症状和体征不明显,仅在不全破裂处有明显压痛。不完全破裂累及子宫动脉,可导致急性大出血。破裂发生在子宫侧壁阔韧带两叶间,可形成阔韧带内血肿,此时在宫体一侧扪及逐渐增大且有压痛的肿块,胎心率多不规则。

【诊断和鉴别诊断】

1. 诊断　典型的子宫破裂根据病史,伴有下腹疼痛和压痛,胎儿窘迫,母体低血容量较易诊断。子宫不完全破裂,由于症状、体征不明显,诊断有一定困难。此时行阴道检查发现宫口可较前缩小,已下降的胎先露部又上升,有时甚至可触及子宫下段的破裂口。超声检查可显示胎儿与子宫的关系,确定子宫破裂的部位。

2. 鉴别诊断

(1)重型胎盘早剥:多伴有妊娠期高血压疾病或外伤史,剧烈腹痛,阴道流血量与贫血程度不成正比,子宫有压痛,超声检查可见胎盘后血肿,胎儿在宫腔内。

(2)宫腔内感染:多见于胎膜早破、产程长、多次阴道检查,可出现腹痛和子宫压痛等症状及体征,易与子宫破裂相混淆。腹部检查:胎儿在宫腔内。宫腔内感染多出现体温升高,血液检查,白细胞及中性粒细胞数、C反应蛋白升高等。

【预后】　随着子宫破裂,胎儿排出至宫腔外,存活率很小,据报道病死率为50%～70%。如果胎儿在破裂时仍存活,即刻行开腹手术。孕妇易出现低血容量性休克,如未及时治疗,大多数死于出血和继发感染。随着医疗水平的提高,子宫破裂的预后已明显改善。

【处理】

1. 先兆子宫破裂　立即采取措施抑制子宫收缩:可给予吸入或静脉全身麻醉,肌内注射哌替啶100mg等缓解宫缩。并给产妇吸氧,立即备血的同时,尽快行剖宫产术,防止子宫破裂。

2. 子宫破裂　一旦确诊,无论胎儿是否存活,均应在积极抢救休克的同时,尽快手术治疗。根据产妇状态、子宫破裂的程度、破裂时间及感染的程度决定手术方式。若破裂边缘整齐,无明显感染征象,可作破裂口修补术。若破裂口大且边缘不整齐或感染明显者,多行子宫次全切除术。若破裂口累及宫颈,应作子宫全切除术。术中应仔细检查宫颈、阴道,在直视下钳夹出血的血管,避免盲目钳夹而损伤邻近的脏器(如输尿管、膀胱),若有损伤应作相应修补手术。也可行双侧髂内动脉结扎法或动脉造影栓塞法来控制出血。手术前后应给予大量广谱抗生素预防感染。

尽可能就地抢救子宫破裂伴休克。若需转院时,应在大量输血、输液、抗休克条件下及腹部包扎后再行转运。

【预防】　子宫破裂是极严重的分娩期并发症。随着孕产期系统保健的三级管理体系的完善,围生期保健预防工作的深入,子宫破裂的发病率已明显降低,表明子宫破裂是可避免和预防的。①建立完善的孕产妇系统保健手册,加强围生期保健。②有子宫破裂高危因素者,应在预产期前1～2周入院待产。③提高产科医师及助产士观察产程的能力,及时发现产程异常,尤其出现病理缩复环及血尿等先兆子宫破裂征象时,应及时行剖宫产术。④严格掌握剖宫产及各种

Notes

阴道手术指征及严格按操作常规进行手术。阴道手术后必须仔细探查宫颈和宫腔，及时发现手术损伤。⑤严格掌握缩宫剂的应用指征，对于有剖宫产史和多产史的妇女，不用缩宫素引产和加速产程，不用前列腺素制剂引产。应用缩宫素引产，需将缩宫素稀释后小剂量静脉缓慢滴注，根据宫缩、产程进展和胎儿情况逐步调整滴速，以免子宫收缩过强，导致子宫破裂。

【小结】 子宫破裂主要发生在妊娠晚期和分娩期，病人出现下腹痛、血尿、面色苍白等休克症状，检查可发现病理性的缩复环、子宫压痛、胎心消失等，超声可以确诊。必要时，可以行腹腔穿刺协助诊断。一旦确诊，需立即在抗休克治疗的同时，进行手术，手术方式视术中具体情况而定。

第二节　羊 水 栓 塞

羊水栓塞（amniotic fluid embolism，AFE）是指在分娩过程中羊水及其内容物进入母体血液循环后引起的过敏样综合征、肺动脉高压、弥散性血管内凝血（DIC）、炎症损伤、休克和肾衰竭等一系列病理生理变化过程。以起病急骤，病情凶险，难以预料，病死率高为临床特点，是极其严重的分娩期并发症。发病率为1.9/10万～7.7/10万，死亡率高达60%～70%以上。

1926年Meyer首次描述了1例年轻产妇在分娩时突然死亡的典型症状，直到1941年，Steiner和Luschbaugh等在死亡孕妇的血液循环中找到羊水有形成分，然后命名此病为羊水栓塞。

近年的研究认为羊水栓塞与一般的栓塞性疾病不同，而与过敏性疾病更相似，故建议将羊水栓塞更名为妊娠过敏样综合征（anaphylactoid syndrome of pregnancy）。

【病因】 病因不明，可能与下列因素有关：

1. 羊膜腔内压力过高　临产后，特别是第二产程子宫收缩时羊膜腔内压力升高可达100～175mmHg，或者羊膜腔内压力明显超过静脉压，羊水有可能被挤入破损的微血管而进入母体血液循环。

2. 血窦开放　分娩过程中各种原因引起的宫颈或宫体损伤均可使羊水通过损伤的血管进入母体血液循环。前置胎盘、胎盘早剥、胎盘边缘血窦破裂时羊水也可通过破损血管或胎盘后血窦进入母体血液循环。剖宫产或钳刮术时，羊水也可从胎盘附着处血窦进入母体血液循环，发生羊水栓塞。

3. 胎膜破裂　大部分羊水栓塞发生在胎膜破裂以后，羊水可从子宫蜕膜或宫颈管破损的小血管进入母体血液循环中。剖宫产或羊膜腔穿刺时，羊水可从手术切口或穿刺处进入母体血液循环。

综上所述，高龄初产、经产妇、子宫收缩过强、急产、胎膜早破、前置胎盘、子宫破裂、剖宫产和钳刮术等均是羊水栓塞的诱发因素。

【病理生理】

1. 过敏样综合征　羊水中的抗原成分可引起Ⅰ型变态反应。在此反应中肥大细胞脱颗粒、异常的花生四烯酸代谢产物产生，包括白三烯、前列腺素、血栓素等进入母体血液循环，出现过敏样反应，同时使支气管黏膜分泌亢进，导致肺的交换功能降低，反射性地引起肺血管痉挛。

2. 肺动脉高压　羊水中的有形物质形成小栓子，经母体肺动脉进入肺循环，直接造成肺小血管机械性阻塞，引起肺动脉高压。这些有形物质又刺激肺组织产生和释放PGF2α、5-羟色胺、白三烯等血管活性物质，使肺血管反射性痉挛，加重肺动脉高压。同时血小板凝集、破坏后游离血清素被释放，又可引起肺动脉痉挛。肺动脉高压直接使右心负荷加重，导致急性右心扩张，并出现充血性右心衰竭。肺动脉高压又使左心房回心血量减少，则左心排出量明显减少，引起周围血液循环衰竭，使血压下降产生一系列休克症状，产妇可因重要脏器缺血而突然死亡。

Notes

3. 弥散性血管内凝血　羊水栓塞另外一个显著的临床特点是凝血功能障碍，甚至有些病人没有心肺等其他系统的症状,唯一表现就是凝血功能障碍,也常常是羊水栓塞最终死亡的主要原因。羊水中含多量促凝物质类似于组织凝血活酶,进入母血后易在血管内产生大量的微血栓,消耗大量凝血因子及纤维蛋白原而发生 DIC。DIC 时,由于大量凝血物质消耗和纤溶系统激活,产妇血液系统由高凝状态迅速转为纤溶亢进,血液不凝,极易发生严重产后出血及失血性休克。

4. 炎症损伤　羊水栓塞和肺动脉阻塞的血流动力学改变明显不同,并且更加复杂。可能涉及炎性介质系统的突然激活,引起类似于系统炎症反应综合征(systemic inflammatory response syndrome,SIRS),从而导致多器官损伤(图 9-2)。

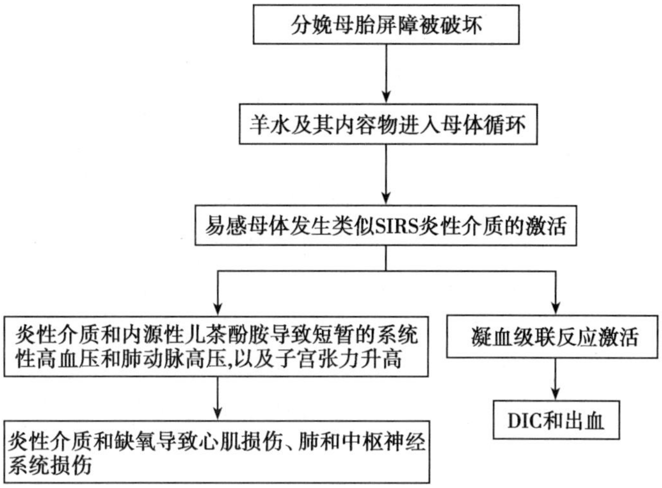

图 9-2　羊水栓塞的发生机制

【临床表现】　羊水栓塞发病特点是起病急骤、来势凶险,多发生在分娩过程中,尤其是胎儿娩出前后的短时间内,但也有极少数病例发生于羊膜腔穿刺术中、外伤时或羊膜腔灌注等情况下。在极短时间内病人可因心肺功能衰竭、休克而死亡。

1. 典型羊水栓塞的临床表现　骤然的低氧血症、低血压(血压与失血量不符合)和凝血功能障碍(也称羊水栓塞三联症)为特征的急性综合征。一般经过三个阶段:

(1) 心肺功能衰竭和休克:在分娩过程中,尤其是刚破膜不久,产妇突感寒战,出现呛咳、气急、烦躁不安、恶心、呕吐等前驱症状,继而出现呼吸困难、发绀、抽搐、昏迷;脉搏细数、血压急剧下降;心率加快、肺底部湿啰音。病情严重者,产妇仅惊叫一声或打一个哈欠或抽搐一下后呼吸心脏停搏,于数分钟内死亡。

(2) 出血:病人度过心肺功能衰竭和休克后,进入凝血功能障碍阶段,表现以子宫出血为主的全身出血倾向,如切口渗血、全身皮肤黏膜出血、针眼渗血、血尿、消化道大出血等。

(3) 急性肾衰竭:本病全身脏器均受损害,除心脏外,肾脏是最常受损器官。因全身循环衰竭,肾脏血流量减少,出现肾脏微血管栓塞、肾脏缺血缺氧导致肾脏器质性损害,表现为少尿(或无尿)和尿毒症表现。

羊水栓塞临床表现的三阶段通常按顺序出现,有时也可不完全出现。各症状发生率分别为:低血压(60%);肺水肿(45%);心肺衰竭(65%);发绀(90%);凝血功能障碍(50%);呼吸困难(75%);胎儿窘迫(90%)。

2. 不典型羊水栓塞　有些病情发展缓慢,症状隐匿。缺乏急性呼吸循环系统症状或症状较轻;有些病人羊水破裂时突然一阵呛咳,之后缓解,未在意;也有些仅表现为分娩或剖宫产时的一次寒战,几小时后才出现大量阴道出血,无血凝块,伤口渗血、酱油色血尿等,并出现休克症状。

【诊断】

1. 临床表现及病史　在诱发子宫收缩、子宫颈扩张或分娩、剖宫产过程中或产后短时间内，出现下列不能用其他原因解释的情况：①血压骤降或心脏骤停；②急性缺氧如呼吸困难、发绀或呼吸停止；③凝血机制障碍，或无法解释的严重出血。若有这些情况应首先诊断为羊水栓塞，并立即按羊水栓塞抢救。

2. 辅助检查

（1）血涂片查找羊水有形物质：采集下腔静脉血，镜检见到羊水有形成分支持诊断。

（2）床旁胸部X线平片：双肺弥散性点片状浸润影，沿肺门周围分布，伴右心扩大。

（3）床旁心电图或心脏彩色多普勒超声检查：提示右心房、右心室扩大，而左心室缩小，ST段下降。

（4）与DIC有关的实验室检查示凝血功能障碍。

（5）若尸检，可见肺水肿、肺泡出血，主要脏器如肺、胃、心、脑等血管及组织中或心内血液离心后镜检找到羊水有形物质。

羊水栓塞的诊断需要注意以下三点：①羊水栓塞是临床诊断，应基于诱发因素、临床症状和体征来诊断羊水栓塞；②尽管血涂片或器官找到羊水有形物质曾被作为羊水栓塞的诊断标准，但是由于缺乏特异性，即使血液或器官组织找到羊水有形物质，如果临床表现不支持，也不能诊断羊水栓塞；③血液或器官组织没有找到羊水有形物质，但是临床表现支持，也应诊断羊水栓塞。

【处理】　一旦怀疑羊水栓塞，立刻抢救。主要原则为：抗过敏、纠正呼吸循环功能衰竭和改善低氧血症、抗休克、防止DIC和肾衰竭发生。

1. 抗过敏，解除肺动脉高压，改善低氧血症

（1）供氧：保持呼吸道通畅，面罩给氧或气管插管正压给氧，必要时气管切开；保证供氧以改善肺泡毛细血管缺氧状况，预防及减轻肺水肿；缓解心、脑、肾等重要脏器的缺氧状况。

（2）抗过敏：分娩前后突然出现羊水栓塞的前驱症状，在改善缺氧同时，应立即给予大剂量肾上腺糖皮质激素抗过敏、解痉，稳定溶酶体，保护细胞。氢化可的松100～200mg加于5%～10%葡萄糖液50～100ml快速静脉滴注，再用300～800mg加于5%葡萄糖液250～500ml静脉滴注，日量可达500～1000mg。

（3）解除肺动脉高压：①前列地尔（1μg/ml）静脉泵入，10ml/小时。②盐酸罂粟碱30～90mg加于10%～25%葡萄糖液20ml缓慢静脉推注，日量不超过300mg。③阿托品1mg加于10%～25%葡萄糖液10ml，每15～30分钟静脉推注1次，直至面色潮红、症状缓解为止。阿托品能阻断迷走神经反射所致的肺血管和支气管痉挛。④氨茶碱250mg加于25%葡萄糖液20ml缓慢推注。可松弛支气管平滑肌，解除肺血管痉挛。

2. 抗休克　羊水栓塞引起的休克比较复杂，与过敏、肺源性、心源性及DIC等多种因素有关，应综合考虑。

（1）补充血容量：不管任何原因引起的休克都存在有效血容量不足问题，尽快补充新鲜血和血浆。抢救过程中应测定中心静脉压（central venous pressure，CVP），了解心脏负荷状况、指导输液量及速度，并可抽取血液检查羊水有形成分。

（2）升压药物：休克症状急剧而严重，或血容量已补足而血压仍不稳定者。多巴胺20～40mg加于10%葡萄糖液250ml静脉滴注；间羟胺20～80mg加于5%葡萄糖液静脉滴注，根据血压调整速度。

（3）纠正酸中毒：应及时行动脉血气分析血清电解质测定。如有酸中毒时，用5%碳酸氢钠液250ml静脉滴注，并及时纠正电解质紊乱。

Notes

（4）纠正心衰：常用毛花苷丙0.2～0.4mg加于10%葡萄糖液20ml静脉缓注；或毒毛花苷

K 0.125～0.25mg 同法静脉缓注，必要时 4～6 小时重复用药。

3. 防治 DIC

（1）肝素钠：用于治疗羊水栓塞早期的高凝状态，尤其在发病后 10 分钟内使用效果更佳。在应用肝素时以试管法测定凝血时间控制在 15 分钟左右。肝素过量有出血倾向时，可用鱼精蛋白对抗，1mg 鱼精蛋白对抗肝素 100U。

（2）补充凝血因子：应及时输新鲜血、血浆、冷沉淀、纤维蛋白原等。

（3）抗纤溶药物：纤溶亢进时，用氨甲环酸（0.5～1.0g）或氨甲苯酸（0.1～0.3g）加于 0.9% 氯化钠注射液或 5% 葡萄糖液 100ml 静脉滴注，抑制纤溶激活酶，使纤溶酶原不被激活，从而抑制纤维蛋白的溶解。补充纤维蛋白原 2～4g/次，使血纤维蛋白原浓度达 1.5g/L。

4. 预防肾衰竭　羊水栓塞发生的第三阶段为肾衰竭阶段，注意尿量。当血容量补足后，若仍少尿应选用呋塞米 20～40mg 静脉注射，或 20% 甘露醇 250ml 快速静脉滴注（10ml/min），扩张肾小球动脉（有心衰时慎用）预防肾衰，无效者提示急性肾衰竭，应尽早采取血液透析等急救处理。

5. 预防感染　应选用肾毒性小的广谱抗生素预防感染。

6. 产科处理　若发生于胎儿娩出前，应积极改善呼吸循环功能，防止 DIC，抢救休克，病情稳定后迅速结束分娩。在第一产程发病者剖宫产终止妊娠；第二产程发病者可考虑阴道助产，并密切观察子宫出血情况。若发生产后出血，应及时行子宫切除术，以去除病因并减少胎盘剥离面开放的血窦出血，赢得抢救时机。

【预防】　人工破膜时不兼行剥膜，以减少子宫颈管的小血管破损；不在宫缩时行人工破膜；掌握剖宫产指征，术中刺破羊膜前保护好子宫切口上的开放性血管；掌握缩宫素应用指征；对死胎、胎盘早期剥离等情况，严密观察出凝血等情况；避免产伤、子宫破裂、子宫颈裂伤等。

【小结】　羊水栓塞是指分娩过程中羊水及其内容物进入母体血液循环后引起的过敏样综合征、肺动脉高压、弥散性血管内凝血（DIC）、炎症损伤、休克和肾衰竭等一系列病理生理变化过程。典型表现是骤然的低氧血症、低血压和凝血功能障碍。诊断羊水栓塞应基于诱因和临床表现，尽管找到羊水有形物质而临床表现不支持，不能诊断羊水栓塞。一旦考虑羊水栓塞，应尽早抗过敏、纠正呼吸循环衰竭、抗休克、防治 DIC 及肾衰竭，预防感染。羊水栓塞的核心问题是过敏样综合征，及早干预可阻断其病情进展。

第三节　产后出血

产后出血（postpartum hemorrhage，PPH）指阴道分娩胎儿娩出后 24 小时内失血量超过 500ml，剖宫产时超过 1000ml，是分娩期严重并发症，居我国产妇死亡原因首位。国内外文献报道发病率为 5%～10%，由于临床上估计的产后出血量比实际出血量低 30%～50%，因此产后出血的实际发病率更高。

【病因】　产后出血的原因依次为子宫收缩乏力（uterine atony）、胎盘因素、软产道裂伤及凝血功能障碍。

1. 子宫收缩乏力　子宫收缩乏力是引起产后出血最常见的原因，常见因素有：

（1）全身因素：产妇精神过度紧张、恐惧分娩、过度疲劳、体质虚弱、合并急慢性疾病史、高龄产妇、肥胖及尿潴留等。

（2）子宫因素：子宫肌纤维过度伸展（羊水过多、巨大胎儿及多胎妊娠等）、子宫壁损伤（子宫瘢痕、多次妊娠分娩或流产等）、子宫发育不良、子宫畸形、子宫肌瘤等。

（3）产科因素：产程延长、产妇体力消耗过多或产程过快，可引起子宫收缩乏力。前置胎盘附着在子宫下段，子宫下段收缩力较弱，血窦不易关闭。胎盘早剥、妊娠期高血压疾病、严重贫

Notes

血、宫腔感染等产科并发症及合并症可使子宫肌层水肿或渗血引起子宫收缩乏力。

(4) 药物因素:临产后过度应用麻醉剂、镇静剂、子宫收缩抑制剂(如硫酸镁、沙丁胺醇)以及缩宫素使用不当等,均可造成产后子宫收缩乏力。

2. 胎盘因素

(1) 胎盘滞留(retained placenta):胎盘多在胎儿娩出后15分钟内娩出,若30分钟后胎盘仍不排出,将导致出血。常见原因有:①膀胱充盈:使已剥离胎盘滞留宫腔;②胎盘嵌顿:子宫收缩药物应用不当,宫颈内口附近子宫肌出现环形收缩,使已剥离的胎盘嵌顿于宫腔;③胎盘剥离不全:第三产程过早牵拉脐带或按压子宫,影响胎盘正常剥离,胎盘已剥离部位血窦开放而出血。

(2) 胎盘植入(placenta increta):是指胎盘绒毛在其附着部位与子宫肌层紧密连接。胎盘植入主要引起产时出血、产后出血、子宫破裂和感染等并发症,穿透性胎盘植入也可导致膀胱或直肠损伤。

(3) 胎盘部分残留(retained placenta fragment):指部分胎盘小叶、副胎盘或部分胎膜残留于宫腔,影响子宫收缩而出血。

3. 软产道裂伤 分娩过程中可能出现软产道裂伤,包括会阴、阴道和宫颈,严重者裂伤可达阴道穹窿、子宫下段,甚至盆壁,导致腹膜后血肿或阔韧带内血肿、子宫破裂。

软产道裂伤常见原因有:①巨大儿、胎先露异常、头盆不称、急产、宫缩过强;②接生时未保护好会阴或阴道助产术操作不规范;③会阴及阴道因水肿、炎症、静脉曲张等致弹性降低;④会阴切开缝合时,止血不彻底,宫颈或阴道穹窿的裂伤未能及时发现并修补。

4. 凝血功能障碍 任何原发或继发的凝血功能异常,均能发生产后出血。见于:①妊娠期或分娩期并发症,如羊水栓塞、妊娠急性脂肪肝、重度子痫前期、子痫、胎盘早剥、死胎、严重感染以及不恰当的抗凝治疗等均可并发DIC;②产妇合并凝血功能障碍性疾病,如原发性血小板减少、再生障碍性贫血、血友病、重症肝炎等。

【临床表现】 胎儿娩出后阴道流血及出现失血性休克、严重贫血等相应症状,是产后出血的主要临床表现。

1. 阴道流血 胎儿娩出后立即发生阴道流血,色鲜红,应考虑软产道裂伤;胎儿娩出后数分钟出现阴道流血,色暗红,应考虑胎盘因素;胎盘娩出后阴道流血较多,应考虑子宫收缩乏力或胎盘、胎膜残留;胎儿娩出后阴道持续流血,且血液不凝,应考虑凝血功能障碍;失血表现明显,伴阴道疼痛而阴道流血不多,应考虑隐匿性软产道损伤,如阴道血肿。

剖宫产时主要表现为胎儿胎盘娩出后胎盘剥离面的广泛出血,宫腔不断被血充满或切口裂伤处持续出血。

2. 低血压症状 当出现头晕、面色苍白,出现烦躁、皮肤湿冷、脉搏细数、脉压缩小时,产妇已处于休克早期。

【诊断】 诊断产后出血的关键在于对出血量有正确的测量和估计,错误低估将会丧失抢救时机。突发大量的产后出血易得到重视和早期诊断,而缓慢、持续的少量出血和血肿容易被忽视。同时,需要注意的是估测的出血量往往低于实际失血量。

1. 估测出血量有以下几种方法

(1) 称重法:失血量(ml)=胎儿娩出后接血敷料湿重g-接血前敷料干重g/1.05(血液比重g/ml)。

(2) 容积法:用产后接血容器收集血液后,放入量杯测量失血量。

(3) 面积法:可按接血纱布血湿面积粗略估计失血量。

(4) 休克指数(shock index,SI):用于未作失血量收集或外院转诊产妇的失血量估计,为粗略计算。休克指数(SI)=脉率/收缩压。当SI=0.5,血容量正常;SI=1.0,失血量为10%~30%(500~1500ml);SI=1.5,失血量为30%~50%(1500~2500ml);SI=2.0,失血量为50%~70%

Notes

(2500～3500ml)。

(5) 血红蛋白测定:血红蛋白每下降 10g/L,失血 400～500ml。但是在产后出血早期,由于血液浓缩,血红蛋白值常不能准确反映实际出血量。

2. 出血原因的诊断 根据阴道流血发生时间、出血量与胎儿、胎盘娩出之间的关系,能初步判断引起产后出血的原因。有时产后出血原因互为因果。

(1) 子宫收缩乏力:正常情况下胎盘娩出后,宫底平脐或脐下一横指,子宫收缩呈球状、质硬。子宫收缩乏力时,宫底升高,子宫质软、轮廓不清,阴道流血多。按摩子宫及应用缩宫剂后,子宫变硬,阴道流血减少或停止,可确诊为子宫收缩乏力。

(2) 胎盘因素:胎儿娩出后 10 分钟内胎盘未娩出,阴道大量流血,应考虑胎盘因素,如胎盘部分剥离、嵌顿、胎盘部分粘连或植入、胎盘残留等是引起产后出血的常见原因。胎盘娩出后应常规检查胎盘及胎膜是否完整,确定有无残留。胎盘胎儿面如有断裂血管,应想到副胎盘残留的可能。徒手剥离胎盘时如发现胎盘与宫壁关系紧密,难以剥离,牵拉脐带时子宫壁与胎盘一起内陷,可能为胎盘植入,应立即停止剥离。

(3) 软产道裂伤:疑有软产道裂伤时,应立即仔细检查宫颈、阴道及会阴处是否有裂伤。①宫颈裂伤(laceration of cervix):巨大儿、手术助产、臀牵引等分娩后,常规检查宫颈。裂伤常发生在宫颈 3 点与 9 点处,有时可上延至子宫下段、阴道穹窿。如宫颈裂口不超过 1cm,通常无活动性出血。②阴道裂伤(vaginal lacerations):检查者用中指、示指压迫会阴切口两侧,仔细查看会阴切口顶端及两侧有无损伤及损伤程度,有无活动性出血。如有严重的会阴疼痛及突然出现张力大、有波动感、可触及不同大小的肿物,表面皮肤颜色有改变为阴道壁血肿。③会阴裂伤(perineal lacerations):按损伤程度分为 4 度,Ⅰ度裂伤指会阴部皮肤及阴道入口黏膜撕裂,出血不多;Ⅱ度裂伤指裂伤已达会阴体筋膜及肌层,累及阴道后壁黏膜,向阴道后壁两侧沟延伸并向上撕裂,解剖结构不易辨认,出血较多;Ⅲ度裂伤指裂伤向会阴深部扩展,肛门外括约肌已断裂,直肠黏膜尚完整;Ⅳ度裂伤指肛门、直肠和阴道完全贯通,直肠肠腔外露,组织损伤严重,出血量可不多。

(4) 凝血功能障碍:主要因为失血过多引起继发性凝血功能障碍,表现为持续阴道流血,血液不凝;全身多部位出血、身体瘀斑。根据临床表现及血小板计数、纤维蛋白原、凝血酶原时间等凝血功能检测可作出诊断。

【处理】 处理原则:针对出血原因,迅速止血;补充血容量,纠正失血性休克;防止感染。

1. 一般处理 求助有经验的助产士、上级产科医师、重症医学科医师、麻醉医师等,通知血库和检验科做好准备;建立双静脉通道,积极补充血容量;进行呼吸管理,保持气道通畅,必要时给氧;监测出血量和生命体征,留置尿管,记录尿量;交叉配血;进行基础的实验室检查(血常规、凝血功能、肝肾功能等)并行动态监测。

2. 针对产后出血原因的处理

(1) 子宫收缩乏力:加强宫缩能迅速止血。导尿排空膀胱后可采用以下方法:

1) 按压子宫(uterine massage):简单有效。①腹部子宫按压:可一手置于宫底部,拇指在前壁,其余 4 指在后壁,均匀有节律地按摩宫底。②腹部-阴道子宫按压:可采用双合诊按压子宫,一手于阴道前穹窿,顶住子宫前壁,另有一手在腹部按压子宫后壁(图 9-3)。

剖宫产时直接用腹部子宫按压法进行按压。注意:按摩子宫一定要有效,评价有效的标准是子宫轮廓清楚、收缩有皱褶、阴道或子宫切口出血减少。按压时间以子宫恢复正常收缩并能保持收缩状态为止,有时可长达数小时,按压时配合使用宫缩剂。

2) 应用宫缩剂:①缩宫素(oxytocin):20U 加入 0.9% 生理盐水或乳酸钠林格氏 500ml 中,快速静脉滴注,速度为 5～10ml/min;也可肌内注射或宫体注射缩宫素 10U。立即起效,半衰期 1～6 分。因缩宫素有受体饱和现象,无限制加大用量反而效果不佳,并可出现副作用,故 24 小时总

Notes

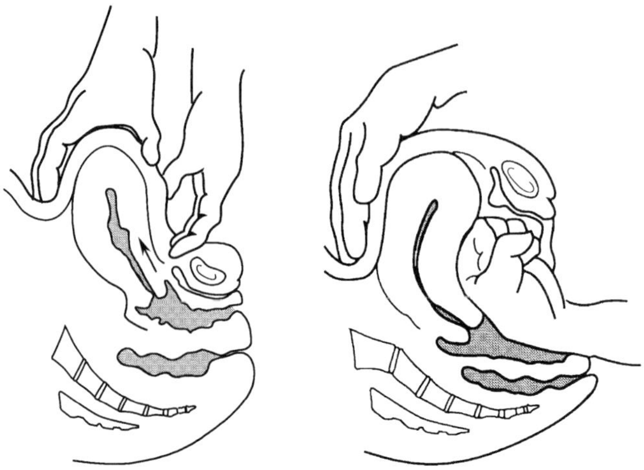

图 9-3 腹部子宫按压法及腹部-阴道子宫按压法

量应控制在 60U 内。②卡贝缩宫素(carbetocin):长效缩宫素九肽类似物,100μg 缓慢静脉推注或肌内注射,2 分钟起效,半衰期 60 分钟。③米索前列醇(misoprostol):前列腺素 E1 的类似物。200~600μg 舌下含服或直肠给药。支气管哮喘、高血压、青光眼、严重肝、肾疾病者应慎用。④卡前列甲酯(carboprost methylate):1mg 置于阴道后穹窿或直肠给药。⑤卡前列素氨丁三醇(carboprost trometamol):250μg 深部肌内注射或宫体肌内注射,如无效可重复注射 250μg,总剂量不超过 2mg。使用时应注意过敏反应。

3)宫腔填塞(uterine packing):根据填塞的材料不同,分为宫腔纱条填塞和宫腔球囊填塞。①宫腔纱条填塞:剖宫产术中遇到子宫收缩乏力,经按摩子宫和应用宫缩剂加强宫缩效果不佳时;前置胎盘或胎盘粘连导致剥离面出血不止时,直视下填塞宫腔纱条可起到良好的止血效果。采用特制的长 2m,宽 7~8cm 的 4~6 层无菌脱脂纱布条,每根纱条之间用粗丝线缝合连接。术者左手固定子宫底部,右手或用卵圆钳将纱条沿子宫腔底部自左向右,来回折叠填塞宫腔,留足填塞子宫下段的纱条后,将最尾端沿宫颈放入阴道内少许,其后填满子宫下段,然后缝合子宫切口,注意勿将纱条缝入(图 9-4)。24~48 小时自阴道取出纱布条,取出前应先静脉滴注宫缩剂。宫腔填塞纱布条后应密切观察生命体征及宫底高度和大小,防止因填塞不紧,宫腔内继续出血而阴道不出血的止血假象,同时应注意有无感染征象,如明显的宫体压痛、发热、血象居高不下等。经阴道宫腔纱条填塞法,因操作困难,常填塞不紧反而影响子宫收缩,一般不采用。②宫腔球囊填塞:宫腔球囊填塞可用于阴道分娩或剖宫产术中。经阴道放置时,将导管的球囊部分插入子宫,确保整个球囊通过了宫颈内口。剖宫产术中放置时,经剖宫产切口将填塞球囊放入宫腔,末端放入宫颈,通过阴道牵拉末端使球囊底部压迫于宫颈内口,常规关闭子宫切口,注意不要刺破球囊(图 9-5)。一般注入生理盐水 250~300ml。

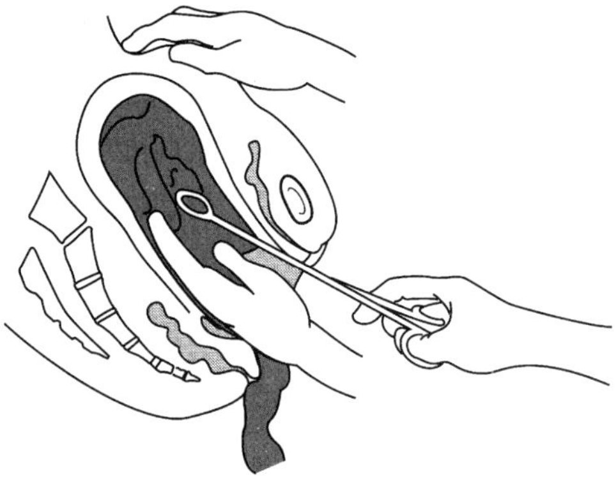

图 9-4 宫腔纱条填塞

4)子宫压迫缝合术(uterine compression sutures):剖宫产术中子宫收缩乏力、胎盘因素或凝血功能障碍引起的产后出血,经按压子宫和宫缩剂治疗无效,应考虑使用子宫压迫缝合术,最为经典的是 B-Lynch 缝合术。实施前将子宫从腹壁切口托出,用两手托住并挤压子宫体,观察出血情况,判断缝合成功的几率。加压后出血明显减少或停止,成功可能性大。具体缝合方法为:距

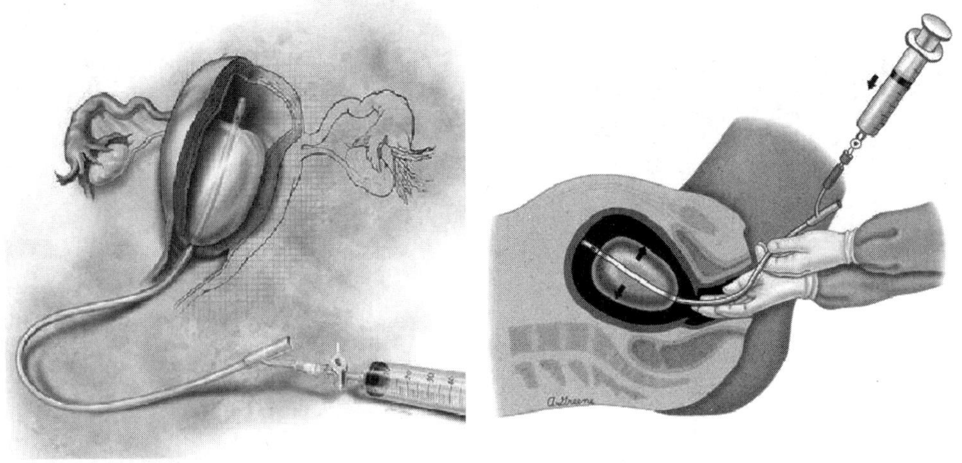

图 9-5　宫腔球囊填塞

子宫切口右侧顶点下缘 3cm 处进针，缝线穿过宫腔至切口上缘 4cm 处出针，将缝线拉至宫底，在距右侧宫角约 3～4cm 处垂直绕向后壁，在与前壁相同的部位进针至宫腔内；然后再横向拉至左侧，在左侧宫体后壁（与右侧进针点相同部位）出针，将缝线垂直绕过宫底至子宫前壁，分别缝合左侧子宫切口的上、下缘（进出针的部位与右侧相同）（图 9-6）。近年出现了多种改良的子宫压迫缝合术如 Hayman 缝合术（图 9-7）、Cho 缝合术（图 9-8）、Pereira 缝合术（图 9-9）等。可根据不同情况选择不同的缝合术。

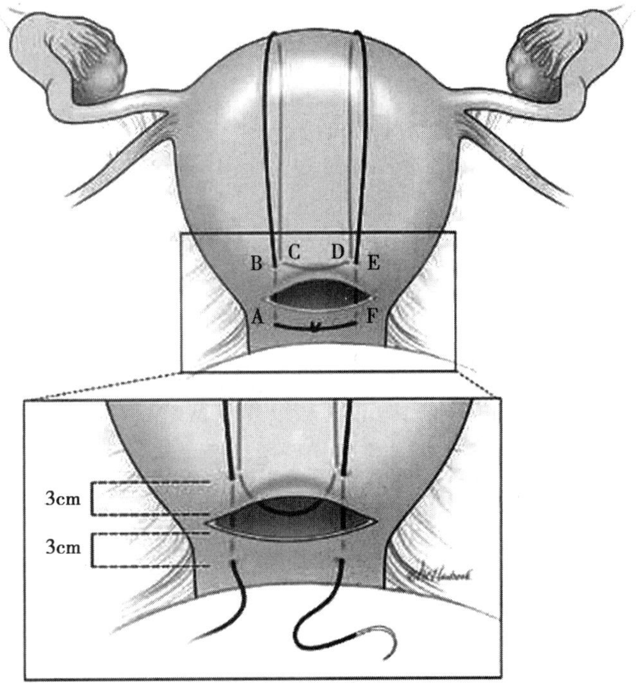

图 9-6　B-Lynch 缝合术

5）结扎盆腔血管：以上治疗无效时，可行子宫动脉上行支结扎，必要时行髂内动脉结扎及卵巢动脉结扎术。

6）髂内动脉或子宫动脉栓塞：行股动脉穿刺插入导管至髂内动脉前干或子宫动脉，注入吸收性明胶海绵颗粒栓塞动脉。栓塞剂可于 2～3 周后吸收，血管复通。适用于产妇生命体征稳

Notes

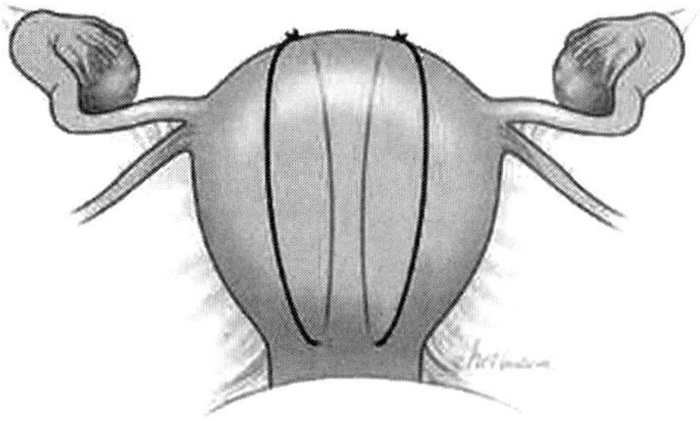

图 9-7 Hayman 缝合术

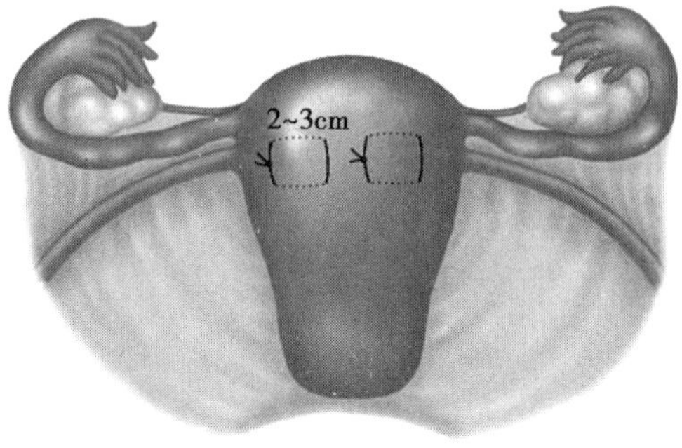

图 9-8 Cho 缝合术

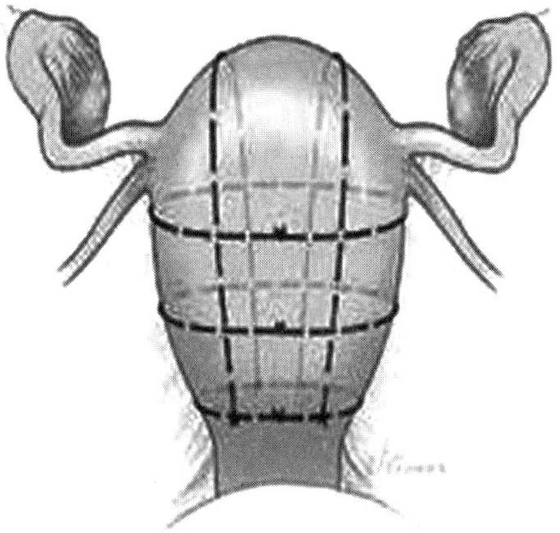

图 9-9 Pereira 缝合术

定时进行。

7）切除子宫：经积极抢救无效、危及产妇生命时，应果断行子宫次全切除或子宫全切除术，以挽救产妇生命。

（2）胎盘因素：胎儿娩出后，疑有胎盘滞留时，立即作宫腔检查。若胎盘已剥离则应立即取出胎盘。胎盘和胎膜残留可行钳刮术或刮宫术。若胎盘粘连，可试行徒手剥离胎盘后取出。若剥离困难疑有胎盘植入，停止剥离，根据病人出血情况及胎盘剥离面积行非手术治疗或子宫切除术。

1）非手术治疗：适用于孕产妇一般情况良好，无活动性出血；胎盘植入面积小、子宫壁厚、子宫收缩好、出血量少者。可采用局部切除、宫腔纱条填塞、髂内动脉或子宫动脉栓塞术等治疗。非手术治疗过程中应用彩色多普勒超声密切监测胎盘大小及周围血流变化、观察阴道出血情况以及是否有感染，如出血增多或感染，应用抗生素同时行清宫或子宫切除术。

2）切除子宫：如有活动性出血、病情加重或恶化、穿透性胎盘植入时应切除子宫。需要注意的是，胎盘全部植入时可无活动性出血或出血较少，此时忌强行剥离胎盘而造成大量出血，最安全的处理是切除子宫。如瘢痕子宫合并前置胎盘时，尤其是胎盘附着于子宫瘢痕处（凶险性前置胎盘）时，应做好充分的术前准备或转诊至有条件的医院，具体处理见第十二章第一节“前置胎盘”。

（3）软产道损伤：应彻底止血，按解剖层次逐层缝合裂伤。软产道血肿应切开血肿、清除积血，彻底止血、缝合。

1）宫颈裂伤：疑为宫颈裂伤时应在消毒下暴露宫颈，用两把卵圆钳并排钳夹宫颈前唇并向阴道口方向牵拉，沿宫颈一周逐步移动卵圆钳，直视下观察宫颈情况，裂伤浅且无明显出血，可不予缝合，裂伤深且出血多，应用可吸收缝线缝合。缝合时第一针应从裂口顶端稍上方开始，最

Notes

后一针应距宫颈外侧端0.5cm处止，以减少日后发生宫颈口狭窄的可能性。若裂伤累及子宫下段经阴道难以修补时，可开腹行裂伤修补术。

2）阴道裂伤：缝合时应注意缝至裂伤顶部，避免遗留死腔，也要避免缝线穿过直肠，缝合要达到组织对合好及止血的效果。

3）会阴裂伤：按解剖层次缝合肌层及黏膜下层，最后缝合阴道黏膜及会阴皮肤。

（4）凝血功能障碍：首先应排除子宫收缩乏力、胎盘因素、软产道损伤等原因引起的出血。尽快输血、血浆、血小板、冷沉淀、纤维蛋白原或凝血酶原复合物、凝血因子等。若并发DIC应按DIC处理，也应注意，併发内科疾病的对症处理。

3. 失血性休克处理　根据出血量判断休克程度；在积极止血同时行抗休克治疗，包括建立多条静脉通道，快速补充血容量；监测生命体征，吸氧，纠正酸中毒，必要时使用升压药物以保障重要脏器的功能；并注意预防感染，使用抗生素。

【预防】

1. 产前预防　做好系统围生保健，对有可能发生产后出血的高危人群进行一般转诊和紧急转诊，防止产后出血的发生，并做好抢救措施。

2. 产时预防　消除孕妇分娩时的紧张情绪，密切观察产程进展，防止产程延长。正确处理第二、第三产程，尽早使用缩宫素。

3. 产后预防　积极处理第三产程，包括：①在胎儿娩出后即注射缩宫素或其他宫缩剂；②可控性牵拉脐带（controlledcord traction，CCT）：具体方法为：新生儿娩出后1～3分钟或脐带停止搏动后一手牵拉脐带；另一只手置于耻骨联合上固定子宫，并在牵拉脐带时，使用反作用力；使脐带保持一定张力，待出现强的宫缩时，嘱产妇用力，轻柔向下牵拉脐带，同时宫底部采用持续的反作用力。如果CCT 30～40秒胎盘仍未娩出，则停止牵拉脐带，等待下一次强宫缩来临时，重复牵拉动作；③胎盘娩出后有效按压子宫。

因产后出血多发生在产后2小时内，故胎盘娩出后，应分别在第15分钟、30分钟、60分钟、90分钟、120分钟监测生命体征，按压子宫，监测阴道出血量，子宫高度，膀胱充盈情况。及早发现出血和休克。鼓励产妇排空膀胱，与新生儿早接触、早吸吮，以便能反射性引起子宫收缩，减少出血量。

【小结】　产后出血是我国目前孕产妇死亡的首要原因，病因包括子宫收缩乏力、胎盘因素、软产道损伤和凝血功能障碍等，四大原因可合并存在，互为因果。诊断产后出血的关键在于对失血量有正确的测量和估计，错误低估将丧失抢救时机。处理原则包括针对病因，迅速止血；补充血容量，纠正休克；预防感染。预防产后出血的关键是第三产程积极干预，加强产后管理。

（漆洪波）

参考文献

1. Cunningham FG，Leveno KJ，Bloom SL，et al. Williams Obstetrics：24rd Edition. New York：McGraw-Hill Education，2014.
2. 中华医学会妇产科学分会产科学组. 产后出血预防与处理指南（2014）. 中华妇产科杂志，2014，49（9）：641-646.

Notes

第十章　产褥期及产褥期疾病

产褥期为产妇各系统恢复时期，一些潜在的病变可在产褥期出现（如抑郁症或感染等）。同时，也可由产妇及其家人的习俗处理引起病变（如中暑）。

第一节　正常产褥

从胎盘娩出至产妇全身各器官除乳腺外恢复至妊娠前状态，包括形态和功能，这一阶段称为产褥期（puerperium），一般规定为6周。

【产褥期母体的生理变化】

1. 生殖系统　产褥期变化最大的是生殖系统，其中又以子宫的变化为最大。

（1）子宫复旧：子宫在胎盘娩出后逐渐恢复至未孕前状态的过程，称为子宫复旧（involution of uterine）。需时6～8周。

1）宫体变化：肌细胞数量无明显变化，但肌细胞长度和体积却明显缩小，其多余的细胞质变性自溶。因此，随着肌纤维的不断缩复，子宫体积逐渐缩小。胎盘娩出后子宫大小一般为17cm×12cm×8cm，重量约1000g，产后1周时降为500g，产后2周时降为300g，产后6周一般恢复至孕前大小（约50g）。胎盘娩出时，胎盘附着部蜕膜海绵层随胎盘娩出。胎盘附着表面粗糙，分娩后2～3日，蜕膜浅层细胞发生退行性变，坏死脱落，形成恶露的一部分；深层保留的腺体和间质细胞迅速增殖，成为新的子宫内膜。产后第3周除胎盘附着部位以外的子宫内膜基本修复，胎盘附着部位的内膜修复约需至产后6周。子宫肌层间的血管由于肌层收缩而被压缩变长，随后闭塞形成血栓，最终被机化吸收。

2）子宫下段变化：产后几周内，被动扩张、拉长的子宫下段缩复，恢复至非孕时的子宫峡部。

3）宫颈变化：胎儿娩出后，宫颈外口如袖口状，产后2～3日宫口可容2指，产后1周宫口关闭，宫颈管复原，产后4周左右宫颈恢复至孕前形态。常因产时宫颈左右两侧(3点及9点处)撕裂，愈合后宫颈外口呈一字形裂（已产型）。

（2）阴道、外阴的变化：阴道受胎先露部压迫，在产后最初几日内可出现水肿，阴道壁松软、平坦，弹性较差。阴道黏膜皱褶消失，产后阴道壁水肿逐渐消失，弹性恢复。阴道黏膜上皮恢复到正常孕前状态需等到排卵恢复。

阴道分娩后外阴出现水肿，产后数日内消退。处女膜因分娩时撕裂而成为残缺不全的痕迹；阴唇后联合可有轻度裂伤，缝合后3～5日能愈合。

（3）盆底组织：分娩可造成盆底组织（肌肉及筋膜）扩张过度，弹性减弱，一般产褥期内可恢复。但分娩次数过多，间隔时间过短，盆底组织松弛，较难完全恢复正常，这也是导致子宫脱垂、阴道壁膨出的重要原因。

2. 乳房　乳房的主要变化为泌乳。由于分娩后雌、孕激素水平急剧下降，抑制了催乳素抑制因子的释放，在催乳素的作用下，乳房腺细胞开始分泌乳汁。婴儿每次吸吮刺激乳头时，催乳素呈脉冲式释放，促进乳汁分泌。吸吮乳头还可反射性地引起神经垂体释放缩宫素，进而促进乳汁排出，此过程又称为喷乳反射。乳汁产生的数量和产妇足够睡眠，充足营养，愉悦情绪和健康状况密切相关。产后7日内分泌的乳汁，称为初乳，初乳色偏黄是由于含有较多β-胡萝卜素的缘故。

母乳中含有丰富的营养物质，尤其是初乳中含有大量抗体，有助于新生儿抵抗疾病的侵袭。母乳中还含有丰富的蛋白和脂肪，多种免疫物质、矿物质、维生素和酶，对新生儿的生长发育有重要的作用，是新生儿的最佳天然食物。

3. 循环系统　子宫胎盘循环结束后，大量血液从子宫进入产妇的体循环，加之妊娠期潴留在组织中的液体亦进入母体血液循环中。产后72小时内，产妇血液循环量增加15%～25%，尤其是最初24小时，因此产后72小时内心脏负担明显加重，应注意预防心衰的发生。一般产后2～3周，血液循环量恢复到孕前水平。

4. 血液系统　产褥早期仍处于高凝状态，有利于子宫创面恢复、预防产后出血，此时需注意防止深静脉血栓、肺栓塞及化脓性盆腔血栓性静脉炎。白细胞总数于产褥早期仍较高，一般1～2周内恢复正常。血小板亦逐渐上升恢复正常。产褥早期可继续贫血，一般产后10日血红蛋白上升，红细胞沉降率于分娩后逐渐恢复至正常。

5. 泌尿系统　产后第1周，一般为多尿期，因孕期潴留在体内的大量液体在产褥早期主要通过肾排出。由于分娩过程中膀胱受压，黏膜充血水肿对尿液刺激敏感性下降以及外阴疼痛使产妇不愿用力排尿，可出现一过性尿潴留，尤其在产后最初12小时内。

6. 消化系统　产后1～2周内消化功能逐渐恢复正常。产褥早期胃肠肌张力仍较低，产妇食欲欠佳，喜进汤食，加之产妇活动少，肠蠕动减弱，容易发生便秘。

7. 内分泌系统　产后1周，产妇血清中雌、孕激素水平恢复到孕前水平。产后2周内血中hCG已测不出。胎盘分泌的胎盘生乳素，一般在产后6小时内消失，血中不再能测出。产后6周FSH、LH逐渐恢复，但哺乳产妇其高PRL值会抑制FSH和LH的分泌，不哺乳产妇一般产后6～10周左右恢复排卵。甲状腺功能在产后1周恢复正常。肾上腺皮质功能分娩后逐渐下降，约产后4日恢复正常。排卵的恢复与是否哺乳及哺乳时间长短有关，哺乳产妇一般在哺乳阶段无月经来潮，但可以有排卵。

8. 免疫系统　在产褥期，机体免疫功能逐渐恢复，NK细胞和LAK细胞活性增加，有利于对疾病的防御。但需注意在产褥早期，免疫力仍较低，应预防感染。

【产褥期临床表现】

1. 生命体征　正常产妇，产后生命体征在正常范围。产后24小时内，体温略升高但不超过38℃，可能与产程较长致过度疲劳有关。产后3～4日可能会出现“泌乳热”，乳房充血影响血液和淋巴回流，乳汁不能排出，一般不超过38℃。产后心率在正常范围内。血压于产褥期恢复正常水平，妊娠期高血压疾病病人产后仍应监测血压，预防产后子痫的发生。产后呼吸恢复为胸腹式呼吸。

2. 子宫复旧和宫缩痛　胎盘娩出后，子宫收缩呈圆形，宫底即刻降至脐下一横指，产后1日略上升至脐平，以后每日下降1～2cm，产后10日降至盆腔内。剖宫产产妇术后子宫复旧速度慢于自然分娩者。产后哺乳吸吮乳头反射性地引起缩宫素分泌增加，故子宫下降速度较不哺乳者为快。产后子宫收缩引起的疼痛，称为宫缩痛。经产妇宫缩痛较初产妇明显，哺乳者较不哺乳者明显。宫缩痛一般不需特殊用药，必要时可酌情给予镇痛剂。

3. 褥汗　产后一周内，孕期潴留的水分通过皮肤排泄，在睡眠时明显，产妇醒来满头大汗，习称“褥汗”，不属病态。

4. 恶露　产后随子宫蜕膜脱落，含有血液及坏死蜕膜等组织经阴道排出，称为恶露(lochia)。根据其颜色及内容物分为血性恶露、浆液性恶露、白色恶露(表10-1)。正常恶露有血腥味，但无臭味，一般持续4～6周，总量可达500ml。若有胎盘、胎膜残留或感染，可使恶露时间延长，并有臭味。

Notes

表 10-1 正常恶露性状

	血性恶露	浆液恶露	白色恶露
持续时间	产后最初 3 日	产后 4～14 日	产后 14 日以后
颜色	红色	淡红色	白色
内容物	大量血液、少量胎膜、坏死蜕膜	少量血液、坏死蜕膜、宫颈黏液、细菌	坏死退化蜕膜、表皮细胞、大量白细胞和细菌等

【产褥期处理】 产褥期母体各系统发生许多变化，如果不能正确处理产褥期的这些变化，则可能由生理变化转为病理状态。

1. **产后一周** 重点仍是血压、心率、体温、呼吸，有内科合并症应注意对相应疾病的观察和处理，同时应预防晚期产后出血，鼓励产妇尽早下床适当活动防止血栓发生。

2. **营养与饮食** 产妇胃肠功能恢复需要一定时间，产后建议少量多餐，以清淡、高蛋白质饮食为宜，同时注意补充水分。

3. **排尿与排便** 产后应鼓励产妇尽早自行排尿，产后 4 小时即应让产妇自行排尿。若排尿困难，可采用以下方法：①温开水冲洗会阴，热敷下腹部刺激膀胱肌收缩；②针刺两侧气海、关元、阴陵泉、三阴交等穴位；③肌注新斯的明 1mg 兴奋膀胱逼尿肌，促进排尿。上述处理无效时，可留置导尿管 2～3 日。产妇活动少，肠蠕动减弱，易发生便秘，应多吃富含纤维素的食物。对便秘者可口服适量缓泻剂，如乳果糖。

4. **观察子宫复旧及恶露** 产后 1 周内应每日大致相同时间手测宫底高度，以了解子宫复旧情况。测量前应嘱产妇排尿。每日观察恶露颜色、数量及气味。若子宫复旧不全，恶露增多，红色恶露持续时间较长时，应及早给予子宫收缩剂。若合并感染，恶露有臭味且有子宫压痛，应给予广谱抗生素控制感染。

5. **会阴处理** 保持外阴清洁，会阴缝线一般于产后 3～5 日拆线。若会阴伤口感染，应提前拆线、充分引流或行扩创处理，并定时换药。

6. **乳房护理** WHO 提倡母乳喂养，母婴同室，早接触，早吸吮，于产后 30 分钟内开始哺乳，尽早刺激乳房，建立泌乳反射。母乳喂养的原则是“按需哺乳”。在产褥期如出现乳房胀痛，可用热毛巾敷乳房并按摩，促使乳液畅流，必要时可用吸乳器将乳汁吸出。初产妇若出现乳头皲裂，可用少量乳汁涂抹在乳头和乳晕上，短时间暴露和干燥乳头，因乳汁既具抑菌作用，又具有促进表皮修复的作用。

如果由于医源性因素不能哺乳，应尽早退奶。最简单的退奶方式是停止哺乳，不排空乳房，少食汤汁，但有半数产妇会感到乳房胀痛。常用退奶方式有：①生麦芽 60～90g，煎服，每日一剂，连用 3～5 日；②芒硝 250g，分装两纱布袋内，敷于两乳房，湿硬时更换；③维生素 B_6 200mg，每日三次，连服 3 天。目前一般不推荐用雌激素或溴隐亭退奶。

7. **产褥中暑** 为产褥期间产妇在高温、高湿和通风不良的环境中体内余热不能及时散发，引起以中枢性体温调节功能障碍为特征的急性热病。表现为高热、水电解质代谢紊乱、循环衰竭和神经系统功能损害等。处理关键为降低病人的体温，及时纠正脱水、电解质紊乱及酸中毒，积极防治休克。

【产后随访】 包括产后随访和产后健康检查。

1. **产后随访** 产妇出院后 3 日、产后 14 日及 28 日由社区医疗保健人员进行家庭访视。医务人员应做到：①了解产妇的饮食起居、睡眠等情况，同时了解产妇的心理状态，对有合并症的产妇要了解原发病及治疗情况；②检查两侧乳房并了解哺乳情况；③检查子宫复旧及观察恶露；④观察会阴伤口或腹部伤口愈合情况；⑤了解新生儿生长、喂养、预防接种情况，指导哺乳。

Notes

2. 产后健康检查　产后42日应去分娩医院进行产后健康检查，包括：①全身检查：血压、心率、血常规、尿常规；②若有内科合并症或产科并发症，需作相应检查；③妇科检查了解子宫复旧，观察恶露并检查乳房；④婴儿全身体格检查；⑤计划生育指导。

【计划生育指导】　产褥期内不宜性生活，产后42日可以有排卵，哺乳者应以器具避孕为首选，也可选择皮下埋植避孕。不哺乳者，避孕方法的选择同普通育龄期妇女。

【小结】　产褥期指从胎盘娩出至产妇全身各器官除乳腺外恢复至妊娠前状态，包括形态和功能，一般为6周。产后42天应至分娩医院行产后检查。子宫复旧需时6～8周。宫颈于产后4周左右恢复至孕前形态。产后72小时内心脏负担明显加重，应注意预防心衰的发生。一般产后2～3周，血液循环量恢复到孕前水平。哺乳妇女一般在哺乳阶段闭经，但可以有排卵，应注意避孕。

第二节　产褥感染

产褥感染（puerperal infection）是指产褥期内生殖道受病原体侵袭而引起局部或全身的感染。产褥病率（puerperal morbidity）是指分娩结束24小时以后的10日内，每日用口表测4次体温，每次间隔4小时，其中有2次体温达到或超过38℃。产褥病率多由产褥感染所引起，亦可由泌尿系统感染、呼吸系统感染及乳腺炎等引起。

【病因】　女性生殖道对细菌的侵入有一定的防御功能，其对入侵病原体的反应与病原体的种类、数量、毒力及机体的免疫力有关。妇女阴道有自净作用，羊水中含有抗菌物质。妊娠和正常分娩通常不会增加感染机会。只有在机体免疫力、细菌毒力和细菌数量三者之间的平衡失调时，才会增加产褥感染的机会，导致感染发生。诱因有：胎膜早破、产程延长、孕期生殖道感染、严重贫血、产科手术操作、产后出血等因素。

【病原体】　正常妇女阴道寄生大量细菌，包括需氧菌、厌氧菌、真菌及衣原体、支原体。细菌可分为致病菌和非致病菌。有些非致病菌在一定条件下可以致病称为条件致病菌，但即使是致病菌也需达到一定数量或机体免疫力下降时才会致病。

1. 需氧菌

（1）链球菌：以β-溶血性链球菌致病性最强，可引起严重感染。近年来B族链球菌（group B streptococcus，GBS）感染有明显上升趋势。

（2）杆菌：以大肠埃希菌、克雷伯氏菌属、变形杆菌属多见，可产生内毒素，引起菌血症或感染性休克。因此，产褥感染若出现菌血症或感染性休克，则多考虑杆菌感染。

（3）葡萄球菌：主要为金黄色葡萄球菌和表皮葡萄球菌，多为外源性感染。金黄色葡萄球菌引起的感染一般较严重。

2. 厌氧菌　厌氧菌感染通常为内源性，来源于宿主全身的菌群，厌氧菌感染的主要特征为化脓，有明显的脓肿形成及组织破坏。

（1）球菌：以消化球菌和消化链球菌最常见。当有产道损伤、局部组织坏死时，可迅速繁殖而致病。

（2）杆菌属：常见的厌氧性杆菌为脆弱类杆菌。常形成局部脓肿，产生大量脓液，有恶臭味。感染还可引起化脓性血栓静脉炎。

（3）梭状芽孢杆菌：主要是产气荚膜杆菌，引起的感染轻者为子宫内膜炎、腹膜炎、败血症，重者可引起溶血、黄疸、血红蛋白尿、急性肾衰竭、循环衰竭、气性坏疽而死亡。

3. 支原体与衣原体　支原体和衣原体均可在女性生殖道内寄生，可引起生殖道的感染，多无明显症状。

此外，通过性传播疾病引起的淋病奈瑟菌感染，也可导致产褥感染。

【感染途径】

1. 内源性感染 寄生于产妇阴道和直肠内的细菌，在一定的条件下，如细菌繁殖能力增加或机体抵抗力下降、细菌进入宫腔、产道裂伤、胎膜早破等，可转化为致病菌引起感染。

2. 外源性感染 外界的病原菌进入产道所引起的感染，其细菌可以通过医务人员、消毒不严或被污染的医疗器械及产妇临产前性生活等途径侵入机体。

【临床表现及病理】

1. 急性外阴、阴道、宫颈炎 会阴裂伤及后-斜切开部位是会阴感染的最常见部位，会阴部可出现疼痛，局部伤口充血、水肿，并有触痛及波动感，严重者伤口边缘可裂开，产妇活动受限。阴道若有感染，可出现阴道部疼痛，严重者可有畏寒、发热，阴道黏膜充血、水肿，甚至出现溃疡坏死。宫颈裂伤引起的炎症，症状多不明显，若深度达穹窿部及阔韧带底部，又未及时缝合，则病原体可直接上行或通过淋巴播散引起盆腔结缔组织炎。

2. 子宫感染 产后子宫感染包括急性子宫内膜炎、子宫肌炎。细菌经胎盘剥离面侵入，先扩散到子宫蜕膜层引起急性子宫内膜炎。炎症可继续侵犯浅肌层、深肌层乃至浆膜层，导致子宫肌炎。由于子宫内膜充血、坏死，阴道内有大量脓性分泌物且有臭味。若为子宫肌炎，则子宫复旧不良。体检腹部有压痛，尤其是宫底部，可伴发高热、头痛、白细胞增多等感染征象。

3. 急性盆腔结缔组织炎和急性附件炎 感染沿淋巴管播散引起盆腔结缔组织炎和腹膜炎，可波及输卵管、卵巢，形成附件炎。如未能有效地控制炎症，炎症可继续沿阔韧带扩散，直达侧盆壁、髂窝、直肠阴道隔。可出现持续高热、寒战、腹痛、腹胀，检查下腹部有明显压痛、反跳痛及腹肌紧张，宫旁组织增厚，有时可触及肿块，肠鸣音减弱甚至消失；白细胞持续升高，中性粒细胞明显增加。

4. 急性盆腔腹膜炎及弥漫性腹膜炎 炎症扩散至子宫浆膜，形成急性盆腔腹膜炎，继而发展为弥漫性腹膜炎，出现全身中毒症状，病情危重。

5. 血栓静脉炎 多由厌氧性链球菌引起。炎症向上蔓延可引起盆腔内血栓静脉炎，可累及子宫静脉、卵巢静脉、髂内静脉、髂总静脉，盆腔静脉炎向下扩散可形成下肢深静脉炎。早期表现为下腹痛，尔后向腹股沟放射。当下肢血栓静脉炎影响静脉回流时，可出现肢体疼痛、肿胀，局部皮肤温度上升，皮肤发白，习称“股白肿”。若小腿深静脉有栓塞，可有腓肠肌和足底部压痛。小腿浅静脉炎症时，可出现水肿和压痛。若患侧踝部、腓肠肌部和大腿中部的周径大于健侧2cm时，则可作出诊断。血栓静脉炎可表现为反复高热、寒战、下肢持续性疼痛。

6. 脓毒血症和败血症 感染血栓脱落进入血液循环，可引起脓毒血症。若细菌大量进入血液循环并繁殖形成败血症，表现为持续高热、寒战、全身中毒症状明显，甚至休克危及生命。

【诊断与鉴别诊断】

1. 病史 详细询问病史及分娩经过，对产后发热者，合并有贫血、营养不良、胎膜早破、产程延长、频繁阴道检查史、产伤、胎盘残留的产妇，应首先考虑为产褥感染。

2. 全身及局部检查 仔细检查腹部、盆腔及会阴伤口，可基本确定感染的部位和严重程度。辅助检查如超声、CT、磁共振成像等检测手段，能够了解由感染形成的炎性肿块、脓肿的位置及性状。

3. 实验室检查 C-反应蛋白、降钙素原等异常有助于早期诊断。宫腔分泌物、脓肿穿刺物、后穹窿穿刺物作细菌培养和药敏试验，确定病原体。必要时需作血尿培养和厌氧菌培养。

4. 鉴别诊断 主要应和上呼吸道感染、急性乳腺炎、泌尿系统感染相鉴别。

【治疗】

1. 一般治疗 加强营养，给予足够的维生素，补液纠正水、电解质失衡。若有严重贫血可输血治疗。产妇宜取半卧位，有利于恶露引流和使炎症局限于盆腔内。

Notes

2. 抗生素治疗 未能明确病原体时，应根据临床表现及临床经验选用广谱抗生素，待细菌培养和药敏试验结果再作调整。抗生素使用原则:应选用广谱抗生素,同时能作用于革兰阳性菌、革兰阴性菌、需氧菌和厌氧菌的抗生素。青霉素及甲硝唑联合应用为首选,头孢菌素类抗生素抗菌谱广,抗菌作用强,肾毒性小,也属首选之列。应用抗生素72小时,体温无持续下降,应及时重新评估,酌情更换抗生素。中毒症状严重者,同时短期给予肾上腺皮质激素,提高机体应激能力。

3. 中医治疗　根据情况辨证选择活血化瘀中药治疗。

4. 引流通畅　若经抗生素治疗48～72小时,体温仍持续不退,腹部症状、体征无改善,应考虑感染扩散或脓肿形成。如疑盆腔脓肿,可经腹或后穹窿切开引流。会阴伤口或腹部切口感染,应行切开引流术。

5. 血栓静脉炎的治疗　可使用肝素、尿激酶等药物治疗,用药期间监测凝血功能。

6. 手术治疗　如有胎盘残留,在有效抗感染同时,清除宫腔内残留物。如子宫严重感染,炎症继续扩展,出现不能控制的败血症、DIC,应及时行全子宫切除术。

【预防】

1. 加强孕期保健及卫生宣传教育工作,临产前2个月内避免盆浴和性生活,积极治疗贫血等内科合并症。

2. 待产室、产房及各种器械均应定期消毒。严格无菌操作,减少不必要的阴道检查及手术操作,认真观察并处理好产程,避免产程过长及产后出血。产褥期应保持会阴清洁,每日擦洗2次。加强对孕产妇的管理,避免交叉感染。

3. 预防性应用抗生素。对于阴道助产及剖宫产者,产时或产后预防性应用抗生素,对于产程长、阴道操作次数多及胎膜早破、有贫血者,也应预防性应用抗生素。

4. 降低剖宫产率,尽量减少指征不明确的剖宫产及社会因素而行的剖宫产术。

【小结】　产褥感染是指产褥期内生殖道受病原体侵袭而引起局部或全身的感染。产褥病率是指分娩结束24小时以后的10日内,每日用口表测4次体温,每次间隔4小时,其中有2次体温达到或超过38℃。该疾病重在预防。如发生产褥感染应根据细菌培养合理应用抗生素,同时给予对症支持治疗。

第三节　晚期产后出血

晚期产后出血(late postpartum hemorrhage)是指分娩结束24小时后,在产褥期内发生的子宫大量出血。多见于产后1～2周,亦可迟至产后2月左右发病。临床表现为持续或间断阴道流血,亦可表现为突然阴道大量流血,可引起失血性休克。晚期产后出血多伴有寒战、低热。

【病因】

1. 胎盘、胎膜残留　最常见的病因,多发生于产后10日左右。黏附在子宫腔内的小块胎盘组织发生变性、坏死、机化,可形成胎盘息肉。当坏死组织脱落时,基底部血管开放,引起大量出血。

2. 蜕膜残留　产后一周内正常蜕膜脱落并随恶露排出,若蜕膜剥离不全或剥离后长时间残留在宫腔内诱发子宫内膜炎症,影响子宫复旧,可引起晚期产后出血。

3. 子宫胎盘附着部位复旧不全　胎盘娩出后,子宫胎盘附着部位即刻缩小,可有血栓形成,随着血栓机化至内膜逐渐修复,此过程需6～8周。如果胎盘附着面复旧不全,可使血栓脱落,血窦重新开放,导致子宫大量出血。

4. 感染　以子宫内膜炎为多见,炎症可引起胎盘附着面复旧不全及子宫收缩不佳,导致子宫大量出血。

5. 剖宫产术后子宫切口裂开　多见于子宫下段剖宫产横切口两侧端,其主要原因有感染与

Notes

伤口愈合不良。

(1) 子宫切口感染的原因:①子宫下段切口离阴道口较近,增加感染机会,细菌易感染宫腔;②手术操作过多,尤其是阴道检查频繁,增加感染机会;③产程过长;④无菌操作不严格。

(2) 切口选择过低或过高:①过低,宫颈侧以结缔组织为主,血液供应较差,组织愈合能力差;②过高,切口上缘宫体肌组织与切口下缘子宫下段肌组织厚薄相差大,缝合时不易对齐,影响愈合。

(3) 缝合技术不当:出血血管结扎松弛,尤其是切口两侧角血管回缩,形成血肿;有时缝扎组织过多过密,切口血液循环供应不良,均影响切口愈合。

6. 肿瘤 产后滋养细胞肿瘤或子宫黏膜下肌瘤等均可引起晚期产后出血。

【诊断】

1. 病史 产后恶露不净,有臭味,色由暗红变鲜红,反复或突然阴道流血。若为剖宫产术后,应注意剖宫产前或术中特殊情况及术后恢复情况,尤其应注意术后有无发热等情况,同时应排除全身出血性疾病。

2. 症状和体征 除阴道流血外,一般可有腹痛、发热和贫血。双合诊检查应在严密消毒、输液、备血等且有抢救条件下进行。检查可发现子宫增大、软,宫口松弛,可以示指轻触剖宫产者子宫下段切口部位,了解切口愈合情况。

3. 辅助检查 血、尿常规,了解感染与贫血情况,宫腔分泌物培养或涂片检查,超声检查子宫大小,宫腔内有无残留物,剖宫产切口愈合情况,查血 hCG 排除胎盘残留和滋养细胞肿瘤。

【治疗】

1. 少量或中等量阴道流血,应给予足量广谱抗生素及子宫收缩剂。

2. 疑有胎盘、胎膜、蜕膜残留或胎盘附着部位复旧不全者,应行刮宫术。手术前做好备血、建立静脉通路及开腹手术准备,刮出物送病理检查,以明确诊断。刮宫后应继续给予抗生素及子宫收缩剂。

3. 疑有剖宫产后子宫切口裂开,仅少量阴道流血可先住院给予广谱抗生素及支持疗法,密切观察病情变化;若阴道流血量多,可作剖腹探查。若切口周围组织坏死范围小,炎症反应轻微,可作清创缝合及髂内动脉、子宫动脉结扎止血或行髂内动脉栓塞术;若组织坏死范围大,酌情作子宫次全切除术或子宫全切术。

4. 若因肿瘤引起的阴道流血,应作相应处理。

【预防】

1. 产后应仔细检查胎盘、胎膜,注意是否完整,若有残缺应及时取出。在不能排除胎盘残留时,应行宫腔探查。

2. 剖宫产时子宫下段横切口应注意切口位置的选择及缝合,避免子宫下段横切口两侧角部撕裂。

3. 严格按无菌操作要求做好每项操作,术后应用抗生素预防感染。

【小结】 晚期产后出血是指分娩结束 24 小时后,在产褥期内发生的子宫大量出血。多见于产后 1~2 周,亦可迟至产后 2 月左右发病。最常见的病因是胎盘、胎膜残留。根据病因对症处理,胎盘、胎膜残留以清宫术为主,清宫后给予抗生素及子宫收缩剂;如怀疑剖宫产子宫切口裂开,必要时需剖腹探查。

第四节 产褥期抑郁症

产褥期妇女精神疾病的发病率明显高于其他时期,尤其以产后抑郁症较常见。1968 年 Pitt 首次将产妇在产褥期内出现抑郁症状称为产褥期抑郁症(postpartum depression,PPD)。据报道,

Notes

PPD 的发病率国外报道约为 30%，国内为 3.8%～16.7%。需要重视的是临床中仍有较多 PPD 病人未被发现。

【病因及高危因素】 病因不明。有不良生育史、多产、不易怀孕、青少年产妇、早产孕妇、有妊娠合并症、婴儿住院中的产妇、家庭关系不和睦、新生儿性别与期望不符等情况更易发生产褥期产后抑郁症。

【临床表现】 产褥期抑郁症的主要表现是抑郁，多在产后 2 周内发病，产后 4～6 周症状明显。产妇多表现为：心情压抑、沮丧、感情淡漠、不愿与人交流，甚至与丈夫也会产生隔阂。有的产妇还可表现为对生活、对家庭缺乏信心，主动性下降，流露出对生活的厌倦，平时对事物反应迟钝、注意力不易集中，食欲、性欲均明显减退。产褥期抑郁症病人亦可伴有头晕、头痛、胃部不适、心率加快、呼吸增加、便秘等症状，有的产妇有思维障碍、迫害妄想，甚至出现伤婴或自杀行为。

【诊断】 本病至今尚无统一的诊断标准。以下三种方法可供参考。

1. **产褥期抑郁症的诊断标准**　内容见美国《精神疾病的诊断与统计手册》(1994 版)。产后抑郁还包括的其他症状：婴儿入睡的同时产妇难以入睡、对孩子冷漠、担心孩子受伤害、对不能成为一个好母亲而有罪恶感。该诊断标准中许多指标具有一定的主观性，可能影响正确诊断。

2. **Edinburgh 产褥期抑郁量表(Edinburgh postnatal depression scale，EPDS)**　为目前多采用的诊断标准。该表包括 10 项内容，于产后 6 周进行调查。每项内容分 4 级评分(0～3 分)，总分相加≥13 分者可诊断为产褥期抑郁症(表 10-2)。

表 10-2　Edinburgh 产褥期抑郁量表

在过去的 7 日			
1. 我能够笑并观看事物有趣的方面			
如我总能做到那样多	0 分	现在不是那样多	1 分
现在肯定不多	2 分	根本不	3 分
2. 我期待着享受事态			
如我曾做到那样多	0 分	较我原来做得少	1 分
肯定较原来做的少	2 分	全然难得有	3 分
3. 当事情做错，我多会责备自己			
是，大多时间如此	3 分	是，有时如此	2 分
并不经常	1 分	不，永远不	0 分
4. 没有充分的原因我会焦虑或苦恼			
不，总不	0 分	极难得	1 分
是，有时	2 分	是，非常多	3 分
5. 没有充分理由我感到惊吓或恐慌			
是，相当多	3 分	是，有时	2 分
不，不多	1 分	不，总不	0 分
6. 事情对我来说总是发展到顶点			
是，在大多数情况下我全然不能应付			3 分
是，有时我不能像平时那样应付			2 分
不，大多数时间我应付得相当好			1 分

Notes

续表

我应付与过去一样好	0分		
7. 我难以入睡,很不愉快			
是,大多数时间如此	3分	是,有时	2分
并不经常	1分	不,全然不	0分
8. 我感到悲伤或痛苦			
是,大多数时间如此	3分	是,相当经常	2分
并不经常	1分	不,根本不	0分
9. 我很不愉快,我哭泣			
是,大多数时间	3分	是,相当常见	2分
偶然有	1分	不,根本不	0分
10. 出现自伤想法			
是,相当经常	3分	有时	2分
极难得	1分	永不	0分

(Cox JL, Holden JM, Sagovsky R, 1987)

3. 产褥期抑郁筛查量表(postpartum depression screening scale, PDSS) PDSS是目前较新的诊断标准,对产后抑郁的诊断更倾向于产妇这一特定人群。PPD不同于典型的抑郁症,抑郁并不一定是PPD病人最初或者最重要的症状。焦虑、失眠、激动、易激惹以及意识错乱是病人最早期的主要症状,而抑郁则位居其后。PDSS是这3种量表中唯一将这5项症状全部包括在内的。

PDSS是一种自评量表,共有7个因素,每个因素由5个条目组成,共有35个条目。这7个因素包括:睡眠/饮食失调、焦虑/担心、情绪不稳定、精神错乱、丢失自我、内疚/羞耻和自杀的想法。产妇们选择对每个条目不同意或同意的强烈程度分为5级,评分范围从35~175分。PDSS是专门用于产后抑郁筛查的一种量表,其测量要求是通过对产妇过去两周的感受来填写各条目。一般以总分≥60分作为筛查PPD病人的临界值,总分≥80分作为筛查严重PPD病人的临界值。

【治疗】 通常需要治疗,包括心理治疗和药物治疗。

1. 心理治疗 心理治疗对产褥期抑郁症非常重要。心理治疗的关键是:①增强病人的自信心,提高病人的自我价值意识;②根据病人的个性特征、心理状态、发病原因给予个体化的心理辅导,解除致病的心理因素。

2. 药物治疗 选用抗抑郁症的药物以不进入乳汁为佳。目前常用的药物有氟西汀、舍曲林、阿米替林等。

【预防】 产褥期抑郁症的发生,受到许多社会因素、心理因素及妊娠因素的影响。因此,加强对孕妇的精神关怀,了解孕妇的生理特点和性格特点,运用医学心理学、社会学知识,及时接触致病的心理因素、社会因素,在孕期和分娩过程中,多给一点关心、爱护,对于预防产褥期抑郁症具有积极意义。

1. 加强围生期保健,利用孕妇学校等多种渠道普及有关妊娠、分娩常识,减轻孕妇对妊娠、分娩的紧张、恐惧心情,完善自我保健。

2. 对有精神疾患家族史的孕妇,应定期密切观察,避免一切不良刺激,给予更多的关爱、指导。

Notes

3. 在分娩过程中,医护人员要充满爱心和耐心,尤其对产程长、精神压力大的产妇,更需要耐心解释分娩过程。

4. 尽量减少无指征的剖宫产术，从而降低产后抑郁症的发生。

5. 对于有不良分娩史、死胎、畸形胎儿的产妇，应向她们说明产生的原因，用友善、亲切、温和的语言，给予她们更多的关心，鼓励她们增加自信心。

【预后】 本病预后良好，约70%病人于1年内治愈，但再次妊娠有50%复发率。其下一代的认知能力可能受到一定影响。

【小结】 产褥期抑郁症为产妇在产褥期内出现的抑郁症状。多表现为心情压抑、沮丧、感情淡漠、不愿与人交流，甚至与丈夫也会产生隔阂。多在产后2周内发病，产后4～6周症状明显。本病以预防为主，强调家人与社会的关怀与照顾。

（狄　文）

Notes

第十一章 产科并发疾病

受孕与妊娠是极其复杂而又十分协调的生理过程。从受孕至胎儿娩出的漫长40周期间，各种内在因素与外界因素的综合作用时常影响着母体和胎儿。若不利因素占优势，正常妊娠将转变成病理妊娠。妊娠早期可发生流产、异位妊娠、妊娠剧吐；中、晚期可出现妊娠期高血压疾病、胎儿窘迫、早产、多胎妊娠及过期妊娠等。

第一节 流 产

妊娠不足28周、胎儿体重不足1000g而终止者称为流产(abortion)。妊娠13周末前终止者称为早期流产(early abortion)，妊娠14周至不足28周终止者称为晚期流产(late abortion)。妊娠20周至不足28周间流产、体重在500g至1000g之间、有存活可能之胎儿，称为有生机儿。流产又分为自然流产(spontaneous abortion)和人工流产(artificial abortion)两大类。自然流产率占全部妊娠的10%~15%，其中80%以上为早期流产。本节仅阐述自然流产。

【病因】

1. 胚胎因素 胚胎染色体异常是流产的主要原因。早期流产子代检查发现50%~60%有染色体异常。夫妇任何一方有染色体异常均可传至子代，导致流产。染色体异常包括：①数目异常：多见三体(trisomy)、单体X(monosomy X,45X)、三倍体及四倍体；②结构异常：染色体分带技术监测可见易位、断裂、缺失。除遗传因素外，感染、药物等不良作用亦可引起子代染色体异常。

2. 母体因素

(1) 全身性疾病：严重的全身性感染、TORCH感染、高热、心力衰竭、合并严重内、外科疾病等均可导致流产。

(2) 内分泌异常：黄体功能不足可致早期流产。甲状腺功能低下、严重的糖尿病血糖未控制均可导致流产。

(3) 免疫功能异常：与流产有关的免疫因素包括配偶的人白细胞抗原(human leukocyte antigen,HLA)、胎儿抗原、血型抗原(ABO及Rh)及母体的自身免疫状态。父母的HLA位点相同频率高，使母体封闭抗体不足亦可导致反复流产。母儿血型不合、孕妇抗磷脂抗体产生过多均可使胚胎或胎儿受到排斥而发生流产。

(4) 子宫异常：畸形子宫如子宫发育不良、单角子宫、双子宫、子宫纵隔、宫腔粘连(Asherman综合征)以及黏膜下或肌壁间子宫肌瘤均可影响胚囊着床和发育而导致流产。宫颈重度裂伤、宫颈内口松弛、宫颈过短可导致胎膜破裂而引起晚期流产。

(5) 创伤刺激：子宫创伤如手术、直接撞击、性交过度亦可导致流产；过度紧张、焦虑、恐惧、忧伤等精神创伤亦有引起流产的报道。

(6) 药物因素：吸烟、酗酒，吗啡、海洛因等毒品均可导致流产。

3. 环境因素 砷、铅、甲醛、苯、氯丁二烯、氧化乙烯等化学物质过多接触，均可导致流产。

【病理】 孕8周以前的流产，胚胎多已死亡，胚胎绒毛与底蜕膜剥离，导致其剥离面出血，坏死胚胎犹如宫内异物，刺激子宫收缩及宫颈扩张。此时由于绒毛发育不全，着床还不牢固，妊娠物多可完全排出,出血不多。早期流产常见胚胎异常类型为:无胚胎、结节状胚、圆柱状胚、发育阻滞胚、肢体畸形及神经管缺陷。孕 8～12 周时绒毛发育茂盛,与底蜕膜联接较牢固,流产时妊娠常不易完整排出而部分滞留宫腔,影响子宫收缩,出血量多,且经久不止;孕 12 周后,胎盘已完全形成,流产时先有腹痛,继而排出胎儿和胎盘,如胎盘剥离不全,可引起剥离面大量出血。胎儿在宫腔内死亡过久,可被血块包围,形成血样胎块而引起出血不止。也可吸收血红蛋白而形成肉样胎块,或胎儿钙化后形成石胎。其他还可见压缩胎儿、纸样胎儿、浸软胎儿、脐带异常等病理表现。

【临床表现】 主要为停经后阴道流血和腹痛。

1. 停经　大部分自然流产病人均有明显的停经史。但是,妊娠早期流产导致的阴道流血很难与月经异常鉴别,常无明显停经史。约半数流产是妇女未知已孕就发生受精卵死亡和流产。对这些病人,要根据病史、血、尿 hCG 以及超声检查结果综合判断。

2. 阴道流血和腹痛　早期流产者常先有阴道流血,而后出现腹痛。由于胚胎或胎儿死亡,绒毛与蜕膜剥离,血窦开放,出现阴道流血;剥离的胚胎或胎儿及血液刺激子宫收缩,排出胚胎或胎儿,产生阵发性下腹疼痛;当胚胎或胎儿完全排出后,子宫收缩,血窦关闭,出血停止。晚期流产的临床过程与早产及足月产相似:经过阵发性子宫收缩,排出胎儿及胎盘,同时出现阴道流血。

【临床分型】 按流产发展的不同阶段,分为以下临床类型。

1. 先兆流产(threatened abortion)　停经后出现少量阴道流血,常为暗红色或血性白带,流血后数小时至数日可出现轻微下腹痛或腰骶部胀痛;宫颈口未开,无妊娠物排出;子宫大小与停经时间相符。经休息及治疗,症状消失,可继续妊娠。如症状加重,则可能发展为难免流产。

2. 难免流产(inevitable abortion)　在先兆流产的基础上,阴道流血增多,腹痛加剧,或出现胎膜破裂。检查见宫颈口已扩张,有时可见胎囊或胚胎组织堵塞于宫颈口内,子宫与停经时间相符或略小。超声检查可仅见胚囊而无胚胎(或胎儿),或有胚胎但无心管搏动亦属于此类型。

3. 不全流产(incomplete abortion)　难免流产继续发展,部分妊娠物排出宫腔,或胎儿排出后胎盘滞留宫腔或嵌顿于宫颈口,影响子宫收缩,导致大量出血,甚至休克。检查可见宫颈已扩张,宫颈口有妊娠物堵塞及持续性血液流出,子宫小于停经时间。

4. 完全流产(complete abortion)　有流产的症状,妊娠物已全部排出,随后流血逐渐停止,腹痛逐渐消失。检查见宫颈口关闭,子宫接近正常大小。

流产的临床过程简示如下:

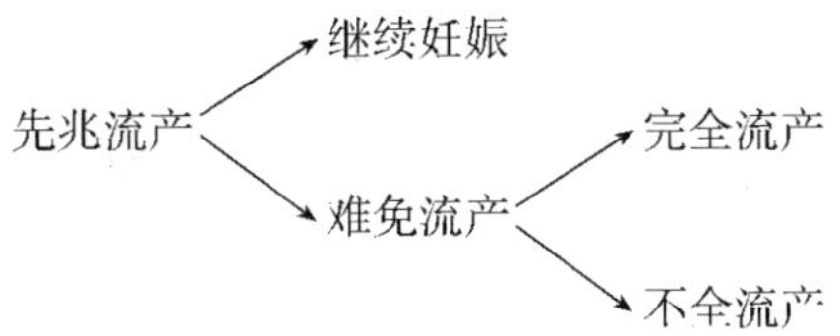

此外,流产尚有三种特殊情况:

1. 稽留流产(missed abortion)　指宫内胚胎或胎儿死亡后未及时排出者。典型表现是有正常的早孕过程,有先兆流产的症状或无任何症状;随着停经时间延长,子宫不再增大或反而缩小,子宫小于停经时间;宫颈口未开,质地不软。

2. 复发性流产(recurrent spontaneous abortion)　指同一性伴侣连续自然流产 3 次或 3 次以上者。常见原因为胚胎染色体异常、免疫因素异常、甲状腺功能低下、子宫畸形或发育不良、宫腔粘连、宫颈内口松弛等。每次流产常发生在同一妊娠月份,其临床过程与一般流产相同。

3. 流产合并感染(septic abortion)　多见于阴道流血时间较长的流产病人,也常发生在不全流产或不洁流产时。临床表现为下腹痛、阴道有恶臭分泌物,双合诊检查有宫颈摇摆痛。严

Notes

重时引起盆腔腹膜炎、败血症及感染性休克。常为厌氧菌及需氧菌混合感染。

【诊断】 根据病史、临床表现即可诊断,但有时需结合辅助检查才能确诊。

1. 病史 询问有无停经史、反复流产史、早孕反应及其出现时间,阴道流血量、持续时间、与腹痛之关系,腹痛的部位、性质,有无妊娠物排出。了解有无发热、阴道分泌物有无臭味可协助诊断流产合并感染。

2. 体格检查 测量体温、脉搏、呼吸、血压,检查有无贫血及急性感染征象,外阴消毒后妇科检查了解宫颈是否扩张、有无妊娠物堵塞或羊膜囊膨出,子宫有无压痛、与停经时间是否相符,双附件有无压痛、增厚或肿块。疑为先兆流产者,操作应轻柔。

3. 辅助诊断

(1)超声检查:测定妊娠囊的大小、形态、胎儿心管搏动,并可辅助诊断流产类型,若妊娠囊形态异常,提示妊娠预后不良。宫腔和附件检查有助于稽留流产、不全流产及异位妊娠的鉴别诊断。

(2)妊娠试验:连续测定血 hCG 动态变化,有助于妊娠的诊断及预后判断。妊娠 6~8 周时,血 hCG 是以每日 66% 的速度增加,若血 hCG 每 48 小时增加不到 66%,则提示妊娠预后不良。

(3)其他检查:血常规检查判断出血程度,白细胞和血沉可判断有无感染存在。复发性流产病人可行染色体、免疫因素、宫颈功能、甲状腺功能等检查。

【鉴别诊断】 首先区别流产类型,见表 11-1。同时需与异位妊娠、葡萄胎、功能失调性子宫出血、盆腔炎及急性阑尾炎等疾病进行鉴别。

表 11-1 流产类型的鉴别诊断

流产类型	临床表现		组织物排出	妇科检查	
	出血量	下腹痛		宫颈口	子宫大小
先兆流产	少	无或轻	无	关闭	与孕周相符
难免流产	增多	加重	无	松弛或扩张	相符或略小
不全流产	多	减轻	有	松弛扩张、有物阻塞	略小
完全流产	少或无	无	全部排出	关闭	基本正常

【处理】 确诊流产后,应根据其类型进行相应处理。

1. 先兆流产 应卧床休息,严禁性生活,足够的营养支持。保持情绪稳定,对精神紧张者可给予少量对胎儿无害的镇静剂。黄体功能不足者可给予黄体酮 10~20mg,每日或隔日肌内注射一次;或口服地屈孕酮,起始剂量为口服 40mg,随后每 8 小时服用 10mg,至症状消失;或 HCG 3000U,隔日肌内注射一次。甲状腺功能低下者可口服甲状腺素片。如阴道流血停止、腹痛消失、超声证实胚胎存活,可继续妊娠。若临床症状加重,超声发现胚胎发育不良,hCG 持续不升或下降,表明流产不可避免,应终止妊娠。

2. 难免流产 一旦确诊,应及早排出胚胎及胎盘组织,对刮出物应仔细检查,并送病理检查。晚期流产时子宫较大,出血较多,可用缩宫素 10~20U 加入 5% 葡萄糖液 500ml 中静脉滴注,促进子宫收缩。必要时行刮宫术,清除宫内组织。术后可行超声检查,了解有无妊娠物残留,并给予抗生素预防感染。

3. 不全流产 由于部分组织残留宫腔或堵塞于宫颈口,极易引起子宫大量出血。故应在输液、输血同时行刮宫术或钳刮术,并给予抗生素预防感染。

4. 完全流产 症状消失,超声检查宫腔无残留物。如无感染,可不予特殊处理。

5. 稽留流产 死亡胎儿及胎盘组织在宫腔内稽留过久,可导致严重凝血功能障碍及 DIC 的

Notes

发生,应先行凝血功能检查,在备血、输液条件下行刮宫术;如凝血机制异常,可用肝素、纤维蛋白原、新鲜血、血小板等纠正后再行刮宫。可应用米非司酮加米索前列醇或静脉滴注缩宫素,促使胎儿、胎盘排出。

6. **复发性流产** 染色体异常夫妇应于孕前进行遗传咨询,确定可否妊娠;明确女方有无生殖道畸形、肿瘤、宫腔粘连等。宫颈内口松弛者应于孕14~16周行宫颈内口环扎术。抗磷脂综合征病人,可在孕期使用小剂量阿司匹林和(或)低分子肝素。对黄体功能不足者可肌内注射HCG 3000~5000U,隔日一次;或每日口服地屈孕酮2次,每次10mg,至妊娠12周。

7. **流产合并感染** 治疗原则为迅速控制感染,尽快清除宫内残留物。如为轻度感染或出血较多,可在静脉滴注抗生素同时进行刮宫,以达到止血目的;感染较严重而出血不多时,可用高效广谱抗生素控制感染后再行刮宫。刮宫时可用卵圆钳夹出残留组织,忌用刮匙全面搔刮,以免感染扩散。严重感染性流产必要时切除子宫以去除感染源。

【小结】 妊娠不足28周、胎儿体重不足1000g而终止者称为流产。子代染色体异常是早期流产的主要原因。其他原因包括母体感染、内分泌异常、免疫功能异常以及子宫异常等。流产分为先兆、难免、不全和完全流产。还有三种特殊类型流产:稽留流产、复发性流产和流产感染。流产确诊后,应根据其类型进行相应处理。

(狄 文)

第二节 异位妊娠

受精卵在子宫体腔以外着床称为异位妊娠(ectopic pregnancy),俗称宫外孕(extrauterine pregnancy)。根据受精卵着床的部位不同,异位妊娠分为:输卵管妊娠、宫颈妊娠,卵巢妊娠、腹腔妊娠、阔韧带妊娠等(见图11-1),其中以输卵管妊娠最常见(占90%~95%)。异位妊娠是妇产科常见的急腹症之一。

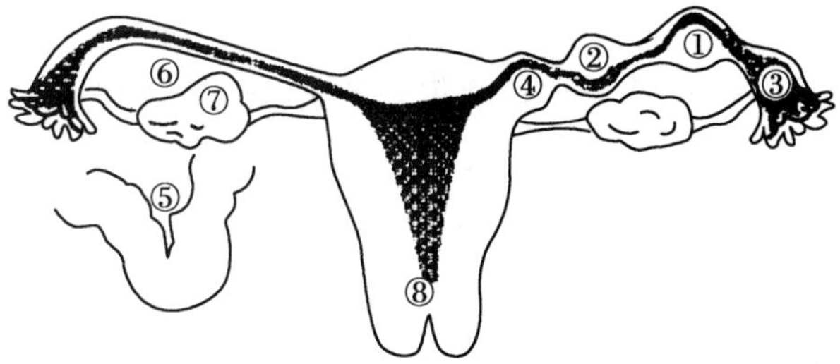

图11-1 各种异位妊娠的发病部位
①输卵管壶腹部妊娠;②输卵管峡部妊娠;③输卵管伞部妊娠;④输卵管间质部妊娠;⑤腹腔妊娠;⑥阔韧带妊娠;⑦卵巢妊娠;⑧宫颈妊娠

一、输卵管妊娠

输卵管妊娠(tubal pregnancy)多发生在壶腹部(75%~80%),其次为峡部。伞部及间质部妊娠少见。

【病因】 确切病因尚未明了,可能与以下因素有关。

1. **输卵管异常** 慢性输卵管炎可致管腔皱褶粘连、管腔部分堵塞;阑尾炎、盆腔结核、腹膜炎及子宫内膜异位症可致输卵管周围粘连、输卵管扭曲、僵直及伞端闭锁,导致输卵管腔狭窄、部分堵塞或蠕动异常;盆腔肿瘤的牵拉和压迫使输卵管变得细长、迂曲或管腔狭窄或部分堵塞;输卵管粘连分离术、再通术及伞端造口术后的重新粘连或手术部位瘢痕狭窄、输卵管绝育术后

Notes

瘘管形成或再通，均可延迟或阻止受精卵进入宫腔，从而着床在输卵管而发生输卵管妊娠。此外，输卵管发育不良时，输卵管细长且屈曲，肌层发育差，黏膜纤毛缺乏，输卵管憩室或副伞等先天畸形亦可导致输卵管妊娠。

2. **受精卵游走** 卵子在一侧输卵管受精，经宫腔进入对侧输卵管后种植（受精卵内游走）；或游走于腹腔内，被对侧输卵管拾捡（受精卵外游走），由于游走时间较长，受精卵发育增大，故种植在对侧输卵管而成输卵管妊娠。

3. **避孕失败** 使用IUD、口服紧急避孕药避孕失败，发生输卵管妊娠机会较大。

4. **其他** 施行辅助生育技术后输卵管妊娠的发生率约为5%。内分泌异常、精神紧张、吸烟也可导致输卵管妊娠。

【病理】

1. **输卵管妊娠的结局**

（1）输卵管妊娠流产（tubal abortion）：多发生在妊娠8～12周内的输卵管壶腹部妊娠。受精卵在输卵管黏膜着床后，由输卵管黏膜和纤维蛋白形成的包蜕膜可将受精卵与输卵管腔隔离，但其很脆弱。绒毛外中间型滋养细胞可侵入输卵管壁和侵蚀血管，引起基底蜕膜处出血，从而增加包蜕膜内侧压力，导致包蜕膜破裂，囊胚可随血块一起进入管腔。若囊胚完全掉入管腔，刺激输卵管逆蠕动而挤入腹腔，为输卵管妊娠完全流产；若囊胚剥离不完整，部分组织滞留管腔，继续侵蚀输卵管壁而引起反复出血，形成输卵管妊娠不全流产。反复出血可形成输卵管血肿或输卵管周围血肿，血液积聚在直肠子宫陷凹而形成盆腔血肿，甚至流向腹腔（图11-2）。

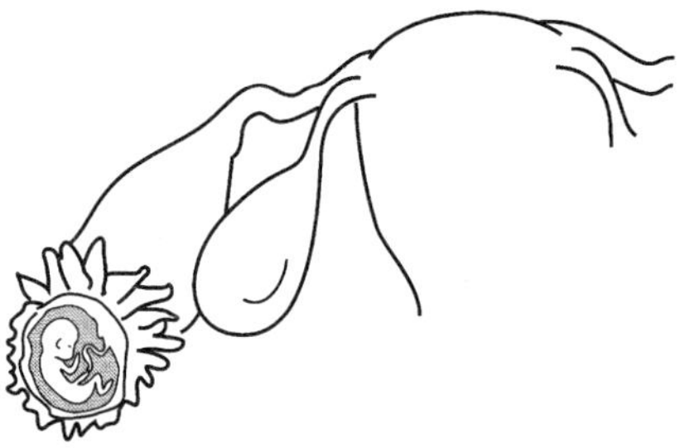

图11-2 输卵管妊娠流产

（2）输卵管妊娠破裂（rupture of tubal pregnancy）：指囊胚在输卵管内继续生长，绒毛侵蚀、穿透肌层及浆膜，导致管壁破裂，妊娠物流入腹腔，也可破入阔韧带而形成阔韧带妊娠。输卵管峡部妊娠多在妊娠6周左右破裂。而间质部妊娠（图11-3）时，由于间质部外围子宫角肌层较厚，血供丰富，妊娠往往持续到3～4个月才发生破裂。输卵管妊娠破裂（图11-4）可致短期内大量出血，形成盆腔或腹腔积血，病人出现肛门坠胀、剧烈腹痛、休克、晕厥等临床症状。

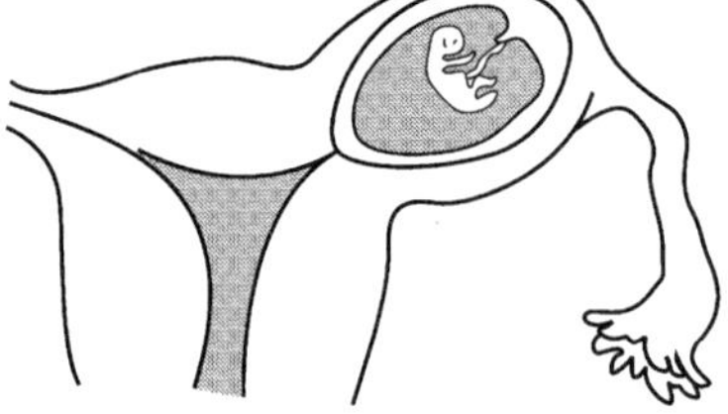

图11-3 输卵管间质部妊娠

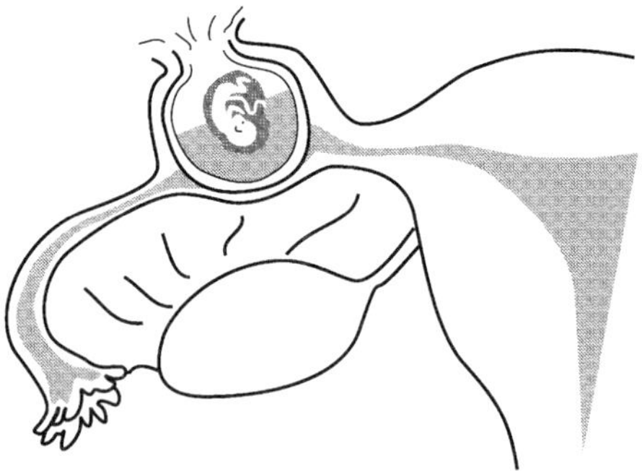

图11-4 输卵管妊娠破裂

（3）继发性腹腔妊娠：输卵管妊娠流产或破裂后，囊胚掉入腹腔多已死亡。偶有存活者，可重新种植于腹腔内继续生长，形成继发性腹腔妊娠。

输卵管流产或破裂后，若出血逐渐停止，胚胎死亡，被血块包裹形成盆腔血肿，血肿与周围组织粘连并发生机化，临床称为“陈旧性异位妊娠”。

Notes

（4）持续性异位妊娠（persistent ectopic pregnancy）：输卵管妊娠行保守性手术时，若术中未完全清除胚囊，或残存的滋养细胞继续生长，致术后 hCG 不降或上升，称为持续性异位妊娠。

2. 子宫变化

（1）子宫体：略增大，变软，是因血供增加所致。但输卵管妊娠时，子宫增大不像宫内妊娠那样随妊娠月份增加而相应增大。

（2）子宫内膜：与正常妊娠变化相似。输卵管妊娠时，滋养细胞分泌的 hCG 刺激子宫内膜发生蜕膜反应，但蜕膜下的海绵层及血管系统发育较差。当胚胎受损或死亡时，滋养细胞活力下降，蜕膜碎片随阴道流血排出。如蜕膜完整剥离，则排出三角形蜕膜管型，但不见绒毛。子宫内膜病理学检查可见蜕膜样变；也可因胚胎死亡、绒毛及黄体分泌的激素下降、新的卵泡发育，而呈增生期或分泌期变化。

输卵管妊娠时，子宫内膜有时可见高度分泌反应或 Arias-Stella（A-S）反应，镜下可见：腺上皮细胞增大，核深染，突入腺腔，胞质富含空泡。

【临床表现】 典型的临床表现包括停经、腹痛及阴道流血。

1. 症状

（1）停经：输卵管壶腹部及峡部妊娠一般停经 6～8 周，间质部妊娠停经时间较长。但约有 25% 病人无明显停经史。

（2）阴道流血：常表现为短暂停经后不规则阴道流血，量少，点滴状，色暗红或深褐色。部分病人阴道流血量较多，似月经量，约 5% 表现为大量阴道流血。阴道流血表明胚胎受损或已死亡，导致 hCG 下降，卵巢黄体分泌的激素难以维持蜕膜生长而发生剥离出血，并伴有蜕膜碎片或管型排出。当病灶去除后，阴道流血才逐渐停止。

（3）腹痛：95% 以上输卵管妊娠病人以腹痛为主诉就诊。输卵管妊娠未破裂时，增大的胚囊膨胀输卵管，导致输卵管痉挛及逆蠕动，患侧出现下腹一侧隐痛或胀痛。输卵管妊娠破裂时，突感患侧下腹部撕裂样剧痛，疼痛为持续性或阵发性；血液积聚在直肠子宫陷凹而出现肛门坠胀感（里急后重）；出血多时可引起全腹疼痛，恶心呕吐；血液刺激横膈，出现肩胛部放射痛（称为 Danforth 征）。

（4）晕厥和休克：部分病人由于腹腔内急性出血及剧烈腹痛，入院时即处于休克状态，面色苍白、四肢厥冷、脉搏快而细弱、血压下降。休克程度取决于内出血速度及出血量，与阴道流血量不成比例。

2. 体征

（1）腹部体征：出血量不多时，患侧下腹明显压痛、反跳痛，轻度肌紧张；出血量较多时可见腹膨隆，全腹压痛及反跳痛，但压痛仍以输卵管妊娠处为甚，移动性浊音阳性。

（2）盆腔体征：妇科检查可见阴道少量血液，后穹窿饱满、触痛；宫颈举痛明显，有血液自宫腔流出；子宫略增大、变软，内出血多时子宫有漂浮感；子宫后方或患侧附件扪及压痛性肿块，边界多不清楚，其大小、质地、形状随病变差异而不同。肿块过大时可将子宫推向对侧，如肿块形成过久，机化变硬，边界可逐渐清楚。

【诊断】 输卵管妊娠流产或破裂后，多数有典型的临床表现。根据停经、阴道流血、腹痛、休克等表现可以诊断。如临床表现不典型，则应密切监护病情变化，结合辅助检查作出诊断。

1. 超声检查　阴道超声检查是诊断输卵管妊娠的主要方法之一。输卵管妊娠的典型声像图为：①子宫内不见妊娠囊，内膜增厚；②宫旁一侧见边界不清、回声不均的混合性肿块，有时宫旁肿块内可见妊娠囊、胚芽及原始心管搏动，是输卵管妊娠的直接证据；③直肠子宫陷凹处有积液。

2. 妊娠试验　异位妊娠时 hCG 往往低于正常宫内妊娠，且 hCG 的倍增在 48 小时内常不足 66%。hCG 阴性不能完全排除异位妊娠。

3. 腹腔穿刺　内出血时，血液积聚于直肠子宫陷凹，后穹窿穿刺可抽出陈旧性不凝血。当有血肿形成或粘连时，抽不出血液也不能否定异位妊娠的存在。当出血多，移动性浊音阳性时，

Notes

可直接经下腹壁一侧穿刺。

4. 腹腔镜检查 腹腔镜检查是诊断异位妊娠的金标准，可在确诊的同时进行手术。

5. 子宫内膜病理检查 诊断性刮宫见到蜕膜而无绒毛时可排除宫内妊娠；若见绒毛极少，须随访。

【鉴别诊断】 输卵管妊娠应与流产、急性输卵管炎、急性阑尾炎、卵巢囊肿破裂及卵巢囊肿蒂扭转鉴别(表 11-2)。

表 11-2 异位妊娠的鉴别诊断

	异位妊娠	流产	卵巢囊肿蒂扭转	急性盆腔炎	急性阑尾炎	卵巢囊肿破裂
腹痛	撕裂样剧痛，自下腹一侧开始向全腹扩散	下腹中央阵发性剧痛	下腹一侧突发性剧痛	下腹持续性疼痛	持续性疼痛，从上腹部开始由脐周转至右下腹	下腹一侧突发性剧痛
阴道流血	量少，色暗红，可有蜕膜排出	开始量少，后增多，色鲜红，有小血块或绒毛排出	无	无	无	无
停经史	多有	有	无	无	无	无
腹部压痛	有	无或宫体轻压痛	有	有	右下腹有压痛	有
反跳痛	有	无	有	有	有	有
宫颈举痛	有	无	有	有	无	有
子宫增大	无	有	无	无	无	无
宫口开	无	有	无	无	无	无
附件肿块	可有肿块	无	有	可有肿块	无	有
后穹窿穿刺	可抽出不凝血	阴性	阴性	可抽出渗出液或脓液	阴性	可抽出囊液
hCG 测定	阳性	阳性	阴性	阴性	阴性	阴性
白细胞增高	正常或升高	正常	正常或略高	升高	升高	正常或略高
超声检查	宫内无妊娠囊，宫外可有	宫内妊娠	附件区肿块	附件区可有不规则肿块	阑尾区域可有肿块	附件区肿块

【治疗】 根据病情缓急，采取相应处理。

1. 大量内出血时的紧急处理 内出血多，致休克时，应快速备血、建立静脉通道、输血、吸氧等抗休克治疗，并尽快手术。术中快速钳夹患侧输卵管病灶，暂时控制出血，清除腹腔积血后，视病变情况采取以下手术方式。

(1) 输卵管切除术(salpingectomy)：适用于腹腔大量出血，伴有休克的急性病人。一般施行患侧输卵管切除术，输卵管间质部妊娠时可行子宫角切除及患侧输卵管切除，必要时切除子宫。若对侧输卵管有粘连、闭锁时可行输卵管分离术及伞端造口术。

(2) 保守性手术：适用于要求生育的年轻妇女，特别对侧输卵管已切除者。输卵管保守性手术包括输卵管造口术(salpingostomy)、输卵管切开术(salpingotomy)及输卵管伞部压出术(fimbrial expression)。输卵管保守性手术的选择应根据输卵管妊娠部位、输卵管损伤情况而定：输卵管伞部妊娠可行伞部压出术排出胚囊；壶腹部妊娠可纵形切开壶腹部，取出血块和胚囊，切口不缝合，称为造口术或开窗术，如缝合切口，则为切开术；峡部妊娠可切除病灶，行两侧断端吻合术。输卵管保守性手术可增加后续妊娠的几率，但也伴有绒毛组织残留的风险。故术后3～7日内应复查血hCG，如血hCG值下降不显著，应考虑加用甲氨蝶呤（methotrexate，MTX）治疗（具体方法见下述）。

2. 无或少量内出血的治疗　对无内出血或仅有少量内出血、无休克、病情较轻的病人，可采用药物治疗或手术治疗。

（1）药物治疗：用于治疗异位妊娠的药物以MTX为首选。MTX是叶酸拮抗剂，可抑制四氢叶酸生成，从而干扰DNA合成，使滋养细胞分裂受阻，胚胎发育停止而死亡。

适应证：①一般情况良好，无活动性腹腔内出血；②盆腔肿块最大直径<3cm；③血β-hCG<2000U/L；④超声未见胚胎原始血管搏动；⑤肝、肾功能及血红细胞、白细胞、血小板计数正常；⑥无MTX使用禁忌证。

治疗方案：①单次给药：剂量为50mg/m^2，肌内注射一次，可不加用四氢叶酸，成功率达87%以上；②分次给药：MTX 0.4mg/kg肌内注射，每日一次，共5次，一般总量为100mg，同时需加用四氢叶酸。给药期间应测定血β-hCG及超声，严密监护。

用药后随访：①单次或分次用药后2周内，宜每隔三日复查血β-hCG及超声；②血β-hCG呈下降趋势并三次阴性，症状缓解或消失，肿块缩小为有效；③若用药后第七日血β-hCG下降>15%～≤25%、超声检查无变化，可考虑再次用药（方案同前）；④血β-hCG下降<15%，症状不缓解或反而加重，或有内出血，应考虑手术治疗；⑤用药后35日，血β-hCG也可为低值（<15mIU/ml），也有用药后109日血β-hCG才降至正常者。

局部用药可采用在超声引导下穿刺，将MTX直接注入输卵管妊娠囊内。也可以在腹腔镜直视下穿刺输卵管妊娠囊，吸出部分囊液后，将药液注入其中。此外，中医采用活血化瘀、消癥杀胚药物，有一定疗效。

（2）手术治疗：可采用腹腔镜或开腹方式行输卵管切除术或保守性手术，方法同前。

二、其他类型的异位妊娠

1. 宫颈妊娠（cervical pregnancy）　指受精卵在宫颈管内着床和发育。虽罕见，然而一旦发病，则病情危重，处理较困难。临床表现为：停经、早孕反应、阴道流血或有血性分泌物，可突然阴道大量流血而危及生命，不伴腹痛是其特点。妇科检查：宫颈紫蓝色、软、膨大，流血多时宫颈外口扩张，可见胚胎组织，但宫体大小及硬度正常。除血hCG外，超声检查见宫颈管内妊娠囊即可确诊。

治疗方法：

若发生失血性休克，应先积极纠正休克，同时可行以下治疗：①备血后刮除宫颈管内胚胎组织，纱条填塞或小水囊压迫创面止血，或直视下切开宫颈剥除胚胎，褥式缝合管壁，继而修复宫颈管；②在宫腔镜下吸取胚胎组织，创面以电凝止血；③子宫动脉栓塞（同时用栓塞剂和MTX）。必要时切除子宫以挽救病人生命。

若阴道流血量少或无流血，可采用MTX全身用药，用药方案见“输卵管妊娠”；或经宫颈注射于胚囊内。应用MTX治疗后，可待血hCG值明显下降后再行刮宫术，术前可酌情行子宫动脉栓塞，可降低大出血的风险。

2. 卵巢妊娠（ovarian pregnancy）　指受精卵在卵巢组织内着床和生长、发育。发病率占异位妊娠的0.36%～2.74%。临床表现与输卵管妊娠极相似，常被诊断为输卵管妊娠或卵巢黄体破裂。腹腔镜诊断极有价值，但确诊仍需病理检查。诊断标准：①双侧输卵管完整，并与卵巢分开；②囊胚位于卵巢组织内；③卵巢与囊胚必须以卵巢固有韧带与子宫相连；④囊胚壁上有卵

Notes

巢组织。治疗可行卵巢楔形切除。

3. 腹腔妊娠 指位于输卵管、卵巢及阔韧带以外之腹腔内的妊娠,分为原发性和继发性两种。原发性腹腔妊娠少见,继发性腹腔妊娠多见于输卵管妊娠流产或破裂后,或继发于卵巢妊娠时囊胚落入腹腔。

病人常有停经、早孕反应,可有输卵管妊娠流产或破裂症状,随之流血停止、腹痛缓解。此后腹部逐渐增大,胎动时孕妇腹痛不适。腹部可清楚扪及胎儿肢体,常出现肩先露、臀先露、胎头高浮,子宫轮廓不清。即使足月后也难以临产,宫颈口不开,胎先露不下降。腹腔妊娠时胎儿往往不能存活,可被大网膜及腹腔脏器包裹,日久可干尸化或成石胎。超声检查子宫内无胎儿,或胎儿位于子宫以外。

确诊后,应立即剖腹取出胎儿。胎盘的处理应视情况而定:如胎盘附着于子宫、输卵管及阔韧带,可将胎盘及其附着器官一并切除;若胎儿死亡,胎盘循环停止已久,可试行胎盘剥除;若胎盘附着于重要器官而不宜切除或无法剥除者,可留置胎盘于腹腔内,术后可逐渐吸收。

4. 宫内、宫外同时妊娠(heterotopic pregnancy) 指宫腔内妊娠与异位妊娠同时存在,极罕见,但辅助生殖技术开展及促排卵药物的应用使其发生率明显增高(约1%)。超声可协助诊断,但确诊需行病理检查。

5. 剖宫产瘢痕妊娠(caesarean scar pregnancy,CSP) 剖宫产瘢痕妊娠虽较少见,但随着剖宫产率的增加,其发生率呈明显增长趋势。CSP的发病机制尚未明了,可能为:受精卵通过子宫内膜和剖宫产瘢痕间的微小腔道着床在瘢痕组织中,其后,胚囊由瘢痕组织的肌层和纤维组织包绕,完全与子宫腔隔离。目前认为,除剖宫产外,其他子宫手术也可形成子宫内膜和手术瘢痕间的微小腔道,例如刮宫术、肌瘤剜出术以及宫腔镜手术等。瘢痕组织中胚囊可继续发育、生长,但有自然破裂而引起致命性出血的潜在危险。另外,胚囊滋养细胞也有可能:①浸润膀胱,引起相应症状和体征;②穿透子宫下段瘢痕组织,胚囊落入腹腔,继续生长,形成腹腔妊娠。剖宫产瘢痕妊娠5~16周间的临床表现多为无痛性少量阴道流血。诊断主要依靠超声检查。超声检查可见:①子宫腔与颈管内均未见孕囊;②孕囊位于子宫峡部的前部;③约2/3病人的孕囊和膀胱壁间肌性组织厚度<5mm、且有缺损;④偶见子宫下段肌性组织断损,孕囊突于其间。必要时,也可借助磁共振、宫腔镜以及腹腔镜检查协助诊断。目前,尚无标准的治疗方案,多采用MTX药物全身或局部治疗(见"输卵管妊娠"),或子宫动脉栓塞(同时用栓塞剂和MTX),一般于栓塞后24~48小时行刮宫术,降低大出血的风险,也可行开腹或腹腔镜下瘢痕(包括孕囊)楔形切除术。必要时,可行全子宫切除术。

6. 子宫残角妊娠(pregnancy in rudimentary horn) 残角子宫是子宫畸形的一种类型,多与发育较好的子宫腔不相通。受精卵经残角子宫侧输卵管进入残角子宫内妊娠,称为子宫残角妊娠。可在早孕时即发生胚胎死亡而出现类似流产症状,若胎儿继续生长,常在中期妊娠时发生残角自然破裂而引起严重内出血致休克。即使至妊娠足月,临产后胎儿常死亡,若未确诊而盲目试产也引起残角子宫破裂。一旦确诊,可行残角子宫及同侧输卵管切除,若为足月活胎,可行剖宫产后切除残角子宫。

【小结】 异位妊娠是妇科急腹症之一。临床表现主要为停经后阴道不规则流血,可伴腹痛。异位妊娠腹腔内出血多时有晕厥、休克等临床表现。因此,有性生活的育龄期女性,若有阴道不规则流血或下腹疼痛,都应首先排除异位妊娠的可能。异位妊娠治疗包括MTX为主的药物保守治疗和手术治疗。

(狄 文)

第三节 妊娠剧吐

Notes

妊娠剧吐(hyperemesis gravidarum,HG)是发生于妊娠早期,以严重的恶心、呕吐为主要症状,伴有孕妇脱水、电解质紊乱和酸中毒。诊治不当病人可因营养失调、代谢性酸中毒、电解质紊乱、肝、肾衰竭危及生命,发病率为0.5%～2%。

【病因】 至今病因不明。

1. 内分泌因素

(1) 绒毛膜促性腺激素(hCG)水平增高:鉴于早孕反应出现与消失的时间与孕妇血hCG值上升与下降的时间相一致,加之葡萄胎、多胎妊娠孕妇血hCG值明显升高,剧烈呕吐发生率也高,说明妊娠剧吐可能与hCG水平升高有关,但不能解释hCG水平下降后,某些孕妇整个孕期仍然持续呕吐,而某些妇女(如绒癌病人)尽管hCG水平显著升高,但并不会出现恶心和呕吐。

(2) 甲状腺功能改变:60%的HG病人可伴发短暂的甲状腺功能亢进,病人呕吐的严重程度与游离甲状腺激素显著相关。

2. 精神、社会因素　精神过度紧张、焦急、忧虑及生活环境和经济状况较差的孕妇易发生妊娠剧吐,提示此病可能与精神、心理等因素有关。

3. 其他　妊娠剧吐也可能与维生素B_1缺乏、过敏反应、幽门螺杆菌感染有关。

【临床表现】 孕5～10周出现恶心、呕吐,开始以晨间、餐后为重,逐渐发展为频繁呕吐,呕吐物除食物胆汁外,严重者可含血液,呈咖啡渣样。不能进食和严重呕吐导致孕妇脱水、电解质紊乱、尿比重增加、尿酮体阳性,甚至酸中毒。机体动用脂肪供能,体重减轻超过5%,脂肪代谢的中间产物丙酮增多引起代谢性酸中毒。孕妇肝、肾功能受损时可出现黄疸,血转氨酶、肌酐和尿素氮升高,尿中出现蛋白和管型。严重者可因维生素B_1(硫胺素)缺乏引发Wernicke脑病,维生素K缺乏导致凝血功能障碍。

【诊断及鉴别诊断】 根据病史、临床表现及妇科检查,不难确诊。其诊断至少应包括每日呕吐≥3次,尿酮体阳性,体重较孕前减轻≥5%。

妊娠剧吐主要应与葡萄胎及可能引起呕吐的疾病如肝炎、胃肠炎等相鉴别。

对妊娠剧吐病人还应行实验室检查以协助了解病情。

1. 尿液检查　测定尿量、尿比重、酮体,注意有无蛋白尿及管型尿。

2. 血液检查　血常规、动脉血气、电解质、肝肾功等评估病情程度。

3. 必要时行眼底检查及神经系统检查。

4. 超声检查　排除多胎妊娠、滋养细胞疾病等。

【并发症】 妊娠剧吐可致维生素B_1缺乏,导致Wernicke脑病,临床表现为眼球震颤、视力障碍、共济失调、急性期言语增多,以后逐渐精神迟钝、嗜睡,个别发生木僵或昏迷。若不及时治疗,死亡率达50%。

妊娠剧吐可致维生素K缺乏,并伴有血浆蛋白及纤维蛋白原减少,孕妇出血倾向增加,可发生鼻出血、骨膜下出血,甚至视网膜出血。

【治疗】 妊娠后服用多种维生素可减轻妊娠恶心、呕吐。对精神情绪不稳定的孕妇,给予心理治疗,解除其思想顾虑。

妊娠剧吐病人应住院治疗,禁食,根据化验结果,明确失水量及电解质紊乱情况,酌情补充水分和电解质,每日补液量不少于3000ml,尿量维持在1000ml以上。输液中应加入氯化钾、维生素C等,并给予维生素B_1肌内注射。

止吐剂一线药物为维生素B_6或维生素B_6-多西拉敏复合制剂。二线药物为苯海拉明、5-羟色胺3受体拮抗剂(恩丹西酮)。对合并有代谢性酸中毒者,可给予碳酸氢钠或乳酸钠纠正。营养不良者,静脉补充必需氨基酸、清蛋白、脂肪乳。一般经上述治疗2～3日后,病情多可好转。若病人体重减轻大于5%～10%,不能进食,可选择鼻饲管或中心静脉全胃肠外营养。孕妇可在呕吐停止后,试进少量流质饮食,可逐渐增加进食量,同时调整补液量。

经治疗后多数病情好转可继续妊娠,若出现下列情况危及孕妇生命时,需考虑终止妊娠:

①持续肝功能异常;②持续蛋白尿;③体温升高,持续在38℃以上;④心动过速(≥120次/分),⑤伴发Wernicke脑病等。

【小结】 妊娠剧吐发生于妊娠早期,以严重的恶心、呕吐为主要症状,伴有孕妇脱水、电解质紊乱和酸中毒。常规治疗包括禁食、纠正水、电解质紊乱和酸碱平衡失调以及加用维生素 B_6、维生素C。及时、及早补充维生素 B_1,有效防治Wernicke脑病。常规治疗无效时,应考虑终止妊娠。

(漆洪波)

参考文献

Cunningham FG, Leveno KJ, Bloom SL, et al. Williams Obstetrics: 24rd Edition. New York: McGraw-Hill Education, 2014.

第四节 妊娠期高血压疾病

妊娠期高血压疾病(hypertension in pregnancy)是妊娠与血压升高并存的一组疾病。发病率5%~10%。该组疾病严重影响母婴健康,是孕产妇和围生儿病死率升高的主要原因。本组疾病包括妊娠期高血压(gestational hypertension)、子痫前期(preeclampsia)、子痫(eclampsia),以及慢性高血压合并妊娠(chronic hypertension complicating pregnancy)和慢性高血压并发子痫前期(chronic hypertension with superimposed preeclampsia)。前三种疾病与后两种在发病机制及临床处理上略有不同。本节重点阐述前三种疾病,特别是子痫前期。

【高危因素与发病机制】

1. **高危因素** 流行病学调查发现子痫前期的高危因素有:初产妇、多胎妊娠、孕妇年龄过小(<18岁)或高龄(≥40岁)、子痫前期病史及家族史、慢性高血压、慢性肾脏疾病、抗磷脂抗体综合征、血栓疾病史、体外受精胚胎移植受孕、糖尿病、肥胖、营养不良、社会经济状况低下。

2. **发病机制** 需更深入研究。近年国际上提出了子痫前期发病机制的"两阶段学说"。其核心内容包括:第一阶段,在孕早期,由于免疫、遗传、内皮细胞功能紊乱等因素可造成子宫螺旋小动脉生理性"血管重铸"障碍,滋养细胞因缺血导致侵袭力减弱,造成"胎盘浅着床",子宫动脉血流阻力增加,致使胎盘灌注不足,功能下降。第二阶段,孕中晚期缺血缺氧的胎盘局部氧化应激反应,诱发内皮细胞损伤,从而释放大量炎症因子,形成炎症级联效应和过度炎症的发生,引起子痫前期、子痫各种临床症状(图11-5)。

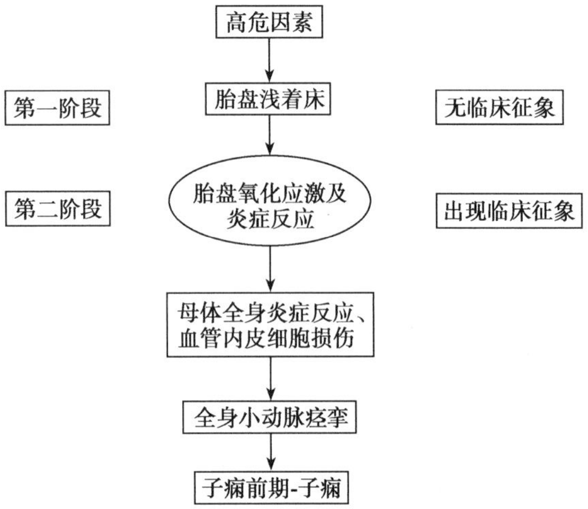

图11-5 子痫前期发病机制"两阶段学说"示意图

（1）滋养细胞侵袭异常：胎盘滋养层细胞的分化是一个复杂而精细的调节过程，其中一部分滋养层细胞因分化为细胞滋养层细胞，具有高度浸润能力，协助着床。着床完成后，细胞滋养层细胞进一步分化为绒毛滋养细胞（villous trophoblast）和绒毛外滋养细胞（extravillous trophoblast，EVT）。EVT 包括浸润子宫内膜基质直至子宫肌层的内 1/3 处的间质绒毛外滋养细胞（interstitial extravillous trophoblast，iEVT），以及可进入子宫螺旋动脉管腔并逐渐替代血管壁平滑肌细胞、内皮细胞，使动脉由高阻力低容量血管转变为低阻力高容量血管以提高胎盘的血流量、确保母胎之间物质交换正常进行的血管内绒毛外滋养层细胞（endovascular extravillous trophoblast，enEVT），可维持正常妊娠，也是胎儿发育的保障。若子痫前期绒毛外滋养细胞浸润能力受损，造成"胎盘浅着床"，导致子宫螺旋动脉重铸极其不足，仅蜕膜层血管重铸，子宫螺旋动脉的管腔径为正常妊娠的 1/2，血管阻力增大，胎盘灌注减少，从而引发子痫前期的一系列症状。

（2）过度氧化应激："胎盘浅着床"导致胎盘缺血缺氧，胎盘局部的氧化应激反应转移到孕妇全身的体循环系统。在此过程中胎盘产生的多种活性多肽物质进入母血液循环，同时氧化应激反应产生的活性氧沉积于血管内皮下，出现抗氧化防御体系和活性氧体系的失衡，两者协同作用，导致全身小动脉痉挛，脏器低血液灌流量，使组织缺血，缺氧。而过量产生的氧自由基与体内其他物质发生反应，往往呈级联反应，导致氧自由基进一步积累。由此发生的链式反应导致广泛血管内膜损伤，继发内皮功能紊乱，炎症介质释放，触发一系列病理生理改变。

（3）炎症免疫过度激活：妊娠成功有赖于母体对妊娠的免疫耐受。母胎免疫耐受的实质是母胎界面上的母体免疫细胞对胎盘滋养细胞呈低反应性。这种耐受一旦打破，可导致子痫前期。螺旋动脉重铸过程，是 EVT 的侵入以及螺旋动脉血管平滑肌细胞和血管内皮细胞凋亡的整个过程，参与此过程的细胞有子宫自然杀伤（uNK）细胞、巨噬细胞等。在侵入过程中，EVT 会与蜕膜自然杀伤（dNK）细胞、母体血液中的 NK 细胞（$CD56^{+}CD16^{+}$）和 T 细胞接触。因此 EVT 不表达经典主要组织相容性复合体（MHC）Ⅰ类和Ⅱ类分子的 HLA-A 和 HLA-B，从而实现免疫逃逸，EVT 表达 HLA-C 和 HLA-G，两者可作为 NK 细胞表达的杀伤细胞免疫球蛋白样受体（KIR）的配体，以免被 NK 细胞杀伤；EVT 如果减少或缺乏 HLA-G 的表达，将不可避免地被细胞毒性 NK 细胞杀伤，引起滋养细胞侵入过浅及螺旋动脉管腔狭窄。特异性免疫研究集中在 T 细胞，正常妊娠时母体 Th1/Th2 免疫状态向 Th2 偏移，但子痫前期向 Th1 型偏移。这些都使母体对胚胎免疫耐受降低，引发子痫前期。

（4）内皮细胞的激活：炎症反应被认为是由于第一阶段的胎盘浅着床而引起的不良反应。抗血管生成因子、代谢因子以及其他炎性因子等毒性因子都可致内皮细胞的激活和损伤，引起内皮细胞合成或者分泌血管收缩因子增加，血管舒张因子一氧化氮的生成减少并破坏体内前列腺素的平衡，微血管凝血物质的激活使血小板减少，毛细血管通透性增加等都引起小动脉痉挛、血压增高、血管通透性增加、血液浓缩、血液内凝血等一系列病理生理表现。

（5）遗传因素：从遗传角度看，子痫前期是一种多因素、多基因引起的失调性疾病。家系分析发现，妊娠高血压疾病一级亲属发病率比无家族史的孕妇高 5 倍，二级亲属的发病率仍高出 2 倍，表明孕妇对妊娠高血压疾病有遗传易感性，但遗传规律仍需进一步研究。目前已经研究出部分基因（如 MTHFR、LPL、印迹基因等）可能与子痫前期相关。对 Fas 受体、HIF-α（低氧诱导因子-α）、IL-1β（白细胞介素-1β）、TGF-β3（转化生长因子-β3）、ApoE（载脂蛋白 E）和 TNF-α 的基因多态性也有研究。因子痫前期的遗传易感性，特别是其他基因和环境因素的相互作用引起复杂性表型表达，所以任何候选基因都可能引起子痫前期。多基因与子痫前期发病的相关性是今后子痫前期遗传学研究的方向之一。

【病理生理变化及对母儿的影响】　本病的基本病理生理变化是全身小血管痉挛。由于小动脉痉挛，造成管腔狭窄，周围阻力增大，内皮细胞损伤，通透性增加，体液和蛋白质渗漏。全身

Notes

各器官组织因缺血和缺氧而受到损害。孕妇并发症有：子痫、胎盘早剥、弥散性血管内凝血、肾衰竭、肝出血或衰竭、颅内出血、高血压脑病、失明、肺水肿、心功能衰竭、孕产妇死亡。胎儿并发症有：胎儿生长受限、羊水过少、早产、胎儿窘迫、胎儿神经系统损伤、胎儿死亡。

1. 脑 脑血管痉挛，通透性增加，脑水肿、充血、局部缺血、血栓形成及出血等。CT 检查脑皮质灰白交界处，尤其在顶枕叶上，呈现低密度区，皮质和皮质下局部缺血和点状出血，提示脑梗死。枕叶出血或大范围脑水肿所致中枢神经系统症状主要表现为昏睡、意识混乱、视力模糊、行动迟缓和昏迷，并时轻时重。视网膜病变包括缺血、梗死和视网膜脱落，导致视力模糊、盲点、复视、失明。广泛的脑水肿会使颅内压升高甚至发生脑疝。子痫前期脑血管阻力和脑灌注压均增加。脑血管高灌注压力可致明显头痛，视力模糊，严重时可导致可逆性后部脑病综合征（posterior reversible encephalopathy syndrome，PRES），表现为头痛、意识障碍、癫痫及视力受损。子痫可能是全身血压突然升高，脑血管自动调节能力丧失，导致内皮细胞功能失调所致。

2. 肾脏 肾小球扩张，内皮细胞肿胀，纤维素沉积于内皮细胞。血浆蛋白自肾小球漏出形成蛋白尿，蛋白尿的多少与妊娠结局之间的关系不大。由于血管痉挛，肾血流量及肾小球滤过量下降，导致血尿酸浓度升高。血肌酐水平为正常妊娠的 2 倍以上或≥97.2 μmol/L（1.1mg/dl），为病情严重的表现。肾脏功能严重损害可致少尿及肾衰竭，病情严重时肾实质损害，若伴肾皮质坏死，肾功能损伤将无法逆转。

3. 肝脏 子痫前期可出现肝脏损害，常表现为血清转氨酶水平升高，右上或中上腹部疼痛和触痛，严重时出现溶血、肝酶升高、血小板减少综合征（HELLP 综合征）。肝脏的特征性损伤是门静脉周围出血，严重时门静脉周围坏死。肝包膜下血肿形成，甚至发生肝破裂危及母儿生命。

4. 心血管 血管痉挛，血压升高，外周阻力增加，心肌收缩力和射血阻力（即心脏后负荷）增加，心排出量明显减少，心血管系统处于低排高阻状态，心室功能处于高动力状态，加之内皮细胞活化使血管通透性增加，血管内液进入细胞间质，导致心肌缺血、间质水肿、心肌点状出血或坏死，严重时导致肺水肿、心力衰竭。

5. 血液

（1）血容量：由于全身小动脉痉挛，血管壁渗透性增加，血液浓缩，血细胞比容上升。当血细胞比容下降时，多合并贫血或红细胞受损或溶血。

（2）凝血异常：子痫前期常伴有凝血因子激活或变异所致的高凝血状态，特别是重症病人可发生微血管病性溶血。

6. 内分泌及代谢 由于血浆孕激素转换酶增加，妊娠晚期盐皮质激素、去氧皮质酮升高可致钠潴留，血浆胶体渗透压降低，细胞外液可超过正常妊娠，但水肿与妊娠期高血压疾病的严重程度及预后关系不大。通常电解质与正常妊娠无明显差异。子痫抽搐后，乳酸性酸中毒及呼吸代偿性的二氧化碳丢失可致血中碳酸盐浓度降低，病人酸中毒的严重程度与乳酸产生的量及其代谢率以及呼出的二氧化碳有关。

7. 子宫胎盘血流灌注 血管痉挛致胎盘灌注下降，滋养细胞侵入子宫螺旋动脉过浅，加之胎盘血管急性动脉粥样硬化，使胎盘功能下降，胎儿生长受限，羊水过少、胎儿窘迫、胎儿神经系统损伤，严重致胎儿死亡。若底蜕膜血管破裂致胎盘早剥、胎儿死亡。

【分类和临床表现】 妊娠期高血压疾病的分类参照美国妇产科医师学会（ACOG）2013 年提出的分类标准，分为 5 类，见表 11-3。由于子痫前期病理生理是渐进的过程，需要持续评估有无重要器脏器严重损害的表现。“轻度”只是在诊断时，容易忽视病情的演变，因此子痫前期不再分为“轻度”或“重度”，改为“无严重表现子痫前期”和“伴严重表现子痫前期”。

没有蛋白尿的孕妇，出现高血压同时伴以下任何一个表现，仍可诊断为子痫前期：血小板减少（血小板计数<100×10^9/L）；肝功能损害（血清转氨酶水平为正常值 2 倍以上）；肾功能损害（血肌酐≥97.2 μmol/L 或为正常值 2 倍以上）；肺水肿；新发生的脑功能或视觉障碍。

Notes

表 11-3 妊娠期高血压疾病分类和临床表现

分 类	临床表现
妊娠期高血压(gestational hypertension)	妊娠 20 周以后出现收缩压≥140mmHg,或舒张压≥90mmHg(两次间隔至少 4h),并于产后 12 周恢复正常;尿蛋白(-)。产后方可确诊
子痫前期(preeclampsia)	
无严重表现子痫前期(轻度)	妊娠 20 周以后出现 BP≥140/90mmHg;24h 尿蛋白≥0.3g 或随机尿蛋白/肌酐≥0.3 或随机尿蛋白(+)。无子痫前期的严重表现
伴严重表现子痫前期(重度)	子痫前期出现以下任何一个表现: ①收缩压≥160mmHg,或舒张压≥110mmHg(卧床休息,两次间隔至少 4h);②血小板减少(血小板<100×10^9/L);③右上腹或上腹部疼痛;肝功能损害(血清转氨酶水平为正常值 2 倍以上);④肾功能损害(血肌酐升高大于 97.2 μmol/L 或为正常值 2 倍以上);⑤肺水肿;⑥新发生的脑功能或视觉障碍如:头痛、视力模糊、盲点、复视等;⑦胎儿生长受限(FGR)
子痫(eclampsia)	子痫前期孕妇抽搐不能用其他原因解释。 子痫发生前可有不断加重的重度子痫前期,但子痫也可发生于血压升高不显著、无蛋白尿病例。通常产前子痫较多,子痫发生于产后 48 小时者约 25%。 子痫抽搐进展迅速,前驱症状短暂,表现为抽搐、面部充血、口吐白沫、深昏迷;随之深部肌肉僵硬,很快发展成典型的全身高张阵挛惊厥、有节律的肌肉收缩和紧张,持续约 1~1.5 分钟,其间病人无呼吸动作;此后抽搐停止,呼吸恢复,但病人仍昏迷,最后意识恢复,但困惑、易激惹、烦躁
慢性高血压并发子痫前期(preeclampsia superimposed upon chronic hypertension)	高血压孕妇妊娠 20 周以前无尿蛋白,若出现 24h 尿蛋白≥0.3g;高血压孕妇妊娠 20 周后突然尿蛋白增加或血压进一步升高或血小板<100×10^9/L
妊娠合并慢性高血压(chronic hypertension complicating pregnancy)	妊娠前或妊娠 20 周前舒张压≥90mmHg(除外滋养细胞疾病),妊娠期无明显加重;或妊娠 20 周后首次诊断高血压并持续到产后 12 周后

* 血压较基础血压升高 30/15mmHg,但低于 140/90mmHg 时,不作为诊断依据,须严密观察。
* 普遍认为<34 周发病者为早发型子痫前期(early onset preeclampsia)。
* 尿蛋白多少与妊娠结局之间的关系不大,大量蛋白尿(24 小时蛋白尿≥5g)不作为伴严重表现子痫前期的指标

【诊断】

1. **病史** 注意询问妊娠前有无高血压、肾病、糖尿病、系统性红斑狼疮、血栓性疾病等病史,有无妊娠期高血压疾病家族史,了解病人此次妊娠后高血压、蛋白尿、头痛、视力模糊、上腹疼痛、少尿、抽搐等症状出现的时间和严重程度。

2. **高血压的诊断** 血压的测量:测量血压前被测者至少安静休息 5 分钟。测量取坐位或卧位．注意肢体放松,袖带大小合适。通常测量右上肢血压,袖带应与心脏处于同一水平。

妊娠期高血压定义为同一手臂至少 2 次测量的收缩压≥140mmHg 和(或)舒张压≥90mmHg。对首次发现血压升高者,应间隔 4 小时或以上复测血压。对严重高血压病人[收缩压≥160mmHg 和(或)舒张压≥110mmHg],为观察病情和指导治疗,应连续观察血压情况。

3. **尿蛋白检测和蛋白尿的诊断** 高危孕妇每次产前检查均应检测尿蛋白。尿蛋白检测应留取中段尿或导尿。蛋白尿的诊断标准有 3 个:①24 小时尿蛋白定量≥0.3g;②随机尿蛋白/肌酐≥0.3;③随机尿蛋白定性(+)。24 小时尿蛋白定量准确,但是比较费时;随机尿蛋白/肌酐快速准确,可在门诊进行;随机尿蛋白定性受假阳性或假阴性结果影响,只有定量方法不可用时,才考虑采用随机尿蛋白定性。尿蛋白量不作为子痫前期严重程度的独立指标,而且即使尿蛋白阴性,只要血压升高同时合并某些严重表现,仍可作出子痫前期的诊断。

Notes

4. 辅助检查

(1) 应定期进行以下常规检查:①血常规;②尿常规;③肝功能;④肾功能;⑤心电图;⑥胎心监测;⑦超声检查胎儿、胎盘、羊水。

(2) 子痫前期和子痫病人视病情发展和诊治需要,应酌情增加以下有关的检查项目:①凝血功能;②血电解质;③腹部超声等影像学检查肝、胆、胰、脾、肾等脏器;④动脉血气分析;⑤超声心动图及心功能检查;⑥超声检查胎儿发育、脐动脉、大脑中动脉等血流指数;⑦必要时行X线胸片确定有无肺水肿,头颅CT或MRI检查确定有无颅内出血、脑水肿、可逆性后部脑病综合征;⑧晚期妊娠时做胎儿电子监护。

【鉴别诊断】

1. 妊娠期高血压、子痫前期主要与慢性肾炎鉴别,妊娠期发生急性肾炎者较少见。妊娠前已存在慢性肾炎病变者,妊娠期常可发现蛋白尿,重者可发现管型及肾功能损害,伴有持续性血压升高,眼底可有肾炎性视网膜病变。隐匿型肾炎较难鉴别,需仔细询问有关病史,如果年轻孕妇在中期妊娠时即发现有持续性蛋白尿,应进一步做肾小球及肾小管功能检查,除外自身免疫性疾病。

2. 子痫应与癫痫、脑炎、脑肿瘤、脑血管畸形破裂出血、糖尿病高渗性昏迷、低血糖昏迷相鉴别,通过询问病史及检查,一般不难鉴别。

【预测和预防】 子痫前期的预测对早防早治,降低母胎死亡率有重要意义,但孕妇血清生化指标和子宫动脉多普勒血流检测的预测价值均不确定,因此目前尚无有效、可靠和经济的预测方法。

对低危人群目前尚无有效的预防方法。对高危人群可能有效的预防措施有:①适度锻炼:妊娠期应适度锻炼合理安排休息,以保持妊娠期身体健康。②合理饮食:孕期不推荐严格限制盐的摄入,也不推荐肥胖孕妇限制热量摄入。③补充钙剂:低钙饮食(摄入量<600mg/d)的孕妇建议补钙。正常钙摄入的高危孕妇推荐预防性补充钙剂,每日口服1.5~2g。④阿司匹林抗凝预防:12周开始每日小剂量(60~80mg/d)阿司匹林治疗,直至分娩,服药期间,注意监测。

【治疗】 妊娠期高血压疾病治疗的目的是控制病情、延长孕周、尽可能保障母儿安全。治疗时需综合考虑孕周、疾病的严重程度及治疗效果。终止妊娠是最有效治疗措施,其他治疗手段只是缓解病情,为胎儿成熟赢得时间。应根据病情严重程度,进行个体化治疗。妊娠高血压应休息、镇静、监测母胎情况;子痫前期应有指征的降压、硫酸镁预防子痫、镇静、利尿,密切监测母胎情况,适时终止妊娠;子痫应控制抽搐,病情稳定后终止妊娠。

1. 评估和监测 妊娠期高血压疾病,尤以子痫前期-子痫,累及多器官损害,临床表现多样、病情复杂、变化快,分娩和产后生理变化及各种不良刺激均可能导致病情加重。因此,产前、产时和产后都必须进行充分全面的病情评估和监测。评估和监测的目的在于了解病情严重程度和进展情况,全面评估全身脏器的受损情况,及时合理干预,早防早治,避免不良结局的发生。同时,根据病情决定检查频度和检查内容。

(1) 基本检查:了解有无头痛、眼花、胸闷、上腹部疼痛、下腹疼痛、阴道流血、胎膜破裂、少尿等自觉症状。检查血压、血常规、尿常规、随机尿蛋白/肌酐或24小时尿蛋白定量。监测孕妇体重变化、尿量、胎动、子宫收缩、胎心监护情况。

(2) 孕妇特殊检查:包括眼底检查、凝血功能、肝肾功能及电解质等检查。必要时进行头颅CT或MRI检查、腹部超声、X线胸片和超声心动图检查。

(3) 胎儿特殊检查:包括超声、脐动脉血流、电子胎心监护监测胎儿状况。

2. 一般治疗

(1) 妊娠期高血压或无严重表现子痫前期(轻度)可在家或住院治疗,伴严重表现子痫前期(重度)及子痫病人应住院治疗。

(2) 应注意休息并取侧卧位,但子痫前期病人住院期间不建议绝对卧床休息。应保证充足

Notes

的蛋白质和热量。不建议限制食盐摄入。

（3）保证充足睡眠，必要时可睡前口服地西泮 2.5～5mg。

3. **降压治疗**　降压治疗的目的是：预防心脑血管意外等严重母胎并发症。收缩压≥160mmHg 和（或）舒张压≥110mmHg 的病人应降压治疗。妊娠前已用降压药治疗的孕妇应继续降压治疗。降压过程力求血压下降平稳。

常用的口服降压药物有：拉贝洛尔、硝苯地平短效或缓释片、肼屈嗪。如口服药物血压控制不理想，可使用静脉用药：拉贝洛尔、尼卡地平、酚妥拉明、肼屈嗪。孕期一般不使用利尿剂降压，以防血液浓缩、有效循环血量减少和高凝状态。不推荐使用阿替洛尔和哌唑嗪。禁止使用血管紧张素转换酶抑制剂（ACEI）和血管紧张素Ⅱ受体拮抗剂（ARB）。硫酸镁不可作为降压药使用。

（1）拉贝洛尔（labetolol）：为 α、β 肾上腺素能受体阻断剂，降低血压但不影响肾及胎盘血流量，并可对抗血小板凝集，促进胎儿肺成熟。该药显效快，不引起血压过低或反射性心动过速。用法：50～150mg 口服，3～4 次/日。静脉注射：初始剂量 20mg，10min 后若无有效降压则剂量加倍，最大单次剂量 80mg，直至血压控制，每天最大总剂量 220mg。静脉滴注：50～100mg 加入 5% 葡萄糖 250～500ml，根据血压调整滴速，待血压稳定后改口服。

（2）硝苯地平（nifedipine）：为钙离子通道阻滞剂，可解除外周血管痉挛，使全身血管扩张，血压下降，由于其降压作用迅速，一般不主张舌下含化，紧急时舌下含服 10mg。用法：10～20mg，每日 3～4 次口服，24 小时总量不超过 240mg。其副作用为心悸、头痛，与硫酸镁有协同作用。

（3）尼莫地平（nimoldipine）：为钙离子通道阻滞剂，其优点在于选择性地扩张脑血管。用法：20～60mg 口服，2～3 次/天；静脉滴注：20～40mg 加入 5% 葡萄糖溶液 250ml，每天总量不超过 360mg，该药副作用为头痛、恶心、心悸及颜面潮红。

（4）尼卡地平（nicardipine）：二氢吡啶类钙离子通道阻滞剂。用法：口服初始剂量 20～40mg，3 次/日。静脉滴注 1mg/h 起，根据血压变化每 10 分钟调整剂量。

（5）酚妥拉明（phentolamine）：α肾上腺素能受体阻滞剂。用法：10～20mg 溶入 5% 葡萄糖 100～200ml，以 10 μg/min 静脉滴注。

（6）甲基多巴（methyldopa）：可兴奋血管运动中枢的 α 受体，抑制外周交感神经而降低血压，妊娠期使用效果较好。用法：250mg 口服，每日 3 次。根据病情酌情增减，最高不超过 2g/d。其副作用为嗜睡、便秘、口干、心动过缓。

（7）硝酸甘油（nitroglycerin）：作用于氧化亚氮合酶，可同时扩张动脉和静脉，降低前后负荷，主要用于合并心力衰竭和急性冠脉综合征时高血压危象的降压治疗。起始剂量 5～10μg/min 静脉滴注，每 5～10 分钟增加滴速至维持剂量 20～50μg/min。

（8）硝普钠（sodium nitroprusside）：强效血管扩张剂，扩张周围血管使血压下降。该药对胎儿有毒性作用，不宜在妊娠期使用。分娩期或产后血压过高，应用其他降压药效果不佳时，方考虑使用。用法：50mg 加入 5% 葡萄糖溶液 500ml，以 0.25～5μg/（kg·min）静脉缓滴。妊娠期仅适用于其他降压药物应用无效的高血压危象孕妇。用药期间，应严密监测血压及心率。

4. **防治子痫**　硫酸镁（magnesium sulphate）是子痫治疗的一线药物，也是预防子痫发作的预防用药；硫酸镁控制子痫再次发作的效果优于地西泮、苯巴比妥和冬眠合剂等镇静药物。除非存在硫酸镁应用禁忌或硫酸镁治疗效果不佳，否则不推荐使用苯二氮䓬类（如地西泮）和苯妥英钠用于子痫的预防或治疗。

（1）作用机制：①镁离子抑制运动神经末梢释放乙酰胆碱，阻断神经肌肉接头间的信息传导，使骨骼肌松弛；②镁离子刺激血管内皮细胞合成前列环素，抑制内皮素合成，降低机体对血管紧张素Ⅱ的反应，从而缓解血管痉挛状态；③镁离子通过阻断谷氨酸通道阻止钙离子内流，解

Notes

除血管痉挛、减少血管内皮损伤；④镁离子可提高孕妇和胎儿血红蛋白的亲和力，改善氧代谢。

（2）用药指征：①控制子痫抽搐及防止再抽搐；②预防伴严重表现子痫前期发展成为子痫；③伴严重表现子痫前期病人临产前用药，预防产时子痫或产后子痫。硫酸镁不可作为降压药使用。

（3）用药方案：静脉给药结合肌内注射。①控制子痫：静脉用药，负荷剂量硫酸镁 4～6g（常用 5g），溶于 10% 葡萄糖 20ml 静推（20 分钟内），或者加入 5% 葡萄糖 100ml 内，快速静滴（20 分钟内），继而 1～2g/h 静滴维持。或者夜间睡眠前停用静脉给药，改为肌内注射，用法：25% 硫酸镁 20ml+2% 利多卡因 2ml 深部臀肌注射。24 小时硫酸镁总量 25～30g。②预防子痫发作：负荷和维持剂量同控制子痫处理。一般每日静滴 6～12 小时，24 小时总量不超过 25g。用药期间每日评估病情变化，决定是否继续用药。用药时限一般为 24～48 小时，禁止超过 5～7 日。产后 24～48 小时应停用硫酸镁。

（4）注意事项：正常孕妇血清镁离子浓度为 0.75～1mmol/L，治疗子痫前期和子痫的有效血镁离子浓度为 2～3.5mmol/L，超过 3.5mmol/L 即可出现中毒症状。首先表现为膝反射减弱或消失，继之出现全身肌张力减退、呼吸困难、复视、语言不清，严重者可出现呼吸肌麻痹，甚至呼吸停止、心脏停搏，危及生命。

使用硫酸镁必备条件：①膝腱反射存在；②呼吸≥16 次/分钟；③尿量≥17ml/h 或≥400ml/24h；④备有 10% 葡萄糖酸钙。镁离子中毒时停用硫酸镁并静脉缓慢推注（5～10 分钟）10% 葡萄糖酸钙 10ml。如病人同时合并肾功能不全、心肌病、重症肌无力等，则硫酸镁应慎用或减量使用。有条件时，用药期间可监测血清镁离子浓度。

5. **镇静治疗** 镇静治疗可缓解孕产妇精神紧张、焦虑症状，改善睡眠，当应用硫酸镁无效或有禁忌时可用于预防并控制子痫。

（1）地西泮（diazepam）：具有较强的镇静、抗惊厥、肌肉松弛作用，对胎儿及新生儿的影响较小。用法：2.5～5mg 口服，每日 3 次或睡前服用；10mg 肌内注射或静脉缓慢推入（>2 分钟）可用于预防子痫发作。1 小时内用药超过 30mg 可能发生呼吸抑制，24 小时总量不超过 100mg。

（2）冬眠药物：可广泛抑制神经系统，有助于解痉降压，控制子痫抽搐。冬眠合剂由哌替啶 100mg、氯丙嗪 50mg、异丙嗪 50mg 组成，通常以 1/2 量肌注，或加入 5% 葡萄糖 250ml 内静脉滴注。

（3）苯巴比妥钠：具有较好的镇静、抗惊厥、控制抽搐作用，用于子痫发作时 0.1g 肌内注射，预防子痫发作时 30mg 口服，每日 3 次。由于该药可致胎儿呼吸抑制，分娩前 6 小时宜慎重。

6. **利尿治疗** 子痫前期病人血液浓缩、有效循环血量减少和高凝状态，不宜常规应用利尿剂。仅当病人出现全身性水肿、肺水肿、脑水肿、肾功能不全、急性心力衰竭时，可酌情使用呋塞米等快速利尿剂。甘露醇主要用于脑水肿，该药属高渗性利尿剂，有心衰或潜在心衰时禁用。严重低蛋白血症有腹腔积液者应补充白蛋白后，再应用利尿剂。

7. **促胎肺成熟** 孕周<34 周的子痫前期病人，预计 1 周内可能分娩者均应接受糖皮质激素促胎肺成熟治疗。用法见第十一章第八节“早产”。

8. **终止妊娠时机和期待治疗** 子痫前期病人经积极治疗母胎状况无改善或者病情持续进展时，终止妊娠是唯一有效的治疗措施。

（1）终止妊娠的时机：①妊娠期高血压、无严重表现子痫前期（轻度）可期待治疗至 37 周终止妊娠。②伴严重表现子痫前期（重度）：妊娠<24 周经治疗病情不稳定者建议终止妊娠；孕 24～28 周根据母胎情况及当地母儿诊治能力决定是否期待治疗；孕 28～34 周，如病情不稳定，经积极治疗 24～48 小时病情仍加重，促胎肺成熟后终止妊娠；如病情稳定，可以考虑继续期待治疗，并建议提前转至早产儿救治能力较强的医疗机构；妊娠≥34 周病人应考虑终止妊娠。③子痫：子痫控制且病情稳定，应尽快终止妊娠。④妊娠合并慢性高血压：可期待治疗至 38 周终止妊

Notes

娠。⑤慢性高血压并发子痫前期：伴严重表现子痫前期（重度），≥34 周则终止妊娠；无严重表现子痫前期（轻度），37 周终止妊娠。

（2）早发型子痫前期的期待治疗：入院后经过充分评估病情，明确有无严重的器官损害表现，决定是否进行期待治疗。处理流程见图 11-6。

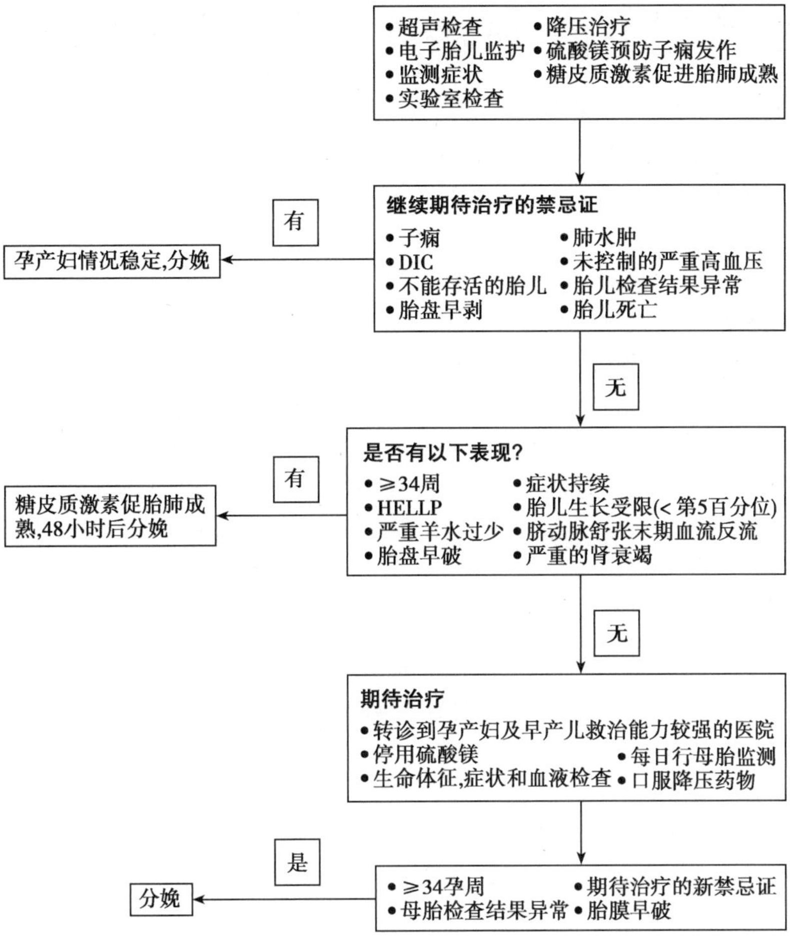

图 11-6　早发型子痫前期的处理流程

（3）期待治疗期间终止妊娠的指征：①孕妇指征：血压持续不降（≥160/110mmHg）；子痫前期症状（头痛、眼花、少尿等）的反复发作；进行性肾功能不全（血肌酐≥97.2 μmol/L 或为正常值 2 倍以上）；持续性血小板减少；HELLP 综合征；肺水肿；子痫；疑似胎盘早剥；临产；胎膜早破。②胎儿指征有：≥34 孕周；严重 FGR；持续性羊水过少；胎儿生物物理评分≤4 分；脐动脉舒张末期反流；NST 反复性变异或晚期减速；死胎。

（4）终止妊娠的方式：无产科剖宫产指征，原则上考虑阴道试产。但如果不能短时间内阴道分娩、病情有可能加重，可考虑放宽剖宫产指征。

（5）分娩期间注意事项：注意观察自觉症状变化；监测血压并继续降压治疗；产时可使用硫酸镁预防子痫发作；监测胎心变化；积极预防产后出血；产时不可使用任何麦角和慎用前列腺素类药物。

9. 子痫处理　子痫是妊娠期高血压疾病最严重的阶段，是导致母儿死亡的最主要原因。处理原则为控制抽搐，纠正缺氧和酸中毒，控制血压，抽搐控制后终止妊娠。

（1）一般急诊处理：子痫发作时需保持气道通畅，维持呼吸、循环功能稳定，密切观察生命体征、尿量（必要时留置导尿管监测）等。避免声、光等刺激。预防坠地外伤、唇舌咬伤。严密监

Notes

测血压、脉搏、呼吸、神志及尿量等。

(2) 控制抽搐:硫酸镁是治疗子痫及预防复发的首选药物。当病人存在硫酸镁应用禁忌或硫酸镁治疗无效时,可考虑应用地西泮、苯妥英钠或冬眠合剂控制抽搐。子痫产后需继续应用硫酸镁24~48小时。

用药方案:①25%硫酸镁20ml加于25%葡萄糖液20ml静脉推注(>5min),继之用以2~3g/h静脉滴注,维持血药浓度,同时应用有效镇静药物,控制抽搐;②20%甘露醇250ml快速静脉滴注降低颅内压。

(3) 控制血压:脑血管意外是子痫病人死亡的最常见原因。当收缩压持续≥160mmHg,舒张压≥110mmHg时要积极降压以预防心脑血管并发症。

(4) 纠正缺氧和酸中毒:面罩和气囊吸氧,根据二氧化碳结合力及尿素氮值,给予适量4%碳酸氢钠纠正酸中毒。

(5) 适时终止妊娠:子痫控制且病情稳定,应尽快终止妊娠。

10. 产后处理 产后子痫多发生于产后24小时直至10日内,故产后不应放松子痫的预防。重度子痫前期病人产后应继续使用硫酸镁24~48小时预防产后子痫。

子痫前期病人产后3~6天是产褥期血压高峰期,高血压、蛋白尿等症状仍可能反复出现甚至加重。因此,此期间仍应每天监测血压及尿蛋白。如产后血压≥150/100mmHg应继续给予降压治疗。哺乳期可继续应用产前使用的降压药物,禁用血管紧张素转换酶抑制剂和血管紧张素Ⅱ受体拮抗剂(卡托普利、依那普利除外)。当在重要脏器功能恢复正常后方可出院。

【附】HELLP综合征

HELLP综合征(hemolysis, elevated liver enzymes and low platelets syndrome, HELLP syndrome)是以溶血、肝酶升高及血小板减少为特点,是妊娠期高血压疾病的严重并发症,常危及母儿生命。

【诊断】 本病表现多为非特异性症状,确诊主要依靠实验室检查。溶血、肝酶升高、低血小板3项指标全部达到标准为完全性,其中任1项或2项异常,未全部达到上述标准的称为部分性HELLP综合征。诊断指标有:

1. 血管内溶血 外周血涂片见破碎红细胞、球形红细胞,胆红素≥20.5μmmol/L(即1.2mg/dl),血清结合珠蛋白<250mg/L。

2. 肝酶升高 LDH升高,ALT≥40U/L或AST≥70U/L。

3. 血小板减少 血小板计数<100×10^9/L。

【鉴别诊断】 HELLP综合征应注意与血栓性血小板减少性紫癜(thrombotic thrombocytopenic purpura, TTP)、溶血性尿毒症性综合征(hemolytic uremic syndrome, HUS)、妊娠期急性脂肪肝(acute fatty liver of pregnancy, AFLP)等鉴别(见表11-4)。

表11-4 HELLP综合征的鉴别诊断

	HELLP综合征	血栓性血小板减少性紫癜	溶血性尿毒症性综合征	妊娠期急性脂肪肝
主要损害器官	肝脏	神经系统	肾脏	肝脏
妊娠期	中、晚期	中孕	产后	晚孕
高血压、蛋白尿	有	无	无	无
血小板	减少	严重减少	减少	正常/减少
PT/APTT	正常	正常	正常	延长
血糖	正常	正常	正常	降低

Notes

续表

	HELLP综合征	血栓性血小板减少性紫癜	溶血性尿毒症性综合征	妊娠期急性脂肪肝
纤维蛋白原	正常	正常	正常	减少
肌酐	正常或增高	显著增高	显著增高	显著增高
转氨酶	增高	正常	正常	增高
胆红素	增高	增高	增高	显著增高
血氨	正常	正常	正常	显著增高
贫血	无/轻度	无/轻度	严重	无

注：PT：凝血酶原时间，APTT：活化部分凝血活酶时间

【治疗】 HELLP综合征必须住院治疗，尽快终止妊娠。按伴严重表现子痫前期的处理原则，其他治疗措施包括：

1. 有指征的输注血小板和使用肾上腺皮质激素。

（1）血小板$<50\times10^9/L$，可考虑肾上腺皮质激素治疗。

（2）血小板$<50\times10^9/L$，且血小板计数迅速下降或者存在凝血功能障碍时应考虑备血，包括血小板。

（3）血小板$<20\times10^9/L$时，分娩前建议输注血小板。

2. 适时终止妊娠

（1）时机：绝大多数HELLP综合征病人应尽快终止妊娠。孕周≥34周或胎肺已成熟、胎儿窘迫、先兆肝破裂及病情恶化者，应立即终止妊娠；病情稳定、妊娠<34周、胎肺不成熟及胎儿情况良好者，可延长48h，以完成糖皮质激素促胎肺成熟，然后终止妊娠。

（2）分娩方式：HELLP综合征病人可酌情放宽剖宫产指征。

（3）麻醉：血小板计数$>70\times10^9/L$，如无凝血功能障碍和进行性血小板计数下降，首选区域麻醉。

3. 其他治疗　目前尚无足够证据支持血浆置换或血液透析在HELLP综合征治疗中的价值。

【小结】 子痫前期发病机制的“两阶段学说”受到重视，子痫前期的发生与滋养细胞侵袭异常、炎症免疫过度激活、血管内皮细胞受损、遗传因素等有关。妊娠期高血压疾病分为5类：妊娠期高血压、子痫前期、子痫、慢性高血压合并妊娠，慢性高血压并发子痫前期。其中子痫前期分为无严重表现子痫前期（轻度）和伴严重表现子痫前期（重度）。临床上根据病史、血压、蛋白尿、临床表现及辅助检查等可作出诊断。子痫前期的治疗包括降压、预防子痫、镇静等，密切监测母胎情况，适时终止妊娠。重视降压和硫酸镁治疗的指征。注意把握妊娠期高血压疾病终止妊娠时机，早发型子痫前期母胎情况稳定，可考虑期待治疗。期待治疗期间出现需要终止妊娠的指征，应及时终止妊娠。子痫处理原则为控制抽搐并尽快终止妊娠。HELLP综合征是以溶血、肝酶升高及低血小板计数为特点，应尽快终止妊娠。

（漆洪波）

参考文献

1. Cunningham FG, Leveno KJ, Bloom SL, et al. Williams Obstetrics: 24rd Edition. New York: McGraw-Hill Education, 2014.
2. 中华医学会妇产科学分会妊娠期高血压疾病学组. 妊娠期高血压疾病诊治指南（2012版）. 中华妇产科杂志，2012，47（6）：476-480.

Notes

3. American College of Obstetricians and Gynecologists. Hypertension in Pregnancy. Obstet Gynecol, 2013, 122 (5):1122-1131.

第五节 妊娠期肝内胆汁淤积症

妊娠期肝内胆汁淤积症(intrahepatic cholestasis of pregnancy, ICP)是一种特发于妊娠中、晚期的疾病,病因及发病机制至今不明。该病临床表现以皮肤瘙痒、生化检测以肝内胆汁淤积的血液学指标异常、病程上以临床表现及生化异常在产后迅速消失或恢复正常为特征。ICP是一种良性疾病,但对围生儿有严重的不良影响,可导致早产、羊水粪染、难以预测的胎死宫内、新生儿窒息等,增加围生儿病率及死亡率,并导致剖宫产率上升。

【病因】 目前病因尚不清楚,可能与雌激素、遗传、环境等因素有关。多数学者认为ICP是在遗传易感性基础上,妊娠中晚期雌孕激素水平显著增加而导致孕妇肝脏对胆汁酸的代谢障碍。

1. 雌激素 临床研究发现,ICP多发生在妊娠晚期、多胎妊娠、既往口服避孕药者,这些均为高雌激素水平状态,由于体内高雌激素可使肝细胞膜中胆固醇与磷脂比例上升,流动性降低,影响对胆汁酸的通透性,使胆汁流出受阻,雌激素作用于肝细胞表面的雌激素受体,改变肝细胞蛋白质合成,导致胆汁回流增加。

2. 遗传和环境 流行病学研究发现,ICP发病与季节有关,冬季高于夏季。世界各地ICP发病率显著不同,北欧的瑞典、芬兰、南美的智利、玻利维亚是高发地区,我国在长江流域的发生率亦高。此外,在母亲或姐妹中有ICP病史的妇女中ICP发生率明显增高,这些现象表明遗传和环境在ICP发生中可能起一定作用。

【对母儿影响】

1. 对孕妇的影响 ICP病人脂溶性维生素K的吸收减少,易致凝血功能异常,导致产后出血。

2. 对胎儿、新生儿影响 由于胆汁酸的毒性使围生儿发病率和死亡率明显升高。可致胎膜早破、胎儿窘迫、早产、羊水胎粪污染等,甚至可出现不可预测的胎死宫内、新生儿颅内出血等。

【临床表现】

1. 皮肤瘙痒 首先出现的症状,常起于妊娠晚期。手掌、脚掌、脐周是瘙痒的常见部位,可逐渐加剧延及四肢、躯干、颜面部,瘙痒持续至分娩,大多数在分娩后数小时或数日消失。

2. 黄疸 瘙痒发生后2~4周部分病人可出现黄疸,发生率为15%左右,多数为轻度黄疸,于分娩后1~2周消退。

3. 其他表现 四肢皮肤见抓痕,少数孕妇可有恶心、呕吐、食欲缺乏、腹痛、腹泻、轻微脂肪痢等非特异性症状。

【诊断】 根据临床表现及实验室检查诊断不困难,但需排除其他疾病导致的肝功能异常或瘙痒。根据疾病严重程度分为轻度和重度。

1. 临床表现 孕晚期出现皮肤瘙痒、少数人有黄疸等不适。

2. 辅助检查

(1) 血清胆汁酸测定:是诊断ICP最重要的实验室指标,在瘙痒症状出现或转氨酶升高前几周血清胆汁酸就已升高,其水平越高,病情越重。

(2) 肝功能测定:大多数ICP病人的门冬氨酸转氨酶(AST)和丙氨酸转氨酶(ALT)均有轻到中度升高,升高波动在正常值的2~10倍,分娩后肝功能在分娩后4~6周内恢复正常,不遗留肝脏损害。部分病人血清胆红素也可轻到中度升高,以直接胆红素升高为主。

Notes

(3) 肝脏超声检查:ICP病人肝脏无特征性改变,肝脏超声检查仅对排除孕妇有无肝胆系统基础疾病有意义。

3. ICP 疾病严重程度的分度

(1) 轻度:①生化指标:血清总胆汁酸 10～39μmol/L,总胆红素<12μmol/L,直接胆红素<6μmol/L。②临床症状:瘙痒为主,无明显其他症状。

(2) 重度:①生化指标:血清总胆汁酸≥40μmol/L,和(或)总胆红素≥12μmol/L,直接胆红素≥6μmol/L。②临床症状:瘙痒严重,伴有其他症状;合并多胎妊娠、妊娠期高血压疾病、复发性 ICP、曾因 ICP 致围生儿死亡者。

最近英国 ICP 指南强调"排除性诊断"和"产后修复诊断"。"排除性诊断"是指 ICP 的诊断是基于用其他原因无法解释的皮肤瘙痒和肝功能异常,应在排除皮肤及其他肝脏疾病后才疑诊为 ICP。"产后修复诊断"是指 ICP 的皮肤瘙痒多在分娩后 24～48 小时消退;肝功能在分娩后 4～6 周左右恢复正常。产后只有满足上述两条诊断标准后,才能最终确诊为 ICP。

【治疗】 ICP 治疗目标是缓解症状,改善肝功能,降低血清总胆汁酸水平,达到延长孕周,改善妊娠结局的目的。

1. 一般处理 适当卧床休息,取左侧卧位,以增加胎盘血流量。监测胎心、胎动,34 周后每周一次电子胎儿监护。每 1～2 周复查肝功能、血胆汁酸,以监测病情。

2. 药物治疗

(1) 熊去氧胆酸(ursodeoxycholic,UDCA):是治疗 ICP 的首选药物,可缓解瘙痒、降低血清学指标,延长孕周,改善母儿预后。目前尚未发现 UDCA 造成人类胎儿毒副作用和围生儿远期不良影响的报道。UDCA 用量为 1000mg,分 3～4 次口服。

(2) S-腺苷蛋氨酸(S-adenosylmethionine,SAMe):是治疗 ICP 的二线药物。用量为静脉滴注每日 1g,疗程 12～14 天;口服 500 毫克/次,每日 2 次。

(3) 地塞米松:在改善症状和生化治疗、改善母儿结局方面疗效不确切。同时由于激素对母胎的副作用,不主张长期使用。

3. 产科处理 ICP 孕妇会发生临床上无任何先兆的胎心消失,因此选择最佳的分娩方式和时机,获得良好的围生结局是对 ICP 孕期管理的最终目的。关于 ICP 终止妊娠时机,至今没有良好的循证医学证据,终止妊娠的时机及方法需要综合考虑孕周、病情严重程度及治疗后的变化来评估。

(1) 终止妊娠的时机:足月后尽早终止妊娠可避免继续待产可能出现的死胎风险,目前多数学者建议 37～38 周终止妊娠,产时加强胎儿监护。

(2) 终止妊娠的方式:轻度 ICP,无产科其他剖宫产指征,孕周<40 周,可考虑阴道试产。对下列情况可考虑剖宫产:①重度 ICP;②既往死胎、死产、新生儿窒息或死亡史;③胎盘功能严重下降或高度怀疑胎儿窘迫;④合并双胎或多胎、重度子痫前期等;⑤存在其他阴道分娩禁忌证者。

【小结】 ICP 是以妊娠晚期出现瘙痒、血中胆汁酸增高为主的病变。本病主要影响胎儿,早产率和围生儿死亡率均升高。临床表现为妊娠晚期出现瘙痒,实验室检查血清胆汁酸明显升高,转氨酶和血清胆红素轻中度升高。诊断时注意"排除性诊断"和"产后修复诊断"。ICP 治疗目标是缓解症状,改善肝功能,降低血清总胆汁酸水平,达到延长孕周,改善妊娠结局的目的。

(漆洪波)

参考文献

1. Cunningham FG, Leveno KJ, Bloom SL, et al. Williams Obstetrics: 24rd Edition. New York: McGraw-Hill Education, 2014.
2. 中华医学会妇产科学分会产科学组. 妊娠期肝内胆汁淤积症诊疗指南(第 1 版). 中华妇产科杂志, 2011, 46(5): 391-395.

Notes

第六节 妊娠期急性脂肪肝

妊娠期急性脂肪肝(acute fatty liver of pregnancy,AFLP)是妊娠期肝脏严重、急性脂肪变性所致。多见于妊娠晚期,以凝血功能障碍、肝功能衰竭及明显肝脏脂肪浸润为特征。该病发生率约1/7000~16 000。起病急,病情重,有较高的母儿死亡率,是严重的产科并发症。

【发病机制】 AFLP的发病机制尚不十分清楚,但在初产妇、双胎及多胎妊娠时AFLP发病风险增加。胎儿性别为男性时,AFLP的发生风险增高3倍。此外,病毒感染、药物(如四环素)、遗传因素、营养不良等均有可能通过损害线粒体脂肪酸氧化使AFLP发生风险增高。

1. 胎儿线粒体脂肪酸氧化异常 它是AFLP发病的主导学说。该学说认为,AFLP是胎源性疾病,属于线粒体细胞病的一种。其特点为呕吐、低血糖、乳酸酸中毒、氮质血症以及器官内小泡性脂肪沉积。异常的线粒体β-氧化是其发病原因。长链3-羟酰基辅酶A脱氢酶(LCHAD)是催化线粒体脂肪酸β-氧化的限速酶。胎儿LCHAD发生突变可导致LCHAD功能缺陷,引起胎儿脂肪酸积聚并进入母体循环,使母肝细胞脂肪沉积和肝功能受损。在婴儿,LCHAD缺陷可导致非酮症低血糖、肝性脑病、心肌病、周围神经系统疾病以及猝死等。

2. 妊娠期激素水平增高与AFLP发病有关 妊娠妇女体内雌激素、肾上腺皮质激素、生长激素等均明显升高,可使脂肪酸代谢障碍,致使游离脂肪酸堆积于肝、脑、肾、胰腺等脏器,并对其造成损害。此外,研究还显示过量雌孕激素可使小鼠肝细胞内线粒体中链脂肪酸β-氧化及三羧酸循环减少。

【病理生理】 AFLP的基本病理生理是大量的脂质聚集在以肝脏为主的多个脏器内(包括肾脏、胰腺、脑组织和骨髓)等,引起多脏器功能损害。

1. 肝脏 AFLP病人肝脏内脂肪含量可高达13%~19%。肝脏内过量的脂肪酸堆集:导致产生大量的氨,引起肝性脑病;抑制肝糖原合成和糖异生,导致继发性低血糖;最终发生肝功能衰竭。

2. 肾脏 AFLP病人的肾小管上皮会沉积大量的游离脂肪酸,引起肾小管的重吸收障碍,导致水钠潴留,进而出现高血压、蛋白尿、全身水肿等类似子痫前期的表现,随病情进展最终发生急性肾衰竭。

3. 胰腺 过多堆集的游离脂肪酸对胰腺有毒害作用,部分病人出现胰腺炎症状。

【临床表现和辅助检查】

(一)临床表现

1. 发病时间 平均起病孕周35~36周。但也有妊娠22周发病的报道。

2. 前驱症状 几乎所有病人起病前1~2周出现倦怠、全身不适,临床易忽视。

3. 消化道症状 恶心、呕吐(70%)、上腹不适(50%~80%),厌食,部分病人(15%~50%)出现黄疸,呈进行性加深,通常无皮肤瘙痒。

4. 类似子痫前期的症状 约半数病人出现血压升高、蛋白尿、水肿等。如处理不及时,病情继续进展,出现低血糖、凝血功能障碍、上消化道出血、急性胰腺炎、尿少、无尿和肾衰竭、腹水、败血症、意识障碍、精神症状及肝性脑病,常于短期内死亡。胎儿出现宫内窘迫、死胎、新生儿死亡。

(二)辅助检查

1. 实验室检查

(1)血常规:白细胞显著升高、血小板减少。

(2)肝、肾功能:转氨酶轻到中度升高(多数不超过500U/L);血清碱性磷酸酶、胆红素明显增高,可出现胆酶分离现象,低蛋白血症;尿酸、肌酐、尿素氮水平增高,低血糖,严重者出现乳酸

Notes

酸中毒。

(3) 血脂异常:低胆固醇血症、甘油三酯降低。

(4) 凝血因子减少:低纤维蛋白原血症、凝血酶原时间延长、抗凝血酶Ⅲ减少。

(5) 基因检测:胎儿或新生儿行 LCHAD 突变检测可有阳性发现。

2. 影像学

(1) 超声检查:超声图像显示弥漫性肝实质回声增强,呈现"亮肝"。

(2) CT 检查:显示病变肝脏密度降低,肝脏 CT 值低于 40HU 提示明显脂肪变性。

(3) MRI:是检测细胞质内少量脂肪的敏感方法。

影像学检查具有一定假阴性率,故阴性结果不能排除 AFLP 的诊断。影像学检查的最主要意义在于排除其他肝脏疾病,如肝脏缺血、梗死、破裂和 Budd-Chiari 综合征。

3. 肝穿刺活检　AFLP 特征性的镜下改变是肝细胞小泡样脂肪变性,可表现为微小的胞质空泡或弥漫性细胞质气球样变。肝内胆汁淤积的组织学特征也较常见,约 50% 的病例可见到肝细胞炎症改变,但均不明显,无大片肝细胞坏死,肝小叶完整。上述变化可在分娩后数天到数周内完全消失,AFLP 不会进展为肝硬化。

【诊断】　诊断依据:发病于妊娠晚期,无其他原因解释的肝功能异常,终止妊娠后可完全恢复。AFLP 的诊断需排除病毒性肝炎、药物性肝损、妊娠期肝内胆汁淤积症、HELLP 综合征、胆道疾病等。

病理诊断:肝穿刺活检是诊断 AFLP 的标准。但其为侵入性操作,仅适用于临床诊断困难,产后肝功能不能恢复,及在疾病早期、未出现 DIC 时需要明确诊断以作为终止妊娠指征的病人。

【鉴别诊断】

1. 病毒性肝炎　血清病毒标志物呈阳性,转氨酶升高更加明显,常超过 1000U/L,而尿酸水平通常正常,不会出现子痫前期症状。

2. 子痫前期　单纯子痫前期病人通常无黄疸及低血糖,如不合并胎盘早剥,极少发展成严重的凝血功能障碍,少见氮质血症。

3. 妊娠期肝内胆汁淤积症　黄疸常伴有瘙痒,以胆汁酸升高为主,无低血糖及肾功能损害表现及神经系统症状。

【治疗】　治疗原则:一旦确诊,迅速终止妊娠,加强支持治疗,维持内环境稳定。

(一) 终止妊娠

1. 分娩前稳定母儿状态　控制高血压,纠正低血糖、电解质和凝血异常。监测生命体征,控制静脉液体和血制品的量;评估母体病情的变化,监测胎儿情况。

2. 终止妊娠方式　阴道试产适用于已临产、病情稳定,胎儿无宫内窘迫,产程中需严密监护母儿状态。如估计不能短时间内经阴道分娩,应剖宫产终止妊娠。术前应纠正凝血功能障碍并采取预防产后出血的措施。

3. 手术麻醉方式　目前对 AFLP 剖宫产中麻醉方式的选择尚无确定结论,但考虑到凝血功能异常时行椎管内阻滞麻醉有脊髓或硬膜外血肿形成的风险,一般倾向于选择全身麻醉。

(二) 对症支持处理

1. 疾病早期给予低脂低蛋白、高碳水化合物饮食,保证能量供给;晚期病人无法进食时给予肠内、肠外营养。

2. 纠正凝血功能障碍　主要依靠补充凝血因子及血小板。

3. 监测血糖水平,静脉输注葡萄糖防止低血糖。

4. 对于出现子痫前期症状者,解痉、降压。

5. 重症病人在围生期转入 ICU 监护。

6. 产后出血的处理　止血、继续纠正凝血功能障碍、补充血容量。

Notes

7. 肾功能不全病人控制液体入量,警惕肺水肿的发生,纠正酸中毒、维持电解质平衡、纠正氮质血症,必要时血液透析。

8. 预防继发性感染,围术期给予广谱而肝肾毒性低的抗生素。

（三）新生儿的监测

AFLP产妇的新生儿存在线粒体内脂肪酸β-氧化相关酶缺陷的可能,故应从出生后即给予密切监护,警惕低血糖、肝衰竭等疾病发生。明确LCHAD缺陷者,推荐低长链脂肪酸饮食。

【母儿预后】 目前认为AFLP是一种胎源性疾病,在妊娠终止前病情不会缓解。过去,该病孕产妇死亡率很高,随着早期诊断及治疗水平的提高,近年来AFLP产妇的死亡率已经降低到10%以下。产后完全恢复需要数周,一般不留后遗症。AFLP围生儿死亡率高达50%,目前,及时终止妊娠改善了围生儿预后,死亡率已降至20%左右。但由于线粒体内脂肪酸β-氧化相关酶缺陷的可能性,这些新生儿应从出生后即给予密切监护。

【小结】 AFLP是严重的产科并发症,多见于妊娠晚期,以凝血功能障碍、肝功能衰竭及明显肝脏脂肪浸润为特征。有较高的母儿死亡率。及时终止妊娠,对症支持是该病最主要的治疗。

（胡娅莉）

参考文献

1. Nwe Ni Than, James Neuberger. Liver abnormalities in pregnancy. Best Practice & Research Clinical Gastroenterology, 2013, (27): 565-575.

2. Deepak Joshi, Andra James, Alberto Quaglia, Rachel H Westbrook, Michael A Heneghan. Liver disease in pregnancy. Lancet, 2010, (375): 594-605.

第七节 母胎血型不合

胎儿从父亲和母亲各接受一半基因成分,胎儿红细胞可能携带来自父体的抗原,表现为胎儿的血型不同于母体。当胎儿红细胞进入母体的血液循环后,诱导母体的免疫系统产生抗体,抗体通过胎盘进入胎儿血液循环系统,结合胎儿红细胞,使胎儿红细胞被破坏,导致胎儿和新生儿溶血性疾病。母胎血型不合溶血性疾病是一种与血型有关的同种免疫性疾病,发生在胎儿期和新生儿早期,是引起新生儿溶血性病(haemolytic disease of newborn, HDN)的重要病因。人类红细胞血型有26种,但能引起母胎血型不合溶血性疾病的血型以Rh血型和ABO血型为最常见,其他血型抗体有MN、Lew、Kell和Fya等血型系统。虽然ABO血型不合的发生率很高,但胎儿溶血发生率极低,即使发生溶血,症状较轻,极少发生核黄疸和水肿,妊娠期无需特殊处理。Rh血型不合虽少见,但其引起HDN的病情程度要重于ABO血型不合所引起的HDN,所以对Rh血型不合的诊断及预防非常重要。

【病因及临床表现】 Rh血型抗原是由1号染色体上3对紧密连锁的等位基因决定的,共有6种抗原,即C和c,D和d,E和e。由于D抗原最早被发现,抗原性最强,故临床上凡是D抗原阳性者称为Rh阳性,无D抗原者称为Rh阴性。Rh血型抗原的抗原性决定了溶血病的严重程度,以D抗原的抗原性最强,其次为E抗原,再次为C、c和e抗原,d抗原的抗原性最弱,目前尚无抗d抗体发现。

由于机体初次被抗原致敏的时间较长,产生的抗体以IgM为主;且自然界中极少存在Rh抗原,因此Rh血型不合溶血病很少在第一胎产生。但约有1%的Rh溶血发生在第一胎,可能的原因有:①孕妇在妊娠前曾输注Rh血型不合的血液或血制品;②当孕妇在胎儿期,接触过Rh血型不合之母亲的血液,在胎儿或新生儿时期就已经致敏。

Rh血型不合溶血病的临床表现往往起病早、病情重、病程长,发生胎儿贫血、水肿、心衰等,新生儿晚期贫血、溶血性黄疸和核黄疸等，严重者甚至发生死胎或新生儿死亡。其特点表现为以下几方面：由于母体产生大量抗胎儿红细胞的IgG抗体，进入胎儿体内，破坏大量胎儿红细胞，使胎儿贫血，严重者胎儿血红蛋白少于80g/L。严重贫血使心脏负荷增加，易发生心衰；使肝脏缺氧损伤，出现低蛋白血症，结合贫血、心衰等因素，导致胎儿水肿，表现为胎儿全身水肿、胸水、腹水等。在新生儿时期，由于溶血产生的大量胆红素不能及时从肝脏排除，新生儿黄疸加重；与ABO血型不合比较，Rh血型不合性溶血出现黄疸时间早，程度深，最早在出生后12小时内出现，多数在24小时内出现。由于胆红素以未结合胆红素为主，易发生核黄疸。另外，新生儿期贫血可能继续加重，其原因可能是：①由于抗体在新生儿体内时间较长（甚至超过6个月）；②虽然新生儿换血治疗可以减少新生儿体内的抗原含量，但不能完全消除；③换血后新生儿体内的红细胞携氧能力发生改变，氧离曲线右移，使红细胞在组织中易释放，但不刺激骨髓分泌促红细胞生成素，抑制红细胞增殖，加重贫血。新生儿晚期贫血易发生在产后2~6周。

【诊断】 母胎血型不合在妊娠期可根据病史、血型检测、Rh抗体监测以及超声检查等得到临床诊断，但最终确诊仍需在新生儿期检查。

（一）妊娠期诊断

1. 病史及血型 具有新生儿黄疸或水肿分娩史、流产史、早产史、胎死宫内史和输血史的妇女，备孕前应进行夫妇血型和血型抗体的检查。无高危因素的孕妇在初次产检时进行血型检查。若孕妇血型为Rh阴性，需要进行配偶的血型检查。一些病人虽然Rh血型系统夫妇相配，但临床症状高度怀疑胎儿或新生儿溶血可能，或者孕妇血液中发现不规则抗体，需要进行Rh全套和特殊血型检查。

2. Rh抗体监测 由母体间接Coombs抗体滴度评估Rh抗体效价。若Rh抗体效价>1∶32，胎儿可能发生溶血。效价高低和胎儿发病及病情严重程度并不一定成正比，抗体效价仅能作为参考，溶血的发生还取决于胎盘对抗体通透屏障的作用和胎儿对溶血的耐受能力。根据有无产生抗D抗体将Rh阴性孕妇分为未致敏的Rh阴性孕妇和致敏的Rh阴性孕妇。对于未致敏的Rh阴性孕妇，应从孕18~20周开始每月检测一次Rh抗体滴度。对于致敏Rh阴性孕妇，需确定Rh抗体效价阈值，当Rh抗体滴度低于阈值时，应每月重复检测一次直至24周，24周后每2周测一次；超过阈值时，在随访Rh抗体滴度同时，需动态超声监测。

3. 超声检查 超声可以辅助监测胎儿贫血。可通过观察胎儿、胎盘、羊水情况，对胎儿溶血严重程度作出判断，如果出现胎儿水肿、腹水、羊水过多，往往是胎儿严重溶血表现。一般2~4周进行一次检查，必要时每周一次。胎儿水肿表现为皮肤增厚，严重时出现腹水、胸水、四肢展开、腹围大、肺脏小及肝脾大，也可表现为胎盘增厚增大。但母儿血型不合常常合并羊水过多，注意除外其他胎儿畸形。胎儿在宫内因溶血发生贫血时，常常伴随着胎儿大脑中动脉流速峰值（middle cerebral artery peak systolic velocity，MCA-PSV）升高，该指标可以通过超声动态监测。MCA-PSV可从18周开始测定，如果抗D抗体效价大于阈值，可每1~2周重复一次MCA-PSV测定。随着贫血严重程度增加，胎儿血红蛋白值与MCA-PSV相关性增强。超声检查不是标准，但因其无创可重复，广泛应用于临床。

4. 穿刺采样

（1）间接法：通常溶血性贫血胎儿血清胆红素水平升高，因此胎儿羊水中胆红素也会升高，且溶血程度愈重，羊水胆红素愈高。因此，在超声监测下羊水穿刺取胎儿羊水，通过分光光度测量法检测ΔOD450，确定胎儿溶血程度，决定处理方案。但需要在几星期内连续进行羊水穿刺，且该监测判定有一定误差，受很多外界因素干扰。

（2）直接法：脐血管穿刺取胎儿血样评估胎儿贫血，方法准确，但具有一定风险。

（二）新生儿期诊断

Rh血型不合导致溶血性贫血的新生儿易表现皮肤苍白，并迅速出现黄疸，多数在24~48小时内达高峰。也可出现全身皮肤水肿，肝脾大，腹水，出现窒息，心率快，呼吸急促，继之口周青紫，心力衰竭。新生儿娩出后，可通过检测血型、Rh 因子、胆红素、直接 Coombs 试验、血清游离抗体和红细胞释放抗体等试验确诊母胎血型不合。另可通过检测外周血的血红蛋白、血细胞比容、网织及有核红细胞计数等了解溶血和贫血的程度。

【预防】 Rh 血型不合需要特别重视未致敏 Rh 阴性血孕妇的预防，防止其致敏。抗 D 免疫球蛋白治疗可预防 Rh 阴性血导致的新生儿溶血病。

1. 未致敏 Rh 阴性孕妇有羊水穿刺、流产、先兆流产、异位妊娠病史时，均应注射抗 D 免疫球蛋白，以便保护母亲和下一次妊娠。其中绒毛膜取样若在 12 周之前需注射 120μg，在 12 周之后需注射 300μg，而羊水穿刺及脐血穿刺均需注射 300μg。

2. 如果胎儿血型不详或已知为 Rh 阳性，未致敏 Rh 阴性孕妇需在孕 28 周注射抗 D 免疫球蛋白 300μg，或者分别在 28 周和 34 周各注射 120μg 抗 D 免疫球蛋白。

3. 未致敏 Rh 阴性孕妇分娩 Rh 阳性新生儿，需要在分娩后 72 小时之内肌注或静脉推注抗 D 免疫球蛋白 300μg。分娩时且如果胎儿红细胞漏入母体>15ml（相当于胎儿全血 30ml）需要额外注射抗 D 免疫球蛋白。如果 72 小时内未注射，72 小时之后仍需注射，致敏事件发生后的 28 天内注射都可以达到保护效果。

【治疗】 妊娠期治疗主要针对于致敏 Rh 阴性孕妇，可行血浆置换、胎儿输血等治疗，但无一被证实有效。新生儿期治疗主要为了及时阻止溶血的继续发生，防治核黄疸，纠正贫血。

（一）妊娠期处理

1. 孕妇血浆置换 血浆置换虽可降低 80% 的抗体浓度，但只是暂时性下降。而且孕妇血浆置换仅可将胎儿宫内输血治疗时间推迟几周。此种疗法费用昂贵，仅用于曾在妊娠 20～22 周前发生过胎儿水肿的孕妇，或配偶为致病抗原的纯合子时。

2. 胎儿输血 如果有直接证据显示胎儿显著贫血，可进行胎儿输血治疗。有两条途径，即胎儿腹腔内输血和胎儿血管内输血，均具有一定风险。

3. 终止妊娠 妊娠越接近预产期，抗体产生越多，对胎儿的危害也越大。根据过去分娩史、血型不合类型、抗体滴度、胎儿溶血症的严重程度、胎儿的成熟度以及胎儿胎盘功能状态综合分析。胎儿无贫血征象，产科处理原则不变。胎儿有贫血征象，妊娠达 35 周后了解胎肺成熟度，胎肺不成熟者可给予地塞米松促胎肺成熟，积极终止妊娠。产前进行过输血治疗不是剖宫产的绝对指征。分娩前启动输血科、NICU 等会诊，脐血血型抗体筛查出现异常，迅速 NICU 会诊，可能需新生儿换血，积极预防、治疗新生儿溶血病。

（二）新生儿观察和治疗

观察新生儿贫血、黄疸进展，是否有心力衰竭。如果脐带血胆红素<68μmol/L（4mg/dl），胆红素增长速度<855μmol/L/h（每小时 0.5mg/dl），间接胆红素<342μmol/L（20mg/dl），可以非手术治疗。新生儿非手术治疗方法有：光疗及选择性给予白蛋白、激素、保肝药、苯巴比妥钠、γ 球蛋白治疗。

【小结】 母胎血型不合是一种与血型有关的同种免疫性疾病，主要影响胎儿，病变也可延续至早期新生儿。母胎血型不合重点是 Rh 血型不合，妊娠期应当重视对致敏 Rh 阴性孕妇 Rh 抗体、胎儿大脑中动脉及超声的监测，以及特别重视对未致敏 Rh 阴性孕妇的预防，防止其致敏。妊娠期及早诊断、及早预防是防止胎儿宫内死亡、缓解新生儿溶血症、减少核黄疸的发生的最佳措施。

（漆洪波）

参考文献

Notes

1. Cunningham FG, Leveno KJ, Bloom SL, et al. Williams Obstetrics: 24rd Edition. New York: McGraw-Hill Education, 2014.

第八节　胎儿窘迫

胎儿在子宫内因急、慢性缺氧危及其健康和生命者，称胎儿窘迫（fetal distress），分急性及慢性两类，发生率为2.7%～38.5%。急性者常发生在分娩时，慢性者常发生在妊娠晚期，与胎盘功能及母体合并症相关，可延续至分娩期并加重。

【病因】 母体血液含氧量不足、母胎间血氧运输或交换障碍及胎儿自身因素异常均可导致胎儿窘迫的发生。

1. 胎儿急性缺氧（fetal acute hypoxia）　子宫胎盘血液循环障碍、气体交换受阻或脐带血液循环障碍。常见病因有：①前置胎盘、胎盘早剥；②药物：缩宫素使用不当、麻醉及镇静剂过量；③脐带异常，如脐带脱垂、真结、扭转等；④母体严重血液循环障碍。

2. 胎儿慢性缺氧（fetal chronic hypoxia）　常见病因有：①母体血液氧含量不足；②子宫胎盘血管病变、细胞变性、坏死，如妊娠期高血压疾病、糖尿病、过期妊娠等，胎盘血管可发生痉挛、硬化、狭窄，导致绒毛间腔血流灌注不足；③胎儿运输及利用氧能力降低，如胎儿患有严重心血管畸形、各种原因所致的溶血性贫血等疾病时。

【病理生理】 胎儿对宫内缺氧有一定代偿能力。轻、中度或一过性缺氧时，往往通过减少自身及胎盘耗氧量、增加血红蛋白释氧而缓解，不产生严重后果，但长时间重度缺氧则可引起严重并发症。

1. 血气变化　胎盘功能不良引起的胎儿缺氧，常较早地出现呼吸性及代谢性酸中毒。因胎盘血管阻力增高，脐静脉血液回流减少，使胎儿下腔静脉中来自肢体远端含氧较少的血液比例相对增加，胎儿可利用氧减少，无氧酵解占优势，乳酸形成增加；又因胎盘功能障碍，二氧化碳通过胎盘弥散减少。

2. 心血管系统　因胎盘功能不良引起胎儿缺氧时，可观察到胎儿体内血液的重新分布：心、脑、肾上腺血管扩张，血流量增加，其他器官血管收缩，血流量减少。胎儿的血压也发生变化，血压变化则取决于两个相反因素：一是胎盘血管阻力增高及儿茶酚胺分泌增加使血压增高；二是酸中毒时，心肌收缩力减弱使心排出量减少，引起血压下降。缺氧早期血压轻度增高或维持正常水平，晚期则血压下降。胎儿心率变化取决于儿茶酚胺浓度及心脏局部因素相互作用的结果，儿茶酚胺使心率加快，而心肌细胞缺氧，局部 H^+ 浓度增高时，心率减慢。

3. 泌尿系统　缺氧使胎肾血管收缩，血流量减少，肾小球滤过率降低，胎儿尿形成减少，羊水量下降。

4. 消化系统　缺氧使胃肠道血管收缩，肠蠕动亢进，肛门括约肌松弛，胎粪排出。

5. 呼吸系统　缺氧初期深呼吸增加，出现不规则喘气，使粪染的羊水吸入呼吸道深处，继之呼吸暂停直至消失。

6. 中枢神经系统　缺氧初期血液重新分布维持中枢神经系统供氧。但长期严重缺氧、酸中毒使心肌收缩力下降，心排出量减少致血压下降，脑血流降低，血管壁损害，致脑水肿及出血；脑细胞缺氧，代谢障碍，细胞变性坏死，产生神经系统损伤后遗症。

【临床表现及诊断】 主要临床表现为：胎心率或胎心监护异常、胎动减少或消失。诊断胎儿窘迫时不能单凭1次胎心听诊的结果，而应综合其他因素一并考虑。有条件者最好采用胎儿电子监护仪监护，了解胎心基线率、基线变异及周期变化。

1. 急性胎儿窘迫　多发生在分娩期。常因脐带脱垂、前置胎盘、胎盘早剥、休克、产程延长或宫缩过强及不协调等引起。

（1）胎心率异常：缺氧早期，胎儿处于代偿期，胎心率于无宫缩时增快，>160bpm；缺氧严重时，胎儿失代偿，胎心率<110bpm。CST/OCT的评估为Ⅲ类，提示胎儿缺氧，出现晚期减速、变异

Notes

减速。胎心率<100bpm，基线变异≤5bpm，伴频繁晚期减速提示胎儿缺氧严重，随时可发生胎死宫内。

（2）羊水胎粪污染：羊水污染分3度：Ⅰ度浅绿色；Ⅱ度黄绿色、混浊；Ⅲ度稠厚、呈棕黄色。若胎先露部固定，前羊水囊中羊水的性状可与胎先露部上方羊水不同。因此，胎心率<110bpm，而前羊水仍清，应在无菌条件下，于宫缩间隙期轻轻上推胎儿先露部，了解其后羊水性状。注意切勿用力上推胎儿先露部，以免脐带脱垂。宫内胎粪排出受孕周影响，单纯羊水粪染不是胎儿窘迫的证据，需要结合胎儿监护进行评估，伴有胎心监护Ⅲ类异常，有胎儿窘迫存在，继续待产胎粪吸入，造成不良胎儿结局。

（3）胎动异常：胎儿缺氧初期胎动频繁，继而减少至消失。

（4）酸中毒：出生后脐动脉血血气分析能充分证明是代谢性酸中毒（pH<7.10和碱剩余>12mmol/L）。

2. 慢性胎儿窘迫　常发生在妊娠晚期，多因妊娠期高血压疾病、慢性肾炎、糖尿病、严重贫血、妊娠期肝内胆汁淤积症及过期妊娠等所致胎盘功能低下。

（1）胎动减少或消失：胎动<10次/12h为胎动减少，是胎儿缺氧的重要表现之一，应予警惕，24小时后可消失。

（2）胎儿生物物理评分低下：10～8分无急慢性缺氧，8～6分可能有急或慢性缺氧，6～4分有急或慢性缺氧，4分以下有急性伴慢性缺氧。

（3）胎儿生长受限：持续慢性胎儿缺氧，使胎儿宫内生长受限，各器官体积减小，胎儿体重低。

（4）胎儿脉搏血氧定量（fetal pulse oxymetry）异常：其原理是通过测定胎儿血氧饱和度了解血氧分压情况。该检查方法主要优点为：①无创伤连续监护；②预测缺氧较敏感，当氧分压无明显变化，pH值下降或二氧化碳分压增高，血氧饱和度已明显下降。

（5）胎儿电子监护异常：当CST/OCT的评估为Ⅱ类时应该综合考虑临床情况，持续胎儿监护，结合采取其他评估方法来判定胎儿有无缺氧，可能需要宫内复苏来改善胎儿状况。当CST/OCT的评估为Ⅲ类，提示胎儿缺氧，应立即采取相应措施纠正胎儿缺氧，包括改变孕妇体位、给孕妇吸氧、停止缩宫素使用、抑制宫缩、纠正孕妇低血压等措施，如果这些措施均不奏效，应该紧急终止妊娠。

【处理】

1. 急性胎儿窘迫　积极做好救治准备，采取果断措施，紧急处理。

（1）积极寻找原因并予以治疗：仰卧位低血压综合征者，应立即让病人取左侧卧位；纠正水、电解质紊乱或酸中毒；缩宫素使用不当致宫缩过强者，应立即停用缩宫素，必要时使用抑制宫缩的药物，羊水过少，可羊膜腔输液。

（2）吸氧：面罩或鼻导管持续给氧，每分钟流量10L，提高母血含氧量，提升胎儿血氧分压。

（3）尽快终止妊娠：根据产程进展，决定分娩方式。无论剖宫产或阴道分娩，均需做好新生儿抢救准备。

1）宫口未开全：胎心率低于110bpm或高于180bpm；胎儿电子监护CST/OCT评估为Ⅲ类，提示胎儿缺氧，采取纠正措施无效，应即剖宫产。

2）宫口开全：无头盆不称，胎头双顶径已过坐骨棘平面以下，一旦诊断胎儿窘迫，即应尽快经阴道助产分娩。

2. 慢性胎儿窘迫　根据病因，结合孕周、胎儿成熟度及胎儿窘迫的严重程度拟定处理方案。

（1）一般处理：卧床休息，取左侧卧位，定时低流量吸氧，每日2～3次，每次30分钟，积极治疗妊娠合并症及并发症，加强胎儿监护。

（2）终止妊娠：近足月胎动减少或胎儿电子监护CST/OCT评估为Ⅲ类，或胎儿生物物理评

Notes

分≤4 分时,应行剖宫产。

(3) 期待疗法:孕周小、新生儿存活可能性小,须根据当地医疗条件,尽量采取非手术治疗,促胎肺成熟,以期延长孕龄。并与家属沟通,期待过程中随时可能胎死宫内;胎盘功能低下影响胎儿发育者,预后不良。

3. 胎儿脐动脉血血气分析证明是代谢性酸中毒时(pH<7.10 和碱剩余>12mmol/L),应及时转诊,并告知预后。

【小结】 胎儿窘迫指胎儿在子宫内因急性或慢性缺氧危及其健康或生命。主要表现为胎心率或胎心监护异常、胎动减少或消失、胎儿生物物理评分下降、胎儿酸中毒等,单纯羊水粪染不是胎儿窘迫的证据。胎儿脐动脉血血气能充分证明是代谢性酸中毒(pH<7.10 和碱剩余>12mmol/L)。积极做好救治准备,出现急性胎儿窘迫时应尽早消除病因、给氧,尽快终止妊娠。慢性胎儿窘迫,除一般处理外,应积极处理妊娠合并症及并发症,加强对胎儿的监护,缺氧严重时需剖宫产终止妊娠。

(李　力)

参考文献

1. 谢幸,苟文丽. 妇产科学. 第 8 版. 北京:人民卫生出版社,2013.
2. 丰有吉,沈铿. 妇产科学. 第 2 版. 北京:人民卫生出版社,2011.
3. Cunningham FG, Leveno KJ, Bloom SL, et al. Williams Obstetrics. 24rd ed. USA: McGraw-hill Medical Publishing Division, 2014.

第九节　早　　产

早产(preterm labor, PTL)是指妊娠满 28 周(国外妊娠满 20 周)至不满 37 足周(196~258 天)或新生儿出生体质量≥1000g 标准。早产分为自发性早产和治疗性早产,自发性早产包括早产和未足月胎膜早破后早产;治疗性早产为因妊娠并发症或合并症而需要提前终止妊娠者。早产时娩出的新生儿体重 1000~2499 克称为早产儿,各器官发育不成熟,呼吸窘迫综合征、坏死性小肠炎、高胆红素血症、脑室内出血、动脉导管持续开放、视网膜病变、脑瘫等发病率增高。分娩孕周越小,出生体重越低,围生儿预后越差。早产占分娩总数的 5%~15%。近年,由于早产儿及低体重儿治疗学的进步,使其生存率明显提高,伤残率下降。

【病因】 高危因素包括:有晚期流产及(或)早产史者;前次双胎早产;妊娠间隔时间过短;孕中期阴道超声发现子宫颈长度(cervical length, CL)<25mm 的孕妇;有子宫颈手术史者;孕妇年龄≤17 岁或>35 岁;过度消瘦(体质指数<19kg/m^2,或孕前体质量<50kg);辅助生殖技术助孕者;胎儿及羊水量异常者;妊娠并发症或合并症者;有不良嗜好者。常见诱因:①宫内感染,30%~40%的早产,常伴胎膜早破、绒毛膜羊膜炎;②泌尿生殖道感染,B 族链球菌、沙眼衣原体、支原体致下生殖道感染、细菌性阴道病、无症状性菌尿、急性肾盂肾炎等;

【临床表现】 孕妇可有晚期流产、早产及产伤史,此次妊娠满 28 周后至 37 周前出现较规则宫缩,间隔时间 5~6 分钟,持续时间达 30 秒以上,阴道检查发现宫颈管消失、宫口扩张。部分病人可伴有少量阴道流血或阴道流液。

【诊断及预测】 妊娠满 28 周至不满 37 周,出现规律宫缩(每 20 分钟 4 次或每 60 分钟内 8 次),伴有宫颈管进行性缩短(宫颈管消退≥80%)、宫颈扩张,诊断为早产临产。符合早产孕周,虽有上述规律宫缩,但宫颈尚未扩张,而经阴道超声测量 CL≤20mm 为先兆早产。

目前确定是否预防性应用特殊类型的孕酮或者宫颈环扎术的预测指标:

1. 前次晚期自然流产或早产史,但不包括治疗性晚期流产或早产。

2. 妊娠 24 周前阴道超声测量 CL<25mm,标准化测量 CL 的方法:①经阴道超声检查前排空

Notes

膀胱;②探头放于阴道前穹窿,不宜过度用力;③标准矢状面,将图像放大到全屏的75%以上,测量宫颈内口至外口的直线距离,连续测量3次后取其最短值。宫颈漏斗的发现并不能增加预测敏感性。但目前不推荐对早产低风险人群常规筛查CL。

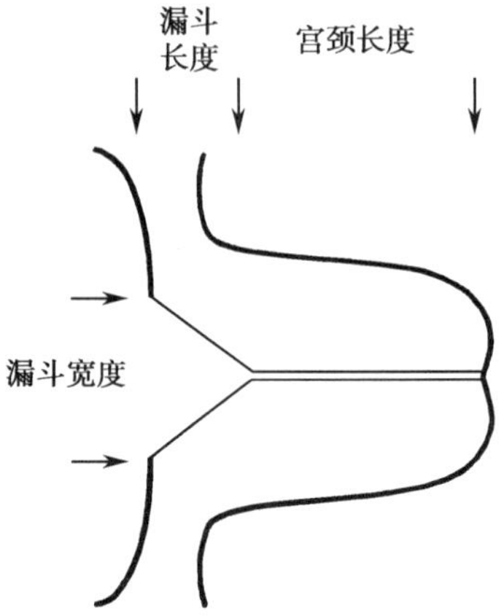

图 11-7 超声检查经宫颈管剖面的示意图

确诊早产后,应行进一步病因分析,通常采用的方法有:①超声检查排除胎儿畸形,确定胎儿数目及多胎妊娠类型、明确胎儿先露部、了解胎儿生长状况及宫内安危、排除死胎、估计羊水量,排除前置胎盘及胎盘早剥等。②阴道窥器检查及阴道流液检查,了解有无胎膜早破。③宫颈及阴道分泌物、羊水培养(图17-7,图17-8)。

【治疗】 治疗方法:①胎儿存活、无明显畸形、无绒毛膜羊膜炎及胎儿窘迫、无严重妊娠合并症及并发症、宫口开大2cm以下,早产预测阳性者,应设法延长孕周,防止早产;②早产不可避免时,应设法提高早产儿的存活率。

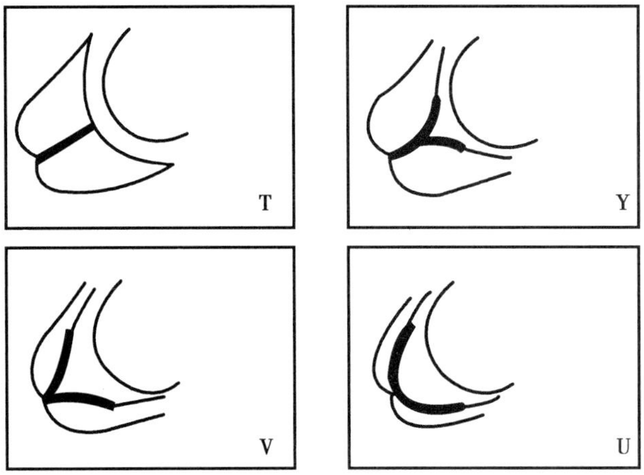

图 11-8 宫颈长度与宫颈内口扩张形状之间的关系示意图

1. 药物治疗 目的:防止即刻早产,完成促胎肺成熟,赢得转运时间。原则:避免两种或以上宫缩抑制剂联合使用,不宜48小时后持续宫缩抑制剂。

一线用药为:主要治疗原则是应用抑制宫缩、抗感染及促胎肺成熟药物。

(1) 抑制宫缩

1) 钙通道阻断剂:硝苯地平,通过平滑肌细胞膜上的钙通道抑制钙离子重吸收,抑制子宫收缩。用法:口服,首次剂量20mg,然后10~20mg,每日3~4次,根据宫缩调整。服药中应防止血压过低。

2) 前列腺素抑制剂:吲哚美辛,通过抑制环氧合酶,减少花生四烯酸转化为前列腺素,从而抑制子宫收缩。主要用于妊娠32周前早产。用法:口服、经阴道或直肠给药,首次剂量50~100mg,25mg每日4次。孕妇会有恶心、胃酸反流、胃炎等;需要监测羊水量,监测发现胎儿动脉导管狭窄立即停药。孕妇血小板功能不良、出血性疾病、肝功能不良、胃溃疡、有对阿司匹林过敏的哮喘病史者禁用。

3) β_2肾上腺素能受体兴奋剂:利托君(ritodrine),与子宫平滑肌细胞膜上的β_2肾上腺素能受体结合,使细胞内环磷酸腺苷(c-AMP)水平升高,抑制肌球蛋白轻链激酶活化,从而抑制平滑肌收缩。用法:首次剂量50~100μg/min静脉点滴,每10分钟增加剂量50μg/min,至宫缩停止,

Notes

最大剂量不超过 350μg/min,也可口服。对合并心脏病、重度高血压、未控制的糖尿病等病人慎用或不用。应注意孕妇主诉及心率、血压、宫缩的变化,限制静脉输液量,控制孕妇心率在 140 次/分以下,如病人心率>120 次/分,应适当减慢滴速及药量;出现胸痛,立即停药并作心电监护,应监测血糖,注意补钾。

4）缩宫素受体拮抗剂:非一线用药,主要是阿托西班,通过竞争性结合子宫平滑肌及蜕膜的缩宫素受体,削弱兴奋子宫平滑肌的作用。用法:首次剂量为 6.75mg 静脉点滴 1 分钟,继之 18mg/h 维持 3 小时,接着 6mg/h 持续 45 小时。价格较昂贵,副作用轻,无明确禁忌。

（2）硫酸镁:作为胎儿中枢神经系统保护剂治疗,用于产前子痫和子痫病人、<32 孕周的早产,使用时机和使用剂量尚无一致意见。硫酸镁 4.0g,30 分钟静脉滴完,然后以 1g/h 维持,24 小时总量不超过 30g。应用前及使用过程中监测同妊娠期高血压疾病。

（3）控制感染:对于胎膜完整者不宜使用抗生素。当分娩在即而下生殖道 B 族溶血性链球菌检测阳性,应用抗生素。

（4）促胎肺成熟:所有妊娠 28～34^{+6}周的先兆早产应当给予 1 个疗程的糖皮质激素。能降低新生儿死亡率、呼吸窘迫综合征、脑室周围出血、坏死性小肠炎的发病率,缩短新生儿入住 ICU 的时间。常用药物为:倍他米松和地塞米松,两者效果相当。倍他米松 12mg 肌内注射,次日重复 1 次;地塞米松 6mg 肌内注射,12 小时重复 1 次,共 4 次。若早产临产,做不完整疗程者,也应给药。

2. 产时处理与分娩方式 早产儿尤其是<32 孕周的极早产儿,有条件者应转到有救治能力的医院分娩。产程中加强胎心监护,识别胎儿窘迫,尽早处理。可用硬脊膜外阻滞麻醉分娩镇痛。没有指征不做产钳及会阴侧切。臀位特别是足先露,应根据当地早产儿治疗护理条件权衡剖宫产利弊。早产儿出生后延长 30～120 秒后断脐带,可减少新生儿的输血,减少 50% 的新生儿脑室内出血。

【预防】

1. 一般预防

（1）加强科普宣传:做好孕前保健,对计划妊娠者注意早产的高危因素,积极处理高危因素。妊娠间隔时间>半年,避免低龄(<17 岁)或高龄(>35 岁)怀孕;避免多胎、体质量过低妊娠;营养均衡;戒烟、酒;控制原发疾病如高血压、糖尿病、甲状腺功能亢进、红斑狼疮等;停止服用可能致畸的药物。

（2）重视孕期保健:早孕期超声检查确定胎龄及多胎妊娠,双胎应了解绒毛膜性,评估胎儿非整倍体染色体异常及部分重要器官畸形的风险。首次产检时应详细了解早产高危因素,做好孕期指导,尽可能针对性预防。

2. 特殊类型孕酮的应用 预防早产的特殊类型孕酮有 3 种,微粒化孕酮胶囊、阴道孕酮凝胶、17α 羟孕酮己酸酯。适应证略有不同:

（1）有晚期流产或早产史,无早产症状者,不论宫颈长短,推荐使用 17α 羟孕酮己酸酯。

（2）有前次早产史,孕 24 周前经阴道超声 CL<25mm,可经阴道给予微粒化孕酮胶囊 200mg/d 或孕酮凝胶 90mg/d,至妊娠 34 周。

（3）无早产史,孕 24 周前经阴道超声 CL<20mm,推荐使用微粒化孕酮胶囊 200mg/d 阴道给药,或阴道孕酮凝胶 90mg/d,至妊娠 36 周。

3. 宫颈环扎术 主要有经阴道完成的改良 McDonalds 术式和 Shirodkar 术式,以及经腹完成的(开放性手术或腹腔镜手术)宫颈环扎术 3 种方式。无论哪种手术,均力求环扎部位尽可能高位。改良 McDonalds 术式侵入性最小,经腹宫颈环扎术仅应用于经阴道环扎失败者。

适应证:

（1）既往有宫颈功能不全妊娠丢失史,此次妊娠 12～14 周行宫颈环扎术对预防早产有效。

（2）有前次早产或晚期流产史,此次为单胎妊娠,妊娠 24 周前 CL<25mm,无早产临产症

Notes

状、绒毛膜羊膜炎、持续阴道流血、胎膜早破、胎儿窘迫、胎儿严重畸形或死胎等宫颈环扎术禁忌证,推荐使用宫颈环扎术。

对子宫发育异常、宫颈锥切术后、双胎妊娠不推荐使用宫颈环扎术,但应据孕妇情况酌情掌握。尚无证据说明孕酮联合宫颈环扎术、卧床休息、口服药物及无依据的筛查等能提高疗效。

【小结】 早产指妊娠满28周至不满37足周间或新生儿出生体质量≥1000g分娩者。分为自发性早产和治疗性早产。表现为伴有宫颈管消失和宫口扩张的规律性宫缩。预测指标为病史及妊娠24周前经阴道超声测量CL<25mm。治疗主要是防止即刻早产,完成促胎肺成熟,赢得转运时间。原则:避免两种或以上宫缩抑制剂联合使用,不宜48小时后持续使用宫缩抑制剂。应根据孕妇及胎儿的情况权衡利弊合理选择分娩方式,重点在预防。

(李 力)

参考文献

1. 谢幸,苟文丽. 妇产科学. 第8版. 北京:人民卫生出版社,2013.
2. 丰有吉,沈铿. 妇产科学. 第2版. 北京:人民卫生出版社,2011.
3. Cunningham FG, Leveno KJ, Bloom SL, et al. Williams Obstetrics. 24rd ed. USA: McGraw-hill Medical Publishing Division, 2014.
4. 中华医学会妇产科学分会产科学组. 早产临床诊断与治疗指南(2014). 中华妇产科杂志,2014,49(7):481-484.

第十节 过期妊娠

月经周期规则,妊娠达到或超过42周(≥294日)尚未分娩者,称过期妊娠(postterm pregnancy)。晚期足月妊娠(late-term pregnancy)指41周~41^{+6}周。全美发生率占妊娠总数的5.5%(2011年)。晚期和过期妊娠是胎儿窘迫、胎粪吸入综合征、成熟障碍综合征、新生儿窒息、围生儿死亡及巨大儿、难产的重要原因之一。

【原因】 大多数病因不明,初产妇,既往有过期妊娠史、男性胎儿、孕妇肥胖等发生机会多。可能与下列因素有关:

1. **雌、孕激素比例失调** 正常妊娠足月分娩时,雌激素增高,孕激素降低。当雌激素不能明显增高,孕激素占优势,抑制前列腺素及缩宫素作用,无法启动分娩。

2. **子宫收缩刺激反射减弱** 头盆不称时胎儿先露部不能与子宫下段及宫颈密切接触,反射性子宫收缩减少。

3. **胎儿畸形** 如无脑儿垂体缺如,不能产生足够促肾上腺皮质激素,胎儿肾上腺皮质萎缩,从而雌激素前身物质16α-羟基硫酸脱氢表雄酮分泌不足,使雌激素形成减少。

4. **遗传因素** 胎盘硫酸酯酶缺乏症(placental sulfatase deficiency)是一种罕见的伴性隐性遗传病,导致雌激素的产生明显减少,难以启动分娩。

【病理变化】

1. **胎盘变化** 有两种类型。功能正常,形态学检查与足月妊娠胎盘相似。另一种类型是胎盘功能减退,其合成、代谢、运输等功能明显降低。检查发现:①母体面呈片状或多灶性梗死及钙化,胎儿面及胎膜被胎粪污染,呈黄绿色;②光镜下见合体细胞结节增多,绒毛间腔变窄,部分结节断裂,表面有纤维蛋白沉积。滋养层基底膜增厚,纤维素样坏死绒毛增加;③电镜下见合体细胞表面微绒毛明显减少,细胞内吞饮小泡减少,内质网空泡变。

2. **羊水** 妊娠42周后,约30%孕妇的羊水量减少至300ml以下;羊水胎粪污染率是足月妊娠的2~3倍;伴有羊水过少时,胎粪污染率可高达71%。

3. 胎儿预后与胎盘功能有关。

(1) 正常生长及巨大儿:胎盘形态与功能基本正常,能维持胎儿在宫内继续生长,使出生体重增加。约25%胎儿的体重>4000克,其中5.4%胎儿的体重>4500克。

(2) 成熟障碍:表现为过度成熟和羊水粪染。10% ~20%并发胎儿成熟障碍综合征,与慢性胎盘功能不良致胎儿缺氧、营养耗竭有关。

【对母儿影响】

1. 对围生儿影响 除围生儿致病和死产率高外,胎儿窘迫、新生儿窒息、抽搐、胎粪吸入综合征、过熟儿综合征、低Apgar评分等发生率增高,新生儿重症监护病房的住院率增加,巨大儿、阴道助产、剖宫产和肩难产的风险高。

2. 对母体影响 因产程异常、产后出血、严重的会阴裂伤、感染、产后出血和及手术产率增高,产妇焦虑增加。

【诊断】 准确核实孕周,确定胎盘功能是否正常,指导产科干预。

1. 核实孕周

(1) 超声检查确定孕周:目前最准确的方法,其误差仅为3 ~5天。6 ~7周的早孕超声检查(ultrasound dating)时:测量胎儿头臀径(The crown rump length CRL)+6.5估计孕周。孕16周后至20周测量胎儿双顶径和股骨长度估计孕周亦比较可靠。

(2) 辅助生殖者,可以根据超声检查检测排卵日计算,若排卵后≥280日仍未分娩者,应诊断为过期妊娠。

(3) 其他:妊娠最初血、尿HCG停经4 ~5周增高、早孕反应出现时间、胎动开始时间可以提供推算预产期的参考。

2. 判断胎盘功能

(1) 胎动计数:如胎动<10次/12h或逐日下降超过50%,提示胎儿缺氧。

(2) 胎儿电子监护仪检测:包括NST、OCT。配合超声评估胎儿安危,每周1 ~2次,或进行OCT,如宫缩良好,无频繁晚期减速,提示胎儿贮备力良好。

(3) 超声检查:观察羊水量、胎动、胎儿呼吸运动、胎儿肌张力,其中羊水量减少是胎儿慢性缺氧的信号。如加上NST,生物物理5项评分总分≤4分提示胎儿明显缺氧。

【处理】 准确判断孕周对恰当处理至关重要,力求避免过期妊娠的发生,应当于孕41周实施引产,也有建议在孕42 0/7周至42 6/7周进行引产。对确诊过期妊娠者,应根据胎盘功能、胎儿大小、宫颈成熟度等综合分析,选择恰当的分娩方式。

1. 引产 对确诊过期妊娠而无胎儿窘迫、无明显头盆不称等,可考虑引产。

(1) 引产前促宫颈成熟(preinduction cervical ripening):引产前宫颈Bishop评分≤4分,必须先行促宫颈成熟治疗。常用PGE2阴道制剂和宫颈扩张球囊。

(2) 引产:宫颈Bishop评分≥7分者,应予以缩宫素引产。对胎头已衔接者,通常用人工破膜加缩宫素静脉滴注,也有人提出剥膜引产,但有争议。不宜剥膜与破膜同时实施。

产程中最好连续胎心监测,间断吸氧。注意羊水性状,及早发现胎儿窘迫,及时处理。对羊水Ⅲ度污染者,胎头娩出后应立即清除口咽部黏液,胎儿娩出后,立即在直接喉镜指引下气管插管吸出气管内黏液,以减少胎粪吸入综合征的发生。

2. 剖宫产 指征:①胎盘功能不良,胎儿贮备力差,不能耐受宫缩,胎心监测持续晚期减速者;②估计胎儿体重≥4000g且合并糖尿病者,建议剖宫产终止妊娠;估计胎儿体重≥4000g而无糖尿病者,可阴道试产,但需放宽剖宫产指征;③合并胎位异常者;④存在妊娠合并症或并发症;⑤产时胎儿窘迫,估计短时间内不能经阴道结束分娩者;⑥引产失败或产程进展缓慢,疑有头盆不称者。

【小结】 过期妊娠是指孕达到或超过42周尚未分娩者。晚期足月妊娠指41周 ~41^{+6}周者。可能与激素失调、子宫收缩反射减弱、胎儿畸形及遗传因素等有关。过期妊娠母婴并发症高。准确诊断和恰当处理重点在精确判断育龄，确定胎盘功能是否正常，指导产科干预。降低围生儿患病和死亡率，胎儿孕期监测和引产是目前主要手段，结合产力、产道及胎儿情况决定分娩方式。

（李 力）

参考文献

1. 谢幸，苟文丽. 妇产科学. 第8版. 北京：人民卫生出版社，2013.
2. 丰有吉，沈铿. 妇产科学. 第2版. 北京：人民卫生出版社，2011.
3. Cunningham FG, Leveno KJ, Bloom SL, et al. Williams Obstetrics. 24rd ed. USA: McGraw-hill Medical Publishing Division, 2014.

第十一节 死 胎

妊娠20周后胎儿在子宫内死亡，称死胎（fetal death）；胎儿在分娩过程中死亡称死产（stillbirth），属死胎的一种。

【病因】

1. **胎儿缺氧（fetal hypoxia）** 是造成死胎最常见的原因，占死胎的一半。引起缺氧的因素有：

（1）母体因素：①微小动脉供血不足：妊娠期高血压疾病，全身小动脉痉挛，子宫胎盘血流量减少，绒毛缺血缺氧；②红细胞携氧量不足：妊娠合并重度贫血、心衰、肺心病者，红细胞携氧量不足；③出血性疾病：各种因素导致的产前出血、子宫破裂、子宫局部胎盘血供障碍；④其他并发症：妊娠合并糖尿病、妊娠期肝内胆汁淤积症、孕妇的溶血性疾病、严重的感染、抗磷脂抗体综合征、多胎妊娠等。

（2）胎儿因素：严重的胎儿心血管系统功能障碍、胎儿畸形的结构异常和（或）遗传异常易发生流产和死胎。

（3）胎盘因素及脐带异常：各种引起母儿气体和营养物质交换的子宫胎盘功能不全和胎盘结构异常（胎盘早剥、前置胎盘）；脐带先露、脐带脱垂、脐带缠绕及脐带打结等可使胎儿与母体的血流交换中断，导致胎儿缺氧死亡。

2. **遗传因素和染色体畸变** 遗传基因突变或妊娠期使用对胎儿有致畸作用的药物、接触放射线、化学毒物等可使遗传基因发生突变，致染色体畸变，最终导致胎儿死亡。

【病理变化】

1. **胎体变化** 胎儿死亡后皮肤脱落，呈暗红色，颅骨重叠，内脏器官变软而脆，称浸软胎（macerated fetus）。羊水吸收后，胎儿身体各脏器及组织互相压迫、干枯，称压扁胎（fetus compressus）。双胎妊娠时胎儿死亡，另一个继续妊娠，已死亡胎儿枯干似纸质，称为纸样胎（fetus papyraceus）。

2. **凝血功能障碍** 胎儿死亡4周以上，退行性变的胎盘组织释放促凝物质，激活母体凝血系统，引起弥散性血管内凝血（DIC）。

【临床表现及诊断】

1. 孕妇感胎动消失，腹部不再继续长大，乳房松软变小。胎儿在宫内死亡时间愈长，分娩时易发生DIC。

2. 腹部检查，发现宫底高度小于停经月份，无胎动及胎心音。

3. 超声检查可以确诊。胎动和胎心消失，若胎儿死亡已久，可见颅骨重叠、颅板塌陷、颅内结构不清，胎儿轮廓不清，胎盘肿胀。

4. 新生儿尸检与胎儿附属物检查，染色体核型分析和染色体微阵列分析提供遗传诊断。

【处理】 凡确诊死胎，无论死亡时间长短均应积极处理，处理前做好与病人及家属的沟通。

1. 胎儿死亡不久可直接引产，术前详细询问病史，判断是否合并易导致产后出血及产褥感染的疾病，如肝炎、血液系统疾病等，及时给予治疗。

2. 胎儿死亡超过4周应常规检查凝血功能，包括纤维蛋白原、血小板计数、凝血酶原时间等，若纤维蛋白原<1.5g/L，血小板<100×10^9/L，应给予肝素治疗，待凝血指标恢复正常后再实施引产，术前应备新鲜血，以防产后出血和感染。

引产方法有：①羊膜腔内注射依沙吖啶引产；②高浓度缩宫素引产：用缩宫素前可以先口服己烯雌酚5mg或戊酸雌二醇3mg，每日3次，连用5日，以提高子宫平滑肌对缩宫素的敏感性；③米非司酮配伍前列腺素引产：用于妊娠28周前，非瘢痕子宫；④妊娠28周前，瘢痕子宫，制订个体化引产方案。妊娠28周后的引产应参照相关指南实施。尽量阴道分娩，若死胎已近足月，宫口开大后可考虑给予毁胎。在引产过程中若出现先兆子宫破裂需行剖宫取胎术。必要时于产时取羊水作细菌培养及衣原体培养，胎盘娩出后应详细检查胎盘、脐带，对不明原因胎死宫内者，应争取尸检，以明确死亡原因。产后注意子宫收缩，严密观察产后出血，应用抗生素预防感染。

【小结】 死胎指妊娠20周后胎儿在子宫内死亡者，常见原因是母体、胎儿、胎盘及脐带等因素导致的胎儿缺氧，胎儿基因突变和染色体异常。胎儿死亡4周以上未排出体外可致母体凝血功能障碍。主要临床表现为孕妇自觉胎动消失，腹部不再继续长大，乳房变小，超声检查可以确诊。凡确诊死胎尚未排出者，无论胎儿死亡时间长短均应积极引产，使胎儿尽早排出，应争取尸检，查明死因，同时避免产后出血、感染等并发症。

（李　力）

参考文献

1. 谢幸，苟文丽. 妇产科学. 第8版. 北京：人民卫生出版社，2013.
2. 丰有吉，沈铿. 妇产科学. 第2版. 北京：人民卫生出版社，2011.
3. Cunningham FG, Leveno KJ, Bloom SL, et al. Williams Obstetrics. 24rd ed. USA: McGraw-hill Medical Publishing Division, 2014.

第十二章　胎儿附属物异常

胎儿附属物(胎盘、胎膜、脐带、羊水)与胎儿是一个有机的整体,在胎儿生长发育过程中起重要作用,若发生异常,可对母体和胎儿造成危害,导致不良妊娠结局。

第一节　前置胎盘

胎盘正常附着部位为子宫体部的后壁、前壁或侧壁。若妊娠28周后,胎盘附着于子宫下段,下缘达到或覆盖宫颈内口,位置低于胎先露部,称为前置胎盘(placenta previa)。前置胎盘是妊娠期的严重并发症之一,也是妊娠晚期阴道流血最常见的原因,发病率国内报道为0.24%~1.57%,国外报道为0.3%~0.5%。

【病因】 尚不清楚,可能与下述因素有关:

1. 子宫内膜损伤或病变 受精卵植入受损的子宫内膜,子宫蜕膜血管形成不良、胎盘供血不足,为摄取足够的营养而增大胎盘面积,伸展到子宫下段,形成前置胎盘。高龄、多产、多次刮宫、产褥感染、瘢痕子宫等是常见因素。有2次刮宫史者发生前置胎盘的风险增加1倍;子宫下段切口瘢痕妨碍胎盘随子宫峡部的伸展而向上"迁移",增加前置胎盘的发生率,瘢痕子宫再次妊娠发生前置胎盘的危险性升高5倍。

2. 胎盘异常 胎盘面积过大而延伸至子宫下段,如多胎妊娠、副胎盘、膜状胎盘等,双胎妊娠前置胎盘的发生率较单胎妊娠高1倍。

3. 受精卵滋养层发育迟缓 受精卵到达宫腔时,滋养层尚未发育到能着床的阶段,继续下移,着床于子宫下段而形成前置胎盘。

4. 辅助生殖技术 辅助生殖技术受孕者,由于受精卵的体外培养和人工植入,受精卵可能与子宫内膜发育不同步,并且人工植入时可诱发宫缩,导致其着床于子宫下段,增加前置胎盘发生的风险。

【分类】 根据胎盘下缘与宫颈内口的关系,分为4种类型(图12-1):

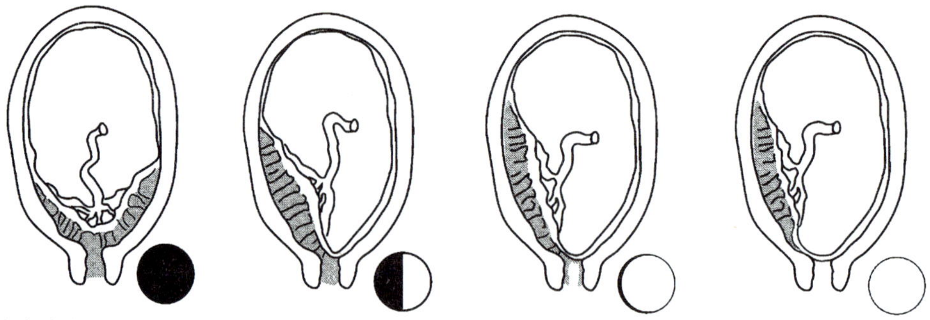

图12-1　前置胎盘的类型

1. 完全性前置胎盘(complete placenta previa)或称为中央性前置胎盘(central placenta previa) 胎盘组织覆盖整个宫颈内口。

2. 部分性前置胎盘(partial placenta previa) 胎盘组织覆盖部分宫颈内口。

3. 边缘性前置胎盘(marginal placenta previa) 胎盘附着于子宫下段,下缘达到宫颈内口,但未覆盖宫颈内口。

4. 低置胎盘(low lying placenta) 胎盘附着于子宫下段,边缘距宫颈内口<20mm,但未达到宫颈内口。

胎盘下缘与宫颈内口的关系可随子宫下段逐渐伸展、宫颈管逐渐消失、宫颈口逐渐扩张而改变。因此,前置胎盘的类型可因诊断时期不同而不同,通常以处理前最后一次检查来确定其分类。

既往有剖宫产史,此次妊娠为前置胎盘,且胎盘附着于原手术瘢痕部位,其胎盘粘连、植入发生率高,可引起致命性的大出血,因此也有人称之为"凶险性"前置胎盘(pernicious placenta previa)。

【临床表现】

1. 症状 妊娠晚期或临产时,突发无诱因、无痛性阴道流血是前置胎盘的典型症状。妊娠晚期子宫峡部逐渐拉长形成子宫下段,子宫下段伸展牵拉宫颈内口,宫颈管逐渐缩短,临产后的宫缩使宫颈管消失成为软产道的一部分。附着于子宫下段及宫颈内口的胎盘不能相应的伸展,与其附着处的子宫壁错位剥离,血窦破裂出血。前置胎盘可反复出血,出血时间、出血频率、出血量与前置胎盘类型有关。初次出血量一般不多,但也有初次即发生大出血而导致休克者。完全性前置胎盘初次出血时间较早,多发生在妊娠28周左右,出血频繁,出血量较多;边缘性前置胎盘初次出血时间较晚,多发生在妊娠末期或临产后,出血量较少;部分性前置胎盘的初次出血时间及出血量介于以上两者之间。

2. 体征 病人一般情况取决于出血量和出血速度。反复出血呈现贫血貌,急性大量出血可致面色苍白、四肢湿冷、脉搏细弱、血压下降等休克表现。腹部检查:子宫软、无压痛,大小与妊娠周数相符。由于胎盘占据子宫下段,故常见胎先露高浮,约1/3病人胎位异常,臀先露居多。胎盘附着子宫前壁时,耻骨联合上方可闻及胎盘血流杂音。临产时检查,宫缩为阵发性,间歇期能完全松弛。反复出血或一次大量出血可出现胎心异常,甚至胎心消失。

【诊断】

1. 病史及临床表现 既往有多次分娩、刮宫史,子宫手术史,或有不良生活习惯、辅助生殖技术受孕、双胎等病史,出现上述症状和体征,应考虑前置胎盘的诊断。

2. 辅助检查

(1) 超声检查:超声可清楚显示胎盘、子宫壁、胎先露和宫颈的位置,根据胎盘下缘与宫颈内口的关系,确定前置胎盘的类型。超声检查包括经腹部超声和经阴道超声,由于经腹部超声容易漏诊附着于子宫后壁的前置胎盘,膀胱的充盈程度也影响其对胎盘位置的判断,故经阴道超声更准确,是评估胎盘状况的"标准",而且目前认为不会增加出血的危险。不过超声无法判断是否合并胎盘粘连,出现以下超声声像则提示可能存在不同程度胎盘植入:胎盘内多个不规则的无回声区伴丰富血流信号;胎盘后方低回声带消失;子宫与膀胱壁的强回声线变薄、中断,以及膀胱子宫浆膜交界面血管分布增多且粗而不规则等。

妊娠中期胎盘约占据宫壁一半面积,邻近或覆盖宫颈内口的机会较多,妊娠晚期胎盘占据宫壁面积减少到1/3或1/4,子宫下段的形成及伸展会增加胎盘下缘与宫颈内口的距离,因此超声检查描述胎盘位置时,应考虑妊娠周数,妊娠中期发现胎盘位置低,不宜诊断为前置胎盘,可称为"胎盘前置状态"。

(2) 磁共振检查(MRI):怀疑合并胎盘粘连、植入者,可采用MRI辅助检查,超声结合MRI可提高诊断的准确率。怀疑"凶险性"前置胎盘者,MRI有助于了解胎盘侵入子宫肌层的深度、局部吻合血管分布情况,及是否侵犯膀胱等宫旁组织。动态观察MRI图像可见有"沸水症"。

Notes

3. 产后检查胎盘和胎膜 阴道分娩后应仔细检查胎盘胎儿面边缘有无血管断裂,有无副胎盘。胎膜破口距胎盘边缘在7cm以内,可作为诊断部分性、边缘性前置胎盘或低置胎盘的佐证。

前置胎盘最有效的辅助诊断方法是超声检查,诊断明确者不必再行阴道检查。若需要排除宫颈、阴道疾病,必要时可在具备输液、输血及立即手术的条件下进行阴道窥诊,不做阴道检查,禁止肛查。

【鉴别诊断】 应与胎盘早剥、脐带帆状附着前置血管破裂、胎盘边缘血窦破裂鉴别。诊断时,应排除阴道壁病变、宫颈癌、宫颈糜烂及息肉等引起的出血。

【对母儿的影响】

1. 产时、产后出血 附着于子宫前壁的前置胎盘行剖宫产时,如子宫切口无法避开胎盘,则出血明显增多。胎儿分娩后,子宫下段收缩力较差,附着的胎盘不易剥离,剥离后因开放的血窦不易关闭而常发生产后出血。

2. 植入性胎盘 由于子宫下段蜕膜发育不良,前置胎盘绒毛可植入子宫下段肌层,分娩时易导致难以控制的大出血。1% ~5%前置胎盘合并胎盘植入,但"凶险性"前置胎盘合并胎盘植入的几率明显增高。

3. 产褥感染 前置胎盘的胎盘剥离面接近宫颈外口,细菌易经阴道上行侵入胎盘剥离面,加之多数产妇因反复失血而致贫血,机体抵抗力下降,产褥期容易发生感染。

4. 围生儿预后不良 出血量多可致胎儿窘迫,甚至缺氧死亡。有时为挽救孕妇或胎儿生命需提前终止妊娠,早产率增加,低出生体重发生率及围生儿死亡率亦明显增加。

【处理】 原则是抑制宫缩、止血、纠正贫血和预防感染。根据阴道流血量、有无休克、妊娠周数、胎儿是否存活、是否临产及前置胎盘类型等进行相应的处理。

1. 期待疗法 适用于妊娠<34周,无症状或阴道流血量少、一般情况良好、胎儿存活、胎肺未成熟的孕妇。目的是在母儿安全的前提下延长孕周,提高围生儿存活率。尽管国外有资料证明,住院与门诊治疗前置胎盘孕妇的妊娠结局并无明显差异,但对于有阴道流血的病人,我国仍强调住院期待治疗,并且应在有母儿抢救条件的医院进行。

(1)一般处理:卧床休息,取侧卧位,血止后再适当活动。每日间断吸氧3次,每次20~30分钟,以提高胎儿血氧供应。严密观察阴道流血量,禁止性生活及其他刺激,便秘者可适当给予润肠通便,避免用力屏气。常规备血,做好急诊手术准备。

(2)纠正贫血:补充铁剂,维持血红蛋白含量在110/L以上,血细胞比容在0.30以上。血红蛋白低于70g/L,可输血治疗。

(3)抑制宫缩:为赢得促胎肺成熟的时间,可酌情选用宫缩抑制剂(具体方法参考"早产"章节)。

(4)促胎肺成熟:妊娠<34^{+6}周,给予促胎肺成熟治疗(具体方法参考"早产"章节)。

(5)预防感染:反复阴道流血者需预防宫内感染的发生。

(6)监测胎儿宫内情况和胎盘位置变化:期待过程中应加强对胎儿的监护,评估胎儿成熟程度,超声随访胎盘位置是否迁移。

2. 终止妊娠

(1)终止妊娠的时机:

1)紧急终止妊娠:阴道大出血危及孕妇生命安全时,不论胎龄大小均应立即剖宫产;阴道流血量较多,胎肺不成熟者,可经短时间促肺成熟后终止妊娠;期待治疗过程中出现胎儿窘迫,胎儿已能存活,可急诊剖宫产终止妊娠。

2)择期终止妊娠:无产前出血或出血少者,完全性前置胎盘在妊娠达36周,部分性及边缘性前置胎盘在妊娠满37周后终止妊娠。

(2)终止妊娠的方法:

Notes

1）剖宫产：择期剖宫产是处理前置胎盘的首选。

剖宫产指征：①完全性前置胎盘；②部分性及边缘性前置胎盘出血量较多，先露高浮，短时间内不能结束分娩者；③胎心、胎位异常者。

术前应积极纠正休克、备血、输液，做好处理产后出血及抢救新生儿的准备。子宫切口的选择原则上应避开胎盘，以免增加孕妇和胎儿的失血。对于前壁胎盘，可参考产前超声定位及术中探查所见，遵循个体化原则灵活选择子宫切口。胎儿娩出后，立即子宫肌壁内注射宫缩剂，待子宫收缩后剥离胎盘，如果剥离过程中发现合并胎盘植入，不可强行剥离，应根据植入面积大小给予相应处理。若胎盘剥离后，子宫下段胎盘剥离面出血多，可参考"产后出血"的处理采取相应措施。若各项措施均无效，尤其合并胎盘大部分植入者，应向家属交代病情，果断切除子宫。

2）阴道分娩：适用于边缘性前置胎盘和低置胎盘，出血不多、枕先露、无头盆不称及胎位异常，估计短时间内能分娩者。在有条件的医院，备足血源的情况下，可在严密监测下进行阴道试产。宫颈口扩张后，人工破膜，加强宫缩促使胎头下降压迫胎盘，减少出血并加速产程进展。一旦产程停滞或阴道流血增多，应立即剖宫产结束分娩。

3. 紧急转运　若反复出血或阴道流血多，而当地医院无条件处理，应在充分评估母儿情况，建立静脉通道，在输血输液、止血、抑制宫缩的条件下，由医务人员护送，迅速转诊至上级医院。

4. "凶险性"前置胎盘的处理　"凶险性"前置胎盘的处理需多科协作，必须在有良好医疗条件的医院内进行，因此应当尽早明确诊断，及时转诊，平衡母体及胎儿两方面的利益，合理期待，尽量择期剖宫产终止妊娠。必须重视围术期处理，做好产后出血抢救的准备，由技术熟练、急救经验丰富的医生实施手术。

【预防】　采取有效的避孕措施，避免多次人工流产及刮宫损伤，预防感染。发生妊娠期出血时，应及时就医，尽早作出诊断和处理。

【小结】　前置胎盘是妊娠晚期可危及母儿生命的严重并发症之一。妊娠晚期突发无痛性阴道流血，应考虑前置胎盘。阴道流血时间、频率、出血量与前置胎盘类型有关。超声检查为目前诊断前置胎盘最有效的方法。根据阴道流血量、有无休克、妊娠周数、胎儿是否存活、是否临产及前置胎盘类型等可采取期待疗法或终止妊娠。如果前置胎盘发生严重出血而危及孕妇生命安全时，不论胎龄大小均应立即终止妊娠。剖宫产是处理前置胎盘的主要手段。"凶险性"前置胎盘合并胎盘植入的几率高，分娩时易导致难以控制的大出血，严重危及母儿生命，强调早期明确诊断，无救治条件应及时转诊。重视围术期处理及产后出血的抢救。

第二节　胎 盘 早 剥

妊娠20周后或分娩期，正常位置的胎盘于胎儿娩出前，全部或部分从子宫壁剥离，称为胎盘早剥（placental abruption），是妊娠晚期的严重并发症之一。由于起病急、发展快，处理不当可威胁母儿生命。国内报道发生率为0.46%～2.1%，国外为1%～2%。发生率的高低与产后是否仔细检查胎盘有关，有些轻型胎盘早剥症状不明显，易被忽略。

【病因】　发病机制尚不完全清楚，可能与以下因素有关：

1. 子宫胎盘血管病变　胎盘早剥多发生于子痫前期、慢性高血压及慢性肾脏疾病的孕妇。这些疾病引起全身血管痉挛、硬化，子宫底蜕膜也可发生螺旋小动脉痉挛或硬化，引起远端毛细血管缺血坏死而破裂出血，在底蜕膜层与胎盘之间形成血肿，导致胎盘从子宫壁剥离。

2. 机械因素　外伤如腹部直接被撞击或挤压、性交、外倒转术等均可诱发胎盘早剥。脐带过短或脐带缠绕相对过短，临产后胎儿下降，脐带牵拉使胎盘自子宫壁剥离。羊水过多突然破膜时，羊水流出过快或双胎分娩时第一胎儿娩出过快，使宫内压骤减，子宫突然收缩而导致胎盘早剥。

Notes

3. 子宫静脉压升高 妊娠晚期或临产后,若孕妇长时间处于仰卧位,妊娠子宫可压迫下腔静脉使回心血量减少,血压下降(仰卧位低血压综合征),子宫静脉淤血,静脉压升高,致使蜕膜静脉床淤血、破裂,引起胎盘剥离。

4. 其他 高龄孕妇、经产妇易发生胎盘早剥;不良生活习惯如吸烟、酗酒及吸食可卡因等是国外发生率增高的原因;胎盘位于子宫肌瘤部位易发生胎盘早剥;宫内感染、有血栓形成倾向的孕妇胎盘早剥发生率增高;有胎盘早剥史的孕妇再次妊娠发生胎盘早剥的风险明显增高。

【病理及病理生理】 胎盘早剥的主要病理变化是底蜕膜出血,形成血肿,使该处胎盘自子宫壁剥离。如剥离面小,血液很快凝固而出血停止,临床可无症状或症状轻微。如继续出血,胎盘剥离面也随之扩大,形成较大的胎盘后血肿,血液可冲开胎盘边缘及胎膜经宫颈管流出,表现为外出血,称为显性剥离(revealed abruption)。如胎盘边缘或胎膜与子宫壁未剥离,或胎头进入骨盆入口压迫胎盘下缘,使血液积聚于胎盘与宫壁之间不能外流而致无阴道流血,称为隐性剥离(concealed abruption)。由于血液不能外流,胎盘后出血越积越多,子宫底升高,当出血达到一定程度,压力增大,血液冲开胎盘边缘和胎膜经宫颈管流出,即为混合性出血(mixed type)(图 12-2)。有时胎盘后血液可穿破羊膜而溢入羊膜腔,形成血性羊水。

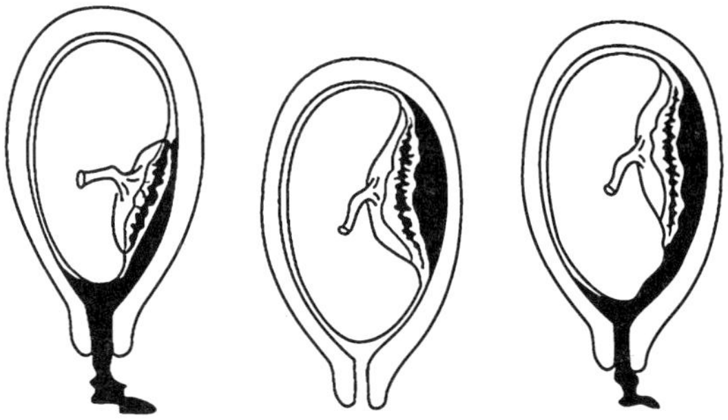

(1)显性剥离 (2)隐性剥离 (3)混合性剥离

图 12-2 胎盘早剥的类型

胎盘早剥尤其是隐性剥离时,胎盘后血肿增大及压力增加,使血液浸入子宫肌层,引起肌纤维分离、断裂及变性,当血液经肌层浸入浆膜层时,子宫表面可见蓝紫色淤斑,尤以胎盘附着处明显,称为子宫胎盘卒中(uteroplacental apoplexy),有时血液可进一步渗入阔韧带、输卵管系膜,或经输卵管流入腹腔。卒中后的子宫收缩力减弱,可造成产后出血。

剥离处的胎盘绒毛及蜕膜可释放大量组织凝血活酶,进入母体血液循环后激活凝血系统,导致弥散性血管内凝血(DIC),在肺、肾等器官内形成微血栓,引起器官缺氧及功能障碍。DIC 继续发展可激活纤维蛋白溶解系统,产生大量纤维蛋白原降解产物(FDP),引起继发性纤溶亢进。由于凝血因子的大量消耗及高浓度 FDP 的生成,最终导致严重的凝血功能障碍。

【临床表现及分类】 根据病情严重程度,将胎盘早剥分为 3 度:

1. Ⅰ度 以显性出血为主,多见于分娩期,胎盘剥离面积小,常无腹痛或腹痛轻微。腹部检查体征不明显,子宫无压痛或胎盘剥离处轻微压痛,宫缩有间歇,胎位清楚,胎心率多正常。常常靠产后检查胎盘,发现胎盘母体面有陈旧凝血块及压迹才得以确诊。

2. Ⅱ度 以隐性出血为主,亦可为混合性出血,胎盘剥离面约为胎盘面积的 1/3,多见于子痫前期、慢性高血压等有血管病变的孕妇。主要症状为突发的持续性腹痛,腰酸及腰背痛,疼痛程度与胎盘后积血多少呈正相关。常无阴道流血或流血不多,贫血程度与阴道流血量不相符。腹部检查:子宫往往大于妊娠月份,宫底随胎盘后血肿的增大而增高,子宫多处于高张状态,压痛,尤以胎盘剥离处最明显,但子宫后壁胎盘早剥时压痛可不明显。胎位可扪及,胎儿多存活。

Notes

3. Ⅲ度 胎盘剥离面一般超过胎盘面积的 1/2,临床表现较Ⅱ度加重,出现面色苍白、四肢湿冷、脉搏细弱、血压下降等休克征象,且休克的严重程度与阴道流血量不相符。腹部检查;子宫硬如板状,宫缩间歇期不能放松,胎位扪不清,胎心消失。若无凝血功能障碍为Ⅲa,有凝血功能障碍为Ⅲb。

【辅助检查】

1. 超声检查　可协助了解胎盘附着部位及胎盘早剥的程度,明确胎儿大小及存活情况。提示胎盘早剥的超声声像图有胎盘与子宫壁之间边缘不清楚的液性暗区、胎盘增厚、胎盘绒毛膜板凸入羊膜腔、羊水内出现流动的点状回声等。不过仅25%的胎盘早剥能经超声检查证实,即使阴性也不能排除胎盘早剥,但可与前置胎盘鉴别。

2. 实验室检查　了解贫血程度及凝血功能。可行血常规、尿常规、二氧化碳结合力及肝、肾功能等检查。Ⅱ、Ⅲ度病人应做以下试验:①DIC筛选试验:包括血小板计数、血浆凝血酶原时间、血浆纤维蛋白原定量;②纤溶确诊试验:包括凝血酶时间、副凝试验和优球蛋白溶解时间;③情况紧急时,可行血小板计数,并用全血凝块试验监测凝血功能,粗略估计血纤维蛋白原含量。

3. 胎儿监护　胎心监护出现基线变异消失、正弦波形、变异减速、晚期减速及胎心率缓慢等,应警惕胎盘早剥的发生。

【诊断与鉴别诊断】　依据病史、临床症状及体征,可作出临床诊断。Ⅱ、Ⅲ度病人出现典型临床表现时诊断较容易,主要与先兆子宫破裂相鉴别。Ⅰ度病人临床表现不典型,可结合超声检查判断,并与前置胎盘相鉴别,超声有误诊可能,应重视临床症状及凝血象的变化。

【并发症】

1. 弥散性血管内凝血(DIC)　胎盘剥离面积大,尤其是胎死宫内的病人,可能发生DIC。临床表现为阴道流血不凝或血凝块较软,皮肤、黏膜出血,甚至咯血、呕血及血尿。

2. 产后出血　子宫胎盘卒中者子宫肌层发生病理改变而影响收缩,可致严重的产后出血;并发凝血功能障碍,产后出血更难避免且不易纠正,是导致出血性休克的重要原因。

3. 羊水栓塞　胎盘早剥时,剥离面子宫血管开放,破膜后羊水可沿开放的血管进入母血液循环,导致羊水栓塞。

4. 急性肾衰竭　胎盘早剥出血、休克及DIC等,导致肾血流量严重减少,尤其Ⅱ、Ⅲ度胎盘早剥常由子痫前期等引起,存在肾内小动脉痉挛、肾小球前小动脉狭窄、肾脏缺血等基础病变,易发生肾皮质或肾小管缺血坏死,出现急性肾衰竭。

5. 胎儿宫内死亡　胎盘早剥出血引起胎儿急性缺氧,围生儿窒息率、死亡率、早产率均升高,胎盘早剥面积超过50%,胎儿宫内死亡的风险显著增加。

【处理】　胎盘早剥的治疗原则为早期识别,积极纠正休克,及时终止妊娠,控制DIC,减少并发症。处理是否及时与恰当将决定母儿的预后。

1. 纠正休克　建立静脉通道,输注红细胞、血浆、冷沉淀等,迅速补充血容量及凝血因子,以纠正休克,改善全身状况。应保持血细胞比容不小于0.30,尿量>30ml/h。

2. 及时终止妊娠　胎盘早剥一旦发生,胎儿娩出前剥离面可能继续扩大,持续时间越长,病情越重,出现并发症的风险越高,因此原则上胎盘早剥一旦确诊,必须及时终止妊娠,控制子宫出血。终止妊娠的方式取决于胎盘剥离的严重程度、孕妇生命体征、孕周、胎儿宫内状况、胎方位、能否短期内分娩等。

(1) 剖宫产:适用于:①Ⅱ、Ⅲ度胎盘早剥,估计不可能短期内分娩者;②Ⅰ度胎盘早剥,出现胎儿窘迫,需抢救胎儿者;③有产科剖宫产指征者;④病情急剧加重,危及孕妇生命时,不论胎儿存活与否,均应立即剖宫产。术前常规检查凝血功能,并备足新鲜血、血浆和血小板等。术中娩出胎儿和胎盘后,立即注射宫缩剂、人工剥离胎盘、按摩子宫,发生子宫胎盘卒中者,给予热盐水湿敷,多数可使子宫收缩良好而控制出血。若发生难以控制的出血,或发生DIC,应快速输入新鲜血及凝血因子,及时行子宫切除术。

Notes

（2）阴道分娩：①Ⅰ度胎盘早剥，全身情况良好，病情较轻，以显性出血为主，宫口已开大，估计短时间内能结束分娩者，可经阴道分娩。先行人工破膜使羊水缓慢流出，减少子宫容积，以腹带紧裹腹部加压，使胎盘不再继续剥离。如子宫收缩乏力，可滴注缩宫素缩短产程。产程中应密切观察心率、血压、宫底高度、阴道流血量及胎儿宫内情况，一旦发现病情加重或出现胎儿窘迫征象，或破膜后产程进展缓慢，应剖宫产结束分娩。②胎儿死亡者，若孕妇生命体征平稳，病情无明显加重的趋势，且产程已发动，首选经阴道分娩。但出血过多或存在其他产科指征，仍以剖宫产终止妊娠为上策。

目前认为，对于妊娠32～34周Ⅰ度胎盘早剥者，可给予非手术治疗以延长孕周、促胎肺成熟。32周以前者，如为显性出血，子宫松弛，孕妇及胎儿状况稳定，亦可考虑非手术治疗同时促胎肺成熟。非手术治疗过程中应密切监测胎盘早剥的情况，一旦出现阴道流血增加、子宫张力增高或胎儿窘迫等，应立即终止妊娠。

3. 并发症的处理

（1）产后出血：胎盘早剥病人易发生产后出血，产后应密切观察子宫收缩、宫底高度、阴道流血量及全身情况。分娩后及时应用宫缩剂，按摩子宫，警惕DIC的发生（参考“产后出血”章节）。

（2）凝血功能障碍和急性肾衰：在迅速终止妊娠，阻止促凝物质继续进入孕妇血液循环的基础上纠正凝血功能障碍：①按比例及时补充足量的红细胞悬液、新鲜冷冻血浆、血小板，酌情输入冷沉淀、纤维蛋白原3～6g；②在DIC高凝阶段及早应用肝素，阻断DIC的发展；③纤溶亢进阶段，出血不止，可在肝素化和补充凝血因子的基础上应用抗纤溶药物以抑制纤维蛋白原的激活因子。病人出现少尿（尿量<17ml/h）或无尿（尿量<100ml/24h）应考虑肾衰竭可能，在补足血容量的基础上给予呋塞米40mg静脉推注，可重复使用。必要时行血液透析治疗。

【预防】 对妊娠期高血压疾病及慢性肾炎孕妇，应加强孕期管理，并积极治疗。防止外伤、避免不良生活习惯、预防宫内感染等。对高危病人不主张行胎儿倒转术，妊娠晚期和分娩期，应避免长时间仰卧，人工破膜应在宫缩间歇期进行等。

【小结】 胎盘早剥是妊娠20周后或分娩期发生的妊娠严重并发症。主要病理变化是底蜕膜出血，形成血肿，使正常位置的胎盘在胎儿娩出前自子宫壁剥离，可严重危及母儿生命。根据胎盘剥离面积的大小及病情严重程度，分为3度，Ⅰ度胎盘剥离以外出血为主，Ⅱ、Ⅲ度常为内出血或混合性出血。临床表现为突发的持续性腹痛，检查子宫呈高张状态，压痛。超声检查可排除前置胎盘。Ⅱ、Ⅲ度病人可出现严重并发症，确诊后应立即终止妊娠。胎盘早剥危及孕妇生命时，不管胎儿存活与否，均应立即剖宫产。

第三节 胎盘植入异常

妊娠时，原发性蜕膜发育不全或创伤性内膜缺陷，致使底蜕膜完全性或部分性缺失，胎盘与子宫壁异常附着，绒毛植入有缺陷的蜕膜基底层甚至子宫肌层，可引起产时产后出血等严重并发症。其发生与下列因素有关：①子宫内膜损伤如多产、多次人工流产、宫腔感染等；②胎盘附着部位异常如附着于子宫下段、子宫颈部及子宫角部；③子宫手术史如剖宫产术、子宫肌瘤剔除术、子宫整形术等。孕囊若种植于手术瘢痕部位，发生胎盘植入的风险极大，是导致“凶险性”产后出血的主要原因；④子宫病变如子宫肌瘤、子宫腺肌病、子宫畸形等。

根据胎盘植入的面积分为部分性或完全性，根据胎盘植入的深度分为胎盘粘连、胎盘植入、穿透性胎盘。

1. 粘连性胎盘（placenta accrete） 系胎盘绒毛附着于子宫肌层表面。临床可见胎盘完全性粘连或部分性粘连，常与前置胎盘并存。胎盘完全粘连一般不出血；若部分粘连，则部分胎盘

Notes

剥离，血窦开放，同时胎盘滞留影响子宫收缩，可引起产后出血。处理一般为人工剥离胎盘。

2. 植入性胎盘（placenta increta）　系胎盘绒毛植入到子宫肌层内。前置胎盘合并胎盘植入的发生率为1%～5%，并随着剖宫产次数增加而明显增高。胎盘植入若临床诊断困难，需病理诊断，即显微镜下见到子宫肌层中含有绒毛组织。疑胎盘植入者，胎儿娩出后切忌用力牵拉脐带，以免导致子宫内翻。胎盘植入易引起难以控制的产后出血，可能需切除子宫。

3. 穿透性胎盘植入（placenta percreta）　系胎盘绒毛植入肌层并穿透肌壁到达或超过子宫浆膜面。穿透性胎盘可侵袭膀胱等其他盆腔组织，造成损伤。

第四节　胎盘形态异常

正常胎盘为盘状，呈圆形或卵圆形。胎盘形态异常的病因尚未充分了解，可能与受精卵和子宫环境两方面因素有关。如囊胚在子宫内膜种植过深或过浅，使平滑绒毛膜未及时萎缩，或真蜕膜与包蜕膜过早融合，使平滑绒毛膜有较丰富的血供而未萎缩，形成膜状胎盘、环状胎盘；胎盘在发育阶段，由于蜕膜发育不良，囊胚附着处血供不足，导致胎盘迁徙，形成副胎盘、多叶胎盘、帆状胎盘等。胎盘形态异常的种类很多，其中很多并无特殊临床意义。现将部分较有临床意义的异常形态胎盘介绍如下：

1. 多叶胎盘（placenta multilobate）　系一个胎盘分成两叶、三叶或更多，但有一共同的部分互相连在一起。孕卵着床后，底蜕膜血管供应障碍，呈局灶状分布，仅血管丰富的底蜕膜处才有叶状绒毛膜发育，形成多叶状胎盘。这类胎盘在剥离、娩出时易造成胎盘残留，引起产后出血及感染。

2. 副胎盘（placenta succenturiate）和假叶胎盘（placenta spuria）　副胎盘系一个或多个胎盘叶，与主胎盘分开有一定的距离（至少2cm），借胎膜、血管与主胎盘相连。如果其间无血管相连，即为假叶胎盘。副胎盘具有重要的临床意义：①连接主、副胎盘的血管可在胎先露部前方横越宫颈内口，形成前置血管，在妊娠期或分娩期发生破裂或断裂，引起产前或产时出血，导致胎儿窘迫或死亡；②偶可见副胎盘附着于子宫下段，临床表现似前置胎盘，检查发现正常位置也有胎盘；③主胎盘娩出后，副胎盘可残留于宫腔内，导致产后出血及感染。假叶胎盘由于无血管与主胎盘相连，更易造成胎盘残留。胎盘娩出后应详细检查，注意胎膜上有无大块绒毛膜缺损区，胎盘、胎膜边缘有无断裂的血管。

3. 轮廓胎盘（placenta circumvallate）和有缘胎盘（placenta circummarginata）　轮廓胎盘和有缘胎盘均系绒毛膜外胎盘，即胎儿面的绒毛板小于母体面的基底板。若胎儿面中央凹陷，周围环绕白色、不透明的厚膜环（由双层返折的绒毛膜及羊膜组成，其间含有变性的蜕膜与纤维素），称为轮廓胎盘或轮状胎盘，可分为完全性和部分性；若此环紧靠胎盘边缘，则称为有缘胎盘。环内胎儿面的大血管自脐血管分支向四周延伸至环的边缘终止，改在胎膜下胎盘的深部走行。形成原因可能是由于孕卵的植入能力较弱，发育早期绒毛膜板形成过小，边缘的绒毛组织斜向外侧生长，累及周围的蜕膜而形成。轮廓胎盘和有缘胎盘的临床意义：①产前出血：由于胎盘边缘血窦壁薄弱，易破裂出血，多发生在孕晚期，表现为多次无痛性少量阴道流血，与前置胎盘不同的是其出血量不随孕期延伸而增加；②晚期流产及早产：多由其边缘血窦破裂、胎盘功能不全所致；③产后出血：常因第三产程胎盘剥离不全、胎膜残留或宫缩乏力等引起。因此无痛性阴道流血的孕妇，在排除前置胎盘后，应考虑轮廓胎盘的可能，处理以保胎及防止早产为主。产时注意胎儿窘迫，产后仔细检查胎盘，警惕胎盘、胎膜残留，避免产后出血及感染。

第五节　胎膜早破

胎膜破裂发生在临产前称胎膜早破（premature rupture of membrane，PROM）。发生在妊娠满

Notes

37 周后,称足月胎膜早破,发生率 8% ~10%;发生在 37 周前者,称未足月胎膜早破(preterm premature rupture of membrane,PPROM),单胎妊娠 PPROM 发生率为 2% ~4%,双胎妊娠 PPROM 发生率为 7% ~20%,是早产的主要原因。胎膜早破的妊娠结局与破膜时孕周有关,孕周越小,围生儿预后越差。

【病因】 导致胎膜早破的因素很多,往往是多因素相互作用的结果。

1. 生殖道感染 感染是引起胎膜早破的主要原因,70% 胎膜早破有绒毛膜羊膜炎的组织学证据,30% ~40% 羊水细菌培养呈阳性。微生物附着于胎膜,趋化中性粒细胞,激活细胞因子,产生大量蛋白水解酶、弹性蛋白酶及基质金属蛋白酶等,降解胎膜细胞外基质和各类胶原,以及宫颈局部的胶原蛋白,使胎膜抗张能力下降和宫颈软化扩张,导致胎膜破裂。

2. 羊膜腔压力增高 覆盖宫颈局部的胎膜在妊娠晚期存在形态、生化及组织学改变,是其薄弱区,当宫腔内压力过高如双胎妊娠、羊水过多等,可使薄弱的胎膜破裂。

3. 胎膜受力不均 胎位异常、头盆不称等可使胎儿先露部不能与骨盆入口衔接,盆腔空虚致使前羊膜囊所受压力不均,引起胎膜早破。先天性宫颈局部组织结构薄弱或因手术、创伤等使宫颈内口括约功能破坏,宫颈内口松弛,前羊膜囊楔入,受压不均,加之此处胎膜最接近阴道,缺乏宫颈黏液保护,易受病原微生物感染,导致胎膜早破。

4. 营养素缺乏 维生素 C、锌、铜缺乏,影响胎膜的胶原纤维、弹力纤维合成,使胎膜抗张能力下降,易引起胎膜早破。

5. 创伤 羊膜腔穿刺不当、人工剥膜、妊娠晚期性生活频繁等均有可能引起胎膜早破。

【临床表现】 90% 病人突感较多液体从阴道流出,无腹痛等其他产兆。肛门检查上推胎儿先露部时,阴道流液增加,有时液体中混有胎脂或胎粪。阴道窥器检查见液体自宫颈口内流出或后穹窿有液池形成,可诊断胎膜早破。少量间断阴道流液应进一步检查,与尿失禁、阴道炎进行鉴别。

胎膜早破潜伏期是指胎膜破裂到分娩启动的时间,潜伏期越长,感染的发生率越高。当出现阴道流出液有臭味、子宫激惹、发热等应考虑绒毛膜羊膜炎。由于多数绒毛膜羊膜炎症状不典型,具有隐匿性,对出现母胎心率增快者应高度重视。

【诊断】

1. 临床表现 孕妇主诉阴道流液,或外阴湿润等。

2. 辅助检查

(1) 胎膜早破的诊断:

1) 阴道液 pH 值测定:正常阴道液 pH 值为 4.5 ~5.5,羊水 pH 值为 7.0 ~7.5,如阴道液 pH 值>6.5,提示胎膜早破可能性大。但阴道液被血、尿、精液及细菌性阴道病所致的大量白带污染,可产生假阳性,因此不能作为确诊依据。

2) 阴道液涂片检查:取阴道后穹窿积液置于干净玻片上,干燥后镜检,显微镜下出现羊齿植物叶状结晶可诊断为羊水,但精液和宫颈黏液可造成假阳性。阴道液涂片用 0.5% 硫酸尼罗蓝染色,镜下见到橘黄色胎儿上皮细胞,或用苏丹Ⅲ染色,见到黄色脂肪小粒,均有助于诊断。

3) 生化检查:①胰岛素样生长因子结合蛋白-1(insulin like growth factor binding protein-1,IGFBP-1):检测阴道液中 IGFBP-1 诊断胎膜早破特异性强,不受血液、精液、尿液和宫颈黏液的影响。②可溶性细胞间黏附分子-1(soluble intercellular adhesion molecule-1,sICAM-1):羊水中 sICAM-1 浓度高,胎膜破裂时阴道液中 sICAM-1 的浓度显著增加。③胎盘 α 微球蛋白-1(placental alpha microglobulin-1,PAMG-1):PAMG-1 是胎盘分泌的糖蛋白,羊水中含量丰富,检测宫颈阴道分泌物中的 PAMG-1,能快速诊断 PROM,较 IGFBP-1 具有更高的敏感性及特异性,且不受精液、尿素、血液或阴道感染的影响。

Notes

4) 羊膜镜检查:可以直视胎儿先露部,看见头发或其他胎儿部分,却看不到前羊膜囊即可诊断胎膜早破。

5）超声检查：羊水量急剧减少可协助诊断。

（2）绒毛膜羊膜炎的诊断：

1）血常规及生化检查：血常规白细胞计数、中性粒细胞增高，C-反应蛋白>8mg/L，降钙素原≥0.5ng/ml 提示感染的可能。

结合临床表现及血常规检查，具有以下任何一项应考虑绒毛膜羊膜炎：①阴道流出液有臭味；②母体体温≥38℃；③母体心率增快≥100 次/分，胎心率≥160 次/分；④子宫激惹，张力增大；⑤母体白细胞计数≥15×10^9/L，中性粒细胞≥90%。

2）经腹羊膜腔穿刺检查：超声引导下羊膜腔穿刺抽取羊水检查是产前辅助诊断绒毛膜羊膜炎的常用方法，临床检查指标包括：①羊水细菌培养：是诊断绒毛膜羊膜炎的标准，但费时，难以快速诊断。②羊水涂片革兰染色检查：找到细菌可诊断绒毛膜羊膜炎，该法特异性较高，但敏感性较差。③羊水涂片计数白细胞：≥30 个白细胞/μl，提示绒毛膜羊膜炎。如羊水涂片革兰染色未找到细菌，而涂片白细胞计数增高，应警惕支原体、衣原体感染。④羊水白介素 6（interleukin-6，IL-6）检测：羊水中 IL-6≥7.9ng/ml，提示急性绒毛膜羊膜炎。该方法诊断敏感性较高，且对预测新生儿并发症如肺炎、败血症等有帮助。⑤羊水葡萄糖定量检测：羊水葡萄糖<10mg/dl，提示绒毛膜羊膜炎。该方法常与上述其他指标同时检测，综合评价绒毛膜羊膜炎的可能性。

【对母儿影响】

1. 对母体影响

（1）感染：胎膜破裂后，随着潜伏期延长，羊水细菌培养阳性率增高，破膜超过 24 小时，感染率增加 5～10 倍。另外，破膜后剩余羊水越少，抗感染能力越低，绒毛膜羊膜炎发生率越高。

（2）胎盘早剥：发生率 4%～7%，突然发生胎膜破裂应注意腹部张力、阴道流血及胎儿宫内情况。

（3）剖宫产率增高：羊水减少致使不协调宫缩以及脐带受压、胎心监护异常的发生率增高，导致剖宫产率随之增高。

2. 对胎儿影响

（1）早产：30%～40%早产与胎膜早破有关。早产儿的预后与胎膜早破发生及分娩的孕周密切相关，孕周越小，预后越差（参考“早产”章节）。

（2）感染：胎膜早破并发绒毛膜羊膜炎时，新生儿败血症的发病率及围生儿死亡率增高。胎盘感染所致的胎儿炎性反应综合征（fetal inflammatory response syndrome，FIRS）是导致围生儿不良结局的重要原因，可引起胎儿脑室出血、脑白质受损，羊水和脐血内 IL-6、TNF-α 等的浓度越高，围生儿预后越差。

（3）脐带脱垂或受压：胎先露未衔接者破膜后脐带脱垂的危险性增加；因破膜继发羊水减少，脐带受压，可致胎儿窘迫。

（4）胎肺发育不良及胎儿受压综合征：破膜时孕周越小、引发羊水过少越早，胎肺发育不良的发生率越高。如破膜潜伏期长于 4 周，严重羊水过少，可表现出明显胎儿宫内受压，出现胎儿骨骼发育异常、胎体粘连等。

【处理】

1. 足月胎膜早破　足月胎膜早破通常是即将临产的征兆。因破膜时间越长，感染的风险越高，故足月胎膜早破病人，需预防和监测绒毛膜羊膜炎，尽早终止妊娠。无剖宫产指征者，应积极引产，尽量避免频繁阴道检查，以免增加细菌上行感染的风险。

2. 未足月胎膜早破　处理的总体原则是一旦感染的风险超过早产并发症的风险，立即终止妊娠。孕周大小是决定 PPROM 处理方案的关键因素。<24 周的 PPROM 多主张引产，不宜继续

Notes

妊娠;妊娠 24～33^{+6}周的 PPROM,若无母胎禁忌证,可给予促胎肺成熟治疗,期待至 34 周以后;而妊娠 34 周以后属于近足月的 PPROM,无充分证据证明继续期待治疗能改善母儿结局,而潜伏期延长可增加母儿感染的风险,应考虑终止妊娠。

(1) 期待疗法:适用于胎肺未成熟,没有羊膜腔感染者。

1) 一般处理:卧床,保持外阴清洁,密切观察孕妇体温、宫缩、母胎心率、阴道流液性状,定期复查血常规、C-反应蛋白、胎心监护、剩余羊水量等,避免不必要的阴道检查。

2) 预防感染:PPROM 预防性应用抗生素,能有效延长潜伏期,减少绒毛膜羊膜炎的发生率,降低围生儿病率和死亡率。抗生素的选择和疗程,应依据细菌培养药敏结果,遵循个体化原则。通常 B 族链球菌感染选择青霉素;支原体或衣原体感染,选择红霉素或罗红霉素;如感染的微生物不明确,可选用广谱抗生素。

3) 抑制宫缩:对于孕周小的 PPROM,若无延长妊娠的禁忌,可应用宫缩抑制剂,争取促胎肺成熟的时间。(用法参考"早产"章节)。

4) 促胎肺成熟:<34 周推荐给予促胎肺成熟治疗(用法参考"早产"章节)。

(2) 终止妊娠:PPROM 终止妊娠的时机和方式的选择,需综合孕周、早产儿存活率、是否存在羊水过少或绒毛膜羊膜炎、胎儿能否耐受宫缩等因素。

1) 阴道分娩:≥34 周,胎肺成熟,无剖宫产指征,宫颈成熟者,可引产。产程中进行持续胎心监护,预防产后出血及产褥感染,做好新生儿复苏准备,有异常情况时放宽剖宫产指征。

2) 剖宫产:胎肺已成熟,但胎位异常、胎头高浮,或有明显羊膜腔感染,伴有胎儿窘迫者,剖宫产终止妊娠,同时抗感染治疗。

【预防】

1. 尽早治疗下生殖道感染 妊娠期及时治疗滴虫阴道炎、淋病奈氏菌感染、宫颈沙眼衣原体感染、细菌性阴道病等。泌尿系感染包括无症状菌尿症应积极治疗。

2. 注意营养平衡 适量补充铜、锌或维生素 C。

3. 避免腹压突然增加 特别对先露部高浮、子宫膨胀过度者,应予以足够休息,避免腹压突然增加。

4. 治疗宫颈内口松弛 可于妊娠 14～16 周行宫颈环扎术。

【小结】 临产前胎膜破裂为胎膜早破,主要由生殖道病原微生物上行性感染所致。主要症状为突感较多液体从阴道流出,无腹痛等其他产兆。检查可见阴道排液,可混有胎脂或胎粪。如并发羊膜腔感染,则表现为阴道流出液体有臭味,伴发热、母儿心率增快、子宫激惹、白细胞计数增高等。隐匿性羊膜腔感染时,虽无明显发热,但常出现母胎心率增快。胎膜早破的处理原则:①若胎肺不成熟,无明显临床感染征象,无胎儿窘迫,可期待治疗;②若胎肺成熟或有明显临床感染征象,立即终止妊娠。

第六节 脐带异常

脐带是胎儿与母体进行物质和气体交换的唯一通道,是胎儿生命的桥梁。若脐带发生异常,造成胎儿血供受限或受阻,将导致胎儿窘迫、发育异常,甚至胎儿死亡。

一、脐带先露和脐带脱垂

胎膜未破时脐带位于胎先露部前方或一侧称为脐带先露(presentation of umbilical cord),也称隐性脐带脱垂。胎膜破裂后,脐带脱出于宫颈口外,降至阴道内甚至露于外阴,称为脐带脱垂(prolapse of umbilical cord)(图 12-3)。

Notes

【病因】 脐带脱垂多发生在胎先露部不能衔接时,常见原因有:①胎位异常:因胎先露部与骨盆入口之间有间隙使脐带滑落，多见于足先露或肩先露；②胎头高浮或头盆不称，使胎头与骨盆入口间存在较大间隙；③胎儿过小或双胎妊娠分娩第二胎儿时；④羊水过多、羊膜腔内压力过高，破膜时脐带随羊水流出；⑤球拍状胎盘、低置胎盘；⑥脐带过长。

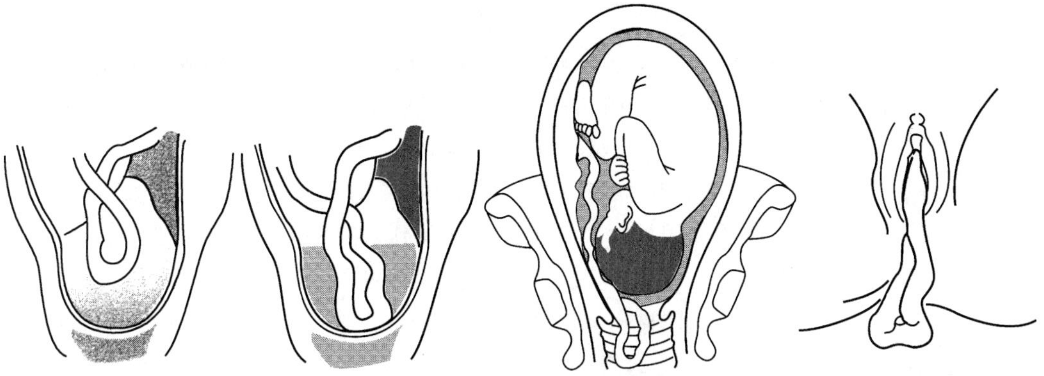

（1）隐性脐带先露　（2）脐带先露　（3）脐带脱垂于阴道　（4）脐带脱垂于会阴

图 12-3　脐带先露和脐带脱垂

【对母儿的影响】

1. 对母体影响　增加剖宫产率及手术助产率。

2. 对胎儿影响　胎先露部尚未衔接、胎膜未破者，宫缩时胎先露部下降，一过性压迫脐带导致胎心率异常；胎先露衔接、胎膜已破者，脐带受压在胎先露与骨盆之间时，可致胎儿缺氧、胎心消失，脐带血液循环阻断超过 7～8 分钟，即可胎死宫内。以头先露最严重，足先露、肩先露较轻。

【诊断】　若有脐带脱垂的危险因素存在，须警惕其发生。胎膜未破，胎动或宫缩后胎心率突然变慢，改变体位、上推胎先露及抬高臀部后迅速恢复者，应考虑脐带先露的可能，可行胎心监护，超声及彩色多普勒超声检查有助于明确诊断。胎膜已破，胎心率异常，或胎心监护出现胎心基线慢、平直等，应立即进行阴道检查，在胎先露旁或前方及阴道内触及有搏动的条索状物，或脐带脱出于外阴，即可确诊。

【治疗】

1. 脐带先露　经产妇，头先露、胎膜未破、宫缩良好者，可取头低臀高位，密切观察胎心率，等待胎头衔接，若宫口逐渐扩张，胎心持续良好，可经阴道分娩；初产妇，足先露或肩先露者，应行剖宫产术。

2. 脐带脱垂　胎心正常、胎儿存活者，应争取尽快娩出胎儿。宫口开全，胎先露在+2 及以下者，行产钳术，臀先露行臀牵引术；宫口未开全，产妇立即取头低臀高位，将胎先露部上推，同时使用宫缩抑制剂，以缓解脐带受压，严密监测胎心的同时，尽快行剖宫产术。

【预防】　妊娠晚期或临产后，超声检查有助于尽早发现脐带先露。对有脐带脱垂危险因素者，尽量不作或少作肛查或阴道检查。人工破膜应避免在宫缩时进行，羊水过多者应在有准备的情况下采取高位破膜，使羊水缓慢流出。

二、脐带长度异常

脐带正常长度为 30～100cm，平均长度 55cm。脐带短于 30cm 称为脐带过短（excessive short cords）。妊娠期间脐带过短常无临床征象，临产后由于胎先露部下降，脐带被牵拉过紧，使胎儿血液循环受阻，胎儿缺氧，严重者可导致胎盘早剥。脐带过短还可使胎先露下降受阻，引起产程延长，尤其是第二产程。若临产后胎心率异常，疑有脐带过短，经吸氧、改变体位，胎心率仍无改善者，应尽快行剖宫产术结束分娩。

Notes

脐带长度超过100cm者,称为脐带过长(excessive long cords)。过长的脐带易造成脐带缠绕、打结、扭转等,导致胎儿宫内缺氧、生长受限等;分娩时影响产程,易发生脐带脱垂,导致死胎、死产等。

三、脐带缠绕

脐带围绕胎儿颈部、四肢或躯干者称为脐带缠绕(cord entanglement)。约90%为脐带绕颈,又以绕颈1周者居多,占分娩总数的20%左右。其发生原因和脐带过长、胎儿过小、羊水过多及胎动过频等有关。对胎儿的影响与脐带缠绕松紧、缠绕周数及脐带长短有关。

临床特点:①胎先露部下降受阻:脐带缠绕使脐带相对变短,影响胎先露部入盆,可使产程延长或停滞;②胎儿窘迫:当缠绕周数过多、过紧使脐带受到牵拉,或宫缩时脐带受压,致使胎儿血液循环受阻,胎儿缺氧;③胎心率变异:胎心监护可见频繁的变异减速;④脐带血流异常:彩色超声多普勒检查可在胎儿颈部周围显示环形脐带血流信号;⑤胎儿皮肤压迹:超声检查可见脐带缠绕处的皮肤有明显的压迹,脐带缠绕1周者为U形压迹,其上方有短条样的脐血管横断面回声,其中可见小短光条。脐带缠绕2周者,皮肤压迹为W形,其上方有等号样的脐血管横断面回声。脐缠绕3周或3周以上,皮肤压迹为锯齿状,其上为一条衰减带状回声。当出现上述情况时,应高度警惕脐带缠绕,尤其当胎心监护出现异常,经吸氧、改变体位不能缓解时,应及时终止妊娠。若临产前超声已诊断脐带缠绕,在分娩过程中应加强监护,一旦出现胎儿窘迫,及时处理。

四、脐带打结

脐带打结分为假结(false knot)和真结(true knot)两种。脐带假结是指因脐血管较脐带长,血管卷曲似结,或脐静脉较脐动脉长,形成迂曲似结。假结一般不影响胎儿血液循环,对胎儿危害不大。脐带真结是由于脐带缠绕胎体,随后胎儿又穿过脐带套环而成真结。脐带真结较少见,未拉紧则无症状,拉紧后胎儿血液循环受阻,可引起胎儿宫内生长受限,过紧可致胎死宫内。多数在分娩后确诊。

五、脐带扭转

胎儿活动可使脐带顺其纵轴扭转呈螺旋状,生理性扭转可达6~11周。若脐带过度扭转呈绳索样,使胎儿血液循环缓慢,导致胎儿宫内缺氧。严重者脐带近胎儿脐轮部变细坏死,引起血管闭塞或血栓形成,胎儿因血液循环中断而致死亡。

六、脐带附着异常

脐带附着在胎盘边缘者,称为球拍状胎盘(battledore placenta),一般不影响母体和胎儿,多在产后检查胎盘时发现;脐带附着在胎膜上,脐带血管如船帆的缆绳通过羊膜与绒毛膜之间进入胎盘,称为脐带帆状附着(cord velamentous insertion)。胎膜上的血管跨过宫颈内口位于胎先露部前方,称为前置血管(vasa previa),阴道检查可触及有搏动的血管。脐血管裸露于宫腔内,如受到胎先露部压迫,易发生血运阻断,胎儿窘迫或死亡。胎膜破裂时,若前置血管发生破裂,胎儿血液外流,出血量达200~300ml,可导致胎儿死亡。临床表现为胎膜破裂时发生无痛性阴道流血,伴胎心率异常或消失,取流出的血液涂片检查,查到有核红细胞或幼红细胞并有胎儿血红蛋白,即可确诊。脐带帆状附着常伴有单脐动脉。

七、单脐动脉

Notes

正常脐带有两条脐动脉,一条脐静脉。如只有一条脐动脉,称为单脐动脉(single umbilical

artery)。单脐动脉不伴其他结构异常，胎儿预后良好。但单脐动脉的胎儿发生非整倍体及其他先天畸形的风险增高，如心血管畸形、中枢神经系统缺陷或泌尿生殖系统发育畸形等，产前诊断需排除。

【小结】 脐带异常包括脐带过短、过长、缠绕、打结、扭转、脐带附着异常等。脐带过短易引起胎儿窘迫，甚至造成胎盘早剥；过长的脐带易造成脐带缠绕、打结及脱垂等。脐带真结及脐带过度扭转可影响胎儿血供致胎死宫内。超声检查可协助诊断脐带缠绕，同时应注意脐带和胎盘附着的关系，脐带帆状附着应警惕前置血管。脐带帆状附着常伴有单脐动脉，单脐动脉的胎儿常伴有先天畸形。

第七节 羊水量异常

羊水在妊娠过程中具有重要作用，为胎儿正常生长发育提供充足的空间，并且防止脐带受压。正常妊娠时羊水的产生与吸收处于动态平衡中，任何引起羊水产生与吸收失衡的因素均可造成羊水量异常。

一、羊 水 过 多

妊娠期间，羊水量超过 2000ml 称为羊水过多(polyhydramnios)。发生率为 0.5% ~1%。如羊水量增加缓慢，称慢性羊水过多；若羊水在数日内迅速增多，压迫症状明显，称为急性羊水过多。

【病因】 约 1/3 羊水过多病因不明，称为特发性羊水过多。但多数重度羊水过多可能与胎儿畸形及妊娠合并症等因素有关。

1. 胎儿疾病 包括胎儿畸形、染色体或基因异常、胎儿肿瘤、胎儿代谢性疾病等。18% ~40% 羊水过多合并胎儿畸形，以神经管缺陷性疾病最常见，约占 50%，其中又以开放性神经管畸形多见。由于脑脊膜膨出裸露，脉络膜组织增生，渗出液增加，而中枢性吞咽障碍加上抗利尿激素缺乏等，致使羊水形成过多，回流减少，羊水过多；消化道畸形约占 25%，主要是胎儿食管、十二指肠闭锁等，由于胎儿吞咽羊水障碍，导致羊水积聚而引起羊水过多。其他还有腹壁缺陷、膈疝、先天性醛固酮增多症、遗传性假性低醛固酮症、胎儿纵隔肿瘤、胎儿脊柱畸胎瘤、先天性多囊肾等，均可造成羊水过多。18-三体、21-三体、13-三体胎儿可出现胎儿吞咽羊水障碍，引起羊水过多。

2. 多胎妊娠 双胎妊娠合并羊水过多的发生率约为 10%，是单胎妊娠的 10 倍，以单绒毛膜双胎居多。单绒毛膜双羊膜囊双胎胎盘之间血管吻合率高达 85% ~100%，易并发双胎输血综合征，受血儿循环血量增多、胎儿尿量增加，引起羊水过多。

3. 妊娠期合并症 10% ~25% 羊水过多与孕妇血糖代谢异常有关，母体高血糖致胎儿血糖增高，产生渗透性利尿，并使胎盘胎膜渗出增加，导致羊水过多。母儿血型不合，可存在胎儿贫血、水肿、胶体渗透压降低，胎儿尿量增加，加之胎盘增大，导致羊水增多。

4. 胎盘脐带病变 巨大胎盘、脐带帆状附着可导致羊水过多。当胎盘绒毛血管瘤直径大于 1cm 时，15% ~30% 合并羊水过多。

【对母儿影响】

1. 对母体的影响 羊水过多子宫张力增高，并发妊娠期高血压疾病的风险增加，是正常妊娠的 3 倍。由于子宫肌纤维伸展过度，宫缩乏力、产程延长及产后出血的发生率增加；并发胎膜早破、早产的可能性增加，突然破膜可使宫腔内压力骤然降低，导致胎盘早剥、休克。

2. 对胎儿的影响 胎位异常、脐带脱垂、胎儿窘迫及早产增多，加上羊水过多常合并胎儿畸形，故羊水过多者围生儿病死率明显增高。

Notes

【诊断】

1. 临床表现

(1)急性羊水过多:较少见。多在妊娠20~24周发病,羊水骤然增多,数日内子宫明显增大。病人自觉腹部胀痛、腰酸、行动不便,因横膈抬高引起呼吸困难,甚至发绀,不能平卧。检查可见腹部高度膨隆、皮肤张力大、变薄,皮下静脉清晰可见。巨大子宫压迫下腔静脉,静脉回流受阻,出现下肢和外阴部静脉曲张及水肿,压迫双侧输尿管,孕妇尿量减少,甚至无尿;子宫大于妊娠月份、张力大,胎位检查不清、胎心音遥远或不清。

(2)慢性羊水过多:较多见。常发生在妊娠晚期。羊水在数周内缓慢增多,压迫症状较轻,孕妇无明显不适,仅感腹部增大较快。检查见子宫大小超过妊娠月份,腹壁皮肤发亮,触诊时感觉子宫张力大,液体震颤感明显,胎位不清、胎心音遥远。

2. 辅助检查

(1)超声检查:重要的辅助检查方法。超声不但可以诊断羊水过多,还可以了解胎儿情况,发现胎儿畸形。超声诊断羊水过多的标准,目前在临床应用的有两种:①羊水指数(amniotic fluid index,AFI):以脐为中心分为四个象限,各象限最大羊水暗区垂直径之和为羊水指数。AFI ≥25cm诊断为羊水过多;②最大羊水暗区的垂直深度(maximum vertical pocket,MVP或amniotic fluid volume,AFV):MVP≥8cm诊断为羊水过多。

(2)胎儿疾病检查:可行羊水细胞培养或采集胎儿血细胞培养作染色体核型分析,排除胎儿染色体异常;羊膜腔穿刺行羊水生化检查,若为胎儿开放性神经管畸形及消化道畸形,羊水中AFP明显增高,超过同期正常妊娠平均值加3个标准差以上有助于诊断;同时可行PCR检查了解是否感染细小病毒、巨细胞病毒、弓形虫、梅毒等。

(3)其他检查:羊水过多尤其慢性羊水过多者,应行糖耐量试验排除糖尿病;怀疑血型不合者可检测母体抗体滴度。

【处理】 主要根据胎儿有无畸形、孕周、羊水过多的严重程度而定。

1. 羊水过多合并胎儿畸形 一旦确诊胎儿畸形、染色体异常,应及时终止妊娠。终止妊娠的方法根据具体情况选择:

(1)人工破膜引产:宫颈评分大于7分者,破膜后多能自然临产。若12小时后仍未临产,可静脉滴注缩宫素诱发宫缩。破膜时需注意:①高位破膜:自宫口沿颈管与胎膜之间向上15cm刺破胎膜,让羊水缓慢流出,避免宫腔内压力突然降低而引起胎盘早剥;②羊水流出后腹部置沙袋维持腹压,以防休克;③严密监测孕妇血压、心率,注意阴道流血及宫高变化。

(2)经腹羊膜腔穿刺放出适量羊水后,注入依沙吖啶引产。

2. 羊水过多合并正常胎儿 尽可能寻找病因,积极针对病因治疗,如糖尿病、妊娠期高血压疾病等母体疾病。

(1)期待疗法:羊水量多而自觉症状轻微,胎肺不成熟者,可严密观察,适当减少孕妇饮水量,注意休息,侧卧位以改善子宫胎盘循环,尽量延长孕周。每周复查超声了解羊水指数及胎儿生长情况。

(2)前列腺素合成酶抑制剂治疗:常用吲哚美辛,2.2~2.4mg/(kg·d),分3次口服。其作用机制是通过增加近曲小管的重吸收而减少胎儿尿液生成,进而使羊水减少。吲哚美辛可使动脉导管提前关闭,限于32周以前,且不宜长时间应用。用药24小时后即行胎儿超声心动图检查,此后每周1次,同时超声密切随访羊水量,每周2次,发现羊水量明显减少或动脉导管狭窄,立即停药。

(3)羊膜穿刺:压迫症状严重而胎肺不成熟者,可考虑经腹羊膜穿刺放液,以缓解症状,延长孕周。放液时需注意:①超声监测下避开胎盘部位穿刺;②放羊水速度不宜过快,每小时约500ml,一次放液总量不超过1500ml,以孕妇症状缓解为度;③密切注意孕妇血压、心率、呼吸变

Notes

化,监测胎心,警惕胎盘早剥,预防早产;④严格消毒,防止感染;⑤必要时3~4周后重复放液以降低宫腔内压力。

(4) 分娩期处理:羊水量反复增长,压迫症状严重,胎肺已成熟者,可终止妊娠;胎肺未成熟者,促胎肺成熟后引产。人工破膜除前述注意事项外,还应注意防止脐带脱垂。若破膜后宫缩乏力,可静脉滴注缩宫素加强宫缩,密切观察产程进展。胎儿娩出后应及时应用宫缩剂,预防产后出血。

二、羊水过少

妊娠晚期羊水量少于300ml称为羊水过少(oligohydramnios)。发生率为0.4%~4%。羊水过少与不良围生儿结局存在密切的相关性,严重羊水过少者围生儿死亡率高达133‰。

【病因】 主要与羊水产生减少或外漏增加有关,部分羊水过少原因不明。常见原因如下:

1. **胎儿畸形** 以胎儿泌尿系统畸形为主,如先天性肾缺如、肾小管发育不全、尿路梗阻等,因胎儿无尿液生成或生成的尿液不能排入羊膜腔而致羊水过少。另外,染色体异常、法洛四联症、水囊状淋巴管瘤、小头畸形、甲状腺功能减退等也可引起羊水过少。

2. **胎盘功能不良** 过期妊娠、胎儿生长受限、妊娠期高血压疾病等均存在胎盘功能减退,胎儿宫内缺氧,血液重新分布,肾动脉血流量减少,胎儿尿生成减少,导致羊水过少。

3. **胎膜病变** 胎膜早破,羊水外漏速度大于再产生速度,导致继发性羊水过少。宫内感染、炎症等引起羊膜通透性改变,与某些原因不明的羊水过少有关。

4. **母体因素** 孕妇脱水、血容量不足、血浆渗透压增高等,可使胎儿血浆渗透压相应增高,胎盘吸收羊水增加,同时胎儿肾小管重吸收水分增加,尿形成减少。此外孕妇应用某些药物如吲哚美辛、血管紧张素转换酶抑制剂等亦可引起羊水过少。

【对母儿影响】

1. **对胎儿的影响** 羊水过少是胎儿危险的重要信号,围生儿发病率和死亡率明显增高。与正常妊娠相比,羊水过少围生儿死亡率增高13~47倍。妊娠早中期发生的羊水过少与胎儿畸形常互为因果。Potter综合征(胎肺发育不良、扁平鼻、耳大位置低、肾及输尿管不发育以及铲形手、弓形腿等)可致羊水过少,而羊水过少又可导致胎体粘连、骨骼发育畸形、肺发育不全等,围生儿预后差。妊娠晚期羊水过少,常为胎盘功能不良及慢性胎儿宫内缺氧所致,羊水过少又可引起脐带受压,加重胎儿缺氧。

2. **对孕妇的影响** 手术分娩率和引产率均增加。

【诊断】

1. **临床表现** 羊水过少的临床表现多不典型。胎盘功能不良者常有胎动减少;胎膜早破者有阴道流液。腹部检查:宫高、腹围较同期孕周小,尤以胎儿宫内生长受限者明显,有子宫紧裹胎儿感。子宫敏感,易激惹,临产后易发生宫缩不协调,阴道检查时发现前羊膜囊不明显,胎膜与胎儿先露部紧贴,人工破膜时羊水流出少。

2. **辅助检查**

(1) 超声检查:是羊水过少的主要辅助诊断方法。妊娠晚期最大羊水暗区的垂直深度(MVP)≤2cm为羊水过少,MVP≤1cm为严重羊水过少;或羊水指数(AFI)≤5cm诊断为羊水过少。超声发现羊水过少时,应排除胎儿畸形。超声检查对先天性肾缺如、尿路梗阻、胎儿生长受限等有较高的诊断价值。

(2) 羊水直接测量:破膜时以容器置于外阴收集羊水,或剖宫产时收集羊水直接测量。

(3) 胎儿染色体检查:需排除胎儿染色体异常时可做羊水细胞培养,或采集胎儿血细胞培养,作染色体核型分析、荧光定量PCR快速诊断等。

(4) 其他检查:妊娠晚期发现羊水过少,应结合胎儿生物物理评分、胎心监护等,评价胎儿

Notes

宫内状况，及早发现胎儿宫内缺氧。

【处理】 根据胎儿有无畸形和孕周大小选择治疗方案。

1. 羊水过少合并胎儿畸形 已确诊胎儿畸形者尽早引产。

2. 羊水过少合并正常胎儿

（1）妊娠期羊水过少

1）一般处理：寻找与去除病因。嘱孕妇计数胎动，增加补液，每天2～4小时饮水2～4L。

2）增加羊水量期待治疗：孕周小，胎肺不成熟，可行经腹羊膜腔内灌注增加羊水量，延长孕周。妊娠期经腹羊膜腔灌注的主要目的：①改善母儿预后，预防胎肺发育不良；②提高超声扫描清晰度，有利于胎儿畸形的诊断。术后应用宫缩抑制剂预防流产或早产。羊膜腔内灌注并不能治疗羊水过少本身，且存在一定的风险，不推荐作为常规治疗方法。

3）加强监护：羊水过少期待治疗过程中对胎儿宫内情况的评估和监护是关键。超声随访每周2次，动态监测羊水量及脐动脉血流S/D值，每周1次评估胎儿生长发育情况。28周以后，每周至少进行2次胎心监护。

（2）分娩期羊水过少：对妊娠已达36周，胎肺已成熟者，应终止妊娠。分娩方式根据胎儿宫内状况而定。对胎儿贮备力尚好，宫颈成熟者，可在密切监护下行缩宫素滴注引产，临产后连续监测胎心变化，尽早行人工破膜以观察羊水性状及量，一旦出现胎儿窘迫征象，及时剖宫产。

分娩时羊水过少易发生脐带受压，美国妇产科学会指出分娩期可选择羊膜腔内灌注治疗反复出现的变异减速及延迟减速，包括经腹和经阴道羊膜腔灌注术。

【小结】 适当的羊水量具有保护胎儿和母体的作用，羊水量异常，可影响母儿安危。羊水量异常包括羊水过多和羊水过少，与胎儿畸形及妊娠合并症或并发症有关。羊水过多，母儿并发症明显增加；羊水过少是胎儿危险的重要信号。超声检查是诊断羊水量异常及排除胎儿畸形的主要辅助检查方法，羊水AFP的测定可协助诊断开放性神经管畸形。羊水量异常的处理主要根据胎儿有无畸形、孕周、胎盘功能及孕妇的状况而定。

（丁依玲）

参考文献

（一）专著

F. Gary Cunningham, Kenneth J. Leveno, Steven L. Bloom, et al. Williams Obstetrics. 24th ed. New York: McGraw-Hill Medical, 2014.

（二）刊物

1. 中华医学会妇产科学分会产科学组. 胎盘早剥的临床诊断与处理规范. 中华妇产科杂志, 2012, 47(12): 957-958.
2. 中华医学会妇产科学分会产科学组. 前置胎盘的临床诊断与处理指南. 中华妇产科杂志, 2013, 48(2): 1-3.
3. The American College of Obstetricians and Gynecologists (ACOG). Practice Bulletin Number 139: Premature Rupture of Membranes. Obstet Gynecol, 2013, 122(4): 918-930.

第十三章 胎儿异常与多胎妊娠

第一节 巨大儿

巨大胎儿(macrosomia)的诊断标准并没有在国际上获得统一的共识,欧美国家的定义为胎儿体重达到或超过4500g,我国定义为胎儿体重达到或超过4000g。近年因营养过剩而致巨大胎儿的发生率明显上升,20世纪90年代巨大胎儿的发生率比20世纪70年代增加一倍。国内发生率约7%,国外发生率为15.1%,男胎多于女胎。巨大胎儿手术产率及死亡率均较正常胎儿明显增高,当产力、产道、胎位均正常时,常因胎儿过大导致头盆不称而发生分娩困难,如肩难产。

【高危因素】 ①糖尿病;②营养与孕妇体重;③过期妊娠;④经产妇;⑤父母身材高大;⑥高龄产妇;⑦有巨大胎儿分娩史;⑧种族的不同。

【对母儿影响】

(1)对母体的影响:

难产:①巨大儿头盆不称发生率明显增加,临产后胎头不易入盆,往往阻隔在骨盆入口之上,可致第一产程延长。胎头下降缓慢,易造成第二产程延长;②巨大儿双肩径大于双顶径,若经阴道分娩,主要危险是肩难产,其发生率与胎儿体重成正比。肩难产处理不当可发生严重的阴道损伤和会阴裂伤甚至子宫破裂;产后可因分娩时盆底组织过度伸长或裂伤,发生子宫脱垂及阴道前后壁膨出。胎先露长时间压迫产道,容易发生尿瘘或粪瘘。手术产增加。

产后出血及感染:子宫过度扩张、子宫收缩乏力、产程延长,易导致产后出血。

(2)对胎儿的影响:巨大胎儿难以通过正常产道,手术助产机会增加,可引起颅内出血、锁骨骨折、臂丛神经损伤及麻痹,严重时甚至死亡。

新生儿并发症增加,新生儿低血糖、新生儿窒息发生率增加。

【诊断】 目前尚没有方法准确预测胎儿体重,通过病史、临床表现及辅助检查可以初步判断,但巨大胎儿待出生后方能确诊。

1. 病史及临床表现 孕妇多存在高危因素,如孕妇肥胖或身材高大,合并糖尿病,有巨大胎儿分娩史或为过期妊娠。孕期体重增加迅速,常在孕晚期出现呼吸困难,腹部沉重及两肋部胀痛等症状。

2. 腹部检查 腹部明显膨隆,宫高>35cm。触诊胎体大,先露部高浮,若为头先露,多数胎头跨耻征为阳性。听诊时胎心清晰,但位置较高。若宫高(cm)+腹围(cm)≥140cm,巨大儿的可能性较大。

3. 超声检查 利用超声测量胎儿双顶径、股骨长、腹围及头围等各项生物指标,可监测胎儿的生长发育情况。超声预测胎儿体重(estimated fetal weight,EFW),对较小的胎儿和早产儿有一定的准确性,但对于巨大胎儿的预测有一定的难度,目前没有证据支持哪种预测方法更有效。巨大胎儿的胎头双顶径往往会大于10cm,此时需进一步测量胎儿腹围,若介于35~40cm间,是非常有意义用来预测巨大儿的单项超声指标,其次需要测量胎儿肩径及胸径,当肩径及胸径大于头径者,需警惕肩难产的发生。

【处理】

1. 妊娠期 详细询问病史,定期作孕期检查及营养指导,对既往有巨大胎儿分娩史或妊娠期疑为巨大胎儿者，应监测血糖，排除糖尿病。若确诊为糖尿病，则应积极治疗，控制血糖。并于足月后，根据胎盘功能及糖尿病控制情况等综合评估，决定终止妊娠时机。

2. 分娩期 根据宫高、腹围、超声检查，尽可能准确推算胎儿体重，并结合骨盆测量决定分娩方式。

（1）剖宫产：非糖尿病孕妇的胎儿估计体重≥4500g，糖尿病孕妇的胎儿估计体重≥4000g，建议剖宫产终止妊娠。

（2）经阴道分娩：对于估计胎儿体重≥4000g，<4500g 而无糖尿病者，可阴道试产，但需放宽剖宫产指征。产时应充分评估，必要时产钳助产，同时做好处理肩难产的准备工作。分娩后应行宫颈及阴道检查，了解有无软产道损伤，并预防产后出血。

3. 预防性引产 对妊娠期发现巨大胎儿可疑者，目前的证据并不支持进行预防性引产。因为预防性引产并不能改善围生儿结局，不能降低肩难产率，且反而可能增加剖宫产率。

4. 新生儿处理 预防新生儿低血糖，应在生后 30 分钟监测血糖。于出生后 1～2 小时开始喂糖水，早开奶。轻度低血糖者口服葡萄糖纠正，严重者静脉输注。新生儿易发生低钙血症，应补充钙剂，多用 10% 葡萄糖酸钙 1ml/kg 加入葡萄糖液中静脉滴注。

【附】 肩难产

凡胎头娩出后，胎儿前肩被嵌顿在耻骨联合上方，用常规助产方法不能娩出胎儿双肩，称为肩难产（shoulder dystocia）。其发生率因胎儿体重而异，胎儿体重 2500～4000g 时发生率为 0.3%～1%，4000～4500g 时发生率为 3%～12%，≥4500g 为 8.4%～14.6%。超过 50% 的肩难产发生于正常体重的新生儿，且事先无法预测。

【高危因素】 产前高危因素：①巨大胎儿；②既往肩难产病史；③妊娠糖尿病；④过期妊娠；⑤孕妇骨盆解剖结构异常。产时需要警惕的因素有：①第一产程活跃期延长；②第二产程延长伴“乌龟征”（胎头娩出后未发生外旋转而又回缩至阴道）；③使用胎头吸引器或产钳助产。

【对母儿影响】

1. 对母体影响 ①产后出血和会阴裂伤最常见，会阴裂伤主要指切开延裂或会阴Ⅲ度及Ⅳ度裂伤。②其他并发症包括阴道裂伤、宫颈裂伤、膀胱麻痹、子宫破裂、生殖道瘘和产褥感染等严重并发症。

2. 对胎儿及新生儿的影响 ①臂丛神经损伤最常见，发生率为 7%～20%，其中 2/3 为 Duchenne-Erb 麻痹，由第 5、6 颈神经根受损引起。多数为一过性损伤，88% 的患儿于 12 个月内痊愈，永久性损伤仅占 1%～2%。目前的证据支持：大多数臂丛神经损伤并不是由于助产士造成的，肩难产时产妇的内在力量对胎儿不均称的推力可能是造成损伤的原因，胎儿在宫内的体位也可能是原因之一。②其他并发症还包括锁骨骨折、股骨骨折、胎儿窘迫、新生儿窒息，严重时可导致颅内出血、神经系统异常，甚至死亡。

【诊断】 当较大胎头娩出后，胎颈回缩，使胎儿颏部紧压会阴，胎肩娩出受阻，除外胎儿畸形，即可诊断为肩难产。

【处理】 一旦诊断肩难产，立即请求援助，指导产妇暂时停止屏气用力，进行会阴侧切或加大切口，做好新生儿复苏抢救准备。缩短胎头胎肩娩出的间隔，是新生儿能否存活的关键。

1. 请求援助和会阴切开 立即召集有经验的产科医生、麻醉师、助产士和儿科医师到场援助。进行会阴切开或加大切口，为助产士或医生的手在阴道内操作提供空间。

2. 屈大腿法（McRoberts 法） 让产妇双腿极度屈曲贴近腹部，双手抱膝，减小骨盆倾斜度，使腰骶部前凹变直，骶骨位置相对后移，骶尾关节稍增宽，使嵌顿在耻骨联合上方的前肩自然松解，同时适当用力向下牵引胎头而娩出前肩（图 13-1）。

3. 压前肩法（suprapubic pressure） 助手在产妇耻骨联合上方触到胎儿前肩部位并向后下加压，使双肩径缩小，同时助产者牵拉胎头，两者相互配合持续加压与牵引，注意不能用暴力（图 13-2）。

Notes

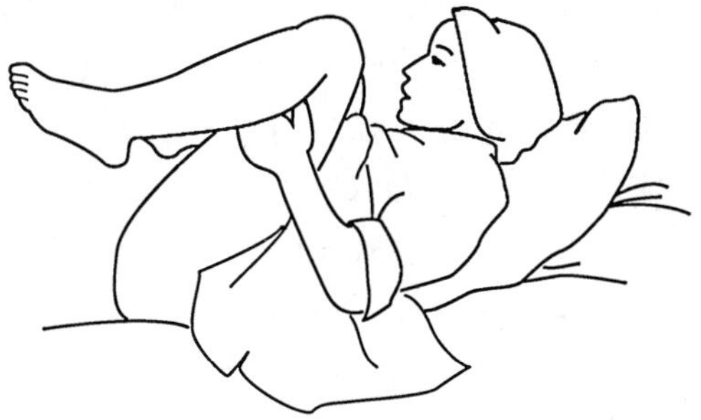

图 13-1　屈大腿助产法

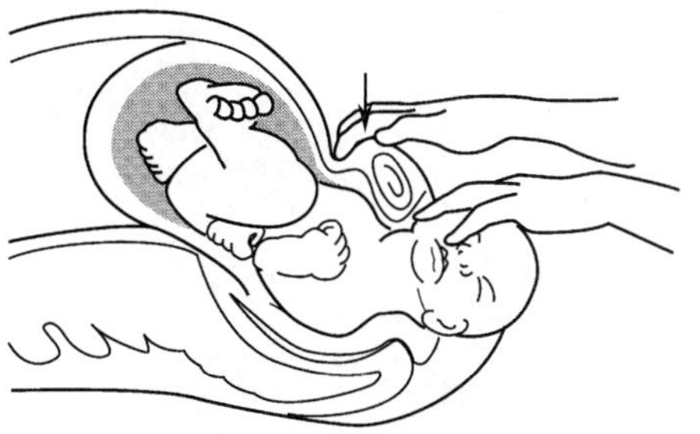

图 13-2　压前肩法

经过以上操作方法，超过 50% 的肩难产得以成功解决。

4. 旋肩法（Woods 法）　助产者以示、中指伸入阴道紧贴胎儿后肩的背面，将后肩向侧上旋转，助手协助将胎头同方向旋转，当后肩逐渐旋转至前肩位置时娩出。操作时胎背在母体右侧用左手，胎背在母体左侧用右手（图 13-3）。

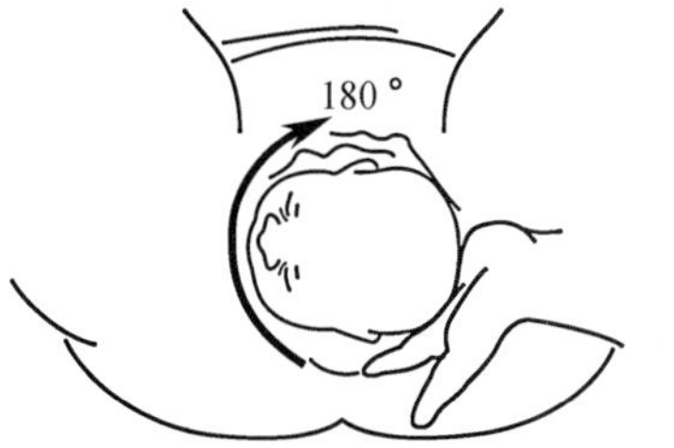

图 13-3　旋肩法

5. 牵后臂娩后肩法　助产者的手沿骶骨伸入阴道，握住胎儿后上肢，使其肘关节屈曲于胸前，以洗脸的方式娩出后臂，从而协助后肩娩出。切忌抓胎儿的上臂，以免肱骨骨折（图 13-4）。

6. 四肢着地法　在使用以上操作方法时，也可考虑使用此方法，病人翻转至双手和双膝着地，重力作用或这种方法产生的骨盆径线的改变可能会解除胎肩嵌塞状态（图 13-5）。

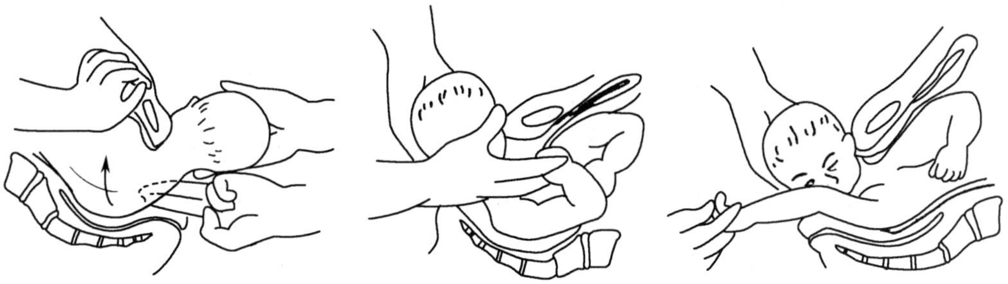

（1）压后肘法　（2）握住胎儿后臂的手　（3）拉出胎儿后臂的手

图 13-4　牵引后臂娩后肩法

当以上方法均无效时，最后才可以使用对母亲和胎儿创伤性比较大的一些方法包括胎头复位法（Zavanelli 法）、耻骨联合切开、断锁骨法。

【预测及预防】　由于肩难产对母婴危害较大，故预测及预防极为重要。

1. 临产前应根据宫高、腹围、先露高低，腹壁脂肪厚薄、羊水多少等正确推算胎儿体重。估计胎儿体重≥4500g，骨盆测量为中等大小，发生肩难产的可能性大，应行剖宫产结束分娩。

2. 超声正确测量胎头双顶径、胸径及双肩径，胎儿胸径大于胎头双顶径 1.6cm 者有发生肩难产的可能。超声检查还应注意胎儿有无畸形，如联体双胎，胎儿颈部有无肿瘤等。

3. 凡产程延长，尤其是活跃期及第二产程延长者，应警惕发生肩难产，必要时行剖宫产。

4. 骨盆狭窄、扁平骨盆应警惕肩难产的发生，适时剖宫产终止妊娠。骨盆倾斜度过大及耻骨弓过低的高危产妇，分娩时应让其采用屈曲大腿或垫高臀部的姿势，以预防肩难产的发生。

图 13-5 四肢着地法

5. 常规助产时胎头娩出后，切勿急于协助进行复位和外旋转，应让胎头自然复位及外旋转，并继续指导产妇屏气，使胎肩同时自然下降。当胎头完成外旋转后，胎儿双肩径应与骨盆出口前后径相一致，此时方可轻轻按压胎头协助胎儿前肩娩出，后肩进入骶凹处，顺利娩出双肩。

【小结】 巨大儿的发生率逐年增加，原因主要为营养过剩、合并糖尿病及遗传因素。对母体和胎儿的影响主要为：难产、产后出血及感染；胎儿颅内出血、锁骨骨折、臂丛神经损伤。治疗包括营养指导、及早发现并治疗糖尿病，并根据胎儿成熟度、胎盘情况及血糖控制情况，适时终止妊娠。对非糖尿病孕妇胎儿体重估计≥4500g 或糖尿病孕妇胎儿体重估计>4000g，即使骨盆正常，也建议剖宫产终止妊娠。应预防肩难产、产后出血以及新生儿低血糖。

第二节 胎儿生长受限

胎儿生长发育是指细胞、组织、器官分化完善与功能成熟的连续过程。小于孕龄儿（small for gestation age，SGA）指出生体重低于同胎龄应有体重第 10 百分位数以下或低于其平均体重 2 个标准差的新生儿。该类胎儿的新生儿病死率增高，故引起了产科和儿科医生的高度重视。但并非所有的出生体重小于同孕龄体重第 10 百分位数者均为病理性的生长受限，25% ~60% 的 SGA 是因为种族、产次或父母身高体重等因素而造成的“健康小样儿”。这部分胎儿除了体重及体格发育较小外，各器官无功能障碍，无宫内缺氧表现。

可将 SGA 分为三种情况：①正常的 SGA（normal SGA）：即胎儿结构及多普勒血流评估均未发现异常；②异常的 SGA（abnormal SGA）：存在结构异常或者遗传性疾病的胎儿；③胎儿生长受限（fetal growth restriction，FGR）：指无法达到其应有生长潜力的 SGA。严重的 FGR 被定义为胎儿的体重小于第 3 百分位数，同时伴有多普勒血流的异常。低出生体重儿被定义为胎儿分娩时的体重小于 2500 克。

【病因】 影响胎儿生长的因素复杂，约 40% 病人病因尚不明确。主要危险因素有以下几种：

1. 母体因素 最常见，占 50% ~60% 。

（1）营养因素：孕妇偏食、妊娠剧吐以及摄入蛋白质、维生素及微量元素不足，胎儿出生体重与母体血糖水平呈正相关。

（2）妊娠并发症与合并症：并发症如妊娠期高血压疾病、多胎妊娠、妊娠期肝内胆汁淤积症等，合并症如心脏病、慢性高血压、肾炎、贫血、抗磷脂抗体综合征等，均可使胎盘血流量减少，灌注下降。

（3）其他：孕妇年龄、地区、体重、身高、经济状况、子宫发育畸形、吸烟、吸毒、酗酒、宫内感染、母体接触放射线或有毒物质等。

2. 胎儿因素 研究证实，生长激素、胰岛素样生长因子、瘦素等调节胎儿生长的物质在脐血中降低，可能会影响胎儿内分泌和代谢。胎儿基因或染色体异常、先天发育异常时，也常伴有胎儿生长受限。

3. 胎盘及脐带因素　胎盘各种病变导致子宫胎盘血流量减少，胎儿血供不足。脐带因素脐带过长、脐带过细（尤其近脐带根部过细）、脐带扭转、脐带打结、脐带边缘或帆状插入等。

【分类及临床表现】　胎儿发育分三阶段。第一阶段（妊娠 17 周之前）：主要是细胞增殖，所有器官的细胞数目均增加。第二阶段（妊娠 17～32 周）：细胞继续增殖但速率下降，细胞体积开始增大。第三阶段（妊娠 32 周之后）：细胞增生肥大为其主要特征，胎儿突出表现为糖原和脂肪沉积。胎儿生长受限根据其发生时间、胎儿体重以及病因分为 3 类：

1. 内因性均称型 FGR 属于原发性胎儿生长受限　一般发生在胎儿发育的第一阶段，因胎儿在体重、头围和身长三方面均受限，头围与腹围均小，故称均称型。其病因包括基因或染色体异常、病毒感染、接触放射性物质及其他有毒物质。

特点：体重、身长、头径相称，但均小于该孕龄正常值。外表无营养不良表现，器官分化或成熟度与孕龄相符，但各器官的细胞数量均减少，脑重量轻，神经元功能不全和髓鞘形成迟缓；胎盘小，但组织无异常。胎儿无缺氧表现。胎儿出生缺陷发生率高，围生儿病死率高，预后不良。产后新生儿脑神经发育障碍，智力障碍的发生率比较高。

2. 外因性不均称型 FGR 属于继发性胎儿生长受限　胚胎早期发育正常，至孕中晚期才受到有害因素影响，如合并妊娠期高血压疾病等所致的慢性胎盘功能不全。

特点：新生儿外表呈营养不良或过熟儿状态，发育不均称，身长、头径与孕龄相符而体重偏低。胎儿常有宫内慢性缺氧及代谢障碍，各器官细胞数量正常，但细胞体积缩小，以肝脏为著。胎盘体积正常，但功能下降，伴有缺血缺氧的病理改变，常有梗死、钙化、胎膜黄染等，加重胎儿宫内缺氧，使胎儿在分娩期对缺氧的耐受力下降，导致新生儿脑神经受损。新生儿在出生后躯体发育正常，容易发生低血糖。

3. 外因性均称型 FGR 为上述两型的混合型　其病因有母儿双方因素，多系缺乏重要生长因素，如叶酸、氨基酸、微量元素或有害药物影响所致。在整个妊娠期间均产生影响。

特点：新生儿身长、体重、头径均小于该孕龄正常值，外表有营养不良表现。各器官细胞数目减少，导致器官体积均缩小，肝脾严重受累，脑细胞数也明显减少。胎盘小，外观正常。胎儿少有宫内缺氧，但存在代谢不良。新生儿的生长与智力发育常常受到影响。

上述的分类方法有助于病因学的诊断，但对于胎儿预后结局的改善和临床治疗的评估并无明显帮助，许多的 FGR 胎儿并不适合这种分类而且难以划分。不均称型 FGR 可表现为胎儿的腹围相对于其他生长测量指标更为落后，通常情况下与胎盘疾病，母体疾病相关。均称型 FGR 的胎儿生长测量的各条径线均落后于正常值，需要考虑的病因有，孕龄的评估是否正确，非整倍体，遗传方面的疾病，药物毒物的接触史。这种均称型 FGR 的胎儿有时很难和健康的 SGA 区别。

【诊断】　孕期准确诊断 FGR 并不容易，往往需要在分娩后才能确诊。密切关注胎儿发育情况是提高 FGR 诊断率及准确率的关键。没有高危因素的孕妇应在孕早期明确孕周，准确的判断胎龄，并通过孕妇体重和宫高的变化，初步筛查出 FGR，进一步经超声检查确诊。有高危因素的孕妇还需从孕早期开始定期行超声检查，根据各项衡量胎儿生长发育指标及其动态情况，结合子宫胎盘的灌注情况及孕妇的产前检查表现，尽早诊断 FGR。

1. 临床指标　测量子宫长度、腹围、体重，推测胎儿大小，简单易行，用于低危人群的筛查。

（1）宫高、腹围值连续 3 周测量均在第 10 百分位数以下者，为筛选 FGR 指标，预测准确率达 85% 以上。

（2）计算胎儿发育指数　胎儿发育指数＝宫高（cm）－3×（月份+1），指数在－3 和+3 之间为正常，小于－3 提示可能为 FGR；

（3）在孕晚期，孕妇每周增加体重 0.5kg，若体重增长停滞或增长缓慢时，可能为 FGR。

2. 辅助检查

（1）超声胎儿生长测量：①测头围与腹围比值（HC/AC）：胎儿头围在孕 28 周后生长减慢，而

Notes

胎儿体重仍按原速度增长，故只测头围不能准确反映胎儿生长发育的动态变化，应同时测量胎儿腹围和头围(HC/AC)，比值小于正常同孕周平均值的第10百分位数，即应考虑可能为FGR，有助于估算不均称型FGR。②测量胎儿双顶径(BPD)：正常孕妇孕早期每周平均增长3.6～4.0mm，孕中期2.4～2.8mm，孕晚期2.0mm。如超声动态监测双顶径时发现每周增长<2.0mm，或每3周增长<4.0mm，或每4周增长<6.0mm，于妊娠晚期双顶径每周增长<1.7mm，均应考虑有FGR的可能。③羊水量与胎盘成熟度：多数FGR出现羊水偏少、胎盘老化的超声图像。

(2) 彩色多普勒超声检查：脐动脉舒张期血流缺失或倒置对诊断FGR意义大。妊娠晚期脐动脉S/D比值通常≤3为正常值，脐血S/D比值升高时，也应考虑有FGR的可能。测量子宫动脉的血流(PI及是否存在切迹)可以评估是否存在胎盘灌注不良可能，从而预测FGR的发生。

(3) 抗心磷脂抗体(ACA)的测定：近年来，有关自身抗体与不良妊娠的关系已越来越多被人们所关注，研究表明，抗心磷脂抗体(ACA)与FGR的发生有关。

【处理】

1. **寻找病因** 临床怀疑FGR的孕妇，应尽可能找出可能的致病原因，如极早发现妊娠期高血压疾病，行TORCH感染检查、抗磷脂抗体测定，超声检查排除胎儿先天畸形，必要时行胎儿染色体检查。

2. **妊娠期治疗** 治疗越早，效果越好，孕32周前开始疗效佳，孕36周后疗效差。FGR的治疗原则是：积极寻找病因、补充营养、改善胎盘循环，加强胎儿监测、适时终止妊娠。常见的改善胎盘循环及补充营养的方法有静脉营养等，但治疗效果欠佳。

(1) 一般治疗：均衡膳食，吸氧，这种方法在均称性FGR妊娠孕妇中未得到证实。尽管如此，许多医生建议一种改良式的休息方式即左侧卧位，增加母体心排出量的同时可能会使胎盘血流达到最大量。

(2) 母体静脉营养：氨基酸是胎儿蛋白质合成的主要来源，为胎儿生长发育的物质基础，以主动运输方式通过胎盘到达胎儿；能量合剂有助于氨基酸的主动转运；葡萄糖是胎儿热能的来源。故理论上给予母体补充氨基酸，能量合剂及葡萄糖有利于胎儿生长。但临床单纯应用母体静脉营养的治疗效果并不理想。可能的原因是：①真正营养缺乏造成的FGR很少。②在胎儿生长受限时，胎盘功能减退，胎盘绒毛内血管床减少，间质纤维增加，出现绒毛间血栓，胎盘梗死等一系列胎盘老化现象，子宫-胎盘供血不足，导致物质转换能力下降。

(3) 药物治疗：β-肾上腺素激动剂能舒张血管、松弛子宫，改善子宫胎盘血流，促进胎儿生长发育，硫酸镁能恢复胎盘正常的血流灌注。丹参能促进细胞代谢、改善微循环、降低毛细血管通透性，有利于维持胎盘功能。低分子肝素、阿司匹林用于抗磷脂抗体综合征引起FGR者有效。预计34周前分娩的生长受限胎儿应该注射糖皮质激素，以促胎肺成熟。

3. **胎儿健康情况(fetal well-being)监测** 可以进行无应激试验(NST)、胎儿生物物理评分、胎儿血流监测如脐动脉彩色多普勒，大脑中动脉血流，静脉导管血流等。脐血流的舒张期缺失、倒置和静脉导管的反向A波提示了较高的围生儿发病率与死亡率。胎儿的多普勒血流改变往往早于胎心电子监护或生物物理评分。

4. **产科处理**

(1) 继续妊娠指征：胎儿状况良好，胎盘功能正常，妊娠未足月、孕妇无合并症及并发症者，可以在密切监护下妊娠至足月，但不应超过预产期。

(2) 终止妊娠指征：①治疗后FGR无改善，胎儿停止生长3周以上；②胎盘提前老化，伴有羊水过少等胎盘功能低下表现；③NST、胎儿生物物理评分及胎儿血流测定等提示胎儿缺氧；④妊娠合并症、并发症病情加重，妊娠继续将危害母婴健康或生命者，均应尽快终止妊娠，一般在孕34周左右考虑终止妊娠，如孕周未达34周者，应促胎肺成熟后再终止妊娠。

(3) 分娩方式选择：FGR胎儿对缺氧耐受力差，胎儿胎盘贮备不足，难以耐受分娩过程中子宫收缩时的缺氧状态，应适当放宽剖宫产指征。①阴道产：胎儿情况良好，胎盘功能正常，胎儿

Notes

成熟，Bishop 宫颈成熟度评分≥7 分，羊水量及胎位正常，无其他禁忌者，可经阴道分娩；若胎儿难以存活，无剖宫产指征时予以引产。②剖宫产：胎儿病情危重，产道条件欠佳，阴道分娩对胎儿不利，应行剖宫产结束分娩。

【预后】 FGR 的近期及远期并发症发病率均较高。近期并发症主要有新生儿窒息、低体温、低血糖、红细胞增多症等；远期并发症主要有脑瘫、智力障碍、行为异常、神经系统障碍；成年后高血压、冠心病、糖尿病等心血管疾病及代谢性疾病的发病率较高，约为正常儿的 2 倍。

【小结】 小于孕龄儿（SGA）指出生体重低于同胎龄应有体重第 10 百分位数以下或低于其平均体重 2 个标准差的新生儿。胎儿生长受限（FGR）指无法达到其应有生长潜力的 SGA。胎儿生长发育受限病因复杂。治疗的关键取决于病因，鉴别潜在的疾病是进行适当处理的必要步骤。由非整倍体、遗传综合征、病毒感染等原因导致的生长受限的结局无法通过产科治疗而改变。另外，子宫胎盘功能不良也是胎儿生长受限的潜在病因，常规宫内治疗效果并不确切。

第三节　胎 儿 畸 形

胎儿先天畸形是指由于内在的异常发育而引起的器官或身体某部位的形态学缺陷，又称为出生缺陷。人类具有较高的出生缺陷率，国外报道的发病率约 15‰，国内报道的发病率约为 13.7‰，出生缺陷发生顺序依次为：无脑儿（anencephalus）、脑积水（hydrocephalus）、开放性脊柱裂（bifid spine）、脑脊膜膨出（meningocele）、唇裂（cleft lip）、腭裂（cleft palate）、先天性心脏病（congenital heart disease）、21 三体综合征（trisomy 21 syndrome）、腹裂（celoschisis）及脑膨出（encephalocele）。

【病因】 导致胎儿畸形的因素主要有 3 类：

1. **遗传因素** 染色体数目或结构异常均可导致胎儿畸形。

2. **环境因素** 包括感染、药物、化学物质、毒品等环境中可接触的物质。环境因素致畸与其剂量-效应、临界作用以及个体敏感性、吸收、代谢、胎盘转运、接触程度等有关。

3. **综合因素** 多基因遗传加之环境因素常可导致先天性心脏病、神经管缺陷、唇裂、腭裂及幽门梗阻等胎儿畸形。

在环境因素导致的胎儿畸形中，不同时期暴露结局不尽相同。这是因为胎儿发育分为胚细胞阶段、胚胎阶段及胎儿阶段，而各阶段对环境致畸因素作用的敏感性不同。胚细胞阶段相对不敏感，致畸因素作用后可致胚细胞死亡、流产；胚胎阶段最敏感，致畸因素作用后可导致胎儿结构发育异常；胎儿阶段致畸因素作用后仅表现为细胞生长异常或死亡，极少发生胎儿结构畸形（表 13-1）。

表 13-1　不同胎儿畸形易发生期

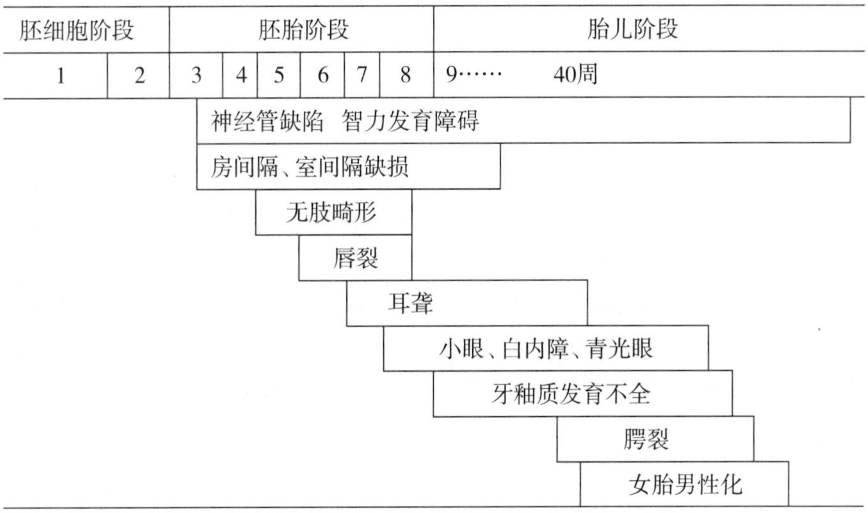

【常见胎儿畸形】

1. 开放性神经管缺陷(open neural tube defects) 由综合因素所致,致畸因素作用于胚胎阶段早期,导致神经管关闭缺陷。各地区的发病率差异较大,我国北方地区可高达6‰~7‰,占胎儿畸形总数的40%~50%,而南方地区的发病率仅为1‰左右。神经管缺陷中最为常见的是无脑儿、脊椎裂、露脑和颅脊椎裂。孕前补充叶酸后可明显降低发病率,宜孕前3月开始干预。

(1) 无脑儿:颅骨与脑组织缺失,偶见脑组织残基,常伴肾上腺发育不良及羊水过多。约75%在产程中死亡,其他则于产后数小时或数日死亡。腹部检查胎儿多为臀位或颜面位,胎头偏小。若为头先露时,阴道检查可能触及凹凸不平的颅底部,切勿误为正常胎儿的臀部。超声检查颅骨不显像,孕中期血清甲胎蛋白(AFP)升高。无脑儿外观颅骨缺失、双眼暴突、颈短(图13-6)。

无脑儿为致死性畸形,无论在妊娠的哪个时期,一经确诊,应尽早引产。阴道分娩多无困难,必要时可行毁胎术。

(2) 脊柱裂:部分椎管未完全闭合,其缺损多在后侧。隐性脊柱裂即腰骶部脊椎管缺损,表面有皮肤覆盖,脊髓和脊神经正常,无神经症状;如有椎骨缺损致脊髓、脊膜突出,表面皮肤包裹呈囊状,称脊髓脊膜膨出,常有神经症状。中孕期间孕妇AFP检测有助于筛查发现高危人群,超声检查可发现部分脊柱两行强回声的间距变宽、脊柱短小、不连续、不规则或有不规则囊性物膨出。脊柱裂的预后变化很大,应根据发现孕周、严重程度、孕妇和家属的意愿决定是否继续妊娠。严重者应终止妊娠(图13-7)。

图13-6 无脑儿

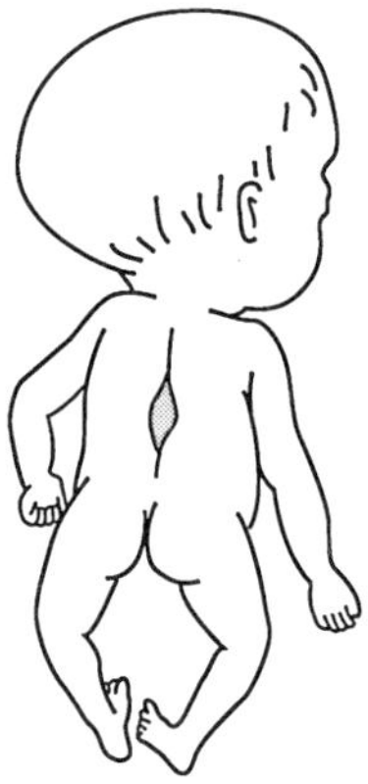

图13-7 脊柱裂

2. 脑积水 大脑导水管不通致脑脊液回流受阻,在脑室内外大量蓄积脑脊液,引起颅压升高、脑室扩张、颅腔体积增大、颅缝变宽、囟门增大。腹部触诊可发现胎头宽大。如为头先露,产前检查胎头跨耻征阳性,阴道检查先露高、颅缝宽、囟门大且张力高、骨质薄软有弹性。超声检查有助于诊断。产后分流术可改善脑积水患儿的预后。应根据脑积水出现的孕周、严重程度、是否合并其他畸形及孕妇和家属的意愿决定是否继续妊娠。

3. 唇裂和唇腭裂(cleft lip and cleft palate) 发病率为1‰,再发危险为4%。父为病人,后代发生率3%;母为病人,后代发生率14%。唇裂时腭板完整,唇腭裂时有鼻翼、牙齿生长不全。严重腭裂可通至咽部,严重影响喂养。产前诊断较困难,超声只能发现明显的唇裂,腭裂较难在产前发现。在新生儿期整形矫治疗效较好。

4. 联体双胎 为单卵双胎所特有的畸形。超声检查有助于诊断。早中孕期确诊后应尽早终止妊娠,引产时可经阴道毁胎。足月妊娠时应剖宫产。

【辅助检查】 对于有不良环境接触史或畸形家族史的高危孕妇应重视产前筛查,结合实验室检查及各种影像学检查进行诊断。近年新的诊断技术和方法具有早期、快速、准确以及无创伤等优点。

Notes

1. 影像学检查 超声技术因其应用方便、可重复性好、具有无创伤性,一直应用于临床诊断。常见的胎儿结构畸形如无脑儿、脑积水、开放性脊柱裂、腹壁裂、严重的唇腭裂、单心房单心室等均可以通过详细的超声检查得以诊断。近年来,高分辨三维超声技术的出现,可以帮助更早期、准确地诊断胎儿畸形。MRI 对于胎儿颅脑部病变的诊断价值较高。

2. 生化检查 孕早期或中期检测孕妇的 β-hCG、AFP 等,除了可以筛查胎儿染色体异常外,还可以帮助判断是否存在胎儿神经管缺陷。神经管缺陷筛查高风险孕妇需进行详细的超声检查,以判断是否存在相应的胎儿结构缺陷。TORCH 等病原微生物感染的血清学检测可筛查某些先天畸形儿。

3. 染色体核型分析或基因检测 通过传统的侵入性产前诊断途径如羊膜腔穿刺、脐静脉穿刺、绒毛活检获得胎儿组织细胞可进行染色体核型分析或基因检测。近年来,通过采取孕妇外周血中游离胎儿 DNA 的无创性途径也可以用于胎儿 13、18、21 等染色体非整倍体的检测。

4. 胎儿镜、胚胎镜 胎儿镜及胚胎镜虽属于有创伤性诊断技术,但能更直观、准确地观察胎儿或胚胎情况,且可进行宫腔内容物取样诊断,甚至可进行宫内治疗。但一般胎儿结构缺陷不需要进行胎儿镜检查,影像学检查基本可以确诊。

【预防和治疗】 预防出生缺陷应实施三级预防原则,即去除病因、早期诊断、延长生命。建立、健全围生期保健网,向社会广泛宣传优生知识,避免近亲婚配或严重的遗传病病人婚配,同时提倡适龄生育,加强遗传咨询和产前诊断,注意环境保护,减少各种环境致畸因素的危害,可有效地降低各种先天畸形儿的出生率。对于无存活可能的先天畸形,如无脑儿、严重脑积水等,一经确诊应行引产术终止妊娠,以母亲免受损害为原则,分娩若有困难,必要时可行毁胎术;对于有存活机会且能通过手术矫正的先天畸形,尽可能经阴道分娩。

【小结】 胎儿畸形可能由遗传因素、环境因素或综合因素等多种原因造成。常见的胎儿畸形包括无脑儿、脊柱裂、脑积水、唇裂和唇腭裂等。产科处理需结合发现的孕周、畸形的严重程度、预后情况、有无合并的其他结构异常和染色体异常,以及孕妇和家属的意愿综合决定。通过建立三级预防措施可以有效地降低畸形儿的发生率和致残率。

第四节 多 胎 妊 娠

一次妊娠宫腔内同时有两个或两个以上胎儿时称多胎妊娠(multiple pregnancy)。近年辅助生殖技术广泛开展,多胎妊娠发生率明显增高。世界各地单卵双胎的发生率比较一致,为 3.5‰;而双卵双胎和多胎妊娠的发生率变化较大,受到年龄、孕产次、种族、促排卵药物和辅助生育技术等多种因素的影响。本节主要讨论双胎妊娠(twin pregnancy)。

【双胎的类型及特点】

1. 双卵双胎(dizygotic twin) 由两个卵子分别受精形成两个受精卵,约占双胎妊娠的 70%。由于双胎的遗传基因不完全相同,所以与两次单胎妊娠形成兄弟姐妹一样,双卵双胎的两个胎儿的性别、血型可以相同或不同,而外貌、指纹等表型不同。胎盘多为分离的两个,也可融合成一个,但胎盘内血液循环各自独立。胎盘胎儿面见两个羊膜腔,中间隔有两层羊膜、两层绒毛膜(图 13-8)。

同期复孕(superfecundation)两个卵子在短时期内不同时间受精而形成的双卵双胎。检测 HLA 型别可识别精子的来源。

2. 单卵双胎(monozygotic twin) 一个卵子受精后分裂形成两个胎儿,约占双胎妊娠的 30%。形成原因不明。单卵双胎的遗传基因完全相同,故两个胎儿性别、血型及其他各种表型完全相同。由于受精卵在早期发育阶段发生分裂的时间不同,可形成以下 4 种类型(图 13-9)。

(1) 双羊膜囊双绒毛膜单卵双胎:在受精后 72 小时内分裂,形成两个独立的受精卵、两个羊膜囊,羊膜囊间隔有两层绒毛膜、两层羊膜,胎盘为两个或一个。此种类型占单卵双胎的 30% 左右。

(2) 双羊膜囊单绒毛膜单卵双胎:受精卵在受精 72 小时后至 8 日内分裂,胚胎发育处于囊

Notes

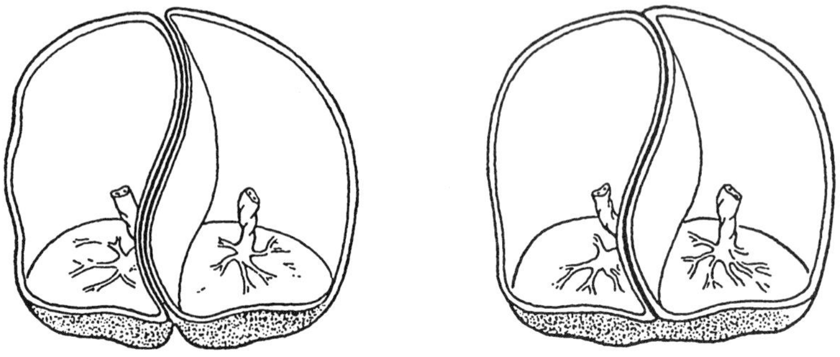

两个胎盘分开，两层绒毛膜，两层羊膜　　两个胎盘融合，两层绒毛膜已融合，两层羊膜

图 13-8　双卵双胎的胎盘及胎膜示意图

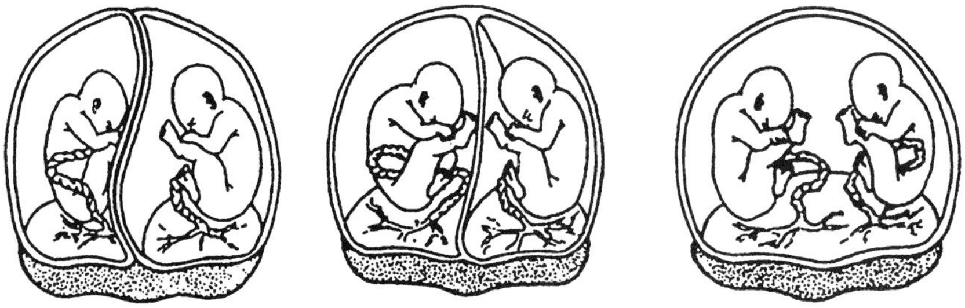

（1）发生在桑葚期前　　（2）发生在囊胚期　　（3）发生在羊膜囊已形成

图 13-9　受精卵在不同阶段形成单卵双胎的胎膜类型

胚期,即已分化出滋养细胞,羊膜囊尚未形成。胎盘为一个,两个羊膜囊间仅隔有两层羊膜。此种类型约占单卵双胎的 68%。

（3） 单羊膜囊单绒毛膜单卵双胎:受精卵在受精后 9～13 日内分裂,此时羊膜囊已形成,故两个胎儿共存于一个羊膜腔内,共有一个胎盘。此类型占单卵双胎的 1%～2%。

（4） 联体双胎:受精卵在受精 13 日后分裂,此时原始胚盘已形成,机体不能完全分裂成两部分,导致不同形式的联体双胎,如两个胎儿共有一个胸腔或共有一个头部等。寄生胎(fetus in fetus)也是联体双胎的一种形式,发育差的内细胞团被包入正常发育的胚胎体内,常位于胎儿的上腹部腹膜后,胎体的发育不完整。联体双胎的发生率为单卵双胎的 1/1500。

【诊断】

1. 病史及临床表现　双卵双胎多有家族史,孕前曾用过促排卵药或体外受精多个胚胎移植。要注意的是,试管婴儿受孕成功的双胎并非完全为双卵双胎,亦可能为单卵双胎。双胎妊娠恶心、呕吐等早孕反应重。中期妊娠后体重增加迅速,腹部增大明显,下肢水肿、静脉曲张等压迫症状出现早而明显。妊娠晚期常有呼吸困难,活动不便。

2. 产科检查　子宫大于停经月份,妊娠中晚期腹部可触及多个小肢体;胎头较小,与子宫大小不成比例;不同部位可听到两个胎心,其间有无音区,或同时听诊,1 分钟两个胎心率相差 10 次以上。产后检查胎盘和胎膜的病理学检查有助于判断双胎类型。

3. 超声检查　超声检查对诊断及监护双胎有较大帮助,还可筛查胎儿结构畸形,如联体双胎、开放性神经管畸形等。

4. 绒毛膜性判断　双胎的预后取决于绒毛膜性,而并非合子性。由于单绒毛膜性双胎的特有的双胎并发症较多,因此在孕早期进行绒毛膜性判断非常重要。在孕 6 至 10 周之间,可通过宫腔内孕囊数目进行绒毛膜性判断,如宫腔内为两个孕囊,为双绒毛膜双胎,如仅见一个孕囊,则单绒毛膜性双胎可能性较大。孕 11 周至 13+6 周之间,可以通过判断胎膜与胎盘插入点呈"双胎峰"或者"T"字征来判断双胎的绒毛膜性。前者为双绒毛膜性双胎,后者为单绒毛膜性双胎。此时,还可以检测双胎的颈项透明层厚度来预测唐氏综合征发生的概率。早孕期之后,绒毛膜性的检测难度

Notes

增加，此时可以通过胎儿性别、两个羊膜囊间隔厚度、胎盘是否独立做综合判断。

【双胎并发症】

1. 孕产妇的并发症

（1）贫血：双胎并发贫血是单胎的2～3倍，与铁及叶酸缺乏有关。

（2）妊娠期高血压疾病：双胎并发妊娠期高血压疾病可高达40%，比单胎多3～4倍，且一般发病早、程度重，容易出现心肺并发症。

（3）羊水过多及胎膜早破：双胎羊水过多发生率约12%，单卵双胎发生急性羊水过多应警惕双胎输血综合征的发生。约14%双胎并发胎膜早破，可能与宫腔压力增高有关。

（4）胎盘早剥：双胎妊娠发生胎盘早剥的风险为单胎妊娠的3倍，可能与妊娠期高血压疾病发病率增加有关；双胎第一胎儿娩出后宫腔容积骤然缩小，是胎盘早剥的另一常见原因。

（5）宫缩乏力：双胎子宫肌纤维伸展过度，常并发原发性宫缩乏力，致产程延长。

（6）产后出血：经阴道分娩的双胎，其平均产后出血量≥500ml。这与子宫过度膨胀导致宫缩乏力以及胎盘附着面积增大有关。

2. 围生儿并发症　围生儿病率和死亡率增高，其主要原因有：

（1）早产：双胎妊娠的早产风险大约为单胎妊娠的7～10倍，多因胎膜早破或宫腔内压力过高及严重母儿并发症所致。

（2）脐带异常：单绒毛膜单羊膜囊双胎为极高危的双胎妊娠，脐带缠绕和打结而发生宫内意外可能性较大。脐带脱垂也是双胎常见并发症，多发生在双胎胎位异常或胎先露未衔接出现胎膜早破时，以及第一胎儿娩出后，第二胎儿娩出前，是胎儿急性缺氧死亡的主要原因。

（3）胎头交锁及胎头碰撞：前者多发生在第一胎儿为臀先露、第二胎儿为头先露者。分娩时第一胎儿头部尚未娩出，而第二胎儿头部已入盆，两个胎头颈部交锁，造成难产；后者两个胎儿均为头先露，同时入盆，胎头碰撞引起难产。

（4）胎儿畸形：双卵双胎和单卵双胎妊娠胎儿畸形的发生率分别为单胎妊娠的2倍和3倍。有些畸形为单卵双胎特有，如联体双胎、一胎无心畸形（即动脉反向灌注序列，twin reversed arterial perfusion sequence，TRAPS）等。

（5）胎儿生长发育不一致：双绒毛膜双胎如两胎儿体重差异在25%以上，可考虑双胎生长发育不一致，其原因不明，可能与胎儿拥挤、胎盘占蜕膜面积相对较小或一胎畸形有关。单绒毛膜双胎发生生长发育不一致的概率增加，亦称为选择性生长受限（selective FGR，SFGR），诊断依据主要是小胎儿体重估测位于该孕周第10百分位以下。其发病原因主要为胎盘分配不均，FGR胎儿通常存在脐带边缘附着或帆状插入。可通过小胎儿脐动脉多普勒血流是否存在异常对sIUGR进行分型。

（6）双胎输血综合征（twin to twin transfusion syndrome，TTTS）：是单绒毛膜双羊膜囊双胎的严重并发症。通过胎盘间的动-静脉吻合支，血液从动脉向静脉单向分流，使一个胎儿成为供血儿，另一个胎儿成为受血儿，造成供血儿贫血、血容量减少，致使生长受限、肾灌注不足、羊水过少，甚至因营养不良而死亡；受血儿血容量增多、动脉压增高、各器官体积增大、胎儿体重增加，可发生充血性心力衰竭、胎儿水肿、羊水过多。TTTS的诊断主要依据为产前超声诊断：①单绒毛膜性双胎；②双胎出现羊水量改变，一胎羊水池最大深度大于8cm并且另一胎小于2cm即可诊断。有时供血儿出现羊水严重过少，被挤压到子宫的一侧，成为"贴附儿"（stuck-twin）。双胎输血综合征如果不经治疗，胎儿的死亡率高达90%以上。

【处理】

1. 妊娠期处理及监护

（1）补充足够营养：进食高热卡、高蛋白质、高维生素以及必需脂肪酸的食物，注意补充铁、叶酸及钙剂，预防贫血及妊娠期高血压疾病。

（2）防治早产：是双胎产前监护的重点。双胎孕妇应增加休息时间，减少活动量。产兆若

Notes

发生在34周以前,应给予宫缩抑制剂。一旦出现宫缩或阴道流水,应住院治疗。孕期经阴道超声宫颈长度测定来预测早产的发生。双胎妊娠的糖皮质激素促胎肺成熟方案与单胎妊娠相同。

(3) 及时防治妊娠期并发症:妊娠期应注意血压及尿蛋白变化,发现妊娠期高血压疾病及时治疗。妊娠期间,应注意孕妇瘙痒主诉,动态观察血胆酸及肝功能变化,发现妊娠肝内胆汁淤积症应极早治疗。

(4) 监护胎儿生长发育情况及胎位变化:对于双绒毛膜性双胎,定期(每4周一次)超声监测胎儿生长情况。对于单绒毛膜性双胎,应该每2周超声监测胎儿生长发育以期早期发现TTTS或SFGR。超声发现双胎胎位异常,一般不予纠正。妊娠晚期确定胎位对于选择分娩方式有帮助。

2. 单绒毛膜双胎及其特有并发症的处理 如果在妊娠26周之前确诊为TTTS,可在胎儿镜下用激光凝固胎盘表面可见的血管吻合支,胎儿存活率可以得到大大提高。对于较晚发现的双胎输血综合征合并羊水过多,可采取快速羊水减量术。对于严重的SFGR或者单绒毛膜双胎一胎合并畸形或TRAPS,可采用选择性减胎术(射频消融术或脐带电凝术),减去FGR胎儿或畸形胎儿。

3. 终止妊娠指征 ①单绒毛膜双胎出现严重的特殊并发症,如TTTS或SFGR,为防止一胎死亡对另一胎儿产生影响;②母亲有严重并发症,如子痫前期或子痫,不能继续妊娠时;③预产期已到但尚未临产,胎盘功能减退者。

4. 终止妊娠时机 对于双胎终止妊娠时机选择,目前仍有不同观点。多数专家认为,双绒毛膜双胎分娩孕周可在38~39周左右。如果不合并并发症,单绒毛膜性双胎的分娩孕周一般为35~37周,一般不超过37周。严重SFGR和TTTS围生儿发病率和死亡率均增高,在严密监护下可期待至32~34周分娩。单绒毛膜单羊膜囊双胎发生脐带缠绕打结的概率较高,分娩孕周亦为32~34周。

5. 分娩期处理 多数双胎能经阴道分娩。产程中应注意:①产妇需有良好的体力精力分娩,故保证产妇足够的摄入量及睡眠十分重要;②严密观察胎心变化,有条件的情况下每个胎儿都接受连续胎心监护;③注意宫缩及产程进展,如宫缩仍乏力,可在严密监护下,给予低浓度缩宫素静脉滴注;④第二产程必要时行会阴后-侧切开,减轻胎头受压。第一胎儿娩出后,胎盘侧脐带必须立即夹紧,以防第二胎儿失血。助手应在腹部固定第二胎儿为纵产式,并密切观察胎心、宫缩,及时阴道检查了解胎位及排除脐带脱垂,极早发现胎盘早剥。如无异常,等待自然分娩;若等待15分钟仍无宫缩,可行人工破膜并静脉滴注低浓度缩宫素,促进子宫收缩。若发现脐带脱垂、胎盘早剥、第二胎横位,立即产钳助产、内倒转术、臀牵引术等阴道助产术,甚至是剖宫产术,迅速娩出胎儿。

双胎如有下列情况之一,应考虑剖宫产:①第一胎儿为肩先露、臀先露;②联体双胎孕周>26周;③单胎妊娠的所有剖宫产指征,如短期不能分娩的胎儿窘迫、严重妊娠并发症等;④单绒毛膜单羊膜囊双胎。

无论阴道分娩还是剖宫产,均需积极防治产后出血:①临产时应备血;②胎儿娩出前需建立静脉通路;③在第二胎儿娩出后立即使用宫缩剂,并使其作用维持到产后2小时。

【小结】 较单胎妊娠而言,双胎妊娠在孕期易发生贫血、妊娠期高血压疾病、早产、胎儿生长受限等,孕产妇和胎儿并发症增加。双胎妊娠分为双卵双胎和单卵双胎。相比合子性,绒毛膜性对双胎的预后起着更重要的作用。应该在孕早期对双胎妊娠进行绒毛膜性的判断和颈项透明层厚度的测量。应加强对双胎妊娠特别是单绒毛膜性双胎的孕期管理。产程中应注意监测,及时发现脐带脱垂、第二胎胎位异常、胎盘早剥、产后出血等在双胎妊娠中发生率较高的母儿并发症。

(段 涛)

第十四章　妊娠合并内科疾病

随着医学水平的不断发展，妊娠合并内科疾病逐年增加。妊娠和内科疾病间存在相互影响，妊娠期严密监测病情变化并给予适时、正确处理，以便最大限度地降低疾病对母、儿的影响。

第一节　心血管系统疾病

妊娠合并心脏病的发病率各国报道为1%～4%，是孕产妇死亡的重要原因之一。随着产科出血、感染和高血压引起孕产妇死亡的减少，妊娠合并心脏病对孕妇的危害日益突出。

【妊娠合并心脏病对母儿的影响】　在妊娠32～34周、分娩期及产后3日内是全身血液循环变化最大、心脏负担最重的时期(具体原理参见第四章　妊娠生理)，极易诱发心力衰竭和心律失常，有器质性心脏病的孕产妇常在此时因心脏负担加重，极易诱发心力衰竭、亚急性感染性心内膜炎、缺氧和发绀以及静脉栓塞和肺栓塞，临床上应给予高度重视。妊娠合并心脏病变程度严重、有发绀者往往由于缺氧，易发生胎儿生长受限、胎儿窘迫、早产；同时，由于严重心脏病需早期终止妊娠，故围生儿死亡率高。其次，先天性心脏病孕妇，其子代发生先天性心脏病的机会增高，故孕期应加强对胎儿的超声筛查。

【妊娠合并心脏病的孕前评估】　纽约心脏病协会(NHYA)1994年开始采用下列心功能分级方案衡量心脏病病人的心功能状态，依据病人对一般体力活动的耐受程度，将心脏病病人心功能分为Ⅰ～Ⅳ级：

Ⅰ级：进行一般体力活动不受限制。

Ⅱ级：进行一般体力活动稍受限制，活动后心悸、轻度气短，休息时无症状。

Ⅲ级：一般体力活动显著受限制，休息时无不适，轻微日常工作即感不适、心悸、呼吸困难，或既往有心力衰竭史。

Ⅳ级：不能进行任何体力活动，休息时仍有心悸、呼吸困难等心力衰竭表现。

【心脏病病人对妊娠耐受能力的判断】　能否安全度过妊娠期、分娩期及产褥期，取决于心脏病的种类、病变程度、是否手术矫治、心功能级别以及具体医疗条件等因素。

1. 可以妊娠　心脏病变较轻，心功能Ⅰ～Ⅱ级，既往无心力衰竭史，亦无其他并发症者，妊娠后经密切监护，适当治疗多能耐受妊娠和分娩。

2. 不适宜妊娠　心脏病变较重、心功能Ⅲ～Ⅳ级；既往有心脏并发症病史，如有心力衰竭史；有症状的心律失常和心肌梗死，短暂性脑缺血发作，肺水肿；有中、重度肺动脉高压；左室收缩功能减退(射血分数<40%)、二尖瓣面积$<2cm^2$，主动脉瓣面积$<1.5cm^2$，左室输出峰压斜率>30mmHg；右向左分流型心脏病、活动风湿热、联合瓣膜病、心脏病并发细菌性心内膜炎、急性心肌炎的病人；年龄在35岁以上、心脏病病程较长者，妊娠期发生心力衰竭的可能性极大。不宜妊娠的妇女必须严格避孕，若已妊娠，应在妊娠早期行治疗性人工流产术。

【妊娠合并心脏病的种类及其对妊娠的影响】　随着诊疗技术的不断提高，85%的先天性心脏病病人均可存活至成年。而广谱抗生素的广泛应用，以往发病率较高的风湿性心脏病逐年减少。因此，在妊娠合并心脏病中，先天性心脏病最常见，占35%～50%，其次为风湿性心脏病。妊娠期高血压性心脏病、围生期心肌病、心肌炎、各种心律失常、贫血性心脏病等在妊娠合并心脏病中也占有一定比例。

1. 先天性心脏病

（1）左向右分流型：

1）房间隔缺损：最常见的先天性心脏病，占20%左右。对妊娠的影响取决于缺损的大小。缺损面积<1cm^2 者多无症状，仅在体检时被发现，多能耐受妊娠及分娩；缺损面积较大，在左向右分流基础上合并肺动脉高压，右心房压力增加，可引起右至左分流出现发绀，有发生心力衰竭的可能。房间隔缺损>2cm^2 者，最好在孕前手术矫治后再妊娠。

2）室间隔缺损：对于小型缺损，若既往无心力衰竭史，也无其他并发症者，妊娠期很少发生心力衰竭，一般能顺利度过妊娠与分娩。室间隔缺损较大，常伴有肺动脉高压，妊娠期发展为右向左分流或艾森曼格综合征，出现发绀和心力衰竭，妊娠期危险性大，应于孕早期行人工流产终止妊娠。

3）动脉导管未闭：较多见，在先心病中占20%～50%，由于儿童期可手术治愈。较大分流的动脉导管未闭，孕前未行手术矫治者，由于大量动脉血流向肺动脉，肺动脉高压使血流逆转出现发绀诱发心力衰竭。若孕早期已有肺动脉高压或有右向左分流者，宜人工终止妊娠。未闭动脉导管口径较小，肺动脉压正常者，妊娠期一般无症状，可继续妊娠至足月。

（2）右向左分流型：较常见的有法洛四联症及艾森曼格综合征等。此类病人对妊娠期血容量增加和血流动力学改变的耐受力极差，妊娠时母体和胎儿死亡率可高达30%～50%。这类心脏病妇女不宜妊娠，若已妊娠也应尽早终止。经手术治疗后心功能为Ⅰ～Ⅱ级者，可在严密观察下继续妊娠。

（3）无分流型：主要有肺动脉口狭窄、主动脉缩窄、马方（Marfan）综合征等。此类先心病对妊娠的耐受性取决于病变程度和心脏代偿功能，中、重度异常死亡率较高，应避孕或孕早期终止妊娠。

2. 风湿性心脏病　以单纯性二尖瓣狭窄最多见，占2/3～3/4。部分为二尖瓣狭窄合并关闭不全。主动脉瓣病变少见。心功能Ⅰ～Ⅱ级，从未发生过心力衰竭及并发症的轻度二尖瓣狭窄孕妇，无明显血流动力学改变，孕期进行严密监护，可耐受妊娠。二尖瓣狭窄越严重，血流动力学改变越明显，妊娠的危险性越大。伴有肺动脉高压的病人，应在妊娠前纠正二尖瓣狭窄，已妊娠者应在孕早期终止妊娠。

3. 妊娠期高血压性心脏病　指以往无心脏病的病史，在妊娠期高血压疾病的基础上，突然发生以左心衰竭为主的全心衰竭者。这是由于冠状动脉痉挛，心肌缺血，周围小动脉阻力增加，水、钠潴留及血黏度增加等，加重了心脏负担而诱发急性心力衰竭。

4. 围生期心肌病（peripartum cardiomyopathy，PPCM）　是指既往无心脏疾病史，妊娠最后3个月至产后6个月内发生的累及心肌为主的一组临床综合征。发病较年轻，再次妊娠可复发，50%的病例于产后6个月内完全或接近完全恢复。临床表现主要为劳累后气急、乏力，进而出现夜间阵发性呼吸困难、端坐呼吸等充血性心力衰竭的症状。容易继发肺部感染，严重者继发右心衰竭，出现水肿、腹胀、食欲缺乏。心电图示左室肥大、ST段及T波异常改变，常伴有各种心律失常。胸部X线平片见心脏普遍增大、心脏搏动减弱，肺淤血。超声心动图显示心腔扩大、搏动普遍减弱、左室射血分数减低，局部心室壁可增厚，有时可见附壁血栓。

【妊娠合并心脏病对孕妇的影响】　妊娠期子宫增大、胎盘循环建立、外周血阻力降低，母体代谢率增高，母体对氧及循环血液的需求量增加。因此，循环血容量从妊娠早期开始增加直至整个孕期，妊娠34周时达高峰，致孕末期血容量可增加30%～45%。妊娠早期引起心排出量变化，孕4～6个月时增加最多，平均较非妊娠期增加30%～50%。心排出量受孕妇体位影响极大，约5%孕妇可因体位改变使心排出量减少出现不适，如“仰卧位低血压综合征”。分娩期子宫收缩，产妇屏气用力及胎儿娩出后子宫突然缩复，回心血量增加，进一步加重心脏负担，每次宫

Notes

缩时心排出量约增加24%。产褥期组织间潴留的液体也开始回到体循环,血流动力学发生一系列急剧变化。因此,妊娠合并心脏病对孕妇的主要影响为心力衰竭、亚急性感染性心内膜炎、缺氧和发绀以及静脉栓塞和肺栓塞。

【妊娠合并心脏病的诊断】 由于妊娠期正常的生理性变化,可以出现一系列酷似心脏病的症状和体征,如心悸、气短、踝部水肿、乏力、心动过速等。心脏检查可以有轻度心界扩大、心脏杂音。妊娠还可使原有心脏病的某些体征发生变化,增加确诊的难度。以下为有意义的诊断依据:

1. 妊娠前有心悸、气急或心力衰竭史,或体检曾被诊断有器质性心脏病,或曾有风湿热病史。

2. 临床表现 劳力性呼吸困难、经常性夜间端坐呼吸、咯血、胸闷胸痛等。

3. 发绀、杵状指、持续性颈静脉怒张,心脏听诊有舒张期杂音或粗糙的Ⅲ级以上全收缩期杂音。有心包摩擦音、舒张期奔马律、交替脉。

4. 心电图有严重的心律失常,如心房颤动、心房扑动、Ⅲ度房室传导阻滞、ST 段及 T 波异常改变等。

5. X 线检查心脏显著扩大,尤其个别心腔扩大者。

6. 超声心动图检查显示心腔扩大、心肌肥厚、瓣膜运动异常、心内结构异常。

【妊娠合并心脏病的孕期监护】 心脏病孕产妇的主要死亡原因是心力衰竭和感染。有心脏病育龄妇女应行孕前咨询,明确心脏病类型、病变程度、心功能状态,并确定能否妊娠。允许妊娠者一定要从早孕期开始,定期进行产前检查。在心力衰竭易发的 3 段时期(妊娠 32 ~ 34 周、分娩期及产后 3 日内)应重点监护。

1. 妊娠期

(1) 终止妊娠:不宜妊娠的心脏病孕妇,应在孕 12 周前行人工流产,但随孕妇年龄增大,风险也越高。若妊娠已超过 12 周,终止妊娠需要手术的危险性不亚于继续妊娠和分娩。对顽固性心力衰竭病例,应与内科医师配合,严格监护下行剖宫取胎术。

(2) 定期产前检查:能极早发现心衰的早期征象。在妊娠 20 周前,应每 2 周至少由产科和内科医师检查 1 次。妊娠 20 周后,尤其是妊娠 32 周以后,发生心衰的机会增加,产前检查应每周 1 次。发现早期心力衰竭征象,应立即住院治疗。孕期经过顺利者,亦应在妊娠孕 36 ~ 38 周提前住院待产。

(3) 注意早期心力衰竭的征象:①轻微活动后即出现胸闷、心悸、气短。②休息时心率每分钟超过 110 次,呼吸每分钟超过 20 次。③夜间常因胸闷而坐起呼吸,或到窗口呼吸新鲜空气。④肺底部出现少量持续性湿啰音,咳嗽后不消失。

(4) 心力衰竭的预防和治疗:

1) 避免过劳及情绪激动,保证充分休息,每日睡眠至少 10 小时。

2) 孕期应适当控制体重,以免加重心脏负担。高蛋白、高维生素、低盐、低脂肪饮食。孕 16 周后,每日食盐量不超过 4 ~ 5g。

3) 治疗各种引起心力衰竭的诱因:预防感染,尤其是上呼吸道感染;纠正贫血;治疗心律失常;防治妊娠期高血压疾病和其他合并症与并发症。

4) 心力衰竭的治疗:与未孕者基本相同。但孕妇对洋地黄类药物的耐受性较差,需注意毒性反应。为防止产褥期组织内水分与强心药同时回流入体循环引起毒性反应,常选用作用和排泄较快的制剂,如地高辛。妊娠晚期严重心力衰竭的病人,可与内科医生联合控制心力衰竭同时紧急剖宫产娩出胎儿,减轻心脏负担,以挽救孕妇生命。

2. 分娩期 妊娠晚期应提前选择好适宜的分娩方式。

(1) 分娩方式的选择:心功能Ⅰ ~ Ⅱ级、胎儿不大、胎位正常、宫颈条件良好者,可考虑在严

Notes

密监护下经阴道分娩。非产科因素的剖宫产指征有：心功能Ⅲ～Ⅳ级，严重的肺动脉高压和严重的主动脉狭窄，主动脉根部扩张>45mm的马方综合征等。剖宫产可减少产妇因长时间宫缩所引起的血流动力学改变，减轻心脏负担。

（2）分娩期处理：自第一产程开始，安慰及鼓励产妇，消除紧张情绪。适量应用地西泮、哌替啶等镇静剂。产程开始后即应给予抗生素预防感染。第二产程避免屏气增加腹压，应行会阴侧切术、胎头吸引术或产钳助产术，尽可能缩短第二产程。胎儿娩出后，产妇腹部放置砂袋，以防腹压骤降而诱发心力衰竭。要防止产后出血过多而加重心肌缺血，诱发先心病致使发绀及心力衰竭。可静注或肌注缩宫素10～20U，禁用麦角新碱，以防静脉压增高。产后出血过多者，应适当输血、输液，但需控制输液速度。

3. 产褥期 产后3日内，尤其24小时内仍是发生心力衰竭的危险时期，产妇须充分休息并密切监护。应用广谱抗生素预防感染，直至产后1周左右，无感染征象时停药。心功能Ⅲ级及以上者不宜哺乳。

4. 心脏手术的指征 妊娠期血流动力学改变使心脏储备能力下降，影响心脏手术后的恢复，加之术中用药及体外循环对胎儿的影响，一般不主张在孕期手术，尽可能在幼年、孕前或延至分娩后进行心脏手术。若妊娠早期出现循环障碍症状，孕妇又不愿做人工流产，内科治疗效果不佳且心脏手术操作不复杂，可考虑手术治疗。孕期心脏手术的孕妇死亡率与非孕期相似，但流产率增加。手术复杂程度和体外循环时间直接影响胎儿死亡率，建议孕妇采用常温体外循环。

5. 心脏手术后的妊娠 心脏手术后心功能为Ⅲ～Ⅳ级者不宜妊娠。单纯房间隔或室间隔缺损修补术、动脉导管结扎术、根治性法洛四联症术后的孕妇通常能较好地耐受妊娠和分娩期的血流动力学变化。而风湿性心脏病人工瓣膜置换术后的孕妇应该特别关注。机械瓣膜经久耐用、手术效果好、病人心功能得到很好的改善，但容易引起血栓，需终身抗凝，许多抗凝剂对孕妇和胎儿都有明确的副作用，如华法林可引起胎儿出血、畸形、发育障碍等。生物瓣膜置换者无须长期口服抗凝剂，可以避免妊娠期间抗凝剂对孕妇、胎儿的各种副作用。

【小结】 妊娠合并心脏病并不罕见，其中先天性心脏病占第一位。妊娠期适应性生理变化和血容量增加以及分娩期和产后血液循环容量变化均不同程度加重心脏负担，妊娠32～34周、分娩期和产后3日内是心脏负担最重的三段时期，有器质性心脏病的孕产妇常在此三段时期中发生心力衰竭，临床上应给予高度重视。心脏病女性于妊娠前应认真评估心功能，确定是否可以妊娠，对不宜妊娠的病人建议有效避孕；一旦妊娠，也建议尽早（一般于妊娠12周之前）终止妊娠。应于妊娠晚期提前选择好适宜的分娩方式，主张放宽剖宫产术指征。

第二节 消化系统疾病

妊娠后，母体内大量增加的雌、孕激素可影响消化系统平滑肌的生理功能，引起一些与消化系统疾病相似的症状，从而影响疾病的诊断。同时，病毒性肝炎不但累及胎儿，而且病变发展迅猛，可转变成重症肝炎，危及母体。产科临床常见的合并疾病有急性病毒性肝炎、妊娠期肝内胆汁淤积症（ICP）及妊娠期急性脂肪肝（AFLP），而妊娠合并消化系统肿瘤，如胰腺癌、胃癌等也并不罕见，应引起注视。本节重点阐述病毒性肝炎，ICP及AFLP详见第十一章产科并发疾病。

一、病毒性肝炎

病毒性肝炎是由多种病毒引起的以肝脏病变为主的传染性疾病，致病病毒包括甲型（HAV）、乙型（HBV）、丙型（HCV）、丁型（HDV）及戊型（HEV）5种肝炎病毒。近年又发现庚型肝炎病毒和输血传播病毒，但这两种病毒的致病性尚未明确。妊娠合并病毒性肝炎的发病率为

Notes

0.8% ~17.8%，我国是乙型肝炎的高发国家，妊娠合并重型肝炎仍是我国孕产妇死亡的主要原因之一。

【妊娠与病毒性肝炎的相互影响】

1. 妊娠、分娩对病毒性肝炎的影响 妊娠本身并不增加对肝炎病毒的易感性，但因妊娠期基础代谢率高，营养物质消耗增多，肝内糖原储备降低；妊娠早期食欲缺乏，体内营养物质相对不足，蛋白质缺乏，使肝脏抗病能力降低；妊娠期大量雌激素需在肝内灭活，并妨碍肝脏对脂肪的转运和胆汁的排泄；胎儿代谢产物需经母体肝内解毒；分娩时体力消耗、缺氧，酸性代谢物质产生增多以及产后失血等因素，加重肝脏负担，使病毒性肝炎病情加重、复杂，增加诊断和治疗的难度，重症肝炎及肝性脑病的发生率较非妊娠期高 37 ~65 倍。妊娠并发症引起的肝损害，极易与急性病毒性肝炎混淆，使诊断难度增加。

2. 病毒性肝炎对母儿的影响

(1) 对围生儿的影响：欧美报告乙型肝炎除引起早产的几率增高外，对围生儿无其他影响。有报道肝功能异常的围生儿死亡率高达 46‰。妊娠早期患病毒性肝炎，胎儿畸形发生率约升高 2 倍。妊娠期患病毒性肝炎，胎儿可通过胎盘屏障垂直传播而感染，尤以乙型肝炎母婴传播率较高。婴儿 T 细胞功能尚未完全发育，对 HBsAg 有免疫耐受，容易成为慢性携带状态。围生期感染的婴儿，有相当一部分将转为慢性病毒携带状态，以后容易发展为肝硬化或原发性肝癌。

(2) 对母体的影响：妊娠早期合并急性病毒性肝炎，可使早孕反应加重；妊娠晚期合并急性病毒性肝炎，可能因醛固酮的灭活能力下降，使妊娠期高血压疾病的发病率增加；分娩时因凝血因子合成功能减退，容易发生产后出血。妊娠晚期发生重症肝炎率及死亡率较非孕期妇女高；妊娠合并肝炎易发展为重度肝炎，一旦孕妇并发重度肝炎病死率可高达 80%。

3. 肝炎病毒的垂直传播

(1) 甲型病毒性肝炎：甲型肝炎病毒一般不能通过胎盘屏障传给胎儿，故垂直传播的可能性极小。但分娩过程中接触母体血液、吸入羊水或受粪便污染可使新生儿感染。

(2) 乙型病毒性肝炎：母婴传播是我国慢性 HBV 感染的主要原因，故强调对婴幼儿的预防。HBsAg 阳性者（小三阳）母婴传播率为 0 ~0.5%，而 HBsAg 及 HBeAg 均阳性者（大三阳）为 5% ~10%。HBV 母婴传播有以下 3 种途径。

1) 宫内传播：机制尚不清楚，可能是胎盘屏障受损或通透性增强引起母血渗漏造成。

2) 产时传播：HBV 母婴传播的主要途径是胎儿通过软产道时吞咽含 HBsAg 的母血、羊水、阴道分泌物，或在分娩过程中子宫收缩使胎盘绒毛破裂，母血进入胎儿血液循环。

3) 产后传播：与接触母乳及母唾液有关。据报道，当母血 HBsAg、HBeAg、抗 HBc 均阳性时，母乳 HBV-DNA 阳性率为 100%，单纯 HBsAg 阳性时，母乳 HBV-DNA 阳性率为 46% 左右。

(3) 丙型病毒性肝炎：国外文献报道丙型肝炎病毒在母婴间垂直传播的发生率为 4% ~7%。当母血清中检测到较高滴度 HCV-RNA 时，才会发生母婴传播。妊娠晚期患丙型肝炎，母婴传播率增加，许多发生宫内感染的新生儿在生后 1 年内自然转阴。

(4) 丁型病毒性肝炎：传播途径与 HBV 相同，经体液、血行或注射途径传播。

(5) 戊型病毒性肝炎：目前已有母婴间传播的病例报告，传播途径与甲型病毒性肝炎相似。

(6) 庚型肝炎和输血传播（己型）病毒引起的肝炎：己型肝炎主要经输血传播，庚型（HGV）肝炎可发生母婴传播。但有学者认为，HGV 母婴传播虽较常见，但婴儿感染 HGV 后并不导致肝功能损害。慢性乙、丙型肝炎病人容易发生 HGV 感染。

【诊断】 妊娠期病毒性肝炎的诊断与非孕期相同，但比非孕期困难。发生在妊娠早期，可因早孕反应而忽视肝炎的早期检查与诊断；在妊娠晚期，可因伴有其他因素引起的肝功能异常影响诊断，故不能仅凭转氨酶升高作出肝炎诊断，应根据流行病学详细询问病史，结合临床症状、体征及实验室检查进行综合判断。

Notes

1. 病史 有与病毒性肝炎病人密切接触史，半年内曾接受输血、注射血制品史。

2. 临床表现 孕妇出现不能用早孕反应或其他原因解释的消化系统症状，如食欲减退、恶心、呕吐、腹胀、肝区痛、乏力、畏寒、发热等。部分病人有皮肤巩膜黄染、尿色深黄，孕早、中期可触及肝大，并有肝区叩击痛。妊娠晚期受增大子宫影响，肝脏极少被触及，如能触及应考虑异常。

3. 实验室检查 血清 ALT 增高，如能除外其他原因引起的升高，特别是数值很高（大于正常 10 倍以上）、持续时间较长时，对肝炎有诊断价值。血清总胆红素在 17μmol/L（1mg/dl）以上，尿胆红素阳性、凝血酶原时间延长等，均有助于肝炎的诊断。血清学及病原学检测对各型肝炎的诊断具有重要参考意义。

4. 血清学及病原学检测及其临床意义

（1）甲型肝炎：检测血清中抗 HAV 抗体，抗 HAV-IgM 急性期病人发病第 1 周即可阳性，1～2 个月抗体滴度和阳性率下降，于 3～6 个月后消失，对早期诊断十分重要，特异性高。抗 HAV-IgG 在急性期后期和恢复早期出现持续数年甚至终身，属保护性抗体，有助于了解既往感染情况及人群免疫水平。

（2）乙型肝炎：人体感染 HBV 后血液中可出现一系列有关的血清学标志物。

1）HBsAg：阳性是 HBV 感染的特异性标志，其滴定度随病情恢复而下降。血清中抗-HBs 抗体阳性提示有过 HBV 感染，表明机体已有免疫力，不易再次患乙型肝炎。

2）HBeAg：是核心抗原的亚成分，其阳性和滴度反映 HBV 的复制及传染性的强弱。在慢性 HBV 感染时 HBeAg 阳性常表示肝细胞内有 HBV 活动性复制，当 HBeAg 转阴伴有抗-HBe 抗体转阳，常表示 HBV 复制停止。抗-HBe 抗体出现于急性乙肝恢复期，可持续较长时期。抗-HBe 抗体的出现，意味着血清中病毒颗粒减少或消失，传染性减低。

3）HBcAg：为乙肝病毒的核心抗原，当完整的病毒颗粒被缓和的去垢剂脱去蛋白外壳后，暴露出 HBcAg。其相应的抗体为抗-HBc 抗体。一般血清中无游离的 HBcAg，但可在病毒颗粒中检测到。HBcAg 阳性表示 HBV 在体内复制，反映血清中病毒颗粒数量与 DNA 多聚酶关系密切。抗-HBc 抗体出现于急性乙型肝炎的急性期，恢复后可持续数年或更长。慢性 HBV 感染者抗-HBc 抗体持续阳性。急性乙肝病人抗 HBc-IgM 呈高滴度阳性，特别对 HBsAg 已转阴性的病人，抗 HBc-IgM 阳性可确诊为急性乙肝。抗 HBc-IgG 主要见于恢复期和慢性感染。

【鉴别诊断】

1. 妊娠期肝内胆汁淤积症 发生在妊娠晚期，少数发生在妊娠 25 周之前，以瘙痒及黄疸为特点，先痒后黄，痒重于黄。分娩后数日内症状消失，胆酸升高明显，转氨酶可轻度升高；胆红素正常或升高，血清病毒学检查抗原和抗体均阴性；肝活检主要为胆汁淤积。

2. 妊娠期急性脂肪肝（acute fatty liver of pregnancy，AFLP） 以初产妇居多，常见于妊娠 35 周左右，起病急，病情重，病死率高。起病时常有上腹部疼痛、恶心呕吐等消化道症状，进一步发展为急性肝功能衰竭。以下几方面有助于鉴别：①AFLP 的肝炎标志物为阴性；②AFLP 常出现上腹痛，而重型肝炎相对少见；③AFLP 病人的尿酸水平明显升高，尿胆红素阴性，而重型肝炎尿胆红素阳性；④肝脏超声检查有助于鉴别；⑤有条件时可行肝穿刺组织学检查，严重脂肪变性为确诊依据；⑥AFLP 病人经积极支持治疗，于产后 1 周左右病情常趋于稳定并好转，而重型肝炎恢复较慢，产程甚至可长达数月。

3. HELLP 综合征 在妊娠期高血压疾病的基础上发生，以肝酶升高、溶血性贫血和血小板减少为特征的综合征。本病常有妊娠期高血压疾病的临床表现（详见有关章节），终止妊娠后病情可迅速好转。

4. 妊娠剧吐引起的肝损害 妊娠早期食欲减退、恶心呕吐，严重者可有肝功能轻度异常。纠正酸碱失衡与水、电解质紊乱后，病情好转，肝功能可以完全恢复，无黄疸出现。肝炎病毒血

Notes

清标志物阴性，有助于鉴别诊断。

5. **药物性肝损害** 均有服用对肝脏有损害的药物史，如氯丙嗪、异丙嗪、苯巴比妥类镇静药、甲巯咪唑、异烟肼、利福平等，停药后多可恢复。

【治疗】

1. **处理要点** 妊娠期处理原则与非孕期相同。注意休息，加强营养，补充高维生素、高蛋白、足量碳水化合物、低脂肪饮食。应用中西药物，积极进行保肝治疗。有黄疸者应立即住院，按重症肝炎处理。避免应用可能损害肝的药物（镇静药、麻醉药、雌激素）。注意预防感染，产时严格消毒，并用广谱抗生素，以防感染诱发肝性脑病。

2. **产科处理**

（1）妊娠早期：妊娠早期患急性肝炎，若为轻症应积极治疗，可继续妊娠。慢性活动性肝炎于妊娠后对母儿威胁较大，应适当治疗后终止妊娠。

（2）妊娠中、晚期：尽量避免终止妊娠，避免手术、药物对肝脏的影响。加强胎儿监护，防治妊娠期高血压疾病。避免妊娠延期或过期。

（3）分娩期：分娩前3日肌注维生素K_1，每日20～40mg。准备好新鲜血液。防止滞产，宫口开全后可行胎头吸引术或产钳术助产，缩短第二产程。防止产道损伤和胎盘残留。

（4）产褥期：产褥期注意休息及营养和保肝治疗。应用对肝脏损害较小的广谱抗生素预防及控制感染，是防止肝炎病情恶化的关键。不宜哺乳者应及早回奶。回奶不能用雌激素等对肝脏有损害的药物，可口服生麦芽或乳房外敷芒硝。肝炎妇女至少应于肝炎痊愈后半年，最好两年后再妊娠。

重症肝炎的处理要点：

（1）保护肝脏：高血糖素-胰岛素-葡萄糖联合应用能改善氨基酸及氨的异常代谢，有防止肝细胞坏死和促进肝细胞新生的作用。高血糖素1～2mg、胰岛素6～12U溶于10%葡萄糖液500ml内滴注，1次/日，2～3周为一疗程。人血清蛋白10～20g，每周1～2次，静脉滴注能促进肝细胞再生。新鲜血浆200～400ml，每周2～4次输入能促进肝细胞再生和补充凝血因子。门冬氨酸钾镁注射液可促进肝细胞再生，降低胆红素，使黄疸消退，用法为40ml/d，溶于10%葡萄糖液500ml缓慢滴注，因内含钾离子，高钾血症病人慎用。

（2）预防及治疗肝性脑病：为控制血氨，蛋白质摄入量每日应<0.5g/kg，增加碳水化合物，使热量每日维持在7431.2KJ（1800kcal）以上。保持大便通畅，减少氨及毒素的吸收。口服新霉素或甲硝唑抑制大肠埃希菌、减少游离氨及其他毒素的形成；醋谷胺600mg溶于5%葡萄糖液中静滴或精氨酸15～20g每日一次静脉滴注，可以降低血氨，改善脑功能；六合氨基酸注射液250ml，加等量10%葡萄糖液稀释后静滴，每日1～2次，能补充支链氨基酸，调整血清氨基酸比值，使肝性脑病病人清醒。目前不主张应用传统的脱氨药物谷氨酸钠（钾）等，因其不易透过血-脑脊液屏障，且易碱化血液，反而加重肝性脑病。

在治疗肝性脑病过程中，应注意有无脑水肿，重症肝炎病人半数以上出现脑水肿，在治疗过程中要适当限制补液量，有脑水肿者应及时应用甘露醇治疗。

（3）凝血功能障碍的防治：补充凝血因子，输新鲜血、凝血酶原复合物、纤维蛋白原、抗凝血酶Ⅲ和维生素K_1等。有DIC者可在凝血功能监测下，酌情应用肝素治疗，根据病情和凝血功能调整剂量，用量宜小不宜大。产前4小时至产后12小时内不宜应用肝素，以免发生产后出血。

（4）晚期重症肝炎并发肾衰竭的处理：按急性肾衰竭处理，严格限制入液量，一般每日入液量为500ml加前一日尿量。呋塞米60～80mg静脉注射，必要时2～4小时重复一次，2～3次无效后停用。多巴胺20～80mg或654-2 40～60mg静脉滴注，扩张肾血管，改善肾血流。检测血钾浓度，防止高血钾。避免应用损害肾脏的药物。

Notes

3. 终止妊娠的指征 经积极控制24小时后迅速终止妊娠。因母儿耐受能力较差，过度的体力消耗可加重肝脏负担，分娩方式以剖宫产为宜。有食管静脉曲张的肝硬化孕妇，或有产科指征的应剖宫产终止妊娠。手术尽可能减少出血及缩短手术时间。

【预防】 预防方法因病毒类型而异，但总的原则是以切断传播途径为重点的综合预防措施。

1. 加强围生期保健 重视孕期监护，加强营养，摄取高蛋白、高碳水化合物和高维生素食物。常规检测肝功能及肝炎病毒血清学抗原抗体，并定期复查。

2. 甲型肝炎的预防 有甲型肝炎密切接触史的孕妇，接触后7日内肌注丙种球蛋白2～3ml。

3. 乙型肝炎的免疫预防 父亲HBsAg阳性，精液并不传染HBV；HBsAg阳性的孕妇孕晚期使用HBIG不能减少母婴传播。HBsAg和HBeAg阳性孕妇分娩时，应严格施行消毒隔离制度，防止产伤及新生儿损伤、羊水吸入等，以减少垂直传播。剖宫产分娩不能降低HBV的母婴传播率。我国新生儿出生后常规行免疫接种及随访，随访方案见表14-1。

表14-1 新生儿乙型肝炎免疫预防方案

类别	接种方案	随访
足月新生儿		
孕妇HBsAg(-)	疫苗行3针方案：即0、1、6个月各注射1次	无需随访
孕妇HBsAg(+)	注射HBIG 100～200U；并行3针方案：即0、1、6个月各注射1次	7～12月龄随访
早产儿且出生体质量<2000g		
孕妇HBsAg(-)	疫苗行4针方案：出生体质量>2000g时、1～2、2～3、6～7个月各注射1次	可不随访或最后1针后1～6个月
孕妇HBsAg(+)	出生12h内注射HBIG 100～200U，3～4周后重复1次；疫苗行4针方案：即出生24h内、3～4周、2～3个月、6～7个月各注射1次	最后1针后1～6个月

随访检测结果有：①HBsAg阴性，抗-HBs阳性，且>100mU/ml，说明预防成功，应答反应良好，无需特别处理；②HBsAg阴性，抗-HBs阳性，但<100mU/ml，表明预防成功，但对疫苗应答反应较弱，可在2～3岁加强接种1针，以延长保护年限；③HBsAg和抗-HBs均阴性（或<10mU/ml），说明没有感染HBV，但对疫苗无应答，需再次全程接种（3针方案），然后再复查；④HBsAg阳性，抗-HBs阴性，高度提示免疫预防失败；6个月后复查HBsAg仍阳性，可确定预防失败，已为慢性HBV感染。孕妇HBsAg阳性，新生儿经规范产后预防后，不管孕妇HBeAg阳性还是阴性，其都可以母乳喂养新生儿，无需检测乳汁中有无HBV DNA。

4. 丙型肝炎的预防 尚无特异的免疫方法。减少医源性感染是预防丙型肝炎的重要环节。保护易感人群可用丙种球蛋白对人群进行被动免疫。对抗HCV抗体阳性母亲的婴儿，在1岁前注射免疫球蛋白可对婴儿起保护作用。

【小结】 妊娠期母体适应性改变以及分娩和产后的病理变化可加重肝脏负担，使重症肝炎及肝性脑病的发生率明显增加。重症肝炎是孕产妇死亡的主要原因之一，极早识别、合理产科处理是成功救治的重要因素。乙型病毒性肝炎是最常见的病毒性肝炎，其重要传播途径是母婴传播，新生儿出生后及时注射乙型肝炎免疫球蛋白和接种乙型肝炎疫苗是有效的阻断方法。

第三节　内分泌系统疾病

胎盘和胎儿肾上腺胎儿带具有分泌激素及酶的功能，其中一些激素可干扰母体的内分泌系统，引起母体内分泌紊乱或加重原有的内分泌疾病。母体内分泌疾病也可影响胎儿的生长发育，严重时可致胎死宫内。常见的有糖尿病与甲状腺功能障碍。

一、糖　尿　病

妊娠期间的糖尿病包括两种情况：一种是妊娠前已有糖尿病的病人妊娠，称为孕前糖尿病（pregestational diabetes mellitus，PGDM）；另一种是妊娠后首次发生的糖尿病，又称为妊娠期糖尿病（gestational diabetes mellitus，GDM）。糖尿病孕妇中90%以上为GDM。随着GDM的诊断标准的变更，GDM发病率明显上升，达15%以上。大多数GDM病人产后糖代谢异常能恢复正常，但20%～50%将来发展成糖尿病。妊娠期糖尿病对母儿均有较大危害，应引起重视。

【妊娠对糖代谢的影响】 妊娠期糖代谢的主要特点是葡萄糖需要量增加、胰岛素抵抗增加和胰岛素分泌相对不足，导致部分孕妇发生GDM。

1. 葡萄糖需要量增加　妊娠时母体适应性改变，如母体对葡萄糖的利用增加、肾血流量及肾小球滤过率增加，胰岛素清除葡萄糖能力增加，夜间母体葡萄糖不断转运到胎儿体内都可使孕妇空腹血糖比非孕时偏低。

2. 胰岛素抵抗和胰岛素分泌相对不足　胎盘合成的胎盘生乳素、雌激素、孕激素以及肿瘤坏死因子、瘦素等细胞因子均具有拮抗胰岛素的功能，使孕妇组织对胰岛素的敏感性下降。妊娠期胰腺β细胞功能代偿性增加，以促进胰岛素分泌，这种作用随孕期进展而增加。胎盘娩出后，胎盘所分泌的抗胰岛素物质迅速消失，孕期胰岛素抵抗状态逐渐恢复。

【糖尿病对妊娠的影响】 取决于血糖升高出现的时间、血糖控制情况、糖尿病的严重程度以及有无并发症。

1. 糖尿病对孕妇的影响

（1）孕早期自然流产发生率增加：多见于PGDM孕妇，孕前及妊娠早期高血糖，导致胎儿畸形发生，严重者胎儿发育停止，最终发生流产。所以，糖尿病妇女宜在血糖控制接近或达到正常后再考虑妊娠。

（2）易并发妊娠期高血压疾病：为正常妇女的3～5倍，尤见于糖尿病病程长伴微血管病变者。糖尿病并发肾病变时，妊娠期高血压疾病发生率高达50%以上。

（3）糖尿病病人抵抗力下降，易合并感染，以泌尿生殖系统感染最常见。

（4）羊水过多，其发生率较非糖尿病孕妇多10倍。可能与胎儿高血糖、高渗性利尿导致胎尿产生增多有关。

（5）因巨大胎儿发生率明显增高，肩难产、产道损伤、手术产的几率增高。产程延长易发生产后出血。

（6）糖尿病酮症酸中毒，主要见于血糖控制不佳的1型糖尿病孕妇。

2. 对胎儿的影响

（1）胎儿畸形：高于非糖尿病孕妇2～3倍。早孕期高血糖环境是胎儿畸形的高危因素。酮症、缺氧及糖尿病治疗药物等也与胎儿畸形有关。

（2）巨大儿：孕妇的血糖依赖浓度梯度通过胎盘屏障，使胎儿长期处于高血糖状态，刺激胎儿胰岛β细胞增生，产生大量胰岛素。胰岛素通过作用于胰岛素受体或增加胰岛素样生长因子1的生物活性，活化氨基酸转移系统，促进蛋白、脂肪合成和抑制脂解作用，促进胎儿生长。

（3）胎儿生长受限：主要见于PGDM孕妇，长期存在的高血糖影响胎盘功能，尤其是严重糖

Notes

尿病伴有血管病变者，其次是 GDM 孕妇饮食控制过度。

3. 对新生儿的影响

（1）新生儿呼吸窘迫综合征：孕妇高血糖刺激胎儿胰岛素分泌增加，形成高胰岛素血症。后者具有拮抗糖皮质激素、促进肺泡Ⅱ型细胞表面活性物质合成及释放的作用，使胎儿肺表面活性物质产生及分泌减少，致使胎儿肺成熟延迟。

（2）新生儿低血糖：新生儿脱离母体高血糖环境后，高胰岛素血症仍存在，若不及时补充糖，容易发生新生儿低血糖，严重时危及新生儿生命。

（3）新生儿红细胞增多症：胎儿高胰岛素血症使机体耗氧量加大，造成慢性宫内缺氧，诱发红细胞生成素产生增多，刺激胎儿骨髓外造血而引起红细胞生成增多。

（4）新生儿高胆红素血症：红细胞增多症的新生儿出生后大量红细胞被破坏，胆红素产生增多，造成新生儿高胆红素血症。

（5）其他：低钙血症和低镁血症等的发生率，均较正常妊娠的新生儿高。

【诊断】 孕前糖尿病已经确诊或有典型的糖尿病三多一少症状的孕妇，于孕期较易确诊。但 GDM 孕妇常无明显症状，有时空腹血糖可能正常，容易漏诊和延误治疗。

1. GDM 筛查及诊断

（1）病史及临床表现：凡有糖尿病家族史（尤其是直系亲属）、孕前体重≥90kg、孕妇出生体重≥4000kg、孕妇曾有多囊卵巢综合征、不明原因流产、死胎、巨大儿或畸形儿分娩史，本次妊娠胎儿偏大或羊水过多者应警惕患糖尿病。因 GDM 病人通常无症状，而糖尿病对母儿危害较大，故所有孕 24～28 周的孕妇均应做糖筛查试验，妊娠 28 周后首次就诊的孕妇就诊时尽早行OGTT。

（2）口服葡萄糖耐量试验（OGTT）：目前我国采用葡萄糖 75g 的 OGTT 诊断糖尿病。2014 年我国妊娠合并糖尿病诊治推荐指南标准：禁食至少 8 小时，试验前连续 3 天正常饮食，检查时，5 分钟内口服含 75g 葡萄糖的液体 300ml，分别抽取孕妇服糖前及服糖后 1、2 小时的静脉血，测定血糖水平。3 项血糖值应分别低于 5.1、10.0、8.5mmol/L（92、180、153mg/dl），任何一项血糖值达到或超过上述标准即诊断为 GDM。

（3）空腹血糖测定（FPG）：孕妇具有 GDM 高危因素或者医疗资源缺乏地区，建议妊娠 24～28 周首先检查 FPG。FPG≥5.1mmol/L，可以直接诊断 GDM，不必行 OGTT；FPG<4.4mmol/L（80mg/dl），发生 GDM 可能性极小，可以暂时不行 OGTT。FPG≥4.4mmol/L 且<5.1mmol/L 时，应尽早行 OGTT。

2. PGDM 的诊断　妊娠前糖尿病已确诊者孕期诊断容易。若孕前从未做过血糖检查，首次产前检查时需明确是否存在糖尿病，妊娠早期血糖升高达到以下任何一项标准应诊断为 PGDM。①空腹血糖（FPG）≥7.0mmol/L（126mg/dl）。②75g 口服葡萄糖耐量试验（OGTT），服糖后 2h 血糖≥11.1mmol/L（200mg/dl）。③伴有典型的高血糖症状或高血糖危象，同时随机血糖≥11.1mmol/L（200mg/dl）。

【处理】 处理原则为维持血糖正常范围，减少母儿并发症，降低围生儿死亡率。PGDM 孕期发生并发症及母儿不良结局的风险更高，因此我们应加强妊娠合并糖尿病的综合管理以改善母儿结局。

1. 妊娠期处理　包括血糖控制及母儿监护。

（1）妊娠期血糖控制标准：空腹或三餐前 30 分钟≤5.3mmol/L；餐后 2 小时≤6.7mmol/L；夜间不低于 4.4mmol/L。全天无低血糖表现。

1）饮食治疗：所有糖尿病及 GDM 病人均需要接受饮食治疗。大约 90% 的 GDM 仅需要控制饮食量与种类，即能维持血糖在正常范围。每日摄入总能量应根据不同妊娠前体质量和妊娠期的体质量增长速度而定，见表 14-2。热卡分配：碳水化合物占 50%～60%，蛋白质 15%～

Notes

20%,脂肪25%~30%;早餐摄入10%~15%热卡,午餐和晚餐各30%,每次加餐(共3次)可各占5%~10%。

表14-2 基于妊娠前体质指数推荐的孕妇每日能量摄入量及妊娠期体质量增长标准

妊娠期BMI (kg/m^2)	能量系数 kcal/(kg·d)	妊娠期体质量增长值(kg)	妊娠中晚期每周体质量增长值(kg)	
			均数	范围
<18.5	35~40	12.5~18.0	0.51	0.44~0.58
18.5~24.9	30~35	11.5~16.0	0.42	0.35~0.50
>25.0	25~30	7.0~11.5	0.28	0.23~0.33

2）运动疗法:运动疗法可降低妊娠期基础胰岛素抵抗,每餐30分钟后进行一种低至中等强度的有氧运动对母儿无不良影响,可自10分钟开始,逐步延长至30分钟。

3）药物治疗:大多数GDM孕妇通过生活方式的干预即可使血糖达标,不能达标的GDM孕妇应首先推荐应用胰岛素控制血糖。目前,口服降糖药物二甲双胍和格列本脲在GDM孕妇中应用的安全性和有效性不断被证实,但我国尚缺乏相关研究,且这2种口服降糖药均未纳入我国妊娠期治疗糖尿病的注册适应证。

糖尿病孕妇经饮食治疗3~5天后,测定24小时的末梢血糖(血糖轮廓试验),包括夜间血糖、三餐前30分钟及三餐后2小时血糖及尿酮体。如果空腹或餐前血糖≥5.3mmol/L,或餐后2小时血糖≥6.7mmol/L,或调整饮食后出现饥饿性酮症,增加热量摄入后血糖又超过妊娠期标准者,应及时加用胰岛素治疗。

孕早期,由于早孕反应,可产生低血糖,胰岛素有时需减量。随孕周增加,体内抗胰岛素物质产生增多,胰岛素用量应不断增加。胰岛素用量高峰时间在妊娠32~34周,一部分病人妊娠晚期胰岛素用量减少。目前应用最普遍的一种方法是中效胰岛素和超短效或短效胰岛素联合使用,即三餐前注射超短效或短效胰岛素,睡前注射中、长效胰岛素。从小剂量开始应用,逐渐调整至理想血糖标准。

产程中,孕妇血糖波动很大,由于体力消耗大,进食少,易发生低血糖。因此产程中停用所有皮下注射胰岛素,每1~2小时监测一次血糖。

产褥期,随着胎盘排出,体内抗胰岛素物质急骤减少,胰岛素所需量明显下降。胰岛素用量应减少至产前的1/3~1/2,并根据产后空腹血糖调整用量。多在产后1~2周胰岛素用量逐渐恢复至孕前水平。

糖尿病合并酮症酸中毒(DKA):血糖>16.6mmol/L,先予胰岛素0.2~0.4U/kg一次性静脉注射,继而小剂量胰岛素0.1U/(kg·h)持续静脉滴注,并从使用胰岛素开始每小时监测1次血糖。血糖>13.9mmol/L时,应将胰岛素加入0.9%氯化钠注射液,当血糖≤13.9mmol/L时,开始用5%葡萄糖液或葡萄糖盐水加入胰岛素,直至血糖降至11.1mmol/L以下、尿酮体阴性、并可平稳过渡到餐前皮下注射治疗时停止补液。

（2）孕期母儿监护:严密监护孕妇血糖、尿糖及酮体、糖化血红蛋白、眼底检查和肾功能等。孕早、中期采用超声波及血清学筛查胎儿畸形,妊娠早期血糖未得到控制的孕妇,尤其要注意应用超声检查胎儿中枢神经系统和心脏的发育,有条件者行胎儿超声心动图检查。需要应用胰岛素或口服降糖药物者,孕32周起,每周行1次无应激试验(NST)。

2. 产时处理 包括分娩时机选择及分娩方式确定。

（1）分娩时机:无需胰岛素治疗而血糖控制达标的GDM孕妇,如无母儿并发症,在严密监测下可待预产期,到预产期仍未临产者,可引产终止妊娠。PGDM及胰岛素治疗的GDM孕妇,如血糖控制良好且无母儿并发症,在严密监测下,妊娠39周后可终止妊娠;血糖控制不满意或出

Notes

现母儿并发症，应及时收入院观察，根据病情决定终止妊娠时机。

（2）分娩方式：妊娠合并糖尿病本身不是剖宫产指征。决定阴道分娩者，应制订分娩计划，产程中密切监测孕妇的血糖、宫缩、胎心率变化，避免产程过长。

择期剖宫产的手术指征为糖尿病伴严重微血管病变，或胎位异常等其他产科指征。妊娠期血糖控制不好、胎儿偏大（尤其估计胎儿体质量≥4250g 者）或既往有死胎、死产史者，应适当放宽剖宫产指征。

3. 新生儿处理　新生儿均按高危儿处理，出生后 30 分钟内行末梢血糖检测，并严密监测血糖变化可及时发现低血糖。注意保温、吸氧，提早喂糖水、开奶。注意防止低血糖、低血钙、高胆红素血症及 NRDS 发生。

【预后】　妊娠期糖尿病病人在分娩后一定时期血糖可能恢复正常。但 GDM 病人中一半以上将在未来 10～20 年内最终成为 2 型糖尿病病人，而且有越来越多的证据表明，其子代有发生肥胖与糖尿病的可能。

【小结】　妊娠期间的糖尿病包括孕前糖尿病和妊娠期糖尿病，后者多见。妊娠后，母体出现的胰岛素抵抗和分泌相对不足使糖代谢复杂化，加重原有病情。过高血糖使巨大儿发生率明显增高，难产、产道损伤、手术产的几率高；若发生糖尿病酮症酸中毒，既危及母体，又累及胎儿或新生儿。治疗原则主要是维持血糖正常范围，减少母儿并发症，降低围生儿死亡率。

二、甲状腺功能异常

妊娠期间各种内分泌腺处于活跃状态，各器官、系统均会发生一系列的生理变化，对甲状腺功能均会产生直接或间接的影响。

【妊娠期甲状腺功能的变化】　受体内胎盘激素等的影响，妊娠期孕妇甲状腺处于相对活跃状态，甲状腺体积增大。甲状腺结合球蛋白（TBG）水平升高，血清总 T_4（TT_4）浓度随之增加，产生高甲状腺素血症，故 TT_4 的指标在妊娠期不能反映循环甲状腺激素的确切水平。绒毛膜促性腺激素（HCG）增加，可反馈抑制 TSH 分泌，因此妊娠期女性血清 TSH 可低于传统下限。因此妊娠期甲状腺功能与非孕期不同，2011 年 10 月，美国甲状腺学会（ATA）指南首次提出不同孕期 TSH 正常参考值范围，即妊娠早期 0.1～2.5mIU/L，妊娠中期 0.2～3.0mIU/L，妊娠晚期 0.3～3.0mIU/L。

【妊娠期甲状腺功能减退症】

1. 对妊娠的影响　妊娠期甲减会损害后代的神经智力发育，增加早产、流产、低体重儿、死胎和妊娠期高血压疾病等风险，必须给予治疗。

2. 诊断标准　TSH>妊娠期特异正常参考值上限，FT_4<妊娠期特异正常参考值下限。若妊娠早期 TSH>10mIU/L，无论有否 FT_4 降低，都应诊断为临床甲减，但这一结论尚未取得学术界共识。

3. 处理　一旦确定临床甲减，立即开始治疗，尽早达到治疗目标。治疗目标为达到妊娠各期血清 TSH 的正常范围，药物应选择左旋甲状腺素（$L\text{-}T_4$）治疗。已患临床甲减妇女计划妊娠，需要将血清 TSH 控制到<2.5mIU/L 水平后妊娠。临床甲减妇女妊娠 1～20 周甲状腺功能的监测频度是每 4 周 1 次，妊娠 26～32 周至少应检测 1 次血清甲状腺功能指标。临床甲减孕妇产后 $L\text{-}T_4$ 剂量应降至孕前水平，并需要在产后 6 周复查血清 TSH 水平，调整 $L\text{-}T_4$ 剂量。

【妊娠期甲状腺功能亢进】

1. 对妊娠的影响　轻症或经治疗能控制的甲亢，通常对妊娠影响不大。重症或未经系统治疗的甲亢，容易引起流产、早产、胎儿生长受限。抗甲亢药物可通过胎盘屏障进入胎儿体内，有可能造成胎儿甲状腺功能减退（简称甲低）、新生儿甲状腺功能减退或甲亢。有些药物对胎儿尚有致畸作用，如甲巯咪唑、^{131}碘等。

2. 临床表现与诊断　多数甲亢孕妇于妊娠前有甲状腺疾病的现病史或既往史，诊断并不困难。轻症甲亢或妊娠期首次发现的甲亢，有时与正常妊娠时的代谢变化不易区别。甲亢的临床症状及体征有：心悸，休息时心率超过100次/分，食欲很好、进食多的情况下孕妇体重未能按孕周增加，脉压增大>50mmHg，怕热多汗，皮肤潮红，皮温升高，突眼，手震颤，腹泻。实验室检查是诊断甲亢的重要方法（详见表14-3）。

表14-3　甲状腺功能实验室检查

检查项目	正常妇女	孕妇	妊娠合并甲亢
基础代谢率（BMR）（%）	<+15	+20～+30	>+30
血清总甲状腺激素（TT_4）（nmol/L）	64～167	轻度增高	明显增高
血清三碘甲状腺原氨酸（TT_3）（nmol/L）	1.8～2.9	轻度增高	明显增高
甲状腺素结合球蛋白（TBG）（mg/L）	13～25	轻度增高	明显增高
血清游离 T_3（pmol/L）	6.0～11.4	轻度增高	明显增高
血清游离 T_4（pmol/L）	18～38	轻度增高	明显增高
促甲状腺激素（TSH）（mIU/L）	2～20	正常	明显减低

甲亢孕产妇在手术、分娩、感染及各种应激的情况下，有发生甲亢危象的可能。表现为高热39°C以上、脉率>140次/分、脉压增大、焦虑、烦躁、大汗淋漓、恶心、厌食、呕吐以及腹泻等消化道症状，可伴脱水，休克，心律失常及高心排出量心衰或肺水肿。若处理不及时，孕产妇死亡率较高，需及早防治。

3. 处理　已患甲亢的妇女最好在甲状腺功能恢复正常后考虑妊娠。碘^{131}治疗的甲亢病人至少需要在碘治疗结束6个月后妊娠。

妊娠期甲亢的处理原则是控制甲亢发展，通过治疗安全渡过妊娠及分娩。甲亢不是终止妊娠的适应证，除非伴甲亢性心脏病及高血压等重症病例，才考虑终止妊娠。病情轻者给予适量镇静剂，卧床休息，尽量少用抗甲状腺药物。分娩前应以药物控制。若胎儿已成熟，在基本控制甲亢的基础上适时终止妊娠，并注意预防甲亢危象。甲亢控制的目标是使血清 FT_4 接近或者轻度高于参考值的上限。

（1）药物治疗：控制妊娠期甲亢，妊娠早期优先选择丙硫氧嘧啶（PTU）。妊娠中、晚期优先选择甲巯咪唑（MMI）。初始用量丙硫氧嘧啶400mg/d，病情减轻或稳定后（一般4～6周）应逐渐减量至初始剂量的25%，不可骤然停药。用药期间密切观察病情变化，包括安静时脉率、脉压、食欲等和游离 T_3、游离 T_4 等指标。注意监测药物的肝毒性。

（2）手术治疗：妊娠期间原则上不采取手术疗法治疗甲亢。如果确实需要，甲状腺切除术选择的最佳时机是妊娠中期的后半期，孕中期手术和麻醉的妊娠丢失率约6.5%，故手术仅适用于内科治疗失败、或伴有喘鸣、呼吸困难、吞咽困难明显的甲状腺肿或疑有癌变者。

（3）产科处理

1）妊娠期：甲亢孕妇易发生胎儿生长受限，孕期应加强监护。避免感染、精神刺激和情绪波动，避免甲亢危象发生。妊娠37～38周入院监护，并决定分娩方式。

2）分娩期：甲亢控制良好者，除产科因素外，应尽量经阴道分娩。临产后给予精神安慰、减轻疼痛、吸氧、注意补充能量、缩短第二产程。病情控制不满意或未治疗者，分娩有诱发甲亢危象的可能，可放宽剖宫产指征。无论经阴道分娩还是剖宫产均应预防感染，预防甲状腺危象。

（4）新生儿的处理：出生时取脐血检测 T_3、T_4。注意新生儿甲状腺大小，有无杂音，有无甲亢或甲低的症状和体征。

（5）产后哺乳问题：部分甲亢病人产后有病情加重倾向，不但需要继续用药，而且要增加药

Notes

量。PTU 可以通过乳腺到达乳汁，但乳汁含 PTU 量很少，24 小时内乳汁含量为母亲口服量的 0.07%，故产后哺乳是安全的。如能定期监测新生儿甲状腺功能则更理想。

（6）甲状腺危象的抢救措施：

1）丙硫氧嘧啶：服用剂量加倍，以阻断甲状腺激素的合成，一旦症状缓解应及时减量。

2）碘溶液：能迅速抑制与球蛋白结合的甲状腺激素水解，减少甲状腺激素向血中释放。给予 PTU 后 1 小时，开始口服饱和碘化钾，5 滴/次，每 6 小时 1 次，每日 20～30 滴。碘化钠溶液 0.5～1.0g 加于 10% 葡萄糖液 500ml 静脉滴注。病情好转后减量，一般使用 3～7 日停药。

3）普萘洛尔 10～20 毫克/次，口服，每日 3 次，以控制心率。

4）地塞米松 10～30mg 静脉滴注。

5）对症治疗：包括高热时用物理降温及药物降温，必要时人工冬眠；纠正水、电解质紊乱及酸碱失衡。

6）及时终止妊娠：病情稳定 2～4 小时后终止妊娠，以剖宫产为宜。

【小结】 妊娠期，胎盘合成、分泌的激素等可使孕妇甲状腺处于相对活跃状态；甲减会损害后代的神经智力发育；重症或经治疗不能控制的甲亢，容易引起流产、胎儿生长受限或早产。L-T_4 是治疗妊娠期甲减的最主要药物，用药后应尽快达到治疗目标。妊娠合并甲亢的治疗首选丙硫氧嘧啶。妊娠期、分娩时以及产褥期应预防甲亢危象的发生。

第四节 呼吸系统疾病

妊娠增大的子宫及需氧量的增加可影响母体的呼吸功能，若母体呼吸功能已降低，妊娠期和分娩期将会发生母体和胎儿的气体交换和利用的失衡，影响母儿的安危。妊娠合并呼吸系统常见的疾病有肺炎、肺结核及支气管哮喘。

一、肺　炎

妊娠合并肺炎的发病率与同龄妇女相同，但因孕期免疫系统的反应减弱，发生肺炎时，病情较重，危险性增加，易发生呼吸衰竭，临床上应当特别重视。

【肺炎与妊娠的相互影响】 妊娠期妇女由于呼吸系统生理变化使其对于肺炎导致的通气能力明显下降的耐受能力显著降低，容易发生缺氧，又由于胎儿对低氧血症和酸中毒的耐受能力较差，常常会导致流产、早产等非特异性风险。妊娠合并肺炎由于发热子宫兴奋性增高，常出现先兆早产。

【诊断】 主要根据病史（包括流行病史）、典型的症状、体征和 X 线检查。因为肺炎的某些症状（如呼吸困难、胸闷或胸痛等）在正常妊娠也会出现，通常妊娠合并肺炎会被漏诊。孕期的呼吸困难通常发生在孕早期，而接近足月时会逐渐好转，并且不影响正常活动，休息时很少发生。由于增大的子宫对膈肌的机械作用，孕妇一般会在孕晚期感到胸闷或胸痛，一般很难与肺炎或其他肺部疾患所致的胸部不适症状区别。因此，应该仔细检查病人的体征，对确诊最有价值的还是胸部 X 线检查。

【治疗】 同非孕期治疗原则相同，主要是支持治疗和对因治疗。重症肺炎需要积极地支持治疗，如纠正低蛋白血症、维持水电解质和酸碱平衡、循环和心肺功能支持等。对因治疗则因肺炎类型的不同而异，对于细菌性肺炎抗菌治疗是决定细胞性肺炎预后的关键。在完成主要检查和常规病原学检测标本后，即应该早期开始经验性抗感染治疗，后期按病原学及药敏结果使用抗生素。对于病毒性肺炎现在尚无特异性药物。妊娠合并真菌感染，通常是轻度的自限性感染，妊娠合并真菌性肺炎很少见。

Notes

二、肺 结 核

近年由于结核菌耐药问题及获得性免疫缺陷病的增加,使结核感染在世界范围内又呈增多趋势,妊娠合并肺结核时有发生,属高危妊娠范畴。

【妊娠与肺结核的相互影响】

1. **妊娠对肺结核的影响** 近些年的研究调查提示妊娠及分娩对肺结核多无不利影响。妊娠一般不改变肺结核病的性质,孕期、产后与同龄未孕妇女比较,预后基本相同。

2. **肺结核对妊娠的影响** 肺结核病人除非同时有生殖器结核,一般不影响受孕。一般认为,非活动性结核或病变范围不大、肺功能无改变者,对妊娠经过和胎儿发育多无大影响。而活动性肺结核的妇女发生流产、胎死宫内、早产、低体重儿的可能性增大。结核病的治疗药物可能对母儿有不良作用。孕妇可在产前、产时及产后将结核菌传给下一代。活动性肺结核未经治疗的母亲,其新生儿在生后第一年有50%感染的可能性。因此,产后需隔离新生儿。

【诊断】 了解有无结核病史及其治疗情况,家族史及与结核病人密切接触史。对高危人群及有低热、盗汗、乏力、体重下降者,应做结核菌素试验。妊娠期间使用结核菌素的纯蛋白衍生物(purified protein derivative,PPD)进行结核菌素试验是安全有效的。对结核菌素试验由阴转阳的孕妇应行胸部X线平片,此时应以铅围裙遮挡腹部。痰涂片及痰培养有助于诊断。

【防治】

1. 对肺结核的妇女应加强宣教,在肺结核活动期应避免妊娠。若已妊娠,应在妊娠8周内行人工流产,1~2年后再考虑妊娠。

2. **活动性肺结核** 妊娠期活动性肺结核的治疗和处理原则与非妊娠妇女相同。原则是早期治疗、联合、适量用药。完善、规律及全程用药是治疗的关键。首选药物为口服异烟肼300mg/d、利福平600mg/d、维生素B_6 50mg/d,2个月后改为异烟肼900mg、利福平600mg每周2次口服。

3. **产科处理** 病变广泛的活动性肺结核或曾行肺叶切除的孕妇,有效呼吸面积减少及血氧分压降低,易使胎儿缺氧,应在预产期前1~2周住院待产。如无产科指征,一般以阴道分娩为宜。但分娩时尽量避免屏气用力,以防止肺泡破裂、病灶扩散和胎儿缺氧,可适当选用手术助产,缩短第二产程。肺结核可在产后加重,产后6周和3个月应复查进行胸部X线平片。

4. **新生儿处理** 若肺结核孕妇分娩时痰检结核分枝杆菌为阴性,则新生儿应接种卡介苗,但不治疗;若母亲分娩时痰检为阳性,且婴儿情况良好,则应给婴儿3个月预防性化疗(异烟肼5mg/kg,每天一次),而不接种卡介苗。3个月后,如PPD阴性,可停用化疗,接种卡介苗;如为阳性,再化疗3个月;若有结核中毒症状,应给予全程抗结核治疗,以预防性脑膜炎的发生。

5. **母乳喂养问题** 产后抗结核治疗期间并非母乳喂养的禁忌。哺乳妇女应继续服抗结核药,每次喂奶前要戴口罩。活动性肺结核产后应禁止哺乳,新生儿应隔离。

三、妊娠合并支气管哮喘

支气管哮喘(简称哮喘)是嗜酸性粒细胞、肥大细胞和T淋巴细胞等多种炎性细胞参与的气道慢性非特异性炎症。妊娠合并支气管哮喘的发生率为0.4%~1.3%。

【哮喘与妊娠的相互影响】 哮喘的严重程度是决定孕期预后重要因素。妊娠期能有效控制哮喘发作,则母儿预后良好。哮喘控制不良者,其早产、胎膜早破、低体重儿、围生儿死亡率增加。哮喘发作时,孕妇不能维持适当血氧浓度,可引起胎儿缺氧。

【诊断】 有哮喘发作史的病人,出现呼吸困难、咳嗽,两肺弥漫性哮鸣音,胸部有过度充气表现(胸腔前后径增大,横膈下降),应考虑哮喘发作的可能。哮喘发作时,喷两次β-受体兴奋剂吸入后,一分钟用力呼气量增加≥15%可确诊。通过血气分析及肺功能测定(呼气流量峰值和肺活量等),能进一步判断哮喘的严重程度。哮喘发作应与肿瘤梗阻、喉头水肿、支气管异物、肺梗死及心力衰竭等相鉴别。

Notes

【治疗】 治疗原则:控制发作,纠正缺氧,改善肺功能,尽可能避免药物对胎儿的不利影响。治疗的重点是强调妊娠期用药控制哮喘的重要性。

1. **轻度哮喘发作** 口服或吸入平喘药,舒张气道平滑肌。如 β_2 受体兴奋剂:沙丁胺醇气雾剂喷吸,每日 2 ~3 次;沙丁胺醇片剂 2.4mg 每日 3 次口服;氨茶碱 0.1g 日 3 次口服;丙酸倍氯米松气雾剂、普米克气雾剂等吸入每日 1 ~2 次。

2. **重度哮喘发作** 低流量吸氧和血气监测的同时,氢化可的松 200mg 加入 10% 葡萄糖液 40ml 静注,6 小时一次,或泼尼松 40mg 加入 10% 葡萄糖液 40ml 缓慢静注,4 小时一次,5 ~7 日逐渐减量。氨茶碱 0.25g 加入 10% 葡萄糖液 40ml,缓慢(15 分钟)静注,以后氨茶碱 0.5g 加入 5% 葡萄糖液 500ml 静滴维持,每日总量不应超过 1.5g。必要时加入糖皮质激素,如氢化可的松 4mg/kg,一般 200ml 加入 5% 葡萄糖 500ml 静滴,3 ~4 小时滴完。也可用泼尼松每日 20 ~30mg 口服,症状缓解后每 5 ~7 日逐渐减量。

3. **哮喘持续状态** 哮喘发作后经积极治疗 30 ~60 分钟仍无改善,称为哮喘持续状态(status asthmaticus)。应极早气管插管机械换气,以维持血氧分压在 60mmHg 以上,血氧饱和度在 95% 以上。并同时积极用药。

4. **产科处理** 据报道,10% 哮喘孕妇在产时发作。处理原则与孕期相同,但应注意以下环节:β_2 受体兴奋剂能抑制宫缩或引起产后出血;慎用全身麻醉剂、镇静剂和止痛剂;禁用前列腺素类制剂。无产科指征者可经阴道分娩,重度哮喘发作者可放宽剖宫产指征。

第五节 感染性疾病

早孕期和中孕早期感染除风疹病毒外,胎儿感染率低,但可造成胎儿严重的损害。孕晚期胎儿感染率虽高,但有胎儿、母体免疫保护,损害相对轻。此外,继发感染者的母婴传播率也明显低于原发感染者。

妊娠期合并感染性疾病可危害母、儿,导致流产、早产及胎儿生长受限,甚至胎儿死亡,同时,新生儿感染及脑瘫等并发症也增加。本节重点介绍妊娠期 TORCH 综合征。

一、TORCH 综合征

TORCH 一词是由数种导致孕妇患病,并能引起胎儿感染,甚至造成新生儿出生缺陷的病原微生物英文名称的首字母组合而成。其中 T 指弓形虫(toxoplasma,Toxo),R 指风疹病毒(rubella virus,RV),C 指巨细胞病毒(cytomegalovirus,CMV),H 指单纯疱疹病毒(herpes simplex virus,HSV),O 指其他(others),主要指梅毒螺旋体(treponema pallidum)等。

TORCH 综合征的特点是孕妇感染其中任何一种病原微生物后,自身症状轻微,甚至无症状,但可垂直传播给胎儿,造成宫内感染,使胚胎和胎儿呈现严重症状和体征,甚至导致流产、死胎、死产。即使出生后幸存,也可能遗留中枢神经系统障碍等严重先天缺陷。

【感染途径】

1. **孕妇感染** 孕妇为易感人群,其感染途径与普通人群相似。弓形虫病的病原微生物为刚地弓形虫,感染者多为食用含有包囊的生肉或未煮熟的肉类、蛋类、未洗涤的蔬菜、水果。风疹病毒是风疹的病原微生物,可直接传播或经呼吸道飞沫传播;巨细胞病毒主要通过呼吸道和性交感染;单纯疱疹病毒(2 型)主要通过性交传播。

2. **胎儿及新生儿感染** 孕妇感染 TORCH 中任何一种病原微生物后均可导致胎儿感染。垂直传播最主要的途径有 3 种:

(1) 宫内感染:①经胎盘感染:孕妇患生殖道以外部位的感染性疾病,病原微生物可进入孕妇血中,孕妇血中的病毒可直接通过胎盘屏障感染胚胎或胎儿,而细菌、原虫、螺旋体等需在胎盘部位形成病灶后,方能感染胚胎或胎儿;②上行感染宫腔:临产后宫颈管扩张,前羊膜囊下端

Notes

与寄生在阴道内的内源性菌群接触，使该处的包蜕膜变性、韧性降低，病原微生物易通过该处进入羊膜腔内引起感染，若已破膜，则更容易发生，胎儿因吸入和吞咽感染的羊水而受累；③病原体上行沿胎膜外再经胎盘感染胎儿。

（2）产道感染：胎儿在分娩时通过软产道，软产道内存在内源性病原微生物和外来的病原微生物均能引起胎儿感染。最常见的病原微生物有巨细胞病毒和单纯疱疹病毒Ⅱ型等。

（3）出生后感染：通过母乳、母唾液及母血感染新生儿。最常见的病原微生物有巨细胞病毒。此途径虽不多见，但不可忽视。

【对母儿的影响】

1. 对孕妇的影响　孕妇感染后大部分无明显症状或症状轻微，不同微生物感染所致影响不同。

（1）弓形虫病：孕妇感染后约 90% 发生淋巴结炎，全身或局部淋巴结肿大，无粘连、触痛。若虫体侵犯多个脏器，可患全身弓形虫病，出现相应症状。但孕妇感染不能代表胎儿感染，故不能根据孕妇血清学抗体结果，作出终止妊娠的决定，需在妊娠 20 周后做超声检查，有异常时进一步作羊水穿刺或脐血穿刺检查 TOXO IgM、病原体来诊断。

（2）风疹：孕妇感染后可出现低热、咳嗽、咽痛等上呼吸道感染症状，随后面颊部及全身相继出现浅红色斑丘疹，耳后及枕部淋巴结肿大，数日后消退，在临床上易被忽视，也有感染者无明显的临床表现。

（3）巨细胞病毒感染：妊娠期间多为隐性感染，无明显症状和体征。可长时间呈带病毒状态，可经唾液、尿液、乳汁、宫颈分泌物排出巨细胞病毒。少数出现低热、无力、头痛、肌肉关节痛、白带增多、颈部淋巴结肿大等。

（4）生殖器疱疹：单纯疱疹病毒感染后，外阴部出现多发性、左右对称的表浅溃疡，周围表皮形成疱疹。初感染的急性型病情重，复发病情轻。

2. 对胚胎、胎儿、新生儿的影响　TORCH 感染对胎儿或新生儿的影响取决于病原微生物的种类、数量及胚胎发育的时期。

（1）弓形虫病：妊娠早期感染可引起胎儿死亡、流产或发育缺陷，多不能生存，幸存者智力低下；妊娠中期感染胎儿可发生广泛性病变，引起死胎、早产或胎儿脑内钙化、脑积水、小眼球等严重损害；妊娠晚期感染可致胎儿肝脾大、黄疸、心肌炎，或在生后数年甚至数十年出现智力发育不全、听力障碍、白内障及视网膜脉络膜炎。

（2）风疹：孕早期感染风疹可致胚胎和胎儿严重损害，发生流产、死胎及先天性风疹综合征（congenital rubella syndrome，CRS），患儿的 3 大主要临床表现是心血管畸形、先天性白内障和先天性耳聋。CRS 可表现一过性异常（紫癜、脾大、黄疸、脑膜炎及血小板减少等）或表现为永久性障碍（白内障、青光眼、心脏病、耳聋、小头畸形及神经发育迟滞）。远期后遗症还包括糖尿病、甲状腺异常、青春期性早熟及进行性风疹性脑炎。

（3）巨细胞病毒感染：孕期初次感染可侵犯胎儿神经系统、心血管系统，肝、脾等器官，造成流产、早产、死胎及各种先天畸形，危害严重。存活的新生儿有肝脾大、黄疸、肝炎、血小板减少性紫癜、溶血性贫血及各种先天畸形，死亡率高。85% ~90% 出生时无症状，但其中 5% ~15% 常有远期后遗症，如智力低下、听力丧失和迟发性中枢神经系统损害等。

（4）生殖器疱疹：妊娠早中期原发性生殖器疱疹感染对胎儿影响小。

【诊断】

1. 病史及体征　有以下情况应考虑和警惕孕妇 TORCH 感染。

（1）曾有 TORCH 感染史，反复自然流产史，死胎、死产史及无法解释的新生儿缺陷或死亡史。

（2）有哺乳类动物喂养史或接触史，有摄食生肉或未熟肉、蛋及未洗涤的瓜果、蔬菜史，孕期淋巴结肿大者，有弓形虫感染的可能。

Notes

(3) 孕妇出现耳后或枕部淋巴结肿大,皮肤出现浅红色斑丘疹,有风疹病毒感染的可能。

(4) 孕妇患类单核细胞增多症,曾行器官移植或有多次输血史,有巨细胞病毒感染的可能。

(5) 孕期出现生殖器、肛门及腰以下皮肤疱疹,有单纯疱疹病毒感染的可能。

2. 辅助检查 需借助实验室检查确诊。可采集母血、尿、乳汁、疱疹液、宫颈分泌物、胎盘、绒毛、羊膜、羊水及胎儿之血、尿、脑脊液等进行病原学检查,也可通过血清检查病原体及特异性 IgG、IgM 测定。特异性 IgG 的存在,表明既往感染孕妇已获得免疫。孕妇血清 IgM 阳性表明在近期内急性感染或存在复发性感染,但确切感染时间难以把握。

【治疗】

1. 治疗性流产 妊娠早期原发性 TORCH 感染者应评价胎儿受累风险,必要时行治疗性流产;妊娠中期确诊为胎儿宫内感染伴胎儿严重畸形亦应终止妊娠,减少 TORCH 感染受患儿的出生。

2. 药物治疗 根据所感染的病原微生物采用相应的药物。

(1) 弓形虫病:尚无特效药物,孕期多选用乙酰螺旋霉素(metyl spiramycin)。该药在胎盘等组织中浓度高、毒性小、无致畸作用。亦可选用乙胺嘧啶(putimethamne)。乙胺嘧啶是叶酸拮抗剂,妊娠早期服用可能有致畸作用,仅适用于妊娠中期、晚期。用药同时应补充叶酸。

(2) 风疹:尚无特效疗法。

(3) 巨细胞病毒感染:目前尚无疗效高、副作用小的药物。常用药物为丙氧鸟苷(gancilovir),对骨髓有明显抑制作用。

(4) 生殖器疱疹:常用阿昔洛韦 400mg 口服,1 日 3 次,一疗程为 5~7 日。严重感染时可用阿昔洛韦 5~10mg/kg 静脉注射,每 8 小时 1 次,用药 5~7 日或用至临床症状与体征消失。

3. 分娩方式 无产科指征、产道病原体检测阴性者,尽量争取经阴道分娩。凡产道病原体检测阳性者,经产前积极治疗无明显好转,可根据胎儿畸形严重程度必要时选择剖宫产分娩,减少对新生儿的感染。

4. 产后应警惕母乳传播,乳头感染及巨细胞病毒感染者不宜哺乳。母婴均应定期复查,减少母婴传播。

【预防】

1. 提高对围生期 TORCH 感染危害性的认识;不主张对所有孕妇进行筛查,仅建议孕前筛查或针对高危孕妇进行筛查。风疹 IgG 抗体阴性者应在孕前接受风疹疫苗的注射。同时,也要竖立正确的观念,孕妇感染时胎儿不一定感染,即使感染也不一定致畸,避免过多的人工流产及引产。

2. 指导高危人群坚持正确使用避孕套,可有效预防巨细胞病毒及生殖器疱疹的传播。一般只有妊娠期初次感染才有感染胎儿及致畸的风险,巨细胞病毒常在儿童期被感染,妊娠期初次感染的发生率很低。但巨细胞病毒特异性 IgG 阳性者中,也有再次感染巨细胞病毒新品种的可能。

3. 原发与复发性生殖道 HSV 感染均不是剖宫产指征,可在孕 36 周左右采用阿昔洛韦、伐昔洛韦等抗病毒治疗。如分娩期生殖道无病灶可阴道分娩;如有病灶,需做剖宫产,最好在未破膜或破膜后 4 小时内手术,以减少新生儿感染。

第六节 血液系统疾病

血液系统疾病可导致胎儿生长发育的异常及孕产妇异常出血,影响母儿的安危。

一、贫 血

Notes

贫血是妊娠期最常见的合并症。由于妊娠期血容量增加,且血浆增加多于红细胞增加,致使血液稀释。关于妊娠期贫血的诊断，世界卫生组织推荐，妊娠期血红蛋白(Hb)浓度<110g/L及血细胞比容<0.33时，可诊断为妊娠合并贫血。根据Hb水平分为轻度贫血(100~109g/L)、中度贫血(70~99g/L)、重度贫血(40~69g/L)和极重度贫血(<40g/L)。最近WHO资料表明，50%以上孕妇合并贫血，以缺铁性贫血最常见，占95%，巨幼红细胞性贫血较少见，再生障碍性贫血及地中海贫血更少见。

【贫血对妊娠的影响】

1. 对孕妇的影响　轻度贫血影响不大，重度贫血时，心肌缺氧导致贫血性心脏病；胎盘缺氧易发生妊娠期高血压疾病或其所致心脏病；严重贫血对失血耐受性降低，易发生失血性休克；由于贫血降低产妇抵抗力，易并发产褥感染危及生命。

2. 对胎儿的影响　孕妇骨髓和胎儿是铁的主要受体组织，在竞争摄取孕妇血清铁的过程中，胎儿组织占优势，而铁通过胎盘又是单向运输，不能由胎儿向孕妇方向逆转运。因此，一般情况下，胎儿缺铁程度不会太严重。但当孕妇患重症贫血时，胎盘的氧分和营养物质不足以补充胎儿生长所需，造成胎儿宫内生长受限、胎儿窘迫、早产或死胎。叶酸缺乏可导致胎儿神经管缺陷、智力低下及机体免疫力下降等多种畸形。

(一) 缺铁性贫血

缺铁性贫血(iron deficiency anemia，IDA)是由于妊娠期胎儿生长发育及妊娠期血容量增加对铁的需要量增加，尤其在妊娠后半期，孕妇对铁摄取不足或吸收不良所致的贫血。严重缺铁性贫血易造成围生儿及孕产妇死亡，应高度重视。

【妊娠期缺铁的发生机制】　以每毫升血液含铁0.5mg计算，妊娠期血容量增加需铁650~750mg。胎儿生长发育需铁250~350mg。故孕期需铁约1000mg。孕妇每日需铁至少4mg。每日饮食中含铁10~15mg，吸收率仅为10%，即1~1.5mg，妊娠中晚期铁的最大吸收率虽达40%，仍不能满足需求。若不补充铁剂，容易耗尽体内储存的铁造成铁缺乏，从而发生缺铁性贫血。

【诊断】

1. 病史和临床表现　既往有月经过多等慢性失血性疾病史；或长期偏食、孕早期呕吐、胃肠功能紊乱导致的营养不良等病史。轻者无明显症状，重者可有乏力、头晕、心悸、气短、食欲缺乏、腹胀、腹泻。皮肤黏膜苍白、皮肤毛发干燥、指甲脆薄以及口腔炎、舌炎等。

2. 实验室检查

(1) 外周血象：妊娠期或产褥期，血红蛋白<110g/L即为贫血；其他相应指标也低，例如红细胞$<3.5\times10^{12}/L$、血细胞比容<0.33、红细胞平均体积(MCV)<80fl、红细胞平均血红蛋白浓度(MCHC)<0.32。而白细胞计数及血小板计数均在正常范围。此时，应与地中海贫血相鉴别。

(2) 铁代谢检查：血清铁蛋白是评估铁缺乏最有效和最容易获得的指标。2014年妊娠期铁缺乏和缺铁性贫血诊治指南建议，IDA根据储存铁水平分为3期：铁减少期：体内储存铁下降，血清铁蛋白<20μg/L，转铁蛋白饱和度及Hb正常。缺铁性红细胞生成期：红细胞摄入铁降低，血清铁蛋白<20μg/L，转铁蛋白饱和度<15%，Hb正常。IDA期：红细胞内Hb明显减少，血清铁蛋白<20μg/L，转铁蛋白饱和度<15%，Hb<110g/L。

(3) 骨髓检查：诊断困难时可作骨髓检查，骨髓象为红细胞系统增生活跃，中、晚幼红细胞增多。

【治疗】

1. 补充铁剂　血红蛋白在60g/L以上者，可以口服给药，例如硫酸亚铁0.3g或琥珀酸亚铁0.1g，每日3次，同时服维生素C 0.3g以保护铁不被氧化，胃酸缺乏的孕妇可同时服用10%稀盐酸0.5~2ml，使铁稳定在亚铁状态，促进铁的吸收。其他铁剂有多糖铁复合物，不含游离铁离子，不良反应较少，每次150mg，每日1~2次口服。对妊娠后期重度缺铁性贫血或因严重胃肠道反应不能口服铁剂者，可用右旋糖酐铁或山梨醇铁，深部肌内注射。两种制剂分别含铁25mg/ml及50mg/ml，首次给药应从小剂量开始，第一日50mg，若无副作用，第2日可增至100mg，每日1

Notes

次肌注。治疗至血红蛋白恢复正常之后。为预防复发，必须补足贮备铁，至少继续服用铁剂治疗3～6个月。口服铁剂后有效者，3～4天网织红细胞开始上升，2周左右血红蛋白开始上升，如果无网织红细胞反应，血红蛋白不提高，应考虑是否有下列因素：药量不足、吸收不良、继续有铁的丢失且多于补充量、药物含铁量不足或诊断不正确等。

2. 输血　重度贫血者口服铁剂或注射铁剂治疗，接近预产期或短期内需行剖宫产术者，可以少量多次输浓缩红细胞，但要警惕发生急性左心衰竭。极重度贫血者首选输浓缩红细胞，待Hb达到70g/L、症状改善后，可改为口服铁剂或注射铁剂治疗。

3. 预防产时并发症

（1）临产后备血，酌情给维生素 K_1、维生素C等。

（2）严密监护产程，防止产程过长，阴道助产以缩短第二产程。

（3）当胎儿前肩娩出后，给予宫缩剂，以防产后出血。出血多时应及时输血。

（4）产程中严格无菌操作，产后给广谱抗生素预防感染。

【预防】

1. 妊娠前积极治疗失血性疾病如月经过多等，以增加铁的贮备。

2. 孕期加强营养，鼓励进食含铁丰富的食物，如猪肝、鸡血、豆类等。

3. 建议血清铁蛋白<30μg/L的孕妇口服补铁。

4. 所有孕妇在首次产前检查时（最好在妊娠12周以内）检查血常规，每8～12周重复检查血常规。

（二）巨幼红细胞性贫血

巨幼红细胞性贫血是由叶酸和（或）维生素 B_{12} 缺乏引起的贫血。外周血呈大细胞正血红蛋白性贫血。其发病率国外报道为0.5%～2.6%，国内报道为0.7%。

【病因】　妊娠期本病95%由于叶酸缺乏所致。少数病人因缺乏维生素 B_{12} 而发病，人体需要维生素 B_{12} 量很少，贮存量较多，单纯因维生素 B_{12} 缺乏而发病者很少。引起叶酸与维生素 B_{12} 缺乏的原因如下。

1. 摄入不足或吸收不良　叶酸和维生素 B_{12} 存在于植物性或动物性食物中，如果长期偏食、营养不良，则可引起本病。另外，不当的烹调方法也可损失大量叶酸。孕妇有慢性消化道疾病，可影响吸收，加重叶酸和维生素 B_{12} 缺乏。

2. 妊娠期需要量增加　正常成年妇女每日需叶酸50～100μg，而孕妇每日需300～400μg，多胎孕妇需要量更多。造成孕期发病或病情明显加重。

3. 排泄增加　孕妇肾血流量增加，叶酸在肾内廓清加速，肾小管再吸收减少，叶酸从尿中排泄增多。

【对孕妇及胎儿的影响】　严重贫血时，贫血性心脏病、妊娠期高血压疾病、胎盘早剥、早产、产褥感染等的发病率明显增多。

叶酸缺乏可导致胎儿神经管缺陷等多种畸形。胎儿生长受限、死胎等的发病率也明显增加。

【临床表现与诊断】　本病可发生于妊娠的任何阶段，多半发生于妊娠中、晚期，以产前4周及产褥早期最多。发生于妊娠30周之前者，多与双胎妊娠、感染、摄入不足或应用影响叶酸吸收的药物造成叶酸缺乏有关。叶酸和（或）维生素 B_{12} 缺乏的临床症状、骨髓象及血象的改变均相似，但维生素 B_{12} 缺乏常有神经系统症状，而叶酸缺乏无神经系统症状。

1. 血液系统表现　贫血起病较急，多为中、重度。表现为乏力、头晕、心悸、气短、皮肤黏膜苍白等。部分病人因同时有白细胞及血小板的减少，因而出现感染或明显的出血倾向等。

2. 消化系统症状　食欲缺乏、恶心、呕吐、腹泻、腹胀、舌炎、舌乳头萎缩等。

3. 神经系统症状　末梢神经炎常见，出现手足麻木、针刺、冰冷等感觉异常，少数病例可出

Notes

现锥体束征、共济失调以及行走困难等。精神症状有健忘、易怒、表情淡漠、迟钝、嗜睡甚至精神失常等。

4. **其他** 低热、水肿、脾大等,严重者可出现腹腔积液或多浆膜腔积液。

5. **实验室检查**

(1) 外周血象:为大细胞性贫血,血细胞比容降低,红细胞平均体积(MCV)>100fl,红细胞平均血红蛋白含量(MCH)>32pg,大卵圆形红细胞增多、中性粒细胞核分叶过多,网织红细胞大多减少。约20%的病人同时伴有白细胞和血小板的减少。

(2) 骨髓象:红细胞系统呈巨幼细胞增多,巨幼细胞系列占骨髓细胞总数的30%~50%,核染色质疏松,可见核分裂。严重者可出现类红血病或类白血病反应,但巨核细胞数量不减少。

(3) 叶酸和维生素B_{12}的测定:血清叶酸值<6.8mmol/L(3ng/ml)、红细胞叶酸值<227nmol/L(100ng/ml)提示叶酸缺乏。若叶酸值正常,应测孕妇血清维生素B_{12},若<74pmol/L提示维生素B_{12}缺乏。

【治疗】

1. 叶酸10~20mg口服,每日3次,吸收不良者每日肌注叶酸10~30mg,直至症状消失、血象恢复正常,改用预防性治疗量维持。若治疗效果不显著,应检查有无缺铁,应同时补给铁剂。有神经系统症状者,单独用叶酸有可能使神经系统症状加重,应及时补充维生素B_{12}。

2. 维生素B_{12} 100μg每日1次肌注,连续14天,以后每周2次。

3. 血红蛋白<60g/L时,可少量间断输新鲜血或浓缩红细胞。

4. 分娩时避免产程延长,预防产后出血,预防感染。

【预防】

1. **加强孕期营养指导** 改变不良饮食习惯,多食新鲜蔬菜、水果、瓜豆类、肉类、动物肝脏及肾脏等食物。

2. 对有高危因素的孕妇,应从妊娠3个月开始每日口服叶酸0.5~1mg,连续8~12周。

(三)再生障碍性贫血

再生障碍性贫血(aplastic anemia),简称再障,包括原发性(病因不明)与继发性(病因明确)再障两种情况,是由多种原因引起骨髓造血干细胞增殖与分化障碍,导致全血细胞(红细胞、白细胞、血小板)减少为主要表现的一组综合征。国内报道,妊娠合并再障的发生率为0.03%~0.08%。

【临床表现及诊断】 妊娠合并再障以慢性型居多,起病缓慢,主要表现为进行性贫血,少数病人以皮肤及内脏出血或反复感染就诊。贫血呈正常细胞型,全血细胞减少。骨髓相见多部位增生减低或重度减低,有核细胞甚少,幼粒细胞、幼红细胞、巨核细胞均减少,淋巴细胞相对增高。

根据临床表现、血象三系减少、网织红细胞降低、骨髓增生低下,结合骨髓检查结果,再障的诊断基本可以确立。

【处理】 应由产科医师及血液科医师共同处理。

1. **妊娠期** 再障病人在病情未缓解之前应避孕。若已妊娠,在妊娠早期应做好输血准备的同时行人工流产。妊娠中、晚期应严密监护,注意休息,减少感染机会,间断吸氧,少量、间断、多次输入新鲜血或成分输血。有明显出血倾向者,给予糖皮质激素治疗有刺激红细胞生成作用。

2. **分娩期和产褥期** 再障产妇一般以阴式分娩为宜。尽量缩短第二产程,防止过度用力造成胎儿脑出血等重要脏器出血,可适当助产。要防止产道裂伤、产后出血和感染。产褥期应继续支持疗法,应用宫缩剂加强宫缩,预防产后出血及广谱抗生素预防感染。

【预后】 急性再障预后差,多于发病半年内死亡,主要死于颅内出血与感染。30%~50%慢性再障病人经过恰当治疗病情缓解或临床痊愈。分娩后,近1/3再障病人病情可以缓解,未缓解者的预后与非妊娠期相同。

Notes

(四) 地中海贫血

地中海贫血(简称地贫,thalassemia)是最常见的遗传性溶血性疾病,因首先在地中海地区发现而得名。我国长江以南各省是地贫的高发区,特别是广东及广西两省地贫基因缺陷发生率分别高达10%及20%。

【病因】 由于调控珠蛋白合成的基因缺陷[发生突变和(或)缺失]引起相应珠蛋白的合成减少或丧失,导致构成血红蛋白的α链和β链珠蛋白的合成比例失衡、红细胞寿命缩短,进而发生慢性溶血性、小细胞性低色素性贫血。

【临床表现】 根据基因缺陷的分类,临床上主要分为α珠蛋白基因的缺失或突变所致的α地贫及β珠蛋白基因突变所致的β地贫。

α地贫根据基因缺失的数量分为静止型($^{-}\alpha/\alpha\alpha$)、标准型($^{--}/\alpha\alpha$ 或 α^{-}/α^{-})、HbH病($^{--}/^{-}\alpha$)及HbBart胎儿水肿($^{--}/^{--}$),少数为非缺失型。其中静止型通常没有临床表现,新生儿发生Bart胎儿水肿的可能性为2%;标准型表现为轻度贫血,新生儿发生Bart胎儿水肿的可能性为3%~5%;HbH病往往表现为中至重度溶血性贫血,且常伴有肝脾大、鼻梁塌陷、眼距增大等特殊贫血外貌;而HbBart则与胎儿水肿、胎死宫内及子痫前期关系密切,患儿往往在出生前窒息死亡或出生后不久死亡。

β地贫可分为:①轻型β地贫:即单杂合子地贫,通常无贫血症状或轻度贫血,但血液学表型检查表现为典型的小细胞低色素性改变;②重型β地贫:即双重杂合子或纯合子地贫,往往表现为严重贫血、髓外造血所致特殊面容、性发育延迟和生长发育不良;③中间型β地贫:贫血程度不一,部分病人靠定期输血来维持生命,可存活至成年。

【筛查及诊断】 地贫为常染色体隐性遗传病,男女发病比例相等。

1. 血液学表型筛查 ①全血细胞分析:若MCV<82fl,MCH<27pg,则筛查阳性,需要进一步检查。②红细胞脆性一管定量法:如果<60%可判定为地贫(轻型,携带者)。③血红蛋白电泳:正常成人的HbA_2为2.5%~3.5%,HbF为0%~2.5%。静止型和轻型α地贫HbA_2和HbF含量往往正常或稍低,轻型β地贫HbA_2>3.5%,HbF含量正常或增高。

2. 基因诊断 如夫妇双方同时携带地贫基因,则应做产前诊断,并在严格遵循知情选择原则的前提下,给予生育指导,以避免重型地贫患儿的出生。产前诊断宜在妊娠24周前进行,可以采集绒毛或羊水提取DNA后,进行基于完整家系分析的基因诊断和产前诊断。

【孕期处理】

1. 对于重型β地贫病人,建议能够通过输血维持血红蛋白在100g/L且功能正常并接受去铁治疗者方可考虑妊娠。

2. 妊娠期间地贫的处理主要是监测血红蛋白水平及心脏功能,通过输血维持Hb达到或接近100g/L,暂停去铁胺等药物治疗。

3. 妊娠期间如地贫并未合并IDA,不能进行补铁治疗。

【小结】 贫血可因母体氧含量低,引起胎儿宫内生长受限、胎儿窘迫、早产或死胎;严重贫血使母体失血耐受性降低,易发生失血性休克;降低产妇抵抗力,易并发产褥感染危及生命。治疗则根据贫血原因给予相应的补充治疗,血红蛋白<70g/L时,可少量间断输新鲜血或浓缩红细胞。

二、特发性血小板减少性紫癜

特发性血小板减少性紫癜(idiopathic thrombocytopenic purpura,ITP)是因自身免疫使血小板破坏过多的临床综合征,又称免疫性血小板减少性紫癜。

【病因】 ITP发病前多无明显感染史,目前认为是由于血小板结构抗原变化引起的自身抗体所致,80%~90%病人可测到血小板相关免疫球蛋白(platelet associated immunoglobulin,PAIg),包括PA-IgG、PA-IgM、PA-C_3等。当结合了这些抗体的血小板经过脾、肝脏时,可被单核巨噬细胞系统破坏，使血小板减少。

【ITP 与妊娠的相互影响】

1. 妊娠对 ITP 的影响　大多妊娠可使病情恶化或处于缓解期的 ITP 病情加重。妊娠虽然可使稳定型 ITP 病人复发及使活动型 ITP 妇女病情加重的倾向，使 ITP 病人出血的机会增多，但妊娠本身一般不影响本病的病程及预后，因此合并 ITP 不是终止妊娠的指征。

2. ITP 对孕妇的影响　由于 ITP 孕妇体内血小板降低，对妊娠的影响主要是出血，尤其是血小板低于 $50\times10^9/L$ 的产妇。在分娩过程中用力屏气可诱发颅内出血、产道裂伤出血及血肿形成。如产后子宫收缩良好，产后大出血并不多见。ITP 病人妊娠时，自然流产率较正常妊娠高两倍，主要取决于周围血中血小板数目和是否有出血倾向，血小板计数明显减少（$<30\times10^9/L$）或临床出血严重，则自然流产或治疗性人工流产的比例增高，且母婴死亡率均高于正常孕妇。

3. ITP 对胎儿及新生儿的影响　由于部分抗血小板抗体可以通过胎盘进入胎儿血液循环，引起胎儿血小板破坏，导致胎儿、新生儿血小板减少。在母体血小板 $<50\times10^9/L$ 的孕妇中，胎儿（新生儿）血小板减少的发生率为 9% ～45%，但这种减少的机会与母体血小板不一定成正比。这种血小板减少均为一过性，新生儿脱离母体后体内的抗体多数于一个月内逐渐消失，偶可持续 4～6 个月血小板才逐渐恢复正常。胎儿出生前，母体抗血小板抗体含量可间接帮助了解胎儿血小板情况。合并 ITP 妊娠胎儿死亡率达 26.5%，但未见畸形的报道。

【临床表现及诊断】　主要表现是皮肤黏膜出血和贫血。轻者仅有四肢及躯干皮肤的出血点、紫癜及淤斑、鼻衄、牙龈出血，严重者可出现消化道、生殖道、视网膜及颅内出血。脾脏不大或轻度增大。实验室检查，血小板 $<100\times10^9/L$。往往当血小板 $<50\times10^9/L$ 时才有症状。骨髓检查，巨核细胞正常或增多，至少不减少，而成熟型血小板减少。血小板抗体测定多为阳性。通过以上临床表现及实验室检查，诊断并不困难。但应除外其他引起血小板减少的疾病，如再生障碍性贫血，药物性血小板减少，妊娠合并 HELLP 综合征，遗传性血小板减少等。

【处理】

1. 妊娠期处理　一般不必终止妊娠，只有当严重血小板减少未获缓解者，在妊娠 12 周前需用肾上腺皮质激素治疗者，可考虑终止妊娠。用药尽可能减少对胎儿的不利影响。除支持疗法、纠正贫血外，可根据病情进行以下治疗。

（1）肾上腺皮质激素：治疗 ITP 的首选药物。孕期血小板低于 $50\times10^9/L$，有临床出血症状，可应用泼尼松 40～100mg/d。待病情缓解后逐渐减量至 10～20mg/d 维持。该药能减少血管壁通透性而减少出血，抑制抗血小板抗体的合成及阻断巨噬细胞破坏已被抗体结合的血小板。

（2）大剂量丙种球蛋白：能抑制自身抗体的产生，减少血小板的破坏。静脉滴注丙种球蛋白，400mg/(kg・d)，5～7 日为一疗程。

（3）脾切除：糖皮质激素治疗血小板无改善，有严重出血倾向，血小板 $<10\times10^9/L$，可考虑脾切除，有效率达 70% ～90%。手术最好在妊娠 3～6 个月期间进行。

（4）输血小板：因血小板输入能刺激体内产生抗血小板抗体，加快血小板的破坏。因此，只有在血小板 $<10\times10^9/L$，并有出血倾向，为防止重要器官出血（脑出血），或分娩时应用。可输新鲜血或血小板悬液。

2. 分娩期处理　分娩方式原则上以阴道分娩为主，ITP 产妇的最大危险是分娩时出血。若行剖宫产，手术创面大、增加出血危险。胎儿可能有血小板减少，经阴道分娩有发生颅内出血危险，应避免阴道助产，特别是胎头负压吸引。剖宫产指征可适当放宽：产妇血小板 $<30\times10^9/L$ 并有出血倾向，或有脾切除史。产前或术前应用大剂量肾上腺皮质激素（氢化可的松 500mg 或地塞米松 20～40mg）静脉注射。并备好新鲜血或血小板悬液。仔细缝合伤口，防止血肿形成。

3. 产后处理　孕期应用肾上腺皮质激素治疗者，产后应继续应用。产妇常伴有贫血及抵抗力下降，应给予抗生素预防感染。产后立即检测新生儿脐血血小板，并动态观察新生儿血小板

Notes

是否减少。必要时给新生儿泼尼松或免疫球蛋白。ITP 不是母乳喂养的禁忌证,但母乳中含有抗血小板抗体,应视母亲病情及新生儿血小板计数而定。

【小结】 特发性血小板减少性紫癜主要为因自身免疫机制使血小板破坏过多,血小板<100×10^9/L,影响凝血。分娩过程中,产妇用力屏气可诱发颅内出血或产道裂伤出血增加及血肿形成。部分抗血小板抗体通过胎盘进入胎儿血液循环,导致胎儿或新生儿血小板减少。治疗包括肾上腺皮质激素、大剂量丙种球蛋白以及补充血小板。分娩方式原则上以阴道分娩为主,剖宫产的适应证可适当放宽。

第七节 泌尿系统疾病

妊娠期间肾脏的血流动力学、肾小管和内分泌均发生显著变化,肾脏负担加重,均影响原有的泌尿系统疾病。如果肾脏功能代偿不全,常常增加子痫前期、早产、胎儿生长受限的风险。

一、泌尿系感染

泌尿系感染(urinary tract infections,UTIs)是妊娠期常见的一种合并症,可造成早产、败血症,甚至诱发急性肾衰竭。发病率约占孕妇的7%。其中以急性肾盂肾炎最常见。

【妊娠期易患泌尿系感染的因素】

1. 妊娠期肾盂、肾盏、输尿管扩张 妊娠期胎盘分泌大量雌激素、孕激素。雌激素使输尿管、肾盂、肾盏及膀胱的肌层增生、肥厚,孕激素使输尿管平滑肌松弛,蠕动减弱,使膀胱对张力的敏感性减弱而发生过度充盈,排尿不完全,残余尿增多,为细菌在泌尿系繁殖创造条件。

2. 增大的子宫于骨盆入口处压迫输尿管,形成机械性梗阻,肾盂及输尿管扩张。因子宫多为右旋,故以右侧为重。

3. 增大的子宫和胎头将膀胱向上推移变位,易造成排尿不畅、尿潴留或尿液反流入输尿管。

4. 妊娠期生理性糖尿常见,尿液中氨基酸及水溶性维生素等营养物质增多,有利于细菌生长,有使无症状菌尿症发展为急性肾盂肾炎的倾向。致病菌以大肠埃希菌最多见,占75%～90%。其次为克雷伯杆菌、变形杆菌、葡萄球菌等。

【泌尿系感染对妊娠的影响】 急性泌尿系感染所致的高热可引起流产、早产。若在妊娠早期,病原体及高热还可使胎儿神经管发育障碍,无脑儿发病率明显增高。妊娠期急性肾盂肾炎有3%可能发生中毒性休克。慢性肾盂肾炎发展为妊娠期高血压疾病的危险性是正常孕妇的2倍。

【临床表现及诊断】 根据临床表现的不同,泌尿系感染可分为:无症状菌尿症、急性膀胱炎、急性肾盂肾炎和慢性肾盂肾炎。

1. 无症状菌尿症(asymptomatic bacteriuria,ASB) 当细菌在泌尿系统持续性滋生、繁殖,临床却无泌尿系感染症状者,称为无症状菌尿症。其确诊要依据清洁中段尿细菌培养菌计数,杆菌细菌数≥10^5/ml 及球菌细菌数≥200/ml 有诊断意义。若低于上述标准应重复检测。无症状菌尿症发生率为2%～10%,是早产和低体重儿出生的高危因素。

2. 急性膀胱炎(acute cystitis) 表现为膀胱刺激征(尿频、尿急及尿痛),尤以排尿终末时明显。下腹部不适,偶有血尿。多数不伴有明显的全身症状。清洁中段尿白细胞增多,亦可有红细胞。尿培养细菌超过正常值。培养阴性者应行衣原体检查,衣原体也是引起泌尿生殖道感染的常见病原体。

3. 肾盂肾炎(pyelonephritis) 分为急性与慢性2种。

急性肾盂肾炎是妊娠期最常见的泌尿系统合并症。起病急骤,突然出现寒战、高热可达40℃以上,也可低热。伴头痛、周身酸痛、恶心、呕吐等全身症状和腰痛、尿频、尿急、尿痛、排尿

Notes

未尽感等膀胱刺激征。排尿时常有下腹疼痛，肋腰点（腰大肌外缘与第12肋骨交叉处）有压痛，肾区叩痛阳性。血白细胞增多，尿沉渣见成堆白细胞或脓细胞。尿培养细菌阳性和血培养可能阳性。

慢性肾盂肾炎往往无明显泌尿系统症状，常表现为反复发作的泌尿道刺激症状或仅出现菌尿症，少数病人有长期低热或高血压。可有慢性肾功能不全的表现。

【治疗】

1. 无症状菌尿症　妊娠期无症状菌尿症不会自行消失，20%～40%将发展为急性泌尿系感染，因此治疗与非孕期不同。确诊者均应采用抗生素治疗。孕期抗生素的应用原则，尽可能选用细菌敏感的药物并注意药物对母儿的安全性。首选氨苄西林0.5g，每日4次口服。妊娠中期可应用磺胺甲噁唑1g每日4次口服。孕晚期磺胺类药物可引起新生儿高胆红素血症，应避免使用。需治疗2周，停药后定期复查作尿培养。

2. 急性膀胱炎　治疗原则与无症状菌尿症相同，多饮水，禁止性生活。

3. 急性肾盂肾炎　一旦确诊应住院治疗。治疗原则是支持疗法、抗感染及防止中毒性休克。除对母体密切监测及对症处理外，应卧床休息，取侧卧位，以减少子宫对输尿管的压迫，使尿液引流通畅。多饮水或补充足量液体，使每日尿量保持在2000ml以上。最好根据药物敏感试验应用抗生素。肾功能不良者，应根据病情适当减少药量，以防药物蓄积中毒。慢性肾盂肾炎常伴肾功能不全及高血压，治疗与慢性肾炎相似。

二、慢性肾小球肾炎

慢性肾小球肾炎，简称慢性肾炎，是原发于肾小球的一组免疫性疾病。临床特征为程度不等的蛋白尿、血尿、水肿、高血压。随着病情进展，后期出现贫血及肾功能损害。以往只要确诊慢性肾炎，往往建议避免妊娠。近年因围生医学发展，各项监护及治疗手段的进步，使多数病人得以安全完成妊娠与分娩。

【妊娠与慢性肾炎的相互影响】　妊娠期间血液处于高凝状态及局限性血管内凝血，容易发生纤维蛋白沉积和新月体形成，可以加重肾脏缺血性病变和肾功能障碍，使病情进一步恶化，尤其是合并高血压者，严重时可发生肾衰竭或肾皮质坏死。

慢性肾炎对妊娠影响的大小，取决于肾脏病变损害程度。若病情轻，仅有蛋白尿，无高血压，肾功能正常，预后较好。其中有一部分病人妊娠后期血压增高，围生儿死亡率也增高。若妊娠前或妊娠早期出现高血压及氮质血症，并发重度子痫前期及子痫的危险性大大增加，流产、死胎、死产发生率随之增加。慢性肾炎病程长者，由于胎盘绒毛表面被纤维素样物资沉积，物质交换功能受阻，胎盘功能减退，影响胎儿生长发育，甚至胎死宫内。

【诊断和鉴别诊断】　既往有慢性肾炎病史，在妊娠前或妊娠20周前有持续性蛋白尿、血尿或管型尿、水肿、贫血、血压高和肾功能不全者，均应考虑本病。但未行系统产前检查，以往又无明确的肾炎史者，在妊娠晚期出现上述表现者，与妊娠期高血压疾病不易鉴别。后者多在妊娠20周后发病，往往有由轻到重的发展过程，尿中有蛋白，但多无细胞管型及颗粒管型，不伴发DIC时，多无血尿，终止妊娠后病情恢复较快。

【处理】　血压正常、肾功能正常或轻度肾功能不全者，一般可以耐受妊娠。伴高血压及中、重度肾功能不全的妇女，妊娠后母儿预后不容乐观，应避免妊娠。妊娠的病人均按高危妊娠处理，缩短产前检查的间隔时间。同内科医师协同，对母儿双方进行全面监护。

严密监测血压、血尿常规及肾功能。单纯尿蛋白增加不伴血压升高和肾功能损害，不是终止妊娠的指征。如果发现肾功能减退时，应寻找原因，如泌尿系感染、水及电解质紊乱，尽早予以纠正。无明显原因的肾功能恶化是终止妊娠的指征。

积极对症处理，如纠正贫血及低蛋白血症，控制高血压，预防子痫前期及子痫的发生，尽可能避免肾功能进一步恶化。

Notes

密切监测胎儿宫内安危、胎盘功能、胎儿生长发育情况及胎儿成熟度。孕妇病情稳定，胎儿生长情况良好，可于妊娠38周终止妊娠。如果胎儿储备功能下降，宫内环境不良，胎儿初具体外生存能力，应适时终止妊娠。

【小结】 妊娠期泌尿系统感染所致的高热可引起流产、早产；感染病原体及高热还可增加胎儿神经管发育障碍、无脑儿发病率。严重者可能发生中毒性休克。慢性肾盂肾炎有可能发生高血压，其并发妊娠期高血压疾病者较无泌尿系感染者高。治疗原则是支持疗法、抗感染及防止中毒性休克。纠正慢性肾病者贫血及低蛋白血症，控制高血压，预防子痫前期及子痫的发生。若肾功能恶化，宜终止妊娠。

第八节 免疫性疾病

自身免疫调节状态失衡，将导致自身免疫疾病的发生。自身免疫疾病好发于生育年龄妇女，可能生育年龄妇女的性激素与自身免疫疾病有关。妊娠期，孕妇性激素水平的波动将改变疾病的严重程度，而疾病的严重程度又直接影响妊娠结局和胎儿预后。与产科关系较为密切的妊娠合并免疫性疾病有系统性红斑狼疮和抗磷脂综合征。

一、系统性红斑狼疮

系统性红斑狼疮（SLE）多发于青年女性，是一种累及多脏器的自身免疫性结缔组织病。国外报道孕妇发病率为1/5000。SLE合并妊娠后，约有1/3的病人病情加重，并能引起反复流产、死胎、胎儿生长受限，围生儿患病率及死亡率增加。SLE病人容易合并妊娠期高血压疾病，其本身症状与妊娠期高血压疾病亦不易区别，如何处理好妊娠合并SLE是产科必须注意的问题。

【SLE与妊娠的相互影响】

1. 妊娠对SLE的影响 一般认为妊娠并不改变SLE病人的长期预后。但妊娠后母体处于高雌激素环境，可诱发SLE活动，10%～30%SLE病人在妊娠期和产后数月内病情复发或加重。有狼疮性肾炎的病人，妊娠能使病情进一步恶化。这部分病人妊娠晚期容易发生子痫前期，二者临床特点极其相似，均具有高血压、蛋白尿、肾功能不全和水肿，但处理原则有所不同。由于妊娠可使病情加重及对母儿的不良影响，活动期病人不适宜妊娠，至少待病情控制6个月以上再考虑妊娠。

2. SLE对妊娠的影响 SLE不影响妇女的生育能力，但多数回顾性研究报道SLE合并妊娠的妊娠丢失率为8%～22%，反复流产、胚胎或胎儿死亡、胎儿生长受限、早产及围生儿缺血缺氧性脑病的发生率均较高。狼疮抗凝物质及抗磷脂抗体导致子宫及胎盘血管内皮损伤、血栓形成是妊娠不良结局的关键。某些自身免疫抗体还可以通过胎盘屏障对胎儿产生影响，例如，沉积在胎儿心肌及心脏传导系统处，引起炎症反应，病理上见传导系统钙化，房室结、房间隔、心内膜纤维化，临床表现为胎死宫内或出生后持久性先天性心脏传导阻滞、心肌病、心力衰竭等。一部分SLE病人还可引起胎儿先天性SLE，表现为新生儿出生时头面部、上胸部红色斑片状皮肤损害，这些改变通常在1岁以内消失。

【临床表现】 SLE常侵犯多系统的器官与组织，包括皮肤、关节、肾脏、心脏、肝脏、血液及神经系统。各个器官的病变可同时发生或先后发生，所表现的主诉及症状各不相同。主要有发热、面部皮肤蝶形红斑、对称性关节痛、水肿、肾损害、心包炎、肝损害、消化道症状及精神神经症状等。产科的临床表现是反复流产、胎儿生长受限、胎死宫内、早产、胎儿窘迫和新生儿窒息等。

【诊断】 1997年美国风湿协会（ARA）修订的11项诊断标准，具有其中任何4项，即可诊断SLE：①面部蝶形红斑；②盘状红斑；③日光过敏；④口腔溃疡；⑤非侵蚀性关节炎；⑥浆膜炎（胸膜炎或心包炎）；⑦肾病变（24小时尿蛋白>0.5g或单次尿蛋白+++，尿镜检有细胞管型）；⑧神经异常（抽搐或精神心理障碍）；⑨血液异常（溶血性贫血，白细胞减少，淋巴细胞减少，血小板减

Notes

少);⑩免疫学检查异常(红斑狼疮细胞阳性,抗DNA抗体阳性,抗Sm抗体阳性,梅毒血清反应假阳性);⑪抗核抗体(ANA)阳性。产科病史中有习惯性流产、反复死胎、胎儿生长受限、早产等不良妊娠史可供参考。

【处理】

1. SLE妊娠适应证 病情缓解半年至一年,服用泼尼松≤10mg/d;无肾脏、神经等重要器官病变;使用免疫抑制剂者至少停药半年以上。

2. 一般治疗 避免过度劳累,卧床休息,尤其需要避免日晒,防止受凉感冒及其他感染注意营养及维生素的补充以增强机体抵抗力。

3. 药物治疗

(1) 糖皮质激素:治疗妊娠合并SLE的主要药物,并且是紧急抢救时的首选药物。目前尚未发现短期适量应用泼尼松治疗SLE对胎儿、新生儿产生副作用或致畸。地塞米松和倍他米松较易通过胎盘,应避免应用。泼尼松剂量一般每日10~80mg不等,按病情活动情况增减量。孕期及产后应常规应用泼尼松。孕前已停药者,孕期可用5~10mg;孕前已用5~15mg者,孕期可加倍。孕期病情恶化者,可应用大剂量,快速控制病情后减至维持量。

(2) 抗凝治疗:低剂量阿司匹林已被证实可以用于APL阳性或高凝状态者,能有效预防产科并发症。口服阿司匹林25~75mg/d,能降低血小板聚集,预防绒毛膜微血管血栓形成。有反复流产及胎盘血管梗死导致死胎史的病人可应用低分子肝素皮下注射,具有疏通循环、改善胎儿预后的作用,但需监测凝血功能。

(3) 免疫抑制剂:羟氯喹虽FDA分级属于C类药物,但2012年美国风湿免疫学会(ACR)指南中提到:SLE轻度活动,孕期可以用羟氯喹治疗,其可能减少妊娠期狼疮的活动,至于产后是否可以哺乳,虽然ACR予以肯定观点,但各方仍有争议。而病情处于活动期,应用糖皮质激素同时,可酌情加用硫唑嘌呤,孕期使用硫唑嘌呤的风险可能比未予治疗的妊娠风险小,用量≤2mg/kg。环磷酰胺、吗替麦考酚酯和甲氨蝶呤是绝对禁忌药。

4. 产科处理 由于SLE对妊娠结局的不良影响,患有SLE的孕妇,在孕期应加强胎儿宫内安危的监护。如为狼疮肾活动期,2012年ACR指南推荐妊娠满28周后,应适时终止妊娠。终止妊娠的方式,除有产科指征和胎儿因素外,一般可经阴道分娩。新生儿应进行相应的检查与监护。

二、抗磷脂抗体综合征

抗磷脂抗体综合征(antiphospholipid antibody syndrome,APS)是由抗磷脂抗体(antiphospholipid antibody,APA)引起,主要表现为血栓形成、血小板减少、习惯性流产、早发型重度子痫前期等一组临床综合征。由于APA与血栓形成及妊娠丢失的关系已很明确,肝素治疗可有效减少血栓性疾病复发的风险,并改善妊娠结局,因此正确诊断APS相当重要。

【发病机制】 APA是一组能与多种含有磷脂结构的抗原物质发生反应的抗体,包括狼疮抗凝物(lupus anticoagulation,LAC)、抗心磷脂抗体(anticardiolipinantibody,ACA)、抗磷脂酰酸抗体(antiphosphatidic acid antibody,APA)等。其中LAC和ACA与临床关系较为突出。LAC与血管内血栓形成有关,ACA与反复流产及死胎关系较为密切。因此,认为二者是导致APS的主要原因。

APA导致血栓形成最可能的机制,是通过与磷脂或磷脂结合蛋白相互作用而干扰止血过程,改变血栓素TXA_2/前列腺素I_2水平,促使血管收缩和血小板集聚,导致胎盘血管内血栓形成,干扰凝血因子(降低膜联蛋白V的水平),抑制滋养层细胞生长,从而引起一系列临床症状。

APS早期研究主要集中在SLE疾病上,后来的研究证实:SLE中APA阳性率占30%~40%,约50% APA抗体阳性病人不伴有SLE。APS可分为原发性和继发性。原发性指在非SLE中出现APA阳性,继发性指在SLE病人中出现此合并症。

Notes

【对妊娠的影响】 APS病人胎盘血管病变、血栓形成、局部免疫损伤作用是妊娠不良结局的根本病理基础。孕前期和早孕期由于受精卵着床困难、胎盘滋养层细胞发育不良、胎盘功能减退，表现为受孕困难、不孕、复发性流产和反复的妊娠丢失。孕中晚期APS病人常合并有严重的妊娠并发症，如早发型重度子痫前期、妊娠期肝内胆汁淤积等，胎盘功能减退可引起胎儿生长受限、早产、羊水过少、胎盘早剥，严重者胎死宫内。

【临床表现】 主要临床表现为血栓形成、习惯性流产、血小板减少、溶血性贫血和精神神经症状。血栓可发生在动脉或静脉，以深部静脉血栓最为常见。蜕膜螺旋小动脉血栓形成，造成胎盘缺血，在孕早期胚胎停止发育死亡，妊娠中期常表现为胎儿生长受限、胎死宫内等。中枢神经系统血栓形成或APA直接与脑内磷脂发生交叉反应，可出现脑血栓、脑出血、精神行为异常和癫痫等症状。

【诊断】 根据2006年悉尼国际APS会议修订的分类标准，诊断APS必须具备下列至少一项临床标准和一项实验室标准。

临床标准：血管栓塞或产科不良结局。血管栓塞指任何器官或组织中发生不明原因的静脉、动脉或小血管内血栓形成。产科不良结局是指孕10周后的≥1次原因不明的胎儿流失、孕10周前的≥3次复发性流产或孕34周前因重度子痫前期或胎盘功能低下而引起的早产。

实验室标准：实验检测见LAC、IgG/IgM型抗β2GPI抗体或中到强滴度的ACA抗体IgG或IgM。

实验检测需间隔12周的两次结果相同。

【治疗】 治疗目的是预防妊娠丢失、子痫前期、早产等病理妊娠，同时避免或减少妊娠期血栓形成的发生率。本病的主要治疗药物有阿司匹林、肝素和糖皮质激素等。

1. 阿司匹林 能抑制血小板积聚、降低前列腺素合成酶的活性，从而有抗血栓形成和缓解血管痉挛的作用。对APA阳性，既往有胎儿生长受限、胎死宫内的孕妇，于妊娠12周以后持续应用小剂量阿司匹林100mg/d以内，直至妊娠35周以前停药。12周以前有引起胎儿先心病的危险。本药能通过胎盘，分娩前用药有致新生儿出血的危险。

2. 肝素 不仅作用于凝血过程的多个环节，更能阻断APA诱导的针对蜕膜的补体活化。低分子肝素联合小剂量阿司匹林疗法是目前推荐治疗APS的首选方法，抗凝治疗过程中应注意监测出凝血时间、D-D二聚体及血小板数，并及时调整用药剂量。不建议接受抗凝治疗的病人使用局部区域性阻滞麻醉，以避免下血肿形成。

3. 糖皮质激素 可单独应用或在上述治疗效果欠佳时联合应用。能抑制抗体产生和抗原抗体反应，减少血小板破坏。

4. 其他 丙种球蛋白能减少被致敏的血小板在网状内皮系统破坏，故血小板减少病人可在应用糖皮质激素效果不佳时应用，剂量400mg/(kg·d)，也可与阿司匹林或肝素联合治疗。

【小结】 自身免疫疾病引起的器官或组织的损害可导致不良产科结局。妊娠可加重部分SLE病人病情，也能引起反复流产、死胎、胎儿生长受限，围生儿患病率及死亡率增加。抗磷脂抗体综合征可引起血栓形成和妊娠丢失。多学科联合诊治很重要，治疗SLE最常用的药物是糖皮质激素，应用剂量与非妊娠期相同。抗磷脂抗体综合征的治疗原则为抗凝和抑制抗体产生和抗原抗体反应，减少血小板破坏。

（杨慧霞）

Notes

第十五章　妊娠合并外科疾病

0.2%～2.2%的妇女在妊娠期间会发生需要外科处理的疾病。由于妊娠期的生理变化以及子宫增大引起的解剖改变，使外科疾病的诊断和处理的难度增加，加重对母儿的潜在危险。我们不但要掌握外科疾病对孕妇的影响，还应了解在疾病处理过程对胎儿的危险性。因此妊娠合并外科疾病往往很难按常规进行诊断和治疗，需要与外科医师一道，针对治疗方法的选择、手术指征的把握与手术时机、手术方法的选择与方法、麻醉方式及为手术期用药等问题进行协商，以期降低疾病对母儿的危险。

第一节　妊娠合并急性阑尾炎

急性阑尾炎是妊娠期最常见的外科合并症之一。文献报道，妊娠期因消化系统外科急腹症行开腹手术的病例中，急性阑尾炎占2/3。孕期急性阑尾炎的发病率为2.4/10 000～10.1/10 000，多发生于妊娠早、中期。由于妊娠中期开始阑尾位置改变，阑尾炎的临床体征与非孕期不一致，诊断较非孕期困难，误诊率高达26.2%，严重时约20%并发腹膜炎。并发腹膜炎时，流产和早产率均增加，总的流产率可达15%。因此，早期诊断和及时处理对预后有重要影响。

【妊娠期阑尾位置的变化】　在妊娠初期，阑尾的位置与非妊娠期相似，阑尾根部的体表投影在右髂前上棘至脐连线中外1/3处（麦氏点）。随妊娠周数增加，因子宫增大，盲肠和阑尾的位置也随之向上、向外、向后移位。在妊娠3个月末位于髂嵴下2横指，5个月末达髂嵴水平，8个月末上升至髂嵴上2横指，妊娠足月可达胆囊区。随盲肠向上移位的同时，阑尾呈逆时针方向旋转，被子宫推向外、上、后方，阑尾位置相对较深，常被增大的子宫所覆盖。于产后10～12日恢复到非妊娠期水平。但也有学者认为无论孕周多少，80%的孕妇仍是表现为右下腹疼痛（图15-1）。

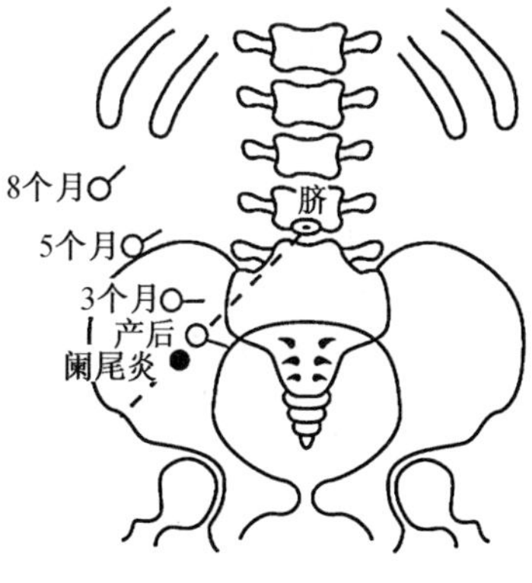

图15-1　妊娠时阑尾位置的变化

【妊娠期阑尾炎的特点】　妊娠并不诱发阑尾炎，但妊娠期阑尾位置改变使阑尾炎的体征常不典型，炎症不易被包裹与局限，容易弥散。阑尾炎穿孔继发弥漫性腹膜炎较非妊娠期多1.5～3.5倍。其原因有：①妊娠期盆腔血液及淋巴循环旺盛，毛细血管通透性增强，组织蛋白溶解能力加强；②增大子宫将腹壁与炎症的阑尾分开，使腹壁防卫能力减退；③大网膜被增大的子宫推移，难以包裹炎症，一旦穿孔不易使炎症局限；④炎症波及子宫可诱发宫缩，宫缩又促使炎症扩散，易导致弥漫性腹膜炎；⑤妊娠期阑尾位置上移及增大子宫的掩盖，急性阑尾炎并发局限性腹膜炎时，腹肌紧张等腹膜刺激征不明显，体征与实际病变程度不符，容易漏诊而延误治疗时机。

【临床表现及诊断】　妊娠期的急性阑尾炎临床表现不典型，容易造成漏诊、误诊。

妊娠早期急性阑尾炎的症状与体征与非妊娠期基本相同。即有腹痛、伴恶心、呕吐；发热；右下腹麦式点固定压痛、反跳痛或肌紧张；血白细胞计数增高等。70%～80%病人有转移性右下腹痛。

妊娠中、晚期因增大的子宫使阑尾的解剖位置发生改变，临床表现常不典型。腹痛症状不典型或不明显；常无明显的转移性右下腹痛；阑尾位于子宫背面时，疼痛可能放射至右侧腰部；因阑尾位置较高，因而压痛点较高，压痛最剧烈部位甚至可以达到右肋下肝区；增大的子宫撑起腹壁，腹部压痛、反跳痛和肌紧张常不明显，使局限性腹膜炎体征不典型；由于妊娠期有生理性白细胞数增多，白细胞超过 $15\times10^9/L$ 才有诊断意义，但也有白细胞无明显升高者。

【鉴别诊断】 妊娠期急性阑尾炎的鉴别诊断较困难。在妊娠早期，若症状典型诊断多无困难，但要与卵巢囊肿蒂扭转、妊娠黄体破裂、右侧输卵管妊娠破裂等相鉴别。妊娠中期需要鉴别的疾病有卵巢囊肿蒂扭转、右侧肾盂积水、急性肾盂肾炎、右输尿管结石、急性胆囊炎、圆韧带综合征等。妊娠晚期要与分娩先兆、胎盘早剥、妊娠期急性脂肪肝、子宫肌瘤红色变性等相鉴别。产褥期急性阑尾炎有时与产褥感染不易区别。

【处理】 妊娠期急性阑尾炎确诊后首选手术治疗。一旦高度怀疑急性阑尾炎，应在积极抗感染治疗和维持水、电解质及酸碱平衡的同时，立即手术。如一时难以明确诊断，又高度怀疑急性阑尾炎时，应积极剖腹探查，以免延误病情。

在妊娠早、中期发生的急性阑尾炎，可选择行腹腔镜阑尾切除术，在术中要注意操作，避免刺激子宫而诱发宫缩，术后3～4日应给予保胎治疗。在妊娠晚期发生的急性阑尾炎，考虑因子宫增大阑尾位置的改变，腹腔镜手术因视野受限而寻找阑尾困难，可选择行开腹阑尾切除术。以下情况可先行剖宫产再行阑尾切除：①阑尾穿孔并发弥漫性腹膜炎，盆腔感染严重，子宫及胎盘已有感染征象；②近预产期或胎儿近成熟，已具备体外生存能力；③病情严重，危及孕妇生命，而术中暴露阑尾困难。术后继续抗感染治疗。

需继续妊娠者，应选择对胎儿影响小、敏感的广谱抗生素。建议用头孢类或青霉素类药物。阑尾炎厌氧菌感染占75%～90%，应选择针对厌氧菌的抗生素。有资料表明，在术中取阑尾分泌物行细菌培养+药敏试验，对指导术后抗生素使用有帮助。

【小结】 急性阑尾炎是妊娠期最常见的外科合并症。受妊娠反应和增大子宫的影响，妊娠期阑尾炎诊断较非妊娠期困难，误诊率较高，流产和早产率均增高。妊娠期的急性阑尾炎不主张非手术治疗，一旦高度怀疑急性阑尾炎，均应立即手术治疗。

参考文献

1. Dewhurst C, Beddy P, Pedrosa I. MRI evaluation of acute appendicitis in pregnancy. Journal of Magnetic Resonance Imaging, 2013, 37(3): 566-575.
2. Wilasrusmee C, Sukrat B, Mcevoy M, et al. Systematic review and meta-analysis of safety of laparoscopic. British Journal of Surgery, 2012, 99(11): 1470-1478.

第二节 妊娠合并急性胆囊炎和胆石病

妊娠期急性胆囊炎和胆石病的发生率仅次于急性阑尾炎。70%急性胆囊炎合并胆石病，其起病多因胆结石存在、胆汁排出不畅继发细菌感染所致。

【妊娠与急性胆囊炎和胆石病的相互影响】 妊娠期在体内孕激素的作用下，血液及胆汁内胆固醇浓度增加，胆道平滑肌松弛，胆囊运动能力减弱，胆汁淤积易致胆固醇沉积形成结石。一部分妊娠期胆石病是无症状的，妊娠合并胆囊结石直径>10mm时，约29%的病例产后结石将会自行消失。

妊娠期患急性胆囊炎，其诊断较非孕期困难，常致漏诊、误诊，因而有发生坏死、穿孔、胆汁性腹膜炎和胆源性胰腺炎的危险。而发热、疼痛又有引起胎儿窘迫及诱发宫缩引起流产、早产的可能。

Notes

【临床表现与诊断】 妊娠期急性胆囊炎的临床表现与非孕期基本相同。多数病人表现为上腹部阵发性绞痛,并可向右肩部放散,常伴有恶心、呕吐、发热,常为夜间发病并有进食油腻的诱因。查体:右上腹胆囊区压痛、肌紧张,右肋缘下可触到随呼吸运动触痛的肿大胆囊,Murphy征阳性,但晚孕时不多见。超声检查显示胆囊体积增大、壁厚,大部分病人显示有结石影像,是诊断本病的重要依据。同时应注意与胃、十二指肠溃疡穿孔、高位阑尾炎、急性肠梗阻和急性胰腺炎等相鉴别。

【治疗】 治疗原则以非手术治疗为主,多数经非手术治疗后缓解。首先控制饮食,在急性发作期应禁食、水,必要时行胃肠减压;给予高糖、高蛋白、低脂肪流食,补充维生素;选用对胎儿影响较小的抗生素;适当给予解痉、止痛等对症治疗。

手术治疗主要适用于治疗期间病人症状逐渐加重,非手术治疗失败,或出现严重的合并症,如阻塞性黄疸、胆囊积脓、坏疽性胆囊炎穿孔、胆囊周围脓肿合并弥漫性腹膜炎者。除非病情危急,应选择妊娠中期手术。如临近预产期,最好等到产后再行手术治疗。手术方式主要有胆囊造口引流术、胆总管引流术、胆囊切除术或病灶局部脓液引流术、腹腔镜下胆囊切除术,后者对胎儿影响小。

继续妊娠者术后给予保胎治疗。

近年有很多妊娠期腹腔镜胆囊切除术的病例报道,认为腹腔镜胆囊切除术在整个妊娠过程中是比较安全的。

【小结】 妊娠期急性胆囊炎,诊断较非孕期困难,如漏诊、误诊有发生坏死、穿孔、胆汁性腹膜炎和胆源性胰腺炎的危险,需提高警惕。发热、疼痛有引起胎儿窘迫及诱发流产、早产的可能。对于术前患有胆囊结石并有症状,尤其是多发或泥沙样结石者,应先行胆囊切除术。妊娠期急性胆囊炎,治疗应以非手术治疗为主,如失败可行胆囊切除术。

参考文献

1. Chiappetta Porras LT, Nápoli ED, Canullán CM, et al. Minimally Invasive Management of Acute Biliary Tract Disease during Pregnancy. HPB Surgery, 2009, 2009:1-3.
2. Palanivelu C, Rangarajan M, Senthilkumaran S, et al. Safety and Efficacy of Laparoscopic Surgery in Pregnancy: Experience of a Single Institution. Journal of Laparoendoscopic & Advanced Surgical Techniques, 2007, 17(2): 186-190.

第三节 妊娠合并急性肠梗阻

妊娠期急性肠梗阻较少见,发病率 1/1500 ~ 1/66 500 不等。妊娠期急性肠梗阻以肠粘连和肠扭转多见,其次为肠套叠,个别为恶性肿瘤所致。其中多数病例是由于既往盆腹腔手术粘连所致。有文献报道孕妇死亡率为6%,胎儿死亡率为26%,所以妊娠期急性肠梗阻不论对母亲或胎儿都有很大的危险性,关键是能否及时作出诊断和及时手术。

【妊娠与肠梗阻的关系】 妊娠可能加重肠梗阻病情。主要原因有:妊娠期子宫增大可使以往粘连的肠管受牵拉而扭曲或闭塞;增大的子宫挤压盆腔内的肠管,尤其乙状结肠受压明显;妊娠期孕激素的作用,使肠管平滑肌张力减低,肠蠕动减弱,甚至发生肠麻痹;如果肠系膜过长或过短,妊娠后肠管间的相互位置发生改变等。

据报道,由于粘连所致的肠梗阻发生在妊娠早、中、晚期的比例分别为6%、27%、44%,发生在产褥期约为21%。妊娠晚期和产褥期容易发生结肠和小肠扭转。

【临床表现及诊断】 由于增大的子宫对腹腔脏器的挤压以及腹壁张力受增大子宫的影响,常使肠梗阻失去典型症状及体征,给诊断带来一定困难。如果妊娠期出现阵发性腹部绞痛伴有

Notes

恶心、呕吐、腹胀、停止排气或排便，腹部可见肠型、肠蠕动波，叩诊鼓音，肠鸣音亢进、有气过水声等，应想到肠梗阻的可能。但在妊娠晚期，由于增大的子宫影响，腹部体征常不明显。超声及腹部X线检查有助于确诊。妊娠期最常发生急性肠梗阻的时期有3个：妊娠中期增大的子宫成为腹腔器官时；足月胎头下降时；产后子宫大小骤然改变时。

【治疗】 妊娠期肠梗阻的处理原则与非妊娠期相同。非绞窄性肠梗阻可在严密观察下非手术治疗，禁食并行胃肠减压、纠正水电解质紊乱及酸碱失衡，抗生素预防感染，48小时仍不缓解，应尽快手术，解除肠梗阻和进行适宜的产科处理。绞窄性肠梗阻不论发生在妊娠的任何时期，均应尽早手术。

肠梗阻发生于妊娠早期，经非手术治疗缓解者可继续妊娠。需手术治疗者，应先行人工流产，部分病人流产后梗阻可自行缓解。肠梗阻发生于妊娠中期，如无产科指征不必终止妊娠，术后适当应用保胎药。妊娠晚期可先行剖宫产术再行肠梗阻矫治术。

假性肠梗阻是结肠功能紊乱所致的非器质性肠梗阻，多发生在妊娠晚期和分娩期。可给予胃肠减压、肛管排气、纠正水电解质紊乱及酸碱平衡失调，如非手术治疗72小时无好转，或X线提示结肠扩张已达9～12cm时，则应手术治疗。

【小结】 妊娠期急性肠梗阻多数病例是由于以前盆腹腔手术粘连所引起。其他有肠扭转、肠套叠、肠肿瘤。妊娠期急性肠梗阻不论对孕妇和胎儿，都会带来很大的危险性，关键是能否及时作出诊断和及时手术。妊娠期肠梗阻的处理原则与非妊娠期相同。

第四节 泌尿道结石

妊娠合并泌尿道结石偶可见到，多以上尿路结石（肾与输尿管结石）为主，其中输尿管结石发生率约为肾结石的2倍。临床上24%～30%的病例妊娠前有尿路结石病史，而且一般发生在妊娠中晚期（14～34周）。一般来说，结石的诊断并不困难，但因为合并妊娠，考虑到对胎儿的影响，以及可能同时存在的妊娠期其他并发症对孕妇的影响，处理起来相对棘手。

【妊娠与泌尿道结石的相互影响】 妊娠对泌尿系结石的病程通常并无多大影响。但由于增大子宫对输尿管的压迫，会增加结石梗阻病人的排石难度，并使得泌尿系感染的发生率增高。急性肾绞痛和严重的泌尿系感染常常是导致孕妇流产、早产，胎儿宫内窘迫、宫内感染的原因。

【临床表现及诊断】 妊娠合并泌尿系结石的临床表现与非妊娠期相似，主要临床表现包括腰痛、不同程度的血尿（肉眼和镜下血尿）、尿路感染和发热等。由于与产科并发症的症状类似，同时因妊娠期检测手段的局限，增加了诊断上的难度。

临床上，肾绞痛的表现常位于腰部或上腹部，可向下腹部、腹股沟、大腿内侧、阴唇放射，多为间歇性钝痛或绞痛。可表现为疼痛难忍，大汗淋漓，辗转不安，呻吟不止，合并迷走神经兴奋所导致的恶心、呕吐、腹胀、便秘等。发作时常伴肉眼血尿或镜下血尿，偶尔血尿为无痛性。合并尿路感染时，可出现发热。下尿路结石可表现为膀胱区疼痛、尿流突然中断和血尿，并发感染时可出现尿路刺激症状。

有泌尿系结石病史的孕妇，出现典型症状时，诊断比较容易。但在妊娠期，行腹部X线平片和静脉肾盂造影检查应慎重。多数需要结合临床表现、超声及实验室检查作出判断。鉴别诊断上需要与急性阑尾炎、胆囊炎、胆石病、卵巢囊肿蒂扭转、卵巢巧克力囊肿破裂、胎盘早剥及早产引起的疼痛相鉴别。

【治疗】 多饮水，配合利尿、解痉、镇痛、抗感染治疗，可促使小结石排出。肾绞痛发作时可给予哌替啶50mg，或与异丙嗪25mg并用肌注，症状无好转时每4小时重复注射一次。吗啡10mg和阿托品0.5mg联合肌注。硝苯地平10mg每日4次或疼痛时即刻舌下含服，也有很好的

Notes

止痛效果。

泌尿道梗阻造成集合系统过度扩张者，妊娠期可以行输尿管支架——“双J管”治疗。经上述治疗无效时，需要外科手术取石。无论采取哪种治疗方法，均应加强胎儿监护，注意防止早产，减少或避免应用对胎儿有不良影响的药物。

大多数妊娠期有症状性输尿管结石通过解痉、镇痛、抗感染治疗可得到缓解，70%～80%妊娠期输尿管结石可自行排出，需要进行外科干预治疗的病例约为10%。外科干预的指征：较难控制的肾绞痛、持续发热和因疼痛造成子宫收缩诱发先兆流产等。由于外科干预对妊娠期妇女与胎儿存在的潜在危害性尚不十分清楚，大多数专家认为，妊娠期输尿管结石的治疗以非手术治疗较妥。对于病情较复杂的妊娠输尿管结石，采取输尿管置管引流或经皮肾穿刺造瘘引流是比较稳妥的治疗方法。妊娠合并结石不宜进行体外冲击波碎石、经皮肾镜取石、输尿管镜取石治疗。无论采取哪种治疗方法，均应加强胎儿监护，注意防止早产和减少或避免应用对胎儿有不良影响的药物。

【小结】 妊娠子宫使输尿管受到机械性挤压，同时有泌尿道结石者，泌尿道感染的发生率明显增高，需要联合用药或用药时间较长。如果出现急性尿路梗阻或剧烈绞痛，可使孕妇发生流产或早产。临床表现、超声及实验室检查是主要的诊断依据，行腹部平片和静脉肾盂造影检查应慎重。妊娠期治疗多选用非手术治疗。

第五节　妊娠合并急性胰腺炎

妊娠期急性胰腺炎并不常见，国内外报道其发病率为1/10 000～1/1000，但随着人们生活水平提高，饮食结构改变，其发病率呈上升趋势。妊娠期急性胰腺炎可发生于妊娠的任何时期，以妊娠中晚期多见，其导致的母婴死亡率高达37%和11%～37%，但随着医学技术的发展，妊娠期胰腺炎能得到早期诊断、早期治疗，母儿死亡率均显著降低。

【妊娠期急性胰腺炎的病因】 妊娠期急性胰腺炎的病因很多，以胆道疾病最为多见，约占50%，其中胆石症占67%～100%。妊娠可增加胆石症和胆泥形成的风险，胆石嵌顿可引起胆道阻塞或Vater壶腹部狭窄，使胆道内压力升高，当胆道内压力超过胰管内压力，胆汁逆流入胰管引起急性胰腺炎。在妊娠中晚期，增大的子宫可机械性压迫胆管和胰管，更容易引起胰液排出不畅，胰管内压增高，引起急性胰腺炎。妊娠期孕妇体内的胎盘催乳素和脂肪酶可使血清中的甘油三酯降解，释放出大量游离脂肪酸，不仅造成胰腺细胞的急性脂肪浸润，还可损伤胰腺细胞的毛细血管，造成胰腺微循环急性脂性栓塞，导致胰腺缺血和坏死。此外，妊娠期急性胰腺炎还与高血压疾病、甲状旁腺功能亢进诱发高钙血症、噻嗪类利尿药等药物的应用等有关。

【临床表现及诊断】 急性胰腺炎起病急骤，出现轻重不一的疼痛，轻者钝痛，重者持续性刀割样痛、绞痛或钻痛，呈持续性，可有阵发性加剧。疼痛部位多位于中、上腹部，可向腰背部放射，累及全胰腺则呈腰带状向腰背部放射痛，常在饱餐后12～48小时发病。多伴有恶心、呕吐、腹胀，呕吐后腹痛不减轻，腹痛以上腹为主，早期为反射性肠麻痹，严重时为炎症刺激所致。腹腔积液时腹胀明显，肠鸣音减弱或消失，排便排气停止，并可出现血性或脓性腹水。有中度发热，发病1～2天后出现，持续3～5天。如发热持续不退或逐渐升高，应考虑继发感染。约25%的病人出现黄疸。重症胰腺炎时病人出现休克，如诊治不及时，可出现全身性反应综合征、多器官功能障碍、胰腺脑病，甚至死亡。

体格检查常有中、上腹压痛，腹肌紧张，但在妊娠中晚期因子宫增大掩盖而不典型。可有腹胀、肠鸣音消失等肠麻痹表现。少数重症胰腺炎病人因血液、胰酶或坏死组织沿腹膜间隙与肌层渗入腹壁下，在两侧胁腹部或脐部出现淤斑。溢出的胰液可刺激腹膜或膈肌引起腹水或胸

Notes

水。部分病人因低血钙出现手足抽搐，为预后不佳的表现。当病人有黄疸、休克、多器官功能障碍、全身性反应综合征或胰性脑病时，可出现皮肤发黄、血压低、四肢冰冷、甚至昏迷等相应的体征。

血清淀粉酶是诊断非妊娠期急性胰腺炎的主要实验室依据，但妊娠多伴有血清淀粉酶升高，妊娠中期血清淀粉酶可为妊娠早期的4倍，因此，在妊娠期血清淀粉酶的诊断特异性大大降低。因此，需连续监测血清淀粉酶，如持续升高仍有助于诊断。血清淀粉酶在起病后6～12小时开始升高，48小时后开始下降，持续3～5天。血清淀粉酶升高>500U，超过正常值的3倍时有诊断价值。尿淀粉酶升高较晚，常在发病后12～14小时开始升高，但下降缓慢，持续1～2周。尿淀粉酶>250U时有临床意义。胰腺是脂肪酶的唯一来源，因此血清脂肪酶对诊断急性胰腺炎有很高的特异度和灵敏度。血清脂肪酶一般在起病后24～72小时开始上升，持续7～10天。C-反应蛋白在胰腺坏死时明显升高。此外，由于腹内脂肪坏死与钙结合皂化导致血钙降低，且血钙降低程度与病情严重程度相关，当血钙低于1.5mmol/L时提示预后不良。急性胰腺炎时，还可出现血糖、血清胰蛋白酶、血清AST、LDH升高。

腹部超声可见胰腺肿大，胰内及胰周围回声异常；还可了解胆道及胆囊情况，后期对脓肿、钙化及假性脓肿亦有诊断意义。CT可见胰腺肿大、边缘不规则，为急性胰腺炎的诊断提高较好的影像学依据，但因具有放射性，在妊娠期并不适用。磁共振胰胆管成像（MRCP）无放射性，能清楚的显示软组织，胰胆管系统显像效果也较好，但目前尚无明确的指南提出在妊娠期进行MRCP检查。

妊娠期急性胰腺炎的诊断较非孕期困难。常会将其误诊为妊娠剧吐、消化性溃疡穿孔、胆囊炎、肝炎、肠梗阻及妊娠高血压等，须认真加以鉴别。

【治疗】 妊娠期急性胰腺炎的治疗与非妊娠期基本一致，对于孕早期和孕中期的急性胰腺炎病人，治疗应以母亲为主，其次考虑胎儿因素。而对于妊娠晚期的急性胰腺炎病人，此时胎儿存活率高，治疗时应兼顾胎儿，如急性胰腺炎效果不佳，而胎儿娩出可存活时应及时终止妊娠。

急性胰腺炎一般都需禁食、胃肠减压，解痉止痛。在禁食期间，应保证病人的能量供应。部分病人甚至需要全胃肠外营养。积极补充体液及电解质，维持有效血容量。对于出现休克的重症胰腺炎病人，有时需输入清蛋白、血浆等以增加血容量，预防休克。应用生长抑素、抑肽酶、H2受体拮抗剂或质子泵抑制剂减少胰液分泌。抑制胰腺外分泌及胰酶抑制剂：药物虽能通过胎盘，但病情危重时仍须权衡利弊使用。妊娠期急性胰腺炎来势凶猛，病情进展迅速，预后极差，是妊娠期母婴死亡率较高的疾病之一。早期确诊重症胰腺炎是降低母儿死亡率的关键。

以往认为早期使用抗生素能预防胰腺坏死合并感染，但已证实预防性使用抗生素并不能显著降低病死率。2013年急性胰腺炎诊治指南提出，非胆源性急性胰腺炎不推荐预防性使用抗生素，而对于胆源性急性胰腺炎或合并感染的急性胰腺炎应常规使用抗生素。使用抗生素时，应选择对胎儿无致畸作用的药物。

对于经非手术治疗48小时以上，病情无好转，出现胰腺坏死或感染，已形成胰腺脓肿或出现大量腹腔积液的病人或出现严重并发症的病人需手术治疗。手术指征：①已形成胰腺脓肿、消化道瘘等；②合并胰胆管梗阻；③出现胰腺脓肿、假性囊肿等并发症，需切开引流的病人；④发现有胰腺坏死，出现腹膜后大量渗液压迫胰腺的病人；⑤尚不能确诊，疑有腹腔内脏器穿孔、内出血或严重腹膜炎的病人，需剖腹探查。

治疗过程中应严密监测胎儿宫内情况。此外，约60%妊娠期急性胰腺炎的病人出现早产，因此在治疗过程中应视情况予抑制宫缩治疗，如胎儿早产无法避免，应予促胎肺成熟治疗以提高胎儿存活率。当出现胎儿宫内窘迫、胎儿宫内死亡以及明显的流产或早产征兆时，应及时终止妊娠。多数可自然分娩，产程中应严密监测病情变化；胰腺炎病情较重时可适当放宽剖宫产

Notes

指征。

【小结】 妊娠期急性胰腺炎并不常见,部分症状较轻,经治疗后好转,但严重的急性胰腺炎可导致孕妇出现休克、多器官功能障碍、胰性脑病等严重并发症,导致胎儿流产、早产甚至胎死宫内。因此,对于妊娠合并急性胰腺炎应做到早诊断、早治疗,避免出现严重的母婴并发症。

(余艳红)

Notes

第十六章　妇科临床实践的思维

著名医史学家西格里斯(Henry E. Sigerist,1891—1957)曾说:“每一个医学行动始终涉及两类人群:医师和病人,或者更广泛地说,医学团体和社会,医学无非是这两群人之间多方面的关系”。要充分认识到传统、经济、政治和文化上的差异可影响医疗活动及医患关系。妇科临床实践中,每一次的接诊病人,均包括采集病史、体格检查、分析综合、诊断、制订处理计划、实施方案、观察与随访诊疗结果,其中每项内容都与诊治的整体效果密切相关。这一过程的周而复始,医学基础知识就能够不断转化,临床经验就能够不断积累。这一过程的每一步也都包含着医患间的理解、医患关系的相融,医患的相互尊重、相互配合不但有利于病人战胜病魔,也可提高医者的医术。

第一节　医 患 沟 通

妇科医患沟通至关重要。妇科临床医疗常常会涉及病人的“隐私”。尽管社会文明的发展使人们的理念有了很大改观,但我国数千年的封建礼教思想仍不时地、或多或少地影响着现代的人们。不少女性即使身患妇科病痛,也羞于启齿,更不愿接受妇科检查,因而延误疾病诊治的病例屡见不鲜。女性在其青春期、性成熟期、绝经过渡期和绝经后期的心理和行为差异显著、各俱特征。作为一名妇科医师一定要在临床医疗实践过程中,要做到关注病人,更要做到尊重病人。

主诉是病人感受最主要的症状或体征,妇科病人(尤其是性成熟期、绝经过渡期女性)非常希望医师能够认真听取她的主诉、重视她讲述的病痛、了解她所患疾病对生活质量的影响,尤其是对生育能力或性功能的影响。在交流时,她会非常注意医师的衣着、神情、姿势变化以及语言措词。当病人感到医师朴实、认真、关心倾听她的叙述,并能耐心地回答她所提出的问题时,病人就会主动地提供尽可能多的、更加细致的病情。若病人对医师提供的诊治计划得到充分了解,那么病人就会非常信任医师,就会积极配合医师的诊治方案的贯彻实施。

在接诊病人、采集病史时,医师一定要做到真诚、耐心和具有同情心,认真听取病人的陈述,以静听或点头赞同鼓励病人提供的详细病情。同时要注意病人的情绪变化及所阐述的语言等。必要时给予适当启发或采用询问的方式调整或集中病人的诉说内容。切忌在采集病史时表现出心不在焉,避免以指责或粗鲁的态度打断病人讲话,一定要避免暗示和主观臆测。医师要学会用通俗的语言和病人交谈,尽量少用医学术语。对病情严重的病人要尽可能多地表示理解和同情,不要给予不适当的提醒或应用不恰当的措词。要充分考虑到病人的隐私权,切不可反复追问与性生活有关的情节。对未婚病人,有的要经过肛门指诊和相应的化验检查,明确病情后再补充询问与性生活有关的问题。对不能口述的危重病人,可询问其家属或其亲友;遇病情危重病人时,应在初步了解病情后立即进行抢救,以免贻误治疗。外院转诊的病人,应重视外院书写的病情介绍。

第二节　妇科病史和检查

妇科病历是记录妇科疾病的发生、发展、治疗经过及其转归的医疗文件。妇科病历分为门诊病历、住院病历及入院记录。这3种病历的书写格式与内容略有不同。病历书写应当客观、真实、准确、及时和完整。病历最迟应在病人入院后24小时内完成。本节仅介绍住院病历中妇科病史、检查及病历小结的撰写。

(一)妇科病史

妇科病史既是搜集疾病资料的开端,也是临床思维的起点。真实全面的病史是初步诊断的重要根据之一。采集病史时不要遗漏各项细节内容。

病史内容

(1)一般项目:包括病人姓名、性别、年龄、民族(国籍)、婚姻状况、出生地、职业、入院日期、记录日期、病史陈述者、可靠程度。

(2)主诉:是指促使病人就诊的主要症状(或体征)及持续时间。围绕主要症状或体征及其发生和经过的时限描述,突出重点。如有两项主诉,可按先后顺序列出。力求简明扼要,通常不超过20字。主诉一般采用症状学名称,避免使用病名,如停经××日,阴道流血×日。若病人就诊时无任何自觉症状,仅在妇科普查时发现子宫肌瘤,主诉应为:普查发现"子宫肌瘤"××日。

(3)现病史:为住院病史的核心部分,是指病人本次疾病的发生、演变、诊疗等方面的详细情况,应按时间顺序书写。原则上包括以下7个方面:

1)发病情况:发病时间、最初症状及其严重程度、发病诱因或病因。

2)主要症状特点及其发展变化情况:发病性质、部位、程度、持续时间,演变以及症状变化的可能原因。

3)伴随症状:突出伴随症状与主要症状之间的关系及其演变等。

4)发病后诊疗经过及结果诊治经过:发病后何时在何医院接受过哪些检查和治疗,详细写明手术情况或药物名称,结果如何。

5)一般情况的变化:包括发病以来的一般情况,如情绪,精神,食欲,体重变化及大小便等有无改变。

6)对疾病有鉴别意义的阴性症状。

7)与本次发病有关的既往发病情况及其治疗经过。

(4)既往史:是指病人过去的健康和疾病情况。内容包括既往一般健康状况、疾病史、传染病史、预防接种史、手术外伤史、输血史、药物过敏史及系统回顾等。对系统回顾应分段撰写,标题清楚、不可颠倒。凡患有某一疾病时,应写明疾病的名称、确诊依据及日期。

(5)月经史:包括初潮年龄、月经周期、经期持续时间、经量多少及经期伴有症状。如13岁初潮,月经周期28~30日,经期持续5日;可简写为13 $\frac{5}{28\sim30}$;经量多少应描述每日应用卫生巾数,有无血块;经期伴随症状,包括有无下腹部疼痛、乳房胀痛、肢体水肿以及焦虑、情绪不稳定等。无论因何种症状就诊,均应询问末次月经(last menstrual period,LMP)。若月经不规则,还应描述再前次月经(previous menstrual period,PMP)。绝经后病人应问清绝经年龄,绝经后有无阴道流血、阴道分泌物情况或其他不适。

(6)婚育史:结婚年龄及配偶情况等。生育情况包括足月产、早产、流产(包含人工流产)及现有子女数,如足月产1次、无早产、人工流产1次,现有子女1人,可简写为1-0-1-1。同时也应包括分娩过程中有无异常、计划生育情况等。

(7)个人史:生活及居住情况,出生地及曾居留地区,有无烟酒嗜好。

(8)家族史:直系亲属中有无患与遗传有关疾病(糖尿病、肿瘤等)以及传染病等。

(二)体格检查

体格检查应按系统循序书写。内容包括体温、脉搏、呼吸、血压,一般情况,皮肤、黏膜,全身浅表淋巴结,头部及其器官,颈部,胸部(胸廓、肺、心脏、血管等),腹部(肝、脾等),直肠肛门,外

Notes

生殖器,脊柱,四肢,神经系统等。记录时应按次序准确记录各项内容;与疾病有关的重要体征以及有鉴别意义的阴性体征均不应遗漏;不能用文字说明可以用简图表示,并加以说明。

1. 全身检查 测量体温、脉搏、呼吸及血压,必要时测量体重和身高。其他检查包括神志、精神状态、面容、体态、全身发育及毛发分布情况、头部器官、颈(注意甲状腺是否肿大)、乳房(注意其发育、皮肤有无凹陷,有无肿块及溢液)、心、肺、皮肤、浅表淋巴结(尤其是锁骨上和腹股沟浅淋巴结)、脊柱及四肢。

2. 腹部检查 应在盆腔检查前进行。视诊观察腹部形状(腹平、隆起或呈蛙腹);腹壁有无瘢痕、静脉曲张、妊娠纹;局部是否隆起等。扪诊包括肝、脾有无增大或压痛;腹部软硬度,有无压痛、反跳痛或肌紧张;能否扪及块物,若有块物应描述其部位,大小(以 cm 表示)、形状、质地、活动度、表面是否光滑及有无压痛等。叩诊注意有无移动性浊音。必要时听诊了解肠鸣音。

3. 盆腔检查 盆腔检查又称妇科检查。盆腔检查范围包括外阴、阴道、宫颈、宫体及两侧附件。

(1) 检查注意事项:盆腔检查可能会引起病人不适、紧张或害怕;不恰当的检查也可能引起交叉感染。因此行盆腔检查时要注意以下事项:

1) 妇科检查室温度要适中,天冷时要注意保暖。环境要寂静,让病人感到舒适与放心。

2) 检查前应自行排尿,必要时导尿排空膀胱。若需做尿液检查(如尿妊娠试验),应先取尿液样本送化验室,然后再行盆腔检查。粪便充盈者应在排便或灌肠后检查。

3) 置于病人臀部下面的垫单(纸或塑料纸)应是一次性使用,以免交叉感染。

4) 取膀胱截石位,病人臀部置于检查台缘,两手平放于身旁,使腹肌松弛。

5) 检查前告知病人盆腔检查可能引起的不适,不必紧张。检查时动作要轻柔。

6) 避免在月经期作盆腔检查。若为阴道异常流血,需作妇科检查时,应先消毒外阴,并使用无菌器械和手套,以防感染。

7) 对无性生活史病人,严禁作阴道窥器检查或双合诊检查,应行直肠-腹部诊。若必须作阴道窥器检查或双合诊才能了解病情时,应先征得病人及其家属同意后方可进行检查。男医师对未婚病人进行检查时,需有其他女性在场,以减轻病人紧张心理和避免发生不必要的误会。

8) 对疑有子宫或附件病变的腹壁肥厚或高度紧张病人,若盆腔检查不能清楚了解子宫及附件情况时,应行超声检查,必要时可在麻醉下进行妇科检查。

(2) 检查方法及步骤:

1) 外阴部检查:观察外阴发育及阴毛分布和浓稀情况,注意大阴唇、小阴唇及会阴部位有无皮炎、溃疡、赘生物或色素减退等变化;阴蒂长度(一般不超过 2.5cm)、尿道口周围黏膜色泽及有无赘生物;处女膜是否完整;有无会阴后-侧切或陈旧性撕裂瘢痕。必要时应让病人用力向下屏气,观察有无阴道前后壁膨出、子宫脱垂或压力性尿失禁等。

2) 阴道窥器检查:根据阴道口大小和阴道壁松弛程度,选用大小适当的阴道窥器。用阴道窥器检查阴道与宫颈时,要注意阴道窥器的结构特点,以免漏诊。

a. 检查阴道:观察阴道壁黏膜色泽、皱襞多少,有无溃疡、赘生物、囊肿、阴道隔或双阴道等先天畸形等。注意阴道分泌物的量、色泽及有无臭味。阴道分泌物异常者应作滴虫、假丝酵母菌及淋菌等检查。检查阴道时,要旋转阴道窥器,仔细检查阴道四壁及穹窿,以免由于阴道窥器两叶的遮盖而造成漏诊。

b. 检查宫颈:观察宫颈大小、颜色、外口形状;注意有无柱状上皮异位、腺囊肿、息肉或赘生物等。

3) 双合诊:是盆腔检查中最重要的项目。检查者一手的两指或一指放入阴道,另一手在腹部配合检查,称为双合诊。其目的主要是扪清阴道壁、宫颈、宫体、输卵管、卵巢、子宫韧带及宫旁结缔组织,了解有无盆腔内其他组织来源的肿块。若阴道黏膜病变或宫颈癌时,需了解病变组织质地或癌肿浸润范围(图 16-1)。

Notes

a. 检查子宫：应了解子宫大小、形状、位置、质地和活动度。多数妇女的子宫呈前倾前屈位；"倾"指宫体纵轴与身体纵轴的关系。前倾（anteversion）指宫体朝向耻骨；后倾（retroversion）指宫体朝向骶骨。"屈"指宫体与宫颈间的关系。前屈（anteflexion）指两者间的纵轴形成的角度朝向前方；后屈（retroflexion）指两者间形成的角度朝向后方。

b. 检查附件：附件包括输卵管和卵巢。正常输卵管不能扪及；正常卵巢偶可扪及，触之略有酸胀感。

4）三合诊：即腹部、阴道、直肠联合检查，是双合诊的补充检查。可了解后倾后屈子宫大小；有无子宫后壁、直肠子宫陷凹或宫骶韧带的病变；估计病变范围，尤其是癌肿的浸润范围以及阴道直肠隔、骶骨前方或直肠内有无病变等（图16-2）。

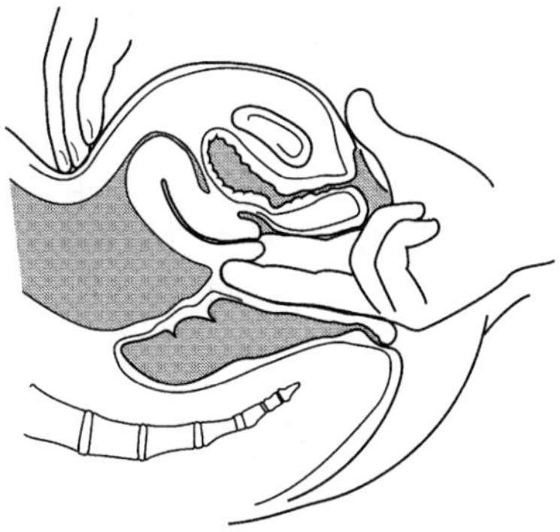

图16-1　双合诊检查

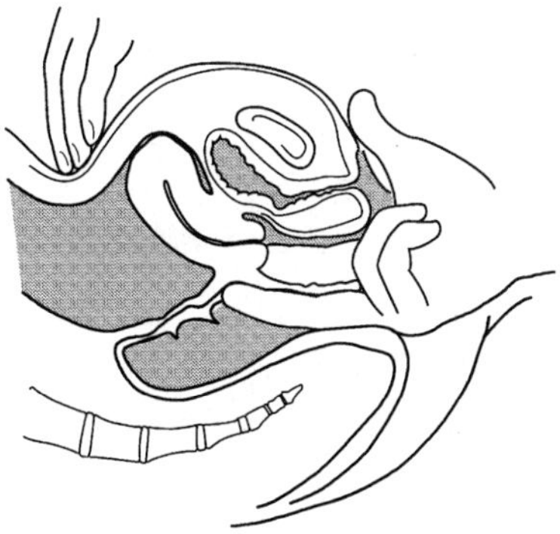

图16-2　三合诊检查

5）直肠-腹部诊：适用于无性生活史、阴道闭锁或其他原因不宜行双合诊的病人。

（3）记录：通过盆腔检查，将检查结果按下列解剖部位先后顺序记录：

外阴：发育情况，婚产式（未婚式、已婚未产式或经产式），有异常时应详加描述。

阴道：是否通畅，黏膜情况，分泌物量、色、性状，以及有无臭味。

宫颈：大小、硬度，有无柱状上皮异位、撕裂、息肉、腺囊肿，有无接触性出血、举痛等。

宫体：位置、大小、硬度、活动度、有无压痛等。

附件：有无块物、增厚或压痛。若扪及块物，记录其位置、大小、硬度、表面光滑与否，活动度，有无压痛以及与子宫及盆壁关系。左右情况需分别记录。

4. 实验室与特殊诊断仪器检查　抄录已有的实验室常规检查（血、尿或粪）、其他实验室检查及各种特殊诊断仪器的检查结果。外院检查结果应注明医院名称及检查日期。

（三）病历小结与讨论

1. 病历小结　要求将病史、全身检查、盆腔检查及实验室与特殊诊断仪器的检查结果进行简要的综合分析。应围绕诊断与鉴别诊断撰写，不要遗漏阳性资料及与鉴别诊断有关的阴性资料，做到阅后能对病人的病情有大概的了解。

2. 讨论　根据小结对诊断与鉴别诊断进行系统的讨论。一般将最可能的疾病放在首位讨论，列举有说服力的论据，分析层次分明；然后按可能性的大小进行讨论。观点要明确，要写出应该肯定还是应该排除的结论。若同时患有两种或两种以上疾病，应按疾病的主次（以本科疾病为主），分别讨论。主要疾病最先讨论，其次并发症及伴发病。对于一时难以明确诊断的病例，也可以采用排除法进行讨论。将不大可能的最先排除，余下可能性最大的疾病作为主要鉴别诊断或同时罗列几个可能性较大的作为鉴别诊断。讨论时要运用自己的临床思维能力去分析，切不可只按照书本去"对号入座"。最后根据已有的诊断拟定合理、正确、及时、有具体内容的诊疗计划（包括进一步的实验室检查、辅助检查和治疗措施），以逐条形式表达并加以说明。

第三节 妇科常见病症分析

许多妇科疾病可由产科问题引起(如分娩引起的生殖器官损伤),妇科疾病也可影响产科的正常过程(如宫颈肌瘤可造成难产)。同样,妇科疾病可合并外科、内科等学科的疾病,反之亦然。同时,妇科疾病与年龄关系密切。年龄对疾病的诊断具有重要的参考价值,如青春期与围绝经期发生的月经失调常由无排卵所致,而生育期多由黄体功能异常引起。

妇科病人就诊诉说的常见症状有阴道流血、异常白带、下腹痛、外阴瘙痒以及下腹部肿块等。不同年龄女性所述症状虽相同,但其原因可能不同。

在诊断和处理妇科疾病时,应首先基于病人的年龄来考虑与病人诉说症状相关疾病的轻重、缓急,先排除致命的病变;其次综合病史与检查结果(包括辅助检查)鉴别其为妇科疾病,或外科、内科等学科的疾病、或两者兼有。

(一) 阴道流血鉴别的思考

除外正常月经的阴道流血是女性生殖器疾病最常见的一种症状,是指来自生殖道任何部位的出血,如阴道、宫颈、子宫等处。阴道流血也可为凝血障碍性疾病的一种临床表现,如特发性血小板减少性紫癜、白血病、再生障碍性贫血以及肝功能损害等。

1. 根据病人的年龄及其性生活等情况,按病变危害程度的轻重,逐一鉴别阴道流血的病因

若病人为性成熟期女性,且性生活正常,则应首先排除与病理性妊娠相关性疾病,如异位妊娠、流产以及滋养细胞疾病等。其次考虑卵巢内分泌功能变化引起的子宫出血,包括排卵障碍的异常子宫出血,以及月经间期卵泡破裂,雌激素水平短暂下降所致的子宫出血。最后考虑内生殖器炎症,如阴道炎、宫颈炎和子宫内膜炎等,以及生殖器肿瘤,如子宫肌瘤、宫颈癌、子宫内膜癌等。

若病人为绝经过渡期和绝经后期女性,则应首先排除内生殖器肿瘤,如宫颈癌、子宫内膜癌、具有分泌雌激素功能的卵巢肿瘤、子宫肉瘤、阴道癌及子宫肌瘤。其次考虑生殖器官炎症,如外阴炎、阴道炎、宫颈炎和子宫内膜炎等,以及绝经过渡期的排卵障碍性异常子宫出血。

若病人为青春期女性,则应首先排除排卵障碍性异常子宫出血以及雌激素水平短暂下降所致的子宫出血。其次考虑特发性血小板减少性紫癜、白血病、再生障碍性贫血以及肝功能损害等。

若病人为儿童期女性,则应首先排除外伤、异物等因素,其次考虑宫颈葡萄状肉瘤和其他病变的可能。

2. 根据阴道流血的特点鉴别其病因 阴道流血的临床表现不尽相同,主要有周期规律的阴道流血和无周期规律的阴道流血。

(1) 有周期规律的阴道流血:

1) 经量增多:主要表现为月经周期正常,但经量多或经期延长。此型流血量多与子宫肌瘤、子宫腺肌病等病变有关。

2) 月经间期出血:发生在两次月经来潮的中期,常历时3~4日,一般出血量少于月经量,偶可伴有下腹部疼痛或不适。此类出血是月经间期卵泡破裂,雌激素水平暂时下降所致,又称排卵期出血。

3) 经前或经后点滴出血:月经来潮前或来潮后数日持续少量阴道流血,常淋漓不尽。可见于排卵性月经失调或剖宫产瘢痕处憩室等病变有关。

(2) 无周期规律的阴道流血:

1) 接触性出血:于性交后或阴道检查后立即出现的阴道流血,色鲜红,量可多可少,常见于急性宫颈炎、早期宫颈癌、宫颈息肉或子宫黏膜下肌瘤。

2）停经后阴道流血：若病人为育龄妇女，伴有或不伴有下腹部疼痛、恶心等症状，首先考虑与妊娠相关的疾病，如异位妊娠、流产或滋养细胞疾病等；若病人为青春期无性生活史女性或围绝经期妇女，且不伴有其他症状，应考虑排卵障碍性异常子宫出血，但需排除生殖道恶性肿瘤。

3）绝经后阴道流血：一般流血量较少，可持续不尽或反复流血。偶可伴有下腹部疼痛。首先应考虑子宫内膜癌，也可见于萎缩性阴道炎或子宫内膜炎等。

4）外伤后阴道流血：常发生在骑跨伤后，流血量可多可少，伴外阴部疼痛。

（二）异常白带鉴别的思考

女性阴道内常有少量分泌液，主要由阴道黏膜渗出物，宫颈管、子宫内膜及输卵管腺体分泌物等混合而成，俗称白带。正常白带呈蛋清样或白色糊状、无腥臭味，量少。白带形成与雌激素的作用有关：一般在月经前后2～3日，排卵期及妊娠期增多；青春期前及绝经后较少。若出现阴道炎、宫颈炎或内生殖器组织癌变时，白带量显著增多，性状改变或伴有臭味。

临床上常根据异常白带的状况鉴别其病因。

1. 灰黄色或黄白色泡沫状稀薄分泌物　为滴虫阴道炎的特征，常见于经期前后、妊娠期或产后等阴道分泌物pH值发生改变时明显增多，多伴外阴瘙痒。

2. 凝乳块或豆渣样分泌物　为假丝酵母菌阴道炎的特征，常呈白色膜状覆盖于阴道黏膜表面，多伴外阴奇痒或灼痛。

3. 灰白色匀质分泌物　为细菌性阴道病的特征。有鱼腥味，可伴有外阴瘙痒或灼痛。

4. 透明黏性分泌物　外观与正常白带相似，但量显著增加。可考虑宫颈病变、卵巢功能失调。偶见于宫颈高分化腺癌或阴道腺病等。

5. 脓性分泌物　色黄或黄绿，质稠伴臭味，为细菌感染所致。可见于急性阴道炎、宫颈炎等。

6. 血性分泌物　阴道分泌物中混有血液，呈淡红色，量多少不一，可由宫颈息肉、宫颈癌、子宫内膜癌、子宫黏膜下肌瘤或输卵管癌所致。

7. 水样分泌物　量多、持续、淡乳白色（又称泔水样），常伴有奇臭味。多见于宫颈管腺癌、晚期宫颈癌、阴道癌或子宫黏膜下肌瘤伴感染。间歇性排出清澈、黄红色液体，应考虑输卵管癌的可能。

（三）下腹痛鉴别的思考

下腹痛多由妇科疾病所致，但也可以来自内生殖器以外的疾病。下腹痛通常分为急性下腹痛与慢性下腹痛两种。

1. 急性下腹痛　起病急剧，疼痛剧烈，常伴有恶心、呕吐、出汗及发热等症状。

（1）下腹痛伴阴道流血：有或无停经史。此类急性下腹痛多与病理妊娠有关，常见于输卵管妊娠（流产型或破裂型）与流产（先兆流产或不全流产）。若由输卵管妊娠所致，下腹痛常表现为突然撕裂样疼痛，随后疼痛略有缓解或肛门坠胀感（里急后重），疼痛也可向全腹部扩散。若为流产所致，疼痛常位于下腹中部，呈阵发性。

（2）下腹痛伴发热：有或无寒战。由炎症所致，一般见于盆腔炎症疾病、子宫内膜炎或输卵管卵巢脓肿。右侧下腹痛还应考虑急性阑尾炎的可能。

（3）下腹痛伴附件肿块：可为卵巢肿瘤扭转，也可能是输卵管妊娠。此外，肿物部分破裂也不少见。右下腹痛伴肿块，还应考虑阑尾周围脓肿的可能。

2. 慢性下腹痛　起病缓慢，多为隐痛或钝痛，病程长。60%～80%病人并无盆腔器质性疾病。根据慢性下腹痛发作时间，可以分为非周期性与周期性两种。

（1）非周期性慢性下腹痛：常见于下腹部手术后组织粘连、子宫内膜异位症、慢性输卵管炎、残余卵巢综合征、盆腔静脉淤血综合征及晚期妇科癌肿等。

（2）周期性慢性下腹痛：疼痛呈周期性发作，与月经关系密切。

1）月经期慢性下腹痛：每次行经前后或月经期下腹部疼痛，经净数日后疼痛消失。多因子宫腺肌病、子宫内膜异位症、子宫腺肌瘤、宫颈狭窄或盆腔炎性疾病所致；亦可因子宫内膜前列腺素浓度增高所致（原发性痛经）。

2）月经间期慢性下腹痛：发生于月经间期，疼痛位于下腹一侧，常持续3～4日。多伴有阴道少量流血。此类下腹痛为排卵期疼痛。

人工流产或刮宫术后也可有周期性慢性下腹痛。其疼痛原因为宫颈或宫腔部分粘连，经血倒流入腹腔刺激腹膜所致。

（四）外阴瘙痒鉴别的思考

外阴瘙痒可由妇科疾病所致，也可由全身其他疾病引起。应根据外阴瘙痒持续时间、是否伴有局部皮损以及病人年龄加以思考。

1. 外阴瘙痒持续时间长，伴有局部皮损 可由外阴上皮良性或恶性病变引起，尤其是病人年龄较大，瘙痒和皮损久治不愈者。若外阴皮肤或大阴唇黏膜呈生牛肉状，要排除糖尿病的可能。必要时，皮损处活检，明确诊断。

2. 外阴瘙痒，伴有阴道排液 多为阴道排液刺激外阴所致，尤其是年轻病人，应检查阴道分泌的性状以及致病菌。

3. 外阴瘙痒伴内裤点状血染 多为阴虱引起。

（五）下腹部肿块鉴别的思考

女性下腹部肿块可以来自子宫与附件、肠道、腹膜后、泌尿系统及腹壁组织。许多下腹部肿块病人并无明显的临床症状，可能仅是病人本人偶然发现或妇科普查时发现。

通常可以根据下腹部肿块的性状考虑其病因。

1. 囊性肿块 一般为良性肿物或炎性肿块。肿块在短时期内增大显著时，应考虑有恶性的可能性。

（1）活动性囊性肿块：位于子宫一侧，边界清楚，囊壁薄、光滑，无触痛的肿块，一般为卵巢肿块。若囊肿内壁无乳头，直径<5cm，增大缓慢，于月经净后略有缩小的肿块，多数为卵巢非赘生性囊肿，如卵泡囊肿、黄体囊肿；若囊肿壁有或无乳头，直径≥5cm，有增大趋势的肿块，多数为卵巢赘生性囊肿。囊肿在短期内增大明显者应考虑卵巢恶性肿瘤可能。若肿块从右上到左下移动度大、部位较高，应考虑肠系膜囊肿。

（2）固定性囊性肿块：边界不清，囊壁厚或囊内见分隔组织，并固定于直肠子宫陷凹、子宫后壁的囊性肿块：若囊肿内压力高、伴压痛者，常见于子宫内膜异位症；肿块压痛明显伴发热者，多为附件炎性肿块、脓肿或盆腔结核性肿块。若肿块位于右下腹，有明显压痛伴发热，兼有转移下腹部疼痛史，还应考虑阑尾周围脓肿的可能。

2. 半实半囊性肿块 囊性与实性相间的肿块多来自子宫附件组织。

（1）活动性半实半囊性肿块：肿块位于子宫一侧、边界清楚、表面光滑或呈分叶状、无压痛、一般无症状者，多见于卵巢肿瘤。若伴腹水，卵巢恶性肿瘤居多。

（2）固定性半实半囊性肿块：肿块位于子宫一侧或直肠子宫陷凹、边界不清楚、表面不规则。若伴腹水、肿块表面可扪及结节者，多数为卵巢恶性肿瘤；若肿块压痛明显且伴发热，应考虑输卵管卵巢脓肿或输卵管积脓的可能。

3. 实性肿块 首先要排除恶性肿瘤的可能。

（1）活动性实性肿块：肿块边界清楚，表面光滑或呈分叶状、与宫体相连且无症状，多为子宫浆膜下肌瘤或卵巢肿瘤。

（2）固定性实性肿块：肿块固定于子宫一侧或双侧、表面不规则、尤其是盆腔内可扪及其他结节、伴有腹水或胃肠道症状的病人，多为卵巢恶性肿瘤。若肿块位于下腹部一侧，呈条块状、有轻压痛，伴便秘、腹泻或便秘腹泻交替以及粪中带血者，应考虑结肠癌的可能。双子宫或残角

Notes

子宫的病人，可于子宫一侧扪及与子宫对称或不对称的肿块，两者相连，质地相同。

第四节　妇科临床诊治的思维

妇科疾病诊断时，应注意病人症状、体征与年龄、月经史、生育史的相关性。例如，生育期阴道不规则流血病人应首先考虑妊娠相关性疾病的可能、绝经后阴道流血应首先排除生殖道癌肿的可能。拟定临床治疗方案时，首先考虑采用用经过科学的、客观论证过的治疗指南，以指南规范临床实践。

同时需要考虑病人的生活质量、生育功能、各种并发症以及妇科疾病给病人及其家人在心理上带来的影响和压力，及时给予解释和指导。

一旦疾病明确诊断后，需与病人充分沟通、告知疾病的概况与转归，并与病人共同确定治疗方案。对病人有指南外的需求，也应尊重病人，并以充分的依据分析其利与弊，例如风险、效价比等。

综上所述，临床思维是医师在为病人诊治的过程中，自己的医学知识和临床的具体情况不断磨合的思维活动。实践机会多、重复次数多是临床医学的一个特点，更是医师临床诊疗能力提高的基础。因此，学生不仅要学好医学理论知识、积极参加医疗实践，而且更要善于科学思维。

（丰有吉）

Notes

第十七章　女性生殖内分泌疾病

女性生殖内分泌疾病是女性常见的疾病,其主要表现为下丘脑-垂体-卵巢内分泌轴异常所引起的症状。临床常见的有女性性早熟、经前期综合征、排卵障碍性子宫出血、痛经、多囊卵巢综合征、高催乳激素血症以及绝经期综合征。

第一节　女性性早熟

女性第二性征发育以乳房发育为先,继而出现阴毛、腋毛。月经初潮通常晚于第二性征发育,此时已具有生育能力。性早熟(precocious puberty)是指第二性征出现的年龄比预计青春期发育年龄早2.5个标准差,女性性早熟表现为8岁以前出现任何一种第二性征的发育或月经来潮。性早熟可以引起患儿的社交心理问题,应特别重视。

【病因和发病机制】 根据病因和发病机制,基本分为两大类:GnRH依赖性性早熟(GnRH-dependent precocious puberty)和非GnRH依赖性性早熟(GnRH-independent precocious puberty)。

1. GnRH依赖性性早熟 以往称为中枢性性早熟(central precocious puberty,CPP)、真性性早熟。一些病变或目前尚未明了的因素过早激活下丘脑-垂体-性腺轴,启动与正常青春期发育程序相同的第二性征的发育。GnRH依赖性性早熟可由器质性病变和某些遗传代谢病以及长期性甾体激素接触所致,也可以是全面检查未能发现任何相关病因。前者病变主要包括分泌GnRH/LH的肿瘤、中隔-视神经发育不良、原发性甲状腺功能减退症以及长期性甾体激素接触。后者又称特发性性早熟(idiopathic central precocious puberty,ICPP),占80%~90%。

2. 非GnRH依赖性性早熟 由卵巢或肾上腺分泌过多的性激素或暴露于过多的外源性雌激素所致。非GnRH依赖性性早熟有两类:同性性早熟和异性性早熟。同性性早熟可由分泌雌激素的卵巢肿瘤、肾上腺皮质瘤、异位分泌hCG的肿瘤或长期暴露于外源性雌激素等所致,与原性别相同。异性性早熟可由分泌雄激素的疾病和肿瘤等引起,与原性别相反,先天性肾上腺皮质增生症(congenital adrenal hyperplasia,CAH)是女孩异性性早熟的常见原因。

【临床表现】 包括女性性早熟的共性表现以及不同病因出现的相应症状和体征。

1. 女性性早熟的临床表现 主要为过早的第二性征发育、体格生长异常或月经来潮。

(1)第二性征的过早出现:8岁以前出现第二性征发育,如乳房萌发、阴毛或腋毛出现,或月经来潮。临床上偶见第二性征单一过早发育,如单纯乳房发育、单纯阴毛过早发育,或孤立性月经提早出现,而无其他性早熟的表现。单纯乳房发育可早在患儿3岁或更早时发生。单纯阴毛过早发育常由肾上腺雄激素通路过早启动引起,也可由21-羟化酶缺乏以及罕见的11-羟化酶缺乏所致。

(2)体格生长异常:发育年龄提前,初起因雌激素作用于长骨,患儿高于正常发育者。但由于长骨骨骺的提前融合,最终成年身高低于正常发育者。

2. 不同病因伴随的主要临床表现

(1)GnRH依赖性性早熟:主要为中枢神经系统肿瘤、外伤及感染等所具有的相应症状与体征。

（2）非 GnRH 依赖性性早熟：占女性性早熟的 17% 左右。

1）同性性早熟：主要为分泌雌激素的卵巢肿瘤、肾上腺肿瘤、McCune-Albright 综合征等所具有的相应症状与体征。原发性甲状腺功能减退症者可出现甲状腺功能减退的相应表现。

2）异性性早熟：分泌雄激素的肾上腺或卵巢肿瘤者可有痤疮、多毛、无排卵、高胰岛素血症，或肾上腺肿块及盆腔肿块等。

【诊断】 性早熟的诊断首先应了解是否有器质性病变（如神经系统、卵巢、肾上腺等部位的肿瘤）及非内分泌异常引起的阴道流血。

1. 病史 ①注意第二性征变化的时间顺序，生长是否加快，月经初潮发生的时间。②是否接触外源性性激素制剂如药物（避孕药）、化妆品、食物（添加催长剂的动植物）等。③神经系统、视觉、行为的变化。④智力学习情况。⑤家族中的青春发育年龄史。

2. 体格检查 记录身高、体重及性发育，内、外生殖器发育情况及腹部、盆腔检查了解是否有占位性病变。全身检查应注意有无皮肤斑块，甲状腺功能减退的特有体征或男性化体征以及有无神经系统异常。

3. 辅助检查

（1）激素检测：包括：①血浆生殖激素测定：测定 FSH、LH、E_2、HCG，必要时测定硫酸脱氢表雄酮、睾酮、孕酮。血 LH、FSH 基础值增高提示中枢性性早熟，女孩 LH/FSH>1 更有意义；②TSH、T_3、T_4 测定有助于甲状腺功能的判断；③疑及先天性肾上腺皮质增生或肿瘤时，应查血皮质醇、11-脱氧皮质醇、17α-羟孕酮、24 小时尿 17-酮类固醇等；④GnRH 激发试验：正常 LH 峰值出现在 15～30 分钟，激发后 LH 峰值>15U/L，或者较基础值增加 3 倍以上提示为特发性性早熟，LH/FSH>0.66～1 更有意义。

（2）影像学检查：①腕部摄片了解骨龄，超过实际年龄 1 岁以上视为提前。②CT、MRI 和超声检查，了解有无颅内肿瘤，腹部及盆腔超声了解卵巢及肾上腺有无肿瘤。

（3）阴道上皮细胞检查：能较好地反映卵巢分泌 E_2 水平。在性早熟治疗过程中，该检查对疗效监测作用较检测 E_2 敏感。

【鉴别诊断】 首先分辨类型（GnRH 依赖性或 GnRH 非依赖性），然后寻找病因（器质性或非器质性）。GnRH 依赖性性早熟，特别是特发性者，可出现一系列第二性征、性激素升高、GnRH 激发试验反应强烈；非 GnRH 依赖性性早熟常为性腺、肾上腺疾病和外源性性激素所致，无排卵；单纯乳房、阴毛发育者常无其他性征。

【处理】 性早熟的治疗原则主要包括：①去除病因；②抑制性发育至正常青春期年龄；③延缓及遏制性早熟体征；④促进生长，改善最终成人身高；⑤正确心理引导及性教育。

1. 病因治疗 首先应查明病因，进行相应处理。外源性激素使用者，应停止服用相应药物或食品。

2. 药物治疗

（1）GnRH 类似物（GnRHa）：治疗中枢性性早熟（特别是特发性者）的首选药物。治疗目的是停止或减慢第二性征发育，延缓骨成熟的加速，改善最终身高。目前多采用 GnRH 类似物的缓释型制剂。起始剂量 50～80μg/kg，维持量为 60～80μg/kg。每 4 周一次。治疗至少两年，一般建议用至 12 岁时停药。

（2）甲状腺素替代治疗：可治疗甲状腺功能减退引起的性早熟。

（3）肾上腺皮质激素替代治疗：CAH 者需要终生使用。

3. 外科矫形 外生殖器男性化者应酌情作矫形手术，即缩小增大的阴蒂，扩大融合的会阴。早手术对病人心理创伤较少。

Notes

【随访】 对诊断不明的早期病人,应严密随访,力求早期明确诊断,及时治疗。

【小结】 女性8岁之前出现任何一种的第二性征发育或月经来潮,即为女性性早熟。根据病因和发病机制,基本分为两大类:GnRH依赖性和非GnRH依赖性。GnRH依赖性性早熟可能由肿瘤、感染、先天性异常或损伤以及未知因素累及下丘脑所致。非GnRH依赖性主要由异位组织分泌的甾体激素引起,临床表现为同性性早熟和异性性早熟。诊断的关键是鉴别性早熟分类、明确病因。治疗主要目的是延缓或遏制已出现的性早熟征象,尽可能地改善最终成年身高(女性性早熟诊治流程详见图17-1)。

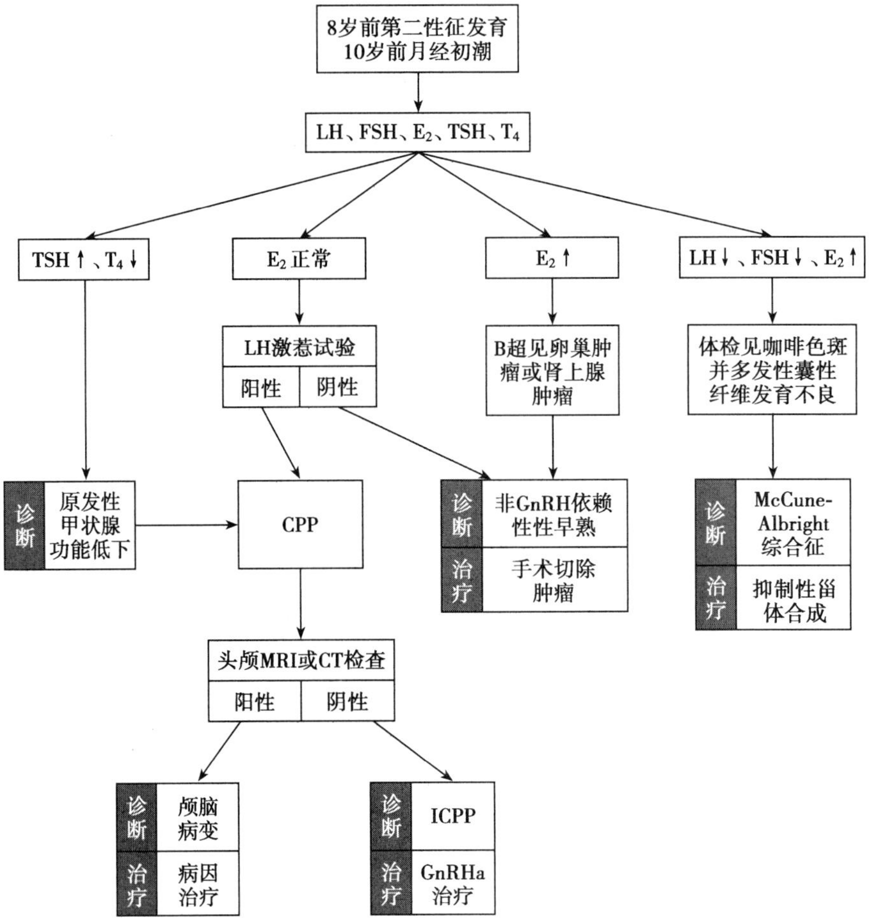

图17-1 女性性早熟诊治流程

(杨冬梓)

参考文献

1. 杨冬梓,石一复. 小儿与青春期妇科学. 第2版. 北京:人民卫生出版社,2008:138-153.
2. S Jean Emans, Marc R. Laufer, Donald P. Goldstein: Pediatric & Adolescent Gynecology. 5th Ed. 郎景和,向阳,译. 北京:人民卫生出版社,2007:98-113.
3. Speroff L, Fritz MA, 著. 李继俊,译. 临床妇科内分泌学与不孕. 第7版. 山东:山东科学技术出版社,2005:293.
4. 中华医学会儿科学分会内分泌遗传代谢学组:性早熟诊疗指南中国儿童保健杂志,2011,19(4):390-392.

第二节 经前期综合征

经前期综合征(premenstrual syndrome, PMS)是指月经前周期性发生的影响妇女日常生活和工作、涉及躯体精神及行为的综合征，月经来潮后可自然消失。伴有严重情绪不稳定者称为经前焦虑障碍（premenstrual dysphoric disorder，PMDD）。

【病因及病理生理】 PMS 的病因尚无定论，基于卵巢激素、脑神经递质、前列腺素、维生素 B_6 缺陷或精神社会因素的研究结果而形成的各种学说均未能阐明其为 PMS 的直接病因。目前认为，PMS 的病理生理存在多种因素的相互影响，卵巢激素是 PMS 的必要因素，例如卵巢排卵启动了 PMS 系列的病理生理变化；中枢神经对卵巢激素和化学递质（雌二醇/5-羟色胺、孕激素/GABA）异常反应及心理敏感性过度与 PMS 的病理生理变化有关。

【临床表现】 本病多见于 25～45 岁妇女，主要症状归纳为三方面：①躯体症状：表现为头痛、乳房胀痛、腹部胀满、肢体水肿、体重增加、运动协调功能减退；②精神症状：易怒、焦虑、抑郁、情绪不稳定、疲乏以及饮食、睡眠、性欲改变；③行为改变：思想不集中、工作效率低、意外事故倾向，易有犯罪行为或自杀意图。

PMS 症状周期性出现于经前 1～2 周，逐渐加重，至月经前最后 2～3 日最为严重，月经来潮后迅速减轻直至消失。有些病人症状直至月经开始后 3～4 日才完全消失。

【诊断】 根据经前期出现的周期性典型症状，PMS 的诊断多无困难。PMDD 的诊断可采用美国精神病协会推荐的标准（表 17-1）。

表 17-1　PMDD 的诊断标准

对病人 2～3 个月经周期所记录的症状作前瞻性评估。在黄体期的最后一周存在 5 种（或更多种）下述症状，并且在经后消失，其中至少有一种症状必须是 1，2，3 或 4：
1. 明显的抑郁情绪，自我否定意识，感到失望
2. 明显焦虑、紧张，感到“激动”或“不安”
3. 情感不稳定，比如突然伤感、哭泣或对拒绝增加敏感性
4. 持续和明显易怒或发怒，或与他人的争吵增加
5. 对平时活动（如工作、学习、友谊、嗜好）的兴趣降低
6. 主观感觉注意力集中困难
7. 嗜睡、易疲劳或能量明显缺乏
8. 食欲明显改变，有过度摄食或产生特殊的嗜食渴望
9. 失眠
10. 主观感觉不安或失控
11. 其他躯体症状，如乳房触痛或肿胀，头痛、关节或肌肉痛、肿胀感，体重增加
这些失调务必是明显干扰工作或学习或日常的社会活动及与他人的关系（如逃避社会活动、生产力和工作学习效率降低）
这些失调确实不是另一种疾病加重的表现（加重型抑郁症、恐慌症、恶劣心境或人格障碍）

诊断 PMDD 的要求　连续 3 次月经前出现符合上述诊断标准的表现。

【鉴别诊断】 PMS 的症状为非特异性，需与其他疾病鉴别，包括各种精神病、心肝肾疾病引起的水肿、特发性水肿及经前期加重的疾病。周期性出现症状是 PMS 的典型特点；而精神病在整个月经周期中症状不变，严重程度也缺乏规律性。其次，经前期加重的疾病在卵泡期也有症状，经前期加重。而 PMS 卵泡期则无症状。有与 PMS 同时出现的精神障碍病人，均应首先有精神病学专家诊断，排除精神病后再按照 PMS 进行治疗。

【治疗】 先采用心理疏导及饮食治疗，若无效可给予药物治疗。

1. **心理疏导**　帮助病人调整心理状态，认识疾病和建立勇气及自信心。

2. **饮食**　应选择：①高碳水化合物低蛋白饮食；②限制盐；③限制咖啡；④补充维生素 E、维

生素 B_6 和微量元素镁。

3. 药物治疗

（1）抗抑郁剂：可选用：①选择性5-羟色胺再摄入抑制剂：是治疗 PMS 的一线药物，如氟西汀（fluoxetine）20mg/d，整个月经周期服用；②三环类抗抑郁剂：氯米帕明（clomipramine）25～75mg/d。

（2）抗焦虑剂：适用于明显焦虑及易怒的病人。阿普唑仑（alprazolam）经前用药，起始剂量为0.4mg，每日2～3次，酌情递增，最大剂量为4mg/d，一直用至月经来潮的第2～3日。

（3）前列腺素抑制剂：吲哚美辛（indometacin）25mg，每日3次。

（4）促性腺激素释放激素类似剂（GnRHa）：造成低促性腺激素、低雌激素状态，缓解症状。有一定副作用，不宜长期应用。

（5）达那唑（danazol）：200mg/d。有弱雄激素和肝功能损害作用，只用于其他治疗无效，且症状严重时。

（6）溴隐亭（bromocriptine）：1.25～2.5毫克/次，每日2次，经前14日起服用，月经来潮时停药。

（7）醛固酮受体拮抗剂：螺内酯（spironolactone）20毫克/次，每日2～3次。

（8）维生素 B_6：口服100mg/d 可改善症状。

【小结】 月经前周期性发生躯体精神及行为症状影响妇女日常生活和工作，称为经前期综合征，伴有严重情绪不稳定者称为经前焦虑障碍。病因涉及心理、激素、大脑神经系统之间的相互作用，但其确切的作用机制尚未明了。常见症状包括情绪抑郁、焦虑、情感易变和易怒、日常活动兴趣减少、注意力难以集中、疲劳、食欲改变、睡眠障碍和挫败感。诊断首先要排除心理或器质性病变。治疗须个体化，以缓解症状为主。

（杨冬梓）

参考文献

1. Rapkin AJ, Winer SA. Premenstrual Syndrome and Premenstrual Dysphoric Disorder: Quality of Life and Burden of Illness. Expert Rev Pharmacoecon Outcomes Res, 2009, 9(2): 157-170.
2. Campagne DM, Campagne G. The premenstrual syndrome revisited. Eur J Obstet Gynecol Reprod Biol, 2007, 130: 4-17.
3. Cunningham J, Yonkers KA, O' Brien S, et al. Update on research and treatment of premenstrual dysphoric disorder. Harv Rev Psychiatry, 2009, 17: 120-137.
4. 陈新谦，金有豫，汤光. 新编药物学. 第17版. 北京：人民卫生出版社，2013.

第三节 排卵障碍性异常子宫出血

排卵障碍（ovulatory dysfunction）可引起月经周期与经期出血量异常的子宫出血（abnormal uterine bleeding，AUB）。基于2011年 FIGO 月经失调工作组（FIGO menstrual disorders group，FMDG）提出的异常子宫出血（abnormal uterine bleeding，AUB）新分类，2014年中华医学会妇产科学分会妇科内分泌学组将排卵障碍性异常子宫出血（简称 AUB-O）定义为：因稀发排卵、无排卵及黄体功能不足，主要由于下丘脑-垂体-卵巢轴功能异常引起的异常子宫出血。常见于青春期、绝经过渡期，生育期也可因 PCOS、肥胖、高催乳素血症、甲状腺疾病等引起。子宫内膜不规则脱落所致的经期延长是临床常见的病变，虽无明确的归类，但目前国内多认为其与黄体功能异常有关，故本节以附文的方式一并介绍。

基于正常月经的要素，2014年中华医学会妇产科学分会妇科内分泌学组规范了 AUB 术语的范围（表17-2）。

Notes

表 17-2 正常子宫出血(月经)与 AUB 术语的范围
(中华医学会妇产科学分会妇科内分泌学组 2014,10)

月经的临床评价指标	术语	范围
月经频率	月经频发	<21d
	月经稀发	>35d
月经规律性		
(近1年的周期之间的变化)	规律月经	<7d
	不规律月经	≥7d
	闭经	≥6个月无月经
经期长度	经期延长	>7d
	经期过短	<3d
经期出血量	月经过多	>80ml
	月经过少	<5ml

一、无排卵性异常子宫出血

卵巢不排卵可导致孕激素缺乏,子宫内膜仅受雌激素的作用,可呈现不同程度的增殖改变。继后,可因雌激素量的不足,子宫内膜发生突破性出血;抑或因雌激素持续作用的撤退,子宫内膜发生出血自限机制异常,出现月经量增多或经期延长,称为无排卵性异常子宫出血(anovulatory abnormal uterine bleeding)。常见于卵巢功能初现期和衰退期。

【病因和病理生理】 稀发排卵、无排卵主要由下丘脑-垂体-卵巢轴功能异常引起。常见于青春期、绝经过渡期。育龄期亦可因多囊卵巢综合征、肥胖、高催乳素血症、甲状腺疾病等引起。

各期无排卵性异常子宫出血发病机制各不相同。

1. **青春期** 青春期女性初潮后需要1.5~6年时间(平均4.2年)建立稳定的月经周期性调控机制。由于该时期下丘脑-垂体-卵巢轴尚未成熟,FSH呈持续低水平,虽有卵泡生长,但不能发育为成熟卵泡,合成、分泌的雌激素量未能达到促使LH高峰(排卵必需)释放的阈值,故无排卵。此外,青春期少女正处于生理与心理的急剧变化期,情绪多变,感情脆弱,发育不健全的下丘脑-垂体-卵巢轴更易受到内、外环境的多因素影响,导致排卵障碍。

2. **绝经过渡期** 该时期女性卵巢功能逐渐衰退,卵泡逐渐耗尽,剩余卵泡对垂体促性腺激素反应性降低,卵泡未能发育成熟,雌激素分泌量波动不能形成排卵前高峰,故不排卵。

3. **生育期** 生育期妇女既可因内、外环境刺激,如劳累、应激、流产、手术和疾病等引起短暂的无排卵,也可因肥胖、多囊卵巢综合征、高催乳素血症等引起持续无排卵。

各种原因引起的无排卵均可导致子宫内膜受单纯雌激素影响,而无孕激素对抗,达到或超过雌激素的内膜出血阈值,从而发生雌激素突破性出血(breakthrough bleeding)。突破性出血有两种类型:低水平雌激素维持在阈值水平,可发生间断性少量出血,内膜修复慢,出血时间延长;高水平雌激素维持在有效浓度,雌激素超过阈值水平引起长时间闭经,因无孕激素参与,内膜增厚但不牢固,易发生急性突破性出血,血量汹涌。也可因子宫内膜在单纯雌激素的刺激下持续增生,此时因多数卵泡退化闭锁,导致雌激素水平突然急剧下降,内膜失去支持而撤退性出血(withdrawal bleeding)。

无排卵性异常子宫出血与子宫内膜出血的自限性机制缺陷有关:①子宫内膜组织脆性增加:因子宫内膜受单纯雌激素影响,腺体持续增生,间质因缺乏孕激素作用而反应不足,导致子宫内膜组织脆弱,易自发溃破出血;②子宫内膜脱落不全:正常月经前子宫内膜的剥脱同步、完全、快速，而无排卵的子宫内膜由于雌激素的波动，脱落不规则和不完整，表现为子宫内膜部分区域在雌激素作用下修复，而另一部分区域发生脱落和出血，这种持续性增生的子宫内膜局灶性脱落缺乏足够的组织丢失量，难以有效刺激子宫内膜的再生和修复；③血管结构与功能异常：不规则的组织破损和多处血管断裂，以及小动脉螺旋化缺乏，收缩乏力，造成流血时间延长、流血量增多；④凝血与纤溶异常：多次子宫内膜组织的破损不断活化纤维蛋白溶酶，导致局部纤维蛋白裂解增强，子宫内膜纤溶亢进，凝血功能异常；⑤血管舒缩因子异常：增殖期子宫内膜 PGE_2 含量高于 $PGF_2\alpha$，另外，前列环素具有促血管扩张和抑制血小板凝集作用，而在无排卵性异常子宫出血时，PGE_2 含量和敏感性更高，血管易于扩张，出血增加。

【子宫内膜病理改变】 无排卵性异常子宫出血病人子宫内膜由于受雌激素持续影响而无孕激素拮抗，可发生不同程度的增生性改变，少数可呈萎缩性改变。

1. 子宫内膜增生症(endometrial hyperplasia) 分型如下：

(1) 单纯性增生(simple hyperplasia)：是最常见的子宫内膜增生类型。组织学特点是内膜腺体和间质增生程度超过正常周期的增殖晚期，呈弥漫性，腺体数量增多、密集、腺腔囊性扩大，大小轮廓不规则。腺上皮细胞为单层或假复层排列，无异型性；间质丰富而细胞质少，排列疏松；螺旋动脉发育差、直竖。发展为子宫内膜癌的几率仅约1%。

(2) 复杂性增生(complex hyperplasia)：内膜常增生，呈息肉状。腺体增生明显，拥挤，结构复杂。子宫内膜腺体高度增生，腺体数目明显增多，出现腺体与腺体相邻，呈背靠背现象，间质明显减少。由于腺上皮增生，可向腺腔内呈乳头状或向间质出芽样生长。腺上皮细胞呈柱状，可见复层排列，细胞核大深染，位于中央，有核分裂象，胞质界限明显，但无细胞异型性。约3%可发展为子宫内膜癌。

2. 增殖期子宫内膜(proliferative phase endometrium) 子宫内膜的形态表现与正常月经周期中的增殖期内膜无区别，只是在月经周期后半期甚至月经期，仍表现为增殖期形态。

3. 萎缩性子宫内膜(atrophic endometrium) 子宫内膜萎缩菲薄，腺体少而小，腺管狭而直，腺上皮为单层立方形或低柱状细胞，间质少而致密，胶原纤维相对增多。

【临床表现】 无排卵异常子宫出血可有各种不同临床表现，最常见的症状为：①月经周期紊乱；②经期长短与出血量多少不一，出血量少者仅为点滴出血，出血量多时间长者可能继发贫血，大量出血，甚至导致休克。出血期间一般无腹痛或其他不适。

【诊断】 主要依据病史、体格检查及辅助检查作出诊断。

1. 病史 需要了解异常子宫出血类型，发病时间，病程经过，出血前有无停经史、以往治疗经过。注意病人年龄、月经史、婚育史、是否采取避孕措施、经期是否服用干扰排卵或抗凝的药物。是否存在引起全身或生殖系统的相关疾病，如肝炎、血液病、糖尿病甲状腺功能亢进或减退等疾病。

2. 体格检查 检查是否存在贫血、甲亢、甲减、多囊卵巢综合征及全身出血性疾病的阳性体征。妇科检查以排除来自阴道、宫颈、子宫等生殖系统器质性病变。

3. 辅助检查 其目的是进一步鉴别诊断，确定疾病的严重程度及是否存在合并症。

(1) 凝血功能检查：血小板计数，出、凝血时间，凝血酶原时间，促凝血酶原激酶时间等，排除凝血及出血功能障碍性疾病。

(2) 血红细胞计数、血红蛋白：确定病人有无贫血情况。

(3) 尿妊娠试验或血 HCG 检测：有性生活史者，应行妊娠试验，应排除妊娠及妊娠相关疾病。

(4) 盆腔超声检查：可了解子宫大小、形状，子宫内膜厚度及回声等，以明确有无宫腔内占位性病变及其他生殖道器质性病变。

(5) 基础体温测定(BBT)：有助于判断有无排卵，基础体温呈单相型，提示无排卵；基础体温呈双相型，经间期出现不规则出血时，可了解出血是在卵泡期、排卵期或黄体期；还可以

Notes

提示黄体功能不健全(体温升高日≤11日)、子宫内膜不规则脱落(高温相体温下降缓慢伴经前出血)。

(6) 血清激素测定:适时测定血清孕酮水平,可了解黄体功能及确定有无排卵,一般于估计下次月经前7日(相当于黄体中期)测定,但常因出血频繁往往难以确定测定时间。同时可于早卵泡期测定血清LH、FSH、PRL、E2、T、TSH水平,以排除其他内分泌疾病。

(7) 宫颈细胞学检查:TBS(the Bethesda system)报告系统或巴氏分类法,用于排除宫颈癌及其癌前病变。

(8) 子宫内膜取样(sampling)

1) 诊断性刮宫(dilation & curettage,D&C):简称诊刮。其目的包括止血和明确子宫内膜病理学诊断。年龄>35岁、药物治疗无效、尤其存在子宫内膜癌高危因素的异常子宫出血病病人,应行分段诊刮,以排除宫颈管病变。拟确定卵巢排卵功能或了解子宫内膜增生程度时,宜在经前期或月经来潮6小时内刮宫。不规则阴道流血或大量流血时,可随时刮宫。对未婚病人,若激素治疗无效或疑有器质性病变,也应经病人和其家属知情同意后考虑诊刮。刮宫要全面、特别注意两侧宫角部,并注意宫腔大小、形态、宫壁是否平滑、刮出物性质和数量。刮出物应全部送病理学检查。

2) 子宫内膜细胞学检查:子宫内膜细胞刷自宫颈管进入宫腔刷取子宫内膜细胞进行病理学检查。

3) 子宫内膜活组织检查:可采用带负压的子宫内膜组织吸管或小刮匙获取组织,其优点是创伤小,可获得足够组织标本用于诊断。

(9) 宫颈黏液结晶检查:经前检查出现宫颈黏液羊齿植物叶状结晶提示无排卵。

(10) 宫腔镜检查:在宫腔镜直视下选择病变区进行活检,可诊断各种子宫内膜病变,如子宫内膜息肉、黏膜下子宫肌瘤、子宫内膜癌等。

【鉴别诊断】 在诊断无排卵异常子宫出血前,必须排除生殖器官器质性病变或全身性疾病导致的出血。需要鉴别的疾病包括:

1. **异常妊娠或妊娠并发症** 如流产、异位妊娠、葡萄胎、子宫复旧不良,胎盘残留、胎盘息肉或滋养细胞病变等。

2. **生殖器官肿瘤** 如子宫内膜癌、子宫颈癌、滋养细胞肿瘤、子宫肌瘤、卵巢肿瘤等。

3. **生殖器官感染** 如急性或慢性阴道炎、宫颈炎或宫内膜炎等。

4. **生殖道损伤** 如阴道裂伤出血。

5. 性激素类药物使用不当、宫内节育器或异物引起的子宫不规则出血。

6. **全身性疾病** 如血液病、肝肾衰竭、甲状腺功能亢进或减退等。

【治疗】 无排卵异常子宫出血的一线治疗是药物治疗。青春期及生育期治疗以止血、调整周期为治疗原则,有生育要求者需促排卵治疗。绝经过渡期治疗以止血、调整周期、减少经量,防止子宫内膜病变为治疗原则。

1. **止血** 需要根据出血量选择合适的制剂和正确的使用方法。对少量出血者,使用最低有效剂量激素,以减少药物副作用。对大量出血病人,要求性激素治疗8小时内见效,24~48小时内出血基本停止,若96小时以上仍不止血,应考虑有器质性病变存在的可能。

(1) 性激素治疗:采用雌激素、孕激素或雌、孕激素联合用药。

1) 雌、孕激素联合治疗:性激素联合用药的止血效果优于单一用药。采用孕激素占优势的口服避孕药,在治疗青春期或生育期无排卵异常子宫出血,常常有效。目前使用第三代短效口服避孕药,如复方屈螺酮片、去氧孕烯炔雌醇片、复方孕二烯酮片或复方醋酸环丙孕酮片。用法为每次1~2片,每6~12小时1次,血止3日后按每3日减量1/3,逐渐减量至每日1片,维持至出血停止后21日周期结束。

Notes

2）单纯雌激素治疗：使用大剂量雌激素可迅速促使子宫内膜生长，短期内修复创面而止血，也称“子宫内膜修复法”，适用于急性大量出血病人。主要药物为结合雌激素、戊酸雌二醇。具体用法如下。①结合雌激素（口服片剂）1.25mg/次，或戊酸雌二醇 2mg/次，每 4～6 小时 1 次口服，血止 3 日后按每 3 日递减 1/3 量为宜。②结合雌激素（肌注针剂）：25mg 静脉注射，可 4～6 小时重复 1 次，一般用药 2～3 次，次日应给予结合雌激素 3.75～7.5mg/d，口服，并按每 3 日递减 1/3 量逐渐减量。也可在 24～48 小时内开始用口服避孕药。

对存在血液高凝状态或有血栓性疾病史的病人应禁用大剂量雌激素止血。所有雌激素疗法在血红蛋白增加至 90g/L 以上后均必须加用孕激素撤退，有利于停药后子宫内膜的完全脱落。对于间断少量长期出血者，雌激素水平常常较低，也可应用雌激素治疗，多使用生理替代剂量，如妊马雌酮 1.25mg 或戊酸雌二醇 2mg，每日 1 次，共 21 日，最后 7～10 日加用孕激素，如地屈孕酮 10mg，每日 2 次。

3）单纯孕激素治疗：使雌激素作用下持续增生的子宫内膜转化为分泌期，并有对抗雌激素作用，使内膜萎缩，也称“子宫内膜萎缩法”、“子宫内膜脱落法”或“药物刮宫”。适用于体内已有一定雌激素水平、血红蛋白水平>80g/L，生命体征稳定的病人。合成孕激素分为三类，常用的为地屈孕酮 10mg 口服，每 6～12 小时一次，2～3 日血止后按每 3 日减量 1/3，直至维持量 10mg 每日 2 次，持续用药至血止后 21 日停药。也可用 17-α 羟孕酮衍生物（甲羟孕酮或甲地孕酮）、左炔诺孕酮和 19-去甲基睾酮衍生物（炔诺酮）等。

（2）刮宫术：可迅速止血，并具有诊断价值，可以了解子宫内膜病理，除外恶性病变。适用于急性大出血、存在子宫内膜癌高危因素、育龄期病程长和绝经过渡期的病人。对无性生活史的青少年，仅适用于大量出血且药物治疗无效需立即止血或急需了解子宫内膜组织学除外内膜病变者，应经病人和其家属知情同意后考虑刮宫，一般不轻易行刮宫术。

（3）辅助治疗：

1）一般止血药物治疗：抗纤溶药物和促凝药物，均有减少出血量的辅助作用，但不能赖以止血。如抗纤溶药物氨甲环酸静脉注射或静脉滴注：每次 0.25～0.5g，一日 0.75～2g；口服，每次 500mg，3 次/日；还可以用巴曲酶、酚磺乙胺、维生素 K 等。

2）雄激素：雄激素有对抗雌激素、减少盆腔充血、增强子宫平滑肌及子宫血管张力的作用，以减少子宫出血量，有协助止血作用，如丙酸睾酮等。

3）矫正凝血功能：出血严重时，可补充凝血因子，如纤维蛋白原、血小板、新鲜冻干血浆。

4）纠正贫血：中、重度贫血病人在上述治疗的同时应补充铁剂、叶酸，严重贫血者需输注新鲜血。

5）预防感染：流血时间长、贫血严重、机体抵抗力低下或存在感染的临床征象时，应及时给予抗生素治疗。

2. 调整月经周期 应用性激素血止后，必须调整月经周期，青春期或生育期无排卵异常子宫出血病人，需恢复正常的内分泌功能，以建立正常月经周期；绝经过渡期病人，需控制出血及预防子宫内膜增生症发生。

（1）雌、孕激素序贯治疗：即人工周期，模拟月经周期中卵巢分泌的内分泌变化，序贯应用雌、孕激素，使子宫内膜发生相应变化。适用于青春期及生育期内源性雌激素较低病人。于撤退性出血第 5 日开始，生理替代戊酸雌二醇 1～2mg 或结合雌激素片 0.625～1.25mg，每晚 1 次，连服 21 日，至服用雌激素第 11～16 日，加用醋酸甲羟孕酮片 10mg/d，或地屈孕酮 10mg，2 次/日，持续 10～14 日。连续 3 个周期为一疗程。若正常月经仍未建立，应重复上述序贯治疗。若病人体内有一定雌激素水平，雌激素宜选择低剂量治疗。

（2）雌、孕激素联合治疗：此法开始即用孕激素，以限制雌激素的促内膜生长作用，使撤药性出血逐步减少，其中雌激素可预防治疗过程中孕激素的突破性出血。常用口服避孕药，可以

Notes

很好地控制周期，尤其适用于有避孕需求的生育期病人。一般自药物撤退性出血第 5 日起，1 片/日，连服 21 日，1 周为药物撤退性出血间隔，连续 3 个周期为 1 个疗程，病情反复者酌情延至 6 个周期。用药期间应该注意口服避孕药的潜在风险，有血栓性疾病、心脑血管疾病高危因素及 40 岁以上吸烟的女性不宜使用。

（3）孕激素后半周期治疗：适用于有内源性雌激素的青春期或组织学检查为子宫内膜增生期病人。于月经周期后半期（撤药性出血的第 16～25 日）口服地屈孕酮 10mg/d，每日 2 次，共 10 日，或微粒化孕酮 200～300mg/d，共 5～7 日，或醋酸甲羟孕酮 10mg/d，连用 10 日，或肌注黄体酮 20mg/d，共 5 日。酌情应用 3～6 个周期。

（4）宫内孕激素释放系统：宫腔内放置含孕酮或左炔诺孕酮缓释系统宫内节育器（levonorgestrel-releasing IUD），每日释放左炔诺孕酮 20μg，能在宫腔内局部抑制子宫内膜生长，减少经量 80%～90%，甚至出现闭经，有效期 4～5 年，适用于已无生育要求的育龄期病人。

3. 手术治疗

（1）子宫内膜切除术（endometrial ablation）：利用宫腔镜下单、双极金属套环、激光、滚动球电凝、热球内膜切除及微波内膜切除等方法，使子宫内膜组织凝固或坏死。治疗必要条件：无生育要求并需除外子宫内膜恶性病变、子宫内膜不典型增生及子宫内膜复杂性增生过长者。要求子宫<12 孕周，宫腔深度<12cm。

（2）子宫切除术：对于药物治疗效果不佳或不宜用药、无生育需求，尤其是不易随访的年龄较大者，在了解所有药物治疗方法后，病人和家属知情后仍选择子宫切除手术治疗。

二、黄体功能不足

黄体功能不足（luteal phase defect，LPD）可因黄体期孕激素分泌不足或黄体过早衰退，导致子宫内膜分泌反应不良，从而引起月经频发。

【发病机制】 足够水平的 FSH 和 LH、LH/FSH 比值及卵巢对 LH 良好的反应是黄体健全发育的必要前提。黄体功能不足有多种因素。

1. **卵泡发育不良** 卵泡颗粒细胞数目和功能分化缺陷，特别是颗粒细胞膜上 LH 受体缺陷，引起排卵后颗粒细胞黄素化不良及分泌孕酮量不足。神经内分泌调节功能紊乱可导致卵泡期 FSH 缺乏，卵泡发育缓慢，雌激素分泌减少，从而对下丘脑及垂体正反馈不足。

2. **LH 排卵高峰分泌不足** 卵泡成熟时 LH 排卵峰分泌量不足，促进黄体形成的功能减弱，是黄体功能不足的常见原因。循环中雄激素水平偏高和垂体泌乳激素升高等因素都可抑制 LH 排卵峰。

3. **LH 排卵峰后低脉冲缺陷** LH 排卵峰后的垂体 LH 低脉冲分泌是维持卵泡膜黄体细胞功能的重要机制，若此分泌机制缺陷将导致黄体功能不足。

【病理】 子宫内膜形态表现为分泌期腺体呈分泌不良，间质水肿不明显或腺体与间质发育不同步，或在内膜各个部位显示分泌反应不均，如在血管周围的内膜，孕激素水平稍高，分泌反应接近正常，远离血管的区域则分泌反应不良。内膜活检显示分泌反应较实际周期日至少落后 2 日。

【临床表现】 一般表现为月经周期缩短，因此月经频发。有时月经周期虽在正常范围内，但卵泡期延长、黄体期缩短（<11 日）。在育龄妇女常可表现为不易受孕或在孕早期流产。

【诊断】 根据月经周期缩短、不孕或早孕时流产，妇科检查无引起异常子宫出血的生殖器官的器质性结构改变；基础体温双相型，但排卵后体温上升缓慢，上升幅度偏低，高温期短于 11 日。经前子宫内膜活检显示分泌反应至少落后 2 日，可作出诊断。

【治疗】

1. **促进卵泡发育** 针对其发生原因，调整性腺轴功能，促使卵泡发育和排卵，以利于正常黄体的形成。

Notes

促卵泡发育治疗：首选药物为氯米芬，适用于黄体功能不足卵泡期过长者。氯米芬可通过与内源性雌激素受体竞争性结合而促使垂体释放 FSH 和 LH，达到促进卵泡发育的目的。可于月经第2～5日开始每日口服氯米芬50mg，共5日。应用3个周期后停药并观察其恢复情况。疗效不佳，尤其不孕者，考虑每日口服氯米芬量增加至100～150mg或采用 hMG-hCG 疗法，以促进卵泡发育和诱发排卵，促使正常黄体形成。

2. 促进月经中期 LH 峰形成 在监测到卵泡成熟时，使用绒毛膜促性腺激素5000～10 000U肌注，以加强月经中期 LH 排卵峰，达到促进黄体形成和提高其分泌孕酮的功能。

3. 黄体功能刺激疗法 于基础体温上升后开始，肌注 hCG 1000～2000U 每周2次或隔日1次，共2周，可使血浆孕酮明显上升。

4. 黄体功能替代疗法 一般选用天然黄体酮制剂。自排卵后或预期下次月经前12～14日开始，每日肌注黄体酮10～20mg，共10～14日；也可口服天然微粒化孕酮，以补充黄体分泌孕酮的不足。

5. 黄体功能不足合并高催乳素血症的治疗 使用溴隐亭每日2.5～5mg，可使催乳激素水平下降，并促进垂体分泌促性腺激素及增加卵巢雌、孕激素分泌，从而改善黄体功能。

【附】子宫内膜不规则脱落

月经周期中有卵泡发育及排卵，黄体发育良好，但萎缩过程延长，导致子宫内膜不规则脱落(irregular shedding of endometrium)，从而引起经期延长。

【发病机制】 由于下丘脑-垂体-卵巢轴调节功能紊乱或溶黄体机制异常引起黄体萎缩不全，内膜持续受孕激素影响，以致不能如期完全脱卸。

【病理】 正常月经第3～4日时，分泌期子宫内膜已全部脱落，代之以再生的增殖期内膜。但在黄体萎缩不全时，月经期第5～6日仍能见到呈分泌反应的子宫内膜。由于病人经期较长，使内膜失水，间质变致密，腺体皱缩，腺腔呈梅花状或星状，腺细胞透亮、核固缩，间质细胞大，间质中螺旋血管退化。此时刮宫，子宫内膜常表现为混合型子宫内膜，即残留的分泌期内膜与出血坏死组织及新增殖的内膜混合共存。有些区域内膜尚有出血，另一些区域已有新的增殖期内膜出现。

【临床表现】 表现为月经周期正常，但经后期出血，使经期可长达9～10日，出血量可多可少。

【诊断】 临床表现为月经周期正常，经期延长，基础体温呈双相型，但下降缓慢。在月经第5～6日行诊断性刮宫，病理检查仍能见到呈分泌反应的内膜，且与出血期及增殖期内膜并存。

【治疗】

1. 孕激素 通过下丘脑-垂体-卵巢轴的负反馈功能，使黄体及时萎缩，内膜按时完整脱卸。方法：自排卵后第1～2日或下次月经前10～14日开始，每日口服甲羟孕酮10mg，连服10日。有生育要求者可肌注黄体酮注射液或口服天然微粒化孕酮。无生育要求者也可口服避孕药，月经第5日开始，每日1片，连续21日为一周期。

2. 绒毛膜促性腺激素 用法同黄体功能不足，绒毛膜促性腺激素有促进黄体功能的作用。

(华克勤)

参考文献

1. Malcolm G. Munro, M. D. , a Hilary O. D. Critchley, M. D. , b and Ian S. Fraser, M. D. , c for the FIGO Menstrual Disorders Working Group. The FIGO classification of causes of abnormal uterine bleeding in the reproductive years. Fertil Steril, 2011, 95:2204-2208.
2. American college of Obstetricians and Gynecologists. Management of acute abnormal uterine bleeding in non-pregnant reproductive-aged women. Committee opinion. Number 557. Obstet Gynecol, 2013, 121:891-896.
3. 中华医学会妇产科学分会妇科内分泌学组. 异常子宫出血诊断与治疗指南. 中华妇产科杂志, 2014, 49(11):801-806.

第四节 原发性痛经

痛经(dysmenorrhea)为月经期出现的子宫痉挛性疼痛,可伴腰酸、下腹坠痛或其他不适,严重者可影响生活和工作。痛经分为原发性与继发性两种:原发性痛经是无盆腔器质性病变的痛经,发生率占36.06%,痛经始于初潮或其后1~2年;继发性痛经通常是器质性盆腔疾病的后果。本节仅介绍原发性痛经。

【病理生理】 目前已有的研究资料显示,原发性痛经是因子宫痉挛性收缩引起的子宫缺血所致,其原因与子宫内膜前列腺素类(prostanoids)物质分泌量增多或失平衡有关。分子生物学研究发现,分泌期子宫内膜前列腺素类含量高于增生期内膜。分泌晚期因孕激素水平的下降,子宫内膜启动溶解性酶促反应(lytic enzymatic action),激活环氧酶(cyclooxygenase,COX)通路及释放前列腺素类物质。前列腺素类中$PGF_{2\alpha}$为导致痛经的主要介质,可引起子宫平滑肌高基础张力、节律异常的痉挛性收缩,造成子宫缺血、疼痛。

同时,$PGF_{2\alpha}$进入血液循环可引起胃肠道、泌尿道和血管等处的平滑肌收缩,从而引发相应的全身症状。

垂体后叶加压素、内源性缩宫素等也可能导致子宫肌层的高敏感性,减少子宫血流,引起痛经。另外原发性痛经还受精神、神经因素的影响,与个体痛阈及遗传因素也有关。

【临床表现】 于月经来潮前数小时即感疼痛,经时疼痛逐步或迅速加剧,历时数小时至2~3日不等。疼痛常呈阵发性或痉挛性,通常位于下腹部,放射至腰骶部或大腿内侧。50%病人有后背部痛、恶心呕吐、腹泻、头痛及乏力;严重病例可发生晕厥而急诊就医。一般妇科检查无异常发现。有时可见子宫发育不良、子宫过度前屈、后屈以及子宫内膜呈管状脱落的膜样月经等情况。

【诊断与鉴别诊断】 一般在初潮后一段时间,月经转规律以后出现经期下腹坠痛,基础体温测定证实痛经发生在排卵周期,妇科检查排除器质性疾病,临床即可诊断。须与子宫内膜异位症,子宫腺肌病,盆腔感染、黏膜下子宫肌瘤及宫腔粘连症等引起的痛经相鉴别。三合诊检查、腹腔镜及宫腔镜有助于鉴别诊断。

【治疗】 主要目的是缓解疼痛及其伴随症状。

1. 一般治疗 应重视精神心理治疗,阐明月经期轻度不适是生理反应。必要时可给予镇痛、镇静、解痉治疗。

2. 药物治疗

(1)抑制排卵药物:通过抑制下丘脑-垂体-卵巢轴,抑制排卵,抑制子宫内膜生长,降低前列腺素和加压素水平,从而缓解痛经程度。口服避孕药疗效可达90%以上,主要适用于要求避孕的病人。

(2)前列腺素合成酶抑制剂:通过抑制前列腺素合成酶的活性,减少PG的产生,防止过强子宫收缩和痉挛,降低子宫压力,从而达到治疗的目的,有效率60%~90%,适用于不要求避孕或对口服避孕药效果不好的原发性痛经病人。月经来潮或痛经出现后连续服药2~3日。如吲哚美辛、布洛芬、酮洛芬等。主要副作用为胃肠道症状及过敏反应,消化道溃疡者禁用。

【小结】 原发性痛经为排卵性月经期出现的子宫痉挛性疼痛、无盆腔器质性病变,其发生主要与分泌期子宫内膜前列腺素含量增多有关。诊断需要先排除器质性病变。临床应用口服避孕药有效率可达90%,前列腺素抑制剂有效率约80%。

(张淑兰)

参考文献

1. Osayande AS, Mehulic S. Diagnosis and initial management of dysmenorrhea. Am Fam Physician, 2014, 89:

Notes

341-346.

2. Morrow C, Naumburg EH. Dysmenorrhea. Prim Care, 2009, 36: 19-32.

第五节 病理性闭经

闭经(amenorrhea)包括生理性闭经和病理性闭经。本节仅介绍病理性闭经。

病理性闭经分为两类:原发性闭经(primary amenorrhea)和继发性闭经(secondary amenorrhea)。原发性闭经的年龄界定在不同教科书或专著里略有不同,2011年中华医学会妇产科学分会内分泌学组发表的共识为:原发性闭经是指女性年逾16岁,虽有第二性征发育但无月经来潮,或年逾14岁,尚无第二性征发育及月经。继发性闭经为月经来潮后停止3个周期或6个月以上。

【病因】 世界卫生组织(WHO)将闭经归纳为三型:Ⅰ型为无内源性雌激素产生,卵泡刺激素(FSH)水平正常或低下,泌乳激素(PRL)正常水平,无下丘脑-垂体器质性病变的证据;Ⅱ型为有内源性雌激素产生、FSH及PRL水平正常;Ⅲ型为FSH升高提示卵巢功能衰竭。下丘脑-垂体-卵巢及子宫或子宫内膜-下生殖道经血引流的任何部位发生功能的或器质性病变均可能引起闭经。不同部位的异常表现为不同的型别,临床上分析闭经病因时可以循此思路。

一、原发性闭经

多数由于遗传因素或先天性发育异常所致。确定第二性征发育与否有助于发现闭经的原因(图17-2)。

(一) 没有第二性征的闭经

缺乏第二性征表明从未有过雌激素作用。

1. 高促性腺激素性性腺功能减退(hypergonadotropic hypogonadism) 大多与遗传异常有关的性腺功能减退或性激素合成关键酶缺陷有关。性激素缺乏,LH和FSH水平升高。

(1) 性腺先天性发育不全(gonadal dysgenesis):性腺条索状或发育不全因性腺内卵泡缺如或少于正常,临床多表现为性征幼稚的原发性闭经。

1) 特纳综合征(Turner's syndrome):最常见的核型异常为45,XO;其次为45,XO的嵌合型和X短臂和长臂缺失、47,XXX等;45,XO病人除高促性腺激素闭经外,还有一系列体格发育异常特征:如身材矮小(不足150cm),蹼颈,盾状胸,肘外翻等。

2) 46,XX单纯性性腺发育不全者体格发育无异常。

3) 46,XY单纯性腺发育不全,又称Swyer综合征:具有女性生殖系统,但无青春期性发育;性腺可在任何年龄发生肿瘤,一旦确诊应切除性腺。

4) 45,XO/46,XY嵌合型性腺发育不全。

(2) 酶缺陷:酶缺失影响合成性激素。常见的为:XY个体17α-羟化酶缺失、20α-裂解酶缺失,病人为女性表型,子宫缺如;XX个体17α-羟化酶缺失病人有子宫,无第二性征。

(3) 其他原因:在青春期前卵巢接受辐射、化疗、放疗作用导致卵巢功能早衰;半乳糖血症;儿童期腮腺炎、自身免疫性疾病等可引起卵巢功能衰竭。

2. 低促性腺激素性性腺功能减退(hypogonadotropic hypogonadism, HH) 病因源于下丘脑垂体。

(1) 生理性或体质性青春期延迟是这一型原发性闭经的最常见原因,GnRH脉冲产生延迟引起性发育延迟,但身体发育正常。

(2) 嗅觉缺失综合征(anosmia, Kallmann's syndrome):一种下丘脑GnRH先天性分泌缺陷,同时伴嗅觉丧失或减退的低促性腺激素性腺功能低落。表现为原发性闭经,性征发育缺如,伴嗅觉减退或丧失。

(3) 中枢神经系统肿瘤:最常见的是发生于蝶鞍上的垂体柄漏斗部前方的颅咽管瘤。这些病人的 LH、FSH 以及其他垂体激素分泌都可能受影响。

(4) 遗传性疾病:促性腺激素释放激素受体突变;促卵泡激素缺陷病人 FSH 水平下降和 LH 水平升高或正常形成异常 FSH/LH 比值可区别于其他病因。

(5) 其他:营养不良、精神应激性、体重下降、神经性厌食、过度运动、慢性疾病等引起的下丘脑分泌 GnRH 功能失调或抑制,甲状腺功能低下等。

(二) 有第二性征和解剖异常的闭经

解剖异常 指月经流出道阻塞或缺失,完整的流出道包括阴道、功能性宫颈和子宫。

(1) 月经流出道异常:包括处女膜闭锁、完全阴道横隔、米勒管发育不全综合征(Mayer-Rokitansky-Küster-Hauser syndrome)。后者与半乳糖代谢异常有关,染色体核型和促性腺激素水平正常,第二性征发育正常,表现为始基子宫或无子宫、宫颈和阴道发育不全或缺如。15% 的病人有肾缺如或异常,40% 有双尿路系统,5% ~12% 的有骨骼异常。如有完整子宫内膜的流出道阻塞者可引起经血流出受阻致周期性腹痛、阴道乃至子宫和腹腔积血。

(2) 雄激素不敏感综合征(androgen insensitive syndrome):完全先天性雄激素不敏感表型为女性,是男性假两性畸形。染色体是男性(XY),位于 X 染色体上的雄激素受体基因缺陷,故血总睾酮浓度在正常范围但没有生物效应。睾丸位于腹腔或腹股沟。青春期睾酮转化为雌激素,因而乳房发育丰满但乳头发育不良,乳晕苍白,腋毛和阴毛少或缺如;有较浅的盲端阴道,子宫输卵管缺如。

(3) 真两性畸形:较罕见,染色体核型为 XY,XY 和嵌合体,有男性和女性性腺,外生殖器通常是模棱两可的,常有乳房发育。

(4) 抵抗性卵巢综合征(resistant ovary syndrome)或称卵巢不敏感综合征(insensitive ovary syndrome):也称 Savage 综合征,病人 FSH 受体缺失或受体下游存在缺陷。特征为卵巢虽有卵泡,但对促性腺激素不敏感,故卵泡不分泌雌二醇,促性腺激素升高。临床表现为原发性闭经,也有表现为继发闭经或卵巢早衰,性征发育接近正常。

(5) 其他:第二性征发育后的卵巢早衰包括染色体异常(如嵌合体的 Turner 综合征)、医源性(放射、化疗、手术创伤)、自身免疫性疾病、半乳糖血症(轻型或杂合子)。

二、继发性闭经

所有闭经的育龄期妇女都应考虑妊娠问题,在排除了妊娠后常见的继发性闭经原因有甲状腺功能异常和高催乳素血症。此外的主要病因是下丘脑-垂体-卵巢轴及子宫的病变。

(一) 中枢神经-下丘脑性闭经

1. 精神应激性(psychological stress) 环境改变、过度紧张或精神打击等抑制垂体促性腺激素分泌。

2. 慢性疾病、神经性厌食、过度劳累、过度锻炼或运动和营养不良、体重过低均可抑制 GnRH 分泌,由此导致促性腺激素低下状态至闭经。

3. 肥胖 肥胖妇女的高胰岛素血症、外周转化过多的雌酮、SHBG 较低导致的异常增加游离雄激素等对 GnRH 脉冲释放的干扰引起无排卵者可表现为月经稀发或继发闭经。

4. 药物性闭经 口服避孕药或注射甲羟孕酮避孕针(depo-provera)对下丘脑 GnRH 分泌的抑制引起继发性闭经。另外,有些药物如氯丙嗪、利血平等通过抑制下丘脑多巴胺使垂体分泌催乳激素增加引起闭经。

5. 下丘脑肿瘤 最常见颅咽管瘤。

(二) 垂体性闭经

1. 垂体肿瘤 包括激素分泌和非功能性的垂体肿瘤,最常见的是分泌催乳素的腺瘤,不同

Notes

高水平的 PRL 可有不同的临床表现:轻则黄体功能不良,重则闭经。后者称闭经溢乳综合征。垂体肿瘤引起任何一种激素过多均可影响月经,如分泌 ACTH 的垂体肿瘤引起 Cushing 病,表现为肥胖、满月脸、多毛和月经紊乱或闭经。

2. 垂体梗死 希恩综合征(Sheehan syndrome)由于产后出血和低血压导致腺垂体急性梗死和坏死,可出现局限的后眼眶头痛或视觉和视力障碍,并引起一系列腺垂体功能低下的症状,如低促性腺激素性腺功能低下性闭经、产后无乳、脱发、阴毛腋毛脱落以及肾上腺皮质、甲状腺功能减退症状。

3. 空蝶鞍综合征(empty sella syndrome) 蝶鞍隔先天性发育不全或被肿瘤及手术破坏,而使充满脑脊液的蛛网膜下隙向垂体窝(蝶鞍)延伸,使腺垂体被压扁,蝶鞍扩大,称空蝶鞍。临床表现为闭经,可伴溢乳。催乳激素可高于正常。

4. 其他 糖尿病脉管炎和地中海贫血在少见情况下表现为垂体功能衰竭,淋巴性垂体炎的垂体破坏。

(三) 卵巢性闭经

指卵巢功能衰退或继发性病变所引起的闭经。

1. 卵巢早衰(premature overian failure) 40 岁前由于卵巢内卵泡耗竭或医源性损伤(iatrogenic causes)导致卵巢功能衰竭,称卵巢早衰。病因可为遗传因素、自身免疫性疾病、病毒对卵母细胞的损害作用、医源性(盆腔放射及全身化疗、手术)损伤或特发性因素。以低雌激素和促性腺激素升高为特征,FSH>40U/L,表现为继发闭经和围绝经期症状。

2. 卵巢功能性肿瘤 分泌雄激素的卵巢肿瘤。

(四) 子宫性闭经

由子宫内膜破坏所致闭经。

1. Asherman 综合征 常见于人工流产、产后或流产后出血过度清宫引起的子宫内膜损伤、瘢痕化和粘连;粘连可使宫腔、宫颈内口、宫颈管或上述多处部位部分或全部阻塞,从而引起闭经。

2. 其他子宫内膜破坏 子宫内膜结核、感染、手术切除或放疗破坏子宫内膜可引起闭经。

(五) 其他

雄激素增高的疾病:有多囊卵巢综合征、先天性肾上腺皮质增生症(congenital adrenal hyperplasia,CAH)、分泌雄激素的肾上腺肿瘤和卵巢肿瘤及卵泡膜细胞增殖症等;甲状腺疾病包括常见的甲状腺疾病为桥本氏病及 Graves 病,因自身免疫抗体引起甲状腺功能减退或亢进,并抑制 GnRH 的分泌引起闭经。

【诊断】 闭经是临床表现,对闭经的诊断即是病因诊断。

1. 病史 包括月经史、婚育史、服药史、子宫手术史、家族史以及发病可能起因和伴随症状,如环境变化、精神心理创伤、情感应激、运动性职业或过强运动、营养状况及有无头痛、溢乳等。原发性闭经者应了解青春期生长和第二性征发育进程。

2. 体格检查 包括智力、身高、体重,第二性征发育状况,有无体格发育畸形,甲状腺有无肿大,乳房有无溢乳,皮肤色泽及毛发分布。原发性闭经应行青春期发育和生长曲线图的评估:前者包括目前的身高、体重和臂长(正常成人的臂长与身高相差<5cm);乳房发育参照 Tanner 分期法;性征幼稚者还应检查嗅觉有无缺失,头痛或溢乳者还应行视野测定。

3. 妇科检查 内、外生殖器发育情况及有无畸形;外阴色泽及阴毛生长情况;阴道的长度(探针探入)以及是否存在宫颈和子宫(肛诊)。可借助盆腔超声检查了解子宫和卵巢发育情况。已婚妇女可用阴道窥器暴露阴道和宫颈。

4. 辅助检查 可按照原发性闭经诊断流程(图 17-2)和继发性闭经诊断流程(图 17-3)行病因诊断及鉴别诊断。

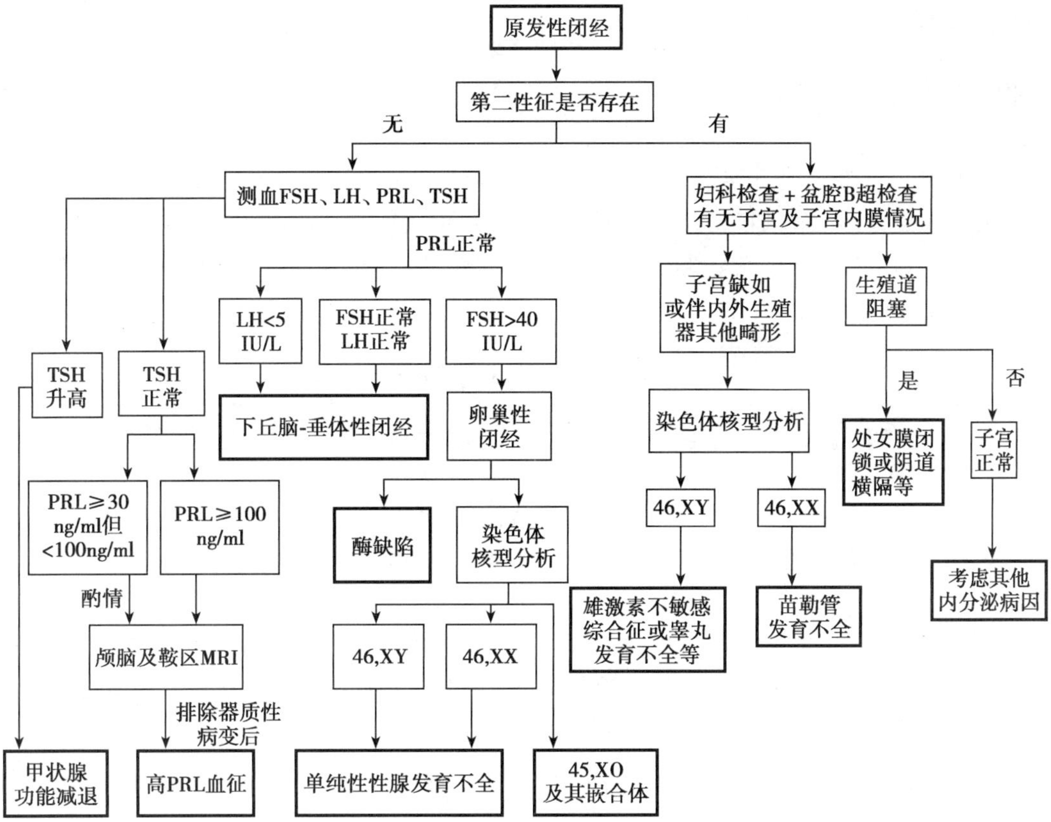

图 17-2　原发性闭经的诊断流程图

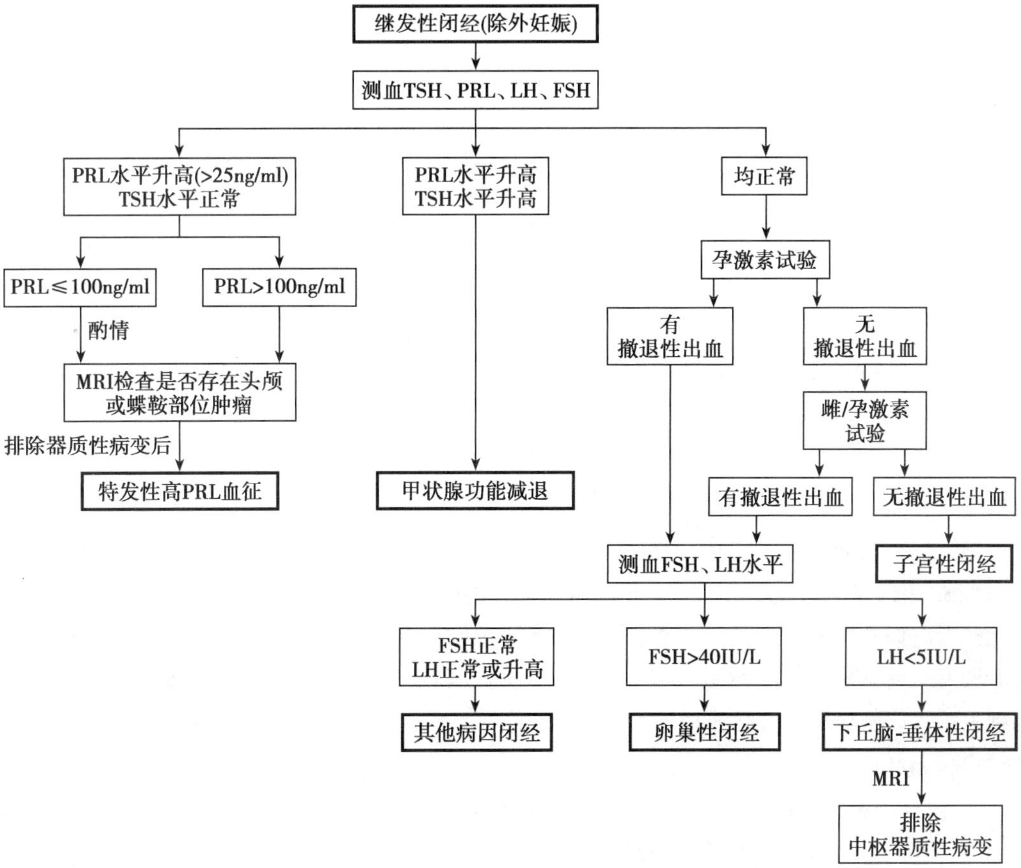

图 17-3　继发性闭经的诊断流程图

Notes

（1）评估雌激素水平以确定闭经程度：

1）孕激素试验：具体用法见表 17-3。孕激素撤退有流血者说明体内有一定内源性雌激素水平影响；停药后无撤退性流血者则可能存在两种情况：①内源性雌激素水平低落；②子宫病变所致闭经。

2）雌激素试验：即服用足够量的雌激素如戊酸雌二醇或 17β 雌二醇 2～4mg/d 或结合雌激素 0.625～1.25mg/d，20～30 天后再加用孕激素（具体用法见表 17-3）；停药后有撤退性流血者可排除子宫性闭经；停药无撤退性流血者可确定子宫性闭经。但如病史及妇科检查已明确为子宫性闭经及下生殖道发育异常，此步骤可省略。

表 17-3 孕激素试验用药及方法

药物	剂量	用药时间
黄体酮针剂	20mg/次，1 次/日，肌注	3～5 天
甲羟孕酮	10mg/次，1 次/日，口服	8～10 天
地屈孕酮	10mg/次，2 次/日，口服	10 天
微粒化黄体酮	100mg/次，2 次/日，口服	10 天

（2）激素测定：建议停用雌孕激素药物至少两周后行 FSH、LH、PRL、促甲状腺激素（TSH）等激素测定，以协助诊断。

1）PRL 及 TSH 的测定：血 PRL>25ng/ml 诊断为高催乳素血征；PRL、TSH 同时升高提示甲状腺功能减退引起的闭经。

2）FSH、LH 的测定：FSH>40IU/L（相隔一月，两次以上测定），提示卵巢功能衰竭；FSH>20IU/L，提示卵巢功能减退；LH<5IU/L 或者正常范围提示病变环节在下丘脑或者垂体。

3）其他激素的测定：肥胖或临床上存在多毛、痤疮等高雄激素体征时尚需测定胰岛素、雄激素（血睾酮、硫酸脱氢表雄酮）、孕酮和 17 羟孕酮，以确定是否存在胰岛素抵抗、高雄激素血症或先天性肾上腺皮质增生等疾病。

（3）染色体检查：高促性腺激素性闭经及性分化异常者应做染色体检查。

（4）其他辅助检查：

1）超声检查：盆腔内有无占位性病变、子宫大小、子宫内膜厚度、卵巢大小、卵泡数目及有无卵巢肿瘤。卵巢有无多囊性改变（见本章第六节 多囊卵巢综合征）。

2）基础体温测定：了解卵巢排卵功能。

3）宫腔镜检查：排除宫腔粘连等。

4）影像学检查：头痛、溢乳或高 PRL 血症病人应行头颅/蝶鞍的 MRI 或 CT 检查以确定是否存在颅内肿瘤及空蝶鞍综合征等；有明显男性化体征病人还应行卵巢和肾上腺超声或 MRI 检查以排除肿瘤。

【治疗】 确定闭经病因后，根据病因给予治疗。

1. 病因治疗 如神经精神应激起因的病人应进行精神心理疏导；低体重或因节制饮食消瘦致闭经者应调整饮食、加强营养；运动性闭经者应适当减少运动量及训练强度。对于下丘脑（颅咽管肿瘤）、垂体肿瘤（不包括分泌泌乳素的肿瘤）及卵巢肿瘤应手术去除肿瘤；含 Y 染色体的高促性腺性闭经应尽快行性腺切除术；因生殖道畸形经血引流障碍而引起的闭经，应手术矫正使经血流出畅通。

2. 内分泌药物治疗 根据闭经的病因及其病理生理机制，采用针对性内分泌药物治疗。如 CAH 病人应采用糖皮质激素长期治疗；对于有明显高雄激素体征的 PCOS 病人的治疗见本章第六节多囊卵巢综合征。

Notes

（1）抑制垂体催乳激素过多分泌：

1）溴隐亭（bromocriptine）：为多巴胺激动剂，直接抑制垂体PRL分泌还可直接抑制垂体分泌PRL肿瘤细胞的生长和PRL的分泌。口服剂量为2.5～5mg/d，一般在服药的第5～6周能使月经恢复。垂体肿瘤病人口服溴隐亭5～7.5mg/d，敏感病人在服药后的3个月可见肿瘤明显缩小。不良反应为胃肠道不适，应餐中服。副作用重者，可经阴道给药（睡前），阴道给药较口服吸收完全，且避免药物肝脏首过效应，副作用小。

2）甲状腺素：适用于甲状腺功能减退所致的高催乳激素血症。

（2）雌、孕激素替代治疗和（或）孕激素治疗：对青春期性幼稚及成人低雌激素血症应采用雌激素治疗，用药原则：对青春期性幼稚病人，在身高尚未达到预期身高时，起始剂量应从小剂量开始，如17-β雌二醇或戊酸雌二醇0.5mg/d或结合雌激素0.3mg/d；在身高达到预期身高后，可增加剂量，如17-β雌二醇或戊酸雌二醇1～2mg/d或结合雌激素0.625～1.25mg/d促进性征进一步发育，待子宫发育后，可根据子宫内膜增殖程度定期加用孕激素（用法见表17-3）或采用雌、孕激素序贯配方的制剂周期疗法。成人低雌激素血症则先采用17-β雌二醇或戊酸雌二醇1～2mg/d或结合雌激素0.625mg/d以促进和维持全身健康和性征发育，待子宫发育后同样需根据子宫内膜增殖程度定期加用孕激素或采用雌、孕激素序贯配方的制剂周期疗法。青春期女孩的周期疗法建议选用天然或接近天然的孕激素，如地屈孕酮和微粒化黄体酮，有利于生殖轴功能的建立；有雄激素过多体征的病人可采用含抗雄激素作用的孕激素配方制剂。对有内源性雌激素水平的闭经病人则应定期采用孕激素（用法见表17-3），使子宫内膜定期剥脱。

3. 诱发排卵　对于低促性腺激素闭经有生育要求者，在采用雌激素治疗促进生殖器发育，子宫内膜已获得对雌孕激素的反应后，可采用人绝经后尿促性腺激素（hMG）联合人绒毛膜促性腺激素（hCG）促进卵泡发育及诱发排卵，由于可能导致卵巢过度刺激综合征，故使用促性腺素诱发排卵必须由有经验的医生在有超声和激素水平监测的条件下用药；对于FSH和PRL正常的闭经病人，由于病人体内有一定内源性雌激素，可首选氯米芬作为促排卵药物；对于FSH升高的闭经病人，由于其卵巢功能衰竭，不建议采用促排卵药物治疗。

4. 辅助生育的治疗　对于有生育要求，诱发排卵后未成功妊娠，或合并输卵管问题的闭经病人或男方因素不孕者可采用辅助生殖技术治疗。

【小结】

1. 原发性闭经常见于与遗传异常有关的性腺发育不全和性发育异常。诊断要点是对第二性征发育和解剖异常的体检，缺乏第二性征者并高促性腺激素者需做染色体检查；低促性腺激素者需检查中枢神经系统。

2. 继发性闭经首先要排除妊娠，常见病因有高催乳素血症、多囊卵巢综合征、甲状腺功能异常和卵巢早衰。诊断应根据病史和体检有侧重地行垂体激素、性激素、甲状腺功能检测或影像学检查。

3. 治疗策略包括针对主要病因的特异性治疗（药物或手术），促进和维持第二性征发育并缓解症状的激素疗法。

（杨冬梓）

参考文献

1. Persani L, Rossetti R, Cacciatore C. Primary Ovarian Insufficiency: X chromosome defects and autoimmunity. J Autoimmun, 2009, 33: 35-41.
2. 中华医学会妇产科学分会内分泌学组. 闭经诊断与治疗指南. 中华妇产科杂志, 2011, 46(9): 712-716.
3. Practice Committee of American Society for Reproductive Medicine: Current evaluation of amenorrhea. Fertil Steril, 2008, 90: 219-225.
4. Jonathan S Berek 主编. 郎景和, 向阳, 主译. NOVAK 妇科学. 第14版. 北京: 人民卫生出版社, 2008: P647-663.

Notes

第六节 多囊卵巢综合征

多囊卵巢综合征(polycystic ovarian syndrome,PCOS)是一种以雄激素过高的临床或生化表现、稀发排卵或无排卵、卵巢多囊改变为特征的病变。1935 年 Stein 和 Leventhal 首次报道,故又称 Stein-Leventhal 综合征。按中华医学会妇产科分会的诊断标准,北京、山东人群 PCOS 的患病率分别为 6.11%、6.46%。

【发病相关因素】 病因至今尚不清楚,目前多认为多囊卵巢综合征发病可能为多基因异常和一些环境因素的相互作用所致。

1. 遗传因素 遗传学研究显示,部分 PCOS 病人存在明显的家族聚集性,主要以常染色体显性遗传方式遗传。基因测定提示,胰岛素受体(INSR)基因的缺陷可导致严重的胰岛素抵抗,并伴有 PCOS 样症状。山东大学附属省立医院采用全基因组关联研究(genome-wide association studies. GWAS)发现中国内地汉族 PCOS 有意义的位点:2p16.3、2p21、9q33.3 区域。其中 2p16.3 区域主要包括 LHCGR、FSHR 和 GTF2AIL,前者基因突变者可有高雄激素血症,并可影响 FSHR 的表达。至今尚未发现诱发 PCOS 的特异基因,而且临床上患 PCOS 的单卵双胎的同胞不一定患病,故 PCOS 的发病可能与多基因异常和必要的环境因素共同作用有关。

2. 环境因素 宫内激素环境可影响成年个体内分泌状态,如孕期暴露于高雄激素环境的雌性动物,成年后会发生无排卵和多囊卵巢。肥胖的发生主要与环境因素和遗传有关,肥胖及其发生与 PCOS 的发生发展存在相互促进的作用,肥胖病人的胰岛素抵抗及高胰岛素血症促进 PCOS 的发展。

【病理生理】 PCOS 的病理生理变化主要是内分泌和代谢的异常。内分泌异常包括 LH 高值、FSH 低值(LH/FSH 比值增大),雄激素过高、雌酮过多。代谢异常主要是胰岛素抵抗和胰岛素高值。不同个体、不同年龄病人的病理生理特征差异较大。

1. 内分泌异常的可能机制

1) LH 高值、FSH 低值及其作用:约 2/3 PCOS 病人 LH 高值、LH/FSH>3。下丘脑过频的促性腺激素释放激素(GnRH)脉冲式分泌(可能是下丘脑功能失调)诱导垂体以相同的频率、但幅度增加地分泌过量的 LH。因过频分泌的 GnRH、长期外周雄烯二酮转化的雌酮(estrone,E1)及卵巢小卵泡合成的多量抑素(inhibin B)反馈地抑制,垂体分泌低于正常量的 FSH,使 LH/FSH 比值增大。

过量的 LH 可影响卵泡的发育,导致排卵障碍,并与胰岛素共同作用促进卵巢间质、卵泡细胞合成过多的雄激素。

2) 雄激素过高及其作用:女性体内的雄激素主要有睾酮(testosterone,T)、雄烯二酮(androstenedione,A)、脱氢表雄酮(dehydroepiandrosterone,DHEA)等。目前尚无一种机制可解释为何 PCOS 雄激素过高。PCOS 病人循环血中约 60% 的雄烯二酮和睾酮来源于卵巢,约 40% 的雄烯二酮源自肾上腺、约 40% 的睾酮源自外周组织雄烯二酮的转换。过量的 LH 与过多的胰岛素共同作用促进卵巢间质、卵泡细胞合成过多的雄激素,卵巢间质和卵泡细胞也可因数量增多、LH 受体过表达增加雄激素的合成量。另外,PCOS 病人甾体激素合成酶系统存在某种缺陷,例如 3β-羟化类固醇脱氢酶(3β-hydroxysteroid dehydrogenase,3β-HSD),也可能与雄激素的合成增加有关。同时,由于病人肝脏性激素结合球蛋白合成减少,导致游离雄激素增加。

源自肾上腺的雄激素是雄烯二酮、脱氢表雄酮和硫酸脱氢表雄酮,可在外周组织转换成睾酮,参与 PCOS 的病理生理变化。

循环血高雄激素可导致多毛、痤疮等临床表现,雄烯二酮可在外周组织(如脂肪、肌肉等)芳香化酶的作用下转换成雌酮,参于 FSH 分泌的反馈抑制。

卵巢局部高雄激素可能参于卵巢多囊病变的形成。卵巢局部高雄激素可转换成活性较强的双氢睾酮，后者可抑制颗粒细胞芳香化酶活性和 FSH 诱导 LH 受体合成，从而阻止卵泡的发育，形成多发小卵泡（直径 2～10mm）。卵巢楔形切除或腹腔镜下卵巢打孔可降低雄激素水平、恢复排卵。

2. 代谢异常的可能机制

胰岛素抵抗及其作用：胰岛素抵抗（insulin resistance，IR）指外周组织对胰岛素敏感性降低，使胰岛素的生物效能低于正常。胰岛素通过细胞内信号传导途径发挥对卵巢的作用，包括调节葡萄糖代谢的促代谢途径和引起卵巢细胞分裂增值作用的促分裂途径。40%～60% 的 PCOS 病人存在胰岛素抵抗，原因包括胰岛素受体丝氨酸残基的过度磷酸化，减弱了信号传导或胰岛素受体基因突变、受体底物-Ⅰ（IRS-Ⅰ）以及受体后葡萄糖转运的缺陷。

胰岛素抵抗可导致机体代偿性形成高胰岛素血症、细胞内胰岛素/类胰岛素样生长因子的促分裂途径的作用因而放大；胰岛素与 LH 的共同作用可导致卵泡膜细胞和间质细胞的过度增殖，生成更多的雄激素；高胰岛素血症还可抑制肝脏性激素结合球蛋白（sex hormone binding globulin，SHBG）合成，使游离性激素增加，加重高雄激素血症生物作用。

【临床表现】 PCOS 常发病于青春期、生育期，以无排卵、不孕和肥胖、多毛等典型临床表现为主；中老年则出现因长期的代谢障碍导致的高血压、糖尿病、心血管疾病等。

1. 月经失调　病人的初潮年龄多为正常，但常在初潮后即出现月经失调，主要表现为月经稀发、经量少或闭经。少数病人表现为月经过多或不规则出血。

2. 不孕　PCOS 病人由于持续的无排卵状态，导致不孕。异常的激素环境可影响卵细胞的质量、子宫内膜的容受性、甚至胚胎的早期发育，妊娠后易发生流产。

3. 多毛、痤疮　在高雄激素影响下，PCOS 女性呈现不同程度的多毛，阴毛呈男性型分布、浓密，发生率为 17%～18%。过多的雄激素转化为活性更强的双氢睾酮后，刺激皮脂腺分泌过盛，可出现痤疮。另外，还可有阴蒂肥大、乳腺萎缩等。极少数病例有男性化征象如声音低沉、喉结突出。

4. 肥胖　PCOS 病人中 40%～60% 的 BMI≥25kg/m^2，且常呈腹部肥胖型（腰围/臀围≥0.80）。35%～60% 的肥胖者伴有无排卵和多囊卵巢，其可能与外周组织雄烯二酮转化的雌酮过多、SHBG 合成减少所致的游离雌二醇和睾酮增加、卵巢局部高雄激素有关。腹部肥胖型内脏器官间也出现脂肪堆积，易导致代谢异常、心血管疾病等远期合并症。

5. 黑棘皮症　PCOS 伴胰岛素抵抗病人可出现黑棘皮症（acanthosis nigricans）：局部皮肤或大或小的天鹅绒样、角化过度、灰棕色病变，常分布在颈后、腋下、外阴、腹股沟等皮肤皱褶处。

6. 其他健康风险

（1）妊娠期风险：肥胖 PCOS 妇女流产率较高，妊娠期糖尿病和高血压疾病发病风险增高，同时围生期其他并发症风险也随之升高。

（2）生活质量问题：PCOS 妇女心理障碍的患病率较高，疾病本身或它的临床表现（如肥胖、多毛、月经不调、不孕不育）可能增加焦虑、抑郁等情感障碍的发生。

7. 远期合并症

（1）糖尿病：胰岛素抵抗和高胰岛素血症、肥胖，易发展为糖耐量异常或糖尿病。

（2）心血管疾病：血脂代谢紊乱易引起动脉粥样硬化，从而导致冠心病、高血压等。

（3）肿瘤：持续的、无周期性的、相对偏高的雌激素水平和升高的雌酮与雌酮/雌二醇比值对子宫内膜的作用，又无孕激素拮抗，可增加子宫内膜癌发病率。

【辅助检查】 2009 年美国妇产科医师协会（The American College of Obsetricians and Gynecologists，ACOG）建议，若疑及 PCOS 时，可采用以下辅助检查，以便正确诊断、恰当治疗。

Notes

1. 体格检查 测定血压、确定 BMI、腰围、臀围，了解有无高血压和肥胖，确定肥胖类型。

2. 基础体温测定 不排卵病人表现为单相型基础体温曲线。

3. 盆腔检查及超声检查 盆腔检查有时可触及一侧或双侧增大的卵巢。超声检查可见包膜回声增强，轮廓较光滑，间质回声增强，一侧或双侧卵巢直径 2～9mm 的卵泡≥12 个，和(或)卵巢体积≥10ml。卵泡围绕卵巢边缘，呈车轮状排列，称为“项链征”。连续监测不见优势卵泡发育及排卵。阴道超声检查较为准确，无性生活史的病人应经直肠超声检查。

4. 内分泌测定

(1) 雄激素水平高：血清 T、A 水平升高，少数病人 DHEA 和 DHEAS 升高，SHBG 水平降低。

(2) 雌激素改变：E_1 明显增多，E_2 相当于早、中卵泡期水平。病人体内总体雌激素处于较高水平。

(3) 促性腺激素变化：LH 水平升高较恒定地维持在正常妇女月经周期中卵泡期上下水平，而 FSH 则相当于早卵泡期水平，因此 LH/FSH 比值多升高，常≥2～3。

(4) 胰岛素抵抗及高胰岛素血症：年轻 PCOS 病人、接受促排卵治疗 PCOS 病人以及具有胰岛素抵抗或高雄激素血症临床特征者应测定空腹胰岛素水平。50%～60% PCOS 病人呈现高胰岛素分泌和胰岛素抵抗，有发展为糖耐量受损和 2 型糖尿病的危险。

(5) 空腹血脂、脂蛋白测定：肥胖型 PCOS 病人常合并血脂代谢异常，因此应对胆固醇及甘油三酯水平进行检测。

(6) 血清催乳素(prolactin，PRL)水平：10%～15% PCOS 病人表现为轻度高催乳素血症，其可能为雌激素持续刺激所致。明显的高催乳素血症或催乳素瘤是 PCOS 的鉴别诊断之一。

(7) 促甲状腺素(TSH)水平：以排除甲状腺功能异常引起的高雄激素血症。

(8) 17 羟孕酮(17-OHP)：常用于雄激素升高时与肾上腺皮质增生症鉴别。

【诊断】 国际不同专家组认可的诊断标准不一，目前中华医学会妇产科分会推荐采用 2003 年欧洲人类生殖和胚胎与美国生殖医学学会的(ESHRE/ASRM)鹿特丹专家会议推荐的标准：月经稀发或闭经、高雄激素血症以及超声检查诊断多囊卵巢三项指标中任何 2 项。

【鉴别诊断】

1. 产生雄激素的卵巢肿瘤 如门细胞瘤、支持-间质细胞瘤，可产生大量雄激素，出现男性化表现如喉结大、阴蒂增大、血雄激素水平明显升高，可行超声、CT 检查协助诊断。

2. 先天性肾上腺皮质增生(congenital adrenal hyperplasia，CAH) 一种常染色体隐性遗传病，是由于皮质醇生物合成过程中有酶的缺陷，以 21-羟化酶缺陷最常见，可引起 17α-羟孕酮和雄激素水平增高，对 ACTH 兴奋试验反应亢进。

3. 库欣综合征(Cushing's syndrome) 是由各种原因导致肾上腺皮质功能亢进，促使皮质醇及其中间产物雄激素过量分泌所致。实验室检查发现血浆皮质醇正常的昼夜节律消失，尿游离皮质醇增高，过夜小剂量地塞米松抑制实验是筛选本病的简单方法。

4. 高催乳素血症 见本章第七节。

5. 甲状腺功能异常 临床上也可有月经失调或闭经，可检测血清 TSH 鉴别之。

【治疗】 PCOS 的治疗应基于病人的病变特征和要求综合考虑。

1. 调整生活方式 主要指控制体重和增加体育锻炼。调整饮食和适当锻炼对 PCOS 治疗作用机制尚不清楚，但其有利于改善促排卵治疗结局，体重减轻 5%～10% 有一定的临床意义。

2. 调整月经周期 可采用口服避孕药和孕激素后半周期疗法，有助于调整月经周期、纠正高雄激素血症，改善高雄激素的临床表现。其周期性撤退性出血可改善子宫内膜状态，预防子宫内膜癌的发生。

(1) 口服避孕药作用及注意点：需应用孕激素为主的口服避孕药，其中孕激素可以限制雌激素的促内膜生长作用，同时很好地控制周期，尤其适用于有避孕需求的生育期病人。应注意

Notes

口服避孕药的潜在风险,不宜用于有血栓性疾病、心脑血管疾病高危因素及40岁以上吸烟的女性,用药期间应监测血糖、血脂变化。青春期女孩应用口服避孕药前,应做好充分的知情同意。

(2) 孕激素后半周期疗法:适用于无严重高雄症状和代谢紊乱的病人。于月经周期后半期(月经第16～25日)口服地屈孕酮片10mg/d,每日2次,共10日,或微粒化孕酮200～300mg/d,5～7日,或醋酸甲羟孕酮10mg/d,连用10日,或肌注黄体酮20mg/d,共5日。

3. 多毛、痤疮及高雄激素治疗 可采用短效口服避孕药,首选复方醋酸环丙孕酮。其含有醋酸环丙孕酮(CPA)2mg和炔雌醇(EE)35μg。炔雌醇可以升高SHBG,以降低游离睾酮水平;醋酸环丙孕酮可抑制P450c17/17-20裂解酶活性,减少雄激素合成,并在靶器官与雄激素竞争结合受体,阻断雄激素的外周作用;通过抑制下丘脑-垂体LH分泌而抑制卵泡膜细胞高雄激素生成。痤疮治疗需用药3个月,多毛治疗需用药6个月,但停药后高雄激素症状将恢复。

4. 胰岛素抵抗的治疗 适用于肥胖或有胰岛素抵抗的病人,可采用二甲双胍治疗。二甲双胍可增强周围组织对葡萄糖的摄入、抑制肝糖产生并在受体后水平增强胰岛素敏感性、减少餐后胰岛素分泌,改善胰岛素抵抗。用法:初起可250毫克/次,每日2次或3次,2～3周后可根据病情调整用量至500毫克/次,3～6个月复诊,了解月经和排卵恢复情况,有无不良反应,复查血胰岛素。二甲双胍最常见的是胃肠道反应,餐中用药可减轻反应。严重的副作用是可能发生肾功能损害和乳酸性酸中毒,须定期复查肾功能。

5. 促排卵治疗 适用于有生育要求病人。

(1) 氯米芬(clomiphene citrate,CC):CC有弱的抗雌激素作用,可与下丘脑和垂体的内源性雌激素受体相竞争,解除对垂体分泌促性腺激素的抑制,促进FSH和LH的分泌,从而诱发排卵。CC也能影响宫颈黏液,使精子不宜生存与穿透;影响输卵管蠕动及子宫内膜发育,不利于胚胎着床。应用CC时,也可于近排卵期适量加用戊酸雌二醇等天然雌激素,以减少其抗雌激素作用对子宫内膜及宫颈黏液的不良影响。用法:自然或人工诱发月经周期的第5日起,50～150mg/d(可根据病人体重及以往治疗反应决定),共5日。

(2) 来曲唑(letrozole,LE):为芳香化酶抑制剂,原用于治疗雌激素依赖性疾病,20世纪末应用于促排卵治疗。其阻断雌激素产生,可解除雌激素对下丘脑-垂体-性腺轴的负反馈抑制,使内源性促性腺激素分泌增多,刺激卵泡发育。在卵巢内部,LE阻断雄激素向雌激素转化,导致雄激素在卵泡内积聚,从而增强FSH受体的表达,扩大FSH效应,并促使卵泡发育。同时,卵泡内雄激素蓄积可刺激胰岛素样生长因子1(IGF-1)及其他自分泌和旁分泌因子的表达增多,在外周水平通过IGF-1系统提高卵巢对激素的反应性。已有大量研究证实LE与CC有相同或更好的促排卵效果及临床妊娠结局。常用剂量2.5mg,月经第三日起,连续5天。因来曲唑药物适应证上尚无用于促排卵治疗,故临床使用应慎重,应做好充分的知情同意。

(3) 促性腺激素:FSH或尿促性素(human menopausal gonadotropin,hMG),通常于自然月经来潮或黄体酮撤退出血第5日,每日肌注75IU,根据超声监测卵泡发育情况增减用量,优势卵泡直径达18mm时,肌注hCG 5000IU～10 000IU,以诱发排卵。若有3个卵泡同时发育,应停用hCG,以避免卵巢过度刺激综合征发生。hMG也可与CC、LE联合应用。

6. 腹腔镜下卵巢打孔术 主要适用于BMI≤34kg/m², LH>10mIU/ml,游离睾酮高者以及CC和常规促排卵治疗无效的病人。可能的作用机制:降低雄激素水平、恢复排卵。

7. 体外受精-胚胎移植(IVF-ET) 难治性PCOS病人,可采用IVF-ET方法助孕。

【小结】 多囊卵巢综合征是一种以高雄激素血症、排卵障碍以及卵巢多囊样改变为特征的病变。其病因至今未明,多数学者认为与遗传因素和环境因素相关。目前,中华医学会妇产科分会推荐采用2003年欧洲人类生殖和胚胎与美国生殖医学学会的(ESHRE/ASRM)鹿特丹专家会议诊断标准,即稀发排卵或无排卵、高雄激素的临床表现和(或)高雄激素血症以及卵巢多囊性改变三项中任何二项。PCOS的治疗以调整月经周期、治疗高雄激素与胰岛素抵抗以及有生

Notes

育要求者的促排卵治疗为主，兼以生活方式调整。同时，要预防PCOS的远期并发症：2型糖尿病、心血管病变以及子宫内膜癌。

（乔 杰）

第七节 高催乳素血症

任何原因导致血清催乳素（prolactin，PRL）水平异常升高，超过其检测实验室标准上限数值者（一般>1.14nmol/L，或25μg/L）应视为高催乳素血症（hyperprolactinemia）。高催乳素血症可引起性腺功能减退、不孕或溢乳。

【发病机制及原因】 下丘脑神经递质（多巴胺）途经垂体柄门静脉系统抑制性调节垂体催乳素细胞（lactotroph cell）合成和分泌PRL，促甲状腺激素释放激素（thyrotropin-releasing hormone，TRH）、EGF和多巴胺能受体拮抗剂可正性调节PRL的分泌。任何影响多巴胺生成及输送、自主性PRL的合成和分泌以及传入神经刺激增强的因素都可导致血清PRL水平异常升高。高水平的PRL可通过影响或抑制正常下丘脑GnRH释放的脉冲式节律导致无效的或低水平的促性腺激素分泌，从而引起无排卵和闭经。

1. 影响下丘脑多巴胺生成及输送的病变　颅底脑膜炎、颅咽管瘤、神经胶质细胞瘤、空泡蝶鞍综合征、外伤、手术、动-静脉畸形、帕金森病、精神创伤等影响多巴胺的释放和传递，从而引起PRL的升高。

2. 自主性PRL合成和分泌的病变　见于垂体催乳素瘤（prolactinoma）、GH腺瘤、ACTH腺瘤等以及异位PRL分泌（如未分化支气管肺癌、肾上腺样瘤、胚胎癌等）等病变，其中最常见的为催乳素瘤。催乳素瘤按直径大小可分为微腺瘤（<1cm）和大腺瘤（≥1cm）。多数催乳素瘤病人血清PRL水平可达100μg/L，并伴有溢乳（galactorrhea）。随着催乳素瘤增大，其可压迫垂体柄，从而阻断下丘脑多巴胺的抑制作用。

3. 传入神经刺激增强的因素　胸壁外伤、手术、烧伤、带状疱疹等也可通过反射引起PRL升高。

4. 内分泌疾患　原发性甲状腺功能减退可引起PRL的升高。

5. 药物影响　长期服用多巴胺受体阻断剂、儿茶酚胺耗竭类、鸦片类和抗胃酸类药物以及避孕药等可使垂体分泌PRL增多。

6. 特发性高催乳激素血症　无明确原因，多因病人的下丘脑-垂体功能紊乱，从而导致PRL分泌增加。PRL多为60～100μg/L。诊断前需排除垂体微腺瘤。

【临床表现】

1. 溢乳　超过50%的高催乳激素血症病人伴有溢乳。在非妊娠和非哺乳期出现溢乳或挤出乳汁，或断奶数月仍有乳汁分泌，通常是乳白、微黄色或透明液体，非血性。部分病人PRL水平较高但无溢乳表现，可能与其分子结构有关。

2. 月经紊乱或闭经　轻度高值（<50μg/L）者可能仅导致排卵前卵泡发育不良而引起黄体期缩短；中度高值（50～100μg/L）者多表现为月经稀发甚至闭经。

3. 不孕或流产　卵巢排卵障碍或黄体功能不足可导致不孕或流产。

4. 垂体前叶腺瘤的压迫症状　微腺瘤一般无明显症状；大腺瘤可压迫蝶鞍隔出现头痛、头胀等；当腺瘤向前侵犯或压迫视交叉或影响脑脊液回流时，也可出现头痛、呕吐和眼花，甚至视野缺损和动眼神经麻痹。

5. 性功能改变　重度高值（>100μg/L）者可导致典型的低促性腺激素、低雌激素并伴有生殖器官萎缩、性欲减低及骨质疏松。

【辅助检查】

Notes

1. 血清学检查　若无静脉穿刺异常，一次性血清PRL值高于正常值上限即可诊断，不建议动态检测 PRL。有疑问时,可于他日不同时间复测。多囊卵巢综合征合并高催乳素血症病人可伴 LH 和雄激素升高。

2. 影像学检查　无明确病因的 PRL 轻度高值或>100μg/L 者均应行鞍区影像学检查(MRI 或 CT),以明确是否存在垂体腺瘤、颅内肿瘤或空蝶鞍综合征等病变。

3. 眼底、视野检查　垂体肿瘤增大可侵犯和(或)压迫视交叉,引起视神经盘水肿;也可因肿瘤损伤视交叉不同部位而有不同类型视野缺损,因而眼底、视野检查有助于确定垂体腺瘤的部位和大小。

【诊断】　根据血清学检查 PRL 异常高值,同时伴有溢乳、闭经及月经紊乱、不育、头痛、眼花、视觉障碍及性功能改变等临床表现,可诊断为高催乳素血症。诊断时应注意某些生理状态如妊娠、哺乳、夜间睡眠、长期刺激乳头乳房、性交、过饱或饥饿、运动和精神应激等都会导致 PRL 轻度升高。因此,临床测定 PRL 时应避免生理性影响,在 9～12 时取血测定较为合理。在包括 MRI 或 CT 等各种检查后未能明确催乳素异常增高原因的病人可诊断为特发性高催乳素血症,但应注意对其长期随访,小部分病人甚至 10～20 年后出现垂体瘤。

【治疗】　治疗目标是控制高 PRL 血症、恢复正常月经和排卵功能、减少乳汁分泌及改善其他症状(如头痛和视功能障碍等)。治疗方法的选择,应根据病人年龄、生育状况和要求,在充分告知病人各种治疗方法的优势和不足的情况下,充分尊重病人的意见,帮助病人作出适当的选择。

1. PRL 轻度高值但无临床症状者　仅 PRL 轻度高值,但月经规律、卵巢功能未受影响、无溢乳且正常生活者或特发性高催乳素血症可不必治疗,应定期复查,观察临床表现和 PRL 值的变化。

2. PRL 高值伴临床症状者　治疗方法有药物治疗、手术治疗及放射治疗。

(1) 药物治疗

1) 溴隐亭(bromocryptine):为非特异性多巴胺受体激动剂,可兴奋多巴胺 D1 和 D2 受体,抑制催乳素的合成分泌,是治疗高催乳素血症最常用的药物。一般每日 2.5～5mg 可降低 PRL 水平、抑制溢乳、恢复排卵,但少数病人需每日 12.5mg 才见效。无垂体肿瘤的高催乳素血症者不必长期用药,一般一年后停药,根据 PRL 情况酌情处理。催乳素腺瘤病人应长期用药,可使部分腺瘤萎缩、退化或停止生长。

有生育要求的病人应待 PRL 值正常并稳定一段时间后再妊娠为宜。尽管目前认为溴隐亭对妊娠是安全的,但仍主张一旦妊娠,应考虑停药。虽然妊娠期催乳素腺瘤增大情况少见,但仍应加强监测,定期复查视野(妊娠 20、28、38 周)。若有异常,应及时行 MRI 检查。溴隐亭副作用主要有恶心、呕吐、眩晕、疲劳和体位性低血压等,用药数日后可自行消失,故治疗应从小剂量开始,根据病人对药物的敏感性和耐受性每 3～7 日加量一次至有效维持量,可在晚餐后或睡前服。新型溴隐亭长效注射剂克服了因口服造成的胃肠道功能紊乱,50～100mg/次,每 28 日一次,是治疗大催乳素腺瘤安全有效的方法,可长期控制肿瘤的生长并使瘤体缩小,副作用较少,用药方便。

2) 喹高利特(quinagolide):选择性多巴胺 D_2 受体激动剂,副作用更少。用于溴隐亭副作用无法耐受或无效时。

3) 维生素 B_6:作为辅酶在下丘脑中多巴向多巴胺转化时加强脱羟及氨基转移作用,与多巴胺受体激动剂起协同作用。临床用量可达 60～100mg,每日 2～3 次。

(2) 手术治疗:垂体肿瘤产生明显压迫及神经系统症状或药物治疗无效时,应考虑手术治疗。经蝶窦手术是最为常用的方法,开颅手术少用。术前可用溴隐亭使肿瘤减小,减少术中出血。

(3) 放射治疗:主要适用于大的侵袭性肿瘤、术后残留或复发的肿瘤;药物治疗无效或不能耐受药物治疗副作用的病人；有手术禁忌或拒绝手术的病人以及部分不愿长期服药的病人。

【小结】 高催乳素血症指血清催乳素水平异常升高，可由疾病所致，也可在某些生理状态下升高。垂体疾病是最常见原因。临床特征为溢乳或月经紊乱、不育、头痛、眼花及视觉障碍等。治疗应根据病因而定，多采用药物治疗，溴隐亭是治疗高催乳素血症最常用的药物。必要时可采用手术治疗。

（张淑兰）

参考文献

1. Prabhakar VK, Davis JR. Hyperprolactinaemia. Best Pract Res Clin Obstet Gynaecol, 2008, 22: 341-353.
2. Chapter 11: Amenorrhea. Clinical Gynecologic Endocrinology and Infertility . Eighth Edition. Eds. Fritz M. A. and Speroff L. Lippincitt Williams & Wilkins, 2011, 446-448.
3. Shlomo Melmed, Felipe F. Casanueva, Andrew R. Hoffman, David L. Kleinberg, Victor M. Montori, Janet A. Schlechte and John A. H. Wass. Diagnosis and Treatment of Hyperprolactinemia: An Endocrine Society Clinical Practice Guideline. J. Clin. Endocrinol. Metab, 2011, 96: 273-288.

第八节 绝经综合征

绝经（menopause）指卵巢功能停止所致永久性无月经状态。绝经的判断是回顾性的，停经后 12 个月随诊方可判定绝经。围绝经期（perimenopausal period）是妇女自生育期的规律月经过渡到绝经的阶段，包括从出现与卵巢功能下降有关的内分泌、生物学和临床特征起，至末次月经后一年。绝经综合征（climacteric syndrome 或 menopausal syndrome, MPS）指妇女绝经前后出现的一系列绝经相关症状。

绝经可分为自然绝经（natural menopause）和人工绝经（induced menopause）两种。前者指卵巢内卵泡耗竭，或残余的卵泡对促性腺激素丧失了反应，卵泡不再发育和分泌雌激素，导致绝经。后者是指手术切除双侧卵巢或放射线治疗和化疗等损伤卵巢功能。人工绝经者更易发生绝经综合征。

绝经年龄与遗传、营养、地区、环境、吸烟等因素有关。

【围绝经期和绝经后的性激素、抑制素变化】 围绝经期最早的变化是卵巢功能的衰退，继后下丘脑-垂体功能退化。

1. 雌激素 绝经过渡期早期的特征是雌激素水平波动很大，整个绝经过渡期雌激素不呈逐渐下降趋势，而是在卵泡生长发育停止时，雌激素水平才下降。绝经后雌激素主要是由来自肾上腺皮质以及来自卵巢的睾酮和雄烯二酮经周围组织如肌肉和脂肪中芳香化酶转化的雌酮。

2. 孕酮 在绝经过渡期仍有排卵时有孕酮分泌，但因黄体功能不全，孕酮量减少。绝经后极少量孕酮可能来自肾上腺。

3. 雄激素 卵巢产生的雄激素是睾酮和雄烯二酮。绝经前，血液中 50% 的雄烯二酮和 25% 的睾酮来自卵巢；绝经后雄烯二酮产生量约为绝经前的一半，其中 85% 来自肾上腺，15% 来自卵巢间质细胞；绝经后早期因卵巢间质细胞受到大量的促性腺激素刺激所致，卵巢产生睾酮较绝经前增多使循环中雄激素与雌激素的比例显著上升；性激素结合蛋白降低，使游离雄激素增高。

4. 促性腺激素 绝经过渡期仍有排卵的妇女，其 FSH 在多数周期中升高，LH 在正常范围。绝经后，FSH、LH 明显升高，FSH 升高更为显著，FSH/LH>1。自然绝经 1 年内，FSH 能上升 13 倍，而 LH 仅上升 3 倍。绝经 2～3 年内，FSH/LH 达最高水平，以后随年龄增长渐下降，但仍在较高水平。

5. 抑制素 绝经后妇女血抑制素浓度下降，较雌二醇下降早且明显，可能成为反映卵巢功

Notes

能衰退更敏感的标志。抑制素浓度与FSH水平呈负相关，绝经后卵泡抑制素极低，而FSH升高。

【临床表现】 围绝经期出现最早的临床症状是月经改变，大致分为三种类型：①月经周期缩短，经量减少，最后绝经；②月经周期不规则，周期和经期延长，经量增多，甚至大出血或出血淋漓不断，然后逐渐减少而停止；③月经突然停止，较少见。绝经前后多数妇女开始出现雌激素缺乏相关症状。早期主要是血管舒缩症状、精神神经系统症状和躯体症状，绝经数年后逐渐出现泌尿生殖道萎缩性变化、代谢改变和心血管疾病、骨质疏松及认知功能下降等退行性变或疾病。

1. 血管舒缩症状 主要表现为潮热、多汗。潮热起自前胸，涌向头颈部，然后波及全身。少数妇女仅局限在头、颈和乳房。在潮红的区域病人感到灼热，皮肤发红，持续数秒至数分钟不等，发作频率每天数次至30～50次。夜间或应激状态易促发。

2. 精神神经症状 往往出现激动易怒、焦虑、多疑、情绪低落、自信心降低、情绪失控等症状。记忆力减退及注意力不集中、睡眠障碍也是常见表现。

3. 泌尿生殖道症状 包括外阴阴道干燥或瘙痒、性交困难疼痛、性欲低下、子宫脱垂、膀胱或直肠膨出、尿频、尿急、压力性尿失禁、反复发作的尿路感染。

4. 代谢异常和心血管疾病 一些绝经后妇女血压升高或血压波动；心悸，心律不齐，常为期前收缩，心电图常表现为房性期前收缩，或伴随轻度供血不足表现。体重增加明显、糖脂代谢异常增加、心血管疾病随年龄而增加。

5. 骨质疏松 绝经早期的骨量快速丢失和骨关节的退行性变可导致腰背、四肢疼痛，关节痛。可由于骨质疏松症出现椎体压缩性骨折致驼背，桡骨远端、股骨颈等易发生骨折。

【诊断和鉴别诊断】 绝经期综合征症状多样、复杂，但非特异性，需要注意与器质性病变鉴别诊断。

1. 诊断

（1）病史询问：仔细询问症状、月经史，绝经年龄；婚育史；既往史，是否切除子宫或卵巢，有无心血管疾病史、肿瘤史及家族史，以往治疗所用的激素、药物。

（2）体格检查：全身检查和妇科检查。

（3）辅助检查：

1）激素测定：选择性激素测定有助于判断卵巢功能状态。①FSH>40U/L，提示卵巢功能衰竭；②抑制素B（inhibin B）：当血清INH B≤45ng/L，是卵巢功能减退的最早标志，比FSH更敏感；③抗苗勒氏激素（anti-mullerian hormone，AMH）：AMH≤0.5～1.0ng/ml预示卵巢储备功能下降。

2）超声检查：基础状态卵巢的窦卵泡数减少、卵巢容积缩小、子宫内膜变薄；阴道不规则流血者应排除器质性病变。

3）骨密度测定：确诊有无骨质疏松。

2. 鉴别诊断 妇女在绝经过渡期不规则阴道流血伴子宫内膜厚疑有子宫内膜病变者，可行诊刮及子宫内膜病理检查，或宫腔镜检查。围绝经期出现高血压须除外高血压病或嗜铬细胞瘤、心血管疾病、泌尿生殖器官的器质性病变，也要与精神病、甲亢等鉴别。

【预防】 目前尚未能延迟自然绝经的来临。但围绝经期妇女可以加强自我保健，寻求医疗辅助，缓解或减轻绝经综合征症状。

有关绝经前妇女切除子宫时，是否切除卵巢的临床问题，尚有争议；保留卵巢有其恶变和盆腔疼痛等低风险，但其利大于弊。

【治疗】 围绝经期妇女由于精神状态、生活环境各不相同，其出现综合征的轻重差异很大。有些妇女不需治疗，有的妇女则需要医疗干预才能控制症状。

Notes

（一）一般处理和对症治疗

围绝经期是自然的生理过程，应以积极的心态适应这一变化。心理治疗是围绝经期治疗的重要组成部分，如有睡眠障碍，影响生活质量，可选用睡前服用艾司唑仑（estazolam）1～2mg，咪唑唑仑（midazolam）10～15mg，思诺思（stilnox）10mg，阿普唑仑（alprazolam）0.4～0.8mg。为预防骨质疏松，坚持体育锻炼，增加日晒时间，摄入足量蛋白质和含钙食物。潮热治疗可用选择性5-羟色胺再吸收抑制剂，如文拉法辛（venlafaxine）150mg/d；帕罗西汀（paroxetine）20～50mg/d。其他药物还有黑升麻异丙醇萃取物（remifemin），40～200mg/d 口服。

（二）激素治疗（hormone therapy，HT）或激素补充治疗（hormone replacement therapy，HRT）

激素治疗是针对绝经过渡期和绝经后相关健康问题的必要医疗措施。出现绝经相关症状并存在其他疾病时，在排除禁忌证后，可于控制合并疾病的同时应用激素治疗，并根据个体情况选择治疗方案。目前，激素治疗不宜用于心血管疾病的一级预防以及冠心病的二级预防。

1. 适应证

（1）首要适应证为绝经相关症状（如血管舒缩症状、泌尿生殖道萎缩症状、神经精神症状等）。

（2）有骨质疏松症的危险因素（含低骨量）及绝经后骨质疏松症。

2. 治疗时机 在卵巢功能开始减退并出现相关症状后即可应用。

3. 禁忌证 激素治疗的禁忌证为：①已知或可疑妊娠、原因不明的阴道出血；②已知或可疑患有乳腺癌、与性激素相关的恶性肿瘤；脑膜瘤（禁用孕激素）等；③最近6个月内患有活动性静脉或动脉血栓栓塞性疾病、严重肝肾功能障碍、血卟啉症、耳硬化症、系统性红斑狼疮。

4. 慎用者 子宫肌瘤、子宫内膜异位症、子宫内膜增生史、高乳素血症、尚未控制的糖尿病及严重的高血压、血栓形成倾向、胆囊疾病、癫痫、偏头痛、哮喘、乳腺良性疾病、乳腺癌家族史者。

5. 激素治疗流程

（1）治疗前的评估：根据病史、妇科检查及相关辅助检查（根据需要选择，应注意乳腺和子宫内膜的检查），评估是否有应用激素治疗的适应证、禁忌证或慎用。应告知病人激素治疗的利弊，使其知情后作出选择。

（2）个体化治疗：应根据病人年龄、子宫及卵巢功能情况（绝经过渡期、绝经早期或绝经晚期）以及是否有其他危险因素等，制订个体化的激素治疗方案，其原则是最小有效剂量。

（3）监测及注意事项：激素治疗过程中，须注意判断激素治疗是否有效、有无不良反应、个体危险/受益比是否发生改变、评价是否需要继续激素治疗或调整方案。

6. 激素治疗方案、用药方法及用药途径 在综合评估治疗目的和风险的前提下，采用最低有效剂量。没有必要限制激素治疗的期限，但在应用激素治疗期间应至少于每年进行一次个体化危险/受益评估，并决定是否继续或长期应用。为预防血栓形成，因疾病或手术需要长期卧床者酌情停用。

（1）激素治疗的方案：可采用单纯雌激素、单纯孕激素以及雌、孕激素联合应用的治疗方案。

1）单用孕激素：周期使用，用于绝经过渡期出现的无排卵月经紊乱。①天然孕酮：黄体酮胶丸（100mg/粒，3～6粒/日）；黄体酮胶囊（50mg/粒，3～4粒/日）。②合成孕激素：地屈孕酮（每片10mg，每日2片）；甲羟孕酮（每片2mg，2～4片/日）。

2）单用雌激素：适用于已切除子宫的妇女。①口服天然雌激素：结合雌激素（0.3～0.625mg/d）；戊酸雌二醇（每片1mg，1～2片/日）；合成雌激素：尼尔雌醇片（每片1mg、2mg和5mg，1片/日）。②经皮吸收途径：适用于尚未控制的糖尿病及严重的高血压、有血栓形成倾向、

Notes

胆囊疾病、癫痫、偏头痛、哮喘、高泌乳素血症者。雌二醇皮贴（每日释放17-β雌二醇50μg，每周更换一次）；雌二醇凝胶（每日经皮涂抹1.25g，含17-β雌二醇0.75mg）。

3）联合应用雌、孕激素：适用于有完整子宫的妇女。序贯或周期联合方案适用于年龄较轻，绝经后的早期或愿意有月经样定期出血的妇女。连续联合的方案可避免周期性出血，适用于年龄较长或不愿意有月经样出血的绝经后期妇女。但是在实施早期，可能有难以预料的非计划性出血，通常发生在用药的6个月以内。①序贯或周期联合：模拟生理周期，在用雌激素的基础上，每月加用孕激素10～14日。又分周期性和连续性，前者每周期停用雌孕激素2～7日；后者连续应用雌激素。②连续联合：每日均联合应用雌、孕激素，亦分为周期性（每周期停用药5～7日）和连续性（每日都用，不停顿）。

4）经阴道给药途径：适用于仅有泌尿生殖道萎缩症状者。①结合雌激素软膏（每克含结合雌激素0.625mg）；②普罗雌烯阴道胶囊（每粒含普罗雌烯10mg）；③普罗雌烯乳膏（每克含普罗雌烯10mg）；④氯喹那多-普罗雌烯阴道片（每粒含普罗雌烯10mg和氯喹那多200mg）；⑤雌三醇乳膏（每克含雌三醇1mg）。

7. 副作用及危险性

（1）子宫出血：用药期间的异常出血，多为突破性出血，应了解有无服药错误，超声检查内膜，必要时作诊刮排除子宫内膜病变。

（2）雌激素副作用：雌激素剂量过大时可引起乳房胀、白带多、头痛、水肿、色素沉着等，酌情减量可减少其副作用。

（3）孕激素的副作用：包括抑郁、易怒、乳房痛和水肿，极少数病人甚至不耐受孕激素。改变孕激素种类可能减少其副作用。少数妇女接受HRT后，可因为水钠潴留造成短期内体重增加明显。

（4）肿瘤：①子宫内膜癌：有子宫的妇女长期单独应用雌激素使子宫内膜癌和子宫内膜增生的危险增加6～12倍；但加用孕激素则相对危险性降至0.2～0.4。②乳腺癌：有子宫的妇女随机给予雌孕激素联合治疗，平均随访5.2年，浸润性乳腺癌的相对风险增加26%，对无子宫妇女给单一结合雌激素治疗平均6年浸润性乳癌的发病风险不增加。

（三）防治骨质疏松症

1. 绝经后补充雌激素可以阻止雌激素降低引起的快速骨丢失，雌激素是绝经早期妇女预防绝经后骨质疏松症的首选药物。如果有HRT禁忌证，则可使用其他的骨吸收抑制剂，如①双磷酸盐类（biphosphates）：常用阿仑磷酸钠（alendronate），预防剂量5mg/d，治疗剂量10mg/d；利塞膦酸钠（actonell），5mg/d，必须空腹用白水送服，服药后保持直立和禁食至少30分钟。②降钙素类：鲑降钙素（salmoncalcition），用法100U肌内或皮下注射，每日或隔日一次，2周后改为50U，皮下注射，每月2～3次。③雷洛昔芬是选择性雌激素受体调节剂，用法为60mg/d。

2. 其他预防措施

（1）摄入足够的钙量：钙不能单独作为骨吸收抑制剂用于绝经后骨质疏松症的防治，而是作为必要的基础治疗，应用雌激素者妇女的适当钙摄入量为1000mg/d，不用雌激素者为1500mg/d，65岁以后应为1500mg/d。临床应用的钙剂有碳酸钙、磷酸钙、氯酸钙、枸橼酸钙等制剂。与维生素D（每日至少口服400～500U）合用有利于钙的完全吸收。

（2）健康生活方式：户外运动接触紫外线可以增加体内合成的维生素D；运动则促进骨骼发育及骨量增加。避免不良习惯：如吸烟、嗜酒及偏食等。

【小结】　绝经是妇女的一个生理阶段。绝经综合征是卵巢功能下降乃至衰竭而出现的一组低雌激素综合征：初起为潮热、盗汗、失眠以及泌尿生殖道症状；远期可发生骨质疏松和心血管疾患。治疗最有效的是激素替代疗法，需要保护子宫内膜病人须采用雌孕激素联合治疗，子

Notes

宫缺失者则使用单纯雌激素治疗。激素替代疗法应用最低有效剂量。HRT 的规范应用是使其“利”大于“弊”的关键。辅以钙剂、维生素 D 以及降钙素等防治骨质疏松；植物药、中医药等缓解症状。

（杨冬梓）

参考文献

1. Ferrell RJ, Sowers M. Longitudinal, epidemiologic studies of female reproductive aging. Ann N Y Acad Sci, 2010, 1204:188-197.
2. Sturdee DW, Pines A, Archer DF, et al. Updated IMS recommendations on postmenopausal hormone therapy and preventive strategies for midlife health. Climacteric, 2011, 14:302-320.
3. 中华医学会妇产科学分会绝经学组. 绝经过渡期和绝经后期激素补充治疗临床应用指南(2009 版). 中华妇产科杂志, 2010, 45(8):635-638.
4. 中华医学会妇产科学分会绝经学组. 绝经相关激素补充治疗的规范诊疗流程. 中华妇产科杂志, 2013, 48(2):1-5.

第十八章 女性生殖系统炎症

生殖系统炎症是妇女常见疾病,包括下生殖道的外阴炎、阴道炎、宫颈炎症和上生殖道的盆腔炎性疾病。后者又包括上生殖道的子宫内膜炎、输卵管炎、输卵管卵巢炎、盆腔腹膜炎及盆腔结缔组织炎。此外,还有生殖器结核。炎症可局限于一个部位或多个部位同时受累;病情可轻可重,轻者无症状,重者引起败血症甚至感染性休克、死亡。引起炎症的病原体包括多种微生物如细菌、病毒、真菌及原虫等。一些性传播疾病(sexually transmitted diseases,STD)也可表现为生殖系统炎症。女性生殖系统炎症不仅危害病人,还可危害胎儿、新生儿。因此,对生殖系统炎症应积极防治。

女性生殖道的解剖特点(两侧大阴唇自然合拢、阴道前后壁紧贴、宫颈内口紧闭)、生理生化特点(宫颈管分泌大量富含乳铁蛋白及溶菌酶的黏液栓、子宫内膜周期性剥脱)及局部免疫系统(宫颈和子宫黏膜聚集有大量淋巴细胞,如T细胞、B细胞等免疫细胞及其分泌的细胞因子)具有比较完善的自然防御功能,在健康妇女外阴、阴道内虽有某些病原体存在,但并不引起生殖系统炎症。当自然防御功能遭到破坏,内源性菌群发生变化或外源性致病菌侵入,均可导致炎症发生。

第一节 外阴及阴道炎症

外阴及阴道炎症是妇科最常见疾病,各年龄组均可发病。外阴阴道与尿道、肛门毗邻,局部潮湿,易受污染;生育年龄妇女性活动较频繁,且外阴阴道是分娩、宫腔操作的必经之道,容易受到损伤及外界病原体的感染;绝经后妇女及婴幼儿雌激素水平低,局部抵抗力下降,也易发生感染。外阴及阴道炎症可单独存在,也可两者同时存在。

(一) 阴道正常微生物群

正常阴道内有微生物寄居,形成阴道正常微生物群,包括:①革兰阳性需氧菌及兼性厌氧菌:乳杆菌、棒状杆菌、非溶血性链球菌、肠球菌及表皮葡萄球菌等;②革兰阴性需氧菌及兼性厌氧菌:加德纳菌(此菌革兰染色变异,有时呈革兰阳性)、大肠埃希菌及摩根菌等;③专性厌氧菌:消化球菌、消化链球菌、类杆菌、动弯杆菌、梭杆菌及普雷沃菌等;④支原体及假丝酵母菌。正常妇女阴道内可分离出20余种微生物,平均每个妇女可分离出6~8种微生物,其中以细菌为主。

(二) 阴道生态系统及影响阴道生态平衡的因素

虽然正常阴道内有多种微生物存在,但由于阴道与这些微生物之间形成生态平衡并不致病。在维持阴道生态平衡中,乳杆菌、阴道pH及雌激素起重要作用。生理情况下,雌激素使阴道上皮增生变厚并增加细胞内糖原含量,阴道上皮细胞分解糖原为单糖,阴道乳杆菌将单糖转化为乳酸,维持阴道正常的酸性环境(pH≤4.5,多在3.8~4.4),抑制其他病原体生长,称为阴道自净作用。正常阴道菌群中,以产生过氧化氢(H_2O_2)的乳杆菌为优势菌,乳杆菌除维持阴道的酸性环境外,其产生的H_2O_2及其他抗微生物因子可抑制或杀灭其他细菌,同时通过竞争排斥机制阻止致病微生物黏附于阴道上皮细胞,维持阴道微生态平衡。体内雌激素下降或阴道pH升高,如频繁性交(性交后阴道pH值可上升至7.2,并维持6~8小时)、阴道灌洗等,均不利于乳杆菌生长;此外,长期应用广谱抗生素抑制乳杆菌生长,或机体免疫力低下,阴道微生态平衡破坏,均可使其他致病病原体成为优势菌,引起炎症。

一、非特异性外阴炎

非特异性外阴炎(non-specific vulvitis)是由物理、化学因素而非病原体所致的外阴皮肤或黏膜的炎症。

【病因】 外阴与尿道、肛门邻近,经常受到经血、阴道分泌物、尿液、粪便的刺激,若不注意皮肤清洁易引起外阴炎;其次,糖尿病病人糖尿的刺激、粪瘘病人粪便的刺激以及尿瘘病人尿液的长期浸渍等;此外,穿紧身化纤内裤导致局部通透性差,局部潮湿以及经期使用卫生巾的刺激,均可引起非特异性外阴炎。

【临床表现】 外阴皮肤瘙痒、疼痛、烧灼感,于活动、性交、排尿及排便时加重。检查见局部充血、肿胀、糜烂,常有抓痕,严重者形成溃疡或湿疹。慢性炎症可使皮肤增厚、粗糙、皲裂,甚至苔藓样变。

【治疗】

1. 局部治疗　可用0.1%聚维酮碘或1∶5000高锰酸钾溶液坐浴,也可选用其他具有抗菌消炎作用的药物外用。坐浴后涂抗生素软膏或紫草油。此外,可选用中药煎水熏洗外阴部,每日1~2次。急性期还可选用红外线等局部物理治疗。

2. 病因治疗　积极寻找病因,若发现糖尿病应及时治疗糖尿病,若有尿瘘、粪瘘应及时行修补术。

二、前庭大腺炎

前庭大腺炎(Bartholinitis)是指病原体侵入前庭大腺而引起的炎症。

【病因及病原体】 因前庭大腺位于两侧大阴唇下1/3深部,腺管开口于处女膜与小阴唇之间,病原体容易侵入而引起炎症。此病以育龄妇女多见,幼女及绝经后妇女少见。主要病原体为内源性病原体(如葡萄球菌、大肠埃希菌、链球菌、肠球菌)及性传播疾病的病原体(如淋病奈瑟菌及沙眼衣原体)。急性炎症发作时,病原体首先侵犯腺管,腺管呈急性化脓性炎症,腺管开口往往因肿胀或渗出物凝聚而阻塞,脓液不能外流、积存而形成脓肿,称前庭大腺脓肿(abscess of Bartholin gland)。

【临床表现】 炎症多为一侧。局部肿胀、疼痛、灼热感,行走不便,有时会致大小便困难。检查见局部皮肤红肿、发热、压痛明显。当脓肿形成时,可触及波动感,严重者直径可达5~6cm,也可自行破溃,有脓液流出,病人可出现发热以及腹股沟淋巴结胀痛等全身症状。

【治疗】 急性期需卧床休息,局部保持清洁。可取前庭大腺开口处分泌物做细菌培养,根据病原体选用敏感抗生素。在获得培养结果之前,可选择广谱抗生素。此外,可选用清热、解毒中药局部热敷或坐浴。脓肿形成者可切开引流并做造口术,并放置引流条,尽量避免切口闭合后反复感染或形成囊肿。

三、前庭大腺囊肿

前庭大腺囊肿(Bartholin cyst)系因各种原因(慢性炎症、先天性腺管狭窄、损伤等)导致前庭大腺管开口部阻塞,分泌物积聚于腺腔而形成。

【临床表现】 前庭大腺囊肿大小不等,多由小逐渐增大,有些可持续数年不变。若囊肿小且无感染,病人可无自觉症状,往往于妇科检查时方被发现;若囊肿大,病人可感到外阴有坠胀感或有性交不适。检查见囊肿多为单侧,也可为双侧,囊肿多呈椭圆形。囊肿可继发感染形成脓肿而反复发作。

Notes

【治疗】 行前庭大腺囊肿造口术。

四、滴虫阴道炎

滴虫阴道炎(trichomonal vaginitis)是由阴道毛滴虫引起,多以泡沫状黄白色稀薄液体为特征的阴道炎症。

【病原体及致病特点】 阴道毛滴虫是常见的性传播疾病病原体,其适宜在温度25～40℃、pH值5.2～6.6的潮湿环境中生长,在pH值5以下或7.5以上的环境中则不生长。月经前、后阴道pH值发生变化,月经后接近中性,隐藏在腺体及阴道皱襞中的滴虫得以繁殖,引起炎症发作。滴虫能消耗、吞噬阴道上皮细胞内的糖原,并可吞噬乳杆菌,阻碍乳酸生成,使阴道pH升高。滴虫阴道炎病人的阴道pH值5～6.5。滴虫不仅寄生于阴道,还常侵入尿道或尿道旁腺以及男方的包皮皱褶、尿道或前列腺中。滴虫能消耗氧,使阴道成为厌氧环境,易致厌氧菌繁殖。美国报道,约60%的病人同时合并细菌性阴道病。

【传播方式】 ①经性交直接传播:是主要的传播方式。与女性病人有一次非保护性交后,约70%男性发生感染,通过性交男性传染给女性的几率可能更高。由于男性感染滴虫后常无症状,易成为感染源。②间接传播:经公共浴池、浴盆、浴巾、游泳池、坐式便器、衣物、污染的器械及敷料等传播。

【临床表现】 潜伏期为4～28日。10%～50%病人无症状。主要症状是阴道分泌物增多及外阴瘙痒,间或有灼热、疼痛、性交痛等。若尿道有感染,可有尿频、尿痛,有时可见血尿。阴道毛滴虫能吞噬精子,并能阻碍乳酸生成,影响精子在阴道内存活,可致不孕。检查见阴道黏膜充血,严重者有散在出血斑点,甚至宫颈有出血点,形成"草莓样"宫颈,后穹窿有多量分泌物,呈灰黄色、黄白色稀薄液体或黄绿色脓性分泌物,常呈泡沫状、有臭味。分泌物呈脓性是因分泌物中含有白细胞,若合并其他感染则呈黄绿色;呈泡沫状有臭味是因滴虫无氧酵解碳水化合物,产生腐臭气体。带虫者阴道黏膜无异常改变。

【诊断】 对有阴道炎症状和体征的病人,阴道分泌物中找到滴虫即可确诊。临床常用的是生理盐水悬滴法,显微镜下见到呈波状运动的滴虫及增多的白细胞被推移,敏感性60%～70%。对可疑病人,多次悬滴法未能发现滴虫时,可送培养,准确性达98%左右。取分泌物前24～48小时避免性交、阴道灌洗或局部用药,取分泌物时窥器不涂润滑剂,分泌物取出后应及时送检并注意保暖,否则滴虫活动力减弱,造成辨认困难。

【治疗】 因滴虫阴道炎可同时有尿道、尿道旁腺、前庭大腺滴虫感染,欲治愈此病,需全身用药。主要治疗药物为抗滴虫药物甲硝唑及替硝唑。

1. **全身用药**　推荐方案:甲硝唑2g,单次口服;或替硝唑2g,单次口服。甲硝唑的治愈率为90%～95%,替硝唑治愈率为86%～100%。替代方案:甲硝唑400mg,每日2次,连服7日。

2. **性伴侣的治疗**　对目前性伴侣及症状出现前4周内的性伴侣均应进行治疗,并告知病人及性伴侣治愈前应避免无保护性交。

3. **随访**　应对症状持续存在或症状复发的病人进行随访及病原体检测。由于滴虫阴道炎病人再感染率很高,可考虑对患有滴虫阴道炎的性活跃女性在初次感染治疗后3个月重新进行筛查。

4. **治疗失败的处理**　对初次治疗失败且排除再次感染者,增加甲硝唑剂量及疗程仍有效。若初次治疗失败,可重复应用甲硝唑400mg,每日2次,连服7日;若再次治疗失败,给予甲硝唑或替硝唑2g,每日1次,连服5日,建议同时进行耐药性监测。

【妊娠合并滴虫阴道炎】 通常不建议对所有孕妇进行滴虫阴道炎的筛查,但对有异常阴道分泌物的孕妇应进行滴虫的检测。妊娠期滴虫阴道炎可导致胎膜早破、早产及低出生体重儿。目前认为甲硝唑治疗并不能改善围生期并发症,仅可能缓解阴道分泌物增多的症状,防止新生儿呼吸道和生殖道感染,阻止滴虫传播。推荐方案:甲硝唑400mg,每日2次,连服7日或甲硝唑2g,顿服。

目前国外研究证实妊娠期使用甲硝唑未增加胎儿的致畸率，但因国内药物说明书仍注明妊娠期禁用。因此，应用甲硝唑时，最好取得病人及其家属的知情同意。分娩时，女性新生儿通过产道时很少感染滴虫及出现阴道分泌物异常的情况，但可能导致产妇产褥感染。甲硝唑能通过乳汁排泄，用药期间及用药后12～24小时内不宜哺乳。服用替硝唑者，服药后3日内避免哺乳。

五、外阴阴道假丝酵母菌病

外阴阴道假丝酵母菌病(vulvovaginal candidiasis，VVC)是由假丝酵母菌引起，以白色稠厚分泌物为特征的一种常见外阴阴道炎，曾称外阴阴道念珠菌病。国外资料显示，约75%妇女一生中至少患过1次VVC，其中40%～45%的妇女经历过2次或2次以上的发作。

【病原体及诱发因素】 80%～90%病原体为白假丝酵母菌，10%～20%为光滑假丝酵母菌、近平滑假丝酵母菌、热带假丝酵母菌等。酸性环境适宜假丝酵母菌的生长，有假丝酵母菌感染的阴道pH值多在4.0～4.7，通常<4.5。白假丝酵母菌为双相菌，有酵母相及菌丝相，酵母相为芽生孢子，在无症状寄居及传播中起作用；菌丝相为芽生孢子伸长成假菌丝，侵袭组织能力加强。假丝酵母菌对热的抵抗力不强，加热至60℃ 1小时即死亡；但对干燥、日光、紫外线及化学制剂等抵抗力较强。

白假丝酵母菌为条件致病菌，10%～20%非孕妇女及30%～40%孕妇阴道中有此菌寄生，但菌量极少，呈酵母相，并不引起症状。只有在全身及阴道局部免疫能力下降，尤其是局部细胞免疫能力下降，假丝酵母菌大量繁殖，并转变为菌丝相，出现阴道炎症状。常见发病诱因主要有妊娠、糖尿病、大量应用免疫抑制剂、广谱抗生素及接受大量雌激素治疗。妊娠及糖尿病时，机体免疫力下降，阴道组织内糖原增加、酸度增高，有利于假丝酵母菌生长。大量应用免疫抑制剂如皮质类固醇激素或免疫缺陷综合征，机体抵抗力降低。长期应用抗生素，抑制乳杆菌生长，有利于假丝酵母菌繁殖。其他诱因有胃肠道假丝酵母菌、含高剂量雌激素的避孕药、穿紧身化纤内裤及肥胖，后者可使会阴局部温度及湿度增加，假丝酵母菌易于繁殖引起感染。

【传染途径】 ①主要为内源性传染，假丝酵母菌除寄生阴道外，也可寄生于人的口腔、肠道，这3个部位的假丝酵母菌可互相传染，一旦条件适宜可引起感染。②少部分病人可通过性交直接传染。③极少病人可能通过接触感染的衣物间接传染。

【临床表现】 主要表现为外阴瘙痒、灼痛，性交痛以及尿痛，部分病人阴道分泌物增多。外阴瘙痒程度居各种阴道炎症之首，严重时坐卧不宁，异常痛苦。尿痛的特点是排尿时尿液刺激水肿的外阴及前庭导致的疼痛。阴道分泌物由脱落上皮细胞和菌丝体、酵母菌和假菌丝组成，其特征是白色稠厚呈凝乳或豆腐渣样。妇科检查可见外阴潮红，水肿，常伴有抓痕，严重者可见皮肤皲裂，表皮脱落；小阴唇内侧及阴道黏膜上附有白色块状物，阴道黏膜充血、水肿，擦除后露出红肿黏膜面，少部分病人急性期可能见到糜烂及浅表溃疡。

根据其发生频率、临床表现、真菌种类、宿主情况，VVC可分为单纯性VVC及复杂性VVC两大类，见表18-1。其中10%～20%为复杂性VVC。VVC的临床表现按VVC评分标准划分为轻、中、重度。评分≥7分为重度VVC，而<7分为轻、中度VVC。2012年中华医学会妇产科分会感染协作组修订的VVC评分标准见表18-2。

【诊断】 对有阴道炎症状或体征的妇女，若在阴道分泌物中找到假丝酵母菌的芽孢或菌丝即可确诊，可用10% KOH湿片法或革兰染色涂片法显微镜下检查分泌物中的芽孢和假菌丝。若有症状而多次镜检为阴性或为顽固病例，为确诊是否为非白假丝酵母菌感染，可采用培养法，同时行药物敏感试验。pH值测定具有重要鉴别意义，若pH<4.5，可能为单纯假丝酵母菌感染，若pH>4.5，可能存在混合感染，尤其是合并细菌性阴道病的混合感染。

【治疗】 消除诱因，选择局部或全身应用抗真菌药物，根据病人的临床分类，决定疗程长短。

Notes

表 18-1　VVC 临床分类

	单纯性 VVC	复杂性 VVC
发生频率	散发或非经常发作	复发性
临床表现	轻到中度	重度
真菌种类	白假丝酵母菌	非白假丝酵母菌
宿主情况	免疫功能正常	免疫力低下或应用免疫抑制剂或糖尿病、妊娠

表 18-2　VVC 临床评分标准

症状及体征	0	1 分	2 分	3 分
瘙痒	无	偶有发作，可被忽略	能引起重视	持续发作，坐立不安
疼痛	无	轻	中	重
充血、水肿	无	轻	中	重
外阴抓痕、皲裂、糜烂	无	/	/	有
分泌物	无	较正常增多	量多，无溢出	量多，有溢出

1. 消除诱因　若有糖尿病应给予积极治疗，及时停用广谱抗生素、雌激素及皮质类固醇激素。勤换内裤，用过的内裤、盆及毛巾均应用开水烫洗。

2. 单纯性 VVC　可局部或全身应用抗真菌药物。唑类药物的疗效高于制霉菌素，治愈率 80% ~90%。

（1）局部用药：局部用药可选择下列药物放于阴道内：①咪康唑栓剂：每晚 1 粒（200mg），连用 7 日；或每晚 1 粒（400mg），连用 3 日；或 1 粒（1200mg），单次用药。②克霉唑栓剂：每晚 1 粒（100mg），塞入阴道深部，连用 7 日；或 1 粒（500mg），单次用药。③制霉菌素栓剂：每晚 1 粒（10 万 U），连用 14 日。

（2）全身用药：对不能耐受局部用药者、未婚妇女及不愿采用局部用药者可选用口服药物，常用药物为氟康唑 150mg，顿服。

3. 复杂性 VVC

（1）复发性外阴阴道假丝酵母菌病（recurrent vulvovaginal candidiasis，RVVC）：一年内有症状的 VVC 发作 4 次或以上称为 RVVC，发生率约 5%。多数病人复发机制不明。抗真菌药物治疗前要积极寻找并去除诱因，同时行真菌培养及药物敏感试验，根据结果选择抗真菌治疗。抗真菌治疗分为强化治疗及巩固治疗。在强化治疗达到真菌学阴性后，给予巩固治疗至半年。强化治疗具体方案：若阴道用药可选咪康唑栓或软胶囊 400mg，每晚 1 次，共 6 日；或咪康唑栓 1200mg，第 1、4、7 日应用；或克霉唑栓或片 500mg，第 1、4、7 日应用；若口服用药可选氟康唑 150mg，顿服，第 1、4、7 日应用。巩固治疗方案：目前国内、外没有较为成熟的方案，建议对每月规律性发作者，可在每次发作前预防用药 1 次，连续 6 个月。对无规律发作者，可采用每周用药 1 次，如氟康唑 150mg，每周 1 次，连续 6 个月。对于长期应用抗真菌药物者，应检测肝、肾功能。治疗期间定期复查监测疗效及药物副作用，一旦发现副作用，立即停药。

（2）严重 VVC：无论局部用药还是口服用药均应延长治疗时间。若为局部用药，选择 7 ~ 14 日长疗程方案；若为口服用药，选择氟康唑 150mg，72 小时加服 1 次。症状严重者，外阴局部应用低浓度糖皮质激素软膏或唑类霜剂。

4. 性伴侣治疗　性伴侣无需常规治疗，约 15% 男性与女性病人接触后患有龟头炎，对有症状男性应进行相关检查及治疗。RVVC 病人的性伴侣应同时检查，必要时给予治疗。

5. 随诊　若症状持续存在或诊断后 2 个月内复发者，需复诊。对 RVVC 在治疗结束后 7 ~

Notes

14 日、1 个月、3 个月和 6 个月各随访 1 次,3 个月及 6 个月时建议同时进行真菌培养。

【妊娠合并 VVC】 妊娠期由于机体免疫力下降,阴道组织内糖原增加,雌激素增高,有利于假丝酵母菌生长,故妊娠期更易发生 VVC,并且临床表现重,治疗效果差,易复发。新生儿通过产道可发生新生儿鹅口疮。妊娠合并 VVC 的治疗时禁用口服唑类药物,可选择对胎儿无害的局部唑类药物,以 7 日疗法效果较好。

六、细菌性阴道病

细菌性阴道病(bacterial vaginosis,BV)是阴道内正常菌群失调所致的一种混合感染。在不同年代由于对其病原体的认识不同曾被命名为非特异性阴道炎(1894)、嗜血杆菌阴道炎(1955)、棒状杆菌阴道炎(1963)、加德纳菌阴道炎(1980),1984 年在瑞典召开的专题会上命名为细菌性阴道病,称细菌性是因阴道内有大量不同的细菌,称阴道病是因为临床及病理特征无炎症改变。

【病因及病理生理机制】 正常阴道内以产生过氧化氢的乳杆菌占优势。BV 时,阴道内产生 H_2O_2 的乳杆菌减少而其他微生物大量繁殖,主要有加德纳菌、厌氧菌(动弯杆菌、普雷沃菌、紫单胞菌、类杆菌、阴道阿托波菌等)以及人型支原体,其中以厌氧菌居多,这些微生物的数量可增加 100~1000 倍。随着这些微生物的繁殖,其代谢产物使阴道分泌物的生化成分发生相应改变,pH 升高,胺类物质(尸胺、腐胺、三甲胺)、有机酸以及一些酶类(唾液酸酶、黏多糖酶等)增加。胺类物质可使阴道分泌物增多并有臭味。酶和有机酸可破坏宿主的防御机制,如溶解宫颈黏液,促进微生物进入上生殖道,引起炎症。但微生物群发生改变的机制目前仍不清楚,可能与多个性伴侣、频繁性交或阴道灌洗使阴道碱化有关。碱性环境不利于乳杆菌的黏附和生长,而利于加德纳菌等厌氧菌的生长,从而引发 BV。

【临床表现】 多发生在性活跃期妇女。10%~40% 病人无临床症状,有症状者主要表现为阴道分泌物增多,有鱼腥臭味,性交后加重,可伴有轻度外阴瘙痒或烧灼感。分泌物呈灰白色,均匀一致,稀薄,常黏附于阴道壁,但黏度很低,容易将分泌物从阴道壁拭去,阴道黏膜无充血的炎症表现。

【诊断】 目前有两种诊断标准,Amsel 临床诊断标准以及革兰染色 Nugent 评分诊断标准,前者临床应用较多,后者多用于研究及有条件的单位。

BV 的 Amsel 临床诊断标准,下列 4 项中有 3 项阳性即可临床诊断 BV。

1. 匀质、稀薄、白色的阴道分泌物。

2. 阴道 pH 值>4.5。

3. 胺臭味试验(whiff test)阳性 取阴道分泌物少许放在玻片上,加入 10% 氢氧化钾 1~2 滴,产生一种烂鱼肉样腥臭气味,这是由于胺遇碱释放氨所致。

4. 线索细胞阳性 取少许分泌物放在玻片上,加一滴生理盐水混合,高倍显微镜下寻找线索细胞。线索细胞即阴道脱落的表层细胞,于细胞边缘贴附颗粒状物即各种厌氧菌,尤其是加德纳菌,细胞边缘不清。

BV 为阴道正常菌群失调,细菌定性培养在诊断中意义不大。目前研究显示厌氧菌代谢产物的检测可用于 BV 的辅助诊断,但尚未得到公认。本病应与其他阴道炎相鉴别(表 18-3)。

【治疗】 有症状者均需治疗,无症状者一般不需治疗。但因 BV 可能导致子宫内膜炎、盆腔炎性疾病及子宫切除后断端感染,对无症状但需进行宫腔手术操作的病人均需治疗。BV 的治疗选用抗厌氧菌药物,主要有甲硝唑、克林霉素。局部用药与口服用药疗效相似,治愈率 80% 左右。

1. 具体方案 推荐方案:甲硝唑 400mg,口服,每日 2 次,连服 7 日;或甲硝唑阴道栓(片)200mg,每晚 1 次,连用 5~7 日;或 2% 克林霉素软膏阴道涂布,每次 5g,每晚 1 次,连用 7 日。替

Notes

表 18-3 细菌性阴道病与其他阴道炎的鉴别诊断

	细菌性阴道病	外阴阴道假丝酵母菌病	滴虫阴道炎
症状	分泌物增多,无或轻度瘙痒	重度瘙痒,烧灼感	分泌物增多,轻度瘙痒
分泌物特点	白色,匀质,腥臭味	白色,豆渣样	稀薄、脓性,泡沫状
阴道黏膜	正常	水肿、红斑	散在出血点
阴道 pH	>4.5	<4.5	>4.5
胺试验	阳性	阴性	可为阳性
显微镜检查	线索细胞,极少白细胞	芽生孢子及假菌丝,少量白细胞	阴道毛滴虫,多量白细胞

代方案:替硝唑 2g,口服,每日 1 次,连服 3 日;或替硝唑 1g,口服,每日 1 次,连服 5 日;或克林霉素 300mg,口服,每日 2 次,连服 7 日。

2. 性伴侣的治疗 本病虽与多个性伴侣有关,但对性伴侣给予治疗并未改善治疗效果及降低其复发,因此,性伴侣不需常规治疗。

3. 随访 治疗后若症状消失,无需随访。对症状持续存在或症状反复出现者,需接受随访。

【妊娠合并细菌性阴道病】 BV 与不良妊娠结局(如绒毛膜羊膜炎、胎膜早破、早产、产后子宫内膜炎等)有关,对妊娠合并 BV 进行治疗唯一确定的益处是缓解阴道感染的症状和体征,潜在的益处是降低 BV 相关感染的并发症和减少其他 STD 感染或 HIV 的风险。目前认为,无需常规对孕妇进行 BV 筛查,但对有症状的 BV 孕妇及无症状早产高风险孕妇均需筛查及治疗。治疗方案为甲硝唑 400mg,口服,每日 2 次,连用 7 日;或克林霉素 300mg,口服,每日 2 次,连用 7 日。治疗后需要随访。

七、萎缩性阴道炎

萎缩性阴道炎(atrophic vaginitis)是因体内雌激素水平降低,阴道黏膜萎缩,乳杆菌不再为优势菌,其他病原体过度繁殖或入侵而引起的阴道炎症。

【病因】 萎缩性阴道炎常见于自然绝经、或人工绝经后妇女,也可见于产后闭经或药物假绝经治疗的妇女。常见病原体为需氧菌、厌氧菌或两者的混合感染。

【临床表现】 主要症状为阴道分泌物增多及外阴灼热感、外阴不适、外阴瘙痒,可伴有性交痛。阴道分泌物稀薄,呈淡黄色,严重者呈脓血性。检查见阴道呈萎缩性改变,上皮皱襞消失,变平,萎缩,菲薄。阴道黏膜充血,有小出血点,有时见浅表溃疡。溃疡面可与对侧粘连,严重时造成狭窄甚至闭锁,炎症分泌物引流不畅可形成阴道积脓或宫腔积脓。

【诊断】 根据病史及临床表现,诊断一般不难,但应排除其他疾病才能诊断。应取阴道分泌物检查,显微镜下见大量基底层细胞及白细胞而无滴虫及假丝酵母菌。对有血性白带者,应与子宫恶性肿瘤鉴别,需常规作宫颈刮片,必要时行分段诊刮术。对阴道壁肉芽组织及溃疡需与阴道癌相鉴别,可行局部活组织检查。

【治疗】 治疗原则为补充雌激素增加阴道抵抗力,抗生素抑制细菌生长。

1. 增加阴道抵抗力 针对病因,补充雌激素制剂是治疗萎缩性阴道炎的主要方法。可局部给药,也可全身给药。可用雌三醇软膏局部涂抹;或选用以阴道局部黏膜作用为主,较少全身吸收的雌激素制剂如普罗雌烯;或兼有广谱抗菌作用和局部雌激素样作用的复合制剂如氯喹那多普罗雌烯阴道片。为防止阴道炎复发,亦可全身用药,对同时需要性激素替代治疗的病人,可给予替勃龙 2.5mg,每日 1 次,也可选用其他雌、孕激素制剂连续联合用药。

2. 抑制细菌生长 阴道局部应用抗生素抑制细菌生长。对阴道局部干涩明显者,可应用润滑剂。

八、婴幼儿外阴阴道炎

婴幼儿阴道炎(infantile vaginitis)常见于5岁以下幼女,多与外阴炎并存。

【病因及病原体】 由于婴幼儿的解剖特点(幼女外阴发育差,不能遮盖尿道口及阴道前庭)、生理特点(新生儿出生2~3周后体内雌激素水平逐渐降低,阴道内pH上升)及不良卫生习惯(外阴不洁、大便污染、外阴损伤或蛲虫感染)等,容易发生炎症。常见病原体有大肠埃希菌、葡萄球菌及链球菌等。此外,淋病奈瑟菌、滴虫、白假丝酵母菌也为常见病原体。病原体常通过患病母亲或保育员的手、衣物、毛巾、浴盆等间接传播。

【临床表现】 主要症状为阴道分泌物增多,呈脓性。临床上多由母亲发现婴幼儿内裤上有脓性分泌物而就诊。部分患儿有泌尿系统感染症状。若有小阴唇粘连,可出现尿流变细或分流。检查可见外阴及阴道口黏膜充血、水肿,有脓性分泌物自阴道口流出。病变严重者,外阴表面可见溃疡,小阴唇可发生粘连,遮盖阴道口或尿道口,有时将其误诊为生殖器畸形。在检查时还应做肛诊排除阴道异物及肿瘤。

【诊断】 婴幼儿语言表达能力差,采集病史常需详细询问女孩母亲,同时询问母亲有无阴道炎病史,结合症状及查体所见,通常可作出初步诊断。用细棉拭子或吸管取阴道分泌物做病原学检查,以明确病原体,必要时行细菌培养。

【治疗】 治疗原则为:①保持外阴清洁、干燥,减少摩擦;②针对病原体选择相应抗生素治疗;③其他相应处理:有蛲虫者,给予驱蛲治疗;有阴道异物者及时取出异物;对小阴唇粘连者,外涂雌激素软膏后多可松解。

【小结】 外阴、阴道炎症是妇科常见疾病。外阴的前庭大腺脓肿及囊肿,因位于大阴唇下1/3的特定部位容易作出诊断,但前庭大腺囊肿需与脂肪瘤、纤维瘤进行鉴别。

生育年龄妇女最常见的阴道炎为BV、VVC以及滴虫阴道炎。三者的共同点均为阴道分泌物多、异味、外阴瘙痒及性交痛等不适症状。但三者间阴道分泌物性状、阴道黏膜变化以及显微镜下的表现不同。BV、滴虫阴道炎治疗以甲硝唑和替硝唑为主,BV可选择局部或全身用药,以1周疗法较好;而滴虫阴道炎以单次大剂量口服治疗为主,不主张阴道用药。VVC可选择局部应用或口服抗真菌药物,根据临床分类而采取短疗程或长疗程的治疗方案。

萎缩性阴道炎和婴幼儿阴道炎均因不同年龄段的雌激素缺乏而引起,以去除病因、补充雌激素为主要治疗方法,也可选用局部抗生素治疗。

第二节 宫颈炎症

宫颈炎症是妇科常见疾病之一。正常情况下,宫颈具有黏膜免疫、体液免疫及细胞免疫等多种防御功能,是阻止病原体进入上生殖道的重要防线。多种因素如阴道炎症、性交、宫腔操作等均容易诱发宫颈炎症。宫颈炎症包括宫颈阴道部炎症及宫颈管黏膜炎症。由于宫颈阴道部鳞状上皮与阴道鳞状上皮相延续,各种引起阴道炎症的病原体如阴道毛滴虫、真菌等,均可引起宫颈阴道部炎症,其诊断与治疗与阴道炎症相同。由于宫颈管黏膜为单层柱状上皮,抗感染能力差,易发生感染。临床多见的宫颈炎症是急性宫颈管黏膜炎症。若急性宫颈管黏膜炎症未经及时诊治或病原体持续存在,可导致慢性宫颈炎症或病原体上行导致上生殖道感染。本节主要介绍宫颈管黏膜炎症。

一、急性宫颈炎症

急性宫颈管黏膜炎症指宫颈局部充血、水肿,上皮变性、坏死,黏膜、黏膜下组织、腺体周围见大量中性粒细胞浸润,腺腔中可有脓性分泌物。急性宫颈管黏膜炎症以柱状上皮感染为主,

Notes

包括宫颈管内的柱状上皮以及外移到或外翻到宫颈阴道部的柱状上皮。

【病因及病原体】 急性宫颈管黏膜炎症的病原体包括：①性传播疾病病原体：淋病奈瑟菌、沙眼衣原体、单纯疱疹病毒、巨细胞病毒和生殖支原体，主要见于STD的高危人群；②内源性病原体：包括需氧菌、厌氧菌，尤其是引起BV的病原体。部分病人的病原体不清楚。沙眼衣原体及淋病奈瑟菌均感染宫颈管柱状上皮，沿黏膜面扩散引起浅层感染，病变以宫颈管明显。除宫颈管柱状上皮外，淋病奈瑟菌还常侵袭尿道移行上皮、尿道旁腺及前庭大腺。

【临床表现】 大部分病人无症状。有症状者主要表现为阴道分泌物增多，呈黏液脓性，以及经间期出血、性交后出血等。妇科检查见宫颈充血、水肿、黏膜外翻，有黏液脓性分泌物附着甚至从宫颈管流出。子宫颈管黏膜或者外移的柱状上皮质脆，容易诱发接触性出血。

【诊断】 出现两个特征性体征之一，显微镜检查宫颈或阴道分泌物白细胞增多，可作出急性宫颈炎症的初步诊断。宫颈炎症诊断后，需进一步做沙眼衣原体及淋病奈瑟菌的检测。

1. 两个特征性体征，具备一个或两个同时具备

（1）于宫颈管或宫颈管棉拭子标本上，肉眼见到脓性或黏液脓性分泌物。

（2）用棉拭子擦拭宫颈管口的黏膜时，由于黏膜质脆，容易诱发出血。

2. 白细胞检测　可检测宫颈管分泌物或阴道分泌物中的白细胞，后者需排除引起白细胞增高的阴道炎症。

（1）宫颈管脓性分泌物涂片作革兰染色，中性粒细胞>30/高倍视野。

（2）阴道分泌物湿片检查白细胞>10/高倍视野。

3. 病原体检测　应做沙眼衣原体及淋病奈瑟菌的检测，以及有无BV及滴虫阴道炎。检测淋病奈瑟菌及沙眼衣原体的方法见第十九章　性传播疾病　第一节及第四节。

由于宫颈炎症也可以是上生殖道感染的一个征象，因此，对宫颈炎症病人应注意有无上生殖道感染。

【治疗】 主要为抗生素药物治疗。可根据不同情况采用经验性抗生素治疗及针对病原体的抗生素治疗。

1. 经验性抗生素治疗　对有STD高危因素的病人（如年龄小于25岁，多性伴或新性伴，并且为无保护性性交），在获得病原体检测结果前，采用针对沙眼衣原体的经验性抗生素治疗。阿奇霉素1g单次口服；或多西环素100mg，每日2次，连服7日。

对低龄和易患淋病者，应使用针对淋病奈瑟菌的抗生素。由于淋病奈瑟菌感染常伴有衣原体感染，因此，若为淋菌性宫颈炎症，治疗时除选用抗淋病奈瑟菌药物外，同时应用抗衣原体感染药物。

2. 针对病原体选用抗生素治疗　对淋病奈瑟菌所致的单纯宫颈炎症可应用头孢曲松、头孢噻肟或大观霉素治疗；对沙眼衣原体所致的宫颈炎症可应用多西环素或阿奇霉素或米诺环素、四环素、克拉霉素或氧氟沙星、左氧氟沙星、莫西沙星（具体治疗方案详见第十九章　性传播疾病　第一节及第四节）。

3. 对于合并BV者，同时治疗BV，否则将导致宫颈炎症持续存在。

4. 性伴侣的处理　若宫颈炎症病人的病原体为沙眼衣原体及淋病奈瑟菌，应对其性伴侣进行相应的检查及治疗。

二、慢性宫颈炎症

慢性宫颈炎症（chronic cervicitis），指宫颈间质内有大量淋巴细胞、浆细胞等慢性炎细胞浸润，可伴有宫颈腺上皮及间质的增生和鳞状上皮化生。慢性宫颈炎症可由急性宫颈炎症迁延而来，也可为病原体持续感染所致，病原体与急性宫颈炎症相似。

Notes

【病理】

1. 慢性宫颈管黏膜炎 包括宫颈管内柱状上皮以及外移至宫颈阴道部的柱状上皮的慢性炎症，由于宫颈管黏膜皱襞较多，柱状上皮抗感染能力差，感染后容易形成持续性宫颈黏膜炎症，表现为宫颈黏液及脓性分泌物，反复发作。

2. 宫颈息肉 宫颈息肉是宫颈管腺体和间质的局限性增生，突出于宫颈外口形成息肉。宫颈息肉的形成原因不清，部分病人可能与炎症刺激有关。光镜下见息肉表面被覆高柱状上皮，间质水肿、血管丰富以及慢性炎性细胞浸润。宫颈息肉极少恶变，但应与子宫的恶性肿瘤鉴别。

3. 宫颈肥大 慢性炎症的长期刺激导致腺体及间质增生。此外，宫颈深部的腺囊肿均可使宫颈呈不同程度肥大，硬度增加。

【临床表现】 多无症状，少数病人可有阴道分泌物增多，淡黄色或脓性，性交后出血，月经间期出血，偶有分泌物刺激引起外阴瘙痒或不适。妇科检查可发现宫颈黏膜外翻、水肿或宫颈呈糜烂样改变，少数严重者可呈颗粒状或乳头状突起，表面覆有黄色分泌物或宫颈口可见黄色分泌物流出。若为宫颈息肉，检查可为单个，也可为多个，红色，质软而脆，呈舌型，可有蒂，蒂宽窄不一，根部可附在宫颈外口，也可在宫颈管内。若为宫颈肥大，宫颈可呈不同程度肥大，但尚无具体诊断标准，更多的是经验性诊断。

【诊断及鉴别诊断】 根据临床表现可初步作出慢性宫颈炎症的诊断，但应注意将妇科检查所发现的阳性体征与宫颈的常见病理生理改变进行鉴别。

1. 宫颈柱状上皮异位(ectopy of cervical columnar epithelium)和宫颈鳞状上皮内病变(squamous intraepithelial lesion，SIL) 除慢性宫颈炎症外，宫颈的生理性柱状上皮异位、SIL，甚至早期宫颈癌也可呈现宫颈糜烂样改变。生理性柱状上皮异位是指生育期、妊娠期妇女由于雌激素作用，宫颈管柱状上皮外移至宫颈阴道部，由于柱状上皮菲薄，其下间质透出，呈红色，肉眼看似糜烂，但并非病理学上所指的上皮脱落、溃疡的真性糜烂，在阴道镜下表现为宽大的转化区以及内侧的柱状上皮。过去，曾将此种表现称为“宫颈糜烂”，并认为是慢性宫颈炎症最常见的病理类型之一。随着阴道镜技术的发展，对宫颈转化区形成的生理、病理有了新的认识。宫颈柱状上皮异位是阴道镜下描述宫颈管内的柱状上皮生理性外移至宫颈阴道部的术语。此外，宫颈 SIL 以及早期宫颈癌也可呈现糜烂样改变。因此，既往所谓的“宫颈糜烂”作为慢性宫颈炎症的诊断术语已不再恰当。宫颈糜烂样改变只是一个临床征象，可以为生理性改变，也可以为病理改变(炎症、SIL 或早期宫颈癌)。因此对于宫颈糜烂样改变者需进行炎症的相关检查以及细胞学和(或)HPV 检测，必要时行阴道镜及活组织检查以除外宫颈 SIL 或宫颈癌。

2. 宫颈腺囊肿(Noboth cyst) 宫颈腺囊肿是宫颈转化区鳞状上皮取代柱状上皮过程中，新生的鳞状上皮覆盖宫颈腺管口或伸入腺管，将腺管口阻塞，导致腺体分泌物引流受阻、潴留形成的囊肿。宫颈局部损伤或宫颈慢性炎症使腺管口狭窄，也可导致宫颈腺囊肿形成。镜下见囊壁被覆单层扁平、立方或柱状上皮。检查见宫颈表面突出单个或多个青白色小囊泡，容易诊断。宫颈腺囊肿绝大多数情况下是宫颈的生理性变化，通常不需处理。但深部的宫颈腺囊肿，宫颈表面无异常，表现为宫颈肥大，应与宫颈腺癌鉴别。

3. 子宫恶性肿瘤 宫颈息肉应与宫颈的恶性肿瘤以及子宫体的恶性肿瘤相鉴别，因后两者也可呈息肉状，从宫颈口突出，鉴别方法行宫颈息肉切除，病理组织学检查确诊。除慢性炎症外，内生型宫颈癌尤其腺癌也可引起宫颈肥大，因此对宫颈肥大者，需行宫颈细胞学检查，必要时行宫颈管搔刮术进行鉴别。

【治疗】 不同病变采用不同的治疗方法。

1. 慢性宫颈管黏膜炎 对于初次就诊表现为宫颈管黏膜炎症者，临床有时很难区分其为急性或慢性宫颈管黏膜炎症，通常需要进行性传播疾病病原体的检查；对持续或反复发作的宫颈管黏膜炎症，也应除外是否为沙眼衣原体或淋病奈瑟菌的再次感染。对慢性宫颈管黏膜炎症，

Notes

还应注意有无 BV 存在,若存在,应给予相应处理。

对表现为宫颈糜烂样改变者,若伴有接触性出血或分泌物明显增多或表面呈颗粒状或乳头状突起,而未检测到性传播疾病病原体,并排除 SIL 以及宫颈癌,可给予物理治疗,包括激光、冷冻、微波等方法。若为宫颈糜烂样改变并无炎症表现,而仅为生理性柱状上皮异位则无需处理。

2. 宫颈息肉　行息肉摘除术,并送病理组织学检查。

3. 宫颈肥大　若能排除引起宫颈肥大的其他原因,一般无需治疗。

【小结】 急性宫颈炎症主要为宫颈黏膜炎症,病原体为 STD 病原体或内源性病原体,主要表现为阴道分泌物增多,呈黏液脓性。检查见宫颈充血、水肿、黏膜质脆,容易诱发出血。根据两个特征性体征加上宫颈或阴道分泌物白细胞增加,可初步诊断急性宫颈炎症。初步诊断后,需行淋病奈瑟菌及沙眼衣原体检测。对具有 STD 高危因素者,在病原体获得前,可进行经验性抗生素治疗;对检测出淋病奈瑟菌或沙眼衣原体者,选择针对病原体的抗生素治疗。慢性宫颈炎症的病理类型与以往的观念变化较大,"宫颈糜烂"不再作为诊断术语,而是一种临床体征,需鉴别其为生理性还是病理性,若为生理性多数无需处理;若为炎症则需针对炎症处理;若为宫颈 SIL 甚至宫颈癌则参照相关章节内容进行处理。宫颈息肉需行息肉摘除并送病理检查。宫颈肥大若能排除其他疾病,一般无需处理。

第三节　盆腔炎性疾病

盆腔炎性疾病(pelvic inflammatory disease,PID)指一组女性上生殖道的感染性疾病,主要包括子宫内膜炎、输卵管炎、输卵管卵巢脓肿(tubo-ovarian abscess,TOA)、盆腔腹膜炎。炎症可局限于一个部位,也可同时累及几个部位,最常见的是输卵管炎。PID 大多发生在性活跃期、有月经的妇女,初潮前、绝经后或未婚者很少发生 PID。若 PID 未能得到及时、彻底治疗,可导致不孕、输卵管妊娠、慢性盆腔痛,炎症反复发作等 PID 的后遗症,严重影响妇女健康,增加家庭与社会经济负担。

【病原体及致病特点】 PID 的病原体分外源性及内源性病原体,两种病原体可单独存在,但通常为混合感染。不同病原体有不同的致病特点,了解这些特点可以根据经验判断致病菌,从而为治疗时选择抗生素提供帮助。

1. 外源性病原体　主要为 STD 的病原体,常见的病原体为淋病奈瑟菌、沙眼衣原体,其他尚有支原体,包括人型支原体、解脲脲原体及生殖支原体。淋病奈瑟菌所致盆腔炎多于月经期或经后 7 日内发病,起病急,可有高热,体温在 38℃以上,常引起输卵管积脓,对抗生素治疗通常敏感。而衣原体感染的症状不明显,无高热,可有轻微下腹痛,阴道少量不规则出血,病程较长,久治不愈,导致不孕。

有关支原体与 PID 的关系尚无最后定论。过去研究较多的为解脲脲原体、人型支原体与 PID 的关系,近几年研究发现生殖支原体可引起上生殖道感染,所引起的临床症状轻微或不明显,与衣原体感染相似。

2. 内源性病原体　来自原寄居于阴道内的菌群,包括需氧菌及厌氧菌,以混合感染多见。主要的需氧菌及兼性厌氧菌有金黄色葡萄球菌、溶血性链球菌、大肠埃希菌、阴道加德纳菌;厌氧菌有脆弱类杆菌、消化球菌、消化链球菌、普雷沃菌。近年研究发现 PID 与引起 BV 的病原体有关,如普雷沃菌、消化链球菌、加德纳菌等,引起 BV 的病原体可分泌多种蛋白溶解酶溶解宫颈黏液栓,导致上行性感染。厌氧菌感染的特点是容易形成盆腔脓肿、感染性血栓静脉炎,脓液有粪臭并有气泡。据文献报道,70% ~80% 盆腔脓肿可培养出厌氧菌。

【感染途径】

1. 沿生殖道黏膜上行蔓延　病原体侵入外阴、阴道后,或阴道内的病原体沿宫颈黏膜、子宫内膜、输卵管黏膜，蔓延至卵巢及腹腔，是非妊娠期、非产褥期盆腔炎的主要感染途径。淋病奈瑟菌、衣原体及葡萄球菌等常沿此途径扩散(图 18-1)。

2. **经淋巴系统蔓延** 病原体经外阴、阴道、宫颈及宫体创伤处的淋巴管侵入盆腔结缔组织及内生殖器其他部分，是产褥感染、流产后感染的主要感染途径(图 18-2)。链球菌、大肠埃希菌、厌氧菌多沿此途径蔓延。

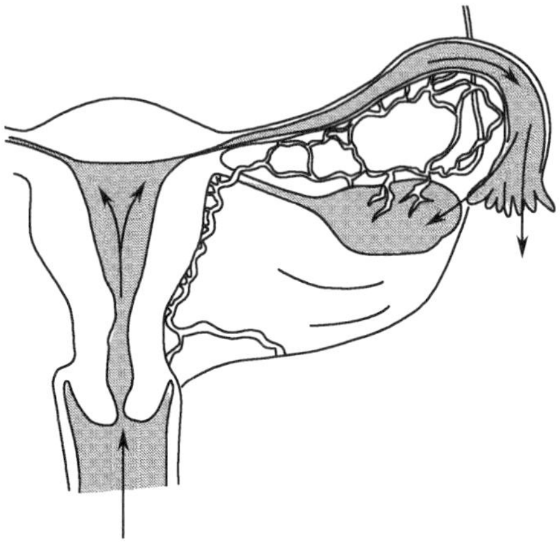
图 18-1 炎症经黏膜上行蔓延

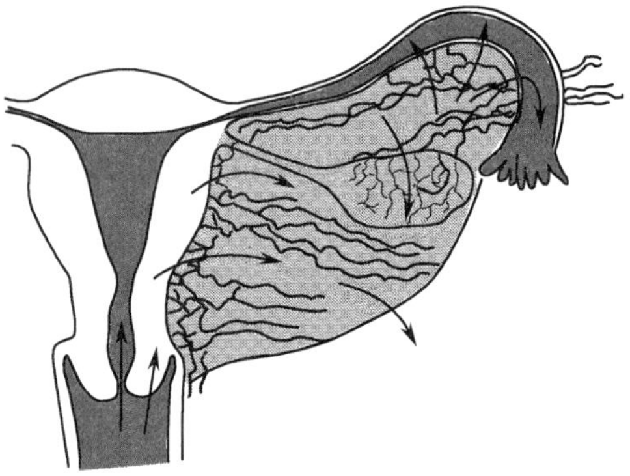
图 18-2 炎症经淋巴系统蔓延

3. **经血液循环传播** 病原体先侵入人体的其他系统，再经血液循环感染生殖器，为结核分枝杆菌感染的主要途径(图 18-3)。

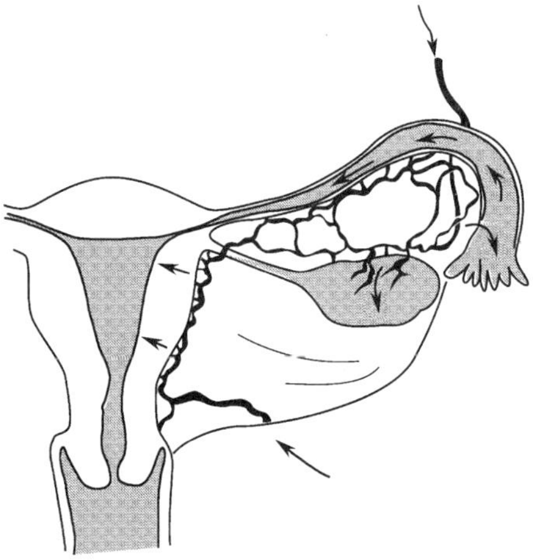
图 18-3 炎症经血行传播

4. **直接蔓延** 腹腔其他脏器感染后，直接蔓延到内生殖器，如阑尾炎可引起右侧输卵管炎。

【高危因素】 了解高危因素利于 PID 的正确诊断及预防。

1. **年龄** 据美国资料，PID 的高发年龄为 15～25 岁。年轻妇女容易发生 PID 可能与频繁性活动、宫颈柱状上皮异位、宫颈黏液机械防御功能较差有关。

2. **性活动** PID 多发生在性活跃期妇女，尤其是初次性交年龄小、有多个性伴侣、性交过频以及性伴侣有性传播疾病者。

3. **下生殖道感染** 下生殖道感染如淋病奈瑟菌性宫颈炎、衣原体性宫颈炎以及细菌性阴道病与 PID 的发生密切相关。

4. **子宫腔内手术操作后感染** 如刮宫术、输卵管通液术、子宫输卵管造影术、宫腔镜检查等，由于手术所致生殖道黏膜损伤、出血、坏死，导致下生殖道内源性病原体上行感染。

5. **性卫生不良** 经期性交，使用不洁月经垫等，均可使病原体侵入而引起炎症。此外，低收入群体不注意性卫生保健，阴道冲洗者 PID 的发生率高。

6. **邻近器官炎症直接蔓延** 如阑尾炎、腹膜炎等蔓延至盆腔，病原体以大肠埃希菌为主。

7. **PID 再次急性发作** PID 所致的盆腔广泛粘连、输卵管损伤、输卵管防御能力下降，容易造成再次感染，导致急性发作。

【病理】

1. **子宫内膜炎及子宫肌炎** 子宫内膜充血、水肿、有炎性渗出物，严重者内膜坏死、脱落形

Notes

成溃疡。镜下见大量白细胞浸润，炎症向深部侵入形成子宫肌炎。

2. 输卵管炎、输卵管积脓、输卵管卵巢脓肿　输卵管炎因病原体的传播途径不同而有不同的病变特点。

（1）炎症经子宫内膜向上蔓延：首先引起输卵管黏膜炎，上皮发生退变、脱落及粘连，导致输卵管管腔及伞端闭锁，若有脓液积聚于管腔内则形成输卵管积脓。

（2）病原体通过宫颈的淋巴管播散到宫旁结缔组织：首先侵及输卵管浆膜层，发生输卵管周围炎，进而与周围组织形成粘连，而输卵管黏膜层可不受累或受累极轻。

卵巢炎很少单独发生，卵巢常与发炎的输卵管伞端粘连而发生卵巢周围炎，称输卵管卵巢炎。炎症可通过卵巢排卵的破孔侵入卵巢实质形成卵巢脓肿，脓肿壁与输卵管积脓粘连并穿通，形成TOA。由于TOA与PID时输卵管、卵巢、肠管因粘连形成的炎性肿块难以区别，有些教科书将以上两种情况统称为TOA。

3. 盆腔腹膜炎　盆腔内器官发生严重感染时，往往蔓延到盆腔腹膜，腹膜充血、水肿、渗出，形成盆腔脏器粘连。当有大量脓性渗出液积聚于粘连的间隙内，可形成散在小脓肿；积聚于直肠子宫陷凹处则形成盆腔脓肿，较多见。TOA或盆腔脓肿可破入直肠或阴道而使症状突然减轻，也可破入腹腔引起弥漫性腹膜炎。

4. 盆腔结缔组织炎　内生殖器急性炎症时，或阴道、宫颈有创伤时，病原体经淋巴管进入盆腔结缔组织而引起组织充血、水肿及中性粒细胞浸润。以宫旁结缔组织炎最常见，开始局部增厚，质地较软，边界不清，以后向两侧盆壁呈扇形浸润，若组织化脓则形成盆腔腹膜外脓肿，可自发破入直肠或阴道。

5. 败血症及脓毒败血症　当病原体毒性强、数量多、病人抵抗力降低时，常发生败血症。多见于严重的产褥感染、感染性流产及播散性淋病。发生PID后，若身体其他部位发现多处炎症病灶或脓肿者，应考虑有脓毒败血症存在，但需经血培养证实。

6. Fitz-Hugh-Curtis 综合征　是指肝包膜炎症而无肝实质损害的肝周围炎。淋病奈瑟菌及衣原体感染均可引起。由于肝包膜水肿，吸气时右上腹疼痛。肝包膜上有脓性或纤维渗出物，早期在肝包膜与前腹壁腹膜之间形成松软粘连，晚期形成琴弦样粘连。5%～10%输卵管炎可出现此综合征，临床表现为继下腹痛后出现右上腹痛，或下腹疼痛与右上腹疼痛同时出现。

【临床表现】　可因感染的病原体、炎症轻重及范围大小而有不同的临床表现。轻者无症状或症状轻微。常见症状为下腹痛、发热、异常阴道分泌物或异常阴道出血。腹痛为持续性、活动或性交后加重。若有泌尿系统感染，可有排尿困难、尿频、尿痛等症状。若病情严重可有寒战、高热、头痛、食欲缺乏等全身症状。若出现腹膜炎或盆腔脓肿，可有恶心、呕吐、腹胀、腹泻、里急后重等消化系统症状。若有输卵管炎的症状及体征并同时有右上腹疼痛者，应怀疑有肝周围炎。

病人体征差异较大，轻者无明显异常发现，或妇科检查仅发现宫颈举痛或宫体压痛或附件区压痛。严重病例呈急性病容，体温升高，心率加快，下腹部有压痛、反跳痛及肌紧张，甚至出现腹胀，肠鸣音减弱或消失。盆腔检查：阴道可见脓性臭味分泌物；宫颈举痛，并可见宫颈充血、水肿，或有脓性分泌物；宫体稍大，有压痛，活动受限；子宫两侧压痛明显，若为单纯输卵管炎，可触及增粗的输卵管，压痛明显；若为输卵管积脓或TOA，可触及肿块且压痛明显，不活动；宫旁结缔组织炎时，可扪及宫旁一侧或两侧片状增厚，或两侧宫骶韧带高度水肿、增粗，压痛明显；若有盆腔脓肿形成且位置较低时，可扪及后穹窿或侧穹窿有肿块且有波动感，三合诊常能协助进一步了解盆腔情况。

【诊断】　根据病史、症状、体征及实验室检查可作出初步诊断。由于PID的临床表现差异较大，临床诊断准确性不高（与腹腔镜相比，阳性预测值为65%～90%）。理想的PID诊断标准，既要敏感性高能发现轻微病例，又要特异性强避免非炎症病人应用抗生素。但目前尚无单一的

Notes

病史、体征或实验室检查，既敏感又特异。由于临床正确诊断 PID 比较困难，而延误诊断又导致 PID 后遗症的发生，2010 年美国疾病控制中心（CDC）推荐的 PID 的诊断标准（见表 18-4），旨在对年轻女性腹痛或有异常阴道分泌物或不规则阴道流血者，提高对 PID 的认识，对可疑病人做进一步评价，及时治疗，减少后遗症的发生。

表 18-4 PID 的诊断标准（2010 年美国 CDC 诊断标准）

最低标准
宫颈举痛或子宫压痛或附件区压痛
附加标准
口腔温度超过 38.3℃
宫颈或阴道异常黏液脓性分泌物
阴道分泌物生理盐水湿片镜检见到大量白细胞
红细胞沉降率升高
血 C-反应蛋白升高
实验室证实的宫颈淋病奈瑟菌或沙眼衣原体阳性
特异标准
子宫内膜活检证实子宫内膜炎
阴道超声或磁共振检查显示输卵管增粗，输卵管积液，伴或不伴有盆腔积液、输卵管卵巢肿块，或腹腔镜检查发现 PID 征象

最低诊断标准提示，性活跃的年轻女性或者具有 STD 的高危人群，若出现下腹痛，并可排除其他引起下腹痛的原因，妇科检查符合最低诊断标准，即可给予经验性抗生素治疗。下腹痛同时伴有下生殖道感染征象时，诊断 PID 的可能性增加。

附加标准可增加诊断的特异性，多数 PID 病人有宫颈黏液脓性分泌物，或阴道分泌物生理盐水湿片镜检见到白细胞。若宫颈分泌物正常并且镜检见不到白细胞，PID 的诊断需慎重，需要考虑有无其他原因引起的下腹疼痛。

特异标准基本可诊断 PID，但由于除超声检查外，均为有创检查或费用较高，特异标准仅适用于一些有选择的病例。腹腔镜诊断 PID 标准包括：①输卵管表面明显充血；②输卵管壁水肿；③输卵管伞端或浆膜面有脓性渗出物。腹腔镜诊断输卵管炎准确率高，并能直接采取感染部位的分泌物做细菌培养，但临床应用有一定局限性。并非所有怀疑 PID 的病人均能接受这一检查，对轻度输卵管炎的诊断准确性降低。此外，对单独存在的子宫内膜炎无诊断价值。

在作出 PID 的诊断后，需进一步明确病原体。宫颈管分泌物及后穹窿穿刺液的涂片、培养及核酸扩增检测病原体，对明确病原体有帮助。革兰染色涂片可根据细菌形态为选用抗生素及时提供线索；细菌培养及药物敏感试验，为选择敏感抗生素提供依据。除病原体检查外，还可根据病史（如是否为 STD 高危人群）、临床特征初步判断病原体。

【鉴别诊断】 急性盆腔炎应与急性阑尾炎、输卵管妊娠流产或破裂、卵巢囊肿蒂扭转或破裂等急症相鉴别。

【治疗】 以抗生素治疗为主，必要时行手术治疗。抗生素的治疗原则：经验性、广谱、及时及个体化。①经验性抗生素：根据药敏试验选用抗生素较合理，但通常需在获得实验室结果前即给予抗生素治疗，因此，初始治疗往往是选择经验性抗生素；②广谱抗生素：由于 PID 多为混合感染，选择的抗生素应覆盖所有可能的病原体，包括淋病奈瑟菌、沙眼衣原体、支原体、厌氧菌和需氧菌等；③及时：诊断后应立即开始治疗，诊断 48 小时内及时用药将明显降低 PID 后遗症的发生；④个体化选择抗生素：应综合考虑安全性、有效性、经济性、病人依从性等因素选择治疗方案，根据疾病的严重程度决定静脉给药或非静脉给药。

1. 非静脉给药方案 若病人一般状况好，症状轻，能耐受口服抗生素，并有随访条件，可在门诊给予口服或肌内注射抗生素治疗。用药方案见表 18-5。

Notes

表 18-5　PID 非静脉给药方案

方案 A 头孢曲松钠 250mg，单次肌内注射；或头孢西丁钠 2g，单次肌内注射，单次肌内给药后改为其他二代或三代头孢菌素类药物，如头孢唑肟、头孢噻肟等，口服给药，共 14 日；若选用药物不覆盖厌氧菌，加用硝基咪唑类药物，如甲硝唑 0.4g，每 12 小时 1 次，口服 14 日； 为覆盖沙眼衣原体或支原体，可加用 多西环素 0.1g，每 12 小时 1 次，口服； 或米诺环素 0.1g，每 12 小时 1 次，口服； 或阿奇霉素 0.5g，每日 1 次，口服，1～2 日后改为 0.25g，每日 1 次，口服，5～7 日
方案 B 氧氟沙星 400mg 口服，每日 2 次；或左氧氟沙星 500mg 口服，每日 1 次，连用 14 日；同时加用甲硝唑 0.4g，每日 2～3 次，口服，连用 14 日

2. 静脉给药方案　若病人一般情况差，病情严重，伴有发热、恶心、呕吐；或有盆腔腹膜炎；或 TOA；或门诊治疗无效；或不能耐受口服抗生素；或诊断不清，均应住院给予以静脉抗生素药物治疗为主的综合治疗。

（1）支持疗法：卧床休息，半卧位有利于脓液积聚于直肠子宫陷凹而使炎症局限。给予高热量、高蛋白、高维生素流食或半流食，补充液体，注意纠正电解质紊乱及酸碱失衡。高热时采用物理降温。尽量避免不必要的妇科检查以免引起炎症扩散，腹胀者应行胃肠减压。

（2）抗生素药物治疗：给药途径以静脉滴注收效快，但在临床症状改善后，应继续静脉给药至少 24 小时，然后转为口服药物治疗，共持续 14 日。常用的配伍方案见表 18-6。

表 18-6　PID 静脉给药方案

方案 A：头霉素或头孢菌素类药物 头孢西丁钠 2g，静脉滴注，每 6 小时 1 次 或头孢替坦二钠 2g，静脉滴注，每 12 小时 1 次 或头孢曲松 1g，静脉滴注，每 24 小时 1 次；若所选药物不覆盖厌氧菌，加用硝基咪唑类药物，如甲硝唑 0.5g，每 12 小时 1 次，静脉滴注；为覆盖沙眼衣原体或支原体，加用 多西环素 0.1g，每 12 小时 1 次，口服 14 日 或米诺环素 0.1g，每 12 小时 1 次，口服 14 日 或阿奇霉素 0.5g，每日 1 次，静脉滴注或口服 1～2 日后改为 0.25g，每日 1 次，口服 5～7 日
方案 B：喹诺酮类药物与甲硝唑联合方案 氧氟沙星 0.4g，每 12 小时 1 次，静脉滴注 或左氧氟沙星 0.5g，每日一次，静脉滴注 加用硝基咪唑类药物，如甲硝唑 0.5g，每 12 小时 1 次，静脉滴注
方案 C：青霉素类与四环素类联合方案 氨苄西林钠舒巴坦钠 3g，每 6 小时 1 次，静脉滴注 或阿莫西林克拉维酸钾 1.2g，每 6～8 小时 1 次，静脉滴注；加用抗沙眼衣原体药物 多西环素 0.1g，每 12 小时 1 次，口服 14 日 或米诺环素 0.1g，每 12 小时 1 次，口服 14 日 或阿奇霉素 0.5g，每日 1 次，静脉滴注或口服 1～2 日后改为 0.25g，每日 1 次，口服 5～7 日；加用硝基咪唑类药物，如甲硝唑 0.5g，每 12 小时 1 次，静脉滴注
方案 D：克林霉素与氨基糖苷类联合方案 克林霉素 900mg，每 8 小时 1 次，静脉滴注，临床症状、体征改善后继续静脉应用 24～48 小时，改为口服 450mg，每日 4 次，连用 14 日 或林可霉素剂量 0.9g，每 8 小时 1 次，静脉滴注 加用硫酸庆大霉素，首次负荷剂量为 2mg/kg，每 8 小时 1 次静脉滴注或肌内注射，维持剂量 1.5mg/kg，每 8 小时 1 次

Notes

若为淋病奈瑟菌感染，首选头霉素或头孢菌素类药物。由于耐喹诺酮类药物淋病奈瑟菌株的出现，2010 年美国 CDC 指南不再推荐该类药物治疗 PID。若淋病奈瑟菌地区流行和个人危险因素低，而且头孢菌素不能应用（对头孢菌素类药物过敏）时，可考虑应用喹诺酮类药物，但在开始治疗前，必须进行淋病奈瑟菌的培养。

（3）手术治疗：主要用于抗生素控制不满意的 TOA 或盆腔脓肿。手术指征有：

1）药物治疗无效：TOA 或盆腔脓肿经药物治疗 48～72 小时，体温持续不降，病人中毒症状加重或肿块增大者，应及时手术，以免发生脓肿破裂。

2）脓肿持续存在：经药物治疗病情有好转，继续控制炎症数日（2～3 周），肿块仍未消失但已局限化，应手术切除，以免日后再次急性发作。

3）脓肿破裂：突然腹痛加剧，寒战、高热、恶心、呕吐、腹胀，检查腹部拒按或有中毒性休克表现，应怀疑脓肿破裂。若脓肿破裂未及时诊治，死亡率高。因此，一旦怀疑脓肿破裂，需立即在抗生素治疗的同时行剖腹探查。

手术可根据情况选择经腹手术或腹腔镜手术。手术范围应根据病变范围、病人年龄、一般状态等全面考虑。原则以切除病灶为主。年轻妇女应尽量保留卵巢功能，以采用保守性手术为主；年龄大、双侧附件受累或附件脓肿屡次发作者，行全子宫及双附件切除术；对极度衰弱危重病人的手术范围须按具体情况决定。若盆腔脓肿位置低、突向阴道后穹窿时，可经阴道切开排脓，同时注入抗生素。国外近几年报道对抗生素治疗 72 小时无效的 TOA，可在超声或 CT 引导下采用经皮引流技术，获得较好的治疗效果，尤其适于体弱或要求保留生育功能的年轻病人。

（4）中药治疗：中医、中药和物理治疗在 PID 的治疗中具有一定作用。在抗生素治疗的基础上，辅以中药治疗，可能会减少慢性盆腔痛后遗症的发生。

【PID 后遗症】 若 PID 未得到及时正确的诊断或治疗，可能会发生 PID 后遗症，其主要病理改变为组织破坏、广泛粘连、增生及瘢痕形成，可表现为：①慢性输卵管炎：可导致输卵管阻塞、输卵管增粗；②输卵管卵巢粘连形成输卵管卵巢肿块；③输卵管积水或输卵管卵巢囊肿：若输卵管伞端闭锁、浆液性渗出物聚集形成输卵管积水；或输卵管积脓或 TOA 被浆液性渗出物代替形成输卵管积水或输卵管卵巢囊肿；④盆腔结缔组织炎：可表现为主、骶韧带增生、变厚，若病变广泛，可使子宫固定。

1. 临床表现

（1）不孕：输卵管粘连阻塞可致不孕。PID 后不孕发生率为 20%～30%。

（2）异位妊娠：PID 后异位妊娠发生率是正常妇女的 8～10 倍。

（3）慢性盆腔痛：炎症形成的粘连、瘢痕以及盆腔充血，常引起下腹部坠胀、疼痛及腰骶部酸痛，常在劳累、性交后及月经前后加剧。文献报道约 20% 急性盆腔炎发作后遗留慢性盆腔痛。慢性盆腔痛常发生在 PID 急性发作后的 4～8 周。

（4）PID 反复发作：由于 PID 造成的输卵管组织结构的破坏，局部防御功能减退，若病人仍有同样的高危因素，可造成 PID 的再次感染导致反复发作。有 PID 病史者，约 25% 将再次发作。

（5）妇科检查：若为输卵管病变，则在子宫一侧或两侧触到呈索条状增粗输卵管，并有轻度压痛；若为输卵管积水或输卵管卵巢囊肿，则在盆腔一侧或两侧触及囊性肿物，活动多受限；若为盆腔结缔组织病变，子宫常呈后倾后屈，活动受限或粘连固定，子宫一侧或两侧有片状增厚、压痛，宫骶韧带常增粗、变硬，有触痛。

2. 诊断与鉴别诊断 有 PID 病史以及症状和体征明显者，诊断多无困难。但不少病人自觉症状较多，而无明显 PID 病史及阳性体征，诊断困难时，可行腹腔镜检查。

Notes

PID 后遗症需与子宫内膜异位症、卵巢囊肿、卵巢癌等相鉴别，超声及其他影像学检查有助于鉴别。

3. 治疗　PID后遗症需根据不同情况选择治疗方案。不孕病人，多需要辅助生育技术协助受孕。对慢性盆腔痛，尚无有效的治疗方法，对症处理或给予中药、理疗等综合治疗，治疗前需排除子宫内膜异位症等其他引起盆腔痛的疾病。PID反复发作者，抗生素药物治疗的基础上可根据具体情况，选择手术治疗。输卵管积水者需行手术治疗。

【随访】　对于抗生素治疗的病人，应在72小时内随诊，明确临床情况有无改善，若无改善，需进一步检查，重新进行评价，必要时腹腔镜或手术探查。对于沙眼衣原体和淋病奈瑟菌感染的PID病人，可在治疗结束后4～6周以及3～6月检测上述病原体，以判断是否清除病原体以及有无再感染。

【性伴侣的治疗】　对PID病人出现症状前60日内接触过的性伴侣进行检查和治疗。如果最近一次性交发生在60日前，则应对最后的性伴侣进行检查、治疗。治疗期间应避免无保护性交。

【预防】　①注意性生活卫生，减少STD。对沙眼衣原体感染高危妇女筛查和治疗可减少PID发生率。虽然BV与PID相关，但检测和治疗BV能否降低PID发生率，至今尚不清楚。②及时治疗下生殖道感染。③公共卫生教育，提高公众对生殖道感染的认识，宣传预防感染的重要性。④严格掌握妇科手术指征，作好术前准备，术时注意无菌操作，预防感染。⑤及时治疗PID，防止后遗症发生。

【小结】　PID的病原体包括外源性的STD病原体以及内源性病原体，通常为外源性及内源性的混合感染。PID最常见的病理类型为输卵管炎。PID的临床表现轻重不一、体征差异较大。临床诊断的敏感性及特异性低，而延迟PID的诊断又会导致PID后遗症（不孕、异位妊娠、慢性盆腔痛等）的发生。因此，PID诊断中最低诊断标准之目的：在性生活活跃的年轻女性或者具有STD高危因素的人群，若出现下腹痛，并可排除引起下腹痛的其他原因，即可给予经验性抗生素治疗，以预防后遗症的发生。附加诊断标准可增加诊断的特异性。而特异性标准基本可诊断PID。PID的治疗以抗生素治疗为主。抗生素的治疗原则为经验、广谱、及时和个体化。对盆腔炎性肿块或TOA形成者，抗生素治疗效果不佳时，可行手术治疗。

第四节　生殖器结核

由结核分枝杆菌引起的女性生殖器炎症称为生殖器结核（genital tuberculosis），又称结核性盆腔炎。多见于20～40岁妇女，也可见于绝经后的老年妇女。近年因耐药结核、艾滋病的增加以及对结核病控制的松懈，生殖器结核发病率有升高趋势。

【传染途径】　生殖器结核是全身结核的表现之一，多继发于肺、消化道、腹膜结核等，约10%肺结核病人伴有生殖器结核。生殖器结核潜伏期很长，可达1～10年，多数病人在日后发现生殖器结核时，其原发病灶多已痊愈。生殖器结核常见的传染途径：

1. 血行传播　为最主要的传播途径。结核分枝杆菌感染肺部后，大约1年内可感染内生殖器，由于输卵管黏膜有利于结核菌的潜伏感染，结核分枝杆菌首先侵犯输卵管，然后依次扩散到子宫内膜、卵巢，侵犯宫颈、阴道、外阴者较少。

2. 直接蔓延　腹膜结核、肠结核可直接蔓延到内生殖器。

3. 淋巴传播　较少见。消化道结核可通过淋巴管传播感染内生殖器。

4. 性交传播　极罕见。男性患泌尿系结核，通过性交传播，导致上行感染。

【病理】

1. 输卵管结核　占女性生殖器结核的90%～100%，即几乎所有的生殖器结核均累及输卵

Notes

管,双侧性居多,但双侧的病变程度可能不同。输卵管增粗肥大,其伞端外翻如烟斗嘴状是输卵管结核的特有表现;也可表现为伞端封闭,管腔内充满干酪样物质;有的输卵管增粗,管壁内有结核结节;有的输卵管僵直变粗,峡部有多个结节隆起。输卵管浆膜面可见多个粟粒结节。在输卵管管腔内见到干酪样物质,有助于同非结核性炎症相鉴别。输卵管常与其邻近器官如卵巢、子宫、肠管广泛粘连。

2. 子宫内膜结核 占生殖器结核的50% ~80%,常由输卵管结核蔓延而来。早期病变出现在宫腔两侧角,子宫大小、形状无明显变化,随着病情进展,子宫内膜受到不同程度结核病变破坏,最后代以瘢痕组织,可使宫腔粘连变形、缩小。

3. 卵巢结核 占生殖器结核的20% ~30%,亦由输卵管结核蔓延而来。因有白膜包围,通常仅有卵巢周围炎,但由血液循环传播的感染,可在卵巢深部形成结节及干酪样坏死性脓肿。

4. 宫颈结核 较少见,占生殖器结核的5% ~15%。病变可表现为乳头状增生或为溃疡,易与宫颈癌混淆。

5. 盆腔腹膜结核 输卵管结核多合并盆腔腹膜结核。根据病变特征不同分为渗出型及粘连型。渗出型以渗出为主,特点为腹膜及盆腔脏器浆膜面布满无数大小不等的散在灰黄色结节,渗出物为浆液性草黄色澄清液体,积聚于盆腔,有时因粘连形成多个包裹性囊肿;粘连型以粘连为主,特点为腹膜增厚,与邻近脏器之间发生紧密粘连,粘连间的组织常发生干酪样坏死,易形成瘘管。

【临床表现】 发病多缓慢,常无自觉症状,少数有盗汗、疲劳及潮热等全身症状。早期因子宫内膜充血及溃疡,可有经量过多;晚期因子宫内膜遭不同程度破坏而表现为月经稀少或闭经。部分病人可有下腹坠痛。由于输卵管阻塞,且子宫内膜结核可妨碍孕卵着床,故绝大多数病人均不能受孕。在原发不孕者中生殖器结核为常见原因之一。

症状与体征因病变程度与范围不同而有较大差异,较多病人因不孕行诊断性刮宫、子宫输卵管碘油造影及腹腔镜检查发现患有盆腔结核,而无明显体征和其他自觉症状。妇科检查:子宫一般发育较差,活动受限。双侧输卵管增粗、变硬如条索状。较严重病例,在子宫两侧可触及肿物,质地较硬,不规则。宫颈结核可见乳头状增生及小溃疡。

【诊断及鉴别诊断】 多数病人缺乏明显症状,阳性体征不多,故诊断时易被忽略。为提高确诊率,应详细询问有无结核病史,尤其当病人有原发不孕、月经稀少或闭经时;未婚女性有低热、盗汗、盆腔炎或腹水时;PID久治不愈时;若病人既往有结核病接触史或本人曾有结核病史时,均应考虑有生殖器结核的可能。如怀疑生殖器结核而又缺乏明确体征,则须进一步通过子宫内膜病理检查或细菌学检查、子宫输卵管造影等辅助诊断方法明确诊断。

常用的辅助诊断方法:

1. 子宫内膜病理检查 是诊断子宫内膜结核最可靠的依据。应在经前1周或月经来潮6小时内诊刮,应注意刮取子宫角部内膜,并将刮出物送病理检查,在病理切片上找到典型结核结节,诊断即可成立,但阴性结果并不能排除结核的可能。若有条件应将部分刮出物或分泌物作结核分枝杆菌检查。遇有宫腔小而坚硬,无组织物刮出,结合临床病史及症状,也应考虑为子宫内膜结核,并作进一步检查。若宫颈可疑结核,应作活组织检查确诊。术前3日及术后4日应使用抗结核药物,以预防刮宫引起结核病灶扩散。

2. X线检查

(1) 胸部X线平片,必要时行消化道或泌尿系统X线检查,以便发现原发病灶。

(2) 盆腔X线平片,发现孤立钙化点,提示曾有盆腔淋巴结结核病灶。

(3) 子宫输卵管碘油造影可能见到下列征象:①宫腔呈不同形态和不同程度狭窄或变形,

Notes

边缘呈锯齿状；②输卵管管腔有多个狭窄部分，呈典型串珠状或显示管腔细小而僵直；③在相当于盆腔淋巴结、输卵管、卵巢部位有钙化灶；④若碘油进入子宫一侧或两侧静脉丛，应考虑有子宫内膜结核的可能。造影有可能导致结核分枝杆菌扩散到腹腔，故造影前后应使用抗结核药物。

3. **腹腔镜检查**　能直接观察子宫、输卵管浆膜面有无粟粒结节，并可取腹腔液行结核分枝杆菌检查，或在病变处作活组织检查。作此项检查时应注意避免肠道损伤。

4. **结核分枝杆菌检查**　取月经血或宫腔刮出物或腹腔液作结核分枝杆菌检查，常用方法：①涂片抗酸染色查找结核分枝杆菌。②结核分枝杆菌培养，此法准确，但结核分枝杆菌生长缓慢，需要较长时间才能得到结果。③分子生物学方法，如PCR技术，方法快速、简便，但可能出现假阳性。

5. **结核菌素试验**　结核分枝杆菌素试验阳性说明体内曾有结核分枝杆菌感染，若为强阳性说明目前仍有活动性病灶，但不能说明病灶部位；若为阴性一般情况下表示未有过结核分枝杆菌感染。

6. **其他**　白细胞计数不高，分类中淋巴细胞增多，活动期红细胞沉降率增快，但这些化验检查均非特异性，只能作为诊断参考。

结核性盆腔炎性疾病应与PID后遗症、子宫内膜异位症、卵巢恶性肿瘤，尤其是卵巢上皮性癌鉴别，诊断困难时，可作腹腔镜检查或剖腹探查确诊。

【治疗】　采用抗结核药物治疗为主，休息营养为辅的治疗原则。

1. **抗结核化学药物治疗**　抗结核药物治疗对90%女性生殖器结核有效。药物治疗应遵循早期、联合、规律、适量、全程的原则。采用异烟肼（H）、利福平（R）、乙胺丁醇（E）及吡嗪酰胺（Z）等抗结核药物联合治疗6～9个月。推荐两阶段短疗程药物治疗方案，前2～3个月为强化期，后4～6个月为巩固期或继续期。2010年WHO结核病诊疗指南指出生殖器结核的抗结核药物的选择、用法、疗程参考肺结核病。常用的治疗方案：①强化期2个月，每日异烟肼、利福平、吡嗪酰胺及乙胺丁醇四种药物联合应用，后4个月巩固期每日连续应用异烟肼、利福平（简称2HRZE/4HR）；或巩固期每周3次间歇应用异烟肼、利福平（$2HRZE/4H_3R_3$）。②强化期每日异烟肼、利福平、吡嗪酰胺、乙胺丁醇四种药物联合应用2个月，巩固期每日应用异烟肼、利福平、乙胺丁醇4个月（2HRZE/4HRE）；或巩固期每周3次应用异烟肼、利福平、乙胺丁醇连续4个月（$2HRZE/4H_3R_3E_3$）。第一个方案可用于初次治疗的病人，第二个方案多用于治疗失败或复发的病人。

2. **支持疗法**　急性病人至少应休息3个月，慢性病人可以从事部分工作和学习，但要注意劳逸结合，加强营养，适当参加体育锻炼，增强体质。

3. **手术治疗**　出现以下情况应考虑手术治疗：①盆腔结核肿块经药物治疗后缩小，但不能完全消退；②盆腔结核肿块治疗无效或治疗后又反复发作者，或难以与盆腹腔恶性肿瘤鉴别者；③盆腔结核形成较大的肿块或包裹性积液者；④子宫内膜结核严重，内膜破坏广泛，药物治疗无效者。为避免手术时感染扩散，提高手术后治疗效果，手术前后需应用抗结核药物治疗。手术以全子宫及双侧附件切除术为宜。对年轻妇女应尽量保留卵巢功能；对病变局限于输卵管，而又迫切希望生育者，可行双侧输卵管切除术，保留卵巢及子宫。由于生殖器结核所致的粘连常较广泛而紧密，术前应口服肠道消毒药物并作清洁灌肠，术时应注意解剖关系，避免损伤。

虽然生殖器结核经药物治疗取得良好疗效，但治疗后的妊娠成功率极低，对希望妊娠者，可行辅助生育技术助孕。

【小结】　女性生殖器结核是由结核分枝杆菌引起的女性生殖系统炎症，常继发于身体其他部位结核，以输卵管结核最常见。临床表现因病情轻重、病程长短而异，主要表现为不孕、月经

Notes

失调、下腹坠痛等，此外可有结核的全身症状。妇科检查可以发现盆腔肿块以及结节等。由于生殖器结核的表现缺乏特异性，临床诊断较为困难，常需辅助检查以明确诊断。诊断困难者，可行腹腔镜检查。治疗以抗结核药物治疗为主，常用的抗结核药物：异烟肼、利福平、乙胺丁醇及吡嗪酰胺。对药物治疗效果差或盆腔肿块较大者行手术治疗。

第五节 女性生殖系统炎症的诊断要点

女性生殖系统炎症包括下生殖道炎症及上生殖道炎症，前者主要表现为阴道分泌物异常（色、量、气味异常），后者主要为下腹痛，也可伴有阴道分泌物异常。因此，女性生殖系统炎症的正确诊断依赖于异常阴道分泌物及下腹痛的鉴别诊断。诊断妇科炎症的一般规律是根据病史、临床特征初步判定感染部位，再根据辅助检查，确定具体疾病。

1. 病史　仔细询问近期有无不洁性生活史、抗生素使用史、糖尿病史、宫腔操作史及PID病史。滴虫阴道炎、淋病以及衣原体感染均为性传播疾病，不洁性生活史对诊断这些疾病有帮助。抗生素使用史、糖尿病史对诊断VVC有帮助。宫腔操作史以及PID史结合下腹疼痛可能提示为PID。

2. 临床特征　对以阴道分泌物异常、外阴不适及外阴瘙痒为主诉的病人，首先考虑为下生殖道感染，在妇科检查时注意异常分泌物来自阴道还是宫颈，若分泌物来自阴道，则注意阴道壁黏膜有无充血、水肿，分泌物颜色以及性状的改变，初步判断为何种阴道炎症，并取阴道分泌物做实验室检查；若分泌物来自宫颈管，则注意宫颈有无充血、水肿以及有无接触性出血，取宫颈分泌物作相应实验室检查。

对以下腹疼痛为主诉的病人，注意有无发热、恶心、呕吐等全身症状。由于上生殖道感染可与下生殖道感染同时存在，注意有无阴道分泌物异常。腹部查体注意有无下腹痛。妇科检查时注意子宫压痛、附件区压痛或附件区是否存在有压痛的肿块等，结合超声及其他检查，排除妊娠相关疾病及外科疾病，明确PID的诊断。

3. 分泌物检查

（1）阴道分泌物检查：①pH测定：采用精密pH试纸测定阴道上1/3处分泌物的pH。滴虫阴道炎以及细菌性阴道病pH升高，而外阴阴道假丝酵母菌病则在正常范围内。②病原菌检查：取阴道分泌物分别放于滴有生理盐水及10% KOH的两张玻片上，进行显微镜检查。生理盐水湿片用于检查滴虫、线索细胞，10% KOH湿片用于假丝酵母菌的检查及胺臭味试验。阴道分泌物中若找到滴虫或假丝酵母菌，可确诊滴虫阴道炎、外阴阴道假丝酵母菌病；若找到线索细胞或胺臭味试验阳性，结合分泌物的性状及pH值，可明确细菌性阴道病的诊断。③白细胞检查：滴虫阴道炎白细胞增加，而细菌性阴道病及外阴阴道假丝酵母菌病白细胞不增加。宫颈管淋病奈瑟菌及衣原体感染白细胞也可以增加。

（2）宫颈分泌物检查：①白细胞胞检查：宫颈炎症时白细胞增加。②病原体检查：进行淋病奈瑟菌及衣原体检查。

4. 超声及其他检查　超声及其他检查如血常规、血沉、C-反应蛋白以及腹腔镜检查等可协助PID的诊断。

阴道炎症、宫颈炎症及PID的诊疗流程图分别见图18-4，图18-5，图18-6。

虽然阴道分泌物异常及下腹痛是生殖系统炎症的常见表现，但生理情况以及一些其他妇科疾病也可导致。正常妇女排卵期阴道分泌物虽有一定量的增加，但分泌物清亮、透明，无味，不引起外阴刺激症状。除妇科炎症外，妇科其他疾病以及非妇科疾病也可导致下腹痛，因此在作出妇科炎症的正确诊断之前，还应排除妇科其他疾病以及非妇科疾病。

Notes

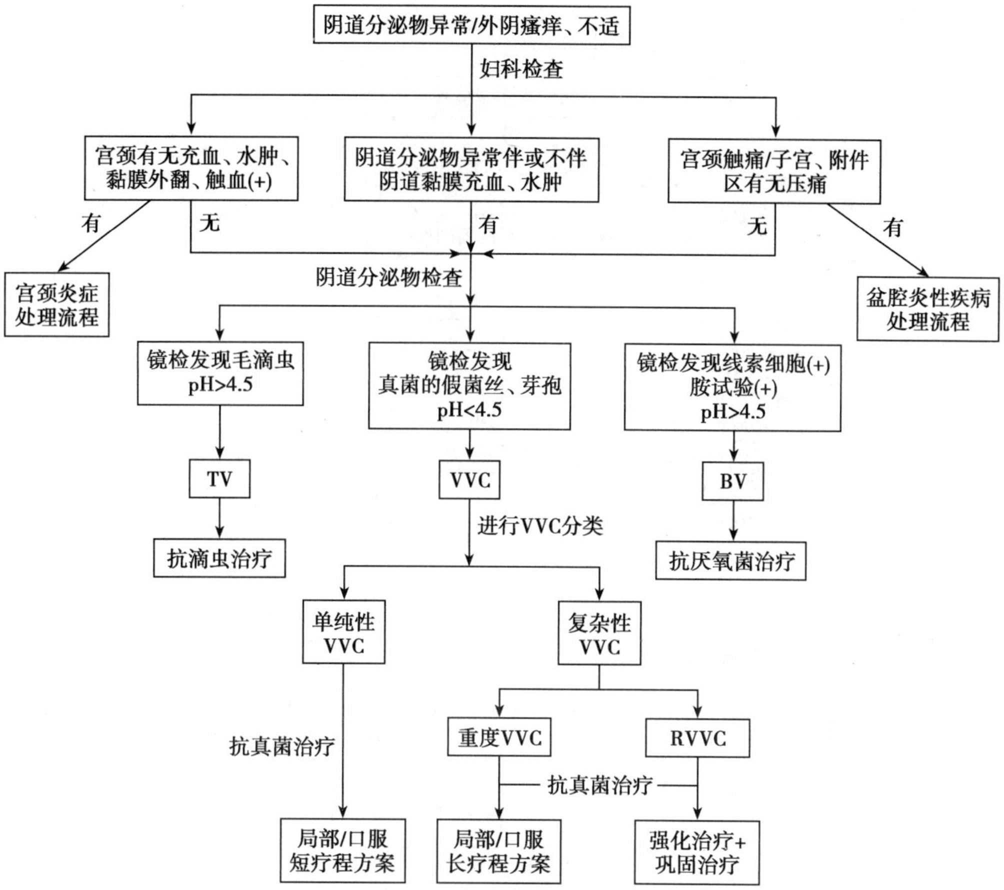

图 18-4　阴道炎症诊疗流程

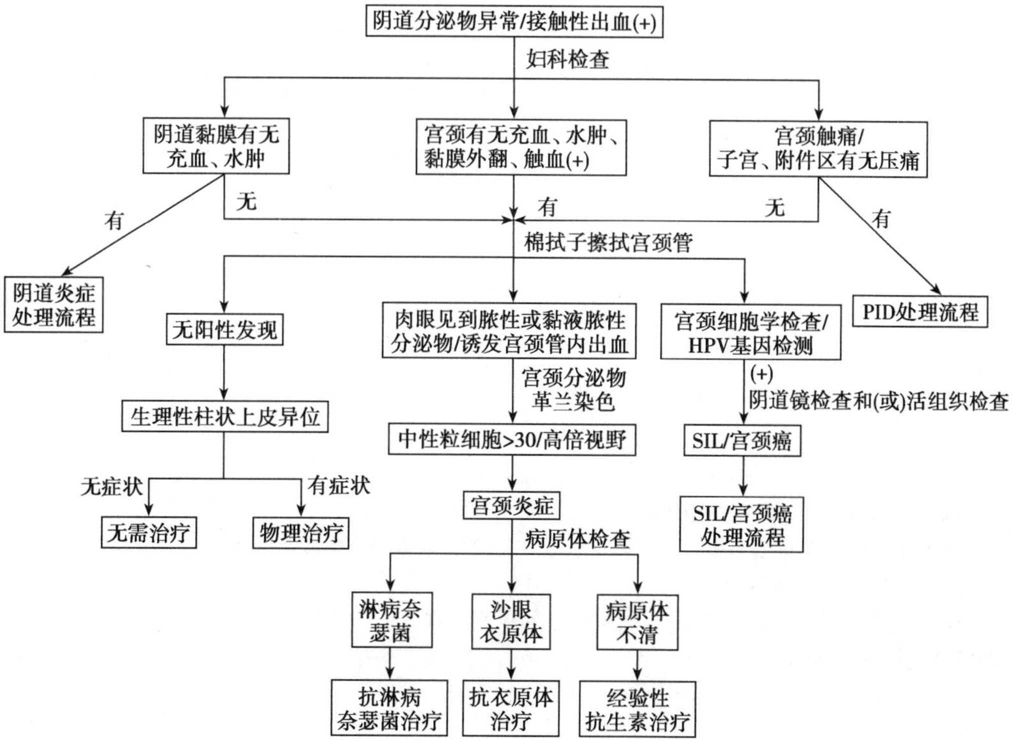

图 18-5　宫颈炎症诊疗流程

Notes

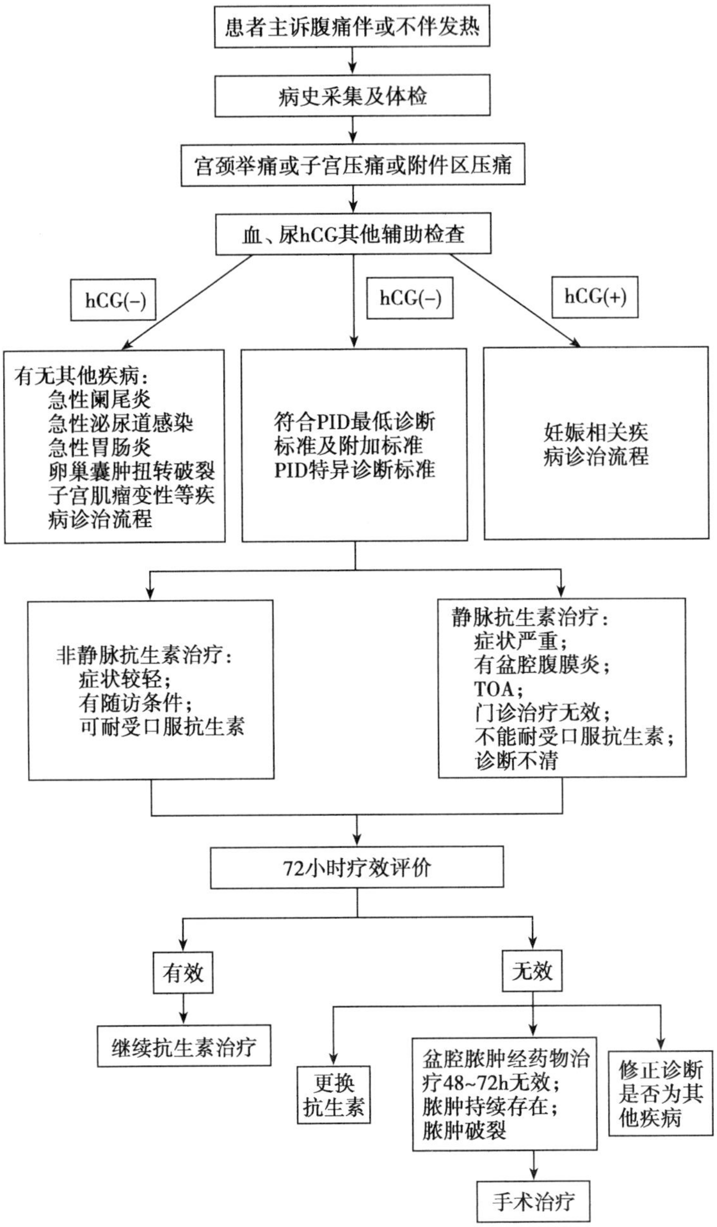

图 18-6 PID 诊疗流程

（薛凤霞）

参考文献

1. Workowski KA, Berman S. Centers for Disease Control and Prevention (CDC). Sexually transmitted diseases treatment guidelines, 2010. MMWR Recomm Rep. 2010, 59(RR-12):1-110.
2. 中华医学会妇产科学分会感染性疾病协作组. 外阴阴道假丝酵母菌病诊治指南(修订版). 中国实用妇科与产科杂志, 2012, 28(6):401-402.
3. 中华医学会妇产科学分会感染性疾病协作组. 盆腔炎症性疾病诊治规范(修订版). 中华妇产科杂志, 2014, 49(6):401-403.
4. WHO. Treatment of tuberculosis Guidelines. 4th ed. Geneva: World Health Organization, 2010.

第十九章　性传播疾病

性传播疾病（sexually transmitted diseases，STD）是指主要通过性接触、类似性行为及间接接触传播的一组传染病。目前，我国规定的 STD 监测病种有梅毒、淋病、艾滋病、生殖道衣原体感染、尖锐湿疣、生殖器疱疹、软下疳及性病性淋巴肉芽肿。STD 不仅可在泌尿生殖器官发生病变，也可侵犯局部区域淋巴结，甚至通过血行播散侵犯全身各主要组织和器官，导致不孕、生殖器畸形、毁容，严重者危及生命。若孕妇发生感染，病原体可通过胎盘、产道感染胚胎、胎儿或新生儿，导致流产、早产、胎儿生长受限、死胎、出生缺陷或新生儿感染等严重并发症和后遗症。因此，对 STD 的高危人群进行性健康教育、筛查、预防和治疗是 STD 防治的全球性公共健康问题。

第一节　淋　　病

淋病（gonorrhea）是由淋病奈瑟菌引起的泌尿生殖系统化脓性感染，也可导致眼、咽、直肠感染和播散性淋病奈瑟菌感染。淋病传染性强，潜伏期短，可导致多种并发症和后遗症。

【传播途径】　人是淋病奈瑟菌的唯一天然宿主，因此，淋病病人和淋病奈瑟菌携带者是淋病主要传染源。成人主要通过性接触传染，口交及肛交可导致淋菌性咽喉炎及淋菌性直肠炎，极少经间接传染。

【发病机制】　淋病奈瑟菌对柱状上皮及移行上皮有特殊的亲和力。淋病奈瑟菌感染后通过黏附于柱状上皮及移行上皮而被上皮细胞吞饮，在上皮细胞内大量繁殖，引起细胞损伤崩解，淋病奈瑟菌迁移至黏膜下层；与此同时，淋病奈瑟菌的脂多糖内毒素与补体结合，介导免疫反应，能诱导中性粒细胞聚集和吞噬，引起局部急性炎症，出现充血、水肿、化脓和疼痛。

【临床表现】　潜伏期 1～10 日，平均 3～5 日。50%～70% 妇女感染淋病奈瑟菌后无临床症状。淋病奈瑟菌感染最初好发于宫颈、尿道、前庭大腺等下泌尿生殖道，引起宫颈管黏膜炎、尿道炎、前庭大腺炎，也称为女性无并发症淋病（uncomplicated gonococcal infections）。若无并发症淋病未经治疗，淋病奈瑟菌可上行感染引起子宫内膜炎、输卵管炎、输卵管积脓、盆腔腹膜炎、输卵管卵巢脓肿、盆腔脓肿等，导致淋菌性盆腔炎，称为女性有并发症淋病（complicated gonococcal infections）。10%～20% 无并发症淋病可发展为有并发症淋病。若治疗不当，迁延不愈或反复发作，可导致不孕或输卵管妊娠。

【诊断】　根据不良性接触史、临床表现及实验室检查可作出诊断。实验室检查包括：①分泌物涂片检查见中性粒细胞内有革兰阴性双球菌，检出率较低，美国 FDA 不建议采用。②核酸扩增试验（nucleic acid amplification tests，NAAT），敏感性及特异性高，对无症状或有症状妇女，美国 FDA 推荐采用 NAAT 行淋病奈瑟菌检测或筛查。我国规定核酸检测应在通过相关机构认定的实验室开展。③淋病奈瑟菌培养，建议对治疗失败病人和对目前治疗方案行耐药性监测时采用培养法。

【治疗】　治疗原则是及时、足量、规范应用抗生素。由于耐青霉素、四环素及喹诺酮的菌株增多，目前选用的抗生素以第三代头孢菌素为主。由于 40% 淋病病人合并沙眼衣原体感染，可以同时应用抗衣原体感染药物，如阿奇霉素或多西环素。淋病治疗方案见表 19-1。

表 19-1 淋病治疗方案

无并发症淋病	头孢曲松钠 250mg，单次肌内注射；或头孢噻肟 1g，单次肌内注射，对不能接受头孢菌素者，可选用大观霉素 2g（宫颈炎 4g），单次肌内注射；可同时加用抗沙眼衣原体感染药物：阿奇霉素 1g，顿服，或多西环素 100mg，每日 2 次，连服 7 日
有并发症淋病	头孢曲松钠 500mg，肌内注射，每日 1 次，连用 10 日 或大观霉素 2g，肌内注射，每日 1 次，连用 10 日；同时加用 甲硝唑 400mg，口服，每日 2 次，连用 14 日和多西环素 100mg，每日 2 次，连用 14 日

【性伴侣的处理】 在症状发作前或确诊前 60 日内与病人有过性接触的所有性伴侣均应作淋病奈瑟菌和沙眼衣原体的检查和治疗。如果病人最近一次性接触是在症状发作前或确诊前 60 日之前，则其最近一个性伴侣也应接受检查和治疗。病人及性伴侣治愈前禁止性交。对不能接受检查的性伴侣，提供抗淋病奈瑟菌及衣原体的药物。

【随访】 对于无并发症淋病病人治疗后无需进行随访。对治疗后症状持续存在者，应行淋病奈瑟菌培养及药物敏感试验，观察有无耐药。对于治疗失败重新治疗者或淋病合并妊娠者均应在治疗后 1 周随诊并行淋病奈瑟菌培养。

【淋病合并妊娠】

1. **淋病与妊娠的相互影响** 妊娠期盆腔供血增加及免疫功能改变可使播散性淋病增加。淋病对母儿的影响：①淋病对胎儿及新生儿的影响：妊娠期感染淋病奈瑟菌可引起胎儿窘迫、死胎、早产、低出生体重儿等。约 1/3 新生儿通过未治疗孕妇的软产道时接触污染的阴道分泌物感染淋病奈瑟菌，出现新生儿淋菌性眼炎，若治疗不及时，可发展成角膜溃疡、角膜穿孔而失明。②淋病对孕妇的影响：妊娠期感染淋病奈瑟菌可引起流产、胎膜早破、绒毛膜羊膜炎等，由于分娩时产道损伤、产妇抵抗力差，产褥期淋病奈瑟菌易扩散，引起产后子宫内膜炎、输卵管炎，严重者导致播散性淋病。

2. **妊娠期筛查及诊断** 不建议对所有妊娠妇女行淋病奈瑟菌筛查，但对有高危因素（如年龄≤25 岁的性活跃女性，多性伴或新性伴，淋病感染史、患其他 STD，性工作者，吸毒者，无保护性交，淋病高发区等）的孕妇在首次产科检查时应行淋病奈瑟菌筛查，若孕晚期高危因素仍持续存在应再次筛查。妊娠期淋病诊断同非妊娠期。

3. **妊娠期治疗** 治疗方案基本同非妊娠期。对不能耐受头孢菌素类者，可选用大观霉素 4g，单次肌内注射；或阿奇霉素 2g，顿服。忌用喹诺酮类或四环素类药物。哺乳期妇女也可应用头孢曲松钠。

4. **分娩期处理** 妊娠期淋病，包括未治疗者，均非剖宫产指征，可在分娩期及分娩后治疗孕妇及新生儿。

5. **新生儿处理** 对所有淋病孕妇所生的新生儿应用 0.5% 红霉素眼膏预防淋菌性眼炎。若无红霉素眼膏，对有淋病奈瑟菌感染风险的婴幼儿（尤其是未经治疗的淋病孕妇），建议选用头孢曲松钠 25～50mg/kg，单次静注或肌内注射，总剂量不超过 125mg，预防新生儿淋病。

【小结】 淋病是由淋病奈瑟菌引起的 STD，由于淋病奈瑟菌主要侵袭柱状上皮及移行上皮，因此在女性最初导致宫颈黏膜炎和尿道炎，出现黏液脓性宫颈炎以及尿道炎的症状和体征。若炎症未及时控制，感染上行可导致盆腔炎性疾病的症状和体征。宫颈分泌物培养或核酸检测发现淋病奈瑟菌，可诊断为淋病。治疗原则为及时、足量、规范使用抗生素，以第三代头孢菌素为主。对合并沙眼衣原体感染者，同时给予抗衣原体药物。妊娠期淋病对胎儿、新生儿及孕妇均有不良影响，淋病合并妊娠的诊断和治疗基本同非妊娠期。

第二节 梅 毒

梅毒(syphilis)是由梅毒螺旋体引起的侵犯多系统的慢性STD。梅毒螺旋体几乎可累及全身各器官,产生各种症状和体征,临床表现复杂,并可通过胎盘传染给胎儿,导致流产、早产、死产和先天梅毒,危害极大。

【传播途径】 ①性接触传播:是最主要的传播途径,占95%。未经治疗的病人在感染后1年内最具传染性,随病期延长,传染性越来越小,病期超过4年者基本无传染性。②垂直传播:患梅毒的孕妇,即使病期超过4年,其梅毒螺旋体仍可通过妊娠期的胎盘感染胎儿,导致先天梅毒。新生儿也可在分娩通过软产道时受传染,但不属先天梅毒。③其他途径传播:少数病人可因医源性途径、接吻、哺乳或接触污染衣物而感染;个别病人可通过输入有传染性梅毒病人的血液而感染。

【临床分型及分期】 根据传播途径不同,梅毒分为获得性梅毒(后天梅毒)及胎传梅毒(先天梅毒)。本章主要介绍获得性梅毒。获得性梅毒根据病程分为早期梅毒和晚期梅毒。早期梅毒包括一期梅毒、二期梅毒及早期潜伏梅毒,病程在2年以内;晚期梅毒包括三期梅毒及晚期潜伏梅毒,病程在2年以上。

一期梅毒主要表现为硬下疳及硬化性淋巴结炎,一般无全身症状。二期梅毒主要表现为皮肤黏膜损害(如各种皮疹、扁平湿疣、梅毒性白斑、脱发等),典型的为皮肤梅毒疹。三期梅毒主要表现为永久性皮肤黏膜损害(结节性梅毒疹、梅毒性树胶肿),并可侵犯多种组织器官(骨梅毒、眼梅毒、心血管梅毒、神经梅毒等),严重者危及生命。

【实验室检查】

1. 病原学检查 通过暗视野显微镜或直接免疫荧光抗体检查早期梅毒病损处梅毒螺旋体。

2. 梅毒血清学检查 ①非梅毒螺旋体抗原试验:包括性病研究实验室试验(venereal disease research laboratory test,VDRL)和快速血浆反应素(rapid plasma reagin,RPR)环状卡片试验等,可行定性和定量检测。用于筛查及疗效观察和判定有无复发或再感染,缺乏特异性,确诊需进一步行梅毒螺旋体抗原试验。②梅毒螺旋体抗原试验:包括荧光梅毒螺旋体抗体吸收试验(fluorescent treponemal antibody absorbed test,FTA-ABS)、梅毒螺旋体颗粒凝集试验(treponema pallidum particle agglutination test,TP-PA)以及梅毒螺旋体血凝试验(treponema pallidum hemagglutination assay,TPHA)等,具有快速、敏感、特异性强的特点,用于证实试验。

3. 脑脊液检查 主要用于神经梅毒的诊断,病人脑脊液中白细胞 $\geq 10\times10^6/L$,蛋白量 $>$ 50mg/dl,VDRL阳性。

【诊断】 诊断主要依据STD接触史、临床表现及实验室检查。若病人有STD接触史及典型的临床表现为疑似病例,若同时血清学试验阳性或暗视野显微镜检查发现梅毒螺旋体则为确诊病例,若脑脊液检查阳性为神经梅毒。

【治疗】 以青霉素治疗为主,用药要尽早、足量、规范。在首剂治疗过程中由于大量梅毒螺旋体被杀灭,释放异性蛋白质,可能导致头痛、发热、肌肉痛等称吉-海反应(Jarisch-Herxheimer reaction)。

1. 早期梅毒(包括一、二期梅毒及早期潜伏梅毒)

(1)青霉素:苄星青霉素240万U,分两侧臀部肌内注射,每周1次,共2次;或普鲁卡因青霉素80万U,每日1次,肌内注射,连用15日。

(2)青霉素过敏者:多西环素100mg,每日2次,连服15日;或盐酸四环素500mg,每日4次,连服15日;或阿奇霉素0.5g,每日1次,连服15日。

Notes

2. 晚期梅毒（包括三期皮肤、黏膜、骨骼梅毒，晚期潜伏梅毒）

（1）青霉素：苄星青霉素240万U，分两侧臀部肌内注射，每周1次，共3次，总量720万U；或普鲁卡因青霉素80万U，每日1次，肌内注射，连用20日。也可根据情况，2周后进行第二个疗程。

（2）青霉素过敏者：多西环素100mg，每日2次，连服30日；或盐酸四环素500mg，每日4次，连服30日。

3. 性伴侣的治疗　性伴侣应进行梅毒的检查及治疗，治疗期间禁止性生活。

【随访】　梅毒经充分治疗后，应定期随访2～3年。第1年每3个月随访1次，以后每半年随访1次，进行体格检查、血清学检查及影像学检查以考察疗效。若在治疗后6个月内梅毒的症状及体征持续存在或血清抗体滴度未下降4倍，应视为治疗失败或再感染，除需重新加倍治疗外，还应考虑做脑脊液检查，以观察有无神经梅毒。少数晚期梅毒血清非梅毒螺旋体抗体滴度低水平持续3年以上，可判为血清固定。

【妊娠合并梅毒】

1. 梅毒与妊娠的相互影响　妊娠对梅毒的病程影响不大。梅毒对妊娠危害严重，梅毒螺旋体可以通过胎盘传染给胎儿。自妊娠2周起梅毒螺旋体即可感染胎儿，引起流产。妊娠16～20周后梅毒螺旋体可通过感染胎盘播散到胎儿所有器官，引起死胎、死产、早产、低出生体重儿、先天梅毒等。先天梅毒早期表现为皮肤大疱、皮疹、鼻塞、肝脾大、淋巴结肿大等。

2. 筛查及诊断　对所有孕妇均应在首次产科检查时（妊娠前三个月）行血清学筛查，首先用上述两种血清学方法中的一种进行检查，若阳性，需立即进行另一种方法进行验证；对妊娠20周后出现死胎者亦应行血清学筛查；对梅毒高危孕妇、梅毒高发区孕妇以及孕早期梅毒阳性孕妇在孕晚期（孕28～32周）和分娩时均应再次筛查。妊娠期梅毒的诊断同非妊娠期。

3. 治疗原则　治疗方案与非妊娠期相同，以青霉素治疗为主。治疗有双重目的：一是治疗孕妇梅毒，一是预防或治疗先天梅毒。在孕早期治疗有可能避免胎儿感染，在孕中、晚期治疗可能使受感染胎儿在分娩前治愈。如孕妇梅毒血清学检查阳性，又不能排除梅毒时，尽管曾接受过抗梅毒治疗，为保护胎儿，应再次接受抗梅毒治疗。梅毒病人妊娠时，如果已经接受正规治疗和随诊，则无需再治疗。如果对上次治疗和随诊有疑问或此次检查发现有梅毒活动征象者，应再接受一个疗程的治疗。

青霉素治疗时注意监测和预防吉-海反应，在治疗前需要知情告知。妊娠期吉-海反应主要表现为：发热、子宫收缩、胎动减少、胎心监护暂时性晚期胎心率减速等。对于妊娠晚期非螺旋体试验抗体高滴度（如RPR≥1∶32阳性）的病人，抗梅毒治疗前口服泼尼松可减轻吉-海反应。

对青霉素过敏者，首选脱敏后应用青霉素治疗，脱敏无效时，可选用红霉素500mg，每日4次，早期梅毒连服15日，晚期梅毒连服30日，且所生新生儿应用青霉素补治。四环素和多西环素孕妇禁用。

4. 妊娠期监测　妊娠梅毒属高危妊娠。对梅毒孕妇在妊娠24～26周超声检查，注意胎儿有无先天性梅毒征象，包括：胎儿肝脾大、胃肠道梗阻、腹水、胎儿水肿、胎儿生长受限及胎盘增大变厚等，超声检查发现胎儿明显受累常常提示预后不良，未发现胎儿异常者无需终止妊娠。妊娠梅毒治疗后，在分娩前应每个月行非螺旋体血清试验，抗体高滴度病人治疗后3个月如非螺旋体抗体滴度上升或未下降2个稀释度，应予重复治疗。

5. 分娩期处理　妊娠期梅毒，包括未治疗者，均非剖宫产指征，分娩方式根据产科指征确定。

6. 母乳喂养问题　分娩前已接受规范抗梅毒治疗，治疗反应良好，并且排除胎儿感染可以母乳喂养。

Notes

7. 新生儿处理　新生儿应做相关检查以确诊或排除先天梅毒，如妊娠期24～26周超声检查、胎盘或脐带处显微镜检查、婴儿血清或脑脊液检查。

出现以下情况应诊断或高度怀疑先天梅毒：①先天性梅毒的临床症状和体征；②从病变部位、胎盘或脐带处找到梅毒螺旋体；③血清抗梅毒螺旋体 IgM 抗体（+）；④婴儿血非螺旋体试验抗体滴度较母血增高>4 倍。

对诊断或高度怀疑先天性梅毒的患儿按先天梅毒治疗。可选用水剂青霉素，出生 7 日内，5 万 U/kg 体重，每 12 小时 1 次，静脉滴注；出生 7 日后，5 万 U/kg 体重，每 8 小时 1 次，静脉滴注，连续 10 日。或普鲁卡因青霉素 5 万 U/kg 体重，每日 1 次，肌内注射，连用 10 日。

此外，对于妊娠期未治疗或未经充分治疗，或治疗效果不满意，或未用青霉素治疗或分娩前 4 周内治疗的梅毒孕妇所生的新生儿，应进行青霉素治疗。治疗方案同先天性梅毒。

【小结】 梅毒是由梅毒螺旋体引起的侵犯多系统的慢性 STD。不同期别的梅毒临床表现不同。一期梅毒主要表现为硬下疳和硬化性淋巴结炎，二期梅毒主要表现为梅毒疹，三期梅毒主要表现为永久性皮肤黏膜损害、愈后留有瘢痕。此外，还可侵犯多种组织器官，甚至危及生命。临床表现结合特异性血清学可以作出诊断。治疗以青霉素为主，使用原则为及时、足量、规范。妊娠期梅毒对胎儿、新生儿危害性大，应重视妊娠期梅毒筛查，及时发现及治疗，治疗方案同非妊娠期。

第三节　尖锐湿疣

尖锐湿疣（condyloma acuminata）是由人乳头瘤病毒（human papilloma virus，HPV）感染引起的鳞状上皮增生性疣状病变。目前发现 HPV 有 100 多个型别，其中 50 多个型别与生殖道感染有关，约 90% 的生殖道尖锐湿疣与低危型 HPV6、11 有关。促使 HPV 感染的危险因素有过早性交、多个性伴侣、免疫力低下、高性激素水平、吸烟等。机体感染低危型 HPV 后，机体的免疫系统可清除 HPV，只有少部分病人发生尖锐湿疣以及低级别下生殖道鳞状上皮内病变。尖锐湿疣常与多种 STD 并存，如淋病、滴虫、梅毒、生殖道衣原体感染。

【传播途径】 主要经性交直接传播，也可通过污染的物品间接传播。尖锐湿疣病人的性伴中约 60% 发生 HPV 感染。

【临床表现】 潜伏期为 3 周～8 个月，平均 3 个月。以 20～29 岁年轻妇女多见。临床症状常不明显，多以外阴赘生物就诊。病变以性交时容易受损伤的部位多见，如舟状窝附近、大小阴唇、肛门周围、阴道前庭、尿道口，也可累及阴道和宫颈。尖锐湿疣初起为散在或簇状增生的粉色或白色的顶端尖锐的小乳头状疣，随着疾病发展，病灶增大相互融合，可呈菜花状或鸡冠状。少数免疫力下降或妊娠期病人疣体可过度增生成为巨大型尖锐湿疣（Buschke-loewenstein 肿瘤）。

【诊断】 典型病例，肉眼即可作出诊断，通常不推荐 HPV 检测。对体征不典型者，需进行辅助检查以确诊。常用的辅助检查方法有细胞学检查、醋酸试验、阴道镜检查及 HPV 核酸检测。诊断不明确、治疗效果差或有恶变倾向者，则需行活组织病理检查确诊。对外阴尖锐湿疣者，应仔细检查阴道及宫颈有无尖锐湿疣，50%～70% 外阴尖锐湿疣伴有阴道及宫颈尖锐湿疣。对于宫颈外生性疣状物，应进行宫颈细胞学检查或者活组织检查，以除外宫颈鳞状上皮内病变。

【治疗】 尚无根除 HPV 方法，治疗仅为去除外生疣体，改善症状和体征。主要采用局部药物治疗和物理治疗，病灶较大者可行手术切除。并建议同时筛查其他 STD。

1. 局部药物治疗　可选用下列药物：①0.5% 足叶草毒素酊外用，每日 2 次，连用 3 日，停药 4 日为 1 疗程，可用 4 个疗程。②50% 三氯醋酸外涂，每周 1 次，通过对蛋白的化学凝固作用破坏疣体。一般 1～3 次后病灶可消退，用药 6 次未愈应改用其他方法。③5% 咪喹莫特霜，每周 3 次，用药 6～10 小时后洗掉，可连用 16 周，疣体多在用药后 8～10 周脱落。④15% 茶多酚软膏外

Notes

用，每日3次，疗程不超过16周，不推荐用于HIV感染者、免疫缺陷者、生殖器疱疹病人及孕妇。

2. **物理或手术治疗** 物理治疗有微波、激光、冷冻、光动力。但冷冻治疗不适用于阴道尖锐湿疣的治疗。对数目多、面积广及对其他治疗失败的尖锐湿疣可用微波刀或手术切除。

3. **干扰素** 具有抗病毒及调节免疫作用，仅用于辅助治疗。如α或β-重组干扰素，局部或病灶内给药。

4. **性伴侣的处理** WHO推荐性伴侣应进行尖锐湿疣的检查，并告知病人尖锐湿疣具有传染性，推荐使用避孕套阻断传播途径。但目前也有学者认为避孕套在预防HPV感染中的作用不大。

5. **其他** 若合并鳞状上皮内病变，尤其宫颈上皮内病变，则根据组织学检查结果进行相应处理。

【随访】 尖锐湿疣治愈率较高，但各种治疗均有复发可能，多在治疗后的3个月内复发，复发率为20%～30%。治疗后需随访，评估病人治疗效果，是否需要进一步治疗或者改变治疗方案。对反复发作的顽固性尖锐湿疣，应及时取活检排除恶变。

【尖锐湿疣合并妊娠】

1. 尖锐湿疣与妊娠的相互影响

(1)妊娠对尖锐湿疣的影响：由于妊娠期细胞免疫功能下降，类固醇激素水平增加，局部血液循环丰富，尖锐湿疣的临床表现更加明显，生长迅速，不但数目多、体积大，而且多区域、多形态，有时巨大尖锐湿疣可阻塞产道。产后尖锐湿疣迅速缩小，甚至自然消退。

(2)尖锐湿疣对妊娠的影响：①尖锐湿疣对胎儿及新生儿的影响：HPV感染的母亲所生新生儿可患喉乳头瘤及眼结膜乳头瘤，但其传播途径是经宫内感染、产道感染、还是产后感染尚无定论，一般认为是通过母亲软产道时吞咽含HPV的羊水、血或分泌物而感染。②尖锐湿疣对孕妇的影响：巨大尖锐湿疣可阻塞产道。此外，妊娠期尖锐湿疣组织脆弱，阴道分娩时容易导致大出血。

2. **妊娠期处理** 虽然需要告知患尖锐湿疣的孕妇所分娩新生儿有发生喉乳头瘤的危险性，但若无其他原因，没有足够的理由建议患尖锐湿疣的孕妇终止妊娠。病灶较小者采用局部药物治疗，选用50%三氯醋酸外涂，因其不易被机体吸收，对胎儿无不良影响。禁用咪喹莫特、足叶草毒素、茶多酚软膏和干扰素。对病灶较大者，建议采用物理或手术治疗。

3. **分娩期处理** 分娩期，若病灶较大阻塞产道或经阴道分娩可能导致大出血者应行剖宫产术。目前尚不清楚剖宫产能否预防婴幼儿呼吸道乳头状瘤的发生，因此，妊娠合并尖锐湿疣不是剖宫产的指征。新生儿无窒息者，尽量不用器械清理呼吸道，以免损坏咽喉黏膜导致日后婴幼儿喉乳头瘤的发生，分娩后新生儿应彻底洗澡。

【小结】 尖锐湿疣是由HPV感染引起的鳞状上皮疣样增生性病变，主要由性交直接传播，临床主要表现为外阴疣样赘生物，也可累及阴道和宫颈。尖锐湿疣主要依据肉眼所观察到的典型病变作出临床诊断。对病变不典型者，需行病理检查，排除其他皮肤疾病。治疗原则为去除疣体，改善症状和体征。疣体较小者，可选用足叶草毒素、三氯醋酸、咪喹莫特霜或茶多酚等局部用药。疣体较大、较多者采用物理治疗或手术切除。妊娠期尖锐湿疣生长迅速，并可导致新生儿喉乳头瘤。妊娠合并尖锐湿疣的诊断与处理基本同非妊娠期，但有些药物妊娠期禁用。

第四节 生殖道衣原体感染

女性生殖道衣原体感染主要为沙眼衣原体感染，是常见的STD。在发达国家沙眼衣原体感染占STD的第一位，我国沙眼衣原体感染率也在升高。沙眼衣原体有18个血清型，分别为A、B、Ba、C；D、Da、E、F、G、H、I、Ia、J、K；L1、L2、L2a、L3。前4个血清型主要与沙眼有关，后4个可引起性病性淋巴肉芽肿，与泌尿生殖道感染有关的是中间10个血清型（D～K），尤其是D、E、F型最常见。沙眼衣原体主要感染柱状上皮及移行上皮而不向深层侵犯，可引起宫颈黏膜炎、子宫内膜炎、输卵管炎，最后导致不孕、异位妊娠等并发症。

【传播途径】 成人主要经性接触传播（高达75%），很少经接触病人分泌物污染的物品等间接传播。衣原体感染的高危因素：多性伴侣、新性伴侣、社会地位低、年龄小（15～21岁）、口服避孕药等。10%～50%的衣原体感染者可同时合并淋病。

【发病机制】 衣原体的生长繁殖周期有两个生物相：原体与始体。原体存在于细胞外，无繁殖能力，传染性强；始体存在于细胞内，繁殖能力强，但无传染性。衣原体进入机体后，原体吸附于易感的柱状上皮细胞或移行上皮细胞，在细胞内形成吞噬体，原体在吞噬体内变成始体，进行繁殖，当成熟后又转化为原体，随感染细胞的破坏而释放出来，再感染周围细胞。衣原体感染后，机体产生体液免疫及细胞免疫，免疫反应具有防御及保护作用，但同时也可导致免疫损伤。衣原体感染的主要病理改变是慢性炎症造成的组织损伤，形成瘢痕，可能与衣原体外膜上的热休克蛋白60及脂多糖诱导的迟发型变态反应有关。

【临床表现】 多发生在性活跃人群，潜伏期1～3周。临床特点是无症状或症状轻微，病人不易察觉，病程迁延，常并发上生殖道感染。

临床表现因感染部位不同而异，以宫颈黏膜炎常见，主要表现为阴道分泌物增加，呈黏液脓性，性交后出血或经间期出血。若伴有尿道炎，出现排尿困难、尿急、尿频。检查见宫颈管黏液脓性分泌物，宫颈红肿，黏膜脆性增加。若宫颈黏膜炎未及时诊治，可引起上行感染。30%～40%宫颈管炎可发生子宫内膜炎，8%～10%宫颈管炎可发生输卵管炎等盆腔炎性疾病，表现为下腹痛、低热等症状。由于输卵管炎症、粘连及瘢痕形成，衣原体感染远期后果可导致不孕或输卵管妊娠。

【诊断】 由于沙眼衣原体感染无特征性临床表现，临床诊断较困难，常需实验室检查确诊。对衣原体感染者，需同时检查有无其他STD，如淋病等。实验室检查包括：①NAAT：敏感性、特异性高，美国FDA推荐对无症状或有症状的妇女采用NAAT进行衣原体检测或筛查。②沙眼衣原体培养：标准诊断方法，但临床不实用。③抗原检测，包括直接免疫荧光法和酶联免疫吸附试验，是目前国内临床最常用的方法，因敏感度及特异度较低，美国FDA不建议采用。

【治疗】 一般原则，应做到早期诊断，早期治疗，及时、足量、规范应用抗生素，治疗方案个体化。抗生素选用原则：由于衣原体的发育周期独特，细胞外的衣原体对抗生素不敏感，细胞内的衣原体对抗生素敏感，因此，选用的抗生素应具有良好的细胞穿透性，此外衣原体的生命周期较长，应延长抗生素使用时间或使用半衰期长的药物。

1. 宫颈黏膜炎 推荐方案：多西环素100mg，每日2次，连服7～10日或阿奇霉素1g，单次顿服。替代方案：米诺环素100mg，每日2次，共10日；或四环素500mg，每日4次，共2～3周；或克拉霉素500mg，每日2次，共10日；或红霉素碱500mg，每日4次，连服7～10日；或氧氟沙星300mg，每日2次，连服7日；或罗红霉素150mg，每日2次，连服10日；或左氧氟沙星500mg，每日1次，连服7日；或莫西沙星400mg，每日1次，连服7日。以上药物除红霉素的疗效稍差外，其余药物疗效相似。有研究显示阿奇霉素3～5日效果可能更好。

2. PID 选用针对衣原体感染的抗生素，同时加用其他治疗PID的抗生素，一般疗程为14日。

3. 性伴侣治疗 性伴侣应进行检查及治疗。病人及性伴侣治疗期间均应禁止性生活。

【随访】 以阿奇霉素或多西环素治疗的病人，在完成治疗后一般无需进行微生物学随访。有下列情况时考虑做微生物学随访：①症状持续存在；②怀疑再感染；③怀疑未依从治疗；④无症状感染；⑤红霉素治疗后。由于治疗后不能存活的衣原体核酸仍可能存在，导致病人治愈后3周内进行NAAT复查有时会出现假阳性，建议治疗结束后第4周进行核酸检测；对于采用抗原检

Notes

测方法时，应在治疗结束后第2周进行检测。因女性衣原体重复感染较多见，对于高风险者，应于治疗后3～4个月行衣原体检测，以发现可能的再感染，防止PID和其他并发症的发生。

【沙眼衣原体感染合并妊娠】

1. 沙眼衣原体与妊娠的相互影响 妊娠对沙眼衣原体的病程影响不大。沙眼衣原体感染对妊娠的影响：①沙眼衣原体对胎儿及新生儿的影响：孕妇感染后，胎儿或新生儿可通过宫内、产道及产后感染，经产道感染是最主要的感染途径。未治疗的沙眼衣原体感染孕妇所分娩的新生儿中，20%～50%出现新生儿眼结膜炎，10%～20%在3～4个月内出现沙眼衣原体肺炎。②沙眼衣原体对孕妇的影响：妊娠期沙眼衣原体感染可引起流产、早产、胎膜早破、低体重儿以及产后子宫内膜炎。

2. 筛查及诊断 建议所有孕妇在首次产科检查时应行沙眼衣原体筛查，对年龄≤25岁和（或）高危孕妇在孕晚期应再次筛查。妊娠期沙眼衣原体感染的诊断同非妊娠期。

3. 妊娠期治疗 首选阿奇霉素1g，顿服；或阿莫西林500mg，口服，每日3次，共7日。禁用喹诺酮类及四环素类。对衣原体感染的早孕期孕妇治疗后3周应进行衣原体检测，还应在治疗后3个月复查。

4. 新生儿处理 对于所有≤30天有结膜炎的新生儿，尤其是母亲有未经治疗的衣原体感染史，就可考虑为衣原体感染。对母亲患沙眼衣原体感染的新生儿应密切观察，一旦发现沙眼衣原体感染，立即治疗。红霉素50mg/(kg·d)，分4次口服，连服14日，如有效，再延长1～2周。出生后立即应用0.5%红霉素眼膏对衣原体感染有一定预防作用。若有衣原体结膜炎可用1%硝酸银溶液滴眼。孕妇的产前筛查和治疗可以预防新生儿衣原体感染。

【小结】 沙眼衣原体在女性主要感染柱状上皮和移行上皮，最初导致宫颈黏膜炎及尿道炎，感染可向上蔓延，引起子宫内膜炎及输卵管炎，甚至导致严重的盆腔粘连，继而引起不孕或异位妊娠。沙眼衣原体感染的特点是临床过程隐匿、迁延，症状轻微，通常需要实验室检查确诊。衣原体培养是诊断的标准，但不实用，建议使用NAAT。治疗主要采用阿奇霉素或多西环素。妊娠期沙眼衣原体感染对胎儿及新生儿危害较大，应重视妊娠期衣原体筛查，做到及时发现，早期治疗，妊娠合并沙眼衣原体感染的诊断与处理与非妊娠期相同。

第五节 生殖器疱疹

生殖器疱疹（genital herpes）是由单纯疱疹病毒（herpes simplex virus，HSV）感染引起的生殖器及肛门皮肤溃疡的STD，呈慢性反复发作过程。HSV属双链DNA病毒，分HSV-1及HSV-2两个血清型。70%～90%原发性生殖器疱疹由HSV-2引起，由HSV-1引起者占10%～30%。复发性生殖器疱疹主要由HSV-2引起。

【传播途径】 主要通过性接触传播，生殖器疱疹病人、亚临床或无临床表现排毒者及不典型生殖器疱疹病人是主要传染源，有皮损表现者传染性强。HSV存在于皮损渗液、宫颈及阴道分泌物、精液、前列腺液中。

【临床表现】 可有原发性及复发性两种表现，无论原发或复发性生殖器疱疹都主要表现为生殖器及肛门皮肤散在或簇集小水疱，破溃后形成糜烂或溃疡，伴有疼痛，随后结痂自愈。原发性生殖器疱疹的潜伏期为2～12日，平均6日，发病前可有发热、全身不适、头痛等全身症状，常伴腹股沟淋巴结肿痛。复发性生殖器疱疹首次复发多出现在原发性生殖器疱疹皮损消退后1～4个月，皮损一般于原部位出现，类似于原发性生殖器疱疹，但病情较轻，病程较短，一般无腹股沟淋巴结肿大，无明显全身症状。发病前常有局部烧灼感、针刺感或感觉异常等前驱症状。

【诊断】 临床表现往往不典型，需依据实验室检查确诊。实验室检查包括：①病毒培养：诊断HSV感染的“标准”，但敏感度低。②NAAT：可提高诊断的敏感性并可进行分型。③病毒抗

Notes

原检测：从皮损处取标本，以单克隆抗体直接免疫荧光试验或酶联免疫吸附试验检测 HSV 抗原，是临床常用的快速诊断方法。④抗体检测：型特异性血清学诊断试验可检测不同 HSV 型别的血清抗体，可用于复发性生殖器疱疹病人无皮损期的辅助诊断，也可用于对病人性伴侣的 HSV 感染状况的判断及不典型生殖器疱疹的辅助诊断。若血清中检出不同型别的 IgM 抗体，表明病人存在 HSV 近期感染，而 IgG 抗体持续存在的时间更长，其阳性则更能提示 HSV 曾经感染，尤其对无明显皮损病人的辅助诊断。但不同试剂的敏感性和特异性相差较大，该试验检测结果目前不能作为确诊病例的依据。

【治疗】 生殖器疱疹为易复发疾病，尚无彻底治愈方法。治疗目的是减轻症状，缩短病程，减少 HSV 排放，控制其传染性。

1. 抗病毒治疗　以全身抗病毒药物为主。

（1）原发性生殖器疱疹：阿昔洛韦 200mg，每日 5 次；或伐昔洛韦 1000mg，每日 2 次；或泛昔洛韦 250mg，每日 3 次；口服，连用 7～10 日。

（2）复发性生殖器疱疹：最好在出现前驱症状或皮损出现 24 小时内开始治疗。阿昔洛韦 200mg，每日 5 次；或伐昔洛韦 500mg，每日 2 次；或泛昔洛韦 250mg，每日 3 次；口服，连用 5 日。

（3）频繁复发病人（1 年内复发 6 次以上）：为减少复发次数，可用抑制疗法。阿昔洛韦 400mg，每日 2 次；或伐昔洛韦 500mg，每日 1 次；或泛昔洛韦 250mg，每日 2 次。这些药物需长期服用 4 个月至 1 年。

（4）原发感染症状严重或皮损广泛者：阿昔洛韦每日 5～10mg/kg，每 8 小时 1 次，静脉滴注，连用 5～7 日或直至临床症状改善，随后改为口服抗病毒药物治疗至少 10 日。

2. 局部治疗　局部用药较口服用药疗效差，且可诱导耐药，因此不推荐使用。

【治愈标准与随访】 患处疱疹损害完全消退，疼痛、感觉异常以及淋巴结肿痛消失为治愈。虽易复发，预后好。对无 HIV 感染或其他合并症者，治疗后一般无需随诊。

【生殖器疱疹合并妊娠】

1. 生殖器疱疹与妊娠的相互影响　妊娠对生殖器疱疹的影响：妊娠期免疫力降低，生殖器疱疹的易感性及复发频率增加。生殖器疱疹对妊娠的影响：胎儿或新生儿 HSV 感染的风险与生殖道感染状况、感染类型、损伤性产科操作及孕周有关。复发性生殖器疱疹由于母体的抗体可通过胎盘到达胎儿，可保护部分胎儿免受感染。妊娠早期原发性生殖器疱疹或妊娠期末复发性生殖器疱疹，胎儿及新生儿感染的几率极小（<1%）；妊娠晚期原发性生殖器疱疹，胎儿感染的几率为 30%～50%。妊娠早、中期感染 HSV 可引起流产、胎儿畸形（小脑畸形、小眼球、视网膜发育不全）、死胎；妊娠晚期感染 HSV 可引起早产；新生儿感染 HSV，常在 5～7 天发病，35% 感染局限在眼部或口腔，出现疱疹；30% 发生在中枢神经系统疾病，表现为脑膜炎、脊髓灰质炎；25% 出现多个脏器损害表现，出现发热、黄疸、肝脾大；重者死亡率达 50%～70%，幸存儿多有严重神经系统后遗症。

2. 筛查及诊断　建议对有症状的孕妇进行 HSV 筛查。妊娠期生殖器疱疹的诊断同非妊娠期。

3. 妊娠期处理　处理的核心是预防孕期胎儿宫内感染和预防产时新生儿感染。①对有 HSV 感染史者，应在孕早期进行评估；对无 HSV 感染史但其性伴侣患生殖器 HSV 感染者，应在孕前或孕早期行特定类型抗体血清学检测以了解孕期获得 HSV 感染的风险，并在孕 32～34 周时重复检测。②妊娠早中期感染 HSV，要权衡治疗利弊是否选用抗病毒药物阿昔洛韦，目前研究尚未发现阿昔洛韦有明显致畸作用。③妊娠晚期感染 HSV，对于原发性生殖器疱疹病毒感染者，或对频繁发作的复发性生殖器疱疹，妊娠≥36 周接近分娩时，亦应给予阿昔洛韦抗病毒治疗。

4. 分娩期处理　为防止新生儿感染，妊娠晚期（距分娩<6 周）首次感染 HSV 者，应选择剖

Notes

宫产。对复发性生殖器疱疹,若分娩时有生殖器病损、或有前驱症状或阴道分泌物检出病毒者并排除胎儿畸形后,在未破膜或破膜4小时内行剖宫产可降低新生儿HSV感染率,但若破膜时间超过4小时,剖宫产不能降低新生儿感染率。有HSV感染史但无生殖器病损的病人,不推荐剖宫产。复发性疱疹是否需要行剖宫产尚有争议,但病程超过1周的复发性疱疹,且没有生殖器病损存在,可经阴道分娩。产科操作如人工破膜或产钳助产术可增加胎儿感染率。

5. 产褥期处理 若乳房没有活动性病损可以哺乳,但应严格洗手。哺乳期可以应用阿昔洛韦或伐昔洛韦,因两种药物在乳汁中的浓度较低。

【小结】 生殖器疱疹是由HSV引起的STD,主要由HSV-2引起。临床表现因原发性及复发性不同而表现不同。原发性生殖器疱疹的水疱、溃疡、疼痛明显,持续2~3周缓解,常有腹股沟淋巴结肿大,而复发性生殖器疱疹的症状轻、病程短,无腹股沟淋巴结肿大。临床表现往往不典型,需依据实验室检查确诊。治疗主要以抗病毒药物阿昔洛韦、伐昔洛韦以及泛昔洛韦为主。妊娠合并生殖器疱疹诊断处理基本同非妊娠期。

第六节 获得性免疫缺陷综合征

获得性免疫缺陷综合征(acquired immunodeficiency syndrome, AIDS),又称艾滋病,是由人免疫缺陷病毒(human immunodeficiency virus, HIV)引起的STD。HIV可引起T淋巴细胞损害,导致持续性免疫缺陷,多个器官出现机会性感染及罕见恶性肿瘤,最后导致死亡。HIV属逆转录RNA病毒,有HIV-1、HIV-2两个型别,引起世界流行的是HIV-1,HIV-2主要在西部非洲局部流行,我国主要为HIV-1流行。HIV在外界环境中的生存能力较弱,对物理、化学因素的抵抗力弱,100℃处理20分钟可使HIV灭活。

【传播途径】 HIV可存在于感染者的血液、精液、阴道分泌物、眼泪、尿液、乳汁、脑脊液中。艾滋病病人及HIV携带者均具有传染性。传播途径:①性接触直接传播:包括同性、异性及双性接触。②血液传播:见于吸毒者共用注射器;接受HIV感染的血液、血制品;接触HIV感染者的血液、黏液等。③母婴传播:(包括产前、产时、产后),HIV在妊娠期能通过胎盘传染给胎儿,或分娩时经软产道及出生后经母乳喂养感染新生儿。

【临床表现】 从感染HIV到发展为艾滋病的潜伏期长短不一,短至几个月,长达17年,平均8年。AIDS可大致分为急性HIV感染、无症状感染和艾滋病三个阶段。急性期:大多数病人临床症状轻微,主要表现为发热、咽痛等上呼吸道感染症状,检查可见颈、枕及腋部淋巴结肿大及肝脾大。上述症状可自行消退。无症状期:临床上一般无特殊表现,但部分病人可出现持续性淋巴结肿大并维持相当长的时间。艾滋病期:主要表现为HIV相关症状、各种机会性感染(如口腔白假丝酵母菌感染、肺孢子菌肺炎、疱疹病毒感染、肺结核等)及肿瘤(如卡波氏肉瘤、淋巴瘤)。

【诊断】 需结合流行病学史(不安全性生活史、静脉吸毒史、输入未经HIV抗体检测的血液或血液制品、HIV抗体阳性者所生的子女或职业暴露史)、临床表现及实验室检查诊断。实验室检查包括HIV抗体、病毒载量、$CD4^+T$淋巴细胞、P24抗原检测、HIV基因型耐药检测等。诊断艾滋病必须是HIV抗体阳性(经确证试验证实),而HIV RNA和P24抗原的检测有助于诊断,尤其是能缩短“窗口期”和帮助早期诊断新生儿的HIV感染;病毒载量测定和$CD4^+T$淋巴细胞计数是判断疾病进展和治疗时机、评价疗效和预后的两项重要指标。

诊断标准:

1. 急性期 病人近期内有流行病学史和临床表现,实验室检查HIV抗体由阴性转为阳性;或仅实验室检查HIV抗体由阴性转为阳性。

Notes

2. 无症状期 有流行病学史,无任何临床表现,抗HIV抗体阳性;或仅HIV抗体阳性。

3. 艾滋病期　有流行病学史，HIV 抗体阳性，加上下述各项中的任何一项；或 HIV 抗体阳性，$CD4^+T$ 淋巴细胞数<200/mm^3。

(1) 原因不明的 38℃以上持续不规则发热，超过 1 个月；
(2) 慢性腹泻次数多于 3 次/日，超过 1 个月；
(3) 6 个月之内体重下降 10% 以上；
(4) 反复发作的口腔白假丝酵母菌感染；
(5) 反复发作的 HSV 感染或带状疱疹病毒感染；
(6) 肺孢子菌肺炎；
(7) 反复发生的细菌性肺炎；
(8) 活动性结核或非结核分枝杆菌病；
(9) 深部真菌感染；
(10) 中枢神经系统占位性病变；
(11) 中青年人出现痴呆；
(12) 活动性巨细胞病毒感染；
(13) 弓形虫病；
(14) 青霉菌感染；
(15) 反复发生的败血症；
(16) 卡波氏肉瘤；
(17) 淋巴瘤。

【治疗】　目前尚无治愈方法，主要为抗病毒治疗及一般支持对症处理。

1. 抗逆转录病毒治疗(antiretroviral therapy，ART)　ART 可以最大限度地抑制病毒复制，保存和恢复免疫功能，降低病死率和 HIV 相关性疾病的发病率，提高病人的生活质量，减少 AIDS 的传播。目前，抗逆转录病毒药物有 3 大类可供选择：①核苷类逆转录酶抑制剂(NRTIs)：齐多夫定(ZDV 或 AZT)、替诺福韦(TDF)、恩曲他滨(FTC)、司他夫定(d_4T)、拉米夫定(3TC)等。②蛋白酶抑制剂(PI)：英地那韦(IDV)、洛匹那韦/利托那韦尼(LPV/r)等。③非核苷类逆转录酶抑制剂(N-NRTIs)：依非韦伦(EFV)、奈韦拉平(NVP)等。联合用药(鸡尾酒疗法)可增加疗效。一线 ART 方案主要由 2 种 NRTIs 加 1 种 N-NRTI 组成，推荐方案 TDF+3TC(或 FTC)+EFV；替代方案 AZT+3TC+EFV(或 NVP)或 TDF+3TC(或 FTC)+NVP。因为 d_4T 的线粒体代谢毒性，目前建议在一线治疗中停用。二线 ART 方案主要由 2 种 NRTIs 加 1 种 PI 组成，推荐方案：以 TDF+3TC(或 FTC)为主的一线药物治疗失败，则改为 AZT+3TC+LPV/r；以 AZT+3TC 为主的一线药物治疗失败，则改为 TDF+3TC+LPV/r。

2. 免疫调节药物　可选用 α 干扰素、白细胞介素 2、丙种球蛋白及中药制剂等调整免疫功能。

3. 常见合并症　采取对症治疗。

【艾滋病合并妊娠】

1. HIV 与妊娠的相互影响　妊娠对 HIV 的影响：妊娠期因免疫功能受抑制，可能影响 HIV 感染病程，加重 HIV 感染者从无症状发展为 AIDS，并可加重 AIDS 及其相关综合征的病情。HIV 对妊娠的影响：HIV 可通过胎盘、产道、产后母乳喂养传染给胎儿及新生儿，当 HIV 感染或发展为艾滋病时，不但增加妊娠并发症而且可增加围生儿感染率。

2. 筛查及诊断　建议所有孕妇应在首次产科检查时(妊娠前三个月)行艾滋病筛查，对有高危因素孕妇应在孕晚期(<36 周)再次筛查。妊娠期艾滋病的诊断同非妊娠期。

3. 妊娠期处理　对于已确定的 HIV 感染孕妇，选择终止妊娠或继续妊娠，应根据孕妇个人意愿而定。对于要求终止妊娠者，应尽早手术，以减少妊娠期并发症的发生；对于要求继续妊娠

Notes

者,应提供妊娠期、产时、产后的母婴传播阻断措施。

(1) ART干预:治疗目的是控制孕妇感染,降低母儿垂直传播发生率;必须权衡ART药物对孕妇、胎儿和新生儿的影响。治疗方案同非妊娠妇女。

(2) 分娩期处理:避免急诊剖宫产,择期剖宫产可降低母婴传播几率,一般选择38周终止妊娠。阴道分娩应尽量避免使用会阴侧切术、胎头吸引术、产钳助产术等。如果出现胎膜早破或临产早期出现胎膜破裂,应根据情况选择分娩方式,缩短产程,降低母婴传播。

4. 产后干预 人工喂养是最安全的喂养方式,可以完全避免HIV通过母乳传播给新生儿;母乳喂养可导致新生儿HIV感染,仅用于新生儿早期诊断为HIV或孕妇分娩后继续应用ART者。

(1) 新生儿干预:新生儿出生时或者在产后4~6周时应行HIV血清学检测,根据检测结果采取相应干预措施。对于接受ART治疗孕妇所分娩的新生儿,若母乳喂养,则每日NVP预防性治疗6周;若人工喂养,则每日NVP(或AZT,2次/日)预防性治疗4~6周。对于未接受ART治疗孕妇所分娩的新生儿,建议立即行ART治疗。

(2) 产妇干预:对于HIV阳性产妇,如果坚持母乳喂养,则整个哺乳期应继续妊娠期抗病毒治疗方案;如果终止母乳喂养,则1周后停止ART治疗,重新评估病情。

【小结】 艾滋病是由HIV引起的获得性免疫缺陷性疾病。其主要传播途径为性接触、血液传播和母婴传播。HIV主要破坏$CD4^+T$淋巴细胞,造成机体免疫功能破坏。艾滋病的病程分为急性期、无症状期和艾滋病期。急性期有类似病毒感染的症状;无症状期无明显症状;艾滋病期可有各种临床表现,如多系统机会性感染、恶性肿瘤和免疫系统病变。HIV/AIDS的诊断需结合流行病学史、临床表现和实验室检查综合分析。目前艾滋病的治疗主要为ART,应合理掌握开始ART的指征和时机。一线推荐方案为:TDF+3TC(或FTC)+EFV。妊娠期诊断处理基本同非妊娠期妇女。

第七节 性传播疾病的预防

性传播疾病不仅是医学问题,也是社会问题。STD的流行将影响人民身体健康、甚至预期寿命下降,阻碍国家经济发展,造成卫生资源紧张,引起社会及家庭不稳定。女性因解剖及生理特征更易发生STD,常无症状,若得不到及时治疗,更易成为传染源。孕妇患STD还可造成胎儿、新生儿感染,危害后代。因此,对STD应予积极防治。

1. 制定规范管理 政府制定的一系列相关法律、法规,有利于将STD的防治工作纳入规范化管理轨道。

2. 重视宣传教育 采取各种形式宣传STD的危害及预防方法,加深人们对STD危害性的认识并获知正确的预防方法。

3. 加强现症病人的管理 包括病例管理及病征管理。病例管理是对具有STD相关症状或有一种或多种STD阳性检测结果个体的管理,包括病史采集、临床检查、正确诊断、规范化有效治疗、性行为指导、性伴侣通知与治疗、病例报告等。病征管理是将病人的临床表现进行归纳,每一类相关的症状和体征即为一种病征,并针对某种病征制定相应的流程图,对病人进行诊断、治疗、健康教育、咨询及性伴侣通知等处理。病征管理可以很少或不需要实验室支持,适用于缺乏STD病原学诊断所需的设备及人员的地区。加强现症病人的管理是控制传染源,减少病原体携带状态,防止疾病传播的有效措施。

4. 流行病学治疗 若疾病危险性很高,在尚未得到确切诊断时给予的治疗称为流行病学治疗。如STD病人的性伴侣感染STD危险性增加,应通知性伴侣进行检查及治疗,也可在实验室检查确诊前或无条件进行实验室检查时,给予流行病学治疗。

Notes

5. 加强行为干预,切断传播途径 对于STD、艾滋病的高危人群,加强干预活动,积极推广使用安全套和一次性注射器等,减少性行为传播以及血液途径传播。加强医院消毒质量管理及血液制品的管理,医务人员应注意自我防护及严守操作规程,阻断医源性传播。

(薛凤霞)

参考文献

1. Centers for Disease Control and Prevention. Recommendations for the Laboratory-Based Detection of Chlamydia trachomatis and Neisseria gonorrhoeae—2014. MMWR Recomm Rep,2014,63(RR-02):1-19.
2. 中国疾病预防控制中心性病控制中心、中华医学会皮肤性病学分会性病学组、中国医师协会皮肤科医师分会性病亚专业委员会. 梅毒、淋病、生殖器疱疹、生殖道沙眼衣原体感染诊疗指南(2014). 中华皮肤科杂志,2014,47(5):365-372.
3. 中华医学会妇产科学分会感染性疾病协作组. 妊娠合并梅毒的诊断与处理专家共识. 中华妇产科杂志,2012,47(2):158-160.
4. WHO. Consolidated guidelines on the use of antiretroviral drugs for treating and preventing HIV infection:recommendations for a public health approach. Geneva:World Health Organization,2013.

Notes

第二十章 外阴非上皮内瘤变

外阴部位的非肿瘤性皮肤病变是最常见的妇科疾病之一，病种多样，病因复杂。2006 年国际外阴阴道疾病研究学会(International Society for the Study of Vulvovaginal Disease,ISSVD)采用全新的、基于组织病理学的分类方法取代了 1987 年的分类，为了使临床医生能够更准确诊断病变，2011 年 ISSVD 进行了仅基于临床表现的分类，使两种分类互相补充，方便临床诊断和处理(表 20-1)。

表 20-1 2006 年和 2011 年 ISSVD 外阴疾病分类

2011 年 ISSVD 外阴皮肤疾病临床分类	2006 年 ISSVD 外阴皮肤疾病病理学分类
多彩皮损 Skin-colored lesions	棘层细胞水肿型 Spongiotic pattern
红色病变：斑和块 Red lesions: patches and plaques	棘层细胞增生型 Acanthotic pattern
红色病变：丘疹和结节 Red lesions: papules and nodules	苔藓样型 Lichenoid pattern
白色病变 White lesions	均质化或硬化型 Dermal homogenization/sclerosis pattern
深色病变(棕色、蓝色、灰色、或黑色)Dark colored (brown, blue, gray, or black) lesions	囊状水泡型 Vesiculobullous pattern
水疱 Blisters	棘层细胞松解型 Acantholytic pattern
糜烂和溃疡 Erosions and ulcers	肉芽肿型 Granulomatous pattern
水肿(弥漫性肿胀)Edema(diffuse genital swelling)	脉管源性 Vasculopathic pattern

第一节 外阴慢性单纯性苔藓

外阴慢性单纯性苔藓(lichen simplex chronicus)为 ISSVD2006 分类中棘层细胞增生型，以取代 1987 年分类中的外阴鳞状细胞增生(squamous cell hyperplasia)或增生性营养不良。

【病因】 病因不明。分为原发性(特发性)和继发性(继发于硬化性苔藓、扁平苔藓或其他外阴疾病)，和慢性刺激有关(慢性摩擦和痒-抓循环)。近代研究发现病变组织局部维 A 酸受体 α 含量减少有关，维 A 酸受体 α 能够介导鳞状上皮的增生和分化。

【病理】 多见于大阴唇和阴阜，通常为散在分布的红色或白色斑块，或苔藓样，常见鳞屑和抓痕。组织学形态缺乏特异性，主要表现为鳞状上皮棘层细胞增生，真皮浅层纤维化并伴有不等量炎症细胞浸润。

【临床表现】

1. 症状 主要为外阴瘙痒。瘙痒程度多难耐受而搔抓，搔抓进一步加重皮损，形成反复的痒-抓循环。

2. 体征 病损主要累及大阴唇、阴唇间沟、阴蒂包皮及阴唇后联合等处。病变可呈孤立性、局灶性，也可多发、或对称性。早期皮肤暗红或粉红色，伴随着棘层细胞增生和表层细胞的过度角化，可过渡到白色。后期，随着真皮浅层的纤维化，则皮肤增厚、色素沉着、皮肤纹理明显，而表现为苔藓样改变。

【诊断】 根据症状及体征可以作出初步诊断，确诊依靠病理组织学检查。活检应在色素减退区、皲裂、溃疡、硬结、隆起或粗糙处进行，并应注意选择不同部位多点取材。活检前先用1%甲苯胺蓝涂抹局部皮肤，干燥后用1%醋酸液擦洗脱色，在不脱色区活检。

【鉴别诊断】 慢性单纯性苔藓应与白癜风、白化病、特异性外阴炎、外阴上皮内病变及癌等相鉴别。若外阴皮肤出现界限分明的发白区，表面光滑润泽，质地正常，无自觉症状应考虑为白癜风。身体其他部位也多可发现相同病变，应考虑白化病可能。外阴皮肤增厚，发白或发红，伴有瘙痒且阴道分泌物增多应首先排除假丝酵母菌病、滴虫性阴道炎等，分泌物中可查见病原体；炎症治愈后白色区域逐渐消失。外阴皮肤出现对称性发红、增厚，伴有严重瘙痒，但无分泌物增多者，应考虑糖尿病所致外阴炎可能。若伴有长期难以治愈的溃疡，应尽早活检送病理检查以排除外阴癌。

【治疗】

1. **一般治疗** 保持外阴部皮肤清洁干燥。禁用刺激性大的药物或肥皂清洗外阴，忌穿不透气的化纤内裤，不食辛辣和过敏食物。对瘙痒症状明显以致失眠者，可加用镇静、安眠和抗过敏药物。

2. **局部药物治疗** 采用局部应用皮质激素药物控制瘙痒。可选用0.025%氟轻松软膏，或0.01%曲安奈德软膏，每日3～4次。长期使用类固醇药物可使局部皮肤萎缩，故当瘙痒症状缓解后，停用高效类固醇药物，改为作用轻微的1%～2%氢化可的松软膏，每日1～2次，维持治疗6周。为促进药物吸收，局部用药前可先用温水坐浴，每日2～3次，每次10～15分钟，使皮肤软化，并可缓解瘙痒症状。药物治疗控制瘙痒症状后，增厚的皮肤仍需较长时间才能有明显改善，或恢复正常。

3. **物理治疗** 适用于对病情严重或药物治疗无效者。常用的方法有：①聚焦超声治疗（HIFU）；②CO_2激光或氦氖激光、波姆光、液氮冷冻等局部物理治疗。局部物理治疗是通过去除局部异常上皮组织和破坏真皮层神经末梢，从而阻断瘙痒和搔抓所引起的恶性循环。聚焦超声治疗（HIFU）的长期疗效以及优化参数均有待进一步研究。激光治疗有手术精确、操作简易、破坏性小、愈合后瘢痕组织较少的优点，但远期复发率仍与手术切除相似。

4. **手术治疗** 由于外阴慢性单纯性苔藓的恶变率很低，且手术治疗仍有远期复发可能，故一般不采用手术治疗。手术治疗仅用于反复药物、物理治疗无效；或局部病损组织出现不典型增生、有恶变可能者。

第二节　外阴硬化性苔藓

外阴硬化性苔藓（lichen sclerosus）为ISSVD2006年分类中的苔藓样型或硬化型亚型之一。以外阴、肛周皮肤变薄、色素减退呈白色病变为主要特征的疾病。

【病因】 病因不清。可能与以下因素有关：①自身免疫：约21%病人合并自身免疫性相关性疾病，如糖尿病、甲状腺功能亢进症或减退症、白癜风、恶性贫血、斑秃等；②感染；③遗传：有报道家族中母女、姐妹同时发病，但尚未发现特异基因；④性激素缺乏：因青春期前病人在月经初潮后病变可以缓解，认为可能与雌激素缺乏有关，但临床应用雌激素治疗无效。

也有研究发现病人血清中二氢睾酮及雄烯二酮低于正常妇女，提示睾酮不足可能为发病原因之一。

【病理】 表皮变薄，上皮脚变钝或消失；真皮浅层早期水肿，后期胶原纤维化，形成均质化带，其下伴带状淋巴细胞浸润。底层细胞水肿，色素细胞减少。部分病例表皮过度角化，加之黑素细胞减少使皮肤外观呈白色。少数病例可以伴有急性炎症和溃疡。2%～5%的病例可能恶变为鳞癌，主要为非HPV相关鳞癌。

【临床表现】 硬化性苔藓可发生于任何年龄，但以40岁左右妇女多见，其次为幼女。

Notes

1. 症状 主要为病损区瘙痒、性交痛及外阴烧灼感，程度较慢性单纯性苔藓病人轻，晚期可出现性交困难。幼女病人瘙痒症状多不明显，可能在排尿或排便后感外阴或肛周不适。

2. 体征 病损区常位于大阴唇、小阴唇、阴蒂包皮、阴唇后联合和肛周，多呈对称性。一般不累及阴道黏膜。早期病变较轻，皮肤红肿，出现粉红、象牙白色或有光泽的多角形小丘疹，丘疹融合成片后呈紫癜状；若病变进一步发展，出现外阴萎缩，表现为大阴唇变薄，小阴唇变小、甚至消失，阴蒂萎缩而其包皮过长；皮肤颜色变白、发亮、皱缩、弹性差，常伴有皲裂及脱皮。病变通常对称，并可累及会阴及肛周而呈蝴蝶状。晚期病变皮肤菲薄、皱缩似卷烟纸或羊皮纸，阴道口挛缩狭窄。由于幼女病变过度角化不似成年人明显，检查见局部皮肤呈珠黄色或与色素沉着点相间形成花斑样，若为外阴及肛周病变，可呈现锁孔状或白色病损环。多数病人的病变在青春期可自行消失。

【诊断】 根据临床表现可作出初步诊断，确诊需行病理组织学检查。活检应在皲裂、溃疡、挛缩处进行，注意多点活检。

【鉴别诊断】 硬化性苔藓应与白癜风、白化病、老年生理性萎缩相鉴别。白癜风、白化病参见本章第一节“鉴别诊断”。老年外阴生理性萎缩仅见于老年妇女，其外阴皮肤萎缩情况与身体其他部位皮肤相同，表现为外阴皮肤各层组织及皮下组织均萎缩，因而阴唇扁平，小阴唇退化。病人无自觉症状。

【治疗】

1. 一般治疗 同慢性单纯性苔藓（见本章第一节 外阴慢性单纯性苔藓）。

2. 局部药物治疗 主要药物有丙酸睾酮油膏及黄体酮油膏。药物治疗的有效率约为80%，多数只能改善症状而不能痊愈，且需要长期用药。①丙酸睾酮油膏：丙酸睾酮有促进蛋白合成作用，能促使萎缩皮肤恢复正常，因而有利于治疗外阴硬化性苔藓。2%丙酸睾酮油膏（200mg丙酸睾酮加入10g凡士林油膏），初起每日2～4次，连用3～4周后改为每日1～2次，连用3周，然后应用维持量，每日1次或每2日1次。根据治疗反应及症状持续情况决定用药次数及时间。若瘙痒症状较重，可与1%或2.5%氢化可的松软膏混合涂搽，症状缓解后可逐渐减少至停用氢化可的松软膏。丙酸睾酮治疗期间密切观察其副作用，一旦出现毛发增多或阴蒂增大等男性化影响或疗效欠佳时应停药，改用其他药物，例如黄体酮油膏或糖皮质激素类软膏。②黄体酮油膏：3%黄体酮油膏（100mg黄体酮油剂加入30g凡士林油膏），每日3次。③糖皮质激素类软膏：也可选用0.05%氯倍他索软膏，最初1个月内每日2次，继而每日1次，连用2个月，最后每周2次，连用3个月，共计6个月。凡瘙痒顽固、表面用药无效者可用曲安奈德混悬液皮下注射：将5mg曲安奈德混悬液用2ml生理盐水稀释后，取脊髓麻醉穿刺针在耻骨联合下方注入皮下，经过大阴唇皮下直至会阴，缓慢回抽针头，将混悬液注入皮下组织。对侧同法治疗。④免疫治疗：免疫抑制剂可通过刺激皮肤局部的免疫因子产生治疗作用。研究表明一种可替代皮质激素的新型局部炎症细胞因子抑制剂（pimercrolimus）、对T细胞具有选择性抑制作用的他克莫司均可有效治疗外阴硬化性苔藓。并且其局部外用的治疗方法不产生系统性免疫抑制作用，因此不良反应小。

幼女硬化性苔藓至青春期有可能自愈，一般不采用丙酸睾酮油膏治疗，以免出现男性化。可局部外用1%氢化可的松软膏或0.3%黄体酮油膏，症状多能缓解，但应注意长期定时随访。

3. 全身用药 阿维A为一种类似维A酸的芳香族合成物质，有维持上皮和黏膜正常功能和结构的作用，可以缓解皮肤的瘙痒症状，已有效应用于严重的外阴硬化性苔藓，用法：口服20～30mg/d。此外，口服多种维生素可以改善全身营养状况；精神紧张、瘙痒症状明显抑制失眠者，可口服镇静安眠、脱敏药物。

4. 物理治疗 同慢性单纯性苔藓，见本章第一节。

5. 手术治疗 对病情严重或药物治疗无效者，可行表浅外阴切除，但手术切除复发率高，不

Notes

仅在切除边缘,甚至移植皮肤也可复发。

第三节　其他皮肤疾病

一、扁平苔藓

扁平苔藓(lichen planus)属于ISSVD2006分类中苔藓样型的亚型之一。为细胞免疫介导的皮肤病损,可伴随艾滋病、恶性肿瘤、肝硬化、消化性溃疡、乙型病毒性肝炎、丙型病毒性肝炎、溃疡性结肠炎等病变。女性受累病损半数出现在生殖道部位。病变最常见于40岁以后,主要症状为外阴瘙痒,烧灼感,部分病例可以无症状。病变外观高度可变,从纤细网格样丘疹到侵蚀性脱屑都可以出现在外阴和阴道。病变后期,可以出现小阴唇和阴蒂包皮的粘连、色素沉着,和阴道口狭窄。确诊依靠病理学检查。局部应用皮质激素可以使94%病例症状缓解,口服环孢素也有一定的缓解作用。

二、贝赫切特病

贝赫切特病(Behcet's disease)又称眼-口-生殖器综合征(oculo-oral-genital syndrome),在ISSVD2006分类中属于脉管源性病损。是以反复发作的口腔黏膜溃疡、外阴溃疡、眼炎或其他皮肤损害为主要特征的疾病,还可能伴有心血管、关节甚至中枢神经系统损害。病因不清,基本病理改变为多系统性血管炎。以20~40岁年轻妇女多见。先出现口腔溃疡,然后外阴溃疡,最后出现眼部病变。口腔溃疡可发生在唇、舌、口腔黏膜、软腭及扁桃体;生殖器溃疡可发生在大阴唇和小阴唇。溃疡为单个或多个,边界清楚,直径2~10mm不等,底部有黄色坏死物覆盖,溃疡愈合后可形成瘢痕。溃疡形成时局部疼痛显著。急性期可有发热、乏力、头痛等全身症状。眼部最初表现结膜炎、视网膜炎,病人自觉眼周疼痛和怕光。晚期可出现眼前房积脓,最后波及双眼,若不治疗可进一步引起视神经萎缩、青光眼或白内障而失明。其他病变包括皮肤病变,关节痛及关节炎、血栓性静脉炎及类似多发性硬化病的神经系统症状。

具备两个主要症状或伴有其他系统症状时,并且反复发作,容易作出诊断。皮肤穿刺试验阳性有助于确诊。具体方法:将0.1ml生理盐水注入皮内,或仅用消毒针头针刺皮肤,24小时后在穿刺部位出现丘疹或小脓疱为阳性。急性期内,白细胞中度增多,红细胞沉降率加快,但溃疡局部病理检查无特异性。

若溃疡疼痛剧烈,可给予镇静剂或局部麻醉剂缓解疼痛。溃疡一般可以自愈。急性期内,给予皮质激素可促进溃疡愈合,如泼尼松每日20~40mg;若为预防复发,给予小剂量泼尼松每日15mg,长期应用。

【小结】　外阴非上皮内瘤变是一组临床较常见的慢性良性皮肤病变,病种多样,病因复杂。多与外阴不洁、感染、分泌物长期刺激、外阴瘙痒而反复搔抓有关。临床上,先采用局部药物或物理治疗;若无效,则采用病灶切除手术,依据病理学结果,采用相应的后续治疗。

(周先荣)

参考文献

1. Lynch PJ, Moyal-Barracco M, Scurry J and Stockdale C. 2011 ISSVD Terminology and Classification of Vulvar Dermatological Disorders: An Approach to Clinical Diagnosis. J Low Genit Tract Dis, 2012, 16(4): 339-344.
2. Hoang MP, Reuter J, Papalas JA, Edwards L and Selim MA. Vulvar Inflammatory Dermatoses: An Update and Review. Am J Dermatopathol, 2014, 6(9): 689-704.

Notes

第二十一章　下生殖道上皮内病变

鳞状上皮内病变（squamous intraepithelial lesion，SIL）指 HPV 感染后，在鳞状上皮内形成的具有相应临床和病理学表现的上皮内病损。女性生殖道鳞状上皮内病变包括外阴、阴道及宫颈处的鳞状上皮内病变，临床上三者或二者常同时并存。

【病理学诊断与分级】 HPV 感染后，依据不同的发病机制、细胞成熟分化程度和进展为浸润癌的风险度将 SIL 分为两级（2014 年 WHO 女性生殖器官肿瘤分类）。与 2003 年 WHO 三级分类相比，命名与分级与细胞学诊断相互对应，提高了不同观察者之间诊断的一致性（图 21-1，表 21-1）。

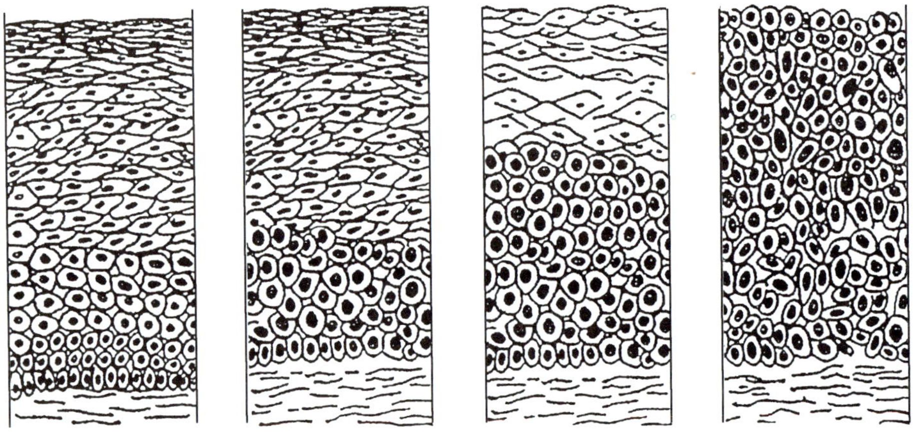

图 21-1　正常上皮及上皮内瘤变

表 21-1　鳞状上皮内病变分类变化

传统	2003 年 WHO 分类	2014 年 WHO 分类
轻度非典型增生	CIN Ⅰ	LSIL
中度非典型增生	CIN Ⅱ	HSIL
重度非典型增生	CIN Ⅲ	HSIL

低级别鳞状上皮内病变（low-grade squamous intraepithelia lesion，LSIL）：HPV 感染后，鳞状细胞具有成熟分化能力的上皮内病损，具有较低的复发或转化为浸润癌的风险。

高级别鳞状上皮内病变（high-grade squamous intraepithelia lesion，HSIL）：HPV 感染后，主要由不能成熟分化的幼稚鳞状细胞过度增生为主构成的上皮内病损，如果不处理，具有较高的复发或转化为浸润癌的风险。

第一节　外阴鳞状上皮内瘤（病）变

外阴鳞状上皮内病变（vulvar squamous intraepithelial lesion）指局限于外阴表皮内，未发生间质浸润的癌前病变。多见于45岁左右妇女。近年来发生率在年轻妇女中渐趋增加，约50%的病人伴有其他部位的上皮内病变。约38%病人的病变可自行消退，仅2%～4%进展为浸润癌。

【命名及病理】 外阴鳞状上皮内病变曾用名包括外阴鲍文病（Bowen disease）、Queyrat增殖性红斑、原位癌和外阴鳞状上皮内瘤变（VIN）。2014年WHO女性生殖器官肿瘤分类将外阴鳞状上皮内病变分为：低级别鳞状上皮内病变、高级别鳞状上皮内病变和分化型外阴上皮内瘤变。

1. 低级别鳞状上皮内病变（low-grade squamous intraepithelial lesion，LSIL）　以往称为普通型VINⅠ、轻度不典型增生、扁平湿疣、不典型挖空细胞等。与低危和高危型HPV感染均相关。多发生于年轻女性，超过30%的病例合并下生殖道其他部位上皮内病变（以宫颈部位最常见）。病变常常退化，进展为浸润癌的风险极低。

2. 高级别鳞状上皮内病变（high-grade squamous intraepithelial lesion，HSIL）　曾用名VINⅡ、VINⅢ，中度不典型增生、重度不典型增生、原位癌、鲍文病、鲍文样不典型增生等。绝大部分为高危型HPV16感染导致。多发生于绝经前女性，如果不治疗，复发或进展为浸润癌的风险提高。老年女性或斑块状病损易于复发。局部完全切除后的复发率为15%，如切缘受累，则复发率提高到50%。但在年轻女性发生的多灶性色素性病变（所谓鲍文样丘疹病Bowenoid papulosis）可以自然消退。

3. 分化型外阴上皮内瘤变（differentiated-type vulvar intraepithelial neoplsia）　曾用名分化型VIN、单纯性原位癌。和HPV感染无关，可能系p53突变所致。表现为外阴鳞状上皮内异常的成熟性分化和底层细胞不典型。主要发生于老年女性，常伴有硬化性苔藓、扁平苔藓，有时伴有角化型鳞癌。该型病损常常伴随鳞癌出现。一般认为，一旦发生进展，常在半年内发展为浸润癌。

【临床表现】 症状无特异性，多表现为外阴瘙痒、皮肤破损及溃疡。部分病人无症状。病变可发生于外阴任何部位，最常见外阴病变为丘疹、斑点、斑块或乳头状赘疣，单个或多个，呈灰白、粉红色、少数为略高出皮肤的黑色素沉着，严重者可呈弥漫状覆盖整个外阴。

【诊断】 确诊需依据病理学检查。对任何可疑病灶应作多点活组织病理检查。取材时应注意避免遗漏浸润癌，采用局部涂抹3%～5%醋酸或1%甲苯胺蓝，有助于提高病灶活检的准确率。外阴湿疹、外阴白色病变、痣、黑色素、棘皮瘤等也可引起SIL，注意与这些疾病鉴别或并存（见第19章第二节　梅毒），阴道镜下观察外阴、会阴及肛周皮肤组织的血管情况，在血管不典型处取材。有条件者，应行阴道内HPV检测协助诊断。

【处理】 治疗目的在于消除病灶，缓解临床症状，预防SIL恶变。治疗应综合考虑：①病人因素：包括年龄、症状、一般情况、手术并发症、随诊情况；②疾病因素：病灶的病理类型、大小、数量、位置、发生浸润的风险，病变是否侵犯黏膜及阴毛生长区；③治疗方式：对于外阴外观、形态、结构、功能的影响等制订个体化方案。

1. 低级别鳞状上皮内病变的处理　若无明显症状可暂不予治疗，定期随访。有症状者，可选择局部用药，如咪喹莫特软膏（imiquimod）、5-氟尿嘧啶软膏、1%西多福韦。激光治疗适用于年轻病人病灶广泛时的辅助治疗。

2. 高级别鳞状上皮内病变的处理　病灶局限性高级别鳞状上皮内病变宜采用病灶局部表浅切除术，切缘超过病灶外至少0.5cm。手术创面Ⅰ期缝合通常可愈合良好，并能保持外阴解剖构型及功能。

较大融合型病灶或病变较广泛或为多灶性，尤其是阴道镜检查已疑及早期浸润癌可能，可考虑行外阴皮肤切除术（skinning vulvectomy）。

病变累及阴蒂周围或肛周可采用CO_2激光消融术。

3. 分化型外阴上皮内瘤变的处理　可采用单纯外阴切除（simple vulvectomy），适用于老年、病灶广泛的病人。手术切除范围包括外阴皮肤及部分皮下组织，不切除会阴筋膜。若伴有浸润

Notes

癌或合并汗腺癌时，需作广泛性外阴切除和双侧腹股沟淋巴结切除术。

【预后】 约38%的SIL可自然消退，治疗后SIL的复发率为10%～20%。复发的高危因素包括：高危型HPV感染、切缘阳性等。SIL治疗后3月、6月、12月各检查一次，随访5年。

【预防】 避免不洁性生活，预防HPV感染，及时治疗外阴炎，避免吸烟，长期应用免疫抑制剂时注意外阴病变。

第二节 阴道上皮内病变

阴道上皮内病变(vaginal intraepithelial lesion)指HPV感染导致的鳞状上皮内病损，依据鳞状细胞的分化能力和临床风险分为低级别和高级别上皮内病变。

【临床表现】 阴道上皮内病变多无症状。或仅有分泌物增多伴臭味，或性交后出血。病灶多位于阴道上段，单个或多个，分散或融合，红色或白色。散在的病灶呈卵圆形，稍隆起，表面有刺状细突。

【诊断】 无特殊症状和体征，确诊需依据病理学检查。

阴道脱落细胞检查可作为阴道上皮内病变的筛选方法。如细胞学发现异常，应明确其是否来自宫颈和外阴。可采用阴道镜下碘试验定位取材，以提高病理学检查准确率。阴道黏膜涂抹3%醋酸可使白色病灶显而易见。范围较广泛的病灶需作多点活组织检查。应注意阴道穹窿部位，约28%的高级别上皮内病变病人在该处发现隐蔽的癌灶。

绝经后阴道涂片异常的病人，经阴道黏膜涂抹雌激素软膏后，行阴道镜检查更容易发现病变。

【处理】 阴道上皮内病变的治疗强调个体化，应综合考虑病灶情况(范围、部位、级别、数量)、病人情况(年龄、生育要求等)、治疗方法(疗效、功能/结构影响)。

1. 低级别阴道上皮内病变(曾用名VAIN Ⅰ)的处理 病灶常为多发，与活跃的HPV感染有关。大部分病变不治疗可自行退变，病人经过满意的阴道镜检查及活检(排除隐蔽的高级病变)后，可密切随访1年，必要时再治疗。

2. 高级别阴道上皮内病变(曾用名VAIN Ⅱ、VAIN Ⅲ)的处理 应尽早发现并给予及时、合理治疗，以降低发展为浸润癌的风险。治疗方法包括非手术治疗和手术治疗。

(1) 非手术治疗：用于50岁以下并希望保留性功能病人。

1) 局部药物治疗：见本章第一节。例如：5-Fu软膏适用于病灶>1.5cm和多中心病灶。每日涂抹1次，5日为1疗程，可连用6疗程。有效率为85%左右。

2) 物理治疗：见本章第一节 外阴鳞状上皮内病变。例如，CO_2激光极为有效，尤其适用于病灶小(<1.5cm)，阴道顶端病灶以及阴道穹窿广泛的病灶。

3) 放射治疗：可采用后装腔内放射治疗。腔内放疗可引起阴道纤维化、缩窄和卵巢早衰等，适用于年老、病变范围广泛或其他治疗方法无效时。

(2) 手术治疗：多用于50岁以上病人，尤其是高级别病变或因宫颈癌切除子宫后的阴道残端病人。术式包括：阴道病灶切除术、阴道顶端切除术或全阴道切除术。

【预后】 高级别阴道上皮内病变的复发率为10%～42%。随时间延长，复发率增加。多发性病灶、单用5-FU治疗、HPV感染及免疫抑制等均为高级别病变复发的危险因素。阴道高级别病变进展为浸润癌的能力在免疫耐受的病例会提高，但也仅5%左右，明显低于宫颈同类病变的进展能力。任何高级别病变病人均需接受长期随访。一般于治疗后3、6、12个月应分别行阴道细胞学涂片检查，必要时行阴道镜检查，以后至少每年1次做阴道细胞学涂片检查。

第三节　宫颈上皮内病变

宫颈上皮内病变（cervical intraepithelial lesion）分为低级别鳞状上皮内病变（LSIL）、高级别鳞状上皮内病变（HSIL）和原位腺癌（AIS）。LSIL 包括 CIN Ⅰ、轻度不典型增生、扁平湿疣等，大部分 LSIL 常自然消退。HSIL 包括 CIN Ⅱ、CIN Ⅲ、中度不典型增生、重度不典型增生、原位癌，这是一组具有恶性转化风险的病变。原位腺癌包括中度腺上皮内瘤变和重度腺上皮内瘤变（CGIN），具有很高的进展风险。上皮内病变常发生于 25～35 岁的妇女，而宫颈癌则多见于 40 岁以上的妇女。

【病因】 HPV 为宫颈上皮内病变主要致病因子，慢性感染、性传播疾病、吸烟等为协同因素。

1. 低级别鳞状上皮内病变（LSIL）　目前已知的 HPV 亚型有 120 多种，其中 40 多个可以感染宫颈。大部分感染由 13-15 个 HPV 高危亚型（16，18，31，33，35，45，51，52，56）和 4-6 个低危亚型（6，11，42，43，44）引起，其中高危亚型感染占 80%～85%，其余为低危亚型感染。LSIL 中 HPV 通常为非整合状态，宿主基因组相对稳定。随着鳞状上皮的成熟分化，感染易被机体清除。

2. 高级别鳞状上皮内病变（HSIL）　高危型 HPV 感染导致，超过 50% 的病例为 HPV16 和 HPV18 合并感染。慢性炎症、性传播疾病、吸烟等慢性损伤因子可能导致宿主 DNA 损伤，使基因组处于不稳定状态，HPV DNA 则容易发生和宿主基因组的整合。HSIL 中 HPV 的整合随病变进展不断提高。整合状态的 HPV 过度表达 E6 和 E7 蛋白，它们分别降解 p53 和抑制 Rb 基因，使得机体最重要的 2 个抑癌基因的失活，通过一系列的生物学效应，导致：①抑制局部免疫功能，使感染得以持续；②使感染的鳞状细胞去分化、和永生化状态，因而形成局部鳞状细胞的单克隆性过度增生，局部上皮内病变形成。

3. 原位腺癌（adenocarcinoma in situ，AIS）　绝大多数由高危型 HPV 感染导致，最常见的亚型为 HPV18 和 HPV16，其致病机制目前不完全清楚。

【临床表现】 宫颈上皮内病变无特殊症状。偶有阴道排液增多，伴或不伴臭味。也可有接触性出血，发生在性生活或妇科检查后出血。检查宫颈可光滑或仅见局部红斑、白色上皮，或宫颈糜烂样表现。

【诊断】 宫颈上皮内病变诊断应遵循“三阶梯式”诊断程序——细胞学（HPV 检测）、阴道镜及组织病理学检查。

1. 宫颈细胞学检查　是上皮内病变及早期宫颈癌筛查的基本方法，相对于高危 HPV 检测，细胞学检查特异性高，但敏感性较低，可选用巴氏涂片或液基细胞涂片，宫颈细胞学检查的报告形式为 TBS（The Bethesda System）分类系统（表 21-2）。

表 21-2　Bethesda 2001 宫颈细胞学报告（部分内容）

异常上皮细胞
鳞状细胞
不典型鳞状细胞（ASC）　又分两类：意义未明的不典型鳞状细胞（atypical squamous cells of undetermined significance，ASC-US）与不能排除高级别上皮内病变的不典型鳞状细胞（atypical squamous cells-cannot exclude HSIL，ASC-H）
低级别鳞状细胞上皮内病变（LSIL），包括 HPV 感染/CIN Ⅰ
高级别鳞状细胞上皮内病变（HSIL），包括 CIN Ⅱ及 CIN Ⅲ
腺上皮
不典型（AGC），倾向于瘤变
原位腺癌（宫颈管）
腺癌（宫颈管，子宫内膜，子宫外）

Notes

若发现异常细胞应作阴道镜检查,进一步明确诊断。

2. HPV检测 相对于细胞学检查,其敏感性较高,特异性较低。可与细胞学联合应用于宫颈癌筛查。高危型HPV检查和分型试验可作为宫颈细胞学检查异常分流,及宫颈病变治疗后病灶残留、复发判定、疗效评估与随诊。

3. 阴道镜检查 若细胞学检查为ASC-US,且高危HPV DNA检测阳性或LSIL及以上者应作阴道镜检查,可了解病变区血管情况。注意在宫颈转化区内醋酸白色上皮(acetowhite epithelium)处活检,可以提高诊断的准确性。若需了解宫颈管病变程度,应行宫颈管内搔刮(ECC)取材。阴道镜检查也可能会漏诊重要病变,若未发现HSIL和AIS,则应随访。

4. 宫颈活组织检查 是确诊上皮内病变的可靠方法。任何肉眼可见病灶均应作单点或多点活检。如无明显病变,可选择宫颈转化区多点活检,或在碘试验不染色区、醋酸白上皮区取材,提高确诊率。但对:①阴道镜检查无法看到病变的边界或未见到鳞柱交界部位;②主要病灶位于宫颈管内;③宫颈细胞学检查为HSIL,而阴道镜下活检为阴性或LSIL;④ECC所得病理报告为异常或不能肯定;⑤疑为宫颈腺癌者,应采用宫颈诊断性锥形切除术确诊之。

【处理】 宫颈上皮内病变处理应做到个体化,综合考虑疾病情况(病变级别、部位、范围、HPV DNA检测)、病人情况(年龄、婚育状况、随访条件)及技术因素。

1. 高危型HPV感染、宫颈细胞学阴性的处理 可选择:①6个月后复查细胞学、1年后复查细胞学和高危型HPV-DNA。随访期间,可采用中成药阴道栓剂(保妇康栓剂)治疗;②高危型HPV分型检测。2012年美国ACS、ASCCP及ASCP指南建议行HPV 16/18分型检测,若为16型阳性或18型阳性均应进一步作阴道镜。

2. 细胞学检查为ASC-US,ASC-H及AGC的处理 进一步作阴道镜及宫颈活组织检查,或≥35岁的AGC病人需行子宫内膜活组织检查。9%～19%的ASC-US病人伴有高级别病变。若阴道镜及病理检查结果排除其他的病变,则可在半年或1年后复查。

3. 低级别上皮内病变的处理 60%低级别上皮内病变会自然消退,可采用观察随访。

(1) 先前细胞学结果为ASC-US、ASC-H或LSIL以下者,随访建议每12个月检测HPV DNA或每6～12个月复查宫颈细胞学。

(2) 先前细胞学结果为HSIL而组织学诊断为低级别上皮内病变者,如果阴道镜检查满意而且宫颈管取材阴性者,可选择每隔6个月行阴道镜检查和细胞学检查进行观察。

若低级别上皮内病变持续≥2年,可以继续随访或选择治疗。阴道镜检查满意者可采用局部切除或消融疗法。若阴道镜检查不满意,建议做宫颈诊断性锥形切除术。

4. 高级别上皮内病变的处理 阴道镜检查满意、组织学诊断的高级别病变可采用物理治疗或宫颈锥形切除术。复发的高级别病变者建议行诊断性锥形切除术。

阴道镜检查不满意者采用宫颈锥形切除术,方法包括子宫颈环形电切术(loop electrosurgical excision procedure,LEEP)和冷刀锥形切除术。经宫颈锥形切除确诊,年龄较大,无生育要求的合并有其他手术指征的妇科良性疾病的高级别上皮内病变者,也可行全子宫切除术。妊娠期高级别上皮内病变者应采用定期的细胞学和阴道镜检查进行观察。

【妊娠合并宫颈鳞状上皮内病变】 妊娠期间,增高的雌激素使柱状上皮外移至宫颈阴道部,转化区的基底细胞出现不典型增生,同时妊娠期免疫功能可能低下,易患HPV感染。大部分妊娠期病人为低级别上皮内病变,仅约14%为高级别上皮内病变。目前无依据表明妊娠期间宫颈上皮内病变比非孕期更易发展为宫颈浸润癌。绝大多数病变均于产后自行缓解或无进展,一般认为妊娠期宫颈上皮内病变仅作观察,产后复查后再处理。妊娠期高级别上皮内病变者应采用定期的细胞学和阴道镜检查进行观察。

【小结】 女性生殖系统鳞状上皮内病变主要指外阴、阴道和宫颈上皮内病变,HPV感染是生殖道鳞状上皮内病变发生发展的重要危险因素,高级别上皮内病变被视为癌前病变。由于外

Notes

阴、阴道以及宫颈上皮均起源于共同组织——泌尿生殖窦，三者对致癌源的敏感性相同，故临床常可见上述三种或两种病变同时并存。确诊需依据病理学检查。低级别鳞状上皮内病变多可自行消退，治疗趋于保守，而高级别病变易发展为癌，需积极治疗，严密随诊。

（辛晓燕　周先荣）

参考文献

1. 沈铿，崔恒，丰有吉. 常见妇科肿瘤诊疗指南（第3版）. 北京：人民卫生出版社，2014.
2. Robert J Kurman, Maria Luisa Cacangiu, C. Simon Herrington, Robert H. Young. WHO Classification of Tumours of Female Reproductive Organs. 4th Edition, 2014.
3. Mario Preti, James Scruty, Claudia E, et al. Wular infraepithelial neoplasia. Best practice & Research Clinical Obstetrics and Gynaecology. 2014.

Notes

第二十二章 妇科肿瘤

女性生殖器肿瘤有良性、交界性(卵巢)及恶性之分,可发生于女性生殖器的各个部位,但以子宫和卵巢的肿瘤最为常见,是危害妇女健康的常见疾病。常见的良性肿瘤是子宫肌瘤和卵巢囊肿;恶性肿瘤为宫颈癌、子宫内膜癌和卵巢癌,而死亡率最高的是卵巢上皮癌。肿瘤的诊断依据是病理,恶性肿瘤的分期对制订治疗方案、判断预后有重要的指导意义,也是诊断必不可少的内容。主要治疗方法有手术、放疗、化疗、免疫及综合治疗。规范化、微创化、人性化是妇科肿瘤治疗的发展趋势,有效的预防措施可明显降低妇科恶性肿瘤的发病。

第一节 外阴肿瘤

外阴肿瘤(vulvar tumor)包括良性肿瘤与恶性肿瘤。前者少见,后者多见于60岁以上妇女。

一、外阴良性肿瘤

较少见,主要有来源于上皮性的外阴乳头瘤、汗腺腺瘤及来源于中胚叶的纤维瘤、脂肪瘤、平滑肌瘤和神经纤维瘤,而淋巴管瘤、血管瘤等罕见。

1. 乳头瘤(vulvar papilloma) 常见于围绝经期和绝经后妇女,多发生于大阴唇,呈乳头状突出皮肤表面。需与疣状乳头状瘤、外阴湿疣、外阴癌等鉴别。因2%~3%有恶变倾向,应行局部肿瘤切除,术时行冷冻病理检查,若有恶变应及时扩大手术范围。

2. 纤维瘤(fibroma) 由成纤维细胞增生而成,多位于大阴唇,初起为皮下硬结,继而可增大,形成有蒂实质肿块,大小不一,表面可有溃疡和坏死。切面为致密、灰白色纤维结构。肿瘤恶变少见。治疗原则为沿肿瘤根部切除。

3. 汗腺腺瘤(hidradenoma) 是一种表皮内的汗腺肿瘤,少见,常见于青春期,与激素有关,可伴有下眼睑及颧骨部位病灶。呈多发小的淡黄色丘疹样隆起。确诊需活检。治疗小的病灶可行激光治疗,大的病灶可行手术切除。

4. 脂肪瘤(lipoma) 来自大阴唇或阴阜脂肪组织,生长缓慢,质软。位于皮下组织内,呈分叶状,大小不等,也可形成带蒂肿物。镜下见成熟的脂肪细胞间有纤维组织混杂。小脂肪瘤无需处理;肿瘤较大,引起行走不适和性生活困难,需手术切除。

5. 平滑肌瘤(leiomyoma) 来源于外阴平滑肌、毛囊立毛肌或血管平滑肌。多见于育龄妇女,常位于大阴唇、阴蒂及小阴唇。质硬,表面光滑,突出于皮肤表面。治疗原则为肌瘤切除术。

二、外阴恶性肿瘤

外阴恶性肿瘤约占女性生殖道原发恶性肿瘤3%~5%,鳞状细胞癌最常见,其他包括恶性黑色素瘤、基底细胞癌、前庭大腺癌等。

(一) 外阴鳞状细胞癌

外阴鳞状细胞癌(vulvar squamous cell carcinoma)占全部外阴恶性肿瘤的80%~90%,发症年龄呈45~50岁、70~75岁双峰状,年轻女性发病率有增高趋势。

【发病相关因素】 病因目前尚不清楚，可能与以下因素相关：①人乳头瘤病毒（HPV）感染，40%～60%的外阴癌及90%的外阴癌前病变与HPV病毒感染相关，特别是年轻女性，以HPV16、33、6、18、31等感染较多见，其中16型感染超过50%；单纯疱疹病毒Ⅱ型和巨细胞病毒感染等与外阴癌的发生可能有关；②慢性外阴非上皮内瘤变发展为外阴癌的危险为5%～10%，二者间存在一定相关性；③淋巴肉芽肿、尖锐湿疣、淋病、梅毒等性传播疾病及性卫生不良亦可能与发病相关。

【病理】 癌灶可为浅表溃疡或硬结节，可伴感染、坏死、出血，周围皮肤可增厚及色素改变。镜下见多数外阴鳞癌分化好，有角化珠和细胞间桥。前庭和阴蒂的病灶倾向于分化差或未分化，常有淋巴管和神经周围的侵犯，必要时可作电镜或免疫组化染色确定组织学来源。

【临床表现】

1. **症状** 最常见的症状是外阴瘙痒、局部肿块或溃疡，合并感染或较晚期癌可出现疼痛、渗液和出血。

2. **体征** 癌灶以大阴唇最多见，其次为小阴唇、阴蒂、会阴、尿道口、肛门周围等。早期呈局部丘疹、结节或小溃疡；晚期见不规则肿块，伴破溃或呈乳头样肿物。若癌灶已转移至腹股沟淋巴结，可扪及增大、质硬、固定的淋巴结。

【转移途径】 直接浸润、淋巴转移较常见，晚期可经血行播散。

1. **直接浸润** 癌灶逐渐增大，沿皮肤及邻近黏膜浸润至尿道、阴道、肛门，晚期可累及膀胱、直肠等。

2. **淋巴转移** 外阴淋巴管丰富，两侧交通形成淋巴网，癌细胞通常沿淋巴管扩散，汇入腹股沟浅淋巴结，再至腹股沟深淋巴结，进入髂外、闭孔和髂内淋巴结，最终转移至腹主动脉旁淋巴结和左锁骨下淋巴结。一般肿瘤向同侧淋巴结转移，但阴蒂处癌灶常向两侧转移并可绕过腹股沟浅淋巴结直接至腹股沟深淋巴结，外阴后部及阴道下段癌可避开腹股沟浅层淋巴结而直接转移至盆腔淋巴结。若癌灶累及尿道、阴道、直肠、膀胱可直接转移至盆腔淋巴结。

3. **血行播散** 晚期经血行播散至肺、骨等。

【诊断】

1. **病史及症状** 有外阴慢性单纯性苔藓、外阴硬化性苔藓等病史。最常见的症状是外阴瘙痒、局部肿块或溃疡，可伴有疼痛、出血，少部分病人无任何症状。晚期邻近部位器官受累可出现相应症状。

2. **妇科检查** 早期可为外阴结节或小溃疡，晚期可累及全外阴伴溃破、出血、感染。应注意病灶部位、大小、质地、活动度、色素改变，与邻近器官关系（尿道、阴道、肛门直肠有无受累）及双侧腹股沟区是否有肿大的淋巴结，并应仔细检查阴道、宫颈以排除有无肿瘤。

3. **辅助检查及诊断**

（1）细胞学检查：可作细胞学涂片或印片，其阳性率仅50%左右。

（2）病理组织学检查：是确诊外阴癌的唯一方法。对一切外阴赘生物和可疑病灶均需尽早作活体组织病理检查，对有合并坏死的病灶取材应有足够的深度，建议包含部分邻近的正常皮肤及皮下组织。可在阴道镜观察下在可疑病灶部位活检，以提高阳性率。也可用荧光诊断仪放大观察等协助取材活检。

（3）其他：超声、CT、MRI、膀胱镜检、直肠镜检有助诊断。腹股沟区CT或MRI检查有助于判断淋巴结的状态。

【临床分期】 采用国际妇产科联盟的分期（FIGO 2009）（表22-1）。

外阴癌的分期是手术病理分期，腹股沟淋巴结状态与预后密切相关，为准确分期手术后的病理报告应包括：肿瘤浸润深度，组织学类型，组织学分级，脉管间隙是否受累，转移淋巴结的数量、大小、是否有囊外扩散。

Notes

表 22-1 外阴癌 FIGO 分期(2009 年)

FIGO	癌肿累及范围
Ⅰ期	肿瘤局限于外阴和(或)会阴,淋巴结无转移
ⅠA 期	肿瘤最大直径≤2cm 且间质浸润≤1.0mm*
ⅠB 期	肿瘤最大直径>2cm,或间质浸润>1.0mm*
Ⅱ期	肿瘤侵犯下列任何部位:下 1/3 尿道、下 1/3 阴道、肛门,淋巴结无转移
Ⅲ期	肿瘤有或无侵犯下列任何部位:下 1/3 尿道、下 1/3 阴道、肛门,有腹股沟-股淋巴结转移
ⅢA 期	(i)1 个淋巴结转移(≥5mm),或(ii)1～2 个淋巴结转移(<5mm)
ⅢB 期	(i)≥2 个淋巴结转移(≥5mm),或(ii)≥3 个淋巴结转移(<5mm)
ⅢC 期	淋巴结阳性伴淋巴结囊外扩散
Ⅳ期	肿瘤侵犯其他区域(上 2/3 尿道,上 2/3 阴道)或远处转移
ⅣA 期	肿瘤侵犯下列任何部位:(i)上尿道和(或)阴道黏膜、膀胱黏膜、直肠黏膜,或固定在骨盆壁,或(ii)腹股沟-股淋巴结出现固定或溃疡形成
ⅣB 期	包括盆腔淋巴结的任何部位远处转移

注:浸润深度指肿瘤邻近最表浅真皮乳头的表皮-间质连接处至浸润最深点

【治疗】 手术治疗为主,晚期可辅以放射治疗及化学药物综合治疗,最大限度保留外阴的生理结构,减少病人的痛苦,减少治疗后的并发症,提高生活质量。对于早期的外阴癌病人在不影响预后的前提下,尽量缩小手术范围,手术切除范围应包括癌灶周围 1cm 的外观正常的组织;对晚期病人应重视与放疗、化疗相结合的综合治疗,但与直接手术相比并不改善预后。

1. 手术治疗

ⅠA 期:外阴扩大局部切除术(wide local excision),手术切缘距离肿瘤边缘 1cm,深度至少 1cm,需达皮下组织。

ⅠB 期:外阴根治性局部切除(radical local excision),手术切缘应至少超过病变边缘 1cm,深度应达尿生殖膈下筋膜,即位于阔筋膜水平面且覆盖耻骨联合的筋膜层;如果癌灶在阴蒂部位或其附近,则应切除阴蒂。病灶同侧或双侧腹股沟淋巴结清扫术。

Ⅱ期:外阴根治性局部切除,并切除受累的尿道、阴道、肛门皮肤及双侧腹股沟淋巴结清扫术,必要时切除盆腔淋巴结。

Ⅲ期、Ⅳ期:外阴广泛切除(radical vulvectomy)+双侧腹股沟淋巴结切除术,必要时切除盆腔淋巴结;分别根据膀胱、尿道或直肠受累情况选作相应切除(如前盆/后盆或全盆腔廓清手术)。据统计,这种传统的手术方式手术死亡率近乎 10%,5 年存活率 50%,且若有固定或溃疡淋巴结,手术不可能治愈。近年来 FIGO 妇癌报告提出对于这些病人的多学科综合治疗。首先应了解腹股沟淋巴结的状态,原发外阴病灶的处理应在腹股沟淋巴结切除后进行。如手术切除原发肿瘤可以达到切缘阴性、不会损伤括约肌造成大小便失禁,手术值得进行。如手术需以人工肛或尿路改道为代价,建议先行放化疗缩小病灶后再手术。

2. 放射治疗 鳞癌对放射治疗较敏感,但外阴皮肤对放射线耐受性极差,易发生明显放射皮肤反应(肿胀、糜烂、剧痛),难以达到放射根治剂量。外阴癌放射治疗常用于:①术前局部照射,缩小癌灶再手术;②转移淋巴结区域照射;③手术切缘阳性或接近切缘、脉管有癌栓或复发癌治疗。

3. 化学药物治疗 多用于与放疗的同步化疗及晚期癌或复发癌的综合治疗。常用药物:铂类、博来霉素、氟尿嘧啶、阿霉素等。常采用静脉注射或局部动脉灌注。

Notes

【预后及随访】 外阴癌的预后与临床分期、有无淋巴转移等有关。其中以淋巴结转移最为密切，有淋巴结转移者5年生存率约50%，而无淋巴结转移者5年生存率为90%。

（二）外阴恶性黑色素瘤

外阴恶性黑色素瘤（malignant melanoma of the vulva）较少见，居外阴原发恶性肿瘤的第二位（2%～4%），多见于65～75岁妇女，常见于小阴唇，其次是阴蒂周围，呈痣样、结节状生长，有色素沉着（肿瘤多为棕褐色或蓝黑色），可伴溃疡。病人常诉外阴瘙痒、出血、色素沉着范围增大。良恶性鉴别，需肿物活组织病理检查。临床分期参照皮肤恶性黑色素瘤 Clark 分期、Chung 分期和 Breslow 分期系统。手术倾向于更为保守，真皮层浸润≤1mm 者手术切缘距离病变边缘至少1cm，不必行淋巴结切除；真皮层浸润>1mm 者手术切缘应距离病变边缘至少2～3cm，并切除腹股沟淋巴结。根治性手术后的辅助治疗应首选 α-干扰素免疫治疗。化疗一般用于晚期病人的姑息治疗，常用药物为达卡巴嗪，替莫唑胺、沙利度胺。预后与病变厚度、浸润深度及淋巴结转移相关，预后差。

（三）外阴基底细胞癌

外阴基底细胞癌（basal cell carcinoma of the vulva）罕见，发病平均年龄70岁。常见于大阴唇，其次是小阴唇、阴蒂和阴唇系带，可有局部瘙痒或无症状，病灶可呈湿疹或癣样病变伴有色素沉着，亦可呈结节状肿物。因症状不典型，诊断常延误，需与慢性毛囊炎破裂、黑色素细胞病变、皮肤附属器肿物相鉴别。确诊需作活组织病理检查，要求标本足够大以除外腺样囊腺癌避免不必要的根治性手术。确诊病人应检查全身皮肤有无基底细胞癌。外阴基底细胞癌是一种局限于真皮层内、生长缓慢的肿瘤，可行病灶广泛局部切除，手术切缘应距离病变边缘至少1cm，不需行腹股沟淋巴结清扫术，外阴基底细胞癌5年生存率为80%～95%，然而由于切除范围不够，可有20%的局部复发，可再次手术。

（李　力）

参考文献

1. Pecorelli S. Revised FIGO staging for carcinoma of the vulva, cervix, and ednometrium. FIGO Committe on Gynecologic Oncology. Int J Gynecol Obstet, 2009, 105(2): 103-104.
2. Tabbaa ZM, Gonzalez J, Sznurkowski JJ, et al. Impact of the new FIGO 2009 staging classification for vulva cancer on prognosis and stage distribution. Gynecol Oncol, 2012, 127(1): 147-152.
3. Insinga RP, Liaw KL, Johnson LG. et al. A systematic review of the prevalence and attribution of human papillomavirus types among cervical, vaginal, and vulvar precancers and cancers in the United States. Cancer Epidemiol Biomarkers Prev, 2008; 74: 1611-1622.
4. Shylasree TS, Bryant A, Howells RE. Chemoradiation for advanced primary vulval cancer Cochrane Database Syst Rev, 2011. 3CD003752.

第二节　阴道肿瘤

阴道肿瘤（vaginal tumor）少见，分良恶性。良性肿瘤较小时多无症状，而恶性肿瘤可出现阴道流血或分泌物异常。

一、阴道良性肿瘤

阴道良性肿瘤相对少见，包括阴道平滑肌瘤、纤维瘤、乳头状瘤、神经纤维瘤、血管瘤和阴道腺病等，其中以阴道平滑肌瘤较为多见。肿瘤可发生于阴道的任何部位，肿瘤较小时临床可无症状，随着肿瘤逐渐长大，出现阴道分泌物增多，下坠或异物感，发现阴道肿物，性交困难，甚至伴膀胱、直肠压迫症状，当肿瘤有溃疡、坏死时，可出现阴道异常分泌物、阴道出血。妇科检查可发现阴道壁有边界清楚的肿块，并向阴道内突出。需与阴道恶性肿瘤和膀胱、直肠膨出鉴别。

Notes

治疗采用手术切除。术后组织病理学检查是确诊的依据。

二、阴道恶性肿瘤

原发性阴道恶性肿瘤少见，占女性生殖器官恶性肿瘤的2%左右。85%～95%为鳞癌，其次为腺癌(10%)，阴道黑色素瘤及肉瘤等更为少见。

【发病相关因素】 发病确切原因不明，可能与下列因素有关：HPV病毒感染，长期刺激和损伤，免疫抑制治疗，吸烟，宫颈放射治疗史等。鳞癌和黑色素瘤多见于老年妇女；腺癌好发于青春期，与其母亲在妊娠期间服用雌激素有关；而内胚窦瘤和葡萄状肉瘤则好发于婴幼儿。

【转移途径】 以直接浸润和淋巴转移为主，晚期可血行播散至骨、肺等。阴道壁淋巴丰富，相互交融形成淋巴网，并于阴道两侧汇合形成淋巴干。阴道上段淋巴回流至盆腔淋巴结，下段至腹股沟淋巴结，而中段双向回流。

【临床表现】 早期可无明显症状或仅有阴道分泌物增多或接触性阴道出血。晚期肿瘤侵犯膀胱或直肠时可出现尿频、排便困难等。妇科检查：早期可呈阴道黏膜糜烂充血、白斑或息肉状、菜花状或溃疡；晚期可累及阴道旁，甚至膀胱阴道瘘、尿道阴道瘘或直肠阴道瘘，以及腹股沟、锁骨上淋巴结肿大。

【诊断和鉴别诊断】 根据病史、体征及阴道壁肿物活组织病理检查可确诊。若没有明显病变，可在阴道镜下行可疑病变部位活检。多数阴道恶性肿瘤是从宫颈癌、外阴癌、子宫内膜癌和绒癌等其他部位转移来的，在诊断时应仔细鉴别。

【分期】 目前主要采用FIGO分期(表22-2)。

表22-2 阴道癌FIGO分期(引自2012年FIGO年报)

分期	临床特征
Ⅰ期	肿瘤局限于阴道壁
Ⅱ期	肿瘤侵及阴道旁组织，但未达骨盆壁
Ⅲ期	肿瘤扩展至骨盆壁
Ⅳ期	肿瘤范围超出真骨盆腔，或侵犯膀胱黏膜和(或)直肠黏膜，但黏膜泡状水肿不列入此期
ⅣA期	肿瘤侵犯膀胱和(或)直肠黏膜，和(或)直接蔓延超出真骨盆
ⅣB期	远处器官转移

【治疗】 由于解剖上的原因，阴道与膀胱、尿道、直肠间隙仅5mm左右，使手术及放疗均有一定困难，治疗强调个体化，根据病人的年龄、病变的分期和阴道受累部位确定治疗方案。总的原则，阴道上段癌可参照宫颈癌的治疗，阴道下段癌可参照外阴癌的治疗。

1. **手术治疗** 对于Ⅰ期病人行部分或全阴道切除及盆腔和(或)腹股沟淋巴结清扫术；对ⅣA期及放疗后中央型复发病人，尤其是出现直肠阴道瘘或膀胱阴道瘘者，可行前盆、后盆或全盆脏器去除术，以及盆腔和(或)腹股沟淋巴结清扫术。

2. **放射治疗** 放射治疗适用于Ⅰ～Ⅳ期所有的病例，是大多数阴道癌病人首选的治疗方法。可以先行盆腔外照射，然后行腔内或组织内插植放疗。如果累及阴道下1/3段，应将腹股沟淋巴结也包括在照射范围内或实施腹股沟淋巴结清扫术。

3. **化疗** 用于与放疗的同步化疗。辅助化疗的作用有待评价。

【预后】 与分期、病理类型、组织分级、病灶部位相关。阴道癌Ⅰ～Ⅳ期病人5年生存率分别约为73%、48%、28%、11%。

【小结】 外阴和阴道肿瘤有良性和恶性之分，确诊依靠组织病理学的诊断。良性肿瘤以手术切除病灶为主要的治疗方法；恶性肿瘤则根据肿瘤分期、治疗的指南和规范，制订个体化治疗

Notes

方案，分别采用手术、放疗、化疗或综合治疗。

（李 力）

参考文献

1. Siegel R, Naishadham D, Jemal A. Cancer statistics, 2013. CA Cancer J Clin, 2013, 63: 11-30.
2. Nashiro T, Yagi C, Hirakawa M, et al. Concurrent chemoradiation for locally advanced squamous cell carcinoma of the vagina: case series and literature review. Int J Clin Oncol, 2008, 13: 335-339.

第三节 子宫肌瘤

子宫肌瘤（uterine myoma）是女性生殖器最常见的良性肿瘤，由平滑肌及结缔组织组成。常见于30～50岁妇女。据尸检统计，30岁以上妇女约20%有子宫肌瘤。因肌瘤多无或很少有症状，临床报道发病率远低于肌瘤真实发病率。

【发病相关因素】 确切病因尚未明了。因肌瘤好发于生育年龄，青春期前少见，绝经后萎缩或消退，提示其发生可能与雌、孕激素相关。目前认为，肌瘤的形成可能是因单平滑肌细胞的突变，如染色体12号和14号易位、7号染色体部分缺失等，从而导致肌瘤中促生长的细胞因子增多，如TGF-β、EGF、IGF-1，2等；雌激素受体（ER）和孕激素受体（PR）高表达。

此外，与种族及遗传可能相关。

【分类】

1. 按肌瘤生长部位 分为子宫体肌瘤（90%）和子宫颈肌瘤（10%）。

2. 按肌瘤与子宫肌壁的关系分为3类

（1）肌壁间肌瘤（intramural myoma）：占60%～70%，肌瘤位于子宫肌壁间，周围均被肌层包围。

（2）浆膜下肌瘤（subserous myoma）：约占20%，肌瘤向子宫浆膜面生长，并突出于子宫表面，肌瘤表面仅由子宫浆膜覆盖。若瘤体继续向浆膜面生长，仅有一蒂与子宫相连，称为带蒂浆膜下肌瘤，营养由蒂部血管供应。若血供不足肌瘤可变性坏死。若蒂扭转断裂，肌瘤脱落形成游离性肌瘤。若肌瘤位于宫体侧壁向宫旁生长突出于阔韧带两叶之间称阔韧带肌瘤。

（3）黏膜下肌瘤（submucous myoma）：占10%～15%。肌瘤向宫腔方向生长，突出于宫腔，仅为黏膜层覆盖。黏膜下肌瘤易形成蒂，在宫腔内生长犹如异物，常引起子宫收缩，肌瘤可被挤出宫颈外口而突入阴道（图22-1）。

随着子宫镜（hysteroscope）技术的发展，部分黏膜下肌瘤也可在子宫镜辅助下切除。2011年FIGO将黏膜下肌瘤分为三型：0型，完全突出于子宫腔内（仅以蒂相连）；Ⅰ型，不足50%的瘤体位于子宫肌层内；Ⅱ型，大于（或含）50%的瘤体位于子宫肌层内。

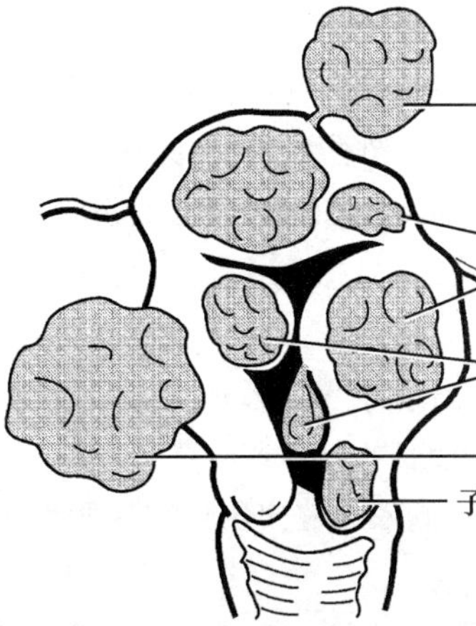

图22-1 各型子宫肌瘤示意图

子宫肌瘤常为多个，≥两个各种类型的肌瘤发生在同一子宫，称多发性子宫肌瘤。

【病理】

1. 巨检 肌瘤为实质性球形肿块，表面光滑，质地较子宫肌层硬，压迫周围肌壁纤维形成假包膜，肌瘤与假包膜间有一层疏松网状间隙，故易剥出。肌瘤切面呈灰白色，可见旋涡状或编织状结构。肌瘤颜色和硬度与纤维组织多少有关。

2. 镜检 肌瘤主要由梭形平滑肌细胞和纤维结缔组织构成。肌细胞大小均匀,排列成旋涡状或栅状,核为杆状。极少情况下尚有一些特殊的组织学类型,如富细胞性、奇异型、上皮样平滑肌瘤及静脉内和播散性腹膜平滑肌瘤等,这些特殊类型平滑肌瘤的性质及恶性潜能与细胞有丝分裂象多少或组织的坏死类型密切相关。

【肌瘤变性】 肌瘤变性是肌瘤失去了原有的典型结构。常见的变性有:

1. 玻璃样变(hyaline degeneration) 又称透明变性,最常见。肌瘤剖面漩涡状结构消失为均匀透明样物质取代。镜下见病变区肌细胞消失,为均匀透明无结构区。

2. 囊性变(cystic degeneration) 子宫肌瘤玻璃样变继续发展,肌细胞坏死液化即可发生囊性变,此时子宫肌瘤变软,肌瘤内出现大小不等的囊腔,腔内含清亮无色液体,也可凝固成胶冻状。镜下见囊腔为玻璃样变的肌瘤组织构成,内壁无上皮覆盖。

3. 红色样变(red degeneration) 多见于妊娠期或产褥期,为肌瘤的一种特殊类型坏死,发生机制不清,可能与肌瘤内小血管退行性变引起血栓及溶血,血红蛋白渗入肌瘤内有关。病人可有剧烈腹痛伴恶心呕吐、发热,白细胞计数升高,检查发现肌瘤迅速增大、压痛。肌瘤剖面为暗红色,如半熟的牛肉,有腥臭味,质软,旋涡状结构消失。镜检见组织高度水肿,假包膜内大静脉及瘤体内小静脉血栓形成,广泛出血伴溶血,肌细胞减少,细胞核常溶解消失,并有较多脂肪小球沉积。

4. 肉瘤样变(sarcomatous change) 少见,仅为0.4%~0.8%,常见于绝经后伴疼痛和出血的病人,瘤组织变软且脆,切面灰黄色,似生鱼肉状,与周围组织界限不清。镜下见平滑肌细胞增生,排列紊乱,漩涡状结构消失,细胞有异型性。

5. 钙化(calcific degeneration) 多见于蒂部细小血供不足的浆膜下肌瘤以及绝经后妇女。

【临床表现】

1. 症状 多无明显症状,仅在体检时偶然发现。症状与肌瘤部位、有无变性相关,而与肌瘤大小、数目关系不大。常见症状有:

(1) 经量增多及经期延长:多见于大的肌壁间肌瘤及黏膜下肌瘤者,肌瘤使宫腔增大子宫内膜面积增加,并影响子宫收缩可有经量增多、经期延长等症状。黏膜下肌瘤伴坏死感染时,可有不规则阴道流血或血样脓性排液。长期经量增多可继发贫血。

(2) 下腹肿块:肌瘤初起时腹部摸不到肿块,当肌瘤逐渐增大使子宫超过了3个月妊娠大小较易从腹部触及。肿块居下腹正中部位,实性、可活动、无压痛、生长缓慢。巨大的黏膜下肌瘤脱出阴道外,病人可因外阴脱出肿物来就医。

(3) 白带增多:肌壁间肌瘤使宫腔面积增大,内膜腺体分泌增多,并伴有盆腔充血致使白带增多;子宫黏膜下肌瘤一旦感染可有大量脓样白带,如有溃烂、坏死、出血时可有血性或脓血性有恶臭的阴道溢液。

(4) 压迫症状:子宫前壁下段肌瘤可压迫膀胱引起尿频、尿急;子宫颈肌瘤可引起排尿困难、尿潴留;子宫后壁肌瘤(峡部或后壁)可引起下腹坠胀不适、便秘等症状。阔韧带肌瘤或宫颈巨型肌瘤向侧方发展嵌入盆腔内压迫输尿管使上泌尿路受阻,形成输尿管扩张甚至发生肾盂积水。

(5) 其他:常见下腹坠胀、腰酸背痛,经期加重。黏膜下和引起宫腔变形的肌壁间肌瘤可引起不孕或流产。

2. 体征 与肌瘤大小,位置,数目及有无变性相关。大肌瘤可在下腹部扪及实质性不规则肿块。妇科检查子宫增大,表面不规则单个或多个结节状突起。浆膜下肌瘤可扪及单个实质性球状肿块与子宫有蒂相连。黏膜下肌瘤位于宫腔内者子宫均匀增大;黏膜下肌瘤脱出子宫颈外口,检查即可看到子宫颈口处有肿物,粉红色,表面光滑,宫颈四周边缘清楚,如伴感染时可有坏

Notes

死、出血及脓性分泌物。

【诊断及鉴别诊断】 根据病史及体征诊断多无困难。超声是常用的辅助检查手段，能区分子宫肌瘤与其他盆腔肿块。MRI可准确判断肌瘤大小、数目和位置。如有需要，还可选择子宫镜、腹腔镜、子宫输卵管造影等协助诊断。

子宫肌瘤应与下列疾病鉴别：

1. 妊娠子宫 应注意肌瘤囊性变与妊娠子宫先兆流产鉴别。妊娠时有停经史，早孕反应，子宫随停经月份增大变软，借助尿或血hCG测定、超声可确诊。

2. 卵巢肿瘤 多无月经改变，呈囊性位于子宫一侧。注意实质性卵巢肿瘤与带蒂浆膜下肌瘤鉴别，肌瘤囊性变与卵巢囊肿鉴别。注意肿块与子宫的关系，可借助超声协助诊断，必要时腹腔镜检查可明确诊断。

3. 子宫腺肌病 局限型子宫腺肌病类似子宫肌壁间肌瘤，质硬，亦可有经量增多等症状。但子宫腺肌病有继发性渐进性痛经史，子宫多呈均匀增大，超声检查可有助于诊断。有时两者可以并存。

4. 子宫恶性肿瘤

（1）子宫肉瘤：好发于围绝经期妇女，生长迅速。多有腹痛、腹部肿块及不规则阴道流血，超声及磁共振检查有助于鉴别。

（2）子宫内膜癌：以绝经后阴道流血为主要症状，好发于老年妇女，子宫呈均匀增大或正常，质软。应注意更年期妇女肌瘤可合并子宫内膜癌。诊刮有助于鉴别。

（3）宫颈癌：有不规则阴道流血及白带增多或异常阴道排液等症状。可借助于超声检查、宫颈细胞学刮片检查、宫颈活组织检查及分段诊刮等鉴别。

5. 其他 盆腔炎性肿块、子宫畸形等可根据病史、体征及超声检查鉴别。

【处理】 处理应根据病人年龄、生育要求、症状及肌瘤的部位、大小综合考虑。

子宫肌瘤的处理可分为：随访观察、药物治疗及手术治疗。

1. 随访观察 无症状的肌瘤病人一般不需治疗，每3～6个月随访一次。若肌瘤明显增大或出现症状可考虑相应的处理。

2. 药物治疗 主要用于减轻症状或术前缩小肌瘤体积。

（1）减轻症状的药物：

雄激素：可对抗雌激素，使子宫内膜萎缩，作用于子宫平滑肌增强收缩减少出血，每月总量不超过300mg。

（2）术前缩小肌瘤体积的药物治疗：

1）促性腺激素释放激素类似物（gonadotropin-releasing hormone agonist，GnRHa）：采用大剂量连续或长期非脉冲式给药可产生抑制FSH和LH分泌作用，降低雌二醇到绝经水平，可缓解症状并抑制肌瘤生长；但停药后又逐渐增大到原来大小，而且可产生绝经期综合征，骨质疏松等副作用，故其主要用于：①术前缩小肌瘤，降低手术难度，或使经阴道或腹腔镜手术成为可能；控制症状、有利于纠正贫血；②对近绝经妇女，提前过渡到自然绝经，避免手术。

2）其他药物：米非司酮（mifepristone）可作为术前用药或提前绝经使用，但不宜长期应用。此外，某些中药制剂也可以用于子宫肌瘤的药物治疗。

3. 手术治疗 主要用于有严重症状的病人。手术方式包括肌瘤切除术和子宫切除术。手术途径可采用开腹、经阴道、宫腔镜或腹腔镜辅助下手术。

（1）肌瘤切除术（myomectomy）：适用于希望保留生育功能的病人。多开腹或腹腔镜辅助下切除；黏膜下肌瘤，尤其是0型和Ⅰ型者，多采用子宫镜辅助下切除。

（2）子宫切除术（hysterectomy）：不要求保留生育功能或疑有恶变者，可行子宫切除术，必要时可于术中行冷冻切片组织学检查。术前应行宫颈细胞学筛查，排除宫颈上皮内病变或宫颈

Notes

癌。发生于围绝经期的子宫肌瘤要注意排除合并子宫内膜癌。

4. 其他治疗

(1) 子宫动脉栓塞术(uterine artery embolization, UAE):通过阻断子宫动脉及其分支,减少肌瘤的血供,从而延缓肌瘤的生长,缓解症状。但其可能引起卵巢功能减退并增加潜在的妊娠并发症的风险,故仅选择性地用于部分病人,一般不建议用于有生育要求的病人。

(2) 磁共振引导聚焦超声(magnetic resonance guided focused ultrasound surgery, MRgFUS):超声波能量产生的焦点热能可使肌瘤蛋白质变性和细胞坏死,从而缩小肌瘤,适用于无生育要求者。

【子宫肌瘤合并妊娠】 肌瘤合并妊娠占肌瘤病人0.5%~1%,占妊娠0.3%~0.5%,肌瘤小又无症状者常被忽略,故实际发病率高于报道。

1. 肌瘤对妊娠及分娩的影响 与肌瘤大小及生长部位有关,黏膜下肌瘤可影响受精卵着床导致早期流产;肌壁间肌瘤过大因机械压迫,宫腔变形或内膜供血不足可引起流产,或胎儿娩出后因胎盘附着面大或子宫收缩不良导致产后出血。过大的子宫下段或宫颈肌瘤可导致产道梗阻等。

2. 妊娠合并子宫肌瘤的处理 妊娠期及产褥期易发生红色变性,表现为肌瘤迅速长大,剧烈腹痛,发热和白细胞计数升高,通常采用非手术治疗能缓解。妊娠合并子宫肌瘤多能自然分娩,但要预防产后出血。若肌瘤阻碍胎儿下降应行剖宫产术,术中是否同时切除肌瘤,需根据肌瘤大小、部位和病人情况决定。

【小结】 子宫肌瘤是最常见的妇科良性肿瘤。临床表现与肌瘤的类型和有无变性相关,最常见的症状是月经改变,但多无症状。超声检查是常用的辅助诊断手段。无症状者一般不需治疗;症状轻、近绝经年龄者可采用药物治疗。手术是最有效的治疗方法,适用于有症状或疑有肉瘤变者。

(张淑兰)

参考文献

1. Jonathan S. Berek. Uterine Fibroids Berek and Novak's Gynecology. 15th ed. Philadelphia: Lippincott Williams & Wilkins, 2012: 207-220.
2. Munro MG, Critchley HO, Broder MS, et al. FIGO classification system (PALM-COEIN) for causes of abnormal uterine bleeding in nongravid women of reproductive age. Int J Obstet Gynecol, 2011, 113: 3-13.
3. Ven. L. Katz. Benign Gynecologic lesions. Comprehensive Gynecology. 6th. Eds Lentz, Lobo, Gershenson Katz. Philadelphia: Elsevier Mosby.

第四节 子宫颈癌

子宫颈癌(cervical cancer,简称宫颈癌)是最常见的妇科恶性肿瘤。我国每年新增宫颈癌病例约13.5万,占全球发病数量的1/3。宫颈癌以鳞状细胞癌为主,高发年龄为50~55岁。近40年由于宫颈细胞学筛查的普遍应用,使宫颈癌和癌前病变得以早期发现和治疗,宫颈癌的发病率和死亡率已有明显下降。但是,近年来宫颈癌发病有年轻化的趋势。

【发病相关因素】 同第二十一章下生殖道上皮内病变第三节"子宫颈上皮内病变"。

【组织发生和发展】 宫颈转化区为宫颈癌好发部位。目前认为宫颈癌的发生、发展是由量变到质变,由渐变到突变的过程。在转化区形成过程中,宫颈上皮化生过度活跃,加上外来物质刺激(如人乳头瘤病毒感染、精液组蛋白及其他致癌物质),未成熟的化生鳞状上皮或增生的鳞状上皮细胞可出现间变(dysplasia)或不典型的表现,即不同程度的不成熟或分化不良,核异常有丝分裂象增加,形成宫颈上皮内病变。随着宫颈上皮内病变的继续发展,突破上皮下基底膜,浸润间质,则形成宫颈浸润癌。一般从宫颈上皮内病变发展为浸润癌需10~15年,但约25%在5

Notes

年内发展为浸润癌。

【病理】

1. 宫颈鳞状细胞癌(squamous cell carcinoma，SCC)　占宫颈癌 80%～85%，以具有鳞状上皮分化(即角化)、细胞间桥，而无腺体分化或黏液分泌为病理诊断要点。多数起源于鳞状上皮和柱状上皮交接处移行带区的非典型增生上皮或原位癌。老年妇女宫颈鳞癌可位于宫颈管内。

(1) 巨检：镜下早期浸润癌及极早期宫颈浸润癌肉眼观察常类似宫颈糜烂，无明显异常。随病变发展，可有以下 4 种类型。

1) 外生型：最常见，癌灶向外生长呈乳头状或菜花样，组织脆，易出血。癌瘤体积较大，常累及阴道，较少浸润宫颈深层组织及宫旁组织。

2) 内生型：癌灶向宫颈深部组织浸润，宫颈表面光滑或仅有轻度糜烂，宫颈扩张、肥大变硬，呈桶状；常累及宫旁组织。

3) 溃疡型：上述两型癌组织继续发展合并感染坏死，脱落后形成溃疡或空洞，似火山口状。

4) 颈管型：指癌灶发生于宫颈管内，常侵入宫颈及子宫下段供血层或转移至盆腔淋巴结。

(2) 显微镜检：

1) 镜下早期浸润癌：指在原位癌基础上镜检发现小滴状，锯齿状癌细胞团突破基底膜，浸润间质，诊断标准见临床分期(表 22-3)。

2) 宫颈浸润癌：指癌灶浸润间质范围已超出镜下早期浸润癌，多呈网状或团块状浸润间质。根据癌细胞分化程度可分为：Ⅰ级：高分化鳞癌(角化性大细胞型)，大细胞，有明显角化珠形成，可见细胞间桥，瘤细胞异型性较轻，少或无不正常核分裂(<2/HPF)；Ⅱ级：中分化鳞癌(非角化性大细胞型)，大细胞，少或无角化珠，细胞间桥不明显，异型性明显，核分裂象较多(2～4/HPF)；Ⅲ级：低分化鳞癌即小细胞型，多为未分化小细胞，无角化珠及细胞间桥，细胞异型性明显，核分裂多见(>4/HPF)，常需作免疫组织化学检查(如细胞角蛋白等)及电镜检查确诊。

2. 宫颈腺癌(adenocarcinoma)　占宫颈癌 15%～20%，近年来其发病率有上升趋势。

(1) 巨检：大体形态与宫颈鳞癌相同。来自宫颈管内，浸润管壁；或自颈管内向宫颈外口突出生长；常可侵犯宫旁组织；病灶向宫颈管内生长时，宫颈外观可正常但因宫颈管向宫体膨大，宫颈管形如桶状。

(2) 显微镜检：主要组织学类型有 3 种。

1) 黏液腺癌：最常见，来源于宫颈管柱状黏液细胞，镜下可见腺体结构，腺上皮细胞增生呈多层，异型性明显，可见核分裂象，腺癌细胞可呈乳突状突入腺腔。可分为高、中、低分化腺癌，随分化程度降低腺上皮细胞和腺管异型性增加，黏液分泌量减少，低分化腺癌中癌细胞呈实性巢、索或片状，少或无腺管结构。

2) 宫颈恶性腺瘤：又称微偏腺癌(MDC)，属高分化宫颈内膜腺癌。腺上皮细胞无异型性，但癌性腺体多，大小不一形态多变，呈点状突起伸入宫颈间质深层，常伴有淋巴结转移。

3. 宫颈腺鳞癌　较少见，占宫颈癌 3%～5%。是由储备细胞同时向腺癌和鳞状上皮非典型增生鳞癌发展而形成。癌组织中含有腺癌和鳞癌两种成分。两种癌成分的比例及分化程度均可不同，低分化者预后极差。

4. 其他病理类型　少见病理类型如神经内分泌癌、未分化癌、混合性上皮/间叶肿瘤、间叶肿瘤、黑色素瘤、淋巴瘤等。

【转移途径】　主要为直接蔓延及淋巴转移，血行转移少见。

1. 直接蔓延　最常见，癌组织局部浸润，向邻近器官及组织扩散。向下累及阴道壁，向上由宫颈管累及宫腔；癌灶向两侧扩散可累及主韧带及阴道旁组织直至骨盆壁；晚期可向前、后蔓延侵及膀胱或直肠，形成癌性膀胱阴道瘘或直肠阴道瘘。癌灶压迫或侵及输尿管时，可引起输尿

Notes

管阻塞及肾积水。

2. 淋巴转移 癌灶局部浸润后累及淋巴管，形成瘤栓，并随淋巴液引流进入局部淋巴结经淋巴引流扩散。淋巴转移一级组包括宫旁、宫颈旁、闭孔、髂内、髂外、髂总、骶前淋巴结；二级组为腹股沟深浅、腹主动脉旁淋巴结（图 22-2）。

3. 血行转移 极少见，晚期可转移至肺、肝或骨骼等。

【分期】 子宫颈癌的分期是临床分期，国际妇产科联盟（FIGO）最新的分期于 2009 年更新，见表 22-3。分期应在治疗前进行，治疗后分期不再更改。

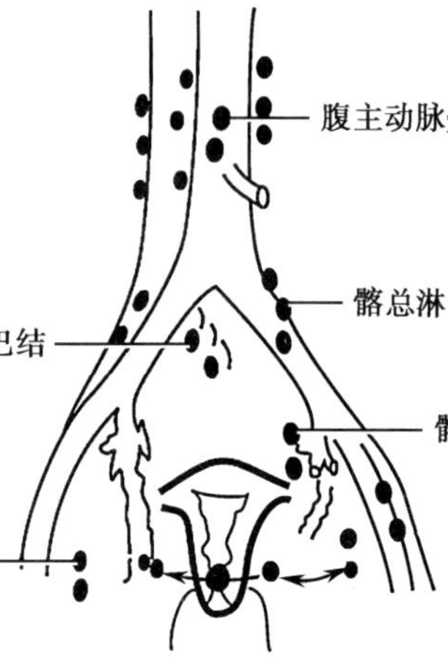

图 22-2 宫颈癌淋巴转移示意图

表 22-3 宫颈癌的临床分期（FIGO，2009 年）

期别	肿瘤范围
Ⅰ期	癌灶局限在宫颈（包括累及宫体）
ⅠA	肉眼未见癌灶，仅在显微镜下可见浸润癌
ⅠA1	间质浸润深度≤3mm，宽度≤7mm
ⅠA2	间质浸润深度>3mm，但≤5mm，宽度≤7mm
ⅠB	肉眼可见癌灶局限于宫颈，或显微镜下可见病变>ⅠA2 期
ⅠB1	肉眼可见癌灶最大径线≤4cm
ⅠB2	肉眼可见癌灶最大径线>4cm
Ⅱ期	病灶已超出子宫颈，但未达骨盆壁。癌累及阴道，但未达阴道下 1/3
ⅡA	无宫旁浸润
ⅡA1	肉眼可见病灶最大径线≤4cm
ⅡA2	肉眼可见病灶最大径线>4cm
ⅡB	有宫旁浸润，但未扩展至盆壁
Ⅲ期	癌肿扩展到骨盆壁和（或）累及阴道下 1/3，导致肾盂积水或无功能肾
ⅢA	癌累及阴道下 1/3，但未达骨盆壁
ⅢB	癌已达骨盆壁和（或）引起肾盂积水或无功能肾
Ⅳ期	癌播散超出真骨盆或癌浸润膀胱黏膜或直肠黏膜
ⅣA	癌扩散至邻近盆腔器官
ⅣB	远处转移

【临床表现】 早期宫颈癌常无症状和明显体征，宫颈可光滑或与慢性宫颈炎无区别；宫颈管癌病人，宫颈外观正常亦易漏诊或误诊。病变发展后可出现以下症状和体征。

1. 症状

（1）阴道流血：早期多为接触性出血，发生在性生活后或妇科检查后；后期则为不规则阴道流血。出血量多少根据病灶大小、侵及间质内血管情况而变化；晚期因侵蚀大血管可引起大出血。年轻病人也可表现为经期延长，经量增多；老年病人则常以绝经后出现不规则阴道流血就诊。一般外生型癌出血较早，量多；内生型癌则出血较晚。

（2）阴道排液：多数有阴道排液增多，可为白色或血性，稀薄如水样或米泔状，有腥臭。晚期因癌组织坏死伴感染，可有大量泔水样或脓性恶臭白带。

（3）晚期症状：根据癌灶累及范围，可出现不同的继发症状。邻近组织器官及神经受累时，可出现尿频尿急、便秘、下肢肿胀、疼痛等症状；癌肿压迫或累及输尿管时可引起输尿管梗阻，肾积水及尿毒症；晚期病人可有贫血，恶病质等全身衰竭症状。

2. 体征 宫颈上皮内病变和镜下早期浸润癌肉眼观局部均无明显病灶，宫颈光滑或为轻度糜烂。随宫颈浸润癌生长发展可出现不同体征。外生型者宫颈可见息肉状、菜花状赘生物，常伴感染，质脆易出血；内生型表现为宫颈肥大，质硬，颈管膨大；晚期癌组织坏死脱落形成溃疡或空洞伴恶臭。阴道壁受累时可见阴道穹窿消失及赘生物生长；宫旁组织受累时，三合诊检查可扪及宫颈旁组织增厚、缩短、结节状、质硬或形成冷冻盆腔。

【诊断】 根据病史和临床表现，尤其有接触性阴道出血者，通过"三阶梯"诊断程序，或对宫颈肿物直接进行活体组织检查可以明确诊断。病理检查确诊为宫颈癌后，应由两名有经验的妇科肿瘤医生通过详细全身检查和妇科检查，确定临床分期。根据病人具体情况进行X线胸片检查，静脉肾盂造影，膀胱镜及直肠镜检查，超声检查和CT，MRI，PET等影像学检查评估病情。

1. 宫颈细胞学检查 是宫颈癌筛查的主要方法，应在宫颈转化区取材，行染色和镜检。临床宫颈细胞学诊断的报告方式主要为巴氏五级分类法和The Bethesda System（TBS）系统分类。巴氏五级分类法是1943年由G. N. Papanicolaou提出，曾作为宫颈细胞学的常规检查方在我国部分基层医院细胞室沿用至今，是一种分级诊断的报告方式。TBS系统是近年来提出的描述性细胞病理学诊断的报告方式，也是世界卫生组织和美国细胞病理学家积极提倡的规范细胞学诊断方式。巴氏Ⅲ级及以上或TBS分类中有上皮细胞异常时，均应重复刮片检查并行阴道镜下宫颈活组织检查。

2. 人乳头瘤病毒（human papilloma virus，HPV）检测 因HPV感染是导致宫颈癌的主要病因，目前国内外已经将检测HPV感染作为宫颈癌的一种筛查手段。其作为初筛手段可浓缩高危人群，比通常采用的细胞学检测更有效。具有高危因素和己烯雌酚暴露史或细胞学结果≥ASC-US的年轻妇女应进行HPV-DNA检测，同时建议HPV-DNA初筛检测应从25～30岁开始。对未明确诊断意义的不典型鳞状上皮细胞或腺上皮细胞（atypical cells of undetermined significance，ASC-US），应用HPV检测亦可进行有效的分流。

3. 碘试验 正常宫颈阴道部鳞状上皮含丰富糖原，碘溶液涂染后呈棕色或深褐色，不能染色区说明该处上皮缺乏糖原，可为炎性或有其他病变区。在碘不染色区取材行活检，可提高诊断率。

4. 阴道镜检查 宫颈细胞学检查巴氏Ⅱ级以上、TBS分类上皮细胞异常，均应在阴道镜下观察宫颈表面病变状况，选择可疑癌变区行活组织检查，提高诊断准确率。

5. 宫颈和宫颈管活组织检查 为宫颈癌及其癌前病变确诊的依据。宫颈无明显癌变可疑区时，可在移行区3、6、9、12点4处取材或行碘试验、阴道镜观察可疑病变区取材作病理检查；所取组织应包括一定间质及邻近正常组织。若宫颈有明显病灶，可直接在癌变区取材。宫颈细胞学阳性但宫颈光滑或宫颈活检阴性，应用小刮匙搔刮宫颈管，刮出物送病理检查。

6. 宫颈锥切术 宫颈细胞学检查多次阳性，而宫颈活检阴性；或活检为高级别宫颈上皮内病变需确诊者，均应做宫颈锥切送病理组织学检查。宫颈锥切可采用冷刀切除、环状电凝切除（LEEP）或冷凝电刀切除术；宫颈组织应作连续病理切片（24～36张）检查。

【鉴别诊断】 应与有临床类似症状或体征的各种宫颈病变鉴别，主要依据是活组织病理检查。包括：①宫颈良性病变：宫颈柱状上皮异位、息肉、宫颈内膜异位、宫颈腺上皮外翻和宫颈结核性溃疡等；②宫颈良性肿瘤：宫颈黏膜下肌瘤、宫颈管肌瘤、宫颈乳头瘤；③宫颈转移性肿瘤：子宫内膜癌宫颈转移应与原发性宫颈癌相鉴别，同时应注意原发性宫颈癌可与子宫内膜癌并存。

Notes

【处理】 应根据临床分期、年龄、全身情况结合医院医疗技术水平及设备条件综合考虑，制订治疗方案，选用适宜措施，重视首次治疗及个体化治疗。主要治疗方法为手术、放疗及化疗，应根据具体情况配合应用。

1. 手术治疗　主要用于ⅠA～ⅡA的早期病人，其优点是年轻病人可保留卵巢及阴道功能。①ⅠA1期：对于无淋巴管脉管浸润（lymphatic vascular invasion，LVSI）者无生育要求可选用筋膜外全子宫切除术，对要求保留生育功能者可行宫颈锥形切除术（术后病理应注意检查切缘）；有淋巴管脉管浸润者无生育要求建议行改良广泛性子宫切除术和盆腔淋巴结清扫术±腹主动脉旁淋巴结取样术，有生育要求者则建议行锥切术或广泛性宫颈切除术及盆腔淋巴结清扫术±腹主动脉旁淋巴结清扫术。②ⅠA2～ⅡA期：选用广泛性子宫切除术及盆腔淋巴结清扫术，必要时行腹主动脉旁淋巴清扫或取样，年轻病人卵巢正常者可予保留。近年来，对ⅠA1～ⅠB1期，肿瘤直径<2cm的未生育年轻病人可选用广泛子宫颈切除术及盆腔淋巴结清扫术，保留病人的生育功能。

2. 放射治疗　适用于ⅡB晚期、Ⅲ、Ⅳ期病人，或无法手术病人。包括近距离放疗及体外照射。近距离放疗采用后装治疗机，放射源为^{137}铯（Cs），^{192}铱（Ir）等；体外照射多用直线加速器、^{60}Co等。近距离放疗用以控制局部原发病灶；腔外照射则以治疗宫颈旁及盆腔淋巴结转移灶。早期病例以局部近距离放疗为主，体外照射为辅；晚期则体外照射为主，近距离放疗为辅。

3. 手术及放疗联合治疗　对于局部病灶较大，可先作放疗待癌灶缩小后再手术。手术治疗后有盆腔淋巴结阳性，宫旁组织阳性或手术切缘阳性等高危因素者，可术后补充盆腔放疗+顺铂同期化疗±阴道近距离放疗；阴道切缘阳性者，阴道近距离放疗可以增加疗效。

4. 化疗　主要用于：①宫颈癌灶>4cm的手术前化疗，目的是使肿瘤缩小，便于手术切除；②与放疗同步化疗，现有的临床试验结果表明，以铂类为基础的同步放化疗较单纯放疗能明显改善ⅠB～ⅣA期病人的生存期，使宫颈癌复发危险度下降了40%～60%，死亡危险度下降了30%～50%；③不能耐受放疗的晚期或复发转移的病人姑息治疗。常用的一线抗癌药物有顺铂、卡铂、紫杉醇、吉西他滨、托泊替康。常用联合化疗方案有顺铂+紫杉醇，卡铂+紫杉醇，顺铂+托泊替康和顺铂+吉西他滨。用药途径可采用静脉或动脉灌注化疗。

【预后】 与临床期别，病理类型及治疗方法密切相关。ⅠB与ⅡA期手术与放疗效果相近。有淋巴结转移者预后差。宫颈腺癌放疗疗效不如鳞癌，早期易有淋巴转移，预后差。晚期死亡主要原因有尿毒症、出血、感染及全身恶病质。

【随访】 宫颈癌治疗后复发50%在1年内，75%～80%在2年内；盆腔局部复发占70%，远处为30%。随访内容应包括盆腔检查、阴道涂片细胞学检查（保留宫颈者行宫颈细胞学检查）和高危型HPV检查、胸片及血常规等。治疗后2年内每3月复查1次；3～5年内每6月1次；第6年开始每年复查1次。

【预防】 ①普及防癌知识，开展性卫生教育，提倡晚婚少育。②注意及重视高危因素及高危人群，有异常症状者应及时就医。③积极治疗性传播疾病；早期发现及诊治SIL病人，阻断浸润性宫颈癌发生。④健全及发挥妇女防癌保健网的作用，开展宫颈癌普查普治，做到早期发现，早期诊断，早期治疗。30岁以上妇女初诊均应常规作宫颈刮片检查和HPV检测，异常者应进一步处理。⑤HPV疫苗目前已用于HPV感染及癌前病变的预防，是目前世界上第一个用于肿瘤预防的疫苗，但其效果和安全性有待进一步评价确定。

【宫颈癌合并妊娠】 较少见，在妊娠期出现阴道流血，在排除产科因素引起出血后，妇科检查对宫颈有可疑病变时应作宫颈刮片、阴道镜检查，必要时在阴道镜指导下行宫颈活检明确诊断。诊断时应注意：①妊娠时宫颈鳞-柱交接部受高雌激素影响外移，基底细胞增生活跃，可出现类似原位癌病变，产后6周可恢复正常，不需处理；②宫颈上皮基底细胞增生活跃，其脱落细胞可有核增大，深染等表现，易导致细胞学检查误诊。

Notes

应根据宫颈癌期别及妊娠时限采用手术或放射治疗。原则上仍为早期病变选用手术治疗，中晚期采用放射治疗。妊娠早、中期以及时治疗母体癌肿为主，而妊娠24周后者可延缓治疗于孕32~34周行剖宫产后，再治疗宫颈癌。一般认为妊娠20周以后诊断的ⅠA或ⅠB小病灶者，若迫切要求继续妊娠者，可延缓到胎儿成熟。ⅠA1期可行阴道分娩，ⅠA2以剖宫产为宜。剖宫产同时或产后行子宫全切或子宫根治术。

【小结】 宫颈癌为最常见的妇科恶性肿瘤之一，多见于50~55岁妇女，但近年来有年轻化的趋势。高危型人乳头瘤病毒(HPV)的持续性感染是引起子宫颈癌前病变和宫颈癌的基本原因。宫颈癌主要病理类型为鳞状细胞癌和腺癌，其常见症状包括接触性阴道流血和阴道排液增多。确诊依赖于宫颈病灶的活体组织病理学检查，对病变程度的判断采用FIGO的临床分期。宫颈癌治疗早期以手术为主，中晚期以放疗为主，辅以化疗的综合治疗。应重视治疗的个体化和首次治疗。对HPV感染和癌前病变的防治有助于预防宫颈癌的发生。

(马　丁)

参考文献

1. 丰有吉，沈铿. 妇产科学. 第2版. 北京：人民卫生出版社，2010.
2. 连利娟主编. 林巧稚妇科肿瘤学. 第4版. 北京：人民卫生出版社，2010.
3. 薛凤霞，林仲秋主编. 妇科肿瘤诊治指南解读·病案分析. 北京：人民卫生出版社，2014.

第五节　子宫内膜癌

子宫内膜癌(endometrial carcinoma)是发生于子宫内膜的一组上皮性恶性肿瘤，为女性生殖道三大恶性肿瘤之一，占女性全身恶性肿瘤7%，占女性生殖道恶性肿瘤20%~30%。

【发病相关因素】 病因不十分清楚。目前认为子宫内膜癌可能有两种发病机制。

Ⅰ型为雌激素依赖型(estrogen-dependent)，其发生可能是在无孕激素拮抗的雌激素长期作用下，发生子宫内膜增生症(单纯型或复杂型，伴或不伴不典型增生)，继而癌变。该类型占子宫内膜癌的大多数，均为内膜样腺癌，肿瘤分化较好，雌孕激素受体阳性率高，预后好。病人较年轻，常伴有肥胖、高血压、糖尿病、不孕或不育及绝经延迟。大约20%内膜癌病人有家族史。大于50%的病例有*PTEN*基因突变或失活。

Ⅱ型为非雌激素依赖性型(estrogen-independent)，发病与雌激素无明确关系，与基因突变有关，如抑癌基因*P53*突变，抑癌基因*P16*失活、*E-cadherin*失活及*Her2/neu*基因过表达等。这类子宫内膜癌的病理形态属少见类型，如子宫内膜浆液性腺癌、透明细胞癌、黏液腺癌等。多见于老年体瘦妇女，在癌灶周围可以是萎缩的子宫内膜，肿瘤恶性度高，分化差，雌孕激素受体多呈阴性，预后不良。

【病理】

1. 巨检　①弥散型：子宫内膜大部分或全部为癌组织侵犯，并突向宫腔，常伴有出血，坏死，较少有肌层浸润。晚期癌灶可侵及深肌层或宫颈，若阻塞宫颈管可引起宫腔积脓。②局灶型：多见于宫腔底部或宫角部，癌灶小，呈息肉或菜花状，易浸润肌层。

2. 镜检及病理类型

(1) 内膜样腺癌：占80%~90%，内膜腺体高度异常增生，上皮复层，并形成筛孔状结构。癌细胞异型明显，核分裂活跃，分化差的腺癌腺体少，腺结构消失，成实性癌块。按腺癌分化程度分为Ⅰ级(高分化G1)，Ⅱ级(中分化G2)，Ⅲ级(低分化G3)。分级愈高，恶性程度愈高。

(2) 黏液性腺癌：占1%~9%。有大量黏液分泌，腺体密集，间质少，腺上皮复层。癌细胞异型明显，有间质浸润，大多为宫颈黏液细胞分化。

Notes

（3）浆液性腺癌：占1%～9%。癌细胞异型性明显，多为不规则复层排列，呈乳头状或簇状生长，1/3可伴砂粒体。恶性程度高，易有深肌层浸润和腹腔、淋巴及远处转移，预后极差。无明显肌层浸润时，也可能发生腹腔播散。

（4）透明细胞癌：多呈实性片状，腺管样或乳头状排列，癌细胞胞质丰富、透亮，核呈异型性，或靴钉状，恶性程度高，易早期转移。

（5）其他病理类型：包括神经内分泌癌、混合细胞腺癌、未分化癌等。

癌肉瘤曾在2010年NCCN病理分类及2012年FIGO妇癌报告中被列入子宫内膜癌特殊类型，但在2014年世界卫生组织和国际妇科病理协会的分类标准中该种病理类型被归入上皮-间叶细胞混合性肿瘤。

【转移途径】 多数子宫内膜癌生长缓慢，局限于内膜或宫腔内时间较长，部分特殊病理类型和低分化癌可发展很快，短期内出现转移。

1. 直接蔓延 癌灶初期沿子宫内膜蔓延生长，向上可沿子宫角延至输卵管，向下可累及宫颈管及阴道。若癌瘤向肌壁浸润，可穿透子宫肌壁，累及子宫浆肌层，广泛种植于盆腹膜，直肠子宫陷凹及大网膜。

2. 淋巴转移 为子宫内膜癌主要转移途径。转移途径与癌肿生长部位有关：宫底部癌灶常沿阔韧带上部淋巴管网，经骨盆漏斗韧带转移至卵巢，向上至腹主动脉旁淋巴结。子宫角或前壁上部病灶沿圆韧带淋巴管转移至腹股沟淋巴结。子宫下段或已累及子宫颈癌灶，其淋巴转移途径与宫颈癌相同，可累及宫旁、闭孔、髂内外及髂总淋巴结。子宫后壁癌灶可沿宫骶韧带转移至直肠淋巴结。约10%的子宫内膜癌经淋巴管逆行引流累及阴道前壁。

3. 血行转移 晚期病人经血行转移至全身各器官，常见部位为肺、肝、骨等。

【分期】 子宫内膜癌的分期现采用国际妇产科联盟（FIGO）2014年制定的手术-病理分期，见表22-4。

表22-4 子宫内膜癌手术-病理分期（FIGO，2014）

Ⅰ期[a]	肿瘤局限于子宫体
ⅠA[a]	无或<1/2肌层浸润
ⅠB[a]	≥1/2肌层浸润
Ⅱ期[a]	癌瘤累及子宫颈间质，但未扩散至宫外[b]
Ⅲ期[a]	局部和（或）区域扩散
ⅢA[a]	癌瘤累及子宫体浆膜层和（或）附件[c]
ⅢB[a]	阴道和（或）宫旁受累[c]
ⅢC[a]	癌瘤转移至盆腔和（或）腹主动脉旁淋巴结[c]
ⅢC1[a]	癌瘤转移至盆腔淋巴结
ⅢC2[a]	癌瘤转移至腹主动脉旁淋巴结，有/无盆腔淋巴结转移
Ⅳ期[a]	癌瘤累及膀胱和（或）肠黏膜；或远处转移
ⅣA[a]	癌瘤累及膀胱和（或）肠道黏膜
ⅣB[a]	远处转移，包括腹腔转移及（或）腹股沟淋巴转移

[a]可以是G1、G2、G3

[b]宫颈管腺体累及为Ⅰ期，不再认为是Ⅱ期

[c]腹水细胞学阳性应当单独报告，但不改变分期

【临床表现】

1. 症状

（1）阴道流血：主要表现为绝经后阴道流血，量一般不多。尚未绝经者可表现为月经增多、

经期延长或月经紊乱。

（2）阴道排液：多为血性液体或浆液性分泌物，合并感染则有脓血性排液，恶臭。

（3）下腹疼痛及其他：若癌肿累及宫颈内口，可引起宫腔积脓，出现下腹胀痛及痉挛样疼痛。晚期浸润周围组织或压迫神经可引起下腹及腰骶部疼痛。晚期可出现贫血、消瘦及恶病质等相应症状。

2. 体征 早期子宫内膜癌妇科检查可无异常发现。晚期可有子宫明显增大，合并宫腔积脓时可有明显触痛，宫颈管内偶有癌组织脱出，触之易出血。癌灶浸润周围组织时，子宫固定或在宫旁触及不规则结节状物。

【诊断】 除根据临床表现及体征外，病理组织学检查是确诊的依据。诊断步骤见图 22-3。

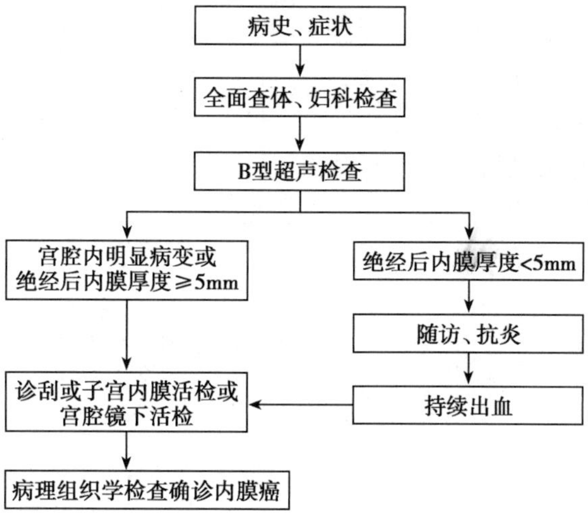

图 22-3 子宫内膜癌诊断步骤

1. 病史及临床表现 对于绝经后阴道流血、绝经过渡期月经紊乱均应排除内膜癌后再按良性疾病处理。对以下情况妇女要密切随诊：①有子宫内膜癌发病高危因素者如肥胖、不育、绝经延迟者；②多囊卵巢综合征、有长期应用雌激素、他莫昔芬或雌激素增高疾病史者；③有乳腺癌、子宫内膜癌家族史者。

2. 超声检查 经阴道超声检查可了解子宫大小、宫腔形状、宫腔内有无赘生物、子宫内膜厚度、肌层有无浸润及深度，为临床诊断及处理提供参考。

3. 诊断性刮宫（dilataion and curettage） 是最常用最有价值的诊断方法，其优点是能获得子宫内膜的组织标本进行病理诊断。

4. 其他辅助诊断方法 ①子宫内膜活检：目前已有行子宫内膜活检的吸管或一次性刮匙，无需麻醉及扩张宫颈。但由于需要专用器械，国内尚未广泛开展。②宫腔镜检查：可直接观察宫腔及宫颈管内有无癌灶存在，大小及部位，直视下取材活检，减少对早期子宫内膜癌的漏诊。但是否有可能促进癌细胞的扩散存在争议。③其他：MRI、CT、PET-CT 等检查及血清 CA125 测定可协助判断病变范围，有子宫外癌肿播散者其血清 CA125 值可升高。

【鉴别诊断】

1. 绝经过渡期异常子宫出血 以月经紊乱，如经量增多、经期延长及不规则阴道流血为主要表现。妇科检查无异常发现，病理组织学检查是鉴别诊断的主要依据。

2. 老年性阴道炎 主要表现为血性白带，检查时可见阴道黏膜变薄、充血或有出血点、分泌物增加等表现，治疗后可好转，必要时可先作抗感染治疗后再作诊断性刮宫排除子宫内膜癌。

3. 子宫黏膜下肌瘤或内膜息肉 有月经过多或经期延长症状，可行超声检查，宫腔镜及诊刮来确定诊断。

Notes

4. 子宫颈管癌、子宫肉瘤及输卵管癌 均可有阴道排液增多,或不规则流血。宫颈活检、诊刮及影像学检查可协助鉴别诊断。

【治疗】 治疗原则是以手术为主,辅以放疗、化疗和激素治疗等综合治疗。应根据病人年龄、全身情况、癌变累及范围及组织学类型选用和制订适宜的治疗方案。

1. 治疗方案的选择 子宫内膜癌的治疗流程见图 22-4。

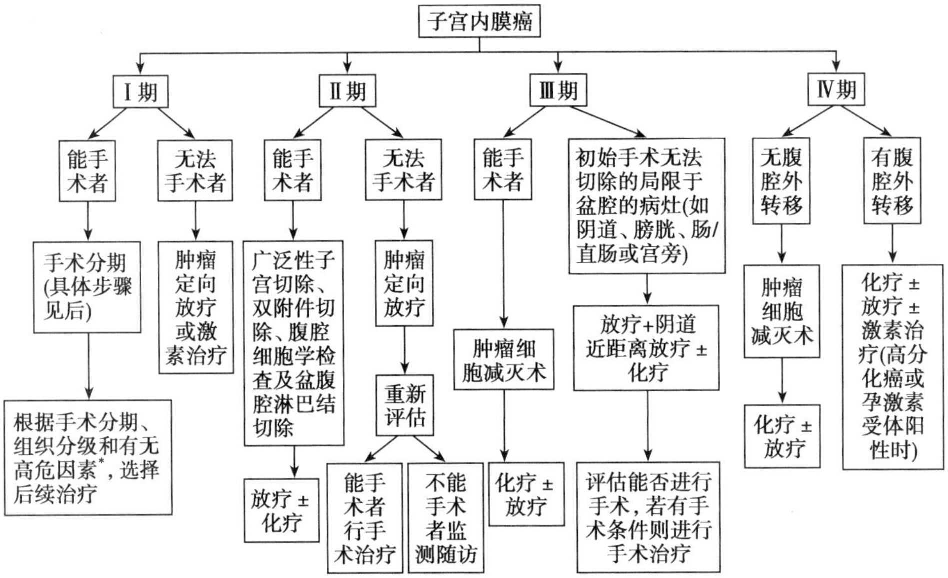

图 22-4 子宫内膜癌的治疗流程

* 注:高危因素包括:年龄>60 岁、淋巴脉管间隙浸润、肿瘤较大、子宫下段或宫颈腺体浸润

2. 手术分期 开腹后取腹水或腹腔冲洗液进行细胞学检查并单独报告,全面探查,对可疑病变部位取样作冷冻切片检查。行筋膜外全子宫及双附件切除术,剖视宫腔,确定肿瘤生长部位、累及范围,并取癌组织带子宫肌层作冷冻切片了解浸润深度。对浆液性腺癌、透明细胞癌病人常进行大网膜活检或切除。盆腔淋巴结切除术是手术分期的一个重要步骤,但满足以下低危淋巴结转移因素的病人,可以考虑不行淋巴结切除术:①肌层浸润深度<1/2;②肿瘤直径<2cm;③G1 或 G2。此外,有深肌层浸润、子宫内膜样腺癌 G3、浆液性腺癌、透明细胞癌等高危因素的病人,还需行腹主动脉旁淋巴结切除术。手术切除的标本应常规进行病理学检查,癌组织还应行雌、孕激素受体检测,作为术后选用辅助治疗的依据。

3. 放疗 分腔内照射及体外照射。腔内照射多用后装腔内照射,高能放射源为^{60}Co 或 ^{137}Cs。体外照射常用^{60}Co 或直线加速器。

单纯放疗:仅用于有手术禁忌证或无法手术切除的晚期内膜癌病人。对Ⅰ期 G1,不能接受手术治疗者可选用单纯腔内照射,其他各期均应采用腔内腔外照射联合治疗。

术前放疗:主要是为控制、缩小癌灶创造手术机会或缩小手术范围。

术后放疗:是对手术-病理分期后具有复发高危因素病人重要的辅助治疗,或作为手术范围不足的补充治疗。

4. 激素治疗 ①孕激素治疗:仅用于晚期或复发病人。以高效、大剂量、长期应用为宜,至少应用 12 周以上方可评定疗效。可延长病人的疾病无进展生存期,对生存率无影响。常用药物:口服甲羟孕酮 200~400mg/d;己酸孕酮 500mg,肌注每周 2 次。②抗雌激素制剂治疗:适应证与孕激素相同。他莫昔芬(tamoxifen,TAM)常用剂量为 20~40mg/d,可先用他莫昔芬 2 周使孕激素受体含量上升后再用孕激素治疗,或与孕激素同时应用。③近年来亦有采用芳香化酶抑制剂或选择性雌激素受体调节剂(SERM)行激素治疗的报道,如雷洛昔芬(raloxifen)。

Notes

5. 化疗 为晚期或复发子宫内膜癌的综合治疗措施之一；也可用于术后有复发高危因素病人的治疗以期减少盆腔外的远处转移。常用化疗药物有顺铂、阿霉素、紫杉醇、卡铂、环磷酰胺，氟尿嘧啶等，多为联合应用。子宫内膜浆液性腺癌术后应给予化疗，方案同卵巢上皮癌。

6. 保留生育功能治疗 病例选择尚无统一标准，可按以下标准进行：年龄<40岁；渴望保留生育功能要求，同意承担治疗风险；病灶局限在内膜、高分化；孕激素受体(+)；血清CA125<35kU/L。保留生育功能治疗风险大，目前仍处于探索阶段。治疗前应充分告知病人保留生育功能治疗的利弊，3个月进行一次诊断性刮宫，判断疗效以决定后续治疗。

【预后】 影响预后的因素：①病理类型、组织学分级、肌层浸润深度、淋巴转移及子宫外病灶等；②病人全身状况；③治疗方案选择。

【随访】 治疗后应定期随访，75%～95%复发在术后2～3年内。随访内容应包括详细病史(包括新的症状)、盆腔检查(三合诊)、阴道细胞学涂片、X线胸片、血清CA125检测等，必要时可作CT及MRI检查。一般术后2～3年内每3个月随访一次，3年后每6个月1次，5年后每年1次。

【预防】 预防措施：①普及防癌知识，定期体检；②重视绝经后妇女阴道流血和围绝经期妇女月经紊乱的诊治；③正确掌握雌激素应用指征及方法；④对有高危因素的人群应进行密切随访或监测。

【小结】 子宫内膜癌是发生于子宫内膜的一组上皮性恶性肿瘤，以来源于子宫内膜腺体的腺癌最常见，分为雌激素依赖型和非雌激素依赖型两型，前者多见。不规则阴道流血是最主要的临床表现，诊断性刮宫是最重要的诊断方法，组织病理学是确诊的依据。手术是主要的治疗方法，同时应对肿瘤进行手术病理分期。根据FIGO分期和肿瘤组织学类型，选择合理的治疗方案。子宫内膜癌病人的预后较好。

(赵 霞)

参考文献

1. National Comprehensive Cancer Network. NCCN Clinical Practice Guidelines in Oncology: Uterine Neoplasms, V.1.2014.
2. Robert J. Kurman, Maria Luisa Carcangiu, C. Simon Herrington, Robert H. Young, (Eds.): WHO Classification of Tumours of Female Reproductive Organs. IARC: Lyon 2014.
3. Jonathan S. Berek. Berek & Novak's Gynecology. 15th ed. Philadelphia, 2012.

第六节 子宫肉瘤

子宫肉瘤(uterine sarcoma)是一组来源于子宫平滑肌、子宫内膜间质和结缔组织的少见的女性生殖系统恶性肿瘤，占子宫恶性肿瘤的2%～6%，占生殖道恶性肿瘤1%。多见于40～60岁妇女。

【组织发生及病理】 根据2014年世界卫生组织和国际妇科病理协会的分类标准，子宫肉瘤主要有以下几种类型：

1. 子宫平滑肌肉瘤(leiomyosarcoma) 由具有平滑肌分化的细胞组成的子宫恶性肿瘤，占子宫肉瘤40%。恶性程度高，易发生盆腔血管、淋巴结及肺转移。大体见肿瘤的体积较大，多为单发，切面为均匀一致的黄色或红色结构，呈鱼肉状或豆渣样，因不存在旋涡状编织样结构，有时很难与肌瘤的红色样变区别，需经病理检查才能确诊。镜下平滑肌肉瘤细胞呈梭形，排列紊乱，有核异型，核分裂象>5/10HP。

2. 子宫内膜间质肉瘤(endometrial stromal sarcoma) 肿瘤来自子宫内膜间质细胞，占子宫肉瘤15%。分两类：

(1) 低级别子宫内膜间质肉瘤：有宫旁组织转移倾向，较少发生淋巴结及肺转移。大体见子宫球状增大，有颗粒或小团块状突起，质如橡皮，富有弹性。切面见肿瘤呈息肉状或结节状，自子宫内膜突向宫腔或侵到肌层。瘤组织呈鱼肉状，均匀一致，呈黄色。镜下瘤细胞侵入肌层肌束间，胞质少，核分裂象少（<10/10HP）。

（2）高级别子宫内膜间质肉瘤：恶性度较高，预后差。大体见肿瘤多发生在子宫底部的内膜，呈息肉状向宫腔突起，质软而碎，常伴有出血坏死。切面呈灰黄色，鱼肉状。当侵入肌层时，肌壁则呈局限性或弥漫性增厚。镜下肿瘤细胞分化程度差，核深染，异型性明显，核分裂象多（>10/10HP）。

3. 上皮和间质混合性肿瘤

（1）癌肉瘤（carcinosarcoma）：又称恶性混合性苗勒氏管肿瘤（malignant mixed mullerian tumors，MMMT），占子宫肉瘤的40%～50%。肿瘤的恶性程度很高，多见于绝经后妇女。大体见肿瘤呈息肉状生长，突向宫腔，常为多发性或分叶状。晚期可侵入肌层和周围组织。肿瘤质软，表面光滑。切面灰白色，有出血坏死。镜下见癌和肉瘤两种成分，并可见过渡形态。

（2）腺肉瘤（adenosarcoma）：是含有良性或不典型增生的腺上皮成分及恶性间叶成分的肿瘤。镜下可见被间质挤压呈裂隙状的腺上皮成分，周围间叶细胞排列紧密，细胞轻度异型，核分裂象大于4个/10HP。

4. 其他肉瘤　混杂的间叶细胞肿瘤（miscellaneous mesenchymal tumors）：包括横纹肌肉瘤、恶性血管周的上皮细胞样肿瘤、血管肉瘤、脂肪肉瘤、骨肉瘤、软骨肉瘤等。

未分化子宫肉瘤（undifferentiated uterine sarcoma）：罕见，组织起源尚不清楚，可能来源于子宫内膜或肌层。

【临床分期与转移】

1. 临床分期　采用FIGO，2009年制定的手术病理分期，见表22-5。

表22-5 子宫肉瘤分期（FIGO，2009）

（1）子宫平滑肌肉瘤和内膜间质肉瘤FIGO分期		
Ⅰ期		肿瘤局限于子宫
	ⅠA	≤5cm
	ⅠB	>5cm
Ⅱ期		肿瘤扩散到盆腔
	ⅡA	附件受累
	ⅡB	扩散到其他盆腔组织
Ⅲ期		肿瘤扩散到腹腔
	ⅢA	1处
	ⅢB	1处以上
	ⅢC	盆腔或腹主动脉旁淋巴结转移
Ⅳ期		膀胱和（或）直肠转移，和（或）远隔转移
	ⅣA	膀胱和（或）直肠转移
	ⅣB	远隔转移
（2）腺肉瘤FIGO分期		
Ⅰ期		肿瘤局限于子宫
	ⅠA	肿瘤局限在内膜或宫颈管，无肌层浸润
	ⅠB	≤1/2肌层浸润
	ⅠC	>1/2肌层浸润
Ⅱ期		
Ⅲ期		同平滑肌肉瘤和内膜间质肉瘤
Ⅳ期		
（3）癌肉瘤FIGO分期按照子宫内膜癌分期		

2. 转移方式　肿瘤通过直接蔓延及淋巴转移，浸润子宫的邻近器官，转移到区域淋巴结；通过血行播散，转移到肺、肝、脑等远处器官。

【临床表现】

1. 症状　早期症状不明显，随着病情发展可出现下列表现：

（1）阴道不规则流血：最常见，量多少不等。

（2）腹痛：肉瘤生长快，子宫迅速增大或瘤内出血、坏死、子宫肌壁破裂引起急性腹痛。

（3）腹部肿块：病人常主诉下腹部块物迅速增大。

（4）压迫症状及其他：可有膀胱或直肠受压出现尿频、尿急、尿潴留、大便困难等症状。晚期病人全身消瘦、贫血、低热或出现肺、脑转移相应症状。宫颈肉瘤或肿瘤自宫腔脱垂至阴道内常有大量恶臭分泌物。

2. 体征　子宫增大，外形不规则；宫颈口有息肉或肌瘤样肿块，呈紫红色，极易出血；继发感染后有坏死及脓性分泌物。晚期肉瘤可累及盆侧壁，子宫固定不活动，可转移至肠管及腹腔，但腹水少见。

Notes

【诊断】 因子宫肉瘤临床表现与子宫肌瘤及其他恶性肿瘤相似,术前诊断较困难。对绝经后妇女及幼女的宫颈赘生物、迅速长大伴疼痛的子宫肌瘤均应考虑有无肉瘤可能。辅助诊断可选用阴道彩色脉冲多普勒超声检查,诊断性刮宫等。确诊依据为组织病理学检查。

【治疗】 治疗原则以手术为主。Ⅰ期子宫肉瘤的标准手术方式为子宫全切术±双附件切除术(年轻子宫平滑肌肉瘤病人在充分知情同意情况下可考虑保留卵巢)。Ⅱ期及以上能手术者可行子宫全切术+双附件切除术+肿瘤细胞减灭术。由于多个研究显示切除腹膜后淋巴结并无治疗效果,不能改善病人的预后,因此,2014 年 NCCN 指南明确推荐,除非发现淋巴结病理性增大,则子宫肉瘤不需切除淋巴结。根据病理类型和分期,制订个体化术后治疗方案。

(1) 低级别子宫内膜间质肉瘤:含雌孕激素受体,对孕激素治疗有一定效果,故Ⅰ期辅以激素治疗,Ⅱ-Ⅳ期予激素治疗±放疗。常用激素类药物有醋酸甲羟孕酮,醋酸甲地孕酮,芳香酶抑制剂,GnRH 拮抗剂。

(2) 子宫平滑肌肉瘤或高级别子宫内膜间质肉瘤:Ⅰ期可选择观察或化疗;Ⅱ~Ⅳ期可选择化疗和(或)放疗。化疗药物可单用或联合,推荐联合化疗方案包括吉西他滨+多西紫杉醇,多柔比星+异环磷酰胺等,单用药以多柔比星疗效较佳。

【预后】 复发率高,预后差,5 年生存率 30% ~50%。预后与肉瘤类型、恶性程度、肿瘤分期、有无血管淋巴转移及治疗方法的选用有关。子宫平滑肌肉瘤及低级别子宫内膜间质肉瘤预后相对较好;高级别子宫内膜间质肉瘤及癌肉瘤预后差。

【小结】 子宫肉瘤罕见,恶性程度高,常见的类型有子宫平滑肌肉瘤、子宫内膜间质肉瘤和癌肉瘤三种。组织病理学检查是确诊的依据,并按照 2009 FIGO 新分期进行手术病理分期。手术是主要的治疗方法,化疗,放疗和激素治疗可作为手术后辅助治疗。子宫肉瘤复发率高,预后差。

(赵 霞)

参考文献

1. National Comprehensive Cancer Network. NCCN Clinical Practice Guidelines in Oncology: Uterine Neoplasms, V. 1. 2014.
2. Robert J. Kurman, Maria Luisa Carcangiu, C. Simon Herrington, Robert H. Young, (Eds.): WHO Classification of Tumours of Female Reproductive Organs. IARC: Lyon, 2014.

第七节 卵巢肿瘤

卵巢肿瘤(ovarian tumor)是常见的妇科肿瘤,由于卵巢位于盆腔深部,早期病变不易发现,一旦出现症状多属晚期,应高度警惕。卵巢上皮性肿瘤好发于 50~60 岁的妇女,5 年生存率一直徘徊于 30% ~40%,死亡率居妇科恶性肿瘤首位,已成为严重威胁妇女生命和健康的主要肿瘤。卵巢生殖细胞肿瘤多见于 30 岁以下的年轻女性,恶性程度高,由于有效化疗方案的应用,使卵巢恶性生殖细胞肿瘤的治疗效果有了明显的提高,死亡率从 90% 降至 10%。

一、卵巢肿瘤概论

卵巢组织成分非常复杂,是全身各脏器原发肿瘤类型最多的器官,不同类型卵巢肿瘤的组织学结构和生物学行为都存在很大的差异。除组织类型繁多外,尚有良性、交界性和恶性之分。卵巢亦为胃肠道恶性肿瘤、乳腺癌、子宫内膜癌等的常见转移部位。

(一)组织学分类

最常用的分类是世界卫生组织(WHO)的卵巢肿瘤组织学分类。该分类于 1973 年制定,2003 年修改,2014 年再次修订(见表 22-6)。主要的组织学分类如下:

1. 上皮性肿瘤 占原发性卵巢肿瘤 50% ~70%,其恶性类型占卵巢恶性肿瘤的 85% ~

90%。来源于卵巢表面的生发上皮，而生发上皮来自原始的体腔上皮，具有分化为各种苗勒管上皮的潜能。若向输卵管上皮分化，形成浆液性肿瘤；向宫颈黏膜分化，形成黏液性肿瘤；向子宫内膜分化，形成子宫内膜样肿瘤。

2. **生殖细胞肿瘤** 占卵巢肿瘤的20%～40%。生殖细胞来源于生殖腺以外的内胚叶组织，在其发生、移行及发育过程中，均可发生变异，形成肿瘤。生殖细胞有发生多种组织的功能。未分化者为无性细胞瘤，胚胎多能者为胚胎癌，向胚胎结构分化为畸胎瘤，向胚外结构分化为内胚窦瘤、绒毛膜癌。

3. **性索间质肿瘤** 约占卵巢肿瘤的5%。性索间质来源于原始体腔的间叶组织，可向男女两性分化。性索向上皮分化形成颗粒细胞瘤或支持细胞瘤；向间质分化形成卵泡膜细胞瘤或间质细胞瘤。此类肿瘤常有内分泌功能，故又称功能性卵巢肿瘤。

4. **继发性肿瘤** 占卵巢肿瘤的5%～10%，其原发部位多为胃肠道、乳腺及生殖器官。

表22-6 世界卫生组织(WHO)卵巢肿瘤组织学分类(2014)[ab]

组织学分类	形态学编码
上皮性肿瘤	
浆液性肿瘤	
良性	
浆液性囊腺瘤	8441/0
浆液性腺纤维瘤	9014/0
浆液性表面乳头瘤	8461/0
交界性	
交界性浆液性肿瘤/不典型增生性浆液性瘤	8442/1
交界性浆液性肿瘤-微乳头压型/低级别非浸润性浆液性癌	8460/2*
恶性	
低级别浆液性癌	8460/3
高级别浆液性癌	8461/3
黏液性肿瘤	
良性	
黏液性囊腺瘤	8470/0
黏液性腺纤维瘤	9015/0
交界性	
交界性黏液性肿瘤/不典型增生性黏液性瘤	8472/1
恶性	
黏液性癌	8480/3
子宫内膜样肿瘤	
良性	
子宫内膜异位囊肿	
子宫内膜样囊腺瘤	8380/0
子宫内膜样腺纤维瘤	8381/0
交界性	
交界性子宫内膜样肿瘤/不典型增生性子宫内膜样瘤	8381/1
恶性	
子宫内膜样癌	8380/3
透明细胞瘤	
良性	
透明细胞囊腺瘤	8443/0
透明细胞腺纤维瘤	8313/0
交界性	
交界性透明细胞瘤/不典型增生性透明细胞瘤	8313/1

续表

组织学分类	形态学编码
恶性	
透明细胞癌	8310/3
勃勒纳瘤	
良性	9000/0
勃勒纳瘤	
交界性	
交界性勃勒纳瘤/不典型增生性勃勒纳瘤	9000/1
恶性	
恶性勃勒纳瘤	9000/3
浆黏液性肿瘤	
良性	
浆黏液性囊腺瘤	8474/0*
浆黏液性腺纤维瘤	9014/0*
交界性	
交界性浆黏液性肿瘤/不典型增生性浆黏液性瘤	8474/1*
恶性	
浆黏液性癌	8474/3*
未分化癌	8020/3
间叶性肿瘤	
低级别子宫内膜样间质肉瘤	8931/3
高级别子宫内膜样间质肉瘤	8930/3
混合性上皮性和间叶性肿瘤	
腺肉瘤	8933/3
癌肉瘤	8980/3
性索间质肿瘤	
单纯间质肿瘤	
纤维瘤	8810/0
细胞型纤维瘤	8810/1
泡膜瘤	8600/0
硬化性腹膜炎相关的黄素化泡膜瘤	8601/0
纤维肉瘤	8810/3
硬化间质瘤	8602/0
印戒间质瘤	8590/0
微囊性间质瘤	8590/0
Leydig 细胞瘤	8650/0
类固醇细胞瘤	8760/0
恶性类固醇细胞瘤	8760/3
单纯性索肿瘤	
成人型颗粒细胞瘤	8620/3
幼年型颗粒细胞瘤	8622/1
Sertoli 细胞瘤	8640/1
环管状性索瘤	8623/1
混合性性索-间质瘤	
Sertoli-Leydig 细胞瘤	
高分化	8631/0

Notes

续表

组织学分类	形态学编码
中分化	8631/1
含有各种异源成分类型	8634/1
低分化	8631/3
含有各种异源成分类型	8634/3
网状	8633/3
含有各种异源成分类型	8634/1
性索-间质瘤，非特异性	8590/1
生殖细胞肿瘤	
无性细胞瘤	9060/3
卵黄囊瘤	9071/3
胚胎癌	9070/3
非妊娠性绒癌	9100/3
成熟畸胎瘤	9080/0
未成熟畸胎瘤	9080/3
混合性生殖细胞瘤	9085/3
单胚层畸胎瘤及与皮样囊肿有关的体细胞肿瘤	
卵巢甲状腺肿，良性	9090/0
卵巢甲状腺肿，恶性	9090/3
类癌	8240/3
甲状腺肿类癌	9091/1
黏液性类癌	8243/3
神经外胚层肿瘤	
皮脂腺肿瘤	
皮脂腺腺瘤	8410/0
皮脂腺癌	8410/3
其他罕见单胚层畸胎瘤	
癌	
鳞癌	8070/3
其他	
生殖细胞性索间质瘤	
性母细胞瘤，包括含有恶性生殖细胞肿瘤类型	9073/1
混合性生殖细胞性索间质肿瘤，未分类	8594/1
其他各种肿瘤	
卵巢网肿瘤	
卵巢网腺瘤	9110/0
卵巢网腺癌	9110/3
午非氏管瘤	9110/1
小细胞癌，高钙型	8044/3*
小细胞癌，肺型	8041/3
Wilms 肿瘤	8960/3
副神经节瘤	8693/1
实性假乳头状瘤	8452/1
间皮组织肿瘤	
腺瘤样瘤	9054/0
间皮瘤	9050/3

Notes

续表

组织学分类	形态学编码
软组织肿瘤	
黏液瘤	8840/0
其他	
瘤样病变	
滤泡囊肿	
黄体囊肿	
大的孤立性黄素化滤泡囊肿	
高反应性黄素化	
妊娠黄体瘤	
间质增生	
间质泡膜增生症	
纤维瘤样增生	
卵巢广泛水肿	
Leydig 细胞增生	
其他	
淋巴瘤和髓样肿瘤	
淋巴瘤	
浆细胞瘤	9734/3
髓样肿瘤	
继发肿瘤	

[a] 形态学编码采用国际肿瘤疾病分类(International Classification of Diseases for Oncology,ICD-O)(575A)。编号/0 意指良性肿瘤,/1 意指非特异、交界性或不明确,/2 指原位癌以及Ⅲ级上皮内瘤变,而/3 指恶性肿瘤;[b] 该分型为之前 WHO 卵巢肿瘤分型(1906A)的改良版,相关的改变表明对疾病的进一步认识;[*] 上述编码于 2013 年被 IARC/WHO 委员批准用于 ICD-O

（二）临床表现

1. 卵巢良性肿瘤　早期肿瘤较小,多无症状,常在妇科检查时偶然发现。肿瘤增至中等大时,感腹胀或腹部扪及肿块,边界清楚。妇科检查在子宫一侧或双侧触及球形肿块,多为囊性,表面光滑、活动与子宫无粘连。若肿瘤长大充满盆、腹腔即出现压迫症状,如尿频、便秘、气急、心悸等。腹部膨隆,肿块活动度差,叩诊呈实音,无移动性浊音。

2. 卵巢恶性肿瘤　早期常无症状,可在妇科检查发现。主要症状为腹胀、腹部肿块及腹水,症状的轻重决定于:①肿瘤的大小、位置、侵犯邻近器官的程度;②肿瘤的组织学类型;③有无并发症。肿瘤若向周围组织浸润或压迫神经,可引起腹痛、腰痛或下肢疼痛;若压迫盆腔静脉,出现下肢水肿;若为功能性肿瘤,产生相应的雌激素或雄激素过多症状。晚期可表现消瘦、严重贫血等恶病质征象。三合诊检查在阴道后穹窿触及盆腔内硬结节,肿块多为双侧,实性或半实性,表面凹凸不平,不活动,常伴有腹水。有时在腹股沟、腋下或锁骨上可触及肿大淋巴结。

（三）并发症

1. 蒂扭转　为常见的妇科急腹症,约 10% 卵巢肿瘤并发蒂扭转。好发于瘤蒂长、中等大、活动度良好、重心偏于一侧的肿瘤(如畸胎瘤)。常在病人突然改变体位时,或妊娠期和产褥期子宫大小、位置改变时发生蒂扭转。卵巢肿瘤扭转的蒂由骨盆漏斗韧带、卵巢固有韧带和输卵管组成。发生急性扭转后静脉回流受阻,瘤内极度充血或血管破裂瘤内出血,致使瘤体迅速增大,后因动脉血流受阻,肿瘤发生坏死变为紫黑色,可破裂和继发感染。其典型症状是突然发生一侧下腹剧痛,常伴恶心、呕吐甚至休克,系腹膜牵引绞窄引起。妇科检查扪及肿物张力大,压痛,以瘤蒂部最明显。有时不全扭转可自然复位,腹痛随之缓解。蒂扭转一经确诊,应尽快行剖腹手术,术时应在蒂根下方钳夹后再将肿瘤和扭转的瘤蒂切除,钳夹前不可将扭转回复,以防栓

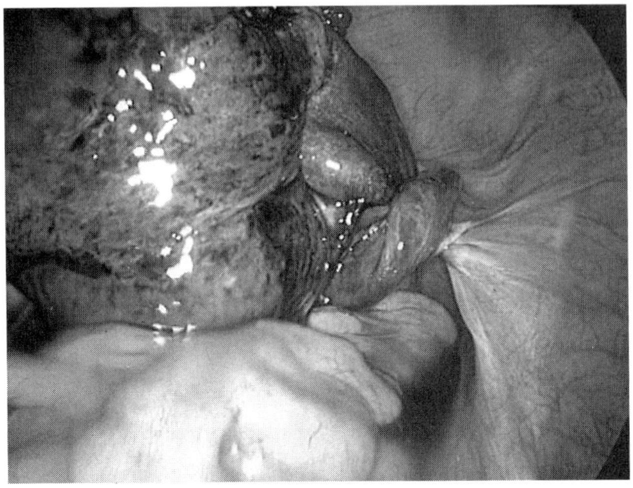

图 22-5 卵巢囊肿蒂扭转坏死

塞脱落(图 22-5)。

2. 破裂 约 3% 卵巢肿瘤会发生破裂,破裂有自发性和外伤性两种。自发性破裂常因肿瘤生长过速所致,多为肿瘤浸润性生长穿破囊壁;外伤性破裂常因腹部受重击、分娩、性交、妇科检查及穿刺等引起。其症状轻重取决于破裂口大小、流入腹腔囊液的性质和数量。小囊肿或单纯浆液性囊腺瘤破裂时,病人仅感轻度腹痛;大囊肿或成熟畸胎瘤破裂后,常致剧烈腹痛、伴恶心呕吐,有时导致腹腔内出血、腹膜炎及休克。妇科检查可发现腹部压痛、腹肌紧张,可有腹水征,原有肿块摸不到或扪及缩小张力低的肿块。疑有肿瘤破裂应立即剖腹探查,术中应尽量吸净囊液,并涂片行细胞学检查,清洗腹腔及盆腔,切除标本应行仔细的肉眼观察,尤需注意破口边缘有无恶变并送病理学检查。

3. 感染 较少见,多因肿瘤扭转或破裂后引起,也可来自邻近器官感染灶如阑尾炎扩散。临床表现为发热、腹痛、肿块及腹部压痛、反跳痛、腹肌紧张及白细胞升高等。治疗应先应用抗生素抗感染,后行手术切除肿瘤。若短期内感染不能控制,宜急诊手术。

4. 恶变 卵巢良性肿瘤可发生恶变,恶变早期无症状,不易发现。若发现肿瘤生长迅速,尤其双侧性,应考虑恶变。近年来,子宫内膜异位囊肿恶变引起临床高度关注,因此,确诊为卵巢肿瘤者应尽早手术明确性质。

(四) 诊断

病理学是诊断卵巢肿瘤的标准。临床表现和相关的辅助检查有助于诊断。

卵巢肿瘤无特异性症状,常于体检时发现。根据病人的年龄、病史及局部体征等特点可初步确定是否为卵巢肿瘤,并对良、恶性进行评估(见表 22-7)。术前常用的辅助诊断方法有:

1. 影像学检查 ①超声:能检测肿块部位、大小、形态,提示肿瘤性质,鉴别卵巢肿瘤、腹水和结核性包裹性积液,超声检查的临床诊断符合率>90%。通过彩色多普勒超声扫描,能测定卵巢及其新生组织血流变化,有助于诊断。②胸部、腹部 X 线平片:对判断有无胸腔积液、肺转移和肠梗阻有诊断意义。卵巢畸胎瘤,腹部平片可显示牙齿及骨质,囊壁为密度增高的钙化层,囊腔呈放射透明阴影。③CT 检查:可清晰显示肿块形态,良性肿瘤多呈均匀性吸收,囊壁薄,光滑;恶性肿瘤轮廓不规则,并向周围浸润或伴腹水;CT 还可显示有无肝、肺结节及腹膜后淋巴结转移。④磁共振成像(MRI):MRI 具有较高的软组织分辨度,在判断子宫病变的性质、评估肿瘤局部浸润的程度、周围脏器的浸润、有无淋巴转移、有无肝脾转移和确定手术方式有重要参考价值。⑤PET-CT 检查:正电子发射计算机断层显像(PET-CT)是将 PET 与 CT 完美融为一体的现代影像学检查。由 PET 提供病灶详尽的功能与代谢等分子信息,而 CT 提供病灶的精确解剖定位,一次显像可获得全身各方位的断层图像,具有灵敏、准确、特异及定位精确等特点,可一目了

Notes

然的了解全身整体状况，达到早期发现病灶和诊断疾病的目的。PET-CT 更有助于复发卵巢癌的定性和定位诊断。

2. 肿瘤标志物 不同类型卵巢肿瘤有相对较为特殊标志物，可用于辅助诊断及病情监测。①CA125：80% 卵巢上皮癌病人 CA125 水平高于正常值；90% 以上病人 CA125 水平的高低与病情缓解或恶化相一致，可用于病情监测，敏感性高。②人附睾蛋白 4（HE4）：是一种新的卵巢癌肿瘤标志物。正常生理情况下，HE4 在卵巢癌组织和病人血清中均高度表达，可用于卵巢癌的早期检测、鉴别诊断、治疗监测及预后评估。88% 的卵巢癌病人都会出现 HE4 升高的现象。与 CA125 相比，HE4 的敏感度更高、特异性更强，尤其是在疾病初期无症状表现的阶段。HE4 与 CA125 两者联合应用，诊断卵巢癌的敏感性可增加到 92%，并将假阴性结果减少 30%，大大增加了卵巢癌诊断的准确性。③CA199 和 CEA 等肿瘤标记物在卵巢上皮癌病人中也会升高，尤其对卵巢黏液性癌的诊断价值较高。④AFP：对卵巢内胚窦瘤有特异性价值，对未成熟畸胎瘤、混合性无性细胞瘤中含卵黄囊成分者有协助诊断意义。⑤hCG：对于原发性卵巢绒癌有特异性。⑥性激素：颗粒细胞瘤、卵泡膜细胞瘤可产生较高水平雌激素。

3. 腹腔镜检查 可直接观察肿块状况，对盆腔、腹腔及横膈部位进行窥视，并在可疑部位进行多点活检，抽吸腹腔液行细胞学检查。

4. 细胞学检查 腹水或腹腔冲洗液找癌细胞对Ⅰ期病人进一步确定分期及选择治疗方法有意义，若有胸水应作细胞学检查确定有无胸腔转移。

（五）鉴别诊断

1. 卵巢良性肿瘤与恶性肿瘤的鉴别（见表 22-7）

表 22-7 卵巢良性肿瘤与恶性肿瘤鉴别

鉴别内容	良性肿瘤	恶性肿瘤
病史	病程长，生长缓慢	病程短，迅速增大
肿块部位及性质	单侧多，囊性，光滑，活动	双侧多，实性或囊实性，不规则，固定，后穹窿实性结节或肿块
腹水征	多无	常有腹水，可能查到恶性细胞
一般情况	良好	可有消瘦、恶病质
超声检查	为液性暗区，边界清晰，有间隔光带	液性暗区内有杂乱光团、光点，界限不清
CA125*（>50 岁）	<35U/ml	>35U/ml

*：因 50 岁以下病人常有盆腔炎、子宫内膜异位症等可使 CA125 升高的疾病，故参考价值不大。大于 50 岁病人中，若有卵巢肿块伴 CA125 升高，则恶性者可能性大，有鉴别诊断意义

2. 卵巢良性肿瘤的鉴别诊断

（1）卵巢瘤样病变：滤泡囊肿和黄体囊肿最常见。多为单侧，直径<5cm，壁薄，暂行观察或口服避孕药，2～3 个月内自行消失，若持续存在或长大，应考虑为卵巢肿瘤。

（2）输卵管卵巢囊肿：为炎性囊性积液，常有不孕或盆腔感染史，两侧附件区条形囊性肿块，边界较清，活动受限。

（3）子宫肌瘤：浆膜下肌瘤或肌瘤囊性变易与卵巢实体瘤或囊肿混淆。肌瘤常为多发性，与子宫相连，检查时肿瘤随宫体及宫颈移动。超声检查可协助鉴别。

（4）妊娠子宫：妊娠早期或中期时，子宫增大变软，峡部更软，三合诊时宫体与宫颈似不相连，易将宫体误认为卵巢肿瘤。但妊娠妇女有停经史，作 hCG 测定或超声检查即可鉴别。

（5）腹水：大量腹水应与巨大卵巢囊肿鉴别，腹水常有肝病、心脏病史，平卧时腹部两侧突出如蛙腹，叩诊腹部中间鼓音，两侧浊音，移动性浊音阳性；超声检查见不规则液性暗区，液平面

Notes

随体位改变,其间有肠曲光团浮动,无占位性病变。巨大囊肿平卧时腹部中间隆起,叩诊浊音,腹部两侧鼓音,无移动性浊音,边界清楚;超声检查见圆球形液性暗区,边界整齐光滑,液平面不随体位移动。

3. 卵巢恶性肿瘤的鉴别诊断

(1)子宫内膜异位症:子宫内膜异位症形成的粘连性肿块及直肠子宫陷凹结节与卵巢恶性肿瘤很难鉴别。前者常有进行性痛经、月经多,经前不规则阴道流血等。超声检查、腹腔镜检查是有效的辅助诊断方法,必要时应剖腹探查确诊。

(2)结核性腹膜炎:常合并腹水,盆腹腔内形成粘连性肿块。但多发生于年轻、不孕妇女,伴月经稀少或闭经。多有肺结核史;有消瘦、乏力、低热、盗汗、食欲缺乏等全身症状。妇科检查肿块位置较高,形状不规则,界限不清,不活动。叩诊时鼓音和浊音分界不清。X 线胸片检查、结核菌素试验等可协助诊断,必要时行剖腹探查取材行活体组织检查确诊。

(3)生殖道以外的肿瘤:需与腹膜后肿瘤、直肠癌、乙状结肠癌等鉴别。腹膜后肿瘤固定不动,位置低者使子宫、直肠或输尿管移位。直肠癌和乙状结肠癌多有相应的消化道症状,超声检查、钡剂灌肠、乙状结肠镜检等有助于鉴别。

(4)转移性卵巢肿瘤:与卵巢原发恶性肿瘤不易鉴别。对于双侧性、中等大、肾形、活动的实性肿块,应疑为转移性卵巢肿瘤,有消化道癌、乳癌病史者,更要考虑转移性卵巢肿瘤诊断。若病人有消化道症状应作胃镜检查,此外要排除其他可能的原发肿瘤。如未发现原发性肿瘤病灶,应作剖腹探查。

(5)慢性盆腔炎:有流产或产褥感染病史,有发热、下腹痛,妇科检查附件区有肿块及组织增厚、压痛、片状块物达盆壁。用抗生素治疗症状缓解,块物缩小。若治疗后症状、体征无改善,或块物增大,应考虑为盆腔或卵巢恶性肿瘤可能。超声检查有助于鉴别。

(六)恶性肿瘤的转移途径

卵巢恶性肿瘤的转移特点是外观局限的肿瘤,可在腹膜、大网膜、腹膜后淋巴结、横膈等部位有亚临床转移。主要通过直接蔓延及腹腔种植,瘤细胞可直接侵犯包膜,累及邻近器官,并广泛种植于盆腹膜及大网膜、横膈、肝表面。淋巴道也是重要的转移途径,有 3 种方式:①沿卵巢血管经卵巢淋巴管向上到腹主动脉旁淋巴结;②沿卵巢门淋巴管达髂内、髂外淋巴结,经髂总至腹主动脉旁淋巴结;③偶有沿圆韧带入髂外及腹股沟淋巴结。横膈为转移的好发部位,尤其右膈下淋巴丛密集,故最易受侵犯。血行转移少见,晚期可转移到肺、胸膜及肝。

(七)卵巢恶性肿瘤临床分期

卵巢恶性肿瘤临床分期现多采用 FIGO 2013 年手术-病理分期(表 22-8),用以估计预后和比较疗效。

(八)治疗

一经发现卵巢肿瘤,应行手术。手术目的:①明确诊断;②切除肿瘤;③恶性肿瘤进行手术-病理分期。术中不能确定肿瘤性质者,应将切下的卵巢肿瘤进行快速冷冻组织病理学检查,明确诊断。手术可通过腹腔镜和(或)剖腹进行。术后应根据卵巢肿瘤的性质、组织学类型、手术-病理分期等因素来决定是否进行辅助治疗。

(九)随访与监测

卵巢恶性肿瘤易于复发,应长期予以随访和监测。

1. 随访时间 术后 1 年内每月 1 次;术后 2 年每 3 月 1 次;术后 3~5 年视病情 4~6 月 1 次;5 年以后者每年 1 次。

2. 监测内容 临床症状、体征、全身检查及盆腔检查(包括三合诊检查),超声检查。必要时作 CT 或 MRI 检查。肿瘤标志物测定,如 CA125、HE4、CA199、CEA、AFP、hCG、雌激素和雄激素等可根据病情选用。

Notes

表 22-8　卵巢癌、输卵管癌、腹膜癌的手术-病理分期(FIGO,2013 年)

Ⅰ期	病变局限于卵巢或输卵管
ⅠA	肿瘤局限于一侧卵巢(包膜完整)或输卵管,卵巢和输卵管表面无肿瘤;腹水或腹腔冲洗液未找到癌细胞
ⅠB	肿瘤局限于双侧卵巢(包膜完整)或输卵管,卵巢和输卵管表面无肿瘤;腹水或腹腔冲洗液未找到癌细胞
ⅠC	肿瘤局限于单侧或双侧卵巢或输卵管,并伴有如下任何一项:
ⅠC1	手术导致肿瘤破裂
ⅠC2	手术前肿瘤包膜已破裂或卵巢、输卵管表面有肿瘤
ⅠC3	腹水或腹腔冲洗液发现癌细胞
Ⅱ期	肿瘤累及一侧或双侧卵巢或输卵管并有盆腔内扩散(在骨盆入口平面以下)或原发性腹膜癌
ⅡA	肿瘤蔓延或种植到子宫和(或)输卵管和(或)卵巢
ⅡB	肿瘤蔓延至其他盆腔内组织
Ⅲ期	肿瘤累及单侧或双侧卵巢、输卵管或原发性腹膜癌,伴有细胞学或组织学证实的盆腔外腹膜转移或证实存在腹膜后淋巴结转移
ⅢA1	仅有腹膜后淋巴结阳性(细胞学或组织学证实)
ⅢA1(i)	淋巴结转移最大直径≤10mm
ⅢA1(ii)	淋巴结转移最大直径>10mm
ⅢA2	显微镜下盆腔外腹膜受累,伴或不伴腹膜后阳性淋巴结
ⅢB	肉眼盆腔外腹膜转移,病灶最大直径≤2cm,伴或不伴腹膜后阳性淋巴结
ⅢC	肉眼盆腔外腹膜转移,病灶最大直径>2cm,伴或不伴腹膜后阳性淋巴结(包括肿瘤蔓延至肝包膜和脾,但未转移到脏器实质)
Ⅳ期	超出腹腔外的远处转移
ⅣA	胸水中发现癌细胞
ⅣB	腹腔外器官实质转移(包括肝实质转移和腹股沟淋巴结和腹腔外淋巴结转移)

(十) 妊娠合并卵巢肿瘤

妊娠合并良性肿瘤以成熟囊性畸胎瘤及浆液性(或黏液性)囊腺瘤居多,占妊娠合并卵巢肿瘤的 90%,恶性者以无性细胞瘤及浆液性囊腺癌为多。若无并发症,妊娠合并卵巢肿瘤一般无明显症状。早孕时三合诊即能查得。中期妊娠以后不易查得,需依靠病史及超声诊断。

早孕时肿瘤嵌入盆腔可能引起流产,中期妊娠时易并发蒂扭转,晚期妊娠时若肿瘤较大可导致胎位异常,分娩时可引起肿瘤破裂,若肿瘤位置低可梗阻产道导致难产。妊娠时盆腔充血,可能使肿瘤迅速增大,并促使恶性肿瘤扩散。

早孕合并卵巢囊肿,以等待至妊娠 3 个月后进行手术为宜,以免诱发流产。妊娠晚期发现者,可等待至足月,临产后若肿瘤阻塞产道即行剖宫产,同时切除肿瘤。

若诊断或疑为卵巢恶性肿瘤,应尽早手术,其处理原则同非孕期。

二、卵巢原发上皮性肿瘤

卵巢上皮性肿瘤为最常见的卵巢肿瘤,多见于中老年妇女,很少发生在青春期前女孩和婴幼儿。卵巢上皮性肿瘤分为良性、交界性和恶性。交界性肿瘤是指上皮细胞增生活跃及核异型,核分裂象增加,表现为上皮细胞层次增加,但无间质浸润,是一种低度潜在恶性肿瘤,生长缓

Notes

慢，转移率低，复发迟。卵巢上皮性癌发展迅速，不易早期诊断，治疗困难，死亡率高。

（一）发病原因及高危因素

卵巢上皮癌的发病原因一直未明。近年的研究证据表明，卵巢癌由卵巢表面生发上皮起源假说缺乏科学依据，卵巢外起源学说则引起高度重视，并提出了上皮性卵巢癌发生的二元理论。二元论将卵巢上皮癌分为两型，Ⅰ型卵巢癌包括了低级别卵巢浆液性癌及低级别卵巢子宫内膜样癌、透明细胞癌、黏液性癌和移行细胞癌；Ⅱ型卵巢癌包括了高级别卵巢浆液性癌及高级别卵巢子宫内膜样癌、未分化癌和恶性中胚叶混合性肿瘤（癌肉瘤）。Ⅰ型卵巢癌起病缓慢，常有前驱病变，多为临床早期，预后较好；Ⅱ型卵巢癌发病快，无前驱病变，侵袭性强，多为临床晚期，预后不良。两型卵巢癌的发生、发展可能有两种不同的分子途径，因而具有不同的生物学行为（见表22-9）。高级别卵巢浆液性癌大多起源于输卵管的观点已被国际上多数学者所接受。

表22-9 卵巢癌二元论学说

二元论分类	肿瘤类型	癌前病变	主要基因突变类型	基因不稳定性
Ⅰ型卵巢癌	低级别浆液性癌	浆液性囊腺瘤或交界性肿瘤	KRAS，BRAF	低
	低级别子宫内膜样癌	子宫内膜异位	CTNNB1，PTEN，ARID1A	低
	透明细胞癌	子宫内膜异位	PIK3CA，ARID1A，FBXW74	低
	黏液性癌	黏液性囊腺瘤或交界性肿瘤	KRAS	低
Ⅱ型卵巢癌	高级别浆液性癌	输卵管上皮内癌	TP53，BRCA1/2	高
	高级别子宫内膜样癌		TP53	高
	未分化癌		—	—
	癌肉瘤		TP53	—

此外，下列因素也可能与卵巢上皮癌的发病密切相关：

1. **遗传因素** 5%～10%的卵巢上皮癌具有遗传异常。上皮性卵巢癌的发生与三个遗传性癌综合征有关，即：遗传性乳腺癌-卵巢癌综合征（HBOC），遗传性位点特异性卵巢癌综合征（HSSOC），和遗传性非息肉性结直肠癌综合征（HNPCC），最常见的是HBOC。真正的遗传性卵巢癌和乳腺癌一样，主要是由于BRCA1和BRCA2基因突变所致，属于常染色体显性遗传。

2. **子宫内膜异位症** 相关的形态学和分子遗传学的证据提示，卵巢子宫内膜样癌和透明细胞癌可能来源于子宫内膜异位症的病灶恶变。抑癌基因ARID1A基因突变不仅见于卵巢子宫内膜样癌和透明细胞癌的癌组织，同时见于邻近的子宫内膜异位症和癌变前期病灶，这是卵巢子宫内膜样癌和透明细胞癌起源异位子宫内膜的有力证据。

3. **持续排卵** 持续排卵使卵巢表面上皮不断损伤与修复，其结果一方面在修复过程中卵巢表面上皮细胞突变的可能性增加。减少或抑制排卵可减少卵巢上皮由排卵引起的损伤，可能降低卵巢癌发病危险。流行病学调查发现卵巢癌危险因素有未产、不孕，而多次妊娠、哺乳和口服避孕药有保护作用。

（二）病理

1. **组织学类型** 卵巢上皮肿瘤组织学类型主要有：

（1）浆液性肿瘤：

1）浆液性囊腺瘤（serous cystadenoma）：约占卵巢良性肿瘤的25%。多为单侧，球形，大小不等，表面光滑，囊性，壁薄，内充满淡黄色清亮液体。有单纯性及乳头状两型，前者多为单房，囊壁光滑；后者常为多房，可见乳头，向囊外生长。镜下见囊壁为纤维结缔组织，内为单层柱状上皮,乳头分支较粗,间质内见砂粒体(成层的钙化小球状物)。

2)交界性浆液性囊腺瘤(borderline serous cystadenoma):中等大小,多为双侧,乳头状生长在囊内较少,多向囊外生长。镜下见乳头分支纤细而密,上皮复层不超过3层,细胞核轻度异型,核分裂象<1/HP,无间质浸润,预后好。对于存在浸润性种植病人,晚期和复发几率增加。

3)浆液性囊腺癌(serous cystadenocarcinoma):占卵巢恶性肿瘤的40%~50%。多为双侧,体积较大,半实质性。结节状或分叶状,灰白色,或有乳突状增生,切面为多房,腔内充满乳头,质脆,出血、坏死。镜下见囊壁上皮明显增生,复层排列,一般在4~5层以上。癌细胞为立方形或柱状,细胞异型明显,并向间质浸润。

2014年版WHO女性生殖道肿瘤分类中将浆液性癌分为低级别癌与高级别癌二类,采用的是M. D. Anderson癌症中心的分类标准(见表22-10)。

表22-10 卵巢浆液性癌组织学分类(WHO,2014)

	高级别	低级别
组织病理特点	细胞核多形性,大小相差超过3倍 核分裂数大于12个/HPF 常见坏死和多核瘤巨细胞	细胞核较均匀一致,仅轻到中度异型性 核分裂数≤12个/HPF 无坏死或多核瘤巨细胞 核仁可明显,可有胞质内黏液

注:级别的确定基于细胞形态,非组织结构

(2)黏液性肿瘤:黏液性肿瘤组织学上分为肠型、宫颈型或混合型,由肠型黏膜上皮或宫颈管黏膜上皮(mullerian分化)组成。

1)黏液囊腺瘤(mucinous cystadenoma):占卵巢良性肿瘤的20%。多为单侧,圆形或卵圆形,体积较大,表面光滑,灰白色。切面常为多房,囊腔内充满胶冻样黏液,含黏蛋白和糖蛋白,囊内很少有乳头生长。镜下见囊壁为纤维结缔组织,内衬单层柱状上皮;可见杯状细胞及嗜银细胞。恶变率为5%~10%。偶可自行破裂,瘤细胞种植在腹膜上继续生长并分泌黏液,在腹膜表面形成胶冻样黏液团块,极似卵巢癌转移,称腹膜假黏液瘤(pseudomyxoma peritonei)。腹膜假性黏液瘤主要继发于肠型分化的肿瘤,瘤细胞呈良性,分泌旺盛,很少见细胞异型和核分裂,多限于腹膜表面生长,一般不浸润脏器实质。手术是主要治疗手段,术中应尽可能切净所有肿瘤。然而,手术很少能根治,本病复发率高,病人需要多次手术,病人常死于肠梗阻。

2)交界性黏液性囊腺瘤(borderline mucinous cystadenoma):一般较大,少数为双侧,表面光滑,常为多房。切面见囊壁增厚,有实质区和乳头状形成,乳头细小、质软。镜下见上皮不超过3层,细胞轻度异型,细胞核大、染色深,有少量核分裂,增生上皮向腔内突出形成短粗的乳头,无间质浸润。

3)黏液性囊腺癌(mucinous cystadenocarcinoma):占卵巢恶性肿瘤的10%。多为单侧,瘤体较大,囊壁可见乳头或实质区,切面为囊、实性,囊液混浊或血性。镜下见腺体密集,间质较少,腺上皮超过3层,细胞明显异型,并有间质浸润。

(3)卵巢子宫内膜样肿瘤(endometrioid tumor):良性瘤较少见,为单房,表面光滑,囊壁衬以单层柱状上皮,似正常子宫内膜。囊内被覆扁平上皮,间质内可有含铁血黄素的吞噬细胞。子宫内膜样交界性瘤很少见。卵巢子宫内膜样癌(endometrioid carcinoma)占卵巢恶性肿瘤的10%~24%,肿瘤单侧多,中等大,囊性或实性,有乳头生长,囊液多为血性。镜下特点与子宫内膜癌极相似,多为高分化腺癌或腺棘皮癌,常并发子宫内膜异位症和子宫内膜癌,不易鉴别何者为原发或继发。

(4)透明细胞肿瘤(clear cell tumor):来源于苗勒氏管上皮,良性罕见,交界性者上皮由1~3层多角形靴钉状细胞组成,核有异型性但无间质浸润,常合并透明细胞癌存在。透明细胞癌占卵巢癌5%~11%,病人均为成年妇女,平均年龄48~58岁,10%合并高血钙症。常合并子宫内膜异位症(25%～50%)。易转移至腹膜后淋巴结,对常规化疗不明感。呈囊实性,单侧多,较大;镜下瘤细胞质丰富或呈泡状,含丰富糖原,排列成实性片、索状或乳头状;瘤细胞核异型性明显,深染,有特殊的靴钉细胞附于囊内及管状结构。

(5) 勃勒纳瘤(Brenner tumor):由卵巢表面上皮向移行上皮分化而形成,占卵巢肿瘤1.5%～2.5%。多数为良性,单侧,体积小(直径<5cm),表面光滑,质硬,切面灰白色漩涡或编织状。小肿瘤常位于卵巢髓质近卵巢门处。亦有交界性及恶性。

(6) 未分化癌(undifferentiated carcinoma):在未分化癌中,小细胞癌(small cell carcinoma)最有特征。发病年龄9～43岁,平均24岁,70%病人有高血钙。常为单侧,较大,表面光滑或结节状,切面为实性或囊实性,质软、脆,分叶或结节状,褐色或灰黄色,多数伴有坏死出血。镜检癌细胞为未分化小细胞,圆形或梭形,胞质少,核圆或卵圆有核仁,核分裂多见(16～50/10HPFs)。细胞排列紧密,呈弥散、巢状,片状生长。恶性程度极高,预后极差,90%病人在1年内死亡。

2. 组织学分级 2014年版WHO女性生殖道肿瘤分类中,对卵巢上皮癌的组织学分级达成共识。浆液性癌分为低级别癌与高级别癌两类。子宫内膜样癌根据FIGO分级系统分3级,1级实性区域<5%,2级实性区域5%～50%,3级实性区域>50%。黏液性癌不分级,但分为3型:①非侵袭性(上皮内癌),②侵袭性(膨胀性或融合性),③侵袭性(浸润型)。浆黏液性癌按不同的癌成分各自分级。透明细胞癌和未分化癌本身为高级别癌,不分级。恶性Brenner瘤其恶性成分参照尿路上皮癌分级,分为低级别和高级别。

肿瘤组织学分级对病人预后有重要的影响,应引起重视。

(三)治疗

1. 良性肿瘤 若卵巢肿块直径小于5cm,疑为卵巢瘤样病变,可作短期观察。一经确诊为卵巢良性肿瘤,应手术治疗。根据病人年龄、生育要求及对侧卵巢情况决定手术范围。年轻、单侧良性肿瘤应行患侧卵巢囊肿剥出或卵巢切除术,尽可能保留正常卵巢组织和对侧正常卵巢;即使双侧良性囊肿,也应争取行囊肿剥出术,保留正常卵巢组织。围绝经期妇女可行单侧附件切除或子宫及双侧附件切除术。术中剖开肿瘤肉眼观察区分良、恶性,必要时作冷冻切片组织学检查明确性质,确定手术范围。若肿瘤大或可疑恶性,尽可能完整取出肿瘤,防止囊液流出及瘤细胞种植于腹腔。巨大囊肿可穿刺放液,待体积缩小后取出,穿刺前须保护穿刺周围组织,以防囊液外溢,放液速度应缓慢,以免腹压骤降发生休克。

2. 交界性肿瘤 手术是卵巢交界性肿瘤最重要的治疗,手术治疗的目标是将肿瘤完全切除。卵巢交界瘤建议行全面分期手术,是否要行腹膜后淋巴结系统切除或取样活检,多数学者倾向否定意见,尤其是卵巢黏液性肿瘤。年轻病人可考虑行保留生育功能治疗。晚期复发是卵巢交界瘤的特点,78%在5年后甚至10～20年后复发。复发的肿瘤一般仍保持原病理形态,即仍为交界性肿瘤,复发的肿瘤一般仍可切除。

卵巢交界性瘤一般不主张进行术后化疗,化疗仅在以下几种情况考虑应用:①肿瘤期别较晚,有广泛种植,术后可施行3～6个疗程化疗;②有大网膜,淋巴结或其他远处部位浸润性种植的病人更可能发生早期复发,这些病人应按照低级别浆液性癌进行化疗。

3. 恶性肿瘤 治疗原则是手术为主,辅以化疗、放疗及其他综合治疗。

(1) 手术:是治疗卵巢上皮癌的主要手段。应根据术中探查及冷冻病理检查结果,决定手术范围,卵巢上皮癌第一次手术彻底性与预后密切相关。

早期(FIGO Ⅰ-Ⅱ期)卵巢上皮癌应行全面确定分期的手术,包括:留取腹水或腹腔冲洗液进行细胞学检查;全面探查盆、腹腔,对可疑病灶及易发生转移部位多处取材作组织学检查;全子宫和双附件切除(卵巢动静脉高位结扎);盆腔及腹主动脉旁淋巴结清除;大网膜和阑尾切除。一般认为,对于上皮性卵巢癌施行保留生育功能(保留子宫和对侧附件)的手术应是谨慎和严格选择的,必须具备以下条件方可施行:①病人年轻,渴望生育;②ⅠA期;③细胞分化好(G1);

Notes

④对侧卵巢外观正常、剖探阴性；⑤有随诊条件。亦有主张完成生育后视情况再行手术切除子宫及对侧附件。对于有高危因素而要求保留生育功能的病人则需充分知情。

晚期卵巢癌(FIGO Ⅲ-Ⅳ期)，应行肿瘤细胞减灭术，术式与全面确定分期的手术相同，手术的主要目的是尽最大努力切除卵巢癌之原发灶和转移灶，使残余肿瘤直径小于1cm，必要时可切除部分肠管或脾脏等。对于手术困难的病人可在组织病理学确诊为卵巢癌后，先行1～2程先期化疗后再进行手术。

复发性卵巢癌的手术治疗价值尚有争议，主要用于以下几方面：①解除肠梗阻；②对二线化疗敏感的复发灶(化疗后间隔大于12月)的减灭；③切除孤立的复发灶。对于复发癌的治疗多数只能缓解症状，而不是为了治愈，生存质量是最应该考虑的因素。

(2) 化学药物治疗：为主要的辅助治疗。常用于术后杀灭有残留癌灶，控制复发；也可用于复发病灶的治疗。化疗可以缓解症状，延长病人存活期。暂无法施行手术的晚期病人，化疗可使肿瘤缩小，为以后手术创造条件。

一线化疗是指首次肿瘤细胞减灭术后的化疗。常用化疗药物有顺铂、卡铂、紫杉醇、环磷酰胺、异环磷酰胺、氟尿嘧啶、博来霉素、长春新碱、依托泊苷(VP16)等。近年来多以铂类药物和紫杉醇为主要的化疗药物，常用联合化疗方案见表22-11。根据病情可采用静脉化疗或静脉腹腔联合化疗。腹腔内化疗不仅能控制腹水，又能使小的腹腔内残存癌灶缩小或消失。化疗疗程数一般为6～9疗程。二线化疗主要用于卵巢癌复发的治疗。选择化疗方案前应了解一线化疗用什么药物及药物累积量；一线化疗疗效如何，毒性如何，反应持续时间及停药时间。病人一线治疗中对铂类的敏感性对选择二线化疗具重要参考价值。二线化疗的用药原则：①以往未用铂类者可选用含铂类的联合化疗；②在铂类药物化疗后6个月以上出现复发用以铂类为基础的二线化疗通常有效；③难治性病人不应再选用以铂类为主的化疗，而应选用与铂类无交叉耐药的药物，如紫杉醇、托扑替康、异环磷酰胺、六甲蜜胺、吉西他宾、脂质体阿霉素等。

表22-11　卵巢上皮性癌常用联合化疗方案

方案	药物	剂量及方法	疗程间隔
1. TC	紫杉醇(T) 卡铂(C)	175mg/m^2 静滴1次，3小时滴完 卡铂(剂量按AUC=5计算)静滴1次	3周
2. TP	紫杉醇(T) 顺铂(P)	175mg/m^2 静滴1次，3小时滴完 70mg/m^2 静滴1次	3周
3. PC	顺铂(P) 环磷酰胺(C)	70mg/m^2 静滴1次 700mg/m^2 静滴1次	3～4周

(3) 放射治疗：外照射对于卵巢上皮癌的治疗价值有限，可用于锁骨上和腹股沟淋巴结转移灶和部分紧靠盆壁的局限性病灶的局部治疗。对上皮性癌不主张以放疗作为主要辅助治疗手段，但在ⅠC期，或伴有大量腹水者经手术后仅有细小粟粒样转移灶或肉眼看不到有残留病灶的可辅以放射性同位素^{32}P腹腔内注射以提高疗效，减少复发，腹腔内有粘连时禁用。

(4) 免疫治疗：靶向药物治疗是目前改善晚期卵巢癌预后的主要趋势。近几年，贝伐珠单抗在卵巢癌的一线治疗以及复发卵巢癌的治疗中都取得了较好的疗效，可提高病人的无瘤生存期，但其昂贵的价格还需进行价值医学方面的评价。

(四) 预后

预后与分期、组织学分类及分级、病人年龄及治疗方式有关。以分期最重要，期别越早预后越好。据文献报道Ⅰ期卵巢癌，病变局限于包膜内，5年生存率达90%。若囊外有赘生物、腹腔冲洗液找到癌细胞降至68%；Ⅲ期卵巢癌，5年生存率为30%～40%；Ⅳ期卵巢癌仅为10%。低度恶性肿瘤疗效较恶性程度高者为佳，细胞分化良好者疗效较分化不良者好。对化疗药物敏感

Notes

者,疗效较好。术后残余癌灶直径<1cm 者,化疗效果较明显,预后良好。

(五)预防

卵巢上皮癌的病因不清,难以预防。但若能积极采取措施对高危人群严密监测随访,早期诊治可改善预后。

1. 高危人群严密监测 40 岁以上妇女每年应行妇科检查;高危人群每半年检查一次,早期发现或排除卵巢肿瘤。若配合超声检查、CA125 检测等则更好。

2. 早期诊断及处理 卵巢实性肿瘤或囊肿直径>5cm 者,应及时手术切除。重视青春期前、绝经后或生育年龄口服避孕药的妇女发现卵巢肿大,应及时明确诊断。盆腔肿块诊断不清或治疗无效者,应及早行腹腔镜检查或剖腹探查,早期诊治。

3. 乳癌和胃肠癌的女性病人,治疗后应严密随访,定期作妇科检查,确定有无卵巢转移癌。

4. 家族史和基因检测是临床医生决定是否行预防性卵巢切除的主要考虑因素,基因检测是最关键的因素。对 BRCA1(+)的 HOCS 家族成员行预防性卵巢切除是合理的。

三、卵巢生殖细胞肿瘤

卵巢生殖细胞肿瘤(ovarian germ cell tumor)是指来源于胚胎性腺的原始生殖细胞而具有不同组织学特征的一组肿瘤,其发病率仅次于上皮性肿瘤,多发生于年轻的妇女及幼女,绝经后仅占 4%。卵巢恶性生殖细胞肿瘤(ovarian malignant germ cell tumor)恶性程度大,死亡率高。由于找到有效的化疗方案,使其预后大为改观。卵巢恶性生殖细胞肿瘤的存活率分别由过去的 10% 提高到目前 90%,大部分病人可行保留生育功能的治疗。

(一)病理分类

(1)畸胎瘤(teratoma):由多胚层组织结构组成的肿瘤,偶见含一个胚层成分。肿瘤组织多数成熟,少数未成熟;多数为囊性,少数为实性。肿瘤的良、恶性及恶性程度取决于组织分化程度,而不决定于肿瘤质地。

成熟畸胎瘤(mature teratoma):又称皮样囊肿(dermoid cyst),属良性肿瘤,占卵巢肿瘤的 10%~20%,占生殖细胞肿瘤的 85%~97%,占畸胎瘤的 95% 以上。可发生于任何年龄,以20~40 岁居多。多为单侧,双侧占 10%~17%。中等大小,呈圆形或卵圆形,壁光滑、质韧。多为单房,腔内充满油脂和毛发,有时可见牙齿或骨质。囊壁内层为复层鳞状上皮,壁上常见小丘样隆起向腔内突出称"头节"。肿瘤可含外、中、内胚层组织。偶见向单一胚层分化,形成高度特异性畸胎瘤,如卵巢甲状腺肿(struma ovarii),分泌甲状腺激素,甚至引起甲亢。成熟囊性畸胎瘤恶变率为 2%~4%,多见于绝经后妇女;"头节"的上皮易恶变,形成鳞状细胞癌,预后较差(图 22-6)。

未成熟畸胎瘤(immature teratoma):属恶性肿瘤,含 2~3 胚层,占卵巢畸胎瘤 1%~3%。肿瘤由分化程度不同的未成熟胚胎组织构成,主要为原始神经组织。多见于年轻病人,平均年龄 11~19 岁。肿瘤多为实性,可有囊性区域。肿瘤的恶性程度根据未成熟组织所占比例、分化程度及神经上皮含量而定。该肿瘤的复发及转移率均高,但复发后再次手术可见未成熟肿瘤组织具有向成熟转化的特点,即恶性程度的逆转现象。

(2)无性细胞瘤(dysgerminoma):为中度恶性的实性肿瘤,占卵巢恶性肿瘤的 5%。好发于青春期及生育期妇女,单侧居多,右侧多于左侧。肿瘤为圆形或椭圆形,中等大,实性,触之如橡皮样。表面光滑或呈分叶状。切面淡棕色,镜下见圆形或多角形大细胞,细胞核大,胞质丰富,瘤细胞呈片状或条索状排列,有少量纤维组织相隔,间质中常有淋巴细胞浸润。对放疗特别敏感,纯无性细胞瘤的 5 年存活率可达 90%。混合型(含绒癌,内胚窦成分)预后差(图 22-7)。

(3)卵黄囊瘤(yolk sac tumor):来源于胚外结构卵黄囊,其组织结构与大鼠胎盘的内胚窦特殊血管周围结构(schiller-dural 小体)相似,又名内胚窦瘤(endodermal sinus tumor)。卵黄囊瘤

Notes

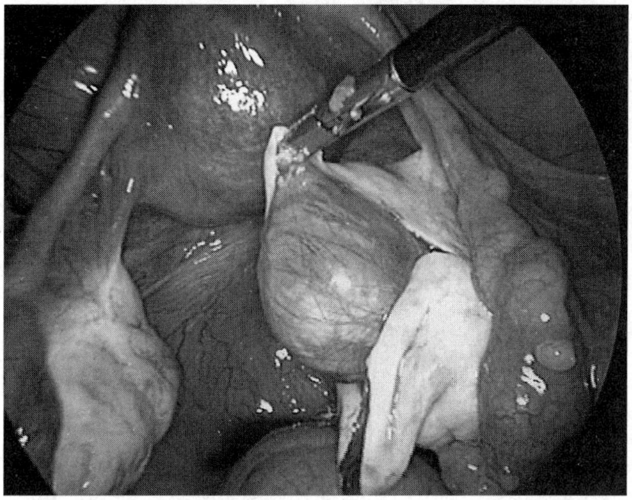

图 22-6　成熟性囊性畸胎瘤：腹腔镜手术中可见囊肿内头发和黄色油脂

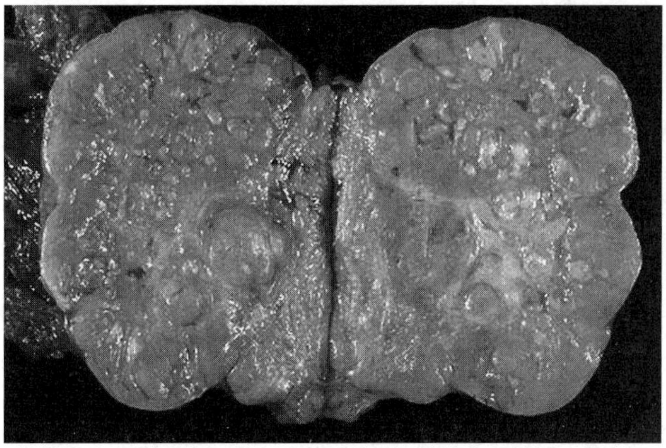

图 22-7　卵巢无性细胞瘤的切面图

占卵巢恶性肿瘤 1%，但是恶性生殖细胞肿瘤的常见类型，其恶性程度高，常见于儿童及年轻妇女。多为单侧，肿瘤较大，圆形或卵圆形。切面部分囊性，组织质脆，多有出血坏死区，呈灰红或灰黄色，易破裂。镜下见疏松网状和内皮窦样结构。瘤细胞扁平、立方、柱状或多角形，产生甲胎蛋白（AFP），故病人血清 AFP 浓度很高，其浓度与肿瘤消长相关，是诊断及治疗监测时的重要标志物。肿瘤生长迅速，易早期转移，预后差，既往平均生存期仅 1 年，现经手术及联合化疗后，生存期明显延长。

（4）胚胎癌：是一种未分化并具有多种分化潜能的恶性生殖细胞肿瘤。极少见，发生率占卵巢恶性生殖细胞瘤的 5% 以下。胚胎癌具有向胚体方向分化的潜能，可形成不同程度分化的畸胎瘤；向胚外方向分化则形成卵黄囊结构或滋养细胞结构。形态上与睾丸的胚胎癌相似，但发生在卵巢的纯型胚胎癌远较在睾丸少见，其原因尚不明。肿瘤体积较大，有包膜，质软，常伴出血、梗死和包膜破裂。切面为实性，灰白色，略呈颗粒状；与其他生殖细胞瘤合并存在时，则依所含的成分和占的比例不同呈现出杂色多彩状，囊性变和出血坏死多见。瘤组织由较原始的多角形细胞聚集形成的实性上皮样片块和细胞巢与原始幼稚的黏液样间质构成。肿瘤细胞和细胞核的异型性突出，可见瘤巨细胞。在稍许分化的区域，瘤细胞有形成裂隙和乳头的倾向，细胞略呈立方或柱状上皮样，但不形成明确的腺管。胚胎癌具有局部侵袭性强、播散广泛及早期转移的特性；转移的途径早期经淋巴管，晚期合并血行播散。

（5）绒癌：原发性卵巢绒癌也称为卵巢非妊娠性绒癌，是由卵巢生殖细胞中的多潜能细胞

Notes

向胚外结构(滋养细胞或卵黄囊等)发展而来的一种恶性程度极高的卵巢肿瘤,它可分为单纯型或混合型。混合型,即除绒癌成分外,还同时合并存在其他恶性生殖细胞肿瘤,如未成熟畸胎瘤、卵黄囊瘤、胚胎癌及无性细胞瘤等。原发卵巢绒癌多见的是混合型,单纯型极为少见。妊娠性绒癌一般不合并其他恶性生殖细胞肿瘤。典型的肿瘤体积较大,单侧,实性,质软,出血坏死明显。镜下形态如同子宫绒癌,由细胞滋养细胞和合体滋养细胞构成。因其他生殖细胞肿瘤特别是胚胎性癌常有不等量的合体细胞,诊断必须同时具备两种滋养细胞。非妊娠性绒癌预后较妊娠性绒癌差,治疗效果不好,病情发展快,短期内即死亡。

(二)诊断

卵巢恶性生殖细胞肿瘤在临床表现方面具有一些特点。如发病年龄轻,肿瘤较大,肿瘤标记物异常,很易产生腹水,病程发展快等。若能注意到这些肿瘤的特点,诊断并不难。特别是血清甲胎蛋白(AFP)和人绒毛膜促性腺激素(hCG)的检测可以起到明确诊断的作用。卵黄囊瘤可以合成AFP,卵巢绒癌可分泌hCG,这些都是很特异的肿瘤标志物。血清AFP和hCG的动态变化与癌瘤病情的好转和恶化是一致的,临床完全缓解的病人其血清AFP或hCG值轻度升高也预示癌瘤的残存或复发。虽然血清AFP和hCG的检测对卵巢内胚窦瘤和卵巢绒癌有明确诊断的意义,但卵巢恶性生殖细胞肿瘤的最后确诊还是依靠组织病理学的诊断。

(三)治疗

1. 良性生殖细胞肿瘤 单侧肿瘤应行卵巢肿瘤剥除或患侧附件切除术;双侧肿瘤争取行卵巢肿瘤剥除术;围绝经期妇女可考虑行全子宫双附件切除术。

2. 恶性生殖细胞肿瘤

(1)手术治疗:由于绝大部分恶性生殖细胞肿瘤病人是希望生育的年轻女性,常为单侧卵巢发病,即使复发也很少累及对侧卵巢和子宫,更为重要的是卵巢恶性生殖细胞肿瘤对化疗十分敏感。因此,手术的基本原则是无论期别早晚,只要对侧卵巢和子宫未受肿瘤累及,均应行保留生育功能的手术,即仅切除患侧附件,同时行全面分期探查术。对于复发的卵巢生殖细胞仍主张积极手术。

(2)化疗:恶性生殖细胞肿瘤对化疗十分敏感。根据肿瘤分期、类型和肿瘤标记物的水平,术后可采用3~6疗程的联合化疗。常用化疗方案见表22-12。

表22-12 卵巢恶性生殖细胞肿瘤常用联合化疗方案

方案	药物	剂量及方法	疗程间隔
PEB	顺铂(P)	30~35mg/(m^2·d),静滴,第1~3天	3周
	依托泊苷(E)	100mg/(m^2·d),静滴,第1~3天	
	博来霉素(B)	30mg/周,肌注(化疗第二天开始)	
PVB	顺铂(P)	30~35mg/(m^2·d),静滴,第1~3天	3周
	长春新碱(V)	1~1.5mg/m^2(2mg)静注,第1~2天	
	博来霉素(B)	30mg/周,肌注(化疗第二天开始)	
VAC	长春新碱(V)	1~1.5mg/m^2(最大2mg)静注,第1天	4周
	放线菌素D(A)	5~7μg/(kg·d),静滴,第2~6天	
	环磷酰胺(C)	5~7mg/(kg·d),静滴,第2~6天	

(3)放疗:为手术和化疗的辅助治疗。无性细胞瘤对放疗最敏感,但由于无性细胞瘤的病人多年轻,要求保留生育功能,目前放疗已较少应用。对复发的无性细胞瘤,放疗仍能取得较好疗效。

四、卵巢性索间质肿瘤

卵巢性索间质肿瘤(ovarian sex cord stromal tumor)来源于原始性腺中的性索及间质组织,占卵巢肿瘤的4.3%～6%。在胚胎正常发育过程中,原始性腺中的性索组织,在男性将演变成睾丸曲细精管的支持细胞,在女性将演变成卵巢的颗粒细胞;而原始性腺中的特殊间叶组织将演化为男性睾丸的间质细胞(1eydig cell)及女性卵巢的泡膜细胞。卵巢性索间质肿瘤即是由上述性索组织或特殊的间叶组织演化而形成的肿瘤,它们仍保留了原来各自的分化特性。肿瘤可由单一细胞构成,如颗粒细胞瘤、泡膜细胞瘤、支持细胞瘤、间质细胞瘤;肿瘤亦可由不同细胞组合形成,当含两种细胞成分时,可以形成颗粒-泡膜细胞瘤,支持-间质细胞瘤;而当肿瘤含有上述四种细胞成分时,此种性索间质肿瘤称为两性母细胞瘤。许多类型的性索间质肿瘤能分泌类固醇激素,临床出现内分泌失调症状,但是肿瘤的诊断依据是肿瘤特有的病理形态,临床内分泌紊乱和激素水平异常仅能做参考。

(一) 病理分类和临床表现

1. 颗粒细胞-间质细胞瘤(granulose stromal cell tumor) 由性索的颗粒细胞及间质的衍生成分如成纤维细胞及卵泡膜细胞组成。

(1) 颗粒细胞瘤(granulosa cell tumor):在病理上颗粒细胞瘤分为成人型和幼年型两种。95%的颗粒细胞瘤为成人型,属低度恶性的肿瘤,可发生于任何年龄,高峰为45～55岁。肿瘤能分泌雌激素,故有女性化作用。青春期前病人可出现假性性早熟,生育年龄病人出现月经紊乱,绝经后病人则有不规则阴道流血,常合并子宫内膜增生过长,甚至发生腺癌。肿瘤多为单侧,圆形或椭圆形,呈分叶状,表面光滑,实性或部分囊性;切面组织脆而软,伴出血坏死灶。镜下见颗粒细胞环绕成小圆形囊腔,菊花样排列、中心含嗜伊红物质及核碎片(Call-Exner小体)。瘤细胞呈小多边形,偶呈圆形或圆柱形,胞质嗜淡伊红或中性,细胞膜界限不清,核圆,核膜清楚。预后较好,5年生存率达80%以上,但有远期复发倾向。幼年型颗粒细胞瘤罕见,仅占5%,是一种恶性程度极高的卵巢肿瘤。主要发生在青少年,98%为单侧。镜下呈卵泡样,缺乏核纵沟,胞质丰富,核分裂更活跃,极少含Call-Exner小体,10%～15%呈重度异型性。

(2) 卵泡膜细胞瘤(theca cell tumor):为有内分泌功能的卵巢实性肿瘤,因能分泌雌激素,故有女性化作用。常与颗粒细胞瘤合并存在,但也有纯卵泡膜细胞瘤。为良性肿瘤,多为单侧,圆形、卵圆形或分叶状,表面被覆薄的有光泽的纤维包膜。切面为实性,灰白色。镜下见瘤细胞短梭形,胞质富含脂质,细胞交错排列呈漩涡状。瘤细胞团为结缔组织分隔。常合并子宫内膜增生过长,甚至子宫内膜癌。恶性卵泡膜细胞瘤较少见,可直接浸润邻近组织,并发生远处转移。其预后较一般卵巢癌为佳。

(3) 纤维瘤(fibroma):为较常见的良性肿瘤,占卵巢肿瘤的2%～5%,多见于中年妇女,单侧居多,中等大小,表面光滑或结节状,切面灰白色,实性、坚硬。镜下见由梭形瘤细胞组成,排列呈编织状。偶见病人伴有腹水或胸水,称梅格斯综合征(Meigs syndrome),腹水经淋巴或横膈至胸腔,右侧横膈淋巴丰富,故多见右侧胸水。手术切除肿瘤后,胸水、腹水自行消失。

2. 支持细胞-间质细胞瘤(sertoli-leydig cell tumor) 又称睾丸母细胞瘤(androblastoma),罕见,多发生在40岁以下妇女。单侧居多,通常较小,可局限在卵巢门区或皮质区,实性,表面光滑而滑润,有时呈分叶状,切面灰白色伴囊性变,囊内壁光滑,含血性浆液或黏液。镜下见不同分化程度的支持细胞及间质细胞。高分化者属良性,中低分化为恶性,具有男性化作用;少数无内分泌功能呈现女性化,雌激素可由瘤细胞直接分泌或由雄激素转化而来。10%～30%呈恶性行为,5年生存率为70%～90%。

(二) 治疗

1. 良性的性索间质肿瘤 年轻妇女患单侧肿瘤,应行卵巢肿瘤剥除或患侧附件切除术;双侧肿瘤争取行卵巢肿瘤剥除术;围绝经期妇女可考虑行全子宫双附件切除术。卵巢纤维瘤、卵泡膜细胞瘤和硬化性间质瘤是良性的,可按上述处理。

2. 恶性的性索间质肿瘤 颗粒细胞瘤、间质细胞瘤、环管状性索间质瘤是低度或潜在恶性

Notes

的。Ⅰ期的卵巢性索间质肿瘤希望生育的年轻病人,可考虑行患侧附件切除术,保留生育功能,但应进行全面细致的手术病理分期;不希望生育者应行全子宫双附件切除术和确定分期手术。晚期肿瘤应采用肿瘤细胞减灭术。与上皮性卵巢癌不同,对于复发的性索间质肿瘤仍主张积极手术。术后辅助治疗并没有公认有效的方案。以铂类为基础的多药联合化疗可作为术后辅助治疗的选择,尤其是晚期和复发病人的治疗。常用方案为TC、PAC、PEB、PVB,一般化疗6个疗程。本瘤有晚期复发的特点,应长期随诊。

五、卵巢转移性肿瘤

体内任何部位原发性癌均可能转移到卵巢,乳腺、肠、胃、生殖道、泌尿道等是常见的原发肿瘤器官。库肯勃瘤(Krukenberg tumor),即印戒细胞癌(singnet cell carcinoma),是一种特殊的转移性腺癌,原发部位在胃肠道,肿瘤为双侧性,中等大,多保持卵巢原状或呈肾形。一般无粘连,切面实性,胶质样。镜下见典型的印戒细胞,能产生黏液,周围是结缔组织或黏液瘤性间质(图22-8)。

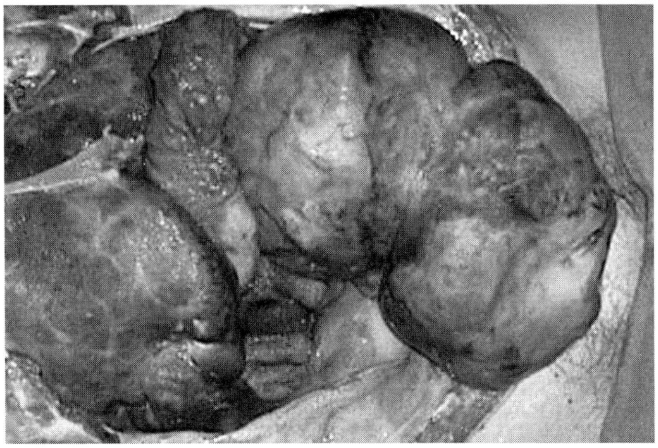

图22-8 卵巢转移性肿瘤

卵巢转移瘤的处理取决于原发灶的部位和治疗情况,需要多学科协作,共同诊治。治疗的原则是有效的缓解和控制症状。如原发瘤已经切除且无其他转移和复发迹象,卵巢转移瘤仅局限于盆腔,可采用原发性卵巢恶性肿瘤的手术方法,尽可能切除盆腔转移瘤,术后应按照原发瘤进行辅助治疗。大部分卵巢转移性肿瘤的治疗效果不好,预后很差。

(沈 铿)

参考文献

1. WHO Classification of Tumors of Female Reproductive Organs. Kurman R. J. Carcangiu M. L. Herrington C. S. Young R. H. (Eds.) (4th edition). IARC:Lyon 2014.
2. Jaime Prat. Staging classification for cancer of the ovary, fallopian tube, and peritoneum International Journal of Gynecology and Obstetrics, 2014:124 p. 1-5.
3. Cannistra SA, Gershenson DM, Recht A. Ovarian Cancer, Fallopian Tube Carcinoma, and Peritoneal Carcinoma. In: De Vita VT, Lawrence TS, Rosenberg SA, editors. DeVita, Hellman, and Rosenberg's Cancer: Principles and Practice of Oncology. 9th ed. Philadelphia: Lippincott, Williams, Wilkins, 2011: p. 1368-1391.

第八节 妇科恶性肿瘤保留生育功能

Notes

保留生育功能治疗(fertility sparing treatment)是妇科恶性肿瘤人性化治疗中的重要内容,越来越受到临床重视，成为妇科肿瘤诊治中必须面对的重要问题。

一、子宫颈癌

随着宫颈癌筛查的普及，早期病例增多，病人的年龄趋于年轻化，很多年轻的宫颈癌病人渴望保留生育功能。宫颈癌保留生育功能治疗以手术为主。

1. 子宫颈锥型切除术（conization） 手术指征：①ⅠA1 期和ⅠA2 期子宫颈鳞癌；②ⅠA1 期子宫颈腺癌；③没有血管淋巴间隙浸润。许多文献报道，早期的子宫颈微小浸润癌（浸润深度≤3mm），且无淋巴血管间隙受累，均可以成功地用子宫颈锥切术进行治疗。切缘阳性、淋巴血管间隙受累、子宫颈间质受累和多中心性病变是子宫颈锥切术后病变残留或复发的决定性因素。术后病理报告一定要明确说明上述 4 个方面的情况，有利于制订病人的术后处理方案。

2. 子宫颈广泛性切除术（radical trachelectomy） 子宫颈广泛性切除术可通过阴式、开腹和腹腔镜进行，其最大优点是治疗子宫颈癌的同时可以保留病人的生育功能。手术指征：①渴望生育的年轻病人；②病人不存在不育的因素；③肿瘤直径≤2cm；④FIGO 分期为ⅠA2 ~ ⅠB1 期；⑤鳞癌或腺癌；⑥阴道镜检查未发现子宫颈内口上方有肿瘤浸润；⑦未发现区域淋巴结有转移。

术前应明确子宫颈癌的病理诊断和临床分期，进行精确评估，严格掌握手术指征。子宫颈广泛性切除术仅适用于早期子宫颈癌，而对于肿瘤直径>2cm 和（或）累及血管和淋巴管的Ⅰb2 期以上的子宫颈癌病人，术后容易复发，原则上也不宜行子宫颈广泛性切除术。术前判断子宫颈肿瘤大小、肿瘤与子宫颈管内口的关系和子宫下段肌层是否有浸润很重要，应用 MRI 测量并评估，其准确率达 96.7%。术中应按常规行冷冻病理检查，并尽可能保证其准确性，盆腔淋巴结和子宫颈切缘的病理检查结果对是否行保留生育功能治疗有指导意义。术后每 3 个月进行 1 次子宫颈细胞学检查，若两次细胞学检查阴性，可建议病人妊娠。术后 6 个月后可以妊娠，如自然受孕失败，可以考虑采用辅助生殖技术。

二、子宫内膜癌

对年轻的子宫内膜癌病人，采用大剂量高效孕激素保留生育功能治疗已被证明是一种有效的治疗方案。

1. 适应证 ①病人年龄≤40 岁；②有强烈的生育要求；③病理类型为子宫内膜样腺癌；④病理分化程度为高分化；⑤病变局限于子宫内膜内，无肌层浸润、子宫外扩散及淋巴结受累；⑥PR表达阳性（适用于孕激素治疗者）；⑦病人无孕激素治疗禁忌证（适用于孕激素治疗者）；⑧病人经充分知情并能顺应治疗和随诊。

2. 治疗方法

（1）大剂量高效孕激素治疗：甲羟孕酮片 250 ~ 500mg/d，持续口服；或甲地孕酮片 160 ~ 480mg/d，持续口服。治疗期间可根据有无阴道流血、子宫内膜厚度的变化在上述剂量范围内增减剂量。

（2）其他治疗方法：①促性腺激素释放激素激动剂（GnRHa）；②左炔诺酮宫内缓释系统（LNG-IUS，曼月乐）；③芳香化酶抑制剂，如来曲唑等。这些治疗主要适用于肥胖症、肝功能异常等孕激素治疗禁忌证的病人，很少单独使用，多为两种方法合用。

（3）合并症的全身综合治疗：①减肥、降脂：知识宣教、饮食控制、运动指导；②诊断和治疗糖尿病。

3. 疗效评估 评估时机及方法：连续药物治疗 3 个月为 1 个疗程，每 3 个月常规行彩超和（或）MRI 检查以评估子宫大小、子宫内膜厚度及有无肌层浸润，了解盆腹腔内卵巢等其他脏器情况；宫腔镜或诊刮获取子宫内膜组织送病理检查，评价治疗效果。

Notes

终止药物治疗的指征:①有确切证据证实有子宫肌层浸润或子宫外病变,即疾病进展。②病人不再要求保留生育功能。③疗效评估已达完全缓解(视具体情况停止治疗或巩固治疗1个疗程)。④出现严重副作用无法继续治疗。⑤持续治疗6个月,肿瘤对治疗无反应者。肿瘤治疗完成后,暂无生育要求者的治疗是维持规律月经、防止复发;迫切要求生育者的治疗是监测排卵、积极助孕。

三、卵巢恶性肿瘤

卵巢恶性肿瘤是否可行保留生育功能治疗主要取决于病人的年龄、肿瘤的病理类型及手术病理分期。

1. 卵巢上皮癌 对于卵巢上皮癌病人施行保留生育功能治疗应持谨慎的态度,必须经过严格选择,向病人和家属交代保留生育功能治疗的利弊和风险,争得其理解和同意,并签署治疗同意书。卵巢上皮癌保留生育功能的手术必须具备以下条件方可施行:①病人年龄<35岁,渴望生育;②手术病理分期为ⅠA期;③病理分化程度为高分化;④对侧卵巢外观正常,活检后病理检查阴性;⑤腹腔细胞学检查阴性;⑥"高危区域"(包括子宫直肠陷凹、结肠侧沟、肠系膜、大网膜和腹膜后淋巴结)探查及多点活检均为阴性;⑦有随诊条件;⑧完成生育后视情况再行子宫及对侧附件切除术。

2. 卵巢恶性生殖细胞肿瘤 保留生育功能治疗应作为卵巢恶性生殖细胞肿瘤治疗的一个基本原则,不受期别的限制。理由:①多数卵巢恶性生殖细胞肿瘤为单侧;②复发也很少在对侧卵巢和子宫;③对顺铂+依托泊苷+博来霉素(PEB)方案化疗很敏感;④切除对侧卵巢和子宫并不改善病人预后。常规进行患侧附件切除术,保留对侧正常的卵巢和未受侵犯的子宫,尽可能将转移病灶切除干净,术后辅以化疗,但需注意化疗对卵巢的毒性作用,进行卵巢保护。对早期的卵巢无性细胞瘤和Ⅰ级未成熟畸胎瘤,除了行患侧附件切除术外,还应同时进行包括大网膜切除和腹膜后淋巴切除在内的全面分期手术,如证实其手术病理分期为ⅠA1期,术后可不予化疗。

3. 卵巢交界性肿瘤 只要对侧卵巢和子宫未受累,无外生型乳头结构及浸润性种植,都可考虑进行保留生育功能治疗。病理诊断是临床处理的依据和指导,必须根据最终的石蜡标本切片,由多名病理科医生复核作出明确诊断。由于卵巢交界性肿瘤病人大多年轻,手术后容易复发,处理比较棘手。因此,治疗前必须向病人和家属交代保留生育功能治疗的利弊和风险,争得其理解和同意,并签署治疗同意书。

四、相关的生殖内分泌治疗

与妇科恶性肿瘤保留生育功能相关的生殖内分泌治疗,包括胚胎冷冻、成熟卵母细胞冷冻、不成熟卵母细胞冻存、卵巢组织冷冻移植、卵巢抑制和卵巢移位。由于有些生殖内分泌治疗方案可能会推迟肿瘤治疗,故应强调尽早将病人转诊给妇科肿瘤专科医师以将肿瘤延迟治疗的风险减至最小。

1. 胚胎冷冻保存 胚胎冷冻是最为成熟、成功率最高的保留生育功能方法。体外受精后剩余胚胎冷冻保存早已常规应用于临床并获得很高的成功率。在化疗或手术前行卵巢刺激和取卵,处理卵母细胞及精子之后行常规体外受精或卵母细胞胞质内单精子注射,体外培养受精卵及胚胎并评价其发育情况,将发育良好的胚胎冷冻保存,待化疗结束后进行胚胎移植。

2. 卵母细胞冷冻保存 卵母细胞冷冻保存也是可选择的治疗方案之一,尤其适用于未婚(包括青春期前)不想使用捐赠精子、暂时不愿意使用丈夫精子或对胚胎冷冻有宗教伦理考虑的病人。卵母细胞冷冻分为未成熟卵母细胞冷冻保存和成熟卵母细胞冷冻保存。未成熟卵母细胞体外成熟技术可用于不适合或不愿意接受激素药物刺激的病人,可于月经周期的任何时间在

Notes

超声引导下穿刺获取不成熟卵母细胞,或者在卵巢组织切薄片冻存时寻找不成熟卵母细胞,体外培养成熟后冷冻保存。成熟卵母细胞冷冻保存技术需要药物刺激卵巢和超声引导下取卵,目前有较多的卵巢刺激方案可供选择,刺激时间根据卵泡情况可以随时开始,不再依赖于月经周期,即获取卵母细胞可以是非月经周期依赖性的,与传统的刺激方案相比可以尽早开始卵巢刺激,以减少延迟肿瘤治疗的时间。

3. 卵巢组织冷冻保存和移植 育龄期妇女治疗前将卵巢组织冷冻保存,肿瘤治疗完成后,准备生育前再将冻存的卵巢组织移植至病人体内,这个技术不依赖于卵巢刺激和性成熟,故为儿童病人唯一的选择。该技术目前认为仍处于临床试验阶段,仅能在有相关经验的研究中心实施,需通过伦理委员会审核,且要有随诊肿瘤复发的条件。

4. 卵巢移位 当肿瘤治疗需要盆腔放疗时可考虑卵巢移位。但是,由于放疗散射和移位卵巢血液供应减少的原因,移位卵巢的功能并不一定都能得到良好保护,病人应意识到该治疗方案不一定都能有效。卵巢移位后应定期检查卵巢的内分泌功能。

5. 卵巢抑制 目前,对于 GnRHa 和其他卵巢抑制手段在保留生育功能治疗方面的确切效果和临床价值尚缺乏有效的支持证据。关于 GnRHa 保护卵巢功能是否有效仍存在较多争议。应鼓励病人积极参与化疗期间使用 GnRHa 的相关临床试验,进一步明确其临床价值。

6. 组建肿瘤生殖学(oncofertility) 专家小组,包括妇瘤科、放疗科、病理科、妇科内分泌和生殖医学专家,共同制订诊疗方案,应根据病人的肿瘤解剖部位、病理类型、分期、生育状态、生活方式、治疗后不育的风险和肿瘤复发的概率等因素进行综合考虑,制订个体化的治疗方案。

(沈 铿)

参考文献

1. Cao Dongyan, Yang Jiaxin, Wu Xiaohua, Chen Yile, Li Li, Liu Kaijiang, Cui Manhua, Xie Xin, Wu Yumei, Kong Beihua, Zhu Genhai, Xiang Yang, Lang Jinghe, Shen Keng, China Gynecologic Oncology Group. Comparisons of vaginal and abdominal radical trachelectomy for early stage cervical cancer: preliminary results of a multi-center research in China. BJC, 2013, 108: 1957-1963.
2. Qian Liu, Xilai Ding, Jiaxin Yang, Dongyan Cao, Keng Shen, Jinghe Lang, Guonan Zhang, Xiaoyan, Xin, Xin Xie, Yumei Wu The significance of comprehensive staging surgery in malignant ovarian germ cell tumors. Gynecologic Oncology, 2013, 131; 551-554.
3. Alison W. Loren, Pamela B, Mangu, Lindsay, et al. Fertility Preservation for Patients With Cancer: American Society of Clinical Oncology Clinical Practice Guideline Update. J Clin Oncol, 2013, 31: 2500-2510.

Notes

第二十三章　妊娠滋养细胞疾病

妊娠滋养细胞疾病(gestational trophoblastic disease,GTD)是一组来源于胎盘滋养细胞的疾病,根据组织学可分为葡萄胎、侵蚀性葡萄胎、绒毛膜癌(简称绒癌)、胎盘部位滋养细胞肿瘤及上皮样滋养细胞肿瘤(epithelioid trophoblastic tumor,ETT)。传统认为,除葡萄胎外,其余均为恶性肿瘤,统称妊娠滋养细胞肿瘤(gestational trophoblastic neoplasia,GTN)。2014 年世界卫生组织(WHO)基于妊娠滋养细胞疾病的组织学特征及其生物学的认识,将绒癌、胎盘部位滋养细胞肿瘤及上皮样滋养细胞肿瘤归类为肿瘤,侵蚀性葡萄胎归为葡萄胎妊娠(molar pregnancy)。因该分类颁布后时间较短,故目前临床上尚未广泛应用。

由于侵蚀性葡萄胎和绒癌的临床表现和诊治原则基本相同,故临床上将两者合称为妊娠滋养细胞肿瘤。胎盘部位滋养细胞肿瘤和上皮样滋养细胞肿瘤在临床表现及处理上与妊娠滋养细胞肿瘤明显不同,故分别单列。

滋养细胞肿瘤除继发于妊娠外,尚有极少数来源于卵巢或睾丸生殖细胞,称为非妊娠性绒癌,不属于本章讨论范围。

第一节　妊娠滋养细胞的发育与分化

妊娠滋养细胞由胚胎胚外层细胞(extra-embryonic cell)演化而来。在孕卵着床时,囊胚最外层与子宫内膜接触的一层扁平细胞演变为细胞滋养细胞(cytotrophoblast,CT)。受精后 7～8 日,着床部位的细胞滋养细胞又分化出合体滋养细胞(syncytiotrophoblast,ST)。由于该两种细胞出现于绒毛形成以前,称为绒毛前滋养细胞(previllous trophoblast)。

合体滋养细胞位于细胞滋养细胞与子宫蜕膜之间,相互融合失去细胞膜形成多核细胞团,随后,细胞团出现许多腔隙,腔隙之间的合体滋养细胞排列成柱状结构,称合体滋养细胞柱,为绒毛的雏形。约在受精后 12 日,细胞滋养细胞侵入合体滋养细胞柱内,形成初级绒毛。但绒毛形成过程并不扩展到绒毛外的蜕膜端,该蜕膜端主要为细胞滋养细胞,并构成的细胞滋养细胞柱。在受精第 13 或 14 日,细胞滋养细胞柱向四周扩展,邻近者彼此融合,形成细胞滋养细胞壳(cytotrophoblastic shell)。约受精后 2 周,胚外中胚层长入合体滋养细胞柱内,初级绒毛演变成次级绒毛,合体滋养细胞柱之间的腔隙也演变成绒毛间隙。绒毛形成后,位于绒毛表面的滋养细胞称绒毛滋养细胞(villous trophoblast),而其他部位的滋养细胞称绒毛外滋养细胞(extravillous trophoblast)。

细胞滋养细胞为滋养干细胞,具有增殖活性和分化能力。合体滋养细胞为分化成熟细胞,合成妊娠相关的各种激素,并承担胎儿和母体间的物质交换。细胞滋养细胞有两种分化形式,位于绒毛表面的细胞滋养细胞直接分化为合体滋养细胞,位于绒毛外与胎盘床相连的锚定绒毛(anchoring villi)部位的细胞滋养细胞则分化为中间型滋养细胞(intermediate trophoblast,IT)。中间型滋养细胞可分为三个细胞亚群,包括绒毛型中间型滋养细胞(villous intermediate trophoblast)、种植部位中间型滋养细胞(implantation site intermediate trophoblast)及绒毛膜型中间型滋养细胞(chorionic type intermediate trophoblast)。种植部位中间型滋养细胞能侵入蜕膜和子宫肌层、浸润并替代螺旋小动脉内皮细胞,绒毛膜型中间型滋养细胞起固定胎盘的作用,而绒毛型中间型滋养细胞是一种可向其余两种细胞分化的过渡期细胞。

在正常妊娠时，滋养细胞具有增生活跃、侵袭和破坏母体组织及血管等特性。研究表明，子宫蜕膜细胞分泌的表皮生长因子(EGF)、血管内皮生长因子(VEGF)、滋养细胞内 Wnt 信号、及通过滋养细胞与母体免疫细胞“对话”获得的免疫耐受等均在此过程中发挥关键的调控作用。当滋养细胞增生和侵袭超过一定限度时，便形成各种滋养细胞疾病。其中，葡萄胎形成与绒毛滋养细胞异常有关，绒癌形成与绒毛前滋养细胞异常有关，胎盘部位滋养细胞肿瘤形成与种植部位中间型滋养细胞异常有关，上皮样滋养细胞肿瘤形成与绒毛膜型中间型滋养细胞异常有关。

【小结】 妊娠滋养细胞由胚胎胚外层细胞演化而来，包括细胞滋养细胞、合体滋养细胞和中间型滋养细胞。当滋养细胞增生和侵袭超过一定限度时，便形成各种滋养细胞疾病。

第二节 葡 萄 胎

葡萄胎因妊娠后胎盘绒毛滋养细胞增生、间质水肿，而形成大小不一的水泡，水泡间借蒂相连成串，形如葡萄而名之，也称水泡状胎块(hydatidiform mole)。葡萄胎可分为完全性葡萄胎和部分性葡萄胎。

【相关因素】 葡萄胎发生的确切原因虽未完全清楚，但已取得一些重要进展。

1. 完全性葡萄胎(complete hydatidiform mole) 流行病学调查表明，亚洲和拉丁美洲国家的发生率较高，如韩国和印度尼西亚约400次妊娠1次，日本500次妊娠1次，而北美和欧洲国家发生率较低，为1000次妊娠0.6~1.1次。根据我国的一次全国性调查，平均每1000次妊娠0.78，其中浙江省最高为1.39，山西省最低为0.29。完全性葡萄胎偶尔可发生于双胎妊娠，其中另一胎为正常活胎，发生率约为22 000~100 000次妊娠1次。近年来完全性葡萄胎的发生率在亚洲国家有所下降，其中部分地区已降至与欧美国家相似的水平。同一族种居住在不同地域，其葡萄胎发生率不一定相同，如居住在北非和东方国家的犹太人后裔的发生率是居住在西方国家的2倍，提示造成葡萄胎发生地域差异的原因除种族外，尚有多方面因素。

营养状况与社会经济因素是可能的高危因素。饮食中缺乏维生素A及其前体胡萝卜素和动物脂肪者发生葡萄胎的几率显著升高。年龄是另一高危因素，大于35岁和40岁的妇女妊娠时葡萄胎的发生率分别是年轻妇女的2倍和7.5倍，而大于50岁的妇女妊娠时约1/3可能发生葡萄胎。相反小于20岁妇女的葡萄胎发生率也显著升高。其原因可能与该两个年龄段容易发生异常受精有关。前次妊娠有葡萄胎史也是高危因素，有过1次和2次葡萄胎妊娠者，再次葡萄胎发生率分别为1%和15%~20%。另外，流产和不孕史也可能是高危因素。

细胞遗传学研究表明，完全性葡萄胎的染色体核型为二倍体，均来自父系，其中90%为46,XX，由一个细胞核基因物质缺失或失活的空卵(enucleate egg)与一个单倍体精子(23,X)受精，经自身复制为2倍体(46,XX)。另有10%核型为46,XY，系由一个空卵分别和两个单倍体精子(23,X和23,Y)同时受精而成。虽然完全性葡萄胎染色体基因均为父系，但其线粒体DNA仍为母系来源。

完全性葡萄胎染色体孤雄来源是导致滋养细胞过度增生的主要原因，并可能与基因组印迹(genomic imprinting)紊乱有关。基因组印迹指父母双亲来源的两个等位基因具有不同的表达活性，这种差异表达的基因被称为印迹基因(imprinted genes)。印迹基因可分为父源和母源两种，父源印迹基因只在母源染色体上表达，母源印迹基因只在父源染色体上表达。必须由父母双亲染色体的共同参与才能确保基因组印迹的正常调控，但在完全性葡萄胎时，由于缺乏母系染色体，必然引起印迹紊乱。

近年发现，尚有一类双亲来源的完全性葡萄胎，占完全性葡萄胎的20%左右，具有经典的完

Notes

全性葡萄胎的临床病理特征，但有家族性和重复性特点，也是二倍体核型，但两套染色体分别来源于父亲和母亲。研究表明，该类葡萄胎的发生与母亲染色体 19q13.3～13.4 片段上 NLRP7 基因突变有关，NLRP 突变可造成父源印迹基因表达缺失，从而表现为完全性葡萄胎。

2. 部分性葡萄胎(partial hydatiform mole) 传统认为部分性葡萄胎的发生率低于完全性葡萄胎，但近年资料表明，部分性和完全性葡萄胎的比例基本接近甚至更高，如日本和英国报道分别为 0.78 和 1.13，其原因可能与完全性葡萄胎的发生率下降及部分性葡萄胎的诊断准确性提高有关，许多伴有三倍体的早期流产其实为部分性葡萄胎。迄今有关部分性葡萄胎高危因素的流行病学调查资料较少。可能相关的因素有不规则月经和口服避孕药等，但与饮食因素及母亲年龄无关。

细胞遗传学研究表明，部分性葡萄胎的核型 90% 以上为三倍体，若胎儿同时存在，其核型一般也为三倍体。最常见的核型是 69XXY，其余为 69XXX 或 69XYY，系由一看似正常的单倍体卵子和两个单倍体精子受精，或由一看似正常的单倍体卵子(精子)和一个减数分裂缺陷的双倍体精子(卵子)受精而成，所以一套多余的染色体也常来自父方。不管是完全性还是部分性葡萄胎，多余的父源基因物质是造成滋养细胞增生的主要原因。另外尚有极少数部分性葡萄胎的核型为四倍体，但其形成机制还不清楚。

【病理】

1. 完全性葡萄胎 大体检查水泡状物形如串串葡萄，大小自直径数毫米至数厘米不等，有纤细的纤维素相连，常混有血块蜕膜碎片。水泡状物占满整个宫腔，虽经仔细检查仍不能发现胎儿及其附属物或胎儿痕迹。镜下特征为：①可确认的胚胎或胎儿组织缺失；②绒毛水肿；③弥漫性滋养细胞增生；④种植部位滋养细胞呈弥漫和显著的异型性。

2. 部分性葡萄胎 仅部分绒毛变为水泡，可合并胚胎或胎儿组织，胎儿多已死亡，合并足月儿极少，且常伴发育迟缓或多发性畸形。镜下特征为：①有胚胎或胎儿组织存在；②局限性滋养细胞增生；③绒毛大小及其水肿程度明显不一；④绒毛呈显著的扇贝样轮廓、间质内可见明显的滋养细胞包涵体；⑤种植部位滋养细胞呈局限和轻度的异型性。

完全性葡萄胎和部分性葡萄胎的核型与病理特征鉴别要点见表 23-1。

表 23-1 完全性和部分性葡萄胎核型与病理特征比较

特征	完全性葡萄胎	部分性葡萄胎
核型	常见为 46,XX 和 46,XY	常见为 69,XXX 和 69,XXY
病理特征		
胎儿组织	缺乏	存在
胎膜、胎儿红细胞	缺乏	存在
绒毛水肿	弥漫	局限，大小和程度不一
滋养细胞包涵体	缺乏	存在
扇贝样轮廓绒毛	缺乏	存在
滋养细胞增生	弥漫，轻-重度	局限，轻-中度
滋养细胞异型性	弥漫，明显	局限，轻度

【临床表现】

1. 完全性葡萄胎 由于诊断技术的进步，许多葡萄胎病人在尚未出现症状前已作出诊断并得以治疗，所以症状典型的葡萄胎已越来越少见。完全性葡萄胎的典型症状如下：

(1) 停经后阴道流血：为最常见的症状，出现于 80% 的病人。常在停经 8～12 周左右开始有不规则阴道流血，量多少不定。若母体大血管破裂，可造成大出血，导致休克，甚至死亡。葡萄胎组织有时可部分自行排出。反复阴道流血若不及时治疗，可导致贫血和继发感染。

(2) 子宫异常增大、变软：约有半数以上葡萄胎病人的子宫大于停经月份，质地变软，并伴有血清 hCG 水平异常升高，为葡萄胎迅速增长及宫腔内积血所致。约 1/3 病人的子宫大小与停经月份相符，另少数子宫大小小于停经月份，其原因可能与水泡退行性变、停止发展有关。

(3) 妊娠呕吐：多发生于子宫异常增大和 hCG 水平异常升高者，出现时间一般较正常妊娠早，症状严重，且持续时间长。发生严重呕吐且未及时纠正时可导致水电解质平衡紊乱。

(4) 子痫前期征象：多发生于子宫异常增大者。出现症状可比正常妊娠更早(妊娠 24 周前)、更严重，但子痫罕见。早期妊娠合并子痫前期，要考虑葡萄胎可能。

(5) 甲状腺功能亢进：约 7% 的病人可出现轻度甲状腺功能亢进表现，如心动过速、皮肤潮湿和震颤，血清游离 T3、T4 水平升高，但突眼少见。

(6) 腹痛：因葡萄胎增长迅速和子宫过度快速扩张所致，表现为阵发性下腹痛，一般不剧烈，能忍受，常发生于阴道流血之前。若发生卵巢黄素囊肿扭转或破裂，可出现急腹痛。

(7) 卵巢黄素化囊肿：因大量 hCG 刺激卵巢卵泡内膜细胞发生黄素化而形成囊肿，称卵巢黄素化囊肿(theca lutein ovarian cyst)。常为双侧性，但也可单侧，大小不等。囊肿表面光滑，活动度好，切面为多房，囊肿壁薄，囊液清亮或琥珀色。光镜下见囊壁为内衬 2～3 层黄素化卵泡膜细胞。黄素化囊肿一般无症状，多由超声检查作出诊断，常在水泡状胎块清除后 2～4 个月自行消退。

2. 部分性葡萄胎 部分性葡萄胎可有完全性葡萄胎的大多数症状，但一般程度较轻。子宫大小与停经月份多数相符或小于停经月份，常无子痫前期、腹痛，妊娠呕吐也较轻，一般不伴卵巢黄素化囊肿。部分性葡萄胎可表现不全流产或过期流产，仅在对流产组织进行病理检查时才发现。

【自然转归】 在正常情况下，葡萄胎排空后，血清 hCG 稳定下降，首次降至正常的平均时间大约为 9 周，一般最长不超过 14 周。若葡萄胎排空后 hCG 持续异常要考虑妊娠滋养细胞肿瘤。完全性葡萄胎发生子宫局部侵犯和(或)远处转移的几率约为 15% 和 4%，但出现下列高危因素时几率明显升高，应视为高危葡萄胎：①hCG>100 000U/L；②子宫明显大于相应孕周；③卵巢黄素化囊肿直径>6cm。另外，年龄>40 岁和重复葡萄胎也被视为高危因素。

部分性葡萄胎发生子宫局部侵犯的几率约为 4%，一般不发生转移。与完全性葡萄胎不同，部分性葡萄胎缺乏明显的临床或病理高危因素。

【诊断】 凡有停经后不规则阴道流血、子宫大于停经月份者，要考虑葡萄胎可能。若在妊娠早期出现子痫前期或甲亢征象、妊娠呕吐严重、双侧卵巢囊肿及阴道排出物中见到水泡状组织等均支持诊断。常选择下列检查以进一步明确诊断。

1. 超声检查 葡萄胎水肿绒毛所引起的特征性超声图像改变使超声检查成为诊断葡萄胎的一项重要辅助检查。最好采用经阴道彩色多普勒超声检查。完全性葡萄胎的典型超声图像表现为子宫明显大于相应孕周，无妊娠囊或胎心搏动，宫腔内充满不均质密集状或短条状回声，呈“落雪状”，若水泡较大而形成大小不等的回声区，则呈“蜂窝状”。常可测到两侧或一侧卵巢囊肿，多房，囊壁薄，内见部分纤细分隔。彩色多普勒超声检查可见子宫动脉血流丰富，但子宫肌层内无血流或仅稀疏“星点状”血流信号。部分性葡萄胎宫腔内可见由水泡状胎块所引起的超声图像改变，有时可见胎儿或羊膜腔，胎儿常合并畸形。由于部分性葡萄胎和妊娠早期的完全性葡萄胎超声表现常不典型，容易造成误诊。

2. 人绒毛膜促性腺激素(hCG)测定 血清 hCG 测定是诊断葡萄胎的另一项重要辅助检查。正常妊娠时，在孕卵着床后数日血清 hCG 升高，随孕周增加而不断升高，在孕 8～10 周达高峰，持续 1～2 周后逐渐下降。但在葡萄胎时，滋养细胞高度增生，血清 hCG 滴度通常高于相应

Notes

孕周的正常妊娠值,而且在停经8~10周后仍持续上升。常用的hCG测定方法是放射免疫测定和酶联免疫吸附试验。因hCG由α和β两条多肽链组成,其生物免疫学特征主要由β链决定,而α链与LH、FSH、TSH的α链结构相似。为避免抗hCG抗体与其他多肽激素发生交叉反应,临床上也用抗hCG β链单克隆抗体检测。完全性葡萄胎时,大约45%病例的血清hCG在100 000U/L以上,最高可达240万U/L,且持续不降。但也有少数葡萄胎,尤其是部分性葡萄胎hCG升高不明显。

体内hCG并不是单一分子,除规则hCG(regular hCG)外,还有其他hCG结构变异体,包括高糖化hCG(hyperglycosylated hCG,hCG-H)、hCG游离β亚单位及其代谢产物β亚单位核心片段等。在正常妊娠时体内的主要分子为规则hCG,而在葡萄胎及滋养细胞肿瘤时则产生更多的hCG结构变异体,因此测定hCG结构变异体有助于葡萄胎及滋养细胞肿瘤的鉴别诊断。

3. 流式细胞测定 完全性葡萄胎的染色体核型为二倍体,部分性葡萄胎为三倍体。

4. 母源表达印迹基因检测 当组织学难以区别完全性葡萄胎和部分性葡萄胎时,免疫组化测定母源表达印迹基因表达有助于两者的鉴别。部分性葡萄胎拥有双亲染色体,所以表达父源印迹、母源表达的印迹基因(如$P57^{KIP2}$),而完全性葡萄胎无母源染色体,故不表达该类基因。

5. 其他检查 如X线胸片、血细胞和血小板计数、肝肾功能等。

【鉴别诊断】

1. 流产 葡萄胎病史与先兆流产相似,容易相混淆。先兆流产有停经、阴道流血及腹痛等症状,妊娠试验阳性,超声见胎囊及胎心搏动。但葡萄胎时多数子宫大于相应孕周的正常妊娠,hCG水平持续高值,超声显示葡萄胎特点。

2. 剖宫产术后子宫瘢痕妊娠 是剖宫产术后的一种并发症,胚囊着床于子宫瘢痕部位,表现为停经后阴道流血,容易与葡萄胎相混淆,超声检查有助于鉴别。

3. 双胎妊娠 子宫大于相应孕周的正常单胎妊娠,hCG水平也略高于正常,容易与葡萄胎相混淆,但双胎妊娠无阴道流血,超声检查可以确诊。

【处理】

1. 清宫 葡萄胎一经临床诊断,应及时清宫。但清宫前首先应仔细全身检查,注意有无休克、子痫前期、甲状腺功能亢进及贫血等。必要时先对症处理,稳定病情。清宫应由有经验医生操作。一般选用吸刮术,其具有手术时间短、出血少、不易发生子宫穿孔等优点。清宫应在手术室内进行,在输液、备血准备下,充分扩张宫颈管,选用大号吸管吸引。待葡萄胎组织大部分吸出、子宫明显缩小后,改用刮匙轻柔刮宫。为减少出血和预防子宫穿孔,可在术中应用缩宫素静脉滴注,但缩宫素可能把滋养细胞压入子宫壁血窦,导致肺栓塞和转移。尽管目前尚无充分证据证实这一风险,但一般推荐缩宫素在充分扩张宫颈管和开始吸宫后使用。子宫小于妊娠12周可以一次刮净,子宫大于妊娠12周或术中感到一次刮净有困难时,可于一周后行第二次刮宫。

在清宫过程中,极少数病人可能发生大量滋养细胞进入子宫血窦,并随血流进入肺动脉,发生肺栓塞,出现急性呼吸窘迫,甚至急性右心衰竭。及时给予心血管及呼吸功能支持治疗,一般在72小时内恢复。为安全起见,建议子宫大于妊娠16周的葡萄胎病人应转送至有治疗妊娠滋养细胞疾病经验的医院进行清宫。

组织学是葡萄胎的最终诊断,葡萄胎每次刮宫的刮出物,必须送组织学检查。取材应注意选择近宫壁种植部位新鲜无坏死的组织送检。

2. 卵巢黄素化囊肿的处理 因囊肿在葡萄胎清宫后会自行消退,一般不需处理。若发生急性扭转,可在超声或腹腔镜下作穿刺吸液,囊肿也多能自然复位。如扭转时间较长发生坏死,则需作患侧附件切除术。

Notes

3. 预防性化疗 不常规推荐。有研究显示,预防性化疗可降低高危葡萄胎发生妊娠滋养细胞肿瘤的几率。因此,预防性化疗仅适用于有高危因素和随访困难的完全性葡萄胎,但也非常规。预防性化疗应在葡萄胎排空前或排空时开始,一般选用甲氨蝶呤、氟尿嘧啶或放线菌素-D等单一药物,一般采用多疗程至 hCG 正常。部分性葡萄胎不作预防性化疗。

4. 子宫切除术　单纯子宫切除只能去除葡萄胎侵入子宫肌层局部的危险,而不能预防子宫外转移的发生,所以不作为常规处理。对于年龄接近绝经、无生育要求者可行全子宫切除术,保留两侧卵巢。对于子宫小于妊娠 14 周大小者,可直接切除子宫。手术后仍需定期随访。

葡萄胎的处理流程见图 23-1。

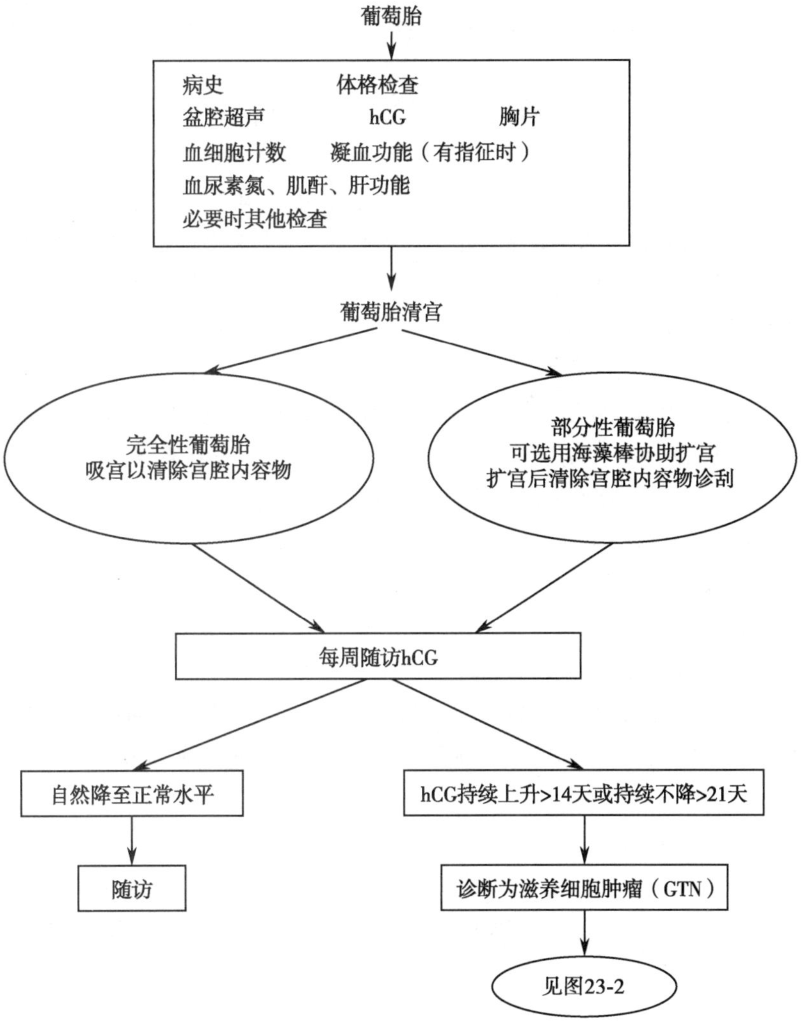

图 23-1　葡萄胎处理流程图

【随访】　对葡萄胎病人定期随访,可早期发现滋养细胞肿瘤并及时处理。随访应包括以下内容:①血清 hCG 定量测定:葡萄胎清宫后每周一次,直至连续 3 次阴性,以后每个月一次共 6 个月,然后再每 2 个月一次共 6 个月,自第一次阴性后共计 1 年。有大样本报道,在 hCG 降至正常后再升高的几率非常低,若有更多资料支持,葡萄胎后的 hCG 随访时间可望缩短。②除 hCG 测定外,每次随访应注意月经是否规则,有无异常阴道流血,有无咳嗽、咯血及其转移灶症状。③妇科检查,并选择一定间隔定期或必要时作超声、X 线胸片或 CT 检查。

葡萄胎随访期间应可靠避孕 1 年。hCG 成对数下降者阴性后 6 个月可以妊娠,但对 hCG 下降缓慢者,应延长避孕时间。再次妊娠后,应在妊娠早期作超声和 hCG 测定,以明确是否正常妊娠。分娩后也需 hCG 随访直至阴性。

Notes

避孕方法可选避孕套或口服避孕药。不选用宫内节育器,以免子宫穿孔或混淆子宫出血的原因。

【小结】 葡萄胎为良性疾病,其中部分可发展成妊娠滋养细胞肿瘤。完全性葡萄胎的染色体核型为二倍体,均来自父系,而部分性葡萄胎绝大多数为三倍体,多余一套染色体也来自父系。葡萄胎的镜下特征有绒毛水肿和滋养细胞增生等,完全性葡萄胎和部分性葡萄胎最重要的病理鉴别要点是前者缺失可确认的胚胎或胎儿组织,后者存在。停经后阴道流血和子宫异常增大是葡萄胎最常见的临床表现,超声检查和血清 hCG 测定是重要的临床诊断依据,但组织学是最终诊断。葡萄胎一经诊断,应及时清宫,每次刮宫的刮出物必须送组织学检查。不常规推荐预防性化疗和预防性子宫切除。葡萄胎清宫后必须定期 hCG 随访 1 年,随访期间应可靠避孕。

第三节 妊娠滋养细胞肿瘤

妊娠滋养细胞肿瘤 60% 继发于葡萄胎,30% 继发于流产,10% 继发于足月妊娠或异位妊娠,其中侵蚀性葡萄胎(invasive mole)全部继发于葡萄胎妊娠(完全性或部分性),绒癌(choriocarcinoma)可继发于葡萄胎妊娠,也可继发于非葡萄胎妊娠。侵蚀性葡萄胎恶性程度一般不高,大多数仅造成局部侵犯,远处转移较少,预后较好。绒癌恶性程度极高,在化疗药物问世以前,其死亡率高达 90% 以上。由于化疗的发展,绒癌的预后现已得到极大的改善。

【病理】 侵蚀性葡萄胎的大体检查可见子宫肌壁内有大小不等、深浅不一的水泡状组织,宫腔内可有原发病灶,也可以没有原发病灶。当侵蚀病灶接近子宫浆膜层时,子宫表面可见紫蓝色结节。侵蚀可穿透子宫浆膜层或侵入阔韧带内。镜下可见侵入肌层的水泡状组织的形态与葡萄胎相似,可见绒毛结构及滋养细胞增生和异型性。但绒毛结构也可退化,仅见绒毛阴影。

绝大多数绒癌原发于子宫体,但也有极少数可原发于输卵管、宫颈、阔韧带等部位。肿瘤常位于子宫肌层内,也可突向宫腔或穿破浆膜,单个或多个,无固定形态,与周围组织分界清,质地软而脆,海绵样,暗红色,伴出血坏死。镜下可见细胞滋养细胞和合体滋养细胞,但不形成绒毛或水泡状结构,明显异型,成片状高度增生,排列紊乱,并广泛侵入子宫肌层并破坏血管,造成出血坏死。肿瘤中不含间质和自身血管,瘤细胞靠侵蚀母体血管而获取营养。

【临床表现】

1. 无转移滋养细胞肿瘤 大多数继发于葡萄胎妊娠。

(1) 阴道流血:在葡萄胎排空、流产或足月产后,有持续的不规则阴道流血,量多少不定。也可表现为一段时间的正常月经后再停经,然后又出现阴道流血。长期阴道流血者可继发贫血。

(2) 子宫复旧不全或不均匀性增大:常在葡萄胎排空后 4～6 周子宫未恢复到正常大小,质地偏软。子宫也可不均匀性增大。

(3) 卵巢黄素化囊肿:hCG 的持续作用使两侧或一侧卵巢囊性增大,并持续存在。

(4) 腹痛:一般无腹痛,但当子宫病灶穿破浆膜层时可引起急性腹痛及其他腹腔内出血症状。若子宫病灶坏死继发感染也可引起腹痛及脓性白带。卵巢黄素化囊肿发生扭转或破裂时也可出现急性腹痛。

(5) 假孕症状:表现为乳房增大,乳头及乳晕着色,甚至有初乳样分泌,外阴、阴道、宫颈着色,质地变软。

2. 转移性滋养细胞肿瘤 除肺转移外,大多数继发于非葡萄胎妊娠或为经组织学证实的绒癌。肿瘤主要经血行转移,发生早且广泛。最常见的转移部位是肺(80%),其次是阴道(30%)及盆腔(20%)、肝(10%)和脑(10%)等。局部出血是各转移部位症状的共同特点。

转移性滋养细胞肿瘤可以同时出现原发灶和继发灶症状,但也有不少病人原发灶消失,仅表现为转移灶症状，容易误诊。

（1）肺转移：可无症状，仅通过 X 线胸片或肺 CT 作出诊断。典型表现为胸痛、咳嗽、咯血及呼吸困难，常急性发作，也可呈慢性持续状态。在极少数情况下，因肺动脉滋养细胞瘤栓形成造成急性肺梗死，出现肺动脉高压、急性肺功能衰竭及右心衰竭。

（2）阴道转移：系宫旁静脉逆行性转移所致。转移灶常位于阴道前壁及穹窿，呈紫蓝色结节，破溃时引起不规则阴道流血，甚至大出血。

（3）肝转移：为不良预后因素之一，多同时伴有肺转移。病灶小时无相关症状，也可表现上腹部或肝区疼痛、黄疸等，若病灶穿破肝包膜可出现腹腔内出血，导致死亡。

（4）脑转移：预后凶险，为主要的致死原因。一般同时伴有肺转移和（或）阴道转移。转移初期多无症状。脑转移的形成可分为 3 个时期，首先为瘤栓期，表现为一过性脑缺血症状如猝然跌倒、暂时性失语、失明等。继而发展为脑瘤期，出现头痛、喷射样呕吐、偏瘫、抽搐直至昏迷。最后进入脑疝期，因脑瘤增大及周围组织出血、水肿，造成颅内压升高，脑疝形成，压迫生命中枢、最终死亡。

（5）其他转移：包括脾、肾、膀胱、消化道、骨等，其症状视转移部位而异。

【诊断】

1. 临床诊断　葡萄胎排空后或流产、足月分娩、异位妊娠后出现阴道流血和（或）转移灶及其相应症状和体征，应考虑滋养细胞肿瘤可能，结合 hCG 测定等检查，滋养细胞肿瘤的临床诊断可以确立。

（1）血清 hCG 测定：hCG 水平是葡萄胎后滋养细胞肿瘤的主要诊断依据。影像学证据支持诊断，但不是必需的。凡符合下列标准中的任何一项且排除妊娠物残留或妊娠即可诊断为滋养细胞肿瘤：①hCG 测定 4 次呈平台状态（±10%），并持续 3 周或更长时间，即 1，7，14，21 日；②hCG测定 3 次升高（>10%），并至少持续 2 周或更长时间，即 1，7，14 日。

非葡萄胎后滋养细胞肿瘤的诊断标准，足月产、流产和异位妊娠后 hCG 多在 4 周左右转为阴性，若超过 4 周血清 hCG 仍持续高水平，或一度下降后又上升，在除外妊娠物残留或妊娠后，可诊断妊娠滋养细胞肿瘤。

（2）超声检查：是诊断子宫原发病灶最常用的方法。在声像图上，子宫可正常大小或不同程度增大，肌层内可见高回声团块，边界清但无包膜；或肌层内有回声不均区域或团块，边界不清且无包膜；也可表现为整个子宫呈弥漫性增高回声，内部伴不规则低回声或无回声。彩色多普勒超声主要显示丰富的血流信号和低阻力型血流频谱。

（3）X 线胸片：为常规检查。肺转移的典型 X 线征象为棉球状或团块状阴影，以右侧肺及中下部较为多见。X 线胸片明确的肺转移支持妊娠滋养细胞肿瘤诊断。

（4）CT 和磁共振检查：CT 主要用于发现肺部较小病灶和脑、肝等部位转移灶。磁共振主要用于脑和盆腔病灶诊断。对 X 线胸片阴性者，应常规检查胸部 CT。对 X 线胸片或胸部 CT 阳性者，应常规检查脑、肝 CT 或磁共振。

2. 组织学诊断　在子宫肌层内或子宫外转移灶组织中若见到绒毛或退化的绒毛阴影，则诊断为侵蚀性葡萄胎；若仅见成片滋养细胞浸润及坏死出血，未见绒毛结构者，则诊断为绒癌。若原发灶和转移灶诊断不一致，只要在任一组织切片中见有绒毛结构，均诊断为侵蚀性葡萄胎。

有组织学证据时应根据组织学作出诊断，但组织学证据对滋养细胞肿瘤的诊断不是必需的。

【临床分期】　国际妇产科联盟（FIGO）妇科肿瘤委员会颁布的临床分期（2002 年）包含解剖学分期和预后评分系统两个部分，解剖学分期以北京协和医院分期法为基本框架，分为Ⅰ、Ⅱ、Ⅲ和Ⅳ期（见表 23-2），用于明确肿瘤进程和各医疗单位之间治疗效果的比较；预后评分在原 WHO 评分的基础上修改，总分≤6 分者为低危，≥7 分者为高危（见表 23-3），作为制订治疗方案和评估预后的依据。例如,一病人为滋养细胞肿瘤肺转移,预后评分为6分,此病人的诊断应为妊娠滋养细胞肿瘤(Ⅲ:6)。

表23-2 滋养细胞肿瘤解剖学分期(FIGO,2000年)

Ⅰ期	病变局限于子宫
Ⅱ期	病变扩散,但仍局限于生殖器官(附件、阴道、阔韧带)
Ⅲ期	病变转移至肺,有或无生殖系统病变
Ⅳ期	所有其他转移

表23-3 改良FIGO预后评分系统(FIGO,2000年)

评分	0	1	2	4
年龄(岁)	<40	≥40	–	–
前次妊娠	葡萄胎	流产	足月产	–
距前次妊娠时间(月)	<4	4~<7	7~<13	≥13
治疗前血hCG(IU/ml)	$<10^3$	$10^3\sim<10^4$	$10^4\sim<10^5$	$\geq10^5$
最大肿瘤大小(包括子宫)	–	3~<5cm	≥5cm	–
转移部位	肺	脾、肾	肠道	肝、脑
转移病灶数目	–	1~4	5~8	>8
先前失败化疗	–	–	单药	两种或两种以上联合化疗

【治疗】 治疗原则为采用以化疗为主、手术和放疗为辅的综合治疗。在制订治疗方案前,必须在明确临床诊断的基础上,根据病史、体征及各项辅助检查的结果,作出正确的临床分期,并根据预后评分将病人评定为低危或高危,再结合骨髓功能、肝肾功能及全身情况等,制订合适的治疗方案,以达到分层治疗。低危通常包括≤6分的Ⅰ~Ⅲ期病人,高危通常包括≥7分的Ⅰ~Ⅲ期和Ⅳ期病人。

1. 化疗 可用于滋养细胞肿瘤化疗的药物很多,常用的一线化疗药物有甲氨蝶呤(MTX)、氟尿嘧啶(5-Fu)、放线菌素-D(Act-D)、环磷酰胺(CTX)、长春新碱(VCR)、依托泊苷(VP-16)等。

化疗方案的选择原则是低危病人选择单一药物化疗,高危病人选择联合化疗。

(1)单一药物化疗:目前常用的单药化疗药物及用法见表23-4。

表23-4 推荐常用单药化疗药物及其用法

药物	剂量、给药途径、疗程日数	疗程间隔
MTX	0.4mg/(kg·d)肌内注射,连续5日	2周
WeeklyMTX	$50mg/m^2$ 肌内注射	1周
MTX+	1mg/(kg·d)肌内注射,第1,3,5,7日	2周
四氢叶酸(CF)	0.1mg/(kg·d)肌内注射,第2,4,6,8日(24小时后用)	
MTX	250mg静脉滴注,维持12小时	2周
Act-D	10~12μg/(kg·d)静脉滴注,连续5日 $1.25mg/m^2$ 静脉注射	2周
5-Fu	28~30mg/(kg·d)静脉滴注,连续8~10日	2周*

*疗程间隔一般指上一疗程化疗的第一日至下一疗程化疗的第一日之间的间隔时间。这里特指上一疗程化疗结束至下一疗程化疗开始的间隔时间

Notes

(2) 联合化疗:适用于滋养细胞肿瘤联合化疗的方案繁多,其中首选 EMA-CO 方案或氟尿嘧啶为主的联合方案(见表 23-5)。

表 23-5　联合化疗方案及用法

方案	剂量、给药途径、疗程日数	疗程间隔
EMA-CO		2 周
第一部分 EMA		
第 1 日	VP16 $100mg/m^2$　静脉滴注	
	Act-D 0.5mg　静脉注射	
	MTX $100mg/m^2$　静脉注射	
	MTX $200mg/m^2$　静脉滴注 12 小时	
第 2 日	VP16 $100mg/m^2$,静脉滴注	
	Act-D 0.5mg　静脉注射	
	四氢叶酸(CF)15mg,肌内注射	
	(从静脉注射 MTX 开始算起 24 小时给药,每 12 小时 1 次,共 2 次)	
第 3 日	四氢叶酸 15mg,肌内注射,每 12 小时 1 次,共 2 次	
第 4 至 7 日	休息(无化疗)	
第二部分 CO		
第 8 日	VCR $1.0mg/m^2$　静脉注射	
	CTX $600mg/m^2$　静脉注射	
5-Fu+KSM		3 周*
5-Fu	26-28mg/(kg·d)静脉滴注 8 日	
KSM	6μg/(kg·d)静脉滴注 8 日	

*特指上一疗程化疗结束至下一疗程化疗开始的间隔时间

(3) 疗效评估:在每一疗程结束后,应每周一次测定血清 hCG,结合妇科检查、超声、X 线胸片、CT 等检查。在每疗程化疗结束至 18 日内,血 hCG 下降至少 1 个对数称为有效。

(4) 毒、副作用防治:化疗的主要毒副作用为骨髓抑制,其次为消化道反应、肝功能损害、肾功能损害及脱发等。所以化疗前应先作血、尿常规、肝功能、肾功能等检查了解骨髓及肝肾功能,用药期间严密观察,注意防治。

(5) 停药指征:hCG 连续 3 次阴性后,低危病人至少给予 1 个疗程的化疗,而对于化疗过程中 hCG 下降缓慢和病变广泛者可给予 2~3 个疗程的化疗;高危病人继续化疗 3 个疗程,其中第一疗程必须为联合化疗。

2. 手术　主要作为辅助治疗。对控制大出血等各种并发症、切除耐药病灶、减少肿瘤负荷和缩短化疗疗程等方面有一定作用,在一些特定的情况下应用。

(1) 子宫切除:对于无生育要求的无转移病人在初次治疗时可选择全子宫切除术,并在术中给予单药单疗程辅助化疗,也可多疗程至血 hCG 水平正常。对于大病灶、耐药病灶或病灶穿孔出血者,可在化疗的基础上行全子宫切除术,生育期年龄妇女应保留卵巢。对于有生育要求者,若穿孔病灶不大,可作病灶切除加子宫修补术;若耐药病灶为单个及子宫外转移灶已控制,血 hCG 水平不高,可考虑作病灶剜出术。

(2) 肺切除术:对于多次化疗未能吸收的孤立的耐药病灶,且 hCG 水平接近正常,可考虑作肺叶切除。由于肺转移灶吸收后形成的纤维化结节可以在 hCG 转阴后在 X 线胸片上较长时间存在,所以在决定手术前应注意鉴别。

(3) 开颅手术:作为急诊手术可迅速降低颅内压和控制颅内出血,以抢救生命。作为择期手术还可用于脑部孤立耐药病灶的切除。

3. **放射治疗** 目前应用较少,主要用于肝、脑转移和肺部耐药病灶的治疗。

4. **耐药复发病例的治疗** 几乎全部无转移和低危转移病例均可得以治愈,但尚有20%左右的高危转移病例因治疗失败而最终死亡。究其原因主要是这些病人对化疗不敏感,出现耐药或一度缓解后又重新复发。如何治疗这类病人仍然是当今的一大难题。其策略大致有以下几点:①初始治疗前准确临床分期,给予规范的和合适的初始化疗方案;②采用有效的二线联合化疗方案,如EP-EMA(EMA-CO中的CO被顺铂和依托泊苷所替代),PVB(顺铂、长春新碱、博来霉素),BEP(博来霉素、依托泊苷,顺铂),VIP(依托泊苷、异环磷酰胺、顺铂或卡铂),TP/TE(紫杉醇、顺铂/紫杉醇、依托泊苷)等。超大剂量联合化疗及自体造血干细胞移植治疗耐药病人也有一定疗效;③合理适时应用手术和放疗;④探索新的治疗手段,如超选择动脉插管局部灌注化疗和栓塞治疗、生物治疗等。

低危和高危滋养细胞肿瘤的处理流程分别见图23-2和图23-3。

【随访】 治疗结束后应严密随访,第1次在出院后3个月,然后每6个月1次至3年,此后每年1次直至5年,以后可每2年1次。也可对Ⅰ~Ⅲ期低危病人随访1年,高危病人包括Ⅳ期随访2年。随访内容同葡萄胎。随访期间应可靠避孕,一般于化疗停止≥12个月才可妊娠。

【小结】 侵蚀性葡萄胎和绒癌临床上统称妊娠滋养细胞肿瘤,可继发于任何妊娠,但以葡

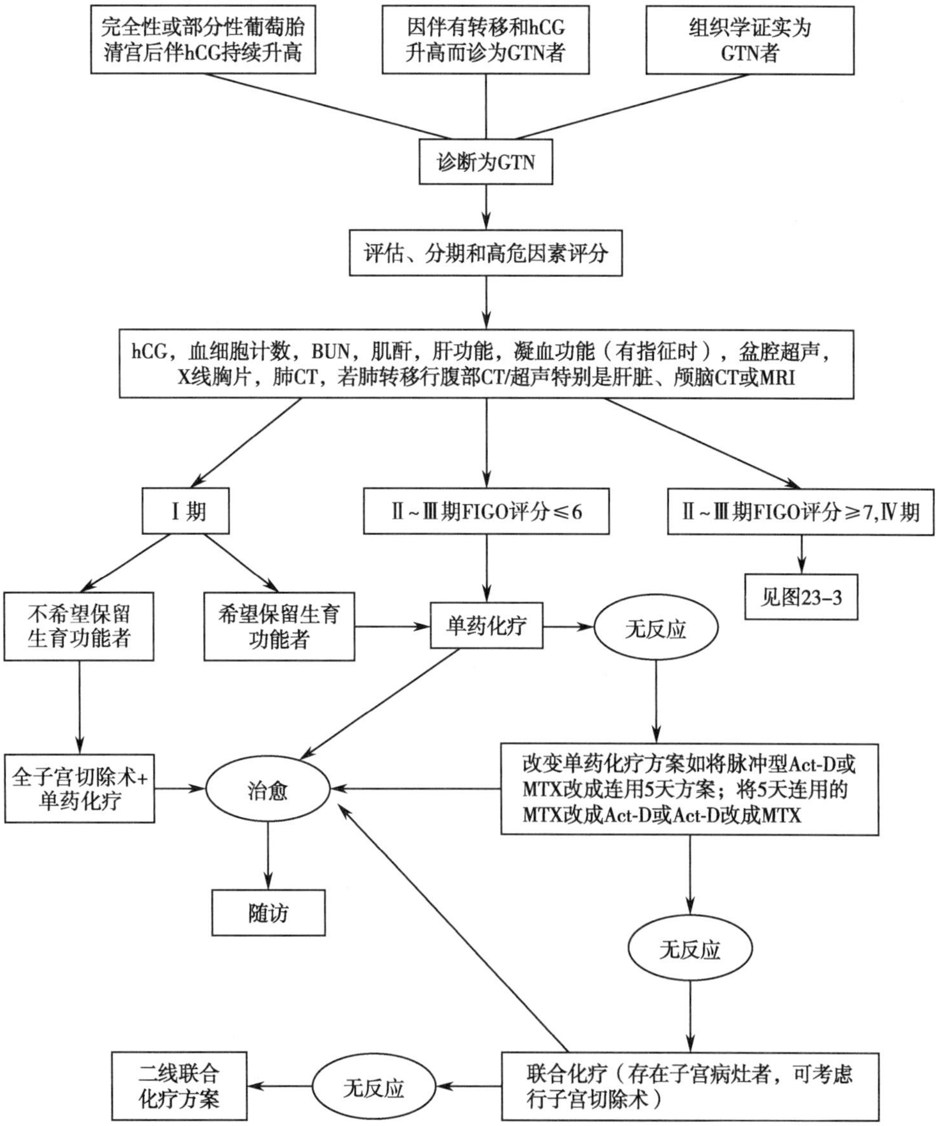

图23-2 低危妊娠滋养细胞肿瘤处理流程图

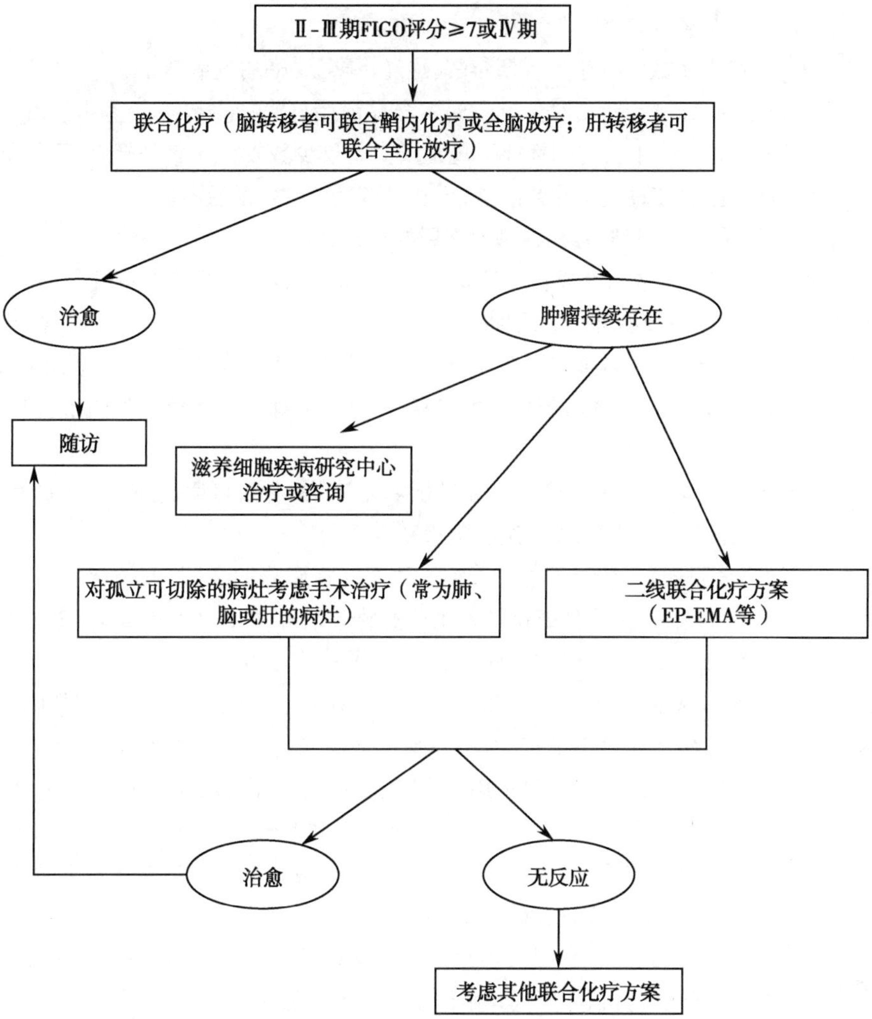

图 23-3　高危妊娠滋养细胞肿瘤处理流程图

萄胎为最常见。侵蚀性葡萄胎的病理特征为水泡状组织侵入子宫肌层，而绒癌在镜下可见细胞滋养细胞和合体滋养细胞广泛侵入子宫肌层，但不形成绒毛或水泡状结构。无转移滋养细胞肿瘤主要表现为异常阴道流血。转移性滋养细胞肿瘤主要经血行转移，肺是最常见的转移部位，一旦发生肝、脑转移，预后不良。血清 hCG 异常升高是主要诊断依据，影像学证据和组织学证据均不是必需的。临床分期包括解剖学分期和预后评分两个部分。根据治疗前评估实施分层治疗，低危病人首选单一药物化疗，高危病人首选联合化疗，手术和放疗为均辅助治疗。治疗结束后应严密随访。耐药复发是最主要的死亡原因，最根本的预防策略是规范化初始治疗。

第四节　胎盘部位滋养细胞肿瘤

胎盘部位滋养细胞肿瘤（placental site trophoblastic tumor，PSTT）指起源于胎盘种植部位的一种特殊类型的滋养细胞肿瘤。临床罕见，约占妊娠滋养细胞肿瘤的 1% ～2% 。多数不发生转移，预后良好。

【病理】　大体检查见肿瘤或突向宫腔的息肉样组织；或限于子宫肌层内，与子宫肌层界限清楚；或呈弥漫性浸润至深肌层、甚至达浆膜层或子宫外扩散，与子宫肌层界限不清。肿瘤切面呈黄褐色或黄色，有时见局限性出血和坏死。镜下见肿瘤几乎完全由种植部位中间型滋养细胞组成,无绒毛结构。肿瘤细胞呈单一或片状侵入子宫肌纤维之间,仅有灶性坏死和出血。免疫组化染色见部分肿瘤细胞 hCG 和人胎盘生乳素(hPL)阳性。

【临床表现】 绝大多数发生于生育期年龄,绝经后罕见,平均发病年龄 31～35 岁。可继发于足月产、流产和葡萄胎,但后者相对少见。偶尔合并活胎妊娠。主要症状为闭经后不规则阴道流血或月经过多。体征为子宫均匀性或不规则增大。仅少数发生子宫外转移,受累部位包括肺、阴道、脑、肝、肾及盆腔和腹主动脉旁淋巴结。一旦发生转移,预后不良。

【诊断】 症状、体征不典型,容易误诊。常用的检查有:

1. 血清 hCG 测定 多数阴性或轻度升高,但血清 hCG 游离β亚单位常可升高。

2. hPL 测定 一般为轻度升高或阴性。

3. 超声检查 超声表现为类似于子宫肌瘤或其他滋养细胞肿瘤的声像图,彩色多普勒超声检查显示子宫血流丰富,肌壁间蜂窝状暗区内丰富血流呈“火球征”,血流呈低阻抗,但也可血流不丰富。

4. 组织学诊断 确诊靠组织学检查。对部分突向宫腔的肿瘤可通过刮宫标本诊断,但在多数情况下需靠手术切除的子宫标本作出组织学诊断。

【临床分期和高危因素】 胎盘部位滋养细胞肿瘤的临床分期参照 FIGO 解剖学分期,但预后评分系统不适用。一般认为,胎盘部位滋养细胞肿瘤预后相关的高危因素为:①肿瘤细胞有丝分裂指数>5 个/10HPF;②距先前妊娠间隔>2 年;③子宫外转移。

【处理】 手术是首选的治疗方法,原则是切除一切病灶,手术范围为全子宫切除及双侧附件切除术。年轻妇女若病灶局限于子宫、卵巢外观正常可保留卵巢。不推荐保留生育功能,但对年轻希望生育、I 期且病灶局限者,可采用刮宫、宫腔镜或局部病灶切除等方法,并予以化疗。但这类治疗尚缺乏大样本临床资料支持,需充分知情同意和严密随访,发现异常应及时手术。

对于有高危因素者术后应予辅助性化疗。因胎盘部位滋养细胞肿瘤对化疗不敏感,故应选择联合化疗,首选的化疗方案为 EMA-CO。对无高危因素者不主张辅助性化疗。

【随访】 和其他滋养细胞肿瘤一样,治疗后也应随访,随访内容同滋养细胞肿瘤。由于通常缺乏肿瘤标志物,所以随访时临床表现和影像学检查更有价值。

【小结】 胎盘部位滋养细胞肿瘤起源于种植部位中间型滋养细胞,临床罕见。多发生于生育期年龄,表现为闭经后不规则阴道流血或月经过多。病灶大多局限于子宫,预后良好,但一旦发生转移预后不良。血清 hCG 测定多数阴性或轻度升高,确诊靠组织学检查。临床分期采用 FIGO 解剖学分期,但预后评分系统不适用。手术是首选的治疗方法,高危病人术后应予辅助性联合化疗。

(谢 幸)

参考文献

1. 丰有吉,沈铿. 妇产科学. 第 2 版. 北京:人民卫生出版社,2011.
2. 谢幸,苟文丽. 妇产科学. 第 8 版. 北京:人民卫生出版社,2013.
3. Ngan HYS, Kohorn EI, Cole LA, Kurman RJ, Kim SJ, Lurain JR, Seck MJ, Sasaki S, Soper JT. FIGO Cancer Report(2012): Trophoblastic disease. Int J Gyneol Obstet, 2012, 119S2: S130-S136.
4. Berkowitz RS and Goldstein DP. Current advances in the management of gestational trophoblastic disease. Gynecol Oncol, 2013, 128: 3-5.

第二十四章　子宫内膜异位症和子宫腺肌病

子宫内膜异位症（endometriosis，简称内异症）和子宫腺肌病（adenomyosis）均是妇科常见病，临床上常可并存。二者虽同为内膜异位引起的疾病，但它们的发病机制和组织发生学是不相同的，临床表现亦有差异，实际上是两种不同的疾病。

第一节　子宫内膜异位症

具有生长功能的子宫内膜组织（腺体和间质）出现在子宫腔被覆内膜及宫体肌层以外的其他部位时称为子宫内膜异位症。该病临床表现多种多样，组织学上虽然是良性，但却有增生、浸润、转移及复发等恶性行为，是生育年龄妇女最常见的疾病之一。异位子宫内膜可以侵犯全身任何部位，但绝大多数位于盆腔内，其中宫骶韧带、子宫直肠陷凹及卵巢为最常见的受侵犯部位，其次为子宫浆膜、输卵管、乙状结肠、腹膜脏层，阴道直肠膈亦常见（图 24-1）。异位内膜也可出现在身体的其他部位如脐、膀胱、肾、输尿管、肺、胸膜、乳腺、淋巴结等。

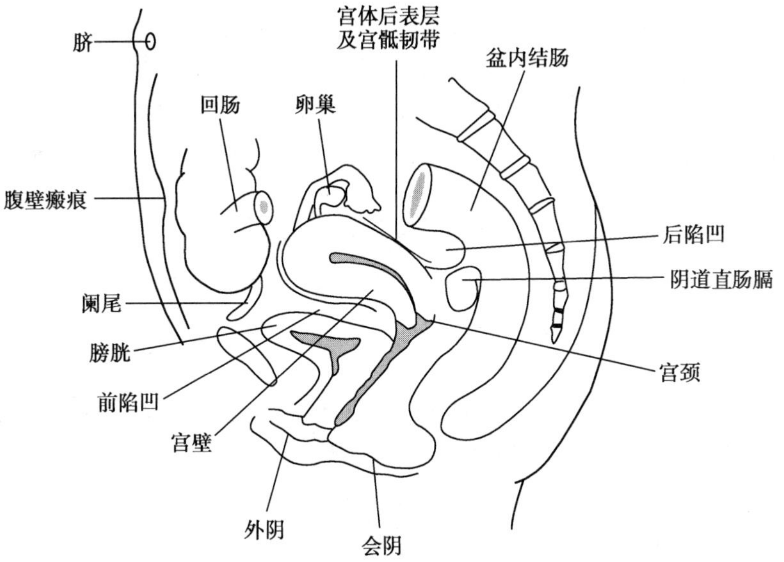

图 24-1　子宫内膜异位症的好发部位

【流行病学】　一般见于生育年龄妇女，以 25～45 岁妇女多见，发病率为 10%～15%。近年来，其发病率有明显升高趋势。生育少、生育晚的女性发病明显多于生育多者，绝经后或切除双侧卵巢后异位内膜组织可逐渐萎缩吸收，妊娠或使用性激素抑制剂抑制卵巢功能可暂时阻止此病的发展，故内异症是激素依赖性疾病。通常认为绝经后妇女内异症罕见。但有报道绝经后妇女仍有 2%～4% 因内异症而需要腹腔镜手术，其中大多数为激素替代治疗者。

【发病机制】　自 1860 年 Von Rokitansky 首先描述子宫内膜异位症以来，本病的发病机制至今仍未完全阐明。关于异位子宫内膜的来源主要有以下 3 种学说，但是任何一种学说都不能完全解释内异症的所有方面。

1. 种植学说(implantation theory) Sampson 于 1921 年首次提出该学说。这一理论认为，异位的内膜来源于子宫内膜组织，这些组织转移到宫腔以外的部位，并种植和生长。常见的传播途径有经血逆流、医源性种植、淋巴传播和血管播散等。

(1) 经血逆流(retrograde menstruation):Sampson 首先提出在经期时妇女子宫内膜腺上皮和间质细胞可随经血逆流，经输卵管进入腹腔，种植于卵巢和盆腔腹膜，并在该处继续生长和蔓延，形成盆腔内异症。支持经血逆流是形成盆腔内异症的主要原因的依据很多，例如:①经期腹腔镜手术证实，76% ~90% 病人伴有经血逆流;②输卵管腔内和腹水中发现子宫内膜细胞;③经血中存在体外培养可成活的细胞;④狒狒实验也证实，将其经血注入腹腔可在盆腔内形成典型的内异症。子宫内膜种植的分布也强有力地支持种植理论:种植和粘连最常见于子宫直肠陷凹以及结肠旁沟等。

尽管经血逆流内膜种植学说已被公认，但经血逆流理论无法解释盆腔外的内异症。

(2) 医源性种植:剖宫产术后继发腹壁切口内异症或阴道分娩后会阴切口处出现内异症，可能是术时将子宫内膜带至切口直接种植所致。

(3) 淋巴及静脉播散:早年有学者在显微镜下得到淋巴管和淋巴结内有子宫内膜细胞的证据、盆腔静脉内有子宫内膜组织，故不少学者认为子宫内膜可通过淋巴或静脉播散;远离盆腔部位的器官如肺、手或大腿的皮肤和肌肉发生的内异症可能就是通过淋巴或静脉播散的结果。

2. 体腔上皮化生学说(metaplasia theory of coelomic epithelium) 19 世纪著名的病理学家 Robert Meyer 认为，异位内膜细胞来源于盆腔腹膜的体腔上皮化生:即高度化生潜能的体腔上皮受到卵巢激素、经血及慢性炎症刺激后，被激活而转化成内膜组织。但其后的研究均未能证明已分化的腹膜细胞可维持进一步分化的能力。目前，小鼠模型实验结果显示，*K*-ras 等位基因的激活可诱导小鼠卵巢表面上皮细胞化生为子宫内膜异位的病变。

3. 诱导学说(induction theory) 此学说认为，种植的内膜释放某种未知物质诱导未分化的腹膜细胞形成子宫内膜异位组织。兔模型动物实验支持此理论:新鲜的和变性的子宫内膜沉淀物注入皮下均可形成子宫内膜异位囊肿。但在人类中未得到证实。该学说实际上是体腔上皮化生学说的延伸。

子宫内膜发生异位后，能否形成内异症可能还与下列因素有关。

1. 遗传因素 子宫内膜异位症具有一定的遗传倾向和家族聚集性，内异症病人一级亲属的发病风险是无家族史者的 7 倍，可能是多基因和多因素遗传的影响。

2. 免疫因素 经血逆流的普遍存在和子宫内膜异位的相对少见，使研究者考虑到某些女性的腹腔内环境可能与本病的发生有关。其中免疫系统作为可能的因素受到关注。诸多的研究结果显示，病人清除盆腔活性子宫内膜细胞的免疫能力降低和免疫耐受与子宫内膜异位症有关。前者主要是病人自然杀伤细胞(natural killer cell,NK)与巨噬细胞的清除能力降低。后者是机体把异位子宫内膜当成自体组织而不进行清除。但也有不同的研究报道，例如，不同病变程度病人 NK 细胞的活力无区别、长期应用免疫抑制剂病人的子宫内膜异位症发病率也未见增加。

3. 炎症因素 有证据表明内异症与亚临床腹膜炎症有关，主要表现在病人腹腔液中白细胞特别是巨噬细胞活性、细胞因子、生长因子和促血管生成物质均增加。TNF-α 可促进异位的子宫内膜间质细胞与间皮细胞黏附，巨噬细胞等可增加异位的子宫内膜细胞分泌促生长和促血管生成因子。异位的子宫内膜细胞黏附于腹膜后，基质金属蛋白酶(matrix metalloproteinases, MMP)及其组织抑制剂可调控黏附于腹膜的异位子宫内膜细胞的浸润和生长。

逐渐增多的依据表明，内异症和非内异症病人子宫内膜芳香化酶活性的差异与局部炎症和前列腺素(PG)有关。内异症病灶前列腺素 E_2(PGE_2)使芳香化酶表达异常从而促进局部雌二醇(E_2)的转化，E_2 又可增加 PG_2 的合成，形成局部炎症与 E_2 促进内异症病变进展的局部循环。

Notes

4. 在位内膜的特性 北京协和医院郎景和教授等研究结果发现，在位子宫内膜的特性与内异症的发生密切相关,并提出"在位内膜决定论"(determinant of uterine eutopic endometrium),即不同人(内异症病人与非病人)经血逆流或经血中的内膜碎片能否在"异地"黏附、侵袭、生长,在位内膜是关键,是发生内异症的决定因素。

【病理】 子宫内膜异位症的主要病理变化为异位种植的子宫内膜随卵巢激素的变化而发生周期性出血,病灶局部反复出血和缓慢吸收导致周围纤维组织增生、粘连,出现紫褐色斑点或小泡,最后发展为大小不等的实质性瘢痕结节或形成囊肿。绝大多数子宫内膜异位症发生于盆腔,称为盆腔子宫内膜异位症。根据发生的部位不同,又大致可分为卵巢子宫内膜异位症(ovarian endometriosis)和腹膜子宫内膜异位症(peritoneal endometriosis)。此外,还有深部浸润型内异症(deep infiltrating endometriosis)和其他部位的内异症。

1. 巨检

(1) 卵巢子宫内膜异位症:约80%病人病变累及一侧卵巢,50%病人双侧卵巢受累。卵巢的异位内膜病灶分为两种类型:①微小病变型:为位于卵巢浅表层的红色、蓝色或棕色等斑点或小囊,病灶只有数毫米大小,常导致卵巢与周围组织粘连,手术中刺破后有黏稠咖啡色液体流出;②典型病变型:又称囊肿型。异位内膜在卵巢皮质内生长、周期性出血,形成单个或多个囊肿,称为卵巢子宫内膜异位囊肿。典型情况下,陈旧性血液聚集在囊内形成咖啡色黏稠液体,似巧克力样,故俗称卵巢"巧克力囊肿"。但如出血新鲜,囊内液也可为暗红色,稀薄状。此外,由于其他卵巢囊性肿物发生内出血时也可表现为巧克力样,最终诊断需靠组织病理学证实。

卵巢子宫内膜异位症囊肿大小不一,一般直径多在5~6cm以下。囊肿表面呈灰蓝色。囊肿张力大、囊壁厚薄不均,易反复形成小的破裂,破裂后囊内容物刺激局部腹膜及卵巢呈炎性反应,导致卵巢破裂处与周围组织粘连,这种粘连多发生在子宫后方、阔韧带后叶及盆侧壁,致使卵巢固定在盆腔内,活动受限。如较大的囊肿由于外力或自发形成较大的破口,多量囊内容物流入盆腹腔,则可出现腹膜刺激症状,引起急腹症。

(2) 腹膜子宫内膜异位症:分布于盆腔腹膜和各脏器表面,以子宫骶骨韧带、子宫直肠陷凹和子宫后壁下段浆膜最为常见。这些部位处于盆腔较低或最低处,与经血中的内膜碎片接触机会最多,故为内异症最好发部位。在病变早期,病灶局部有散在紫褐色出血点或颗粒状散在结节。随病变发展,子宫后壁与直肠前壁粘连,直肠子宫陷凹变浅,甚至完全消失。输卵管内异症亦多累及其管壁浆膜层,直接累及黏膜者较少。输卵管常与病变周围组织粘连,可因粘连和扭曲而影响其正常蠕动,严重者可致管腔不通,是内异症导致不孕的原因之一。腹膜子宫内膜异位症亦分为二型:①色素沉着型:即典型的蓝紫色或褐色腹膜异位结节,术中较易辨认;②无色素沉着型:为异位内膜的早期病变,较色素沉着型更常见,也更具生长活性,表现形式多种多样。依其外观又可分为红色病变和白色病变。多认为前者是疾病的最开始阶段,病灶多由内膜腺体或细胞构成,富于血管,病变活跃;而后者多为出血被吸收后形成的瘢痕组织。手术中为辨认病灶可进行热色试验(heat color test,HCT),即将可疑病变部位加热,其内的含铁血黄素则呈现出棕褐色。无色素沉着的内膜异位病灶发展成典型的病灶需6~24个月。

上述病理变化,在开腹手术和腹腔镜术所见略有不同。由于腹腔镜对病灶的放大作用,腹膜及脏器表面的早期病灶或微小病灶较肉眼直视时能呈现出各种不同的病理形态。

(3) 深部浸润型内异症:指病灶浸润深度≥5mm的内异症,常见于宫骶韧带、直肠子宫陷凹、阴道穹窿、直肠阴道隔等。其中侵及阴道直肠隔包括两种情况,一种为假性阴道直肠隔内异症,即由于直肠窝的粘连封闭,病灶位于粘连下方;另一种为真性阴道直肠隔内异症,即病灶位于腹膜外,在阴道直肠隔内,子宫直肠窝无粘连或仅有轻度变形。

(4) 其他部位的内异症:可累及消化、泌尿、呼吸系统,可形成瘢痕内异症,以及其他少见的远处内异症等。

2. **镜检** 异位内膜组织在显微镜下可见到4种成分,即子宫内膜腺体、子宫内膜间质、纤维

Notes

素和红细胞/含铁血黄素。传统上,病理学家要求腺体和间质都存在并伴有月经周期的证据(存在组织出血或富含含铁血黄素的巨噬细胞)才能确定诊断。典型的组织结构可因异位内膜反复出血被破坏而难以发现,故临床上常出现临床所见与病理报告不一致的现象。

【临床表现】 子宫内膜异位症的临床表现多种多样,病变部位不同,临床表现也不相同。症状特征大多与月经周期密切相关。约25%的病人无任何症状。

1. 症状 常见有疼痛、月经异常和不孕。25%病人无任何症状。

(1) 疼痛:是内异症的主要症状,可表现为痛经、慢性盆腔痛、性交痛及急腹痛。

1) 痛经:是子宫内膜异位症的典型症状,表现为继发性痛经,并随病变的进展而渐进性加重。典型的痛经多于月经开始前1~2日出现,月经第1日最剧烈,以后逐渐减轻。疼痛部位多为下腹深部和腰骶部,有时可放射至会阴、肛门或大腿。但并非所有病人都有如此典型的痛经,27%~40%的病人无痛经。疼痛程度与病灶大小也不一定成正比,粘连严重、卵巢异位囊肿病人可能并无疼痛,而盆腔内小的散在病灶却可引起难以忍受的疼痛。

2) 慢性盆腔痛:少数病人表现为慢性盆腔痛(chronic pelvic pain,CPP),经期加剧。

3) 性交痛:约30%病人可出现性交痛,多见于直肠子宫陷凹有异位病灶或因病变导致子宫后倾固定的病人,一般表现为深部性交痛,月经来潮前性交疼痛更明显。

4) 急腹痛:卵巢子宫内膜异位囊肿经常会由于经期囊内出血,压力增加而多次出现小的破裂,由于破裂后立即被周围组织粘连而仅造成一过性的下腹部或盆腔深部疼痛。如较大卵巢子宫内膜异位囊肿出现大的破裂时,囊内液体流入盆腹腔可引起突发性剧烈腹痛,伴恶心、呕吐和肛门坠胀。破裂多发生在经期前后或经期,部分也可发生在排卵期,破裂前多有性生活或其他腹压增加的情况。其症状类似输卵管妊娠破裂。

(2) 月经异常:15%~30%病人有经量增多、经期延长或月经淋漓不净。月经异常可能与病灶破坏卵巢组织,影响卵巢功能有关;部分病人可能与同时合并有子宫腺肌病或子宫肌瘤有关。

(3) 不孕:内异症病人不孕率高达50%,其中20%病人有中度以上病变。引起不孕的原因复杂,主要与下列因素有关:①盆腔解剖结构异常。重度内异症病灶可以导致盆腔局部解剖结构异常,如卵巢、输卵管周围广泛粘连,导致输卵管梗阻或引起扭曲,使输卵管蠕动异常,影响拾卵和对受精卵的运输功能;②盆腔内微环境改变。内异症病人腹腔液中含有异常物质可导致不孕;③卵巢功能异常。异位症病人的排卵障碍发病率为17%~27%,可能与腹腔液中前列腺素升高而影响卵泡发育和排卵有关;即使有排卵,病人卵泡和黄体细胞上的LH受体量减少,导致黄体分泌不足,黄体形成不良而影响受孕。此外,未破裂卵泡黄素化综合征(luteinized unruptured follicle syndrome,LUFS)在异位症病人中的发病率高达18%~79%,也是不孕的原因;④自然流产率增加。异位症病人妊娠,约40%发生自然流产,而正常妊娠者自然流产率只有15%。

(4) 其他特殊部位症状:盆腔外组织有异位内膜种植和生长时,多在病变部位出现结节样肿块,并伴有周期性疼痛、出血或经期肿块明显增大,月经后又缩小。肠道内异症病人可出现腹痛、腹泻或便秘,甚至有周期性少量便血。膀胱内异症可在经期出现尿痛和尿频,血尿,但多被严重的痛经症状掩盖而被忽略,异位内膜侵犯和压迫输尿管时,可出现一侧腰痛和血尿。呼吸道内异症可出现经期咯血及气胸。瘢痕内异症可见瘢痕处结节于经期增大,疼痛加重。

2. 体征 较大的卵巢子宫内膜异位囊肿在妇科检查时可扪及与子宫粘连的肿块,囊肿破裂时出现腹膜刺激征。典型盆腔内异症妇科检查时可发现子宫后倾固定,直肠子宫陷凹、宫骶韧带或子宫后壁下段等部位可扪及触痛性结节,一侧或双侧附件区触及囊实性肿块,活动度差,往往有轻压痛。若病变累及直肠阴道隔,可在阴道后穹窿扪及隆起的小结节或肿块,甚至有时可直接看到局部隆起的蓝色斑点或结节。腹壁或会阴瘢痕子宫内膜异位病灶可在切口附近触及

Notes

结节状肿块。

【诊断】 育龄妇女有继发性痛经，进行性加重、不孕或慢性盆腔痛、性交痛等，盆腔检查盆腔内有触痛性结节或子宫旁有不活动的囊性肿块，应高度怀疑为子宫内膜异位症。确诊应首选腹腔镜检查，也可剖腹探查获得组织病理诊断确诊并确定分期。少数情况下，病理未发现异位子宫内膜的证据，但临床表现和术中所见符合内异症特征，也可诊断。

1. 病史　重点询问月经史、孕产史、家族史及手术史。特别注意疼痛或痛经的发生发展与月经和剖宫产、人流术、输卵管通液术等手术的关系。

2. 妇科检查　除双合诊外，应特别强调必须进行三合诊检查。盆腔内异症时子宫多为后位，活动度不良或固定；宫骶韧带和后穹窿有触痛性结节为特征性的体征；卵巢子宫内膜异位症者，在附件区可触及与子宫或阔韧带、盆壁相粘连的囊性肿块，活动度差，往往有轻度触痛。

3. 影像学检查　阴道和腹部超声检查是鉴别卵巢子宫内膜异位囊肿和直肠阴道隔内异症的重要手段，其诊断敏感性和特异性均在96%以上。超声检查可确定卵巢子宫内膜异位囊肿的位置、大小、形状和囊内容物，与周围脏器特别是与子宫的关系等。盆腔CT及MRI对盆腔内异症的诊断价值与超声相当，但费用较昂贵。MRI对卵巢内膜异位囊肿、盆腔外内异症以及深部浸润病变的诊断和评估有意义。

4. 腹腔镜检查　是目前诊断内异症的最佳方法。在腹腔镜下见到大体病理所述典型病灶或对可疑病变进行活组织检查即可确诊，术中所见亦是临床分期的重要依据。特别是轻、中度子宫内膜异位症、可疑内异症造成的不孕和慢性盆腔痛、妇科检查有盆腔触痛性结节，而超声检查又无阳性发现的病人，有条件的应将腹腔镜作为首选确诊方法。

5. 其他辅助检查

（1）血清CA125测定：中、重度内异症病人血清CA125值可能会升高，但一般均为轻度升高，多低于100IU/L。但CA125的特异性和敏感性均局限，且与多种疾病有交叉阳性反应，因此不能单独用做诊断或鉴别诊断。对于CA125值升高者，血清CA125水平可用于监测异位内膜病变活动情况，治疗有效时降低，复发时又升高。

（2）抗子宫内膜抗体：正常妇女血清中抗子宫内膜抗体多为阴性，内异症病人则60%以上呈阳性。此抗体是内异症的标志抗体，其靶抗原是内膜腺体细胞中一种孕激素依赖性糖蛋白，特异性90%～100%。病人血液中检测出该抗体，说明体内有异位内膜刺激及免疫内环境改变。但敏感性不高。

（3）其他：必要时，可采用静脉肾盂造影、膀胱镜、结肠镜等检查。

【临床分期】 目前采用美国生育医学协会（American Society for Reproductive Medicine，ASRM）1997年第三次修订的rAFS分期标准。即借助腹腔镜或剖腹探查，根据内膜异位病灶的部位、数目、大小、深浅、粘连的范围和程度以及子宫直肠窝的封闭程度进行评分。对于评估疾病严重程度及选择治疗方案，比较和评价不同疗法的疗效等方面有一定的作用（表24-1）。

【鉴别诊断】 子宫内膜异位症易与下列疾病相混淆，应予鉴别。

1. 卵巢恶性肿瘤　早期无症状，有症状时多有持续性腹痛腹胀，病情发展快，一般情况差。妇科检查除触及肿块，子宫直肠窝触及质硬、无触痛结节外，多伴有腹水。超声图像显示肿瘤为囊实性或实性肿块，彩色多普勒超声肿瘤内部血流丰富，且多为低阻血流（阻力指数<0.45）。CA125值多显著升高。腹腔镜检查或剖腹探查可鉴别。

2. 盆腔炎性肿块　多有急性或反复发作的盆腔感染史，疼痛无周期性，平时亦有下腹部隐痛，可伴发热和白细胞增高等，抗生素治疗有效。

3. 子宫腺肌病　痛经症状与内异症相似，但通常更剧烈，疼痛多位于下腹正中。妇科检查子宫多均匀性增大，呈球型，质硬，经期检查子宫触痛明显。本病常与内异症合并存在。

表 24-1 ASRM 子宫内膜异位症分期法(1997 年)

异位病灶			<1cm	1~3cm	>3cm
腹膜	表浅		1	2	3
	深层		2	4	6
卵巢	右	表浅	1	2	4
		深层	4	16	20
	左	表浅	1	2	4
		深层	4	16	20
直肠子宫陷凹封闭			部分		完全
			4		40
粘连			<1/3 包裹	1/3~2/3 包裹	>2/3 包裹
卵巢	右	轻	1	2	4
		重	4	8	16
	左	轻	1	2	4
		重	4	8	16
输卵管	右	轻	1	2	4
		重	4	8	16
	左	轻	1	2	4
		重	4	8	16

注:共分为四期:Ⅰ期(微型):1~5 分,Ⅱ期(轻型):6~15 分,Ⅲ期(中型):16~40 分,Ⅳ期(重型):>40 分。如果输卵管伞端完全被包裹,计 16 分

【处理】 子宫内膜异位症治疗的总体目标是“缩减和去除病灶,减轻和控制疼痛,治疗和促进生育,预防和减少复发”。主要包括期待治疗、药物治疗、手术治疗和联合治疗等。需根据病人年龄、症状、体征、病变范围以及对生育要求等个体化选择治疗方法。如症状轻或无症状的轻微病变可选择期待治疗;有生育要求的轻度病人明确诊断后先行药物治疗,病情重者行保留生育功能手术;年轻无生育要求的重症病人可行保留卵巢功能手术,并辅以药物治疗;症状及病变均严重的无生育要求病人可行子宫和双附件切除以及病灶清除手术(图 24-2)。

(一) 内异症伴疼痛的处理

1. 内异症伴或不伴轻微经期腹痛的处理 轻度内异症且无严重症状的病人可定期随访,也可应用非甾体类抗炎药(吲哚美新、奈普生、布洛芬等)治疗病变引起的轻微腹痛或痛经。随访期间根据病情发展情况选择相应的处理方法。

2. 内异症伴有明显疼痛的处理

(1) 慢性盆腔疼痛或痛经明显但不伴卵巢囊肿或囊肿较小、有生育要求的病人可采用药物治疗,目的是减轻疼痛等症状、抑制卵巢功能。

1) 对症药物治疗:多采用非甾体类抗炎药缓解慢性盆腔疼痛及痛经。对症治疗不能阻止病情进展。

2) 性激素抑制治疗:造成体内低雌激素环境,阻止内异症内膜的生长,使异位内膜萎缩、退化、坏死而达到治疗目的。包括口服避孕药、高效孕激素、雄激素衍生物、GnRHa 等。①口服避孕药:可降低垂体促性腺激素水平,抑制排卵,并直接作用于子宫内膜和异位内膜,导致异位内膜萎缩。长期连续服用可造成类似妊娠的人工闭经,故称假孕疗法。目前常用低剂量高效孕激素和炔雌醇的复合片,可缓解痛经和减少经量。可连续应用或周期应用,连续应用的疗效比

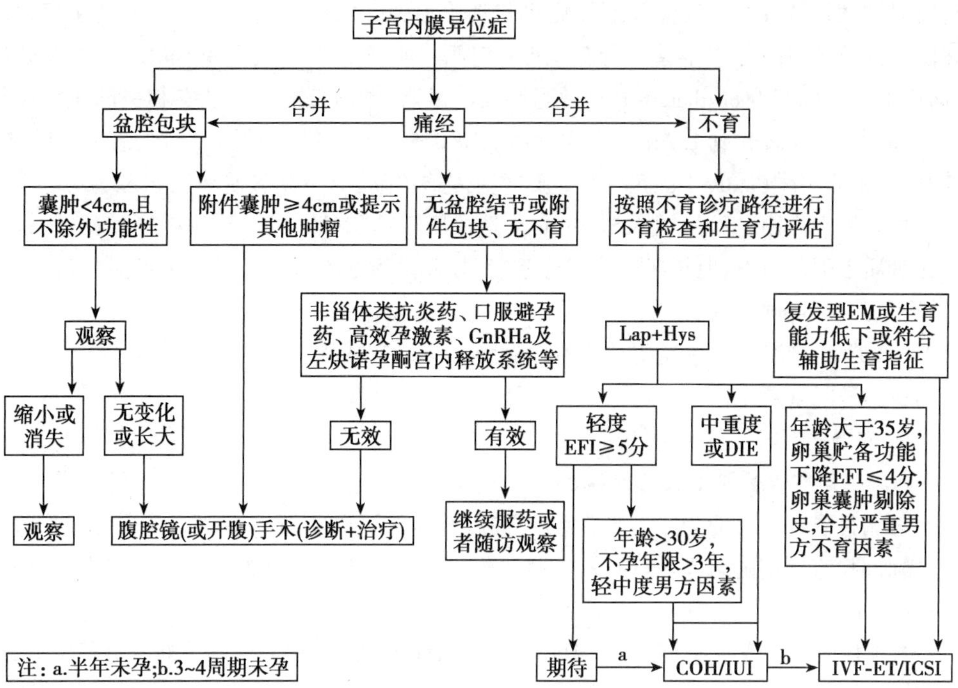

图 24-2　子宫内膜异位症诊治流程图

较肯定。一般用法是每日 1 片,连续或周期应用至少 6 个月。副作用相对较轻,常见的有恶心、乳房胀痛、体重、情绪改变和点滴出血等,应警惕血栓形成风险。②孕激素:直接作用于子宫内膜和异位内膜,引起子宫内膜组织的蜕膜化,继而导致内膜萎缩,同时可负反馈抑制垂体促性腺激素释放。临床上常采用人工合成高效孕激素,如醋酸甲羟孕酮、甲地孕酮或炔诺酮等,所用剂量较大,为避孕剂量的 3～4 倍(如醋酸甲羟孕酮每日口服 30mg),一般连续应用 6 个月。副作用较小,包括恶心、乳房胀、水钠潴留、体重增加、血清脂蛋白水平异常、阴道不规则点滴出血等。停药数月后恢复。③雄激素衍生物:主要有达那唑和孕三烯酮。达那唑(danazol)为合成的 17α 乙炔睾酮衍生物,能抑制 FSH、LH 峰,从而抑制卵巢甾体激素生成并增加雌、孕激素代谢,还可直接与子宫内膜的雌、孕激素受体结合,抑制内膜细胞增生,导致子宫内膜萎缩,闭经。用法:200 毫克/次,每日 2～3 次,月经第一日服用,持续用药 6 个月。疗程结束后约 90% 症状消失。停药 4～6 周恢复月经即排卵。副作用是卵巢功能抑制症状及雄性化作用,如多毛、痤疮、皮脂增加、头痛、潮热、性欲减退、体重增加、肝功损害等。近年来研究表明该药可引起高密度脂蛋白降低,长期应用可引起动脉粥样硬化性心脏病的危险。孕三烯酮(Gestrinone)为 19-去甲睾酮甾体类药物,可拮抗孕激素与雌激素,能增加游离睾酮含量,减少性激素结合球蛋白水平,抑制 FSH、LH 峰值并减少 LH 均值,使体内雌激素水平下降,异位内膜萎缩、吸收。该药在血浆中半衰期长达 28 小时,每周仅需用药 2 次,每次 2. 5mg,月经第 1 日开始口服,连续用药 6 个月。治疗后 50%～100% 的病人发生闭经,症状缓解率达 95% 以上。副作用表现为雄激素样作用,还可能影响脂蛋白代谢、肝功能损害以及体重增加等。④促性腺激素释放激素激动剂(GnRHa):为人工合成的 10 肽类化合物,作用与体内 GnRH 相似,稳定性好,半衰期长,效价约是体内 GnRH 的 100 倍,对 GnRH 受体的亲和力更强。主要是通过抑制垂体促性腺激素的分泌,导致卵巢分泌的性激素减少,造成体内低雌激素状态,出现暂时性闭经,此疗法又称假绝经疗法,或"药物性卵巢切除"(medical oophorectomy)。目前我国常用的 GnRHa 类药物有:亮丙瑞林(leuprorelin)3. 75mg、戈舍瑞林(goserelin)3. 6mg、曲普瑞林(tryptorelin)3. 75mg,月经第 1 日皮下或肌内注射第一针后,每隔 28 日注射一次,共 3～6 次;一般用药后 3～6 周血清雌激素水平达到去势状态并出现闭经,可使痛经缓解。主要副作用为低雌激素状态导致的潮热、阴道干涩、性欲降低、乳房胀痛，失眠、抑郁、易激惹和疲倦等绝经症状和骨质丢失。停药后大部分症状可以在短期内消失，并恢复排卵，但骨质丢失需要1年甚至更长时间才能恢复。因此，应用GnRHa 3个月时应给予反向添加治疗(add-back therapy)，即适量补充雌激素，预防低雌激素状态相关的血管症状和骨质丢失的发生，如替勃龙1.25mg/d，戊酸雌二醇0.5～1.5mg/d或结合雌激素0.3～0.45mg/d。⑤其他：米非司酮(mifepristone)：为孕激素受体拮抗剂，与孕激素受体的亲和力是孕酮的5倍，具有抗孕激素作用，每日口服25～100mg，造成闭经使病灶萎缩。副作用轻，无雌激素样影响，亦无骨质丢失危险性，但长期疗效有待证实；芳香化酶是雌激素合成的关键酶，目前正在尝试用芳香化酶抑制剂治疗内异症。

(2) 慢性盆腔疼痛或痛经明显伴附件囊肿≥4cm、有或无生育要求的病人手术治疗为主。手术方式见下述。

(二) 内异症伴附件囊肿的处理

1. 内异症伴附件囊肿最大直径<4cm 附件囊肿的影像学检查不能明确囊肿性质，最大直径<4cm的附件囊肿亦可能为卵巢非赘生性囊肿(如滤泡囊肿或黄体囊肿)，若未能排除卵巢非赘生性囊肿时，宜短期随访或可口服短效避孕药3个月。若附件囊肿无变化或增大，则以腹腔镜或开腹手术为宜。

2. 内异症伴附件囊肿最大直径≥4cm 手术治疗为主。目的是明确诊断及进行临床分期，清除异位内膜病灶及囊肿，分离粘连及恢复正常解剖结构，治疗不孕，缓解和治疗疼痛。可以选择经腹或腹腔镜途径，腹腔镜为首选。手术方式包括：①病灶切除：多用于年轻、有生育要求；②子宫切除术：多用于rAFS分期Ⅲ、Ⅳ期、症状重且无生育要求的45岁以下、希望保留卵巢内分泌功能者；③子宫及双附件切除：适合45岁以上、症状重或者复发经保守手术或药物治疗无效者。

(三) 内异症伴不孕的处理

药物治疗对改善生育状况帮助不大。腹腔镜手术能提高术后妊娠率，治疗效果取决于病变程度。希望妊娠者，术后不宜应用药物巩固治疗而应行促排卵等治疗，争取尽早妊娠。手术后2年内不能妊娠者，再妊娠机会甚微。

【预后】 除根治性手术外，异位症复发率较高。其复发率与病情轻重、治疗方法、随访时间长短及统计方法有关：重症病人复发率高于轻症病人，病情越重复发越快，年复发率5%～20%，5年累计复发率为40%。用GnRH-a治疗后，轻症病人复发率为37%，重症病人为74%。单纯药物治疗后复发率高于手术治疗，术后应用孕激素并不减少复发率，根治手术后雌激素替代治疗不会明显增加复发危险。

异位内膜极少发生恶变，恶变率低于1%。常见的组织学类型主要为卵巢子宫内膜样腺癌(endometrioid adenocarcinoma，EAC)和透明细胞癌(clear cell carcinoma，CCC)。

【预防】 异位症病因不清，其组织学发生复杂，不能完全预防。根据可能的病因及流行病学结果，可从以下几方面进行预防。

1. 防止经血逆流 及时发现并治疗引起经血逆流的疾病，如先天性生殖道畸形、闭锁、狭窄和继发性宫颈粘连、阴道狭窄等。

2. 药物避孕 口服药物避孕者异位症发病风险降低，与避孕药抑制排卵、促使子宫内膜萎缩等有关。因此对有高发家族史者、容易带器妊娠者可口服药物避孕。

3. 防止医源性异位内膜种植 月经期避免妇科检查。妇科或计划生育手术时尽量避免防宫腔内容物、内膜碎片溢入腹腔或腹壁切口。同时避免造成宫腔或宫颈损伤导致宫腔或宫颈粘连。

【小结】 子宫内膜异位症主要为继发性痛经，并随局部病变的进展而渐进性加重，多伴不孕的妇科常见病。其发病机制至今尚未完全阐明。目前多认为，随经血逆流(包括淋巴及静脉

Notes

播散）或医源性携带的子宫内膜（异常的在位内膜细胞）转移到宫腔、子宫肌层以外的部位，在局部因素（免疫因素或炎症因子）的作用下种植和生长，形成病变。子宫内膜异位症最佳诊断方法为腹腔镜检查。其治疗原则为"减轻和控制疼痛，缩减和去除病灶，治疗和促进生育，预防和减少复发"。常采用药物治疗（包括对症治疗和激素抑制治疗）和手术治疗（包括保留生育功能或保留卵巢功能手术以及根治性手术）。

第二节　子宫腺肌病

子宫腺肌病（adenomyosis）是指子宫内膜腺体和间质存在于子宫肌层中，约15%同时合并内异症，以往曾称为内在性内异症，而将非子宫肌层的内异症称为外在性内异症以示区别。但两者的发病机制和对性激素的敏感性有所不同，内异症对孕激素敏感，子宫腺肌病对孕激素不敏感。

【病因】　本病病因至今不清楚。目前多数研究者认为子宫腺肌病是基底层内膜细胞增生、侵入到肌层间质的结果。遗传、子宫内膜基底层损伤（如多次妊娠、刮宫和剖宫产、慢性子宫内膜炎）、高雌激素血症和病毒感染与本病发生关系密切。其中，尤以高雌激素血症与子宫腺肌病的关系引人注目。

【病理】

1. 巨检　子宫多呈均匀增大，呈球形，一般不超过12周妊娠子宫大小。子宫肌层病灶有弥漫型及局限型两种。一般多为弥漫性生长，剖面可见肌层明显增厚、变硬，在肌壁中见到粗厚的肌纤维带和微囊腔，腔中偶见陈旧血液。少数子宫内膜在子宫肌层中呈局限性生长形成结节或团块，类似子宫肌壁间肌瘤，称子宫腺肌瘤（adenomyoma）。其剖面缺乏子宫肌瘤明显且规则的旋涡状结构，周围无包膜，与四周肌层无明显分界，因而难以将其自肌层剥出。

2. 镜检　子宫肌层内呈岛状分布的子宫内膜腺体与间质是本病的镜下特征。因其他疾病切除的子宫作连续切片检查发现，10%～30%在子宫肌层中有子宫内膜组织，故诊断子宫腺肌病的确切侵袭深度仍然存在一些争议。现多数采用的深度标准是3mm，或内膜基底层下一个低倍镜视野。由于异位内膜细胞属基底层内膜，对雌激素有反应性改变，而对孕激素不敏感或无反应，故异位腺体常处于增生期，偶尔见到局部区域有分泌期改变。

【临床表现】　以经量增多和经期延长（40%～50%）以及逐渐加剧的进行性痛经（25%）为主要症状。痛经常在月经来潮的前一周就开始，至月经结束，疼痛位于下腹正中。约35%病人无任何临床症状。妇科检查可发现子宫呈均匀性增大或有局限性结节隆起，质硬而有压痛，经期时压痛尤为显著，合并内异症时，子宫活动度较差。约半数病人同时合并子宫肌瘤，无症状者术前难以区分。

【诊断】　根据典型的症状（进行性痛经和月经过多）及体征可作出初步诊断，确诊依据术后组织病理学检查。超声和CT等影像学检查对诊断有一定帮助。本病应注意与子宫肌瘤和子宫内膜异位症鉴别。

【治疗】　根据病人年龄、有无生育要求和症状轻重而定。

1. 期待疗法　用于无症状、无生育要求者。

2. 药物治疗　同子宫内膜内异症，目前尚无根治本病的有效药物。症状较轻者可用非甾体类抗炎药或尝试中药等对症治疗。对年轻、有生育要求和近绝经期病人可试用GnRHa治疗，使用时应注意副作用的预防。GnRHa可使疼痛缓解或消失、子宫缩小，但停药后症状复现，子宫重又增大。近年来，左炔诺孕酮宫内节育器（LNG-IUS）治疗该病取得了较好的疗效。LNG-IUS含有左炔诺孕酮（LNG），可稳定释放左炔诺孕酮，放置宫腔后，局部高浓度的LNG促使内膜萎缩和间接抑制内膜增殖，月经量减少甚至闭经，LNG使内源性前列腺素12（PG-12）和血栓素AZ的产

Notes

生减少以及直接作用于子宫腺肌病病灶，使异位病灶萎缩这一作用可以缓解痛经。对子宫增大明显或者疼痛症状严重者，可先应用 GnRHa 治疗 3 ~6 个月后，再使用 LNG-IUS。

3. **手术治疗** 对年轻或有生育要求者可行病灶切除或者子宫楔形切除，对子宫腺肌瘤病人，可试行病灶挖除术，术后有复发风险；年轻希望保留生育功能者，亦可合并使用子宫动脉阻断术；无生育要求表现为月经量增多者，可进行子宫内膜去除术，对症状严重、无生育要求或药物治疗无效者可采用全子宫切除术，卵巢是否保留取决于卵巢有无病变和病人年龄。

【小结】 子宫腺肌病是以经量增多、经期延长、逐渐加剧的进行性痛经和子宫增大为主要临床表现。本病的确切病因不清楚，普遍认为是基底层内膜细胞增生、侵入到肌层间质的结果。目前尚无根治本病的有效药物，症状较轻者可用非甾体类抗炎药等对症治疗；症状严重、又无生育要求或药物治疗无效者可采用全子宫切除术；LNG-IUS 对子宫腺肌症引起的月经过多和痛经有一定改善作用。

（崔满华）

参考文献

1. 中华医学会妇产科学分会子宫内膜异位症协作组. 子宫内膜异位症的诊断和治疗规范. 中华妇产科杂志，2014.
2. Bayoglu Tekin Y, Dilbaz B, Altinbas SK, et al. Postperative medical treatment of chronic pelvic pain related to severe endometriosis: levonogestrel-releasing intrauterine system versus gonadotropin-releasing hormone analogue. Fertil Steril, 2011, 95(2):492-496.
3. Jonathan S, Berek. Berek and Novak' S Gynecology. 15th Edition Lippincott Williams & Wilkins, 2012.
4. Michael J, Worley Jr, William R. et al Endometriosis-Associated Ovarian Cancer: A Review of Pathogenesis Int. J. Mol. Sci, 2013, 14:5367-5379.

Notes

第二十五章 女性生殖器官及性发育异常

女性生殖器官异常主要由染色体、性腺或生殖器官发育过程异常所致。染色体、性腺异常最常见的临床表现是外生殖器模糊和青春期后性征发育异常。生殖器官发育过程异常主要为生殖器官结构异常，例如正常管道形成异常、副中肾管发育或融合异常。由于女性生殖器官与泌尿器官在起源上相同，故泌尿器官的发育可以影响生殖器官的发育，约10%泌尿器官发育异常的新生儿伴有生殖器官异常。因此，在诊断生殖器官异常的同时，要考虑是否伴有泌尿器官的异常。

第一节 女性性发育异常

女性性发育异常(disorders of sex development，DSD)包括一大组疾病，这些疾病的病人在性染色体、性腺、外生殖器或性征方面存在一种或多种先天性异常或不一致。

【分类】 DSD的分类较为复杂，目前倾向于根据染色体核型分成3大类，即染色体异常型DSD、46，XX型DSD和46，XY型DSD(表25-1)。

表25-1 性发育异常的分类

46，XX型DSD	性腺发育异常	性腺发育不全 卵睾型DSD 睾丸型DSD
	雄激素过多	21-羟化酶缺陷 11β-羟化酶缺陷 3β-脱氢酶缺陷 外源性雄激素
	其他	17α-羟化酶缺陷 先天性低促性腺激素性性腺功能低下 苗勒管发育异常 尿生殖窦发育异常
46，XY型DSD	性腺发育异常	性腺发育不全(完全型或部分型) 卵睾型DSD 睾丸退化
	雄激素合成异常	5α-还原酶缺陷 StAR缺陷 CYP11A1缺陷 3β-HSD缺陷 CYP17缺陷 17βHSD缺陷
	雄激素作用异常	雄激素不敏感综合征(完全型和部分型)
	其他	苗勒管持续存在综合征 先天性低促性腺激素性性腺功能低下 环境因素
染色体异常型DSD	Turner综合征 Klinefelter综合征 45，X/46，XY综合征 染色体为46，XX/46，XY的卵睾型DSD	

【常见性发育异常】 根据染色体核型分类，本节简要介绍部分性发育异常的常见疾病。

（一）46，XX性发育异常

1. 46，XX单纯性性腺发育不全 染色体核型为46，XX。因原始性腺未能分化为卵巢，两侧性腺呈条索状，合成雌激素能力低下。病人主要表现为第二性征发育不全和原发性闭经。FSH、LH增高、E_2低下。妇科检查可见发育不良的子宫、输卵管。应用雌、孕激素可使月经来潮。

2. 肾上腺皮质增生症（congenital adrenal hyperplasia，CAH） 是一种常染色体隐形遗传性疾病，胎儿合成皮质醇所必需的肾上腺皮质的几种酶缺陷，其中21-羟化酶缺陷（21-hydroxylasedeficiency）最常见，约占CAH总数的90%～95%。此类病人染色体核型为46，XX，性腺为卵巢，由于酶缺乏不能将17a-羟孕酮转化为皮质醇，皮质醇合成量减少对下丘脑和垂体负反馈作用消失，导致垂体促肾上腺皮质激素分泌增加，刺激肾上腺增生，同时也刺激肾上腺皮质分泌大量的雄激素，致使女性胎儿外生殖器不同程度男性化，内生殖器为子宫、输卵管、阴道。病人典型的内分泌变化是血雄激素和17-羟孕酮水平升高。过多的雄激素可加速骨骺愈合，治疗越晚，病人的最终身高越矮。早治疗还可避免男性化体征加重。常用的糖皮质激素有氢化可的松、泼尼松和地塞米松。开始治疗时可采用大剂量的药物，在17-羟孕酮水平下降后逐步减量到最小维持量。绝大多数病人经糖皮质激素治疗后，可恢复正常排卵，因此可以正常受孕。对女性病人来说，需终身服药，怀孕期间也不可停药。病人外生殖器异常者可通过手术纠正。

3. 其他来源雄激素 孕妇于妊娠早期服用具有雄激素作用的药物，可致使女胎外生殖器男性化，但程度较轻，且在出生后至青春期月经来潮期间男性化不再加剧，生殖内分泌激素均在正常范围。

（二）46，XY性发育异常

1. 46，XY单纯性腺发育不全 又称Swyer综合征。染色体核型为46，XY，分为完全型或部分型。因原始性腺未能分化为睾丸，其既不分泌副中肾管抑制因子（MIF），也不产生雄激素，因此，副中肾管虽不退化，但发育不良。两侧性腺呈条索状，FSH、LH增高、雌激素、雄激素均低下。病人主要表现为第二性征发育不全和原发性闭经。妇科检查可见发育不良的子宫、输卵管；性腺为条索状或发育不良的睾丸。因条索状性腺易发生肿瘤，应尽早切除性腺。外阴模糊者可予以整形，使之成为女性外阴。术后应用雌、孕激素替代治疗。

2. 雄激素不敏感综合征（androgen insensitivity syndrome，AIS） 又称为雄激素抵抗综合征（androgen resistance syndrome），其发生的根本原因是雄激素受体（androgen receptor，AR）基因发生了突变，导致胚胎组织对雄激素不敏感。中肾管分化受阻，最后退化。缺少雄激素的影响，尿生殖窦发育成女性外阴，有大阴唇、小阴唇和阴道，外观与正常女性没有差别。完全性雄激素不敏感综合征者的睾丸可位于腹腔、腹股沟管或阴唇内，无子宫和输卵管，阴道为盲端，正常发育的乳房，但没有阴毛、腋毛和月经。部分性雄激素不敏感综合征的临床表现与雄激素受体缺陷程度有关，最大的特点是有不同程度的男性化。病人睾酮水平达到正常男性水平，雌激素水平为正常女性卵泡早、中期水平。治疗的关键是性别选择，完全性雄激素不敏感综合征病人，从小按女孩抚养，由于睾丸分泌的激素对青春期体格发育和女性第二性征发育均有重要意义，因此建议在青春期第二性征发育后再行睾丸切除术，不需要做外阴整形术。部分性雄激素不敏感综合征病人往往有明显的外阴畸形，因此在切除性腺的同时还需要做外阴整形术。术后给予雌激素替代治疗以维持女性第二性征。

（三）染色体异常型性发育异常

1. 特纳综合征（Turner's syndrome） 最为常见的性发育异常，其染色体核型异常包括45，XO、45，XO的嵌合型、X短臂和长臂缺失、47，XXX等。其主要病变为卵巢不发育伴有体格发育异常。临床表现为：面容呆板、两眼间距宽、身材矮小（不足150cm）、蹼颈、盾状胸、肘外翻，第二性征不发育、子宫发育不良及原发性闭经。FSH、LH增高、E_2低下。特纳综合征治疗原则

Notes

为促进身高、刺激乳房与生殖器官发育及预防骨质疏松。

2. 卵睾型性发育异常　即在同一机体内卵巢组织与睾丸组织并存，睾丸可为隐睾或位于盆腔。有不同染色体核型，46,XX 占多数，46,XX/46,XY 次之，46,XY 少见。性腺探查为诊断的必要手段，外生殖器异常，多由占优势的性腺决定，可近似一女性或似一男性，亦可男女莫辨。若作为女性，切除睾丸，保留卵巢组织，今后也有妊娠的报道；若作为男性，盆腔内睾丸恶变为肿瘤的机会大，以手术切除为妥，青春期后激素替代治疗。

（华克勤）

第二节　外生殖器发育异常

处女膜闭锁(imperforate hymen)又称无孔处女膜。系发育过程中，阴道末端的泌尿生殖窦组织未腔化所致。由于处女膜无孔，故阴道分泌物或月经初潮的经血排出受阻，积聚在阴道内。有时经血可经输卵管倒流至腹腔。若不及时切开，反复多次的月经来潮使积血增多，发展为子宫腔、输卵管和盆腔积血，输卵管可因积血粘连而致伞端闭锁，经血反流至盆腔易发生子宫内膜异位症。处女膜发育异常少部分可表现小孔的筛孔处女膜和纵隔处女膜。

【临床表现及诊断】　绝大多数病人至青春期发生周期性下腹坠痛，呈进行性加剧。严重者可引起肛门胀痛和尿频等症状。检查可见处女膜膨出，表面呈紫蓝色；肛诊可扪及盆腔囊性肿块。偶有幼女因大量黏液潴留在阴道内，下腹坠痛，导致处女膜向外凸出而就诊。盆腔超声检查可见阴道内有积液。

【治疗】　及时手术治疗。先用粗针穿刺处女膜中部膨隆部，抽出陈旧积血后再进行“X”形切开，排出积血；常规检查宫颈是否正常，切除多余的处女膜瓣，修剪处女膜，再用可吸收缝线缝合切口边缘。

第三节　阴道发育异常

阴道由副中肾管和泌尿生殖窦发育而来。在胚胎第 6 周，在午非氏管(又称中肾管)外侧，体腔上皮向外壁中胚叶凹陷成沟，形成副中肾管。双侧副中肾管融合形成子宫和部分阴道。胚胎 6～7 周，原始泄殖腔被尿直肠隔分隔为泌尿生殖窦。在胚胎第 9 周，双侧副中肾管下段融合，其间的纵行间隔消失，形成子宫阴道管。泌尿生殖窦上端细胞增生，形成实质性的窦-阴道球，并进一步增殖形成阴道板。自胚胎 11 周起，阴道板开始腔化，形成阴道。因此副中肾管的形成和融合过程异常以及其他致畸因素均可引起阴道的发育异常。

1998 年美国生殖学会提出较为认可的阴道发育异常分类法：①副中肾管发育不良：包括子宫、阴道未发育(MRKH 综合征)，是一种以没有生殖潜力为特征的生殖系统功能缺陷，即为临床上常见的先天性无阴道。②泌尿生殖窦发育不良：泌尿生殖窦未参与形成阴道下端，典型的病人表现为部分阴道闭锁，多位于阴道下段。③副中肾管融合异常：副中肾管融合异常又分为垂直融合异常和侧面融合异常，垂直融合异常表现为阴道横隔，侧面融合异常表现为阴道纵隔和阴道斜隔综合征。

1. MRKH 综合征(mayer rokitansky kunster hauser syndrome)　系双侧副中肾管发育不全或双侧副中肾管尾端发育不良所致。发生率约为 1/4000～1/5000，先天性无阴道几乎均合并无子宫或仅有始基子宫，卵巢功能多为正常。

【临床表现及诊断】　原发性闭经及性生活困难，子宫仅为始基状况而无周期性腹痛。检查可见病人体格、第二性征以及外阴发育正常，但无阴道口，或仅在前庭后部见一浅凹，偶见短浅阴道盲端。有病人伴有泌尿道发育异常，个别伴有脊椎异常。此病须与处女膜闭锁和雄激素不敏感综合征相鉴别。处女膜闭锁有周期性腹痛，肛诊时，处女膜闭锁可扪及阴道内囊性肿块，超声检查有助

Notes

于鉴别诊断。雄激素不敏感综合征为 X 连锁隐性遗传病，染色体核型为 46，XY，外阴阴毛无或稀少，睾酮为男性正常水平，而 MRKH 综合征为 46，XX，血内分泌检查为正常女性水平。

【治疗】 治疗分非手术及手术治疗，目前建议 18 岁后进行。

（1）顶压法：用阴道模具压迫阴道凹陷，使其扩张并延伸到接近正常阴道的长度。尤适用于阴道凹陷组织松弛者。顶压法因为无创操作应作为一线方法推荐给病人。

（2）阴道成形术：方法多种，各有利弊。手术方法均为在膀胱直肠间造穴，采用不同材料铺垫人造洞穴形成了不同手术方式。常见术式有：生物补片法阴道成形术、羊膜法阴道成形术、腹膜法阴道成形术、乙状结肠法阴道成形术、皮瓣阴道成形术等方法。

2. 阴道闭锁（atresia of vagina） 为泌尿生殖窦未参与形成阴道下段所致。根据阴道闭锁的解剖学特点将其分为：

（1）阴道下段闭锁：也有称为阴道Ⅰ型阴道闭锁，阴道上段及宫颈、子宫体均正常；

（2）阴道完全闭锁：也有称为阴道Ⅱ型阴道闭锁，多合并宫颈发育不良，子宫体发育不良或子宫畸形。

【临床表现及诊断】 阴道下段闭锁多子宫内膜功能正常，因此症状出现较早，主要表现为阴道上段扩张，严重时可以合并宫颈、宫腔积血，盆腔检查发现肿块位置较低，位于直肠前方，就诊往往较及时，症状与处女膜闭锁相似，但无阴道开口，闭锁处黏膜表面色泽正常，亦不向外隆起。肛诊可扪及凸向直肠肿块，位置较处女膜闭锁高，较少由于盆腔经血逆流引发子宫内膜异位症。阴道完全闭锁多合并宫颈发育不良，子宫体发育不良或子宫畸形，子宫内膜分泌功能不正常，经血容易逆流至盆腔，常常发生子宫内膜异位症。磁共振显像和超声检查可帮助诊断。

【治疗】 一旦明确诊断，应尽早手术切除。手术以解除阴道阻塞，使经血引流通畅为原则。阴道下段闭锁先用粗针穿刺阴道黏膜，抽出积血后切开闭锁段阴道，排出积血，常规检查宫颈是否正常，切除多余闭锁的纤维结缔组织，利用已游离的阴道黏膜覆盖创面，术后定期扩张阴道以防挛缩。阴道完全闭锁应充分评价宫颈发育不良状况，目前的手术方法有子宫切除术、子宫阴道贯通术、宫颈端端贯通术。

3. 阴道横隔（transverse vaginal septum） 为两侧副中肾管会合后的尾端与尿生殖窦相接处未贯通或部分贯通所致。阴道横隔很少伴有泌尿系统和其他器官的异常，横隔可位于阴道内任何部位，但以上、中段交界处为多见，其厚度约为 1cm。阴道横隔无孔称完全性横隔；隔上有小孔称不全性横隔。位于阴道上端的横隔多为不全性横隔；阴道下部的横隔多为完全性横隔（图 25-1）。

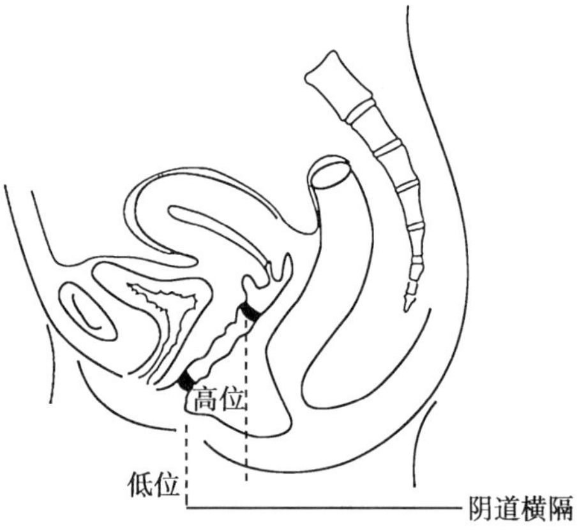

图 25-1 阴道横隔示意图

【临床表现及诊断】 不全性横隔位于上部者多无症状，位置偏低者可影响性生活，阴道分娩时影响胎先露部下降。完全性横隔有原发性闭经伴周期性腹痛，并呈进行性加剧。妇科检查见阴道较短或仅见盲端，横隔中部可见小孔，肛诊时可扪及宫颈及宫体。完全性横隔由于经血潴留，可在相当于横隔上方部位触及块物。

【治疗】 切除横隔，缝合止血。可先用粗针穿刺定位，抽出积血后再行切开术。分娩时，若横隔薄者可于胎先露部下降压迫横隔时切开横隔，胎儿娩出后再切除横隔；横隔厚者应行剖宫产术。横隔切除术后要注意定期扩张阴道或放置阴道模具，防止横隔残端挛缩，直到上皮愈合。

4. 阴道纵隔（longitudinal vaginal septum） 为双侧副中肾管会合后，尾端纵隔未消失或部分消失所致，分为完全纵隔和不全纵隔。完全纵隔以对称性为特点。阴道纵隔常伴有双子宫、双宫颈、同侧肾脏发育不良。

【临床表现及诊断】 阴道完全纵隔者无症状，性生活和阴道分娩无影响。不全纵隔者可有性生活困难或不适，分娩时胎先露下降可能受阻。阴道检查可见阴道被一纵形黏膜壁分为两条纵形通道，黏膜壁上端近宫颈，完全纵隔下端达阴道口，不全纵隔未达阴道口。阴道完全纵隔常合并双子宫。

【治疗】 阴道纵隔影响性生活或阴道分娩时，应将纵隔切除，创面缝合以防粘连。若阴道分娩时发现阴道纵隔，可当先露下降压迫纵隔时先切断纵隔的中部，待胎儿娩出后再切除纵隔。

5. 阴道斜隔综合征　国外多称为 HWWS 综合征（Herlyn-Werner-Wunderlich syndrome），病因尚不明确，可能是副中肾管向下延伸未到泌尿生殖窦形成一盲端所致。阴道斜隔常伴有同侧泌尿系发育异常，多为双宫体、双宫颈及斜隔侧的肾缺如。

北京协和医院将阴道斜隔综合征分为三个类型（图 25-2）：

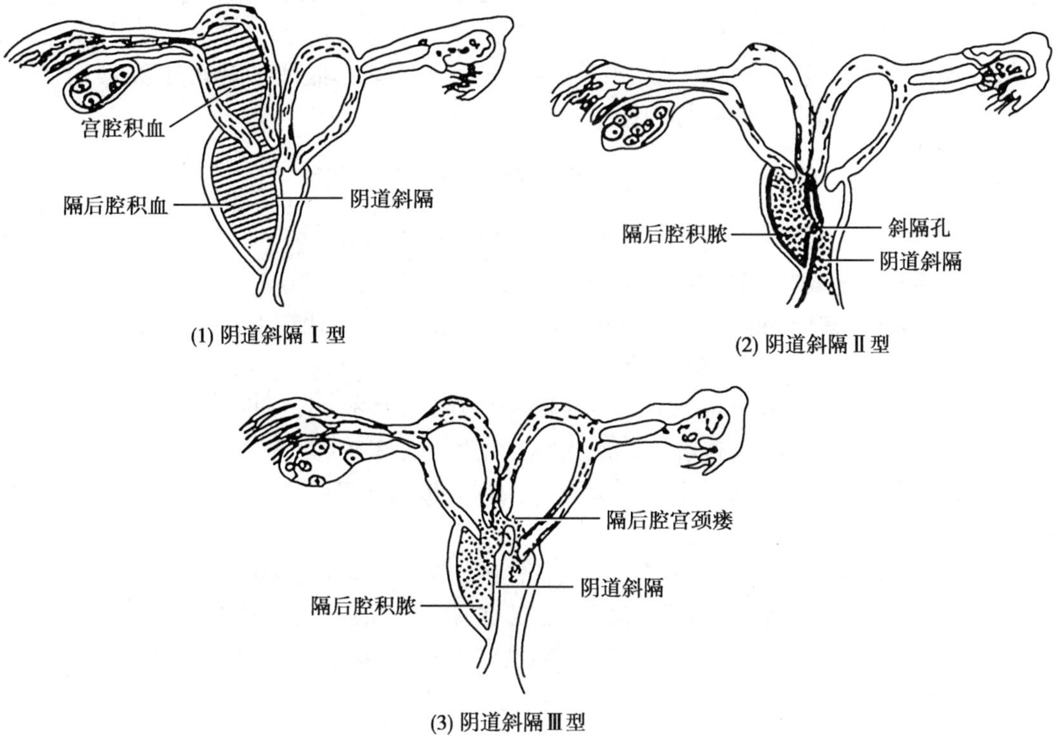

图 25-2　阴道斜隔综合征 3 种类型

Ⅰ型为无孔斜隔：隔后的子宫与外界及另侧子宫完全隔离，宫腔积血聚积在隔后腔。

Ⅱ型为有孔斜隔：隔上有一数毫米的小孔，隔后子宫与另侧子宫隔绝，经血通过小孔滴出，引流不畅。

Ⅲ型为无孔斜隔合并宫颈瘘管：在两侧宫颈间或隔后腔与对侧宫颈之间有小瘘管，有隔一侧子宫经血可通过另一侧宫颈排出，引流亦不通畅。

【临床表现】 发病年龄较轻，月经周期正常，三型均有痛经，Ⅰ型较重，平时一侧下腹痛；Ⅱ型月经间期阴道少量褐色分泌物或陈旧血淋漓不净，脓性分泌物有臭味；Ⅲ型经期延长有少量血，也可有脓性分泌物。妇科检查一侧穹窿或阴道壁可触及囊性肿物，Ⅰ型肿物较硬，宫腔积血时触及增大子宫；Ⅱ、Ⅲ型囊性肿物张力较小，压迫时有陈旧血流出。

【诊断】 月经周期正常，有痛经及一侧下腹痛；月经周期中有流血、流脓或经期延长。妇科检查一侧穹窿或阴道壁有囊肿，增大子宫及附件肿物。局部消毒后在囊肿下部穿刺，抽出陈旧血，即可诊断。超声检查可见一侧宫腔积血，阴道旁囊肿，同侧肾缺如。子宫碘油造影检查可显示Ⅲ型者宫颈间的瘘管，有孔斜隔注入碘油，可了解隔后腔情况。必要时应做泌尿系造影检查。

Notes

【治疗】 手术时机以经期为宜。由囊壁小孔或穿刺定位，上下剪开斜隔，暴露宫颈，沿斜隔附着处，作菱形切除，做最大范围的隔切除，术后不放置阴道模具。

第四节 宫颈及子宫发育异常

一、先天性宫颈发育异常(congenital abnormal of the cervix)

宫颈形成约在胚胎发育14周左右，由于副中肾管尾端发育不全或发育停滞所致的宫颈发育异常，主要包括宫颈缺如、宫颈闭锁、先天性宫颈管狭窄、宫颈角度异常、先天性宫颈延长症伴宫颈管狭窄、双宫颈等，临床上罕见。

【临床表现及诊断】 若病人子宫内膜有功能，则青春期后可因宫腔积血而出现周期性腹痛，经血还可经输卵管逆流入腹腔，引起盆腔子宫内膜异位症。磁共振显像和超声检查(尤其是三维和四维超声检查)有助诊断。

【治疗】 可手术穿通宫颈，建立人工子宫阴道通道，但成功率低，故有建议直接进行子宫切除术；如人工子宫阴道通道手术失败则行子宫切除术。

二、子宫发育异常

子宫发育异常多因形成子宫段副中肾管发育及融合异常所致。

(一) 子宫未发育或发育不良

1. 先天性无子宫(congenital absence of the uterus) 因双侧副中肾管形成子宫段未融合，退化所致，常合并无阴道。卵巢发育正常。

2. 始基子宫(primordial uterus) 系双侧副中肾管融合后不久即停止发育，子宫极小，仅长1~3cm。多数无宫腔或为一实体肌性子宫，无宫腔内膜，卵巢发育可正常。

3. 幼稚子宫(infantile uterus) 双侧副中肾管融合形成子宫后发育停止所致，可有宫腔和内膜。卵巢发育正常。

【临床表现及诊断】 先天性无子宫或实体性的始基子宫无症状，常因青春期后无月经就诊，经检查方诊断。具有宫腔和内膜的幼稚子宫若宫颈发育不良或无阴道者可因月经血潴留或经血倒流出现周期性腹痛；幼稚子宫月经稀少或初潮延迟，常伴痛经。检查可见子宫体小，宫颈相对较长。

【治疗】 先天性无子宫、实体性始基子宫可不予处理；幼稚子宫有周期性腹痛或宫腔积血者需手术切除；幼稚子宫主张雌激素加孕激素序贯周期治疗。

(二) 单角子宫与残角子宫

1. 单角子宫(unicornous uterus) 仅一侧副中肾管正常发育形成单角子宫，同侧卵巢功能正常；另侧副中肾管完全未发育或未形成管道，未发育侧卵巢、输卵管和肾脏亦往往同时缺如。

2. 残角子宫(rudimentary horn of the uterus) 系一侧副中肾管发育，另一侧副中肾管中下段发育缺陷，形成残角子宫。有正常输卵管和卵巢，但常伴有同侧泌尿器官发育畸形。根据残角子宫与单角子宫解剖上的关系，分为：残角子宫有宫腔，并与单角子宫腔相通；残角子宫有宫腔，但与单角子宫腔不相通；无宫腔实体残角子宫，仅以纤维带相连单角子宫。

【临床表现及诊断】 单角子宫常无症状。残角子宫若内膜有功能，但其宫腔与单角宫腔不相通者，往往因月经血倒流或宫腔积血出现痛经，也可发生子宫内膜异位症。检查可见单角子宫偏小、梭形、偏离中线。伴有残角子宫者可在子宫一侧扪及较子宫小的硬块，易误诊卵巢肿瘤。若残角子宫腔积血时可扪及肿块，有触痛。子宫输卵管碘油造影、超声检查和磁共振显像有助于正确诊断。

【治疗】 单角子宫不予处理。孕期加强监护，及时发现并发症予以处理。非孕期残角子宫确诊后应切除。早、中期妊娠诊断明确，及时切除妊娠的残角子宫，避免子宫破裂。晚期妊娠行剖宫产后，需警惕胎盘粘连或胎盘植入，造成产后大出血。切除残角子宫时将同侧输卵管切除，避免输卵管妊娠的发生，圆韧带应固定于发育侧同侧宫角部位。

（三）双子宫（didelphic uterus）

为两侧副中肾管未融合，各自发育形成两个子宫和两个宫颈。两个宫颈可分开或相连，宫颈之间也可有交通管；也可为一侧子宫颈发育不良、缺如，常有一小通道与对侧阴道相通。双子宫可伴有阴道纵隔或斜隔。

【临床表现及诊断】 病人多无自觉症状。伴有阴道纵隔可有性生活不适。如为斜隔综合征时可出现痛经、月经来潮后有阴道少量流血，呈陈旧性且淋漓不尽，或少量脓性分泌物。检查可扪及子宫呈分叉状。宫腔探查或子宫输卵管碘油造影可见两个宫腔。伴阴道纵隔或斜隔时，检查可见相应的异常。

【治疗】 一般不予处理。当有反复流产，应除外染色体、黄体功能以及免疫等因素后行矫形手术。斜隔综合征处理见本章第二节。

（四）双角子宫（bicornuate uterus）

是双侧副中肾管融合不良所致。按宫角在宫底水平融合不全分为完全双角子宫和不全双角子宫。

【临床表现及诊断】 一般无症状。有时双角子宫月经量较多并伴有程度不等的痛经。检查可扪及宫底部有凹陷。超声检查、磁共振显像和子宫输卵管碘油造影有助于诊断。

【治疗】 双角子宫一般不予处理。若双角子宫出现反复流产时，应行子宫整形术，使宫腔扩大，预防流产或早产的发生。

（五）纵隔子宫（septate uterus）

为双侧副中肾管融合后，纵隔吸收受阻所致，是最常见的子宫畸形。分2类：①完全纵隔子宫：纵隔末端到达或超过宫颈内口者，有时纵隔末端终止在宫颈外口，外观似双宫颈；②不全纵隔：纵隔末端终止在内口以上水平者，大多数纵隔子宫为不全纵隔。

【临床表现】 一般无症状。纵隔子宫在临床上主要表现为影响育龄妇女的妊娠结局，包括反复流产、早产、胎膜早破等表现，其中，反复流产是纵隔子宫所致的最常见表现。纵隔子宫可致不孕，检查可见完全纵隔者宫颈外口有一隔膜。

【诊断】

1. 超声检查　经阴道超声检查是目前临床中最常用的诊断方法。超声声像图表现为两个内膜回声区域，子宫底部无明显凹陷切迹。其优点是可以同时检查是否合并泌尿系统畸形。三维超声对诊断更有价值。

2. 子宫输卵管碘油造影（HSG）　是诊断子宫畸形的常用的方法之一。有助于了解宫腔形态，评估双侧输卵管通畅与否，适用于合并不孕病人的初步检查。但HSG有不能显示子宫外形轮廓特征的缺点。

3. 宫腔镜诊断　宫腔镜检查是在直视下评估宫腔和宫颈管形态结构的方法，对纵隔子宫诊断的敏感性可达100%，是诊断纵隔子宫的可靠手段。该检查还可以诊断其他宫腔内病变。由于宫腔镜检查不能了解子宫的外形轮廓，难以与双角子宫和鞍状子宫区分，故需要联合超声或腹腔镜明确诊断。

4. 宫腔镜与腹腔镜联合诊断　宫腹腔镜联合是诊断纵隔子宫的标准方法。腹腔镜下纵隔子宫的特征表现是子宫底部浆膜面平坦，子宫横径增宽大于前后径，子宫底凹陷不明显或仅有轻微凹陷，借此可与双角子宫、鞍状子宫相鉴别。对合并不孕的病人，借助腹腔镜还可以同时观察盆腔和输卵管卵巢情况。

【治疗】 纵隔子宫影响生育时，开腹的子宫纵隔切除是传统治疗方法。目前最主要的手术治疗方法为腹腔镜监视下通过宫腔镜切除纵隔。手术简单、安全、微创，通常于手术后3个月即

Notes

可妊娠，妊娠结局良好。

（六）弓形子宫(arcuate uterus)

为宫底部发育不良，宫底中间有一轻微凹陷；宫底凹陷程度在弓形子宫定义上尚有争议。

【临床表现及诊断】 一般无症状。检查可扪及宫底部有凹陷，凹陷浅者可能为弓形子宫。超声、磁共振显像和子宫输卵管碘油造影有助于诊断。

【治疗】 弓形子宫一般不予处理。若出现反复流产时，应行子宫整形术。

（七）己烯雌酚所致的子宫发育异常

妊娠2月内服用己烯雌酚(diethylstilbestrol，DES)可导致副中肾管的发育缺陷，女性胎儿可发生子宫发育不良，如狭小T型宫腔、子宫狭窄带、子宫下段增宽以及宫壁不规则等，其中T型宫腔常见(42%～62%)。T型宫腔也可见于母亲未服用者DES，称DES样子宫。

【临床表现及诊断】 一般无症状，常在子宫输卵管碘油造影检查时发现。由于DES可致宫颈功能不全，故早产率增加。妇科检查无异常，超声检查、磁共振显像和子宫输卵管碘油造影有助诊断。

【治疗】 一般不予处理，影响生育可行宫腔镜下宫腔扩大手术。

附：副中肾管发育异常分类(图25-3)

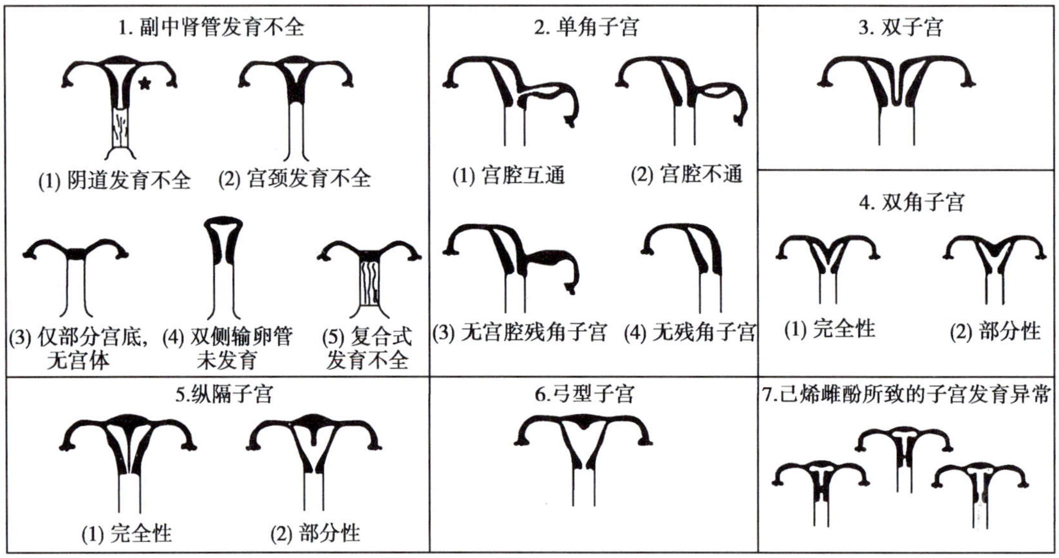

图25-3 副中肾管发育异常分类

第五节 输卵管发育异常

输卵管发育异常罕见，是副中肾管头端发育受阻所致，常与子宫发育异常同时存在。几乎均在因其他病因手术时偶然发现。

【分类和临床表现】

1. 输卵管缺失或痕迹 输卵管痕迹(rudimentary fallopian tube)或单侧输卵管缺失为同侧副中肾管未发育所致，常伴有该侧输尿管和肾脏的发育异常。未见单独双侧输卵管缺失，多伴发其他内脏严重畸形，胎儿不能存活。

2. 输卵管发育不全 是较常见的生殖器官发育异常。输卵管细长弯曲，肌肉不同程度的发育不全，无管腔或部分管腔通畅造成不孕，有憩室或副口是异位妊娠的原因之一。

3. 副输卵管 单侧或双侧输卵管之上附有一稍小但有伞端的输卵管，有的与输卵管之间有交通，有的不通。

Notes

4. 双输卵管　单侧或双侧有两条发育正常的输卵管，均与宫腔相通。

【治疗】　若不影响妊娠，无需处理。

第六节　卵巢发育异常

卵巢发育异常因原始生殖细胞迁移受阻或性腺形成移位异常所致。

【分类和临床表现】

1. 卵巢未发育或发育不良　单侧或双侧卵巢未发育者极罕见。单侧或双侧发育不良卵巢外观色白，呈细长索状，又称条索状卵巢（streak ovary）；发育不良卵巢切面仅见纤维组织，无卵泡。临床表现为原发性闭经或初潮延迟、月经稀少和第二性征发育不良，常伴内生殖器或泌尿器官异常。多见于特纳综合征（Turner's syndrome）病人。血清内分泌检查、超声检查、磁共振显像、腹腔镜检查有助于诊断，必要时行活组织检查和染色体核型检查。

2. 异位卵巢　卵巢形成后仍停留在原生殖嵴部位，未下降至盆腔内。卵巢发育正常者无症状。

3. 副卵巢（Supernumerary ovary）　罕见。一般远离正常卵巢部位，可出现在腹膜后。无症状，多在因其他疾病手术时发现。

【治疗】　若条索状卵巢病人染色体核型为 XY，卵巢发生恶变的频率较高，确诊后应予切除。

【小结】　性发育异常包括一大组疾病。这些疾病的病人在性染色体、性腺、外生殖器或性征方面存在一种或多种先天性异常或不一致。诊断较为复杂，重点需关注性征发育和外阴形态、体格检查、内分泌激素测定、影像学检查、染色体核型分析，必要时可能需要腹腔镜检查或剖腹探查。性发育异常处理的目的是促进并维持第二性征的发育、建立规律月经、防止骨质疏松的发生。

女性外生殖器发育异常中较常见的有处女膜闭锁和外生殖器男性化，阴道发育异常有先天性无阴道、阴道闭锁、阴道横隔、阴道纵隔和阴道斜隔综合征。子宫发育异常是最常见的女性生殖道发育异常，类型较多。影像学检查及内镜检查有助于生殖道发育异常诊断。治疗主要取决于对功能和生育的影响。

（朱　兰）

参考文献

1. The American Fertility Society classifications of adnexal adhesions, distal tubal occlusion, tubal occlusion secondary to tubal ligation, tubal pregnancies, mullerian anomalies and intrauterine adhesions. Fertility and sterility, 1988, 49(6): 944-955.
2. Hur JY, Shin JH, Lee JK, et al. Septate uterus with double cervices, unilaterally obstructed vaginal septum, and ipsilateral renal agenesis: a rare combination of mullerian and wolffian anomalies complicated by severe endometriosis in an adolescent. J Minin Invasive Gynecol, 2007, 14(1): 128-131.
3. Gholoum S, Puligandla PS, Hui T, et al. Management and outcome of patients with combined vaginal septum, bifid uterus, and ipsilateral renal agenesis (Herlyn-Werner-Wunderlich syndrome) J Pediatr Surg, 2006, 41(5): 987-1022.
4. Prada AM, Muguerza VR, Montero SM, et al. Uterus didelphys with obstructed hemivagina and multicystic dysplastic kidney. Eur J Pediatr Surg, 2005, 15: 441-445.
5. 曹泽毅. 中华妇产科学. 第 3 版. 北京：人民卫生出版社，2014.

Notes

第二十六章　盆底功能障碍性及生殖器官损伤疾病

女性生殖器官由于退化、创伤等因素，导致其盆底支持薄弱，使女性生殖器官与其相邻的脏器发生移位，临床上表现为子宫脱垂、阴道前后壁膨出等疾病。如损伤导致女性生殖器官与相邻的泌尿道、肠道有异常通道，临床上表现为尿瘘和粪瘘。这些疾病虽非致命性疾病，却严重影响病人的生活质量。

第一节　女性盆底组织解剖及功能

女性盆底是由封闭骨盆出口的多层肌肉和筋膜组成，尿道、阴道和直肠则经此贯穿而出。盆底组织承托并保持子宫、膀胱和直肠等盆腔脏器于正常位置。

现代解剖学对盆底结构描述日趋细致，腔室理论是代表，其特点是：在垂直方向上将盆底分为前、中、后三个腔室，前腔室包括阴道前壁、膀胱、尿道；中腔室包括阴道顶部、子宫；后腔室包括阴道后壁、直肠。由此将脱垂量化到各个腔室。在水平方向上，DeLancey 于 1994 年提出了盆底支持结构的三个水平的理论。水平 1(level 1)为上层支持结构(主韧带-宫骶韧带复合体)；水平 2(level 2)为旁侧支持结构(肛提肌群及膀胱、直肠阴道筋膜)；水平 3(level 3)为远端支持结构(会阴体及括约肌)(图 26-1)。

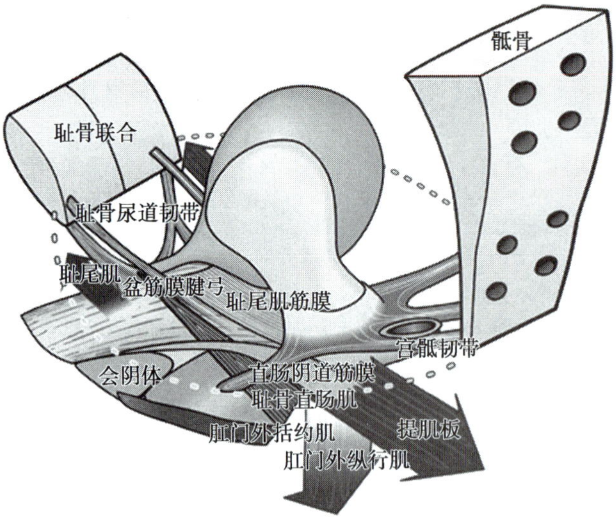

图 26-1　DeLancey 阴道支持结构的三个水平理论

引自：elancey JO. Anatomic aspects of raginal eversion ofter hysterectomy. Am J obstet. Gynecol. 1992 Jun；166(6Pt1)：1717-1724；disscussion(724-728)

第二节　盆底功能障碍性疾病

盆底肌肉群、筋膜、韧带及其神经构成复杂的盆底支持系统，其互相作用和支持以维持盆腔器官的正常位置。盆底功能障碍(pelvic floor dysfunction,PFD),又称盆底缺陷(pelvic floor defects)或盆底支持组织松弛(relaxation of pelvic supports)是各种病因导致的盆底支持薄弱,进而盆腔脏器移位,连锁引发其他盆腔器官的位置和功能异常。

一、盆腔器官脱垂

盆腔器官膨出(pelvic organ prolapse,POP)是指盆腔器官脱出于阴道内或阴道外。2001 年美国国立卫生研究院(National Institutes of Health,NIH)提出:POP 指任何阴道节段的前缘达到或超过处女膜缘外 1cm 以上。可单独发生,但一般情况下是联合发生。

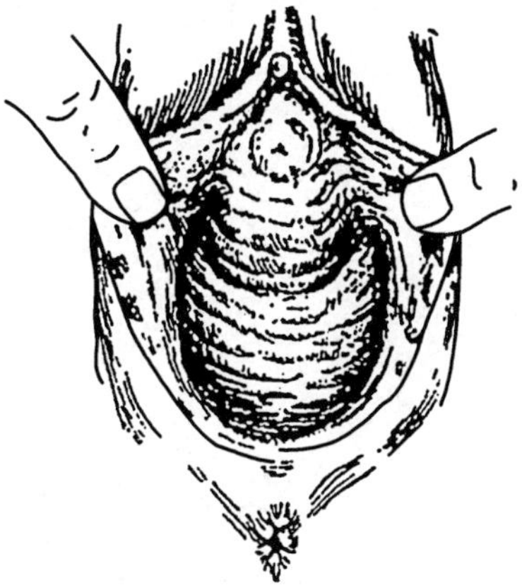

图 26-2 膀胱膨出

阴道前壁脱出为阴道前壁膨出,阴道内 2/3 膀胱区域脱出称之膀胱膨出(cystocele)(图 26-2)。若支持尿道的膀胱宫颈筋膜受损严重,尿道紧连的阴道前壁下1/3以尿道口为支点向下膨出,称尿道膨出(urethrocele)。阴道后壁膨出又称为直肠膨出(rectocele)(图 26-3),阴道后壁膨出常伴随子宫直肠陷凹疝,如内容为肠管,称之为肠疝(图 26-4)。子宫从正常位置沿阴道下降,宫颈外口达坐骨棘水平以下,甚至子宫全部脱出阴道口以外,称子宫脱垂(uterine prolapse)(图 26-5)。子宫切除术后如阴道顶段支持结构的缺损,则发生阴道穹窿脱垂(vault prolapse)(图 26-6)。

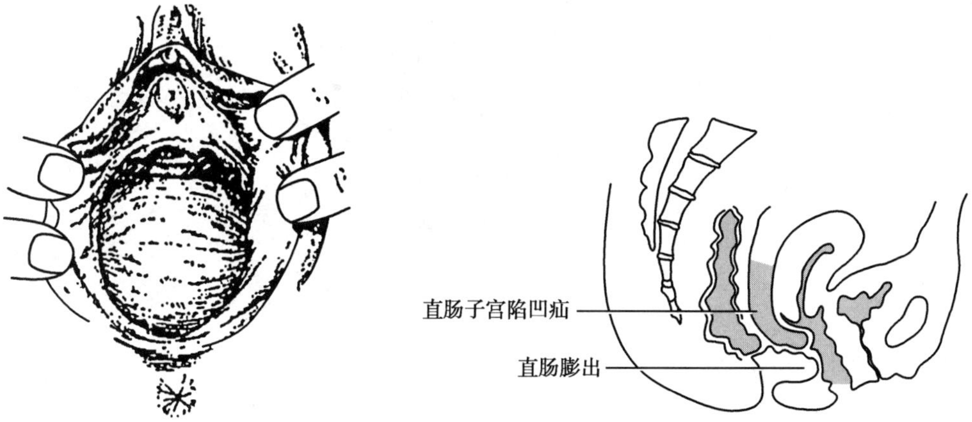

图 26-3 直肠膨出

【病因】

1. 妊娠与分娩 特别是产钳或胎吸下困难的阴道分娩时,盆腔筋膜、韧带和肌肉可能因过度牵拉而被削弱其支撑力量。若产后过早参加体力劳动,特别是重体力劳动,将影响盆底组织张力的恢复而发生盆腔器官脱垂。

2. 衰老 随着年龄的增长,特别是绝经后出现的支持结构的萎缩,在盆底松弛的发生或发展中也具有重要作用。

3. 腹压增加 慢性咳嗽、腹水、腹型肥胖、持续负重或便秘而造成腹腔内压

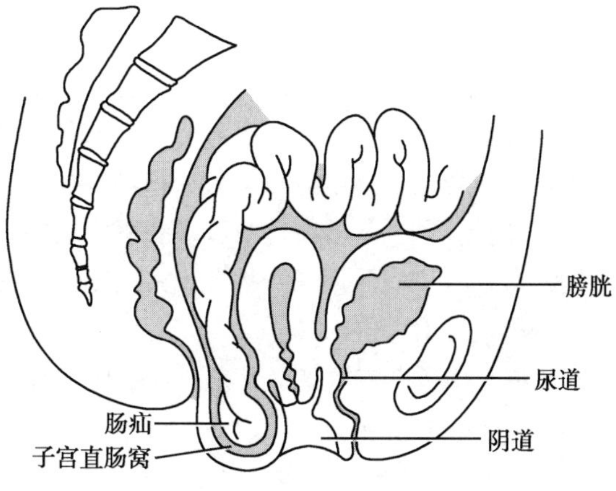

图 26-4 肠疝

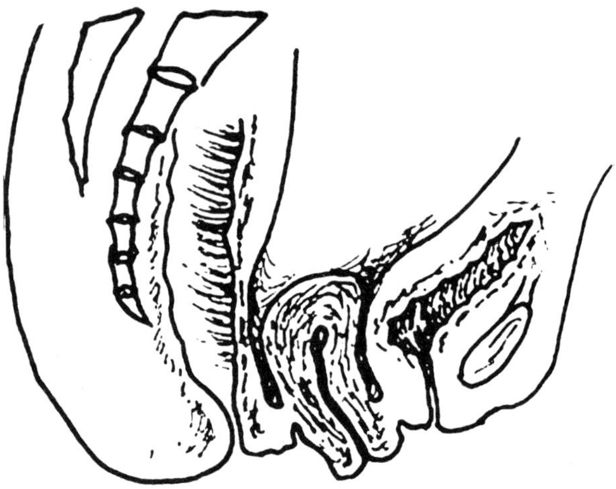

图 26-5 子宫脱垂

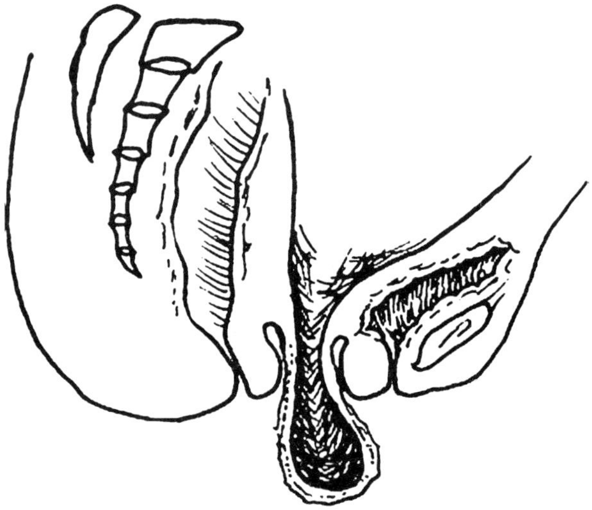

图 26-6 阴道穹窿脱垂

力增加，可致腹压增加导致脱垂。

4. 医源性原因 包括没有充分纠正手术时所造成的盆腔支持结构的缺损。

【临床表现】

1. 症状 轻症病人一般无症状。重度脱垂韧带筋膜有牵拉，盆腔充血，病人有不同程度的腰骶部酸痛或下坠感，站立过久或劳累后症状明显，卧床休息则症状减轻。阴道前壁膨出常伴有尿频、排尿困难、残余尿增加，部分病人可发生压力性尿失禁，但随着膨出的加重，其压力性尿失禁症状可消失，甚至需要手助压迫阴道前壁帮助排尿，易并发尿路感染。阴道后壁膨出常表现为便秘，甚至需要手助压迫阴道后壁帮助排便。外阴肿物脱出后轻者经卧床休息，能自行回纳，重者则不能还纳。暴露在外的宫颈和阴道黏膜长期与衣裤摩擦，可致宫颈和阴道壁发生溃疡而出血，如感染则有脓性分泌物。子宫脱垂不管程度多重一般不影响月经，轻度子宫脱垂也不影响受孕、妊娠和分娩。

2. 体征 阴道内前后壁组织或子宫颈及宫体可脱出阴道口外。脱垂的阴道前后壁黏膜常增厚角化，可有溃疡和出血。阴道后壁膨出肛门检查手指向前方可触及向阴道凸出的直肠，呈盲袋状。位于后穹窿部的球形突出是肠膨出，指诊可触及疝囊内的小肠。

Notes

年轻的子宫脱垂常伴有宫颈延长并肥大。随脱垂子宫的下移，膀胱、输尿管下移与尿道开

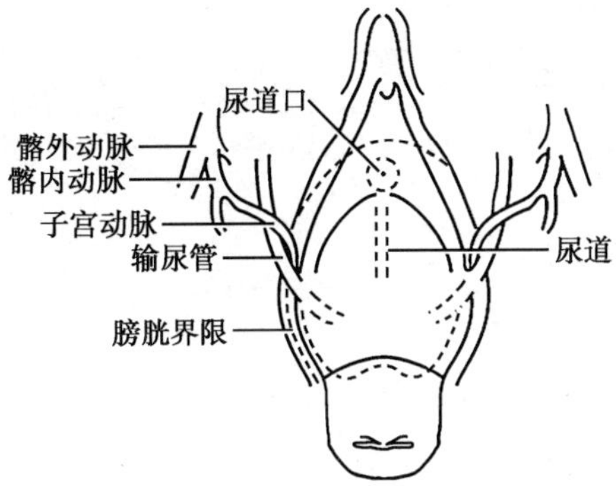

图 26-7　输尿管移位

口形成正三角区（图 26-7）。

【临床分度】　临床分度有几种方法，国际上应用最多的是 POP-Q 分度。临床诊疗中时并不绝对强调一种分度。手术治疗前后采用同一种即可。程度评价均以病人平卧最大用力向下屏气（vasalva 动作）时程度为准。

目前国外多采用 Bump 教授提出的盆腔器官脱垂定量分期法（pelvic organ prolapse quantitation，POP-Q）（表 26-1、表 26-2）。此分期系统是分别利用阴道前壁、阴道顶端、阴道后壁上的 2 个解剖指示点与处女膜的关系来界定盆腔器官的脱垂程度。与处女膜平行以 0 表示，位于处女膜以上用负数表示，处女膜以下则用正数表示。阴道前壁上的 2 个点分别为 Aa 和 Ba 点；阴道顶端的 2 个点分别为 C 和 D 点；阴道后壁的 Ap、Bp 两点与阴道前壁 Aa、Ba 点是对应的。另外还包括阴裂（gh）的长度，会阴体（pb）的长度，以及阴道的总长度（TVL）。测量值均用厘米表示。

表 26-1　盆腔器官脱垂评估指示点（POP-Q 分期）

指示点	内容描述	范围
Aa	阴道前壁中线距处女膜 3cm 处，相当于尿道膀胱沟处	-3 至+3cm 之间
Ba	阴道顶端或前穹窿到 Aa 点之间阴道前壁上段中的最远点	在无阴道脱垂时，此点位于-3cm，在子宫切除术后阴道完全外翻时，此点将为+TVL
C	宫颈或子宫切除后阴道顶端所处的最远端	-TVL 至+TVL 之间
D	有宫颈时的后穹窿的位置，它提示了子宫骶骨韧带附着到近端宫颈后壁的水平	-TVL 至+TVL 之间或空缺（子宫切除后）
Ap	阴道后壁中线距处女膜 3cm 处，Ap 与 Aa 点相对应	-3 至+3cm 之间
Bp	阴道顶端或后穹窿到 Ap 点之间阴道后壁上段中的最远点，Bp 与 Ba 点相对应	在无阴道脱垂时，此点位于-3cm，在子宫切除术后阴道完全外翻时，此点将为+TVL

阴裂的长度（gh）为尿道外口中线到处女膜后缘的中线距离。

会阴体的长度（pb）为阴裂的后端边缘到肛门中点距离。

阴道总长度（TVL）为总阴道长度。

注：POP-Q 分期应在向下用力屏气时，以脱垂最大限度出现时的最远端部位距离处女膜的正负值计算。

POP-Q 通过 3×3 格表记录以上各测量值，客观地反映盆腔器官脱垂变化的各个部位的具体数值（图 26-8）。

除以上解剖学分期，还应建立一套标准有效的描述性盆腔器官脱垂引起功能症

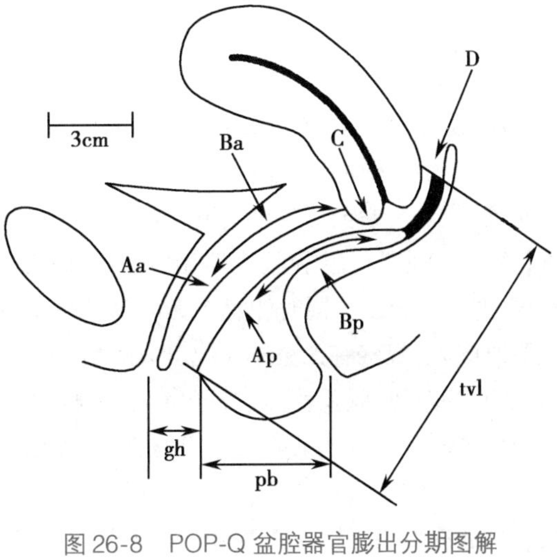

图 26-8　POP-Q 盆腔器官膨出分期图解

表 26-2 盆腔器官脱垂分期(POP-Q 分期法)

分度	内 容
0	无脱垂,Aa、Ap、Ba、Bp 均在-3cm 处,C、D 两点在阴道总长度和阴道总长度-2cm 之间,即C 或 D 点量化值<[TVL-2]cm
Ⅰ	脱垂最远端在处女膜平面上>1cm,即量化值<-1cm
Ⅱ	脱垂最远端在处女膜平面上<1cm,即量化值>-1cm,但<+1cm
Ⅲ	脱垂最远端超过处女膜平面>1cm,但<阴道总长度-2cm,即量化值>+1cm,但<[TVL-2]cm
Ⅳ	下生殖道呈全长外翻,脱垂最远端即宫颈或阴道残端脱垂超过阴道总长度-2cm,即量化值>[TVL-2]cm

(注:POP-Q 分期应在向下用力屏气时,以脱垂完全呈现出来时的最远端部位计算。应针对每个个体先用 3×3 表格量化描述,再进行分期。为了补偿阴道的伸展性及内在测量上的误差,在 0 和Ⅳ度中的 TVL 值允许有 2cm 的误差)

状的程度分级,手术前后分别询问病人泌尿系症状、肠道症状、性生活情况等症状,推荐应用经中文验证过的问卷:盆底功能影响问卷简表(pelvic floor impact questionnaire-short form 7,PFIQ-7)和盆腔器官脱垂及尿失禁性生活问卷(pelvic organ prolapse-urinary incontinence sexual questionnaire,PISQ-12)评估上述症状的严重程度及对生活质量的影响,才能更精确地评价盆腔器官的功能及手术效果。

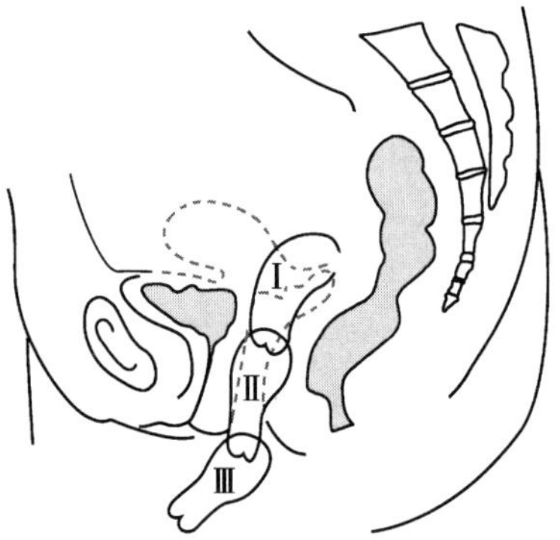

图 26-9 子宫脱垂分度

中国沿用的传统分度是根据我国在 1981 年部分省、市、自治区"两病"科研协作组的意见,将子宫脱垂分为 3 度(图 26-9)

Ⅰ度 轻型:宫颈外口距处女膜缘<4cm,未达处女膜缘;

重型:宫颈已达处女膜缘,阴道口可见子宫颈。

Ⅱ度 轻型:宫颈脱出阴道口,宫体仍在阴道内;

重型:部分宫体脱出阴道口。

Ⅲ度 宫颈与宫体全部脱出阴道口外。

阴道前壁膨出中国传统分度为 3 度:

Ⅰ度:阴道前壁形成球状物,向下突出,达处女膜缘,但仍在阴道内;

Ⅱ度:阴道壁展平或消失,部分阴道前壁突出于阴道口外;

Ⅲ度:阴道前壁全部突出于阴道口外。

阴道后壁膨出中国传统分度为 3 度:

Ⅰ度:阴道后壁达处女膜缘,但仍在阴道内;

Ⅱ度:阴道后壁部分脱出阴道口;

Ⅲ度:阴道后壁全部脱出阴道口外。

【诊断】 根据病史及检查所见容易确诊。妇科检查前,应嘱咐病人向下屏气判断脱垂的最重程度,并予以分度。同时注意有无溃疡存在,及其部位、大小、深浅、有无感染等。嘱病人在膀胱充盈时咳嗽,观察有无溢尿情况,即压力性尿失禁情况。注意子宫颈的长短,做宫颈细胞学检查。如为重症子宫脱垂,可触摸子宫大小,将脱出的子宫还纳,做双合诊检查子宫两侧有无肿块。应用单叶窥器可辅助阴道全面检查,压住阴道前壁时叫病人向下用力,可显示肠疝和直肠膨出。妇科检查还应注意盆底肌肉组织的检查,主要了解肛提肌的肌力和生殖裂隙宽度。如有大便失禁还应肛门指诊时注意肛门括约肌功能。

【鉴别诊断】

1. 阴道壁肿物　阴道壁肿物在阴道壁内,固定、边界清楚。膀胱膨出时可见阴道前壁有半球形块状物膨出,柔软,指诊时可于肿块上方触及宫颈和宫体。

2. 宫颈延长　双合诊检查阴道内宫颈虽长,但宫体在盆腔内,屏气并不下移。

3. 子宫黏膜下肌瘤　病人有月经过多病史,宫颈口见红色、质硬之肿块,表面找不到宫颈口,但在其周围或一侧可扪及被扩张变薄的宫颈边缘。

4. 慢性子宫内翻　罕见。阴道内见翻出的宫体,被覆暗红色绒样子宫内膜,两侧角可见输卵管开口,三合诊检查盆腔内无宫体。

【治疗】

1. 非手术疗法　为盆腔器官脱垂的一线治疗方法。

(1) 盆底肌肉锻炼和物理疗法可增加盆底肌肉群的张力。盆底肌肉(肛提肌)锻炼适用于国内分期轻度或 POP-Q 分期Ⅰ度和Ⅱ度的盆腔器官脱垂者。也可作为重度手术前后的辅助治疗方法。嘱咐病人行收缩肛门运动,用力收缩盆底肌肉 3 秒以上后放松,每次 10～15 分钟,每日 2～3 次。

(2) 子宫托:是一种支持子宫和阴道壁并使其维持在阴道内而不脱出的工具。有支撑型和填充型(图 26-10)。以下情况尤其适用子宫托治疗:病人全身状况不适宜做手术;妊娠期和产后。膨出面溃疡手术前促进溃疡面的愈合。

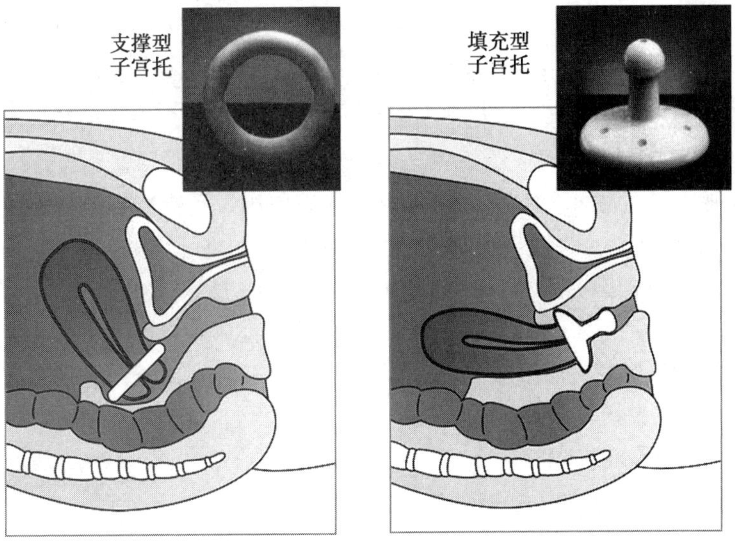

图 26-10　各种子宫托

子宫托也可能造成阴道刺激和溃疡。子宫托应间断性地取出、清洗并重新放置,否则会出现包括瘘的形成、嵌顿、出血和感染等严重后果。

(3) 中药和针灸:补中益气汤(丸)等有促进盆底肌张力恢复、缓解局部症状的作用。

2. 手术治疗　对脱垂超出处女膜的有症状的病人可考虑手术治疗。根据病人不同年龄、生育要求及全身健康状况,治疗应个体化。手术的主要目的是缓解症状,恢复正常的解剖位置和脏器功能,有满意的性功能并能够维持效果。可以选择以下常用的手术方法,合并压力性尿失禁病人应同时行膀胱颈悬吊手术或悬带吊术。

(1) 曼氏手术(manchester 手术):包括阴道前后壁修补、主韧带缩短及宫颈部分切除术。适用于年龄较轻、宫颈延长的子宫脱垂病人。

(2) 经阴道子宫全切除及阴道前后壁修补术:适用于年龄较大、无需考虑生育功能的病人,但重度子宫脱垂病人的术后复发几率较高。

Notes

(3) 阴道封闭术:分阴道半封闭术(又称 LeFort 手术)和阴道全封闭术。该手术将阴道前后壁分别剥离长方形黏膜面,然后将阴道前后壁剥离创面相对缝合以部分或完全封闭阴道。术后失去性交功能,故仅适用于年老体弱不能耐受较大手术者。

(4) 阴道前后壁修补术:无症状阴道前后壁膨出的病人不需手术治疗。重度有症状的病人应行阴道前后壁修补术,加用医用合成网片或生物补片来达到加强局部修复、减少复发的作用。合并压力性尿失禁者应同时行膀胱颈悬吊手术或阴道无张力尿道中段悬吊带术。

(5) 盆底重建手术:重建主要针对中盆腔的建设,通过吊带、网片和缝线把阴道穹窿组织或宫骶韧带悬吊固定于骶骨前、骶棘韧带,也可自身宫骶韧带缩短缝合术。子宫可以切除或保留,可以经阴道或经腹腔镜或开腹完成。目前应用较多的是子宫/阴道骶前固定术、骶棘韧带固定术、高位骶韧带悬吊术和经阴道植入网片盆底重建手术。

【预防】 避免腹压增加的疾病和劳作。有子宫脱垂者在行子宫切除应同时顶端重建,以免术后发生穹窿膨出和肠膨出。

二、压力性尿失禁

压力性尿失禁(stress urinary incontinence,SUI)是指腹压的突然增加导致尿液不自主流出,不是由逼尿肌收缩压或膀胱壁对尿液的张力压引起的。其特点是正常状态下无遗尿,而腹压突然增高时尿液自动流出,由此引发的一个社会和卫生问题。也称真性压力性尿失禁、张力性尿失禁或应力性尿失禁。中国 2006 年流行病学调查结果显示压力性尿失禁在成年女性发生率为 18.9%。

【病因】 压力性尿失禁分为两型:解剖型和尿道内括约肌障碍型。90% 以上为解剖型压力性尿失禁,为盆底组织松弛引起。盆底松弛主要有妊娠与阴道分娩损伤和绝经后雌激素减低等原因。最被广泛接受的压力传导理论认为压力性尿失禁的病因在于因盆底支持结构缺损而使膀胱颈/近端尿道脱出于盆底外。所以,咳嗽引起的腹腔内压力不能被平均地传递到膀胱和近端的尿道,增加的膀胱内压力大于尿道内压力而出现漏尿。

不到 10% 的病人为尿道内括约肌障碍型,为先天发育异常所致。

【临床表现】 几乎所有的下尿路症状及许多阴道症状都可见于压力性尿失禁。腹压增加下不自主溢尿是最典型的症状,而尿急、尿频,急迫尿失禁和排尿后膀胱区胀满感亦是常见的症状。约 80% 的压力性尿失禁病人伴有膀胱膨出。

【分度】 有主观分度和客观分度。客观分度主要基于尿垫试验,多用的是 1 小时尿垫试验。临床常用简单的主观分度如下:

Ⅰ级:尿失禁只有发生在剧烈压力下,诸如咳嗽,打喷嚏或慢跑。

Ⅱ级:尿失禁发生在中度压力下,诸如快速运动或上下楼梯。

Ⅲ级:尿失禁发生在轻度压力下,诸如站立时。病人在仰卧位时可控制尿液。

【诊断】 无单一的压力性尿失禁的诊断性试验。以病人的症状为主要依据,压力性尿失禁除常规查体、妇科检查及相关的神经系统检查外,还需相关压力试验、指压试验、棉签试验和尿动力学检查等辅助检查,排除急迫性尿失禁、充盈性尿失禁及感染等情况。国际上建议使用以病人为主导的调查问卷客观评价尿失禁对生活质量的影响。尿失禁对生活质量的影响建议使用经中文验证的尿失禁对病人生活质量影响问卷调查表简版(incontinence impact questionnaire-7,ⅡQ-7)。尿失禁对病人性生活的影响建议使用盆腔器官脱垂及尿失禁对性生活质量影响问卷调查表简版(pelvic organ prolapse/urinary incontinence sexual questionnaire,PISQ-12)。

(1) 压力试验(stress test):病人膀胱充盈时,取截石位检查。嘱病人咳嗽的同时,医师观察尿道口。如果每次咳嗽时伴随着尿液的不自主溢出,则可提示 SUI。延迟溢尿、或有大量的尿液溢出提示非抑制性的膀胱收缩。如果截石位状态下没有尿液溢出,应让病人站立位时重复压力试验。

（2）指压试验（Bonney test）：检查者把中示指放入阴道前壁的尿道两侧，指尖位于膀胱与尿道交接处，向前上抬高膀胱颈，再行诱发压力试验，如压力性尿失禁现象消失，则为阳性（图26-11）。

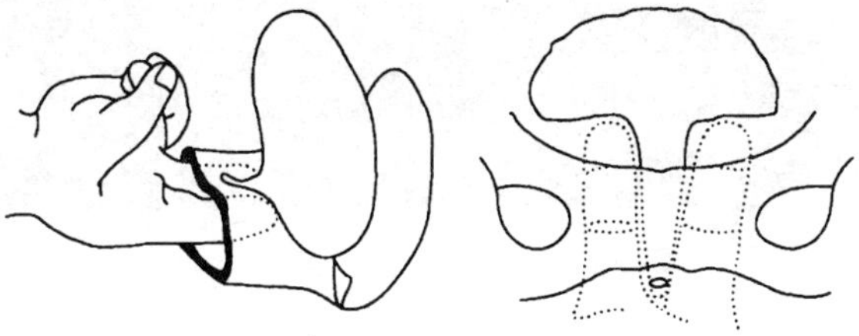

图 26-11　指压试验示意图

（3）棉签试验（Q-tip test）：病人仰卧位，将涂有利多卡因凝胶的棉签置入尿道，使棉签头处于尿道膀胱交界处，分别测量病人在静息时及 Valsalva 动作（紧闭声门的屏气）时棉签棒与地面之间形成的角度。在静息及做 Valsalva 动作时该角度差小于 15°为良好结果，说明有良好的解剖学支持；如角度差大于 30°，说明解剖学支持薄弱；15°～30°时，结果不能确定（图 26-12）。

（4）尿动力学检查（urodynamics）：包括膀胱内压测定和尿流率测定，主要观察逼尿肌的反射以及病人控制或抑制这种反射的能力，并可以了解膀胱排尿速度和排空能力。

（5）尿道膀胱镜检查（cystoscopy）：必要时辅助诊断，可以帮助诊断膀胱结石、肿瘤、憩室或以前手术的缝合情况。

（6）超声检查：利用即时或区域超声，可获得病人休息和做 Valsalva 动作时关于尿道角度、膀胱基底部和尿道膀胱连接处的运动和漏斗状形成的信息。另外，也可能发现膀胱或尿道憩室。

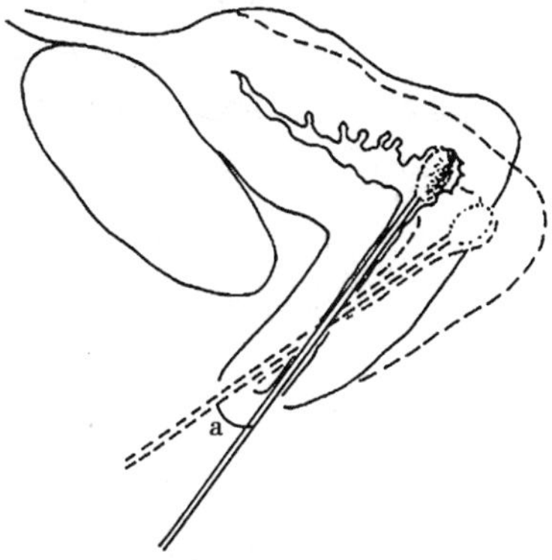

图 26-12　棉签试验示意图

【鉴别诊断】　症状和体征最易混淆的是急迫性尿失禁，可通过尿动力学检查来鉴别明确诊断。

【治疗】

1. **非手术治疗**　国际保健与治疗促进会（National Institute for Health and Clinical Excellence，NICE）建议对尿失禁病人的首先进行非手术治疗，尤其是轻、中度压力性尿失禁病人。非手术治疗也可用于手术前后的辅助治疗。非手术治疗具有并发症少、风险性小的优点，尤其适合老年病人，可减轻病人尿失禁症状。非手术治疗包括生活方式干预（包括体重指数大于 30 者减轻体重、戒烟、减少饮用含咖啡因的饮料、避免和减少增加腹压的活动和治疗便秘等慢性腹压增高疾病）盆底康复锻炼（pelvic floor muscle exercises，PFME）、抗尿失禁子宫托（图 26-13）、盆底电刺激、膀胱训练、α-肾上腺素能激动剂（alpha-adrenergic agonist）和局部雌激素治疗。非手术治疗病人有 30%～60% 能改善症状，已证实可提高或治愈轻度的压力性尿失禁。

2. **手术治疗**　压力性尿失禁的手术方法很多，种类有一百余种。目前公认的标准术式为耻骨后膀胱尿道悬吊术和阴道无张力尿道中段悬吊带术。因阴道无张力尿道中段悬吊带术更为微创，在许多发达国家已成为一线手术治疗方法。压力性尿失禁的手术治疗一般在病人完成生育后进行。

（1）耻骨后膀胱尿道悬吊术：术式很多而命名不同，但均遵循 2 个基本原则：缝合膀胱颈旁

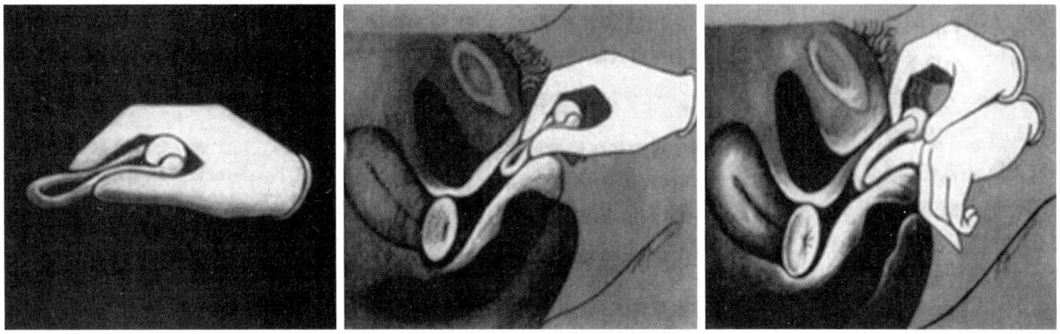

图 26-13 抗尿失禁子宫托放置

阴道或阴道周围组织，以提高膀胱尿道交界处；缝合至相对结实和持久的结构上，最常见为缝合至髂耻韧带，即 Cooper 韧带（称 Burch 手术）。Burch 手术目前应用最多，有开腹途径、腹腔镜途径和“缝针法”完成。Burch 手术适用于解剖型压力性尿失禁。手术后一年治愈率为 85% ~ 90%，随着时间推移会稍有下降。

（2）阴道无张力尿道中段悬吊带术：除解剖型压力性尿失禁外，尿道内括约肌障碍型压力性尿失禁和合并有急迫性尿失禁的混合性尿失禁也为该手术适应证。悬吊带术可用自身筋膜或合成材料。不吸收合成材料悬吊带术已得到全世界普遍认同和广泛应用，术后一年治愈率在 90% 左右，最长术后十一年随诊的治愈率在 70%。

以 Kelly 手术为代表的阴道前壁修补术曾是压力性尿失禁治疗的主要手术，是通过阴道前壁修补，对尿道近膀胱颈部折叠筋膜缝合达到增加膀胱尿道阻力作用。该手术方法比较简单，仅有术后短期症状缓解，目前已认为并非治疗压力性尿失禁主要术式。

【预防】 同盆腔器官脱垂。

第三节 生殖道瘘

由于各种原因导致生殖器官与其毗邻器官之间形成异常通道称为生殖道瘘。临床上以尿瘘（urinary fistula），又称泌尿生殖瘘（urogenital fistula），最常见，其次为粪瘘（fecal fistula），若两者同时存在，称混合性瘘（combined fistula）（图 26-14）。

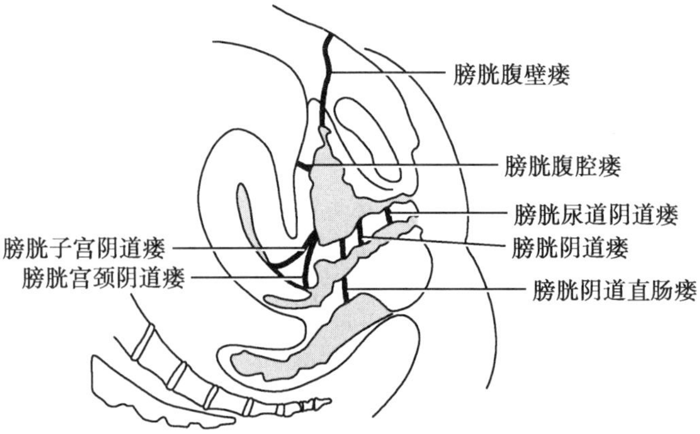

图 26-14 生殖道瘘

一、尿瘘

生殖道与泌尿道之间的任何部位形成异常通道就构成了尿瘘，尿液自阴道排出，不能控制。

尿瘘可发生在生殖道与泌尿道之间的任何部位，根据解剖位置分为膀胱阴道瘘（vesico-vaginal fistula）、尿道阴道瘘（urethro-vaginal fistula）、膀胱尿道阴道瘘（vesico-urethro-vaginal fistula）、膀胱宫颈瘘（vesico-cervical fistula）、膀胱宫颈阴道瘘（vesico-cervical vaginal fistula）、输尿管阴道瘘（uretero-vaginal fistula）及膀胱子宫瘘（vesico-uterine fistula）。

【病因】 常见病因为产伤和盆腔手术损伤。

1. 产伤　多发生在经济、医疗条件落后的地区。分为：①坏死型尿瘘：由于骨盆狭窄、胎儿过大或胎位异常所致头盆不称，产程延长，特别是第二产程延长者，膀胱、尿道被挤压在胎头和耻骨联合之间，导致局部组织缺血坏死形成尿瘘。②创伤型尿瘘：产科助产手术直接损伤。

2. 妇科手术损伤　粘连、肿瘤侵犯而手术伤及输尿管、膀胱或尿道，造成尿瘘。

3. 其他病因　外伤、放射治疗后、膀胱结核、晚期生殖泌尿道肿瘤、子宫托安放不当、局部药物注射治疗等均能导致尿瘘。

根据病变程度可分为简单尿瘘、复杂尿瘘和极复杂尿瘘。简单尿瘘指膀胱阴道瘘瘘孔直径<3cm，尿道阴道瘘瘘孔直径<1cm。复杂尿瘘指膀胱阴道瘘瘘孔直径3cm或瘘孔边缘距输尿管开口<0.5cm，尿道阴道瘘瘘孔直径>1cm。其他少见的尿瘘均归类为极复杂尿瘘。

【临床表现】

1. 漏尿　为主要症状，尿液不能控制的自阴道流出。根据瘘孔的位置，病人可表现为持续漏尿、体位性漏尿、压力性尿失禁、或膀胱充盈性漏尿等，如较高位的膀胱瘘孔病人在站立时无漏尿，而平卧时则漏尿不止；瘘孔极小者在膀胱充盈时方漏尿；一侧输尿管阴道瘘由于健侧输尿管的尿液进入膀胱，因此在漏尿同时仍有自主排尿。坏死型尿瘘多在产后及手术后3～7日开始漏尿；手术直接损伤者术后即开始漏尿；放射损伤所致漏尿发生时间晚且常合并粪瘘。

2. 外阴不适　局部刺激、组织炎症增生及感染和尿液刺激及浸渍，可引起外阴部痒和烧灼痛，外阴呈湿疹、丘疹样皮炎改变。如为一侧输尿管下段损伤而致阴道漏尿，由于尿液刺激阴道一侧顶端，周围组织引起增生，盆腔检查可触及局部增厚。

3. 尿路感染　合并尿路感染者有尿频、尿急、尿痛等症状。

【诊断】 应仔细询问病史、手术史、漏尿发生时间和漏尿表现。首先需要明确的是漏出的液体为尿液，可以通过生化检查来比较漏出液与尿液、血液中的电解质和肌酐来明确。尿液中的电解质和肌酐水平为血液中的数倍，如果漏出液的电解质和肌酐水平接近尿液则提示有尿瘘的存在。

大瘘孔妇科检查极易发现，小瘘孔则通过触摸瘘孔边缘的瘢痕组织也可明确诊断。如病人系盆腔手术后，检查未发现瘘孔，仅见尿液自阴道穹窿一侧流出，多为输尿管阴道瘘。检查暴露不满意时，病人可取膝胸卧位，用单叶拉钩将阴道后壁上提，可查见位于耻骨后或较高位置的瘘孔。较难确诊时，行下列辅助检查：

1. 亚甲蓝试验　将三个棉球逐一放在阴道顶端、中1/3处和远端。用稀释的亚甲蓝溶液200ml充盈膀胱，嘱病人走动30分钟，然后逐一取出棉球，蓝染提示膀胱阴道瘘，若染色液体经阴道壁小孔流出为膀胱阴道瘘，自宫颈口流出为膀胱宫颈瘘或膀胱子宫瘘。根据蓝染海绵是在阴道上、中、下段估计瘘孔的位置。海绵无色或黄染提示可能输尿管阴道瘘。

2. 靛胭脂试验（indigo carmine test）　静脉推注靛胭脂5ml，5～10分钟见蓝色液体自阴道顶端流出者为输尿管阴道瘘。也可以在试验前数小时让病人口服吡啶使尿液呈橘色。如果阴道顶端的海绵染成橘色，则充分提示存在输尿管阴道瘘。

3. 膀胱镜、输尿管镜检查　了解膀胱容积、黏膜情况，有无炎症、结石、憩室，明确瘘孔的位置、大小、数目及瘘孔和膀胱三角的关系等。从膀胱向输尿管插入输尿管导管或行输尿管镜检查，可以明确输尿管受阻的部位。

4. 静脉肾盂造影　静脉注入造影剂，于注射后动态观察和泌尿系统摄片，根据肾盂、输尿管

Notes

及膀胱显影情况，了解肾脏功能、输尿管通畅情况，利于输尿管阴道尿瘘及膀胱阴道瘘的诊断。逆行输尿管肾盂造影对于静脉肾盂造影没有发现的输尿管阴道瘘有辅助诊断作用。CTU 和 MRI 尿路造影近年来也用于该病诊断。

5. 肾图 能了解肾功能和输尿管功能情况。

【治疗】 手术修补为主要治疗方法。非手术治疗仅限于分娩或手术后 1 周内发生的膀胱阴道瘘和输尿管小瘘孔，留置导尿管于膀胱内或在膀胱镜下插入输尿管导管，4 周至 3 个月有愈合可能。由于长期放置导尿管会刺激尿道黏膜引起疼痛，又会干扰病人的日常活动，影响病人的生活质量，因此建议行耻骨上膀胱造瘘，进行膀胱引流。长期放置引流管拔除前，应重复诊断检查（如染料试验）明确瘘孔是否愈合。引流期间，要经常对病人病情进行评价。应积极处理蜂窝织炎，保证病人营养和液体的摄入，促进瘘孔愈合。治疗中要注意治疗外阴皮炎和泌尿系感染，改善病人的社会生活质量。绝经后妇女可以给予雌激素，促进阴道上皮增生，有利于伤口愈合。对于术后早期出现的直径仅数毫米的微小瘘孔的尿瘘，15% ~20% 的病人可以非手术治疗自行愈合。对于瘘管已经成熟并且上皮化者，非手术治疗则通常失败。

手术治疗要注意时间的选择。直接损伤的尿瘘应尽早手术修补；其他原因所致尿瘘应等待 3 ~6 个月，待组织水肿消退、局部血液供应恢复正常再行手术。瘘修补失败后至少应等待 3 个月后再次手术。由于放疗所致的尿瘘可能需要更长的时间形成结痂，因此有学者推荐 12 个月后再修补。

膀胱阴道瘘和尿道阴道瘘手术修补首选经阴道手术，不能经阴道手术或复杂尿瘘者，应选择经腹或经腹-阴道联合手术。手术成功与否不仅取决于手术本身，术前准备及术后护理也是保证手术成功的重要环节。术前要排除尿路感染，治疗外阴阴道炎症；绝经病人术前口服雌激素两周以上，以促进阴道上皮增生，有利于伤口愈合；术前一日应用抗生素预防感染；术后留置尿管 10 ~14 日，保持导尿管引流通畅；放置输尿管导管者，术后留置至少一个月；绝经病人术后继续服用雌激素一个月。

输尿管阴道瘘治疗的目的包括保护肾功能、解除尿路梗阻、恢复输尿管的完整性和防止泌尿系感染。一旦确定输尿管阴道瘘的诊断，应立即明确输尿管梗阻的程度和瘘孔的位置。逆行输尿管肾盂造影，既有利于诊断，还可同时放置输尿管支架。支架放置成功，既解除了尿路梗阻、保护了肾脏功能，又使输尿管能够自然生长愈合。对于单侧输尿管损伤但未断离，继发轻、中度梗阻的病例，通常可以通过放置输尿管支架来治疗。一旦输尿管支架放置失败，即应开腹行输尿管吻合或输尿管膀胱种植术。

【预防】 绝大多数尿瘘可以预防，提高产科质量，预防产科因素所致的尿瘘是关键。疑有损伤者，留置导尿管 10 日，保证膀胱空虚，有利于膀胱受压部位血液循环恢复，预防尿瘘发生。妇科手术时，对盆腔粘连严重、恶性肿瘤有广泛浸润等估计手术困难时，术前放置输尿管导管可起到保护作用。

二、粪　　瘘

粪瘘是指肠道与生殖道之间的异常通道，最常见的是直肠阴道瘘（rectal-vaginal fistula）。可以根据瘘孔在阴道的位置，将其分为低位、中位和高位瘘。还可根据解剖结构进行分类：来源于齿状线之下，与阴道交通的瘘孔称肛门阴道瘘；位于直肠和阴道间的瘘孔称直肠阴道瘘；直肠之上的称结肠阴道瘘；小肠与阴道间的交通称小肠阴道瘘。

【病因】

1. 产伤 与尿瘘相同，可因胎头在阴道内停滞过久，直肠受压坏死而形成粪瘘。难产手术操作导致Ⅲ度会阴撕裂，修补后直肠未愈合及会阴撕裂缝线穿过直肠黏膜但术中未发现而导致直肠阴道瘘。

2. 盆腔手术损伤　粘连严重和恶性肿瘤手术易损伤肠道,或使用吻合器不当等原因均可导致粪瘘。

3. 感染性肠疾　如 Crohn 氏病或溃疡性结肠炎是引起直肠阴道瘘的另一重要原因。

4. 先天畸形　为非损伤性直肠阴道瘘,发育畸形出现先天直肠阴道瘘,常合并肛门闭锁。

5. 其他　长期安放子宫托不取、生殖器恶性肿瘤晚期浸润或放疗,均可导致粪瘘。

【临床表现】 阴道内排出粪便为主要症状。瘘孔大者,成形粪便可经阴道排出,稀便时呈持续外流。瘘孔小者,阴道内可无粪便污染,但肠内气体可自瘘孔经阴道排出,稀便时则从阴道流出。

【诊断】 根据病史、症状及妇科检查不难作出诊断。阴道检查时大的粪瘘显而易见,小的粪瘘在阴道后壁可见瘘孔处有鲜红的肉芽组织,用示指行直肠指诊,可以触及瘘孔,如瘘孔极小,用一探针从阴道肉芽样处向直肠方向探查,直肠内手指可以触及探针,如仍无法确实,可辅助"瘪胎试验"帮助明确是否有瘘孔存在。阴道穹窿处小的瘘孔、小肠和结肠阴道瘘需行钡剂灌肠检查帮助诊断,必要时可辅助下消化道的内镜检查。如果诊断成立,则要针对其内在病因采取相应的内科或外科处理措施。一旦通过内科手段使疾病得到控制,瘘孔可能会自行愈合。

【治疗】 手术修补为主要治疗方法。手术损伤术中应立即修补,手术方式可以经阴道、经直肠或经腹途径完成瘘的修补。手术方式的选择主要根据形成瘘管的原因,位置与大小,是否存在多个瘘管,以及医生的手术经验和技巧有关。瘘修补术主要是切除瘘管,游离周围组织后进行多层缝合。

先天性粪瘘应在病人 15 岁左右月经来潮后再行手术,过早手术容易造成阴道狭窄。压迫坏死性粪瘘,应等待 3～6 个月后再行手术修补。高位巨大直肠阴道瘘合并尿瘘者、前次手术失败阴道瘢痕严重者,应先行暂时性乙状结肠造瘘,之后再行修补手术。术前 3 日严格肠道准备,同时口服肠道抗生素 3 日以抑制肠道细菌。术后 5 日内控制饮食及不排便,同时给予静脉高营养,禁食后改少渣饮食,同时口服肠蠕动抑制药物。保持会阴清洁,逐渐使病人恢复正常排便。

【预防】 原则上与尿瘘的预防相同。分娩时注意保护会阴,防止会阴Ⅲ度裂伤发生。会阴缝合后常规进行肛门指诊,发现有缝线穿直肠黏膜,应立即拆除重缝。

【小结】

1. 女性盆底支持退化、创伤等因素导致其支持薄弱,发生盆腔器官脱垂和压力性尿失禁等盆底功能障碍性疾病。

2. 盆底功能障碍性疾病的治疗与否取决于对病人的生活质量影响,治疗有非手术和手术治疗两种方法。

3. 盆底功能障碍性疾病的预防主要是提高产科质量、治疗导致慢性腹压增加的疾病,避免肥胖和重体力劳动。

4. 损伤导致女性生殖器官与相邻的泌尿道、肠道有异常通道,临床上表现为尿瘘和粪瘘。妇科手术损伤是目前尿瘘和粪瘘的主要原因。尿瘘和粪瘘的诊断和定位取决于各种检查,手术是主要的治疗方法。

(朱　兰)

参考文献

1. Jonathans Berek, et al. Novak's Gynecology. 14th Ed. Lippincott Williams & Wilkins, 2006.
2. The Female Pelvic Floor: Function, Dysfunction and Management According to the Integral Theory. 3rd Ed. Springer-Verlag Berlin and Heidelberg GmbH & Co. K; 2010.
3. Bump R C, Mattiasson A, Bo K, et al. The standardization of terminology of female pelvic organ prolapse and pelvic floor dysfunction. American journal of obstetrics and gynecology, 1996, 175(1): 10-17.
4. 朱兰,郎景和. 女性盆底功能障碍性疾病的防治策略. 中华妇产科杂志, 2007, 42(12): 793-794.

Notes

第二十七章　性及女性性功能障碍

性是人类的本能之一，也是人类生存和繁衍的基础。人类的性(sexuality)是性别确认、性功能及人与人之间性关系的总和。从生物学角度，性是一种自然现象和生理现象。从社会学角度，人类的性不仅是生命实体的存在状态，同时也被赋予精神和文化内涵，所以性也是生命健康和幸福的基本要素之一。

性科学(sexology)是研究人类性、性欲及性行为的综合学科，其研究范围涵盖医学、心理学和社会学，其中以性医学(sexual medicine)为基础和核心。女性性功能障碍是妇产科临床经常遇见的问题，这些问题的解决有赖于性医学乃至性科学的基本理论和基本知识。

第一节　性欲、性行为及其影响因素

一、性欲和性行为

性欲(sexual desire，libido)是一个极复杂、多层次、多含义的概念，很难用简单的定义加以确切描述，它不仅体现生物学的驱动力，也是生物学、心理学、社会学和宗教文化的相互作用的终点。性欲是人类本能之一，是一种在一定生理心理基础上性刺激的激发下，希望与性伴侣完成身心结合的欲望。性刺激可以是来自触觉、视觉、听觉、嗅觉及味觉等非条件的感官刺激，也可以是建立在性幻想、性意识、性知识、性经验等复杂思维活动基础上的条件刺激。性欲可分为接触欲和胀满释放欲。女性表现为要求抚摸和阴道容纳的欲望。这种欲望在青春期前不明显，青春期后逐渐增强并成熟。性成熟后的性欲称为成熟性欲，成熟性欲使得性行为具有生殖意义。性欲在绝经后逐渐减弱，但能保持终身。

性行为(sexual behavior)指为满足性欲和获得性快感而出现的动作和活动，可分为狭义和广义两种。狭义性行为专指性交(sexual intercourse)，即以男性阴茎和女性阴道交媾方式进行的性行为，具有生殖意义。广义性行为泛指接吻、拥抱、爱抚、手淫、口交、肛交、自慰等各种其他性刺激形成的行为，及各种准备性、象征性、与性有联系的行为，如恋爱、结婚、阅读成人书刊、观看成人电影等。性行为的功能是繁衍后代、获得愉悦和维护健康。人类性行为最重要的特征是必须受社会习俗、道德规范和法律约束。

在传统上，根据性满足程度性行为可分为目的性、过程性和边缘性三种。目的性性行为指合乎生物学上“性交目的性”规则的性行为，主要指性交。过程性性行为指为达到目的性性行为而采取的一系列能使双方逐步达到性兴奋的辅助性行为，如性交前的各种爱抚活动。边缘性性行为的概念比较模糊，指介于性行为和非性行为之间的具有性爱意义，但双方均不想交合的行为，如两性相悦时的眉眼传情和悄悄情话，以及社交场合中男女身体接触时的“异性效应”等。根据性对象性行为可分为个人性行为和社会性性行为。个人性行为指以人体自身、物品器具、动物、幻想的人作为性对象或性对象缺如。社会性性行为指性对象是他人，包括同性者和尸体。按社会文化是否认可和对身心健康是否有益，性行为可分为正常性行为和异常性行为，符合时代社会道德规范和有利于身心健康的性行为属于正常性行为，反之属于异常性行为。

性行为的连续过程称为性生活(sexual life)，大致包括双方性信号传递、性交前爱抚、性交及性交后爱抚等过程。性欲是性生活的驱动力，而性生活是性欲释放的载体。理想的性生活应是双方自愿的、和谐的和愉快的，是充分的生理释放和心理宣泄，并有愉悦的精神享受。

二、影响性欲和性行为的因素

人类的性欲和性行为是多因素综合作用的结果。

1. 生理因素　性欲和性行为是一种本能，个体的生殖器解剖结构以及神经内分泌的生理调节，是性欲和性行为的生物学基础。

2. 心理因素　是人类性行为独有的影响因素，决定性行为的动力、取向和方式。儿童自3～4岁开始确认自身性别，并影响其一生在服饰、言语、举止、人际交往及职业活动的性别特征。进入青春期后随着性心理的成熟，产生性要求和择偶意识。心理因素决定自身性别确认和性取向，性别确认和性取向又决定性行为。绝大多数人的性取向为异性，但估计约有5%男性和2%女性的性取向为同性。“同性恋”已逐渐被社会接受，并在一些国家和地区获得了一定程度的法律认可。

3. 遗传因素　通过对双胎的遗传流行病学调查发现，个体长期的性功能水平及性功能障碍的易感性主要受遗传因素影响，而性功能的短期改变主要受环境因素影响。基因组分析显示，多巴胺和5-羟色胺基因等变异可能影响女性性欲和性唤起。

4. 社会因素　人的社会属性决定人类性行为是特殊的社会行为，两性关系是一切人际关系的前提和起源。社会以它的风俗、宗教、伦理、规章及法律，修饰和制约个人性行为的内容和方式，使人类性行为必然接受社会的制约。但随着人类的科学发展和对自身行为认识的不断深入，社会对人类性行为多样性的认可度也在不断改变。

【小结】　性欲是人类本能之一。性行为具有广泛的涵义，其中性交有生殖意义。人类性行为的功能是繁衍后代、获得愉悦和维护健康。影响人类性欲和性行为的因素包括生理、心理、遗传和社会因素。

第二节　女性性反应和性反应周期

性反应（sexual response）是指人体受性刺激后，身体出现可感觉到、观察到并能测量到的变化。这些变化不仅发生在生殖器官，也可以发生在身体其他部位。人类性反应是极复杂的过程，男女双方的性欲因性刺激而被唤起，进而发生性兴奋，性兴奋积蓄到一定强度，通过性高潮使性能量释放，并同时出现行为、生理及心理的阶段性变化模式和周期性变化规律，即性反应周期（sexual response cycle）。性反应周期最初由美国学者Masters和Johnson于1966年根据人体实验首先提出，是性医学史上最重要的发现之一，以后不断修改完善。女性反应周期与男性基本相似。

1. 性欲期（sexual desire phase）　指心理上受非条件性和（或）条件性性刺激后对性的渴望阶段。此期以性幻想和对性渴望为特征，只有心理变化，无明显生理变化。

2. 性兴奋期（sexual arousal phase）　指性欲被唤起后机体开始出现的性紧张阶段。此期主要表现为阴道润滑和生殖器充血。阴道湿润一般出现在性刺激10～30秒后，液体来自阴道壁渗出、宫腔液及前庭大腺等。血管充血使阴蒂和大小阴唇肿胀及阴道长度增加。全身反应有乳房肿胀和乳头勃起、心率加快、血压轻度升高、呼吸略加快及肌肉紧张等。心理上表现为性兴奋。

3. 性持续期（sexual plateau phase）　指性兴奋不断积聚、性紧张持续稳定在较高水平阶段，又称平台期、高涨期。此期生殖器充血更明显，阴蒂勃起，阴道更湿润，阴道外1/3段呈环状缩窄而内2/3段扩张伴子宫提升，乳房进一步肿胀，全身肌肉紧张更明显并出现部分肌强直，心

Notes

率及呼吸继续加快,血压进一步升高。心理上进入明显兴奋和激动状态。

4. 性高潮期(sexual orgasm phase) 指在性持续期的基础上,迅速发生身心极度快感阶段,是性反应周期中最关键最短暂阶段。伴随性高潮到来,阴道和肛门括约肌发生不随意的节律性收缩,子宫也发生收缩和提升,同时伴面部扭曲、全身痉挛、呻吟、出汗及短暂神志迷惘。心率、呼吸进一步加快,血压进一步升高。性高潮只持续数秒,在短暂时间里,通过强烈的肌肉痉挛使逐渐积累的性紧张迅速释放。心理上感受到极大的愉悦和快感。

5. 性消退期(sexual resolution phase) 指性高潮后性紧张逐步松弛并恢复到性唤起前状态的阶段。此期第一个生理变化是乳房肿胀消退,随后生殖器充血、肿胀消退,全身肌张力恢复正常,心率、血压和呼吸均恢复平稳。感觉舒畅,心理满足。女性不存在不应期,只要有持续的性刺激,能连续出现性高潮。

上述性反应周期的线型模型基本根据男性,但女性有其特点。与男性不同,女性性欲期可发生在性兴奋之后,因此女性性欲可分为自发性和反应性两类。女性的主观性唤起与生殖道性唤起并不一致,一些主诉性唤起障碍的妇女,事实上在性刺激时生殖道的充血和润滑反应均无异常。许多妇女性行为的目的并非一定要达到性高潮,事实上一些妇女虽未出现性高潮,但也同样愉悦,所以不出现性高潮期也属完整的性反应周期。

【小结】 人类性反应周期反映了性行为过程中所发生的行为、解剖、生理和心理的阶段性变化规律。女性性反应周期的特点是并非完全遵循线型模型,主观性唤起与生殖道性唤起并不一致。

第三节 女性性反应的神经内分泌调节

性反应的完成依赖于神经及内分泌系统的调控。

性反应的神经调控基本是反射性调控。初级中枢位于腰骶部脊髓,来自生殖器或其他性敏感区的刺激,通过感觉神经传入初级中枢,再由中枢通过传出神经达到性器官引起性兴奋。第二级中枢位于下丘脑和垂体,下丘脑除对下一级脊髓中枢有直接调控作用外,还通过垂体前后叶分泌各种垂体激素参与性反应的调控。第三级中枢即最高中枢位于大脑皮层和边缘系统,包括扣带回、海马、隔核及杏仁等部位。大脑皮质通过接受下级中枢和来自全身外周感觉器官传入的神经冲动,经综合处理后,产生性兴奋或抑制。人类大脑不仅能接受触、视、听、嗅、味等感觉器官的性刺激,还能通过来自自身的性幻想、性回忆等心理活动达到性唤起,甚至性高潮。通常非条件性刺激主要由脊髓低级中枢完成反射,而条件性刺激由大脑皮层高级中枢参与,在正常情况下,两种刺激通过三级中枢协调起作用。神经系统参与性反应的调控,需神经递质传递才能完成。神经递质分为中枢性和外周性,根据功能又分为刺激性和抑制性。中枢性刺激性神经递质有多巴胺、缩宫素等,中枢性抑制性神经递质有5-羟色胺、阿片类等。外周性刺激性神经递质有乙酰胆碱、一氧化氮(NO)等,外周性抑制性神经递质有去甲肾上腺素、内皮素等。

除神经系统调控外,性激素在女性性反应调节中起重要作用。雄激素是调节女性性功能最重要的性激素,可作用于中枢神经系统并影响性行为,还可通过促进一氧化氮合成引起生殖器血管平滑肌松弛,与女性性欲、性唤起及性高潮密切相关。雌激素和孕激素对促进女性生殖器官分化成熟及功能维持起关键作用。雌激素还能通过促进中枢和外周神经传递降低感觉阈值,增加盆腔血流,从而促进性反应。孕激素在一定的雌、孕激素比例下,对女性性反应可能起抑制作用。

【小结】 女性性反应受神经系统及内分泌系统的调节。脊髓低级中枢通过神经反射完成非条件性刺激引起的性反应,大脑高级中枢参与条件性刺激引起的性反应。雄激素是最重要的性反应调节因子,雌激素和孕激素通过促进女性生殖器官功能影响性反应。

Notes

第四节 女性性功能障碍

女性性功能障碍指女性性反应周期一个或几个环节发生障碍,或出现与性交有关的疼痛。女性性功能障碍的诊断主要通过自我评定问卷完成,不存在频率或严重程度方面的最低规定,妇科检查是必要的,以排除生殖道器质性病变,同时要考虑到病人的文化、宗教、社会习俗等背景,这些因素均会影响病人的性欲和性期望。不管是否有性高潮存在或性伙伴是否有主诉,只要本人对性生活满意,都不能诊断为女性性功能障碍。

由于诊断标准不统一、缺乏客观评判标准和获得资料比较困难,女性性功能障碍的发生率的报道差异较大。国外报道,女性性功能障碍的总发生率约为43%,围绝经期和绝经后妇女的发生率可达50%,其中以性欲障碍和性高潮障碍为常见,但造成心理痛苦者只有12%~25%。对美国1749名18~59岁女性志愿者的调查资料显示,43%有性功能障碍,其中22%为性欲障碍,14%为性唤起障碍,7%为性交痛。丹麦的调查资料发现,性欲缺乏占42%,性交时无快感占20%。一项对13 882名40~80岁妇女性态度和性行为的全球性调查显示,缺乏性兴趣和性高潮障碍的发生率分别是26%~48%和18%~41%。国内资料不多,一项对540名23~55岁健康妇女的调查发现,性生活不满意占55.5%,性高潮困难占39.7%,性交频率每月少于2次占31.75%。

【分类及临床特征】 女性性功能障碍的分类基本依据性反应周期划分。国际上比较普遍采用的是美国精神病协会的《精神病诊断与统计手册》和世界卫生组织《国际疾病分类》,各类女性性功能障碍及其临床特征如下:

1. 性欲障碍(sexual desire disorders) 包括低反应性性欲障碍和性厌恶。低反应性性欲障碍指持续或反复发生的性幻想或性欲望低下或缺如,并引起心理痛苦。性厌恶指持续或反复发生的恐惧性性厌恶和避免与性伴侣性接触,并引起心理痛苦。

2. 性唤起障碍(sexual arousal disorders) 指持续或反复发生不能获得或维持足够的性兴奋,并引起心理痛苦。具体表现为性活动时主观上持续缺乏性愉悦和性兴奋,客观上部分或完全缺乏阴道湿润和生殖器充血。

3. 性高潮障碍(sexual orgasmic disorders) 指足够的性刺激和性兴奋后,持续或反复发生性高潮困难、延迟或缺如,并引起心理痛苦。

4. 性交疼痛障碍(sexual pain disorders) ①性交痛(dyspareunia):指反复或持续发生与性交相关的生殖器和盆腔疼痛。②阴道痉挛(vaginismus):指反复或持续发生阴道外1/3段肌肉不自主痉挛以干扰或阻止阴茎插入,并引起心理痛苦。③其他性交痛:指反复或持续发生由非性交性刺激引起的生殖器疼痛。

上述每种性功能障碍均又分为终身性(原发性)和获得性(继发性)、完全性和境遇性、器质性和功能性。

女性性反应与男性相比有较大差别,譬如,女性性欲的唤起除生物学基础外更多地依赖于社会心理基础,性欲可出现在性兴奋之后,主观性唤起与生殖器官生理改变并无必然联系,阴道括约肌紧张度有很大可变性也缺乏阴道痉挛的客观评判指标等。2013年,美国精神病协会修改了现行分类法,提出将性欲障碍和性唤起障碍合并为性兴趣/性唤起障碍(sexual interest/arousal disorders),阴道痉挛改为插入障碍(penetration disorder),性交痛改为生殖器盆腔痛。

【相关因素】 生理和心理因素均可引起女性性功能障碍,涉及神经、激素、血管、解剖异常及药物副作用等,其中社会心理因素起重要作用。

1. 社会心理因素 羞怯、忧郁、焦虑、畏惧、紧张、憎恨、悲痛等情感因素,均可抑制女性性欲和性唤起,引起这些心理反应的原因很多,如宗教或传统保守观念,既往痛苦或创伤性性经历,

Notes

夫妻关系和家庭成员不和睦，劳累、过度压力、担心妊娠或性传播性疾病等。

2. 年龄和绝经因素　随妇女年龄增加，特别是绝经后出现的生殖道萎缩、盆腔血流量减少、盆底肌肉张力降低及阴道干燥等，均可影响女性生殖道的性反应。但也有流行病学研究显示绝经对性生活及其满意度似乎没有明显影响，可能与调查人群的人种及社会文化背景等因素有关。

3. 手术因素　各种妇科手术均可能影响女性性功能。最常见的是双侧卵巢切除导致卵巢缺失。外阴根治术直接破坏外生殖器解剖，对性功能影响极大。子宫和阴道手术也可因改变阴道解剖结构和盆腔血流及破坏盆腔神经等原因影响性功能。乳腺癌根治术可因性敏感区和体型破坏或因心理因素影响性功能。

4. 放疗因素　因肿瘤实施放疗，能引起卵巢功能损伤和阴道粘连或顺应性改变，影响性功能。

5. 神经性因素　许多中枢和外周神经系统的疾病和损伤，均可引起女性性功能障碍，如脊髓损伤或退行性病变、癫痫、糖尿病性神经病变等。

6. 血管性因素　高血压病、动脉粥样硬化、心脏病、糖尿病等疾病，能影响髂动脉及其分支的血流，减少会阴部血供，导致性刺激时进入阴道和阴蒂的血流明显减少，称为阴道充血和阴蒂勃起供血不足综合征。

7. 妊娠和产后因素　妊娠期因对胎儿关心和自身体型改变，引起女性性功能减退。产褥期因会阴疼痛、阴道分泌物减少及生殖器尚未复旧等因素，影响女性性功能。

8. 妇科和泌尿系统疾病　一些妇科疾病能影响女性性功能，如子宫内膜异位症、外阴阴道炎症、压力性尿失禁等。

9. 药物性因素　药源性性功能障碍发生率在20%左右。任何能改变人精神状态、神经传导、生殖系统血流和血管舒缩功能及性激素水平的药物，包括乙醇均可能影响女性性功能。

10. 性知识、性技巧缺乏　包括不了解女性性反应特点、缺乏适当性刺激和交流技巧、选择不适宜时间和地点等。

【诊断】　虽然已有各种客观或量化的物理方法测定女性性反应，目前女性性功能障碍的诊断主要根据病史、性功能评估及体格检查等。

1. 病史采集　主要通过自我评定问卷形式，内容包括病人年龄、文化程度、职业、宗教信仰、自我性别确认、性取向、既往性经历、月经生育史、精神病及全身其他疾病史、手术外伤史、化疗放疗史、药物应用史及有无吸毒等。采集病史时要注意环境的舒适和私密性。

2. 性功能评估　常采用女性性功能积分表进行性功能评估，内容主要包括4周内性交次数、性欲强度、性高潮次数、阴蒂感觉、性交不适感等。

3. 情感及相关问题评价　对婚姻满意度或与性伴侣情感关系，及其在性活动时对自我形体的自信心和其有性需求时与性伴侣交流的能力等作出评价。

4. 心理检查　包括与性有关的各种心理社会状态的评定。

5. 盆腔及全身检查　妇科检查有助于明确生殖器官的发育情况和有无器质性病变。另外，还应对心血管、呼吸、运动、神经、直肠及泌尿系统进行检查。

6. 实验室检查　目前用于测定女性性反应的方法主要包括生殖器血流测定、阴道容积、压力和顺应性测定、阴道湿润度测定、盆底肌张力测定、功能磁共振脑部成像等。虽然这些测定方法比较客观甚至量化，但由于女性的主观性唤起和生殖道客观性反应并不始终一致，妇女更多地依据主观感受来评价自身的性生活满意度，所以各种物理测定的方法有临床局限性。

性激素测定、有关高血压病、糖尿病等全身性疾病的检查及神经系统检查等有助于了解器质性病变。

Notes

【治疗】

1. 心理治疗　多数性功能障碍为功能性,由心理因素造成。即使是器质性性功能障碍,也多伴有心理因素。因此,心理治疗很重要。在全面掌握病情特点和明确性功能障碍类型的基础上综合分析,准确判断病人性心理障碍的类型和程度,结合其个性特征、文化、宗教等背景,制订有针对性的治疗方案。

2. 一般治疗　包括提供有关性的基本知识和技巧,鼓励阅读介绍性知识书籍;建议性生活时双方相互沟通,商量改变性交姿势、性生活时间及地点;尝试性幻想、使用背景音乐、影像资料;推荐使用润滑剂等。

3. 行为疗法　依据条件反射学说和社会学理论,纠正不正确行为的治疗方法。常用的有:

(1) 性感集中训练:即训练自己的主观性感受。可分三个阶段:第一阶段的重点是指导女方集中精力体验由男方爱抚身体所激发的感觉,但不触及生殖器和乳房;第二阶段的重点是生殖器刺激,但避免性交;第三阶段又称无需求性交阶段,在对生殖器刺激已发生良好反应的基础上,开始性交,重点是无需求(不追求性高潮)和以调整愉悦为定向的性体验。

(2) 自我刺激训练:指导病人通过手淫或借助震荡器方法获得性高潮。成功的性高潮体验,有助于增强病人性欲和树立自信心。自我刺激成功后,让性伴侣加入,帮助病人体验与性伴侣在一起的性高潮。

(3) 盆底肌肉锻炼:训练病人交替收缩和舒张盆底肌肉,以提高骨盆底肌群的张力和性交时阴道感觉的敏感性。

(4) 脱敏疗法:针对阴道痉挛(插入障碍)采用的治疗方法,也称阴道扩张法,即利用一系列大小不等的阴道扩张器从小到大逐渐扩张阴道,也可指导病人自己或性伴侣用手指做类似的练习。

4. 药物治疗

(1) 外周作用药物:通过介导血流和松弛血管平滑肌等机制直接作用于局部,促进生殖器充血和阴道湿润。主要药物有磷酸二酯酶-5 抑制剂、前列腺素 E_1 激动剂、L-精氨酸等。但临床试验表明,外周作用药物对妇女的作用不及男性,可能与女性的主观性唤起与客观性唤起并不一致有关。其次,由于受性激素水平的影响,这类药物对绝经后妇女的作用不及绝经前妇女。

(2) 中枢作用药物:鉴于女性的性体验更多依赖于主观性唤起,使用中枢作用药物可能比男性更为合适。主要药物有黑皮质素激动剂、多巴胺激动剂等。

(3) 性激素:病例对照试验表明,无论绝经与否,雄激素制剂可明显改善性功能障碍妇女的性生活满意度,但长期应用,可能引起男性化等潜在副作用。雌孕激素补充治疗也可通过改善阴道干燥提高性反应。性激素可全身用药,也可局部用药。

(4) 抗抑郁药:通过增强多巴胺和抑制 5-羟色胺、催乳激素等作用,提高性欲,如丁胺苯丙酮、曲唑酮、氟西汀等。

5. 原发病治疗　许多女性性功能障碍由各种器质性疾病引起,只有积极治疗原发病才能消除性功能障碍。但要注意一些治疗原发病的药物本身,也可能引起性功能障碍,使用时需综合考虑。

【小结】　女性性功能障碍的分类基本依据性反应周期划分,以性欲障碍和性高潮障碍为常见,发生的相关因素包括生物、心理和社会因素,其中心理和社会因素起重要作用。女性性功能障碍的诊断主要依靠临床判断,已造成病人心理痛苦是诊断的必要条件。治疗方法包括心理、行为及药物治疗等,其中心理和行为治疗及中枢作用药物可能比男性发挥更重要的作用。

Notes

第五节 女性性卫生和性健康教育

一、女性性卫生

性卫生(sexual hygiene)指通过性卫生保健实现性健康和达到提高生活质量的目的。性卫生包括性心理卫生和性生理卫生。

1. 性心理卫生 健康的性心理是健康性生活的基础和前提。它要求夫妇双方首先认清性生活是人类心理和生理的正常需求和表现,也是夫妇生活不可缺少的组成部分。因此,夫妇双方不应为对方的性要求而反感或恐惧,也不应为自身的性要求而内疚或羞愧。女性应该在性生活中扮演主动角色,共享其乐。

其次,夫妇双方要充分认识男女双方性反应的差异。女性性唤起常滞后于男性,但不一定需要有性欲才出现;可以不以性高潮为最终目的,但性高潮体验比男性强烈,并可连续出现;性消退期比较缓慢;性敏感区分布较广泛,除外生殖器外,几乎遍布全身各个区域;对触觉最敏感,但视觉不及男性;性反应个体差异较大,主观和客观性反应并不一致。充分了解女性性反应的特点,合理安排性生活,正确掌握性技巧。

2. 性生理卫生

(1) 良好的生活习惯:应有合理饮食、良好起居生活习惯,不酗酒、不吸烟、远离毒品。

(2) 性器官卫生:女性外生殖器容易被感染,每次性生活之前,清洁双方外生殖器可预防女性泌尿生殖系统感染性疾病。

(3) 性生活卫生:合理安排性生活时间、频率和时机。女性应注意月经期、妊娠期、哺乳期的性生活卫生。有重要脏器功能不全或有高血压、动脉硬化等严重疾病者,应在医师指导下性生活。

(4) 避孕:合理选择有效的、适合夫妇双方的避孕措施,避免意外妊娠。

(5) 预防性传播疾病:应进行广泛的使用避孕套教育和包括艾滋病在内的各种性传播疾病危害性的教育。夫妇双方中一方患性传播疾病时,应双方共同治疗。患病期间推荐使用避孕套,以预防夫妇间再感染。

二、性健康教育

性健康教育(sexual health education)指通过有计划、有组织、有目标的系统教育活动,进行关于性知识和性道德教育,使受教育者具有科学的性知识、正确的性观念、高尚的性道德和健康的性行为,从而获得幸福的性生活。

性健康教育的目的,是向各年龄段人群普及性生理和性心理知识,建立对性的正确态度,确立科学的性观念,崇尚性道德,选择健康的性行为,预防性传播疾病和消除性犯罪。性健康教育中最重要内容是性知识(sexual knowledge)教育,性医学知识包括男女生殖器解剖、生理、性反应特点、与性有关的疾病、性功能障碍、性传播疾病及其预防、避孕等;性心理知识包括男女性心理形成、发展和成熟,社会性别的规范,性欲和性冲动的心理特点等;性道德教育包括恋爱和婚姻道德、男女平等、尊重女性等;性法学教育包括性犯罪防范等。

性健康关系到人的一生,因此不同年龄、不同生活状况的人群,均应接受有针对性的性健康教育。性唤起能力在出生时即已存在,所以性健康教育应从0岁开始。儿童期教育的重点是指导孩子树立正确的性态度和帮助孩子培养正确的性别确认和性别角色意识。男女在生物学上的差别称为“性”,在心理学上的差别称为“性别”,在社会学上的差别称为“性别角色”。儿童的性别确认是在生物学基础上通过后天学习得来,因此必须对孩子进行性别确认教育,引导孩子

Notes

从幼年起正确地进行自身性别确认,使性、性别、性别角色保持一致。

青少年的性健康教育是一生性教育的关键阶段,其意义特别重大。青少年性健康教育主要向青少年传授科学的性知识,纠正与性有关的认识和行为偏差,树立健康的性观念。正确认识月经初潮,正确认识性欲和性冲动,正确认识手淫。手淫是常见的和正常的现象,是消除性紧张的自慰行为,其本身对健康并无害处,而且有助于日后的性生活。要从青春期开始宣传避孕和性传播性疾病防治的知识。要帮助青少年认识和适应青春期身心的急剧变化,能够正确、理智地对待性问题和处理两性关系,使他们的性观念符合社会规范,做一个有高尚情操的人。

成人期性健康教育的主要任务,是帮助成年人建立幸福和谐的性生活,进行月经期、妊娠期及围绝经期等特殊时期的性生活指导,采用合适的避孕措施,预防性传播性疾病。并在普及性知识的同时,帮助他们学会如何对自己子女进行性健康教育。

老年人性健康教育的重点,是帮助他们了解老年人生理特点。老年人仍然有性欲和性反应的能力,有规律的性生活有助于健康。要指导建立适合老年人生理特点的性生活习惯和性行为方式,以达到延年益寿的目的。

【小结】 性卫生要求妇女有健康的性心理、基本的性知识和良好的性生活习惯。性健康教育的目的,是让人们建立正确的性观念,选择健康的性行为,预防性传播疾病和消除性犯罪。不同年龄、不同生活状况的人群,均应接受有针对性的性健康教育。

【附】 强奸

强奸(rape)是一种严重的侵犯人权的犯罪行为,属于恶性刑事案件,其犯罪定义虽然在不同的国家有所不同,但一般认为应包括以下特征:①一方利用暴力、欺骗、胁迫,或以伤害身体相威胁;②对方不同意或对方因过于年幼或年老、或因酒醉、药物、精神或疾病影响意识不清而无能力不同意;③一方用阴茎、手指或物质插入对方阴道、口腔或直肠。强奸可以发生在异性或同性之间。我国刑法规定强奸罪是指男性违背女性意志,强行与其发生性交的行为。当受害人为不满14周岁的幼女时,又专门规定为奸淫幼女罪。

强奸的确切发生率尚不清楚。有调查表明,在美国13%的妇女在一生中有过被强奸的经历,而且多数发生在童年和青少年期。

根据犯罪动机和特征可将强奸者分为不同类型,如我国分为攻击型、淫欲型和冲动型。国外分为机遇型、愤怒型、权力型和虐待型。

强奸对受害者的损害包括身体和心理两方面。对身体的损害不仅有生殖器官损伤、及可能引起妊娠和性传播性疾病,还可能因暴力造成其他部位的损伤。强奸对受害者的心理伤害可能远超过身体损伤,对儿童受害者的心理创伤超过成人。受害者在被强奸后因担心自己、家庭及朋友的声誉受损,最初的反应是震惊、麻木、害怕甚至否认。继而出现的愤怒、害怕、无助感、失去信心、内疚感、自卑、害羞及自责等一系列心理症状,称为强奸后创伤综合征。这些症状短者可持续数天至数周,长者可持续数月或数年,甚至终身,影响受害者的生活和工作,导致婚姻失败、家庭破裂、甚至自杀。

遭强奸后,受害者应及时去医院检查。对女性受害者的处理包括:①询问病史:除了解一般妇产科病史外,要询问强奸发生的时间、方式及经过,重点是性接触和施暴的方式;②检查、记录并处理生殖器及身体其他部位的损伤,检查时注意获取强奸者可能留下的精液、毛发等证据,为法庭取得证据,并用作病原体检测;③治疗或预防性传播疾病;④提供紧急避孕;⑤为病人及家属提供心理等各种咨询等。

国家依法坚决打击强奸犯罪,对有作案动机者有强大的威慑作用,迫使其消除犯罪心理。除强化法制外,社会、家庭和学校应加强对人们、尤其青少年的性道德教育,让他们树立起正确的性观念,倡导文明,尊重妇女,掌握正确的排遣和宣泄性冲动的方法,这些措施对防范强奸犯

Notes

罪也有重要意义。此外,对妇女也要加强自我保护意识和预防性侵犯的教育,鼓励被害妇女积极运用正当防卫这一法律武器维护自身权益,事后应及时报案,主动帮助司法部门缉捕犯罪嫌疑人也是预防强奸犯罪的重要环节。

(谢 幸)

参考文献

1. 丰有吉,沈铿. 妇产科学. 第2版. 北京:人民卫生出版社,2011.
2. 谢幸,苟文丽. 妇产科学. 第8版. 北京:人民卫生出版社,2013.
3. Latif EZ and Diamond MP. Arriving at the diagnosis of female sexual dysfunction. Fertil Steril, 2013, 100: 898-904.
4. Buster JE. Managing female sexual dysfunction. Fertil Steril, 2013, 100: 905-915.

Notes

第二十八章　不孕症与辅助生殖技术

不孕可由男女双方或单方因素所致，虽不是致命性疾病，但可造成家庭不和及病人心理创伤，是严重影响身心健康的医学和社会问题。近30年来，不孕诊治出现了三个显著变化：①体外受精和其他辅助生育创新技术的引入为不孕的成功治疗提供了更大的可能；②媒体对于辅助生育技术关注度上升，生殖健康也引起了社会更多的重视，就诊人数增多；③我国妇女结婚和生育年龄的逐渐后移增加了治疗难度。

第一节　不　孕　症

凡婚后未避孕、有正常性生活、夫妇同居1年而未受孕者，称为不孕症(infertility)。其中从未妊娠者称为原发不孕，有过妊娠而后不孕者称为继发不孕。

【病因及发病机制】　不孕夫妇中，女方因素占40%～55%，男方因素占25%～40%，男女双方共同因素占20%～30%，不明原因的约占10%。

1. 女性不孕因素　输卵管因素和排卵障碍是两个主要因素，各约占40%左右，其他因素包括子宫因素、宫颈因素、免疫因素等不常见因素约占10%，不明原因约占10%。

(1) 输卵管因素：输卵管具有运送精子、摄取卵细胞及把受精卵运送至子宫腔的作用，若功能障碍或管腔不通，可导致不孕。

(2) 排卵障碍：各种因内分泌紊乱或者异常引起的排卵障碍也是女性不孕的主要因素之一。黄体功能不足也可影响囊胚植入，导致不孕。

(3) 宫颈与子宫因素：宫颈是精子进入宫腔的必经通道；子宫具有储存和输送精子、接受孕卵着床及孕育胎儿的功能。引起不孕的常见原因包括宫颈与子宫解剖结构异常、感染、宫颈黏液功能异常、宫颈免疫学功能异常、宫腔粘连等。

(4) 外阴与阴道因素：处女膜发育异常、阴道部分或者完全闭锁、阴道受机械性损伤后发生的瘢痕狭窄等均可影响正常性生活、阻碍精子进入宫颈口。

2. 男性不孕因素

(1) 精子生成障碍：精索静脉曲张、睾丸炎症、严重的生殖道感染均可破坏正常的生精过程；隐睾、睾丸发育不良、下丘脑-垂体-睾丸轴功能紊乱或身体其他内分泌系统如甲状腺疾病、肾上腺疾病、糖尿病等亦可影响精子发育过程；理化因素如致癌、致突变物质、放化疗、慢性乙醇中毒等也可造成精子减少甚至无精子。

(2) 精子运送受阻：附睾及输精管结核可使输精管阻塞，阻碍精子通过；阳痿、早泄不能使精子进入女性阴道。

(3) 精子异常：精子本身不具备受精能力，如精子顶体蛋白酶缺乏等使精子不能穿破卵细胞放射冠和透明带，从而影响卵细胞受精。

3. 免疫因素

(1) 精子免疫：精子有大量特异性表达的抗原，可引起男性的自身免疫反应，也可以引起女性的同种免疫反应。

1) 自身免疫：由于睾丸局部血睾屏障的存在，睾丸是人体的免疫豁免器官之一。任何原因导致血睾屏障的破坏如输精管损伤、睾丸附睾炎症等都将导致精子的特异性抗原接触循环系统的免疫细胞产生抗精子抗体(AsAb),结合于精子膜表面的AsAb可引起精子的凝集现象,影响精子的运动和受精功能。

2) 同种免疫:宫颈上皮细胞能产生分泌型IgA、IgG和极少量的IgM。当女性生殖道黏膜炎症破损或精浆中的免疫抑制物受到破坏时,精子和精浆中的抗原物质会引起女方的同种免疫反应。宫颈上皮细胞产生致敏的分泌型IgA、IgG与精子结合后被覆在精子表面,使精子制动,难以进入宫腔;而IgG又可起补体固定作用,发挥直接细胞毒作用,使精子发生凝集。

(2) 女性体液免疫异常:女性体内可产生抗透明带抗体,改变透明带的性状或组织受精乃至植入过程,从而导致不孕。抗心磷脂抗体可引起种植部位小血管内血栓形成,导致胚胎种植失败。

(3) 子宫内膜局部细胞免疫异常:子宫内膜局部存在大量免疫细胞,它们在胚胎种植中发挥帮助绒毛实现免疫逃逸和绒毛周围组织的溶细胞作用。子宫内膜局部的免疫细胞如NK细胞、T细胞和B细胞功能异常都可导致种植失败和不孕。

4. 男女双方因素 夫妻双方性生活障碍、缺乏性知识以及精神高度紧张,也可导致不孕。

5. 不明原因不孕 指经过不孕症相关的详细检查,依靠现今检查方法尚未发现明确病因的不孕症。

【临床表现】 无保护、规律性生活1年以上未孕为主要临床表现。病人可无其他不适症状,仅表现为受孕障碍;也可依导致不孕原因出现对应的临床表现,如排卵障碍病人可伴有月经异常;盆腔炎症病人出现相应腹痛、发热;子宫内膜异位症病人可伴有痛经、月经改变等病史。

【检查与诊断】

1. 女方检查与诊断

(1) 病史采集:详细病史询问,包括家庭及经常接触的人中有无罹患肺结核病。

(2) 体格检查:应注意检查生殖器和第二性征发育,包括身高、体重、腰围、臀围,有无多毛、痤疮、黑棘皮征及溢乳等。

(3) 超声影像学检查:超声检查是诊断不孕的常用手段,具有无损伤、方便、检出率和准确率高、可摄像记录以作比较等优点。必要时行胸片检查排除结核、MRI检查排除垂体病变。

(4) 排卵及内分泌功能测定:

1) 基础体温测定:周期性连续的基础体温测定可以大致反应排卵和黄体功能。一般情况下,排卵时体温稍有下降,排卵后平均上升0.5℃,一直持续到下次月经来潮,再恢复到原来的体温水平。

2) 超声监测卵泡发育:推荐使用经阴道超声,检测内膜厚度、分型及优势卵泡直径等。

3) 血激素水平测定:激素检测常包括血清FSH、LH、E_2、P、T、PRL的检查。激素的测定以月经周期第2~5日的血清基础内分泌水平最为重要,可反映卵巢的基础状态和其储备能力或某些病理状态。黄体中期血清的E_2、P水平可反映卵巢黄体功能。基础FSH水平升高表明卵巢储备能力下降。血清基础LH/FSH≥2、T的升高可协助诊断PCOS。PRL反映是否存在高催乳素血症。抗苗勒管激素(antimüllerian hormone,AMH)检测评价卵巢功能目前也逐渐得到生殖专家共识:AMH水平与窦卵泡计数非常一致,并可在月经周期中任何时间检测。

4) 子宫内膜病理学检查:有助于了解有无排卵、黄体功能以及是否有其他病理改变。

(5) 输卵管通畅度检查:①输卵管通液术;②子宫输卵管碘油造影;③子宫输卵管超声造影;④在腹腔镜直视下行输卵管通液是更客观准确的方法,有条件者也可采用输卵管镜(falloposcopy)检查。

(6) 宫颈与子宫因素检查:除常规妇科检查外,可行宫颈黏液评分以及性交后试验

Notes

(postcoital test,PCT)。对于超声发现宫腔、内膜异常、既往内膜损伤病史或不明原因不孕的病人,应行宫腔镜检查。必要时联合腹腔镜可行宫腔镜下插管输卵管通液术。

(7) 生殖免疫学检查:包括精子抗原、AsAb、抗子宫内膜抗体的检查。

2. 男方检查与诊断

(1) 病史:详细询问婚育史、性生活频度、性功能等情况,既往是否有腮腺炎、结核病、外生殖器外伤及手术史。

(2) 体格检查:除全身检查外,重点检查外生殖器,注意发育情况、是否存在炎症、畸形及瘢痕等异常。

(3) 精液检查:精液常规检查为不孕症夫妇的首选检查项目,根据精液检测手册(WHO,2010 年,第 5 版)进行,参考指标为:精液量≥1.5ml,精子密度≥20×10^6/ml,前向运动精子(a 级+b 级)≥32%,总活动率≥40%,正常精子形态(严格形态学分析标准)≥4%,白细胞<1×10^6/ml。精子数目或者活动度低于以上指标为异常,常见的有少精子症:精子数量<20×10^6/ml。如检查为无精症,视情况可能需行睾丸活检检查。

【治疗】 首先要加强体育锻炼、增强体质、并保持良好乐观的生活态度,戒烟戒酒,养成良好的生活习惯,适当增加性知识。

1. 输卵管因素不孕的治疗

(1) 经宫腔输卵管通液术:在月经干净三日后至排卵前行输卵管通液术。

(2) 输卵管重建术:包括输卵管吻合术、输卵管子宫角吻合术、子宫角处输卵管子宫植入术、输卵管粘连松解术、输卵管造口术以及伞端成形术,达到输卵管再通的目的。

2. 排卵障碍性不孕的治疗　见第十七章第六节多囊卵巢综合征。

(1) 枸橼酸氯底酚胺或克罗米酚(clomiphene citrate,CC):有弱的抗雌激素作用,可与下丘脑和垂体的内源性雌激素受体相竞争,解除对垂体分泌促性腺激素的抑制,促进 FSH 和 LH 的分泌,从而诱发排卵。为最广泛的、临床首选促排卵药物。

(2) 来曲唑(letrozole,LE):为芳香化酶抑制剂,其阻断雌激素产生,可解除雌激素对下丘脑-垂体-性腺轴的负反馈抑制,使促性腺激素分泌增多。在卵巢内部,可阻断雄激素向雌激素转化,导致雄激素在卵泡内积聚,从而增强 FSH 受体的表达,扩大 FSH 效应。同时,卵泡内雄激素的蓄积可刺激 IGF-1 及其他自分泌和旁分泌因子的表达增多,在外周水平提高卵巢对激素的反应。

(3) 人类绝经期促性腺激素(human menopausal gonadotropin,HMG):是从绝经后妇女尿中提取的 FSH 和 LH 混合产品,每支含 FSH、LH 各 75IU。应用 CC 治疗无排卵或有排卵但未妊娠者,可单独应用或与 CC、LE 联合应用。

(4) 卵泡刺激素(follicle stimulating hormone,FSH):包括尿提取 FSH(u-FSH)、尿提取高纯度 FSH(u-FSH HP)以及基因重组 FSH(r-FSH)。卵泡发生过程中,FSH 可启动卵泡募集和生长、选择优势化成熟,增加雌激素水平和促进子宫内膜的增殖,适用于下丘脑、垂体性无排卵病人。常规用法:月经第 3~5 日起,每日肌注 75IU,监测卵泡发育,适时应用 hCG 诱导排卵。

(5) 促性腺激素释放激素(gonadotrophic hormone releasing hormone,GnRH):常用于 IVF 周期预防 LH 峰过早出现和 PCOS 无排卵的治疗。

(6) 溴隐亭(bromocriptine):溴隐亭是麦角碱衍生物,作用于下丘脑神经元,抑制多巴胺受体降解,是一种多巴胺激动剂。下丘脑多巴胺浓度增加可促进催乳激素抑制因子的分泌,抑制垂体合成和释放 PRL,增加促性腺激素的释放,改善卵巢对促性腺激素的敏感性,诱发排卵。适用于高催乳素血症的无排卵病人。

3. 子宫、宫颈、阴道与外因不孕的治疗　针对不同的病变,采用相应的治疗方法,包括药物和手术治疗。

4. 免疫性不孕的治疗

（1）避免抗原刺激：采用避孕套局部隔绝法，或中断性交或体外排精法避孕 6 个月，避免因精子与女性生殖道接触而刺激女性体内持续产生 AsAb。

（2）免疫抑制剂应用：宫颈黏液中存在 AsAb 的病人采用局部疗法，氢化可的松栓剂置阴道内；血清 AsAb 阳性的病人及少精症病人可应用低剂量法，泼尼松每日 5mg，连用 3～12 个月，对精子数目的提高有一定作用。

（3）人工授精：通过非性交方式将精液放入女性生殖道内，可用丈夫精液或供精者精液。

5. 男方因素不孕的治疗 少弱精子症者可给予药物或者手术治疗，若无效可应用辅助生育技术；双侧输精管阻塞性无精子症，而经睾丸或附睾活检发现成熟精子者，也可采用辅助生育技术。

【小结】 不孕主要因女性卵细胞发育、成熟及排卵障碍或男方精子生成障碍、精子运送障碍以及卵细胞和精子不能受精所致。检查女性不孕症的可能原因首先应了解：①有无排卵；②输卵管通畅与否；③内分泌状况；④若前三者均无异常，则考虑其他的原因。明确病因后，可采用相应的治疗。女性不孕症的治疗主要包括重建输卵管正常解剖关系、促使卵细胞发育成熟、治疗排卵障碍，必要时可借助辅助生育技术。

第二节 辅助生殖技术

1978 年 Edward 和 Steptoe 采用体外受精与胚胎移植技术妊娠的世界第一例婴儿成功诞生（俗称试管婴儿），这是人类生殖医学技术的重大突破。随着人类辅助生殖技术（assisted reproductive technology，ART）的不断深入开展和普及，2011 年我国收治容量已达 200 000 周期以上。然而，由 ART 带来的技术本身以及社会、伦理、道德、法律等诸多方面的问题也日益突出，其应用的安全性值得深入探讨。

【常用辅助生育技术】 目前，常用的辅助生殖技术有人工授精（artificial insemination，AI）和体外受精-胚胎移植（in vitro fertilization and embryo transfer，IVF-ET）及其衍生技术两大类。

1. 人工授精 根据精子来源分为夫精人工授精（artificial insemination with husband's sperm，AIH）和供精人工授精技术（artificial insemination by donor，AID）；根据精液放置位置可以分为后穹窿、宫颈管内和宫腔内人工授精。AIH 的适应证包括：①男性因少精、弱精、液化异常、性功能障碍、生殖器畸形等不育；②宫颈因素不育；③生殖道畸形及心理因素导致性交不能等不育；④免疫性不育；⑤原因不明不育。AID 适应证包括：①不可逆的无精子症、严重的少精症、弱精症和畸精症；②输精管复通失败；③射精障碍；④男方和（或）家族有不宜生育的严重遗传性疾病；⑤母儿血型不合不能得到存活新生儿。由于 AID 实施中存在很多伦理问题，实施 AID 的医疗机构需要经过特殊审批；为了防止近亲婚配，每一位供精者的冷冻精液最多只能使 5 名妇女受孕。

2. 体外受精-胚胎移植及其衍生技术 此类技术包括从不孕妇女体内取出卵细胞，在体外与精子受精后培养至早期胚胎，然后移植回妇女的子宫，使其继续着床发育、生长成为胎儿的过程。

（1）常规体外受精与胚胎移植：主要适用于：①女方各种因素导致的配子运输障碍；②排卵障碍；③子宫内膜异位症；④男方少、弱精子症；⑤不明原因的不育；⑥免疫性不孕。

IVF-ET 的主要步骤包括：

1）控制性超促排卵（controlled ovarian hyperstimulation，COH）：COH 方案主要有使用 GnRH 激动剂降调节的超排卵方案，无降调节的超排卵方案以及使用 GnRH 拮抗剂的超排卵方案。

2）取卵：通常在给予 hCG 后 36 小时左右（34～38 小时）进行，采用超声引导下经阴道针刺

Notes

卵泡负压吸引卵泡液获取卵母细胞。

3）体外受精：卵母细胞与优化处理的精子混合受精，体外培养受精卵。

4）胚胎移植：取卵后48～72小时将分裂为4～8个细胞的早期胚胎移植入宫腔，也可将胚胎延长培养到5天的囊胚阶段再植入到宫腔。

5）黄体支持：因GnRHa有溶黄体作用，故多应用黄体酮或hCG支持黄体功能，以提高妊娠率。

（2）卵细胞质内单精子注射（intracytoplasmic sperm injection，ICSI）：ICSI是在显微操作系统帮助下，在体外直接将精子注入卵母细胞质内使其受精。ICSI主要用于：①严重的少、弱、畸精子症；②不可逆的梗阻性无精子症；③生精功能障碍（排除遗传缺陷疾病所致）；④免疫性不育；⑤体外受精失败；⑥精子顶体异常；⑦需行植入前胚胎遗传学检查病例。此技术避开了人类生殖的自然选择过程，可能会增加后代出生缺陷的风险，因此应严格掌握适应证。

（3）植入前胚胎遗传学诊断（preimplantation genetic diagnosis，PGD）：利用现代分子生物学技术与显微操作技术，在受精卵分裂为8细胞时取出1～2个细胞，或在囊胚形成时取3～10个滋养层细胞进行活检，进行特定的遗传学性状检测。

（4）配子输卵管内移植（gamete intrafallopian transfer，GIFT）：在开腹或腹腔镜下将取到的卵母细胞与处理后的精液一起注入输卵管内。适用于输卵管正常的不孕妇女。配子移植时需麻醉下开腹或腹腔镜手术，对病人损伤大，目前已很少应用。

（5）未成熟卵体外培养（in vitro maturation，IVM）：是模拟体内卵母细胞的成熟环境，将从卵巢采集的未成熟卵母细胞在体外培养，直至成熟的技术。

【辅助生殖技术并发症】

1. 卵巢过度刺激综合征（ovarian hyperstimulation syndrome，OHSS）　指超促排卵引起的一种严重医源性疾病。发病机制尚不完全清楚，hCG的使用是触发其发生的重要因素。高表达的血管内皮生长因子、一些炎症介质及细胞因子、高水平的雌、孕激素以及卵巢内与肾上腺无关的肾素-血管紧张素-醛固酮系统可能与之有关。

主要的病理生理变化是毛细血管通透性增加、体液大量外渗，导致腹水、胸水；血液浓缩、有效血容量降低；继而血液呈高凝状态；肾灌流量减少，导致尿量减少，甚至无尿；同时可伴水、电解质和酸碱平衡失调。临床表现为胃肠道不适、腹胀、呼吸困难等，严重者心、肺功能降低，肝肾功能受损，静脉血栓形成，形成复杂的综合征。

治疗原则是补充血容量、防止血液浓缩。大量胸腹水出现伴呼吸困难或用清蛋白扩容治疗仍少尿时，为了迅速缓解症状，可在超声监测下穿刺放腹水缓解腹腔压力，改善脏器微循环。必要时使用抗凝治疗以防止血栓形成。对病情严重且难以控制的病人应果断终止妊娠。

2. 多胎妊娠　促排卵药物的使用或多个胚胎移植可导致多胎妊娠的发生。多胎妊娠可导致孕妇的妊娠并发症、围生儿并发症及围生儿死亡率明显升高。为减少多胎妊娠的发生，应严格促排卵药物应用的适应证。此外，应在辅助生育技术中减少移植胚胎的数目，摒弃通过增加移植胚胎数目提高妊娠率的方法。减胎术可作为一种补救的措施。

3. 其他并发症　穿刺取卵时可能损伤邻近肠管、输尿管甚至血管，引起出血和感染等并发症。

采用辅助生育技术的妊娠均应视为高危妊娠，加强和重视围生期保健，及时防治产科并发症，以得到良好的产科结局。

【辅助生殖技术的发展前景】

1. 卵细胞胞质置换或卵细胞核移植技术　随着年龄的增加，女性生育能力逐渐下降，卵细胞质量也日趋衰退。对于希望生育有自己遗传学特征后代的女性，人卵细胞胞质置换或卵细胞核移植技术可以解决这一问题。然而供卵者卵细胞质中线粒体DNA被带入受卵细胞质者基因中也是不可忽视的一个问题,在没有确切了解这项技术对人类遗传的影响之前必须慎重使用。目前在我国禁止使用该技术。

2. 生殖冷冻技术　人类精子、卵或卵巢组织和胚胎冷冻等技术是生殖工程技术中非常重要的部分。人类精子、卵或卵巢组织冷冻获得成功,不仅使长期保存生殖细胞或生殖组织成为可能,还能为肿瘤病人手术、化疗或放疗前以及目前不想生育但担心将来可能因生育能力下降而致不育的正常女性“储存”生育力。胚胎冷冻可将病人多余胚胎保存起来,以利选择合适的时机移植。

总之,辅助生殖技术的发展已经超越了单纯治疗不孕的范围,逐渐进入了对生命奥秘的探索和研究阶段,其内涵也从辅助生殖过渡到生殖工程。

【小结】 辅助生育技术是利用现代生殖医学技术,人工授精或可控地促使卵细胞发育成熟,于体外完成卵细胞与精子的受精、早期囊胚的发育过程,再将囊胚输入子宫内、待其继续妊娠的技术。随着生殖医学的发展,又衍生出卵细胞质内单精子注射、植入前胚胎遗传学诊断以及卵细胞胞质置换或卵细胞核移植技术等。其发展标志着现代生殖医学已超越了单纯治疗的范围,逐渐进入了对生命奥秘的探索和研究阶段。

(乔　杰)

参考文献

1. 张丽珠. 临床生殖内分泌与避孕症. 北京:科学出版社,2006.
2. 乔杰. 生殖医学临床诊疗常规. 北京:人民军医出版社,2013.
3. 李蓉,乔杰. 生殖内分泌疾病诊断与治疗. 北京:北京大学医学出版社,2013.
4. 乔杰. 生殖工程学. 北京:人民卫生出版社,2007.

第二十九章 计划生育

计划生育(family planning)是通过采取综合措施,控制人口数量,提高人口素质,从而实现人口与经济、社会、资源、环境协调发展的策略。实行计划生育是我国的基本国策。计划生育是以避孕为主,创造条件保障使用者知情,选择安全、有效、适宜的避孕措施。本章主要介绍计划生育中的医学措施:女性避孕、绝育及避孕失败补救措施。

第一节 避 孕

避孕(contraception)是指采用药物、器具或自然避孕法达到避免怀孕目的。本节以激素避孕、宫内节育器及其他避孕方法分类介绍。

一、激素避孕

激素避孕(hormonal contraception)即女性甾体激素避孕。最初,避孕只能依赖手术绝育和药具外用的方法。随着20世纪50年代口服避孕药的出现,避孕技术向前迈出了重要的一步。

(一)激素避孕的机制

甾体激素避孕药的作用是多环节的,根据药物种类、剂量、剂型、给药途径及用药方法的不同,其作用环节亦有所不同。

1. 抑制排卵 甾体激素避孕药通过干扰下丘脑-垂体-卵巢轴的正常功能达到抑制排卵。避孕药物抑制下丘脑释放GnRH,使垂体分泌FSH和LH减少,同时直接影响垂体对GnRH的反应,不出现排卵前LH高峰,故不发生排卵。

2. 对生殖器官的直接作用

(1)改变宫颈黏液性状:避孕药中孕激素使宫颈黏液量变少,高度黏稠,拉丝度减小,不利于精子穿透。

(2)改变子宫内膜性状:胚胎着床的关键在于胚胎发育与子宫内膜生理变化过程必须同步。避孕药中孕激素干扰雌激素效应,抑制子宫内膜增殖,腺体短而直,螺旋动脉发育不良,间质细胞蜕膜样变,这样的内膜不适于受精卵着床。

(3)改变输卵管功能:在持续的雌、孕激素作用下,改变输卵管正常的分泌与蠕动,改变受精卵在输卵管内的正常运行速度,从而干扰受精卵着床。

(二)激素避孕临床应用种类

我国1960年开始试制孕激素药物(甲羟孕酮),1967年起在全国推广。由于长效口服避孕药中含雌激素剂量大,副作用较明显,现渐趋淘汰。目前临床应用避孕药已含第二代、第三代孕激素,并已引进国外的数种甾体避孕药。甾体激素避孕药大致分为4类:①睾酮衍生物:如炔诺酮(norethisterone;norethindrone)、左炔诺孕酮(levo-norgestrel,LNG)、庚炔诺酮(norethisterone enanthate)和第三代孕激素如孕二烯酮(gestodene)、去氧孕烯(desogestrel)等;②孕酮衍生物:如甲地孕酮(megestrol acetate)、甲羟孕酮(medroxyprogesterone acetate)、氯地孕酮(chlormadinone acetate)、环丙孕酮(cyproterone acetate)、己酸孕酮(progesterone caproate)等;③螺旋内酯类:如第三代孕激素屈螺酮(drospirenone,DRSP);④雌激素衍生物:如炔雌醇(ethinyloestradiol)、炔雌醚(quinestrol)和戊酸炔雌醇等。

甾体激素避孕药分为口服避孕药、注射避孕针、缓释系统避孕药及避孕贴剂，常用种类见表29-1。

表29-1 妇女常用甾体激素避孕药种类

类别			名称	成分：雌激素含量（mg）	成分：孕激素含量（mg）	剂型	给药途径
口服避孕药	短效片	单相片	复方炔诺酮片（口服避孕片1号）（1/4量）	炔雌醇0.035	炔诺酮0.6	薄膜片	口服
			复方甲地孕酮片（口服避孕片2号）（1/4量）	炔雌醇0.035	甲地孕酮1.0	片	口服
			复方左炔诺孕酮片	炔雌醇0.03	左炔诺孕酮0.15	片	口服
			妈富隆（marvelon）单相片	炔雌醇0.03	去氧孕烯0.15	片	口服
			敏定偶（minulet）	炔雌醇0.03	孕二烯酮0.075	片	口服
			美欣乐	炔雌醇0.02	去氧孕烯0.15	片	口服
			优思明（yasmin）	炔雌醇0.03	屈螺酮3.0	片	口服
		双相片	去氧孕烯双相片				
			第一相（第1～7片）	炔雌醇0.04	去氧孕烯0.025	片	口服
			第二相（第8～21片）	炔雌醇0.03	去氧孕烯0.125	片	口服
		三相片	左炔诺孕酮三相片				
			第一相（第1～6片）	炔雌醇0.03	左炔诺孕酮0.05	片	口服
			第二相（第7～11片）	炔雌醇0.04	左炔诺孕酮0.075	片	口服
			第三相（第12～21片）	炔雌醇0.03	左炔诺孕酮0.125	片	口服
	长效片		复方炔诺孕酮二号片（复甲2号）	炔雌醚2.0	炔诺孕酮10.0	片	口服
			复方炔雌醚片	炔雌醚3.0	氯地孕酮12.0	片	口服
			三合一炔雌醚片	炔雌醚2.0	氯地孕酮6.0 炔诺孕酮6.0	片	口服
	探亲避孕药		炔诺酮探亲避孕片		炔诺酮5.0	片	口服
			甲地孕酮探亲避孕片1号		甲地孕酮2.0	片	口服
			炔诺孕酮探亲避孕片		炔诺孕酮3.0	片	口服
			C53号抗孕药		双炔失碳酯7.5	片	口服
长效针	单方		醋酸甲羟孕酮避孕针（Depo-Provera）		甲羟孕酮150.0	针	肌注
			庚炔诺酮注射液		庚炔诺酮200.0	针	肌注
	复方		复方己酸孕酮	戊酸雌二醇2.0	己酸羟孕酮250	针（油剂）	肌注
			复方甲地孕酮避孕针	17β-雌二醇5.0	甲地孕酮25	针（混悬剂）	肌注
			复方庚炔诺酮避孕针	戊酸雌二醇5.0	庚炔诺酮50	针	肌注
			复方甲羟孕酮注射针	环戊丙酸雌二醇5.0	醋酸甲羟孕酮25	针	肌注
缓释避孕药	皮下埋植剂		Norplant Ⅰ		左炔诺孕酮36×6		皮下埋植
			Norplant Ⅱ		左炔诺孕酮75×2		皮下埋植
	缓释阴道避孕环		甲地孕酮硅胶环		甲地孕酮250或200		阴道放置
			左炔诺孕酮阴道避孕环		左炔诺孕酮5		阴道放置
	微球和微囊避孕针		庚炔诺酮微球针		庚炔诺酮65或100	针	皮下注射
			左炔诺孕酮微球针剂		左旋炔诺孕酮50	针	皮下注射
			肟高诺酮微囊针剂		肟高诺酮50	针	皮下注射
避孕贴剂			ovtho Evva	炔雌醇0.75	17-去酰炔肟脂6	贴片	皮肤外贴

Notes

1. 口服避孕药(oral contraceptive,OC) 包括短效口服避孕药及探亲避孕药。普遍应用的是含雌、孕激素的复方制剂。生育年龄无禁忌证的健康妇女均可服用。

(1)短效口服避孕药:

1)常用剂型:①薄膜包衣片,目前常用;②糖衣片;③纸型片,药附于可溶性纸中。

2)使用方法:①单相片:整个周期中雌、孕激素剂量固定。国产避孕药自月经第5日开始,每晚1片,连服22日。一般停药后2~3日发生撤药性出血,犹如月经来潮,若停药7日月经尚未来潮,开始下一周期用药。进口避孕药首次服药在月经第一日起,连服21日,停药一周后再服药(不考虑月经何时来潮)。②双相片:多数前7片孕激素剂量小,后14片明显增加,雌激素剂量在整个周期中变化不大,服法同上。③三相片:第一相,含低剂量雌、孕激素,每日1片共6片;第二相,雌、孕激素剂量均增加,每日1片共5片;第三相,孕激素量再次增加而雌激素减至初始水平,每日1片共10片。三相片配方合理,避孕效果可靠,控制月经周期作用良好,突破出血和闭经发生率显著低于单相片,且恶心、呕吐、头晕等副作用少。三相片应用渐趋广泛。

(2)探亲避孕药(vacation pill):又称速效避孕药或事后避孕药。分为孕激素制剂、雌孕激素复方制剂及非孕激素制剂。前两种制剂不考虑月经周期时间,于探亲前一日或当日中午服用1片,以后每晚服1片,至少连服10~14日。后一种制剂(C53号避孕药)则在第一次房事后立即服一片,次晨加服一片,以后每次房事后即服1片。探亲避孕药适用于夫妇分居两地短期探亲时避孕,不受月经周期限制,在任何一日开始服用均能发挥避孕作用,有效率达98%以上。

2. 长效避孕针 长效避孕针是长效避孕方法之一。其主要含经酯化的孕激素(如己酸孕酮、庚炔诺酮等),经肌内注射后局部沉积储存缓慢释放而发挥长效作用,有效率达98%。目前国内供应有单纯孕激素制剂和雌、孕激素复合制剂。单纯孕激素制剂易并发月经紊乱,而雌、孕激素复合制剂月经紊乱较少。长效避孕针使用的适应证和禁忌证与口服避孕药相仿。长效避孕针的应用方法与其作用时间长短有关:复方己酸孕酮及复方甲地孕酮每月注射一次,而醋酸甲羟孕酮避孕针每3月注射一次。

3. 缓释系统避孕药 控制药物释放制剂又称缓释系统(delivery system)。它是一次给药,药物缓慢释放而维持恒定的血药浓度。目前国内外比较实用的有皮下埋植剂、缓释阴道避孕环、微球和微囊缓释避孕针、避孕贴片及释药宫内节育器(详见宫内节育器)。

(1)皮下埋植剂(implant):是一种缓释系统避孕药。1987年起在我国应用,有效率达99.6%。Norplant Ⅰ(第一代荷兰产品),有6个硅胶囊,每个含左炔诺孕酮(LNG)36mg,总量216mg。Norplant Ⅱ(第二代),有2根硅胶棒,每根含LNG70mg,总量140mg。1994年批准的国产皮下埋植剂为左炔诺孕酮硅胶棒Ⅰ型和Ⅱ型。

埋植后Norplant硅胶囊缓慢、恒定地向血液循环中释放左炔诺孕酮,平均释放量为30μg/24h。放置24小时后即发挥避孕作用。用法是于周期第7日在上臂内侧作皮下扇形插入。可避孕5年,平均年妊娠率为0.3/100。优点是不含雌激素,随时可取出,恢复生育功能快,使用方便。

副作用主要是不规则少量阴道流血或点滴出血,少数闭经,一般3~6个月后可逐渐减轻及消失。流血时间过长或不能耐受而又不愿终止使用者可采用:①口服含炔雌醇30~35μg的复方短效口服避孕药22日;②中药调理等方法治疗。

(2)缓释阴道避孕环(contraceptive vaginal ring,CVR):为缓释避孕系统,其原理与皮下埋植剂相同,将甾体激素装在载体上,制成环状放入阴道,利用阴道黏膜上皮直接吸收入血产生避孕效果。

国产的硅胶阴道避孕环,又称甲硅环,是具有弹性而质软的空芯硅橡胶环,断面直径4mm、壁厚0.8mm,空芯内含甲地孕酮250mg,体外测定每日释放133μg,可连续使用1年,累积妊娠率2.4%。

Notes

国外有单纯孕激素阴道环(左炔诺孕酮)和雌、孕激素阴道环(EE和LNG或去氧孕烯),年妊娠率0.65%。

缓释阴道避孕环使用方法简便,一次放入,可避孕较长时间,可自行放入或取出,其避孕效果好、安全。少数使用者出现月经紊乱、月经异常2.01%、环脱率2%左右。

(3)微球和微囊缓释避孕针:是近年发展的一种新型缓释系统避孕针,采用具有生物降解作用的高分子聚合物与甾体激素混合或包裹成微球或微囊,将其注入皮下,缓慢释放避孕药,而高分子聚合物在体内降解、吸收,不必取出。复方甲地孕酮微囊是国产的缓释注射避孕针,内含甲地孕酮(15mg)和戊酸雌二醇(5mg),每月注射1次,年妊娠率0.88%,突破性出血率2%左右。该方法避孕效率高,但其可接受性有待多中心临床试验证实。

4. 避孕贴剂　贴剂的储药区含有避孕激素,黏附于皮肤后,药物按一定的量及比例释放入血,达到避孕效果。美国批准上市的OrthoEvra贴片内含炔雌醇0.75mg和17-去酰炔肟脂6mg,月经第1日使用。每24小时前者释放20μg,后者释放150μg。每周1片,连用3周,停药1周。年妊娠率约1%。

(三)激素避孕禁忌证

①严重心血管疾病不宜使用:避孕药中孕激素影响血脂蛋白代谢,可加速冠状动脉粥样硬化。因雌激素使凝血功能亢进,故易致冠状动脉硬化者并发心肌梗死。雌激素还增加血浆肾素活性,使血压升高,高血压病人脑出血发病率较未服药者高2倍;②急、慢性肝炎或肾炎;③血液病或血栓性疾病;④内分泌疾病如糖尿病需用胰岛素控制者、甲状腺功能亢进症;⑤恶性肿瘤、癌前病变、子宫或乳房肿块;⑥哺乳期不宜使用复方口服避孕药,因雌激素可抑制乳汁分泌,影响乳汁质量;⑦月经稀少或年龄>45岁;⑧原因不明的阴道异常流血;⑨患精神疾病生活不能自理。

(四)激素避孕副作用及处理

1. 类早孕反应　服药后可出现恶心、头晕、乏力、困倦、食欲缺乏、乳胀、白带增多等类似早孕反应,为雌激素刺激胃黏膜引起。轻者不需处理,坚持服药数日后,可自然减轻或消失。也可考虑对症治疗,如服药前3个月内口服维生素B_6、复合维生素等。症状严重者,可考虑更换制剂。

2. 阴道流血(colporrhagia)　又称突破性出血。发生阴道流血,或是由于漏服、迟服(不定时)、服药方法错误、药片质量受损所致;或是由于个人体质不同,服药后体内激素水平不稳定,不能维持子宫内膜正常生长的完整性而发生。少量流血者,每晚加服炔雌醇1片(0.005mg),与避孕药同时服到22日停药。流血稍多者,每晚加服炔雌醇2片(0.01mg),与避孕药同时服到22日停药。流血量如同月经量时,或流血时间已接近月经期,可停止服药,并将此次流血当作月经,在流血的第5日再开始重新服药。

3. 停经或月经过少　绝大多数停经或月经过少者,在停药后可自然恢复。若停药后月经仍不来潮,应在停药的第7日开始服下一个周期避孕药,不宜久候,以免影响避孕效果。连续发生2个月停经者,应考虑调换避孕药种类。调换药品后仍停经,或连续发生3个月停经者,应停止服药,观察一段时间,等待月经自然恢复。或在停药后每日肌注黄体酮20mg,连续5日;亦可口服甲羟孕酮,每日10mg,连服5~10日。一般在停药后1周内月经来潮。如注射或口服上述药物后仍不来月经,应查找原因。停药超过6个月依然停经,称为"避孕药后闭经",原因可能是下丘脑-垂体系统阻断,可试用人工周期调节,使功能恢复,如果妇女原有下丘脑-垂体-卵巢轴的功能不全则往往难以恢复。停用避孕药期间,应采用其他避孕措施。月经减少通常不必处理。如月经过少,可每日加用炔雌醇(0.005mg)1~2片,按周期加服。

4. 体重增加　较长时间服用短效口服避孕药,少数妇女体重增加。其原因是避孕药中孕激素有弱雄激素作用,促进体内合成代谢,或雌激素使水钠潴留所致。这种体重增加不会导致肥

Notes

胖症,不影响健康。只要注意均衡饮食,合理安排生活方式,适当减少盐分摄入并结合有氧运动就可以减轻这一副作用。

5. 色素沉着(chromatosis) 少数妇女颜面皮肤可出现淡褐色色素沉着,如同妊娠期色素沉着一样。停药后多数妇女可自然减轻或恢复。极少数色素脱失缓慢,但不影响健康。

6. 其他 如头痛、乳房胀痛、食欲增强、皮疹、瘙痒等,可对症处理,必要时停药。严重头痛、视力障碍、原因不明的胸痛或腿痛者需停药观察,并做进一步的检查。

（五）激素避孕的远期安全性

1. 长期服用甾体激素避孕药与生殖器官肿瘤

（1）国内外大量研究表明,长期连续服用(5 年以上)短效或长效甾体激素避孕药,不增加子宫内膜癌、宫颈癌、乳癌的发病率。并认为由于孕激素的保护作用,可减少子宫内膜癌和卵巢上皮癌的发生。

（2）长期口服甾体激素避孕药能否诱发潜在性宫颈癌和乳腺癌的问题,近年仍有争议,有待进一步研究和循证医学证明。

2. 长期服用甾体激素避孕药与日后生育 长期服用短效或长效甾体激素避孕药停药后,一般在停药 3 个月内恢复排卵者约占 80%,一年内恢复排卵者占 95% ~98%。可见长期应用甾体激素避孕药,停药后不影响生育。服药时间过长,停药时年龄已≥40 岁,排卵恢复时间有延迟趋向,可能与卵巢功能自然减退有关。

3. 长期服用甾体激素避孕药与子代发育 国内外研究显示,应用甾体激素避孕药停药后怀孕不增加胎儿的致畸率。目前,根据甾体避孕药的药代动力学以及停用短效口服避孕药后生育能力大多立即恢复,停药第一周期即有 70% 的妇女恢复排卵,3 个月内达 90%;停药后,药物对胎儿无影响,出生婴儿致畸率并不增加的研究结果,一些学者建议应用短效口服避孕药者没有必要停药后等待 3 ~6 个月再妊娠。而应用长效甾体激素避孕药,则停药半年后再怀孕。

4. 长期服用甾体激素避孕药与人体三大代谢

（1）糖代谢:长期服用甾体激素避孕药,部分使用者出现糖耐量降低,而空腹血糖正常、尿糖阴性,临床上无糖尿病征象。对糖代谢的影响可能与孕激素活性有关,孕激素能减少胰岛素受体数而增加组织对胰岛素的抵抗。

（2）脂代谢:长期服用甾体激素避孕药,可使部分妇女血清中甘油三酯、总胆固醇、高密度脂蛋白(HDL)变化。目前认为,雌激素使低密度脂蛋白(LDL)降低、HDL 升高;不同的孕激素对 HDL 的影响不同。高密度脂蛋白增高可防止动脉硬化,对心脏、血管具有保护作用。而低密度脂蛋白增高可促使动脉硬化,对心脏、血管不利。

（3）蛋白代谢:长期服用甾体激素避孕药,少数妇女可出现血中总蛋白和清蛋白降低,球蛋白增高等。但这些变化无临床征象,停药后可恢复正常。

5. 长期服用甾体激素避孕药与血栓性疾病 目前公认,雌激素可使凝血因子增高,使用较大剂量雌激素,有增加血栓性疾病的危险。一般认为雌激素每日的安全剂量在 50μg 以下。国产短效避孕药每片雌激素含量均在 30 ~35μg。国内经过多年观察和大量多中心研究表明,我国妇女长期服用甾体激素避孕药,并不增加血栓性疾病的发病率。

二、宫内节育器

宫内节育器(intrauterine device,IUD)是放置于子宫中通过局部组织对它的各种反应而达到避孕效果的一种避孕器具,是一种安全、有效、简便、经济、可逆的避孕方法。据统计,IUD 是我国妇女最常用的避孕方法。

（一）临床应用种类大致可分为两大类

1. 惰性 IUD 第一代 IUD,由惰性原料如金属、硅胶、塑料或尼龙等制成。国外主要为

Notes

Lippes蛇形和Dulkon盾形节育器;国内主要为不锈钢圆环,已于1993年停止生产使用。

2. 活性IUD 第二代IUD,内含有活性物质如铜离子、激素、药物或磁性物质等,藉以提高避孕效果,减少副作用。

(1) 带铜IUD:带铜节育器在子宫内持续释放具有生物活性的铜离子,而铜离子具有较强的抗生育作用,避孕效果随铜的表面积增大而增强,但表面积过大,副作用也相应增多。

1) 带铜宫形节育器:以不锈钢圆环热处理呈宫腔形。在钢丝螺旋腔内加入铜丝,表面积200~300mm^2,具有妊娠率、脱落率低,可长期存放的优点。在我国部分地区常用。

2) 带铜T形宫内节育器(TCu-IUD):是目前我国临床常用的IUD。TCu-IUD按宫腔形态设计制成,以聚乙烯为支架,内含少量钡,以便在X线下显影。纵杆上绕以铜丝,或在纵杆或横臂套以铜管。根据铜丝(管)暴露于宫腔的面积不同而分为不同类型,铜的总面积为200mm^{2}时称TCu-200,其他型号有TCu-220C、TCu-380A等。T形器纵杆末端系以尾丝,便于检查及取出。TCu380A是目前国际公认性能最佳的宫内节育器,TCu380Ag的铜丝内有银芯,能延缓铜的溶蚀,延长使用年限。

3) 母体乐IUD:国外引进,塑料支架,呈伞状,半月形两侧臂带有小棘,纵臂绕有铜丝,表面积375mm^2,带有尾丝。

4) 无支架IUD:即固定式铜套串(吉妮IUD),外科尼龙线上串有6个铜套,顶端有小结可固定在宫底肌层内,使IUD悬挂在宫腔中,减少对内膜的压迫和损伤,以减少出血。对宫腔较深,宫颈口较松,有IUD脱落史或带器妊娠史的妇女适宜放置。

5) 带铜V形IUD:是我国常用的IUD之一。以不锈钢制成V形支架,在横臂及斜边上各绕以铜丝,两横臂于中间相套为中心扣,外套硅胶管,并带尾丝。有效期5~7年,具有脱落率、带器妊娠率低但因症取出率较高等特点。

6) 其他:还有爱母功能型,金塑铜环等多种IUD。

(2) 药物缓释宫内节育器:

1) 含孕激素T形IUD:采用T形支架,药物储存在纵杆中,管外包聚二甲基硅氧烷膜,控制药物释放。孕激素使子宫内膜变化不利于受精卵着床,带器妊娠率较低;同时促使子宫平滑肌静止,故脱落率也低。腹痛、月经过多等副作用发生少,但易出现突破出血。目前用左炔诺孕酮(LNG)代替孕酮,每日释放20μg,有效期5年,其优点是年妊娠率、脱落率低,且月经量少。主要副作用为闭经和点滴出血。

2) 含消炎痛的带铜IUD:常用的产品有药铜环165、活性γ型节育器,药铜宫腔形节育器等,其特点是年妊娠率、脱落率及出血率低、继续存放率高。其他有吲哚美辛-VCu220、鲁T药铜IUD等。

3) 含其他活性物的IUD:如含锌、磁、其他止血药如抗纤溶药物等。

(二) 避孕机制

目前认为IUD抗生育作用是多方面的,主要是局部组织对异物的组织反应所致。

1. 异物反应 IUD诱发的局部炎症反应主要是由机械性压迫、子宫收缩时的摩擦及放置IUD操作损伤子宫内膜所致。局部内膜炎引起巨噬细胞、淋巴细胞及浆细胞的分泌物质、中性粒细胞的溶解产物以及损伤内膜细胞溶解释放物质使宫腔液具有细胞毒性作用。

(1) 毒精杀胚作用:IUD的异物反应不利于精子活动、胚泡运输和受精卵着床,带铜IUD的铜离子也具有杀精作用。

(2) 干扰着床:IUD异物反应致子宫内膜发育与受精卵运行不同步,着床受阻。同时宫腔液的细胞毒性作用不利于着床,而铜离子也有干扰着床的能力。

2. 生化机制 IUD所致机体的生化改变干扰受精卵着床而达到避孕效果。IUD可使内膜细胞质ER转位胞核速度延缓,使大量ER停留在胞质中,导致内膜的生物学变化。IUD的机械

Notes

性压迫可使内膜缺血、间质萎缩、腺上皮变性或坏死。带铜IUD的铜离子可进入细胞核和线粒体,干扰细胞的正常代谢:①与锌离子竞争,抑制重要的含锌类酶(如碳酸酐酶,碱性磷酸酶等)的活性,严重影响细胞代谢;②致使线粒体肿胀、变性,影响细胞的生理活动;③腺上皮发生不同程度的变性、坏死或溶解。含孕酮IUD的孕激素抑制子宫内膜增生,并使内膜超前转化:内膜细胞有丝分裂减少、腺体少而小、过早出现顶浆分泌,间质细胞生长受阻。同时孕激素也使细胞ER、PR量显著减少,乳酸脱氢酶、碱性磷酸酶等活性降低。子宫内膜的这些生化变化都干扰受精卵着床。

3. 免疫机制 IUD放置后血液及宫腔内IgG和IgM水平均增加,且随放置时间延长浓度不断缓慢上升。免疫球蛋白含量增加可使胚泡失去免疫耐受性而至崩溃。

(三) 适应证与禁忌证

1. 适应证 育龄妇女自愿要求以IUD避孕而无禁忌证者。

2. 禁忌证 ①妊娠或可疑妊娠;②生殖器官炎症;③生殖器官肿瘤;④月经频发、月经过多或不规则阴道流血;⑤宫颈过松、重度裂伤、重度狭窄或重度子宫脱垂;⑥生殖器官畸形;⑦宫腔小于5.5cm或大于9cm;⑧较严重的全身急、慢性疾病;⑨各种性病未治愈;⑩盆腔结核;⑪人工流产后,子宫收缩不良、有妊娠组织残留或感染可能;⑫产时或剖宫产时胎盘娩出后放置,有潜在感染或出血可能;⑬有铜过敏史者,不能放置带铜IUD。

(四) IUD常规放置时间

①月经干净后3~7日内为宜;②月经延期或哺乳期闭经者应排除妊娠后才可放置;③产后42日恶露已净,会阴伤口已愈合,子宫恢复正常;④人工流产吸宫术和钳刮术后,中期妊娠引产术后24小时内或清宫术后(子宫收缩不良、出血过多或有感染可能者除外);⑤剖宫产术后满半年放置;⑥含孕激素IUD在月经第3日放置;⑦自然流产于转经后放置,药流于2次正常月经后放置;⑧性交后5日内放置为紧急避孕方法之一。

(五) IUD放置后随访

常规随访时间为放置后3、6、12个月及以后每年1次,直至停用,特殊情况随时就诊。随访内容包括主诉、妇科检查IUD尾丝及超声检查IUD位置等。

(六) IUD取出术

1. 适应证 ①放置期满需要更换;②围绝经期停经半年后或月经紊乱;③不需要再避孕;④要求改用其他避孕方法或绝育;⑤因副作用治疗无效或并发症需取器;⑥带器妊娠。

2. 禁忌证 ①生殖器官及盆腔急性感染;②全身情况不良,不能耐受手术或疾病的发作期。

3. 取器时机 ①月经干净后3~7日为宜;②因出血多需取器,随时可取;③带器早期宫内妊娠于人流同时取器;④带器异位妊娠于术前诊断性刮宫时或术中、术后取器。

(七) IUD的并发症、副作用及预防

1. 并发症 包括:①出血:IUD放置术时及术后24小时内出血量超过100ml,或术后流血7~14天出血量超过100ml者诊断为放置IUD后出血。术时出血应使用止血药及宫缩剂并及时补充血容量;如有损伤则取出IUD后视情况选择保守或手术治疗。术后出血者则行止血和抗感染治疗,如无效则取出IUD后行诊断性刮宫;②疼痛;③子宫穿孔(perforation of uterus);④感染;⑤IUD嵌顿;⑥IUD异位;⑦带器宫内妊娠;⑧带器异位妊娠;⑨IUD断裂、变形及脱落;⑩生育力恢复情况:各种IUD使用者取器后的年妊娠率与未使用者相似,但使用带铜IUD者最好于取器3个月后妊娠。

2. 副作用 包括月经异常、下腹或腰骶疼痛及白带增多。前两种情况须明确诊断后处理,而后者多数不需治疗,一般于数月后自行减少。

三、其他避孕方法

其他避孕方法包括外用避孕药具、自然避孕法等。

Notes

（一）外用避孕药具

常用的有阴茎套、女用避孕套及阴道杀精剂。

1. 阴茎套（condom） 也称男用避孕套，是由乳胶或其他材料制成的袋状男用避孕工具。性生活前套在阴茎上，射精时让精液排在前端的小囊内，阻断精液进入阴道，起物理性屏障作用，达到避孕目的。这是世界上最常用、最无害的男用避孕法。不但可以避孕，而且可预防性传播疾病（sexually transmitted diseases，STD）。

每次性交时均应更换新的阴茎套，选择合适的型号，排去小囊内空气后方可使用。射精后阴茎尚未软缩时，即捏住套口和阴茎一起取出。事后检查避孕套有无破损，如有破损，应采取紧急避孕措施。如能正确使用，避孕成功率可达95%以上。

2. 女用避孕套（female condom） 简称阴道套（vaginal pouch），是一种由聚氨脂或乳胶制成的柔软、宽松袋状物，长15～17cm。开口处连一直径为7cm的柔韧“外环”，套内有一直径为6.5cm的游离“内环”（图29-1）。女用避孕套既能避孕，又能预防STD和艾滋病（acquired immune deficiency syndrome，AIDS）。除阴道过紧、生殖道畸形、子宫Ⅱ度脱垂、生殖道急性炎症及对女用避孕套过敏外，均可使用（图29-1）。

3. 阴道隔膜、宫颈帽和阴道避孕囊 阴道隔膜用乳胶制成，宫颈帽和避孕囊用硅胶制成。都需经医护人员配置，选择合适型号、经学习掌握使用方法的机械屏障避孕方法。目前国内尚无此类产品。

4. 阴道杀精剂（vaginal spermicides） 是性交前置入女性阴道，具有抑制精子活性作用的一类化学避孕制剂。目前常用的有避孕栓、胶冻、片剂（泡腾片）和避孕药膜。均以壬苯醇醚为主药，和惰性基质制成。壬苯醇醚具有快速高效的杀精能力，最快5秒钟内使精细胞膜产生不可逆改变；一般含主药50mg，但其1/30剂量即足以杀灭一次射精中的全部精子。性交前5～10分钟将载有药物的不同剂型（栓、片或膜）置入阴道深处，待其溶解后即可性交。正确使用的避孕效果达95%以上。一般对局部黏膜无刺激或损害，少数妇女有阴道灼热感。

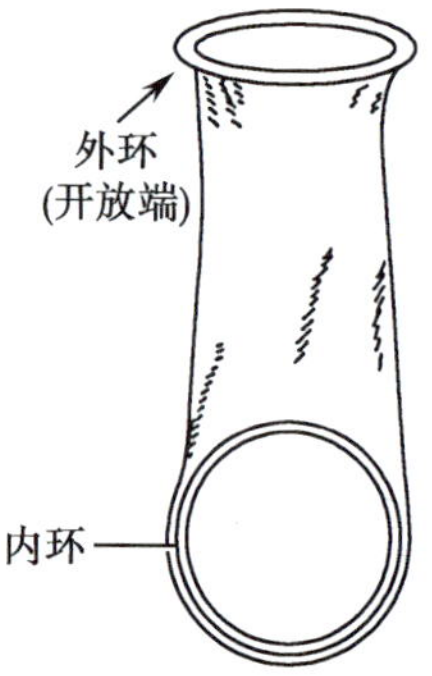

图29-1　女用避孕套

（二）自然避孕法（natural family planning，NFP）

又称安全期避孕法，是指不用任何药物、工具或手术方法，顺应自然的生理规律，利用妇女月经周期中生理上产生的不同自然信号来识别其处于月经周期的“易受孕期”或“不易受孕期”，选择性交日期，以达到避孕的目的。

日历表法、哺乳期闭经避孕法、基础体温测量法、宫颈黏液观察法均属自然避孕法。排卵后卵子可存活1～2日，而受精的最佳时间是排卵后24小时内；精子进入女性生殖道可存活3～5日。因此，排卵前后4～5日内为易孕期，其余时间不易受孕视为安全期。选择安全期进行性生活而达到避孕目的。

使用安全期避孕需事先确定排卵日期。多数妇女月经周期为28～30日，预期在下次月经前14日排卵，排卵日及其前后5日以外时间即为安全期。由于妇女排卵过程可受生活、情绪、性活动、健康状况和外界环境等因素影响而推迟或提前，还可能发生额外排卵。因此，安全期避孕法并不十分可靠，失败率达20%。

（三）其他避孕法

目前正在研究的生物技术避孕包括黄体生成激素释放激素类似物避孕，免疫避孕中的导向药物避孕和抗生育疫苗等。

1. 黄体生成激素释放激素类似药（luteinizing hormone releasing hormone agonist，LHRHa） 人工合成的LHRHa的作用具有双相性。正常生理情况下，下丘脑释放的GnRH可促进FSH、LH的合成与分泌，从而促进卵泡发育和排卵。当非脉冲式大剂量应用LHRHa时，其

Notes

作用则相反，即对垂体产生降调节，其原因是 LHRHa 的持续作用使垂体内的 LHRH 受体失去敏感性，不再对 LHRHa 产生反应，结果抑制卵泡发育和排卵，达到避孕目的。

2. 导向药物避孕 指利用单克隆抗体携带抗生育药物靶向受精卵透明带或滋养层细胞，达到抗着床及抑制受精卵发育的目的。

3. 抗生育疫苗 指选择生殖系统或生殖过程的抗原成分改造制成疫苗，可介导机体细胞或体液免疫反应，免疫攻击相应的生殖靶抗原，从而阻断正常生殖生理过程的某一环节达到避孕目的。如抗精子疫苗、抗卵透明带疫苗、抗绒毛膜促性腺激素疫苗、LHRH 疫苗等。

【小结】 避孕方法包括甾体激素、器具和自然避孕法三大类。甾体激素避孕药是通过抑制排卵及对生殖器官的直接影响而达到避孕目的，主要成分是雌、孕激素，常用的是短效口服避孕药，适用于 35 岁以下的育龄期妇女。宫内节育器是通过宫内置环后子宫局部的炎症反应而达到避孕目的，是一种可逆的避孕法，以带铜 IUD 应用最广泛，适用于无禁忌证的育龄期妇女。此外，正确使用阴茎套避孕率高，且可预防 STD 的传播。

第二节 绝 育

绝育(sterilization)包括女性绝育与男性绝育，本节主要介绍女性绝育。目前临床采用的女性绝育方法是输卵管绝育术。手术对受术者创伤小、不影响机体的生理功能，术后恢复快，故易被受术者接受。

输卵管绝育术(tubal sterilization operation)是通过手术或手术配合药物等人工方法，于输卵管部位阻止精子与卵子相遇而达到绝育目的。其方法有输卵管结扎、切断、切除、电凝、输卵管夹、环套、药物粘堵及栓堵输卵管管腔。输卵管绝育术是一种安全、永久性的节育措施；如要求复孕时应行输卵管吻合术，可逆性高。手术途径有经腹、经腹腔镜及经阴道三种。

一、经腹输卵管结扎术

1. 适应证 ①自愿接受绝育术而无禁忌证者；②患有严重全身疾病不宜生育而行治疗性绝育术。

2. 禁忌证 ①急性生殖道和盆腔感染，腹壁皮肤感染等，应在感染治愈后再行手术；②24 小时内有两次间隔 4 小时的体温在 37.5℃或以上；③全身情况不良不能耐受手术；④严重的神经症；⑤各种疾病的急性期。

3. 术前准备 ①手术时间选择：非孕妇女结扎时间最好选择在月经干净后 3～7 日。人工流产后、中期妊娠终止后即可进行手术；足月顺产后和剖宫产时即可施行手术；难产或疑产时感染者需住院观察 3 日或以上无异常情况再施行手术。哺乳期或闭经妇女则应排除早孕后再行手术；②解除受术者思想顾虑，作好解释和咨询；③详细询问病史，进行全身体格检查及妇科检查，检验血尿常规、出凝血时间、肝功能及白带常规等；④按妇科腹部手术前常规准备。

4. 麻醉 根据术式和病人情况酌情选择适当的麻醉方法(腰麻-硬膜外联合阻滞或局部浸润麻醉等)。

5. 手术步骤

(1) 排空膀胱，取仰卧臀高位，手术野按常规消毒、铺巾。

(2) 切口：下腹正中耻骨联合上 4cm 处作 2～3cm 纵切口，产后则在宫底下 2～3cm 处作纵切口。

(3) 寻找输卵管：术者可用圆头指钩、输卵管吊钳或无齿弯卵圆钳沿宫底后方滑向一侧，到达卵巢或输卵管处后，提取输卵管。

(4) 确认输卵管：用鼠齿钳夹持输卵管系膜并追溯到输卵管伞端，证实为输卵管，并检查

Notes

卵巢。

(5) 结扎输卵管:目前我国多采用抽心近端包埋法。在输卵管峡部背侧切开浆膜层,游离出该段输卵管约2cm,钳夹远、近两端,剪除其间的输卵管1~1.5cm,两端结扎后缝合浆膜层,将近端包埋于输卵管系膜内,远端留于系膜外。同法处理对侧输卵管。

6. 术后并发症 ①出血或血肿:系术中过度牵拉、钳夹损伤输卵管或其系膜造成,或因创面血管结扎松弛所致;②感染:包括腹壁伤口、盆腔及全身感染。可因体内原有感染灶未控制发生内源性感染;或因手术器械、敷料消毒不严或手术操作无菌观念不强所致;③脏器损伤:膀胱、肠管损伤多因解剖关系辨认不清或操作粗暴所致;④绝育失败:因绝育方法本身缺陷或施术时技术误差引起输卵管再通。其结果多发生宫内妊娠,但尚需警惕输卵管妊娠的可能,绝育失败率为1%~2%。

7. 术后处理 注意观察生命体征、预防感染,并根据麻醉方式选择饮食方式和活动时机。术后2周内禁止性生活。

二、经腹腔镜输卵管绝育术(laparoscopic tubal sterilization)

1. 禁忌证 主要为腹腔粘连、心肺功能不全、膈疝等,余同经腹输卵管结扎术。

2. 术前准备 同经腹输卵管结扎术,受术者应取头低仰卧位。

3. 手术步骤 采用局麻、连续硬膜外麻醉或全身麻醉。于脐孔下缘作1~1.5cm横弧形切口,将Verres气腹针插入腹腔,充气(二氧化碳)2~3L,然后换置腹腔镜。在腹腔镜直视下将弹簧夹(Hulka clip)钳夹或硅胶环(Falope ring)环套于输卵管峡部,阻断输卵管通道。也可采用双极电凝烧灼输卵管峡部1~2cm长。有学者统计比较各种方法的绝育失败率,以电凝术最低(1.9‰),硅胶环为3.3‰,弹簧夹高达27.1‰,但机械性绝育术与电凝术相比,因毁损组织少,可提供更高的复孕几率。

4. 术后处理 ①术后静卧数小时后可下床活动;②观察有无体温升高、腹痛、腹腔内出血或脏器损伤征象。

【小结】 输卵管绝育术是将输卵管结扎或堵塞,阻断精子和卵子相遇,为一种安全、永久性的节育措施,应用最为广泛的是经腹输卵管抽心包埋法。但如要求复孕,也可行输卵管吻合术,可逆性较高。

第三节 避孕失败的补救措施

无论何种避孕措施,都有一定的失败率。避孕失败的补救措施主要用于避孕失败后妊娠及预防妊娠,亦可用于母亲患严重疾病不宜继续妊娠,或检查发现胚胎异常需终止妊娠。避孕失败后妊娠的补救措施是人工终止妊娠(简称人工流产),避孕失败后预防妊娠的方法为紧急避孕。

一、人工流产

人工流产(induced abortion)是指因意外妊娠、疾病等原因而采取方法终止妊娠,分为早期人工流产和中期妊娠引产。凡在妊娠3个月内采用人工或药物方法终止妊娠称为早期人工流产,可分为手术流产与药物流产两种方法。手术流产又分为负压吸引术与钳刮术。人工流产仅作为避孕失败的补救措施,不能作为常用的避孕方法。

(一) 手术流产

1. 手术流产方法

Notes

(1) 负压吸引术:适用于妊娠10周以内自愿要求终止妊娠而无禁忌证或因某种疾病(包括

遗传性疾病)不宜继续妊娠者。禁忌证包括各种疾病的急性阶段、生殖器炎症、术前两次体温在37.5℃以上及全身健康状况不良,不能承受手术者。

其手术步骤如下:

1) 体位:受术者排空膀胱,取膀胱截石位。常规消毒外阴、阴道,铺盖无菌洞巾。作双合诊复查子宫位置、大小及附件情况,用阴道窥器暴露宫颈并消毒。

2) 探测宫腔:宫颈钳夹持宫颈前唇,用子宫探针探测子宫屈向和深度。

3) 扩张宫颈:宫颈扩张器扩张宫颈管,一般扩张至大于所用吸管半号或1号。

4) 吸管负压吸引:吸引前,需进行负压吸引试验。无误后,按孕周选择吸管粗细及负压大小,负压不宜超过600mmHg。一般按顺时针方向吸引宫腔1~2周,即可将妊娠物吸引干净。当感觉宫腔缩小、宫壁粗糙、吸头紧贴宫壁、移动受阻时,表示已吸净,然后慢慢取出吸管。

5) 检查宫腔是否吸净:用小号刮匙轻刮宫腔,尤其要注意宫底及两侧宫角部。全部吸出物用纱布过滤,检查有无绒毛、胚胎或胎儿组织,有无水泡状物。肉眼观察发现异常者,即送病理检查。

(2) 钳刮术:适用于妊娠10~14周以内自愿要求终止妊娠而无禁忌证,或因某种疾病(包括遗传性疾病)不宜继续妊娠或其他流产方法失败。禁忌证同负压吸引术。近年来由于米非司酮、前列腺素等药物的应用,钳刮术将逐渐被药物引产取代。为保证钳刮术顺利进行,应先作扩张宫颈准备。术前扩张宫颈管的方法有:①橡皮导尿管扩张宫颈管;②术前口服、肌注或阴道放置前列腺素制剂软化、扩张宫颈;③宫颈扩张棒扩张宫颈管。术中应充分扩张宫颈管,先夹破胎膜流尽羊水再酌情用子宫收缩药;钳夹胎盘与胎儿组织;必要时搔刮宫腔一周,观察有无出血,若有出血加用宫缩剂;术后注意预防宫腔积血和感染。

2. 手术流产并发症

(1) 子宫穿孔:妊娠子宫柔软,尤其哺乳期子宫更软,剖宫产后子宫有瘢痕,子宫过度倾屈或有畸形等情况,施行手术时易致子宫穿孔。术者应查清子宫大小及位置,谨慎操作,探针沿子宫屈向伸入时,动作要轻柔;扩张宫颈时需从小号顺序渐进,切忌粗暴用力;应用吸管吸引、卵圆钳钳取妊娠物时,操作幅度不能过大。器械进入宫腔突然出现"无底"感觉,或其深度明显超过检查时子宫大小,均可诊断为子宫穿孔。应立即停止手术,给予缩宫素和抗生素,严密观察病人生命体征,有无腹痛、阴道流血及腹腔内出血征象。子宫穿孔后,若病人情况稳定,胚胎组织尚未吸净者,可在超声或腹腔镜监护下清宫;尚未进行吸宫操作者,则等待1周后再清除宫腔内容物。发现内出血增多或疑有脏器损伤者,应立即剖腹探查修补穿孔处。

(2) 人工流产综合反应(artificial abortion syndrome):指受术者在人工流产术中或手术结束时,出现心动过缓、心律紊乱、血压下降、面色苍白、出汗、头晕、胸闷,甚至发生晕厥和抽搐,发生率一般为12%~13%。主要是由于宫颈和子宫受到机械性刺激引起迷走神经兴奋所致,同时与孕妇精神紧张,不能耐受宫颈管扩张、牵拉和过高的负压有关。因此,术前应予精神安慰、操作力求轻柔,扩张宫颈管不可施用暴力,吸宫时负压适当,吸净后勿反复吸刮宫壁。术前适当镇痛、麻醉可能预防其发生。一旦出现心率减慢,静脉注射阿托品0.5~1mg,效果满意。

(3) 吸宫不全:为人工流产常见并发症,主要是部分妊娠组织物残留。宫体过度屈曲或技术不熟练容易发生。术后流血超过10日,血量过多或流血停止后又有多量流血,应考虑吸宫不全,超声检查有助于诊断。若无明显感染征象,应行刮宫术,刮出物送病理检查,术后用抗生素预防感染。若伴有感染,应在控制感染后再行刮宫术。

(4) 漏吸或空吸:确定为宫内妊娠,术时未能吸到胚胎及胎盘绒毛而导致继续妊娠或胚胎停止发育称为漏吸。往往因胚囊过小、子宫过度屈曲、子宫畸形或操作不熟练造成。当吸出物过少,尤其未见胚囊、绒毛时,应复查子宫位置、大小及形状,并重新探查宫腔,及时发现并解决问题。误诊宫内妊娠行人工流产术,称为空吸。若吸出组织送病理检查未见绒毛或胚胎组织时,除考虑漏吸外,还应排除宫外孕可能。确属漏吸,应再次行负压吸引术。

(5) 术中出血:多发生于妊娠月份较大时,主要为组织不能迅速排出,影响子宫收缩。可在扩张宫颈管后,注射缩宫素促使子宫收缩,同时尽快钳取或吸取胎盘及胚胎,吸管过细或胶管过软时应及时更换。

(6) 术后感染:开始时为急性子宫内膜炎,治疗不及时可扩散至子宫肌层、附件、腹膜,甚至发展为败血症。多因吸宫不全或流产后过早性交引起,也可能因器械、敷料消毒不严或操作时缺乏无菌观念所致。主要表现为体温升高、下腹疼痛、白带混浊或不规则阴道流血,双合诊时子宫或附件区有压痛。治疗为卧床休息,支持疗法,及时应用广谱抗生素。宫腔内残留妊娠物者按感染性流产处理。

(7) 栓塞:目前均应用自动控制人工流产吸引器,因能自动制造和控制负压,故空气栓塞已罕见。羊水栓塞(amniotic fluid embolism)偶尔发生在人工流产钳刮术时,但发生率极低。宫颈损伤、胎盘剥离使血窦开放,为羊水进入血液创造条件,此时应用缩宫素更可促使其发生。但妊娠早、中期时羊水含细胞等物少,如并发羊水栓塞,其症状及严重性不如晚期妊娠发病凶猛。治疗见羊水栓塞章节。

(8) 宫颈裂伤(laceration of cervix):多发生在宫颈较紧,或不按顺序渐次进行宫颈扩张,或操作用力过猛等情况下,妊娠月份大的胎儿骨骼硬、宫颈管扩张不充分、胎儿通过时均可致裂伤。在施术过程中有突然失控感,阴道窥器可见宫颈有裂痕,裂伤超过2cm者需用可吸收线缝合修补。

(9) 远期并发症:可有宫颈、宫腔粘连,慢性盆腔炎,月经异常,继发不孕等。可能对以后的妊娠、分娩有影响,而且与子宫内膜异位和免疫问题有关。

(二) 药物流产(drug abortion)

是指应用药物终止早期妊娠的方法。药物流产常规限于妊娠49日以内。其优点是方法简便、不需宫内操作、无创伤性。

药物流产以米非司酮(mifepristone)与米索前列醇(misoprostol)配伍为目前常用方案。米非司酮是一种抗孕激素的合成类固醇,对子宫内膜孕激素受体的亲和力比孕酮高5倍,因而和孕酮竞争结合蜕膜的孕激素受体,从而阻断孕酮活性而终止妊娠。同时由于妊娠蜕膜坏死,释放内源性前列腺素(PG),促进子宫收缩及宫颈软化。米索前列醇为PGE_1类似物,对妊娠子宫有明显收缩作用,近年发现与米非司酮合用,抗早孕有良好效果。

1. 适应证 ①妊娠<49日,本人自愿的18~40岁健康妇女;②超声确诊为宫内妊娠且胎囊最大径线≤2.5cm;③手术流产的高危对象,如瘢痕子宫、多次人工流产及严重骨盆畸形等;④对手术流产有顾虑或恐惧心理。

2. 禁忌证 ①有使用米非司酮禁忌证:如肾上腺疾病、与甾体激素相关的肿瘤、糖尿病、血液系统疾病等;②有使用前列腺素禁忌证:如高血压、哮喘、癫痫、过敏体质等;③长期服用治疗结核、癫痫、抑郁的药物,前列腺素生物合成抑制剂、巴比妥类药物等;④带器妊娠、宫外孕。

3. 用药方法 ①顿服法:第一日米非司酮200mg顿服,第三日晨起口服米索前列醇0.6mg;②分服法:米非司酮第一日晨服50mg,8~12小时后服25mg,第二日早晚各服25mg,第三日晨起再服25mg一小时后服米索前列醇0.6mg。

药物流产副作用轻,仅有恶心、呕吐、下腹痛和乏力,但其远期副作用尚需进一步观察。用药后应严密随访,出血量多者需急诊刮宫。此外,必须警惕异位妊娠误行药物流产甚可导致休克,危及生命。药物流产必须在正规有抢救条件的医疗机构施行。

二、紧急避孕

Notes

紧急避孕(emergency contraception,EC)是指在无保护性生活或避孕失败(如阴茎套破损、滑脱)或特殊情况性交(如被强奸)后5日内,妇女为防止非意愿妊娠而采用的补救避孕方法。其目的是预防非意愿妊娠,以减少不必要的人工流产。紧急避孕药物的选择与时间有关,如无保护性交后3日内可服用左炔诺孕酮片等、5日内可服用米非司酮片或放置带铜宫内节育器。这是一项保护妇女健康、降低因流产所致的孕产妇死亡率的重要预防措施。

1. **避孕机制** 主要是:①阻止或延迟排卵;②干扰受精或阻止着床。

2. **禁忌证** 已确定妊娠的妇女。若妇女要求紧急避孕但不能绝对排除妊娠时,经解释后可以给药,但应说明可能无效。

3. **方法**

(1)紧急避孕药(morning-after pill):有甾体激素类和非甾体激素类。甾体激素类药物紧急避孕只能对这一次无保护性生活起保护作用;在本周期内不应再有性生活,除非采用避孕套,否则无效。一般应在无保护性生活后3~5日内口服紧急避孕药(表29-2)。

表29-2 紧急避孕药物剂量与方案

名称	成分	含量(mg)	每次片数	服用次数	给药时间
左炔诺孕酮片	LNG	0.75	1	2	无保护性交后72小时内首剂,12小时后重复1次
复方左旋18甲短效避孕药	LNG EE	0.015 0.03	4	2	同上
速效探亲片	炔诺孕酮或LNG	3 1.5	1/2	2	同上
米非司酮片	米非司酮	25 10	1 1	1 1	无保护性交后120小时内 同上

副作用:可能出现恶心、呕吐、不规则阴道流血。米非司酮的副作用少而轻,一般无需特殊处理。

(2)紧急放置带铜宫内节育器(morning after IUD insertion):可以用作紧急避孕方法,特别适合希望长期避孕且符合放环的妇女。一般应在无保护性生活后5日(120小时)内放入带铜IUD,其妊娠率<1%。

【小结】 人工流产和紧急避孕均为避孕失败后的补救措施。人工流产是终止妊娠,其中负压吸引术适用于妊娠10周内要求终止妊娠者,药物流产仅用于妊娠<49日有人工流产术高危因素的健康妇女。紧急避孕是预防非意愿妊娠,仅适用于一次无保护性生活。它们都不能替代常规避孕而作为常用的避孕方法。

第四节 计划生育措施的选择

避孕节育方法的知情选择通常是指通过宣传、教育、培训、咨询、指导等途径,使育龄妇女了解常用避孕方法的相关知识,并在医务人员和计划生育工作者的精心指导下,提供3种或以上的方法,使对象选择满意的、适合自己的避孕方法。

1. **新婚夫妇** 因尚未生育,需选择方便、不影响生育的避孕方法。可依次选择下述方法:①男用避孕套,偶有脱落或破损时,可用紧急避孕法;②口服短效避孕药;③女性外用避孕药;④一般暂不选用IUD。

2. **生育后夫妇** 应坚持长期避孕,可选用下列方法:①IUD,是首选方法;②男用避孕套;③短效口服避孕药;④长效避孕针或缓释避孕药;⑤阴道杀精剂;⑥已生育两个或以上的妇女,宜采取IUD或绝育术。

3. 哺乳期妇女 哺乳期卵巢功能低下多有闭经，子宫小而软，为不影响乳液质量和婴儿健康，不宜选用复方甾体激素避孕药，可选用避孕套、IUD。

4. 围绝经期妇女 有的围绝经期妇女仍可能排卵，应坚持避孕。首选避孕套或外用避孕药，亦可选用IUD。45岁以后一般不建议口服避孕药或避孕针。

【小结】 计划生育是国家的基本国策，实行计划生育应充分知情选择。妇女应根据个人情况和不同时期，选择合适、安全、有效的避孕措施。

（郑建华）

参考文献

1. Hardeman J, Weiss BD. Intrauterine devices: an update. American Family Physician, 2014, 89(6): 445-450.
2. Baldwin MK, Jensen JT. Health benefits of hormonal contraception Maturitas, 2014.
3. 曹泽毅. 妇产科学. 第3版. 北京：人民卫生出版社，2014.
4. 廖秦平，乔杰，郑建华. 妇产科学. 第3版. 北京：北京大学医学出版社，2013.
5. 范光升. 计划生育领域的进展. 中华妇产科杂志，2013，4：314-316.
6. 中华人民共和国国务院令（第309号）. 计划生育技术服务管理条例，2001.

Notes

第三十章 妇女保健

妇女保健(women's health care)是指以先进的医学科学技术、有效的防治措施及合理的管理方法对妇女一生各时期进行保健。其主要任务为:妇女各生理周期保健、妇女常见疾病防治、计划生育、职业妇女劳动保健、妇女保健信息的统计管理。

第一节 妇女保健的意义

(一) 妇女保健工作的意义

妇女保健以维护和促进妇女健康为目的、以临床为基础,面向基层妇女群体,以预防为主以保健为中心、开展以生殖健康为核心的妇女保健。保护妇女健康,提高人口素质。

(二) 妇女保健工作的目的

妇女保健工作的目是通过积极的预防、普查、监护和保健措施,做好妇女各期保健以降低患病率,消灭和控制某些疾病及遗传病的发生,控制性传播疾病的传播,降低孕产妇和围生儿死亡率。促进妇女身心健康。

(三) 妇女保健的服务范围

妇女保健服务范围是妇女的一生,研究涉及女性的青春期、生育期、围生期、绝经过渡期和老年期的保健特点,关注影响妇女健康相关的卫生服务,针对自然环境和遗传方面的高危因素,制定相应的保健对策和管理方法,开展妇女各期保健,常见病和妇科肿瘤的普查普治、计划生育指导、妇女劳动保护和妇女心理保健,以提高妇女保健水平。

(四) 妇女保健与生殖健康

WHO 将"生殖健康"定义为"在生命所有各个阶段的生殖功能和生命过程中,身体、心理和社会适应的完好状态,而不仅仅是没有疾病和虚弱。"生殖健康重点:①以人为中心,把提高妇女地位作为先决条件;②以服务对象的需求为评价标准,最终达到降低死亡率和人口出生率;③强调安全和满意的性生活;④强调社会参予与政府的责任。生殖健康涉及生物医学、心理学、社会学、人类学、伦理学等领域,而成为妇女保健的核心。

(五) 妇女保健的方法

妇女保健工作是一个由政府行政机构和妇幼专业机构组成的一个社会系统工程,要充分发挥各级妇幼保健专业机构及基层三级妇幼保健网作用,有计划组织培训和继续教育,不断提高专业队伍的业务技能和水平,做到群体保健与临床保健相结合,防与治相结合,提高群众自我保健意识,保障妇女和儿童的合法权利。

【小结】 妇女保健工作以群体为服务对象,以生殖健康为核心,妇女保健工作范围为妇女一生各个时期,妇女保健是一个社会系统工程。

第二节 妇女保健的任务

(一) 妇女各期保健

1. 青春期保健　青春期保健应重视健康与行为。分为三级:①一级预防,自我保健,了解青少年生理、心理特点和性卫生知识,注意营养成分的搭配,培养良好的生活习惯,注意经期卫生、减少非意愿妊娠率，预防性传播疾病；②二级预防包括早期发现疾病和行为偏导问题；③三级预防包括对女青年疾病的治疗与康复。青春期保健以一级预防为重点。

2. 婚前保健 是为即将婚配的妇女在结婚登记前提供的保健服务，包括婚前医学检查、婚前卫生指导和咨询。通过医学检查可发现影响结婚和生育的疾病，提出有利于生殖健康和出生后代素质的医学治疗或建议，婚前指导服务对象掌握性保健，生育保健和避孕知识，为保障生殖健康、健康生育、减少严重遗传性疾病儿出生，达到母婴健康，亦为优生优育，计划生育提供了保证。

3. 围生期保健(perinatal health care)

（1）孕前保健：选择最佳的受孕时机计划妊娠，以期减少危险因素和高危妊娠。孕前需仔细评估既往慢性病、不良孕产史、家族和遗传病史。女性<18岁或>35岁，是妊娠高危因素，易造成难产、产科并发症以及胎儿染色体病，选择适当年龄怀孕有利于生育健康。要重视孕前期的社会环境和心理状态，生活中发生不良事件与妊娠期高血压疾病，产后抑郁症有关。戒烟酒，避免接触有毒物质和放射线。使用长效避孕药者需改为避孕半年后再受孕。应积极治疗对妊娠有影响的疾病，如病毒性肝炎、糖尿病、甲亢、心脏病等。研究证明，孕前补充叶酸或含酸的多种维生素可明显降低胎儿神经管畸形等风险。若前次有不良孕产史需咨询作好孕产准备，以减少高危妊娠和高危儿的发生。

（2）早孕期保健：早孕期是胚胎、胎儿分化发育的重要阶段，各种生物、物理、化学等因素的干预，容易导致胎儿畸形或发生流产，应注意防病防畸。早孕期保健的主要内容有：①确诊早孕，登记早孕保健卡；②确定基础血压、基础体重；③进行高危妊娠的初筛，了解有无高血压、心脏病、糖尿病、肝肾疾病等病史，以及有无不良孕产史；④询问家族成员有无遗传病史；⑤保证室内空气清新，避免接触空气污浊环境，避免病毒感染，戒烟酒；⑥患病用药要遵医嘱，以防药物致畸；⑦了解有无接触过有害的化学制剂及长期放射线接触史；⑧早孕期避免精神刺激，保持心情舒畅，注意营养，提供足够热量、蛋白质，多吃蔬菜水果；⑨生活起居要有规律，避免过劳，保证睡眠时间，每日有适当活动。

（3）中孕期保健：中孕期是胎儿生长发育较快的阶段。胎盘已形成不易发生流产。此期应仔细检查早孕期各种影响因素对胎儿是否有损伤、宜行胎儿开放型神经管畸形和唐氏综合征的遗传筛查、糖尿病筛查、畸形排查。对疑有畸形或遗传病及高龄孕妇的胎儿要进一步做产前诊断。预防妊娠并发症及生殖道感染。

（4）晚孕期保健：晚孕期胎儿生长发育最快，体重增加明显。应注意热量、蛋白质、维生素、微量元素、矿物质的补充平衡。定期产前检查检测胎儿生长发育的各项指标，注意防治妊娠并发症。重视监测胎盘功能，及早发现且及时纠正胎儿宫内缺氧。举办孕妇学校让孕妇及家属了解妊娠生理、心理变化及身心保健内容及方法。考虑对母儿合适的分娩方式，指导孕妇做好乳房准备以利于产后哺乳。

（5）产时保健：提倡住院分娩，高危孕妇应提前入院。分娩时保健的关键要抓好"五防、一加强"。"五防"：①防感染：防产褥感染及新生儿破伤风等；②防滞产：及时识别头位难产；③防产伤：及时发现和正确处理各种难产；④防出血：纠正宫缩乏力，及时娩出胎盘；⑤防窒息：及时处理胎儿窘迫，做好新生儿抢救工作。"一加强"指加强对高危妊娠的产时监护和产程处理。

（6）产褥期保健：产褥期保健通常在初级保健单位进行。产后访视时，应在产后1日、14日、28日进行。(见第十五章第一节产褥期处理)

（7）哺乳期保健：提倡母乳喂养通常为12个月。母乳是婴儿必需的和理想的营养食品，营养物质搭配最合理，母乳含多种免疫物质，能增加婴儿的抗病能力并预防疾病。通过母乳喂养，母婴皮肤频繁接触能增强母子感情。母乳喂养省时、省力、经济。WHO提出"促进母乳喂养的十项措施"要求培训保健人员，向孕妇宣教母乳喂养优点，实施母婴同室，除医疗需要外，不给新

Notes

生儿其他食品和饮料，以提高母乳喂养率。

4. 围绝经期保健 绝经过渡期是指妇女40岁左右出现内分泌、生物学变化和临床特征至绝经一年内的时期。此期保健主要内容包括：①合理安排生活，重视蛋白质、维生素及微量元素的摄入；②保持外阴清洁；③防治绝经过渡期前期月经失调，重视绝经后阴道流血的诊断和治疗；定期进行妇女病与肿瘤的普查；④防治绝经期综合征、骨质疏松、心血管疾病等；⑤补充钙剂，防骨质疏松；⑥体内支持组织及韧带松弛者应行肛提肌锻炼，以减少生殖道脱垂及压力性尿失禁。

5. 老年期保健 65岁以上为老年期，该期是妇女一生中生理和心理上一个重大转折点。体内雌激素进一步下降，极易患各种身心疾病，如萎缩性阴道炎、生殖道脱垂，妇科肿瘤，脂代谢紊乱、老年性痴呆等。保健内容包括：①起居规律，饮食合理，适度锻炼；②保持外阴清洁，预防发生感染；③积极诊治阴道流血；④防治子宫脱垂及压力性尿失禁；⑤定期妇科检查及全身检查；⑥防治绝经后骨质疏松；⑦酌情行激素补充治疗，但应适当减量。

（二）妇女常见疾病和恶性肿瘤的普查普治

建立健全各级妇女常见疾病及防癌保健网，定期进行妇女疾病及恶性肿瘤的普查工作，对35岁以上妇女每1～2年普查一次，普查内容包括妇科检查、阴道分泌物检查、宫颈细胞学检查、超声检查。当普查发现异常时，应进一步采用阴道镜检查、宫颈活体组织检查、分段诊刮术、CT、MRI等特殊检查，发现妇科肿瘤的癌前期病变。对妇科常见恶性肿瘤早期发现、早诊断、早治疗以降低死亡率，提高生存率。

（三）计划生育技术指导

以育龄妇女为中心，推广以避孕为主的综合节育措施。开展计划生育咨询，普及节育科学知识，指导育龄妇女选择安全有效的节育方法，减少非婚女性或育龄女性非意愿妊娠，关注指导人流术后避孕，预防性传播性疾病，降低生殖道感染导致不孕症，保证节育手术的质量，减少和防止并发症，确保育龄妇女的生殖安全与健康。

（四）妇女劳动保护

依据我国劳动保护法是贯彻预防为主的方针，确保女职工劳动工作中的安全与健康。

1. 月经期调干不调湿（不下水田等），调轻不调重（不从事重体力劳动）。

2. 对孕期超过7个月的女职工，不得延缓劳动时间或安排夜班，劳动时间内安排定期产前检查，不得在妊娠期、分娩期、哺乳期降低工资或解除劳动合同。

3. 产期女职工顺产假为98日，难产增加产假15日；生育多胞胎的，每多生育一个，增加产假15日；孕期未满4个月流产者，享受15天产假；孕期超过4个月流产者享受42日产假。

4. 哺乳时间为1年，不能安排夜班或加班，哺乳期内女职工适时安排哺乳时间。

（五）女性心理保健

妇女一生必然经历几个特定时期的心身变化，面临各种心理障碍性问题的疏导与解决，从而构成了女性心理健康保健的重要内容。包括：①月经期心理保健；②妊娠期和分娩期心理保健；③产褥期心理保健；④绝经过度期及老年期心理保健；⑤辅助生殖技术相关心理保健；⑥妇科手术相关心理保健。

【小结】 妇女保健的任务是针对妇女一生各个时期的生理特点制定的保健措施，定期进行妇女常见疾病和恶性肿瘤的普查、普治，做到早发现、早诊断、早治疗；做好计划生育指导，作好妇女劳动保护和心理保健。

第三节 妇女保健统计指标

妇女保健统计能评价妇幼保健工作的质量和效果，反映妇幼保健工作的水平，为进一步搞好妇幼保健工作提供科学依据。

Notes

(一) 妇女病普查普治统计指标

1. 妇女病筛查率 $=\frac{\text{期内实查人数}}{\text{期内应查人数}}\times 100\%$

2. 妇女病患病率 $=\frac{\text{期内患病总人数}}{\text{期内受检人数}}\times 100\%$

(二) 孕产期保健指标

1. 孕产期保健工作统计指标

(1) 产前检查覆盖率 $=\frac{\text{期内接受一次及以上产前检查的孕妇数}}{\text{期内孕妇总数}}\times 100\%$

(2) 产前检查率 $=\frac{\text{期内产妇产前检查人数}}{\text{期内活产数}}\times 100\%$

(3) 孕产妇产前诊断率 $=\frac{\text{期内孕产妇产前诊断人数}}{\text{期内产妇数}}\times 100\%$

(4) 产后访视率 $=\frac{\text{期内产妇产后访视人数}}{\text{期内活产数}}\times 100\%$

(5) 住院分娩率 $=\frac{\text{期内住院分娩活产数}}{\text{期内活产数}}\times 100\%$

(6) 剖宫产率 $=\frac{\text{期内剖宫产活产数}}{\text{期内活产数}}\times 100\%$

2. 孕产期保健质量指标

(1) 高危孕妇发生率 $=\frac{\text{期内高危孕妇数}}{\text{期内孕(产)妇总数}}\times 100\%$

(2) 妊娠期高血压疾病发生率 $=\frac{\text{期内患病人数}}{\text{期内孕妇总数}}\times 100\%$

(3) 产后出血率 $=\frac{\text{期内产后出血人数}}{\text{期内孕产妇总数}}\times 100\%$

(4) 产褥感染率 $=\frac{\text{期内产后感染人数}}{\text{期内产妇总人数}}\times 100\%$

3. 孕产期保健效果指标

(1) 围生儿死亡率 $=\frac{\text{孕 28 周以上死胎数+出生后 7 日内新生儿死亡率}}{\text{孕 28 周以上死胎数+活产数}}\times 1000‰$

(2) 孕产妇死亡率 $=\frac{\text{年内孕产妇死亡人数}}{\text{年内孕产妇总数}}\times 10\text{ 万}/10\text{ 万}$

(3) 新生儿死亡率 $=\frac{\text{期内出生后 28 日新生儿死亡数}}{\text{某年某地区期内活产数}}\times 1000‰$

(三) 计划生育统计指标

1. 人口出生率 $=\frac{\text{某年出生人数}}{\text{该年平均人口数}}\times 1000‰$

2. 人口死亡率 $=\frac{\text{某年内总死亡数}}{\text{该年平均人口数}}\times 1000‰$

3. 人口自然增长率 $=\frac{\text{年内人口自然增长数}}{\text{年平均人口数}}\times 1000‰$

4. 计划生育率 $=\frac{\text{符合计划生育活胎数}}{\text{同年活产数}}\times 100\%$

5. 节育率 $=\frac{\text{落实节育措施的已婚育龄夫妇任一方人数}}{\text{已婚育龄妇女数}}\times 100‰$

(辛晓燕)

Notes

第三十一章　妇产科常用特殊检查

妇产科常用的特殊检查有生殖器官细胞学、活组织与影像检查、输卵管通畅检查、女性内分泌激素测定以及妇科肿瘤标志物检查等。

第一节　生殖道细胞学检查

女性生殖道细胞包括来自阴道、宫颈、子宫和输卵管的上皮细胞。生殖道脱落细胞包括阴道上段、宫颈阴道部、子宫、输卵管及腹腔的上皮细胞，其中以阴道上段、宫颈阴道部的上皮细胞为主。临床上常通过生殖道脱落细胞检查来反映其生理及病理变化。生殖道上皮细胞受性激素的影响出现周期性变化。因此，检查生殖道脱落细胞可反映体内性激素水平。此外，此项检查还可协助诊断生殖器不同部位的恶性肿瘤及观察其治疗效果，既简便又经济实用。但是，生殖道脱落细胞检查找到恶性细胞只能作为初步筛选，不能定位，还需要进一步检查才能确诊。

一、生殖道细胞学检查取材、制片及相关技术

（一）涂片种类及标本采集

采取标本前24小时内禁止性生活、阴道检查、灌洗及阴道用药，取材用具必须清洁干燥。

1. 阴道涂片　主要目的是了解卵巢或胎盘功能。对已婚妇女，一般在阴道侧壁上1/3处用小刮板轻轻刮取浅层细胞（避免将深层细胞混入影响诊断），薄而均匀地涂于玻片上；对未婚阴道分泌物极少的女性，可将卷紧的已消毒棉签先经生理盐水浸湿，然后伸入阴道，在其侧壁上1/3处轻轻卷取细胞，取出棉签，在玻片上向一个方向涂片。涂片置固定液内固定后显微镜下观察。值得注意的是，因棉签接触阴道口可能影响涂片的正确性。

2. 宫颈脱落细胞学检查　是筛查早期宫颈癌的重要方法。传统的宫颈刮片取材应在宫颈外口鳞柱状上皮交接处，以宫颈外口为圆心，将木质铲形小刮板轻轻刮取一周，取出刮板，在玻片上向一个方向涂片，涂片经固定液固定后显微镜下观察。注意应避免损伤组织引起出血而影响检查结果。若白带过多，应先用无菌干棉球轻轻擦净黏液，再刮取标本。该取材方法获取细胞数目较少，制片也较粗劣，故目前应用已逐渐减少。

1996年美国FDA批准了改善的制片技术——薄层液基细胞学（liquid-based cytology）技术，以期改善由于传统巴氏涂片上存在着大量的红细胞、白细胞、黏液及脱落坏死组织等而造成的50%～60%假阴性。液基细胞学与传统涂片的操作方法不同在于它利用特制小刷子刷取宫颈细胞，标本取出后立即洗入有细胞保存液的小瓶中，通过高精密度过滤膜过滤，将标本中的杂质分离，并使滤后的上皮细胞呈单层均匀的分布在玻片上。这种制片方法几乎保存了取材器上所有的细胞，且去除了标本中杂质的干扰，避免了细胞的过度重叠，使不正常细胞更容易被识别。利用薄层液基细胞学技术可将识别宫颈高度病变的灵敏度和特异度提高至85%和90%左右。此外，该技术一次取样可多次重复制片并可供作HPV DNA检测和自动阅片。

3. 宫颈管涂片　疑为宫颈管癌，或绝经后的妇女由于宫颈鳞-柱交接处退缩到宫颈管内，为了解宫颈管情况，可行此项检查。先将宫颈表面分泌物拭净，用小型刮板进入宫颈管内，轻刮一周作涂片。此外，使用特制“细胞刷”（cytobrush）获取宫颈管上皮细胞的效果更好，将“细胞刷”

置于宫颈管内，达宫颈外口上方 10mm 左右，在宫颈管内旋转 360°取出，旋转“细胞刷”将附着于其上的细胞均匀地涂于玻片上，立即固定。

4. 宫腔吸片 怀疑宫腔内有恶性病变时，可采用宫腔吸片检查，较阴道涂片及诊刮阳性率高。选择直径 1～5mm 不同型号塑料管，一端连于干燥消毒的注射器，另一端用大镊子送入宫腔内达宫底部，上下左右转动方向，轻轻抽吸注射器，将吸出物涂片、固定、染色。应注意的是，取出吸管时停止抽吸，以免将宫颈管内容物吸入。宫腔吸片标本中可能含有输卵管、卵巢或盆腹腔上皮细胞成分。另外，还可通过宫腔灌洗获取细胞，用注射器将 10ml 无菌生理盐水注入宫腔，轻轻抽吸洗涤内膜面，然后收集洗涤液，离心后取沉渣涂片。此项检查既简单、取材效果好，且与诊刮相比，病人痛苦小，易于接受，特别适合于绝经后出血妇女。

5. 局部印片 用清洁玻片直接贴按病灶处作印片，经固定、染色、镜检。常用于外阴及阴道的可疑病灶。

（二）染色方法

细胞学染色方法有多种，如巴氏染色（papanicolaou stain）法，邵氏染色法及其他改良染色法。常用的为巴氏染色法，该法既可用于检查雌激素水平，也可用于查找癌细胞。

（三）辅助诊断技术

包括免疫组化、原位杂交技术、影像分析、流式细胞测量及自动筛选或人工智能系统等。

二、正常生殖道脱落细胞的形态特征

（一）鳞状上皮细胞

阴道及宫颈阴道部被覆的鳞状上皮相仿，均为非角化性的分层鳞状上皮。上皮细胞分为表层、中层及底层，其生长与成熟受雌激素影响。因而女性一生中不同时期及月经周期中不同时间，各层细胞比例均不相同，细胞由底层向表层逐渐成熟。鳞状细胞的成熟过程是：细胞由小逐渐变大；细胞形态由圆形变为舟形、多边形；胞质染色由蓝染变为粉染；胞核由大变小，由疏松变为致密（图 31-1）。

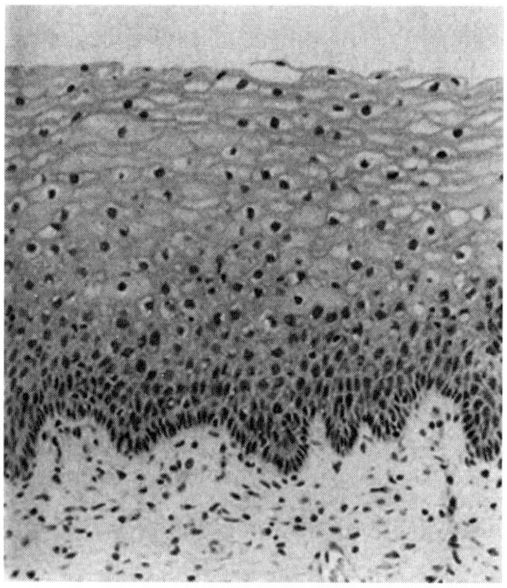

图 31-1 鳞状上皮组织学图片

1. 底层细胞 相当于组织学的深棘层，又分为内底层细胞和外底层细胞。

（1）内底层细胞：又称生发层，只含一层基底细胞，是鳞状上皮再生的基础。其细胞学表现为：细胞小，为中性多核白细胞的 4～5 倍，呈圆形或椭圆形，巴氏染色胞质蓝染，核大而圆。育龄妇女的阴道细胞学涂片中无内底层细胞。

（2）外底层细胞：细胞 3～7 层，圆形，比内底层细胞大，为中性多核白细胞的 8～10 倍，巴氏染色胞质淡蓝，核为圆形或椭圆形，核浆比例 1∶2～1∶4。卵巢功能正常时，涂片中很少出现。

2. 中层细胞 相当于组织学的浅棘层，是鳞状上皮中最厚的一层。根据其脱落的层次不同，形态各异。接近底层者细胞呈舟状，接近表层者细胞大小与形状接近表层细胞；胞质巴氏染色淡蓝，根据储存的糖原多寡，可有多量的嗜碱性染色或半透明胞质，核小，呈圆形或卵圆形，淡染，核浆比例低，约 1∶10 左右。

3. 表层细胞 相当于组织学的表层。细胞大，为多边形，胞质薄，胞质粉染或淡蓝，核小固缩。核固缩是鳞状细胞成熟的最后阶段。表层细胞是育龄妇女宫颈涂片中最常见的细胞（图 31-2）。

Notes

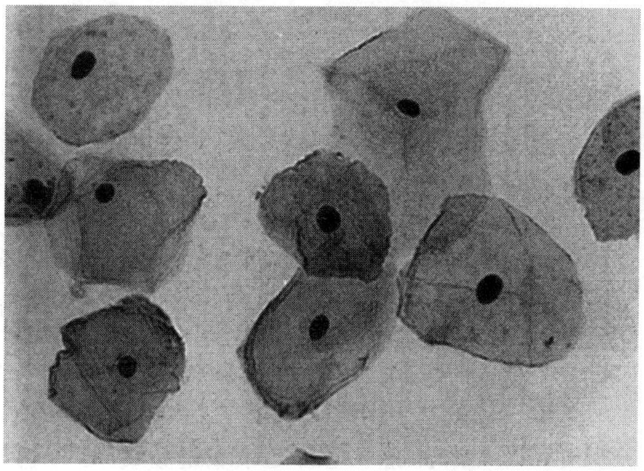

图 31-2　正常生殖道脱落细胞图片

（二）柱状上皮细胞

分为宫颈黏膜细胞及子宫内膜细胞。

1. 宫颈黏膜细胞　有黏液细胞和带纤毛细胞两种。在宫颈刮片及宫颈管吸取物涂片中均可找到。黏液细胞呈高柱状或立方状，核在底部，呈圆形或卵圆形，染色质分布均匀，胞质内有空泡，易分解而留下裸核。带纤毛细胞呈立方形或矮柱状，带有纤毛，核为圆形或卵圆形，位于细胞底部，胞质易退化融合成多核，多见于绝经后。

2. 子宫内膜细胞　较宫颈黏膜细胞小，细胞为低柱状，为中性多核白细胞的 1～3 倍；核呈圆形，核大小、形状一致，多成堆出现；胞质少，呈淡灰色或淡红色，边界不清。

（三）非上皮成分

如吞噬细胞、白细胞、淋巴细胞、红细胞等。

三、生殖道脱落细胞在内分泌检查方面的应用

阴道鳞状上皮细胞的成熟程度与体内雌激素水平成正比，雌激素水平越高，阴道上皮细胞分化越成熟。因此，阴道鳞状上皮细胞各层细胞的比例可反映体内雌激素水平。临床上常用 4 种指数代表体内雌激素水平，即成熟指数、致密核细胞指数、嗜伊红细胞指数和角化指数。

（一）成熟指数（maturation index，MI）

是阴道细胞学卵巢功能检查最常用的一种。计算方法是在低倍显微镜下观察计算 300 个鳞状上皮细胞，求得各层细胞的百分率，并按底层/中层/表层顺序写出。如底层 5、中层 60、表层 35，MI 应写成 5/60/35。若底层细胞百分率高称左移，提示不成熟细胞增多，即雌激素水平下降；若表层细胞百分率高称右移，表示雌激素水平升高。一般有雌激素影响的涂片，基本上无底层细胞；轻度影响者表层细胞<20%；高度影响者表层细胞>60%。在卵巢功能低落时则出现底层细胞：轻度低落底层细胞<20%；中度低落底层细胞占 20%～40%；高度低落底层细胞>40%。

（二）致密核细胞指数（karyopyknotic index，KI）

即鳞状上皮细胞中表层致密核细胞的百分率。计算方法为从视野中数 100 个表层细胞及其中致密核细胞数目，从而计算百分率。例如其中有 40 个致密核细胞，则 KI 为 40%。KI 越高，表示上皮越成熟。

（三）嗜伊红细胞指数（eosinophilic index，EI）

即鳞状上皮细胞中表层红染细胞的百分率。通常红染表层细胞在雌激素影响下出现，所以此指数可以反映雌激素水平，指数越高，提示上皮细胞越成熟。

（四）角化指数（cornification index，CI）

是指鳞状上皮细胞中的表层（最成熟的细胞层）嗜伊红性致密核细胞的百分率，用以表示雌

激素的水平。

四、阴道涂片在妇科疾病诊断中的应用

(一)闭经

阴道涂片可协助了解卵巢功能状况和雌激素水平。若涂片检查有正常周期性变化,提示闭经原因在子宫及其以下部位,如子宫内膜结核、宫颈或宫腔粘连等;若涂片中中层和底层细胞多,表层细胞极少或无,无周期性变化,提示病变在卵巢,如卵巢早衰;若涂片表现不同程度雌激素低落,或持续雌激素轻度影响,提示垂体或以上或其他全身性疾病引起的闭经。

(二)功能失调性子宫出血

1. 无排卵性异常子宫出血　涂片表现中至高度雌激素影响,但也有较长期处于低至中度雌激素影响。雌激素水平高时右移显著,雌激素水平下降时,出现阴道流血。

2. 黄体功能不足性异常子宫出血　涂片表现周期性变化,MI 明显右移,中期出现高度雌激素影响,EI 可达 90% 左右。但排卵后,细胞堆积和皱褶较差或持续时间短,EI 虽有下降但仍偏高。

(三)流产

1. 先兆流产　由于黄体功能不足引起的先兆流产表现为 EI 于早孕期增高,经治疗后 EI 下降提示好转,若再度 EI 增高,细胞开始分散,流产可能性大。若先兆流产而涂片正常,表明流产非黄体功能不足引起,用孕激素治疗无效。

2. 过期流产　EI 升高,出现圆形致密核细胞,细胞分散,舟形细胞少,较大的多边形细胞增多。

(四)生殖道感染性疾病

1. 细菌性阴道病　常见的病原体有阴道嗜酸杆菌、球菌、加德纳尔菌和放线菌等。涂片中炎性阴道细胞表现为:细胞核呈豆状核,核破碎和核溶解,上皮细胞核周有空晕,胞质内有空泡。

2. 衣原体性宫颈炎　涂片上可见化生的细胞胞浆内有球菌样物及嗜碱性包涵体,感染细胞肥大多核。

3. 病毒性感染　常见的有单纯疱疹病毒Ⅱ型(HSV-Ⅱ)和人乳头状瘤病毒(HPV)。

(1) HSV 感染:早期表现为感染细胞的核增大,染色质结构呈"水肿样"退变,染色质变得很细,散布在整个胞核中,呈淡的嗜碱性染色,均匀,有如毛玻璃状,细胞多呈集结状,有许多胞核。晚期可见嗜伊红染色的核内包涵体,周围可见一清亮晕环。

(2) HPV 感染:鳞状上皮细胞被 HPV 感染后具有典型的细胞学改变:在涂片标本中见挖空细胞、不典型角化不全细胞及反应性外底层细胞。典型的挖空细胞表现为上皮细胞内有 1 ~2 个增大的核,核周有透亮空晕环或壁致密的透亮区,提示有 HPV 感染。

五、生殖道脱落细胞在妇科肿瘤诊断上的应用

(一)癌细胞特征

主要表现在细胞核、细胞及细胞间关系的改变(图 31-3、31-4)。

1. 细胞核的改变　表现为核增大,核浆比例失常;核大小不等,形态不规则;核深染且深浅不一;核膜明显增厚、不规则,染色质分布不均,颗粒变粗或凝聚成团;因核分裂异常,可见双核及多核;核畸形,如分叶、出芽、核边内凹等不规则形态;核仁增大变多以及出现畸形裸核。

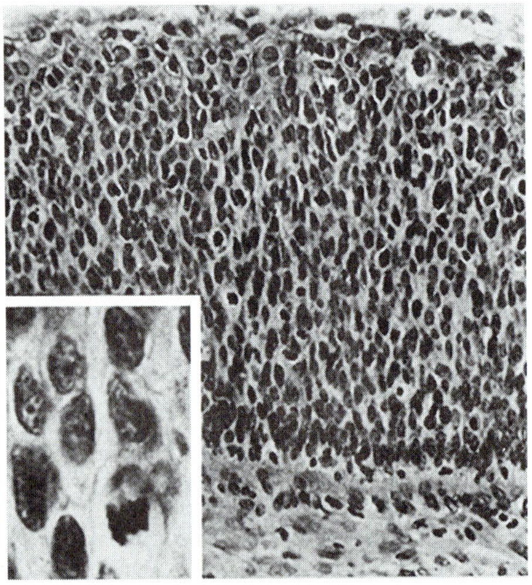

图 31-3　宫颈鳞状上皮癌组织学图片

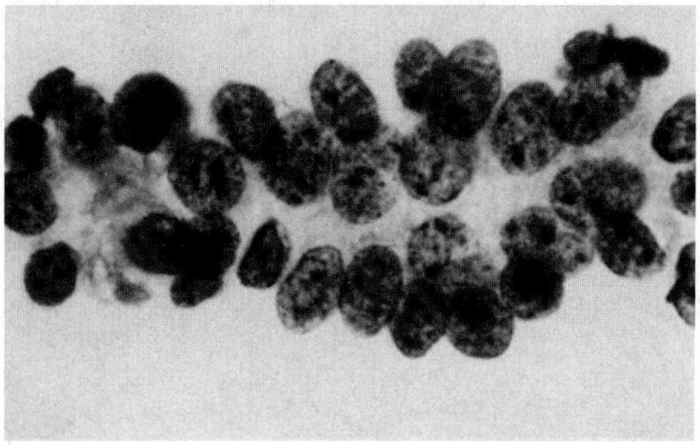

图 31-4　鳞状上皮细胞癌细胞学图片

2. 细胞改变　细胞大小不等,形态各异。胞质减少,染色较浓,若变性则内有空泡或出现畸形。

3. 细胞间关系改变　癌细胞可单独或成群出现,排列紊乱。早期癌涂片背景干净清晰,晚期癌涂片背景较脏,见成片坏死细胞、红细胞及白细胞等。

(二) 宫颈/阴道细胞学诊断的报告形式

主要为分级诊断和描述性诊断两种。目前我国多数医院采用 TBS 分类法诊断。

为使妇科生殖道细胞学的诊断报告与组织病理学术语一致,使细胞学报告与临床处理密切结合,1988 年美国国际癌症协会(National Cancer Institute,NCI)在马利兰的 Bethesda 举行会议,提出了 TBS(the Bethesda system)分类法。1991 年和2001 年 NCI 又召开了第 2 次和第 3 次会议,讨论并修订了 TBS 在使用中出现的问题,并对诊断标准做了相应的修改。现行的 TBS 报告系统即 2001 年修订后的 TBS 报告系统(详见表 31-1),包括以下三个部分:①评价涂片质量,包括细胞量与鳞柱两种上皮细胞的分布;②描述有关发现,做出诊断;③描述对诊断能提供依据的细胞成分和形态特征。

表 31-1　TBS 报告系统

1. 标本类型		△直接涂片　△液基制片
样本满意度评估		△满意样本　△不满意样本
2. 描述性诊断		
2.1 在正常范围或未见癌细胞/癌前病变细胞		
2.2 微生物		△滴虫性阴道炎
		△真菌,形态符合念珠菌属
		△球杆菌形态符合阴道变异菌株
		△杆菌形态符合放线菌属
		△细胞形态改变与单纯疱疹病毒感染有关
		△细胞改变与人乳头瘤病毒感染有关
2.3 反应性细胞改变		△炎症反应性细胞改变
		△萎缩反应性细胞改变(伴或不伴炎症)
		△宫内节育器的反应细胞改变
		△放疗反应性细胞改变
2.4 上皮细胞异常		
	2.4.1 鳞状细胞异常	△不典型鳞状细胞(atypical squamous cells,ASC)
		△低级别鳞状上皮内病变(low-grade squamous intraepithelial lesion,LSIL)
		△高级别鳞状上皮内病变(high-grade squamous intraepithelial lesion,HSIL)
		△鳞状细胞癌(squamous cell carcinoma,SCC)
	2.4.2 腺细胞异常	△不典型腺上皮细胞(atypical glandular cells,AGC)
		△不典型腺细胞倾向瘤变(AGC favor neoplasia)
		△原位腺癌(adenocarcinoma in situ,AIS)
		△腺癌(adenocarcinoma,ACA)细胞
2.5 其他恶性肿瘤细胞		

TBS 报告方式中提出了一个重要概念——不典型鳞状上皮细胞或腺上皮细胞(ASC-US),指既不能诊断为感染、炎症、反应性改变,也不能诊断为癌前病变和恶变的鳞状上皮细胞。ASC-US 包括不典型化生细胞、不典型修复细胞、与萎缩有关的不典型鳞状上皮细胞、角化不良细胞以及诊断 HPV 证据不足但暂无法排除者。就其规范而言 ASC-US 的实验室诊断比例不应超过 LSIL 的 2~3 倍。NCI 2001 年第 3 次会议再次修订 TBS 标准,要求更加重视来自细胞学诊断中的 ASC-US,它可作为阴道镜检查的最低指征,也可以在液基细胞学的基础上检测高危型 HPV-DNA。诊断 ASC-US 时,应指出可能为炎症等反应或可能为癌前病变,并同时提出建议。若与炎症、刺激、IUD 等反应性有关者,应于 3~6 个月后复查;若可能有癌前病变或癌存在,但细胞的异常程度不够诊断标准者,应行阴道镜活检。

(三) PAPNET 电脑阅片系统

PAPNET 电脑阅片系统,即计算机辅助细胞检测系统(computer-assisted cytology test,CCT),是利用电脑及神经网络软件对涂片进行自动扫描、读片、筛查,最后由细胞学专职人员作出最后诊断的一种新技术。其原理是基于神经网络系统在自动细胞学检测这一领域的运用。PAPNET 方法具有高度敏感性和准确性,并能克服直接显微镜下读片因视觉疲劳造成的漏诊,省时省力,适用于大量人工涂片检测的筛选工作。

第二节 女性内分泌激素测定

女性内分泌系统激素包括下丘脑、垂体、卵巢分泌的激素。这些激素在中枢神经系统的影响及各器官的相互协调作用下,发挥正常的生理功能并相互调节,相互制约。卵巢功能受垂体控制,垂体活动受下丘脑调节,而下丘脑接受大脑皮层支配;反过来,卵巢激素又反馈调节下丘脑和垂体功能。因此,测定下丘脑-垂体-卵巢轴各激素水平,对于某些疾病的诊断,疗效的观察,预后的评价以及生殖生理和避孕药物作用机制的研究具有重要意义。

激素水平的测定一般抽取外周血进行,常用方法包括有气相色谱层析法、分光光度法、荧光显示法、酶标记免疫法和放射免疫测定法(RIA)。近年来,无放射性同位素标记的免疫化学发光法正逐步得到广泛应用。

一、下丘脑促性腺激素释放激素

体内下丘脑促性腺激素释放激素(gonadotropin-releasing hormone,GnRH)由下丘脑释放,由于人工合成的 10 肽 GnRH 能使垂体分泌 LH 的作用高于 FSH,故也有人称之为黄体生成素释放激素(luteinizing hormone-releasing factor,LHRH)。正常妇女月经周期中最显著的激素变化是在中期出现排卵前黄体生成素(luteinizing hormone,LH)高峰。由于 GnRH 在外周血中的量很少,且半衰期短,故测定有困难。目前主要采用 GnRH 兴奋试验与氯米酚试验来了解下丘脑和垂体的功能以及其生理病理状态。

(一) GnRH 兴奋试验

【原理】 LHRH 对垂体促性腺激素有兴奋作用,给受试者注射外源性 LHRH 后在不同时相抽取血测定促性腺激素含量,可以了解垂体功能。若垂体功能良好,则促性腺激素水平升高;反之,则反应性差。

【方法】 上午 8 时静脉注射 LHRH 100μg(溶于 5.0ml 生理盐水中),于注射前、注射后的 15、30、60 和 90 分钟分别取静脉血 2ml,测定促性腺激素的含量。

【结果分析】

1. 正常反应 注入 GnRH 后,LH 值的上升比基值升高 2~3 倍,高峰出现在注射后 15~30 分钟。
2. 活跃反应 高峰值比基值升高 5 倍。

3. 延迟反应　高峰出现时间迟于正常反应出现的时间。

4. 无反应或低弱反应　即注入 GnRH 后 LH 值没有变动，一直处于低水平或稍有上升但不足 2 倍。

【临床意义】

1. 青春期延迟　GnRH 兴奋试验呈正常反应。

2. 垂体功能减退　席汉综合征、垂体手术或放射治疗垂体组织遭到破坏时，GnRH 兴奋试验呈无反应或低弱反应。

3. 下丘脑功能减退　可能出现延迟反应或正常反应。

4. 卵巢功能不全　促卵泡激素（follicle stimulating hormone，FSH）、LH 基值均 >30IU/L，GnRH 兴奋试验呈活跃反应。

5. 多囊卵巢综合征　LH/FSH 比值 >3，GnRH 兴奋试验呈现活跃反应。

（二）氯米酚试验

【原理】　氯米酚又称克罗米酚（clomiphene），其化学结构与人工合成的己烯雌酚很相似，是一种具有弱雌激素作用的非甾体类的雌激素拮抗剂，在下丘脑可与雌、雄激素受体结合，阻断性激素对下丘脑和（或）腺垂体促性腺激素细胞的负反馈作用，引起 GnRH 的释放。氯米酚试验可以用来评估闭经病人下丘脑-垂体-卵巢轴的功能，鉴别下丘脑和垂体病变。

【方法】　月经来潮第 5 日开始每日口服氯米酚 50～100mg，连服 5 日，服药后 LH 可上调 85%，FSH 上调 50%。停药后 LH、FSH 即下降。如再出现 LH 上升达排卵期水平，诱发排卵则为排卵型反应，排卵一般出现在停药后的第 5～9 日。如停药后 20 日不再出现 LH 上升为无反应。在服药第 1 日、3 日、5 日测 LH、FSH，第 3 周或经前抽血测孕酮。

【临床意义】

1. 下丘脑病变　下丘脑病变时对 GnRH 兴奋试验有反应而对氯米酚试验无反应。

2. 青春期延迟　可通过 GnRH 兴奋试验判断青春期延迟是否为下丘脑、垂体病变所致。

二、垂体促性腺激素测定

【来源及生理作用】　FSH 和 LH 是腺垂体分泌的促性腺激素，均为糖蛋白，在血中与 α_2 和 β 球蛋白结合，受下丘脑 GnRH 和性腺性激素的调节。生育年龄妇女这些激素随月经周期出现周期性变化。

FSH 作用于卵泡颗粒细胞上的受体，刺激卵泡生长、发育、成熟，并促进雌激素分泌。FSH 在卵泡早期维持较低水平，随卵泡发育至晚期，雌激素水平升高，FSH 略下降，至排卵前 24 小时出现低值，随即迅速升高，24 小时后又下降，LH 和 FSH 共同作用，引起排卵，黄体期维持低水平，并促进雌、孕激素合成。FSH 的生理作用主要是促进卵泡成熟及分泌雌激素。

LH 在卵泡早期处于低水平，以后逐渐上升，至排卵前 24 小时左右与 FSH 同时出现高峰，而且是较 FSH 更高的陡峰，24 小时后最高值骤降，黄体后期逐渐下降。排卵期出现的 LH 陡峰是预测排卵的重要指标。LH 的生理作用是促进女性排卵和黄体生成，以促使黄体分泌雌激素和孕激素。

【正常值】　见表 31-2 和 31-3。

表 31-2　血 FSH 正常范围（U/L）

测定时期	正常范围
青春期	≤5
正常女性	5～20
绝经后	>40

表 31-3　血 LH 正常范围（U/L）

测定时期	正常范围
卵泡期	5～30
排卵期	75～100
黄体期	3～30
绝经期	30～130

Notes

【临床应用】

1. 协助判断闭经原因 FSH 及 LH 水平低于正常值,提示闭经原因在腺垂体或下丘脑;LH 水平明显升高,表明病变在下丘脑;LH 水平不增高,病变在腺垂体;FSH 及 LH 水平均高于正常,病变在卵巢。

2. 了解排卵情况 测定 LH 峰值,可以估计排卵时间及了解排卵情况,有助于不孕症的治疗及研究避孕药物的作用机制。

3. 协助诊断多囊卵巢综合征 测定 LH/FSH 比值,如 LH/FSH>3 表明 LH 呈高值,FSH 处于低水平,有助于诊断多囊卵巢综合征。

4. 诊断性早熟 有助于区分真性和假性性早熟。真性性早熟由促性腺激素分泌增多引起,FSH 及 LH 呈周期性变化;假性性早熟,FSH 及 LH 水平较低,且无周期性变化。

三、垂体催乳激素测定

【来源及生理作用】 垂体催乳激素(prolactin,PRL)是腺垂体催乳激素细胞分泌的一种多肽蛋白激素,受下丘脑催乳激素抑制激素(主要是多巴胺)和催乳激素释放激素的双重调节。此外,可能还存在其他一些因子如促甲状腺释放激素(TRH)、雌激素、5-羟色胺等对其有促进作用。一般以上午 10 时取血测定的结果较可靠。PRL 的主要功能是促进乳房发育及泌乳,以及与卵巢类固醇激素共同作用促进分娩前乳房导管及腺体发育。PRL 还参与机体的多种功能,特别是对生殖功能的调节。

【正常值】 见表 31-4。

表 31-4 不同时期血 PRL 正常范围

测定时期	正常范围(μg/L)	测定时期	正常范围(μg/L)
非妊娠期	<25	妊娠中期	<160
妊娠早期	<80	妊娠晚期	<400

【临床应用】

1. 闭经、不孕及月经失调者,无论有无泌乳,均应测 PRL,以除外高催乳激素血症。

2. 垂体肿瘤病人伴 PRL 异常增高时,应考虑有垂体催乳激素瘤。

3. PRL 水平升高还见于性早熟、原发性甲状腺功能低下、卵巢早衰、黄体功能欠佳、长期哺乳、神经精神刺激、某些药物作用如氯丙嗪、避孕药、大量雌激素、利舍平等因素;PRL 降低多见于垂体功能减退、单纯性催乳激素分泌缺乏症。

四、雌激素测定

【来源及生理变化】 雌激素主要由卵巢、胎盘产生,少量由肾上腺产生。雌激素(E)可分为雌酮(estrone,E_1)、雌二醇(estradiol,E_2)及雌三醇(estriol,E_3)。各种雌激素均可从血、尿及羊水中测得。雌激素中以雌二醇活性最强,是卵巢产生的主要激素之一,对维持女性生殖功能及第二性征有重要作用。绝经后妇女以雌酮为主,主要来自肾上腺皮质分泌的雄烯二酮,在外周转化为雌酮。雌三醇是雌酮和雌二醇的代谢产物。妊娠期间,胎盘产生大量雌三醇,测血或尿中雌三醇水平,可反映胎儿胎盘功能状态。

【正常值】 见表 31-5。

【临床应用】

1. 监测卵巢功能 测定血雌二醇或 24 小时尿总雌激素水平。

(1) 判断闭经原因:①激素水平符合正常的周期变化,表明卵泡发育正常,应考虑为子宫性

Notes

表 31-5　血 E_2、E_1 参考值(pmol/L)

测定时间	E_2 正常值	E_1 正常值
青春前期	18.35～110.10	62.9～162.8
卵泡期	91.75～275.25	125～377.4
排卵期	734.0～2202.0	125～377.4
黄体期	367～1101	125～377.4
绝经后	18.35～91.75	—

闭经。②雌激素水平偏低,闭经原因可能是原发或继发性卵巢功能低下或受药物影响而抑制卵巢功能;也可见于下丘脑-垂体功能失调;高催乳激素血症等。

(2) 诊断无排卵:雌激素无周期性变化,常见于无排卵性异常子宫出血、多囊卵巢综合征、某些绝经后子宫出血。

(3) 监测卵泡发育:应用药物诱导排卵时,测定血中雌二醇作为监测卵泡发育、成熟的指标之一,用以指导 hCG 用药及确定取卵时间。

(4) 诊断女性性早熟:临床多以 8 岁以前出现第二性征发育诊断性早熟,血 E_2 水平升高>275pmol/L 为诊断性早熟的激素指标之一。

2. 监测胎儿-胎盘单位功能　妊娠期雌三醇主要由胎儿-胎盘单位产生,测定孕妇尿雌三醇含量可反映胎儿-胎盘功能状态。正常妊娠 29 周尿雌激素迅速增加,正常足月妊娠雌三醇排出量平均为 88.7nmol/24h 尿;妊娠 36 周后尿中雌三醇排出量连续多次均<37nmol/24h 尿或骤减>30%～40%,提示胎盘功能减退;雌三醇<22.2nmol/24h 尿,或骤减>50%,提示胎盘功能显著减退。

五、孕激素测定

【来源及生理作用】　人体孕激素由卵巢、胎盘和肾上腺皮质产生。孕酮的作用主要是进一步使子宫内膜增厚、血管和腺体增生,利于胚胎着床;降低母体免疫排斥反应;防止子宫收缩,使子宫在分娩前处于静止状态;同时孕酮还有促进乳腺腺泡导管发育,为泌乳作准备的作用。孕酮缺乏时可引起早期流产。

【正常值】　见表 31-6。

表 31-6　血孕酮正常范围

时期	正常范围(nmol/L)	时期	正常范围(nmol/L)
卵泡期	<3.18	妊娠中期	159～318
黄体期	15.9～63.6	妊娠晚期	318～1272
妊娠早期	63.6～95.4	绝经后	<3.18

【临床应用】

1. 监测排卵　血孕酮水平>15.6nmol/L,提示有排卵。若孕酮水平符合有排卵,而无其他原因的不孕病人,需配合超声检查观察卵泡发育及排卵过程,以除外未破裂卵泡黄素化综合征(luteinized unruptured follicle syndrome,LUFS)。使用促排卵药物时,可用血孕酮水平观察促排卵效果。若出现多卵排卵产生多个黄体时,可使血孕酮水平升高。

原发性或继发性闭经、无排卵性月经或无排卵性异常子宫出血、多囊卵巢综合征、口服避孕药或长期使用 GnRH 激动剂,均可使孕酮水平下降。

2. 了解黄体功能　黄体期血孕酮水平低于生理值,提示黄体功能不足;月经来潮 4～5 日血孕酮仍高于生理水平，提示黄体萎缩不全。

3. 了解妊娠状态 排卵后，若卵子受精，黄体继续分泌孕酮。自妊娠第7周开始，胎盘分泌孕酮在数量上超过卵巢黄体。妊娠期胎盘功能减退时，血中孕酮水平下降。异位妊娠时孕酮水平较低，如孕酮水平>78.0nmol/L(25ng/ml)，基本可除外异位妊娠。若单次血清孕酮水平≤15.6nmol/L(5ng/ml)，提示为死胎。先兆流产时，孕酮值若有下降趋势，有发生流产的可能。

4. 孕酮替代疗法的监测 早孕期切除黄体侧卵巢后应用天然孕酮替代疗法时应监测血浆孕酮水平。

六、雄激素测定

【来源及生理变化】 女性体内雄激素主要有睾酮及雄烯二酮，来自卵巢及肾上腺皮质。睾酮主要由卵巢和肾上腺分泌的雄烯二酮转化而来；雄烯二酮50%来自卵巢，50%来自肾上腺，其生物活性介于活性很强的睾酮和活性很弱的脱氢表雄酮之间。血清中的脱氢表雄酮主要由肾上腺皮质产生。绝经后肾上腺是产生雄激素的主要部位。

【正常值】 见表31-7。

表31-7 血总睾酮正常范围(nmol/L)

测定时间	正常范围	测定时间	正常范围
卵泡期	<1.4	黄体期	<1.7
排卵期	<2.1	绝经后	<1.2

【临床应用】

1. 协助诊断卵巢男性化肿瘤 短期内进行性加重的雄激素过多症状往往提示卵巢男性化肿瘤。

2. 多囊卵巢综合征 病人血清雄激素可能正常，也可能升高。若治疗前雄激素水平升高，治疗后应下降，可作为评价疗效的指标之一。

3. 肾上腺皮质增生或肿瘤 血清雄激素异常升高。

4. 两性畸形的鉴别 男性假两性畸形及真两性畸形，睾酮水平在男性正常范围内；女性假两性畸形则在女性正常范围内。

5. 女性多毛症 女性多毛症测血清睾酮水平正常时，多考虑毛囊对雄激素敏感所致。

6. 检测药物影响 应用睾酮或具有雄激素作用的内分泌药物如达那唑等，用药期间有时需做雄激素测定。

7. 高催乳激素血症 有雄激素过高的症状和体征，常规雄激素测定在正常范围者，应测定血催乳激素。

七、人绒毛膜促性腺激素相关分子测定

【来源及生理变化】 人绒毛膜促性腺激素(human chorionic gonadotropin，hCG)是一种糖蛋白激素，由α和β亚单位组成，主要由妊娠时的胎盘滋养细胞产生，妊娠滋养细胞疾病、生殖细胞肿瘤和其他恶性肿瘤如肺、肾上腺及肝脏肿瘤也可产生hCG。此外，尚存在无妊娠、癌症和疾病证据的垂体来源hCG。垂体的促性腺细胞正常情况下可产生微量的hCG和hCG-β核心片段(<0.5mIU/ml)。偶尔有正常月经妇女及绝经后垂体肿瘤妇女有垂体来源的hCG升高(>20mIU/ml)，在垂体组织中可分离到hCG-β核心片段。但是一般垂体来源的高hCG可被雌、孕激素抑制。

正常妊娠的受精卵着床时，即排卵后的第6日受精卵滋养层形成时开始产生hCG，约1日后

Notes

能测到血浆 hCG，以后每 1.7～2 日上升 1 倍，在排卵后 14 日约达 100U/L，妊娠 8～10 周达峰值（50 000～100 000U/L），以后迅速下降，在妊娠中期和晚期，hCG 仅为峰值的 10%（10 000～20 000U/L）。由于 hCG 分子中的 α 链与 LH 中的 α 链有相同结构，为避免与 LH 发生交叉反应，在测定其浓度时，常测定特异的 β-hCG 浓度。

【正常值】 见表 31-8。

表 31-8　不同时期血清 β-hCG 浓度

期别	范围（U/L）	期别	范围（U/L）
非妊娠妇女	<3.1（μg/L）	孕 40 日	>2000
孕 7～10 日	>5.0	滋养细胞疾病	>100 000
孕 30 日	>100		

【临床应用】 国际肿瘤发展生物和医学协会的多中心研究建议，在常规诊断中，推荐使用广谱能识别 hCG 及相关分子，而与其他糖蛋白激素及衍生物低交叉的 hCG 试验。

1. 诊断早期妊娠　血 hCG 定量免疫测定<3.1μg/L 时为妊娠阴性，血浓度>25U/L 为妊娠阳性，可用于早早孕诊断，迅速、简便、价廉。目前应用广泛的早早孕诊断试纸是通过半定量测定尿 hCG 从而诊断早期妊娠，应用很方便、快捷。此法可检出尿中 hCG 的最低量为 25U/L。另外，也有利用斑点免疫层析法的原理制成的反应卡。

2. 异位妊娠　血及尿 hCG 维持在低水平，间隔 2～3 日测定无成倍上升，应怀疑异位妊娠。

3. 妊娠滋养细胞肿瘤（GTD）的诊断和监测　hCG 试验可作为 GTD 的诊断、病情监测和随访的独立指标，但成熟的正常滋养细胞和具有侵袭性的细胞滋养细胞分泌的 hCG 相关分子不同。在正常妊娠时血液中的主要 hCG 分子为完整 hCG，尿中为 β 核心片段；而 GTD 和其他肿瘤产生更多的 hCG 相关分子。因此测定血液和尿样中各种 hCG 相关分子，观察其成分和比例的变化，有助于 GTD 的诊断。

（1）葡萄胎和侵蚀性葡萄胎：血 hCG 水平异常增高，甚至>100KU/L；子宫明显超过孕周大小；hCG 维持高水平不下降，提示葡萄胎。在葡萄胎块清除后，hCG 应呈大幅度下降，且在清除后的 16 周应转为阴性；若下降缓慢或下降后又上升，16 周未转阴者，排除宫腔内残留组织则可能为侵蚀性葡萄胎。hCG 是侵蚀性葡萄胎疗效监测的最主要的指标，hCG 下降与治疗疗效呈一致性。

（2）绒毛膜癌：hCG 是绒毛膜癌诊断和活性滋养细胞监测唯一的实验室指标。hCG 下降与治疗有效性一致，尿 hCG<50U/L 及血 hCG<3.1μg/L 为阴性标准，治疗后临床症状消失，hCG 每周检查 1 次，连续 3 次阴性者可视为近期治愈。

（3）性早熟和肿瘤：最常见的是下丘脑或松果体胚细胞的绒毛膜上皮瘤或肝胚细胞瘤以及卵巢无性细胞瘤、未成熟畸胎瘤分泌 hCG 导致性早熟。分泌 hCG 的肿瘤尚见于肠癌、肝癌、肺癌、卵巢腺癌、胰腺癌、胃癌，在成年妇女引起月经紊乱。因此成年妇女突然发生月经紊乱伴 hCG 升高时应考虑到上述肿瘤的异位分泌。

总之，hCG 试验是为诊断正常妊娠而发展起来的一项检测，对 GTD 而言，其可能不是诊断必需的理想血清标志物。理想的 hCG 试验应能测定多种 hCG 相关分子和同时应用多种试验方法。若 hCG 的测定结果与临床表现不相符合时，临床医生应仔细分析、解释结果。

八、人胎盘生乳素测定

【来源及生理变化】 人胎盘生乳素测定（human placental lactogen，HPL）由胎盘合体滋养细胞产生、贮存及释放，是与胎儿生长发育有关的重要激素。HPL 与人生长激素（HGH）有共同的抗原决定簇，呈部分交叉免疫反应，与 PRL 无交叉反应。HPL 自妊娠 5 周时即能从孕妇血中测出，随妊娠进展，HPL 水平逐渐升高，于孕 39～40 周时达高峰，产后迅速下降。

【正常值】 见表 31-9。

表 31-9 不同时期血 HPL 正常范围

期别	正常范围(mg/L)	期别	正常范围(mg/L)
非孕期	<0.5	孕 30 周	2.8～5.8
孕 22 周	1.0～3.8	孕 40 周	4.8～12.0

【临床应用】

1. 监测胎盘功能 妊娠晚期连续动态检测 HPL 可以监测胎盘功能。于妊娠 35 周后，多次测定血清 HPL 值均<4mg/L 或突然下降 50% 以上，提示胎盘功能减退。

2. 协助诊断糖尿病合并妊娠 HPL 水平与胎盘大小成正比，如糖尿病合并妊娠时胎儿较大，胎盘也大，HPL 值可能偏高。但临床应用时还应配合其他监测指标综合分析，以提高判断的准确性。

3. 协助诊断胎盘部位滋养细胞肿瘤 胎盘部位滋养细胞肿瘤病人的血清 HPL 一般为轻度升高或阴性，但切除之肿瘤组织的免疫组化通常阳性。

第三节 女性生殖器官活组织检查

生殖器官活组织检查是在生殖器官病变处或可疑部位取小部分组织作病理学检查，简称"活检"。在绝大多数情况下，活检是诊断最可靠的依据。常用的取材方法有局部活组织检查、诊断性宫颈锥形切除、诊断性刮宫、组织穿刺检查。

一、局部活组织检查

(一) 外阴活组织检查

【适应证】 ①确定外阴色素减退疾病的类型及排除恶变；②外阴部赘生物或久治不愈的溃疡需明确诊断及排除恶变者；③外阴特异性感染，如结核、尖锐湿疣、阿米巴等。

【禁忌证】 ①外阴急性化脓性感染；②月经期；③疑为恶性黑色素瘤者。

【方法】 病人取膀胱截石位，常规外阴消毒，铺盖无菌孔巾，取材部位以 0.5% 利多卡因作局部浸润麻醉。小赘生物可自蒂部剪下或用活检钳钳取，局部压迫止血，病灶面积大者行部分切除。标本置于 10% 甲醛溶液固定后送病检。

(二) 阴道活组织检查

【适应证】 阴道赘生物、阴道溃疡灶。

【禁忌证】 急性外阴炎、阴道炎、宫颈炎、盆腔炎及月经期。

【方法】 病人取膀胱截石位。阴道窥器暴露活检部位并消毒。活检钳咬取可疑部位组织，对表面有坏死的肿物，要取至深层新鲜组织，无菌纱布压迫止血，必要时阴道内置无菌带尾棉球压迫止血，嘱病人 24～48 小时后自行取出。活检组织固定后常规送病理检查。

(三) 子宫颈活组织检查

【适应证】

1. 宫颈细胞学涂片检查巴氏Ⅲ级或Ⅲ级以上者；宫颈细胞学涂片检查巴氏Ⅱ级经抗感染治疗后仍为Ⅱ级者；宫颈细胞学涂片 TBS 分类法诊断鳞状细胞异常者。

2. 肿瘤固有荧光诊断仪或阴道镜检查时，反复可疑阳性或阳性者。

3. 疑有宫颈癌或慢性特异性炎症，需进一步明确诊断者。

【方法】

1. 病人取膀胱截石位，阴道窥器暴露宫颈，用干棉球揩净宫颈黏液及分泌物，局部消毒。

2. 用活检钳在宫颈外口鳞-柱交界处或肉眼糜烂较深或特殊病变处取材。可疑宫颈癌者可选宫颈3、6、9、12点位置四点取材。若临床已明确为宫颈癌，只为明确病理类型或浸润程度时可做单点取材。为提高取材准确性，还可在阴道镜指导下或应用肿瘤固有荧光诊断仪行定位活检，或在宫颈阴道部涂以碘溶液，选择不着色区取材。

3. 宫颈局部填带尾棉球压迫止血，嘱病人24小时后自行取出。

【注意事项】

1. 患有阴道炎症（阴道滴虫及真菌感染等）应治愈后再取活检。

2. 妊娠期原则上不做活检，以避免流产、早产，但临床高度怀疑宫颈恶性病变者仍应检查。月经前期不宜做活检，以免与切口出血相混淆，且月经来潮时切口仍未愈合，可增加内膜组织在切口种植机会。

二、诊断性子宫颈锥切术

【适应证】

1. 宫颈刮片细胞学检查多次找到恶性细胞，而宫颈多处活检及分段诊断性刮宫病理检查均未发现癌灶者。

2. 宫颈活检为原位癌或镜下早期浸润癌，而临床可疑为浸润癌，为明确病变累及程度及决定手术范围者。

3. 宫颈活检证实有高级别鳞状上皮内病变者。

【禁忌证】 ①阴道、宫颈、子宫及盆腔急性或亚急性炎症；②月经期；③有血液病等出血倾向者。

【方法】

1. 蛛网膜下隙或硬膜外阻滞麻醉下，病人取膀胱截石位，外阴、阴道消毒，铺无菌巾。

2. 导尿后，用阴道拉钩暴露宫颈并消毒阴道、宫颈。

3. 以宫颈钳钳夹宫颈前唇向外牵引，在病灶外0.5cm处，以尖刀在宫颈表面做环形切口，深约0.2cm，包括宫颈上皮及少许皮下组织，按30°～50°角向内作宫颈锥形切除。根据不同的手术指征，可深入宫颈管1～2.5cm。

4. 于切除标本的12点位置处做一标志，以10%甲醛溶液固定，送病理检查。

5. 创面止血用无菌纱布压迫多可奏效。若有动脉出血，可用可吸收线缝扎止血，也可加用止血粉、吸收性明胶海绵、凝血酶等止血。

6. 将要行子宫切除者，子宫切除的手术最好在锥切术后48小时内进行，可行宫颈前后唇相对缝合封闭创面止血。若不能在短期内行子宫切除或无需做进一步手术者，则应行宫颈成形缝合术或荷包缝合术，术毕探查宫颈管。

【注意事项】

1. 用于治疗者，应在月经净后3～7日内施行，术后用抗生素预防感染，术后6周探查宫颈管有无狭窄，2月内禁性生活及盆浴。

2. 用于诊断者，不宜用电刀、激光刀，以免破坏边缘组织，影响诊断。

三、诊断性刮宫

诊断性刮宫简称“诊刮”，是诊断宫腔疾病采用的重要方法之一。其目的是获取宫腔内容物（子宫内膜和其他组织）作病理检查协助诊断。若同时疑有宫颈管病变时，需对宫颈管及宫腔分步进行诊断性刮宫，简称“分段诊刮”。

Notes

（一）一般诊断性刮宫

【适应证】

1. 异常子宫出血或阴道排液，需证实或排除子宫内膜癌、宫颈管癌，或其他病变如流产、子宫内膜炎等。

2. 月经失调，如排卵障碍性异常子宫出血或闭经，需了解子宫内膜变化及其对性激素的反应。

3. 不孕症，需了解有无排卵或疑有子宫内膜结核者。

4. 因宫腔内有组织残留或排卵障碍性异常长期多量出血时，刮宫不仅有助于诊断，还有止血效果。

【禁忌证】 ①急性阴道炎，宫颈炎；②急性或亚急性盆腔炎；③急性严重全身性疾病；④手术前体温>37.5℃。

【方法】 一般不需麻醉。对宫颈内口较紧者，酌情给予镇痛剂、局麻或静脉麻醉。

1. 排尿后取膀胱截石位，外阴、阴道常规消毒，铺无菌孔巾。

2. 做双合诊，了解子宫大小及位置，用阴道窥器暴露宫颈，再次消毒阴道与宫颈，钳夹宫颈前唇或后唇，子宫探针缓缓进入，探子宫方向及宫腔深度。若宫颈内口过紧，可用宫颈扩张器扩张至小刮匙能进入为止。

3. 阴道后穹窿处置盐水纱布一块，以收集刮出的宫腔内组织，用特制的诊断性刮匙由内向外沿宫腔四壁及两侧宫角有次序地将内膜刮除，并注意宫腔壁有无变形及高低不平，取下纱布上的全部组织固定于10%甲醛溶液或95%乙醇中，送病理检查。

（二）分段诊断性刮宫

为鉴别子宫内膜癌及宫颈癌，应做分段刮宫。先不探查宫腔深度，以免将宫颈管组织带入宫腔混淆诊断。用小刮匙自宫颈管内口至外口顺序刮宫颈管一周，将所刮取宫颈管组织置纱布上；然后刮匙进入宫腔刮取子宫内膜。刮出宫颈管组织及宫腔内组织分别装瓶、固定，送病理检查。

若刮出物肉眼观察高度怀疑为癌组织时，不应继续刮宫，以防出血及癌扩散。若肉眼观察未见明显癌组织时，应全面刮宫，以防漏诊。

【适应证】 分段诊断性刮宫多在异常子宫出血时进行，适用于绝经后子宫出血；或老年病人疑有子宫内膜癌，需要了解宫颈管是否被累及时。

【方法】 常规消毒后首先刮宫颈内口以下的颈管组织，然后按一般性诊断性刮宫处置，将颈管及宫腔组织分开固定送检。

（三）诊刮时注意事项

1. **不孕症病人** 应选在月经前或月经来潮12小时内刮宫，以判断有无排卵。

2. **排卵障碍性异常子宫出血** 如疑为子宫内膜增生症者，应于月经前1～2日或月经来潮24小时内刮宫；疑为子宫内膜子宫内膜不规则脱落时，则应于月经第5～7日刮宫；不规则出血者随时可以刮宫。

3. **疑为子宫内膜结核者** 应于经前1周或月经来潮12小时内诊刮，刮宫时要特别注意子宫两角部，因该部位阳性率较高。诊刮前3日及术后3日每天肌内注射链霉素0.75g及异烟肼0.3g口服，以防诊刮引起结核病灶扩散。

4. **疑有子宫内膜癌者** 随时可诊刮，除宫体外，还应注意自宫底取材。

5. 若为了解卵巢功能而作诊刮时，术前至少一个月停止应用性激素，否则易得出错误结果。

6. 出血、子宫穿孔、感染是刮宫的主要并发症。有些疾病可能导致刮宫时大出血，应术前输液、配血并做好开腹准备；哺乳期、绝经后及子宫患有恶性肿瘤者，均应查清子宫位置并仔细操作，以防子宫穿孔；长期有阴道出血者，宫腔内常有感染，刮宫能促使感染扩散，术前术后应给予

Notes

抗生素。术中严格无菌操作。刮宫病人术后2周内禁性生活及盆浴,以防感染。

7. 术者在操作时唯恐不彻底,反复刮宫,易伤及子宫内膜基底层,造成子宫内膜炎或宫腔粘连,导致闭经,应注意避免。

第四节　输卵管通畅检查

输卵管通畅检查的主要目的是检查输卵管是否畅通,了解子宫和输卵管腔的形态及输卵管的阻塞部位。常用的方法有输卵管通气术、输卵管通液术、子宫输卵管造影术。其中输卵管通气术因有发生气栓的潜在危险,且准确率仅为45%～50%,故临床上已逐渐被其他方法所取代。近年来随着内镜的临床应用,已普遍采用腹腔镜直视下输卵管通液检查、宫腔镜下经输卵管口插管通液试验和腹腔镜联合检查等方法。

一、输卵管通液术

输卵管通液术(hydrotubation)是检查输卵管是否通畅的一种方法,并具有一定的治疗功效。即通过导管向宫腔内注入液体,根据注液阻力大小、有无回流及注入液体量和病人感觉等判断输卵管是否通畅。由于操作简便,无需特殊设备,广泛用于临床。

【适应证】

1. 不孕症,男方精液正常,疑有输卵管阻塞者。
2. 检验和评价输卵管绝育术、输卵管再通术或输卵管成形术的效果。
3. 对输卵管黏膜轻度粘连有疏通作用。

【禁忌证】 ①内外生殖器急性炎症或慢性炎症急性或亚急性发作者;②月经期或有不规则阴道流血者;③可疑妊娠期者;④严重的全身性疾病,如心、肺功能异常等,不能耐受手术者;⑤体温高于37.5℃者。

【术前准备】 ①月经干净3～7日,禁性生活;②术前半小时肌内注射阿托品0.5mg,解痉;③病人排空膀胱。

【方法】

1. 器械　阴道窥器、宫颈钳、长弯钳、宫颈导管、20ml注射器、压力表、Y形管等。

2. 常用液体　生理盐水或抗生素溶液(庆大霉素8万U、地塞米松5mg、透明质酸酶1500U,注射用水20～50ml),可加用0.5%的利多卡因2ml以减少输卵管痉挛。

3. 操作步骤

(1) 病人取膀胱截石位,外阴、阴道、宫颈常规消毒,铺无菌巾,双合诊了解子宫的位置及大小。

(2) 放置阴道窥器充分暴露子宫颈,再次消毒阴道穹窿部及宫颈,以宫颈钳钳夹宫颈前唇。沿宫腔方向置入宫颈导管,并使其与宫颈外口紧密相贴。

(3) 用Y形管将宫颈导管与压力表、注射器相连,压力表应高于Y形管水平,以免液体进入压力表。

(4) 将注射器与宫颈导管相连,并使宫颈导管内充满生理盐水,缓慢推注,压力不可超过160mmHg。观察推注时阻力大小、经宫颈注入的液体是否回流,病人下腹部是否疼痛。

(5) 术毕取出宫颈导管,再次消毒宫颈、阴道,取出阴道窥器。

【结果评定】

1. 输卵管通畅　顺利推注20ml生理盐水无阻力,压力维持在60～80mmHg以下;或开始稍有阻力,随后阻力消失,无液体回流,病人也无不适感,提示输卵管通畅。

2. 输卵管阻塞　勉强注入5ml即感有阻力,压力表见压力持续上升而不见下降,病人感下

Notes

腹胀痛，停止推注后液体又回流至注射器内，表明输卵管阻塞。

3. 输卵管通而不畅　注射液体有阻力，再经加压注入又能推进，说明有轻度粘连已被分离，病人感轻微腹痛。

【注意事项】

1. 所用无菌生理盐水温度以接近体温为宜，以免液体过冷造成输卵管痉挛。

2. 注入液体时必须使宫颈导管紧贴宫颈外口，防止液体外漏。

3. 术后2周禁盆浴及性生活，酌情给予抗生素预防感染。

二、子宫输卵管造影

子宫输卵管造影（hysterosalpingography，HSG）是通过导管向子宫腔及输卵管注入造影剂，X线下透视及摄片，根据造影剂在输卵管及盆腔内的显影情况了解输卵管是否通畅、阻塞的部位及子宫腔的形态。该检查损伤小，能对输卵管阻塞作出较正确诊断，准确率可达80%，且具有一定的治疗作用。

【适应证】

1. 了解输卵管是否通畅及其形态、阻塞部位。

2. 了解宫腔形态，确定有无子宫畸形及类型，有无宫腔粘连、子宫黏膜下肌瘤、子宫内膜息肉及异物等。

3. 内生殖器结核非活动期。

4. 不明原因的习惯性流产，于排卵后做造影了解宫颈内口是否松弛，宫颈及子宫是否畸形。

【禁忌证】　①内、外生殖器急性或亚急性炎症；②严重的全身性疾病，不能耐受手术者；③妊娠期、月经期；④产后、流产、刮宫术后6周内；⑤碘过敏者。

【术前准备】

1. 造影时间以月经干净3～7日为宜，术前3日禁性生活。

2. 作碘过敏试验，阴性者方可造影。

3. 术前半小时肌内注射阿托品0.5mg解痉。

4. 术前排空膀胱，便秘者术前行清洁灌肠，以使子宫保持正常位置，避免出现外压假象。

【方法】

1. 设备及器械　X线放射诊断仪、子宫导管、阴道窥器、宫颈钳、长弯钳、20ml注射器。

2. 造影剂　目前国内外均使用碘造影剂，分油溶性与水溶性两种。油剂（40%碘化油）密度大，显影效果好，刺激小，过敏少，但检查时间长，吸收慢，易引起异物反应，形成肉芽肿或形成油栓；水剂（76%泛影葡胺液）吸收快，检查时间短，但子宫输卵管边缘部分显影欠佳，细微病变不易观察，有的病人在注药时有刺激性疼痛。

3. 操作步骤

（1）病人取膀胱截石位，常规消毒外阴、阴道，铺无菌巾，检查子宫位置及大小。

（2）以窥器扩张阴道，充分暴露宫颈，再次消毒宫颈及阴道穹窿部，用宫颈钳钳夹宫颈前唇，探查宫腔。

（3）将40%碘化油充满宫颈导管，排出空气，沿宫腔方向将其置入宫颈管内，徐徐注入碘油，在X线透视下观察碘化油流经输卵管及宫腔情况并摄片，24小时后再摄盆腔平片，以观察腹腔内有无游离碘化油。若用泛影葡胺液造影，应在注射完后立即摄片，10～20分钟后第二次摄片，观察泛影葡胺液流入盆腔情况。

（4）注入碘油后子宫角圆钝而输卵管不显影，则考虑输卵管痉挛，可保持原位，肌注阿托品0.5mg或针刺合谷、内关穴，20分钟后再透视、摄片；或停止操作，下次摄片前先使用解痉药物。

Notes

【结果评定】

1. 正常子宫、输卵管　宫腔呈倒三角形，双侧输卵管显影形态柔软，24 小时后摄片盆腔内见散在造影剂。

2. 宫腔异常　患宫腔结核时子宫失去原有的倒三角形态，内膜呈锯齿状不平；患子宫黏膜下肌瘤时可见宫腔充盈缺损；有子宫畸形时有相应显示。

3. 输卵管异常　患输卵管结核时显示输卵管形态不规则、僵直或呈串珠状，有时可见钙化点；有输卵管积水时输卵管远端呈气囊状扩张；24 小时后盆腔 X 线平片未见盆腔内散在造影剂，说明输卵管不通；输卵管发育异常，可见过长或过短的输卵管、异常扩张的输卵管、输卵管憩室等。

【注意事项】

1. 碘化油充盈宫颈导管时，必须排尽空气，以免空气进入宫腔造成充盈缺损，引起误诊。

2. 宫颈导管与子宫内口必须紧贴，以防碘油流入阴道内。

3. 导管不要插入太深，以免损伤子宫或引起子宫穿孔。

4. 注入碘化油时用力不可过大，推注不可过快，防止损伤输卵管。

5. 透视下发现造影剂进入异常通道，同时病人出现咳嗽，应警惕发生油栓，立即停止操作，取头低脚高位，严密观察。

6. 造影后 2 周禁盆浴及性生活，可酌情给予抗生素预防感染。

7. 有时可因输卵管痉挛而造成输卵管不通的假象，必要时重复进行造影。

三、妇产科内镜输卵管通畅检查

近年来，随着妇产科内镜的大量采用，为输卵管通畅检查提供了新的方法，包括腹腔镜直视下输卵管通液检查、宫腔镜下经输卵管口插管通液试验和腹腔镜联合检查等方法，其中腹腔镜直视下输卵管通液检查准确率可达 90% ~95%。但由于内镜手术对器械要求较高，且腹腔镜仍是创伤性手术，故并不推荐做为常规检查方法。通常在对不孕、不育病人行内镜检查时例行输卵管通液(加用亚甲蓝染液)检查。内镜检查注意事项同上。

第五节　常用穿刺检查

妇产科常用的穿刺检查有腹腔穿刺、羊膜腔穿刺。腹腔穿刺又分为经腹壁腹腔穿刺、经阴道后穹窿穿刺。

一、经腹壁腹腔穿刺术

妇科病变多定位于盆腔及下腹部，故可通过经腹壁腹腔穿刺术(abdominal paracentesis)明确盆、腹腔积液性质或查找肿瘤细胞。腹腔穿刺术是一种手段，既可用于诊断又可用于治疗。穿刺抽出的液体，除观察其颜色、浓度及黏稠度外，还要根据病史决定送检项目，包括常规化验检查、细胞学检查、细菌培养、药敏试验等。

【适应证】

1. 用于协助诊断腹腔积液的性质。

2. 鉴别贴近腹壁的肿物性质。

3. 穿刺放出部分腹水，暂时缓解呼吸困难等症状，使腹壁松软易于作腹部及盆腔检查。

4. 腹腔穿刺注入药物行腹腔化疗。

5. 气腹造影时，穿刺注入二氧化碳，拍摄 X 线平片，盆腔器官可清晰显影。

【禁忌证】

1. 疑有腹腔内严重粘连者，特别是晚期卵巢癌广泛盆、腹腔转移致肠梗阻者。

2. 疑为巨大卵巢囊肿者。

【方法】

1. 经腹超声引导下穿刺,需膀胱充盈;经阴道超声指引下穿刺,则在术前排空小便。

2. 腹腔积液量较多及囊内穿刺时,病人取仰卧位;液量较少取半卧位或侧卧位。

3. 穿刺点一般选择在脐与左髂前上棘连线中外1/3交界处,囊内穿刺点宜在囊性感明显部位。

4. 常规消毒穿刺区皮肤,铺无菌孔巾,术者需戴无菌手套。

5. 穿刺一般不需麻醉,对于精神过于紧张者,可用0.5%利多卡因行局部麻醉达腹膜。

6. 7号穿刺针从选定点垂直进针,刺入腹腔,穿透腹膜时针头阻力消失,拔去针芯,见有液体流出,用注射器抽出适量液体送检。腹水检验约需100~200ml,其他液体仅需数毫升。若需间断放腹水则需植入导管,导管另一端连接器皿。放液量及导管放置时间可根据病人病情和诊治需要而定。若为查明盆腔内有无肿瘤存在,可放至腹壁变松软易于检查为止。

7. 操作结束,拔出穿刺针,局部再次消毒,覆盖无菌纱布,固定。若针眼有腹水溢出可稍加压迫。

【穿刺液性质和结果判断】

1. 血液

(1) 新鲜血液:放置后迅速凝固,为刺伤血管,应改变穿刺针方向,或重新穿刺。

(2) 陈旧性暗红色血液:放置10分钟以上不凝固表明有腹腔内出血。多见于异位妊娠、卵巢黄体破裂或其他脏器如脾破裂等。

(3) 小血块或不凝固陈旧性血液:多见于陈旧性宫外孕。

(4) 巧克力色黏稠液体:镜下见不成形碎片,多为卵巢子宫内膜异位囊肿破裂。

2. 脓液 呈黄色、黄绿色、淡巧克力色,质稀薄或浓稠,有臭味,提示盆腔及腹腔内有化脓性病变或脓肿破裂。脓液应送细胞学涂片、细菌培养、药物敏感试验。必要时行切开引流术。

3. 炎性渗出物 呈粉红色、淡黄色混浊液体,提示盆腔及腹腔内有炎症。应行细胞学涂片、细菌培养、药物敏感试验。

4. 腹水 有血性、浆液性、黏液性等。应送常规化验,包括比重、总细胞数、红、白细胞数、蛋白定量、浆膜黏蛋白试验(Rivalta test)及细胞学检查。必要时检查抗酸杆菌、结核分枝杆菌培养及动物接种。肉眼血性腹水,多疑为恶性肿瘤,应行细胞学检查。

【注意事项】

1. 严格无菌操作,以免腹腔感染。

2. 控制好针头进入的深度,以免刺伤血管及肠管。

3. 大量放液时,针头必须固定好,以免针头移动损伤肠管;放液速度不宜快,每小时放液量不应超过1000ml,一次放液不超过4000ml。放液时,腹部缚以多头腹带,逐步束紧;或压以沙袋,防止腹压骤减,并严密观察病人血压、脉搏、呼吸等生命体征,随时控制放液量及放液速度,若出现休克征象,应立即停止放腹水。

4. 向腹腔内注入药物应慎重,很多药物不宜腹腔内注入。

5. 术后卧床休息8~12小时,给予抗生素预防感染。

二、经阴道后穹窿穿刺术

直肠子宫陷凹是直立位时腹腔最低部位,故腹腔内的积血、积液、积脓易积存于此。阴道后穹窿顶端与直肠子宫陷凹贴接,由此处行经阴道后穹窿穿刺术(culdocentesis),对抽出物进行肉眼观察、化验、病理检查,是妇产科临床常用的辅助诊断方法。

【适应证】

1. 疑有腹腔内出血时,如宫外孕、卵巢黄体破裂等。

Notes

2. 疑盆腔内有积液、积脓时，可做穿刺抽液检查，以了解积液性质；盆腔脓肿的穿刺引流及局部注射药物。

3. 盆腔肿块位于直肠子宫陷凹内，经后穹窿穿刺直接抽吸肿块内容物做涂片，行细胞学检查以明确性质。若高度怀疑恶性肿瘤，应尽量避免穿刺。一旦穿刺诊断为恶性肿瘤，应及早在短期内手术。

4. 可做超声介入治疗，如在超声介导下行卵巢子宫内膜异位囊肿或输卵管妊娠部位注药治疗。

5. 在超声介导下经后穹窿穿刺取卵，用于各种助孕技术。

【禁忌证】

1. 盆腔严重粘连，直肠子宫陷凹被较大肿块完全占据，并已凸向直肠者。

2. 疑有肠管与子宫后壁粘连者。

3. 临床高度怀疑恶性肿瘤者。

4. 异位妊娠准备采用非手术治疗时，尽量避免穿刺，以免引起感染，影响疗效。

【方法】 排空膀胱，取膀胱截石位，外阴、阴道常规消毒、铺巾。阴道检查了解子宫、附件情况，注意后穹窿是否膨隆。阴道窥器充分暴露宫颈及阴道后穹窿，再次消毒。用宫颈钳钳夹宫颈后唇，向前提拉，充分暴露后穹窿，再次消毒。用22号长针头接5～10ml注射器，检查针头有无堵塞，在后穹隆中央或稍偏病侧，距离阴道后壁与宫颈后唇交界处稍下方平行宫颈管刺入，当针穿过阴道壁，有落空感后（进针深约2cm），立即抽吸，必要时适当改变方向或深浅度，如无液体抽出，可边退针边抽吸（图31-5）。针管针头拔出后，穿刺点如有活动性出血，可用棉球压迫片刻。血止后取出阴道窥器。

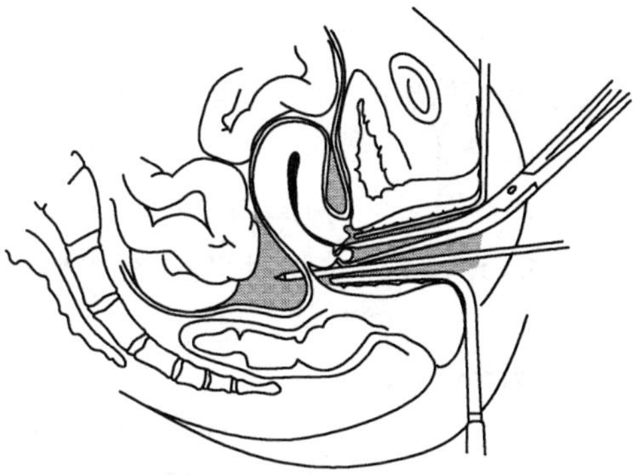

图31-5　经阴道后穹窿穿刺

【穿刺液性质和结果判断】 基本同经腹壁腹腔穿刺。

【注意事项】

1. 穿刺方向为后穹窿中点进针，采用与子宫颈管平行的方向，深入至直肠子宫陷凹。不可过分向前或向后，以免针头刺入宫体或进入直肠。

2. 穿刺深度要适当，一般2～3cm，过深可刺入盆腔器官或穿入血管。若积液量较少时，过深的针头可超过液平面，抽不出液体而延误诊断。

3. 有条件或病情允许时，可先行超声检查，以协助诊断后穹隆有无液体及液体量多少。

4. 后穹窿穿刺未抽出血液，不能完全除外宫外孕。因为内出血量少、血肿位置高或与周围组织粘连时，均可造成假阴性。

三、经腹壁羊膜穿刺术

经腹壁羊膜穿刺术（amniocentesis）是在中晚期妊娠时用穿刺针经腹壁、子宫壁进入羊膜腔抽取羊水，供临床分析诊断或注入药物用于治疗。

【适应证】

1. 治疗

（1）胎儿异常或死胎须做羊膜腔内注药（依沙吖啶等）引产终止妊娠者。

（2）必须短期内终止妊娠，但胎儿未成熟须行羊膜腔内注入皮质激素以促进胎儿肺成

Notes

熟者。

(3) 胎儿生长受限,可于羊膜腔内注入氨基酸等促进胎儿发育。

(4) 母儿血型不合需给胎儿输血者。

(5) 羊水过多,胎儿无畸形,须放出适量羊水以改善症状及延长孕期,提高胎儿存活率者。

(6) 羊水过少,胎儿无畸形,可间断于羊膜腔内注入适量生理盐水,以预防胎盘和脐带受压,减少胎儿肺发育不良或胎儿窘迫。

2. 产前诊断

(1) 需行羊水细胞染色体核型分析,染色质检查以明确胎儿性别,诊断或估价胎儿遗传病可能者。包括孕妇曾生育过遗传疾病患儿者;夫妻或其亲属中有患遗传性疾病者;近亲婚配者;孕妇年龄>35岁者;孕早期接触大量放射线或可致畸药物者;性连锁遗传病基因携带者等。

(2) 需作羊水生化测定者。包括怀疑胎儿神经管缺陷须测定AFP者;孕37周前因高危妊娠引产须了解胎儿成熟度者;疑母儿血型不合须检测羊水中血型物质、胆红素、雌三醇以判定胎儿血型及预后者。

(3) 显示胎儿体表有无畸形及直肠是否通畅。

【禁忌证】

1. 用于产前诊断 ①孕妇曾有流产征兆;②术前24小时内二次体温在37.5℃以上者。

2. 用于羊膜腔内注射依沙吖啶等药物引产 ①心、肝、肺、肾疾患在活动期或功能严重异常者;②各种疾病的急性阶段;③有急性生殖炎症;④术前24小时内两次体温在37.5°C以上者。

【术前准备】

1. 孕周选择 胎儿异常引产者,宜在孕16~26周之内;产前诊断者,宜在孕16~22周,此时子宫轮廓清楚,羊水量相对较多,易于抽取,不易伤及胎儿,且羊水细胞易存活,培养成功率高。

2. 穿刺部位的选择

(1) 宫底下2~3横指下方中线或两侧选择囊性感明显部位作为穿刺点。

(2) 超声定位:可在超声引导下穿刺,亦可经超声定位标记后操作。穿刺前先行胎盘及羊水暗区定位,穿刺时尽量避开胎盘,在羊水量相对较多的暗区进行。

3. 中期妊娠引产常规术前准备 测血压、脉搏、体温,进行全身及妇科检查,注意有无盆腔肿瘤,子宫畸形及宫颈发育情况;检查血、尿常规、出凝血时间、血小板和肝功能;会阴部备皮。

【方法】 孕妇排尿后取仰卧位,腹部皮肤常规消毒,铺无菌孔巾。在选择好的穿刺点,0.5%利多卡因行局部浸润麻醉。用22号或20号腰穿针垂直刺入腹壁,穿刺阻力第一次消失,表示已进入腹腔,继续进针又有阻力表示进入宫壁,阻力再次消失表示已达羊膜腔。拔出针芯即有羊水溢出。抽取所需羊水量或直接注药。将针芯插入穿刺针内,迅速拔针,敷以无菌干纱布,加压5分钟后胶布固定(图31-6)。

【注意事项】

1. 严格无菌操作,以防感染。

2. 穿刺针应细,斜面制成长0.1cm,角度55度,进针不可过深过猛,尽可能一次成功,避免多次操作,最多不得超过3次。

3. 穿刺前应查明胎盘位置,勿伤及胎盘。经胎盘穿刺者,羊水可能经穿刺孔进入母体血液循环而发生羊水栓塞,因而穿刺与拔针前后,应注意孕妇有无呼吸困难、发绀等异常,警惕发生羊水栓塞可能。

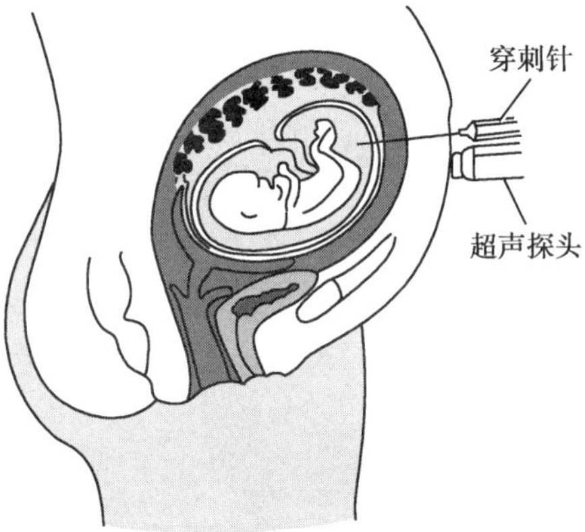

图31-6 经腹壁羊膜穿刺术

4. 抽不出羊水,常因针被羊水中的有形物质阻塞,用有针芯的穿刺针可避免。有时穿刺方向、深度稍加调整即可抽出。

5. 抽出血液,出血可来自腹壁、子宫壁、胎盘或胎儿血管,应立即拔出穿刺针并压迫穿刺点,加压包扎穿刺点。若胎心无明显改变,待一周后再行穿刺。

6. 受术者必须住院观察,医护人员应严密观察受术者穿刺后有无副反应。

第六节　羊 水 检 查

羊水检查是经羊膜腔穿刺取羊水进行羊水分析的一种诊断方法。早在50年代初已被用于母儿血型不合的检查,其后开始应用羊水细胞的性染色体检查判断胎儿性别,进而开展羊水细胞培养行染色体核型分析,此后还开展了羊水细胞培养进行酶的分析以及羊水各项生化测定等。总之,羊水是一个可以较直接反映胎儿各项功能的介质,随着各项检查技术的提高,羊水检查将为临床提供更多有关胎儿的情报。

【适应证】

1. 宫内胎儿成熟度的判定,若高危妊娠需引产,在引产前需了解胎儿成熟度,以选择分娩的有利时机。

2. 超声波检查疑有神经管缺陷等胎儿畸形或母体血中甲胎蛋白异常高值者。

3. 母亲孕期有某些病原体感染,如风疹病毒、巨细胞病毒或弓形虫感染。

4. 细胞遗传学检查(染色体分析)及先天性代谢异常的产前诊断。适用于:夫妇任何一方有染色体异常分娩史者;易发生胎儿染色体异常的35岁以上的高龄孕妇;夫妇一方是某种基因病病人或曾生育过某一基因病患儿的孕妇;胎儿诊断怀疑先天性代谢异常者。

5. 疑为母儿血型不合的诊断。

【检查方法】　经腹壁羊膜穿刺术,见“常用穿刺检查”。

【临床应用】

1. 胎儿肺成熟度的检查

(1) 卵磷脂与鞘磷脂比值(L/S)测定:胎儿肺泡的Ⅱ型上皮细胞分泌的可使肺泡表面张力减低的表面活性物质,有助于预防新生儿呼吸窘迫综合征(respiratory distress syndrome,RDS)的发生。肺泡表面活性物质的主要成分是磷脂,妊娠34周前卵磷脂与鞘磷脂含量相似,但于妊娠35周开始卵磷脂迅速合成,至37周达高峰,羊水中卵磷脂的含量随之急剧增多,但鞘磷脂含量在全孕期无明显变化,导致羊水中L/S比值不断增高。测定L/S比值可了解胎儿肺成熟情况,可用以判断胎儿能否在体外生活。若羊水中L/S比值≥2时,提示胎儿肺已成熟;L/S比值<1.5,提示胎儿肺尚未成熟,新生儿呼吸窘迫综合征的发生率约为73%;当L/S比值在1.5~1.9临界值,新生儿约50%可能发生RDS。糖尿病孕妇的羊水中L/S比值达2.0时仍有较多新生儿发生RDS,L/S比值≥3.0时始表示胎儿肺成熟。高危妊娠需提前终止妊娠者,应测定羊水中L/S比值。

(2) 磷脂酰甘油(phosphatidyl glycerol,PG)的测定:PG占肺泡表面活性物质中总磷脂的10%,但它的出现极具特异性,阳性时不会发生RDS,但测定时可有假阳性结果。妊娠35周后出现,代表胎儿肺已成熟,以后PG水平继续增高至分娩。PG测定判断胎儿肺成熟度优于L/S比值法。糖尿病合并妊娠时,即使L/S值>2而未出现PG,提示胎儿肺部仍未成熟。

2. 细胞遗传学及先天性代谢异常的检查　多在妊娠中期进行。

(1) 染色体异常:通过羊水细胞培养作染色体核型分析,以诊断染色体(常染色体及性染色体)数目或结构异常。

(2) 先天性代谢异常:经羊水细胞培养作某些酶的测定,以诊断因遗传基因突变引起的某

Notes

种蛋白质或酶的异常或缺陷。

（3）基因病：从羊水细胞提取胎儿 DNA，针对某一基因作直接或间接分析或检测。

3. 羊水上清液的生化测定

（1）羊水中甲胎蛋白的测定：目前主要采用对羊水中甲胎蛋白（AFP）含量的测定，诊断胎儿开放性神经管缺陷，如无脑儿或脊柱裂。羊水中 AFP 值在孕 12～14 周达高峰，为 40μg/ml，以后逐渐下降，至足月时几乎测不出，通常正常妊娠 8～24 周时羊水 AFP 值为 20～48μg/ml。开放性神经管畸形因脑组织或脊髓外露，羊水中 AFP 值常比正常值高 10 倍；此外死胎、先天性食管闭锁、十二指肠闭锁、脐膨出、先天性肾病综合征、严重 Rh 血型不合妊娠等也可升高。

（2）羊水雌三醇（E_3）的测定：羊水中的雌三醇值与孕妇尿雌三醇值呈相关性，能准确地反映胎儿胎盘单位的功能状态及估计异常胎儿的预后。羊水 E_3 值于妊娠 24 周前很低，25 周起随孕周增加而逐渐增多，33 周前约为 122μg/ml，33 周时约为 384μg/ml，37 周后增加迅速，至妊娠 40 周时约为 847μg/ml。羊水中雌三醇值低于 100μg/ml 时，胎儿预后不良。

4. 胎儿血型预测　适用于可疑 ABO 血型不合的孕妇。于晚期妊娠抽取羊水检查其中血型物质，以预测胎儿血型。但约 20% 孕妇为非分泌型，羊水中无血型物质。

5. 检测宫内感染　孕妇有风疹病毒等感染时，可测羊水中特异免疫球蛋白，如羊水中白细胞介素-6 升高，可能存在亚临床的宫内感染，可导致流产或早产。

6. 协助诊断胎膜早破　对可疑胎膜早破者，可用石蕊试纸测试阴道内排液的 pH 值。胎膜早破时因羊水偏碱性，pH 值应>7；也可取阴道后穹窿处液体一滴置于玻片上，烘干后在光镜下检查，胎膜早破时可见羊齿植物叶状结晶及少许毳毛。

第七节　妇科肿瘤标志物检查

肿瘤标记物（tumor marker）是肿瘤细胞异常表达所产生的蛋白抗原或生物活性物质，可在肿瘤病人的组织、血液或体液及排泄物中检测出，可协助肿瘤诊断、鉴别诊断及监测。

一、相关抗原及胚胎抗原

（一）癌抗原 125（cancer antigen 125，CA125）

【检测方法及正常值】 CA125 检测方法多选用放射免疫测定方法（RIA）和酶联免疫法（ELISA）。常用血清检测阈值为 35U/ml。

【临床意义】 CA125 在胚胎时期的体腔上皮及羊膜有阳性表达，一般表达水平低并且有一定的时限。它是目前世界上应用最广泛的卵巢上皮样肿瘤标记物，在多数卵巢浆液性囊腺癌中表达阳性，阳性率可达 80% 以上。CA125 在临床上广泛应用于鉴别诊断盆腔肿块、监测卵巢癌治疗后病情进展以及判断预后等，特别在监测疗效时相当敏感。血浆 CA125 的水平在治疗后明显下降者，如在治疗开始后 CA125 下降 30%，或在 3 个月内 CA125 下降至正常值，则可视为治疗有效；若经治疗后 CA125 水平持续升高或一度降至正常水平随后再次升高，复发转移几率明显上升。

CA125 对子宫颈腺癌及子宫内膜癌的诊断也有一定敏感性。对原发性腺癌，其敏感度约为 40%～60%，而对腺癌的复发诊断，敏感性可达 60%～80%；对子宫内膜癌来说，CA125 的测定值还与疾病的分期有关。当 CA125 水平>40U/ml 时，有 90% 的可能肿瘤已侵及子宫浆肌层。

子宫内膜异位症病人血浆 CA125 浓度亦可增高，但一般很少超过 200U/ml。

（二）NB70/K

【检测方法及正常值】 NB70/K 测定多选用单克隆抗体 RIA 法，正常血清检测阈值为 50AU/ml。

【临床意义】 NB70/K 是用人卵巢癌相关抗原制备出的单克隆抗体,对卵巢上皮性肿瘤敏感性可达 70%。早期卵巢癌病人 50% 血中可检出 NB70/K 阳性。实验证明,NB70/K 与 CA125 的抗原决定簇不同,在黏液性囊腺瘤也可表达阳性,因此在临床应用中可互补检测,提高肿瘤检出率,特别适用于对卵巢癌病人进行早期诊断。

(三) 糖链抗原 19-9(carbohydrate antigen 19-9,CA19-9)

【检测方法及正常值】 CA19-9 测定方法有单抗或双抗 RIA 法,血清正常值为 37U/ml。

【临床意义】 CA19-9 是直肠癌细胞系相关抗原,除表达于消化道肿瘤如胰腺癌、结直肠癌、胃癌及肝癌外,在卵巢上皮性肿瘤也有约 50% 的阳性表达。卵巢黏液性囊腺癌 CA19-9 阳性表达率可达 76%,而浆液性肿瘤则为 27%。子宫内膜癌及宫颈管腺癌也有一定阳性表达。

(四) 甲胎蛋白(alpha-fetoprotein,AFP)

【检测方法及正常值】 AFP 通常应用 RIA 或 ELISA 方法检测,检测阈值为 10~20ng/ml。

【临床意义】 AFP 是由胚胎肝细胞及卵黄囊产生的一种糖蛋白,属于胚胎期的蛋白产物,但出生后部分器官恶性病变时可以恢复合成 AFP 的能力,如肝癌细胞和卵巢的生殖细胞肿瘤都有分泌 AFP 的能力。在卵巢生殖细胞肿瘤中,相当的一部分类型肿瘤 AFP 水平明显升高。例如卵黄囊瘤(内胚窦瘤)血浆 AFP 水平常>1000ng/ml,卵巢胚胎性癌和未成熟畸胎瘤血浆 AFP 水平也可升高。上述肿瘤病人经手术及化疗后,血浆 AFP 可转阴;若 AFP 升高,即使临床上无症状,也可能有隐性复发或转移,因此,AFP 对卵巢恶性生殖细胞肿瘤尤其是内胚窦瘤的诊断及监视有较高价值。

(五) 癌胚抗原(carcinoembryonic entigen,CEA)

【检测方法及正常值】 CEA 检测方法多采用 RIA 和 ELISA 测定法。血浆正常阈值因测定方法不同而有出入,一般在 2.5~20ng/ml,当 CEA>5ng/ml 可视为异常。

【临床意义】 CEA 属于一种肿瘤胚胎抗原,是一种糖蛋白。胎儿胃肠道及某些组织细胞有合成 CEA 的能力,出生后血浆中 CEA 含量甚微。在多种恶性肿瘤如结直肠癌、胃癌、乳腺癌、宫颈癌、子宫内膜癌、卵巢上皮性癌、阴道及外阴癌等 CEA 均表达阳性,因此 CEA 对肿瘤无特异性标记功能。在妇科恶性肿瘤中,卵巢黏液性囊腺癌 CEA 阳性率最高;其次为 Brenner 瘤;子宫内膜样癌及透明细胞癌也有较高的 CEA 表达水平;浆液性肿瘤阳性率相对较低。血浆 CEA 水平持续升高的病人常发展为复发性卵巢肿瘤,且生存时间短。借助 CEA 测定手段,可动态监测各种妇科肿瘤的病情变化并观察临床治疗效果。

(六) 人附睾蛋白 4(human epididymis protein4,HE4)

【检测方法及正常值】 人附睾蛋白 4 可使用标准试剂盒。血浆中 HE4 正常阈值为 150pmol/L。

【临床意义】 HE4 是继 CA125 之后被高度认可的又一上皮性卵巢肿瘤标志物。HE4 在正常卵巢上皮中并不表达,但在浆液性卵巢癌和子宫内膜样卵巢癌中明显高表达。文献报道,93% 的浆液性卵巢癌与 100% 的子宫内膜样卵巢癌肿瘤组织中均有 HE4 的表达。因此,HE4 联合 CA125 检测在上皮性卵巢癌的早期诊断、病情监测和术后复发监测中均有重大意义。子宫内膜癌中 HE4 也有一定的表达,其测定值与子宫内膜癌的分期和分化程度密切相关。

(七) 鳞状细胞癌抗原(squamous cell carcinoma antigen,SCCA)

【检测方法和正常值】 SCCA 通用的测定方法为 RIA 和 ELISA,也可采用化学发光方法,其敏感度可大大提高。血浆中 SCCA 正常阈值为 1.5μg/L。

【临床意义】 SCCA 是从子宫颈鳞状上皮细胞癌分离制备得到的一种肿瘤糖蛋白相关抗原,对绝大多数鳞状上皮细胞癌有较高特异性。70% 以上的宫颈鳞癌病人血浆 SCCA 升高,而宫颈腺癌仅有 15% 左右升高,外阴及阴道鳞状上皮细胞癌 SCCA 阳性率为 40%~50%。SCCA 的水平还与宫颈鳞癌病人的病情进展及临床分期有关,是宫颈癌病人疗效评定的指标之一。SCCA

Notes

对复发癌的预示敏感性可达65%～85%。而且在影像学方法确定前3个月，SCCA水平就开始持续升高。因此，SCCA对宫颈癌病人有判断预后，监测病情发展的作用。

二、雌激素受体、孕激素受体

【检测方法及正常值】 雌激素受体（estrogen receptor，ER）和孕激素受体（progest receptor，PR）多采用单克隆抗体组织化学染色定性测定，如果从细胞或组织匀浆进行测定，则定量参考阈值ER为20pmol/ml，PR为50pmol/ml。

【临床意义】 ER和PR主要分布于子宫、宫颈、阴道及乳腺等靶器官的雌孕激素靶细胞表面，能与相应激素特异性结合，进而产生生理或病理效应。ER阳性率在卵巢恶性肿瘤中明显高于正常卵巢组织及良性肿瘤，而PR则相反，说明卵巢癌的发生与雌激素的过度刺激有关，导致相应的ER过度表达。卵巢恶性肿瘤中随着分化程度的降低，PR阳性率也随之降低；同样，子宫内膜癌和宫颈癌ER、PR阳性率在高分化肿瘤中阳性率明显较高。此外有证据表明，受体阳性病人生存时间明显较受体阴性者长。不同子宫内膜癌病人ER和PR受体水平有很大差异，这种差异对子宫内膜癌的发展及转归有较大影响，特别是对指导应用激素治疗有确定价值。

三、妇科肿瘤相关的癌基因和肿瘤抑制基因

（一）*myc*基因

*myc*基因属于原癌基因，其核苷酸编码含有DNA结合蛋白的基因组分，参与细胞增殖、分化及凋亡的调控，特别是细胞周期G_0期过渡到G_1期的调控过程，所以认为*myc*基因是细胞周期的正性调节基因。*myc*基因的改变往往是扩增或重排所致。在卵巢恶性肿瘤、宫颈癌和子宫内膜癌等妇科恶性肿瘤可发现有*myc*基因的异常表达。*myc*基因的异常表达意味着病人预后极差。

（二）*ras*基因

作为原癌基因类的*ras*基因家族（*N-ras*，*K-ras*和*H-ras*）对人类和某些动物恶性肿瘤的发生、发展起重要作用。宫颈癌病人中可发现有三种*ras*基因的异常突变，子宫内膜癌中仅发现*K-ras*基因突变，而卵巢癌病人可有*K-ras*和*N-ras*的突变，但至今未发现有*H-ras*基因突变。*K-ras*的过度表达往往提示病情已进入晚期或有淋巴淋巴结转移，因此认为*K-ras*可以作为判断卵巢恶性肿瘤病人预后的指标之一。宫颈癌*ras*基因异常发生率为40%～100%不等。在*ras*基因异常的宫颈癌病人中，70%病人同时伴有*myc*基因的扩增或过度表达，提示这两种基因共同影响宫颈癌的预后。

（三）*C-erb* B_2基因

C-erb B_2基因也称*neu*或HER_2基因，编码含有185kDa膜转运糖蛋白，与卵巢癌和子宫内膜癌的发生密切相关。一些研究表明，*erb* B_2的过度表达与不良预后相关。据报道，20%～30%的卵巢肿瘤病人有*erb* B_2基因的异常表达，10%～20%的子宫内膜癌病人过度表达erb B_2。

（四）*p53*基因

*p53*是当今研究最为广泛的人类肿瘤抑制基因。p53蛋白与DNA多聚酶结合，可使复制起始复合物失活。此外，p53蛋白含有一段转录活性氨基酸残基，可激活其他肿瘤抑制基因而产生肿瘤抑制效应。*p53*基因的异常包括点突变、等位片段丢失、重排及缺乏等，使其丧失与DNA多聚酶结合的能力。*p53*与细胞DNA损伤修复有关，当DNA受损后，由于*p53*缺陷，使细胞不能从过度复制状态解脱出来，更不能得以修复改变，进而导致细胞过度增殖，形成恶性肿瘤。50%卵巢恶性肿瘤有*p53*基因的缺陷，在各期卵巢恶性肿瘤中均发现有*p53*异常突变，这种突变在晚期病人中远远高于早期病人，提示预后不良。在子宫内膜癌病人中，20%有*p53*的过度表达。这种异常过度表达往往与子宫内膜癌临床分期、组织分级、肌层侵蚀度密切相关。此外，*p53*还与细胞导向凋亡有关。当HPVs基因产物如HPV16和HPV18与p53蛋白结合后能使后者迅速失活，

Notes

这在病毒类癌基因表达的宫颈癌尤为明显。

（五）其他肿瘤抑制基因

肿瘤抑制基因 nm23，也称肿瘤转移抑制基因，其基因产物为核苷酸二磷酸激酶（NDPK），主要针对肿瘤转移。NDPK 通过信号转导，影响微管的组合和去组合，并且通过影响 G 蛋白的信号传递，最终控制细胞增殖和蛋白结合 GDP 的磷酸化过程。nm23 的表达水平与卵巢恶性肿瘤的转移侵蚀性呈负相关。erbB2 基因过度表达可使 nm23 基因失活，nm23 表达受抑制的结果常伴随卵巢癌淋巴结转移和远处转移。

第八节　人乳头瘤病毒

人乳头瘤病毒（human papilloma virus，HPV）属嗜上皮性病毒，现已确定的 HPV 型别约有 120 余种。宫颈鳞癌中以 HPV16 型感染最为常见，而宫颈腺癌中 HPV18 型阳性率较高，并多见于年轻妇女。几乎所有流行病学资料结合实验室的数据都强有力地支持高危型 HPV 持续感染是子宫颈癌发生的必要条件，因此，国内外已经将检测 HPV 感染作为宫颈癌的一种筛查手段。

（一）HPV 的生理学特性及其感染与子宫颈癌及其癌前病变的关系

HPV 属于乳头多瘤空泡病毒科（papovaviridae）乳头瘤病毒属，是一种环状的双链 DNA 病毒，其核心是由 7800～7900 个碱基对以共价键组成的含有遗传信息的闭合环状双链 DNA，外为 72 个壳粒包绕，形成对称的 20 面体。病毒无外包膜，直径约 55nm，分子量约为 5.4kD。不同类型的 HPV 感染可导致不同临床病变。依据 HPV 型别与癌发生的危险性高低将 HPV 分为高危型和低危型两类。低危型 HPV 如 HPV6、11、42、43、44 等，常引起外生殖器疣等良性病变；高危型 HPV 如 HPV16、18、31、33、35、39、45、51、52、56、58、59、68 型等则与宫颈癌及宫颈上皮内病变有关，其中以 HPV16、18 型与宫颈癌的关系最为密切。

传统理论认为高危型 HPV E6、E7 基因编码的原癌蛋白是导致子宫颈上皮癌变的重要因子。E6 蛋白通过 E6-AP 能特异性结合 p53 蛋白形成复合物。促使 p53 蛋白快速降解，导致细胞周期失控，其效应等同于 p53 突变。E7 蛋白和 pRb 有高亲和性，使 E2F 和 pRb 复合物解离，G1 期进入 S 期所需基因如 c-myc、DNA 聚合酶 α 等得以转录，使细胞周期失控而发生永生化。近年来的研究表明 HPV 与宿主染色体的整合也在病毒致癌过程中起了重要作用，这也解释了为什么感染 HPV 的人群并不是都发展为宫颈癌而是仅少数感染者出现疾病进展。

（二）HPV 检测方法及注意事项

目前美国食品药品监督管理局（FDA）已批准三种 HPV-DNA 检测方法：①Hybrid Capture 2（HC-2）（USA，2003）；②Cervista HPV HR（USA，2009）；③Cobas HPV（USA，2011）。

HPV 检测的注意事项有：①月经正常的妇女，在月经来潮后 10～18 日为最佳检查时间；②检查前 48 小时内不要做阴道冲洗及阴道上药；③检查前 48 小时内不要行性生活。

（三）HPV 检测的临床价值

HPV 检测在临床的应用意义有以下几个方面：

1. HPV 检测作为初筛手段可浓缩高危人群，比通常采用的细胞学检测更有效。尤其是在临床实践中，因中国基层医院的细胞学诊断水平参差不齐，三级甲等以下医院及医疗不发达地区采用 HPV 监测手段进行宫颈癌的筛查可明显减少诊断学误差，医疗发达地区三级甲等及以上医院 HPV 检测联合细胞学检查的筛查策略则更为推荐。

根据 WHO 的推荐，30 岁至 65 岁之间的妇女均应进行高危型 HPV 筛查，高危人群起始年龄应相应提前。高危妇女人群定义为 HIV 感染、器官移植、长期应用皮质激素的妇女。2013 年美国阴道镜和子宫颈病理学会（American Society for Colposcopy and Cervical Pathology，ASCCP）宫颈癌筛查指南推荐 30 岁至 65 岁之间的妇女应首选每 5 年一次的 HPV 监测联合细胞学的筛查方案，其具体实施方案见图 31-7。欧洲生殖器感染和肿瘤研究组织（European Research Organization on Genital Infection and Neoplasia，EUROGIN）提出的子宫颈癌及癌前病变筛查指南则以 HPV 监测结果为基础进行不同的处理，具体实施方案见图 31-8。

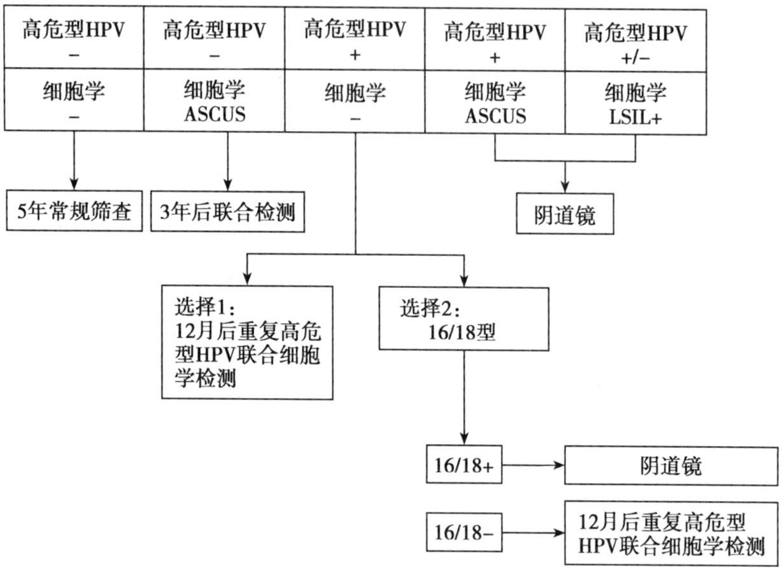

图 31-7　30～65 岁妇女高危型 HPV 联合细胞学检测的筛查指南（ASCCP，2013）

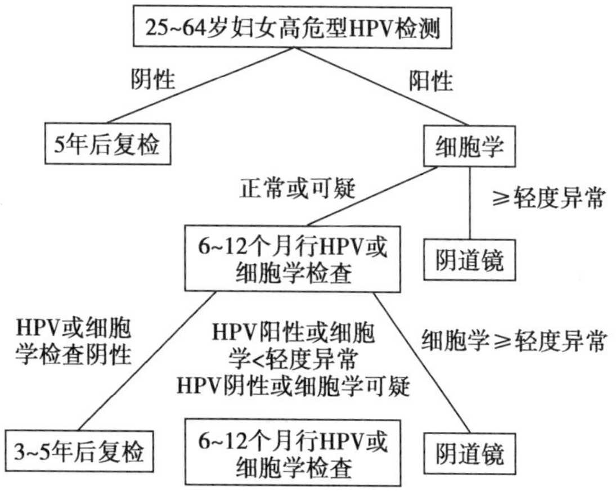

图 31-8　25～64 岁女性高危型 HPV DNA 检测的随访筛查指南（EUROGIN，2008）

2. HPV 还可用于宫颈上皮内高度病变和宫颈癌治疗后的监测，有效的指导术后追踪。HPV 可预测病变恶化或术后复发的危险，若手术后六个月、十二个月检测 HPV 阴性，提示病灶切除干净；若术后 HPV 检测阳性，提示有残留病灶及有复发可能。

3. 可根据 HPV 感染基因型预测受检者患子宫颈癌的风险。HPV 感染型别与子宫颈病变的级别存在一定关系，各型别对子宫颈上皮的致病力亦不相同。对于细胞学阴性而 HPV16 或 HPV18 阳性者，ASCCP 指南建议行阴道镜检以排除癌前病变及宫颈浸润癌。

4. 对不典型鳞状上皮细胞或腺上皮细胞（atypical cells of undetermined significance，ASC-US），应用 HPV 检测可进行有效的分流。HPV DNA 检测可应用于检测可疑刷片，将宫颈癌前病变从细胞学结果为非典型鳞状细胞/腺细胞中有效检出。在这些病人当中，仅高危型 HPV 检测阳性者需要进一步进行阴道镜及活检，对 HPV DNA 检测为阴性病人进行严密随诊，从而避免因

Notes

过度诊断和治疗给病人及医生造成的负担。

第九节　影 像 检 查

现代科技的飞速发展给传统的影像学注入巨大活力，超声检查以其对人体损伤小，可重复性，实时，诊断、准确而广泛应用于妇产科领域。其他如X线，计算机体层成像（CT），磁共振成像（MRI），正电子发射体层显像（PET）及放射免疫定位也是妇产科领域的重要影像学检查方法。

一、超 声 检 查

妇产科常用的超声检查有超声检查、彩色多普勒超声检查和三维超声检查，途径有经腹及经阴道两种。

（一）超声检查

超声检查是应用二维超声诊断仪，在荧光屏上以强弱不等的光点、光团、光带或光环，显示探头所在部位脏器或病灶的断面形态及其与周围器官的关系，并可作实时动态观察和照相（图31-9）。

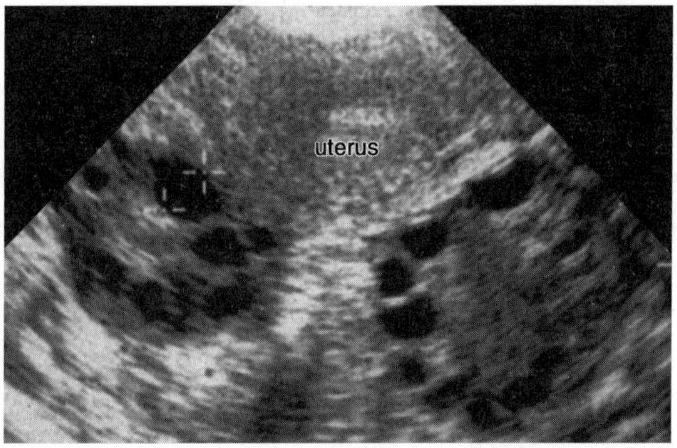

图31-9　超声下显示双侧卵巢肿瘤

1. 经腹部超声检查　选用弧阵探头和线阵探头，常用频率为3.5MHz。检查前适度充盈膀胱，形成良好的“透声窗”，便于观察盆腔内脏器和病变。

2. 经阴道超声检查　选用高频探头（5～7.5MHz），可获得高分辨率图像。经阴道超声检查，病人不必充盈膀胱，操作简单易行，无创无痛，尤其对急诊、肥胖病人或盆腔深部器官的观察，阴道超声效果更佳。而对超出盆腔的肿物，无法获得完整图像。无性生活史者不宜选用。

（二）彩色多普勒超声检查

彩色多普勒和频谱多普勒同属于脉冲波多普勒，它是一种面积显像技术。在妇产科领域中，用于评估血管收缩期和舒张期血流状态的常用三个指数为阻力指数（RI）、搏动指数（PI）和收缩期、舒张期比值（S/D）。彩色超声探头也包括腹部和阴道探头。病人受检前的准备以及体位与超声检查相同。

（三）三维超声诊断法

三维超声诊断法（3-dimension ultrasonography imaging，3-DUI）可显示出超声的立体图像。构成立体图像的方法有数种，目前应用的仪器多为在二维图像的基础上利用计算机进行三维重建，有静态三维超声和动态三维超声两种。静态三维影像以空间分辨力为主，动态三维影像以时间分辨力为主，目前尚未达到实时三维图像。三维超声诊断法对心脏、大血管等许多脏器在方位观察上有突出的优越性。

Notes

(四) 超声检查在产科领域的应用

1. 超声检查法 可通过超声测定胎儿发育是否正常,有无胎儿畸形,可测定胎盘位置、胎盘成熟度及羊水量。

(1) 早期妊娠:妊娠时子宫随停经周数相应增大,妊娠5周时可见妊娠囊图像见圆形光环,中间为羊水呈无回声区;妊娠6周时妊娠囊检出率达100%,妊娠5~6周可见心管搏动;妊娠6~7周,妊娠囊内出现强光团,是胚芽的早期图像;妊娠8周初具人形,可测量从头至臀的数值,即头臀径,以估计胎儿的孕周,即孕周=头臀径+6.5,或查表知相应孕周。

(2) 中晚期妊娠

1) 胎儿主要生长径线测量:根据胎儿生长的各种参数,如双顶径、头围、腹围、股骨长以及各参数间的比例关系,连续动态观察,其值低于正常,或推算出的体重小于孕周的第10百分位数,即可诊断胎儿宫内发育迟缓(IUGR)。

2) 估计胎儿体重:是判断胎儿成熟度的一项重要指标。超声估测胎儿体重的方法有多种,如AC预测法,BPD与AC联合预测法,FL与AC联合预测法,上述方法均可根据所获数据,直接查专用图表即可查到胎儿体重。多数作者利用BPD与孕周之间的极显著相关性来测算,可通过下列方式:胎儿体重(g)=900×BPD(cm)-5200。但要注意无论采用何项参数均可能有±15%的差异。

3) 胎盘定位:妊娠12周后,胎盘轮廓清楚,显示为一轮廓清晰的半月形弥漫光点区,通常位于子宫的前壁、后壁和侧壁。胎盘位置的判定对临床有指导意义,如判断前置胎盘和胎盘早剥,行羊膜穿刺术时可避免损伤胎盘和脐带等。根据胎盘的绒毛板、胎盘实质和胎盘基底层3部分结构变化进一步将胎盘成熟过程进行分级:0级为未成熟,多见于中孕期;Ⅰ级为开始趋向成熟,多见于孕29~36周;Ⅱ级为成熟期,多见于36周以后;Ⅲ级为胎盘已成熟并趋向老化,多见于38周以后,也有少数Ⅲ级胎盘出现在36周前;反之,也有Ⅰ级胎盘出现在36周者。因此,从胎盘分级判断胎儿成熟度时,还需结合其他参数及临床资料,做出综合分析。目前国内常用的胎盘钙化分度是:Ⅰ度:胎盘切面见强光点;Ⅱ度:胎盘切面见强光带;Ⅲ度:胎盘切面见强光圈(或光环)。

4) 探测羊水量:羊水呈无回声的暗区、清亮。妊娠晚期,羊水中有胎脂,表现为稀疏的点状回声漂浮。妊娠早、中期羊水量相对较多,为清亮的无回声区,至妊娠晚期羊水量逐渐减少。单一最大羊水暗区垂直深度>7cm时为羊水过多;<3cm为羊水过少。若用羊水指数法,则为测量四个象限的最大羊水深度相加之和,如>20cm为羊水过多;<8cm为羊水过少。

5) 确定胎儿性别:妊娠28周后能准确辨认胎儿性别。男性胎儿阴囊呈两对称椭圆形中等回声,阴茎呈小三角形回声;女性胎儿在会阴部见大阴唇呈三条平行的短小回声带。

(3) 异常妊娠:

1) 葡萄胎:典型的完全性葡萄胎的声像特点是子宫增大,多数大于孕周;宫腔内无胎儿及其附属物;宫腔内充满弥漫分布的蜂窝状大小不等的无回声区;当伴有卵巢黄素囊肿时,可在子宫一侧或两侧探到大小不等的单房或多房的无回声区。

2) 鉴别胎儿是否存活:若胚胎停止发育则妊娠囊变形,不随孕周增大反而缩小;胎芽枯萎,超声探查原有胎心者,复诊时胎心搏动消失。胎死宫内的声像图表现为胎体萎缩,胎儿轮廓不清,可见颅骨重叠,无胎心及胎动,脊柱变形,肋骨排列紊乱,胎儿颅内、腹内结构不清,羊水暗区减少等。

3) 判断异位妊娠:宫腔内无妊娠囊,附件区探及边界不十分清楚、形状不规则的肿块。若在肿块内探及圆形妊娠囊,其内有胚芽或心管搏动,则能在流产或破裂前得到确诊。若已流产或破裂时,直肠子宫陷凹或腹腔内可见液性暗区。

Notes

4) 判断前置胎盘:检查前孕妇需充盈膀胱,胎盘组织声影部分或全部覆盖宫颈内口。

5）判断胎盘早剥：胎盘与子宫肌壁间出现形状不规则的强回声或无回声区。

6）探测多胎妊娠：显示两个或多个胎头光环，两条或多条脊椎像或心脏搏动

（4）探测胎儿畸形：

1）脑积水：双顶径与头围明显大于孕周，头体比例失调，头围大于腹围；侧脑室与颅中线的距离大于颅骨与颅中线距离的1/2；颅中线偏移，颅内大部为液性暗区。

2）无脑儿：在胎儿颈部上方探不到胎头光环；胎头轮廓可呈半月形弧形光带；眼眶部位可探及软组织回声，似青蛙眼；常伴羊水过多或脊柱裂。

3）脊柱裂：超声扫查脊柱时，应注意脊柱的连续性与生理性弯曲。开放性脊柱裂可见两排串珠状回声，但不对称，或一排不整齐，或串珠样回声形状不规则，不清晰或中断。纵切时，脊柱裂部位呈不规则八字型，横切呈V字型。

4）多囊肾：多为双侧，肾体积明显增大，外形不规则呈多囊状，肾实质内见多个大小不等的蜂窝状无回声区，常看不清正常结构，可合并羊水过少，膀胱不显示。另一种多囊肾为弥漫性小囊，肉眼看不清，超声不能显示，显微镜下方能作出诊断。

2. 彩色多普勒超声检查法

（1）母体血流：子宫动脉血流是评价子宫胎盘血液循环的一项良好指标。在妊娠早期，子宫动脉的血流与非孕期相同，呈高阻力低舒张期，孕14～18周开始逐渐演变成低阻力并伴有丰富舒张期血流。子宫动脉的RI、PI和S/D仍均随孕周的增加而减低，具有明显相关性。

（2）胎儿血流：目前医生可以对胎儿脐带、大脑中动脉、主动脉及肾动脉等进行监测，尤其是测定脐带血流变化已成为常规检查手段。在正常妊娠期间，脐动脉血流的RI、PI和S/D与妊娠周数密切相关。在判断胎儿宫内是否缺氧时，脐动脉血流波形具有重要意义，若脐动脉血流舒张末期消失进而出现舒张期血流逆流，提示胎儿处于濒危状态。

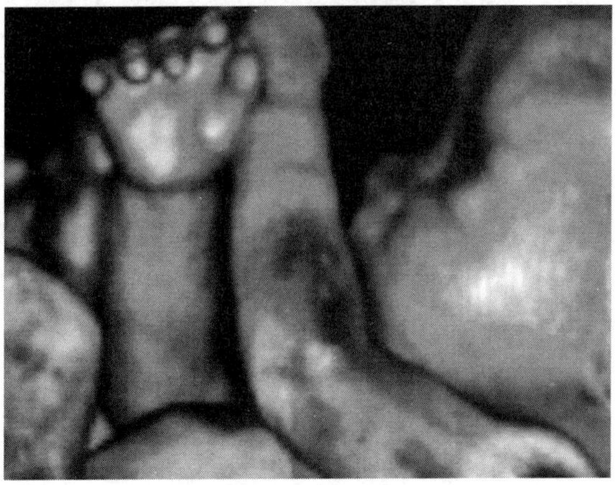

图31-10　三维超声显示胎儿外型

（3）胎儿心脏超声：彩色多普勒可以从胚胎时期原始心管一直监测到分娩前的胎儿心脏，一般认为妊娠24周后对胎儿进行超声心动监测图像较清晰。

3. 三维超声波扫描技术　利用最新标准的三维超声设备可观察胎儿发育，诊断胎儿异常。操作者使用三维超声波扫描技术，通过更便于人眼分辨的多平面图，得到更自然和完整的影像（图31-10）。3-DUI有助于检出胎儿唇裂、腭裂、脑畸形、耳朵和颅骨异常，还可检出心脏异常。

（五）超声检查在妇科领域的应用

1. 超声检查法

（1）子宫肌瘤：是妇科最常见的良性肿瘤，其声像图为子宫体积增大，形态不规则，肌瘤常为低回声、等回声或中强回声。目前腹部超声能分辨直径0.5cm子宫前壁肌瘤，并可对肌瘤进行较精确定位。

（2）子宫腺肌病和腺肌瘤：子宫腺肌病的声像特点是子宫均匀性增大，子宫断面回声不均，有低回声和强回声区；子宫腺肌瘤时子宫呈不均匀增大，其内散在小蜂窝状无回声区。

（3）盆腔炎：盆腔炎性肿块与周围组织粘连，境界不清；积液或积脓时为无回声或回声不均。

（4）卵巢肿瘤：卵巢肿瘤表现为卵巢增大，内为单房或多房的液性无回声区或混合性回声团。若肿块边缘不整齐、欠清楚，囊壁上有乳头，内部回声强弱不均或无回声区中有不规则强回声团，常累及双侧卵巢并伴腹水者，应考虑为有卵巢癌。

（5）监测卵泡发育：通常从月经周期第10日开始监测卵泡大小，正常卵泡每日增长1.6mm，排卵前卵泡约达20mm。

（6）探测宫内节育器：通过对宫体的扫查，能准确地诊断宫内节育器在宫腔的位置及显示节育器的形状，当节育器嵌顿、穿孔或外游走时，可在子宫肌壁间或子宫外发现节育器的强回声。

（7）介入超声的应用：在阴式超声引导下可对成熟卵泡进行采卵；对盆腔囊性肿块穿刺，判断囊肿性质，并可注入药物进行治疗；随着助孕技术的发展，介入超声还可用于减胎术。

2. 彩色多普勒超声检查 利用彩色多普勒超声能很好地判断盆、腹腔肿瘤的边界以及肿瘤内部血流的分布，尤其对滋养细胞肿瘤及卵巢恶性肿瘤，其内部血流信息明显增强，有助于诊断。

3. 三维超声波扫描技术 利用三维超声分析手段，对盆腔脏器结构及可能的病变组织进行三维重建，可以较清晰显示组织结构或病变的立体结构，呈现二维超声难以达到的立体逼真的图像。有助于盆腔脏器疾患的诊断，特别是良、恶性肿瘤的诊断和鉴别诊断（图31-11）。

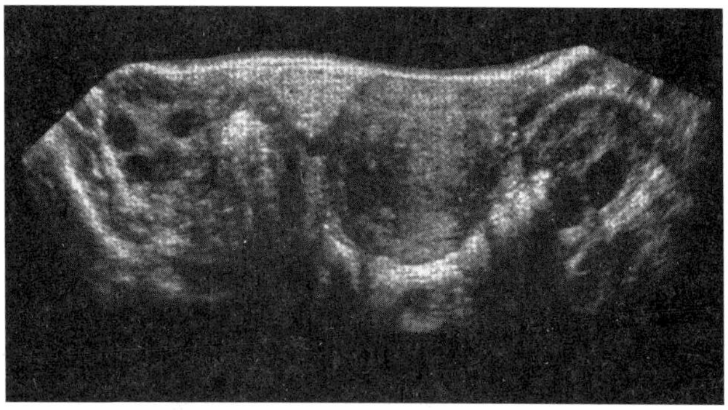

图31-11 三维超声 正常女性内生殖器

二、计算机体层扫描检查

计算机体层扫描（computerized tomography，CT）除可显示组织器官的形态外，还可高分辨的显示组织密度以及X线不能显示的器官、组织的病变，尤其在脑，胆，胰，肾，腹腔和腹腔外隙的肿块诊断上已展示其优越性。在妇产科领域，CT主要用于卵巢良、恶性肿瘤的鉴别诊断。CT诊断良性卵巢肿瘤的敏感性达90%，确诊率达93.2%，而对恶性卵巢肿瘤病变范围的判断与手术所见基本一致，能显示肿瘤与肠道的粘连，输尿管受侵，腹膜后淋巴结转移，横隔下区病变，故敏感性达100%，确诊率达87.5%。CT检查的缺点是直径<2cm的卵巢实性病变难以检出，腹膜转移癌灶直径1～2cm也易遗漏，交界性肿瘤难以判断，且易将卵巢癌与盆腔结核混淆。

三、磁共振成像检查

磁共振成像（magnetic resonance imaging，MRI）检查是利用原子核在磁场内共振所产生的信号经重建后获得图像的一种影像技术。MRI图像和CT图像不同，它反映的是不同的弛豫时间T1和T2的长短及MRI信号的强弱。MRI能清晰地显示肿瘤信号与正常组织的差异，故能准确判断肿瘤大小及转移情况并直接区分流空的血管和肿大的淋巴结，在恶性肿瘤术前分期方面属最佳影像学诊断手段，对浸润性宫颈癌的分期精确率可达95%（图31-12）。

Notes

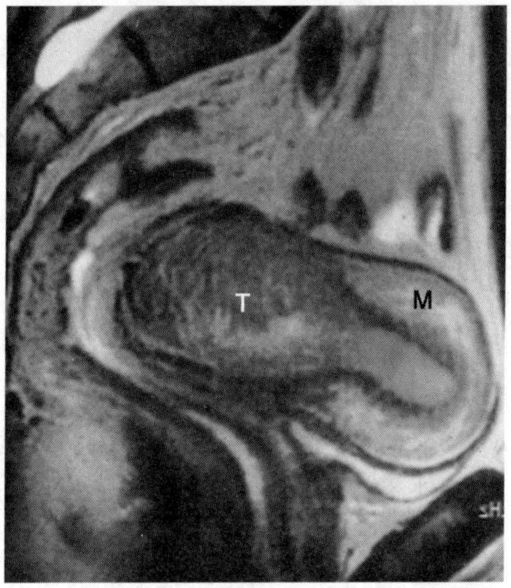

图 31-12　磁共振成像显示宫颈癌病变

四、正电子发射体层显像

正电子发射体层显像（positron emission tomography，PET）是一种通过示踪原理，以解剖结构方式显示体内生化和代谢信息的影像技术。目前在 PET 显像中应用最普遍的示踪剂是 ^{18}F 标记的脱氧葡萄糖（^{18}F-FDG），它在细胞内的浓聚程度与细胞内葡萄糖的代谢水平高低呈正相关，显像的原理是肿瘤细胞内糖酵解代谢率明显高于正常组织。^{18}F-FDG 可以进行人体内几乎所有类型肿瘤的代谢显像，是一种广谱肿瘤示踪剂。

近年来 PET 在妇科肿瘤中应用已逐渐广泛，目前主要应用于卵巢癌的研究。一些大样本卵巢癌临床 PET 研究报道，PET 在诊断原发和复发/转移性卵巢癌时，灵敏度和特异性显著高于 CT 和 MRI。假阳性结果见于良性浆液性囊腺瘤、子宫内膜异位症、子宫肌瘤、内膜炎症以及育龄妇女卵巢月经末期的高浓聚；假阴性结果主要见于微小潜在病灶的诊断。因此，目前认为 PET 可用于原发或复发性卵巢癌的分期，但任何影像学方法都不能完全替代剖腹术。

（马　丁）

参考文献

1. 丰有吉，沈铿. 妇产科学. 第 2 版. 北京：人民卫生出版社，2010.
2. 连利娟. 林巧稚妇科肿瘤学. 第 4 版. 北京：人民卫生出版社，2010.
3. 郎景和主译. Berek&NOVAK 妇科学. 第 14 版. 北京：人民卫生出版社，2008.

Notes

第三十二章　妇产科内镜检查与手术

内镜检查(endoscopy)是用连接于摄像系统和冷光源的内镜(telescope),窥探人体体腔及脏器内部。仅在镜下检查病变称诊断性内镜手术(diagnostic endoscopy)。在镜下对疾病进行治疗则称治疗性内镜手术(operative endoscopy)。妇产科常用的是阴道镜(colposcope)、宫腔镜(hysterscope)和腹腔镜(laparoscope),此外还有输卵管镜和胎儿镜(fetoscope)等。

第一节　阴道镜检查

阴道镜检查(colposcopy)是将充分暴露的外阴、阴道、宫颈在镜下放大10～40倍直接观察这些部位的上皮结构及血管形态,以发现与癌有关的异型上皮、异型血管,对可疑病变部位行定位活检,以提高确诊率的检查。阴道镜观察不到宫颈管,对位于宫颈管内的转化区观察受到限制。

【适应证】 ①宫颈刮片细胞学检查巴氏Ⅱ级以上,宫颈细胞学检查LISL及以上、ASC-US伴高危型HPV DNA阳性、ASC-H、AGC、AIS者;②HPV DNA检测16或18型阳性者;③宫颈锥切术前确定切除范围;④妇科检查怀疑宫颈癌者;⑤可疑外阴、阴道上皮内病变,阴道腺病、外阴或阴道恶性肿瘤;⑥外阴、阴道、宫颈病变治疗后复查和评估。

【操作步骤】 检查前24小时内避免性生活、阴道冲洗或上药;宜在月经干净3～4日后进行,检查部位出血或阴道、宫颈急性炎症,不宜进行检查应先治疗。

1. 病人取膀胱截石位,阴道窥器暴露宫颈阴道部,生理盐水棉球擦净宫颈、阴道分泌物。

2. 移动阴道镜物镜距阴道口10cm的位置(镜头距宫颈15～20cm)处,对准宫颈或病变部位,调节物镜焦距使图像清晰,先用低倍镜观察宫颈外形、颜色、血管及有无白斑,加用绿色滤光镜片时可使光线更柔和,进行更精确的血管检查时可加用红色滤光镜片。放大20倍观察可使血管更清晰。

3. 醋酸白试验　3%醋酸溶液浸湿宫颈表面持续30秒,上皮内癌时细胞含蛋白质较多,涂醋酸后蛋白凝固上皮变白,为醋酸试验阳性。

4. 碘试验　用复方碘溶液(碘30g、碘化钾0.6g,加蒸馏水至100ml)浸湿宫颈,30秒后观察宫颈上皮变化。富含糖原的成熟鳞状上皮细胞被碘染成棕褐色,称为碘试验阳性;柱状上皮、未成熟化生上皮、角化上皮、不典型增生上皮及癌变上皮内糖原少不被碘着色,称为碘试验阴性。观察不着色区域的分布,在不着色部位或可疑病变部位取多点活检送病理检查。

5. 40%三氯醋酸(纯三氯醋酸40ml加蒸馏水至100ml)可使尖锐湿疣呈刺状突起,与正常黏膜界限清楚。

6. 观察内容　宫颈大小,糜烂组织范围,宫颈黏膜有无外翻;上皮有无异常、病变范围、程度;血管形态、毛细胞血管间距离等。

【常见宫颈图像】

1. 正常图像

(1) 正常上皮:①鳞状上皮:粉红色,光滑。涂醋酸后不变色,涂碘溶液为深棕色;②柱状上皮:原始鳞-柱状上皮交接处位于宫颈口外时,镜下明显见许多小乳头,涂醋酸后乳头肿胀呈葡萄状,涂碘不着色。合并炎症时,可见表面血管增多、水肿,临床上将这种柱状上皮称为假性糜烂

(pseudo erosion)。绝经后，女性激素减少，原始鳞-柱状上皮交接处回缩宫颈管内，一般在镜下无法见到；③正常转化区：该区可见厚度不等的新生鳞状上皮，呈粉红色；散在的腺体开口常被新生上皮覆盖致黏液潴留而成环形灰色斑，涂醋酸后更明显。

（2）血管：血管图像为均匀分布的微小血管点，呈网状、蜘蛛状、树枝状。

2. 异常图像

（1）上皮变化：①白斑：呈白色斑片，边界清楚，略隆起，不涂醋酸也可见；②白色上皮：涂醋酸后呈白色斑块，边界清楚，无血管区多为化生上皮或棘上皮。有时，HPV 亚临床感染亦呈白色上皮改变；③角化腺开口：分 5 型：Ⅰ型：腺口凹凸无白环；Ⅱ型：腺口周围呈细白环；Ⅲ型：腺口边界模糊不隆起的白环；Ⅳ型：腺口周围粗大明显隆起的白环；Ⅴ型：腺口呈明显实性白点（白色腺体）。白色腺体及其开口处白环主要见于炎症及不典型增生；大而成堆的白色腺体结合其他异常图像应考虑原位癌及早期浸润癌。

（2）血管改变：①点状血管：是位于乳头中的毛细血管，常与上皮性质有关。细点状血管与轻度不典型增生或炎症有关；粗点状血管常与重度不典型增生和原位癌有关；②镶嵌(mosaic)：由与表面平行的血管构成，血管之间为病变上皮，形成不规则镶嵌。涂醋酸后呈白色，边界清；③异型血管：血管管径、形态、走向等极不规则，血管间距离明显增大，分布紊乱，形态各异，此为浸润癌的标志。

（李　力）

第二节　宫腔镜检查与治疗

宫腔镜是一种用于宫腔及宫颈管病变诊断和治疗的妇科内镜。通过直接观察或连接于摄像系统和监视屏幕将宫腔、宫颈管内图像放大显示，诊断宫腔及宫颈管病变称宫腔镜检查(hysteroscopy)术。大多数宫腔和宫颈管病变可以在宫腔镜检查的同时进行治疗。宫腔镜分硬镜和软镜，硬镜又有直管镜和弯管镜之分。根据临床的不同需要，镜体的直径有所不同，有细至 2mm 宫腔镜，可在无需扩张宫颈管的情况下进行检查，子宫内膜定位活检，避免或减少盲目诊刮。

【适应证】

1. 诊断性宫腔镜　①异常子宫出血；②绝经后子宫出血，诊刮阴性者；子宫内膜癌待排除者；③不孕症，反复流产，怀疑宫腔粘连、子宫畸形及宫颈管异常；④超声检查或子宫输卵管碘油造影发现的宫腔异常；⑤阴道脱落细胞检查发现不能用宫颈来源解释的癌细胞或可疑癌细胞；⑥子宫内膜增生症的诊断及随访；⑦性交后实验，经输卵管插管吸取输卵管液检查活动精子；⑧宫腔镜手术前常规检查。

2. 治疗性宫腔镜　①宫腔内异物，如嵌顿性节育环、流产残留等；②子宫内膜息肉(endometrial polyps)在诊刮时有被遗漏可能，可在宫腔镜直视下行子宫内膜息肉切除；③子宫黏膜下肌瘤；④子宫腔粘连；⑤子宫纵隔；⑥子宫内膜病变或需要在镜下行子宫内膜切除(endometrial ablation)；如药物治疗无效的排卵障碍性异常子宫出血及血液系统疾病引起的月经过多导致严重贫血、已排除子宫恶性病变且药物治疗无效的子宫内膜增生等；⑦输卵管阻塞，输卵管插管通液、注药；⑧宫腔镜引导下输卵管绝育手术；⑨剖宫产瘢痕妊娠；⑩剖宫产瘢痕憩室。

【禁忌证】

1. 绝对禁忌证　①急性、亚急性生殖道炎症；②严重心、肺功能不全。

2. 相对禁忌证　①月经期及活动性子宫出血；②宫颈恶性肿瘤；③近期有子宫穿孔或子宫手术史。

【操作步骤】

1. 术前准备

（1）检查时间：月经净后一周内为宜，此时子宫内膜处于增殖早期，薄且不易出血，黏液分

Notes

泌少，宫腔病变易见。

(2) 常规检查：仔细询问病史，进行全身检查、妇科检查、宫颈脱落细胞学及阴道分泌物检查。

2. 术时处理

(1) 术前禁食：根据麻醉方法决定是否禁食。区域麻醉或全身麻醉时，需要禁食；局部浸润麻醉和镇痛时，不需禁食。另外，单极电切(凝)手术前应排空肠道。

(2) 麻醉：应根据病人年龄、宫颈条件、是否存在合并症、对疼痛的耐受性；术前对手术难度、时间的预计以及手术器械条件等因素综合评价后确定。

(3) 能源：高频电发生器为宫腔镜手术最常选用的能源。有单极、双极电切及电凝之分。激光也可用于宫腔镜手术。手术前，安装好能源，在体外测试后，再进入宫腔内操作。

(4) 膨宫介质：常用生理盐水和5%葡萄糖液。膨宫介质的选择取决于所选用能源种类。使用双极电发生器时，应选用生理盐水作为膨宫介质，具有安全、易得、廉价的优点，已经成为最常用的膨宫介质；单极电切(凝)手术时，则应选用5%葡萄糖溶液。对合并有糖尿病的病人可选用5%甘露醇膨宫。

(5) 手术操作：病人取膀胱截石位。常规消毒铺巾，确认子宫方位后，置入阴道窥器暴露宫颈，钳夹宫颈，消毒颈管，探针探清宫腔深度及屈度，扩张宫颈管至大于镜体外鞘直径半号。设定电切和电凝输出功率以及膨宫压力，以最低有效输出功率和最低有效膨宫压力为基本原则。接通液体膨宫泵，排空灌流管内气体后，边向宫腔内冲入膨宫液，边将宫腔镜在直视下插入宫腔。

1) 观察宫腔：确定宫腔镜在宫腔后，按顺序全面检视宫腔，可先观察宫腔全貌，然后依次查看两侧宫角、输卵管开口、宫底及宫腔前、后、侧壁。在将宫腔镜退出过程中观察宫颈内口和宫颈管情况。

2) 手术处理：宫腔镜检查明确诊断后即可根据病情进行相应的手术处理。有合并症、估计手术时间较长、难度较大的宫腔镜手术如黏膜下子宫肌瘤切除术，子宫纵隔切除术和子宫内膜切除术等可以安排住院后进行，以便手术后观察。

3. 术后随访及处理　①门诊宫腔镜手术者，术后观察30分钟，酌情给予抗生素预防感染。②住院宫腔镜手术者，按麻醉方式不同，进行相应的术后常规处理。注意阴道流血、腹痛情况和生命体征。

【并发症】

1. 子宫穿孔　多为机械性损伤。主要发生在宫腔粘连分解、子宫纵隔矫形、Ⅱ型子宫黏膜下肌瘤切除和子宫内膜切除等较为困难的手术过程中。宫颈条件不良时也时有发生。子宫穿孔总体发生率为1%～2%。一经发现，应立即停止手术，根据穿孔时手术情况密切观察，并及时进行相应处理。若病人生命体征尚平稳，经检查确定子宫穿孔小，阴道流血时可以在宫颈注射催产素或垂体后叶素促进子宫收缩，并应用抗生素预防感染。

2. 出血　子宫肌层切割过深、损伤深肌层血管时，容易发生宫腔出血。少数情况下，也可发生在手术后数日。

3. 低钠血症　应用生理盐水膨宫后，已少有低钠血症发生。在单极电切手术中，若短时内大量葡萄糖溶液吸收入血液循环，可导致血容量过多及低钠血症，严重者可引起死亡。应尽量缩短手术时间，若液体丢失量达到1000ml时，无论治疗是否完成，都应终止手术。同时给予利尿剂，观察生命体征、尿量，并进行相应处理。

第三节 腹腔镜检查与治疗

Notes

腹腔镜手术是在密闭的盆、腹腔内进行检查或治疗的内镜手术操作。将接有冷光源照明的腹腔镜经腹壁插入腹腔，连接摄像系统，将盆腔、腹腔内脏器显示于监视屏幕上，手术医师通过视频检查诊断疾病称为诊断性腹腔镜手术(diagnostic laparoscopy)；在腹腔外操纵进入盆、腹腔的手术器械，在屏幕直视下对疾病进行手术治疗称为治疗性腹腔镜手术(operative laparoscopy)。

【适应证】

1. 诊断性腹腔镜　①怀疑子宫内膜异位，腹腔镜检查是确诊的标准；②盆腔粘连伴有腹痛症状；③治疗无效及不明原因急、慢性腹痛和盆腔痛；④不孕、不育。可明确或排除盆腔疾病及了解输卵管外观、判断输卵管通畅程度，观察排卵状况；⑤青春期前或绝经后持续存在的<5cm的盆腔肿块；⑥进行辅助生育技术治疗前了解输卵管阻塞与否；⑦治疗无效的痛经。

2. 治疗性腹腔镜　FIGO(国际妇产科联盟)提出在21世纪应有60%以上妇科手术在内镜下完成。以下疾病是目前国内腹腔镜手术治疗的适应证。

(1) 输卵管妊娠：可进行输卵管切除术或行切开输卵管去除胚胎及妊娠囊，局部注射药物治疗的手术。

(2) 输卵管系膜囊肿。

(3) 输卵管因素的不孕症(输卵管粘连、积水等)行输卵管粘连分离和整形、输卵管造口手术。

(4) 卵巢良性肿瘤：可行卵巢肿瘤剥除术、患侧卵巢或附件切除术。行卵巢黏液性囊腺瘤剥除时，应尽量避免手术引起囊肿破裂，减少腹膜种植瘤发生。

(5) 多囊卵巢综合征：在克氯米芬治疗出现药物抵抗时行卵巢打孔治疗以替代卵巢楔形切除。

(6) 子宫肌瘤：行子宫肌瘤切除术、子宫切除术及腹腔镜辅助的阴式子宫切除手术。也可行肌瘤消融术(myolysis)、子宫动脉阻断等手术。

(7) 盆腔子宫内膜异位症：进行盆腔腹膜病灶电凝或切除，剥除卵巢子宫内膜异位囊肿，分离粘连等。

(8) 输卵管卵巢囊肿或盆腔脓肿：可在腹腔镜下行输卵管卵巢囊肿或盆腔脓肿切开引流、开窗或切除术，以增加抗生素疗效，缩短应用抗生素的时间。

(9) 早期子宫内膜癌和早期宫颈癌：可在腹腔镜下行筋膜外全子宫切除、广泛子宫切除术或保留子宫宫颈根治手术及盆腔、腹主动脉旁淋巴结切除手术。

(10) 生殖道畸形：明确诊断后行有功能内膜的残角子宫切除、人工阴道成形等手术治疗。

(11) 计划生育：节育环外游取出、子宫穿孔创面修补、绝育术、绝育术后输卵管复通治疗输卵管端端吻合手术。

(12) 盆底功能障碍与妇科泌尿：宫骶韧带折叠术、骶前子宫固定术、骶前阴道固定术、耻骨后膀胱尿道悬吊术或Burch手术。

【禁忌证】

1. 严重心血管疾病及呼吸系统疾病不能耐受麻醉者。
2. Ⅱ度以上的心脏左束支传导阻滞。
3. 凝血系统功能障碍。
4. 膈疝。

【术前准备】

1. 详细采集病史　准确掌握诊断性或治疗性腹腔镜指征。

2. 术前检查　行全身体格检查、盆腔检查。辅助检查包括阴道分泌物检查、宫颈刮片细胞学检查或宫颈薄层液基细胞学检查，术前一周内心电图及胸部X线检查除外心血管疾病，术前1个月内肝肾功能检查示正常，常规进行血生化检查及乙肝病毒抗原、抗体检测。卵巢肿瘤病人常规进行CA-125、CA-199、CEA、AFP等肿瘤标志物测定。

Notes

3. 肠道、泌尿道、阴道准备 诊断性手术或无明显盆腔粘连的治疗性腹腔镜术前一日肥皂水灌肠或口服20%甘露醇250ml及2000ml生理盐水或聚乙二醇电解质散溶液清洁肠道。疑有盆腔粘连的治疗性腹腔镜手术前3日行肠道准备:口服抑制肠道菌群抗生素3日,无渣半流饮食2日,手术前一日双份流质或禁食并补液2500～3000ml,清洁灌肠;手术当日禁食。术前留置导尿管。拟行阴道操作者术前行阴道冲洗。

4. 腹部皮肤准备 注意脐孔的清洁。

5. 体位、麻醉 在手术时取头低臀高(脚高)并倾斜15°～25°位,使肠管滑向上腹部,暴露盆腔手术野。诊断性手术可在硬膜外麻醉+静脉辅助用药或全身麻醉下进行。治疗性腹腔镜应选择全身麻醉为宜。

【操作步骤】

1. 腹腔镜检查

(1) 人工气腹:距脐孔旁2cm处用布巾钳向上提起腹壁,用气腹针于脐孔正中处与腹部皮肤呈90°穿刺进入腹腔,连接自动CO_2气腹机,以CO_2充气流量1～2L/min的速度充入CO_2,腹腔压力达15mmHg,机器自动停止充气,拔去气腹针。也可直接切开脐孔中央皮肤放置腹腔镜套管。

(2) 放置腹腔套管:根据套管针外鞘直径,切开脐孔正中皮肤10～12mm,布巾钳提起腹壁,与腹部皮肤呈90°用套管针从切开处穿刺进入腹腔,去除套管针芯,连接好CO_2气腹机,将腹腔镜自套管鞘进入腹腔,打开冷光源,即可见盆腔内器官。

(3) 置举宫器:有性生活者常规消毒外阴、阴道后,放置举宫器。

(4) 盆腔探查:认识正常盆腔内各器官是辨别盆腔内器官疾病和进行腹腔镜手术的基础。按顺序常规检查盆腔内各器官。探查后根据盆腔内各器官疾病进行输卵管通液、卵巢活检等进一步检查。

2. 腹腔镜手术 人工气腹及进入腹腔方法同诊断性腹腔镜操作。进行腹腔镜下治疗性手术需要在腹壁不同部位穿刺形成2～3个放置手术器械的操作孔,其步骤如下:

(1) 操作孔穿刺:常规妇科腹腔镜手术需要进行第二、第三穿刺,一般选择在左右下腹部相当于麦氏切口位置的上下。根据手术需要还可以在耻骨联合上正中2～4cm部位进行第四穿刺。将腹腔镜直视下对准穿刺部位,通过透光,避开腹壁血管,特别是腹壁下动脉,根据手术器械直径切开皮肤5mm或10mm,垂直于腹壁用5mm或10mm的套管穿刺针在腹腔镜的监视下穿刺进入盆腔。耻骨联合上的穿刺一定在膀胱空虚的条件下进行穿刺。

(2) 手术操作基础:必须具备以下操作技术方可进行腹腔镜手术治疗:①用腹腔镜跟踪、暴露手术野;②熟悉镜下解剖;③组织分离;④注水分离;⑤组织切开;⑥止血;⑦套圈结扎;⑧腔内打结、腔外打结;⑨缝合;⑩掌握各种电能源手术器械及其他能源使用技术。

(3) 手术操作原则:按经腹手术的操作步骤进行镜下手术。

(4) 手术结束:用生理盐水冲洗盆腔,检查无出血,无内脏损伤,停止充入CO_2气体,并放尽腹腔内CO_2,取出腹腔镜及各穿刺点的套管鞘,10mm以上的穿刺切口需要缝合。

【术后处理】

1. 穿刺切口 用无菌创可贴覆盖。

2. 导尿管 手术当日需要留置导尿管。根据手术方式决定术后留置导尿管时间。

3. 饮食 术后数小时后恢复正常饮食。

4. 抗生素 术前30分钟及术后2日应用抗生素预防感染。盆腔炎及盆腔脓肿引流者延长抗生素使用时间。

【并发症及其防治】

1. 大血管损伤 妇科腹腔镜手术穿刺部位邻近腹膜后腹主动脉、下腔静脉和髂血管,损伤这些大血管，可能危及病人生命，应避免此类并发症发生。一旦发生，一般应该设法立即阻止持续出血并中转开腹止血，修补血管。

2. 腹壁血管损伤　腹壁下动脉损伤是较严重的并发症。第二或第三穿刺应在腹腔镜直视下避开腹壁血管进行。对腹壁血管损伤应及时发现并在腹腔镜监视下电凝或进行缝合止血。

3. 术中出血　出血是手术性腹腔镜手术中最常见的并发症，特别是进行腹腔镜全子宫切除时容易发生。手术者应熟悉盆腹腔解剖、熟练掌握手术操作技术、熟练应用各种腹腔镜手术能源。

4. 脏器损伤　主要指与内生殖器官邻近的脏器损伤，如膀胱、输尿管及直肠损伤，多在手术操作不熟练或由于组织粘连导致解剖结构异常时容易发生。未能在手术中发现的肠道损伤，特别是脏器电损伤将导致术后数日发生肠瘘、腹膜炎，严重者可导致全身感染、中毒性休克。病人预后差。

5. 与 CO_2 有关的并发症　皮下气肿、术后上腹部不适及肩痛是常见的与腹腔 CO_2 气腹有关的并发症。上腹部不适及右肩疼痛，是由于 CO_2 气腹对膈肌刺激所致，术后数日内症状减轻或消失。如手术中发现胸壁上部及颈部皮下气肿，应该及时检查各穿刺孔是否存在腹腔气腹皮下泄漏并及时降低气腹压力。

6. 其他术后并发症　穿刺口不愈合、穿刺口痛、术后尿潴留、切口疝可发生于手术后，但较少有发生。

【附】

1. 免气腹腹腔镜手术（gasless laparoscopic operation，GLO）　免气腹腔镜是利用特殊的腹壁支撑系统暴露盆、腹腔，来进行盆、腹腔疾病的诊断和治疗的一种方法。因无需腹腔内注入 CO_2，避免了 CO_2 气腹引起的并发症，以及 CO_2 泄漏带来的问题，且对于合并心、肺功能异常的病人有一定的优越性。

2. 经阴道注水腹腔镜（transvaginal hydrolaparoscopy，THL）　经阴道注水腹腔镜是将特制的气腹针-扩张套管穿刺针经阴道后穹窿置入盆腔后，置入内镜，借助生理盐水膨胀介质，观察不孕妇女盆腔解剖和输卵管病变的微创诊断方法。用于评价不孕病人输卵管通畅度及其与卵巢间的解剖关系和子宫形态，以替代创伤较大的标准腹腔镜检查。子宫后倾、固定，直肠子宫陷凹封闭，易致穿刺失败和直肠穿孔，应作为 THL 手术禁忌证。

3. 机器人腹腔镜（laparoscopic robot）　机器人腹腔镜手术是一种以"达芬奇机器人"为操作平台的微创手术，与传统腹腔镜相比，在于该系统能提供三维视图和更加灵巧的机械臂，可以完成高难度的传统手术，减轻手术者的体力消耗，减少手术并发症。机器人腹腔镜手术也有一定的缺陷，比如不能通过手术器械触摸病灶，肿瘤分期手术中不能同时完成上腹部和下腹部的手术，必须术中更换体位与系统方向。完成该手术术者需要特殊的训练，而且手术价格昂贵，临床应用存在局限性。

（华克勤）

第四节　胎儿镜检查和治疗

胎儿镜（fetoscope）又称为羊膜腔镜，是目前胎儿医学发展的前沿和热点之一。胎儿镜检查与治疗是将胎儿镜经腹壁、子宫壁进入羊膜腔，直接观察胎儿体表、获取标本以及进行治疗操作的胎儿诊断与治疗手段。目前应用的胎儿镜设备包括硬性或半硬性光纤内镜，直形或弧形胎儿镜镜鞘。此外还包括 30 度胎儿镜、侧向发射激光胎儿镜等特殊胎儿镜。

【适应证】

1. 直接观察　诊断有明显外形改变的先天性胎儿畸形。例如唇裂、腭裂、多指畸形、肢指畸

Notes

形综合征、骨软骨发育不良、开放性神经管畸形、内脏外翻、脐膨出、腹壁裂及内脏翻出、联体双胎、多肢体、大片血管瘤、外生殖器畸形等。这些疾病均能通过胎儿镜直接观察诊断。

2. 胎儿活组织检查 进行先天性疾病的诊断。胎儿皮肤活检，主要用于诊断严重的遗传学皮肤疾病，如大泡性皮肤松解症、鱼鳞样红皮病、斑状鳞癣或片状鳞癣等。对有胎儿肝脏疾病或与胎儿肝酶代谢有关的疾病者，行胎儿肝脏组织活检。胎儿肌肉组织活检，如胎儿进行性假性肥大性肌营养不良症、脊椎肌萎缩等。

3. 抽取脐血 可诊断地中海贫血、镰刀型贫血等血红蛋白疾病，血友病、慢性肉芽肿病、半乳糖血症、黏多糖累积症、母儿血型不合、遗传学免疫缺陷病、胎儿宫内病毒感染等。

4. 进行胎儿宫内治疗 通过胎儿镜可以对严重胎儿溶血性贫血者行宫内输血；对于多胎妊娠一胎畸形者，可行胎儿镜减胎，畸形胎儿心脏穿刺、空气栓塞，脐带结扎或凝固术；对于双胎输血综合征者行胎盘血管交通支选择性血管凝固术；严重心律失常胎儿心脏植入起搏器；胎儿脊柱裂修补；膈疝气管封堵术；对脑积水者放置引流管，降低颅内压，防治脑组织受压造成进一步损伤萎缩；对泌尿道梗阻者也可放置引流管，减轻肾脏的压迫萎缩等。

5. 基因和干细胞治疗 近年来，基因治疗和细胞治疗的发展十分迅速。在胚胎发育早期，胎儿的免疫系统尚未完全建立，胎儿镜可以输送基因或细胞进入胎儿的体内，达到治疗的目的。目前有关基因治疗的方法尚在研究之中。

【禁忌证】

1. 可疑宫内感染者；
2. 孕妇有出血倾向；
3. 妊娠期有流产或早产先兆者；
4. 有严重妊娠合并症者；
5. 胎盘位置不理想者，如前壁胎盘面积过大或凶险性前置胎盘等。

【检查与治疗时间】 检查时间一般选择在妊娠16～18周时，羊水达足够量，胎儿也较小。适宜观察外形妊娠18～22周时，羊水继续增多。脐带增粗，适宜作胎儿活检取样。目前激光治疗双胎输血综合征等宫内治疗时间一般选在妊娠16～26周，如胎盘位置特殊并需要使用特殊胎儿镜器械时，手术窗口期需缩短到18～24周。

【操作步骤】 采用局麻或全身麻醉。孕妇取仰卧位，排空膀胱，常规消毒铺巾，在超声引导下选择穿刺点，要求套管刺入子宫时尽量避开胎盘，并尽量远离宫颈，一般选择宫体部无胎盘附着区。根据穿刺套管直径，在下腹部脐耻之间做相应皮肤切口。在超声的引导下穿刺进入羊膜腔，先抽取羊水15ml送检，再观察胎儿体表及外形。根据检查目的进行检查或治疗。

【注意事项】

1. 术前超声定位胎盘位置，选择后壁胎盘病人进行手术。如为前壁胎盘则需要胎儿镜转换器进行操作，手术相对较困难；
2. 穿刺时尽量避开胎盘附着部位；
3. 术中尽可能远离脐带根部的大血管，激光凝结时需要小心操作，距离胎盘血管约1cm处进行操作；
4. 如穿刺透过胎盘需要监测胎盘出血的情况，及时发现胎盘后血肿、绒毛膜后血肿以及羊膜后血肿；
5. 超声与手术医生的配合，指导穿刺孔位置并且对于胎儿情况进行连续的监测；
6. 术中羊水污染（胎盘出血）或者羊水有污染导致视野不清晰手术失败；
7. 胎儿活动频繁可能影响手术操作，导致手术的失败。

（漆洪波）

Notes

推荐网站

1. American College of Obstetricians and Gynecologists-http://www.acog.org/Non-profit organization of women's health care physicians advocating highest standards of practice, continuing member education and public awareness of women's health care issues.
2. Contraception Online-http://www.contraceptiononline.org Educational resources for OB/GYN professionals on reproductive health and family planning including emergency and oral contraception, IUDs, depo provera, tubal ligation, perimenopause, and estrogen treatments. Read about the Online Meetings.
3. International Society of Psychosomatic Obstetrics and Gynaecology-http://www.ispog.org/ISPOG is an international organization promoting the study of psychobiological and psychosocial, ethical and cross-cultural problems in the fields of obstetrics and gynaecology, women's health and reproductive health.
4. Perineology-http://www.perineology.com Perineology is a new medical speciality dealing with the functionnal troubles of the 3 axis of the female perineum(urological, gynaecological and colo-proctological)

妇产科常用英文缩写

Ab	antibody	抗体
ACTH	adrenocorticotropic hormone	促肾上腺皮质激素
ADH	antidiuretic hormone	抗利尿激素
AFE	amniotic fluid embolism	羊水栓塞
AFI	amnionic fluid index	羊水指数
AFLP	acute fatty liver of pregnancy	妊娠急性脂肪肝
AFP	alpha fetoprotein	甲胎蛋白
Ag	antigen	抗原
ACOG	American College of Obstetrics & Gynecology	美国妇产科医师协会
AID	artificial insemination with donor's semen	供精者精液授精
AIDS	acquired immunodeficiency syndrome	获得性免疫缺陷综合征
AD	autoimmune disease	自身免疫病
	Alzheimer's disease	阿尔茨海默病
AFS	American Fertility Society	美国生育协会
AFV	amniotic fluid volume	羊水最大池深度
AIDS	acquired immuno-deficiency syndrome	获得性免疫缺陷综合征(艾滋病)
AIH	artificial imsemination with husband's semen	丈夫精液授精
AKP	alkline phosphatase	碱性磷酸酶
AMPS	acidmucopolysacharide	酸性黏多糖
AR	autosome recessive	常染色体隐性遗传
ARDS	adult respiratory distress syndrome	成人呼吸窘迫综合征
ART	assisted reproductive technologies	辅助生育技术
ARV	AIDS-related virus	AIDS 艾滋病相关病毒
AsAb	antisperm antibody	抗精子抗体
ATⅢ	antithrombin	抗凝血酶Ⅲ
ATP	adenosine triphosphate	三磷酸腺苷
BBT	basal body temperature	基础体温
BCG	bacille Calmette-Guerin	卡介苗
bFGF	basic fibroblast growth factor	碱性成纤维细胞生长因子
BFHR	baseline fetal heart rate	胎心率基线
BMR	basal metabolic rate	基础代谢率
BPD	biparietal diameter	双顶径
bpm	beat per minute	每分钟心跳
BSP	bromsulphalein	磺溴酞钠(测肝功能)
BV	bacterial vaginosis	细菌性阴道病
CAH	congenital adrenal hyperplasia	先天性肾上腺皮质增生
CA125	cancer antigen 125	癌抗原 125
CA19-9	carbohydrate antigen 19-9	糖链抗原 19-9
cAMP	cyclic adenosine hyperplasia	环磷酸腺苷
CBG	corticosteroid binding globulin	皮质甾类结合球蛋白
CC	choriocarcinoma	绒毛膜癌
CC	clomiphene citrate	枸橼酸克罗米酚

CCT	computer-assisted cytology test	计算机辅助细胞检测系统
CDC	centers for disease control	美国疾病控制中心
CEA	carcinoma embryonic antigen	癌胚抗原
CEE3	cyclopentyl-17-ethinyl estradiol ether	炔雌醇环戊醚
CF	chemotactic factor	趋化因子
CHM	complete hydatidiform mole	完全性葡萄胎
CIN	cervical intraepithelial neoplasia	宫颈上皮内瘤样变
CIS	carcinoma in situ	原位癌
CMV	cytomegalovirus	巨细胞病毒
COH	controlled ovarian hyperstimulation	控制性超排卵与卵泡发育监测
CPD	cephalopelvic disproportion	头盆不称
cpm	counts per minute	次/分
CRH	corticotropin-releasing hormane	促肾上腺皮质素释放因子
CRL	crown-rump length	头臀长
CRP	c-reaction protein	C-反应蛋白
CRS	congenital rubella syndrome	先天性风疹综合征
CSA	cell surface antigen	细胞表面抗原
CST	contraction stress test	宫缩应激试验
CT	chorionic thyrotropin	绒毛膜促甲状腺激素
	computerized tomography	电子计算机 X 线断层照相术
	chlamydia trachomatis	沙眼衣原体
CVP	central venous pressure	中心静脉压
CVR	contraceptive vaginal ring	阴道避孕环
DC	diagonal conjugate	对角径
D&C	dilatation and curettage	刮宫术
DES	diethylstilbestrol	己烯雌酚
DHA	dehydroepiandrosterone	脱氢表雄酮
DHAS	dehydroepiandrosterone sulfate	硫酸脱氢表雄酮
DIC	disseminated intravascular coagulation	弥散性血管内凝血
DNA	deoxyribonucleic acid	脱氧核糖核酸
DN	asedeoxyribonuclease	脱氧核糖核酸酶
DUB	dysfunctional uterine bleeding	功能失调性子宫出血
El	estrone	雌酮
E2	estradiol	雌二醇
E3	estriol	雌三醇
EC	external conjugate	骶耻外径
E/C	estrogen/creatinine	雌激素/肌酐
ED	early deceleration	早期减速
EDC	expected date of confinement	预产期
EDRF	eendothelium derived relaxing factors	内皮细胞舒张因子
EE	ethinyl estradiol	炔雌醇
EGF	epidermal growth factor	表皮生长因子
EI	eosinophilic index	嗜伊红细胞指数
EIA	enzyme-imununoassay	酶免疫测定法
EIN	endometrial intraepithelial neoplasia	子宫内膜上皮内瘤样病变
ELISA	enzyme-linked immunosorbent assay	酶联免疫吸附试验
EMT	endometriosis	子宫内膜异位症
ER	estrogen receptor	雌激素受体
ESR	erythrocyte sedimentation rate	红细胞沉降率
ET	endothelin	内皮素
FAD	fetal activity acceleration determination	胎儿活动加速测定

FAT	fatal acceleration test	胎心率加速试验
FDP	fibrinogen degradation product	纤维蛋白原降解产物
FECG	fetal electrocardiography	胎儿心电图
FGR	fetal growth restriction	胎儿生长受限
FHR	fetal heart rate	胎心率
FIGO	Federation International of Gynecology and Obsterrics	国际妇产科协会
FISH	fluorescence insitu hybridisation	荧光原位杂交
FL	femur length	股骨长
FM	fetal movement	胎动
Fn	fibrinectin	纤维结合蛋白
FSH	follicle stimulating hormone	卵泡刺激素
FSH-RH	follicle stimulating hormone releasing hormone	卵泡刺激素释放激素
FTA-ABS	fluorescent treponemal antibody absorption	荧光密螺旋体抗体吸收试验
GDM	gestational diabetes mellitus	妊娠期糖尿病
GFR	glomerular filtration rates	肾小球滤过率
GIFT	gamete intra fallopian transfer	配子输卵管内移植
GIUT	gametes intrauterine transfer	宫腔内配子移植
Gn	gonadotropin	促性腺激素
Gn-RH	gonadotropin releasing hormone	促性腺激素释放激素
GnRH-a	gonadotropin releasing hormone agonist (analogue)	促性腺素释放激素激动剂(类似物)
GS	gestational sac	妊娠囊
GTD	gestational trophoblastic disease	妊娠滋养细胞疾病
GTT	gestational trophoblastic tumor	妊娠滋养细胞肿瘤
Gy	gray unit	辐射吸收剂量单位,IGy=100rads
HAIR	hemoagglutination inhibition reaction	血凝抑制反应
HAV	hepatitis A virus	甲型肝炎病毒
HBV	hepatitis B virus	乙型肝炎病毒
HBAg	hepatitis B antigen	乙型肝炎抗原
HBcAg	hepatitis B core antigen	乙型肝炎核心抗原
HBeAg	hepatitis B e antigen	乙型肝炎 e 抗原
HBIG	hepatitis B immunoglobulin	乙型肝炎免疫球蛋白
HBsAg	hepatitis B surface antigen	乙型肝炎表面抗原
HCA	the syndrome of hyperadrogenic chronic anovulation HCA	雄激素过多持续无排卵综合征
HCT	heat colour test	热色试验
HCV	hepatitis C virus	丙型肝炎病毒
HDV	hepatitis D virus	乙型肝炎病毒
HEV	hepatitis E virus	戊型肝炎病毒
HCG	human chorionic gonadotropin	(人)绒毛膜促性腺激素
HCT	human chorionic thyrotropin	(人)绒毛膜促甲状腺激素
HDN	hemolytic disease of newbom	新生儿溶血性疾病
HELLP	syndrome hemolytic anemia, elevated liver function and low platelet count syndrome	溶血、肝酶升高及血小板减少综合征
HGG	human gammaglobulin	(人)丙种球蛋白
HGH	human growth hormone	(人)生长激素
HIV	human immunodeficiency virus	(人)免疫缺陷病毒
HLA	human leukocyte antigen	(人)白细胞抗原
HM	hydatidiform mole	葡萄胎
HMG	human menopausal gonadotropin	(人)绝经期促性腺激素
HPG	human pituitary gonadotropin	(人)垂体促性腺激素
HPF	high power field	高倍视野
HPL	human placental lactogen	(人)胎盘生乳素

HPOA	hypothalamic-pituitary-ovarian axis	下丘脑-垂体-卵巢轴
HPV	human papilloma virus	人乳头瘤病毒
HRT	hormone replacement therapy	激素替代疗法
HSAP	heat stable alkaline phosphatase	耐热性碱性磷酸酶
HSG	hysterosalpingography	子宫输卵管造影
HSV	herpes simplex virus	单纯疱疹病毒
H-Y antigen	histocompatibility Y antigen	组织相容性 Y 抗原
IC	intercristal diameter	髂嵴间径
ICP	intrahepatic cholestasis of pregnancy	妊娠期肝内胆汁淤积症
ICSI	intracytoplasmic sperm injection	卵母细胞单精子显微注射
IFN	interferon	干扰素
Ig	immunoglobulin	免疫球蛋白
IGF	insuline like growth factor	胰岛素样生长因子
IHM	invasive hydatidiform mole	侵蚀性葡萄胎
IL	interleukin	白细胞介素
IRDS	idiopathic respiratory distress syndrome	特发性呼吸窘迫综合征
IS	interspinal diameter	髂棘间径
ISGYP	International Society of Gynecological Pathologists	国际妇科病理学家协会
ITP	idiopathic thrombocytopenic purpura	特发性血小板减少性紫癜
IU,iu	international unit	国际单位
IUD	intrauterine device	宫内节育器
IUGR	intrauterine growth retardation	宫内发育迟缓
IVE-ET	in vitro fertilizaion and embryo transfer	体外受精与胚胎移植
iv gtt	intravenously guttae	静脉滴注
LAK	lymphokine activated killer cell	淋巴因子激活的杀伤细胞
LAV	lymphadenopathy associated virus	淋巴腺病相关病毒
LD	late deceleration	晚期减速
LD50	median letlhal dose	半数致死量
LDH	lactin dehydrogenase	乳酸脱氢酶
LEEP	loop electrosurgical excision procedure	环形电切术
LGA	large for gestational age	大于孕龄
LH	luteinizing hormone	黄体生成激素
LH-RH	luteinizing hormone releasing hormone	黄体生成激素释放激素
LMA	left mento anterior	颏左前
LMP	left mento posterior	颏左后
	last menstrual period	末次月经日期
LMT	left mento-posterior	颏左横
LOA	left occipito anterior	枕左前
LOP	left occipito anterior	枕左后
LOT	left occipito transverse	枕左横
LRF	luteinizing hormone releasing factor	黄体生成激素释放因子(LH-RH)
LSA	left sacro anterior	骶左前
LSP	left sacro-posterior	骶左后
LST	left sacro-transverse	骶左横
LScA	left scapulo-anterior	肩左前
LScA	left scapulo-posterior	肩左后
L/S	lecithin/sphingomyelin	卵磷脂/鞘磷脂
LUFS	luteinized unruptured follicle syndrome	未破卵泡黄素化综合征
MAP	mean arterial blood pressure	平均动脉压
MAS	meconium aspiration syndrome	胎粪吸入综合征
MI	maturation index	成熟指数

mol	mole 摩尔,“物质的量”单位	
MPA	medroxyprogesterone 甲羟孕酮	
MPC	mucopurulent cervicitis 黏液脓性宫颈炎	
MRI	magnetic resonance imaging 磁共振成像	
mRNA	messenger RNA 信使核糖核酸	
mμg	millimicrogram 毫微克	
McAb	monoclonal antibody 单克隆抗体	
MSH	melanocyte stimulating hormone 促黑素细胞激素	
nm	nanometer 毫微米,纳米	
NCI	national cancer institute 美国国立癌症研究所	
NFP	natural family planning 自然避孕法	
NO	nitric oxide 一氧化氮	
NST	non-stress test 无应激试验	
OC	oral contraceptive 口服避孕药	
OCT	oxytocin challenge test 缩宫素激惹试验	
OGTT	oral glucose tolerance test 口服葡萄糖耐量试验	
OHSS	overarian hyperstimulation syndrome 卵巢过度刺激综合征	
OMI	oocyte maturation inhibition 卵母细胞成熟抑制因子	
OT	old tuberculin 旧结核菌素	
ΔOD	optical density difference 吸光度差	
P	progesterone 孕酮	
PAPP-A	pregnancy associated plasma protein A 妊娠相关血浆蛋白A	
PBI	protein bound iodine 蛋白结合碘	
PCOS	polycystic ovary syndrome 多囊卵巢综合征	
PCR	polymerase chain reaction 聚合酶链反应	
PCWP	pulmonary capillary wedge pressure 肺毛细血管楔压	
PFD	pelvic floor dysfunction 盆底功能障碍	
PGD	preimplantation genetic diagnosis 种植前遗传学诊断	
pg	picogram 微微克,皮克	
PG	prostaglandin 前列腺素	
	phosphatidylglycerol 磷酸酰甘油	
PGE	前列腺素E	
PGF2α	前列腺素F2α	
PGI2	prostacyclin 前列环素	
PHM	partial hydatidiform mole 部分性葡萄胎	
PID	pelvic inflammatory disease 盆腔炎	
PIF	prolacting inhibiting factor 催乳素抑制因子	
PIH	pregnancy-induced hypertension syndrome 妊娠高血压综合征	
	prolactin inhibitory hormone 催乳激素抑制激素	
PMP	previous menstrual period 前次月经日期	
PMS	premenstrual syndrome 经前期综合征	
POP	plasma oncotic pressure 血浆胶体渗透压	
PR	progestogen receptor 激素受体	
PRL	prolactin 催乳激素	
PROM	premature rupture of membranes 胎膜早破	
PS β1G	pregnancy specific β1-glycoprotein 妊娠特异性β1糖蛋白	
PSTT	placentalsite trophiblastic tumor 胎盘部位滋养细胞肿瘤	
PVP	polyvinyl-pyrrolidone 聚乙烯吡咯酮	
rad	拉德,辐射吸收剂量单位	
RLA	radioimmunoassay 放射免疫测定	
RMA	right mento-anterior 颏右前	

RMP	right mento-posterior	颏右后
RMT	right mento-transverse	颏右横
RNA	ribonucleic acid	核糖核酸
ROA	right occipito-anterior	枕右前
ROP	right occipito-posterior	枕右后
ROT	right occipito-transverse	枕右横
	roll over test	翻身试验
RPF	renal plasma flow	肾血浆流量
RPR	rapid plasmin reagin	快速血浆反应素环状卡片试验
RSA	right sacro-anterior	骶右前
RSP	right sacro-posterior	骶右后
RST	right sacro-transverse	骶右横
RScA	right scapulo-anterior	肩右前
RScP	right scapulo-posterior	肩右后
RU	rat unit	大鼠单位
RVVC	recurrent vulvovaginal candidiasis	复发性外阴阴道念珠菌病
SCJ	squamo-columnar junction	鳞-柱交接处
SGOT	serum glutamic-oxaloacetic transaminase	血清谷草转氨酶
SGPT	serum glutamic-pyruvic transaminase	血清谷丙转氨酶(又称 ALT)
SHBG	sex hormone binding blobulin	性激素结合球蛋白
SOD	superoxide dismutase	超氧化物歧化酶
STD	sexually transmitted diseases	性传播疾病
T	testosterone	睾酮
	triiodothyronine	三碘甲状腺原氨酸
	thyroxine	甲状腺激素
TBG	thyroxine-binding globulin	甲状腺素结合球蛋白
TCC	trasitinal cell carcinoma	移行细胞癌
TCT	transitional cell tumor	移行细胞瘤
TeBG	testoterone estrogen binding globulin	睾酮雌激素结合球蛋白
TET	tuble embroy transfer	胚胎输卵管移植术
TF	transfer factor	转移因子
TNF	tumor necrosis factor	肿瘤坏死因子
TO	transverse outlet	出口横径
TOA	tubo-ovarian abscess	输卵管卵巢脓肿
TPHA	treponema pillidum haemagglutination assay	梅毒螺旋体血凝试验
TRH	thyrotropin releasing hormone	促甲状腺激素释放激素
tRNA	transfer RNA	转运核糖核酸
TSH	thyroid stimulating hormone	促甲状腺激素
TTTS	twin to twin transfusion syndrome	双胎输血综合征
TXA2	thromboxane A2	血栓素 A2
VDRL	venereal disease research laboratory test	性病研究实验室玻片试验
μg	microgram	微克
USR	unheated serum reagin test	不加热血清反应玻片试验
VD	variable deceleration	变异减速
VSM	vasculo-syncytial membrane	血管合体膜
VIN	vulvar intraepithelial neoplasia	外阴上皮内瘤样病变
WHO	world health organization	世界卫生组织
ZIFT	zygote intrafallpian transfer	合子输卵管内移植术

中英文名词对照索引

H

J

W

X

Y

Z

致谢

继承与创新是一本教材不断完善与发展的主旋律。在该版教材付梓之际，我们再次由衷地感谢那些曾经为该书前期的版本作出贡献的作者们，正是他们辛勤的汗水和智慧的结晶为该书的日臻完善奠定了坚实的基础。以下是该书前期的版本及其主要作者：

7年制规划教材
全国高等医药教材建设研究会规划教材
全国高等医药院校教材·供7年制临床医学等专业用

《妇产科学》（人民卫生出版社，2001）

主　编　丰有吉
副主编　李荷莲

全国高等医药教材建设研究会·卫生部规划教材
全国高等学校教材·供8年制及7年制临床医学等专业用

《妇产科学》（人民卫生出版社，2005）

主　编　丰有吉　沈　铿
副主编　马　丁　孔北华

普通高等教育"十一五"国家级规划教材
全国高等医药教材建设研究会规划教材·卫生部规划教材
全国高等学校教材·供8年制及7年制临床医学等专业用

《妇产科学》（第2版，人民卫生出版社，2010））

主　编　丰有吉　沈　铿
副主编　马　丁　孔北华　李　力(女)

编　者（以姓氏笔画为序）

丁依玲（中南大学湘雅医学院）	张淑兰（中国医科大学）
马　丁（华中科技大学同济医学院）	李　力（女）（第三军医大学）
丰有吉（上海交通大学医学院）	李　力（广西医科大学）
孔北华（山东大学医学院）	李荷莲（吉林大学白求恩医学部）
乔　杰（北京大学医学部）	杨冬梓（中山大学中山医学院）
乔玉环（郑州大学第一临床学院）	沈　铿（中国协和医科大学）
华克勤（复旦大学上海医学院）	狄　文（上海交通大学医学院）
朱　兰（中国协和医科大学）	辛晓燕（第四军医大学）

苟文丽（西安交通大学医学院）
胡娅莉（南京大学医学院）
郑建华（哈尔滨医科大学）
谢　幸（浙江大学医学院）
段　涛（同济大学医学院）
薛凤霞（天津医科大学）
胡丽娜（四川大学华西医学中心）

学术秘书　何晓明(复旦大学上海医学院)

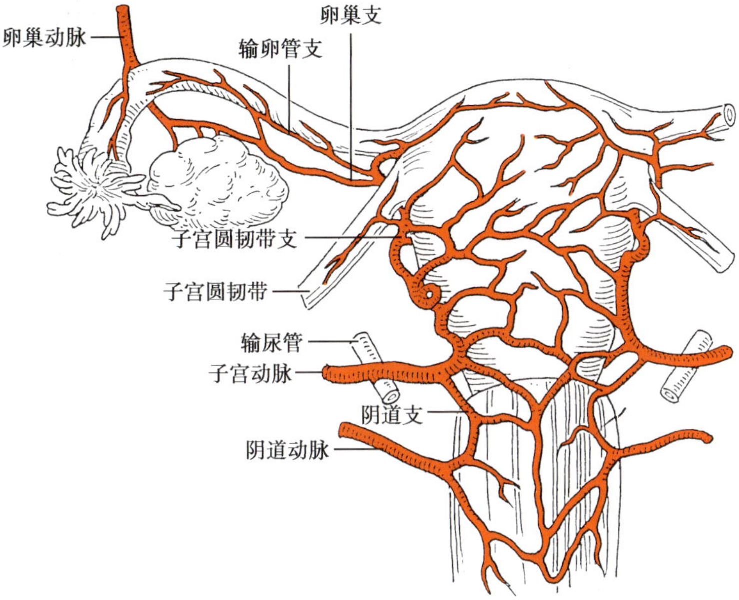

彩图 2-4　女性内生殖器的动脉

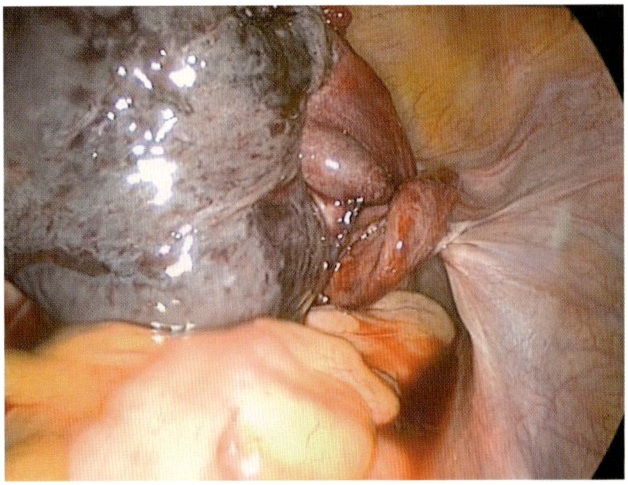

彩图 22-5　卵巢囊肿蒂扭转坏死

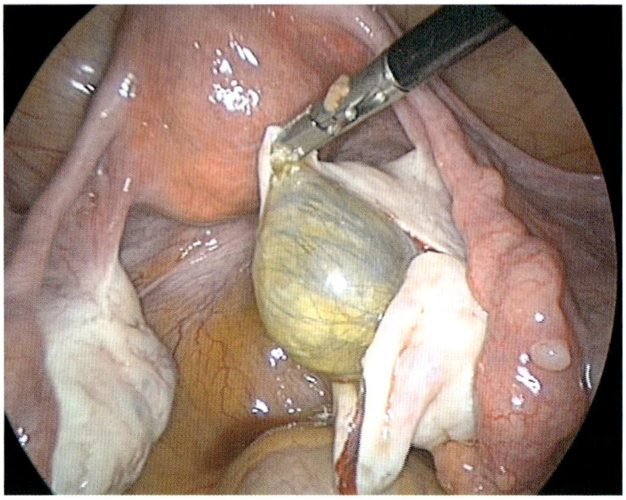

彩图 22-6　成熟性囊性畸胎瘤：腹腔镜手术中可见囊肿内头发和黄色油脂

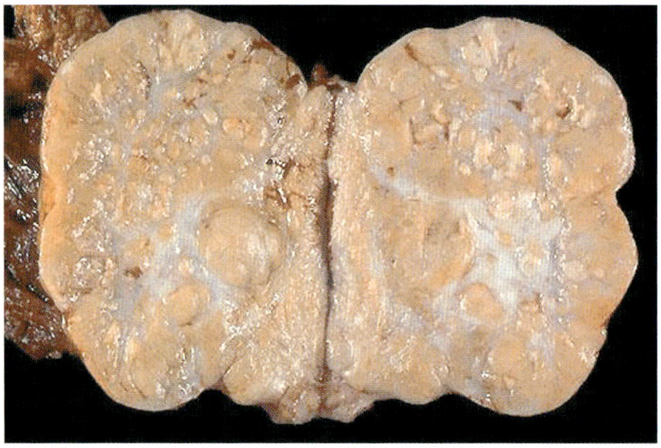

彩图 22-7　卵巢无性细胞瘤的切面图

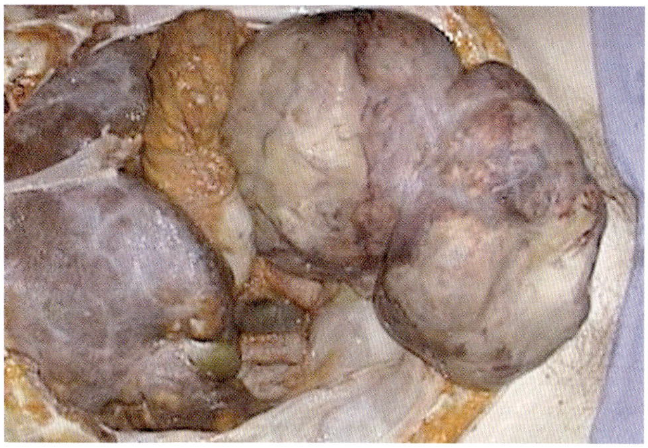

彩图 22-8　卵巢转移性肿瘤

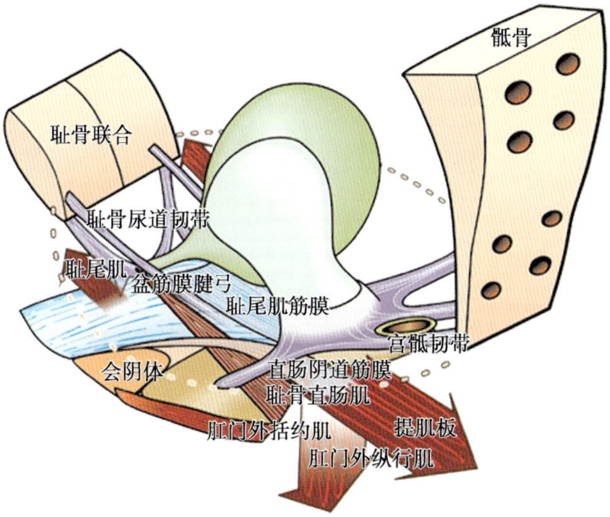

彩图 26-1　DeLancey 阴道支持结构的三个水平理论

引自：elancey JO. Anatomic aspects of raginal eversion ofter hysterectomy. Am J obstet. Gynecol. 1992 Jun；166（6pt1）：1717-24；disscussion（724-8）